SHANXI YEARBOOK

2016

山西省地方志办公室 编

图书在版编目(CIP)数据

山西年鉴. 2016/《山西年鉴》编辑部编. —北京：方志出版社，2016.11

ISBN 978—7—5144—2256—6

Ⅰ.①山… Ⅱ.①山… Ⅲ.①山西—2016—年鉴 Ⅳ.①Z522.5

中国版本图书馆 CIP 数据核字(2016)第 290377 号

山西年鉴(2016)

编　　者:《山西年鉴》编辑部
责任编辑:冯　松

出 版 人:冀祥德
出 版 者:方志出版社
地址　北京市朝阳区潘家园东里 9 号(国家方志馆 4 层)
邮编　100021
网址　http://www.fzph.org
发　　行:方志出版社发行部
电话　(010)67110500
经　　销:各地新华书店
印　　刷:山西省史志印刷厂

开　　本:889×1194　1/16
印　　张:40
字　　数:1500 千字
版　　次:2016 年 11 月第 1 版　2016 年 11 月第 1 次印刷
印　　数:0001 ~ 3000 册

ISBN 978—7—5144—2256—6　　定价:398.00 元

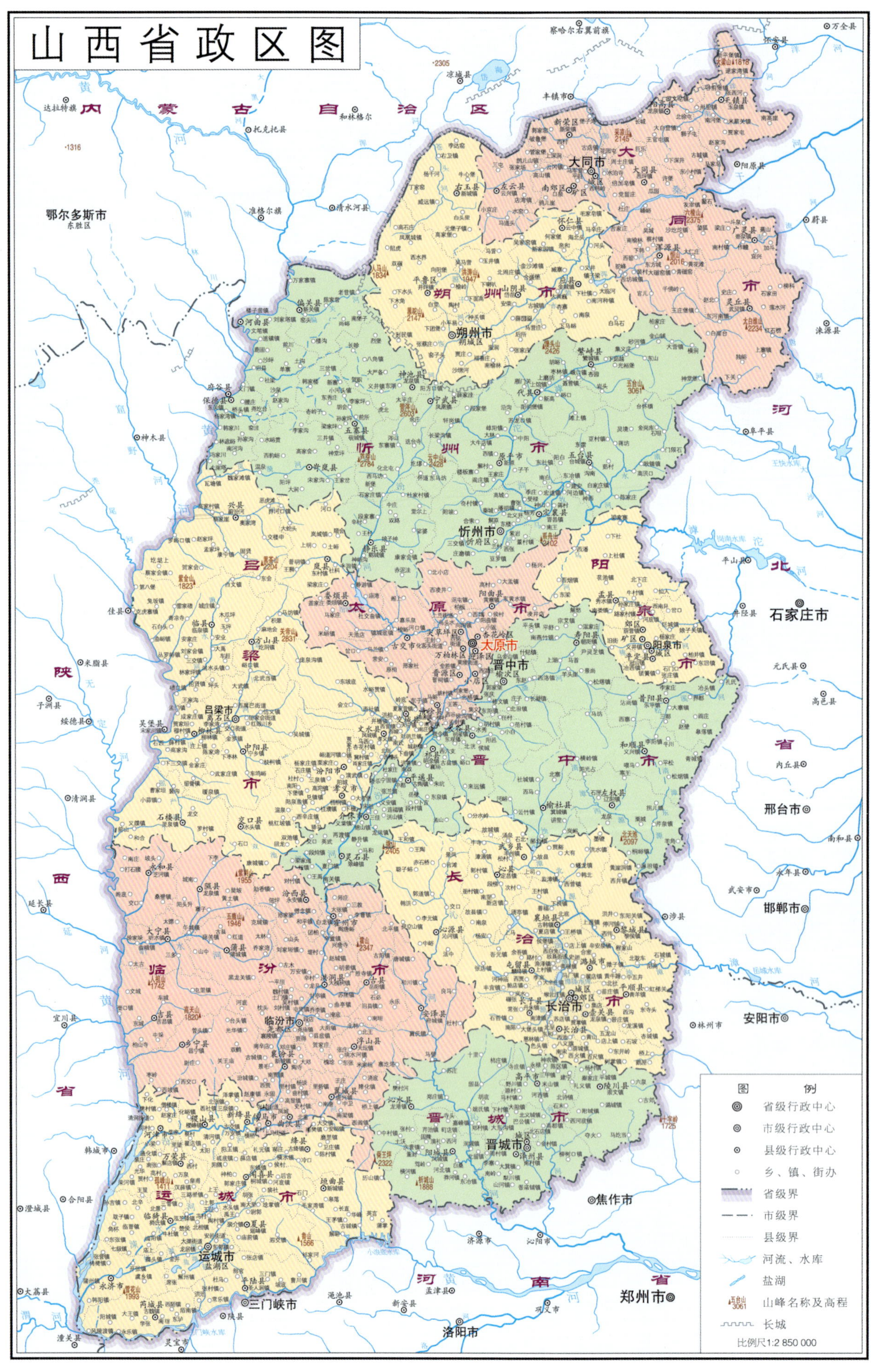
山西省政区图
内蒙古自治区
陕西省
河北省
河南省
大同市
朔州市
忻州市
阳泉市
太原市
吕梁市
晋中市
长治市
临汾市
晋城市
运城市
鄂尔多斯市
石家庄市
邢台市
邯郸市
安阳市
焦作市
郑州市
洛阳市
三门峡市
图例
省级行政中心
市级行政中心
县级行政中心
乡、镇、街办
省级界
市级界
县级界
河流、水库
盐湖
山峰名称及高程
长城
比例尺1:2 850 000

山西省交通旅游图
图例
省级行政中心
市级行政中心
县（市）级行政中心
乡、镇、街办
省级界
市级界
县级界
高速铁路
铁路
高速公路
国道
省道
县道
河流、水库
盐湖
山峰名称及高程
长城
旅游景点
比例尺1:2 850 000
内蒙古自治区
陕西省
河北省
河南省
太原市
大同市
朔州市
忻州市
阳泉市
吕梁市
晋中市
长治市
临汾市
晋城市
运城市
石家庄市
邢台市
邯郸市
安阳市
焦作市
新乡市
郑州市
洛阳市
三门峡市
济源市
鄂尔多斯市
保定
延长
韩城市
渭南

数字山西

综合

地区生产总值	12766.5亿元
第一产业	783.2亿元
第二产业	5194.3亿元
第三产业	6789.1亿元
人均地区生产总值	34919元
最终消费	7134.7亿元
资本形成总额	9269.9亿元

社会从业人员和劳动报酬

社会从业人员	1872.8万人
第一产业	666.6万人
第二产业	491.7万人
第三产业	714.4万人
非私营单位在岗职工平均工资	52960元
非私营单位从业人员工资劳动报酬总额	2285.47亿

人口

总户数	1297.74万户
常住人口	3664.12万人
男性	1879.09万人
女性	1785.03万人
出生人口	36.49万人
死亡人口	20.33万人

固定资产投资

全社会固定资产投资	14137.2亿元
第一产业	1563.7亿元
第二产业	5206.0亿元
第三产业	7367.5亿元
全社会竣工房屋面积	10156万平方米
#住宅	6568万平方米

对外经济贸易

海关进出口总额	147.2亿美元
出口总额	84.2亿美元
进口总额	62.9亿美元
实际利用外资额	32.6亿美元

能源

一次能源产量	7.25亿吨标准煤
能源消费总量	19383.5万吨标准煤
煤炭消费量	29428万吨
全社会用电量	1737.2亿千瓦小时
电力外调量	743.9亿千瓦小时

人民生活

城镇居民人均可支配收入	25828元
城镇居民人均消费性支出	15819元
农村居民人均可支配收入	9454元
农村居民人均消费支出	7421元

物价

居民消费价格总指数	100.6
城镇	100.6
农村	100.7
商品零售价格总指数	99.3
工业生产者购进价格指数	87.7
工业生产者出厂价格指数	93.1

农业

农作物播种面积	376.77万公顷
其中粮食	328.72万公顷
粮食产量	1259.6万吨
油料产量	15.3万吨
肉类产量	85.6万吨

工业

工业企业单位数	3845个
工业增加值	3965.0亿元
原煤产量	96680万吨
发电量	2457.5千瓦小时
生铁产量	3576.4万吨
粗钢产量	3847.0万吨
水泥产量	3786.09万吨

建筑业和房地产业

建筑业施工企业个数	2285个
建筑业竣工产值	1539.1亿元
建筑业总产值	2931.3亿元
建筑业企业房屋建筑竣工面积	3634万平方米
房地产开发投资	1494.9亿元
房地产竣工面积	2114.5万平方米

住宿 餐饮业和旅游

住宿、餐饮业营业额	81.48亿元
接待国内游客人数	3.6亿人次
接待过境过夜游客人数	59.4万人次
旅游总收入	3347.5亿元
旅游外汇收入	29710万美元

财政 金融和保险

一般公共预算收入	1642.4亿元
一般公共预算支出	3423.0亿元
住户存款	15675.9亿元
原保险保费收入	586.7亿元

交通运输 邮电通信业

铁路营业里程	5086千米
公路线路里程	14.09万千米
货物周转量	3438.5亿吨／千米
旅客周转量	380.0亿人／千米
市话年末数	354.2万户
农话年末数	90.4万户
移动电话户数	3337.3万户

批发和零售业

社会消费品零售总额	6033.7亿元
城镇社会消费品零售总额	4917.2亿元
乡村社会消费品零售总额	1116.4亿元

教育 科技

高等学校数	79所
高等学校在校学生数	74.0万人
研究生在校学生数	28668人
普通中专在校学生数	14.0万人
普通中学在校学生数	192.06万人
小学在校学生数	226.95万人
中等职业学校在校学生数	43.59万人
科学研究机构	162个

文化 体育 卫生 环保

文化馆数	119个
公共图书馆数	126个
体育场地数	26459个
医院数	1274个
废水排放总量	41356万吨

（山西省统计局）

山西省纪念中国人民抗日战争暨世界反法西斯战争胜利70周年

2015年9月7日，山西省纪念中国人民抗日战争暨世界反法西斯战争胜利70周年大会在武乡县八路军太行纪念馆广场隆重举行。大会深入学习贯彻习近平总书记在纪念中国人民抗日战争暨世界反法西斯战争胜利70周年大会上的重要讲话精神，弘扬伟大的抗战精神，铭记历史，缅怀先烈，珍爱和平，开创未来。特邀嘉宾抗战老战士、老民兵、地方支前模范代表，将帅子女、烈士遗属代表出席纪念大会。

为纪念中国人民抗日战争暨世界反法西斯战争胜利70周年，弘扬抗战精神，传承老区光荣传统，全省各地纷纷开展形式多样的纪念活动，回首抗战事迹，缅怀抗战英烈，激励三晋儿女振奋精神、顽强拼搏、开拓创新、积极主动作为，为开创山西省净化政治生态、实现弊革风清、重塑山西形象、促进富民强省的新局面而努力奋斗！

纪念中国人民抗日战争胜利70周年暨平型关大捷大会

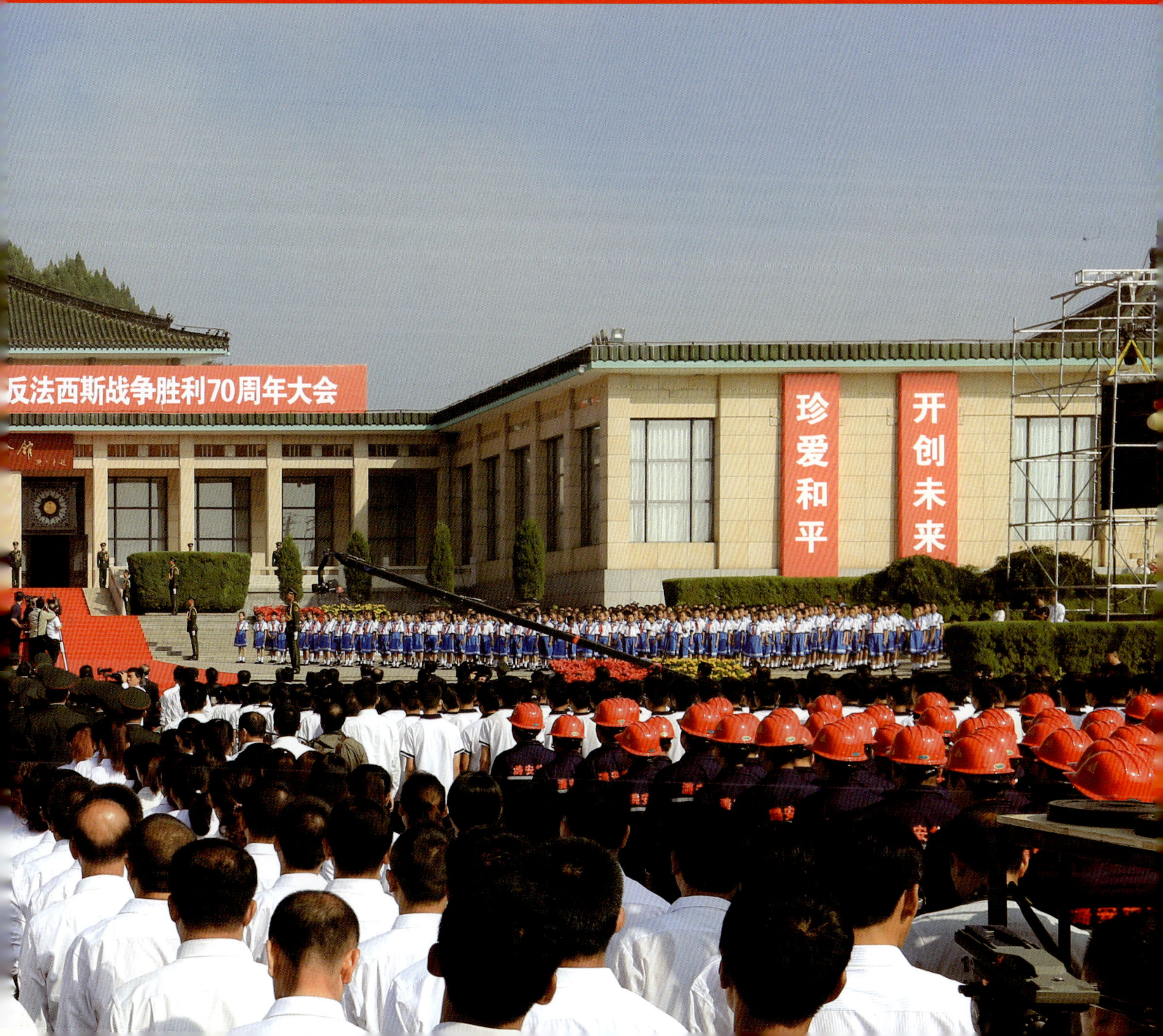

反法西斯战争胜利70周年大会
珍爱和平
开创未来

第二十五届全国图书交易博览会

2015年9月30日，第二十五届全国图书交易博览会在中国（太原）煤炭交易中心正式开幕。本届书博会以“文华三晋　书香九州”为主题，由国家新闻出版广电总局、山西省人民政府共同主办，主会场中国（太原）煤炭交易中心共设12个展区、2300个展位，展区面积达6.2万平方米，港澳台在内的全国1000余家出版发行单位参展，参会代表约1.3万人，展出各类图书26.54万种、92.88万册，其中新书超过半数，达到15.62万种、54.68万册。大同分会场共有9家大型国有、民营出版集团参展，参展图书6000余种2万余册。长治分会场设置室外展区和室内展区两部分，展位16个，参展品种10万余种，其中，该市本土作家创作图书60种、500册。运城分会场共计42家出版单位、国营、个体出版物经销商参展，展位达60余个。

文华三晋
水清土厚 出版晋军
书香九州
中南传媒
水清土厚
晋版图书
福

2015中国体育文化·体育旅游博览会

2015年10月11日至10月13日，以“弘扬体育精神，建设体育强国”和“体育旅游，服务民生”为主题的“2015中国体育文化·体育旅游博览会”在中国（太原）煤炭交易中心隆重举行。共计31个省（区、市）、山西省11个市、国家体育总局系统10多家单位和全国近300家户外用品、体育文化、体育旅游企业参展。

这是全面展示我国体育文化发展成果和现状的一次盛会，也是迄今为止山西举办的最高规格体育展会。开幕式当天，全国政协副主席齐续春、国家体育总局局长刘鹏、山西省委书记王儒林、省长李小鹏、国家体育总局副局长冯建中及国家旅游局、内蒙古自治区、西藏自治区、新疆自治区等各地、各系统的领导同志出席了仪式。

第二届山西文化产业博览交易会

2015年9月9日至9月15日，第二届山西文化产业博览交易会在中国（太原）煤炭交易中心举办。本届文博会参展企业达1000余家，展出文化产品上万种，省属7大文化产业集团、山西省11个地市共千余家企业参展，全国20多个省市和香港、澳门、台湾地区，以及俄罗斯、日本、韩国、巴基斯坦等20多个国家的产品也亮相文博会。

与首届文博会相比，本届文博会的内容更加多样化，共分为“三个文化”与文化改革发展主题展、文化及相关产业展、非物质文化遗产专题展、工艺美术精品展、名家书画展、文艺展演六大类，包括了文化展览、文化交易、文艺汇演等活动。

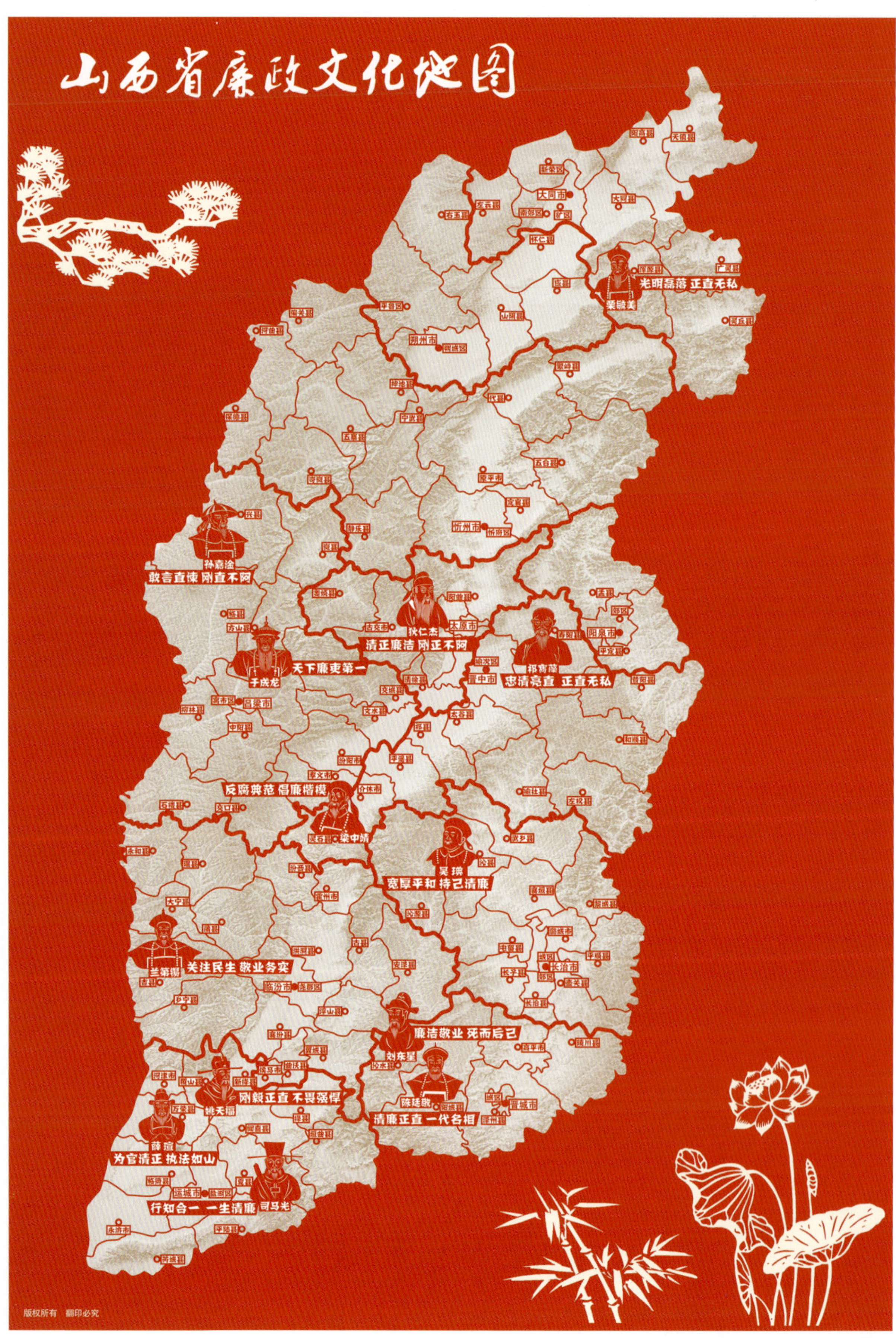

山西省测绘地理信息局 2015年1月编制

序

国务院办公厅2015年8月印发的《全国地方志事业发展规划纲要（2015—2020年）》（以下简称《规划纲要》）要求，到2020年要做到地方综合年鉴一年一鉴，公开出版，实现省、市、县三级综合年鉴全覆盖。《规划纲要》还要求，坚持存真求实，正确处理质量与进度的关系，将精品意识贯穿于年鉴编纂出版工作全过程。2015年12月，中国地方志指导小组办公室启动中国年鉴精品工程，将其与先期实施的中国志书精品工程视为姊妹工程，一道作为加强地方志质量建设的重要抓手。

实施中国年鉴精品工程有助于推动中华优秀传统文化传承发展。近年来，在党中央、国务院的高度重视和关心支持下，全国地方志事业发展迎来最好的发展时期。年鉴编纂发端于欧洲，鸦片战争后被引入我国，在我国走过了100多年的发展历史。在长期的编纂中，年鉴在内容和形式上不断发展，逐渐演变成为适合反映中国国情、具有鲜明中国特色的一种文化载体，并在改革开放后出现了快速发展的局面。2006年5月，国务院《地方志工作条例》颁布施行，明确将地方综合年鉴纳入地方志工作范畴，年鉴工作走上了有法可依的轨道。《规划纲要》出台，为从依法编鉴转变到依法治鉴指明了方向。2016年12月，中国地方志指导小组印发《全国年鉴事业发展规划（2016—2020年）》，更进一步明确了到2020年全国年鉴事业的任务书、时间表、路线图。经过多年的发展，年鉴工作已经成为地方志工作的重要组成部分，成为中华民族优秀文化传统的有机组成部分，其存史、育人、资政作用日益彰显。实施中国年鉴精品工程，是年鉴工作者紧扣时代脉搏、坚持创新发展的一项重要举措，对于坚定文化自信，传承弘扬好中华优秀传统文化意义重大。

实施中国年鉴精品工程有助于为全面建成小康社会提供更多智力支持和历史借鉴。党的十八大作出全面建成小康社会的战略部署。党的十八届五中全会提出到2020年如期实现全面建成小康社会的目标要求。完成《规划纲要》确定的目标任务是年鉴工作者的神圣使命，更是年鉴工作者以自身力量为全面建成小康社会献上的厚礼。一方面，可以更好地利用年鉴这种年度资料性文献，及时记录各地区在全面建成小康社会伟大征程中每年取得的新成绩和新经验、出现的新情况和新问题、涌现的优秀人物和典型事迹等；另一方面，可以更好地积累地情、国情资料，为推动经济社会发展和深化改革提供智力支持，为推进国家治理体系和治理能力现代化提供历史借鉴。

实施中国年鉴精品工程有助于全面推进地方志事业转型升级。地方志不是单纯修志编鉴工作，而是全体方志人“修志问道，以启未来”的一项事业，这项事业包含着巨大的时代担当与使命追求。地方志工作要在“五大建设”总体布局和“四个全面”战略布局中发挥与其自身价值、功能相匹配的作用，就要因时而谋、乘势而上、顺势而为，全面推进地方志事业转型升级。转型升级，当下最重要的目标就是完成“两全”目标，包括“年鉴全覆盖”目标；长远的目标就是基本形成地方志编修体系、理论研究和学科建设体系、质量保障体系、资源开发利用体系、工作保障体系“五位一体”的地方志事业发展综合体系，包括“五位一体”的年鉴事业发展综合体系。中国年鉴精品工程是一项探索工程，也是一项创新工程，是推进地方志事业转型升级的重要内容。通过实施中国年鉴精品工程，不仅有助于确保年鉴质量，不断编纂出版具有鲜明时代特征、年度特点和地域特色的精品年鉴，也有助于推动年鉴工作适应经济社会发展形势和时代需要，不断改革创新，与时俱进。

多年来，在中国地方志指导小组办公室的指导和全国各级地方志工作机构的共同努力下，年鉴种类数量快速增长，年鉴成果粲然可观，为实施中国年鉴精品工程奠定了坚实的基础。实施中国年鉴精品工程，就是要在全国地方志系统起到示范作用，进一步培育精品意识，打造精品年鉴，以点带面，在提高年鉴质量方面探索出一条切实可行之路，使这项探索工程和创新工程能够积累经验，发挥引领作用。

“万山磅礴，必有主峰；龙衮九章，但挈一领。”实施中国年鉴精品工程，是筑牢地方志事业特别是年鉴事业发展根基之举，其意义与价值不言而喻。但编修出年鉴精品佳作，绝非朝夕之功，需要付出长期艰辛的努力。希望通过实施中国年鉴精品工程，能够进一步推进年鉴质量建设，使年鉴真正成为传承中华民族优秀传统文化的重要载体，成为展示中国国情、地情的重要窗口，成为“为当代提供资政辅治之参考、为后世留下堪存堪鉴之记述”的资源宝库，在全面建成小康社会过程中作出更大贡献。

是为序。

中国社会科学院副院长

中国地方志指导小组常务副组长

2016年12月

编纂说明

一、《山西年鉴》创始于1985年，是由山西省人民政府组织、山西省地方志办公室主管主办、年鉴期刊处《山西年鉴》编辑部编纂出版的大型资料文献，属于每年一册的省级地方综合年鉴。

二、坚持以马克思列宁主义、毛泽东思想、邓小平理论、“三个代表”重要思想、科学发展观为指导，贯彻落实习近平总书记系列重要讲话精神和治国理政新理念新思想新战略，坚持辩证唯物主义和历史唯物主义的立场、观点、方法，存真求实，《山西年鉴》全面、客观、系统地记载山西省自然、政治、经济、文化、社会等各个领域的基本情况，反映年度重要事项与发展变化，其功能在于为读者认识山西、研究山西、投资山西、建设山西提供帮助。

三、《山西年鉴(2016)》记述时限为2015年1月1日至12月31日，特载内容除外。

四、《山西年鉴(2016)》遵从年鉴通例分类编排设条记述，全书分四个层次，即类目、分目、次分目、条目。共设立37个类目，189个分目，100个次分目，2057个条目，208张图片，收录统计图表77张，总字数150万字。

五、《山西年鉴(2016)》框架在保持历年相对稳定的基础上作了适当增加和调整。充实调整“法治”类目，把山西省人大的立法工作、政法委工作、社会治安综合治理工作均移入此类目中，新增入仲裁内容，以体现“科学立法，严格执法，公正司法，全民守法”的新形势新要求。新增设“专文”“转型综改试验区”类目，调整“住房和城乡建设 环境保护”类目分设为“住房和城乡建设”“环境保护”两个类目，“卫生 体育”类目分设为“卫生和计划生育”“体育”两个类目，使分类更加科学合理。

六、《山西年鉴(2016)》涉及数据由于行业和地区统计口径等方面的原因，个别条目略有差异，凡此当以山西省统计局发布的统计数字为准。除“农林水利”“市县概览”类目外，所涉计量均使用法定计量单位。

七、《山西年鉴(2016)》稿件由山西省各级党、政、军机关和企事业单位供稿。统计资料由山西省统计局供稿。照片除署名外由山西画报社供图。

八、读者可以在山西地方志网(www.sxdfz.com)、山西年鉴网(www.sxnj.com.cn)在线阅读和浏览。

《山西年鉴》创办以来,得到社会各界的大力支持,我们对关心、支持山西年鉴事业发展的各级各部门领导和各位撰稿人表示衷心的感谢!

《山西年鉴》编辑部

二〇一六年九月二十八日

省直单位撰稿人名单

王　伟	中共山西省委办公厅
李宏翔	省委组织部
王　正	省委宣传部
王　峰	省委统战部
史竹涛	省委政法委
杨　帆	省委巡视办
吕继常	台湾事务办
王小琴	省委机构编制办
阎鹏飞	省直属机关工委
赵茹琳	省委党史办
孟国丽	省委党校
杨卫兵	省委信访局
马召钰	省委老干部局
秦　钟　王　磊　郭　强	省人大常委会办公室
柏亚华	省政府办公厅
王合龙	省政府参事室文史馆
许文菊	省外事办
刘世锋	省扶贫开发办
周志清	省政治协商会议委员会
李　鹏	省纪委监察厅
王瑞成	省公安厅
张利荣	公安厅交管局
杨铁保	省司法厅研究室
尹桂珍	省检察院
马云跃	省高级法院
李　豪	监狱管理局
任婷婷	省人社厅仲裁处
魏笑甜　卫忠梅	省财政厅
董其文	省国税局
徐　鸿	省地税局
郑钰卿　宁红伟	省审计厅
郭文强	省政府法制办
刘玉岗	省政府发展研究中心
高文宏	省地方志办
韩宝剑	省档案局
张志新	省军区政治部
武月兴	省武警总队政治部
史永健	省人民防空办
王明德	民革山西省委
梁俊娜	民盟山西省委
赵柱家	民进山西省委
张云鹏	民建山西省委
胡小龙	农工民主党山西省委
张全双	九三学社山西省委
冯学亮	省工商联
宋海兵　冯　千	省总工会
张　瑜　陈志刚　师慧蓉	共青团山西省委
谢元元	省妇女联合会
王继龙	省科学技术协会
樊丽红	省文学艺术界联合会
吕轶芳	省作家协会
杜伟琴	省社会科学界联合会
庞　乐	省归国华侨联合会
侯晓俊	省红十字会
刘　帅	省发展和改革委员会
陈　锴	省国有资产监督管理委员会
李　阔	省国土资源厅
靳国琦	省工商行政管理局
龙　颖	能源监管办
安　静	省物价局
宋慧勇	省投资促进局
李　昆	省质量技术监督局
孙　军	省安全生产监督管理局
杨晓锋	省食品药品监督局
郎少萍	审计署驻太原特派办
郭　帅	财政部驻山西监察专员办
傅涓汉	国家统计局山西调查总队
宋晓徽	省口岸办
乔　溪	省公安边防总队
宋　阳　张新年	太原海关
郑　罡　牛　煜	省检验检疫局
王立品	省统计局
董晨阳	省经信委
王德善	省煤炭工业厅
李海涛	太原煤炭交易中心
龙　云	国网省电力公司
姚文举	省机械电子行业办
康建基	省冶金行业办
张　平	省化工行业办
郑晋宜	省建筑材料工业行业办
赵登斌	省国防科技工业
刘利民	省医药行业办
李海龙　何运燕　高文珍	山西省轻工业行业办
孙宝明	省纺织业行业管理办
王　彬	省食品工业协会
边　疆	省中小企业局
冯晓东	省城镇工业联社
马小波　武少东（种植业）	省农业厅
闫维平	省农垦局

郑晓静 省畜牧兽医局
秦永红 省农业机械管理局
朱俊菲 省农科院
冀瑞平 省林业厅
王秀芳 省水利厅
李国红 米玉婷 省住房城乡建设厅
闫淑铮 万家寨引黄工程管理局
王 颖 王 毅 省环保厅
师国梁 陈瑞丽 省交通运输厅
孙淑环 太原铁路局
郭 静 省民航机场集团公司
董 刚 省邮政管理局
孙久臣 省邮政公司
李金凤 省无线电管理委员会
魏程明 通信管理局
赵 苇 中国电信山西省分公司
黄云霞 中国联通山西分公司
贺 硕 中国移动通信山西分公司
周建东 省商务厅
祝志光 省粮食局
狄重阳 司昌平 韩景洲 省供销社
赵 钰 省烟草专卖局办公室
刘丽婷 邓俊伟 中国石油山西分公司
马 丽 中国人民银行太原中心支行
陈建波 蔡常新 省银监局
王 焰 省保监局
张会玉 省证监局
牛晓辉 中国农业发展银行山西省分行
闫洁琼 中国工商银行山西省分行
田喜成 中国农业银行山西省分行
宁裕东 中国银行山西省分行
麻林楠 中国建设银行山西省分行
韩 雪 华夏银行山西省分行
王 晶 民生银行山西省分行
韩晓俊 晋商银行
李益友 省农村信用社联合社
杜晶莹 邮政储蓄银行山西分行
茹哲峰 中国人民财产保险股份有限公司山西分公司
周苗为 太平洋财产保险股份有限公司山西分公司
刘建珍 中国人寿保险股份有限公司山西分公司
刘志平 太平洋人寿保险股份有限公司山西分公司
郭秋芳 中国平安人寿保险股份有限公司山西分公司
白云飞 省教育厅
王 强 省科技厅
任玉荣 省测绘地理信息局
刘耀峰 省水文水资源勘测局
杨 柳 省气象局
和 炜 省地震局
霍春英 省社会科学院
陈燕萍 省文化厅
王 岳 三晋文化研究会
李德胜 省图书馆
王振华 省文物局
丁耿彪 省新闻出版广电局
孙 峰 丁 婕 山西日报报业集团
张 茂 省出版传媒集团
王海叶 省旅游局
韩一平 省展览馆
张红霞 中国煤炭博物馆
田若微 省博物院
王 鹏 省卫生厅
王宏德 省体育局
王俊杰 省人力资源和社会保障厅
王文广 省民政厅
王 静 省民族宗教事务局
闫 鹏 省老龄工作委员会
王秋妮 省残疾人联合会
武学亮 省慈善总会
赵 媛 太原高新技术产业开发区
郭 微 太原不锈钢产业园区
栗 群 李冬梅 太原经济技术开发区
赵新政 李 茂 侯惠芳 晋中经济技术开发区
梁 青 临汾经济技术开发区
林广源 侯马经济开发区
郭成宏 张湘林 晋城经济开发区
张维新 大同经济开发区
许引弟 绛县经济开发区
陈艺冉 运城经济开发区
杨建国 运城空港经济开发区
姚洪涛 风陵渡开发区
马牧歌 山西演艺(集团)有限责任公司
张晓晖 桑龙地
王 丽 李慧芳
李红琴 晋能集团

市县(区)单位撰稿人名单

编辑部	太原市地方志办公室
马　峰　吴　轩	小店区史志办公室
张国文	迎泽区地方志办公室
刘彩秀	杏花岭区地方志办公室
邢春连	尖草坪区地方志办公室
武超龙	万柏林区地方志办公室
方慧敏	晋源区地方志办公室
杨晓霆	清徐县地方志办公室
崔振刚	阳曲县地方志办公室
张宪平	娄烦县地方志办公室
赵志英	古交市地方志办公室
冯晋慧	大同市地方志办公室
徐雅丽	城区地方志办公室
武新田	矿区史志办公室
石有团	南郊区史志馆
贺雨顺	新荣区史志办公室
张　雯	阳高县史志研究室
高志英	天镇县史志办公室
张治国	广灵县地方志办公室
高晓彬　刘甫花	灵丘县地方志办公室
范颖莲	浑源县史志办公室
邵明仁	左云县史志办公室
吉广仁	大同县史志办公室
任佟苏　杨　文	阳泉市地方志办公室
王世钧	城区地方志办公室
孙燕平　王宏英	矿区地方志办公室
侯晋元　李晓璐　张　斌	郊区地方志办公室
洪晓琴	平定县史志办公室
赵平枝	盂县史志办公室
尚竹英	长治市地方志办公室
刘瑞林	城区史志办公室
姜玉罡	郊区地方志办公室
付小波　武俊英	长治县地方志办公室
万瑞星　黄旭琴　李　玲	襄垣县地方志办公室
段蓓蓓	屯留县地方志办公室
张国梅	平顺县地方志办公室
王利芳	黎城县地方志办公室
秦慧艳	壶关县史志办公室
王卫星	长子县史志办公室
魏春洲　贾成丽　曹小莉	武乡县史志办公室
王淑红　苗　壮	沁县史志办公室
宋江华　雷　婧	沁源县史志办公室
申俊良	潞城市地方志办公室
牛晋军	晋城市地方志办公室
杨　盼	城区地方志办公室
张丽霞	沁水县地方志办公室
王家胜	阳城县地方志办公室
焦国锋	陵川县县志编纂委员会
张　静	泽州县史志办公室
陈青平	高平市地方志办公室
元雷华	朔州市地方志办公室
常凤霞　王雄一	朔城区政府办公室
马　军　许卫东	平鲁区政府办公室
侯志林　曹宝文	山阴县政府办公室
安培兴	应县史志办公室
杨健慧	右玉县政府办公室
杨志雁　晁立宇	怀仁县史志办公室
刘改英　赵保平	晋中市史志研究院
薛丽瑾	榆次区史志办公室
常彩萍	榆社县史志办公室
宋　丽	左权县史志办公室
王　燕	和顺县史志办公室
刘利国	昔阳县史志办公室
张　琪	寿阳县地方志办公室
杨　扬　王少静	太谷县党史县志办公室
岳丽霞	祁县地方志办公室
温小琴	平遥县史志办公室
景茂礼	灵石县史志办公室
王亚丽	介休市史志办公室
张　涛	运城市地方志办公室
何桂兰	盐湖区地方志办公室
程明清　杨晓娟	临猗县地方志办公室
薛勇勤　张东宏	万荣县地方志办公室
樊香叶	闻喜县地方志办公室
张　维　聂社成	稷山县地方志办公室
许　隽	新绛县地方志办公室
刘　超	绛县地方志办公室
郭红霞	垣曲县地方志办公室
任巧杰	夏县地方志办公室
杨卯翠	平陆县地方志办公室

董莹芳　　芮城县地方志办公室
牛玉芳　　永济市地方志办公室
王　欣　柴　欣　　河津市地方志办公室
赵　芳　　忻州市委史志办公室
张新华　　忻府区地方志办公室
薄振宇　　定襄县史志办公室
吕国凰　　五台县史志办公室
高继东　　代县史志办公室
冯占军　　繁峙县地方志办公室
白瑞萍　　宁武县委史志办公室
李青春　　静乐县地方志办公室
杨向东　　神池县史志办公室
朱和森　　五寨县地方志办公室
贾润高　　岢岚县史志办公室
白耀欢　　河曲县史志办公室
武延飞　　保德县史志办公室
王志刚　　偏关县史志办公室
武会文　　原平市史志办公室
李艳洁　　临汾市地方志办公室
尉晨光　许小梅　　尧都区史志办公室
张淑霞　　曲沃县史志办公室
翟铭泰　　翼城县史志办公室
王建刚　　襄汾县史志办公室
胡俊平　张　甜　　洪洞县地方志办公室
毛华丽　蔺燕艳　　古县地方志办公室
尚晓玲　　安泽县地方志办公室
李彤新　陈聪聪　　浮山县地方志办公室
强培家　　吉县地方志办公室
闫　涛　　乡宁县地方志办公室
李宏伟　　大宁县地方志办公室
张克强　　隰县地方志办公室
樊永兴　　永和县史志办公室
曹立华　　蒲县地方志办公室
赵鸿虎　　汾西县史志办公室
耿文静　赵香琴　　侯马市地方志办公室
郭秀东　　霍州市史志办公室
刘翠翠　　吕梁市地方志办公室
王荣伟　　离石区史志办公室
吕金强　　文水县史志办公室
李大斌　燕保平　张俊峰　　交城县地方志办公室
牛小兵　　兴县档案史志馆
张海红　　临县地方志办公室
张景尧　　柳林县地方志办公室
郑凤斌　　石楼县地方志办公室
赵　丽　　岚县地方志办公室
陈　胜　　方山县地方志办公室
李晓中　　中阳县地方志办公室
武允明　　交口县地方志办公室
张彩琴　　孝义市地方志办公室
郭宇霞　　汾阳市史志办公室

目　录

Contents

机构设置和负责人名录

中国共产党山西省委员会

综　述

巡　视

组　织

宣　传

统　战

台湾事务

民建山西省委

民进山西省委

农工党山西省委

九三学社山西省委

山西省工商联

群众团体

山西省总工会

中国共产主义青年团山西省委员会

山西省妇女联合会

山西省文学艺术联合会

山西省作家协会

法 院

司法行政

仲 裁

经济管理与监督

发展与改革

国土资源管理

国有资产管理

投资管理

口岸管理

出入境检验检疫

太原海关

工商行政管理

物价管理

审　计

统计管理

国家财政监督

国家审计监督

煤炭工业

电力工业

机械电子工业

冶金工业

化学工业

医药工业

建材工业

国防科技工业

轻工业

城镇集体工业

中小（乡镇）企业

开发区

农林水利

交通运输

交通管理

公　路

内河航运

铁　路

民用航空

无线电　通信　邮政

无线电

通　信

邮　政

财政　税务

财　政

税　务

金　融

金融监管

商业　贸易

商　务

粮食流通

供销合作

烟草专卖

石化供销

旅游业　会展业

旅游综述

旅游市场开发

旅游管理

会　展

科学技术

科　技

测绘地理信息

水文水资源勘测

气　象

地　震

社会科学

社科机构

社科研究

获奖论著选介

教　育

教育管理

文学艺术

地方志　档案

民族　宗教

人　物

劳动模范

新闻人物

逝世人物

革命烈士

市县概览

市情综述

县区要事

附 录

政府规章

经济和社会发展统计资料

索 引

CONTENTS

山西省“十二五”时期国民经济和社会发展回顾

“十二五”时期是我省发展很不平凡的五年。面对严峻复杂的经济形势和艰巨繁重的改革发展稳定任务，我们在党中央、国务院的坚强领导下，认真贯彻落实党的十八大、十八届三中、四中、五中全会精神和习近平总书记系列重要讲话精神，积极应对挑战，奋力攻坚克难，特别是2014年9月党中央对山西省委班子改组式调整以来，新的省委常委班子团结带领全省干部群众，按照“四个全面”战略布局和中央对山西工作的重要指示要求，坚持“深入学习贯彻习近平总书记系列重要讲话精神，净化政治生态，实现弊革风清，重塑山西形象，促进富民强省”的“五句话”总要求和总思路，全面从严治党，全面从严治吏，深入推进党风廉政建设和反腐败斗争，形成并始终保持惩治腐败、狠刹“四风”、打黑除恶“三个高压态势”，着力推进“六大发展”，全面实施“六权治本”，统筹做好煤与非煤“两篇大文章”，加快实施“革命兴煤”，大力推进煤炭“六型转变”，加快发展七大非煤产业，全力推动科技创新、金融振兴、民营经济发展“三个突破”，坚持两手抓、两手硬，为新形势下全省经济社会发展提供了科学思路、有力举措和坚强保证，各项工作稳中有为、稳中有进，经济社会发展取得新成就，全面建成小康社会迈出坚实的步伐。

五年来，我们千方百计稳增长，经济发展迈上新台阶。

有效扩大投资。紧紧围绕基础设施、产业转型、城镇化和生态环保、民生和社会事业等四个方面加强投资，特别是强力推动十大领域投资和十大标志性工程，“六位一体”推进重点工程建设。下放投资审批权限，鼓励社会资本参与基础设施类项目建设运营。5年政府投资2852亿元，带动民间投资28516亿元，全社会固定资产投资累计达到54241亿元，年均增长21.7%。

努力促进消费。积极开展“山西品牌中华行、丝路行、网上行”“美丽山西休闲游”等促进消费活动，完善城乡流通网络和社区服务网点，实施“宽带山西”专项行动，积极发展电子商务，社会消费品零售总额年均增长12.7%。

大力帮扶企业。实施煤炭、煤层气、低热值煤发电3个“20条”和减轻企业负担“60条”，采取金融支持、财政扶持和鼓励民营经济发展等一系列政策措施，落实小微企业减免税等优惠政策，共为企业减负900多亿元，其中2015年达501亿元。“一企一策”精准帮扶企业，帮助企业克服困难，着力破解民营经济发展九大难题，努力促进企业平稳运行和健康发展。

全省地区生产总值由2010年的9188.8亿元增加到12802.6亿元，年均增长7.9%；一般公共预算收入由2010年的969.7亿元增加到1642.2亿元，年均增长11.1%，我省经济实力进一步增强。

五年来，我们持续加强基础设施和城乡建设，经济社会发展增添新优势。

大力改善交通条件。太中银铁路、山西中南部铁路通道、大西高铁太原至西安段等建成通车，太原地铁2号线、阳泉北至大寨铁路、晋中至太原轻轨、大同至张家口铁路等一批重大项目开工建设，铁路新增营业里程1422公里。灵丘至平鲁、忻州至保德等一批高速公路建成通车，高速公路新增通车里程2025公里。新建改建国省干线公路2538公里、农村公路19065公里。吕梁机场、五台山机场、临汾机场建成通航。通达、便捷的立体化现代交通运输体系日益完善。

积极推进水利建设。35项应急水源工程全部建成投用，病险水库除险加固全面完成，“两纵十横、六河连通”的大水网工程完成总投资的60%，辛安泉供水工程实现通水运行。古贤水利枢纽工程前期工作积极推进。全省供水量由60亿立方米提高到75亿立方米。

不断完善电力设施。新增电力装机2795万千瓦，总装机达到6966万千瓦，其中水力、光伏、风能、燃气、煤层气发电装机由284万千瓦增加到1294万千瓦。晋电外送“两交一直”等一批重大项目加快建设，新一轮农网改造升级工程完成，新增110千伏及以上线路超过1万公里，新增变电容量4686万千伏安。

着力改善城乡面貌。实施城市人居环境改善四大工程，城市道路交通、管网等设施明显改善，棚户区、城中村改造步伐明显加快，建成城镇保障性住房102.5万套，其中棚户区改造完成61.2万套。城镇人均住房面积由2010年的28.02平方米增加到31.96平方米。新增城市绿化面积7800万平方米，新创建国家卫生城市6个。全省城镇化率年均提高1.39个百分点，达到55%。完成新一轮农村“五个全覆盖”工程，持续办好农村“五件实事”，实施农村人居环境改善四大工程，行政村街道全部硬化、亮化，建成各类农村饮水工程9685处，新建农村社区老年人日间照料中心3070个，实施采煤沉陷区治理搬迁9.3万户，易地搬迁特困群众44.5万人，改造农村困难家庭危房45.5万户。农村人均住房面积由2010年的28.69平方米增加到33.51平方米。

全省从城市到乡村，整体面貌正在发生显著变化，生产条件日益完善，人民生活更加便利，三晋大地充满生机、充满希望！

五年来，我们深入推进产业结构调整，发展方式转变迈出新步伐。

大力发展现代农业。每年出台10项惠农政策，省级补贴资金逐年增加，2015年达到83亿元。完成中低产田改造、高标准农田建设841万亩，农田实灌面积新增587万亩、达到2300万亩，实现了农民人均一亩水浇地。粮食连续5年获得丰收，总产年均达到127亿公斤，比“十一五”增长25.2%。“一村一品”“一县一业”发展步伐加快，七大产业翻番工程深入实施，农产品加工业销售收入2015年达到1422.6亿元，年均增长22.8%。完成新型职业农民培训20多万人。积极培育专业大户、家庭农场等新型农业经营主体，农业社会化服务体系不断完善。

推动传统产业升级改造。加快实施“革命兴煤”，大力推进“六型转变”，加快重组整合矿井改造，推进现代化矿井建设，形成3个亿吨级、4个5000万吨级的大型煤炭集团。加大煤炭就地转化力度，潞安煤制油等一批现代煤化工项目积极推进。大力推进煤电一体化发展，主力火电企业80%以上实现煤电联营。焦化企业兼并重组加快，户均产能由70万吨提高到200万吨以上。

加快培育新兴产业和服务业。围绕发展七大非煤产业，设立战略新兴产业发展投资引导资金，布局实施一批装备制造、新能源、节能环保等新兴产业项目，太重高速列车轮轴国产化、太钢T800级碳纤维等一批重大项目建成投产。非煤产业投资占工业投资比重由2010年的64.1%提高到2015年的80.2%，非煤产业增加值占工业增加值比重由42.4%提高到53.2%。装备制造业增加值占工业增加值比重由5.8%提高到10.4%。煤层气年抽采量由42.8亿立方米增加到101亿立方米，利用量由21亿立方米增加到57亿立方米，燃气使用人口由1186万人增加到1800万人。旅游总收入由1083.5亿元增加到3447.5亿元，年均增长26%。服务业占地区生产总值比重由37.3%提高到53%。

全省经济结构正在发生变化，转型效果正在逐步显现，只要我们坚持不懈调结构，就一定能够走出一条资源型地区转型发展的新路！

五年来，我们狠抓节能减排和环境保护，生态文明建设取得新成效。

全力推进节能降耗。淘汰落后钢铁产能1498万吨、焦炭3507万吨、水泥4085万吨、电力182万千瓦。实施1500项节能改造项目，推行合同能源管理，万元地区生产总值综合能耗超额完成下降16%的目标任务。万元工业增加值用水量下降27%。工业固废综合利用率达到65%。

全面改善环境质量。电力、钢铁、水泥等重点行业脱硫、脱硝、除尘改造任务全部完成。城镇集中供热率达到86.6%。淘汰黄标车、老旧车69.44万辆。太化等一批重污染企业关闭搬迁、加快改造。全省主要污染物排放总量显著下降，2015年环境空气质量综合指数比2013年下降15.7%，细颗粒物浓度累计下降27.3%。重点流域水污染防治成效明显，河流水质进一步改善。狠抓省城环境综合治理，关停污染企业322家，拔掉黑烟囱3.9万根，新增集中供热面积1亿平方米以上，省城环境质量明显改善。率先启动燃煤发电机组超低排放改造，完成改造容量1566万千瓦，改造后排放水平达到或优于燃气发电机组。累计核准开工低热值煤发电项目24个，总装机2129万千瓦，投产后每年可消耗煤矸石8400万吨，环境效益和经济效益十分显著。

持续加强生态建设。坚持不懈推进造林绿化，5年营造林2252万亩，森林覆盖率、林木蓄积量显著增加，吕梁山生态脆弱区治理步伐加快。治理水土流失面积1820万亩，全省地下水位连续8年持续回升，晋祠泉水位累计回升21米。汾河流域生态修复治理工程全面启动。

各位代表，生态环境是我省的短板，长期以来大规模、超强度的煤炭开采，在创造财富和为国家作出重要贡献的同时，也严重破坏了生态、污染了环境。但只要我们坚持不懈、久久为功，修复生态、保护环境，就一定能够重现山清水秀的美丽风光！

五年来，我们切实保障和改善民生，人民生活水平和质量有了新提高。

大力发展教育事业。实施义务教育标准化建设工程和农村薄弱学校改造计划，52个县（市、区）通过国家义务教育均衡发展评估认定。新建改扩建标准化公办幼儿园1049所，改造农村幼儿园2738所。进城务工人员随迁子女实现在就读地参加中考、高考。城乡特殊教育生均公用经费补助标准由310元、750元统一提高到5000元。全部免除中等职业学校学生学费，每年惠及50万学生。高职生均公用经费补助标准达到9000元。新增7所本科院校，11个设区市都有了本科院校和高等职业院校，10所高校、13万师生入驻高校新校区。

扎实推进医药卫生事业改革发展。县级公立医院综合改革实现全覆盖，太原、运城城市公立医院改革试点稳步推进。政府办基层医疗卫生机构和村卫生室全部实行基本药物制度。人均基本公共卫生服务经费由15元提高到40元，12类45项服务惠及城乡居民。新建和改扩建医疗卫生机构7435个，新增三级甲等医疗机构13所，山西大医院建成投用，省儿童医院新院区主体工程建设完工。

加快发展文化事业。大力弘扬我省优秀法治文化、廉政文化、红色文化，充分发挥思想引领、舆论推动、精神激励、文化支撑作用。省图书馆、科技馆、山西大剧院、山西体育中心建成投入使用，全省公共图书馆、文化馆、美术馆全部实现免费开放。政府购买公共演出服务全面推行。《山西文华》大型丛书编纂工程启动实施。舞剧《粉墨春秋》荣获"文华大奖"。首批112个乡镇开展乡村文化记忆工程试点。"强健体魄·阳光生活"等全民健身活动广泛开展，成功举办第14届省运会，我省体育健儿在伦敦奥运会等国际国内重大赛事上取得好成绩。

千方百计扩大就业。全面做好高校毕业生、农村转移劳动力、城镇困难人员、退役军人等群体的就业工作。实施大学生创业引领计划和离校未就业毕业生就业促进计划，政府连续两年购买基层公共服务岗位，吸纳13974名大学生就业。设立创业投资基金支持创业，实行劳动者创业"先贷后补"办法，开展创业型城市创建活动，建成省级大学生创业园和213个创业基地。实施缓缴困难企业社保费、降低社保费率、发放稳岗补贴等措施，鼓励企业吸纳更多劳动者就业。托底安置"零就业"家庭等困难人员22.9万人。5年城镇累计新增就业255.9万人，转移农村劳动力197.7万人。

着力增加居民收入。连续5年提高全省最低工资标准，年均增长13%以上。企业工资指导线基准线均在10%以上。为全省农户免费发放冬季取暖煤3347万吨、现金补贴24.3亿元，为领取保险金的失业人员发放取暖补贴。落实带薪年休假制度，提高机关、事业单位津补贴（绩效工资）和基本工资标准，并向基层倾斜。城乡居民人均可支配收入2015年分别达到25828元、9454元，“十二五”年均增长10.7%、12.4%。

大力推进扶贫开发。扎实推进百企千村产业扶贫、易地扶贫搬迁、金融扶贫、教育扶贫和劳动力就业培训等重点工程，启动实施光伏扶贫、乡村旅游扶贫和电商扶贫试点，统筹机关定点扶贫和领导干部包村增收，向全省贫困村选派第一书记，对建档立卡的7993个贫困村、119.2万贫困户做到驻村结对帮扶全覆盖。贫困地区生产生活条件不断改善，5年共有220万贫困人口实现脱贫。

切实加强社会保障。城乡居民基本养老保险制度统一实施。连续11年提高企业退休人员基本养老金水平，达到2630元，年均增幅10%以上。机关事业单位养老保险制度改革稳步推进。城镇职工医保、城镇居民医保和新农合三项基本医保实现应保尽保，城乡居民医保年人均财政补助标准由120元提高到380元，城乡居民大病保险和重特大疾病医疗救助制度实现全覆盖。城乡低保标准每人每月分别由235元、98元提高到415元、234元，农村集中供养、分散供养的五保对象省级补助标准分别由1500元、1200元提高到2400元、1530元。为集中供养孤儿、散居孤儿每人每月补助1000元、600元。建立经济困难高龄与失能老年人补贴制度，惠及近18万老年人。对32.9万名贫困残疾人实施康复救助。五年来，我们逐年加大民生投入，切实办好惠民实事，人民群众得到了实实在在的好处！

坚持不懈抓好安全生产。始终牢记“三个决不能过高估计”，始终牢记“三个敬畏”。加强对安全生产的领导，坚决落实政府监管责任，落实企业安全生产主体责任。深入开展安全生产大检查。实施安全生产考核“一票否决制”，严肃查处事故，严格追究责任。“十二五”全省各类安全生产事故死亡人数比“十一五”下降29.99%。煤矿百万吨死亡率5年下降57.98%。

大力实施“六六创安”工程，加强社会治安综合治理，社会保持和谐稳定。全面完成食品药品监管体制改革任务，基层监管力量显著加强。支持四川茂县恢复重建任务圆满完成，投入资金21.6亿元，建成项目226个；对口援疆任务扎实推进，投入资金11.6亿元，支援项目102个，作出了山西人民应有的贡献。

五年来，我们加快改革开放和创新驱动，发展不断注入新动力。

以转型综改区建设为统领全面深化改革。国家部署的重大改革任务扎实推进，转型综改“十二五”后三年实施方案和年度行动计划顺利实施，一些重要领域改革取得突破性进展。煤炭管理体制改革迈出重大步伐。制定实施关于深化煤炭管理体制改革的意见，率先全面清理规范涉煤收费项目，实施煤炭资源税从价计征。煤焦公路销售体制改革扎实推进，所有行政授权、运销票据、检查站点全部取消。积极推进煤炭行政审批和证照管理体制改革，审批事项精简三分之一，审批时间缩短一半以上。出台煤炭资源矿业权出让转让管理办法，推进煤炭资源配置市场化。国有企业改革不断深化。率先推行省属国有企业财务等重大信息公开，交通企业及高速公路资产债务重组改革取得实质性进展，党政机关与所办企业脱钩改革、厂办大集体改革、省属企业负责人薪酬制度改革扎实推进。财税体制改革深入推进。健全预算管理体系，实施全口径预算管理，推进预决算公开，建立跨年度预算平衡机制，地方政府债务实现省级政府自发自还，营改增改革试点稳步实施。商事制度改革扎实推进。实现“先照后证”，推行“三证合一”“一照一码”，改革实施两年来，全省新登记市场主体年均达到24.88万户，是改革前的1.29倍。金融改革创新步伐加快。加大力度推进金融振兴八方面工作，加强与各金融机构战略合作，累计实现各类融资1.98万亿元。上市企业达到37家，在“新三板”挂牌企业33家。成立山西金融投资控股集团，农信社改制稳步推进。集中清理解决了一批金融领域突出问题，积极稳妥依法处置金融风险。农村改革稳步推进。集体林权主体改革任务基本完成，农村土地承包经营权确权登记颁证全面展开，小型水利工程产权和农业水价改革试点取得成效。

深入实施创新驱动发展战略。着力推进科技创新六大任务。制定实施创新驱动和低碳创新行动计划。山西科技创新城全面开工建设，中科院、清华大学等35个研发机构入驻，首批21个项目进入全面建设阶段。实施80个煤基科技重大专项，28个项目取得关键技术突破。潞安集团国家煤基合成工程技术研究中心获批，新增国家重点实验室3个，与2010年相比，高新技术企业由200个增加到

721个，专利申请量由2.6万件增加到7.9万件。新引进海外高层次人才385名。

进一步扩大对外开放。深化区域合作和对外交流，与11个兄弟省份签署战略合作协议，与美国西弗吉尼亚州等正式建立友好省州关系。成功举办中博会、能博会、文博会、农博会、书博会、体博会、晋商大会，开展央企山西行等活动，招商引资成果丰硕。全省吸收省外投资实际到位1.78万亿元，是"十一五"时期的3倍；实际直接利用外资132亿美元，同比增长43.6%。进出口结构明显优化，高新技术产品出口占比达到47%。

五年来，我们扎实推进民主法治和政府自身建设，正在形成弊革风清、干事创业新局面。

严格执行人大及其常委会的决议、决定，积极支持人民政协履行职能。共办理人大代表建议3906件、政协提案3624件，向省人大常委会提请审议地方性法规草案36件，制定政府规章14件。完成第九届、第十届村委会换届选举。加强法治山西建设，完成"六五"普法任务。全面推行"六权治本"，制定实施政府建设三年规划和年度行动计划。新一轮政府机构改革全面完成，扩权强县、扩权强镇改革有序推进。十八大以来落实承接国务院取消、下放和调整的行政审批项目等事项375项，我省自行取消、下放和调整省级行政审批项目等事项441项，清理规范行政审批中介服务事项54项，取消职业资格许可和认定事项207项。省级政府部门权力清单、责任清单全部按期公布。省级政务服务平台、公共资源交易平台和全省政务服务网络基本建成。政府绩效第三方评估试点正式启动。省级党政机关公务用车制度改革基本完成。大幅压减"三公"经费，压缩部门一般性支出，节省的经费全部用于民生。深入开展党的群众路线教育实践活动、"三严三实"专题教育和学习讨论落实活动，狠刹"四风"，严惩腐败，推动反腐败斗争向基层延伸，一批领导干部违纪违法问题和交通、国土、煤炭等重点领域腐败案件受到严肃查处，一批不作为、慢作为的领导干部被问责，一批群众反映强烈的突出问题得到解决。从严治吏，全面加强干部管理监督，树立正确用人导向，积极稳妥推进"三个一批"，初步实现选人用人风清气正，弘扬了正气，凝聚了人心，为全省经济社会发展营造了良好的环境！

回顾这五年，我们深切感受到，推动山西经济社会持续健康发展，必须认真贯彻落实党的十八大、十八届三中、四中、五中全会精神和习近平总书记系列重要讲话精神，按照"五位一体"总体布局和"四个全面"战略布局，紧密结合山西实际，贯彻落实省委决策部署，不断完善发展思路，着力推动科学发展；必须始终把人民对美好生活的向往作为奋斗目标，高度重视、切实保障、着力改善民生，让人民群众得到更多实惠；必须坚持向改革要活力、向创新要动力、向开放要空间，使改革创新开放成为发展的根本推动力；必须坚持抓根本、打基础、利长远，抓好重大基础设施和民生工程建设，加快转变经济发展方式，不断增强可持续发展能力；必须全面从严治党，加强党风廉政建设和反腐败斗争，履行政府党组主体责任，把纪律和规矩挺在前面，加强政府自身建设，优化发展环境，努力打造敢于担当、乐于奉献的公务员队伍；必须坚持问题导向，创新工作方法，逢山开路、遇水搭桥，克服困难、解决问题，不断开创经济社会发展新局面。

在肯定成绩的同时，我们也清醒地看到，我省经济社会发展还存在不少困难和问题。从短期看，经济增速低于全国平均水平；煤炭价格持续下跌，2015年12月吨煤综合售价与2011年5月最高点相比，每吨下跌431.8元，下降65.8%；企业效益深度下滑，2015年煤炭行业累计亏损94.25亿元，同比减利增亏108.29亿元；工业企稳回升基础不牢，仍在负增长区间运行；各级财政普遍困难，2015年全省一般公共预算收入下降9.8%；金融运行偏紧，我省经济发展仍处于最困难时期。从长期看，经济发展规模不大、结构不优、质量效益不高等矛盾和问题仍然突出，"一煤独大"没有实质性改变，传统产业产能过剩；生态环境脆弱，科技创新能力不强，发展方式依然粗放；对外开放水平较低，招商引资精准性、有效性不够；安全生产形势依然严峻，社会稳定潜在风险较多；城乡区域发展不平衡，民生社会事业欠账较多，脱贫攻坚任务艰巨，全面建成小康社会需要付出艰苦努力。政府建设和干部作风与人民群众期盼还有差距，职能转变仍显滞后，依法行政理念尚未牢固树立，"四风"问题尚未根绝，"为官不为"问题较为突出，党风廉政建设和反腐败斗争任务繁重。

（本文选自李小鹏省长在山西省第十二届人民代表大会第五次会议上的政府工作报告）

山西省国民经济和社会发展第十三个五年规划纲要

——经山西省第十二届人民代表大会第五次会议审议批准

山西省人民政府

(2016年4月2日)

山西省国民经济和社会发展第十三个五年(2016-2020年)规划纲要,根据《中共山西省委关于制定国民经济和社会发展第十三个五年规划的建议》编制,主要明确我省未来五年经济社会发展的宏伟目标、主要任务和重大举措,是全省人民的共同愿景、政府履行职责的重要依据和引导市场主体行为的重要参考。

第一章 “十三五”时期经济社会发展的形势和指导思想

“十三五”时期是实现全面建成小康社会奋斗目标的决胜阶段,是全面深化改革、推进我省国家资源型经济转型综合配套改革取得重大进展的攻坚阶段,是全面推进法治山西建设的关键阶段,是全面从严治党的重要阶段。必须准确把握省内外发展环境的深刻变化,认识适应和引领经济发展新常态,牢固树立并切实贯彻中央“五大发展”新理念,确保我省全面建成小康社会,推动社会主义现代化建设迈上新台阶。

第一节 “十二五”规划实施情况

“十二五”时期是我省发展进程中极不寻常的五年。在党中央、国务院坚强领导下,特别是2014年9月党中央对山西省委班子作出重大调整以来,省委、省政府按照“四个全面”战略布局和党中央对山西工作重要指示要求,坚持“深入学习贯彻习近平总书记系列重要讲话精神,净化政治生态,实现弊革风清,重塑山西形象,促进富民强省”的“五句话”总要求和总思路,全面从严治党,全面从严治吏,持续推进党的群众路线教育实践活动,深入开展学习讨论落实活动和“三严三实”专题教育,深入开展党风廉政建设和反腐败斗争,形成并始终保持惩治腐败高压态势,全面实施“六权治本”,着力推进“六大发展”,统筹做好煤和非煤两篇文章,加快实施“革命兴煤”,全力推动科技创新、金融振兴、民营经济发展“三个突破”,为新形势下全省经济社会发展提供了科学思路、有力举措和坚强保证。省委、省政府团结带领广大党员干部和人民群众,全面推进经济建设、政治建设、文化建设、社会建设、生态文明建设,经济社会发展取得新成就,“十二五”规划确定的目标任务基本完成。

综合实力明显提升。积极应对经济下行压力持续加大的困难局面,坚持稳中求进工作总基调,积极推进廉洁发展、转型发展、创新发展、绿色发展、安全发展、统筹发展,实施了一批行之有效的政策措施,全省综合实力得到明显提升。全省地区生产总值由2010年的9188.8亿元提高到2015年的12802.6亿元,年均增长7.9%(2011年突破万亿大关)。一般公共预算收入由2010年的969.7亿元提高到2015年的1642.2亿元,年均增长11.11%。全社会固定资产投资累计完成5.4万亿元,年均增长21.7%(2013年突破万亿大关),超额完成“五年五万亿”的目标。社会消费品零售总额年均增长12.7%。城镇化建设稳步推进,2015年全省常住人口城镇化率达到55.03%。一批重大工程如期建成,基础设施更加完善。截至2015年底,全省铁路营运里程突破5000公里,大西客专太原至西安段通车运营,山西中南部铁路出海通道如期建成,大张铁路顺利开工。公路通车里程达到14.1万公里,高速公路通车里程突破5000公里。吕梁机场、五台山机场、临汾机场建成通航,通达、便捷的立体化现代交通运输体系日益完善。太原南站建成运营,太原市城市轨道交通2号线工程抓紧实施,晋中至太原城际铁路项目前期工作有序推进。水利建设工作扎实推进,大水网骨干工程进展顺利,引黄北干工程全面竣工，病险水库除险加固任务基本完成。

产业结构不断优化。国家新型综合能源基地建设力度加大，经济结构调整不断深化，转型升级步伐加快，产业结构更趋合理。全省三次产业比例由2010年的6.0:56.6:37.3调整为2015年的6.2:40.8:53。现代农业稳步发展，农业综合生产能力增强，粮食生产连年丰收，2015年粮食总产量达到125.96亿公斤，农产品加工销售收入由2010年的510亿元增加到2015年的1422.6亿元，年均增长22.8%。工业内部结构得到优化，装备制造、现代煤化工、新型材料、特色食品等新兴产业发展势头强劲。大力推进煤炭“六型转变”，加快重组整合矿井改造，推进现代化矿井建设，形成3个亿吨级、4个5000万吨级的大型煤炭集团。大力推进煤电一体化发展，主力火电企业80%以上实现煤电联营。截至2015年底，新增电力装机2795万千瓦，电力总装机容量达到6966万千瓦。蒙西—晋北—北京西—天津南、陕北榆横—晋中—石家庄—济南、山西—江苏3条特高压输电通道开工建设。煤层气产业发展迅速，煤层气年抽采量、利用量分别达到101亿立方米、57亿立方米。服务业发展态势良好，服务业增加值由2010年的3432亿元增加到2015年的6785.3亿元。旅游总收入由2010年的1083.5亿元增加到2015年的3447.5亿元，年均增长26.03%。科技创新体系建设不断推进，山西科技创新城建设进展顺利，企业创新主体地位不断增强，全省高新技术企业达到721家，国家级、省级技术中心分别达到26户、224户。

社会民生持续改善。高度关注民生、切实保障民生、着力改善民生，社会事业发展成绩显著。城乡就业不断扩大，2011—2015年累计新增城镇就业255.9万人，转移农村劳动力197.7万人。城镇居民人均可支配收入年均名义增长10.7%，农村居民人均可支配收入年均名义增长12.4%，实现农村居民收入增长快于城镇居民收入增长，人民生活水平和质量进一步提高。逐步实现各级各类教育公平、协调、均衡发展，中等职业教育实现免学费全覆盖。社会保障体系更加完善，城乡居民养老、医疗保险和低收入群体基本生活保障基本实现全覆盖。医疗卫生事业加快发展，服务水平不断提高。城市人居环境明显改善，大力实施设施提升、城市安居、城中村改造和环境提质“四大工程”，建成城镇保障性住房102.5万套，其中棚户区改造完成61.2万套。农村完善提质、农民安居、环境整治、宜居示范四大工程全面实施，新一轮农村“五个全覆盖”工程全部完成，“农村五件实事”每年如期完成。扶贫开发工作成效明显，贫困地区生产生活条件不断改善，5年共有220万贫困人口实现脱贫。安全生产工作取得新成效，安全生产指标全面完成，并向稳定好转坚实迈进。平安山西建设深入开展，法治山西建设纵深推进，社会治理水平有了新的提升。文化事业和文化产业发展迈上新台阶。

生态环境显著好转。节能降耗力度不断加大，化解过剩产能有效推进，节能约束性目标全部完成。单位地区生产总值能耗超额完成下降16%的目标任务。万元工业增加值用水量下降27%。率先启动燃煤发电机组超低排放改造，完成改造容量1566万千瓦，改造后排放水平达到或优于燃气发电机组。累计核准开工低热值煤发电项目24个，总装机2199万千瓦，投产后每年可消耗煤矸石8400万吨，环境效益和经济效益十分显著。全省主要污染物排放总量显著下降，2015年环境空气质量综合指数比2013年下降15.7%。水环境质量持续改善，全省饮用水源地水质(扣除本底值)全部达标，地表水劣V类断面比例显著下降。深入实施《山西省大气污染防治行动计划》，2015年细颗粒物(PM2.5)平均浓度同比下降12.5%。2015年城市污水处理率达到87.18%，比2010年提高11.18个百分点，城市生活垃圾无害化处理率达到92.5%，比2010年提高27.5个百分点。造林绿化和生态治理修复工程顺利推进，5年营造林2252万亩，森林覆盖率、蓄积量显著增加。应对气候变化工作取得积极进展。

改革开放有力推进。全面深化改革扎实推进，转型综改试验区建设全面展开，一些重大领域和关键环节取得阶段性进展。国家赋权的三项重大改革深入落实，国家委托的低热值煤发电项目核准进展顺利，煤层气矿业权审批下放深入推进，煤炭衍生品交易工作有序推进。煤炭管理体制改革持续深入，清费立税改革成效显著，煤炭企业负担大幅减轻，煤炭销售体制改革迈出坚实步伐，煤炭、焦炭公路运销管理行政授权以及运销票据全部取消，煤炭行政审批制度改革步伐加快，涉煤审批事项、审批环节和企业事务性负担均减少1/3，煤炭资源市场化配置等相关改革积极推进。新兴产业培育促进机制加快构建，新兴制造业三年推进计划启动实施。国资国企改革全面启动，率先推进重大信息公开。打造“阳光国企”，企业负责人薪酬和履职待遇管理制度改革加快实施，省直机关直属企业脱钩改革步伐加快。促进民营经济发展全方位发力，围绕破解九个方面难题的相关举措陆续推出。生态保护修复机制不断完善，生态治理多元投入机制、环境污染第三方治理机制逐步健全。城乡统筹发展机制加快构建，新型城镇化步入快车道，农业农村改革逐步深入。金融创新步伐加快，全方位强化金融对实体经济的支持，融资担保体系不断健全，资本市场体系进一步完善。创新驱动战略全面实施，建立了“131”创新驱动战略体系，科技对转型发展的促进作用逐步显现。政府自身建设不断加强，政府职能加快转变，行政管理体制改革持续深化，部门权力清单、责任清单公布实施，综合性政务服务平台、公共资源交易平台加快构建。投资体制改革持续深入，省级核准类项目减少50%以上。商事制度改革成效明显。财税、金融、工商登记、医药卫生、高速公路、公务用车、国有林场、供销社、生态文明建设等方面改革取得成效。进一步扩大对外开放，积极对接“一带一路”、融入京津冀，区域合作进一步深化。成功举办中博会、能博会、文博会、农博会、书博会、晋商大会，开展“央企山西行”等活动，招商引资成果丰硕。全省吸收省外投资实际到位1.78万亿元，是“十一五”时期的3倍。实际利用外资132亿美元，同比增长43.6%。进出口结构明显优化，高新技术产品出口占比达到47%。对外开放的广度和深度持续拓展，与德国北威州、美国爱达荷州、怀俄明州等省州的务实合作深入开展。

第二节 “十三五”发展面临的形势

从国际看，和平与发展仍是当今时代的主题，世界多极化、经济全球化、文化多样化、社会信息化深入发展，世界经济在深度调整中曲折复苏，新一轮科技革命和产业变革蓄势待发，我省发展具有相对稳定的国际环境。

从国内看，我国进入全面建成小康社会决胜阶段，经济长期向好基本面没有改变，发展仍处于可以大有作为的重要战略机遇期，但内涵和条件发生深刻变化。新常态下经济发展表现出速度变化、结构优化、动力转换三大特点，增长速度从高速转向中高速，发展方式从规模速度型转向质量效率型，经济结构调整从增量扩能为主转向调整存量、做优增量并举，发展动力从主要依靠资源和低成本劳动力等要素投入转向创新驱动，正在由原来加快发展速度的机遇转变为加快经济发展方式转变的机遇，正在由原来规模快速扩张的机遇转变为提高发展质量和效益的机遇。党中央确定了创新发展、协调发展、绿色发展、开放发展、共享发展理念，明确了“十三五”时期主要目标、重点任务、重大举措。国家加快实施“一带一路”、京津冀协同发展、环渤海地区合作发展等重大战略，为我省借势发展、融合发展、开放发展提供了历史机遇。新型工业化、信息化、城镇化、农业现代化同步推进，为稳增长、调结构、防风险、保民生拓展了新空间。全面深化改革破解发展深层次体制机制障碍，为我省补齐全面建成小康社会短板增强了动力和活力。

从省内看，主动适应经济发展新常态，确定并实施“六大发展”“三个突破”、煤和非煤两篇文章等战略举措，为我省加快发展明确了思路、方向和路径。转型综改试验区建设向纵深推进，为我省经济社会发展进一步释放了活力。全省人民群众对美好生活的向往和期待是我省加快发展的动力源泉。丰富的资源禀赋、独特的区位优势、深厚的历史文化底蕴，以及已经取得的发展成效，为我省加快发展提供了坚实基础。煤、电等能源产业优势和丰富的交通、电网、燃气管网等基础设施，为我省加快发展提供了重要支撑。净化政治生态，从严落实“两个责任”、保持“三个高压态势”、推进“六权治本”，形成了我省如期全面建成小康社会的强大合力和良好环境。

同时，必须清醒看到，我省作为典型的资源型经济地区、中部欠发达省份，在全面建成小康社会的前进道路上还有不少困难和问题，发展不平衡、不协调、不可持续的问题仍然突出，主要是面临着政治、经济、民生和生态的“立体型困扰”，面临着破解“资源型经济困局”的重大课题，尤其是全面建成小康社会还存在突出短板，发展不足、发展粗放、规模不大、结构不优、质量不高、效益不好、创新不够的问题仍然突出。地区生产总值虽然突破万亿元大关，但总量在全国排名还相对靠后，经济结构性矛盾突出，“一煤独大”局面尚未实质性改变。资源和生产要素市场化配置程度不高，资源型产业产能过剩问题突出，发展空间趋紧、抗风险能力弱化。民生欠账问题仍然突出，公共服务和社会保障体系还不完善，城乡居民收入差距较大，农民增收特别是吕梁、太行两大连片贫困区等农村贫困人口实现脱贫、贫困县全部摘帽还比较艰难。生态环境“瓶颈”问题仍然突出，节能减排和环境保护任务较重，水生态环境脆弱，造林绿化尚有差距。特别是经济下行压力持续加大，“十二五”后两年全省地区生产总值增长低于全国平均水平，全省一般公共预算收入同比下降，部分县(市、区)财政收入负增长，企业运行艰难。全省安全生产基础还不牢固，安全生产形势仍然严峻。干部作风建设和党风廉政建设任重道远，减少腐败存量、控制腐败增量任务艰巨。一些干部“为官不为”问题还较为突出，领导干部运用法治思维和法治方式推动发展的能力和水平有待提高，有效激发广大党员干部干事创业积极性、主动性、创造性有待在体制机制建设上下更大气力。实现我省与全国同步全面建成小康社会，农村特别是贫困地区与城市同步全面建成小康社会任务艰巨繁重。

综合判断，我省发展仍处于可以大有作为的重要战略机遇期，同时也面临诸多矛盾相互叠加的严峻挑战。必须准确把握战略机遇期内涵的深刻变化，从过分依靠外需增长推动经济发展向外需内需并重、更加重视内需增长转变，大力推进煤炭清洁高效利用，多种方式化解过剩产能。必须继续保持“三个高压态势”，继续从严治吏、保持选人用人风清气正，积极主动适应新常态、把握新常态、引领新常态，切实增强机遇意识、忧患意识、责任意识，进一步振奋精神、保持定力、坚定信心，更加有效应对风险和挑战，着力在转方式、调结构、促改革、惠民生、补短板、建小康上取得突破性进展，不断开拓发展新境界。

第三节　指导思想

高举中国特色社会主义伟大旗帜，全面贯彻党的十八大和十八届三中、四中、五中全会精神，坚持以马克思列宁主义、毛泽东思想、邓小平理论、“三个代表”重要思想、科学发展观为指导，深入贯彻落实习近平总书记系列重要讲话精神，按照“五位一体”总体布局和“四个全面”战略布局，坚持发展是第一要务，牢固树立并切实贯彻“五大发展”新理念，按照省委“五句话”总要求，推进创新发展、协调发展、绿色发展、开放发展、共享发展、廉洁和安全发展，以转型综改试验区建设为统领，以改革创新为动力，以转方式、调结构、增效益、提速度为基点，认识适应和引领经济发展新常态，着力做好煤和非煤两篇文章，化解过剩产能，扩大新兴产业规模，着力净化政治生态，着力建设文化强省，着力保障和改善民生，着力加强生态文明建设，确保如期全面建成小康社会。

如期实现全面建成小康社会奋斗目标，推动我省经济社会持续健康发展，必须坚持人民主体地位、坚持科学发展、坚持全面深化改革、坚持加快法治山西建设、坚持全方位对外开放、坚持党的领导。

第二章　“十三五”时期经济社会发展的主要目标和发展理念

第一节　全面建成小康社会新的目标要求

按照党的十八届五中全会提出的全面建成小康社会新的目标要求，综合考虑未来发展趋势和条件，今后五年我省经济社会发展的主要目标是：

——转型升级取得重大进展。主动适应经济发展新常态，力争经济较快增长，确保到2020年实现地区生产总值和城乡居民人均收入比2010年翻一番，实现我省与全国同步全面建成小康社会，农村特别是贫困地区与全省同步全面建成小康社会的奋斗目标。发展空间格局得到优化，投资效率和企业效益明显上升，工业化、信息化水平进一步提高。传统产业竞争力不断增强，煤炭安全、清洁、高效、低碳利用水平不断提高，新兴接替产业形成规模，服务业比重不断提高。农业现代化迈上新台阶，粮食安全基础更加巩固。京津冀清洁能源供应基地、国家级的新型综合能源基地和全球低碳创新基地建设取得积极进展。科技、消费对经济增长贡献率明显提高。新型城镇化加速推进。人才强省建设迈出新步伐。

——民生保障水平普遍提高。就业比较充分，教育、社会保障、医疗、住房等公共服务体系更加健全，基本公共服务均等化水平显著提高。教育现代化取得重要进展，劳动年龄人口受教育年限明显提高。人民健康水平显著提升。收入差距缩小,中等收入人口比重上升,努力实现城乡居民收入与GDP同步增长、农村居民收入增速快于城镇居民收入增速。现行标准下的贫困人口全部稳定脱贫,贫困县全部摘帽,消除区域性整体贫困。安全生产向稳定好转坚实迈进。

——文化建设呈现全新局面。文化强省建设步伐进一步加快,文化发展主要指标、文化事业整体水平、文化产业综合实力明显提升。中国特色社会主义和社会主义核心价值观更加深入人心,爱国主义、集体主义、社会主义思想广泛弘扬,向上向善、诚信互助的社会风尚更加浓厚,人民思想道德素质、科学文化素质、健康水平明显提高。公共文化服务体系基本建成,文化产业增加值不断提高,文化创造力、影响力增强,三晋文化“走出去”成效更加显著。

——生态建设实现稳步提升。主体功能区布局和生态安全屏障基本形成,生产方式和生活方式绿色低碳化水平显著提高。能源资源使用效率大幅提高,能耗和水资源消耗、建设用地、碳排放总量得到有效控制,主要污染物减排完成国家下达任务,大气、水、土壤污染治理取得新成效。生态环境持续改善,森林、草地覆盖率进一步提高,城市建成区绿化覆盖率明显提高,城乡人居环境明显改善。

——改革开放迈出坚实步伐。资源型经济转型综合配套改革取得重大进展,支撑资源型经济转型的政策体系和体制机制基本建立。重点领域和关键环节改革取得决定性成果,形成一批可复制、可持续、可推广经验。开放型经济和对外合作体制基本形成,对外开放的广度和深度不断拓展。

——民主法治建设成效显著。地方法规体系不断完善,人民民主不断扩大,法治政府基本建成,司法体制改革基本到位,司法公信力明显提高,全民法律素质明显提升。服务型政府建设成效显著,政府公信力和行政效率进一步提高。民主法治更加健全,社会治理能力和水平不断提高,社会更加和谐稳定。

第二节 以新的发展理念引领新的发展实践

党的十八届五中全会提出的创新、协调、绿色、开放、共享发展理念,是“十三五”乃至更长时期我国发展思路、发展方向、发展着力点的集中体现,是关系我国发展全局的一场深刻变革。我们必须牢固树立并切实把新的发展理念贯彻到我省经济社会发展的实践中,着力推进创新发展、协调发展、绿色发展、开放发展、共享发展、廉洁和安全发展,努力开创我省全面建成小康社会新局面。

着力推进创新发展。把创新作为引领发展的第一动力,把人才作为支撑发展的第一资源,把创新摆在全省发展全局的核心位置,不断推进理论创新、制度创新、科技创新、文化创新等各方面创新,鼓励创新、支持创新、包容创新,让创新成为发展常态、社会风尚,不断推动经济结构全面转型,努力破解“资源型经济困局”,使我省发展的质量更好、效益更高、结构更优。

着力推进协调发展。促进经济社会协调发展,促进城乡区域协调发展,促进新型工业化和信息化深度融合、新型工业化和城镇化良性互动、城镇化和农业现代化同步发展、物质文明和精神文明协调发展,不断增强发展整体性和平衡性。

着力推进绿色发展。坚持节约资源和保护环境的基本国策,坚持可持续发展,大力推进能源革命,走出一条具有山西特色的“革命兴煤”之路,加快推进传统产业绿色改造和“高碳资源低碳发展、黑色煤炭绿色发展”,扭转环境恶化、改善环境质量,建设资源节约型、环境友好型社会,走生产发展、生活富裕、生态良好的文明发展道路。

着力推进开放发展。从深度融入国内国外经济合作中谋划发展,坚持对内对外开放相促进、引进来和“走出去”相结合、引资和引技引智并重,加大对外开放力度,完善对外开放区域布局、对外贸易布局、投资布局,建设市场化、法治化、国际化、便利化营商环境,发展更高层次的开放型经济,以扩大开放带动创新、推动改革、促进发展。

着力推进共享发展。坚持发展为了人民、发展依靠人民、发展成果由人民共享,逐步建立以权利公平、机会公平、规则公平为主要内容的社会保障体系,努力创造公平、包容、普惠的发展环境,确保农村贫困人口脱贫,实现全省人民共同迈入小康社会,增进人民群众的获得感和幸福感。

着力推进廉洁和安全发展。廉洁和安全是党中央对山西工作的重要指示要求,更是山西发展的现实保障。坚持廉洁发展并自觉贯穿到经济社会发展各环节、全领域,实现经济发展与干部清正、政府清廉、政治清明的良性互动。坚守安全发展红线,坚持安全第一、预防为主、综合治理的方针,完善和落实安全生产责任和管理制度,健全公共安全体系,切实维护人民生命财产安全,维护我省各方面的安全与稳定。

第三章 推进创新发展,着力加快转型升级

立足创新驱动发展战略,加强科技创新和全面创新,培育创新沃土,激发全社会创新活力和创造潜能,以"四创联动"为路径,发挥优势创抓机遇,抓住机遇创造需求,根据需求创新供给,围绕供给创优机制,加快培育新的发展动能,不断增强山西发展的活力和后劲。

第一节 培育发展新动力

适应和引领经济发展新常态,坚持发展是第一要务,落实宏观政策要稳、产业政策要准、微观政策要活、改革政策要实、社会政策要托底的要求,着力加强结构性改革,激发创新创业活力,推动大众创业、万众创新,释放新需求,创造新供给,在挖掘有效需求中厚植发展优势,努力实现有质量、有效益、可持续的增长。

着力加强供给侧结构性改革。以全面深化改革为契机,更加重视供给侧结构性改革,全面提升供给质量,促进投资、消费、出口协同发力,统筹三次产业协调发展,加速发展动力转换。提高供给结构适应性和灵活性,提升全要素生产率,提高供给体系质量和效率,使供给体系更适应需求结构的变化,增强经济持续增长动力。围绕消费新需求,创新消费品等相关产业和服务业供给,增加优质新型产品和生活服务等有效供给,用好政府购买服务等方式,充分调动社会力量,增加公共产品和服务供给。大力促进我省传统行业过剩产能有效化解,促进产业优化重组,淘汰规模小、耗能高、污染重的企业。因企施策,加快分类处理"僵尸企业"。优化要素配置,降低企业成本,增强企业创新能力。落实国企改革一系列政策措施,大力发展混合所有制企业,增强国企竞争力。消化房地产库存,促进房地产业持续发展。深化金融改革,防范和化解金融风险,构建良好金融生态。

发挥有效投资对经济增长的关键作用。以投资负面清单为抓手,引导和有效调控全社会投资,实施有扶有控的投资引导政策,调整优化投资结构,努力保持投资合理增长,提高投资的质量和效益。

深化投资体制改革。充分发挥市场对资源配置的决定性作用,保护投资者的合法权益,促进生产要素的合理流动和有效配置。调整和完善固定资产投资项目资本金比例制度,合理降低投资门槛。优化服务流程,减少前置审批条件,完善投资项目在线审批监管平台。规范政府投资行为,健全政府投资决策机制,规范政府投资资金管理。发挥财政资金撬动功能,创新融资方式,带动更多社会资本参与投资。创新公共基础设施投融资机制,推广政府和社会资本合作模式。加强和规范政府融资平台管理,防范投资风险。完善国有资产管理体制,规范国有企业投资行为。完善固定资产"六位一体"等一系列有效抓投资的工作机制。在抓好投资大、带动作用强、科技含量高、经济效益好的大项目的基础上,引导投资向打基础、利长远、惠民生的基础设施和公共领域倾斜。

持续扩大有效投资。做好统筹兼顾,推动经济社会发展补上短板、突破瓶颈。通过实施一批重大工程和重大项目,抢占提高竞争力的战略制高点,提供更优质、更多样的公共产品和服务。围绕增强综合实力,在科技前沿、信息网络、高端装备、战略性新兴产业发展等方面建设一批重大工程。着眼提升基础支撑能力,在交通设施、新型城镇化、现代农业、能源开发、网络提速、生态环境治理等方面实施一批重大项目。立足加强社会建设,在教育发展、扶贫开发、促进就业、健康养老、文化建设等方面推出一批重大举措。继续严格控制"两高"和产能过剩行业盲目扩张。

优化投资环境。落实国家及省鼓励引导民间投资的各项政策,进一步放宽民间投资市场准入,加大对民间资本参与基础设施和社会事业领域建设的支持力度,积极吸引社会资本更多参与重点项目建设。鼓励和引导社会资本通过特许经营、政府购买服务、股权合作等方式开展政府和社会资本合作。继续发布出台 PPP 合作项目,推进政府投资项目代建制,加大财税、价格、土地、金融等方面的支持。大力发展直接融资,加快构建多层次的股权资本市场。改善间接融资结构,积极稳妥发展面向小微企业和"三农"的特色中小金融机构。强化企业投资主体地位,进一步放开社会投资领域,实行民间投资"负面清单"管理模式,适度放宽对民间资本经营权的限制。

发挥消费对经济增长的基础性作用。坚持消费者优先,以新消费为牵引,催生新技术、新产业,努力把城乡居民潜在的消费需求转化为现实的消费需求。

完善消费政策。坚持"长期政策与短期政策相结合,政府支持和市场引导相结合",着力完善鼓励合理消费、可持续消费和保障消费者权益的体制机制。充分发挥新型城镇化对消费的引领作用,在总结家电下乡、建材下乡、节能产品惠民等鼓励消费政策经验的基础上,进一步完善鼓励居民合理消费的财税、信贷等政策。支持社会力量举办各类服务机构。积极落实国民休闲计划和带薪休假制度。

夯实消费基础。促进流通业现代化,鼓励发展各类市场主体参与的、线上线下融合的流通新兴业态,提高流通信息化、标准化、集约化水平。加快推进电子商务进农村、进社区,重点建设县域电子商务公共服务中心和乡镇、村级服务点。建立完善农产品市场体系,加快跨区域农产品流通基础设施建设,探索推进公益性农产品批发市场建设。在城市社区和村镇布局建设共同配送末端网点,提高"最后一公里"的物流配送效率。

优化消费环境。创造高效便捷的消费环境,支持消费金融创新,积极稳妥推动消费信贷、家庭理财等新兴消费金融发展。破除阻碍市场流通的体制机制,畅通市场"经脉",降低流通环节费用及成本,不断提高居民消费的便利性。健全城乡消费市场监管体制,加强关键商品流通准入管理,健全流通追溯体系和有效维护消费者权益的组织体系。加快完善标准体系和信用体系,加强质量监管,规范消费市场秩序,强化企业责任意识和主体责任,健全消费者权益保护机制,完善消费基础设施网络。

提升消费能力。坚持消费引领,以消费升级带动产业升级,改造提升传统产业,培育壮大战略性新兴产业,大力发展服务业,努力增加就业创业机会,多渠道增加低收入者收入,提高中等收入者比重。扩大养老、医疗、失业等社会保障覆盖面,提高保障水平,构筑社会保障安全网,增强居民消费的信心和动力,释放城乡居民消费潜力。

培育新的消费增长点。以新消费引领经济提质增效、转型升级,加快培育形成新供给、新动力。引导消费朝着智能、绿色、健康、安全方向转变,以扩大服务消费为重点带动消费结构升级。扩大品质消费,稳定住房、汽车等大宗消费,发展教育培训消费,培育健康养老消费,刺激信息消费,升级文化旅游消费,鼓励绿色时尚消费,提升农村消费。继续开展"山西品牌中华行、丝路行、网上行""山西购物季""美丽山西休闲游"等专题促消费活动,在全国主要城市和我省旅游景区建立山西省品牌产品展销中心。

发挥出口对经济增长的促进作用。增强对外投资和扩大出口结合度。积极扶持培育外向型龙头企业、拳头产品。加快培育和完善外贸综合服务体系,畅通国际物流通道,积极促进与天津港、青岛港、连云港、欧亚大陆桥等国际物流通道的互联互通。努力稳定传统优势产品出口,推进以质取胜战略,优化外贸结构,加快培育以技术、品牌、质量、服务为核心的外贸竞争新优势。巩固旅游、建筑等传统服务贸易出口优势,发展版权贸易,积极推进山西特色文化产品和技术服务出口,拓展商贸物流、跨境电子商务等出口业务范围。

第二节　做好煤和非煤两篇文章

以结构深度调整、振兴实体经济为主线,把化解产能过剩和发展新兴产业有机结合起来,实施工业强基工程,不断改造提升传统优势产业,切实推进煤炭产业"六型转变",大力培育市场潜力大、产业基础好、带动作用强的非煤产业,加快国家新型综合能源基地建设,逐步形成以传统优势产业为主导、新兴接替产业为先导、服务业全面发展的产业格局。

(一)做优做强能源产业

以"高碳资源低碳发展,黑色煤炭绿色发展"为原则,加快转变能源产业发展方式,调整优化能源结构,提高能源效率,切实提高能源产业核心竞争力,扎实推进山西国家新型综合能源基地建设。

煤炭产业。着力推进煤炭及其相关产业向市场主导型、清洁低碳型、集约高效型、延伸循环型、生态环保型、安全保障型转变，走出一条具有山西特色的革命兴煤之路。深化煤炭管理体制改革，加快建立符合国家新型综合能源基地开发建设和运行管理的现代管理体系。按照区域煤质和煤层赋存特点，推进晋北、晋中、晋东三大煤炭基地建设，控制新建规模，重点做好资源枯竭煤矿关闭退出和资源整合煤矿改造，提升矿井现代化水平，推进传统煤炭产业向高端、高质、高效迈进，保障国家清洁煤和综合能源基地生产原料的供给。以安全绿色开采、清洁高效利用为重点，普及推广绿色开采技术。大力引进和推广先进适用技术，建立商品煤分级分质利用体系，提高洗配煤占商品煤的比重，力争到2020年原煤入洗率达到70%以上。构建有效控制煤炭生产总量、市场需求调节煤炭产品结构新机制，着力推进煤转电、煤转化等产业发展，有效化解产能过剩，提高煤炭就地转化率。以大型煤炭企业为主体，继续推进煤炭资源整合和煤矿企业兼并重组，减少全省煤炭矿井个数，进一步提升产业集中度，提升煤炭产业集约化水平。培育同煤集团、中煤平朔、焦煤集团等亿吨级煤炭企业，培育阳煤集团、潞安集团和晋煤集团向亿吨级煤炭企业迈进，到2020年大企业集团煤炭产量占总产量比重超过80%，千万吨级煤炭矿井产量占到总产量的20%左右。

电力产业。全面推进煤电产业优化升级，以建设晋北、晋中、晋东大型煤电基地为重点，发展大容量、高参数超临界、超超临界燃煤发电机组，加快燃煤发电升级与改造，推进燃煤发电机组超低排放改造，进一步提升煤电高效清洁发展水平。以60万千瓦循环流化床机组为引领，重点推进大容量低热值煤发电项目建设，稳步推进热电联产的低热值煤发电机组建设。新建机组严格执行超低排放标准核准批复，严格按照"等煤量置换"原则配比关停一定容量的小火电机组。在役30万千瓦及以上的机组限期完成超低排放改造。有序关停未完成改造、达不到超低排放标准的非供热及热负荷不落实的燃煤机组。全面深化电价改革、电力交易体制改革、发用电计划改革和售电侧改革，培育售电市场主体，扩大直供电领域和范围，建立和完善电力市场交易机制。加大晋电外送能力和通道建设，最大限度满足省外对清洁电力能源的多样化需求。加快省内用电市场建设，在优化布局和产能调控基础上，适度发展现代载能产业，推广应用绿色家电，扩大城乡居民生活用电需求。

煤层气产业。充分发挥我省煤层气资源大省优势，积极探索形成与天然气同质同价的价格机制，大力推进煤层气开发与井下瓦斯抽采，实现煤矿瓦斯抽采全覆盖工程。重点建设沁水和河东两大煤层气产业基地，建设河曲—保德、临县—兴县、永和—大宁—吉县、沁南、沁北、三交—柳林等六大煤层气勘探开发基地。积极推进井下瓦斯规模化抽采利用，着力构建晋城矿区、阳泉矿区、潞安矿区、西山矿区和离柳矿区五大瓦斯抽采利用园区。积极探索煤层气多通道、多途径利用，推进煤层气替代汽油燃料和替代工业燃煤工程建设，在煤矿瓦斯富集地区发展坑口瓦斯发电，形成勘探、抽采、输送、压缩、液化、化工、发电、汽车用气、居民用气等一整套产业链，尽快把煤层气发展成为我省战略性支柱产业。力争到2020年，煤层气总产能达到400亿立方米。

新能源产业。充分发挥我省风能、太阳能等资源优势，大力培育发展风电、光伏发电和生物质发电等新能源产业，加快新能源开发利用的产业化进程。稳步推进晋北千万千瓦级风电基地建设，有序推进中南部低风速资源开发，积极探索风电供暖试点。以大同采煤沉陷区建设国家先进技术光伏示范基地为契机，推进阳泉、忻州等采煤沉陷区光伏基地建设。加快推进光伏扶贫。重点支持新能源微电网示范项目。加快推动太原西山新能源示范区建设。探索推进运城现代农业与光伏产业联动发展示范基地建设。抓好大同、长治、运城等新能源城市建设。到2020年，新能源装机规模力争达到3800万千瓦。

（二）优化提升现代载能产业

改造提升冶金、焦化、建材等传统优势产业，积极化解产能过剩，发展壮大现代煤化工和大数据产业，促进电力、煤炭与高载能产业互动发展，实现能源就地消纳增值，积极推进钢铁、建材等主要耗煤行业的清洁生产，减少污染。

冶金产业。以控制总量、淘汰落后、企业重组、技术改造、优化布局、节能减排为重点，着力推进冶金产业结构调整和优化升级。加快钢铁企业和有色行业的兼并重组步伐,提高产业集中度。按照严控新增产能、淘汰落后产能、优化存量产能、增强综合竞争力的发展思路,建设高质量、多品种的钢铁生产体系。坚持资源就地转化、配套深加工、延伸产业链发展,建设优质、高端的铝镁合金材和铜材生产体系。坚持煤电铝材一体化发展,以深化电力体制改革为突破口,按照集约化、循环化、生态化建设理念,以13个铝土矿资源集中区为依托,优化资源配置,发展精深加工,构建南部、中部和西部三大铝工业产业集群,按照煤电铝材一体化思路延伸产业链,发展铝深加工和循环经济,提高氧化铝就地转化率和产品附加值,推进全省工业转型升级。

现代煤化工产业。通过科学布局、产业融合、创新引领、绿色发展,改造提升传统煤化工产业,稳步推进现代煤化工产业发展,构建具有山西特色的煤化工产业体系,把煤化工建设成为我省转型发展的重要支柱产业。面向煤基清洁能源(煤制天然气、煤制油)和煤基高端化工(煤制烯烃、煤制芳烃)两大方向,打造高端煤化工产业集群。充分利用晋北地区相对丰富的煤炭资源、土地资源等要素,重点发展高端精细化产品和煤基新材料产品,高起点、高标准建设具有国内外先进水平的晋北现代煤化工基地。发挥现有晋东、晋中基地煤化工产业优势,推动传统煤化工、焦化、现代煤化工、高端化学品制造等产业耦合发展。

焦化产业。坚持"稳焦上化、以化补焦,焦化并举、上下联产",加快转变焦化产业发展方式,推动技术、产品、管理和体制机制全面创新,逐步实现由以焦为主向焦化并举和以化为主转变。调整优化产业布局,鼓励行业内外联合重组,推进上下游一体化发展,加快基地化、园区化、大型化改造,打造全国一流新型焦化产业基地。坚持产能置换、市场交易原则,严格控制新增产能,稳步推进节能环保高效大焦炉建设,不断提升整体技术装备水平。探索传统焦炭转型路径,开展普通机焦炉以低品质煤为原料生产化工焦试验,稳步消化焦炭过剩产能。依托焦炉煤气资源,推进化产延伸,培育壮大焦炉煤气化工合成、煤焦油深加工和粗苯精制产业链,实现焦化产品精细化、系列化、规模化、高附加值化。

建材产业。加快建材产业结构调整与转型升级,推进企业兼并重组,全面提高我省建材工业的发展水平。大力发展绿色建材以及为新能源等战略性新兴产业配套的无机非金属材料及制品,推进优势特色产业规模化。鼓励推动水泥等行业通过资产重组、联合、并购、控股等多种形式提高产业集中度。积极引导水泥、平板玻璃、建筑陶瓷等行业提高产品精、深、专、特加工程度。探索低碳、减排发展模式,推动建材产业由高耗能、高污染的传统产业向清洁、高效的现代产业转变。鼓励水泥、新型墙材、建筑陶瓷等行业企业对矿渣、粉煤灰、煤矸石、副产石膏等大宗工业废弃物进行资源化综合利用,推动废弃物替代燃料的技术开发和应用,支持有条件的企业进行废弃物协同处置。

大数据产业。引导支持大数据产业发展,加快内容分发网络建设,优化数据中心布局。大力推进云计算和数据中心建设,形成与需求紧密结合的大数据产品体系。实施云计算工程,大力提升公共云服务能力,引导行业信息化应用向云计算平台迁移。继续推进百度(阳泉)公司、吕梁军民融合协同创新研究院等云计算和数据中心建设,集聚和配套发展智能终端设备、云存储、云超算、云管理、政务云等云计算服务及相关产业。

(三)发展壮大装备制造业

贯彻《中国制造2025》,紧扣创新驱动、布局优化、两化融合、绿色制造,努力把装备制造业打造成为我省经济转型升级的新引擎。以重点企业、园区、技术、项目为依托,建立先进装备制造研发设计平台,构建高效完备的先进装备制造业服务体系,加快提升装备制造业竞争力,将我省建设成为全国装备制造产业重要基地。

轨道交通装备。以高端化、系列化、成套化为方向,提升轨道交通装备配套协作能力,打造配套完善的轨道交通装备制造产业体系,建设太原、大同、运城三大轨道交通装备制造基地。

煤机装备。坚持技术引进和技术创新相结合,突出成套,培育集群,不断提高煤机系统集成能力和技术创新能力，全面提升煤机制造水平。发展适用各类煤层和各种复杂地质条件下的“三机一架”自动化、智能化成套装备，打造山西（太原）煤机技术研发中心和晋中、晋东、晋北三大煤机制造产业集群。

煤层气装备。积极承接国际国内产业转移，努力实现煤层气勘探开采、生产加工、输送利用工艺环节装备全覆盖，重点发展高精尖勘探装备、智能化排采成套装备、煤层气发电装备等，建设太原、晋城两大煤层气装备制造基地，发展大同、运城两大煤层气特色应用基地。

电力装备。积极拓展延伸电力装备制造产业链，鼓励研发矿井乏风氧化发电、低浓度煤层气发电、清洁环保燃煤发电、光伏电池光电转换等先进技术和装备。重点发展低热值煤大型循环流化床锅炉、低温余热发电装备、3MW风力发电机组、超高效光伏电池及组件、大功率煤层气发电机组等发电装备。培育一批具有辐射带动作用的龙头骨干企业，推动成套化、系列化和高端化制造，提升电力装备产业的核心竞争力。

煤化工装备。加大自主研发与技术引进力度，进一步拓宽产品覆盖面，重点发展大型、高压、高温、高效加压、劣质煤种气化炉、合成反应器等煤化工成套装备，打造以现代煤化工关键设备为主导产品、具备成套设备研发设计制造和工程总承包能力的太原煤化工装备制造基地。

节能环保装备。着力培育优势技术装备产品，推广高效锅炉（窑炉）、新型煤粉锅炉、电机、变压器和高效热能回收系统应用。发展一批大气污染防治、环境治理、辐射防治等环保技术装备。

积极发展重型机械、纺织机械、汽车部件及整车、通用航空、电子智能、精密铸件锻件基础工艺、液压配件组件、材料深加工、特色军工民品、农业机械等装备制造。

（四）培育发展新兴接替产业

大力支持市场潜力大、产业基础好、带动作用强的行业，加快形成支柱产业，积极培育先导产业，切实提高产业核心竞争力和经济效益。

节能与新能源汽车。加快发展电动汽车、甲醇汽车、燃气汽车、农用电动机械等节能与新能源汽车产业。大力发展电动客车、电动专用车、电动乘用车，适度发展混合动力、甲醇和燃气汽车，着力构建“煤—电—车”产业链。加快知名汽车生产企业引进落地，支持新能源汽车生产和消费基地建设。加快建设电动车重点项目，推进充换电配套设施全覆盖，扩大电动车市场应用，创新完善产业技术、标准和商业模式，力争到2020年，全省电动车生产能力达到12万辆以上，市场保有量达到20万辆以上，基本建成适度超前、车桩相随、智能高效的充电基础设施体系，形成覆盖全省、布局合理、高效智能的充电服务网络。推进煤基醇醚燃料汽车、煤层气燃料汽车和电动汽车、混合动力汽车等新型能源汽车整车及关键零部件制造，支持高效高压缩比甲醇发动机技术、替代燃料汽车发动机冷启动技术、锂离子动力电池技术、铝镁轻量化材料应用、零部件轻量化等研究与开发，打造太原、晋中、晋城电动汽车产业基地，晋中、长治甲醇汽车产业基地，太原、运城、大同燃气汽车产业基地。

新材料产业。以提高附加值为方向，加大科研投入，优化产业布局，加快平台建设，努力实现新材料产业由低端向高端发展，由小规模分散型向规模化、集约化发展。在新型金属材料、新型化工材料、新型无机非金属材料、高性能复合材料和前沿新材料等五大领域，重点发展新型轻合金材料、高端金属结构材料、钕铁硼永磁材料、新型化工材料、新型无机非金属材料、高性能复合材料、纳米材料、新型纤维材料、智能材料、超导材料等10类材料及其产业，努力将山西建设成为全国重要的新材料产业基地。

节能环保产业。抓住我省节能减排、环境修复、资源循环利用的市场需求，积极开发节能环保产品，加快技术研发，强化社会化服务，努力提高清洁生产和资源综合利用水平。发展高效节能、先进环保和资源循环利用的新装备和产品，扩大资源综合利用、废旧消费品再利用和节能环保服务产业规模。重点建设以太原为中心的节能环保装备产业集群和节能环保服务产业集群，以大同、朔州为核心的资源循环利用产业集群，以长治、晋城为中心的LED节能产品产业集群。

信息技术产业。鼓励以“互联网+”、智能制造为代表的新一代信息技术发展,重点发展LED、光伏、信息安全、电子设备制造、云计算、信息服务、物联网、空间信息等八大领域,培育龙头企业,打造产业集群,形成以太原为中心,覆盖晋中、阳泉、吕梁新一代信息技术产业带。

医药产业。引导医药行业龙头企业、优势企业围绕产业链延伸拓展,开展跨地区、跨行业、跨所有制兼并重组,做大晋北原料药、晋中中成药、晋南新特药三大产业基地,全面提高“晋药”的市场竞争力和影响力。围绕生物制药、化学药、中成药等领域,打造具有核心竞争力的重点优势产品。依托我省中药材资源禀赋的优势,挖掘中药材发展潜力。大力发展卫生材料及医药用品制造和医疗器械产业。培育发展医药保健、健康服务业、中医药文化产业,延伸产业发展空间。

食品产业。全面提升传统食品产业,培育壮大特色食品产业、现代食品产业,形成产业结构优化、战略布局合理、地域特色浓郁的食品工业体系。积极推进酿酒、食醋和乳制品等传统食品行业发展。做精小杂粮加工、肉禽加工、干鲜果蔬加工、功能食品、食用油等行业,积极开发高科技含量、高附加值、精加工的特色食品。做强饮料、淀粉制品、方便食品等现代食品产业,加强自主品牌建设,提升生产规模和产品档次。充分挖掘山西特色面食产品文化内涵和品牌资源,用现代食品制造技术改造传统面食产业,实现由初加工向深加工的转变,做强做大山西面食产业。

轻纺工业。依托祁县、闻喜日用玻璃产业和朔州、晋城、阳泉日用陶瓷产业的基础优势,强化技术创新,进一步做大做强,打造形成全国日用玻璃、日用陶瓷生产基地。推进造纸和塑料制品产业规模化、循环化、科技化发展,振兴工艺美术及旅游产品行业,推进集设计、研发、制造、销售为一体的室内装饰配套产业发展。加快推进纺织产业的技术创新和改造,做强棉纺、染整、服装等传统产品,做精丝麻等特色产品,积极发展新型纤维和产业用纺织品。

(五)加快现代服务业发展

努力拓展生产性、生活性服务业发展空间,拓展互联网与服务业融合的广度和深度,推动服务业重点行业领域发展,加快我省建设中西部现代物流中心、生产性服务业大省和中部地区文化旅游大省步伐。

文化旅游业。大力发掘三晋历史文化的深厚底蕴,加大保护和利用历史文化遗产力度,推动文化与旅游融合发展,推进旅游资源整合和科学规划布局,挖掘提升旅游景区文化内涵,打造特色文化旅游产品。大力推动旅游业与文化、体育、农业、工业等相关产业融合发展,推进“互联网+旅游”发展,培育房车自驾车露营地、温泉、滑雪、低空旅游等旅游新业态,形成旅游新优势。加强特色旅游景区建设,重点塑造和提升五台山、云冈石窟、平遥古城、长城山西段、晋商大院等知名旅游品牌,着力建设宗教古建、晋商文化、太行山水、黄河文明、寻根觅祖、红色圣地等文化旅游产业集聚区。积极推进关圣文化建筑群申报世界文化遗产。创意策划文化旅游节庆活动品牌,支持创演文化旅游演艺精品,加大“三个一(一座都城、一堆圣火、一缕曙光)”文化资源的宣传推介力度。加强旅游基础设施和旅游公共服务体系建设,扶持开发旅游商品,推动建设一批智慧旅游示范工程。推动全省文化旅游产品向观光、休闲、度假并重转变。探索推进旅游业与金融、互联网融合发展,提升旅游资源和要素整合集成能力和模式创新能力。加快智慧景区、智慧城市和智慧旅游企业建设,培育有市场竞争力的旅游经营主体,推进旅游电子政务系统和旅游电子商务发展,建立覆盖全省的旅游信息服务体系。树立旅游城市品牌,积极开展旅游综合改革试点。每年定期召开山西旅游发展大会。在重点旅游景区中选择试点,着力管理体制与经营机制、基础设施建设与公共服务能力、人事制度等方面改革,总结经验,稳步推开,使我省丰富的旅游资源优势转化为经济发展优势。进一步加强旅游人才队伍建设,提升旅游人才队伍整体素质和水平。

现代物流业。主动对接丝绸之路经济带、京津冀经济圈、环渤海经济圈、欧亚贸易通道和中原经济区,按照“天字型”结构布局现代物流产业,重点打造中部、北部、南部三大现代物流业密集区。积极建设物流总部基地和功能聚集区,形成以煤炭物流、大宗商品物流为龙头,制造业物流、城乡配送物流等为重点，其他专业物流协调发展的现代物流产业体系。加快重大物流载体和物流通道建设，逐步完善物流配送网络，努力提升物流企业发展水平。构建覆盖城乡的快递服务网络，不断满足人民群众日益增长的寄送需求。以物流大通道为主要依托，大力发展多式联运，积极推进物流信息化和物流技术装备现代化、标准化发展。大力发展绿色物流。加快开发临空经济。依托太原武宿综合保税区、中国(太原)煤炭交易中心、侯马方略保税物流中心和太铁现代物流网络等物流基础设施，积极推进区域性专业市场、大型物流园区、物流公共信息平台等项目建设，打造具有重要支撑作用与带动发展功能的物流产业链和产业集群。力争到2020年，物流业增加值占地区生产总值比重达到10%左右，基本实现建设中西部现代物流中心的发展目标。

高技术服务业。大力发展研发设计、知识产权、检验检测、科技成果转化、信息技术、数字内容、电子商务、生物技术等高技术服务业，以及科技咨询、科技金融、科学普及等专业科技服务和综合科技服务业，不断提升高技术服务业的比重和水平，推动高技术服务业做强做大。探索在全省新兴接替产业集聚地、工业园区和高新技术园区等成立高技术企业孵化基地，培育创新能力较强、服务水平较高、具有较强影响力的高技术服务企业。支持电子政务、教育和公共服务信息化等技术开发。

其他服务业。适应人民群众消费升级需求，推动生活性服务业全面提升规模、品质和效益。积极发展商贸、运输、会展、节能服务、住宿、餐饮等其他服务业。大力发展家庭服务、健康服务、养老、体育、法律、教育培训服务业，加快发展农村服务业，规范发展中介服务业。鼓励发展各类主题参与、线上线下融合的流通新兴业态。

第三节　加快发展现代农业

按照“四个全面”和“四化同步”的总体要求，紧紧围绕“六大区域布局、四大集群示范、八大产业提升、五位一体推动”的总体安排，推进农业供给侧结构性改革，加快转变农业发展方式，保持农业稳定发展和农民持续增收，不断提升农业综合生产能力、可持续发展能力和市场竞争能力，努力走出一条产出高效、产品安全、资源节约、环境友好的山西特色农业现代化道路。

确保粮食安全。深入贯彻《国务院关于建立健全粮食安全省长责任制的若干意见》(国发〔2014〕69号)，强化粮食安全主体责任，落实和完善粮食扶持政策，努力增强粮食可持续生产能力，切实保护农民种粮积极性，增强地方粮食储备能力，保障农产品有效供给和质量安全。实施“藏粮于地，藏粮于技”战略，落实最严格耕地保护制度，加强耕地保护，加快划定永久基本农田，完善耕地保护补偿机制。大规模推进高标准农田和农田水利建设，继续推进旱作农业、节水农业，保护和提升耕地质量。大力推进主要农作物生产全程机械化。实施粮食收储供应安全保障工程，推进粮食仓储物流现代化和信息化。推进放心粮油工程建设，保障粮油质量安全。统筹规划气象防灾减灾基础设施布局，增强气象服务能力。

构建现代农业产业体系。优化农业区域布局，调整农业产业结构，在汾河平原区域重点发展优质高效的粮食、水果、蔬菜、家禽、农产品加工等产业，在雁门关区域推进新一轮雁门关生态畜牧经济区建设，重点发展草牧业和优质杂粮产业，在上党盆地区域重点发展优质杂粮、中药材和生猪产业，在太行山区域重点发展优质杂粮和中药材产业，在吕梁山区域重点发展优质干鲜果和杂粮产业，在城郊农业区域重点发展农业新业态，促进农业多种功能开发和三产融合。大力发展畜牧、干鲜果、蔬菜、杂粮、中药材等特色产业，推进农业产业化经营，延伸农业产业链条，大力发展休闲农业和乡村旅游。推动粮经饲统筹、农林牧渔结合、“种养加”一体、一二三产融合发展，提高农业综合效益。

构建现代农业生产体系。创新农业科技体制机制，提升农业科技创新能力。推进农业生产标准化和机械化，提升农业装备和技术水平。实施“互联网+现代农业”战略，推进互联网与农业生产、经营、管理、服务的深度融合。加强农业资源保护，加快农业环境突出问题治理。强化农产品质量监管，保障农产品质量安全。

构建现代农业经营体系。大力发展适度规模经营，加快培育家庭农场、专业大户、农民合作社、农业产业化龙头企业等新型农业经营主体，构建以农户家庭经营为基础、合作与联合为纽带、社会化服务为支撑的立体式、复合型现代农业经营体系。加强农民专业合作社和土地股份合作社规范化建设，深入推进示范社建设行动。培育新型职业农民，造就高素质的新型农业生产经营者队伍。促进农产品加工业转型升级，完善农业产业链利益联结机制。创新农产品流通方式，推进农产品批发市场转型升级，支持产地小型农产品收集市场（田头市场）建设，培育新型流通业态。构建农产品快递网络，服务产地直销、订单生产等农业生产新模式。

加快推进农业公益性服务体系建设。充分发挥农业公益性服务机构作用，大力培育多种形式的农业经营性服务组织，健全覆盖全程、综合配套、便捷高效的社会化服务体系。开展农业生产全程社会化服务机制创新试点。

稳步推进农村改革。坚守土地公有性质不改变、耕地红线不突破、农民利益不受损“三条底线”。稳定农村土地承包关系。全面完成农村土地承包经营权确权登记颁证工作，完善土地所有权、承包权、经营权分置办法，按照依法自愿有偿原则，引导农民以多种方式流转承包土地的经营权，以及通过土地经营权入股、托管等方式，发展多种形式的适度规模经营。探索农村集体产权制度改革，分类推进农村集体资产确权到户和股份合作制改革，建设农村产权流转交易市场体系。建立土地复垦激励约束机制，落实生产建设毁损耕地的复垦责任。积极推进农业水价综合改革，对农业用水实行总量控制和定额管理。持续增加农业投入，完善农业补贴政策。推进农村金融体制改革，鼓励各类金融机构创新“三农”金融服务。全面深化供销合作社综合改革。深化农业科技体制机制改革，合理配置农业科技资源，大力推进农科教、产学研有机融合。

第四节　拓展发展新空间

依托国家实施的“一带一路”、京津冀、长江经济带等重大发展战略，充分发挥能源矿产、装备制造、地质勘探、历史文化等优势，用发展新空间培育发展新动力，用发展新动力开拓发展新空间，变资源优势为发展优势和竞争优势。

（一）拓展区域发展空间

立足山西区位特点，积极推动东融西进南联北合，加强与周边区域融合发展。大同、朔州、忻州要用好面向京津冀蒙和俄罗斯、蒙古的区位优势，真正成为环渤海地区的广阔腹地和京津“后花园”。阳泉要发挥好山西东大门的优势，力争成为山西走向京津冀和环渤海的重要桥头堡。长治、晋城要力争成为山西走向冀鲁豫和长三角东部发达地区的重要支撑。临汾、运城要积极成为晋陕豫黄河金三角在新欧亚大陆桥、丝绸之路经济带上的重要节点。吕梁要面向陕甘宁，积极参与区域合作。发挥城市群辐射带动作用，优化城镇化布局和形态，全力打造“一核一圈三群”城镇化格局。积极构筑晋北、晋南、晋东南三大城镇群，加快提升城镇群的整体实力，使三大城镇群成为具有较强竞争力的增长型区域。支持绿色城市、智慧城市、森林城市建设和城际基础设施互联互通。培育壮大若干一体化发展区域。推进城乡发展一体化，开辟农村广阔发展空间。

（二）拓展产业发展空间

支持传统产业优化升级，积极培育高端成长型产业，支持新兴接替产业发展。加快发展现代服务业。加快推进重点领域与互联网融合发展。推广新型孵化模式，鼓励发展众创、众包、众扶、众筹空间。规范互联网金融发展，稳步发展互联网支付、股权众筹融资、网络借贷、互联网基金销售等新型金融业态。

（三）拓展基础设施建设空间

实施重大公共设施和基础设施建设工程，推进城乡一体化进程，提升城乡基本公共服务水平，满足经济社会发展需求。

构建现代综合交通运输体系。完善综合运输通道、市际交通、对外交通骨干网络，建设城市群综合交通枢纽，着力打造铁路、公路、机场、轨道交通综合交通网络构架。加快推进大张、太焦、原大、忻保、运三等高速铁路项目建设,推进太原城市轨道交通项目和省内地方铁路、城际铁路建设。完善铁路煤运通道建设,强化重载货运网,到2020年,快速铁路运输服务覆盖所有设区城市,力争铁路运营里程达到6400公里,其中高速铁路1300公里。完善全省"三纵十二横十二环"高速公路网建设,基本建成山西省高速公路网,高速公路达到7258公里,实现"县县通高速"。推进普通干线公路升级改造及重要县乡公路改造和旅游公路建设,深入实施通村公路完善提质工程,实现普通国道连通所有县,普通干线连通60%以上乡镇,具备条件的建制村通硬化路、通客车。公路通车里程达到15万公里。扩大民用航空网络,优化中转流程,提升服务质量,民用运输机场数量达到8个。鼓励通用航空发展,逐步完善通用航空机场布局,与民用运输机场构成层次清晰、功能完善、结构合理的机场布局。

构建水安全保障体系。全面实施兴水增绿战略,加快实现从粗放用水向节约用水转变,从供水管理向需水管理转变,从局部治理向系统治理转变,构建符合山西实际、具有山西特色的水安全保障体系。以大水网建设为龙头,加快推进骨干供水工程建设,分批启动实施县域小水网配套工程,构建"两纵十横、六河连通、覆盖全省"的高保障率供水体系。以保障水资源可持续利用为核心,全面推进最严格水资源管理和节水型社会建设。实施采煤沉陷区和山老区农村的饮水安全巩固提升工程,提高农村饮水工程的供水保障率、水质合格率和自来水普及率。加强抗旱减灾能力建设,加快小型水库、抗旱应急水源工程和"五小水利"工程建设,提高水源战略储备和雨水集蓄利用能力。以建设"三大灌溉基地"为目标,加快实施灌区续建配套和泵站更新改造工程,抓好小型农田水利重点县项目建设和冬春农田水利基本建设。推进农村水权、小型水利工程产权、农业水价等水利改革。

加快推进电网建设。落实晋电外送战略,积极推进山西向华北、华中、华东电网特高压外送电通道建设,形成以晋北、晋中、晋东南特高压为核心、500千伏为支撑的骨干网架,新建11座500千伏变电站,扩建2座开闭站,形成"三纵四横"格局。改造城乡电网,提高电网智能水平,加大配电网建设和改造力度,220千伏及以上电网全部实现双电源供电,中低压配电网实现密布点、短半径,消除次电压,全面提升城乡电网供电能力和可靠性。加大对集中连片贫困地区电网布局支持力度。

加快推进输气管网建设。按照"优先气源区、优先人口密集区、优先旅游区、优先重污染区、优先大工业区"原则,加快建设"三纵十一横、一核一圈多环"的输气管线网络。力争实现全省管网全覆盖、高速及交通干线全覆盖、主要工业用户全覆盖、重点旅游景区全覆盖,形成城乡协调的大燃气网空间格局。到2020年,全省管线总里程突破1.5万公里。

加快推进信息网络建设。综合考虑城乡平衡、用户需求,结合城市、农村未来整体发展规划,建设高速畅通、覆盖城乡、质优价廉、服务便捷的信息网络基础设施和服务体系,为推动大数据深度应用和"互联网+"发展提供有力支撑。适度超前建设高速大容量光通信传输系统,大力推进全光纤网络城市建设,加快实现全省城市、各类开发区(园区)光纤全覆盖。到2020年,全省所有设区市城区和大部分非设区市城区家庭具备100Mbps光纤接入能力。加快推进城市、郊区、旅游景点、铁路和高速公路沿线等区域的网络优化覆盖,努力推进无线宽带向周边非核心区域人流密度较高的道路、未通宽带的村庄延伸,着力缩小城乡"数字鸿沟"。到2020年,全省3G、4G网络用户超过3100万户,用户普及率达到86%以上。

统筹城乡基础设施建设。着力提升城市市政设施品质,建设"海绵城市"。推进全省城市建成区水电气热、通信、污水和垃圾处理实现全覆盖,公共综合交通体系基本形成,城市路网级配达到国家标准,公交出行分担率大幅提升,棚户区基本消除,城中村改造取得阶段性成果。实施地下管网改造工程,建设城市地下管廊。综合利用地上、地下空间,合理布局,加快建设公共停车场,有效缓解停车难问题。统筹规划,加强城乡基础设施一体化布局和建设,强化城乡基础设施连接,推动水电路气等基础设施城乡联网、共建共享,推进城镇交通、通讯、邮政、快递、供水、供电、供气、垃圾及污水处理等基础设施向农村延伸。加快开放电力、电信、交通、天然气、市政公用等自然垄断行业的竞争性业务。

(四)拓展网络经济空间

全面落实网络强国战略、“互联网+”行动计划、分享经济、国家大数据战略等重大举措,利用大数据和互联网的规模优势和应用优势,借势加快山西信息化和新型工业化进程。

推进大数据广泛深度应用。注重顶层设计和统筹协调,加大大数据关键技术研发、产业发展和人才培养力度,着力推进数据汇集和发掘,深化大数据在各行业的创新应用,促进大数据产业健康发展。按照重要性和敏感程度分级分类,建立政府信息开放统一平台和基础数据资源库,开展公共数据开放利用改革试点,推动政府信息系统和公共数据互联共享,消除信息孤岛。优先推动交通、医疗、就业、社保等民生领域政府数据向社会开放。支持大数据与煤焦冶电等传统优势产业整合创新,与制造业、新兴接替产业、现代服务业等领域开展数据开发和交易,促进大数据经济繁荣和发展。构建面向农业农村的综合信息服务体系,为农民生产生活提供综合、高效、便捷的信息服务。积极支持数据分析能力强和数据资源丰富的企业探索“大数据工厂”“大数据超市”和“数据实验工场”等新模式、新业态。

推进“互联网+”行动。充分发挥互联网的应用优势,推动互联网由消费领域向生产领域拓展,加速提升产业发展水平,增强各行业创新能力,构筑经济社会发展新优势和新动能。通过互联网促进能源系统扁平化,推进能源生产与消费模式革命,提高能源利用效率。推动互联网与制造业融合,提升制造业数字化、网络化、智能化水平,加强产业链协作,加快形成制造业网络化产业生态体系。利用互联网提升农业生产、经营、管理和服务水平,培育一批现代“种养加”生态农业新模式和农业互联网管理服务模式。推动互联网与生态文明建设深度融合,完善污染物监测及信息发布系统,形成覆盖主要生态要素的资源环境承载能力动态监测网络。全面提升互联网金融服务能力和普惠水平,鼓励互联网与银行、证券、保险、基金的融合创新。不断深化电子商务与其他产业的融合。加快建设跨行业、跨区域的物流信息服务平台,提高物流供需信息对接和使用效率。加快互联网与交通运输领域的深度融合,全面提升交通运输行业服务品质和科学治理能力。加快互联网与邮政业协同发展,提升寄递服务能力和普惠水平。大力发展以互联网为载体、线上线下互动的新兴消费,加快发展基于互联网的医疗、健康、养老、教育、旅游、社会保障等新兴服务。加强互联网的法律法规建设,完善信用支撑体系,推动数据资源开放,为互联网发展营造开放包容的环境。

强化信息安全保障。制定信息领域核心技术设备研发、应用时间表和路线图,提升互联网安全管理、态势感知和风险防范能力,加强信息网络基础设施安全防护和用户个人信息保护。加快建设网络信息安全配套工程,建立完善网络安全监测评估、监督管理、标准认证和创新能力体系。加快推进网络空间治理立法工作,建立健全互联网应用程序安全管理机制。进一步加强互联网行业自律,营造安全可靠的网络运行环境。实施“阳光绿色”上网工程,开展打击低俗文化、不良网络文化活动,加大对不良信息的清理力度。依法依规查处数据滥用、侵犯隐私等行为。根据不同安全保护等级事件制定相应预案,确定事件响应和处置的范围、程度以及适用的管理制度。对能源、交通、水利、金融等重要行业,供电、供水、供气、医疗卫生、社会保障等公共服务领域的重要信息系统,军事网络,设区的市级以上政务网络,用户数量众多网络和系统,实行重点保护。

第五节　全力推进“三个突破”

突出问题导向,推动科技创新、民营经济和金融振兴“三个突破”,着力破解资源型经济转型发展难题,促进经济持续平稳发展。

(一)加快推动科技创新

破除一切制约创新的思想障碍和制度藩篱,营造激励创新的公平竞争环境,向全面创新要动力,实现科技创新、制度创新、文化创新的有机统一和协同发展,形成以科技创新为核心的全面创新新格局。

推进以科技创新为核心的全面创新。全面深化科技管理体制改革,积极推动政府职能从研发管理向创新服务转变,实现科技创新、制度创新、开放创新的有机统一和协同发展。加快推进国家创新驱动发展战略山西行动计划和山西省低碳创新行动计划,以增强创新能力为核心,提升区域创新体

系整体效能。深入实施科技创新城建设工程、低碳创新发展工程、新兴产业培育壮大工程、园区提质升级工程等重大科技创新工程。

聚焦我省煤基产业创新重大任务，以安全清洁高效低碳利用为主线，围绕产业链部署创新链，依靠科技创新做好煤和非煤两篇文章。以大型煤炭企业为主导，推动煤炭、焦化、冶金、电力等传统支柱产业实现“六型转变”。强化企业技术创新主体地位，支持企业完善技术创新组织，引导企业牵头科技攻关和创新成果转化，鼓励企业加大技术创新投入。在高端装备制造、新能源、现代煤化工、新材料、节能环保、食品医药、现代农业、现代服务业等新兴领域，组织实施一批重点科技计划、应用示范工程和重大产业化项目。

改革省级科技计划（专项、基金）管理体制，强化顶层设计，建立省级科技重大专项和重点项目形成与立项机制，加快推进科研项目经费管理改革。深化高等院校科研体制改革，加大对科研工作的绩效激励力度。深化省属科研院所改革，支持建设中试基地、技术研发实验平台。围绕重点产业和关键领域组建一批国家级、省级创新平台。建立部门之间、地方之间、部门与地方之间统筹配置科技资源的协调机制，切实发挥市场在科技资源配置中的基础性作用，实现科技资源的充分利用。

加快建设山西科技创新城。突出智慧碳谷、科技绿城的理念，坚持规划引领，高效务实推进创新城建设，努力将山西科技创新城打造成为我省创新发展的引擎和全球低碳创新高地。实施“低碳引领”“创新驱动”“开放带动”三大战略，形成以煤基低碳产业为重点领域的自主创新新优势、以高端制造业和现代服务业为主体的产业转型新高地和以“产研一体、产城一体、产融一体”为特征的区域发展新格局。力争到2020年，科技创新城核心区基本建成，煤基科技攻关取得重大突破，煤基产业安全、清洁、高效、低碳发展创新链基本形成，产出一批具有国际国内影响的重大技术成果，形成若干特色突出、竞争力强的新兴产业集群。

大力推动大众创业、万众创新。加强统筹协调，构建有利于大众创业、万众创新蓬勃发展的政策环境、制度环境和社会氛围，全面激发全社会创业创新活力。建立财政科技投入稳定增长机制，设立科技成果转化基金、创业投资引导基金，完善普惠性税收政策，实施科技创新券政策，积极构建多元化科技投融资体系。发挥与国家基金委联合设立的煤基低碳联合研究基金的作用，支持发展煤炭清洁利用等推动科技创新发展的各类联合基金。积极落实中关村试点及国家自主创新示范区政策，加快培育一批熟悉科技政策和行业发展的社会化、市场化、专业化科技中介服务机构，完善科技成果转化政策体系。制定高校、科研院所等专业技术人员离岗创业制度，推进大学生创业引领计划，支持鼓励学会、协会、研究会等科技社团为科技人员和创业企业提供咨询服务。完善科技金融服务，加快科技小额贷款公司、科技支行、科技担保公司等科技金融机构建设。大力推进知识产权质押融资，建立科技型中小微企业创新产品市场应用的保险机制。加大对知识产权创造、保护、运用的扶持力度和对知识产权侵权和假冒行为的打击力度。加强创业创新中介服务平台建设，加快推进创业孵化、知识产权服务、第三方检验检测认证等机构的专业化、市场化改革。加快建设一批创新创业园，构建一批综合性创业服务平台，在全省逐步形成“创业苗圃+孵化器+加速器+产业园”的全产业链条孵化体系。大力培育和宣传创新文化，营造崇尚创新的社会氛围。深入实施全民科学素质行动计划，加强科普信息化建设，到2020年公民具备基本科学素质的比例达到9%。

（二）加快发展民营经济

毫不动摇鼓励、支持、引导非公有制经济发展，激发非公有制活力和创造力，推动民营经济转型升级、做优做强。进一步放开民间投资领域，放宽民营企业准入条件，完善民营经济在市场准入、市场监管、市场竞争、金融创新等方面的配套改革措施，引导鼓励支持民营企业转型发展、创新发展，拓宽民营经济发展空间，大力发展个体工商户和民营企业。消除各类隐形壁垒，清理废除制约民营经济发展的不合理规定，鼓励民营企业参与国有企业和集体企业改革。着力破解民营企业融资难、融资贵、用地难等突出问题。建立民营企业科技服务平台，鼓励支持发展科技创新型中小微企业。按照“提升二产、推进一产、发展三产”思路，加快民营经济结构调整。大力发展职业教育，为民营企业发展培养人才。加强引导、主动服务、强化措施，推动民营企业改制，建立现代企业制度。提供优惠便利的创业条件，降低创业门槛，创造促进大众创业的良好环境。加强服务体系建设，优化发展的政策、政务、法制、市场、舆论等环境，培育民营经济成长沃土，不断激发民营经济发展活力。推动民营企业上市，提高直接融资比重。正确处理政商关系，重塑山西干部和晋商形象，推动民营经济健康快速发展。

（三）大力促进金融振兴

充分发挥金融对经济结构调整和转型升级的支撑作用，不断深化金融改革和创新，努力构建体系健全、竞争有序、运行规范、监管科学、与实体经济发展相适应的现代金融服务体系，推动金融业成为全省基础性和关键产业。做大做强城市商业银行，大力发展农村中小银行，稳步发展新型金融业态，积极发展地方保险机构，支持地方金融机构发展。以资本为纽带，以股权为依托，加快做强做优做大山西金融投资控股集团有限公司。大力发展多层次资本市场，显著提高直接融资比重，不断优化社会融资结构。大力发展区域股权交易市场，加快发展期货交易市场，拓宽保险服务领域，引导民间融资健康发展，鼓励社会资本参与组建设立各类股权投资基金、创业投资基金等，稳步扩大融资总量。提升金融信息化水平，拓展金融对重点行业和领域的服务能力。努力改善金融生态环境，大力发展普惠金融。大力培养和引进高端金融人才。深化金融开放与合作，加快引进金融机构，有计划开展跨境投资，深化山西与经济发达地区的金融合作，做好对“走出去”企业的金融服务。

第六节　实施人才强省战略

大力培养和引进创新人才，建立更有吸引力的人才团队引进政策，建立起一支具有山西特色的科技人才队伍，形成人尽其才、才尽其用、人才辈出的局面。

建设规模宏大的人才队伍。深入落实《山西省中长期人才发展规划纲要（2010—2020年）》，推进人才发展体制机制创新，形成具有竞争力的人才制度优势。坚持招商与招才并举、引资与引智并重，建立引进高端人才团队的资金支持机制，创新省级各类人才专项资金使用方式，围绕我省产业发展重点领域，培育和引进能够突破关键技术、带动产业升级、培育高新产业和实现成果转化的高层次人才及团队，为我省发展提供人才保障和智力支持。采取“产业资本+人力资本”的模式，大力引进国内外企业集团和跨国公司的核心研发团队或成立分支机构。深入实施“百人计划”“三晋学者计划”“科技创新团队建设”等重大人才工程。

在山西科技创新城建立人才管理改革试验区，重点围绕山西科技创新城的重大项目、重点工程和产业规划等，探索和创新人才体制机制，鼓励和支持科创城在人才引进、创业扶持、成果转化、收益分配、人才流动、人才评价、人才服务保障等方面实行特殊政策，建立更加灵活、开放的人才发展体制机制，引导科技要素和高端创新创业人才向科创城集聚。深化人才体制机制改革，实施“十大人才工程”，抓好各类人才队伍建设。

促进人才结构调整与合理配置。加大高技能人才资源开发力度，以完善政策措施、创新体制机制、健全服务体系为重点，建立以企业为主体、技工院校为基础、企业培育与学校教育紧密衔接、政府推动与社会支持紧密结合的高技能人才培养体系。重视本土科技人才队伍培养，加大实用人才和紧缺人才的培养力度。加快推进社会保障制度改革，破除人才自由流动制度障碍，优化人才资源配置，实现党政机关、企事业单位、社会各方面人才顺畅流动。建立健全更为灵活的科研人才及团队双向流动机制。打破身份限制，改进科研人员薪酬和岗位管理制度，鼓励高校、科研院所科研人员到企业兼职。允许高等学校和科研院所设立流动岗位，支持企业技术人员承担科研教学任务。

营造良好的人才发展环境。加大科研人员股权激励力度，在利用财政资金设立的高等院校和科研院所中，将职务发明成果转让收益在重要贡献人员、所属单位之间合理分配，将奖励科研负责人、骨干技术人员和团队的收益比例提高到50%以上。鼓励企业实施科研人员股权、期权、分红等激励政策。国有企事业单位对职务发明完成人、科技成果转化重要贡献人员和团队的奖励，计入当年单位工资总额，不作为工资总额基数。创新人才评价机制，完善企业、高校和科研院所科技人员的评价标准，引导科技人员分类发展。遵循科研成果产出规律，探索合理考评周期。健全人才创新创业激励政策，制定完善支持创新型小微企业、创新型人才成长的政策体系。加强科研诚信建设和信用管理，建立科技人员和项目评审专家诚信档案。发挥高校、科研院所和学术团体的自律功能，加大对学术不端行为的惩罚力度。

第四章 推进协调发展，着力形成均衡发展格局

正确处理发展中的重大关系，不断促进经济社会协调发展、城乡协调发展、区域协调发展、物质文明和精神文明协调发展、军民融合，在补齐短板中实现均衡发展。

第一节 促进经济社会协调发展

坚持发展经济和改善民生并重，把人民群众的根本利益作为一切工作的出发点和落脚点，不断增加人民群众福祉。更加注重围绕改善民生来谋划发展，努力做到经济发展和改善民生相互促进、相互协调。从满足人民群众在新形势下实现全面发展的需求着眼，不断加大对民生工程和社会事业的投入，全面抓好教育、文化、卫生等社会事业和就业、社保、居民增收和稳定物价等民生工作，推进城乡人居环境改善，加快采煤沉陷区治理，抓好扶贫攻坚，建立更加公平可持续的社会保障制度，提高全民健康水平，促进人口均衡发展，不断提高人民群众的生活质量和幸福指数，让发展成果更多、更公平、更实在地惠及广大人民群众。

第二节 促进城乡协调发展

健全城乡发展一体化体制机制，加快实施新型城镇化战略，积极统筹城乡要素配置，形成以城带乡、城乡互惠的新型城乡关系。

转变城市发展方式。坚持以人为本、科学发展、改革创新，完善城市治理体系，提高城市治理能力，着力解决城市病等突出问题，不断提升城市环境质量、人民生活质量、城市竞争力，建设和谐宜居、富有活力、各具特色的现代化城市。

统筹空间、规模、产业三大结构，以城市群为主体形态，科学规划城市空间布局，实现紧凑集约、高效绿色发展。结合资源禀赋和区位优势，明确主导产业和特色产业，强化中小城市和小城镇产业协作协同，逐步形成横向错位发展、纵向分工协作的发展格局。统筹规划、建设、管理三大环节，综合考虑城市功能定位、文化特色、建设管理等多种因素来制订规划。加强城市设计，提倡城市修补，加强控制性详细规划的公开性和强制性。不断完善城市管理和服务，彻底改变粗放型管理方式。统筹改革、科技、文化三大动力，增强城市持续发展能力。推进规划、建设、管理、户籍等方面的改革，以主体功能区规划为基础统筹各类空间性规划，推进“多规合一”。深化城市管理体制改革，确定管理范围、权力清单、责任主体。推进城市科技、文化等诸多领域改革，优化创新创业生态链，让创新成为城市发展的主动力，释放城市发展新动能。统筹生产、生活、生态三大布局，增强城市内部布局的合理性，提升城市的通透性和微循环能力。控制城市开发强度，划定水体保护线、绿地系统线、基础设施建设控制线、历史文化保护线、永久基本农田和生态保护红线，防止“摊大饼”式扩张，推动形成绿色低碳的生产生活方式和城市建设运营模式。统筹政府、社会、市民三大主体，提高各方推动城市发展的积极性。提高市民文明素质，尊重市民对城市发展决策的知情权、参与权、监督权，鼓励企业和市民通过各种方式参与城市建设、管理，真正实现城市共治共管、共建共享。

加快新型城镇化发展。以人的城镇化为核心，全面落实我省户籍管理制度改革政策，建立“以人为本、规范有序”的新型户籍制度，有序推进农业转移人口市民化。以没有城镇户籍的进城农民、城中村居民和采煤沉陷区群众三个群体为重点，健全农业转移人口落户制度，实施差别化落户政策，逐步使符合条件的农业转移人口落户城镇。力争到2020年，常住人口城镇化率达到60%以上，户籍人口城镇化率达到44%。实施居住证制度，积极推进城镇基本公共服务由主要对本地户籍人口提供向对

常住人口提供转变，努力实现基本公共服务常住人口全覆盖。深化住房制度改革。加大城镇棚户区和城乡危房改造力度。健全财政转移支付同农业转移人口市民化挂钩机制，建立城镇建设用地增加规模同吸纳农业转移人口落户数量挂钩机制。调动社会力量，合理分担公共成本，构建政府主导、多方参与、成本共担、协同推进的农业转移人口市民化成本机制。维护进城落户农民土地承包权、宅基地使用权、集体收益分配权，支持引导依法自愿有偿转让。

深入实施大县城战略，把发展县城和县级市作为完善城镇体系的切入点，引导生产要素、优势资源向县城集中，提高县城对人口和产业的承载力。重点发展一批人口在10万人以上的大县城，逐步减少5万人以下的县城。加快县城新区开发建设和旧区综合整治，加大县城市政公用设施和公共设施建设力度，提升综合承载能力，增强县城整体功能。选择基础条件好、发展动力强、辐射带动能力强的县城先行开展“大县城”试点，建设形成数量合理的强县大县，促进人口向城镇集中、产业向园区集聚、土地集约化利用、基础设施和公共服务设施向农村延伸。推动具备行政区划调整条件的县撤县改市。

发展特色县域经济，加快推进重点镇建设和资源型城镇转型。统筹规划，分类指导，在工业、农业、服务业方面发展县域特色经济，促进农产品精深加工和农村服务业发展。发挥比较优势，宜农则农，宜工则工，宜商则商，宜游则游，宜综合则综合，培育县域富民经济，努力做大做强县域经济。通过农民进城、移民搬迁做大乡镇规模，建成一批有产业、有人口、成本低的中心型、特色工业型、特色旅游型、物流交通型、休闲商贸型、三农服务型小城镇。积极发展都市圈、城镇群和中心城市周边等重点开发区域内的小城镇，逐步形成卫星城。开展不同类型的资源型城镇转型试点，因地制宜探索转型路径和模式，加强分类指导和政策扶持，在招商引资、科教资源投入、棚户区改造、沉陷区治理等方面给予支持。

建设美丽乡村。加快改变农村落后面貌，推进城镇化与新农村建设统筹规划、协同推进，科学规划县域村镇体系，加快建设美丽宜居乡村。推动开展并村、撤乡并镇工作，以基础条件好的中心村为重点，建设新型农村社区，因地制宜推进农村就地城镇化。提高社会主义新农村建设水平，开展农村人居环境整治行动。加大传统村落民居和历史文化名村名镇保护力度。深入推进休闲农业示范县和示范点建设，支持现代农业园区和新型农村社区协同发展，实现农民生产方式和生活方式同时转变。到2020年农村危房基本消灭，不适宜居住的山村基本完成搬迁，农村路水电气等基础设施基本完善，大部分村庄生产生活条件明显改善，城乡基础设施和基本公共服务差距逐步缩小。

建立健全城乡一体化发展体制机制。加大统筹城乡发展力度，增强农村发展活力，促进城乡各类要素无障碍流动，逐步缩小城乡差距，构建城乡发展一体化新格局。健全农村基础设施投入长效机制，把社会事业发展重点放在农村和接纳农业转移人口较多的城镇，推动城镇公共服务向农村延伸，逐步形成城乡一体的基础设施体系、均衡发展的教育体系、公共卫生体系、公共文化服务体系和公共财政体系，实现城乡基本公共服务均等化。

第三节　促进区域协调发展

按照核心带动、轴带发展、节点提升、对接周边原则，加快要素有序自由流动、主体功能约束有效、基本公共服务均等，根据资源环境承载的要求，强化错位发展，推进协调发展，形成分工合理，良性互动的区域协调发展新格局。

太原晋中同城化。继续支持太原率先发展，强化太原在全省经济社会发展和对外开放的“火车头”作用。加大太原市疏解老城、建设新城、保护古城和西山地区综合整治力度。加快推动太原晋中同城化步伐，以太原晋中共建区为重点，科学编制规划，实施一批重大基础设施项目，率先实现“十同”，即规划同筹、制度同构、市场同体、产业同链、科教同兴、交通同网、设施同布、信息同享、生态同建、环境同治。积极推进城乡结合部率先实现“合村并城”，全力构建辐射带动能力强的省城中心和都市化地区。

晋中108廊带区域一体化发展示范区。发挥区域比较优势，进一步优化108廊带空间开发结构，提高资源利用效率，加快形成分工合理、良性互动、基本公共服务均等化的区域协调发展新格局。以晋中市区为中心，介休市为市域次中心，打造东北部太原都市区、中部文化旅游与工业城镇协调发展区、西南部平介灵城镇组群协调发展区。推进廊带区域产业一体化布局、生态一体化修复、交通一体化规划、城镇一体化建设、土地一体化管理、政策一体化统筹，打造富有朝气、活力四射的产业带、文化带、旅游带、生态带和城镇群。

朔同城镇群区域。朔州市紧扣优化经济结构和提升发展质量“两大任务”主题，进一步突出循环经济、新兴产业、特色农业、生态建设、城乡统筹“五个重点”，力争打造成为全国综合能源示范基地、工业固废综合利用示范基地、日用陶瓷生产基地、生态畜牧养殖基地和全省特色农产品加工基地，努力建设美丽朔州和“塞上明珠”。

大同市立足区域化协同发展的高度，着眼国家战略和全省发展格局，大力推进区域性中心城市建设，努力构筑晋北区域合作和对外开放新高地。围绕乌大张“长城金三角”跨区域合作，建设晋北城市群和晋冀蒙交界区龙头城市。紧紧把握“一带一路”契机，发挥大同与丝绸之路沿线国家的区位节点优势、产业协作优势以及文化纽带优势，积极构筑一批面向蒙古、俄罗斯等国的对外开放新平台。

忻定原区域。加快忻州云中新城和经济开发区建设，推进中心城区与原平、定襄融合发展，加快形成“一廊三带，两区三城”的空间结构（“一廊”指大运城镇发展走廊；“三带”指朔黄铁路产业带、五保高速旅游经济带、南环高速产业集聚带；“两区”指东部发展区和西部生态区；“三城”指忻州城区、定襄县区、原平城区，三者一主两次、组群联动发展），建设太原都市圈北部装备制造、能源和旅游服务基地，打造生态人居环境建设试验区。

孝汾平介灵区域。设立孝汾平介灵共建区，培育新型产业集聚能力，加快形成太原都市圈城镇密集区的发展次核、省内重要的焦化产业基地和新兴先进制造业基地。协调城区拓展方向，推进区间交通网络的一体化对接，加强城市功能的有机联系，构建协调发展平台，大力推进高等级区域基础设施与公共服务设施的共建共享。加快推进孝汾介核心区一体化发展，建设平遥古陶—南政—中都和灵石翠峰—静升两个城乡一体化示范区，打造带动县域新型城镇化的核心区域。

离柳中区域。注重以产兴城、以城促产，以离石城区为核心，以柳林城区和中阳城区为两翼，把城镇化与培育壮大产业规模、调整产业结构、促进就业创业相结合，形成“一体两翼、带状组团”沿山地河谷串珠式延伸的带状组团式空间格局，打造太原都市圈西部中心和连接西北地区的门户。

阳平盂区域。按照“三轴、两心、五重点镇”的空间结构（“三轴”指纵贯南北的城镇发展主轴、盂县县城—西烟西向发展副轴、中心城区—娘子关东向发展副轴；“两心”指市域中心阳泉中心城区及平定县城、市域副中心盂县县城；“五重点镇”指西烟镇、梁家寨乡、河底镇、娘子关镇、张庄镇等具有产业特色的重点城镇），推进市域中心（市区、郊区、平定）的一体化建设，加快以阳泉北站、盂县县城组成的北部副中心发展，建成太原都市圈对接环渤海及东部地区对外开放的桥头堡。

上党城镇群区域。按照“核心产业支撑、快速交通连接、优美村镇点缀、都市农业衬托”的方向，以长治市区主城区建设为引领，推动潞城、屯留、长子、壶关、襄垣、长治 6 个县市发展。加强上党城镇群内城乡规划、产业发展、市场体系、基础设施、公共服务和公共管理“六个一体化”建设，合理调整优化产业和空间结构，以主城区为核心、大县城为节点、中心城镇为支撑，构建“一核双圈”发展框架，实现“空间集聚、组群推进、城乡统筹、协调发展”的目标。

晋城城镇群区域。根据区位特点、资源条件、产业基础等要素，积极融入中原经济区，着力打造山西走向冀鲁豫、长三角和东部发达地区的“金脚”。中心城市要按照“拓展、改造、提质”的原则，加速推动西北片区、兰花片区、东南片区、金村片区、金匠园区和南村片区建设，形成“六区联动，组团发展”新格局。支持高平市在“先走一步、富民强市”试点中大胆改革、积极探索。推动各种资源要素向县城、重点镇等优势区域集中，形成优势互补、错位发展的格局。

临汾百里汾河生态经济带。加快推进尧都、洪洞、襄汾同城化和侯马、曲沃同城化，推进临汾开发区、侯马开发区扩区和霍州转型发展示范区建设,构筑交错融合的生态文明示范带、现代产业集聚带、城乡统筹示范带和文化旅游发展带。强化基础设施对接,提升经济带与东西两山地区交通、能源、水利、信息等互联互通能力,构建一体化的基础设施体系。实施大县城战略,在东西两山地区培育重点经济增长极,打造生态建设、产业集聚、人口集中、城乡一体融合发展的典范,打造中西部乃至全国先进水平的高效生态经济区。

盐临夏区域。以运城主城区为中心,改造提升老城区,拓展建设新城区,推进盐湖生态治理,不断完善城市基础设施,增强中心城市辐射带动功能。推动临猗、夏县、解州旅游卫星镇和水头工业卫星镇建设,提升县城的综合承载能力和小城镇的产业集聚能力。建设贯穿城镇组群东西的涑水河与姚暹渠生态景观廊道,打造城市产业分布区,形成"一城、四区、两廊、两环"的空间格局。

第四节　促进物质文明和精神文明协调发展

坚持中国特色社会主义文化发展道路,深化文化体制改革,构建中华优秀传统文化传承体系,完善公共文化服务体系、文化产业体系、文化市场体系,加强山西红色文化资源传承保护与开发,推进文化事业全面繁荣和文化产业快速发展,满足人民群众日益增长的精神文化需求,为全省人民不断前进提供坚强思想保障、强大精神力量、丰润道德滋养。

培育和践行社会主义核心价值观。深入开展社会主义核心价值观教育实践活动、思想道德建设和群众性精神文明创建系列活动,大力弘扬红色文化、廉政文化和法治文化。坚持深化中国特色的社会主义、中国道路、中国梦宣传教育,加强理想信念教育、党性党风教育、忠诚教育、从政道德教育和廉政警示教育,加强和深化爱国主义教育。实施哲学社会科学创新工程,推进新型智库建设。深入挖掘"太行精神""吕梁精神""右玉精神"等精神财富,凝聚向上向善的力量。加强基层宣传思想文化工作,加强社风、家风建设,不断加强社会公德、职业道德、家庭美德、个人品德教育,全面提高公民文明素养和道德素质。充分运用城乡基层设立的道德讲堂、文化中心等,用身边事教育身边人。修订完善市民公约、村规民约、学生守则、行业规范和团体章程,为人们的日常生活、职业行为、社会活动提供基本遵循。广泛开展公益广告宣传活动,广泛开展志愿服务,推动学雷锋志愿服务常态化。

发挥我省红色资源丰厚的优势,深入挖掘民族传统节日的文化内涵,注重对历史文化名人名作的研究和宣传,深刻阐释三晋文化和晋商精神。加强爱国主义教育基地和革命遗址遗迹的建设、管理和使用。推动传统媒体与新兴媒体深入融合,健全传播网络,规范传播秩序,努力做好新媒体宣传,形成良好网上舆论,弘扬网络正能量,唱响网上主旋律。加强未成年人思想道德建设,推进三晋文化进校园。加强高校思想政治和队伍建设工作,壮大高校主流思想舆论,推动中国特色社会主义理论体系进教材、进课堂、进头脑。重视做好外出务工经商人员、新经济组织和新社会组织从业人员的思想政治工作。

完善公共文化服务体系。推进公共文化基础设施建设,完善公共文化设施网络,推进基层综合性文化服务中心建设,推动公共文化服务设施向社会免费开放,努力做到广覆盖、保基本、重实效,让人民群众平等享有基本公共文化服务。实施重点文化工程,加快建设一批重大文化项目,积极创建国家公共文化服务体系示范区。加快公共文化数字化建设,实现文化信息资源共享共建。加快实施农村公共文化服务提质工程和农家书屋提升工程,全面推进广播电视无线全覆盖工程。扎实开展"文化惠民在三晋"系列活动,完善文化扶贫机制,加大优质文化资源向基层,特别是贫困地区倾斜力度。加强文物和非物质文化遗产保护,加大对山西古长城的保护力度,实施"乡村文化记忆工程"。大力发展文学艺术、新闻出版、广播影视等事业,推进传统媒体与新兴媒体融合发展。实施"三晋典籍整理工程",倡导全民阅读,建设书香社会。

繁荣艺术事业。实施"山西省戏曲传承发展振兴工程",加大对"四大梆子"和有浓郁地方特色的小剧种的扶持力度,打造一批以"中国梦"和"三个文化"为主题的精品力作。加强文艺评论队伍和阵地建设。积极发展网络文艺。整合"杏花奖"评比等艺术活动,举办山西艺术节,通过交流、展演、展览促进各门类艺术全面协调发展。力争到2020年建成全国传统戏剧生态保护示范区、精品创作繁荣区、优秀人才集聚区、传播普及先进区和市场演出活跃区。

加快发展现代文化产业。加快传统文化产业转型升级,大力发展现代文化产业,促进文化产业与互联网融合发展,推动文化产业整体业态升级。加快培育文化市场主体,加大对国有骨干文化企业和中小微文化企业扶持力度。大力发展创意设计、移动多媒体、数字传媒等文化创意产业,培育一批文化服务业集聚区。扶持发展新兴文化服务业态,做大做活网络文化、休闲娱乐产业,扶持发展独具特色的传统手工艺和工艺美术,形成一批优秀文化产品、规模文化企业、特色文化产业基地。实施"一地(县、镇、村)一品"战略,支持个体创作者、工作室等特色文化产业主体发展。推进山西文化云平台建设,建立省级文化产品和服务品牌电子商务平台。发展体育事业,积极开展全民健身活动,全力办好第二届全国青年运动会。

深化文化体制改革。完善经营性文化单位法人治理结构,推进国有文化资本授权经营,推动国有骨干文化企业成为文化市场主导力量和文化产业的战略投资者,实现社会效益和经济效益相统一。完善互联网管理体制和工作机制,进一步规范传播秩序。健全现代文化市场体系,建立多层次文化产品和要素市场,完善文化市场准入、运行、竞争和退出机制。推动国有文化企业建立具有现代文化特色的现代企业制度,鼓励和引导非公有制文化企业健康发展。深化公益性文化事业单位改革。探索建立政府购买公共文化服务机制,加强对贫困地区文化建设的政策倾斜。

加快文化艺术人才培养。支持山西艺术职业学院、山西戏剧职业学院建立有山西特色的戏曲、艺术学科体系,提高教学和科研能力。建设特色戏曲、艺术人才培养基地和实训基地,打造传统戏曲与民歌民舞教学、创作"高地"。多途径引进和培养文化管理、文化创意、文艺创作及非物质文化遗产传承保护等高层次紧缺人才。

增强三晋文化影响力。整合各类文化资源,加强对外宣传和文化交流,唱响山西品牌,全面提升三晋文化的传播力和影响力。积极推动与"一带一路"沿线国家和地区建立文化交流合作机制,互办文化艺术节,实现双边文化贸易持续增长。深化与港澳台文化交流合作,建立晋港澳文化交流合作长效机制,不断提升与港澳台文化艺术团体、电影机构、新闻传媒机构、文博机构、知名文化人士的交流合作层次,深化文化认同。加快推进山西省文化保税区和重点文化产业园建设,完善支持文化产品和服务"走出去"政策措施。建立山西省文化出口重点企业、项目名录和产品数据库,培育一批具有竞争力的外向型文化企业和中介机构。鼓励文化企业深入挖掘文化资源,开发一批在省外、境外长期驻场或巡回演出的演艺产品,讲好山西故事,树立山西形象。把政府交流和民间交流结合起来,打造山西文化产业博览交易会等专业化、国际化的文化会展品牌。做好山西对外文化产品和服务的制作、包装、宣传推介工作,做好文化援疆援藏工作。

第五节 推进军民融合

发挥我省军工和地方优势,实施军民融合发展战略,推进基础设施、产业、军队后勤保障、军事人才培养等重点领域的深度融合,加快军民融合产业园区建设,探索军地双赢、互促共进、具有时代特点的军民融合发展途径,形成全要素、多领域、高效益的军民深度融合发展格局。

构建体制机制保障。构建促进经济建设与国防建设协调发展、资源共享、深度融合的体制机制。建立健全省市两级促进军民融合产业深度发展运行体系。加快军工企业股权多元化改革和科研院所转制,促进军工经济开放式发展。建立国防科技协同创新机制。全面推进军民融合试点示范区建设,形成省部之间、军地之间、产学研用之间共赢发展、创新发展、集群发展大格局。鼓励优势企业、高校和科研机构进入武器装备科研生产领域,形成社会资源广泛参与的大军工配套体系。

推进重点领域融合。以陆上交通设施、信息基础设施、城市基础设施及人防设施为重点,促进基础设施领域融合。构建资本运作、产业聚焦、咨询服务和人才培养与发展平台,加快推进军民融合产业技术升级,打造高端装备制造、电子信息、节能环保、新材料等优势领域新的增长极和产业链。以深化科技创新体制机制改革、搭建协同创新平台和构建创新战略联盟为重点,推动科技协同创新,支持军工企事业单位与地方企业、科研院所、高等院校、民口配套单位联合协同,共建学科专业和产业创新中心。充分发挥军工技术优势,推动科技成果转化和产业化,突破高端装备制造、电子信息、节能环保、新材料等军民融合重点领域关键技术。加强国防教育和人才培养,促进军民智力融合。

完善国民经济(装备)动员体系。加快形成以国防动员保障为重点,平时能应急、战时能应战的军民融合物资储备体系,提升综合保障能力。以基础建设为重点,以通用装备为突破,提升平战转换能力。依托保障社会化,拓宽军地保障渠道,构建与形势任务相适应、与职能使命相匹配、与部队建设相协调的国民经济(装备)动员新体系。

第五章　推进绿色发展,着力建设美丽山西

坚持“高碳资源低碳发展、黑色煤炭绿色发展”,着力建立绿色低碳发展产业体系,倡导推行绿色低碳发展方式和生活方式,全面节约和高效利用资源,推进美丽山西建设,促进人与自然和谐相处。

第一节　加快建设主体功能区

加快实施主体功能区战略,推动各市县严格按照主体功能定位发展,构建科学合理的城市化格局、农业发展格局、生态安全格局,努力促进城乡、区域以及人口、经济、资源环境协调发展。

推动主体功能区布局基本形成。以不同主体功能类型区的功能定位和发展方向作为经济布局、产业发展、人口布局和项目建设的依据,以主体功能空间战略格局为载体,立足省域内部空间,拓展省域外部联系空间,统筹安排实施国民经济与社会事业各项建设,制订适应主体功能开发管制原则的配套政策和绩效评价体系。力争到2020年全省国土空间的主体功能更加突出,实现生产空间高效、生活空间舒适、生态空间宜人、能矿空间集约,基本形成以重点开发区域、限制开发的农产品主产区、限制开发的重点生态功能区、禁止开发区域为主要类型的主体功能区格局。

健全主体功能区配套政策体系。针对不同空间的功能定位和发展方向,细化财政、投资、产业、土地、农业、环境等政策,形成市场统一规范、要素自由流动、主体功能约束有效、基本公共服务均等、资源环境可持续的区域发展机制。建立生态转移支付资金的分配和使用制度,国家、省财政转移支付及生态环境建设投资向重点生态功能区倾斜。大力推进临汾市西山片区、忻州市神池县国家主体功能区建设试点示范工作,探索重点生态功能区转型发展、科学发展的新模式、新路径。推动重点开发区域提高产业和人口集聚度。加大对限制开发区的转移支付力度,强化激励性补偿,建立流域生态补偿机制。推进市县“多规合一”,促进空间利用结构优化,强化规划对市县区域空间的指导和管控作用。

第二节　推动低碳循环发展

坚持绿色、低碳、循环发展基本路径,加快形成节约资源和保护环境的空间格局、产业结构、生产方式、生活方式,全面增强可持续发展能力。

促进低碳发展。推进煤炭等化石能源清洁高效利用,提高非化石能源比重,加快发展风能、太阳能和地热能,加大煤层气开发力度,积极推进先抽后采。发展绿色交通,加快构建低碳交通运输体系,实行公共交通优先,加强轨道交通建设。提升建筑能效水平,大力推广绿色建筑和可再生能源建筑,加快推进既有建筑节能改造。推行绿色生活方式和消费模式,倡导绿色出行、绿色购物、绿色办公,推行政府绿色采购。主动控制碳排放,加强高能耗行业能耗管控,有效控制电力、钢铁、建材、化工等重点行业碳排放。加快推进省级低碳市县试点和园区试点建设,积极开展低碳商业、低碳社区试点。加强碳汇体系建设,增加森林碳汇,继续开展碳捕捉、利用和封存基础研究。加强应对气候变化能力建设,探索建立碳排放总量控制和目标分解制度,研究制定重点行业温室气体排放标准,建立碳排放权交易工作机制和支撑体系。强化固定资产投资项目节能评估和审查,促进企业科学合理利用能源,从源头上杜绝能源浪费,提高能源利用效率。

大力发展循环经济。坚持“减量化、再利用、资源化、减量化优先”原则,加快建立循环型工业、农

业、服务业体系，提高全社会资源产出率。建立具有山西特色的煤炭循环经济发展模式，构建资源综合利用和能源梯级利用的现代循环经济产业体系。实施循环发展引领计划，推行企业循环式生产、产业循环式组合、园区循环式改造，减少单位产出物质消耗。推动各类产业园区循环化改造，以产业集聚和共享基础设施为纽带，促进企业、产业间的循环链接，提升循环经济发展水平和产业园区可持续发展能力。推进生产和生活系统循环链接，加快构建循环型社会。健全生活垃圾分类收集回收体系和再生资源循环利用体系，提高大宗固体废弃物综合利用水平，推动废弃物处理方式由无害化处理为主向资源化利用为主转变。推动朔州国家级工业固废综合利用基地和国家级工业绿色转型发展试点城市建设。积极开展循环经济重点领域试点示范创建工作，在企业、园区和区域层面建立一批循环经济典型模式，提升重点领域循环经济发展水平。

第三节　促进资源节约高效利用

以优化资源利用方式为核心，以提高资源产出率为目标，把资源节约和高效利用作为转变经济增长方式的主攻方向，推进生产、流通、消费各环节资源节约与高效利用。

坚持节约优先。牢固树立节约优先理念，培育全社会节约意识，养成行为自觉。强化全过程管理，提升资源节约和综合利用水平，大幅降低资源消耗强度。强化约束性指标管理，实行能源和水资源消耗、建设用地等总量和强度双控行动。实施全民节能行动计划，加大节能、节水、节地、节材、节矿和农村节肥、节药工作力度。加快推动重点领域节能技术改造，强化单位产品能耗标准、绿色建筑标准等约束。实施工业能效提升计划，在重点耗能行业全面推行能效对标，促进企业节能降耗和产业转型升级。实行最严格的水资源管理制度，用好用足黄河水，限制开采地下水，以水定产，以水定城，加强用水需求管理，建设节水型社会。坚持最严格的节约用地制度，严格土地用途管制，推广应用节地技术和模式。建立健全用能权、用水权、排污权、碳排放权初始分配制度，建立预算管理制度、有偿使用和交易制度，更多用市场手段实现双控目标。推行合同能源管理和合同节水管理。倡导合理消费，力戒奢侈浪费，制止奢靡之风。深入开展反过度包装、反食品浪费、反过度消费行动，推动形成勤俭节约社会风尚。

推进资源集约高效利用。坚决杜绝私挖乱采，运用先进技术对传统开采方法进行改造，发展绿色矿业，提高矿产资源开采回采率、选矿回收率和综合利用率，加强劣质低阶煤、低品位矿产资源和可替代资源的开发利用。加快再生资源回收体系建设，提高资源回收水平。实施水资源开发利用控制、用水效率控制、水功能区限制纳污三条红线管理。调整建设用地结构，降低工业用地比例，推进城镇低效用地再开发和工矿废弃地复垦，严格控制农村集体建设用地规模。提高工业废弃物、农业废弃物、林业“三剩物”的利用水平，开展“城市矿产”、餐厨废弃物、建筑废弃物等回收和资源化利用。大力发展生态友好型农业，推广秸秆综合利用。探索实行耕地轮作休耕制度试点。

第四节　加大环境治理力度

以提高环境质量为核心，实行最严格的环境保护制度，形成政府、企业、公众共治的环境治理体系。将大气、水、土壤等环境质量作为地方各级政府环保责任红线，对能源和水资源消耗、建设用地等实行总量和强度“双控”，制定污染物排放总量限制和环境风险防控措施。深入实施大气、水、土壤污染防治行动计划，落实省以下环保机构监测监察执法垂直管理制度。

大气污染防治。加大“控煤、治污、管车、降尘”等重点工作力度。推进重点行业污染物减排，严格淘汰落后产能，严控“两高”行业新增产能，持续推进清洁生产。调整能源结构，推进清洁能源替代。以雾霾治理为重点，加强细颗粒物监测和区域联防联控，加快市区重污染企业搬迁改造，推动燃煤电厂超低排放改造，全面开展燃煤锅炉污染整治，有效预防重污染天气。深化城市面源污染综合防治，实施机动车污染防治和扬尘污染防治，促进环境空气质量进一步改善。

水污染防治。加强重点流域和区域水污染防治，推进良好水体生态保护，突出加强饮用水源地和岩溶大泉泉域保护，实施娘子关泉域煤矿“老窑水”监测治理等工程。保障水源地安全。深化工业企业生产废水专项整治，实施重点行业废水深度处理和工业集聚区污水集中处理，推进工业水循环利用。加快城镇污水处理设施建设与升级改造，加大城镇生活污水处理及中水回用力度，减少城市黑臭水体。开展地下水污染防治与修复，加强农村生活污水防治。到2020年，全省水环境质量得到阶段性改善，污染严重水体较大幅度减少，饮用水安全保障水平持续提升。

强化土壤污染治理。实施工矿废弃地综合整治和复垦利用，协同推进污染预防、风险管控、治理修复三大举措，着力解决土壤污染威胁农产品安全和人居环境两大突出问题。到2020年，全省土壤污染加重趋势得到遏制，土壤环境质量总体稳定，农用地土壤环境得到有效保护，建设用地土壤环境安全得到基本保障。

推进多污染物综合防治和环境治理。建立统一的决策协商、信息通报、环评会商、联合执法和预警应急机制，加强联防联控和流域共治，推动多污染物协同控制，多污染源综合防控，实现环境质量的整体改善。加快推进工业污染源全面达标排放，建立覆盖所有固定污染源的企业排放许可制，推进城镇生活污水垃圾处理设施全覆盖和稳定运行。坚持城乡环境治理并重，推进以垃圾无害化处理和污水处理为重点的农村环境整治，强化农业面源污染治理和畜禽养殖污染治理，统筹农村饮水安全、改水改厕、垃圾处理。全面推进采煤沉陷区、采空区、水土流失区、煤矸石山的生态环境治理修复重点工程，有序推进采矿破坏村庄避让搬迁工作。

第五节　构筑生态安全屏障

牢固树立"绿水青山就是金山银山"的理念，坚持保护优先和自然恢复为主，统筹山水林田湖综合治理，推进汾河、桑干河、滹沱河、漳河、沁河、涑水河、御河等综合治理、水污染治理和生态环境修复工程。加强沿黄地区水土保持和生态修复，加强黄河中游生态综合治理。在重要生态功能区、生态环境敏感区和脆弱区等区域划定生态红线，确保生态功能不降低、面积不减少、性质不改变。探索建立资源环境承载能力监测预警机制，对资源消耗和环境容量接近或超过承载能力的地区，及时采取区域限批等限制性措施。深化林业投资管理改革，完善天然林保护制度，扩大购买式造林，推动国有、集体和个人开展合作式、开发式、股份制造林。探索由政府全额投入、购买造林式服务，实现生态林由政府与市场共同营造的新机制。强化森林资源保护，积极推进林业"六大工程"建设，继续实施以吕梁山生态脆弱区林业生态建设、重要水源地造林、京津冀生态屏障建设、通道两侧绿化、"双百"示范工程为主的重点区域人工造林和以干果经济林管理、未成林造林地管护为主的新造林提质增效管理管护等重大生态修复工程，不断提高全省森林覆盖率。严禁非法侵占林地和移植天然大树进城。搞好国营林场改革，深化集体林权改革。

第六节　创新资源型地区生态文明制度建设

把制度建设作为推进生态文明建设的重中之重，加快建立系统完整的生态文明制度体系，着力破解制约生态文明建设的体制机制障碍。强化环境经济政策调控，拓展生态文明建设投融资渠道，形成推进生态文明建设的长效机制。建立健全生态环境保护的法律法规和标准体系，全面实施生态保护红线管理制度、资源有偿使用和生态补偿制度、生态文明考核评价制度、生态环境损害赔偿和责任追究制度。严格源头保护，健全自然资源资产产权和用途管制制度。对各类自然生态空间进行统一确权登记，明确国土空间的自然资源资产所有者、监管者及其责任。树立底线思维，设定并严守资源消耗上限、环境质量底线、生态保护红线，将各类开发活动限制在资源环境承载能力内。健全生态环境补偿机制，加大对重点生态功能区的转移支付力度。落实国家自然资源及其产品价格改革政策。创新生态环境治理市场化体制，探索实施环境公用设施PPP模式和企业环境污染第三方治理模式，吸引社会资本投入生态环境保护。建立生态文明绩效评价体系，健全考核评价制度。

第六章　推进开放发展，着力培育合作共赢新优势

以构建互利共赢、多元平衡、安全高效的开放型经济为引领，抢抓国家推进"一带一路"、京津冀

协同发展、环渤海经济圈等重大历史机遇，在融入国家战略中寻找新的经济增长点，在强化区域合作中拓展新的发展空间，努力形成全方位、宽领域、多层次、高水平全面开放新格局，将我省打造成为全国重要的产业转移承接地、交通运输集散地、优势要素集聚地、“一带一路”重要节点、京津冀协同发展的辐射区和支撑带。

第一节　创新对外开放体制环境

把优化发展环境作为加快构建开放型经济体制的突破口，进一步解放思想，倡导理性包容的开放思维和开放文化，在全省上下形成以大开放促大发展的共识。营造开放透明的法律环境、公平竞争的市场环境和稳定有序的经营环境，促进各类市场主体自觉遵法守法用法，维护投资者合法权益。进一步简政放权，改革外商投资企业审批制度，精简和优化行政审批，切实提高工作效率和服务水平。推行普遍备案、有限核准的外资管理制度，积极探索准入前国民待遇加负面清单的外商投资管理模式。全面推进通关无纸化改革，积极融入全国通关一体化改革，进一步加强与沿海沿边省份、中部五省口岸通关大合作，构建快速高效的立体通关体系。全面推行关检合作“一次申报、一次查验、一次放行”，将“属地申报、口岸验放”扩大至所有符合条件的企业。推进政务环境透明化、便利化和规范化，营造规范高效的政务环境。加快建立公共信用信息服务平台，弘扬晋商诚信守信的传统商业文化，营造合作共赢的人文环境。提升城市建设管理和公共服务水平，营造安全、便捷、舒适的生活环境。把优化发展环境作为各级党委、政府的硬任务，大胆创新、大胆改革、大胆实践，在全社会形成亲商安商容商富商的良好环境氛围。

第二节　加快开发区建设

强化统筹布局，坚持规划引领，明确发展定位，以提质增效升级为核心，加快形成布局合理、结构优化、特色突出、功能互补、绿色生态、区域平衡的开发区发展格局。加快开发区发展理念、兴办模式和管理方式转型，推动发展方式向追求质量、市场主导、差异化发展和软环境取胜转变。以增强开发区域城市综合功能为核心任务，按照人口经济与资源环境协调发展、生产生活生态功能有机融合的理念，推动具备条件的开发区城市综合功能改造，合理配置生产生活生态空间。实现开发区动态管理，建立有进有出、有升有降的动态管理机制。创新开发区发展模式，积极对接京津冀、长三角、珠三角等发达地区，共建园区，开展“飞地经济”合作。学习借鉴德国北威州等发达国家（地区）转型发展经验，推进国际产业园区体系建设。加快体制机制创新，深化行政管理体制改革，推进有条件的开发区与行政区的融合发展。努力提高开发区科技创新驱动能力，强化土地节约集约利用，推动绿色低碳循环发展，优化营商环境，把开发区建设成为促进“六大发展”和实施板块经济的重要载体，构建开放型经济新体制和培育吸引外资新优势的排头兵，实施科技创新驱动和绿色集约发展的示范区。

第三节　加快各类开放平台建设

完善开放口岸平台。推动形成以太原、大同、运城“南北一线”为主轴，长治、吕梁、忻州、临汾等为两翼的航空口岸开放新格局。加快临空经济区建设，培育太原机场区域性枢纽功能，推动航空运输业、高端制造业和现代服务业的协同发展。打造以太原铁路口岸为中心，以大同、临汾（运城）、晋城（长治）三个陆路为副中心的“一心三区”布局。加快太原、大同、临汾陆港建设，建立基本具有沿海沿边口岸功能的“口岸作业区”。以太原枢纽（北六堡）物流中心为依托，积极推动我省铁路口岸建设，实现陆路、空运与国内国际市场的直接连通。

健全保税物流平台。推动全省符合条件的进出口企业及设区市申建保税仓库、保税物流中心、综合保税区等海关特殊监管区域，培育大型物流企业，构建全省保税物流平台体系。充分发挥太原武宿综合保税区作用，完善基础设施，推行上海自贸区海关监管、检验检疫、外汇管理等领域可复制推广的政策措施，积极申请国家进口汽车、肉类指定口岸，大力发展其他新型保税服务。推动设立以方略保税物流中心为核心的临汾综合保税区，发挥晋城兰花保税物流中心作用，形成各类综合保税区、保税物流园区（中心）、口岸作业区等多级别发展的陆路发展格局。

打造国际化展会平台。提升能源博览会和低碳高峰论坛功能定位，打造世界低碳中心。继续办好农博会、文博会和平遥摄影节，培育我省新兴产业、中小型专业展会，构建多元化展会合作交流体系，带动人流、物流、资金流向我省集聚。将太原打造成具有较强影响力和辐射带动力的展会中心城市，推动太原城市群成为我省展览业发展核心区，培育大同、运城成为我省展览业发展重点城市。支持我省企业参加中部博览会、亚欧博览会、东盟博览会等境内国家级重点展会和国际知名展会。承接与我省产业转型升级关系密切的国内品牌展会，引进煤机装备、能源高效利用、现代物流等领域的国际知名展会。

第四节　提高招商引资质量和水平

着眼于发展我省传统优势产业和新兴接替产业，最大限度放宽投资准入限制。积极引进相关产业项目及相关研发中心、销售中心和结算中心，鼓励国内外资本投入生产性服务业领域，引领我省产业向产业链、价值链高端提升。积极吸收外来投资，组建成立文化产业、旅游文化体育基金，加大对重点领域重大项目的支持力度。加快招商方式转变，注重服务环境改善，针对目标区域、目标产业和目标企业，实施精准化招商，坚持引资、引智、引技并重，切实提高招商引资的精准度和招商引资实效。加大力度开展产业链招商，通过集群式引进、专题性推介、区域性对接等多种方式，推进产业集聚。积极推动股权招商，大力引进国内外知名股权投资机构。重视发挥海内外山西籍优秀人才的作用，开展央企入晋、跨国公司入晋、民企入晋、晋商回乡等主题招商活动。充分利用好与央企已签订的战略合作协议，推进我省与央企的战略合作向全方位纵深发展。切实发挥商会和各类组织的积极作用，推动以商招商、以情招商，吸引企业家来晋投资创业。深入与世界银行、亚洲开发银行、亚洲基础设施投资银行等国际和区域性金融机构合作，积极有效利用各类国外优惠贷款和智力资源。

第五节　加强以煤会友

充分发挥我省煤炭资源和煤、煤化工、煤机装备等优势和市场潜力，推进建设国际低碳技术创新基地，千方百计提高我省作为国家新型综合能源基地的美誉度和影响力。加强同世界煤炭大国的主要产煤省州、国际友城、“一带一路”沿线国家和地区开展多领域互利共赢务实合作。继续挖掘交往密切友城的合作潜力，拓展合作领域，提高合作水平。加强交流频率较低的友城往来，畅通交流渠道，增强友城活力。主动采取措施，激活交流渠道，充实交往内容，促进暂时停滞的友城开展交流。主动加强友好合作伙伴的联系，寻求合作方向，积极对接项目，加快结好进程。力争到2020年，实现与全球主要产煤国家及金砖国家43个产煤省州友好交往，与其中16个产煤省州建立结好意向，正式结好10对左右。友城数量和交往质量达到全国中上水平，每对友城每年至少开展一次官方或民间交往。做大做强低碳发展高峰论坛，建立专门机构，筹建永久会址，调动社会化力量，实行市场化运营，筹办好“太原论坛”，把论坛办成低碳新理念的传播平台、新成果的展示平台、新技术的交易平台和交朋会友的联系平台。

第六节　加快提升外贸核心竞争力

扩大出口贸易规模，鼓励企业开展科技创新和商业模式创新，加快培育以技术、品牌、质量、服务为核心外贸竞争新优势。支持外向型重点企业提高传统产品竞争力，巩固不锈钢、焦炭、金属镁、煤炭等传统产品出口市场份额。加强营销和售后服务网络建设，扩大手机、农产品、化肥、医药品、活性炭、玻璃制品、纺织品等产品出口规模，壮大铁路设备、工程机械、汽车零配件等装备制造资本品出口，培育新的出口主导产业。加快推动产品、技术、服务的“全产业链出口”，提高企业整体素质和核心竞争力，推动出口贸易向优质优价转变。稳定进口增长，扩大先进技术设备、关键零部件进口，稳定铁矿石、铜精矿、铬矿砂、大豆等重要原材料进口。继续实施外贸主体“231工程”，加快形成一批出口带动强、具有跨国经营能力的大企业。建立外贸自主品牌培育体系，积极培育外贸综合服务企业。加快推进外贸平台建设，打造一批外贸转型升级示范基地、进出口商品平台和国际营销网络平台。加快跨境电子商务发展，推动太原市跨境贸易电子商务服务试点城市建设。大力发展服务贸易，巩固建筑服务出口优势，培育金融、保险、出版传媒等新兴服务贸易。推动服务外包发展，建立全省服务外包产业联盟，将太原、晋中、阳泉打造成国家服务外包示范城市。依托大数据、云计算、物联网、移动互联网等新技术，推动服务业转型，培育服务新业态。大力发展文化贸易，培育一批文化出口重点企业。

第七节　积极参与国家“一带一路”建设

充分利用我省历史人文、特色产品、产业优势，将“山西品牌丝路行”打造成为我省对接“一带一路”重要载体和对外开放新名片，推动与沿线国家（省份）全面交流与合作。主动融入中蒙俄经济走廊、新亚欧大陆桥经济走廊、中国—中亚—西亚经济走廊和海上战略支点等建设，推进基础设施互联互通，注重构建物流通道和立体物流平台。深化我省与沿线国家国际产能和装备制造合作，发挥我省采矿、钢铁、有色、建材、电力、化工、轻纺、机械制造等在产能、装备、技术等方面的比较优势，与国际需求有机结合，以企业为主体，以市场为导向，加强政府统筹协调和引导推动，拓展我省产业和企业发展新空间，推动我省经济结构调整和产业转型升级。引导晋非合作区按照市场化经营的思路创新发展，打造我省企业开拓非洲市场的桥头堡。支持我省企业在印度尼西亚建设采煤—焦化—发电—钢铁一体化循环工业园区，形成我省优势产能转移的聚集地，打造我省参与海上丝绸之路建设的重要支点。利用中亚地区铁、铜、铬等矿产资源优势，支持我省企业在哈萨克斯坦等中亚国家投资能源矿产，打造资源深加工工业园，推动我省企业开拓欧亚市场。

第八节　深化与京津冀、环渤海经济圈协同发展

积极对接京津冀、环渤海等国家区域发展总体战略，找准山西在全国以及周边经济区域的定位，加强省际间经济合作，构建中部内陆开放新高地。

深化与京津冀协同发展。自觉主动融入京津冀协同发展，加强清洁能源开发利用合作，完善能源输送网络，打造京津冀一体化清洁能源生产供应基地。积极推动民航业融入京津冀民航协同发展战略。全方位推动航空口岸对外开放，发展通用航空，完善口岸功能，发挥口岸效应。加强与京津冀地区产业协同，积极承接京津冀地区新材料、节能环保、高新技术等疏解产业，加强“研发创新—创新成果产业化合作”。推进晋北地区鲜活农产品进入京津市场，实现与京津冀地区旅游资源共享，推动与京津冀协作领域多元化。

深度融入环渤海经济圈。充分利用环渤海区域合作市长联席会议制度，强化重大基础设施、能源、生态环境、产业对接等方面的合作，促进建立地区间统一完善的市场经济体系。推动省内企业参与环渤海地区港口建设，加强口岸与港口通关便利化合作，打造产品快速出海通道。

积极对接长江经济带战略。扩大与相关地区交流合作，加大面向长三角、珠三角等沿海地区招商及产业承接力度，立足山西优势和特色，共同推进新技术、新产品、新业态、新商业模式等方面的研究和应用。

第九节　全面深化与周边区域合作

充分发挥我省承东启西、贯通南北的区位优势，深化与中部地区及周边省份交流与合作，不断拓展我省发展新空间。

深入实施国家中部崛起战略。落实国家促进中部崛起战略，强化与中部省份协同发展，实现区域间生产要素无障碍流动，差异化承接国际产业转移和东部沿海地区产业梯度转移。加强能源外送，拓展面向中部地区的能源市场。充分利用中部博览会等平台和各类协同沟通机制，全面加强与中部省份在经贸往来、技术交流、人文交往等方面的务实合作，共同谋求中部崛起。

深化中原经济区合作。加快跨省战略大通道建设，打造我省运城、晋城、长治等南部地区面向中原经济区，连接华东、华南物流通道，把晋东南地区打造成为“煤、电、气、化”综合能源产业基地和新型现代制造业基地。建设面向大中原的晋东南特色农产品种植基地，加深与中原经济区农业合作发展，提高我省农业专业化、标准化、集约化水平。建立与中原经济区的旅游合作机制，推出旅游一卡通，开发一批文化、休闲、生态旅游线路，打造全国品牌旅游目的地。

加快晋陕豫黄河"金三角"区域协调发展。制定完善晋陕豫黄河金三角区域合作规划实施方案,建立"三省四市"省级协调机制。积极探索跨省交界地区合作发展路径,合力打造国家省际交界地区协作发展试验区。依托特色农林产品、能源矿产资源和产业基础,建设中西部特色农产品加工、能源原材料及装备制造业基地。加快推进智慧物流和现代金融产业发展,创建我国内陆现代服务业集散基地。深度整合区域内旅游资源,倾力打造以"古中国"为标识的国际旅游目的地。

加快推进蒙晋冀(乌大张)长城金三角建设。充分发挥我省大同市与内蒙古乌兰察布市、河北张家口市地缘相邻、生态相同、习俗相近、商旅相通、产业互补的有利条件,大力推进地区间基础设施相连相通、产业发展互补互足、资源要素对接对流、公共服务共建共享、生态环境联防联控、商贸旅游互联互通,着力打造高效联动、各具特色、协调发展的经济社会合作体。

建立更加紧密的沿黄经济协作区战略合作关系。推动沿黄区域集群化发展,形成西煤东运、西气东输、西电东送的重要基地。建立沿黄经济带煤炭产业合作机制,共同维护煤炭市场秩序,促进煤炭产业协调发展。促进区域基础设施互联互通,加快推进运城—灵宝等高速公路项目建设。有效发挥黄河九省旅游联盟作用,打造国际知名旅游品牌。

第七章 推进共享发展,着力保障和改善民生

坚持富民与强省的统一,按照人人参与、人人尽力、人人享有的要求,坚守底线、突出重点、完善制度、引导预期,切实做好就业、医疗、教育、社会保障、养老、扶贫等民生工作,使全省人民共同迈入全面小康社会。

第一节 增加公共服务供给

从解决人民群众最关心最直接最现实的利益问题入手,在财力可持续的基础上增加公共产品和服务供给,提高公共服务共建能力和共享水平。加强义务教育、就业服务、社会保障、基本医疗和公共卫生、公共文化、体育健身、环境保护等基本公共服务,努力实现全覆盖。加大对革命老区、贫困地区转移支付。加强对特定人群特殊困难的帮扶。创新公共服务提供方式,积极推广政府和社会资本合作模式,引导和鼓励社会资本参与公共产品和公共服务项目投资、运营和管理,提高公共产品和公共服务供给能力与效率。

第二节 实施城乡人居环境改善工程

以文明、卫生、环保等城乡创建活动为引领,实施城乡人居环境改善工程,实现城乡清洁卫生。实施设施提升、城市安居、城中村改造和环境提质等改善城市人居环境"四大工程",着力改善和提高城市居民生活质量。以加快城市管网、交通等基础设施建设为重点,推进设施提升工程。推进公共停车场、集贸市场建设,与老城改造和新城建设同规划、同建设。继续加大保障性住房建设力度,增加普通商品住房供给,发展租赁住房市场,推进城市安居工程。加快城中村改造,同步完善城中村改造配套政策。提高城市污水垃圾处理和园林绿化水平,改善空气质量和城市容貌,推进环境提质工程。实施完善提质、农民安居、环境整治和宜居示范等改善农村人居环境"四大工程",全面改善农村生产生活条件。积极推进以农村基础设施和公共服务为重点的完善提质工程,以采煤沉陷治理、危房改造、易地搬迁为重点的农民安居工程,以垃圾污水治理为重点的环境整治工程,以美丽宜居乡村省、市、县三级联创活动为重点的宜居示范工程。

第三节 加大脱贫攻坚力度

把扶贫作为最大的民生工程,把精准扶贫、精准脱贫作为基本方略,坚持精准帮扶与区域开发紧密结合、扶贫开发与生态保护并重、扶贫开发与社会保障有效衔接,扎实推进专项扶贫、行业扶贫和社会扶贫,构建政府、市场、社会协同推进的扶贫开发大格局,创新扶贫开发工作机制,增强贫困地区内生动力和发展活力。确保"十三五"期间,在现行标准下232万农村贫困人口全部脱贫,58个贫困县全部脱贫摘帽。

实施精准扶贫、精准脱贫。坚持因人因地施策，因贫困原因施策，因贫困类型施策，对症下药、靶向治疗，努力实现扶持对象精准、项目安排精准、资金使用精准、措施到户精准、因村派人（第一书记）精准、脱贫成效精准。建立精准扶贫工作机制。按照县为单位、规模科学、精准识别、动态管理的原则，积极完善贫困村、贫困户、贫困劳动力建档立卡工作，建立全省统一、信息共享的精准扶贫信息管理系统。深入分析扶贫对象致贫原因，按照专项扶贫措施与贫困识别结果相衔接的要求，逐村、逐户、逐个劳动力制订帮扶计划，精准落实帮扶措施。加强扶贫统计监测工作，跟踪监测到村到户扶贫措施及实施效果，努力为精准扶贫提供真实依据。实施"五个一批"扶贫攻坚行动计划。一是发展生产脱贫一批，对有资源、有劳动力贫困户要加大产业培育扶持和就业帮助力度，采取一户一策，一帮一或多帮一的方式，引导贫困户参与生产、加工、销售环节，开辟收入形式多元化。加强职能培训，实现一户一人有技能，能外出务工，推动贫困群众就地就近转移就业。二是易地搬迁脱贫一批，坚持"政府引导、群众自愿"原则，围绕"建房、搬迁、就业、保障、配套、退出"六个关键环节，积极实施移民搬迁安置工程。对"一方水土养不活一方人"，生活在山区、生态脆弱地区贫困人口，实施扶贫生态移民，做到搬得出、留得住、能就业、有保障。三是生态补偿脱贫一批，加大贫困地区生态保护修复力度，增加重点生态功能区转移支付，扩大政策实施范围，让有劳动能力的贫困人口就地转成护林员等生态保护人员。四是发展教育脱贫一批，治贫先治愚，扶贫先扶智，国家教育经费继续向贫困地区倾斜、向基础教育倾斜、向职业教育倾斜，帮助贫困地区改善办学条件，对农村贫困家庭幼儿特别是留守儿童给予特殊关爱。五是社会保障兜底一批，对贫困人口中完全或部分丧失劳动能力的人，符合农村低保条件的纳入低保范围，符合特困人员供养条件的纳入特困人员供养范围。统筹协调农村扶贫标准和农村低保标准，加大其他形式的社会救助力度。要加强医疗保险制度和医疗救助制度的衔接，新型农村合作医疗和大病保险政策要对贫困人口倾斜，努力减少因病致贫、因病返贫。

积极开展专项扶贫。以吕梁、太行两大连片特困地区为主战场，按照产业扶持、技能扶持、资本扶持和不断改善贫困群众基本生产生活条件"三加一"的工作思路，深入推进特色产业脱贫、易地搬迁扶贫、扩大贫困地区基础设施覆盖面、引导劳务输出脱贫。发展特色产业脱贫。充分发挥区域特色资源优势，按照坚持市场导向，以企业产业扶贫开发为抓手，扎实推进企业产业扶贫开发。继续深入实施百企千村产业扶贫开发工程。坚持以项目为纽带，围绕农产品加工、特色农业开发、旅游开发等建设，谋划设计实施一批规模大、科技含量高、产业优势独特、带动能力强、适合大企业参与的产业扶贫开发好项目、大项目。逐一量化企业产业扶贫开发工程，落实带动贫困村、贫困户发展生产和吸纳贫困劳动力就业增收任务，推进建立企业与贫困农户建立利益联结机制。积极培育贫困地区农民合作组织，提高贫困户在产业发展中的组织程度。深入推进科技特派员农村科技创业行动，加快现代农业科技在贫困地区的推广应用。实施易地搬迁扶贫。按照坚持政府引导、发挥市场作用、尊重群众意愿的思路，扎实推进易地扶贫搬迁。到 2020 年，实现户籍人口 300 人以下、实际居住不到一半的贫困村全部实施移民搬迁。结合新型城镇化建设，因地制宜创新搬迁模式，落实后续产业支持，引导移民转产就业、完善社会保障，实现搬迁户"搬得出、稳得住、能发展、可致富"。对县城周边建设移民新区集中安置的搬迁户和进城入镇的搬迁户，实施二、三产业为重点的就业培训计划。对城郊或中心镇配套产业开发建设移民新村、中心村就近安置的搬迁户，同步落实产业开发措施。逐步提高易地搬迁补助标准，鼓励支持有条件的市、县财政增加扶贫搬迁专项资金，多措并举减轻搬迁群众负担。扩大贫困地区基础设施覆盖面。按照"因地制宜、突出重点、统筹兼顾、注重实效"的原则，在贫困农村实施以工代赈工程，有效改善贫困地区农业生产生活条件，提高贫困农民收入水平。积极实施片区综合开发、基本农田、农田水利、小流域治理和乡村道路建设等以工代赈重点项目，增强抵御自然灾害能力。加快贫困地区交通、水利、电力和互联网建设。对连接贫困地区的国家铁路网、国家高速公路网等重大交通项目建设要加快推动。对贫困地区重大水利工程和中小水利项目要强化建设。对贫困地区水电开发、农田改造升级、光伏发电工程要大力推进。加大"互联网+扶贫"力度，加快实现贫困村宽带网全覆盖,实施电商扶贫工程,促进贫困地区大众创业、万众创新。引导劳务输出脱贫。加大劳务输出培训投入,继续实施职业技能提升计划,建立和完善输出与输入地劳务对接机制,引导农村贫困人口进入家政、物流、养老等领域就业。对贫困地区农民工返乡创业给予政策支持。有能力在城镇稳定就业和生活的有序实现市民化。加大职业教育培训和贫困大学生资助力度,切实扩大教育扶贫受益面,努力做到让每一个贫困家庭孩子都能接受公平的有质量的教育。按照政府主导、部门配合、社会参与的总体要求,采取因地制宜、分类区别对待的方法,继续实施"雨露计划"。瞄准建档立卡的贫困劳动力特别是妇女劳动力,扎实推进千村万人就业培训行动计划,逐步消除农村"零就业"家庭,促进贫困地区农民务工收入明显增长。

全面实施行业扶贫。把改善贫困地区发展环境和条件作为各部门发展规划的重要内容,统筹协调、明确职责,各部门制定发展规划和安排资金项目时,向贫困地区重点倾斜,完成好各自承担的行业扶贫任务。推进贫困地区基本公共服务均等化。大力发展医疗卫生事业,加强人口计划生育工作,使贫困地区获得公共卫生和基本医疗服务更加均等,稳定保持扶贫开发重点县低生育水平。扎实抓好教育扶贫工作,加快发展贫困地区学前教育,科学布局义务教育学校,支持贫困地区职业学校承担农村实用技术和劳动力就业培训任务。进一步完善贫困地区农村文化设施,提高服务能力,形成能够为贫困地区群众提供实用、便捷、高效的公共文化体系。丰富贫困群众文化生活,集中实施一批文化惠民扶贫项目,重点是广播电视服务网络、数字文化服务、乡土人才培养、流动文化服务等。支持贫困地区挖掘保护、开发利用民族民间文化遗产和资源。文化事业经费向贫困地区倾斜。建立健全留守儿童和妇女、老人以及残疾人关爱体系。对农村"三留守"和残疾人进行全面摸底排查,建立信息管理和服务系统。加强对未成年人的监护和困境儿童福利保障,帮助特殊贫困家庭解决实际困难。加快建立健全困难残疾人生活补贴和重度残疾人护理补贴制度。逐步提高农村最低生活保障和五保供养水平,努力提高农村社会保障水平。加大科技扶贫力度。有效整合和统筹协调农、科、教等科技扶贫资源向贫困地区倾斜,不断完善贫困地区农业科技服务体系,提升服务功能和服务水平。鼓励大专院校、科研机构技术人员到贫困村开展科技扶贫服务,允许科技人员以技术入股组建科技服务组织,搞好进村到户科技扶贫技术服务。建立全覆盖的农业科技信息化服务网络,努力解决好科技成果在贫困地区转化的"最后一公里"问题。加强贫困地区生态保护、农村危房改造和人居环境整治。加强贫困地区林业"四大生态屏障"建设,加快贫困地区可再生能源的综合开发利用,推进农村沼气工程建设。积极开展贫困地区农村环境连片整治示范工作,推进农村环保设施全覆盖示范工程。扎实推进贫困村饮水安全、危房改造、道路畅通、用电保障、信息化等基础设施建设,切实改善贫困地区人居环境。

协调推进社会扶贫。充分发挥社会主义制度政治优势和中华民族扶贫济困优良传统,更广泛地组织动员社会各界力量,通过多种方式参与扶贫开发,把各方面的智慧和力量凝聚成促进贫困地区加快发展的强大合力。发挥村党组织作用。持续整顿软弱涣散农村党组织,发挥好领导核心作用,实施好"领头雁"培训计划,大力提升村党组织书记及"两委"干部带领群众脱贫致富的能力。强化定点扶贫。健全完善领导干部联系帮扶机制,统筹整合领导干部和机关单位定点扶贫两支力量,瞄准贫困村、贫困户开展帮扶工作。各级党政机关、事业单位、大专院校、国有大中型骨干企业和中央驻晋单位等要把定点扶贫作为一项重要政治任务,发挥各自优势,强化帮扶举措,保质保量完成好帮扶任务。充分发挥贫困村大学生村官作用,与驻村工作队共同做好精准扶贫工作,切实把"工作到村、帮扶到户"的要求落到实处。形成社会合力。继续发挥社团组织和社会各界的作用,通过多种方式参与扶贫开发。试点开展财政扶贫资金购买社会服务,有序引导社会力量参与扶贫开发。积极争取国际金融机构和非政府组织的支持,深化和扩大扶贫领域的国际交流合作,推动扶贫开发的组织创新和制度创新。

加强扶贫责任机制和政策保障。贯彻落实扶贫开发主要任务和政策措施。要进一步健全完善抓落实的工作机制,强化脱贫工作责任考核。对贫困县重点考核脱贫成效,实行扶贫工作"一票否决"。强化督察和问责,完不成年度扶贫任务的对领导干部进行约谈。全面落实扶贫开发工作重点县比照

实施西部大开发各项产业政策和有关贫困地区的税收、土地、生态补偿等优惠政策。建立财政扶贫资金稳定增长机制,逐步增加财政专项扶贫金投入。改革财政扶贫资金分配办法,在兼顾公平的基础上,强化结果为导向的扶贫资金分配机制。鼓励支持银行和农村信用社等金融机构在贫困地区设立服务网点,实施“金融支持特色产业发展富民扶贫工程”,实现金融扶贫小贷款全覆盖,撬动更多金融资金支持贫困地区产业开发。

第四节　提升教育水平

全面贯彻党的教育方针,坚持教育优先发展,深化教育领域综合改革,发展有质量的公平教育,基本实现教育现代化。

大力促进教育公平。完成农村幼儿园的改造任务,持续扩大学前教育资源。加大对普惠性幼儿园的扶持力度,支持民办园提供公益普惠的学前教育服务。全面改善义务教育学校基本办学条件,实现城乡间、校际间办学条件均衡、办学水平相当。采取有效措施,切实保障进城务工人员随迁子女在流入地与当地学生一起平等接受义务教育。继续完善留守儿童关爱体系建设,保障困难群体受教育权利。继续在贫困地区实施农村义务教育学生营养改善计划国家试点工作。实施教育脱贫计划,保障建档立卡贫困家庭子女都能接受国民教育。全面推进全纳教育,使每一个残疾孩子都能接受合适的教育。加快发展以职业技能培养为主的高中阶段特殊教育,为残疾学生就业创业和继续深造创造条件。建立残疾儿童少年档案,为残疾学生提供及时科学的教育服务保障。核定特殊教育学校教师编制,提高补贴标准,提升特教师资专业化水平。

全面提高教育质量。扩大学前教育资源,全面推进有质量的学前教育发展。健全义务教育均衡发展保障机制,全面实现县域内义务教育发展基本均衡。适应新一轮考试招生制度改革要求,深化课程改革,完善高中学业水平考试和学生综合素质评价,促进学生全面而有个性的发展。创新职业教育人才培养模式,加强校企合作,促进产教深度融合。促进高校内涵发展,调整优化学科专业结构,提升学科专业建设水平。加强创新创业教育,培养具有社会责任感、创新精神和实践能力的高素质专门人才。完善教师管理制度,全面提高师资队伍建设水平。

调整教育布局结构。适应建立健全城乡一体化发展体制机制需要,科学合理规划学校布局。落实城镇新建住宅小区必须规划配建中小学政策。加强农村学校建设,办好村小学和教学点。优化高中阶段教育结构,大力发展中等职业教育,积极推进普通高中办学条件标准化建设和中等职业教育基础能力建设,促进普通高中和中等职业学校协调发展。加强统筹管理、强化分类指导,引导高校科学定位,特色发展支持部分普通本科高校向应用型转变,基本形成层次清晰、类型完整、特色鲜明的高校体系。完善从中职、高职到应用本科、专业学位研究生各个层次贯通衔接的现代职业教育体系。

完善经费保障机制。各级人民政府要切实承担法定责任,依法加大教育投入,确保公共财政预算教育经费占财政支出的比例不降低,保证预算内教育经费拨款增长明显高于财政经常性收入的增长速度,保证教师工资、学生人均教育经费和学生人均公用经费逐步增长。加大对革命老区和贫困地区的转移支付力度,建立城乡统一的义务教育学校生均公用经费基准定额。健全完善各级教育生均拨款制度。制定学前教育、普通高中教育、中等职业教育生均财政拨款基本标准,并建立与财力状况、办学需求和物价水平联动的稳定增长机制。建立健全非义务教育学校收费标准动态调整机制,逐步完善非义务教育阶段培养成本分担机制。加大各级各类家庭经济困难学生的资助力度,努力扩大资助范围,提高资助标准。

第五节　促进就业创业

把就业放在突出位置,实施就业优先战略和更加积极的就业政策,深入推进体制机制创新,着力解决结构性就业矛盾,保持就业局势稳定,实现比较充分和更高质量的就业。

促进经济发展与扩大就业的良性互动。建立经济发展与扩大就业联动机制,加强经济发展规划与就业发展的协调。建立宏观经济决策的就业效果评估机制,在产业结构、产业布局调整以及政府重大项目投资、招商引资时，把促进就业作为重要指标纳入评估体系，形成经济发展与扩大就业良性互动、经济转型与扩大就业相互促进的长效机制。完善就业考核指标体系，进一步强化政府促进就业的法律责任。在财政预算中足额安排就业创业资金和公共就业人才服务经费。

实施更加积极的就业政策。加强就业政策与财政、金融、产业等政策的协调衔接，形成促进就业的综合性经济政策体系。进一步完善积极的就业政策，支持劳动者自谋职业、自主创业，鼓励企业吸纳重点群体就业。鼓励和支持企业采取在岗培训、轮岗轮休、停薪留职、内部退养等办法，稳定就业岗位。加强对灵活就业、电子商务创业就业等就业创业新业态的支持，强化政策落实。完善失业监测预警机制。促进家庭服务业发展。

促进以创业带动就业。进一步深化改革，降低市场准入门槛，营造有利于创业的良好环境。完善落实创业扶持政策，强化融资服务，鼓励以创业带动就业。加强创业服务平台建设，为创业者提供创业服务。大力发展众创空间、创业园区和创业孵化基地，满足各类创业者需求，加强创业教育和培训，提高创业能力。进一步提升创业型城市（县）创建工作水平，发挥示范带动效应。

统筹做好各类重点群体就业。继续把高校毕业生就业摆在就业工作的首位。结合产业转型升级开发更多适合高校毕业生的就业岗位，支持大学生到城乡基层和中小企业就业，鼓励大学生自主创业。坚持统筹城乡就业，建立健全城乡劳动者平等就业制度，促进农村富余劳动力转移就业，支持农民工和农民企业家返乡创业。完善就业援助制度，确保零就业、最低生活保障等困难家庭至少一人就业，研究解决淘汰落后产能、调整产业结构中产生的就业困难人员就业。规范公益性岗位的开发和管理，研究制定就业困难人员享受扶持政策期满后的援助办法。加强妇女、退役士兵、残疾人等群体就业工作。

强化职业教育和职业培训。大力开展各种形式的就业技能培训、岗位技能提升培训和创业培训，建立终身职业技能培训制度，根据劳动者不同需求，实施分类培训计划，提高劳动者适应经济社会发展的就业创业能力。创新技能人才培养模式，健全技能人才评价体系。加大培训补贴资金投入，规范资金使用。

加强公共就业创业服务体系建设。加快城乡均等的公共就业创业服务体系建设。打破城乡分割、地域分割和身份界限，完善普惠性的公共就业创业服务制度，推动公共就业创业服务对所有劳动者的全覆盖。根据不同人群的实际需求提供有针对性、精细化的公共就业创业服务。构建公共就业创业服务创新发展长效机制，开发利用信息化等技术手段，完善公共就业创业服务功能。鼓励政府购买服务成果，引导支持社会力量参与提供就业创业服务，创新就业创业服务供给模式。充分发挥市场在人力资源配置中的决定性作用，健全完善人力资源市场管理制度，规范人力资源市场秩序，统筹人力资源市场，促进劳动力在地区、行业、企业之间自由流动，推进人力资源市场诚信体系和标准体系建设。

第六节　形成合理收入分配格局

深化收入分配体制改革和劳动生产率提高同步，提高城乡居民收入在国民收入分配中的比重，提高劳动报酬在初次分配中的比重。

拓宽城镇居民增收渠道。健全科学的工资水平决定机制、正常增长机制、支付保障机制，完善最低工资增长机制，完善市场评价要素贡献并按贡献分配的机制，努力实现城乡居民收入增长和经济发展同步的劳动报酬增长制。深化企业工资分配制度改革，健全企业工资分配宏观指导调控体系，促进企业职工工资合理增长。充分发挥市场在工资分配中的决定作用，推动各类企业建立健全工资分配协商确定机制、工资收入合理调整机制、工资按时足额发放机制和治理欠薪长效机制。完善国有企业负责人薪酬制度，健全国有企业内外收入监督检查制度。深化机关事业单位社会保障制度、工资制度改革，健全完善机关事业单位工资水平正常调整机制，优化机关事业单位工资结构。按照国家统一部署，积极推进建立国家、省、市三级企业薪酬调查信息发布体系，及时发布企业工资指导线、劳动力市场指导价位、行业人工成本信息，适时适度调整最低工资标准。突出做好企业职工、中低收入者和困难家庭增收工作。以非公有制企业、中小微企业为重点，积极稳妥推进工资集体协商。

拓宽农村居民增收渠道。建立保障和促进农民收入多元化增长的长效机制，努力缩小城乡收入差距。扩大农村劳动力转移就业，鼓励农村劳动力务工增加工资性收入。建立农民务工指导机制和权益保障机制，及时为农民提供岗位信息、就业指导、政策咨询等服务，积极稳妥解决农民工社会保障问题，保障农民工合法权益。健全农民工工资支付保障机制，建立从源头上全面治理拖欠农民工工资问题的长效机制，增加进城务工人员工资性收入。大力推行农民工实名制管理、工资和工程款分账管理、银行代发工资等措施，巩固完善工资保证金制度、欠薪应急周转金制度。

第七节 健全完善社会保障制度

以增强公平性、适应流动性、保证可持续性为重点，全面建设和完善覆盖城乡居民的社会保障体系。

完善社会保险制度。实施全民参保计划，全面实施机关事业单位养老保险制度，完善城镇职工基本养老保险个人账户制度，完善城乡居民基本养老保险制度，完善基本养老保险跨地区、跨制度转移接续措施。推进城乡居民基本医疗制度统筹发展，健全居民医保体系。健全医疗保险稳定、可持续筹措和报销比例调整机制。改革医保支付方式，发挥医保控费作用。完善异地就医直接结算，做好基本医保、大病保险与医疗救助的衔接，保障重点向困难人群、大病患者倾斜，稳定提高医保待遇水平，将职工医保与生育保险合并实施，探索医疗保险省级统筹。建立城乡居民医疗保险一体化制度，充分发挥失业保险预防失业、促进就业的功能，健全预防、补偿和康复相结合的工伤保险制度，构建城乡一体化的社会保险体系。

推进社会救助、社会福利事业发展。健全和完善最低生活保障、特困人员供养、受灾人员救助以及医疗、就业、教育、住房、临时救助等专项救助在内的社会救助制度体系。大力加强未成年人保护，发展儿童福利事业。健全扶残助残服务体系，加快残疾人福利事业发展，落实调整后的福利企业税收优惠政策，完善多元化的社会福利体系。支持慈善事业发展，广泛动员社会力量开展社会救济和社会互助、志愿服务活动。加强殡葬基础设施建设，逐步完善殡葬服务体系。

完善城镇住房保障体系。采用公共租赁住房、租赁补贴等多种方式改善农民工居住条件。深入推进保障性安居工程建设，努力解决城镇贫困家庭和农业转移人口居住问题。加大棚户区和城中村改造力度，稳步推进公共租赁住房和廉租房并轨运行。加大面向产业集聚区的公共租赁住房建设力度，继续抓好经济适用房和限价商品房建设，积极探索共有产权住房模式，完善以政府为主满足基本需求的住房保障体系。

第八节 提高全民健康水平

建立覆盖城乡的基本医疗卫生制度，加强公共卫生和基本医疗服务，完善基层医疗机构运行机制，努力打造健康山西，提高人民健康水平，力争到2020年人均预期寿命在2015年基础上提高1岁。

深化医疗卫生体制改革。实现医疗、医保、医药联动。全面推进公立医院改革，坚持公益属性，破除逐利机制，完善科学补偿机制，建立符合行业特点的薪酬制度和现代医院管理制度。巩固新型农村合作医疗制度。完善基本药物制度，健全药品供应保障机制。深化基层医疗卫生机构综合改革，加快全科医生、家庭医生制度建设，完善基层医疗卫生服务模式。推进优质医疗卫生资源下沉，逐步构建科学、有序、便捷的分级诊疗格局。

加强公共卫生服务。坚持预防为主方针，逐步提高人均基本公共卫生服务经费标准，稳步扩展服务项目。全面推进重大传染病、慢性病、职业病、地方病综合防控，大力开展爱国卫生运动，倡导健康生活方式。加强妇幼健康服务网络建设，保障母婴健康。加强卫生计生综合监督。

提升医疗服务能力。优化医疗资源布局，健全医疗卫生服务体系。全面推进卫生精准扶贫。鼓励社会办医，推动健康服务业发展。积极发展中医药事业，大力提高中医药服务能力。强化医疗质量监管，构建和谐医患关系。加快推进人口健康管理信息化建设，发展远程医疗。以居民健康卡“一卡通"为切入点，构建融线上线下防病治病、健康管理和全民健康服务为一体的人口健康信息化应用体系。推进医学人才队伍建设，提高医疗卫生服务水平。

第九节　促进人口均衡发展

统筹协调人口政策，形成人口、计生、教育、就医、人口老龄化、人口迁移流动、户籍制度改革等方面的政策合力，促进人口长期均衡发展和人口与经济、社会、资源、环境的协调、可持续发展。

完善人口生育政策。坚持计划生育基本国策，全面实施一对夫妇可生育两个孩子政策。完善人口发展战略，提高人口出生素质、健康素质、教育水平，优化人口结构与分布，引导人口有序流动。推进计划生育服务管理改革，提高生殖健康、妇幼保健、托幼等公共服务水平。统筹规划经济发展与人口发展，平衡好产业发展对劳动力的需求与资源环境、基础设施和公共服务能力对人口的承载力要求。健全特殊困难计划生育家庭的关怀扶助体系。提高家庭发展能力。构建科学的人口发展指标体系和人口动态监测评估机制，加强全省人口信息库建设，落实政府部门间人口信息共享制度，及时发布人口预测、预警信息。

保障妇女儿童残疾人群体基本权益。坚持男女平等基本国策，保障妇女和未成年人权益。围绕妇女儿童及残疾人切身利益，努力改善妇女儿童发展的社会环境，积极维护妇女儿童合法权益，提升残疾人群生活水平，促进社会公平、稳定。优化妇女发展环境，依法打击侵害妇女权益的行为，保障妇女平等获得教育、就业、社会保障、婚姻财产和参与社会事务的权利。注重儿童成长早期干预，为儿童健康成长营造良好环境，保障儿童平等享有受教育、卫生健康、社会福利保障服务、生存环境与法律保护的权利。保障贫困地区儿童、留守流动儿童的生存和发展权益，提升儿童福利水平。加强妇女活动阵地和儿童活动场所建设，到 2020 年全省所有有条件的市县都建成一个以上具有一定规模的妇女儿童活动中心。

深入开展"希望工程"、青年志愿者等各类公益活动，通过结对帮扶、送温暖，对贫困家庭青少年、残疾青少年、农民工子女进行常态化志愿服务。强化未成年人权益保护，加强青少年普法教育。加强未成年人犯罪和违法青少年帮教挽救工作，有效预防和减少青少年违法犯罪，促进问题青少年健康、快乐、平等、全面成长。

健全残疾人社会保障和服务体系，动员全社会力量支持残疾人事业发展，维护残疾人合法权益，加快推进残疾人小康进程。健全残疾人基本公共服务体系，完善中国特色残疾人基本救助、社会福利、康复服务、教育就业等制度，促进残疾人收入水平大幅提高、生活质量明显改善。

积极应对人口老龄化。全面推进以居家为基础，社区为依托、机构为支撑的社会养老服务体系建设。发展居家养老服务网络，逐步形成居家养老服务中心、社会养老服务组织、家政服务、社会工作者、志愿者等多形式、多层面的居家养老服务渠道。探索建立长期护理保险制度，进一步促进养老服务社会化、产业化发展。创新养老服务业发展机制，加大对养老事业的政策支持和财政投入力度。加强各级公办养老服务机构和社区养老服务设施建设，扶持引导社会力量参与养老服务业，鼓励境外资本以独资、合资、合作、参股等方式投资养老服务业。推进医疗卫生与养老服务融合式发展，建立"住、养、医、护、康"五位一体的养老服务模式。做好对失能、失智等困难老人的帮扶。探索组建养老产业发展投资基金，采取并购、托管、入股等方式，推进规模化、品牌化养老产业实体发展。开展适应老年人特点的文化娱乐、体育健身、休闲旅游、健康服务、精神慰藉、法律援助等服务。进一步完善老年人权益保障和优待政策法规，加大对生活困难老人的救助力度，加快农村养老服务建设。

第八章　推进廉洁和安全发展，着力营造良好发展环境

廉洁促进发展，发展必须廉洁，扎实推进"六权治本"，把权力关进制度的笼子里，培育廉洁发展的社会氛围，持续加强安全生产，健全公共安全保障体系，促进廉洁安全发展与经济社会发展的良性互动，着力营造良好发展环境。

第一节　深入推进“六权治本”

加快实施“六权治本”，以“两清单、两平台、两张图、一监督”为载体，抓住关键、突出重点、完善制度、健全机制，确保“六权治本”覆盖所有单位、所有层级、所有岗位，从源头上把制度“笼子”织密编牢，努力形成不能腐的长效机制。在继续完善权力清单、责任清单、权力运行流程图、风险防控图基础上，完善和规范“三重一大”决策制度机制，推行和落实自由裁量权基准制度。加快推进政府行政管理体制改革、行政审批制度改革、行政执法体制改革，按照“于法有据、权责一致”原则，推进市、县两级政府部门开展清理行政职权和编制权责清单工作；加强对权责两个清单的动态管理。按照“全面覆盖、全程到位、制度束权”要求，建立健全制约监督权力运行的制度体系。加快政务服务平台和公共资源交易平台建设。加大专门机构监督，落实人大政协监督，强化人民群众监督，打造多元监督平台，形成监督合力。坚持简单明白、突出重点、注重实效，围绕农村资金资产资源管理，推动“六权治本”向乡、村两级延伸，有效解决发生在群众身边的腐败问题，提升乡、村治理水平。

第二节　创新推动廉洁发展体制机制

把改革作为推动廉洁发展重要动力，厘清市场与政府权力边界，建立健全防贪腐促廉洁工作机制，畅通群众知情、参与、表达、监督渠道，营造公平公正经济发展环境。发挥市场配置资源的决定性作用，提高政府监管水平，形成廉洁发展的制度保障。提高领导干部推动廉洁发展主动性和自觉性，带头廉洁自律，带头廉洁用权。

反腐倡廉建设永远在路上，反腐不能停步，不能放松。各级党组织要担负起全面从严治党的主体责任，始终保持惩治腐败高压态势，严肃查处损害群众利益、发生在群众身边的腐败问题。强化权力运行制约和监督，构建不敢腐、不能腐、不想腐的长效机制，持续净化政治生态，营造良好从政环境。加强对领导干部特别是“一把手”的日常监督管理，加强审计监督，加强干部作风建设和能力培训，逐步建立从严治吏长效机制。充分发挥目标责任制考核的激励导向作用，完善政绩考核评价体系和奖惩机制，保护和调动各级干部干事创业积极性、主动性、创造性。

第三节　营造廉洁发展社会环境

充分挖掘、继承和弘扬我省优秀廉政文化、法治文化和红色文化，广泛宣传廉洁发展典型。净化政治生态，加大正风肃纪力度，紧盯“四风”新形式、新动向，始终保持狠刹“四风”高压态势，坚决防止“四风”反弹回潮。正确对待和处理公与私、廉与腐、俭与奢、苦与乐的关系。坚决铲除权力干预市场、“官商勾结”土壤，斩断“权钱交易”利益链条，重塑商业伦理、重育商业文化，构建交往有道、相敬如宾、公私分明、清正廉洁政商关系。倡导廉洁文明新风尚，弘扬以廉立身、以廉治家、以廉教子的文化传统，革除铺张浪费、婚丧嫁娶大操大办等社会陋习，促进社会风气不断好转。

第四节　全面加强安全生产

强化安全红线意识，决不能过高估计安全生产形势，决不能过高估计各级各部门各企业对安全生产工作的认识，决不能过高估计抓安全生产的能力和水平，越是改革发展稳定任务艰巨繁重，越要确保安全生产；越是安全生产形势长期明显好转，越要警钟长鸣；越是大企业、大集团、现代化矿井，越要高度重视安全生产，要敬畏生命、敬畏责任、敬畏制度，切实加强安全生产宣传教育，夯实安全生产基础。

落实“党政同责、一岗双责、失职追责”和“管行业必须管安全，管业务必须管安全，管生产经营必须管安全；行业主管部门直接监管，安全监管部门综合监管，地方政府属地监管”的安全生产责任体系，严格实施安全生产目标责任考核和“一票否决”。全面夯实安全生产基层基础，健全预防治本的隐患排查治理体系，加强应急救援能力建设，推动安全生产治理体系建设和治理能力现代化建设，健全安全生产长效机制。监督企业落实安全生产主体责任，严格履行法定责任和义务，切实做到安全生产责任到位、投入到位、培训到位、基础管理到位和应急救援到位。严格安全生产监管执法，重点加强煤矿、道路交通、地质灾害防治、消防、非煤矿山、危险化学品、油气管道、人员密集场所、冶金工贸、建筑施工、烟花爆竹以及特种设备、水库、军工、农机、电力等重点行业领域安全生产工作,坚决遏制重特大安全生产事故,减少较大事故和一般事故,切实维护人民生命财产安全。

第五节　健全公共安全保障体系

牢固树立安全发展理念,健全以食品药品安全、防灾减灾救灾、社会治安防控等为基本内容的公共安全体系,努力为人民安居乐业、社会安定有序、国家长治久安编织全方位、立体化的公共安全网。

加强食品药品安全监管。强化政府的食品药品安全监管责任,提升食品药品安全监管机构的统一性和权威性,建立最严格的覆盖食品药品生产、流通使用全过程的监管制度,保障食品药品安全。落实企业在食品药品安全中的主体责任,建立让生产经营者真正成为食品药品安全第一责任人的有效机制。完善食品药品安全标准体系,提高食品药品检验检测科学化水平。健全食品药品安全全程追溯制度和质量标识制度,实现从生产源头到终端消费的全程严格监管。加强食品药品安全风险监测评估预警,健全食品药品安全多渠道投诉举报和突发事件快速反应机制,依法惩治食品药品领域违法犯罪活动。加强食品药品安全治理能力建设,形成严密高效、社会共治的食品药品安全治理体系。

提升减灾救灾能力。健全灾害管理体制,落实统一指挥、综合协调、分类管理、分级负责、属地管理为主的自然灾害应急管理体制,完善救灾准备、应急救助、灾后救助、恢复重建相衔接的自然灾害救助制度,建立方便快捷的储备、调运、接收、发放、回收相衔接的救灾物资应急调度体系,健全以抢险、搜救、救护、救助、捐赠为基本内容的救灾应急社会动员机制。建设标准规范、安全实用的应急避难场所,推广普及防灾文化。加强减灾示范社区建设,开展减灾宣传教育,定期开展避灾救灾演练,使城乡社区居民熟悉灾害知识,掌握救灾自救技能。坚持灾前预防与应急处置并重,推进常态减灾与非常态救灾结合,健全部门协同、基层组织负责、居民参与的社区减灾体制机制,提高城乡社区的防灾减灾救灾能力。

创新社会治安防控体系。加强社会治安综合治理,深入实施"六六创安"工程,织密贯通"六张防控网",建立健全"六项机制",做实做强"六个基础",创新完善点线面结合、网上网下结合、人防物防技防结合、打防管控结合的立体化社会治安防控体系。坚持打防结合、预防为主,专群结合、依靠群众的方针,依法严密防范和惩治各类违法犯罪活动,加强社会治安重点地区排查整治。加强治安防范专业化、职业化、社会化力量建设,发展壮大平安志愿者、综合协管员等群防群治队伍力量,全面提升人防物防技防水平。加快推进治安防控的科技化、信息化进程,不断提升治安防控体系建设的现代化水平。

第六节　提升社会治理能力和水平

加强和创新社会治理,推进社会治理精细化,创新社会治理模式,构建全民共建共享的社会治理格局。

加强和创新社会治理。围绕推进社会治理体系和治理能力现代化的目标,发挥政府主导作用,鼓励和支持社会各方面参与,从传统的社会管理转向时代发展要求的社会治理,形成政府治理和社会自我调节、居民自治良性互动的治理格局。全面正确履行政府的社会治理职能,推进效能型政府建设,推动政府职能向创造良好发展环境、提供优质公共服务、维护社会公平正义转变。推进政社分开,放开市场准入,凡是能由政府购买服务提供的,政府可直接承办,能由政府和社会资本合作提供的,广泛吸引社会资本参与。社会能办好的事项交给社会力量承担,发挥社会力量在社会治理中的积极作用。创新社会治理体制,引导人们自觉履行法定义务、社会责任、家庭责任,增强社会自我调节、自我规范等功能。依靠工会、共青团、妇联、基层群众自治组织和社会组织,化解不同利益主体之间的矛盾和冲突。引导和支持城乡社区基层组织、行业和社会团体通过规约章程自我约束、自我管理、自我服务,构建遵规守法的社会氛围。全面推进居民自治制度化、规范化、程序化,促进政府治理与居民自治良性互动。动员居民参与社会治安综合治理,开展群防群治,调解民间纠纷。完善基层综合服务管理平台和网格化管理机制,拓展社区服务内容,延伸社区治理覆盖面,提升社区治理绩效。深化社会组织登记制度和管理体制改革,建立政府与社会组织之间的平等合作关系,提高社会组织自治与服务社会的能力。推进行业协会、商会与行政机关脱钩，畅通社会组织参与社会管理的渠道，合理引导、鼓励各类公益性、服务性、互助性社会组织积极参与社会治理。建立群防群治新机制、新模式，调动群众化解社会矛盾、参与社会治理的积极性，夯实社会治理的群众根基。

预防和化解社会矛盾。建立畅通有序的诉求表达、心理干预、矛盾调处、权益保障机制，使社会矛盾和问题不断得到及时化解和向好的方面转化。完善诉讼、仲裁、行政复议等法定诉求表达机制，畅通和拓宽群众诉求表达渠道，依法按照政策及时妥善处理群众的合理诉求。改革完善信访工作制度，推行网上受理，建立及时就地解决群众合理诉求机制、第三方参与接访机制和政法机关书面受理答复机制，提高信访工作质量和效率。建立社会心理预警、疏导机制，加强经常性心理辅导、心理危机干预，防范和降低社会风险。开展专项社会关爱行动，对残疾流浪儿童、精神病人、艾滋病人、吸毒人员、刑满释放人员等特殊人群进行专业心理疏导和矫治，帮助他们修复社会功能、回归社会。深入推进多元调解体系建设，建立健全县、乡、村三级矛盾纠纷调解平台和人民调解、行政调解、司法调解、社会调解四大调解组织，完善诉调对接、检调对接、公调对接、政调对接、访调对接等衔接联运机制。发挥社区预防和化解社会矛盾的基础作用，把矛盾化解在基层社区、把问题解决在萌芽状态。完善公共决策社会公示、公众听证、专家咨询论证制度，健全民主决策程序。改革行政复议体制，纠正违法或不当行政行为。加大解决征地拆迁、村矿（村企）纠纷、劳动关系、医患关系、交通事故、环境污染、涉法涉诉、煤矿、物业、旅游、保险等重点领域矛盾纠纷的排查化解力度，切实维护群众的合法权益。

建设信用山西。深入推进政务诚信、商务诚信、社会诚信、司法公信，努力提高全社会诚信意识和诚信水平。建立健全信用法律法规和信用标准体系，在信用信息记录整合、共享披露、信用监督和奖惩、信用服务市场培育和监管等各环节，加快修订制定相应的地方性法规、规章和规范性文件。加快推进行业信用信息系统建设，完善行业信用记录和从业人员信用档案。加快推进地方信用信息系统建设，加强部门间信用信息交换共享及应用，实现省、市、县三级互联互通。加快征信机构信用信息系统建设，支持征信机构依法开展征信业务。依托全省电子政务外网，加快省级信用信息共享平台建设，整合金融、工商登记、税收缴纳、社保缴纳、交通违章等各部门信用信息，逐步形成覆盖各地区、各行业的信用信息系统。建立守信激励和失信惩戒机制，加强诚信教育和诚信文化建设，引导公民自觉监督和抵制各种失信行为，形成全民自觉遵纪守法、诚实守信的良好社会风尚。积极引进国内外知名信用服务机构，培育发展本土信用服务机构，逐步建立公共信用服务机构和社会信用服务机构互为补充、信用信息基础服务和增值服务相辅相成的多层次、全方位的信用服务组织体系。完善信用服务监管体制，加强对信用服务市场的政府监管、市场监管以及社会监督，规范信用服务业务。建立健全信用信息安全监控体系，加强信用信息服务系统安全管理。建立信用修复机制和信用信息侵权责任追究机制。制定信用信息异议处理、投诉办理、诉讼管理制度。

第九章　全面深化改革，为我省发展提供持续动力

坚持解放和发展生产力，坚持社会主义市场经济改革方向，坚持调动各方面积极性，以经济体制改革为重点，大力推动具有标志性、关联性、结构性、支撑性作用的重大改革，加快出台有利于资源型经济转型和稳增长、调结构、惠民生、防风险的改革举措，抓好改革落地见效。

第一节　加快转型综改试验区建设

发挥转型综改试验区建设的统领作用，聚焦我省资源型经济转型面临的突出问题和体制机制障碍，聚焦事关全局的重大问题，紧紧围绕产业转型、生态修复、城乡统筹、民生改善四大任务，确定改革试验重点任务，着力加快转变政府职能，着力加快转变经济发展方式，着力加快统筹城乡改革，着力加快生态文明制度建设，着力加快社会事业改革，提高改革精准发力和精准落地能力。形成年度任务清单，建立工作台账，滚动实施，确保年度重点任务可督查、可考核。对已经出台的重大改革举措，强化力量统筹、质量统筹、落地统筹，确保改革举措落到实处。

把改革和发展结合起来，把解决本地实际问题和攻克面上共性难题结合起来，把实现重点突破和整体创新结合起来，把经济体制改革和各领域改革结合起来，围绕综合能源基地建设、社会管理、市场体制、行政管理、对外开放等重点领域，改革创新、大胆探索、攻坚克难，建立完善支撑资源型经济转型的政策体系和体制机制，努力为全国其他资源型地区转型发展创造更多可复制、可推广的经验和办法。

第二节　引深重点领域和关键环节改革

健全使市场在资源配置中起决定性作用和更好发挥政府作用的制度体系，加快形成有利于市场经济体系完善的产权制度、国资国企改革、要素市场和现代财税制度等体制机制。

加快建立现代产权制度。科学界定产权，明确资产所有权归属，完善产权保护制度，健全产权交易规则和监管制度，建立归属清晰、权责明确、保护严格、流转顺畅的现代产权制度，为国民经济持续快速健康发展和社会有序运行提供重要制度保障。保护各种所有制经济产权和合法权益，保证各种所有制经济依法平等使用生产要素、公开公平公正参与市场竞争、同等受到法律保护。规范发展产权交易市场，健全产权交易规则和监管制度，推动产权有序流动，保证产权交易的公正性和有序性。建立健全产权保护法律法规，确保各类产权不受侵犯，维护其合法权益和平等发展的权利。依法保护个人产权，防止把属于私人的资产随意上收为国有或集体所有。不断完善以家庭承包经营为基础、统分结合的双层经营体制，依法保障农民对土地承包经营的各项权利。

深化国有企业改革。改革和完善国有资产管理体制，以管资本为主加强国有资产监管，防止国有资产流失。推进国有资产监管机构职能转变，加快国有资本授权经营体制改革，推动国有资本合理流动优化配置，推进经营性国有资产统一集中监管。划分国有企业不同类别，分类推进国有企业改革。完善国有企业现代企业制度建设，健全公司法人治理结构，积极推进国有企业公司制股份制改革，建立国有企业领导人员分类分层管理制度，实行与社会主义市场经济相适应的企业薪酬分配制度，深化企业内部用人制度改革。发展混合所有制经济，推动国有企业整体上市或核心业务资产上市。鼓励非公资本出资入股、收购股权、认购可转债、股权置换等形式，参与国有企业改制重组或国有控股上市公司增资扩股及企业经营管理。鼓励国有企业通过投资入股、联合投资、重组等多种方式，与非国有企业进行股权融合、战略合作、资源整合。探索实行混合所有制企业员工持股，建立健全股权流转和退出机制。强化企业内部监督，建立健全高效协同的外部监督机制，实施信息公开加强社会监督，建立健全企业国有资产的监督问责机制。加强和改进党对国有企业的领导，充分发挥国有企业党组织政治核心作用，加强国有企业领导班子建设和人才队伍建设，切实落实国有企业反腐倡廉“两个责任”。重点抓好同煤集团、晋能集团改革试点，使之成为规范运营和具有可持续发展能力的新型能源企业。按照市场经济理念，推动山西金融投资控股集团依法合规运营。

着力推进要素市场建设。进一步完善煤炭等矿产资源市场配置机制，尽快启动煤炭资源市场化配置改革，研究完善煤炭资源出让转让管理办法。建立城乡统一的建设用地市场，完善农村集体经营性建设用地权能。严格用途管制和用地规划管理，在符合规划和用途管制前提下，允许农村集体经营性建设用地出让、租赁、入股，实行与国有土地同等入市、同权同价。建立统一开放的人力资源市场，保障劳动力自由合理流动。加大户籍制度、社会保障等相关制度的改革力度，逐步实现城乡一体化、区域一体化。探索社会资本与财政资金共同支持、知识产权共享、风险及利益共担的新机制，逐步形成结构合理、功能健全、运行高效的市场体系。发挥技术交易市场在促进技术集聚流转、资源配置、秩序规范和创新激励等方面的作用，促进人才、资金、科研成果等在城乡、企业、高校、科研机构间有序流动。

完善价格形成机制。全面放开竞争领域产品价格，推进资源性产品价格形成机制改革，健全农产品价格形成机制，缩小政府定价范围，不断完善市场决定价格机制。建立公平竞争保障机制，打破地域分割和行业垄断。

深化财税体制改革。推进财政资金统筹使用,加大各类预算资金统筹力度。建立跨年度预算平衡机制,加强省级中期财政规划管理。扩大预算公开的范围,增强预算透明度。完善转移支付制度,增加一般性转移支付规模和比例,清理整合规范专项转移支付。加强地方政府债务管理,对政府债务实行规模控制和预算管理,建立债务风险预警和化解机制。探索煤炭行业增值税制度改革,进一步争取扩大煤炭行业进项税抵扣范围,降低煤炭增值税负担。建立规范的地方政府举债融资体制。健全优先使用创新产品、绿色产品的政府采购政策。完善地方税体系,加强非税收入管理,逐步建立现代财政税收制度。

健全金融管理和风控机制。适应现代金融市场发展,改革金融监管框架,完善地方金融管理体系,实现金融风险监管全覆盖。建立完善金融风险协同应对处置机制,防止发生系统性、区域性金融风险。

第三节　加快政府职能转变

持续推进简政放权、放管结合、优化服务,提高政府效能,激发市场活力和社会创造力。

深化行政审批制度改革。推行权力清单和责任清单制度,加快建设综合性政务平台。建立健全政府购买公共服务机制,加大教育、文化、卫生等领域政府购买力度。以转变政府职能和提高行政效率为核心,努力减少审批环节、缩短办事时间、提高服务质量。承接好国务院下放省级的行政审批项目,进一步取消、下放、调整省级行政审批项目,大幅减少前置审批。承担行政审批职能的部门全面推行审批事项集中到"一个窗口"受理,申请量大的部门要安排专门场所受理业务。积极推行网上集中预受理和预审查,创造条件推进网上审批。编制服务指南、制定审查工作细则,推行受理单制度、实行办理时限承诺制、提高行政审批服务质量。对于多部门共同审批事项,明确一个牵头部门,实行"一个窗口"受理、"一站式"审批。深化商事制度改革,进一步推动工商注册便利化改革,实现工商营业执照、组织机构代码证和税务登记证"三证合一""一照一码"。

完善行政管理体制。推进政企分开、政资分开、政事分开、政府与市场中介组织分开,实现政府职能向创造良好发展环境、提供优质公共服务、维护社会公平正义的根本转变。积极探索开展政府绩效第三方评估工作。科学调整行政区划,推进符合条件的地方撤县设市、撤县(市)设区、撤乡设镇。探索省直接管理县(市)体制改革,深入推进扩权强县、扩权强镇等试点改革。

推进事业单位分类改革。推动公办事业单位与主管部门理顺关系和去行政化。逐步取消学校、科研院所、医院等单位的行政级别。建立事业单位法人治理结构,推进有条件的事业单位转为企业或社会组织。深化社会组织管理制度改革,加快行业协会、商会与行政机关脱钩改革。推进建立各类事业单位统一登记制度。

第四节　加快改革试点工作

坚持试点先行,鼓励各地从实际出发进行多元探索,开展不同层次、不同领域改革试点。重点围绕全面改革的重点领域、关键环节和转型综改试验区建设,推进省部合作,争取国家更多改革授权,加快实施煤层气矿业权审批制度改革,提升中国(太原)煤炭交易中心功能,开展商品场外衍生品交易,探索差别化的土地管理制度。积极开展电力体制改革综合试点省的相关工作。积极推进阳泉、晋中全国中小城市综合改革试点。支持阳泉等资源枯竭、主导产业衰退、生态恶化地区的转型发展。

第十章　加快民主政治和法治化进程,推进法治山西建设

围绕"建设中国特色社会主义法治体系,建设社会主义法治国家"总目标,全面落实依法治国基本方略,加快推进法治山西建设,促进全省治理体系和治理能力现代化,为全面深化改革、全面建成小康社会提供有力的法治保障。

第一节　发展社会主义民主政治

紧紧围绕坚持党的领导、人民当家作主、依法治国有机统一,深化政治体制改革,加快推进社会

主义民主政治制度化、规范化、程序化。坚持和完善人民代表大会制度,推动人民代表大会制度与时俱进。坚持和完善中国共产党领导的多党合作和政治协商制度,推进政治协商、民主监督、参政议政制度化、规范化、程序化,充分发挥人民政协作为协商民主的重要渠道作用。坚持和完善基层民主制度,畅通民主渠道,丰富民主形式,切实将人民民主落到实处,从各层次各领域扩大公民有序政治参与,充分发挥我国社会主义政治制度优越性。健全社会主义协商民主制度,推进协商民主广泛多层制度化发展。广泛听取民主党派、工商联、无党派以及宗教人士意见,充分支持工会、共青团、妇联等人民团体依法开展各项工作。

第二节　完善地方立法机制

完善地方立法体制,建立党委领导、人大主导、社会各方有序参与的地方性法规制定和修改机制。完善政府立法体制和规章制定程序,完善公众参与政府立法机制。深入推进科学立法、民主立法,把深入调查研究、广泛征求意见、充分沟通协商、科学论证评估、依法审议表决作为立法的基本程序,最大限度凝聚社会共识、提高立法质量。结合我省地方立法实际,坚持立改废释并举,做到重大改革于法有据,努力实现立法与改革决策相衔接、与经济社会发展相协调、与人民群众期待要求相呼应。在制定和完善国家有关法律实施细则的同时,加强资源、科技、生态、安全、社会、民生等重点领域的地方立法。

第三节　建设法治政府

规范和完善行政决策机制,严格执行决策动议、重大决策公众参与、专家论证、风险评估、合法性审查、集体讨论决定、执行与后评估的程序,确保决策制度科学、程序正当、过程公开、责任明确。深化行政执法体制改革,规范执法行为,完善执法程序,严格依照法定权限和程序行使权力、履行职责。自觉接受人大及其常委会的监督、政协的民主监督和司法机关的法律监督,加强行政机关内部监管,加大政府层级监督力度,重视做好行政复议工作,积极探索综合执法,强化依法行政宣传,深入推进依法行政,加强法制队伍建设。落实政务公开运行机制,以公开为常态、不公开为例外,推进决策、执行、管理、服务、结果全方位公开。加快推进司法体制改革,贯彻实施“阳光司法”工程五年规划,促进司法公正。大力推进全民尊法学法守法用法,加快法治建设进程。

第四节　建设法治社会

深入开展法治宣传教育,全面实施“七五”普法规划,大力弘扬社会主义法治精神,增强全社会厉行法治的积极性和主动性,形成守法光荣、违法可耻的社会氛围。大力推进法治文化建设,进一步繁荣法学教育和理论研究,推动法治文化与社会文化有机融合。把法治教育纳入国民教育体系,从青少年抓起,在中小学设立法治知识课程。健全普法宣传教育机制,实行国家机关“谁执法谁普法”的普法责任制。推进多层次、多领域依法治理,持续开展法治城市、法治县(市、区)、依法治理示范单位等法治创建工作,形成省、市、县、乡联动,机关、单位、学校、村(社区)、企业整体推进的工作格局,全面提高社会治理法治化水平。广泛开展依法治理,深入开展“依法治理示范单位”创建活动,形成省、市、县、乡、村、企“六位一体”联动格局。着力加强公共法律服务体系建设,完善法律援助制度,构建完备的法律服务体系。健全依法维权和化解纠纷机制,把信访纳入法治化轨道。大力发展法律服务业,构建完备的法律服务体系。完善基础性制度、基础性平台、基础性机制和基础性管理,全面提升平安建设法治化、现代化水平。

第十一章　加强规划实施,实现富民强省

规划的有效实施既要充分发挥市场机制作用,也要更好履行各级政府职责,动员和引导全社会力量共同形成规划实施的强大合力,确保“十三五”规划各项目标任务顺利完成。

第一节　发挥党的领导核心作用

坚持党总揽全局、协调各方,发挥各级党委在经济社会发展工作中的核心作用,为实现“十三五”

规划有效实施提供坚强保证。发挥基层党组织战斗堡垒作用和党员先锋模范作用,更好带领群众全面建成小康社会。注重发挥工会、共青团、妇联等群团组织作用,巩固和发展最广泛的爱国统一战线,全面落实党的知识分子、民族、宗教、侨务等政策,充分发挥民主党派、工商联和无党派人士作用,最大限度凝聚全社会劳动力量,推进改革发展,维护社会和谐稳定。

第二节 切实履行政府职责

明确政府主体责任,加强和改善宏观调控,科学制定政策和配置公共资源,有效协调和解决发展规划实施中遇到的重大问题,为发展规划顺利实施提供有效保障。

明确政府责任。各地、各部门要合理配置公共资源,加强规划实施的组织、协调和督导,切实落实好总体规划涉及本地区、本领域的目标和任务。本规划确定的约束性指标以及重大工程、重大项目、重大政策和重要改革任务,要明确责任主体、实施进度要求,确保如期完成。对纳入本规划的重大工程项目,要简化审批核准程序,优先保障规划选址、土地供应和融资安排。

形成政策支撑合力。各地、各部门要围绕本规划确定的战略、目标和任务,研究制定针对性的政策措施,特别要加强人口、土地、环境、产业、财税、金融等政策的统筹协调,为规划顺利实施提供有力支撑。

强化公共财力保障。加强财政预算与规划实施的衔接协调,强调公共财政对规划实施的保障作用。中期财政规划要根据本规划提出的目标任务合理安排支出规模和结构,滚动调整时要充分考虑本规划实施需要。年度预算安排要优先考虑本规划实施的年度需要。

第三节 充分调动全社会积极性

本规划提出的预期性指标和产业转型、社会发展等任务,主要依靠市场主体的自主行为实现。要充分发挥社会各界参与规划实施的主动性和创造性,健全规划重大事项实施公开机制、社会监督机制和公众评议机制,使规划实施成为全社会的自觉行动,形成全社会关心规划、自觉参与和监督规划实施的良好氛围,形成群策群力、共建共享的生动局面。

第四节 健全规划实施管理制度

完善规划实施管理机制,进一步加强发展规划实施的监测、评估和考核,强化发展规划对经济社会发展的统筹引领,有效发挥发展规划在宏观调控中的导向作用。

健全规划实施管理体系。以国民经济和社会发展总体规划为统领,以主体功能区规划为基础,以城乡建设规划、土地利用规划、环境保护规划和其他专项规划为支撑,形成定位清晰、功能互补、统一衔接的规划体系。加强各级各类规划与总体规划的衔接协调,确保在总体要求上方向一致,在空间配置上相互协调,在时序安排上科学有序,实现规划对各种资源的最优组合与布局,更好地促进经济社会发展。年度计划要与总体规划衔接并予以滚动落实。

健全监测评估考核机制。完善动态实施机制,将发展规划中确定的约束性指标作为各级人民政府绩效评价和政绩考核的重要内容,通过年度计划分解落实主要目标和重点建设任务。加强规划年度监测评估,深入分析经济运行存在的问题和风险,及时提出防范对策和举措。改革考核评价机制,建立完善政府事项和约束性指标落实目标责任制。建立规划实施督促检查机制,实行年度巡查报告制度、规划中期评估制度,根据经济运行状况及发展实际,按程序对规划进行必要调整。

全省上下要更加紧密地团结在以习近平同志为总书记的党中央周围,深入贯彻落实"四个全面"战略布局,凝神聚力、攻坚克难、开拓创新,为完成我省国民经济和社会发展第十三个五年规划任务、实现全面建成小康社会的宏伟目标而奋斗!

政府工作报告(节选)

——在山西省第十二届人民代表大会第五次会议上

山西省人民政府省长 李小鹏

(2016年1月27日)

2015年工作回顾

2015年,我们问题导向出实招,大刀阔斧减轻企业负担,深入推进煤炭管理体制改革,领导带头蹲点帮扶企业,工业降幅逐步收窄。我们目标导向抓倒逼,层层传导压力,采取周报告、月调度、进展公示、督查约谈等方法狠抓投资,固定资产投资增速超过全国平均水平4.8个百分点。我们突出重点攻难点,强力推动"三个突破",加快发展七大非煤产业,全力稳定财政运行,牢牢兜住民生底线,稳妥化解风险隐患。经过全省上下顽强拼搏,经济运行中积极因素明显增多,"稳"的基础得到巩固;经济结构发生积极变化,民生得到进一步改善,改革创新开放亮点纷呈,"进"的态势趋向有力,经济社会发展在克服困难中奋力前行!

2015年,全省地区生产总值一季度、上半年、前三季度分别增长2.5%、2.7%、2.8%,全年增长3.1%;固定资产投资一季度、上半年、前三季度分别增长8.3%、12.8%、13.5%,全年增长14.8%;社会消费品零售总额增长5.5%;城镇、农村居民人均可支配收入均增长7.3%;全省城镇新增就业51.48万人,城镇登记失业率3.51%;居民消费价格上涨0.6%;各项约束性指标全面完成。

2016年工作安排

2016年我们要坚持稳中求进总基调,坚持稳增长、调结构、惠民生、防风险,落实宏观政策要稳、产业政策要准、微观政策要活、改革政策要实、社会政策要托底的要求,着力加强供给侧结构性改革,去产能、去库存、去杠杆、降成本、补短板,努力实现"十三五"全省经济社会发展的良好开局。

综合考虑各方面因素,2016年我省经济社会发展的主要预期指标是:地区生产总值增长6%左右,全社会固定资产投资增长12%,社会消费品零售总额增长5.5%左右,城镇新增就业岗位40万个,城乡居民人均可支配收入增长6%左右和6%以上,一般公共预算收入下降7%,居民消费价格涨幅控制在3%左右,城镇登记失业率控制在4.2%以内。约束性指标:包括万元地区生产总值能耗、二氧化碳排放量、用水量,主要污染物减排,设区市空气质量优良天数比例,劣V类水体比例,新增建设用地降幅,农村贫困人口脱贫人数,城市棚户区住房改造数量,按照国家要求设置,完成国家下达任务。

把地区生产总值增长目标定为6%左右,主要考虑有,到2020年实现全面建成小康社会目标,需要保持一定的经济增速;尽管我省经济下行压力较大,但经济增长有一定基础;这样安排,也能充分发挥主观能动性,激励我们"跳起来摘桃子"。全社会固定资产投资增长12%,主要考虑有,既要发挥投资对稳增长、调结构、惠民生的关键作用,又要为改善投资结构、提高质量和效益留下空间,投资增量应当保持在"十二五"平均水平,按此测算增速为12%。城镇居民人均可支配收入增长6%左右,农村居民人均可支配收入增长6%以上,体现人民群众收入增长要与经济增长同步的要求;农村居民收入增速快于城镇居民,有利于缩小城乡收入差距。一般公共预算收入下降7%,充分考虑了工业产品降价、为企业减负、结构性减税、非税收入减少等因素。这些主要指标,兼顾了需要与可能、当前与长远。实现这些目标,既有机遇,更有挑战,必须付出艰苦努力。

2016年,我们要重点抓好以下几个方面的工作:

(一)推进供给侧结构性改革,加快产业转型升级。推动煤炭行业脱困转型。多措并举化解煤炭过剩产能,按照国家政策依法淘汰关闭一批,推动行业重组整合一批,减量置换退出一批,依规核减一

批，搁置延缓一批，严控增量，主动减量，优化存量。精心组织煤炭企业合理生产，严格治理和打击违法违规煤矿建设生产经营行为。加强组织，搭建平台，推动产运销用各方面密切协同，促进煤炭销售。帮助困难企业妥善解决职工就业、工资、社保等问题。推动煤电联营、煤电铝联营、煤化联营、煤焦钢联营，构建煤电用产业链条，促进煤炭清洁高效利用。积极争取国家政策支持，加快煤炭行业脱困转型步伐。

促进能源产业清洁低碳、安全高效发展。在抓好煤炭转型升级的基础上，加快推进大容量、高参数、节能环保型发电机组及特高压交直流输电线路、智能化电网建设；加快推进煤矿瓦斯抽采全覆盖，加大煤层气开发利用力度，推动大容量联合循环瓦斯发电；加快推进风电、光伏发电和生物质能发电等新能源产业发展；加快发展煤基清洁能源。

推动现代载能产业绿色发展。坚持煤电铝材一体化发展，加大政策支持，优化资源配置，降低用电成本，发展精深加工，加快运城、吕梁两个百万吨级铝循环基地建设，构建南部、西部和中部三大铝工业产业集群。化解钢铁行业过剩产能，加强技术改造，促进优化升级，开发优质不锈钢、铝镁合金等新产品。发展煤基新材料和其他新型材料，促进材料工业由低端向高端发展。

做强做大战略性新兴产业。围绕"中国制造2025"山西行动纲要和我省新兴制造业三年推进计划，重点发展轨道交通、煤机、煤层气、电力、煤化工等装备制造产业。以技术、产品、装备、服务为重点，加快发展节能环保产业。积极发展特色食品、现代医药产业。大力发展电动汽车产业，优化产业布局，加强技术研发，创新融资机制，完善用电政策，加快建设充换电等配套设施；年内实现太原、晋中、晋城三个试点市公共服务领域和重点区域充换电设施全覆盖；在我省销售和生产的电动汽车都可享受国家和省级财政补贴。

加快发展现代服务业。推进旅游业改革发展，办好旅游发展大会，提升文化旅游品牌，深度开发旅游产品，促进旅游业向观光、休闲、度假并重转变。实施物流建设重大工程，推进物流载体和通道建设，打造物流产业链和产业集群。加快发展研发设计、检验检测、知识产权服务等高技术服务业。大力发展健康养老产业，鼓励社会资本建设服务设施，推广医养结合等模式，满足多样化需求。

积极发展新兴业态。实施"互联网+"行动计划，加快云计算、大数据、物联网、移动互联网等与现代制造业、现代农业、现代服务业深度融合，促进电子商务、工业互联网和互联网金融健康发展，发展分享经济。

精准帮扶企业。认真落实国家和我省一系列扶持政策，降低企业综合成本，减轻企业负担。加大帮扶企业力度，大力扶持中小微企业。积极稳妥处置"僵尸企业"，推进其重组整合或退出市场。推动企业加强管理、挖潜增效。

（二）充分发挥"三驾马车"作用，促进经济平稳健康发展。加快重点领域投资和项目建设。提高投资的有效性和精准性，继续推进四个方面、十大领域投资和标志性工程建设，加快大张客专、太原地铁2号线、长临高速、低热值煤发电、电力外送通道、汾河流域生态修复等重大项目建设。加快推进太焦客专、大西客专原平至大同段、忻州—五台山—保定客运专线、古贤水利枢纽、太原电动汽车、晋中太阳能光伏组件、大同40亿立方米煤制天然气等项目前期工作，力争早日开工建设。创新投融资机制，完善政府和社会资本合作模式，鼓励社会资本参与基础设施、公共服务设施等建设。

进一步扩大消费。加强城乡流通基础设施建设，发展物流配送，推进连锁经营。加快推进电子商务进农村、进社区。继续开展"山西品牌中华行、丝路行、网上行"活动。扩大住房、信息消费，发展教育培训消费，培育健康养老消费，鼓励绿色低碳消费，推动旅游消费升级。

推进外贸转型升级。推动外贸向优质优价、优进优出转变，壮大不锈钢、机械制造、通信设备、特色农产品等出口主导产业，扩大先进技术设备、关键零部件进口。发展跨境贸易电子商务等新型业态，扩大服务贸易。加快航空口岸、铁路口岸、保税区等平台建设，提高贸易和投资便利化水平。

（三）切实做好"三农"和脱贫工作。发展特色现代农业。落实好已出台的各项强农惠农富农政策，再出台10项新政策，新增补贴资金63.9亿元。推进农田水利、土地整治、中低产田改造和高标准农田建设,新增实灌面积50万亩,建设高标准农田200万亩。全面完成大水网工程输水隧洞建设,同步推进县域小水网配套工程,实现东山供水工程年内通水。优化农业区域布局,大力发展杂粮、干鲜果、设施蔬菜、草牧业、中药材等特色产业,推进农业产业化经营。启动财政金融支持特色农业发展工程。抓好农业科技创新行动计划,发展现代种业,健全社会化服务体系。培训新型职业农民10万人,启动精准培育试点。加快推进主要农作物全程机械化,加大电动农机具研发使用力度。加强农产品质量安全监管。

深化农村改革。扎实推进农村土地承包经营权确权登记颁证和农村产权流转交易市场建设。积极培育新型农业经营主体,发展多种形式的农业适度规模经营。加快推进集体产权制度、国有林场、水权制度、小型水利工程产权和农业水价改革,健全农业保险制度。推进农村承包土地经营权和农民住房财产权抵押贷款试点。做好第三次全国农业普查工作。

坚决打赢脱贫攻坚战。抓紧出台我省脱贫攻坚实施意见,制定实施全省"十三五"脱贫攻坚规划。坚持精准扶贫、精准脱贫,扎实开展建档立卡"回头看",按照扶持对象、项目安排、资金使用、措施到户、因村派人、脱贫成效"六个精准"要求,创新脱贫攻坚机制,以集中连片特困地区为主战场,因地制宜实施发展生产、易地搬迁、生态补偿、发展教育和社会保障"五个一批"工程,加快改善贫困地区生产生活条件。严格落实"一把手"负总责的脱贫攻坚领导责任制,省委、省政府对扶贫开发工作负总责,抓好目标确定、项目下达、资金投放、组织动员、监督考核等工作;市级党委、政府做好上下衔接、域内协调、督促检查工作;县级党委、政府承担主体责任,县委书记和县长是第一责任人,做好进度安排、项目落地、资金使用、人力调配、推进实施等工作。落实行业部门扶贫责任,扎实抓好干部驻村帮扶工作,加大财政扶贫资金投入,引导社会资本投向贫困地区,形成专项扶贫、行业扶贫、社会扶贫"三位一体"的大扶贫格局。建立健全脱贫攻坚考核机制、贫困退出机制和第三方评估机制,对提前脱贫摘帽的贫困县"摘帽不摘政策"。今年确保完成50万贫困人口脱贫任务。

(四)积极稳妥推进新型城镇化。提高城镇化质量和水平。支持太原率先发展,加快太原晋中同城化步伐,推进晋中108廊带区域一体化发展。发挥"一核一圈"的引领和辐射作用,促进城镇组群协同发展。深入实施大县城战略,发展特色县域经济。提高城市规划、建设、管理水平,做好新型城镇化顶层设计与相关城市规划的衔接,加强城市地下和地上基础设施建设,加快棚户区和城中村改造,着力打造智慧城市,推进城市执法体制改革,加快"数字城管"建设,完善城市应急体系。

健全城镇化推进机制。加快户籍制度改革,推行居住证制度,促进有能力在城镇稳定就业和生活的农业转移人口举家进城落户。完善城镇基本公共服务,努力实现常住人口全覆盖。健全财政转移支付同农业转移人口市民化挂钩机制,建立城镇建设用地增加规模同吸纳农业转移人口落户数量挂钩机制。维护进城落户农民土地承包权、宅基地使用权、集体收益分配权,支持其依法自愿有偿转让。

统筹推进城乡人居环境改善。加快实施城市人居环境改善工程,推进城市道路、水气热管网、轨道交通、地下综合管廊、电力通信、防洪排涝等设施建设。新开工城镇保障性安居工程21.2万套,建成15万套,其中城中村改造开工7.5万户。提升生活污水和垃圾处理能力,强化大气污染防治,抓好园林绿化和环境卫生整治。加快推进农村人居环境改善,抓好农村水电路气和居民养老等基础设施建设,完成采煤沉陷区治理搬迁7.6万户、农村地质灾害治理4000户、农村危房改造10万户、易地扶贫搬迁10万人,解决68万农民群众的安居问题。开展爱国卫生运动,启动11个农村垃圾治理示范县和7个农村生活污水治理示范县建设,完成36万座无害化卫生厕所新建改建任务。抓好100个省级美丽宜居示范村创建和70个重点古村落保护工作。

积极化解房地产库存。加强房地产用地供应管控,稳定房地产市场,鼓励房地产企业顺应市场规律,适当降低商品住房价格。放宽住房公积金提取条件,提高住房公积金使用率,鼓励城镇居民改善住房条件。研究制定购房补贴政策,支持农业转移人口在城镇购房。加大棚户区改造货币化安置力度。打通商品房和公租房供需通道,将公租房保障范围由城镇户籍家庭扩大到城镇常住人口家庭。积极发展住房租赁市场。

（五）大力推动文化强省建设。构建现代公共文化服务体系。按照群众需求，深入开展“文化惠民在三晋”系列活动，实施基层公共文化服务提升工程，开展好各类基层文化活动。继续推动县级“三馆一院”、市级“五馆一院”建设，完善文化场馆管理和使用机制，提升文化设施服务能力。完成山西晋剧艺术中心、少儿图书馆和古籍保护中心主体工程建设，新建改扩建10个县级文化设施。继续做好《山西文华》丛书编纂工作。加大红色文化传承保护与开发力度。推进乡村文化记忆工程。加强文物和非物质文化遗产保护。

加快文化产业发展。实施重大文化产业项目，推进文化保税区、文化产业园建设。促进文化与金融、旅游、科技等融合发展，推进文化创意产业发展。支持转企改制国有文艺院团改革发展。

繁荣发展文化事业。坚持以人民为中心的创作导向，不断推出具有山西特色的文艺精品力作。强化文化艺术人才队伍建设和文化市场管理，深化公益性文化事业单位内部改革，发展新闻出版、广播影视、文学艺术事业。加快有线电视网络整合步伐。促进传统媒体与新兴媒体融合发展。推进新型智库建设。倡导全民阅读。加强网上思想文化阵地建设，净化网络环境。加强对外宣传和文化交流。

（六）着力改善民生和发展社会事业。办好人民满意的教育。扩大学前教育资源，新改扩建农村幼儿园200所。推进义务教育学校标准化建设，力争再有28个县（市、区）通过国家义务教育均衡发展评估认定。继续改善普通高中办学条件，加快推进高中教育教学改革。认真落实特殊教育提升计划。加快构建现代职业教育体系，加强实训基地建设。实施高等教育振兴计划，优化专业布局和学科建设，加大高层次人才培养力度。深化教育领域改革，稳步推进考试招生制度改革。促进教育公平。

提高人民健康水平。继续深化医药卫生体制改革，巩固县级公立医院综合改革成果，加快推进城市公立医院综合改革，引深基层医疗卫生机构综合改革。完善基本药物制度和公立医院药品采购机制。大力推进优质医疗资源下沉，创新医疗联合体建设运营模式，全面实施分级诊疗。提升中医药服务能力，提高公共卫生计生服务质量，强化重大疾病防控。全面实施一对夫妇可生育两个孩子政策。倡导全民健身，提高竞技体育水平，启动第二届青运会筹备工作。

着力稳定和扩大就业。完善创业扶持政策，推动大众创业、万众创新，深化创业型城市创建活动，鼓励发展众创、众包、众扶、众筹空间。通过加快发展服务业等劳动密集型产业、扶持发展中小微企业，开发更多就业岗位。引导和支持企业在化解过剩产能、克服运行困难过程中，采取多种办法稳定就业岗位。继续实行政府购买基层公共服务岗位、招聘农村特岗教师、“三支一扶”等措施，吸纳高校毕业生就业。做好农村转移劳动力、城镇失业人员、退役军人等群体就业工作，托底帮扶就业困难人员。加强对灵活就业、新就业形态的扶持。加强就业培训，推行终身职业技能培训制度，实施职业培训全覆盖计划。

努力增加城乡居民收入。依法推进企业工资集体协商，发布企业工资指导线，适时适度调整全省最低工资标准。调整机关事业单位基本工资标准，落实县以下机关公务员职务职级并行制度和乡镇工作补贴。继续发放农民冬季取暖补贴并探索新办法。多种渠道增加农民经营性、工资性、转移性、财产性收入。健全农民工工资支付保障机制。

完善社会保障体系。稳步推进机关事业单位、企业基本养老保险制度并轨运行，完善相关配套政策，继续提高退休人员基本养老金待遇水平。建立统一的城乡居民基本医疗保险制度，进一步提高财政补助标准。适当提高大病保险人均筹资水平和报销比例，合并实施基本医疗保险和生育保险。完善重特大疾病医疗救助政策。落实经济困难的高龄与失能老年人补贴以及百岁以上老年人补贴新标准。全面实施困难残疾人生活补贴和重度残疾人护理补贴制度。继续提高城乡低保标准，推动农村低保标准与国家扶贫标准相衔接。越是经济下行压力大，我们越要高度重视、切实保障、着力改善民生，把民生改善时时刻刻装在心、事事处处抓在手，让人民群众得到更多实惠！

加强和创新社会治理。创新城乡基层群众自治和社区治理，推进城镇社区“网格化”管理，做好社区矫正工作。关爱农村留守儿童、妇女和老人，加强未成年人社会保护。创新信访工作机制，有效调处化解矛盾纠纷。健全社会信用体系，强化市场监管，狠抓食品药品综合治理，推进可追溯体系和检验检测体系建设。深化公安改革,扎实推进"平安山西"建设,创新立体化社会治安防控体系。依法打击境内外敌对势力渗透破坏活动,始终保持打黑除恶高压态势,严打暴恐犯罪,有效防范和处置突发性事件。强化网络安全管理,推进网络社会治理。加强应急管理和防灾减灾能力建设。支持国防和军队建设,做好双拥和人防工作。

发展妇女儿童、老龄、慈善和红十字会等事业。加强气象、地震、科普、档案、参事、史志等工作。做好民族宗教、外事、侨务、港澳、对台等工作。继续做好对口援疆工作。

(七)加大力度推进生态文明建设。推动低碳循环发展。实行能源和水资源消耗、建设用地等总量和强度双控行动,促进节能、节水、节地、节材、节矿。深入开展重点行业能效对标活动,推广清洁生产技术、工艺和装备。有效控制电力、钢铁、建材、化工等重点行业碳排放。开展循环经济重点领域示范创建,推动煤矸石、粉煤灰等大宗工业固废综合利用,加强废旧家电分类回收和再生资源回收利用。坚持公交优先,鼓励绿色出行,推动交通运输低碳发展。提高建筑节能标准,发展绿色建材,推广绿色建筑。

加大环境治理力度。推进多污染物综合防治和环境治理,实行联防联控和流域共治。加快燃煤发电机组超低排放和节能改造,持续推进燃煤小锅炉淘汰、煤炭清洁利用、重点行业污染治理、黄标车及老旧车淘汰和扬尘综合整治,有效预防重污染天气。开展重点流域生态环境综合整治和城市黑臭水体治理,加强地下水超采区综合治理,保障集中饮用水水源安全。加大土壤环境监测投入,开展污染场地环境风险评估制度建设和污染土地修复治理试点。加强农业面源污染防治。抓好中心城市环境综合整治,全省城市确保空气质量持续改善,太原市在全国空气质量重点监控城市中排名稳定前移。

筑牢生态安全屏障。加大力度推进造林绿化,强化森林资源保护,建立永久性公益林保护机制,推进退耕还林还草,深入实施林业"六大工程",重点抓好吕梁山生态脆弱区林业建设,完成营造林400万亩。加快汾河流域生态修复步伐,编制实施桑干河等主要河流生态修复治理规划,实施京津冀生态屏障建设项目,推进矿山生态环境治理和地质灾害防治。

健全生态文明制度体系。落实我省推进生态文明建设实施方案,加快建立完善生态环境监管、环境保护督察、生态保护补偿、工作考核问责等制度体系。

(八)毫不放松抓好安全生产。牢固树立安全发展理念。始终坚持人民利益至上,不断强化安全生产红线意识,牢记"三个决不能过高估计"的基本判断,真正把安全生产作为生命线、高压线、责任线。越是经济困难的时候,越要紧绷安全生产这根弦,做到安全意识不松、投入标准不降、监管力度不减。

加强安全生产法治建设。严格实施安全生产法,坚持和完善近年来我省实施的一系列行之有效的安全生产制度措施,加快修订山西省安全生产条例,强化安全生产的法律和制度保障。

严格落实安全生产责任。按照"党政同责、一岗双责、失职追责"的要求,落实各级政府安全生产监管责任,切实做到管行业必须管安全、管业务必须管安全、管生产经营必须管安全。强化企业安全生产主体责任,切实加强现场管理。严格执行安全生产费用提取使用规定,保证必要的安全生产投入,不断改善安全生产基础设施和条件。年内完成煤矿瓦斯抽采管路改造任务。

抓好隐患排查治理。采用"四不两直"等方式,深入开展煤矿、道路交通、化工和危险化学品、油气输送管道、非煤矿山和尾矿库、水库、建筑施工和市政运营、特种设备、冶金工贸、消防等行业领域的安全生产大检查,坚决打击非法违法生产经营建设行为。

加强考核问责。严格落实目标责任考核"一票否决制",继续实施企业重大隐患和事故挂牌督办及"黑名单"制度。严肃查处事故、严格责任追究,促进安全生产形势持续明显好转,并向稳定好转坚实迈进。

(九)进一步深化改革、创新驱动、扩大开放。着力全面深化改革。落实国家部署的各项改革任务。抓好转型综改区建设,制定实施转型综改"十三五"方案和2016年行动计划。深化煤炭管理体制改革。落实煤炭行政审批制度改革意见,实施煤炭资源矿业权出让转让管理办法,建成煤炭信息监管平台，研究推进煤炭价格形成机制、销售体制、交易方式和储备机制改革，推动煤炭管理体制和管理能力现代化。分类推进国企国资改革。制定出台深化国有企业改革的实施意见，完善省属国有企业法人治理结构，深化国有企业财务等重大信息公开工作，组建国有资产管理公司和国有资本运营公司，积极稳妥发展混合所有制经济。做好同煤集团、晋能集团改革试点工作。着力解决国有企业办社会负担和历史遗留问题。深化集体企业改革。释放民营经济活力。落实我省加快民营经济发展的33条措施，从项目、财税、金融、用地、人才等方面加大支持力度，进一步放宽市场准入，鼓励民营企业依法进入更多领域。深化财税体制改革。加大预算统筹力度，实施省级中期财政规划管理，清理、整合、规范专项转移支付，增加一般性转移支付规模和比例。扩大预算公开范围。有效化解政府债务风险，做好政府存量债务置换工作，进一步完善政府债务风险评估和预警机制。推进国税、地税征管体制改革。加快金融改革发展。支持金融机构创新金融产品和融资模式，发展普惠金融和绿色金融。深化地方金融机构改革，积极推动金控集团改革发展，稳步推进农信社改革。加大直接融资比重，实施企业上市培育工程，鼓励中小企业登陆“新三板”。支持企业调整负债结构。防范化解金融风险。推进电力体制综合改革。推进输配电价改革，成立电力交易机构，建立完善电力交易机制，扩大大用户直供电范围，积极参与跨省、跨区电力市场建设和交易，向社会资本放开售电业务和增量配电投资业务，推动现代载能企业配套建设自备电厂。加大环保电价政策支持力度。同时，深入推进供销合作社、万家寨引黄工程体制、土地管理制度、价格机制等改革。

着力推进创新驱动。强化企业创新主体地位和主导作用，支持创新型企业发展，新建一批产业技术创新战略联盟。全力抓好科技创新城核心区建设，继续引进高端研发机构、优秀企业和标志性项目。支持高校建设大学科技园。推进煤基科技重大专项和重点研发计划。实施非煤科技重点研发计划，围绕产业技术重大需求，开展国际技术合作。深化科技管理体制改革，推动政府职能从研发管理向创新服务转变。完善科技资源开放共享机制，提高科研人员成果转化收益分享比例，鼓励引导社会资本参与科技创新项目。创新人才体制机制，瞄准“高精尖缺”培育引进各类人才。

着力扩大对外开放。积极参与“一带一路”建设，主动融入京津冀、环渤海，加强与周边及中部兄弟省份的交流合作，推动黄河金三角、长城金三角建设。面向全球推动“以煤会友”，发展国际友城关系。以“黑色煤炭绿色发展、高碳资源低碳发展”为主题，打造太原论坛。支持央企在晋发展壮大，吸引跨国公司进入山西，鼓励晋商回乡、民企入晋。发挥好园区的招商引资作用，积极引进战略性新兴产业项目。支持企业“走出去”，开展国际产能合作。

（十）加强政府自身建设。加强党风廉政建设和反腐败斗争。认真贯彻落实习近平总书记在十八届中央纪委六次全会上的重要讲话精神和全会的各项部署，切实履行全面从严治党主体责任，严格执行廉洁自律准则和纪律处分条例，深入开展政府系统党风廉政建设和反腐败斗争。践行党的群众路线，落实“三严三实”要求，严格执行中央八项规定和国务院“约法三章”精神，持续狠刹“四风”，厉行勤俭节约，反对铺张浪费，严控“三公”经费，切实做到为民、务实、清廉。

加快职能转变。深化行政审批制度改革，全面清理规范行政审批中介服务，加强事中事后监管。如期公布市、县政府权力清单、责任清单。优化公共服务流程，省级政务服务中心和公共资源交易平台建成运行，构建全省政务服务一张网。大力推进注册登记便利化，深化“先照后证”改革。

严格依法行政。自觉接受人大及其常委会的监督和政协的民主监督，落实省政府加强与民主党派、工商联、无党派人士联系的意见，积极支持工会、共青团、妇联等群众团体开展工作。落实国家法治政府建设实施纲要，完善政府立法工作机制，健全重大行政决策机制，深化行政执法体制改革，推行综合执法，严格规范公正文明执法，推进政务公开，推行政府法律顾问制度。加强行政监察，完善审计制度。做好行政复议工作，启动“七五”普法，强化法律援助。

狠抓工作落实。转变工作作风，以服务理念、责任担当、创新精神全面抓好经济社会发展各项工作。建立“马上就办、真抓实干”工作机制，加强常态化督查，紧盯不落实的事，问责不落实的人，严查不作为的官。推进政府绩效第三方评估工作，加强绩效考核，确保各项工作落到实处、取得实效。

卓越的贡献　不朽的丰碑

——纪念抗日战争胜利70周年

中共山西省委常委、宣传部部长　胡苏平

70年时光荏苒,70年斗转星移。70年前,中国人民经过艰苦卓绝的浴血奋战,打败了日本军国主义侵略者,赢得了近代以来中国反抗外敌入侵的第一次完全胜利,发挥了世界反法西斯战争"东方主战场"的重要作用。这一伟大胜利,将永载中华民族史册,永载人类和平史册。正因此,我们今天的纪念就多了一份责任、多了一份担当,在这一庄严的时刻,铭记历史、缅怀先烈、珍爱和平、开创未来。

毋庸置疑,在这一彪炳史册的伟大胜利中,中国共产党领导的山西抗战,在中国人民抗日战争史上写下了辉煌壮丽的篇章。抗日战争时期,山西作为华北敌后抗战的中心,晋察冀、晋绥、晋冀鲁豫抗日根据地的发源地,党领导八路军和人民群众英勇抗日的主战场之一,在华北乃至全国抗战中居于重要地位,发挥了特殊作用,作出了重大贡献。

英雄的土地,红色的沃野。生于斯、长于斯,每每凝视这片热土,自豪与崇敬油然而生。

麻田、王家峪、砖壁村、蔡家崖……红色圣地,多少运筹帷幄、决胜千里,在陋室茅屋中,成就功勋伟业;

平型关、阳明堡、神头岭、七亘……痛击日寇,钳制敌兵,打击侵略气焰,极大提高了共产党和八路军的威望,振奋了全国军民夺取抗战胜利的信心;

更有老一辈无产阶级革命家,毛泽东、周恩来、朱德、刘少奇、彭德怀、任弼时、左权、邓小平、彭真、刘伯承、贺龙、关向应、罗荣桓、聂荣臻、徐向前、杨尚昆、薄一波……呕心沥血、戎马倥偬,以优良作风、为民情怀、崇高品德和光辉业绩,永远铭刻在人民心中。

人民群众,从来都是历史的创造者,全民抗战更是如此。杀敌英雄赵亨德、地雷大王王来法、特等射手陈炳昌、爆炸英雄李有年……一大批从群众中来、到群众中去的英雄人物,劳武结合,支援前线,用淳朴和智慧,抒写了根据地人民不朽的传奇;归国华侨、抗日民族女英雄李林,双枪跃马,血洒雁北;"云水襟怀、松柏气节",爱国将领续范亭,团结抗日,为民族独立和人民解放奋斗终生;成成中学师生投笔从戎,转战晋西北,跟随八路军挺进绥远大青山,创建抗日游击根据地,50多名师生血洒塞外;国共合作、共御外辱,国民党将领郝梦龄、刘家祺、郑廷珍、姜玉贞、武士敏、王凤山……为国捐躯。在艰苦卓绝的战斗岁月中,地不分南北、人无分老幼,一颗颗中华民族决死抗战之心,谱写着气吞山河、感天动地的壮丽史诗;

更有伟大的国际主义战士白求恩，印度援华医疗队爱德华、柯棣华和巴苏华，德国医生汉斯·米勒，以及朝鲜抗日义勇队等，在包含山西在内广域的中国抗日战场上，在战斗最频繁、斗争最残酷的时刻，与抗日军民一起共度时艰，以国际社会给予中国人民抗日战争的正义支持，昭示得道多助、正义永存。

“千山万壑，铜壁铁墙，抗日的烽火燃烧在太行山上……”彼时的山西，最早成功实践党的抗日民族统一战线，成立“牺盟会”“战动总会”和组建山西新军是全国的创举和范例；更成为保卫陕甘宁边区、保卫党中央的坚固屏障，成为党中央联系华北、华中、华南各敌后抗日根据地的主要通道。山西本土和全国各地的大批爱国人士及青年知识分子会聚太行、太岳、晋西北、北岳抗日根据地……觉醒了的爱国者，在山西这片抗战的血沃之土上，谱就了伟大的太行精神、吕梁精神，留下了极为宝贵的精神财富。

这是共产党人、八路军将士和三晋儿女，在八年抗战中用鲜血和生命培育出来的不怕牺牲、不畏艰险的革命英雄主义精神，是在极其艰苦的条件下展现的百折不挠、艰苦奋斗的精神，是为民族的解放展现的万众一心、敢于胜利的精神，是为人民利益展现的英勇奋斗、无私奉献的精神，是对党忠诚、胸怀大局、顽强拼搏、倾力奉献的精神。

习近平同志指出：“只有坚持从历史走向未来，从延续民族文化血脉中开拓前进，我们才能做好今天的事业。”

太行精神、吕梁精神是中华民族伟大抗战精神的象征。这种精神，是以党的政治优势、党的优良传统作风为核心内容的崇高革命精神。传承弘扬、保护利用好这笔财富，是我们义不容辞的责任。值此抗战胜利 70 周年之际，就是要大力总结和弘扬这种精神，激发和凝聚全省广大干部群众干事创业的精气神，坚定信心、励精图治，为促进“六大发展”、实现富民强省提供充足的精神动力。

巍巍太行、莽莽吕梁，矗立着山西抗战伟业的历史丰碑；浩浩黄河、滔滔汾水，歌咏着三晋儿女流血牺牲的英勇不屈！70 载彪炳青史，70 载浩气长存！昭昭前事，惕惕后人。丹心忠义，青史简篇，必将激励我们投身到实现中华民族伟大复兴的事业之中！

（原刊于《山西日报》“纪念中国人民抗日战争暨世界反法西斯斗争胜利 70 周年”T1 特版 2015.9.2）

山西在抗日战争中的重大贡献

中共山西省委宣传部

“太行浩气传千古，留得清漳吐血花。”在伟大的抗日战争中，中国共产党领导的八路军和山西人民，在山西这片古老而厚重的热土上，同穷凶极恶的日本侵略者展开了英勇顽强、坚韧不屈的斗争，创造性地建立了抗日民主根据地，承载起全民族抗战的希望，支撑了中国敌后抗战的战略全局，铸就了光耀千秋的太行精神，为夺取抗战胜利做出了卓越的贡献，谱写了中国抗战和世界反法西斯战争史上光辉灿烂的篇章。

一、山西是八路军总部和三大主力师的所在地，支撑着中国敌后抗战的战略全局

山西地势形胜、关山险要，历来为兵家必争之地。日本侵略中国之初，就把山西作为进攻华北进而占领中国的战略目标。全面抗战爆发后，党中央和毛泽东明确指出，“在山西全省创立我们的根据地。”1937 年 9 月，八路军第 115 师、120 师、129 师，分批东渡黄河奔赴山西抗日前线，山西成为八路军总部和三大主力师的所在地，成为中国共产党指挥华北乃至全国抗战的“神经中枢”，成为反击日本侵略者的前沿阵地。据统计，我国在 1955 年到 1965 年全国授衔的将帅中，有 10 位元帅、9 位大将、42 位上将、103 位中将、838 位少将共 1002 位开国将军，曾在山西参加抗战活动。

山西是全国敌后抗战的战略支点。从 1937 年底至 1938 年初，八路军紧紧依托五台山、吕梁山、太行山和太岳山，先后创建了晋察冀、晋绥、晋冀豫和晋西南敌后抗日根据地，奠定了八路军坚持华

北抗战、争取最后胜利的战略依托。在山西抗日战场上,八路军与其他抗日武装密切配合、英勇作战,使日军陷入人民战争的汪洋大海。1938、1939年之交,遵照中央巩固华北的方针,八路军主力分兵挺进冀鲁豫平原和察绥广大地区,将抗日游击战争推展整个华北敌后区域,最终促成华北抗日根据地的建立。山西抗日根据地的巩固和发展,也使陕甘宁边区东部有了可靠的屏障,有力地保卫了党中央,并为华北、华中各抗日根据地与延安之间开辟了一条前后方联系的大通道。可以说,山西不仅是华北抗战的战略支点,而且更是中国敌后抗战走向全面抗战的重要基石。

山西是党领导的敌后抗日主战场。在国民党正面战场节节溃退的形势下,八路军115师首战平型关告捷,这是全国抗战以来中国军人取得的第一个大胜利,粉碎了“日军不可战胜”的“神话”,极大鼓舞了全国人民的抗日斗志,提高了共产党八路军的威信。随后,八路军三师部队连续出击,伏击雁门关,在同蒲路、正太路上展开交通破袭战、切断了日军的后方补给线,夜袭阳明堡飞机场、毁伤敌机24架,并接连在七亘村、黄崖底、广阳战斗中克敌取胜,有力支援了正面战场,沉重打击了南下、西进日军。进入相持阶段后,日军的进攻矛头指向华北,在山西发动了残酷的“总力战”,八路军用革命的“全面战”,展开多次反“扫荡”斗争,特别是1940年八路军发动百团大战,共进行1800多次战斗,狠狠打击了敌人,极大地振奋了全国争取抗战胜利的信心,粉碎了日军消灭抗日根据地的图谋。据不完全统计,八年抗战,八路军在山西带领抗日军民与日伪军作战10万余次,牵制了75%的侵华兵力,共歼灭日伪军66万人,占敌后歼敌总数的39%。

山西是抗日民族统一战线的先行区。红军到达陕北后,党中央就开始对山西进行抗日统战工作。全国抗战爆发前,山西抗日统一战线工作已经展开,并初见成效。在中共的努力下,1936年成立的“山西牺牲救国同盟会”(牺盟会)事实上成为我党领导的特殊统一战线组织。抗战初期,周恩来同志亲赴山西前线,促成第二战区民族革命战争战地总动员委员会,成功地推动了我党同国民党及其山西地方当局在军事上和政治上的合作。与此同时,通过“牺盟会”建立了事实上由中共领导的抗日武装——山西新军。这些统一战线组织有力地配合了八路军三大主力师在山西的战略展开,为建立和巩固山西各抗日根据地创造了有利条件,也为全国抗日民族统一战线的巩固和发展提供宝贵经验。

二、山西军民不断探索创新,为全国敌后根据地建设树立了光辉典范

抗日根据地是党领导军民坚持持久抗战、全面抗战,夺取抗战胜利的战略基地。党领导八路军和山西人民,在创建和开辟根据地的进程中,努力探索、不断创新,走出了一条以抗日政权建设为核心的敌后根据地建设的新路子,为全国抗日根据地发展提供了宝贵经验,起到了示范带动作用。

山西最早在根据地探索建立抗日民主政府,走出了一条抗日民主政权建设的新路子。抗战期间,山西各根据地积极贯彻“三三制”建政原则,在改造旧政权基础上,建立拥有最广泛社会基础的抗日民主政权。1938年1月成立的晋察冀边区行政委员会,是华北敌后第一个省级抗日民主政府,被党中央称赞为“敌后模范的抗日根据地及统一战线的模范区”。其后,晋绥边区、晋冀豫边区和晋西南抗日根据地民主政权建设相继展开,极大调动了各阶级阶层、各民主党派的抗日积极性,为山西敌后抗战奠定了重要的政治基础。1941年12月,党中央下达了关于精兵简政的指示,山西各根据地在中共北方局和八路军总部的直接指导下,通过“精简主力军,加强地方军,紧缩机关,充实连队,加强地方”的办法,分阶段分批次展开精简工作,到1943年基本完成,走到全国各抗日根据地的前面。

山西最早在根据地实行“减租减息”政策和开展生产自救运动,走出了一条抗日根据地经济建设的新路子。当时,山西敌后根据地首先提出了发展农村经济、促进群众生产的经济方针,普遍采取了减租减息、废除高利贷和苛捐杂税的政策,晋察冀边区是最早实施减租减息政策的地区。1940年,各抗日根据地开展了一场轰轰烈烈的生产自救运动。山西敌后根据地结合实际发展当地经济,开展公营经济,鼓励发展合作经营、私营经济等,使工业品基本上实现了自给自足,打破了日伪经济封锁。同时,山西先后建立了作为中国人民银行前身的晋察冀边区银行、冀南银行和西北农民银行,为支持根据地生产事业和商品流通的发展,打击伪币和假票,稳定货币市场起到了十分重要的作用。此外,山西抗日根据地积极响应毛泽东“组织起来”的号召，建立起了互助组、合作社。总之，山西各根据地在实践中创造了具有新民主主义经济特点的“军民兼顾”“公私兼顾”的经济模式，调动了抗日军民的积极性，保障了经济支出需要，为打破日军封锁、巩固抗日政权、夺取抗战最后胜利奠定了物质基础。

山西最早在根据地高举抗战文化旗帜，走出了一条文化与工农兵相结合的新路子。晋察冀边区从1938年即率先开展冬学运动，有力地支援了根据地的抗战工作。毛泽东同志的《在延安文艺座谈会上的讲话》发表之后，山西各抗日根据地的广大文艺工作者积极学习实践，深入实际，深入生活，深入群众，迸发出前所未有的创作热情，优秀文艺作品不断涌现，代表作有赵树理的《小二黑结婚》《李有才板话》，丁玲的长篇报告文学《一二九师与晋冀鲁豫边区》，马烽、西戎的《吕梁英雄传》等，深刻地反映了抗战旋律和时代主题，讴歌了人民群众和革命战士，发展了积极向上、英勇斗争的抗战文化。此外，山西各根据地出版发行了很多报纸杂志，如晋察冀的《抗战报》、晋冀豫的《新华日报》(华北版)、晋绥的《抗战日报》《晋绥大众报》等，内容丰富，时效性强，具有鲜明的战斗性，产生了广泛影响。山西抗战文化极大地调动了广泛的社会力量，更走出了文化与工农兵相结合的道路，充分体现了新民主主义文化的前进方向。

三、山西军民与日寇殊死奋战，付出巨大牺牲，铸就了光耀千秋的太行精神

“为有牺牲多壮志，敢教日月换新天。”抗战期间，山西军民以鲜血与生命同日本侵略者进行殊死搏斗，付出了巨大牺牲，为抗战胜利提供了强大的物质支撑和精神动力。

山西人民踊跃参军参战，成为中共抗日武装力量的重要输送地。山西被称为“八路军的故乡”。山西人民踊跃参军参战，抗日战场到处留下了山西子弟兵的身影和足迹。据不完全统计，抗战八年间，山西全省参加八路军和新四军部队的青壮年达70多万人，参战支前的打游击的民兵自卫队有数百万人之多。1939年1月至1945年10月，抗大总校、抗大第六分校、抗大第七分校、抗大太岳分校、抗大太行分校、抗大太岳陆军中学、抗大第七分校陆军中学先后在山西抗日根据地开办，为八路军、新四军以及山西各级地方抗日民主政权，培养了大批德才兼备的干部，成为人民军队的骨干力量。

山西军民前仆后继，为抗日战争付出巨大牺牲。在抗日战争中，许多优秀中华儿女把鲜血洒在山西这块土地上。1942年5月，日军对太行根据地进行大“扫荡”，八路军副参谋长左权将军率部掩护后方机关突围，不幸牺牲，年仅37岁；时任山西省委书记张友清、八路军总后勤部政治部主任谢翰文、《新华日报》社长何云、抗日女英雄李林、牺盟会执行委员董天知、曾任毛泽东机要秘书的孙开楚、第129师386旅新一团团长丁思林、朝鲜义勇队华北支队政委陈光华、19岁小英雄金方昌、13岁的儿童团团长李爱民等无数英烈，为了民族大义和国家利益血洒疆场，献出了宝贵生命。据粗略统计，抗战期间，在山西的各种惨案中伤亡群众与国共两军抗日将士伤亡之和达300万人；其中晋绥军区指战员牺牲1.3万余人，晋察冀军区指战员牺牲7.1万余人，晋冀鲁豫的太行区和太岳区则有1.3万余名指战员献出了生命。

山西人民辛勤劳动和节衣缩食，保证了抗战军需物资的供应。抗战期间，山西各根据地青壮年组成民兵、自卫队保障后方，老人碾米磨面，妇女赶制军鞋，儿童站岗放哨兼作农业生产。同时，各根据地的人民群众积极组织担架队、运输队、警戒队，运送物资，救护伤员，打扫战场，维持治安，使战争的战勤服务得到了充分保障。

艰难困苦，玉汝于成。中国共产党和山西人民的骨肉相连、鱼水情深的共同奋斗，以及革命军队与太行儿女不畏强暴、不怕牺牲的共同战斗，激发出了高昂向上的爱国主义精神和不屈不挠的革命英雄主义精神，形成了光耀千秋的“太行精神”，即不怕牺牲、不畏艰险的精神，百折不挠、艰苦奋斗的精神，万众一心、敢于胜利的精神，英勇奋斗、无私奉献的精神。历史证明，太行精神孕育于山西这块古老而光荣的土地，植根于中华文化的深厚沃土，是中华民族精神中最具魅力和震撼力的重要内容。太行精神是山西的宝贵精神财富，更是我们党和军队、国家和民族的宝贵精神财富。

（原刊于《山西日报》A1版2015.9.3）

2015年山西省大事记

1月

1日

山西省再次提高农村五保供养省级补助标准。将农村五保集中、分散供养，省级补助标准每人每年分别提高200元和100元，提标后省级财政对农村五保集中和分散供养补助标准分别达到每人每年2400元和1530元。

山西省调整企业退休人员基本养老金，企业退休人员每人每月增加100元。再按本人缴费年限每满1年增加4.7元，缴费年限不满10年的按10年计算。山西省煤炭资源税税率按8%执行。

4日

省政府召开安委会第一次全体(扩大)会议，学习贯彻习近平总书记对上海外滩踩踏事件作出的重要指示和李克强总理作出的重要批示，贯彻落实中办、国办《关于切实做好当前安全生产和人员密集场所安全管理工作的紧急通知》精神，部署2015年安全生产工作。

5日

省政府召开第69次常务会议，研究2015年转型综改行动计划，原则通过《山西省石油天然气管道建设和保护办法(草案)》。

7日

省长李小鹏在太原会见法国电力集团副总裁马识路，就推进双方电力项目合作进行交流。

9日

“中国社会科学院考古学论坛·2014年中国考古新发现”在北京举行，忻州市九原岗北朝壁画墓入选2014年中国考古六大新发现。

国家科学技术奖励大会在北京举行，由太原理工大学主持完成的“低渗透煤层高压水力割缝强化瓦斯抽采成套技术与装备”项目获国家技术发明奖二等奖；由太原理工大学主持完成的“界面性质与光电器件特性关系调控技术及应用”项目和由太原钢铁(集团)有限公司主持完成的“先进铁素体不锈钢关键制造技术与系列品种开发”项目，获国家科技进步奖二等奖。

10日

“又见平遥杯·2014感动山西”十大人物评选结果揭晓。马怀兰、高贵平、牛利军、王智伟、常勇、张清、聂晶晶、梁香草、李红英、李栓州当选。

12日

美国驻华大使馆商务官员在太原向山西立恒钢铁股份有限公司颁发“2014年温室气体减排证书”。

13日

省医疗机构药械集中网上竞价采购工作领导组会议召开。会议原则通过《山西省基本药物集中招标采购工作方案》《山西省医疗机构低价药品网上采购工作方案》。

15日

省委常委会召开会议，传达学习习近平总书记在十八届中央纪委五次全会上的重要讲话和十八届中央纪委五次全会精神，研究山西省贯彻落实意见。

翼城交警贺冰奋不顾身保护人民群众不幸牺牲，省委、省政府追授贺冰“人民卫士”荣誉称号，号召全省各行各业都要向贺冰学习。

17日

第七届“薪火相传——寻找文化遗产守护者年度杰出人物”评选结果揭晓。中国兵器工业集团山西北方机械制造公司刘贵红等10人获本年度杰出人物称号。

20日

省政府第70次常务会议召开，研究加快法治政府建设、深化煤炭管理体制改革、培育新型职业农民等工作。

全省2014年度目标责任考核工作动员会在太原召开。

晋中市与中国国旅集团签署旅游发展战略合作协议。

21日

省委常委会召开会议，讨论《政府工作报告(送审稿)》，听取省“两会”筹备情况汇报，研究部署深化煤炭管理体制改革、实施“三个一批”、加强县委书记选拔任用和监督管理工作。

23日

《山西省国家资源型经济转型综

合配套改革试验2015年行动计划》出台印发。

24日

山西省第三次全国经济普查主要数据发布。

25日

省委、省政府出台《关于深化煤炭管理体制改革的意见》，提出从资源配置、项目审批、建设生产、生态治理、安全监管、销售体制、交易方式、企业改革、权力约束、法治建设等重点领域和关键环节推进煤炭管理体制改革，到2017年基本实现煤炭管理体制和管理能力现代化。

26日

省委中心组(扩大)举行专题学习会，邀请第十二届全国人大常委会委员、内务司法委员会副主任李慎明作题为《毕生廉洁自律，全面从严治党——学习习近平总书记系列重要讲话精神的体会》的辅导报告。

《山西省军人抚恤优待实施办法(修订)》发布，自3月1日起实施。

28日

第九届全国农村青年致富带头人表彰、全国乡村好青年发布暨中国农村青年致富带头人协会第二届会员代表大会在北京举行。山西省刘帅君、贺俊峰、田玲3人入选“全国乡村好青年”，王智勇、武峥兴、翟志刚、吴科、张怀军、史耀旭、申潞鹏、王晋军、洪波、樊利峰、高芝芳、张卫平、贾立军、郭兴峰、李兵芳、郝江波16名优秀农村青年获“全国农村青年致富带头人”称号。

“极端光学协同创新中心”挂牌。

28日至2月1日

省十二届人大四次会议在太原举行。会议先后表决通过关于政府工作报告的决议、关于山西省2014年国民经济和社会发展计划执行情况与2015年国民经济和社会发展计划的决议、关于山西省2014年全省和省本级预算执行情况与2015年全省和省本级预算的决议、关于省人大常委会工作报告的决议、关于省高级人民法院工作报告的决议和关于省人民检察院工作报告的决议。

2月

1日

省政府召开全省安全生产电视电话会，贯彻全国安全生产电视电话会议精神，总结上年全省安全生产工作，通报安全生产大检查、人员密集场所消防安全大检查和应急预案大检查的情况。

2日

省属企业“全省瓦斯抽采全覆盖工程”合作签约仪式在太原举行。

6日

洪洞县获“中国最具价值文化(遗产)旅游目的地”称号。

山西丝路国际产业联盟在太原成立。

全国寻找“最美家庭”电视电话会召开。山西省“一个家庭、两种工艺、三位大师”的张文亮家庭，培养出为国争光无私奉献的航天英雄景海鹏的景靠喜家庭，平凡家庭生活发现美、弘扬美、提升美的陈恩光家庭3户家庭获2014年全国“最美家庭”称号。

山西演出剧院联盟成立。

9日

省文物局召开全省文物局长会议。会议决定在全省范围内进行为期2个月的古建筑专项核查工作。

11日

省委常委班子紧扣“严格党内生活，严守党的纪律，深化作风建设”主题召开民主生活会。

全省国土资源工作会议召开。会议决定2020年前山西省原则上不再新配置煤炭资源，除“关小上大、减量置换”外，全省不再审批建设新的煤矿项目(含露天矿)，同时停止审批年产500万吨以下的井工改露天开采项目。

12日

省十二届人大常委会召开第38次主任会议。会议听取关于规范性文件备案审查条例(草案)主要审议意见和修改情况的汇报，待进一步修改完善后，提请常委会会议审议；听取关于对省人大及其常委会选举、任命的“一府两院”工作人员加强监督意见的说明，报省委同意后提请常委会会议审议。

16日

山西省体育博物馆开馆。

17日

2014年太原十大体育新闻出炉，分别为太原国际马拉松赛再获金牌赛事称号、太原市申办2019年全国青运会、龙城赛龙舟竞逐汾河畔、精彩省运会健康新太原、太原运动员在国际体坛屡获佳绩、太原首次举办汽车场地越野赛、组建成立太原市社会体育管理中心和太原市体育产业管理中心、太原市体育栏目《炫动龙城》开播、太原市体彩销售量突破6亿元、太原市健身房、体育协会星级评定。

26日

省政府召开第73次常务会议，研究安排固定资产投资、十大重点领域投资和重点工程建设等工作，动员部署项目提质增效年活动。

省政府召开全省电视电话会，就进一步推进户籍制度改革进行部署。

26日至27日

全省农村土地承包经营权确权登记颁证工作培训会议在太原召开。

27日

省委召开议军会议。

省委召开全省学习讨论落实活动专项整治工作部署会议。山西省设立“35581”廉政账户收缴礼金红包和贵重物品。

《山西省2014年国民经济和社会发展统计公报》发布。

28日

中央精神文明建设指导委员会发布《关于表彰第四届全国文明城市(区)、文明村镇、文明单位的决定》，平遥古城景区获“第四届全国文明单位”荣誉称号。

3月

3日至5月底

山西省开展制售“三无”食品和

假冒伪劣药品突出问题专项整治。

4日

省军区召开大会,宣布省军区领导班子成员调整命令。任命郭志刚为省军区政治委员、李毅为省军区副司令员,批准张少华、负自博退休。

中宣部公布第一批50个全国学雷锋活动示范点和50名全国岗位学雷锋标兵。段爱平入列全国岗位学雷锋标兵名单,临汾市第三人民医院入列全国学雷锋活动示范点名单。

山西省处置非法集资领导组专题会议召开。

8日至10日

根据省委统一部署,省委8个专项巡视组分别进驻省供销社、省妇联、省水利厅、省粮食局、焦煤集团、阳煤集团、中北大学、长治医学院8个单位,开展为期半个月左右的首轮专项巡视。

11日

省委干部教育工作领导小组会议召开,传达学习习近平总书记为第四批全国干部学习培训教材所作的序言,通报2014年全省干部教育培训工作情况,讨论通过《2015年全省干部教育培训工作要点》。

全省"三农"投资推进工作电视电话会议、全省扶贫开发领导组会议在太原召开。

14日

山西省中药材行业协会成立。

16日

山西省召开传达贯彻全国人大政协"两会"精神会议,传达贯彻全国"两会" 精神和习近平总书记等中央领导重要讲话精神特别是对山西工作的重要指示要求。

省政府党组(扩大)会议召开,学习贯彻全国"两会"精神,习近平总书记在"两会"期间发表的重要讲话,李克强总理代表国务院所作的政府工作报告,王岐山书记、马凯副总理在山西代表团的讲话精神;学习贯彻王儒林书记对落实全国"两会"精神的指示要求,研究部署贯彻落实工作。

17日

山西省军区开展"学习践行强军目标,做新一代革命军人"主题教育活动,推进部队年度思想政治教育。

23日

山西省传统工艺美术发展协会年会在太原召开。山西省首次命名20名雕塑艺术大师。

省委全面深化改革领导小组召开第五次会议,贯彻落实中央全面深化改革领导小组第九次、第十次会议精神,听取"六权治本"试点工作进展情况汇报,审议讨论《省属国有企业负责人薪酬制度改革方案》, 研究部署下一步全省改革工作。

24日

全国爱国卫生座谈会在安徽省马鞍山市当涂县召开, 为2012—2014年度全国73个通过评审的城市(区)授予"国家卫生城市"的荣誉称号。山西省孝义、介休、原平、侯马等4个城市新晋"卫生城市"。

25日

山西省人社厅发布2015年山西省调整企业退休人员基本养老金方案。调整办法从2015年1月1日起计算。

25日至4月1日

省委6个巡视组向太原等6市及所辖48县(市、区)和9所院校全面反馈2014年第二轮巡视情况。

26日

2015(第五届)国际炼焦煤资源与市场高峰论坛在中国(太原)煤炭交易中心开幕。

30日

全省开展主题为"我安全,我健康,我快乐"的中小学生安全教育日活动。

31日

海关总署发布2015年第9号公告,决定自2015年5月1日起,启动丝绸之路经济带海关区域通关一体化改革, 山西与山东、河南等9省(区) 共同被海关总署纳入丝绸之路经济带区域通关一体化改革板块,在沿线10个海关形成一体化格局。

第25届 "上海白玉兰戏剧表演艺术奖"颁奖典礼在上海举行,太原市晋剧艺术研究院创作的新编现代晋剧《上马街》剧中车伍儿的扮演者牛建伟获本届"上海白玉兰戏剧表演艺术主角奖", 剧中徐光明的扮演者吴云花获本届"上海白玉兰戏剧表演艺术配角奖"。

4月

1日起

山西省开始实施减轻企业负担、促进工业稳定运行的4个方面60条措施。其中,涉企行政权力1条、涉企收费27条、政策支持15条、创优环境17条。

1日至5月30日

全省开展推进环境保护大检查"铁腕斩污"专项行动。

3日

国内最大光伏科技农业大棚电站——中节能山西潞安50兆瓦光伏农业科技大棚电站经山西省电网公司正式验收在长治并网发电。

5日

以"孝德天下、大美洪洞"为主题的第25届洪洞大槐树文化节寻根祭祖大典在洪洞县大槐树景区举行。

7日

省委、省政府召开全省扶贫开发暨干部驻村帮扶工作动员会议。

文化部办公厅发布《关于公示第四批国家级非物质文化遗产代表性项目保护单位的公告》,山西省23家单位被文化部认定为第四批国家级"非遗"代表性项目保护单位。

7日至13日

根据省委统一部署, 省委巡视二、三、四、五、六组分别进驻晋中市、晋城市、运城市, 以及临汾市所辖9县、长治市所辖5县,为期5个月左右的对3市、44个县及11所高职高专的常规巡视全面展开。

9日

省政府与国家自然科学基金委员会在太原签署协议,共同设立煤基低碳联合基金。

太钢生产的移动式压力容器用不锈钢,通过全国锅炉压力容器标准化技术委员会的技术评审。太钢成为全国首家取得认证资格的企业。

10日

2015年美国(国际)大学生数学建模竞赛(MCM/ICM)成绩揭晓,中北大学学生的"搜索失联飞机"项目获一等奖。

12日

以"体验·创新·成长"主题的第30届山西省青少年科技创新大赛在太原举行。

为纪念汾酒获巴拿马万国博览会大奖章100周年,"晋商与汾酒"高峰论坛在太原举行,做出"汾酒是中国白酒祖庭"的论断。

14日

全省新农合工作暨省级结算启动会议决定,全省11个市和新农合省级定点医院,分两批实行新农合住院费用即时结算,首批启动7个市和10所省级三甲医院,后半年实现省级医院即时结算全覆盖。

15日

山西新闻网舆情频道正式开通上线。

17日

省委全面深化改革领导小组召开第六次会议,深入贯彻落实中央全面深化改革领导小组第十一次会议精神,审议讨论《关于推行各级政府工作部门权力清单制度的实施意见》,研究部署全省下一步改革工作。

17日至19日

2015年世界民族电影节举行,由吕梁黄河民间艺术有限公司出资筹拍的临县本土电影《伞头和他的女人》获"最佳音乐影片奖"。

18日

晋中市政府与北京首创集团举行综合环境循环经济产业PPP合作签约仪式,内容包括城市综合环境治理的7个板块18个项目,总投资超过26亿元。

"培林杯"2014—2015年全国跳绳联赛(华北赛区)暨2015年山西省大中小学生跳绳比赛在太原举行。

19日

同煤集团地煤公司姜家湾矿发生透水事故,造成21人死亡。此为山西本年重大以上安全事故。

20日

山西省委召开"六权治本"推进会。"六权治本"实践着一场"把权力关进制度的笼子里"的"权力革命"。三个试点单位以点引路,"六权治本"在全省11个市有序铺开。

山西省11市同时举行侵权盗版及非法出版物集中销毁行动。

2015年全国古典式摔跤锦标赛在河北保定落幕,山西省获得团体总分第二名,其中59公斤级王路敏、71公斤级闫鹏飞和80公斤级钱海涛分别获得冠军。

22日

山西省受全国表彰的离退休干部"双先"代表巡回宣讲报告会在太原召开。

国家安监总局发布公告,表彰连续安全生产日1000天以上、生产能力9万吨以上的煤矿1348处。山西晋能集团5处煤矿列入其中。

22日至23日

第十六次全国地州区县年鉴研讨会暨第五届年鉴编纂出版质量评比颁奖大会在杭州召开,《山西年鉴(2014)》获综合一等奖。

22日至26日

全国政协副主席、农工党中央常务副主席刘晓峰率全国政协文史和学习委员会专题调研组,对抗战遗址保护和利用情况进行专题调研。

24日

由省新闻工作者协会主办、省新闻摄影学会承办的2014年度山西省新闻摄影作品年赛评选在太原揭晓,共评出金奖10件、银奖15件、铜奖20件。

25日

以"以赛促教、以赛促学、以赛促改、以赛促建"为宗旨的山西省第九届高等职业学校会计技能大赛在山西经贸职业学院举办。

25日至26日

由中国公共经济研究会乡村文明研究中心、中国乡建院、上海市创意产业协会主办的中国古村落保护与开发研讨会在高平市良户村举办。

以"创新、协同、发展"为主题的山西省第二届高校公益服务论坛在山西农业大学举行。

26日

由新疆青格达生态区投资开发集团有限公司与山西创升电子信息科技创业园共同承建的新疆兵团六师五家渠市大学生电子商务创业孵化基地挂牌。

27日

省政府召开全省安全生产电视电话会议,通报同煤集团姜家湾煤矿"4·19"事故情况,部署当前安全生产工作。

省法院诉讼服务中心揭牌成立。

28日

由团中央举办的寻找全国100名"最美青工"第二季评选结果揭晓,山西省大同煤矿集团有限责任公司塔山煤矿工程师段宏飞、山西焦煤西山煤电集团公司采区采煤工程师李茂林、山西阳光发电有限责任公司热控车间计算机班技术员毕冠华3名青年工作者入选。

29日

山西省召开"五一"表彰大会。会上,山西省劳动竞赛委员会决定授予山西太钢不锈股份有限公司原料开发采购部等69个单位"山西省五一劳动奖状",授予山西西山煤电股份有限公司西铭矿一采区生产副区长刘昊鹏等270名同志"山西省五一劳动奖章",授予太化集团工程建设公司自动化分公司电仪施工队等104个集体"山西省工人先锋号"称号。

全省煤炭企业社会责任报告发布暨协会工作会议在太原召开。山西焦煤集团、晋能集团、山西沁新能源集团、山西潞安集团、晋煤集团五大煤炭企业发布社会责任报告。

5月

4日

省委8个专项巡视组分别进驻省住房和城乡建设厅等16个省直和省属修企事业单位,开展第二轮专项巡视。

6日至8日

“中华文明探源工程”山西陶寺、周家庄遗址现场研讨会在运城举行。

9日

临县至离石高速公路正式通车运营。项目全长72.9公里，概算总投资为92.3亿元。

11日

省政府与神华集团签署战略合作框架协议。

2015年全国田径大奖赛在太原开赛。

省委、省政府召开全省农村集体“三资”管理专项清理整治工作电视电话会议，安排部署启动专项清理整治工作。

13日

上海股权托管交易中心—太原市民营经济发展促进会企业挂牌孵化基地在并揭牌。

14日

李小鹏在太原分别会见中国工商银行行长易会满一行、福特汽车集团副总裁兼亚太地区总裁萧达伟率领的福特公司代表团。

由中国粮油协会和山西宝山鼎盛科技有限公司发起的中国亚麻籽油产业联盟在繁峙县成立，并举行首届联盟大会。

15日

山西省政府代表团在天津市举行“山西省—环渤海地区产业合作推介对接会”。

16日

山西省专题教育启动。王儒林以“领导干部要带头认真学习践行‘三严三实’”为题，为各级领导干部讲专题党课。省委组织部召开全省“三严三实”专题教育工作落实会，对在全省县处级以上领导干部中组织开展专题教育工作进行具体安排。

17日

第六届全国特奥运动会在四川闭幕，山西省代表团获24枚金牌、15枚银牌、15枚铜牌。

18日

省委、省政府召开“以群众举报乡村干部腐败为切入点集中解决群众信访诉求问题”专项治理电视电话会议，安排部署专项治理工作。

第二十四届（2014年度）山西新闻奖评选结果揭晓。此次参评新闻单位65家，参评作品848件，共评出山西新闻奖获奖作品448件。其中，特别奖4件，一等奖89件，二等奖133件，三等奖222件。

中美（山西）分布式能源研讨会在太原召开。会议由中美能源合作项目、美国国家标准协会、美国驻华使馆商务处、山西省投资咨询和发展规划院、山西省生态环境研究中心、山西省城镇供热协会联合主办。

在第九届中部博览会期间，举办山西重点项目推介会，共推介123个重点项目。

19日

高平上党梆子剧团创作编排的古装戏《长平绣娘》主演杜建萍获第27届中国戏剧梅花奖。

中国楹联学会为盂县授牌“中国楹联文化县”。盂县第四中学和盂县第二实验小学两所学校被命名为“中国楹联教育基地”。

20日

省委常委会召开（扩大）会议，传达孟建柱考察山西重要讲话精神，研究山西省贯彻落实意见；研究讨论关于促进山西金融振兴的意见；研究命名新一届省级双拥模范城（县）。

省总工会在太原召开表彰大会，杨世勇、靳海军、石丽青、陈建鹏、张留寨、武希润、王荣香、曹国强、袁绍明、戴建平10名“最美劳动者”被省劳动竞赛委员会授予“山西省五一劳动奖章”。

21日

山西省左权县麻田镇西安村、和顺县青城镇百备村等32个村入选2015年国家旅游扶贫试点村。

22日

山西省在西安市举行山西融入“一带一路”战略和品牌建设座谈会。

晋陕豫黄河金三角区域合作山西推介对接会在西安举行。

全球最大规模的世界大学生超级计算机竞赛ASC15总决赛在太原理工大学落幕。

太原市疾病预防控制中心院士工作站建站。

25日

省政府党组举行“三严三实”专题教育党课报告会，李小鹏以“践行‘三严三实’，做到忠诚干净担当，奋力开创弊革风清富民强省新局面”为题，作专题教育党课辅导报告。

纪念中国人民抗日战争暨世界反法西斯战争胜利70周年“红色中国阳泉行”大型采访活动，在阳泉市狮脑山百团大战纪念碑前启动。

25日至28日

省十二届人大常委会第二十次会议在太原举行。会议表决通过《山西省城市公共客运条例》、关于代表出缺情况的审查报告、关于批准2015年省本级预算调整方案的决议和人事任免名单。

26日

太重集团研发的“三辊连轧管机及其主减速机”在韩国获专利授权，属发明专利。这是太重第一次在国外获得的专利。

28日

山西省乡村文化记忆工程试点工作启动。

29日

山西省委、省政府召开全省金融振兴推进大会。这是山西第一次以省委、省政府名义召开的全省金融工作大会。

30日

同煤阳高2×35万千瓦低热煤热电项目开工。

6月

1日

全省道路交通安全基础数据和隐患摸底排查工作启动。

山西省产权交易中心股份有限公司成功收购山西环境能源交易所。

太原市成为国家小微企业创业创新基地示范城市。

1日至5日

国务院第十一督查组就贯彻落

实国务院重大政策措施情况在山西省进行督导检查。5日，督查组召开反馈会，督查组组长、国家税务总局局长王军代表督查组反馈督查情况。

2日

中国信息通信研究院正式发布2014年中国工业百强县(市)发展报告。山西省孝义市以综合指数0.3353位居榜单第60位，成为山西省唯一入围的城市。

3日

国家战略物资储备仓库一三八处与山西国盛有色金属交易中心正式签署战略合作协议，并设立国盛有色金属实物交割仓库。这是山西省首个有色金属交割库。

由美国驻华使馆公使衔商务参赞柯安平女士率领的美国轨道交通行业工作小组，在太原举行中美轨道交通合作交流会，共同讨论山西轨道交通特别是铁路和城市地铁的建设问题。

"文化先觉的脚步"——中国民间文化遗产抢救工程巡礼活动在榆次区后沟古村举行。

同煤朔州煤电2×50兆瓦太阳能光伏发电项目一期工程并网发电。

4日

省委全面深化改革领导小组召开第七次会议，深入贯彻落实中央全面深化改革领导小组第十二次会议精神，审议讨论并原则通过《关于加强省纪委派驻机构建设的意见》《山西省省属企业负责人履职待遇业务支出管理办法》《山西省深化考试招生制度综合改革实施方案（试行）》《山西省高等职业教育考试招生制度改革方案》，要求进一步修改完善后出台实施。

6日

主题为"践行绿色生活，保护汾河生态"的第五届"保护母亲河，聚力汾河行"大型环保公益活动启动仪式在聚力环保忻州产业园区举行。

7日至8日

全省342278人参加高考，比上年增加635人。其中，文科类总人数为155996人，理科类186282人。全省共设121个考区，318个考点，11556个考场。

8日

省委、省政府出台《关于促进山西金融振兴的意见》。这是山西省在改革开放和转型发展关键时期，适应产业转型升级、解决企业资金短缺、应对经济下行、金融业发展迫切需要而作出的重要战略部署。《意见》分5大部分26条举措，规划山西金融振兴"路线图"，针对制约全省金融改革发展的突出矛盾，明确改革的主攻方向和着力点。

山西中德集团—北汽汽车轻量化联合研发中心压铸生产线投产。

山西省召开首次药品价格提醒告诫会。

9日

全省法院多元化纠纷解决机制改革推进会暨人民法庭工作会在太原召开。

中国体育文化·体育旅游博览会招展招商工作推介会暨发展研讨会在太原召开。

12日

中期煤炭市场研讨会在中国(太原)煤炭交易中心举行。作为"互联网+煤炭"产品的中国煤炭市场网煤炭大数据平台在太原上线。中国(太原)煤炭交易中心徐州港交割库正式启动运营。

山西国盛有色金属交易中心与中国检验认证集团山西有限公司签署战略合作协议。

13日

全国职业院校技能大赛高职组会计技能大赛在山西经贸职业学院举办。

14日

首届山西学前教育质量发展研讨会在太原召开。

15日

"晋港青年汇·山西机遇行"首届香港青年学生山西实习计划启动仪式在山西大学举行。

15日至19日

李小鹏率省政府代表团赴美国爱达荷州和怀俄明州访问，并与爱达荷州签署深化友好省州关系推进务实战略合作框架协议。

16日

"山西品牌丝路行"首站活动在匈牙利首都布达佩斯拉开帷幕。

山西、甘肃、陕西、宁夏、青海、新疆、山东、河南、四川、重庆、云南、广西12个丝绸之路沿线省区市旅游局及新疆建设兵团旅游局共同成立丝绸之路旅游推广联盟。

2015年上半年"山西好人"名单揭晓，评选出山西助人为乐好人、山西见义勇为好人、山西诚实守信好人、山西敬业奉献好人、山西孝老爱亲好人各5名。

17日至19日

王儒林主持召开5个专题座谈会，围绕煤焦、电力、煤层气、铝业行业和高校科技创新工作，听取有关方面和专家的意见，分析存在的问题，研究解困的政策措施。

18日

中国社会科学院在国务院新闻办新闻发布厅举行"山西·陶寺遗址发掘成果新闻发布会"，确认陶寺遗址在年代、地理位置，以及它所反映的文明程度等方面都与尧都相当契合，是实证5000年中华文明历程的重要支点，尧都正走出传说时代成为信史。

山西樱桃首次外销台湾，300公斤樱桃通过台方查验首次输往台湾，山西成为继山东后第二个水果进入台湾的大陆省份。

19日

全省农村土地承包经营权确权登记颁证工作推进会在晋中市榆次区召开。

22日

由蒙古国中蒙俄经济促进会、中国投资论坛组织工作委员会主办，蒙古国晋商总商会和山西百强产业平台股份有限公司联合承办的"中国投资蒙古国论坛"在蒙古国驻华大使馆举行。山西百强产业平台和蒙古国非亚矿业有限责任公司现场签订《关于蒙古国纳仁矿区和吉兰诺儿矿区项目投资框架协议》，助力中国对蒙古国投资。

23日

省直机关学雷锋志愿服务总队成立大会在太原举行。省直文明委对2014年度省直机关道德模范和文明先进集体等进行表彰。

山西省军区机关率先开展“新一代革命军人样子”大讨论，为期一周。

25日

大同市采煤沉陷区国家先进技术光伏示范基地建设获得国家能源局批复。

26日

省委常委会召开会议，研究讨论关于贯彻中央统战工作会议精神和贯彻省部级干部民族工作专题研讨班精神的措施，《关于加快民营经济发展的意见》，《山西省贯彻执行普通高等学校党委领导下的校长负责制的实施办法》《山西省高等学校实行领导班子任期制办法》《部分高等学校实行党委常委制的意见》加强高校领导班子建设的“三个文件”，《山西省发展党员工作责任追究办法》。

全省双拥模范城（县、区）命名暨双拥模范单位和个人表彰大会在太原召开。会议命名56个双拥模范城（县、区），对91个双拥模范单位和83个双拥模范个人进行表彰。

27日

“山西最美社区干部”颁奖会在太原举行，“山西十佳最美社区干部”“山西最美社区干部”提名奖获得者受表彰。

29日

朔州—南京800千伏特高压直流输电工程在朔州市平鲁区开工，这是又一条山西外送电通道。

中国·五台山第六届国际文化旅游月佛教餐饮大展在五台山开展。

30日

中国图书馆学会公布《关于命名全民阅读示范基地、表彰2014年全民阅读优秀组织奖和先进单位奖获奖单位的决定》，清徐县图书馆获2014年全民阅读先进单位奖。

6月底

全省建成PM2.5监测站262个。至此，PM2.5监测站基本覆盖全省建成区、县城等县级行政单位。

7月

1日

山西省出台《山西省2015年主要污染物总量减排计划》，确定2015年主要污染物总量减排目标。

2日

山西省公安厅联合省旅游局、省工商局开展全省治理规范旅游市的秩序公安行动。

由省科协主办的以“互联网+行动”为主题的院士专家报告会在太原举办。

由中央文明办主办、中国文明网承办的“我推荐、我评议身边好人”活动结果揭晓，山西省刘红权、肖英、郝锦荣、郭唐珍、董金保入选“助人为乐好人”，杨飞入选“见义勇为好人”，白玉忠入选“诚实守信好人”，王斌俊入选“敬业奉献好人”，安永义入选“孝老爱亲好人”。

3日

以“互联网+新业态 创新发展新引擎”为主题的第一届山西省互联网大会在太原举行。

以“素质教育、创新教育、实践教育”为主题，重点突出“新产品、新技术、新装备、新教育”的山西省首届青少年教育暨装备展览会在省展览馆开幕。

省海外高层次人才引进工作领导小组召开第九次会议，审议通过“百人计划”第八批引进的海外高层次人才共100人。

省纪委召开各市纪委书记工作例会，专题研究推进全省查处发生在群众身边腐败问题工作。

6日

山西大同采煤沉陷区国家先进技术光伏示范基地建设正式启动。

8日

省政府召开第88次常务会议，研究推进科技创新、完善县域经济发展考评办法、扩大社会投资、支持小微企业发展和瓦斯抽采全覆盖工程等工作，部署深化考试招生制度综合改革和机关事业单位工作人员养老保险制度改革等任务，通过对同煤集团姜家湾煤矿“4·19”重大水害事故有关人员的处理意见。

《财富》（中文版）发布2015年中国500强排行榜，山西太钢不锈钢股份有限公司、山煤国际能源集团股份有限公司、大秦铁路股份有限公司、山西西山煤电股份有限公司、阳泉煤业（集团）股份有限公司、阳煤化工股份有限公司、山西潞安环保能源开发股份有限公司、山西漳泽电力股份有限公司、太原重工股份有限公司、大同煤业股份有限公司10家大型企业上榜。

13日

全省“以群众举报乡村干部腐败为切入点集中解决群众信访诉求问题”专项治理推进会在临汾召开。

第32届全国医药工业信息年会发布“2014年度中国医药工业百强榜”，亚宝药业、振东集团荣登榜单。年会同期发布“中国医药研发产品线最佳工业企业”，亚宝药业为山西省唯一入选企业。

国家旅游局官方网站发布新一批国家AAAAA级旅游景区网上公示，全国共15家景区入列。其中，晋中平遥古城景区上榜，成为山西省第6家国家AAAAA级景区。截至2015年7月，山西共有国家AAAAA级景区6家，分别为：大同云冈石窟、忻州五台山风景名胜区、晋城阳城县皇城相府生态文化旅游区、晋中市介休市绵山风景名胜区、晋中市乔家大院文化园区、晋中平遥古城景区。

15日

省发改委向社会公布75个PPP项目。项目总投资591.4亿元，涉及交通设施、市政设施和公共服务等多个领域。

16日

省委、省政府召开全省科技创新推进大会。

16日至17日

由教育部高校自动化类专业教学指导分委员会、西门子（中国）有限公司、中国系统仿真学会联合主办的全国大学生“西门子杯”工业自动化挑战赛西部赛区比赛在太原举行，太原理工大学5支参赛队获特等奖。

17日

省政府下发《山西省煤矿瓦斯抽采全覆盖工程实施方案》。

17日至19日

由山西大学历史文化学院和省历史学会联合主办的“抗战与山西：纪念抗日战争胜利70周年”学术研讨会在武乡县举办。

18日

主题为“弘扬抗战精神 共圆中国梦”的中华两岸百名将军部长与书画家作品展在太原开展。

第五届全国汉语语汇学暨《新华语典》学术研讨会在长治召开。

19日

在郑州举行的全国射击锦标赛中，山西代表队的裴蕊娇获步枪三姿(卧、立、跪3种姿势)冠军。

世界击剑锦标赛女子重剑团体决赛在俄罗斯首都莫斯科举行。以山西选手郝佳露为代表的中国女子重剑队夺得本次比赛的冠军。

22日

由中国中车旗下的永济新时速电机电器有限责任公司承担的“十二五”山西省科技重大专项项目“700千瓦高速动车组用稀土永磁同步牵引电机研发”通过专家验收。

财富中文网与全球同步发布最新的《财富》世界500强排行榜，上榜的6家晋企分别为：山西焦煤集团有限责任公司、大同煤矿集团有限责任公司、潞安集团、山西晋城无烟煤矿业集团有限责任公司、晋能集团、山西阳泉煤业(集团)有限责任公司。

23日至24日

中央巡视工作专项检查组对山西省巡视工作开展情况进行专项检查。23日在太原听取山西巡视工作情况汇报。

27日至30日

省十二届人大常委会第二十一次会议在太原举行。会议表决通过《山西省女职工劳动保护条例》《山西省实施〈中华人民共和国水土保持法〉办法》、关于批准《大同市人民代表大会常务委员会关于修改〈大同市地方立法条例〉的决定》的决定，表决通过关于批准2014年省本级财政决算的决议、关于代表出缺情况的审查报告和人事任免名单。

28日

王儒林在太原市就“城中村”改造和城市社区养老服务规划建设情况进行调研。

省卫生计生委在太原市举办“直面实战2015”卫生应急综合演练。

山西省11名小演员获第十九届中国少儿戏曲小梅花金奖。

29日

王儒林、李小鹏在太原会见清华大学校长邱勇一行，共同出席山西省人民政府与清华大学《关于共建清华大学山西清洁能源研究院的合作协议》签约仪式。

全国首个结核病医院联盟组织——山西省结核病定点医院联盟成立大会在太原召开。

30日

省委全面深化改革领导小组召开第十次会议，审议讨论并原则通过《关于全省加强社会治安防控体系建设的实施意见》。

31日

中国女法官协会第五届理事会第一次常务理事会在晋中举行。

以“互联网+众创时代下的山西机会”为主题的2015年电商产业创新和投资高峰论坛在太原举行。

全省农村电子商务推进大会在太原召开。

8月

1日

太原铁路局开行太原南—吕梁K7835/6次城际列车。

中国太原直飞越南岘港首飞。

1日至3日

“良大杯”第三届全国大学生农业建筑环境与能源工程相关专业创新设计竞赛在东北农业大学举办，山西农业大学4件作品获奖。

3日

省政府发布《关于健全重大行政决策机制的意见》。

4日

省政府召开第92次常务会议，研究煤炭行政审批制度改革、就业创业、贫困县党政领导班子和领导干部经济社会发展实绩考核、公共资源交易平台建设和省级科技计划管理改革等工作。

6日

纪念抗日战争胜利70周年理论研讨会在太原召开。研讨会的主题是“铭记历史，缅怀先烈，珍爱和平，开创未来”。王儒林、李小鹏在太原会见中国延安精神研究会会长、全国人大常委会原副委员长李铁映及纪念抗日战争胜利70周年理论研讨会部分与会代表。

7日

全省第一书记到村任职动员会在太原召开。15日前，全省9395名干部赴村任第一书记全部到岗。他们进驻党组织软弱涣散村和建档立卡贫困村，推动党组织转化提升，推动农村脱贫。

2015中国·太原互联网+众筹产业峰会暨众筹界上股交所挂牌上市启动仪式在太原举行。

7日至9日

运城市举办关帝诞辰1855周年祭拜活动。

9日

古县顺杰耐火材料有限公司、长治市贝尔电讯有限公司、长治市永华机械有限公司在深圳前海股权交易中心成功登陆“新四板”。

12日

省政府与国家电网公司在太原举行工作会商，共同商讨深入贯彻落实习近平总书记关于能源革命的重要讲话精神，以及推进外送电通道、京津冀清洁能源供应基地和国家级新型综合能源基地建设等工作。

第十七届全国骨科护理学术交流会议暨全国社区护理学术交流会议在太原召开。

山西品牌中华行（乌鲁木齐站）活动首次走进新疆。

13日

省委常委会召开会议，传达习近平总书记、李克强总理关于“天津滨海新区危险品仓库爆炸事故”作出的重要指示、批示精神，研究部署全省安全生产工作；传达全国推进理论工作“四大平台”建设工作会议和全国戏曲工作座谈会精神，研究山西省贯彻落实意见；研究讨论《关于进一步加强和改进新形势下高校宣传思想工作的实施意见》，部署发挥省委反腐败协调领导小组在全面从严治党特别是“把纪律挺在前面”中的作用。

李小鹏在太原会见美国能源部化石能源副助理部长戴维·莫勒率领的美国能源部代表团，双方就进一步加强清洁能源领域的合作进行交流。

2015山西晋城“神利杯”全国传统武术邀请赛暨山西省第29届传统武术锦标赛在晋城市开赛。

14日

省委召集83个产煤主要县(市、区)委书记进行集体谈心对话会议。

第十一届“宋庆龄少年儿童发明奖”在广州举行，申国平获得优秀辅导教师奖。

16日

省政府召开第94次常务会议，学习贯彻习近平总书记和李克强总理关于做好安全生产工作的重要指示批示精神，贯彻落实国务院安全生产电视电话会议精神，听取近期省政府领导带队突查安全生产等情况汇报，安排部署全省安全生产工作。

18日

王儒林、李小鹏在太原会见外交部驻外使节团一行。19日，举办2015驻外使节山西行座谈会。

山西省首届农业产业投融资洽谈会在太原召开。

以“加强水资源保护，保障饮用水安全”为主题的2015年三晋环保行活动在太原启动。

在第三届旅游业融合与创新(中国延边)论坛上，云冈石窟景区入选旅游业“2015最美中国榜”，获“最美中国·文化魅力特色魅力旅游目的地景区”称号。

19日

省委、省政府出台《关于实施科技创新的若干意见》。这是山西省针对科技创新能力不足、科技投融资体系不健全、科技创新体制不顺等问题作出的系统部署。

山西康宝集团在长治发布自主研发的智能机器人获得成功，这是山西省企业生产的首款机器人。

20日

以弘扬“太行精神”和伟大的“抗战精神”为主要内容，以“铭记历史、缅怀先烈、珍爱和平、开创未来”为主题的大型诗歌朗诵音乐会《太行回声》在太原举办。

省总工会在太原举行“金秋助学”活动的启动仪式，为120名受助学生每人发放5000元助学金。

21日

省委反腐败协调小组召开专题学习讨论会，研究讨论贯彻落实省委书记王儒林8月13日在省委常委会上提出的“发挥反腐败协调小组职能作用，落实把纪律和规矩挺在前面要求”重要讲话精神。

省政府召开全省安全生产大检查情况汇报会议。

22日

中国企业联合会、中国企业家协会发布“2015中国企业500强榜单”。山西焦煤集团、同煤集团、潞安集团、山西晋城无烟煤矿业集团有限责任公司、晋能有限责任公司、阳泉煤业(集团)有限责任公司、山西煤炭进出口集团有限公司、山西国新能源和山西建筑工程公司榜上有名。

22日至24日

李小鹏率领山西省党政代表团赴新疆考察调研山西对口援疆工作。

23日

第73届雨果奖在美国揭晓，山西省作家刘慈欣的科幻小说《三体》获雨果奖最佳长篇故事奖。

26日

省委、省政府召开党外人士通报会，就山西省上半年经济形势向各民主党派、工商联、无党派代表人士进行通报。

27日

王儒林、李小鹏在太原会见中国建设银行董事长王洪章一行，共同出席山西省人民政府与中国建设银行股份有限公司《关于推进金融振兴的合作协议》签约仪式。

长治市获中国首个“中国曲艺名城”称号，同日举行长治经验研讨会。

29日

2015年央企山西行活动正式启动，山西省—中央企业合作发展座谈会暨签约仪式在太原举行，省政府与7家央企签署战略合作协议，部分中央企业与省属企业签署9项煤电联营合作协议。

山西省首届海归创业论坛在太原市举行。

30日

省委常委会召开会议，传达中央第六次西藏工作座谈会、学习贯彻《中国共产党巡视工作条例》电视电话会议精神，研究山西省贯彻落实意见；研究讨论《关于贯彻落实〈中共中央、国务院关于进一步加强反恐怖工作的意见〉的实施意见》《山西省各级党委(党组)在干部选拔任用工作中严格执行民主集中制的办法(试行)》《关于进一步加强村党组织书记队伍建设的意见》。

31日

山西省产权交易中心与山西省林权服务中心签署战略合作协议，标志着山西省林权流转交易平台建设工作正式启动。

本月

太重集团获得中国进出口银行北京分行100亿元的授信支持，支持范围包括进出口信贷、贸易金融、买方信贷、境外投资贷款、出口基地建设贷款、担保、债券承销等一揽子金融服务。

山西省出台《关于进一步促进工业稳增长的若干措施》(简称“工业19条”)，以有效应对经济持续下行压力，促进全省工业步入趋稳向好的增长通道。

9月

1日

省委、省政府召开全省民营经济发展推进大会。

由省委办公厅、省政府办公厅、省委宣传部主办，省直工委会、省文化厅承办的“山西省纪念抗战胜利70周年群众演唱会”在太原举行。

农业部在太原召开粮改饲发展草食畜牧业试点工作部署会。

1日起

全省检验检疫系统开展质量月活动。

2日

全省城中村改造现场推进会在太原召开。

由省委宣传部、省文联等共同主办的“中国梦·太行魂——纪念抗战胜利70周年大型摄影展”在山西博物院会展中心开展。

6日

省人大常委会党组中心组专题学习《中国共产党巡视工作条例》和王岐山在学习贯彻电视电话会议上的重要讲话精神，传达王儒林在省委常委会学习贯彻中央巡视组负责同志的讲话精神。

山西省工业控制系统与安全产业联盟在山西和信基业科技股份有限公司挂牌成立。

7日

山西省纪念中国人民抗日战争暨世界反法西斯战争胜利70周年大会在武乡县举行。

8日

“美丽山西·中国之源”第十届全国网络媒体山西行采访活动启动仪式在太原举行。

第20届晋绥儿女支持老区教育奖颁奖大会在太原举行，山西省220名优秀教师获得“晋绥儿女支持老区教育奖”。

8日至10日

省委第三轮专项巡视工作启动。省委8个专项巡视组采取“一托二”的巡视方式，分别进驻省商务厅、同煤集团等16个省直和省属企事业单位，开展为期2个月的专项巡视。

9日

省政府召开推进山西省养老服务业发展座谈会。

9日至11日

省人大常委会副主任李政文带领部分在晋的十二届全国人大代表，就安全生产和大水网建设情况进行专题调研。

9日至15日

第二届山西文化产业博览交易会在中国(太原)煤炭交易中心举行。来自亚、非、欧三大洲的24个国家，国内31个省、市、自治区，及港澳台地区的客商莅晋参展，省属7大文化产业集团、11个市千余家企业参展，参展展品万余种。

10日

“影像的力量”中国(大同)国际摄影文化展开幕。

国务院安委会第十五综合督查组在太原听取省政府安全生产工作情况汇报，向省政府反馈督查意见。

10日至11日

“山西互联网+行动高峰论坛”在太原举行。

11日

李小鹏签署第243号省人民政府令，发布《山西省实施〈无障碍环境建设条例〉办法》，自2015年10月15日起实施。

以“互联网+智慧城市”为主题的山西智慧城市大会在太原举行。

12日到15日

以全国双拥办副主任、总政群工办副主任巴谋国为组长的全国双拥模范城(县)调研督导组一行在山西省就新一轮全国双拥模范城（县)创建工作进行调研督导。

13日

2015太原国际马拉松赛在太原开赛。

14日

“山西品牌丝路行”(俄罗斯站)在莫斯科举行启动仪式。

由省教育厅主办的山西省首届“互联网+”大学生创新创业大赛在太原理工大学开赛。

16日

省委中心组围绕“严以律己，严守党的政治纪律和政治规矩，自觉做政治上的‘明白人’”这一主题，进行集中学习讨论。

第五届中国(太原)国际能源产业博览会2015低碳发展高峰论坛在中国(太原)煤炭交易中心开幕。

太原举办“9·16国际保护臭氧层日”宣传活动，向社会各界发出“保护臭氧层、山西在行动”的签名倡议。

17日

全省食药、环保、安全生产重点行业行政执法与刑事司法衔接中打击违法犯罪专项行动领导组召开第一次会议，启动重点行业行政执法与刑事司法衔接中打击违法犯罪专项行动。

2015“山西品牌中华行”哈尔滨站启动仪式在哈尔滨国际会展中心举行。这是山西品牌中华行首次走进黑龙江。

山西省评出法院“十佳新闻发言人”，分别为：大同中院马卉妍、长治城区法院李萍、阳泉中院赵林、临汾尧都法院李霞、长治中院张伟卫、太原中院张康、朔州城区法院陈文汇、阳泉中院张艳、大同左云法院胡晓云、晋城城区法院晋丽霞。

18日

山西电建有限公司承建的山西国金2×350兆瓦煤矸石综合利用发电工程1号机组完成168小时满负荷试运，标志着世界首台350兆瓦超临界循环流化床机组顺利发电，正式投入商业运营。

19日至24日

以“守望家园·放飞梦想”为主题的第15届平遥国际摄影大展在平遥举办。大展有9大展区、483个展览，展出17827幅作品。大展还评出13类奖项，67个作品获奖。

21日

省武警总队召开宣布命令大会，武警部队领导宣布国务院、中央军委命令，曾友成任武警山西总队司令员，原司令员仲轩调任他职。

全省非公党建百家示范党组织书记培训班在山西省委党校举办，为期4天。

22日

山西省法官、检察官遴选委员会成立大会在太原召开。

由中国超算联盟主办，吕梁市军民融合协同创新研究院、吕梁云计算中心承办的“2015超级计算创新联盟年度全体会议”在太原召开。

2015亚洲粉煤灰及脱硫石膏处理与技术国际交流大会在朔州市举行，本届大会的主题是“创新驱动，绿色发展”。

23日

临汾民航机场试飞成功。

全省煤炭行业科技创新推进会在晋城召开。

“书香三晋·文明社会”全民阅读报刊行活动总结暨“最美读书人”报告会在省图书馆新馆举行。魏存庆、张梅霞、杨清昊、郭恒勋、郑宝兰、李霞、牛爱科、孟祥瑞、杜德建、李剑10人被授予“最美读书人”。

23日至24日

第三届“岳池杯”中国曲艺之乡曲艺大赛在四川省岳池县举行。由长治市选送的沁州三弦书《好支书龚来文》和潞安大鼓《一个都不许死》获得金奖。

25日

全省正式实施13项新地方标准助推节能降耗。

以“文华三晋·书香九州”为主题的第二十五届全国图书交易博览会在太原举行。展区面积6.2万平方米，1000多出版单位参展，共展图书26.5万种，92.8万册。

埃博拉出血热疫情防控工作表彰大会在京举行。商临萍为山西省唯一获得表彰的先进个人。

28日

省政府与中国铝业公司、华润（集团）有限公司在太原举行工作会商，研究合作推进山西省轻合金产业转型发展事宜。

30日

在科技部公布的第三批批准建设的企业国家重点实验室名单中，太重集团承建的“矿山采掘装备及智能制造国家重点实验室”和晋煤集团承建的“煤与煤层气共采国家重点实验室”入选。

9月底

省委、省政府出台《关于加快民营经济发展的意见》，明确提出到“十三五”末山西民营经济的发展目标。

10月

1日起

太原、晋中两市移动电话用户将通过“资费叠加包”模式实现资费同城化。

8日

省委常委会召开会议，传达全国社会治安防控体系建设工作会议精神，研究山西省贯彻落实意见。

省委全面深化改革领导小组召开第十三次会议，听取乡村两级实施“六权治本”试点工作情况汇报，审议讨论《山西省关于加快构建开放型经济新体制的实施意见》《山西省国有林场改革实施方案》。

汾河流域生态修复工程在平遥县开工建设，标志着山西省第五次大规模汾河治理工作全面启动。

由公安部、全国妇联共同主办的“好警嫂”推选宣传活动结果揭晓，临汾警嫂王会平、阳泉警嫂李冬梅、长治警嫂郭丽英和长治警嫂李波获全国“好警嫂”光荣称号。

9日

农业部发布2015年中国最美休闲乡村推介结果，平遥县六河村、平定县上南茹村、忻州市忻府区北合索村、平顺县神龙湾村4个乡村上榜。

民政部副部长邹铭一行莅晋调研山西省养老服务业发展政策措施落实情况，召开座谈会并听取有关负责人汇报。

9日至12日

全国政协常委、民族和宗教委员会主任朱维群率“积极引导宗教与社会主义社会相适应情况”专题调研组在山西省调研。

10日

王儒林、李小鹏在太原拜会出席2015中国体育文化·体育旅游博览会开幕式的全国政协副主席、民革中央常务副主席齐续春，会见出席“两博会”的国家有关部委、兄弟省（区、市）领导和全民健身志愿者代表。

省委召开全省农村基层党建工作会议。

全省城乡爱国卫生清洁运动暨农村改厕工作现场推进会在忻州市举行。

在湖北武汉举行的2015“中国森林氧吧”授牌仪式暨首届“中国森林氧吧”论坛，首批“中国森林氧吧”榜单公布，晋中市乌金山国家森林公园上榜。

11日

2015中国体育文化·体育旅游博览会在中国（太原）煤炭交易中心开幕。

云冈石窟“五华洞”壁画保护修复工程完工。

11日至12日

国家体育总局局长刘鹏带队对山西省体育工作进行调研督查。11日，王儒林、李小鹏在太原会见刘鹏一行。

12日

山西省体育产业协会电子竞技委员会在太原成立。

山西女乒首次夺得全国乒乓球锦标赛冠军。

国家减灾委、民政部针对山西省近期严重旱灾造成604.25万人受灾，启动国家Ⅳ级救灾应急响应。

12日至14日

由国家住建部党组成员、副部长王宁率领的专项督查组在山西省就城镇棚户区、城乡危房改造和城市基础设施建设情况进行专项督查。

13日

“榜样的力量·向上向善好队员”表彰活动在太原举行。30名省级“十佳”少先队员、少先队辅导员、少先队工作者等接受表彰。

15日

省政府召开省城环境质量改善

指导协调组会议，专题研究太原市清洁能源改造工程和营运类黄标车淘汰等工作。

16日

省人民政府在太原召开山西省旅游发展暨“互联网+旅游”大会。

山西省2015年世界粮食日暨“兴粮惠农进万家”活动启动仪式在太原举行。

国家工商总局副局长马正其就加强工商行政管理工作在山西省进行调研。

17日

山西省中小企业挂牌孵化基地正式启动。

由太原理工大学煤科学与技术重点实验室主办的2015能源科学与技术学术研讨会在太原举行。

18日

山西省硒产业协会成立大会暨首届硒产业发展报告会在太原召开。

正大基因北方科研基地落户太原高新区清控创新园。

19日至21日

山西省举行“探索—2015”国防动员组织指挥研究性演练。

首届中国“互联网+”大学生创新创业大赛全国总决赛在吉林大学举办，山西农业大学“智慧阳台蔬菜种植有限公司”和山西农业大学信息学院“音迈文化”项目分别获得创意组、实践组银奖，山西财经大学“楼梯间—基于校园物流的生活圈子”和“91寻戏网”、晋中学院“智能云服务平台”项目分别获得创意组、实践组铜奖。

20日

省政府召开市县建立权责清单工作推进会议。

20日至24日

全国人大常委会内务司法委员会主任委员马馼、副主任委员陈秀榕带领执法检查组，就老年人权益保障法贯彻实施情况在太原、晋城和晋中开展执法检查，并听取省政府及有关部门工作汇报。

22日

李小鹏在太原会见出席第四届中国（山西）特色农产品交易博览会的农业部副部长屈冬玉、中国农业发展集团董事长刘身利和大型知名企事业单位负责人等特邀嘉宾。

王儒林、李小鹏在太原会见在山西省参观访问的荷兰国王威廉·亚历山大一行。

由中国关工委命名的山西省首个“全国关心下一代教育示范基地”在阳城县孤堆底村孙文龙纪念馆正式揭牌。

“互联网+区域化”发展论坛在长治国家高新区科技孵化园举行。

五台山机场试飞成功。

23日至27日

第四届中国（山西）特色农产品交易博览会在中国（太原）煤炭交易中心举行。

26日

国家质检总局公布首批210家“中国出口质量安全示范企业”名单，永济电机公司榜上有名。

山西出入境检验检疫局和省农业厅经过综合考评，认定山西省首批4个省级出口食品农产品质量安全示范区，分别为和顺县活牛质量安全示范区、沁县沁州黄小米质量安全示范区、天镇县小杂粮质量安全示范区和右玉县小香葱质量安全示范区。

27日

“山西品牌丝路行”活动走进意大利。

28日

山西首个“全国公路科普教育基地”在阳曲县山西喜跃发公司挂牌。

30日

由中国疾病预防控制中心妇幼保健中心、中国妇女活动中心主办的“妇幼健康中国行——走进山西”活动在太原市启动。

中国食用菌产业“十二五”百项优秀成果展示交易会在中国农业展览馆召开，广灵县被授予“中国食用菌产业‘十二五’百项优秀成果全国优秀主产基地县”称号。

2015“夏衍杯”优秀电影剧本征集证书颁授仪式在天津举行，赵江丽创作的剧本《老妈的后老伴》获创意电影剧本奖。

11月

2日

王儒林主持召开省委“五人小组”会议，听取省委巡视工作领导小组对巡视情况的汇报，对巡视发现的问题进行研判并提出明确的处置意见，对涉及省管干部的问题线索移交省纪委、省委组织部和相关部门。

3日

省政府召开第102次常务会议，进一步学习贯彻党的十八届五中全会精神，研究部署主要河流生态修复保护、万家寨引黄工程体制改革、筹组金融投资控股公司、加快国际友城建设、第二届全国青年运动会筹备和政府法制建设等工作。

4日

省政协围绕“建立和完善农民种养业风险保障机制、促进农业增效农民增收”举行对口协商会议。

王儒林在太原会见美国前总统国家安全事务助理罗伯特·麦克法兰率领的美国对外政策理事会代表团一行。

4日至5日

主题为“追求卓越——提升发展质量和效益”的第十五届全国追求卓越大会暨2015年度华人品质论坛在北京举行，太钢不锈钢股份有限公司获得全国质量奖。

5日

省委常委会召开会议，传达学习中央政治局会议审议《中国共产党廉洁自律准则》《中国共产党纪律处分条例》修订稿的精神，传达第五届全国道德模范座谈会、繁荣发展社会主义文艺推进会精神，研究山西省贯彻落实意见；研究讨论《山西省参与建设丝绸之路经济带和21世纪海上丝绸之路实施方案》。

省政府召开山西科技创新城核心区建设推进会。

6日

总投资5.6亿元的省重点工程——山西省首个碳四深加工建设

项目在晋中市榆次区工业园区正式竣工投产。

由国家文物局指导,中国古迹遗址保护协会、中国文物报社共同主办的第二届(2014年度)全国十佳文物保护工程终评结果揭晓。山西省古建集团负责的太原市窦大夫祠保护工程入选。

6日至7日

中国技能大赛—山西省工艺美术第三届“平定刻花瓷奖·神工杯”陶瓷职业技能大赛决赛在平定县举行。

8日

长征四号乙运载火箭在太原卫星发射中心成功将遥感二十八号卫星发射升空。

9日

省政府召开党组(扩大)会议,学习贯彻《中国共产党廉洁自律准则》和《中国共产党纪律处分条例》,安排部署政府系统党风廉政建设和反腐败斗争、自然资源和生态环境保护等工作。

10日

国家质检总局公布2015年度国家出口食品农产品质量安全及省区名单,山西新增4处,分别为昔阳县(双孢菇)、大宁县(水果)、芮城县(苹果)、翼城县(水果)。

11日

全国人大环资委副主任委员王云龙带领专题调研组,在太原听取山西省关于贯彻实施水土保持法情况的汇报。

12日

省委常委会召开会议,讨论《中共山西省委关于制定国民经济和社会发展第十三个五年规划的建议》。

国家旅游局发布2014年度全国旅行社百强排名名单,山西宝华盛世国际旅行社有限公司、山西红马国际旅行社有限公司首次入围。

15日

由大同市与北京市科委合作共建的“中国国际技术转移中心大同合作中心”揭牌,京同科技创新合作框架协议同时签署。

由中国教育学会特殊教育分会主办、晋中市特殊教育学校承办的第四届全国特殊教育学校教师信息技术综合应用能力大赛听障教育组决赛在晋中市举办。

太兴铁路太原至静游段全线双线贯通。

16日

中国民营企业联合会、中国管理科学研究院企业研究中心联合发布《2015中国民营500强企业榜单》,美锦能源集团有限公司、山西大昌汽车集团有限公司、山西建邦集团有限公司、山西潞宝集团、山西通达(集团)有限公司、山西沁新能源集团股份有限公司、山西通洲煤焦集团股份有限公司、山西通才工贸有限公司、山西立恒钢铁集团股份有限公司9家民营企业上榜。

17日

李小鹏在太原会见美国能源部化石能源副助理部长戴维·莫勒率领的美国能源部代表团,双方就进一步加强清洁能源领域的合作进行交流。

省委组织部举行“严以用权”专题研讨会。

19日

省政府与中国铝业公司、华润(集团)有限公司在太原举行工作会谈,研究合作推进山西省轻合金产业转型发展事宜。

2015“移动测量万里行,智慧中国百城秀”太原站活动举办。

20日

国家教育督导检查组对山西省义务教育均衡发展督导评估认定反馈会议在太原举行。

省委全面深化改革领导小组召开第十四次会议,审议讨论《关于全面深化公安改革的实施意见》《市纪委书记、副书记提名考察办法(试行)》《省纪委派驻纪检组组长、副组长提名考察办法(试行)》《省管企业纪委书记、副书记提名考察办法(试行)》《山西省万家寨引黄工程体制改革方案》《山西金融投资控股有限公司筹组方案》,部署下一步改革工作。

23日至26日

省十二届人大常委会第二十三次会议在太原举行。会议表决通过《山西省法律援助条例》、关于批准《太原市人民代表大会常务委员会关于集中修改部分地方性法规的决定》的决定、关于修改《山西省地方立法条例》《山西省各级人民代表大会选举实施细则》《山西省乡镇人民代表大会工作条例》《山西省实施〈中华人民共和国全国人民代表大会和地方各级人民代表大会代表法〉办法》的决定、《山西省组织实施宪法宣誓办法》;表决通过关于召开山西省第十二届人民代表大会第五次会议的决定、关于运城等设区的市人民代表大会及其常务委员会开始制定地方性法规的决定、关于批准2015年全省及省本级政府债务限额分配议案的决议;表决通过省人大内司委、财经委和省人大常委会人事代表工委关于省十二届人大四次会议主席团交付的代表议案审议结果和处理情况的报告,及省政府、省法院、省检察院关于省十二届人大四次会议以来代表建议、批评和意见办理情况的报告;表决通过关于接受个别省人大专门委员会主任委员辞职请求的决定,并表决通过人事任免名单。

23日

从澳大利亚引进的241头种牛从太原口岸入境,这是山西首次空运引进种牛。

24日

省委召开党外人士座谈会,就《中共山西省委关于制定国民经济和社会发展第十三个五年规划的建议》,听取各民主党派、省工商联、无党派人士的意见和建议。

2015年度全国休闲农业与乡村旅游示范县、示范点认定名单揭晓,平顺县、太谷县入选全国休闲农业与乡村旅游示范县,长子县方兴现代农业园区、太谷县美宝农业观光园、灵丘县红石塄乡上北泉村、万荣县晋汉子农庄入选全国休闲农业与乡村旅游示范点。

25日至27日

省委第四轮专项巡视工作全面启动。省委6个巡视组采取“一托三”

的方式，分别进驻省委党校、太钢集团等18个省属企事业单位和高校，开展为期2个月左右的专项巡视。

26日

山西省首批政府和社会资本合作(PPP)示范项目推介会在省财政厅召开，山西省推出12个示范项目。

27日

长征四号丙运载火箭在太原卫星发射中心成功将遥感二十九号卫星发射升空。

28日

大同至张家口高速铁路工程开工，设计新建正线里程140千米，山西境内124.3千米，工程总投资165亿元。

29日

侯平高速公路发生严重道路交通事故29车相撞，造成4人死亡，5人受伤。

30日

山西省召开省级党员领导干部会议，传达贯彻中央扶贫开发工作会议精神，部署山西省贯彻落实意见。

省政府党组召开(扩大)会议，进一步学习贯彻中央扶贫开发工作会议精神、习近平总书记重要讲话精神、李克强总理讲话精神和省委工作要求，研究部署全省脱贫攻坚工作。

杨春霞、王玉堂、李红芳、赵青入选11月中国好人榜。

山西省召开省级党员领导干部会议，传达贯彻中央扶贫开发工作会议精神，部署山西省贯彻落实意见。

12月

1日

王儒林在省煤炭厅、国新能源集团进行调研，并主持召开国有企业改革和煤、电、铝、煤层气产业发展座谈会，深入分析困难问题，听取意见建议，研究对策措施。

省政府残疾人工作委员会全体会议在太原召开。

2日

2015年山西粮食产销衔接会在太原召开，山西省与5省(市)签订省际间产销合作协议。

省公安厅在孝义召开全省公安机关执法权力运行机制改革现场推进会。

4日

中国共产党山西省第十届委员会第七次全体会议在太原召开。全会学习贯彻党的十八届五中全会特别是习近平总书记重要讲话精神，听取讨论《省委常委会工作报告》，审议通过《中共山西省委关于制定国民经济和社会发展第十三个五年规划的建议》、省委十届七次全会决议和有关事项。

5日

由中国优生科学协会、中国高科技产业化研究会联合主办，省妇幼保健协会承办的首届中国妇幼健康科技峰会在太原召开。

7日

中国工程院2015年院士增选名单公布，金智新当选为工程管理学部院士。

8日

王儒林在太原会见韩国全罗南道知事李洛渊一行。

省政府与前来我省访问的韩国全罗南道代表团举行工作会谈。

9日

王儒林、李小鹏在太原会见中国科协党组书记尚勇一行，并出席《中国科学技术协会山西省人民政府战略合作协议》签约仪式。

太原重工新能源装备有限公司风电整机及关键零部件智能化工厂项目开工建设。

10日

省委全面深化改革领导小组召开第十五次会议，审议讨论《中共山西省委关于加强人民政协民主监督的意见》《山西省高级人民法院跨行政区域集中管辖行政案件的实施方案》《关于深化供销合作社综合改革的实施方案》，安排部署下一步改革工作。

12日

2015太原国际雕塑双年展在太原美术馆开展。

以“经济新常态下的山西绿色转型与科技扶贫、科技富民”为主题的山西省第十六届大众科技论坛举行。

“陶寺遗址与陶寺文化”暨《襄汾陶寺——1978—1985年发掘报告》出版研讨会在北京举行。

14日

省委、省政府召开全省推进“六权治本”工作电视电话会议，对全面实施“六权治本”进行再部署、再动员、再推进、再落实。

15日

全省公安交警“互联网交通安全综合服务管理平台”正式上线。

省国税、地税部门与省内18家银行机构在太原举行银税合作集中签约仪式。

16日

省委全面深化改革领导小组召开第十六次会议，审议讨论《山西省煤炭资源矿业权出让转让管理办法》，安排部署下一步改革工作。

山西金融投资控股集团有限公司在太原挂牌。

以“大数据时代的数字出版”为主题的首届山西科技传播论坛在太原举行。

美国旅游推广局(Brand USA)携手12家合作伙伴在太原举办旅游推广会。

17日

山西省与国家国防科技工业局在北京举行工作会谈，签署战略合作协议。

18日

2015全国击剑冠军赛总决赛在佛山举行，山西女子重剑队获冠军。

19日

古村落与“一带一路”——2015中国古村落保护与发展论坛暨“第六届中国景观村落”授牌颁证大会在西安举行。太原市晋源区风峪沟镇店头村、阳泉市郊区义井镇小河村、介休市龙凤镇南庄村、晋城市阳城县润城镇屯城村、晋城市阳城县润城镇上伏村、晋城市阳城县润城镇中庄村、晋城市阳城县凤城镇南安阳村、晋城市泽州县周村镇石淙头村获得“中国景观村落”称号。

21日至25日

国务院安委会第十五综合督查组一行先后在山西省忻州、吕梁、长治和阳泉，对煤矿、危险化学品、城市燃气、人员密集场所等领域的安全生产大检查工作进行综合督查。25日，督查组在太原听取省政府安全生产工作的情况汇报，并向省政府反馈督查意见。

国家禁毒委员会副主任、最高人民法院副院长李少平率督导组对山西省禁毒工作进行督导检查。25日，李少平在太原与部分在晋全国人大代表、政协委员座谈，征求意见建议。

22日

王儒林、李小鹏在太原会见比亚迪股份有限公司董事局主席兼总裁王传福一行，并出席省政府与比亚迪战略合作框架协议、太原市与比亚迪投资协议签约仪式。

由山西科技传媒集团、省改革创新研究会、品牌山西产业联盟等单位联合主办的第二届品牌山西高峰论坛暨2015年度人物·品牌颁奖盛典在太原举行。

山西省交响乐团成立暨《辉煌的乐章》音乐会在山西大剧院举办。

23日

省文化体制改革专项小组召开第六次会议，研究部署山西省推动传统媒体和新兴媒体融合发展工作。

24日

省政府召开全省机关事业单位养老保险制度改革电视电话会议。

省委第五轮专项巡视工作全面启动。省委8个专项巡视组分别进驻省国资委、省环保厅、省审计厅等8个省直单位，开展为期1个月的专项巡视。

山西省低碳科技发展研究会成立，同时举行第一届会员代表大会。

28日

省委全面深化改革领导小组召开第十七次会议，审议讨论《山西省推动传统媒体和新兴媒体融合发展的实施意见》《全面深化改革督察工作实施办法（试行）》，安排部署下一步改革工作。

吉利汽车山西新能源汽车产业化项目在晋中市竣工，项目规划年产20万台，一期规划为10万台，它标志着山西首条全流程轿车生产线正式投产。

30日

山西扶贫开发投资公司在太原挂牌成立。该公司是山西省政府全额出资的公益性金融企业，将通过政府主导、市场引导、投融资主体引领三方联动的形式，通过发行债券、设立基金、引进社会资本等市场化方式为易地扶贫搬迁、扶贫开发、农业发展工程筹集资金，将公司打造为山西全省脱贫攻坚的投融资平台、项目管理平台和信息化服务平台。

31日

2016年全省文化科技卫生“三下乡”活动正式启动。

全省脱贫攻坚大会在太原召开。省委书记王儒林，省委副书记、省长李小鹏出席会议并讲话。省委副书记楼阳生主持会议，省政协主席薛延忠出席会议。会议落实中央扶贫开发工作会议精神，全面部署当前和今后一个时期山西省脱贫攻坚工作，动员全省上下齐心协力打赢脱贫攻坚硬仗。

本年度

2015年，山西省共接待海内外旅游者3.61亿人次，同比增长20.22%；实现旅游总收入3447.50亿元，同比增长21.11%。

2015年，山西省总投资1.78亿元，完成新建、改建旅游厕所737座。全省投资17.61亿元建设346.8千米旅游公路。其中省旅游局投入1000万元建设全省高速公路旅游标志牌，投入2000万元对乡村旅游点的停车场、步道等设施建设予以扶持。

2015年，山西省实现各类融资4498.83亿元，同比多增257.75亿元。

2015年，山西省累计实现保费收入553.81亿元，同比增长26.87%，增速比全国平均水平快7.2个百分点，同比增长12.89个百分点，保费规模位居全国第16位，保费增速位居全国第5位。　（师维孝）

省情概览

A General Introduction of Shanxi Province

地理资源

【位置　面积】 **位置**　山西省位于北纬34°34′~40°43′，东经110°14′~114°33′，属于内陆省份，在太行山与黄河北干流域峡谷之间，地处华北西部的黄土高原东翼，是首都北京的西部屏障。省境山环水绕，构成与邻省的天然分界。东隔太行山，与河北省毗邻；西、南跨黄河，与陕西、河南两省相望；北越长城，与内蒙古自治区接壤。在国家经济发展布局中，山西紧靠以北京、天津为中心的“环渤海经济圈”，位于由山西、河南、湖北、安徽、湖南、江西组成的“中部六省”的最北端。

面积　山西省域轮廓呈由东北斜向西南的平行四边形，南北长682千米，东西宽385千米，总面积15.68万平方千米，约占全国土地总面积的1.634%，在全国各省(市、自治区)中列第19位。　（张　峰）

【地质　地貌】 **地质**　山西省位于中朝准地台近中央部位，称山西断隆。北抵内蒙古地轴中部，南连秦岭褶皱系，西接鄂尔多斯台坳，东以太行山大断裂为界同华北地坳分开。山西断隆的中轴上，叠加有“S”形汾渭地堑系。山西境内地层发育较全，除上奥陶系上统、志留系、泥盆系、石炭系下统和中统缺失外，其余时代地层均有分布；尤其前寒武系和上古生界地层，在中国北方具有一定的代表性。山西境内岩浆岩类型多，分布较广泛，以侵入岩为主，特别是中生代侵入岩反映出多期次的特点，与许多内生矿产的形成有关，并有全国罕见的碱性岩类。

地貌　山西省地貌景观大体分为基岩山区、黄土高原山区、断陷盆地3大类型。主干山脉有：太行山、吕梁山、中条山、五台山、恒山、太岳山(即霍山)，多呈北东—南西向或近南北向展布。主要盆地由北向南依次为：阳高盆地、大同盆地、忻州盆地、太原盆地、临汾盆地、运城盆地、长治盆地。山地占全省总面积40%，丘陵占40.3%，平川和河谷面积仅占19.7%。全省北高南低，由东北向西南倾斜。省内最高点为五台山北台顶叶斗峰，海拔3058米；最低点在垣曲县西阳河与黄河汇流处，海拔180米；最大相对高差2878米。　（张　峰）

【气候】 **降水**　2015年，山西省年降水量较常年略偏少，为439.9毫米，较常年值（468.3毫米）偏少28.4毫米（偏少6%)，较上年偏少92.4毫米。年内分布极为不均，夏季降水异常偏少，秋季降水明显偏多。从季节看，冬季(2014年12月至2015年2月)，山西省平均降水量为12.5毫米，比常年同期偏少0.5毫米；春季（2015年3月至2015年5月)，山西省平均降水量为87.8毫米，比常年同期偏多8.6毫米；夏季(2015年6月至2015年8月)，山西省平均降水量为180毫米，比常年同期偏少88.2毫米，除个别县市夏季降水偏多外，全省绝大部分地区降水偏少，其中忻州西部、吕梁南部、临汾大部、运城北部及个别县(市)降水量偏少5至7成，为自1961年以来历史第三少；秋季(2015年9月至2015年11月)，山西省平均降水量为157.9毫米，比常年均值偏多50毫米，为近10年以来同期第二多降水。

气温　2015年，山西省年平均气温偏高，为10.7℃，较常年(9.8℃)偏高0.9℃，较上年偏高0.2℃。年内，夏季气温略偏低，其余季节气温均偏高。冬季(2014年12月至2015年2月)，山西省平均气温为-3.1℃，比常年同期偏高0.9℃；春季(2015年3月至2015年5月)，山西省平均气温为12.0℃，比常年同期偏高0.7℃；夏季(2015年6月至2015年8月)，山西省平均气温为22.3℃，比常年同期均值偏低0.1℃；秋季（2015年9月至2015年11月)，山西省平均气温为10.5℃，较常年均值偏高0.8℃，为近10年以来同期第三高气温。

日照　2015年（1月至12月)，山西省日照时数接近于常年值，平均日照时数为2296.6小时，较常年偏少152.7小时。山西省大同西部、朔州西部、吕梁北部以及太原、晋中交界处年日照时数多于2600小时；年日照低于2200小时的区域主要集中在南部地区；其余大部地区年日照时数介于2200小时至2600小时之间。

（杨　柳）

【土地资源】 截至2015年底，山西省土地主要地类数据如下：耕地：405.8788万公顷，合6088.182万亩。其中，基本农田342.76万公顷，合5141.47万亩。就耕地类型划分，耕地包括水田、水浇地和旱地。其中，水田0.1284万公顷，合1.926万亩；水浇地106.6749万公顷，合1600.1235万亩；旱地299.0754万公顷，合4486.131万亩。园地：40.6971万公顷，合610.4565万亩。林地：485.7338万公顷，合7286.007万亩。草地：407.906万公顷，合6118.59万亩。城镇村及工矿用地：88.4537万公顷，合1326.8055万亩。交通运输用地：27.5572万公顷，合413.358万亩。水域及水利设施用地：28.8087万公顷，合432.1305万亩。其他土地：81.9424万公顷，合1229.136万亩。（李　阔）

【矿产资源】 山西分布有丰富的矿产资源，是资源开发利用大省，在全国矿业经济中占有重要的地位。截至2015年底，全省已发现矿种120种，其中有探明资源储量的矿产63种。与全国同类矿产相比，资源储量居全国第一位的矿产有煤层气、铝土矿、耐火黏土、镁矿、冶金用白云岩等5种。保有资源储量居全国前10位的主要矿产为煤、煤层气、铝土矿、铁矿、金红石等32种。

煤炭资源得天独厚，资源储量丰富，分布广泛，煤质优良，保有资源储量2709.01亿吨，占全国保有储量的17.3%，居全国第三位；煤层气资源十分丰富，沁水、西山、河东煤田为煤层气高产富集区，剩余经济可采储量2304.09亿立方米，全国首屈一指，具有良好的发展前景；铝土矿资源保有资源储量15.27亿吨（矿石量），居全国第一，占全国保有资源储量的32.44%；铁矿类型多，资源储量丰富，分布广泛，保有资源储量39.37亿吨，居全国第八位；铜矿集中分布于山西省中条山区，保有资源储量229.94万吨（金属量）；金红石保有资源储量426.38万吨（金红石 TiO^2），居全国第二位。煤、铝土矿等沉积矿产分布广泛，铁矿、铜矿等重要矿产分布相对集中，但是重要金属矿产贫矿多、富矿少，共伴生矿多、单一矿少。

（李　阔）

【水资源】 2015年，山西省年均降水量为403.0毫米，比多年平均473.5毫米少70.5毫米，属正常年份，比上年487.7毫米少84.7毫米。全省汛前、汛期和汛后降水量分别占年降水总量的21.7%、64.1%和14.2%。汛前（1月至5月）全省平均降水量87.3毫米，属正常年份；汛期（6月至9月）全省平均降水量258.3毫米，属偏少年份；汛后（10月至12月）全省平均降水量57.4毫米，属偏多年份。

2015年山西省各水文站年均流量与多年均值相比，除永定河水系南洋河天镇，子牙河水系清水河五台山，汾河干流宁化堡、静乐、河岔、汾河二坝（二）、义棠、赵城8个站偏多外，其余站点均偏少。永定河水系桑干河新桥、壶流河广灵，汾河水系冶峪沟董茹、静升河灵石4个站点河道出现全年断流情况。

据全省59座大中型水库蓄水量统计，汛初蓄水总量为9.11亿立方米，比年初（2015年1月1日）少2.80亿立方米，比上年同期少1.36亿立方米，比多年同期平均多4.39亿立方米。汛末蓄水总量为8.13亿立方米，比汛初少0.98亿立方米，比上年同期少3.36亿立方米，比多年同期平均多2.09亿立方米。年末蓄水总量为9.26亿立方米，比汛末多1.13亿立方米，比上年同期少2.65亿立方米，比多年同期平均多2.59亿立方米。

按降水量距平计算，3月份由于降水偏少，旱情较为严重，全省大部分地区发生旱情，其中忻州旱情较为严重。4—5月，受降水影响，全省旱情得到缓解。6月份，出现旱情的范围较5月有所缩小，干旱程度亦有所减轻。7—8月，全省大部分地区出现旱情，北部及南部部分地区旱情严重，其余各地旱情较轻。9—10月，北部及南部部分地区发生旱情，局部地区出现严重干旱。11月，全省局部地区出现小范围旱情。

据2015年1月1日至9月30日全省洪涝灾害基本情况统计，全省共有8个地市（太原、大同、阳泉、晋城、晋中、忻州、临汾和吕梁）、29个县、143个乡镇发生洪涝灾害，受灾人口总计57.845万人，因灾转移人口0.726万人，倒塌房屋2350间、直接经济总损失10.1966亿元，其中水利设施直接经济损失0.5764亿元。

（刘耀峰）

人口　语言

【常住人口】 根据2015年抽样调查推算，山西省当年出生人口36万人，人口出生率为9.98‰，比上年下降0.94‰；当年死亡人口20万人，人口死亡率为5.56‰，比上年下降0.37‰；人口自然增长率为4.42‰，比上年下降0.57‰。据此推算，山西省2015年底常住人口为3664.12万人，比上年增加16.16万人。（省统计局）

【人口分布】 根据2015年抽样调查推算，山西省各市2015年底常住人口分布如下：太原市431.87万人，大同市340.64万人，阳泉市139.83万人，长治市342.04万人，晋城市231.5万人，朔州市176.22万人，晋中市333.57万人，运城市527.53万人，忻州市314.13万人，临汾市443.57万

2015年山西省人口数及其构成表

指　标	年末数（万人）	比重（%）
全省常住人口	3664	100.00
其中：城镇	2016	55.03
乡村	1648	44.97
其中：男性	1879	51.28
女性	1785	48.72
其中：0~15岁（含不满16岁）	611	16.67
16~59岁（含不满60周岁）	2524	68.88
60周岁及以上	529	14.45
其中：65周岁及以上	333	9.10

人，吕梁市 383.22 万人。（省统计局）

【城乡人口】 根据 2015 年抽样调查推算，山西省常住人口中，居住在城镇的人口为 2016.37 万人，占常住人口的 55.03%；居住在乡村的人口为 1647.75 万人，占常住人口的 44.97%。

（省统计局）

【语言】 山西省是汉语方言比较复杂的省份之一。由于地理和历史等诸多原因，山西方言较多地保留古代汉语成分，在语音、词汇和语法方面都有重要特点。与其他北方方言相比，山西方言除晋南多数县市和北部广灵没有入声外，其余各区均有入声。山西方言的入声读音短促，韵母以喉塞音收尾。山西境内与毗邻省份有入声的方言被称为晋语。在词汇语法方面，有以下特点：一是有分音词、合音词和逆序词，二是有丰富的四字格俗语，三是有大量以“圪”为前缀构成的词语，四是保留许多古语词，五是名词、动词、形容词、量词的重叠形式非常丰富。按照《山西方言调查研究报告》的研究，根据入声有无及其他语音特点，山西方言可以分为六个区：

中区：以太原方言为代表，属晋语。语音特点是有入声，平声不分阴阳。分布在晋中一带，包括太原、清徐、晋中、太谷、文水、交城、祁县、平遥、孝义、古交、介休、寿阳、榆社、娄烦、灵石、盂县、阳曲、阳泉、平定、昔阳、和顺与左权等县市区。

西区：以吕梁市离石区方言为代表，属晋语。语音特点是有入声，多数点阴平和上声调型相同，调值接近。分布在晋西一带，包括吕梁、汾阳、中阳、柳林、石楼、临县、方山、兴县、岚县、静乐、隰县、交口、永和、大宁、汾西与蒲县等县市区。

东南区：以长治方言为代表，属晋语。语音特点是有入声，部分点去声分阴阳。分布在晋东南一带，包括长治、长治县、潞城、黎城、平顺、壶关、屯留、长子、沁源、沁县、武乡、襄垣、晋城、阳城、陵川与高平等县市。

北区：以忻州、大同方言为代表，属晋语。语音特点是有入声，入声不分阴阳。分布在太原以北地区，包括大同、大同县、阳高、天镇、怀仁、左云、右玉、应县、山阴、繁峙、忻州、定襄、原平、五台、代县、浑源、灵丘、朔州、平鲁、神池、宁武、五寨、岢岚、保德、偏关与河曲等县市。

东北区：仅有广灵县一个点，属冀鲁官话。语音特点是无入声，古入声次浊声母字今读去声。

南区：以临汾、运城方言为代表，属中原官话。语音特点是无入声，古入声次浊声母字今读阴平。分布在山西南部，包括运城、芮城、永济、平陆、临猗、万荣、河津、乡宁、吉县、夏县、闻喜、垣曲、稷山、新绛、绛县、临汾、霍州、古县、安泽、洪洞、浮山、翼城、侯马、曲沃、襄汾与沁水等县市。

（安志伟）

民族　宗教

【民族】 山西省是少数民族杂居散居的省份。民族构成以汉族为主，汉族人口占全省总人口 99.7%，有 53 个少数民族，包括：回族、满族、蒙古族、彝族、苗族、土家族等，人口为 9.35 万人，占全省总人口 0.27%，其中回族最多，约占少数民族总人口的 80%。

山西省的少数民族总体及分布有 4 个特点：一是人口总数不多，但民族成分多。全省共有 53 个少数民族成分。少数民族人口在万人以上的有回族、满族、蒙古族。二是大分散、小聚居。全省 11 市 119 个县（市、区）有少数民族。有 42 个少数民族聚居村。三是回族人数居绝大多数且相对聚居，有较强的民族意识和宗教感情。四是少数民族聚居村有相当一部分处于山区或贫困县区，经济社会发展水平相对落后。（王　静）

【宗教】 截至 2015 年底，山西省境内有佛教、道教、伊斯兰教、天主教、基督教（新教），信教群众约 185 万人。全省经认定备案宗教教职人员 6386 人，全省宗教活动场所 2844 处，各级宗教团体共 221 个。（王　静）

历史溯源

【人文山西】 山西省简称晋，主要是因为在先秦春秋时代，山西的大部分地区为诸侯国晋国所有。战国初前（476 年），韩、赵、魏三家分晋，史称“三晋”，今也用“三晋”称山西省。秦、汉、唐、宋几个朝代都曾在今山西境内置郡、道、路，称为“河东”，所以山西也有“河东”之称。明代在山西置行中书省，习称山西行省。这是山西省名的开始，又因山西在太行山之西，所以也称“山右”。

考古表明，远古时代，山西南部是人类初曙的起源地，运城垣曲的世纪曙猿化石，把类人猿的出现时间向前推进 1000 万年。旧石器时代，运城芮城县西侯度遗址发现人类用火痕迹，又将中国人类用火历史向前推进 100 万年。除去考古遗存外，今日山西运城地区流传着上古时期黄帝、炎帝大战于阪泉之野的传说，炎黄文化自此开始融合发展。尧舜禹时代，“尧都平阳，舜都蒲坂，禹都安邑”构建中华文明的早期城邦时代。位于今临汾襄汾县的陶寺遗址被确认为尧都旧地，很可能就是最早的“中国”。公元前 2070 年，夏朝建立，国家文明首先在山西大地上出现。商代时，山西地区是商朝“邦畿千里”之地的重要区域，方国、部落遍布。

西周初年，公元前 1031 年，周成王姬诵分封同母弟叔虞于唐国，并将周王室子孙迁到唐地。唐叔虞死后，子姬燮（亦称姬燮父）继位，迁居到晋水之傍，故将国号改称“晋”，是为晋侯燮。春秋时期，晋国一时强盛，晋文公为一方霸主。春秋末期，异姓卿大夫崛起，韩、赵、魏三家分晋，史学界以此作为东周时期春秋与战国的分界点。战国时期，韩、赵、魏三国皆为七雄，各自占有山西部分地区。魏国李悝变法、赵国胡服骑射，引领战国时期的改革风潮，并涌现出荀子、韩非子等著名历史思想家，猗顿等著名商人。

秦汉时期，山西郡县封国并存。

汉初,山西地区曾主要为汉文帝刘恒始封代国时的封地。同样自西汉开始,北方匈奴、乌桓、鲜卑等族部分部落逐渐渐内附,主要安置在山西地区,山西成为民族融合的重要区域。在魏晋南北朝时期,众多民族政权活跃在山西地区,鲜卑族北魏政权统一北方,在平城(今大同)立国98年,推进民族融合,奠定隋唐时期统一多民族国家的多元文化色彩。在北魏末年、东魏、北齐时期,晋阳被权臣、皇帝相继设为别都,遥控洛阳,权势大盛。太原天龙山石窟、忻州五台山等地佛教文化蓬勃发展。

隋唐时期,山西为抗击北方突厥势力的前线,也是唐朝龙兴之地。唐朝几位帝王数次扩建晋阳城,并相继封其为“北都”“北京”,与京都长安、东都洛阳并称“三都”“三京”,武则天、杨贵妃、诗人王维等历史人物成长于山西地区。五台山地区有中国现存最早的唐代佛寺建筑遗存。五代时期,山西成为沙陀族军阀割据之地。宋初,晋阳城在遭到火焚水灌,化为焦土,太原城则被迁移至今天太原城所在地(阳曲县唐明镇)。宋代山西地区为抗击北方政权的前线,晋北地区涌现出杨业、狄青、王彦等抗辽、抗夏、抗金英雄人物。太原城同样为北方地区重要经济、文化中心之一。

金国灭辽、北宋,统治山西地区,同样涌现出元好问等著名文人。应县木塔等金代历史建筑至今屹立山西大地。明初,晋南地区掀起大移民活动,洪洞大槐树下成为山西根祖文化的源地。清代,涌现出“天下第一廉吏”于成龙、“康熙帝师”陈廷敬等著名历史人物。晋商崛起,祁县、太古、平遥地区成为有清一代中国金融业的核心区域,出现中国第一家票号,汇通天下,山西商贸生意遍布海内外,留有乔家大院、常家庄园等遗存。平遥古城为全国现存最为完好的清代古城之一。

民国初年,太原成为响应辛亥革命的重要省份,在阎锡山统治时期曾成为“模范省”。抗战时期,山西是抗战前线,也是重要的抗日根据地之一。新中国成立后,山西成为重要的能源基地,支持全国经济建设发展。当代,山西则展开国家资源型经济转型综合配套改革试验区建设,开始向新的历史阶段迈进。 (编辑部)

【建制沿革】 上古时期,尧、舜、禹建都晋南地域,相关历史记载中,尧都已被考古发掘证实。夏启始建国家,山西便处于夏朝的统治中心。商朝,山西地区有唐等20多个方国。西周分封唐叔虞,成为晋国立国之始。春秋时期,晋国都城最早在翼(今临汾翼城),之后迁到新田(今侯马)。战国初期,韩、赵、魏三家分晋,占有今山西南部区域。占据山西北部部分地区的代国、中山国则被魏、赵攻灭。战国后期,韩、赵、魏三国相继被秦国灭亡。秦国统一天下后,在山西地区建立河东、太原、雁门、代、上党五郡。

西汉与东汉时期,郡国并存。西汉时山西有6郡,东汉时则被并州、幽州、冀州等3州分割管辖,设有7郡。封国则相继有20多个。西汉中期设13州,以并州刺史部管辖以晋阳(今太原)为中心的今山西大部地区,并州成为太原的别称之一。曹魏时期,山西西南部有司州管辖平阳、河东2郡,并州管辖太原、雁门等6郡,西晋时略有变化。西晋末年,盘踞在平阳的匈奴部帅刘渊建立(汉赵)前赵政权。后赵、代、后燕等多个部族政权在山西地区相继建国,割据一方。在代北地区,鲜卑拓跋氏建代国,割据云中(今山西大同等地),其政权是为南北朝时期北魏的前身。北魏政权在山西设有9州35郡,山西地区主要为东魏、北齐相继设州郡统治。

隋初取消郡,改设州,州设总管府。在山西设4州,最为重要的是并州总管府。隋代,并州已是全国性的大城市之一。大业初年(605年),总管府、州皆废,山西设14郡。唐初先行州(郡)县二级建制,后演变为道统州(府)、州(府)统县三级制。唐时,山西大部地区属于河东道,辖2府19州110县。主要由河中节度使、河东节度使、泽潞节度使各自管辖部分区域。五代初期,山西中北部为军阀李克用占据。之后相继成为后唐、后晋、后汉的领土。五代后期,中北部为北汉所据,西南部为后周所据。

宋承唐制,实行道、州、县三级行政管理,宋太宗时,改为路、州、县三级。山西大部分地区属于河东路,治所在太原,辖3府、14州、8军,82县。西南部分地区属于永兴军路,辖1府1州10县。辽朝割据燕云十六州,其中包括有今山西大同地区,置西京道,辖1府3州15县。金国灭辽,继而灭北宋,山西被设置西京路、河东北路、河东南路管理,下设府、州、县三级。

元朝实行行省制,中央为中书省,山西为其一部分,下辖冀宁、晋宁、大同三路,其下再设州(府)县管辖。明初设府、州、县三级,山西为行中书省,下辖太原、平阳等5府,之后改设山西布政使司管辖,山西简称“山西行省”,下设6府3直隶州,山西北部设山西行都司管辖。明清时期,太原设府城,晋阳旧地设太原县城。清承明制,山西省辖太原、平阳、汾州等9府,平定、忻州、代州等10直隶州,6散州,总共下辖85县。

中华民国成立后,山西为全国23省之一。民国2年(1913年)改为省、县二级制,同年绥远地区脱离山西。山西省内设道、为省、道、县三级。山西分雁门、冀宁、河东三道,共辖105县。民国16年,撤销道一级行政区。抗战时期,山西地区被划分为7个行政区,各有所属县。民国26年(1937年),日军占领太原,山西省政府短暂迁往晋南地区。1938年,7个行政区曾被调整为9个,次年又调整为4个。1940年,行政区又被分为18个,有些为虚设。抗战胜利后,全省105个县中,有36县为解放区。1949年,太原解放,全省行政辖区归于统一。

新中国成立初,山西设1市、7专区、92县、8市辖区、2工矿区。1952年底,调整为6专区、4地级市、103县、13市辖区、1镇。1958年,山西若干县市又有调整,从1960年至1966年,全省行政区划趋于稳定,分为5专

2015 年山西省行政区划表

<table>
<tr><th rowspan="3">市名</th><th colspan="3">城市</th><th rowspan="2">市辖区</th><th rowspan="2">县</th><th rowspan="2">镇</th><th rowspan="2">乡</th><th rowspan="2">街道</th><th rowspan="3">统计</th></tr>
<tr><th>合计</th><th>地级市</th><th>县级市</th></tr>
<tr><th>22</th><th>11</th><th>11</th><th>23</th><th>85</th><th>564</th><th>632</th><th>200</th></tr>
<tr><td>太原市</td><td>小店区
娄烦县</td><td>迎泽区
古交市</td><td>杏花岭区</td><td>尖草坪区</td><td>万柏林区</td><td>晋源区</td><td>清徐县</td><td>阳曲县</td><td>1市6区3县21镇31乡52街道</td></tr>
<tr><td>大同市</td><td>城区
浑源县</td><td>矿区
左云县</td><td>南郊区
大同县</td><td>新荣区</td><td>阳高县</td><td>天镇县</td><td>广灵县</td><td>灵丘县</td><td>4区7县33镇66乡40街道</td></tr>
<tr><td>阳泉市</td><td>城区</td><td>矿区</td><td>郊区</td><td>平定县</td><td>盂县</td><td></td><td></td><td></td><td>3区2县20镇12乡12街道</td></tr>
<tr><td>长治市</td><td>城区
长子县</td><td>郊区
武乡县</td><td>长治县
沁县</td><td>襄垣县
沁源县</td><td>屯留县
潞城市</td><td>平顺县</td><td>黎城县</td><td>壶关县</td><td>1市2区10县68镇64乡14街道</td></tr>
<tr><td>晋城市</td><td>城区</td><td>沁水县</td><td>阳城县</td><td>陵川县</td><td>泽州县</td><td>高平市</td><td></td><td></td><td>1市1区4县48镇26乡10街道</td></tr>
<tr><td>朔州市</td><td>朔城区</td><td>平鲁区</td><td>山阴县</td><td>应县</td><td>右玉县</td><td>怀仁县</td><td></td><td></td><td>2区4县19镇50乡4街道</td></tr>
<tr><td>晋中市</td><td>榆次区
平遥县</td><td>榆社县
灵石县</td><td>左权县
介休市</td><td>和顺县</td><td>昔阳县</td><td>寿阳县</td><td>太谷县</td><td>祁县</td><td>1市1区9县59镇59乡17街道</td></tr>
<tr><td>运城市</td><td>盐湖区
夏县</td><td>临猗县
平陆县</td><td>万荣县
芮城县</td><td>闻喜县
永济市</td><td>稷山县
河津市</td><td>新绛县</td><td>绛县</td><td>垣曲县</td><td>2市1区10县81镇55乡13街道</td></tr>
<tr><td>忻州市</td><td>忻府区
五寨县</td><td>定襄县
岢岚县</td><td>五台县
河曲县</td><td>代县
保德县</td><td>繁峙县
偏关县</td><td>宁武县
原平市</td><td>静乐县</td><td>神池县</td><td>1市1区12县59镇126乡6街道</td></tr>
<tr><td>临汾市</td><td>尧都区
吉县
霍州市</td><td>曲沃县
乡宁县</td><td>翼城县
大宁县</td><td>襄汾县
隰县</td><td>洪洞县
永和县</td><td>古县
蒲县</td><td>安泽县
汾西县</td><td>浮山县
侯马市</td><td>2市1区14县75镇76乡20街道</td></tr>
<tr><td>吕梁市</td><td>离石区
方山县</td><td>文水县
中阳县</td><td>交城县
交口县</td><td>兴县
孝义市</td><td>临县
汾阳市</td><td>柳林县</td><td>石楼县</td><td>岚县</td><td>2市1区10县81镇67乡12街道</td></tr>
</table>

区、4地级市、96县、10市辖区。“文化大革命”之后至1955年，行政区划为5地区、6地级市、14县级市、86县、18市辖区、1县辖区、519镇、1399乡、155街道办事处，合计11地（市），118县（市、区），1907乡（镇）。2003年，吕梁地区撤销行政公署，设立吕梁市。现阶段，行政区划调整主要在撤乡并镇、撤县设区、县级市设立等方面开展工作，详见1985—2015年《山西年鉴·省情概览·行政区划》。截至2015年地，山西省下辖11个地级市，119个县（市、区）。 （编辑部）

行政区划

【区划地名和界线管理】 2015年，山西省民政厅完成编制《山西省行政区划调整规划（2015–2030年）》。完成对晋城市泽州县政府驻地变更的审理上报工作。下拨地名普查资金2976万元，地名普查宣传、数据库建设与管理软硬件招标工作全面展开。完成省界晋陕线和4条市界、41条县界的联检任务。 （王文广）

国民经济社会发展

【概述】 2015年，山西省经济发展总体平稳，初步核算，全年全省生产总值12802.6亿元，按可比价格计算，比上年增长3.1%。其中，第一产业增加值788.1亿元，增长1.0%，占生产总值的比重6.2%；第二产业增加值5224.3亿元，下降1.1%，占生产总值的比重40.8%；第三产业增加值6790.2亿元，增长9.8%，占生产总值的比重53.0%。

2015年山西省居民消费价格比上年涨幅表

指　标	涨幅（%）
居民消费价格	0.6
食　品	0.4
烟　酒	2.6
衣　着	2.2
家庭设备用品及维修服务	0.1
医疗保健和个人用品	1.8
交通和通信	−2.7
娱乐教育文化用品及服务	1.7
居　住	0.2

人均地区生产总值35018元，按2015年平均汇率计算为5624美元。

全年全省一般公共预算收入1642.2亿元，比上年下降9.8%。税收收入1056.5亿元，下降6.8%。其中，国内增值税、营业税、企业所得税、个人所得税、资源税和城市维护建设税共计完成税收879.7亿元，下降4.8%。一般公共预算支出3443.4亿元，增长11.2%。其中，教育、医疗卫生、社会保障和就业、住房保障、公共交通运输、节能环保、城乡社区事务等民生支出2900亿元，增长12.3%，民生支出占全省一般公共预算支出的比重84.2%。

全年全省居民消费价格比上年上涨0.6%，其中食品价格上涨0.4%。商品零售价格下降0.7%。固定资产投资价格下降1.8%。工业生产者出厂价格下降12.3%，其中生产资料价格下降12.8%、生活资料价格下降0.7%。工业生产者购进价格下降6.9%。农业生产资料价格下降0.4%。

全年全省城镇新增就业51.5万人。转移农村劳动力37.7万人。年末城镇登记失业率3.5%。 （省统计局）

【农业】 全年全省农作物种植面积376.77万公顷，比上年减少1.57万公顷。其中，粮食种植面积328.72万公顷，增加800公顷；蔬菜种植面积25.67万公顷，减少400公顷；油料种植面积12.12万公顷，减少8500公顷。在粮食种植面积中，玉米种植面积167.69万公顷，增加300公顷；小麦种植面积67.51万公顷，增加1200公顷。果园面积36.28万公顷，增加2400公顷。

2015年山西省主要农林产品产量及其增长速度表

产品名称	产量（万吨）	比上年增长（%）
粮　食	1259.6	−5.4
其中：玉米	862.7	−8.0
小麦	271.4	4.8
谷子	35.4	−9.0
豆类	30.6	−2.6
薯类（折粮）	36.7	−6.2
油　料	15.3	−11.7
蔬菜及食用菌	1302.2	2.4
水　果	842.6	9.3
其中：瓜果类	86.9	−1.5
园林水果	755.7	10.7
食用坚果	18.7	49.5
其中：核　桃	18.1	49.1

全年粮食产量1259.6万吨，比上年减少71.2万吨，减产5.4%。其中，夏粮272.8万吨，增产4.8%；秋粮986.8万吨，减产7.8%。

全年完成造林面积28.09万公顷，减少8.8%。其中，荒山荒地造林面积28.09万公顷，减少7.4%。全年木材产量14.3万立方米，减少8.5%。

全年全省猪牛羊肉总产量73.0万吨，下降4.7%。其中，猪肉产量60.3万吨，下降6.1%；牛肉产量5.9万吨，增长1.3%；羊肉产量6.9万吨，增长3.0%。年末生猪存栏485.9万头，生猪出栏783.7万头。牛奶产量91.9万吨，下降4.5%。禽蛋产量87.2万吨，增长4.3%。水产品产量5.2万吨，增长2.3%。

年末全省农业机械总动力3351.6万千瓦，比上年增长2.0%。机械耕地面积273.7万公顷，增长2.0%；机械播种面积264.66万公顷，增长0.9%；机械收获面积182.48万公顷，增长0.8%。全省农机化经营总收入133.5亿元，增长1.8%。 （省统计局）

【工业和建筑业】 2015年，山西省规模以上工业企业3731家，比上年末增加11家。全年全省规模以上工业

2015年山西省规模以上工业增加值增长速度表

指　标	比上年增长（%）
规模以上工业	−2.8
其中：轻工业	−2.8
重工业	−2.8
其中：国有及国有控股企业	−1.0
其中：集体企业	−3.4
股份制企业	−2.8
外商及港澳台商投资企业	1.3
其中：煤炭工业	1.5
煤层气工业	8.2
焦炭工业	−8.1
电力工业	−7.6
冶金工业	−9.0
化学工业	−8.6
建材工业	−12.2
装备制造业	−1.0
医药工业	0.8

2015年山西省规模以上工业主要工业产品产量及其增长速度表

产品名称	单位	产量	比上年增长(%)
白酒	千升	83568.2	-10.9
液体乳	万吨	45.0	-0.3
纱	万吨	5.3	-6.1
布	万米	4710.5	-8.8
机制纸及纸板	万吨	35.3	52.4
原煤	万吨	94410.3	0.6
焦炭	万吨	8034.7	-8.4
其中:机焦	万吨	8024.7	-8.4
硫酸(折100%)	万吨	53.4	27.8
化肥(折100%)	万吨	465.0	5.9
合成洗涤剂	万吨	8.7	-12.7
水泥	万吨	3564.7	-20.6
平板玻璃	万重量箱	1400.8	-20.4
生铁	万吨	3576.4	-15.1
粗钢	万吨	3847.0	-11.6
钢材	万吨	4267.3	-9.2
原铝	万吨	66.0	-20.1
氧化铝	万吨	1272.9	17.6
卷烟	亿支	163.5	0.0
发电量(全社会)	亿千瓦小时	2457.5	-7.0
煤层气	亿立方米	39.8	1.9
移动通信手持机	万台	2038.4	-9.6

2015年山西省规模以上工业企业利润总额及其增长速度表

指标	利润总额(亿元)	比上年增长(%)
规模以上工业	-68.1	-
其中:国有控股企业	-95.5	-
其中:集体企业	2.5	-3.8
股份制企业	-164.3	-
外商及港澳台商投资企业	84.4	15.5

增加值下降2.8%。

规模以上工业企业实现主营业务收入14393.7亿元，比上年下降16.9%。其中，医药工业实现主营业务收入171.2亿元，增长4.0%；煤炭工业实现5759.7亿元，下降15.7%；冶金工业实现2713.8亿元，下降28.6%；装备制造业实现1479.4亿元，下降9.3%；电力工业实现1458.7亿元，下降8.9%；焦炭工业实现776.9亿元，下降24.7%；化学工业实现740.5亿元，下降12.4%；食品工业实现648.6亿元，下降9.4%；建材工业实现310.2亿元，下降15.6%。

规模以上工业实现利税631.8亿元，比上年下降35.7%；规模以上工业利润盈亏相抵后净亏损68.1亿元。其中，国有控股企业净亏损95.5亿元。

全年全省建筑业实现增加值847.2亿元，增长5.2%。具有建筑业资质等级的总承包和专业承包建筑业企业实现利润84亿元，下降10.5%。

（省统计局）

【能源】 2015年，山西省一次能源生产折标准煤7.3亿吨，比上年增长0.8%；二次能源生产折标准煤4.7亿吨，下降4.1%。全年向省外输送电力720.2亿千瓦小时，下降12.2%。全年全省全社会用电总量1737.2亿千瓦小时。其中，第一产业用电41.0亿千瓦小时，占全社会用电量的比重2.4%；第二产业用电1373.3亿千瓦小时，占全社会用电量的比重79.1%，其中工业用电1356.5亿千瓦小时；第三产业用电163.0亿千瓦小时，占全社会用电量的比重9.4%；城乡居民生活用电159.9亿千瓦小时，占全社会用电量的比重9.2%。（省统计局）

【固定资产投资】 2015年，山西省全社会固定资产投资14137.2亿元。其中，固定资产投资（不含跨省、农户）13744.6亿元，比上年增长14.8%。在固定资产投资（不含跨省、农户）中，基础设施投资完成2316.2亿元，增长12.8%。在固定资产投资（不含跨省、农户）中，国有及国有控股投资5230.5亿元，增长5.8%；民间投资8353.3亿元，增长21.0%。

分登记注册类型看，内资企业和个体经营投资13505.8亿元，比上年增长14.5%；外商及港澳台商企业投资238.8亿元，增长34.9%。

分产业看，第一产业投资1500.0亿元，比上年增长69.1%；第二产业投资5205.0亿元，增长4.0%；第三产业投资7039.5亿元，增长15.7%。

全省工业投资5283.1亿元，比上年增长4.6%。其中，煤炭工业投资1048.2亿元，下降2.8%，非煤产业投资4235.0亿元，增长6.6%；传统产业（煤炭、焦炭、冶金、电力）投资合计2476.5亿元，增长7.8%，非传统产业投资合计2806.7亿元，增长1.9%。

2015年山西省分行业固定资产投资（不含跨省、农户）及其增长速度表

行业	投资额(亿元)	比上年增长
总计	13744.6	14.8
农林牧渔业	1567.7	67.0
采矿业	1412.0	-0.2
制造业	2515.2	-6.1
电力、热力、燃气及水生产和供应业	1355.9	41.3
建筑业	9.7	85.3
批发和零售业	343.2	37.6
交通运输、仓储和邮政业	888.8	16.0
住宿和餐饮业	77.4	42.0
信息传输、软件和信息技术服务业	104.5	78.3
金融业	4.5	91.8
房地产业	3114.6	10.2
租赁和商务服务业	69.7	-9.2
科学研究和技术服务业	76.9	67.9
水利、环境和公共设施管理业	1607.4	13.4
居民服务、修理和其他服务业	46.2	-7.5
教育	181.1	30.0
卫生、社会工作	125.6	81.9
文化、教育和娱乐业	195.2	14.0
公共管理、社会保障和社会组织	49.0	-10.4

2015年山西省房地产开发和销售情况表

指标	单位	绝对数	比上年增长(%)
投资完成额	亿元	1494.9	6.5
其中:住宅	亿元	1098.3	8.7
房屋施工面积	万平方米	15734.5	1.7
其中:住宅	万平方米	11450.0	-0.2
房屋新开工面积	万平方米	3700.6	-4.8
其中:住宅	万平方米	2624.6	-4.2
房屋竣工面积	万平方米	2114.5	-3.1
其中:住宅	万平方米	1574.7	-7.5
商品房销售面积	万平方米	1592.6	1.0
其中:住宅	万平方米	1481.1	3.3

全年全省在建固定资产投资项目17291个。其中，亿元以上项目2946个，计划总投资21653.3亿元，完成投资6673.5亿元。

全年房地产开发投资1494.9亿元，比上年增长6.5%。其中，住宅投资1098.3亿元，增长8.7%；商业营业用房投资171.2亿元，下降10.5%。

（省统计局）

【国内贸易】 2015年，山西省社会消费品零售总额6030.0亿元，比上年增长5.5%。按经营地统计，城镇消费品零售额4913.5亿元，增长5.4%；乡村消费品零售额1116.5亿元，增长5.7%。按消费形态统计，商品零售额5491.3亿元，增长5.5%；餐饮收入额538.7亿元，增长5.0%。限额以上批发零售业单位网上零售额14.6亿元，增长83.3%。 （省统计局）

2015年山西省社会消费品零售总额及其增长速度表

指 标	绝对数（亿元）	比上年增长(%)
社会消费品零售总额	6030.0	5.5
分地域：城镇	4913.5	5.4
其中：城区	3284.9	5.7
乡村	1116.5	5.7
分行业：批发业	298.5	5.0
零售业	5189.3	5.6
住宿业	65.7	4.3
餐饮业	476.5	4.8

2015年山西省限额以上批发零售业零售额及其增长速度表

指 标	绝对数（亿元）	比上年增长(%)
汽车类	679.1	-7.4
石油及制品类	406.1	-21.6
金银珠宝类	39.2	-8.1
家用电器和音像器材类	108.7	3.3
通信器材类	9.0	6.2
粮油、食品类	210.8	9.6
饮料类	26.3	-3.8
烟酒类	70.5	15.4
服装、鞋帽、针纺织品类	261.8	9.9
化妆品类	23.3	-3.5
体育、娱乐用品类	5.3	0.0

【对外经济】 2015年，山西省海关进出口总额147.2亿美元，下降9.3%。其中，进口额62.9亿美元，下降13.7%；出口额84.2亿美元，下降5.8%。

全年出口煤炭23.2万吨，比上年下降48.4%；出口焦炭70.8万吨，下降28.4%；出口镁及其制品5.8万吨，下降34.3%；出口钢材146.1万吨，增长1.3%，其中不锈钢72.4万吨，增长17.8%。出口机电产品53.4亿美元，增长4.4%；出口高新技术产品39.6亿美元，增长5.2%。

2015年山西省海关进出口总额及其增长速度表

指 标	绝对数（亿美元）	比上年增长(%)
进出口总额	147.2	-9.3
出口额	84.2	-5.8
其中：一般贸易	30.3	-13.7
加工贸易	53.2	-0.3
其中：机电产品	53.4	4.4
高新技术产品	39.6	5.2
其中：国有企业	22.6	-10.3
外商投资企业	44.2	5.4
进口额	62.9	-13.7
其中：一般贸易	28.6	-33.3
加工贸易	33.8	20.0
其中：机电产品	31.7	11.1
高新技术产品	23.6	26.5
其中：国有企业	18.4	-18.2
外商投资企业	32.0	17.7

全年进口铁矿砂1341.0万吨，比上年下降17.0%，进口金额7.7亿美元，下降50.1%；进口机电产品31.7亿美元，增长11.1%。

全年全省新设立外商直接投资企业36家；按全口径统计实际使用外商直接投资金额28.7亿美元，比上年增长2.8%。全年全省对外经济合作新签合同额3.5亿美元，增长1.0%，完成营业额7.4亿美元，下降0.3%。

（省统计局）

【交通 邮电和旅游】 2015年，山西省公路线路里程14.1万千米，其中高速公路5028千米。

年末全省民用汽车保有量473.7万辆（包括三轮汽车和低速货车7.1万辆），比上年末增长10.2%，其中私人汽车419.3万辆，增长12.6%。本年新注册汽车60.7万辆，增长3.2%。年末轿车保有量290.0万辆，增长13.7%，其中私人轿车270.9万辆，增长15.4%。

全年全省完成邮电业务总量511.3亿元，增长18.6%。其中，邮政业务总量43.1亿元，增长18.0%；电信业务总量468.2亿元，增长18.7%。年末移动电话用户3337.3万户，其中3G移动电话用户721.4万户、4G移动电话用户1198.2万户。全省宽带接入用户606.1万户，增长6.1%。

全年全省商业住宿设施接待入境过夜游客59.4万人次，接待国内旅游者3.6亿人次，分别比上年增长5.1%和20.2%；旅游外汇收入3.0亿美元，增长5.8%；国内旅游收入3428.9亿元，增长21.2%；旅游总收入3447.5亿元，增长21.1%。 （省统计局）

2015年山西省客货运输量及其增长速度表

指 标	单 位	绝对数	比上年增长(%)
旅客运输量	万人	30676.0	-12.8
其中：铁路	万人	7392.9	6.4
公路	万人	22085.0	-18.5
民航	万人	1088.8	8.9
旅客运输周转量	亿人千米	380.0	-1.2
其中：铁路	亿人千米	215.4	6.4
公路	亿人千米	164.5	-9.6
货物运输量	万吨	161771.6	-1.9
其中：铁路	万吨	70509.1	-7.7
公路	万吨	91240.2	3.1
民航	万吨	5.0	-0.6
货物运输周转量	亿吨千米	3438.6	-7.3
其中：铁路	亿吨千米	2063.7	-12.1
公路	亿吨千米	1374.8	0.9

【金融】 2015年，山西省金融机构本外币各项存款余额28641.4亿元，比年初增加1602.9亿元，比年初增长5.9%。各项贷款余额18574.8亿元，比年初增加2016.1亿元，增长12.2%。年末全省农村金融合作机构（农村信用社、农村合作银行、农村商业银行）人民币存款余额5650.1亿元，比年初增加380.7亿元，比年初增长7.2%；人民币贷款余额3620.9亿元，比年初增加249.8亿元，增长7.4%。

2015年年末山西省金融机构本外币存贷款及其增长速度表

指 标	年末数（亿元）	比年初增长(%)
各项存款余额	28641.4	5.9
其中：住户存款	15747.9	8.7
非金融企业存款	7177.5	6.2
各项贷款余额	18574.8	12.2
其中：短期贷款	7535.0	16.3
中长期贷款	9496.2	8.2
其中：个人消费性贷款（人民币）	1370.6	32.1

年末全省共有上市公司 37 家。全省辖区证券市场各类证券成交额 56097.6 亿元，比上年增长 174%。其中股票成交额 47001.6 亿元，增长 234%；基金成交额 1754 亿元，增长 140%；债券成交额 7342 亿元，增长 28.8%。年末投资者资金账户累计开户数 241.6 万户，增长 34.6%。

全年全省保费收入 586.7 亿元，比上年增长 26.1%。其中，寿险业务保费收入 377.2 亿元，增长 38.1%；健康险业务保费收入 40.9 亿元，增长 42.3%；意外险业务保费收入 9.2 亿元，增长 4.9%；财产险业务保费收入 159.6 亿元，增长 2.3%。全年支付各类赔款及给付 200.2 亿元，增长 9.7%。

（省统计局）

【教育】 2015 年，山西省共有幼儿园 6450 所，小学 6403 所，普通初中 1895 所，普通高中 505 所，中等职业教育学校 542 所，普通高等学校 79 所，成人高等学校 12 所。全省学前教育毛入园率 87.0%，小学学龄儿童净入学率 99.9%，高中阶段毛入学率 93.4%，高等教育毛入学率 40.0%。

（省统计局）

【科学技术】 2015 年，山西省专利申请量 14949 件，比上年下降 4.7%；其中发明专利申请量 5680 件，下降 7.0%。全省专利授权量 9863 件，增长 17.8%；其中发明专利授权量 2432 件，增长 56.0%。全年新登记科技成果 358 项。获得国家科学技术奖 6 项。国家级企业技术中心 26 家，省级企业技术中心 224 家。

全省 25 个经济开发区（包括高新区），全年区内税收收入 193.6 亿元，比上年增长 0.8%；企业主营业务收入 6184.4 亿元，增长 4.4%。

年末全省共有省、市、县产品质量监督检验和计量检定技术机构 125 个，国家检测中心 2 个。全年监督抽查 8781 家企业 61 类 228 种 11563 批次的产品和商品。全年完成强制检定计量器具 122.0 万台件。

全省有气象台站 121 个，开展电话天气自动答询的台站 11 个。全省气象系统开展人工影响天气业务的单位 119 个，防雹、增雨累计受益面积为山西省全省域内，增雨量 30 亿立方米。全省有天气预报服务 Intel 网站 1 个，卫星云图接收站 131 个。

全省有专业综合地震台站 10 个，省级地震台网中心 1 个，省级数字测震地震台网 1 个。全年发生 M3.0—M3.9 级地震 2 次，最大震级 M3.1 级。

（省统计局）

【文化　卫生和体育】 2015 年，山西省共有群众艺术馆 12 个，文化馆 119 个，文化站 1409 个（其中：乡镇综合文化站 1196 个），农村文化活动场所 2.8 万个。专业艺术表演团体 164 个。公共图书馆 126 个。出版报纸 60 种（不含高校校报）19.8 亿份，各类杂志 200 种、2682.1 万册，各类图书 4288 种、10632.7 万册。广播电视台 114座，电视台 2 座，中短波转播发射台 15 座，调频转播发射台 119 座，一百瓦以上电视转播发射台 145 座。广播人口覆盖率达 98.47%，电视人口覆盖率达 99.31%，有线电视用户 517.0 万户。

年末全省共有卫生机构（含诊所、村卫生室）4.1 万个，床位 18.3 万张。卫生防疫、防治机构 134 个，妇幼保健院（所、站）133 个。全省卫生机构共有卫生技术人员 21.4 万人。卫生院卫生技术人员 2.2 万人，其中农村乡镇卫生院卫生技术人员 2.0 万人；社区卫生服务中心（站）卫生技术人员 1.0 万人；防疫、防治卫生技术人员 0.4 万人，妇幼保健（所、站）卫生技术人员 0.6 万人。全省 115 个县（市、区）开展新型农村合作医疗试点工作，有 2167.2 万农民参加合作医疗。

全省有体育场 101 个，体育馆 88 个。全年山西省运动员在国内外重大比赛中获金、银、铜牌分别为 41 枚、60 枚和 53 枚（包括非奥运项目比赛）。全年全省销售中国体育彩票 20.8 亿元，增长 9.9%。（省统计局）

【人民生活和社会保障】 2015 年，山西省居民人均可支配收入 17854 元，同比增长 8.0%。城镇居民人均可支配收入 25828 元，增长 7.3%；农村居民人均可支配收入 9454 元，增长 7.3%。按全省居民五等份收入分组，城镇低收入组人均可支配收入 10292 元，增长 8.5%；农村低收入组人均可支配收入 3085 元，增长 13.5%。农村居民人均消费支出 7421 元，增长 6.1%。

全年参加城镇职工基本养老保险 714.3 万人，比上年末增加 22.3 万人；参加城乡居民基本养老保险 1540.3 万人，增加 2.9 万人；参加城镇基本医疗保险 1113.7 万人，增加 13.0 万人；参加失业保险 411.3 万人，增加 3.6 万人；参加工伤保险 573.1 万人，增加 10.0 万人；参加生育保险 456.5 万人，增加 2.4 万人。得到城市最低生活保障救济人数 60 万人，全年共发放城市最低保障资金 23 亿元。15.4 万人纳入农村五保供养。

年末全省城镇有各种社区服务设施 3280 个，其中综合性社区服务中心 530 个。各类收养性单位床位数 66221 张，收养人数 37451 人。国家抚恤、补助各类优抚对象 18.0 万人。全年销售福利彩票 42.4 亿元，筹集社会福利资金 12.2 亿元，接受社会捐赠款 0.1 亿元。（省统计局）

【资源　环境和安全生产】 2015 年，山西省大型水库蓄水量 11 亿立方米。年末全省森林面积 282.4 万公顷，森林覆盖率 18.0%。11 个地级城市环境空气达标天数范围在 216 天至 292 天之间。黄河、海河流域山西段共监测 100 个断面，达到Ⅲ类以上（包括Ⅰ、Ⅱ、Ⅲ类）水质标准的断面占44.0%，达到Ⅳ类水质标准的断面占 18.0%，达到Ⅴ类水质标准的断面占 6.0%，有 32.0%的断面为劣Ⅴ类水质标准。全年各类自然灾害造成直接经济损失 102.2 亿元，比上年增长 100.2%；农作物受灾面积 142.1 万公顷，增长 97.5%，其中，绝收面积 29.8 万公顷，增长 162.4%。全年全省共发生各类生产经营性事故 1758 起，下降 10.2%；死亡 1104 人，下降 3.2%。全年全省煤炭百万吨死亡率为 0.079。

（省统计局）

机构设置和负责人名录

中国共产党山西省第十届委员会

书　记　王儒林
副书记　李小鹏　楼阳生
常　委　王儒林　李小鹏　楼阳生　胡苏平（女）
　　　　高建民　黄晓薇（女）　吴政隆　张少华*
　　　　王建明　孙绍聘　王伟中　付建华　盛茂林
　　　　冷杰松
委　员　（按姓氏笔画为序）
　　　　马天荣　丰立祥*　王　亚　王　赋　王伟中
　　　　王安庞　王茂设*　王建武　王建明　王清宪
　　　　王儒林　牛仁亮　左世忠　石扬令　卢晓中
　　　　申联彬　田喜荣　付建华　冯改朵（女）
　　　　朱晓明　仲　轩*　刘传旺　刘向东*　孙绍聘
　　　　孙跃进　李　洪　李小鹏　李仁和　李平社
　　　　李东福　李永林　李建功*　李栋梁　李晓波
　　　　李高山　李悦娥（女）　李海渊　李福明　杨　司
　　　　杨增武　吴永平*　吴政隆　冷杰松　张　健
　　　　张　璞　张九萍（女）　张义平　张文栋　张志川
　　　　张少华*　张建欣（女）　张高宏　张瑞鹏
　　　　陈永奇　罗清宇　岳普煜　周明定　胡苏平（女）
　　　　赵雁峰　姜新文　贺天才　洪发科*　耿彦波
　　　　高卫东　高建民　郭迎光　郭新民　席小军
　　　　黄晓薇（女）　盛茂林　董洪运*　楼阳生
　　　　廉毅敏　潘军峰　薛延忠
候补委员（按得票多少为序，得票相等的按姓氏笔画为序）
　　　　张旭光
秘书长　王伟中
常务副秘书长　姜新文
副秘书长　张克强*　李福明　李体柱　冯　征
　　　　　孙　毅*　王利波　王　纯　毛益民

山西省十二届人大常委会

主　任　王儒林
副主任　李政文　牛仁亮　周　然
　　　　安焕晓（女）　张茂才　田喜荣
秘书长　李仁和
委　员　共54人（按姓氏笔画为序）
　　　　于亚军（女）　王尚义　王娟玲（女）　王继伟
　　　　王满春　牛三平　亢官文　邓永明　石金鸣
　　　　邢德川　任福耀　刘　巩　刘　美　远勤山
　　　　杜永成　李东福　李平社　李永宏　李宝卿*
　　　　李　洪　李思进　李高山　李福明　杨　波*
　　　　杨俊和　杨竞赛　迟耀云　何　涛　宋新柱
　　　　张明亮　张建国　张铁锁　张高宏　郑建国
　　　　赵建平　赵建平　赵雁峰　侯晋川　施联秀*
　　　　姜新文　姚芝楼　秦良玉　袁升德　袁　进
　　　　高国顺　高新文　郭　明　郭贵仁　郭勇义
　　　　郭振中*　郭新民　曹建军　梁丽萍（女）
　　　　韩和平　韩怡卓　谢　海　薛维梁
　　　　魏　武*（女，回族）
常委会副秘书长　何　涛*　汤俊权　李　渊*
　　　　　　　　宋　伟　刘　钢　周世经

山西省人民政府

省　长　李小鹏
常务副省长　高建民
副省长　付建华　张建欣（女）　郭迎光　王一新
　　　　张复明　刘　杰
秘书长　廉毅敏
副秘书长　白秀平　闫晨曦　盛佃清　马彦平*
　　　　　张广勇*　郭　立　刘德政　刘　星
　　　　　李秋柱

政协第十一届山西省委员会

主　席　薛延忠
副主席　李雁红　卫小春　刘滇生　王　宁　朱先奇
　　　　李悦娥（女）　张友君
秘书长　阎根生
常务委员（按姓氏笔画为序）
　　　　卫忠平　王云亭　王水成　王兴旺
　　　　王丽峰（女）　王虎胜　王建国　王贵平
　　　　王艳梅（女）　王晓立　王爱萍（女）　王爱琴（女）
　　　　代全民　冯亚琴（女，蒙古族）　冯改朵（女）
　　　　冯建新　宁立新　边晋南　邢国明　成锡锋
　　　　师　帅　庄金洲　刘　正　刘本旺　刘占中
　　　　刘佰平　刘致远　安　华　许并社　孙连珠*
　　　　孙祥林　苏亚君　杜建荣　李　理　李中元
　　　　李书吉　李安平　李志强　李建民　李桂平（女）
　　　　李海琨（女）　李福龙　李德志　杨左卿*（女）
　　　　杨社堂　杨忠华　杨临生　吴晓年　宋兴航
　　　　张　政　张　锦（女）　张广慧　张子玉　张亚平
　　　　张并生　张克强　张李锁　张建豪　张俊生
　　　　张根虎　张培富　张湘君（女）　张富刚
　　　　武　强　武金贵　武爱国　周明定　郑　红*（女）
　　　　法　海　孟原生*　赵　明　赵恒寿　赵笑长
　　　　郝　旭　郝建华（女）　郝瑞珍*（女）
　　　　侯秀娟（女）　姜利辉　姚宪华　姚锦城
　　　　秦作栋　倪生唐　高　凡（女）　高　键
　　　　高凤平*　高文变（女）　高英武　郭海刚

海　信(满族)　菅二拴　梅志强　曹改莲(女)
曹惠斌　闫润德　梁文海　梁志祥　梁俊明
韩裕峰　程银锁　谢新宁　薛国利　薛靛民
霍转业
副秘书长　马　伟　张建豪　程银锁*
刘文秀*　蒋福新

中国共产党山西省第十届纪律检查委员会

书　记　黄晓薇(女)
副书记　迟耀云　冯改朵(女)　贾毓杰*
辛旭光*　郝　权
常　委　荀志坚*　孟　萧
李吉山　孙兴武　何　青
委　员　(按姓氏笔画为序)
于若洁　弓　跃　卫建友　卫洪平　马联社
王　琦　王玉成　王帅红　石常明　田国仁
冯改朵(女)　边晋南　邢文奇　成振林
因新中　任建平　刘予强　刘国庆　刘冀民
孙兴武　迟耀云　李书凯　李正印　李吉山
李兆前*　何　青　辛旭光　张华龙　张效彪*
陈国荣*　陈跃钢　林玉平　孟　萧
赵庆华　赵建平　郝　权　郝耀平　荀志坚
秦文峰　贾毓杰　高建国　郭玉福
黄晓薇(女)　常高才　崔国红　康建成
秘书长　孟　萧

山西省高级人民法院

院　长　左世忠
副院长　朱　明　刘冀民　吴秋霞(女)　张　炜
王文娅(女)

山西省人民检察院

检察长　杨　司
副检察长　荣　彰　曹改莲(女)　严双国　胡克勤
王国宏

省委工作部门和派出机构

省委组织部
部　长　盛茂林
常务副部长　张高宏*　孙大军
副部长　孙大军*　张　健　陈跃钢　张　葆(女)
陈学东
省委宣传部
部　长　胡苏平(女)
常务副部长　李高山
副部长　王　蕾*　杜学文*　刘英魁　尹天五*　董晓林
省委统战部
部　长　孙绍骋
常务副部长　郭海刚
副部长　杨临生　张云泽　王建新*　高　键　夏振贵
省委政法委员会
书　记　王建明
常务副书记　边晋南
副书记　薛永辉　闫喜春
省委政策研究室
主　任　李福明
副主任　马文革*　梁若皓　加年丰
省机构编制委员会办公室
主　任　刘传旺
副主任　郭晋明　韩　红(女)　张立煌
省直机关工委
书　记　杨增武*　王伟中
常务副书记　杨增武
副书记　冯进成*　王建成
省直纪工委书记　王　宏
省委巡视组
组　长　曹燎原　陈　森*　林玉平　张晓亚
刘向东*　邢顺喜*
副组长　因新中　杨有才*　牛社威*　刘香兰(女)
王　琦
省委巡视组办公室
主　任　赵建平
副主任　闫志强　刘精瑛

省委部委管理机构

省委老干部局
局　长　陈跃钢
副局长　郑兰珍　张晓光　岳卫东　郭世卿*
省委、省政府信访局
局　长　李体柱
副局长　白秀平(兼)　梁雨润*　王进军　张建平
赵培明　薛建军
防范和处理邪教问题领导小组办公室
主　任　冯　征
副主任　高国俊　武俊平　李　波
省委台湾工作(省政府台湾事务)办公室
主　任　黄进明
副主任　梁淑娟(女)　刘可宏　徐爽志
省委机要局(省国家密码管理局)
局　长　任兔平
副局长　杨　忠　李东强　赵　威

省接待办公室
主　任　巩　成*
省委保密委员会办公室（省国家保密局）
主　任（局　长）　张　华
副主任（副局长）　李全顺　刘炜东

省人大及其常委会工作机构

省人大法制委员会
主任委员　邓永明
副主任委员　高国顺　王满春*　王联英*　王晓明
　　蔡汾湘
省人大内务司法委员会
主任委员　李永宏*
副主任委员　韩和平　郭贵仁　郭忠烈　邬敬文
省人大财政经济委员会
主任委员　赵建平
副主任委员　李宝卿*　郑建国（兼）　荣　彤
　　吴临芳（女）　李　渊　张立新*
省人大常委会教育科学文化卫生工作委员会
主　任　杨　波*　李　洪
副主任　姚芝楼　郭贵春*　袁升德　宋新柱
　　张明亮　梁　权　安志辉*　冯　睿　谭继海
省人大常委会农村工作委员会
主　任　谢　海
副主任　董常生*　杨文章　曹晋芳（女）　祁玉林
省人大常委会城乡建设环境保护工作委员会
主　任　施联秀*　李平社
副主任　郭勇义　李远程　常宝童　乔锦瑞　高建平
省人大常委会人事代表工作委员会
主　任　刘　巩*　张高宏
副主任　王铁选　杨竞赛　梁丽山　牛社威
　　霍晓琴*（女）　张国富
省人大常委会民族宗教侨务外事工作委员会
主　任　李东福
副主任　秦良玉　王尚义　何　涛　赵建平　李　洪
省人大常委会法制工作委员会
主　任　高国顺
副主任　张铁锁　贾毓杰　蔡汾湘*　张世文
省人大常委会预算工作委员会
主　任　郑建国
副主任　王晓勇　杨随亭　王玉明
省人大常委会研究室
主　任　何　涛*（兼）
副主任　张拯瑜　秦　钟　张晋仁
省人大常委会信访局
局　长　叶增强

省人大常委会代表资格审查委员会
主　任　李政文
副主任　李仁和　刘　巩　张高宏

省政府组成部门

省发展和改革委员会
主　任　王　赋
副主任　李永平　王　成*　赵友亭　姜四清
　　程泽业　王晓胜*　刘　锋　胡景善
省经济和信息化委员会
主　任　张华龙
副主任　张兵生*　申瑞涛（女）　朱　鹏　冀明德
　　陈官虎
省教育厅（省高校工委）
厅　长（书　记）　张文栋
副书记　李忠人*　张培良
副厅长　张卓玉　王　云　李青山　孙世新　任月忠
省高校纪工委书记　王晓鹏
省科学技术厅
厅　长　张金旺
副厅长　秦作栋　张新伟　郭春林*
省公安厅
厅　长　刘　杰
副厅长　成振林（常务）　李玉生*　汪　凡　边智慧
　　张立刚　李喜春　段绪忠
省监察厅
厅　长　冯改朵（女）
副厅长　刘蓉华*（女）　李吉山*　何　青　王成禹
省民政厅
厅　长　薛维栋
副厅长　王卫东（女）　许富昌　李太平　尹也刚
省司法厅
厅　长　崔国红
副厅长　王化清　张玉良　句轶旺　刘占中*
省财政厅
厅　长　武　涛
副厅长　胡双明　常国华　黄　庙　高向新
省人力资源和社会保障厅
厅　长　张　健
副厅长　杨培岳*　李建刚　王建文　刘海芸（女）
　　姚　逊　张其光（挂职）
省国土资源厅
厅　长　许大纯
副厅长　高　博*　王晓立　彭东晓　周际鹏
省环境保护厅
厅　长　郭长青
副厅长　刘　军　王学东（女）　刘大山

省住房和城乡建设厅
厅　长　李栋梁
副厅长　郝耀平　郭燕平　李锦生　姚少峰
省交通运输厅
厅　长　李正印
副厅长　张　润*　唐　晋　戴　飞　秦红保　袁清茂
省水利厅
厅　长　潘军峰
副厅长　解放庆　常书铭*　李　力　白小丹
省农业厅(省委农村工作领导小组办公室)
厅　长(主任)　李平社*　关建勋
副厅长(副主任)　刘志杰*　陈明昌　董希德*
赵志杰　雷郭堂*　王进仁
省林业厅
厅　长　李永林
副厅长　常光明　任建中
省商务厅
厅　长　孙跃进
副厅长　张跃建　张　文　刘　进　王来平　李志胜
省文化厅
厅　长　张瑞鹏
副厅长　张　健　李　歆*　赵银邦　郑中夏
省卫生和计划生育委员会
主　任　卫小春
副主任　李书凯*　梁明虎*　杨建勇　谢　红(女)
梅志强*　冯立忠
省审计厅
厅　长　王　亚
副厅长　高爱平　姚安改
省外事侨务办公室
主　任　张志川
副主任　武绍忠　田亦军　鞠　振　冉莉萍(女)
省煤炭工业厅
厅　长　向二牛
副厅长　杨茂林　牛建明　武建森　胡万升　王宇魁

省政府直属特设机构

省政府国有资产监督管理委员会(国资委党委)
主　任(书记)　朱晓明
副书记　渠性轩(常务)　李天太　高建国
田国仁*(兼纪委书记)
副主任　曹慧昌　马　进　宋世华　张宏永　刘　峰

省政府直属机构

省地方税务局
局　长　卢晓中
副局长　李晋峰　刘建光　张澎湧
省工商行政管理局
局　长　周明定*　董　岩
副局长　马联社　王亦兵
省质量技术监督局
局　长　常高才
副局长　张岐云　王国强　高　航　李志强
省新闻出版广电局(版权局)
局　长　齐　峰
副局长　田奇越　薛　荣　李和林　安　洋　吕芮宏
省体育局
局　长　苏亚君
副局长　杨凤楼　李振生　郝晓峰*　李世杰
省统计局
局　长　翟振新
副局长　荆红社　卢永良　张晓东
省安全生产监督管理局
局　长　霍红义
副局长　牛建华　王天庆
省旅游局
局　长　冯建平
副局长　王文保　李　贵　王　琳
省宗教事务局(省民族宗教事务委员会)
局　长(主　任)　高　键
副局长(副主任)　卫望军*　侯文禄　滕德刚
省文物局
局　长　王建武
副局长　刘正辉　宁立新
省粮食局
局　长　杨随亭*　丁文禄
副局长　马　珩　吕苛青(女)　薛愿兵
省人民防空办公室
主　任　韩裕峰*　孙　群
副主任　孙　群*　刘　涛　张　铭　薄文杰
省政府法制办公室
主　任　王卫星
副主任　刘钢柱　李云涛
省政府机关事务管理局
局　长　王克信
副局长　孙富忠　牛柱珍　任建华　白世禄

省政府部门管理机构

省物价局
局　长　李永平
副局长　庞金龙　祁晓虎　王春庆
省国防科技工业办公室(省国防科技工业党委)
主　任(书　记)　朱　鹏

副书记　李章贺　史国兵
副主任　温国贵　王树峰　齐建伟

省中小企业局
局　长　（缺）
副局长　王怀荣　闫龙江　武晨阳

省食品药品监督管理局
局　长　赵光国
副局长　任晋斌*　贠亚明　刘蓉华（女）　刘建国

省监狱管理局
局　长　句轶旺*　王　伟
副局长　李扁屯*　高　奇　崔恩平

省扶贫开发办公室
主　任　王立伟*　刘志杰
副主任　张晓红　张伟勤　张建成

省公安厅交管局（省交警总队）
局　长（总队长）　贾继武
副局长（副总队长）　张顺喜　张亚云　郭丙福

省政协工作机构

省政协调研室
主　任　马　伟
副主任　蒋福新*　刘卓良

省政协提案委员会
主　任　孟原生*　张克强
副主任　阎贵林　李卫东　石扬令　王宇鸿

省政协经济委员会
主　任　刘致远
副主任　毛金明　李　岩　刘新平　巨宪华　杨晋生

省政协人口资源环境委员会
主　任　菅二拴
副主任　郭玉玺　张玉平*　杨海贵

省政协农村委员会
主　任　孙连珠*　周明定
副主任　张建忠　高　璋　杜顺义　赵志理

省政协教科文卫体委员会
主　任　杨左卿*（女）　刘文秀
副主任　田润华*（女）　张建全　贾坚毅
　　　　穆晓彤　倪生唐　张富明　张明旺

省政协社会法制委员会
主　任　王水成
副主任　傅银瑜（女）　张晓宪　杨有才

省政协民族和宗教委员会
主　任　李福龙
副主任　高凤平*　李全贵　王建国*　王秋生

省政协文史和学习委员会
主　任　闫润德
副主任　杨　菲*（女）　郝本廉　兰炎平　侯秀娟（女）

省政协港澳台侨和外事委员会
主　任　梁志祥
副主任　郝瑞珍*（女）　王阳华（女）　任月勤

省直属事业单位

省委党校（山西行政学院）
校　长　楼阳生
院　长　高建民
常务副校长（副院长）　王联辉
副校长（副院长）　刘明星　田忠宝　王浩学　潘　峰*

山西广播电视台
台长、总编　郭　健
副台长　王树勋　张晋斌
副总编　张敬民　邢书良　李占鳌

山西日报社
社　长　郭玉福
总编辑　兰炎平*　丁伟跃
副社长　兰炎平*（常务）　李蜀昌　张　宁　冯爱民
副总编　胡　果*　丁伟跃　任灵杰　焦玉强

省委党史办公室
主　任　于若洁
副主任　张越轶*　钟启元（女）　巨文辉

省政府发展研究中心
主　任　李劲民
副主任　董宇明*　王凤鸿　焦斌龙

省地方志办公室
主　任　李茂盛
副主任　赵群虎　刘益龄　张晓光

省供销合作社联合社
理事会主任　狄重阳
理事会副主任　李俊德　袁清茂*　王彤宇　高建忠

省煤炭地质局
局　长　王学军
副局长　黄芩丽（女）　张晓峰

省地质勘查局
局　长　翁金明
副局长　韩晋生　潘海燕　马骰民

省万家寨引黄工程管理局（总公司）
局　长（经　理）　王　纯*
副局长（副经理）　樊安顺　贾伟智　苏连元　雷天才*

省农业科学院
院　长　刘惠民
副院长　关建勋*　聂安全　乔雄梧　王娟玲

省社会科学院
院　长　李中元
副院长　贾桂梓*（女）　潘　云　孟艾芳*　杨茂林

中国(太原)煤炭交易中心
主　任　曲剑午
副主任　高　伐　阎世春
省档案局(档案馆)
局(馆)长　阎默彧
副局(馆)长　王保国　邢利民　孔凡春
省机械设备成套局
局　长　(缺)
副局长　王拥军　王　沼
山西省省级政府采购中心
主　任　赵建新
副主任　王跃进　穆恩科
山西社会主义学院
院　长　刘滇生(兼)
副院长　成锡锋　王建新*(常务)　李祥熙
　　　　陈忠辉*　胡晨光
煤炭工业太原设计研究院
院　长　徐忠和
副院长　耿建平　李树庭*　刘晓勇　赵　民
省城镇集体工业联合社
主　任　李荣钢
副主任　杨晋才　杨润梅
省招生考试管理中心
主　任　马　骏
副主任　任应红　张金文*　王双虎
省公路局
局　长　惠高峰
副局长　张兴顺　赵玉生　许秀銮
省煤炭基本建设局
局　长　武建森
副局长　王振海　温运峰
省测绘地理信息局
局　长　(缺)
副局长　孔令礼
省农机局(省农业机械发展中心)
局　长(主　任)　左义河
副局长(副主任)　姚建忠　王五明　张建中
中国煤炭博物馆
馆　长　李希海
副馆长　胡高伟　马召源
省民航机场集团公司(管理局)
总经理(局长)　郝孝义
副总经理(副局长)　赵庆斌　梁洪逵　张希亮
省投资咨询和发展规划院
院　长　赵新利
副院长　张立异　杨　勇
山西博物院
院　长　石金鸣

禹门口水利工程管理局
局　长　武福玉
山西老年大学
专职副校长　覃建平*　杨文生
省交通运输执法局
局　长　曹居月
省高速公路管理局
局　长　董新品*　尹新平
省道路运输管理局
局　长　杨吉平
省国有企业监事会
主　席　赵子传　马　平*　陆　东　弋小燕
　　　　杨雨公　胡创业
省煤炭基金稽查总队(省财政厅煤炭基金稽查局)
总队长(局长)　裴克存
省委前进期刊总社
社　长　边新文
省属地方金融类企业监事会
主　席　高向新*
山西省人民医院
院　长　杜永成*
山西医科大学第一医院
院　长　肖传实
山西医科大学第二医院
院　长　武　晋
山西大医院
院　长　刘　强
省就业服务局
局　长　师跃进
省社会保险局
局　长　贺德孝
省交通运输厅重点公路工程建设办公室(领导组办公室)
专职副主任　刘玉柱

中央部属单位

财政部驻山西财政监督专员办事处
监察专员　李元成
审计署驻太原特派员办事处
特派员　朱登云*　庄　军
中国人民银行太原中心支行
行　长　赵志华
中国银行业监督管理委员会山西监管局
局　长　刘晓勇*　张安顺
中国保险业监督管理委员会山西监管局
局　长　王　毅
中国证券监督管理委员会山西监管局
局　长　孙才仁

中国工商银行股份有限公司山西分行
行　长　周　玮
中国农业银行山西省分行
行　长　杨继荣
中国银行山西分行
行　长　郑国雨*　刘旭伟
中国建设银行股份有限公司山西省分行
行　长　高　强*　尚朝辉
中国邮政储蓄银行山西省分行
行　长　张　军*　孙江涛
山西省通信管理局
局　长　谢远生
山西省邮政公司
总经理　张宗梁
省气象局
局　长　柯怡明
省地震局
局　长　樊　琦（女）
省国家税务局
局　长　王学东*　胡　军
省出入境检验检疫局
局　长　李旭辉*　于　洋
山西省烟草专卖局（公司）
局　长（总经理）　宋政峰
太原铁路局
局　长　杨绍清*　赵春雷
太原海关
关　长　吴海平
国家能源局山西监管办
专　员　张建平
中国石化销售有限公司山西石油分公司
总经理　徐建春

群众团体

省总工会
主　席　田喜荣
副主席　郭新民（常务）　辛旭光　王兴旺
　　　　梁克昌　王　荣（女）　宋海兵
共青团山西省委员会
书　记　赵雁峰
副书记　安　华　任　忠*　马皖东　刘　娟（女）
省妇女联合会
主　席　王维卿（女）
副主席　李　菲（女）　张敬平*（女）
　　　　韩丽珍（女）　刘一平（女）　吴　波（女）
中国作家协会山西省分会
主　席　杜学文
副主席　杨占平　张锐锋　哲　夫　吕　新　赵　瑜
　　　　蒋　韵　葛水平　王祥夫　潞　潞　李　杜
　　　　秦　溱　晋原平　李骏虎　张明旺*（常务）
省科学技术协会
主　席　侯晋川*
副主席　杨伟民（常务）　王德贵　郝建新　崔　忠*
省文学艺术界联合会
主　席　张根虎
副主席　李太阳（常务）　石跃峰　和　悦
中国国际贸易促进会山西省分会（中国国际商会山西商会）
会　长　贾雪峰
副会长　焦惠生　李秀生
省残疾人联合会
理事长　李亚明
副理事长　郭新志（女）　温万一　刘　晔
省社会科学界联合会
主　席　李高山
常务副主席　侯秀娟*（女）
副主席　李中元　李劲民　高建生　张卓玉　王李金
　　　　吴俊清　郭泽光　王尚义　王志超
省归国华侨联合会
主　席　许并社*
专职副主席　范安龙
兼职副主席　刘越泽（女）　王　帆（女）　方敬爱（女）
　　　　　　李　慧（女）　张三货　郭晋普　黄成胜
　　　　　　庄金洲　刘新民
省台湾同胞联谊会
驻会副会长　周志文
省红十字会
常务副会长　盛佃清
专职副会长　白　冰

驻外办事处

省政府驻北京办事处
主　任　陈晓东
省政府驻上海办事处
主　任　（缺）
省政府驻天津办事处
主　任　（缺）
省政府驻南京办事处
主　任　（缺）
省政府驻广州办事处
主　任　刘亚林
省政府驻沈阳办事处
主　任　（缺）
省政府驻天津办事处
主　任　（缺）

省政府驻南京办事处

主　任　（缺）

大专院校

山西大学

校　长　贾锁堂

副校长　刘维奇*　行　龙　杨　军　高　策

太原理工大学

校　长　吕　明*　黄庆学

副校长　郭敏泰　许并社　李晋平　梁丽萍　吕永康　戴晋明

山西财经大学

校　长　郭泽光*　刘维奇

副校长　赵国浩*　张兔元*　张如山*　卢庆山　马培生　杨有振

山西医科大学

校　长　段志光

副校长　闫肖卿*　孙安乐*　王宏伟　贺培凤　郑建中*　李思进

山西农业大学

校　长　赵春明

副校长　弓永华　张虎芳*　李宏全　邢国明

山西师范大学

校　长　武海顺*　卫建国

副校长　卫建国*　原战勇*　闫桂琴*(女)　薛耀文*　郝勇东

太原科技大学

校　长　郭勇义*　左　良

副校长　黄庆学*　李永堂*　曾建潮*　徐格宁*　柴跃生　李　忱　李俊林

中北大学

校　长　刘有智

副校长　肖忠良*　韩　焱*　沈兴全*　薛　智　白培康　熊继军　曾建潮

山西中医学院(筹建山西中医药大学)

院　长　周　然*　马存根

副院长　马存根*　冯前进*　周晓明*　张永德　冀来喜　王晞星

长治医学院

院　长　郑建中

副院长　赵中夫*　陈忠义　宋晓亮　张芳萍　武有祯

太原师范学院

院　长　梁吉业

副院长　王川龙　张喜明*　王卫平(女)　齐利平

忻州师范学院

院　长　王志连*　张虎芳

副院长　冯天仓　郭丕斌　张美富　董元兴　罗小兰

山西大同大学

校　长　常乃军*　冯　锋

副校长　郭　永*　石云龙*　赵富玺*　张　策　寇福明

运城学院

院　长　姚纪欢

副院长　梁晋才　王卓民　张凤琴(女)　梁永平　李慎明

长治学院

院　长　李忠康*　茹文明

副院长　茹文明*　武有祯*　皇甫志芳*　李长江

晋中学院

院　长　张惠选

副院长　邓　明*　柴　达　李长萍

太原工业学院

院　长　霍世平

副院长　仉志余*　李国臣　靳金贵　刘志明　张长青

吕梁学院

院　长　杨述平

副院长　卫英慧*　马向东　闫　明　高顺有

太原学院

校　长　张瑞君

山西传媒学院

院　长　王建国

副院长　王新塘　武升平

山西工程技术学院

院　长　卫英慧

山西工商学院

院　长　牛三平

山西应用科技学院

院　长　宋兴航

副院长　梁福有

山西煤炭管理干部学院(筹建山西能源学院)

院　长　郝建功

副院长　李宏达　李　进*　武东升　王凤岗*　李桂平

山西警官高等专科学校(筹建山西警察学院)

校　长　张子荣

山西广播电视大学

校　长　张耀斌

副校长　牛白琳　姜　海

山西经济管理干部学院

院　长　丁怀民

副院长　王克勤*　张改娥*(女)　秦长江

山西省财政税务专科学校

校　长　申长平*　赵丽生

山西职工医学院

院　长　于明江

山西青年职业学院

院　长　李　伟

山西省政法管理干部学院

院　长　李亚尼

山西建筑职业技术学院

院　长　成　宏

山西药科职业学院

院　长　张震云

山西交通职业技术学院

院　长　张文才

山西艺术职业学院

院　长　李　力

山西林业职业技术学院

院　长　罗云龙*

山西水利职业技术学院

院　长　孙西欢

山西旅游职业学院

院　长　何乔锁

山西管理职业学院

院　长　岳　澎

山西体育职业学院

院　长　朱天燕

山西警官职业学院

院　长　许文海

山西国际商务职业学院

院　长　郝永新

山西戏剧职业学院

院　长　李培勇*　谢玉辉

山西煤炭职业技术学院

院　长　曹允伟*

山西医科大学汾阳学院

院　长　王　军*

山西工程职业技术学院

院　长　刘　勇

山西职业技术学院

院　长　昝和平

山西金融职业学院

院　长　崔满红

山西财贸职业技术学院

院　长　李晋平

山西机电职业技术学院

院　长　李向东

山西轻工职业技术学院

院　长　王枝茂*　岳高社

山西同文职业技术学院

院　长　武有伽

长治职业技术学院

院　长　（缺）

晋城职业技术学院

院　长　成广海

临汾职业技术学院

院　长　王　超

山西师范大学临汾学院

院　长　孔康民

忻州职业技术学院

院　长　刘祁杰

晋中职业技术学院

院　长　刘月红

山西运城农业职业技术学院

院　长　闫顺茂

运城幼儿师范高等专科学校

校　长　（缺）

阳泉师范高等专科学校

校　长　陈永昶

太原旅游职业学院

院　长　王春玲*（女）

太原城市职业技术学院

院　长　杨志家

晋中师范高等专科学校

院　长　张润喜

运城师范高等专科学校

校　长　张汉语

山西省军区

司令员	冷杰松	少将
政治委员	张少华*	少将
	郭志刚	少将
副司令员	贠自博*	少将
	李　毅	少将
	于占唐	少将
副政治委员	喻　军	少将
	苗爱民	大校
司令部参谋长	吴国志	少校
政治部主任	徐建勇*	大校
	傅永国	大校
后勤部部长	谢新宁	大校

武警山西总队

司令员	仲　轩*	少将
	曾友成	大校
第一政治委员	刘　杰（兼）	一级警监
政治委员	刘振所	少将
副司令员	夏家亮	大校
	王树海	大校
	李汉中	大校
副政治委员	侯德琪*	大校

司令部参谋长　李善勇　大校
政治部主任　张喜文*　大校
　王殿元　大校
后勤部部长　穆瑞国　大校

民主党派和工商联

中国国民党革命委员会山西省委员会
主任委员　张友君
副主任委员　刘占中　杨俊和　孙建民
　谢碧玲(女)　刘　美　辛　琰(女)
　张湘君(女)　王　静(女)　杨林花(女)
中国民主同盟山西省委员会
主任委员　张　平
副主任委员　亢官文　傅建荣　史海涌　梅志强
　赵恒寿　王维平　梁丽萍　李书吉
中国民主建国会山西省委员会
主任委员　王　宁
副主任委员　刘蓉华(女)　姚宪华　薛维梁
　王庆荣　代全民
中国民主促进会山西省委员会
主任委员　卫小春
副主任委员　张　政　张建豪　成锡锋
　高新文　陈维毅　任建国
中国农工民主党山西省委员会
主任委员　周　然
副主任委员　郭新志(女)　王爱萍(女)　张李锁
　李思进　斗三平　武金贵　解　军*
九三学社山西省委员会
主任委员　刘滇生
副主任委员　杨社堂　李青山　张文旺
　闫义勇　张培富　张红健
山西省工商业联合会(山西省总商会)
主　席　李武章
第一副主席　杨临生
副主席　樊秀清　郎宝山(满)　赵淑芊　梁　英

市、县(市、区)

太原市
市委书记　吴政隆
副书记　耿彦波　荣　彤*　王　成
市人大常委会主任　郭振中*　弓　跃
副主任　郝小军*　傅建荣　刘　剑(女)
　王建勋　冯晋生　梁争平
　李文清
市长　耿彦波
副市长　任在刚　王建生　寿伟光*
　王爱琴(女)　魏　民　张齐山
市政协主席　张贵元
副主席　任书文　张　政　王爱萍(女)
　陈远新　张文旺　薛维梁　毛志鸣
　冯　霞(女)　任晓峰
·小店区·
中共区委书记　车建华
区人大常委会主任　陈其武
区长　杨继承
区政协主席　王　健
·迎泽区·
中共区委书记　刘文华
区人大常委会主任　阴国平
区长　冯原平
区政协主席　宋国庆
·杏花岭区·
中共区委书记　李　浓(女)
区人大常委会主任　李树结
区长　李　浓*(女)　张　磊(代)
区政协主席　施国立
·尖草坪区·
中共区委书记　郭建发
区人大常委会主任　王国卿
区长　李贵增
区政协主席　张银喜
·万柏林区·
中共区委书记　王静恩
区人大常委会主任　侯　安
区长　杨俊民
区政协主席　陈绍卿
·晋源区·
中共区委书记　王立刚
区人大常委会主任　张连生*　张奇峰
区长　尤天拴*　李永强(代)
区政协主席　董云飞
·清徐县·
中共县委书记　韩良会
县人大常委会主任　张启亮
县长　王琳玉
县政协主席　张晋涛
·阳曲县·
中共县委书记　吕　荣*　刘晋萍
县人大常委会主任　侯拴龙*
县长　刘晋萍
县政协主席　白海林*
·娄烦县·
中共县委书记　薛东晓
县人大常委会主任　冯永奎

县　　　　　长　李树忠
县政协主席　武润生

·古交市·

中共市委书记　常　青
市人大常委会主任　闫亮娥（女）
市　　　　　长　贾慕权
市政协主席　褚宇平

大同市

中共市委书记　张吉福
副　书　记　李俊明*　马彦平　刘国庆
市人大常委会主任　梁凤书
副　主　任　董　斌*　刘　美　邵　奎*
张志伟　杨人毅　曹世平
张翠萍（女）
市　　　　　长　李俊明*　马彦平（代）
副　市　长　李世杰（女）　王克建*　曹惠斌
张　韬　刘振国　杨勤荣
市政协主席　柴树彬
副　主　席　马维平*　刘俊雍　陈昌辉
武保洲　程廷龙　许进娥（女）
郭俊岗　张小立　杨硕平

·城　区·

中共市委书记　祁学峰
区人大常委会主任　马　力
区　　　　　长　（缺）
区政协主席　崔建中

·矿　区·

中共区委书记　刘勇军
区人大常委会主任　王宝林
区　　　　　长　刘勇军
区政协主席　李　钢

·南郊区·

中共区委书记　薛明耀
区人大常委会主任　李　杰
区　　　　　长　李广林
区政协主席　陈凤兰

·新荣区·

中共区委书记　董志刚
区人大常委会主任　刘　俊
区　　　　　长　解廷师
区政协主席　李　成

·阳高县·

中共县委书记　冯晓雷
县人大常委会主任　张　江
县　　　　　长　邢　斌
县政协主席　王秀清

·天镇县·

中共县委书记　姚振华
县人大常委会主任　刘世清
县　　　　　长　刘川楠
县政协主席　原振武

·广灵县·

中共县委书记　郭占宝
县人大常委会主任　李　满
县　　　　　长　（缺）
县政协主席　苑在雨

·灵丘县·

中共县委书记　张　强
县人大常委会主任　张　枢
县　　　　　长　罗永山
县政协主席　冀连成

·浑源县·

中共县委书记　张清河
县人大常委会主任　王维平
县　　　　　长　赵亚雄*
县政协主席　张振虎

·左云县·

中共县委书记　胡　勇
县人大常委会主任　王　璞
县　　　　　长　王东升
县政协主席　闫　荣*

·大同县·

中共县委书记　王凤瑞
县人大常委会主任　武　明
县　　　　　长　周聚德
县政协主席　薛守清

阳泉市

中共市委书记　洪发科*　陈永奇
副　书　记　陈永奇*　董一兵　王旭明
市人大常委会主任　刘高官
副　主　任　王振国　吴丽萍（女）　孙金明
吕昌政　刘志强
市　　　　　长　陈永奇*　董一兵（代）
副　市　长　李利生　郝培亮　任衍钢
董仙桃（女）　赵　峰
市政协主席　郎爱国
副　主　席　曹凯民　许文珍　赵永红（女）
李天祥　任美福　李顺宽
赵平有

·城　区·

中共区委书记　张　晋
区人大常委会主任　李忠祥*　李保存
区　　　　　长　武　雪（女）

区政协主席　杨柱英

·矿　区·

中共区委书记　梁志勇
区人大常委会主任　侯彦军
区　长　刘乙佑
区政协主席　王贵平

·郊　区·

中共区委书记　苏秀瑞
区人大常委会主任　王梦贺
区　长　韩加政
区政协主席　王如生

·平定县·

中共县委书记　杨自明
县人大常委会主任　李建恩
县　长　任晓华
县政协主席　赵珍珠

·盂　县·

中共县委书记　张玉斌
县人大常委会主任　张存福*　武润珍
县　长　杜平华
县政协主席　史和斌*　闫庶民

长治市

中共市委书记　马天荣
副书记　席小军　卢建明
市人大常委会主任　李年善
副主任　申纪兰(女)　李国峰*　张振芳
　李进军　张书庆*　佳正平
　崔建泰
市　长　席小军
副市长　许　霞(女)　王玉圣　王贵平
　马四清　陈鹏飞
市政协主席　王云亭
副主席　秦跃晋　闫建国*　俞长生
　赵　坚　关小平　郭健福
　刘鹏飞

·城　区·

中共市委书记　孙刘琳(女)
区人大常委会主任　杨黎峰
区　长　李国强
区政协主席　杨栖莺(女)

·郊　区·

中共区委书记　潘贤掌
区人大常委会主任　陈世和
区　长　金所军
区政协主席　崔子庆

·长治县·

中共县委书记　裴少飞
县人大常委会主任　崔惠斌
县　长　李文兵
县政协主席　杜玉岗

·襄垣县·

中共县委书记　田志明*　张志刚
县人大常委会主任　刘春雷*　王守国
县　长　张志刚*　胡三虎
县政协主席　杨飞华

·屯留县·

中共县委书记　郭泽兵
县人大常委会主任　倪建中
县　长　段树新
县政协主席　赵旭光

·平顺县·

中共县委书记　吴小华
县人大常委会主任　苏和平
县　长　秦　军
县政协主席　赵小平

·黎城县·

中共县委书记　郜双庆
县人大常委会主任　杨和贵
县　长　郝献民
县政协主席　路小玲*　刘永清

·壶关县·

中共县委书记　李全心
县人大常委会主任　卫　明
县　长　崔江华
县政协主席　王明德

·长子县·

中共县委书记　王　震
县人大常委会主任　花俊富
县　长　马先明
县政协主席　崔万英

·武乡县·

中共县委书记　胡　坚
县人大常委会主任　袁俊山
县　长　阎新平
县政协主席　王建华*　魏书文

·沁　县·

中共县委书记　卢展明
县人大常委会主任　杜汉如*　刘光清
县　长　王现敏
县政协主席　王元英(女)

·沁源县·

中共县委书记　李丁夫
县人大常委会主任　赵海军
县　长　杨红旗*
县政协主席　杜天云*　王宏斌*

·潞城市·

中共市委书记 唐立浩
市人大常委会主任 王新政
市长 张斌
市政协主席 张书平

晋城市

中共市委书记 张九萍
副书记 刘润民 李俊敏
市人大常委会主任 孟福贵
副主任 任建宏 李章宏 廖军 孔庆鹏 李国继 韩淑君（女）
市长 刘润民
副市长 赵沂旸 王维平 茹栋梅（女） 冯志亮
市政协主席 师建平
副主席 郭一峰 金德祥* 马德和 陈改玲（女） 王克平* 郭跃峰 陈建国 崔守安

·城区·

中共区委书记 张利锋
区人大常委会主任 宋春生
区长 王学忠
区政协主席 刘秋海

·沁水县·

中共县委书记 范兆森
县人大常委会主任 柴守瑛
县长 原光辉
县政协主席 张桂春

·阳城县·

中共县委书记 王晋峰
县人大常委会主任 申永山
县长 窦三马
县政协主席 张星社

·陵川县·

中共县委书记 石云峰
县人大常委会主任 张江龙
县长 胡晓刚
县政协主席 郎在陵

·泽州县·

中共县委书记 刘爱军* 赵新年
县人大常委会主任 陈晋勇
县长 高喜全
县政协主席 樊秋宝

·高平市·

中共市委书记 张玉宏
市人大常委会主任 张志刚
市长 邹树琦
市政协主席 梁沁高

朔州市

中共市委书记 王安庞
副书记 李海渊 郑红
市人大常委会主任 王安庞* 冯云龙
副主任 温日平 李玉兰 白明 侯元 张丁成* 牛志忠* 王帆 郭海鸿
市长 李海渊
副市长 雷健坤 韩文让 侯新生* 王志刚 王智杰* 张天茂 田东
市政协主席 高厚* 贾桂梓
副主席 谭建国 闫美珍 支立新* 赵景春 谢志强 任平龙 刘守斌

·朔城区·

中共区委书记 张立新
区人大常委会主任 高富国
区长 刘彪
区政协主席 齐翠英* 史宝元

·平鲁区·

中共县委书记 吴晓斌
县人大常委会主任 焦文
县长 马占文
县政协主席 孟占

·山阴县·

中共县委书记 侯元
县人大常委会主任 相成
县长 南志中
县政协主席 段国强

·应县·

中共县委书记 兰成国
县人大常委会主任 赵杰
县长 边润文
县政协主席 宋天仁

·右玉县·

中共县委书记 苏连根
县人大常委会主任 李月明
县长 苏斌如
县政协主席 李峰

·怀仁县·

中共县委书记 齐海斌
县人大常委会主任 韩效华* 司永恒
县长 吴秀玲
县政协主席 周志强

晋中市

中共市委书记　张　璞
副　书　记　胡玉亭　刘志宏
市人大常委会主任　张文科
副　主　任　郭绍华*　王纪萍(女)　高增光*　尚金华　杨建平
市　长　胡玉亭
副　市　长　畅志仁　王盛章　任　忠*　辛　琰(女)　王建林
市政协主席　张春生
副　主　席　郑琪文　邓　明　杨定旺　王书红　秦太明　李非忠　陈定堂

·榆次区·

中共区委书记　贡　琦
区人大常委会主任　王永平
区　长　张祖祁
区政协主席　张增翔

·榆社县·

中共县委书记　梁潞阳
县人大常委会主任　赵向平
县　长　贾尚明
县政协主席　王建华

·左权县·

中共县委书记　王　兵
县人大常委会主任　巨树民*　郑春华
县　长　赵宏钟
县政协主席　韩卫平*　高儒林

·和顺县·

中共县委书记　孙永胜
县人大常委会主任　宋有林
县　长　马海军
县政协主席　刘素英(女)

·昔阳县·

中共县委书记　丁雪钦
县人大常委会主任　郭爱生*
县　长　王根元
县政协主席　王录文

·寿阳县·

中共县委书记　郝鹏鸿
县人大常委会主任　郭培纲*　侯成元
县　长　郝鹏鸿*　史　洁*(女)
县政协主席　傅贵亨

·太谷县·

中共县委书记　郝向明
县人大常委会主任　游大庆
县　长　武晓花(女)
县政协主席　弓俊林

·祁　县·

中共县委书记　吴文胜
县人大常委会主任　张俊慧*　卢建华
县　长　张　鹏
县政协主席　孔襄中*

·平遥县·

中共县委书记　卫明喜
县人大常委会主任　杨登文
县　长　曹治胜
县政协主席　张文渊

·灵石县·

中共县委书记　段燕翔
县人大常委会主任　何发荣
县　长　刘　旋
县政协主席　张玉立*

·介休市·

中共市委书记　王继堂
市人大常委会主任　李怀珠*　赵　宇
市　长　王怀民
市政协主席　吴定元

运城市

中共市委书记　王宇燕
副　书　记　王清宪　陈振亮
市人大常委会主任　张建合
副　主　任　刘冠生　王正凤　史海涌　裴良杰
市　长　王清宪
副　市　长　卫殿民　常建忠　王俊飚　陈竹琴
市政协主席　柴林山
副　主　席　王七庚　薛靛民　谢爱玲　闫义勇　孙涛锁

·盐湖区·

中共区委书记　王志峰
区人大常委会主任　李　治
区　长　王吉敏
区政协主席　严惠琴

·临猗县·

中共县委书记　赵惠民
县人大常委会主任　路香芳
县　长　李建刚
县政协主席　孙正来

·万荣县·

中共县委书记　李尧林
县人大常委会主任　王崇智
县　长　(缺)
县政协主席　孙典孝

·闻喜县·

中共县委书记　张汪尤

县人大常委会主任　张英生
县　长　张建元
县政协主席　王延平

·稷山县·

中共县委书记　乔登州
县人大常委会主任　郭崇学
县　长　李亚丽*
县政协主席　高吉华

·新绛县·

中共县委书记　邓雁平
县人大常委会主任　李铁路
县　长　田艺彬
县政协主席　卫保平

·绛　县·

中共县委书记　卫再学
县人大常委会主任　韩廷海
县　长　卫再学
县政协主席　李服役

·垣曲县·

中共县委书记　史　凯
县人大常委会主任　刘社院
县　长　杨彦康
县政协主席　赵恒坚

·夏　县·

中共县委书记　张宏志
县人大常委会主任　黄保龙
县　长　（缺）
县政协主席　（缺）

·平陆县·

中共县委书记　郭　宏
县人大常委会主任　禹桂香
县　长　李　旸
县政协主席　赵旭光

·芮城县·

中共县委书记　董旭光
县人大常委会主任　胡金虎
县　长　贾国平
县政协主席　余妙珍

·永济市·

中共市委书记　陈　杰
市人大常委会主任　杨文宁
市　长　廉广锋
市政协主席　袁宏轩

·河津市·

中共市委书记　胡　宝
市人大常委会主任　崔会民
市　长　杜中伟
市政协主席　王锡义

忻州市

中共市委书记　董洪运*　李俊明
副书记　郑连生　张晓峰
市人大常委会主任　秦新年
副主任　刘银和*　樊惠杰（女）*　李树东　王炳升　张志哲　罗荣华
市　长　郑连生
副市长　董一兵*　王士桦　王月娥（女）　张建平　武宪堂
市政协主席　张明成
副主席　李永胜　王庆荣　高志伟　李效玲（女）　贾玉文　杜永进　张高栋

·忻府区·

中共区委书记　张钰祥
区人大常委会主任　李晋华
区　长　赵志伟
区政协主席　张稼祥

·定襄县·

中共县委书记　张文斌
县人大常委会主任　张德星
县　长　刘　亮
县政协主席　兰继升

·五台县·

中共县委书记　王继明
县人大常委会主任　孙子清
县　长　武新亮
县政协主席　吕更美

·代　县·

中共县委书记　田永清
县人大常委会主任　籍美田
县　长　郝江陵
县政协主席　程耀邦

·繁峙县·

中共县委书记　范波涛
县人大常委会主任　李慧英
县　长　孔保宝
县政协主席　赵　琦

·宁武县·

中共县委书记　任宁虎
县人大常委会主任　陈润明
县　长　王　卓
县政协主席　李应成

·静乐县·

中共县委书记　李德新
县人大常委会主任　（缺）
县　长　王　昕
县政协主席　（缺）

·神池县·
中共县委书记　曹爱民
县人大常委会主任　贺新平
县长　冯晓雷*
县政协主席　刘国强
·五寨县·
中共县委书记　张春
县人大常委会主任　张志军
县长　张宇光
县政协主席　李映明
·岢岚县·
中共县委书记　王志东
县人大常委会主任　侯俊生
县长　任川中
县政协主席　曾桂花
·河曲县·
中共县委书记　边东圣
县人大常委会主任　李志伟
县长　边东圣
县政协主席　李挨恒
·保德县·
中共县委书记　段新
县人大常委会主任　张智前
县长　郭新生
县政协主席　高定存
·偏关县·
中共县委书记　王源
县人大常委会主任　李枝贵
县长　曲俊安
县政协主席　贾献忠
·原平市·
中共市委书记　薛根生
市人大常委会主任　闫前元
市长　温建军
市政协主席　尚茂生

临汾市
中共市委书记　罗清宇
副书记　岳普煜　王文英
市人大常委会主任　徐树荣
副主任　梁天运　柴高潮　原胜利　仇振刚　王醒安　原学义　王金珍
市长　岳普煜
副市长　赵建民　李东洪　陈忠辉　王振宇　杨治平
市政协主席　乔成家
副主席　梁若玉　陈玉士　谢碧玲(女)　杨益民　刘淑芬(女)　张成梁　杨忠华　杨安虎
·尧都区·
中共区委书记　赵志坚
区人大常委会主任　任招振
区长　王震
区政协主席　许百龙
·曲沃县·
中共县委书记　朱晓东
县人大常委会主任　刘伟
县长　郭惠勇
县政协主席　薛经纬
·翼城县·
中共县委书记　郭行杰
县人大常委会主任　李殿梁
县长　杨春权
县政协主席　李伦
·襄汾县·
中共县委书记　王国平
县人大常委会主任　张拽牛
县长　张宏志*　刘浩
县政协主席　王建中
·洪洞县·
中共县委书记　王黎明
县人大常委会主任　李世杰
县长　郑步电
县政协主席　魏金顺
·古县·
中共县委书记　郝献民
县人大常委会主任　辛普选
县长　李强
县政协主席　李朱锁
·安泽县·
中共县委书记　任秀红(女)
县人大常委会主任　韩建辉
县长　毛跟云
县政协主席　王孝恩
·浮山县·
中共县委书记　孙京民
县人大常委会主任　李凡
县长　梁秀娟
县政协主席　段玉明
·吉县·
中共县委书记　郝忠祥
县人大常委会主任　孔繁新*
县长　刘浩*
县政协主席　吴忠民
·乡宁县·
中共县委书记　杨安虎

县人大常委会主任　张春龙
县　　　　　长　樊洪平
县 政 协 主 席　张欢虎

·大宁县·

中 共 县 委 书 记　刘奎生
县人大常委会主任　贺寅生
县　　　　　长　樊　宇
县 政 协 主 席　姚如意

·隰　县·

中 共 县 委 书 记　王天郎*　李亚丽
县人大常委会主任　贺崇伟
县　　　　　长　王晓斌
县 政 协 主 席　张瑞燕

·永和县·

中 共 县 委 书 记　加天山
县人大常委会主任　韩忠秀
县　　　　　长　范洋平
县 政 协 主 席　郭永平

·蒲　县·

中 共 县 委 书 记　闫建国
县人大常委会主任　王安保
县　　　　　长　赵志慧
县 政 协 主 席　史虎喜

·汾西县·

中 共 县 委 书 记　任天顺
县人大常委会主任　樊国俊
县　　　　　长　张安文
县 政 协 主 席　郭炎林

·侯马市·

中 共 市 委 书 记　李朝旗
市人大常委会主任　尉合怀
市　　　　　长　王煦杰
市 政 协 主 席　陈毅林

·霍州市·

中 共 市 委 书 记　陈　纲
市人大常委会主任　张建军*
市　　　　　长　崔山原
市 政 协 主 席　王国平*

吕梁市

中 共 市 委 书 记　高卫东
副　　书　　记　王立伟　雷建国　董　岩*
市人大常委会主任　郝月生　刘明勇*
副　　主　　任　孙晋军　梁来茂　卫成印
　　　　　　　　郭卫民　刘　凯　张保福*
　　　　　　　　张翠兰*　张国彪*　徐　德*
　　　　　　　　郭　颖*
市　　　　　长　董　岩*　王立伟
副　　市　　长　张广勇　张敬平（女）　李俊平
　　　　　　　　李建国　杨巨才　王海东*
　　　　　　　　竟　晖　郝月生*　成锡峰*
　　　　　　　　李润林*　张效彪*　刘永平*
市 政 协 主 席　朱锦平*　刘云晨
副　　主　　席　刘本旺　刘继隆　白荣欣
　　　　　　　　闫广聪　薛爱平　李　真
　　　　　　　　梁来茂*　李俊平*　刘广龙*
　　　　　　　　王志强*　闫孝敏*　王侯党*

·离石区·

中 共 区 委 书 记　常书铭
区人大常委会主任　乔拯民
区　　　　　长　吕文平
区 政 协 主 席　冯晋平

·文水县·

中 共 县 委 书 记　孙善文*　梁宝明
县人大常委会主任　张九聪
县　　　　　长　王成军
县 政 协 主 席　胡学英

·交城县·

中 共 县 委 书 记　刘应刚
县人大常委会主任　刘文海
县　　　　　长　薛凤奎
县 政 协 主 席　桑小平

·兴　县·

中 共 县 委 书 记　梁志锋
县人大常委会主任　史建春*　白鹏昊
县　　　　　长　梁志锋*　刘世庆
县 政 协 主 席　刘五娥

·临　县·

中 共 县 委 书 记　张建国
县人大常委会主任　闫金英（女）
县　　　　　长　李双会
县 政 协 主 席　薛全清

·柳林县·

中 共 县 委 书 记　郝继平
县人大常委会主任　陈繁昌
县　　　　　长　武跃飞
县 政 协 主 席　王义平

·石楼县·

中 共 县 委 书 记　油晓峰
县人大常委会主任　陈　浩
县　　　　　长　孙卫东
县 政 协 主 席　郑连弟

·岚　县·

中 共 县 委 书 记　高奇英
县人大常委会主任　丁清泉
县　　　　　长　乔　云

县政协主席　李拴珍

·方山县·

中共县委书记　王锦锋
县人大常委会主任　贺新众
县长　李溢涛
县政协主席　刘月顺

·中阳县·

中共县委书记　郭保平*　乔晓峰
县人大常委会主任　高升平
县长　乔晓峰
县政协主席　郭润保*　赵有军

·交口县·

中共县委书记　徐宇平
县人大常委会主任　王隰平
县长　乔劲松
县政协主席　朱和平

·孝义市·

中共市委书记　张旭光*　马文革
市人大常委会主任　焦张生*　李殿生
市长　王廷洪
市政协主席　李　安*　王士礼

·汾阳市·

中共市委书记　李建国
市人大常委会主任　马林巨
市长　李玉林
市政协主席　姚翠萍

注:2015年12月31日前部门撤并、调离岗位人员在单位名称、人员姓名后右上角标注*。

(省委组织部、省军区政治部、武警山西总队政治部及各市区县)

综 述

·重大决策与部署·

【党风廉政建设和反腐】 2015年，山西省委贯彻落实以习近平为总书记的党中央对山西全面从严治党、严明党规党纪上"先走一步"的要求，把抓党建作为最大政绩，把深入开展党风廉政建设和反腐败斗争作为净化政治生态的重大举措，给开创弊革风清和富民强省新局面提供政治和组织保证。

落实"两个责任"。制定出台落实党风廉政建设党委（党组）主体责任和纪委监督责任两个《意见》，强调各级党委（党组）要列出清单并签字背书、狠抓落实；主要负责人要履行好第一责任人职责，班子成员履行"一岗双责"，抓好分管领域的党风廉政建设和反腐败斗争。省委常委和其他省领导分别约谈11个市的党政主要负责人和部门党政班子成员，传递责任、传导压力，并对落实"两个责任"不力的38个单位和1304人进行问责。坚决支持纪委落实监督责任，配合中央纪委调查组查办案件，加大自办案件力度，坚持"老虎""苍蝇"一起打。推进纪律检查体制改革，推动纪检部门"三转"，加强上级纪委对下级纪委的领导，省直派驻机构全覆盖工作进入全面实施阶段。

形成和保持"三个高压态势"。坚持无禁区、全覆盖，开展正风反腐。持续保持惩治腐败高压态势，重点查处党的十八大后仍不收敛不收手，问题线索反映集中、群众反映强烈，现处重要岗位且可能还要提拔使用的领导干部，全省纪检监察机关立案17836件，同比增长54%；处分19167人，同比增长56.1%。以开展农村两个专项治理为契机，解决发生在群众身边不正之风和腐败问题，推动反腐败斗争向基层延伸，全省纪检监察机关立查乡科级及以下干部案件17090件，同比增长52.7%，结案17471件，同比增长54.5%，处分18331人，同比增长54.2%。针对7类基层腐败和"四风"问题反映出的共性问题，由相关省领导"领题"督促整改，"乡村治、百姓安"的长效机制逐步建立。加强和改进巡视工作，推进巡视工作流程、组长库、授权、打法等全方位创新，完成对3个市、44个县及11所高职高专的常规巡视，实现市县巡视全覆盖，巡察18个典型村。省委巡视办向省纪委移交案件线索140件，向省委组织部移交问题线索117条，向被巡视单位移交2017件。持续保持查刹"四风"高压态势，强化监督执纪问责，紧盯"四风"变异，狠抓重要时间节点，把违反中央八项规定精神的行为列入审查重点，专项整治违规收送礼金、红包问题、领导干部顶风大操大办婚丧喜庆等借机敛财问题，防止"四风"反弹。全省查处违反中央八项规定精神问题1255个，处理1864人，给予党政纪处分1516人。贯彻落实中央推进干部能上能下规定，解决不作为、慢作为等问题，严肃查处省水利厅专项资金"沉睡"、五台山风景管理区多次被媒体曝光仍不整改等问题，对76人进行追责问责。持续保持"打黑除恶"高压态势。加强基层社会综合服务管理平台建设，加快立体化社会治安防控体系建设，开展严打暴力恐怖活动专项行动，推进平安山西建设。打掉恶势力犯罪团伙150个。

匡正选人用人风气。整治吏治腐败问题和选人用人方面的不正之风，树立"德才兼备、以德为先、以廉为基"用人导向。推进"三个一批"工作。出台《关于做好甄别处理一批、调整退出一批和掌握使用一批干部工作的意见》，在省、市、县分级开展试点，通过"六查"全省甄别34608名干部，查出有各种问题干部2039人，其中处理1337人、调整退出421人。实施"六个全程"，有21人在省管干部选任程序启动后，因发现各种问题被中止。坚持严格按制度和规矩办事。针对选人用人权力运行风险点和制度漏洞，制定出台《山西省省管干部动议酝酿任免议事规则》《关于加强县委书记选拔任用和管理监督工作的意见（试行）》等制度，健全和完善选人用人长效机制。全年省委常委会任免15批次828名省管干部，其中提拔238名。从严加强干部管理监督。把廉政审查融入干部选任全过程，做到“五个必审”，做好“一倒查六整治”，以“三龄二历一身份”为重点，专项清理18.66万份科级以上干部档案。整治消化超职数配备干部2284名，清理党政干部在企业兼职999人，查核清理“裸官”27人。

实施“六权治本”。贯彻落实习近平总书记提出的“反腐倡廉的核心是制约和监督权力”“把权力关进制度的笼子里”等要求，治标同时治本。提出并实施依法确定权力、科学配置权力、制度约束权力、阳光行使权力、合力监督权力、严惩滥用权力。坚持标本兼治、打造制度“笼子”，在省交通厅和吕梁市、孝义市开展“六权治本”试点，召开全省推进大会，突出“三清单、两张图、两平台、一监督”载体建设，推动“六权治本”向基层延伸。把落实中办、国办《关于推行地方各级政府工作部门权力清单制度的指导意见》作为工作重点，推动省市县各级政府全面梳理各部门、各岗位的职权事项，编制权力清单、责任清单和负面清单，山西省权力清单编制及公布工作比中办国办要求时限提前完成。通过厘权、确权省政府保留52个部门和单位行政职权3090项。推动各级各单位实施权力运行流程再造，绘制权力运行风险防控图，实现分级决策、分级审批、分级管理和管审分离、管办分离、管采分离。省、市、县三级政务服务平台和省、市公共资源交易平台建设有序推进。完善“三重一大”决策制度机制，监督权力运行。

（王　伟）

【深化改革全面推进】 2015年，山西省委推进全面深化改革工作，统筹抓好六大领域改革工作，召开12次省委深改领导小组会议，审议通过19个重大改革制度性文件稿，出台40多个制度性文件。发挥综改试验区建设对全省深化改革的旗帜和统领作用，实施“2285”年度行动计划，铺开的113项改革任务和举措有序推进。

推进重点领域改革。深化煤炭管理体制改革，出台专项改革方案，部署10个方面、32项改革任务，在清费立税、煤焦公路销售体制、煤炭行政审批等改革方面取得重大成效，煤炭资源市场化配置改革实质性推进。取消省级设定的面向煤炭的行政事业性收费，减轻煤炭企业负担108.5亿元，煤炭企业实际减负率由原先14.6%降至10.6%；全部撤销政府机构对企业的21项行政授权，全部取消9种运输票据，全部撤销1487个各类站点；省级涉煤审批事项由63项减少到38项。统筹推进能源领域综合改革，在能源发展战略行动计划、落实国家低热值煤发电项目核准委托、争取深化电力体制综合改革试点、煤层气矿业权审批制度改革等方面取得重要进展。加快推进国资国企改革，在国资国企改革顶层设计、省属国有企业财务等重大信息公开、省属企业负责人履职待遇业务支出管理等方面迈出新步伐。深化行政管理体制改革，取消和下放行政审批事项，省政府部门和单位精简权力事项5343项，精减率63%。

注重发挥改革试点的突破带动作用和各地的创新精神，全省实施各类试点67个。探索建立“1+4”落实机制，推动各项改革举措落地见效。

（王　伟）

【经济下行压力应对】 2015年，山西省委加强对经济形势分析研判和工作调度，研究部署扩大投资、稳增长“工业19条”、企业“减负60条”、开展工业企业帮扶等方面政策措施。发挥固定资产投资对稳增长作用，开展“项目提质增效年”和“百日百项”活动，推进十大重点领域投资和十大标志性工程建设。坚持以扩大开放促发展，对接国家“一带一路”战略，紧抓山西省被纳入《京津冀协同发展规划纲要》《环渤海地区合作发展纲要》、中蒙俄经济走廊合作省份等机遇，加快开放平台建设，做好相关产业承接、融入发展等各项工作。加大招商引资力度，成功举办能博会、文博会、农博会、体博会等活动，组织央企入晋、晋商回乡等招商活动。加快推进外贸发展，促进贸易便利化，机电和高新技术产品出口创历史最高水平。完善促进消费增长政策体系，推进电商服务体系、市场流通网络建设，促进消费拉动。

统筹做好“两篇大文章”。提出做好煤与非煤“两篇大文章”。围绕建设国家新型综合能源基地，加快实施“革命兴煤”、煤炭“六型”转变等重大战略，下功夫解决煤炭转化、电力消纳、煤层气发展等重大问题。全省有14个矿区总体规划获国家批复，低热值煤发电项目核准建设进度加快，三条特高压外送电通道获国家核准并开工建设，晋北（朔州）现代煤化工基地和现代煤化工标志性重大项目稳步推进。发展文化旅游、装备制造、新材料、新能源、节能环保、食品医药、现代服务业七大非煤产业，完善发展战略和规划，加快推进重大项目建设，规模以上装备制造业、服务业增加值成为拉动经济增长的主要动力。

推进“三个突破”。提出把实现科技创新、民营经济和金融振兴“三个突破”作为破解要素制约、激发发展活力的关键性举措。加快山西科技创新城建设，两批引进清华大学、中科院、华能集团等国内相关领域最高水平研究机构34家，实施一批重点领域重大科技攻关项目。加强信用环境建设，强化金融对实体经济的支持，处置地方金融机构不良资产，开展非法集资风险排查及专项整治，3起金融风险出资取得阶段性成效。资本市场融资和创新取得重大突破，全省上市企业37家，“新三板”挂牌企业27家。建立省市县领导班子成员联系民营企业制度、反映民营经济发展考核机制，创优民营经济发展环境，推动大众创业、万众创新。

做好“三农”工作。出台新的10项补贴政策，对农村土地确权登记颁证、果业“三品”提升、奶业提质增效等工作进行补助。实施粮食高产创建工程，全年粮食总产量125亿公斤。推进农业结构调整优化，狠抓七大产业振兴翻番工程，加快特色农业发展和现代农业示范区建设，实施农产品加工“513”工程。深化农村改革，推开土地承包经营权确权登记颁证工作，加快农村土地流转、农村产权流转交易市场建设，全省土地流转面积779万亩。培育新型农业经营主体，注册登记农民合作社7.96万家。开展美丽宜居示范村三级联创，全省改善农村人居环境各项工作稳步推进。抓好新型职业农民培训，组织实施“山西省现代青年农场主计划”，完成新型职业农民培育8.5万人。

推进新型城镇化。坚持以人为核心加快城镇化，按照“五规合一”实施全省城镇体系规划，加强城乡道路、城市管网等基础设施，健全城市功能体系。加快太原都市圈建设，实施设施提升、城市安居、城中村改造和环境提质“四大工程”，改善城市人居环境。推进晋北、晋南、晋东南城镇群发展，抓好大同都市区、上党城镇群、临汾百里汾河经济带建设。引导社会资本参与项目建设。推进户籍制度改革，二元户籍退出历史舞台。

(王 伟)

【民生保障和改善】 2015年，山西省委出台援企稳岗、促进就业创业等政策，实施企业工资宏观调控、提高社保待遇、社会救助、农民工欠薪应急等措施，推进机关事业单位工资制度、养老保险制度、医药卫生等改革，推进单独两孩政策，在幼儿园建设、普通高中办学标准化等方面取得新成效。统筹推进社会保障体系建设，基本养老、基本医保参保人数分别超过2300万人、3400万人，综合参保率达95%以上，人人享有养老、医疗保障的目标初步实现。推进保障性住房建设。推动太原市城中村改造。全年完成7.5万户、21万人搬迁治理任务。推进精准扶贫、精准脱贫，加快连集中片特困地区扶贫攻坚，农村贫困人口由452万减少到282万，贫困发生率从18.7%下降到11.7%。全省有贫困村7993个，占全省农村总数28.3%。

坚持把安全生产摆在首要位置，完善落实“党政同责、一岗双责、齐抓共管”安全生产责任体系，汲取同煤集团姜家湾煤矿重大事故沉痛教训，开展与县委书记、重点企业负责人安全生产责任集体谈心对话。国家领导人关于天津“8·12”事故重要指示批示精神，省领导带队进行“四不两直”突击检查，开展安全生产大检查、打非治违专项行动、危险化学品和易燃易爆物品安全专项整治，全省安全生产形势总体稳定、持续明显好转并向稳定好转坚实迈进。

加强基层社会综合服务管理平台建设。建立重点工程项目和重大决策社会稳定风险评估机制。建立省级联合接访中心，完善多元化矛盾纠纷化解机制，率先在全国实现三级调解中心全覆盖。推进平安山西建设，加快立体化社会治安防控体系建设，开展重点整治工作。深化反恐怖斗争，开展严打暴力恐怖活动专项行动。抓好纪念抗战胜利70周年活动安全保障工作。保持“打黑除恶”高压态势，全省打掉恶势力犯罪团伙150个，破获各类刑事案件1028起，抓获犯罪嫌疑人869人。 (王 伟)

·重要会议·

【省委议军会议】 2015年2月27日，山西省委召开议军会议，学习贯彻党中央、中央军委重大决策部署和习近平主席重大战略思想，传达中央军委、北京军区党委扩大会议精神，总结部署山西省国防动员和后备力量建设情况，讨论审议省军区提交会议审议的议题。省委书记王儒林主持会议并讲话。省长李小鹏讲话。省党政军领导楼阳生、冷杰松、张少华、高建民、王伟中、付建华、张复明、刘杰、负自博、喻军、吴国志、徐建勇、谢新宁及省直有关部门负责人出席。

(王 伟)

【省委党建工作领导小组会议】 2015年3月20日，山西省委召开党建工作领导小组会议。省委书记、省委党建工作领导小组组长王儒林主持会议并讲话，省委党建工作领导小组副组长楼阳生、胡苏平、黄晓薇、王伟中、盛茂林参加会议并发言。

会议听取2014年全省党建工作情况汇报，讨论《中共山西省委党建工作领导小组2015年工作要点》，领导小组各位副组长发表意见。

(王 伟)

【全省学习讨论落实活动总结暨“六权治本”推进会】 2015年4月20日，山西省委召开全省学习讨论落实活动总结暨“六权治本”推进会。省委书记王儒林出席会议并作重要讲话。省委副书记、省长李小鹏主持会议。省委副书记楼阳生，省政协主席薛延忠，省四大班子负责人，法院院长、检察院检察长出席会议。

会上，“六权治本”试点单位吕梁市、孝义市、省交通运输厅有关负责人先后发言。 (王 伟)

【“五一”表彰大会】 2015年4月29日，山西省召开“五一”表彰大会，表彰上一年度以来为改革发展稳定做出突出贡献的先进单位(集体)和先进个人。省委书记、省人大常委会主任王儒林出席表彰大会并讲话，省委副书记、省长李小鹏主持，省政协主席薛延忠出席，省委副书记楼阳生宣读表彰决定。省领导王伟中、付建华、李政文、田喜荣出席大会。

楼阳生宣读《山西省劳动竞赛委员会关于表彰山西省五一劳动奖状、山西省五一劳动奖章和山西省工人先锋号的决定》。山西省劳动竞赛委员会决定授予山西太钢不锈股份有限公司原料开发采购部等69个单位山西省五一劳动奖状；授予山西西山煤电股份有限公司西铭矿一采区生产副区长刘昊鹏等270人山西省五一劳动奖章；授予太化集团工程建设公司自动化分公司电仪施工队等104个集体山西省工人先锋号。(王 伟)

【全省党管武装工作述职电视电话会议】 2015年7月31日，山西省党管武装工作述职电视电话会议在省城召开。省委书记、省人大常委会主任、省军区党委第一书记王儒林出席并讲话。省委副书记、省长、省国动委主任李小鹏出席。省党政军领导薛延忠、楼阳生、冷杰松、郭志刚、高建民、吴政隆、王伟中、李政文、左世忠、杨司出席会议。省军区领导李毅、喻军、

吴国志、谢新宁出席。

会议贯彻习近平主席系列重要讲话精神特别是国防和军队建设的重要论述，分析上年以来全省党管武装工作形势，进一步统一思想、理清思路、强化责任，在新的起点上加强和改进党管武装工作。与会人员观摩省军区机动指挥系统、地震救援装备和固定指挥系统。兼任各市军分区（警备区）党委第一书记等11名领导通过视频会议系统进行党管武装工作述职。（王 伟）

2015年9月7日，山西省纪念中国人民抗日战争暨世界反法西斯战争胜利70周年大会在武乡县八路军太行纪念馆广场举行（一 溪供图）

【山西省纪念中国人民抗日战争暨世界反法西斯战争胜利70周年大会】 2015年9月7日，山西省纪念中国人民抗日战争暨世界反法西斯战争胜利70周年大会在武乡县八路军太行纪念馆广场举行。大会学习贯彻习近平总书记在纪念中国人民抗日战争暨世界反法西斯战争胜利70周年大会上的重要讲话精神，弘扬伟大的抗战精神，铭记历史，缅怀先烈，珍爱和平，开创未来。省委书记、省人大常委会主任王儒林在纪念大会上讲话，省委副书记、省长李小鹏主持会议。省政协主席薛延忠、省委副书记楼阳生等省四大班子领导，省军区、省武警总队主要领导，特邀嘉宾抗战老战士、老民兵、地方支前模范代表，将帅子女、烈士遗属代表出席纪念大会。

省直有关厅局主要负责人，各民主党派代表，解放军和武警官兵代表，工人学生代表，老区群众代表等2000余人参加纪念大会。（王 伟）

【全省农村基层党建工作会议】 2015年10月10日，山西省委召开全省农村基层党建工作会议，学习贯彻习近平总书记系列重要讲话特别是关于农村基层党建工作的重要指示精神，落实全国农村基层党建工作座谈会部署，研究安排山西省农村基层党建工作。省委书记王儒林出席会议并讲话。省委副书记楼阳生主持，省委常委、组织部长盛茂林作总结讲话，省委常委、秘书长王伟中，副省长郭迎光出席会议。省委常委、太原市委书记吴政隆在太原分会场参会。

会上，晋中市委书记张璞，太原市委常委、组织部长张明星，临汾市浮山县委书记孙京民，晋城市泽州县周村镇党委书记郎军芳，长治市屯留县李高乡北宋村党支部书记郭贵珍分别作典型发言。会议以电视电话会议形式召开，主会场设在省委会议厅，各市、县（市、区）设分会场。

（王 伟）

【省委十届七次全体会议】 2015年12月4日，中国共产党山西省第十届委员会第七次全体会议在太原召开。全会学习贯彻党的十八届五中全会特别是习近平总书记重要讲话精神，听取讨论《省委常委会工作报告》，审议通过《中共山西省委关于制定国民经济和社会发展第十三个五年规划的建议》、省委十届七次全会决议和有关事项。

省委书记王儒林受省委常委会委托作工作报告，就《建议（讨论稿）》向全会作说明。省委副书记、省长李小鹏，省委副书记楼阳生，省政协主席薛延忠，省委常委胡苏平、高建民、黄晓薇、吴政隆、孙绍骋、王伟中、付建华、盛茂林、冷杰松出席会议。出席全会的省委委员58人，候补委员6人。不是省委委员、候补委员的省人大、省政府、省政协负责人，省军区、省武警总队主要负责人；省纪委常委；各市市委书记、市长；省直各部门主要负责人，中央驻晋单位和企业主要负责人；其他有关方面负责人，省第十次党代表大会部分基层代表，各县（市、区）党政负责人列席会议。

全会按照党章规定，决定递补省委候补委员张文栋、张志川、岳普煜、赵雁峰、贺天才、席小军为省委委员。

全会表决通过确认省委常委会给予丰立祥、王茂设、刘向东、吴永平、董洪运开除党籍处分的决定，《关于确认省委常委会作出终止丰立祥等36人山西省第十次党代表大会代表资格决定的决议》等事项。

（王 伟）

【全省经济工作会议】 2015年12月30日至31日，山西省经济工作会议在太原举行。会议学习贯彻中央经济工作会议精神特别是习近平总书记重要讲话精神、省委十届七次全会精神，分析山西省经济工作面临的形势，部署2016年全省经济工作。省委书记王儒林，省委副书记、省长李小鹏出席会议并作重要讲话。省委副书记楼阳生主持会议，省政协主席薛延忠等出席会议。（王 伟）

【全省脱贫攻坚大会】 2015年12月31日,山西省脱贫攻坚大会在太原召开。会议贯彻落实中央扶贫开发工作会议精神,部署当前和今后一个时期山西省脱贫攻坚工作,动员全省上下齐心协力打赢脱贫攻坚这场硬仗。省委书记王儒林,省委副书记、省长李小鹏出席会议并讲话。省委副书记楼阳生主持会议,省政协主席薛延忠出席会议。

省委常委,省人大、省政府、省政协负责人,省军区、武警山西总队主要负责人;省法院院长、省检察院检察长;各市市委书记、市长,扶贫办主任;省委、省政府副秘书长;省直各部门、中央驻晋单位和企业主要负责人;省人大、省政协各专门委员会和工作机构主要负责人;省管国有企业、本科院校主要负责人;各县(市、区)党政主要负责人;中央单位在晋定点扶贫挂职干部参加会议。

(王　伟)

巡　视

【巡视版块全覆盖】 2015年,山西省委巡视机构开展五轮专项巡视、一轮常规巡视,巡视128个地区和单位,完成市县、国有骨干企业、金融企业、高校"四个版块"全覆盖,总体覆盖率84.2%,发现问题线索4377个。

省委领导有力。省委常委会8次专题研究巡视工作。省委书记王儒林52次对巡视工作作出批示,针对巡视发现的问题集体约谈11个市的市委书记和纪委书记。省长李小鹏主持召开省政府常务会议,专题部署督促政府系统被巡视单位巡视整改工作。省委副书记楼阳生召集分管单位和部门研究安排巡视整改工作。分管省领导与被巡视单位共扛巡视整改主体责任。省委巡视工作领导小组召开7次领导小组会议、3次专题会议、6次动员部署会议,研究、部署安排巡视工作,听取巡视情况汇报。黄晓薇、盛茂林、迟耀云等领导小组领导对巡视工作批示近400次。

创新工作机制。制定《巡视工作流程》《巡视全覆盖工作方案》《巡视报告模板》《巡视督办工作办法》等12项制度,推动巡视监督规范化。建立由40名同志组成的巡视组长库,实行组长"一次一授权",打破"铁帽子",对工作不力的组长不再授权。探索"点穴式""大数据"等新打法。推行"五账挂号",以巡视报告、巡视期间移交的问题线索为基础建账、报账、转账、查账、销账。捆绑整改责任,对于巡视发现的共性问题,分别通报分管的省领导,省领导对号领题、认真研究、督促整改。探索市县巡察,5个常规巡视组对18个问题反映突出的村进行巡察,督办案件245件,纪律处分村级干部133人,移交司法机关20人。开展巡视理论研究,筹备全省巡视工作理论与实践研讨会,向120多家单位发出征文通知,向110多名领导干部、专家学者发出征文邀请,收到全国各地论文300余篇。

巡视成效显著。全年一轮常规巡视、五轮专项巡视发现问题线索4377个,其中涉及省管干部353人,处级干部1024人;向省纪委移交涉及省管干部案件线索140件,处置128件,处置率91.6%,涉及厅级干部98件、处级干部35件;向省委组织部移交反映省管干部问题117条,处置114条,处置率97.4%,涉及厅级干部38条、处级干部14条;向被巡视地区和单位移交问题线索2017条,涉及处级干部556条,处置率97.7%。常规巡视整改期间立案1297件,党政纪处分1800人,移交司法机关127人。专项巡视整改期间,24个被巡视单位研究制定整改措施984条,修订新建规章制度528项,2个月内整改问题569件,限期整改率87.4%,党政纪处分348人,其中撤职以上重处分24人,移送司法机关9人,挽回直接经济损失近4亿元。

加大宣传力度。每轮巡视从进驻到反馈、整改全程报道,全年《山西日报》、山西电视台、省纪委网站等媒体刊登巡视工作稿件近400篇。被巡视党组织主要负责人出镜出声表态,强化被巡视党组织从严治党主体责任。巡视反馈报道直指问题,措辞严厉,"火药味"足,形成倒逼整改压力。组建20人的《巡视工作条例》宣讲团,利用一周时间开展巡回宣讲70余场,累计宣讲时间190多个小时,受众5万人,在全省掀起学习宣传贯彻《巡视工作条例》的高潮。

中央、省委肯定。王岐山、赵乐际、赵洪祝等中央领导先后对山西省改进巡视工作、深化政治巡视、督促补交党费的做法给予批示肯定。7月下旬中央巡视办主任黎晓宏给予"组织领导有力、工作创新有方、成果运用有效、队伍建设有招"的高度评价。王儒林、黄晓薇分别受邀在《中国纪检监察》上发表《扛起主体责任 握紧巡视利剑》《制度创新的结晶 党内监督的利器》两篇文章。中央先后召开3次巡视工作会议,山西省3次都作大会发言。中央巡视办《巡视参考》先后5次全文刊登山西省巡视工作的经验做法,供各省区市学习借鉴。省委《晋办通报》先后6次刊登巡视工作方面文章。

(杨　帆)

【省委巡视组巡视党组织名单】 常规巡视:巡视时间2015年4月至2015年9月。共巡视58个党组织:临汾市尧都区、侯马市、霍州市、曲沃县、洪洞县、安泽县、浮山县、翼城县、古县9县(市、区);山西师大临汾学院、临汾职业技术学院;晋中市及所辖11县(市、区),晋中职业技术学院、晋中师范高等专科学校;长治市城区、郊区、潞城市、屯留县、长治县5县(区);长治教育学院、长治职业技术学院;晋城市及所辖6县(市、区),晋城职业技术学院;运城市及所辖13县(市、区),运城农业职业技术学院、运城幼儿师范高等专科学校、运城师范高等专科学校、运城护理职业学院党组织。

第一轮专项巡视:巡视时间2015年3月。巡视省供销社、省妇联、省水利厅、省粮食局、焦煤集团、阳煤集团、中北大学、长治医学院8个党组织。

第二轮专项巡视：巡视时间2015年5月至2015年6月。巡视省新闻出版广电局、省住建厅、山西师范大学、省工商联、省宗教局、省煤炭地质局、省文化厅、民航机场集团公司(管理局)、潞安集团、省贸促会、山西国际能源集团、山西日报社、省国防科工办、山西医科大学、山西农业大学、山西财贸职业技术学院16个党组织。

第三轮专项巡视：巡视时间2015年9月至2015年11月。巡视同煤集团、省文联、省体育局、省科协、省商务厅、省质监局、山西大学、吕梁学院、晋煤集团、省农科院、太重集团、太原理工大学、山西广播电视台、山西工程职业技术学院、省扶贫办、省地勘局16个党组织。

第四轮专项巡视：巡视时间2015年11月至2016年1月。巡视晋中学院、长治学院、山西金融职业学院、省万家寨引黄工程总公司(管理局)、省机械设备成套局、省城镇集体工业联合社、山西出版传媒集团公司、省委党校(山西行政学院)、运城学院、山西能源交通投资有限公司、山西中医学院、省社会科学院、太原钢铁(集团)有限公司、团省委(山西青年职业学院)、山西广播电视大学、晋能有限责任公司、山西职业技术学院、太原学院18个党组织。

第五轮专项巡视：巡视时间2015年12月至2016年1月。巡视省环境保护厅、省物价局、省统计局、省旅游局、省国资委、省安全生产监督管理局、省审计厅、省政府法制办公室8个党组织。 (杨　帆)

组　织

【习近平系列重要讲话精神学习贯彻】 2015年，山西省委组织部坚持把学习贯彻习近平总书记系列重要讲话精神作为首要政治任务，不懈推动政治生态改善。

开展“学习讨论落实”活动。把学习贯彻习近平总书记系列重要讲话精神贯穿活动全过程。严把活动关键节点，选派督导组全程督导，督促各级党委(党组)结合净化政治生态、实现弊革风清形成活动《反思剖析报告》。突出从严治吏，推进由组织部门牵头的各项任务落实。

推进“三严三实”专题教育。省委坚持以上率下，省委常委班子自觉向中央领导集体看齐，带动各级党组织和党员领导干部践行“三严三实”。各级组织部门加强组织协调，把专题教育融入日常学习教育，持续引深“双学”；严明党的政治纪律和政治规矩，深化专题研讨，高标准严要求组织开好专题民主生活会和组织生活会；协调推进30个专项整治和3个专项治理，推动老问题新问题一起解决；提振干事创业激情，引导各级干部勇于担当、攻坚克难，推动作风建设常态化、长效化。山西省专题教育工作得到中央和中组部领导肯定，在中央“三严三实”专题教育座谈会上作典型发言，《人民日报》、中央电视台《新闻联播》先后专题报道山西省做法。

强化干部理论武装和能力提升。狠抓理想信念、忠诚守纪、反腐倡廉教育和专业知识培训。调训省管干部和优秀中青年干部600余人，围绕中央和省委重大决策部署联合培训各级各类干部7500余人，党政领导干部岗位专业知识网络培训3400余人，全省3.5万余名干部参加各级组织选学培训。 (李宏翔)

【吏治刷新】 2015年，山西省委刷新吏治，模范践行民主集中制，带头按制度规矩办事，支持组织部门发挥职能作用，给全省各级党委做出示范。省委书记王儒林亲自带队调研干部工作，提出一系列明确具体要求。省委组织部和各级组织部门贯彻省委要求，坚持公道正派，强化责任担当，破解在发生系统性、塌方式严重腐败情况下选人用人难题，初步实现选人用人风清气正。2015年，省委常委会任免省管干部15次828人次，其中提拔使用240人，在干部选拔任用全过程没有出现跑官要官、说情打招呼的情况。特别是朔州、吕梁两市的人大、政府、政协领导班子换届工作平稳完成。山西省刷新吏治工作得到中央领导和中组部肯定。中组部《组工通讯》刊发专稿，《人民日报》连发两篇通讯，介绍山西省刷新吏治工作。

严肃查处吏治腐败问题，严厉整治用人不正之风。开展“一倒查六整治”，对20名处级干部、22名乡科级干部进行“带病提拔”倒查，严肃查处选人用人问题案件269件，党政纪处分112人，组织处理318人。全省整改消化超职数配备干部3746名，审核清理乡科级以上干部档案18.6万份，清理党政干部在企业兼职999人，查核清理“裸官”27人。把选人用人专项检查列入巡视重要内容，注重巡视成果运用。全年处置用人问题巡视线索138件，给予党政纪处分79人，组织处理281人。

推进“三个一批”，坚决防止“带病提拔”。在腐败案件量多面广、涉及干部多、诸多案件尚未办结的情况下，如何全面准确了解干部、防止“带病提拔”，是面临的难题，也是必须攻克的难关。省委在全省实施“三个一批”，即：甄别处理一批不廉洁、乱作为干部，调整退出一批不作为、不胜任干部，掌握使用一批敢作为、善担当干部。把“甄别”作为核心，以“六查”(查档案、查个人有关事项报告、查民意、查业绩、查线索、查案件)为手段，重点甄别容易滋生腐败和权力寻租的部门、岗位和拟提拔干部，全省全年甄别干部68874名，处理问题干部5122名。把“退出”作为重点，坚决调整不适宜担任现职领导干部，推进干部能上能下，全省全年调整退出干部860人。对省水利厅专项资金“沉睡”、五台山风景管理区多次被媒体曝光批评等问题中负有责任的76名不作为、慢作为干部进行问责处理。把“掌握使用”作为关键，全省全年各级党委(党组)通过“六查”掌握一大批好干部，提拔使用4438人。把防止“带病提拔”贯穿干部选任全过程，全年有31人在省管干部选任程序启动后，因发现各种问题被中止。在县委书记选拔中坚持全程民主、全程差额、全程署名、全程留痕、全程监督、全程追责“六个全程”。

坚持先立规矩后办事,不断健全和完善选人用人制度机制。按照“六权治本”要求,针对选人用人权力运行的风险点和制度漏洞,进行制度建设探索,经省委常委会研究,先后制定出台《关于全面贯彻好干部标准树立正确用人导向从严管理干部的决定》《关于甄别处理一批、调整退出一批和掌握使用一批干部工作的意见》《关于加强县委书记选拔任用和管理监督工作的意见(试行)》《山西省省管干部动议酝酿任免议事规则(试行)》《各级党委(党组)在干部选拔任用工作中严格执行民主集中制的办法(试行)》5个干部选任工作制度性文件,对干部选任工作中一些模糊地带、敏感环节作出明确具体规定,强化党委(党组)的集体领导把关作用,坚持扩大民主不动摇并提高民主质量,初步形成指导山西省当前和今后一个时期干部选任工作比较完整的制度体系。 (李宏翔)

【基层党组织建设】 2015年,山西省委组织部坚持强化“一把手”抓党建责任,系统谋划和推进各领域基层党建工作。

突出责任抓落实。省委始终把党建工作主体责任扛在肩上,召开全省农村基层党建工作视频会议,省委书记王儒林讲话部署,市、县、乡三级书记等3000余人参加。推进党建主体责任落实,开展市县乡党委书记抓基层党建工作述职评议考核。中组部《全国基层组织建设工作情况通报》专稿介绍山西省情况。

突出重点抓整治。集中整治5155个软弱涣散基层党组织,选派9395名“第一书记”参与整顿工作,全省软弱涣散基层党组织转化率达90%以上。以全省农村集体“三资”清理整治为契机,发展农村集体经济。解决乡村治理机制不健全问题,推动全省村级组织建立村务监督委员会。从严管理全省各级党代表大会代表资格,依纪终止违纪党代表资格,依规停止执行党代表职务,纯洁党代表队伍。

突出基层打基础。年初全面完成农村“两委”换届,换届选举风气明显好转。培训农村基层“领头雁”38.4万人次。在全省评选“优秀乡镇党委书记”。推动4028名大学生村官有序流动。全省社区年平均工作经费比上年提高1万元,30.7万名在职党员到社区报到、服务群众。加强高校党的建设,制定实施党委领导下的校长负责制试行办法,推行高校领导班子和领导人员任期制,开展向民办高校选派党委书记工作。统筹加强机关、企业、社会组织和非公经济组织等领域党的建设。从严从实加强党员队伍建设,制定实施从严发展党员“5+1”工作制度。 (李宏翔)

【人才工作】 2015年,山西省委组织部坚持培养选拔引进多措并举,推进各类人才队伍建设。坚持党管人才原则,以十项重大人才工程为抓手,以山西科技创新城为试点,集聚培养用好各类优秀人才。

挖掘现有人才。培养选拔三晋技术能手100人,全年培训农村实用人才带头人等8.2万人,培育科技示范户7.5万户,全省涌现出一大批行业标兵、全国能手。

引进紧缺人才。组织实施省第八批“百人计划”,一次引进100名海外高层次人才,引才数量比上年提高64%。成功举办“2015山西·太原人才智力交流大会”。

选拔高端型人才。遴选11名青年拔尖人才,选拔学术技术带头人199名,55名享受政府特殊津贴人员通过国务院审批。山西焦煤集团金智新当选中国工程院院士,发挥重要引领示范作用。

完善保障制度。出台引进高层次人才服务保障配套管理办法等系列政策规定,激发各类人才创造活力。 (李宏翔)

【选人用人不正之风整治】 2015年,山西省委组织部坚持从严治吏必先从严治部,以铁的纪律打造过硬队伍。解决组织系统存在问题,给党委选人用人把关守门更加尽职尽责,得到中组部肯定,省委在全省转发组织系统“从严治部”具体做法。

深刻反思剖析。省、市、县三级组织部门都形成《严厉整治选人用人不正之风的情况分析报告》,从严治部、从严律己意识增强。

强化政治自觉。带头开展“三严三实”专题教育,坚定正确政治方向,自觉增强思想定力、战略定力、道德定力,做政治上的明白人,组织工作干部围绕中心的大局观、坚持原则的战斗性、担当干事的执行力增强。

严肃整顿队伍。先后约谈11个市委组织部长和83个县(市、区)委组织部长,各市县组织部也层层约谈。带头开展“三个一批”,全省组织系统处理存在问题干部305人,其中免职85人,调离组织部门128人,党政纪处分36人。从严整顿的同时,加强关心与爱护,向各级党委推荐使用优秀组织工作干部,面向社会公开补选工作人员,推进轮岗交流,加强教育培训,组织工作干部队伍日益纯洁,能力素质不断提高。

规范权责管理。理清权责边界,理顺机构职能,省委组织部精简职能49项,下放审批事项10余项,细化关键环节工作制度30余项,带动市县两级组织部有序推进职能调整。自觉接受监督,在三晋红e网、大组工网同步开设部长信箱。加速信息化建设,省市县三级联动,完成大组工网分级保护建设和测评工作。

(李宏翔)

宣 传

【宣传思想理论建设】 2015年,山西省委宣传部坚持以学习贯彻习近平总书记系列重要讲话精神为首要政治任务,以各级党委中心组学习为重点,组织编写《习近平总书记系列重要讲话选编》《省委常委民主生活会学习资料》等辅导读物,组织、服务省委中心组集中学习12次。制订《关于建立领导干部上讲台制度的意见》，推动党员领导干部“学讲结合，以讲促学”。组织十八届五中全会中央宣讲团山西宣讲活动，组建省委宣讲团到各地宣讲15场。落实党委（党组）意识形态工作责任制，加强对意识形态领域情况的分析研判，掌握意识形态工作的领导权和主动权。加强高校等宣传思想阵地建设，制订出台《关于进一步加强和改进新形势下高校宣传思想工作实施意见》《关于加强山西新型智库建设的实施意见》等指导性文件。实施哲学社会科学创新工程，健全完善社科课题研究协调机制，深化对习近平总书记系列重要讲话精神和中国特色社会主义理论体系的研究阐释，推出《山西文明史》《山西新型城镇化过程中农村人口转移问题研究》等一批针对性强、应用价值高的优秀成果。盐湖区“德孝文化建设实践研究”被中宣部列为马工程首批重大实践经验总结课题。

（王　正）

【舆论引导】 2015年，山西省委宣传部统筹各级各类媒体资源，围绕中央和省委重大决策部署、重大活动、重点工作，组织开展30多项重大主题宣传战役，宣传山西省从严治党、反腐倡廉、作风建设和改革发展的新进展、新成效，提振全省干部群众士气和信心。按照省委书记王儒林大力弘扬“三个文化”、大力挖掘“三个一”文化内涵要求，组织开展“三个文化”学习研讨、“弊革风清三晋春”等五大系列40多项宣传推介活动，提升山西文化影响力。回应社会关切问题，做好热点问题引导和负面信息调控，加强社会舆情特别是网络舆情分析研判，加强互联网队伍建设，加大网上突出问题治理力度，唱响主旋律，激发网络空间正能量。加强新闻宣传管理，开展新闻单位驻地方机构清理整顿工作，撤并改各类新闻单位分支或派出机构55家。推动传统媒体与新兴媒体融合发展，推进部校共建新闻学院工作。加强对外宣传，组织开展香港高层媒体、全球华文媒体、全国网络媒体山西行活动，参与山西品牌中华行、丝路行活动，塑造山西对外形象。

（王　正）

【核心价值观培育】 2015年，山西省委宣传部制订《培育和践行社会主义核心价值观行动方案》，开展“德润三晋·共筑梦想”主题实践活动，推进思想道德建设和精神文明创建工作，凝聚向廉向善向上力量。开展“讲文明·树新风”公益广告和“图说我们的价值观”宣传活动，制订印发、宣传65条“讲文明树新风”公益广告宣传标语。组织开展道德模范、身边好人等先进典型的推荐、评选和学习宣传活动，制作山西省“道德模范人物公益广告片”12个，省市两级举办道德模范巡回演讲255场。晋城市刘平贵、李继林被评为第五届全国道德模范。开展陈规陋俗专项整治活动，推进社会诚信建设，建立健全社会信用体系建设机制，出台《关于推进诚信建设制度化的实施意见》。以精神文明创建评比表彰年为抓手，重新修订文明创建测评体系，配合中宣部在盐湖区召开“弘扬德孝文化·践行核心价值”现场交流会。弘扬山西省优秀法治文化、廉政文化、红色文化，以纪念抗战胜利70周年为契机，举办纪念大会，开展革命传统和爱国主义宣传教育，组织出版抗战题材重点出版物，加强抗战纪念设施保护修缮和内容展陈工作，组织举办摄影展、书画展、优秀文艺作品展演展播展映、群众演唱会和“戏曲精品老区行”慰问演出等系列活动，唱响“铭记历史、缅怀先烈、珍爱和平、开创未来”主题，弘扬民族精神和抗战精神，宣传山西省在全国抗战中的重要地位和突出贡献，增强广大干部群众实现弊革风清、促进富民强省的信心和决心。

（王　正）

【文化强省建设】 2015年，山西省委宣传部按照中宣部“基层工作加强年”要求，制订实施《关于加强基层宣传思想文化工作的若干意见》，基层公共文化服务体系进一步健全完善，群众文化权益得到保障。全年落实政府购买公共演出服务资金3300余万元，购买演出4500余场，受益群众500多万人次。开展“深入生活、扎根人民”主题实践活动，组织省市县三级100多个文艺院团，开展百团千人送文化下基层、文化惠民在三晋、文艺精品进校园等系列文化活动，满足基层群众文化需求。文艺创作持续繁荣，影视剧、舞台剧、文艺类图书佳作迭出。电视剧《黄河在咆哮》在央视一套热播；刘慈欣长篇科幻小说《三体》获“雨果奖”，成为亚洲作家获该奖项的第一人；山西卫视创新自办文化节目带，《走进大戏台》《歌从黄河来》《你贵姓》等栏目品牌影响力提升，国家新闻出版广电总局连续召开两次研讨会予以高度评价。组织开展山西省第11届精神文明建设“五个一工程”评选工作。制订出台公共文化服务体系建设、文化产品和服务出口、非时政类报刊出版单位体制改革、县级城市数字影院建设、黄金时间电视剧播出管理规定等制度性文件，配合举办第25届全国书博会，召开文化产业发展晋中现场会，组织参加深圳文博会、北京文博会，加快文化改革发展步伐。

（王　正）

【宣传人才和宣传队伍建设】 2015年，山西省委宣传部按照中央和省委统一部署，全战线开展学习讨论落实活动和“三严三实”专题教育，突出问题导向，强化作风建设，给推进文化改革发展提供政治保障。各级各部门树立抓好党建是最大政绩的理念，落实管党治党“两个责任”，建立权力清单、责任清单和工作落实台账，党建工作加强。以思想政治建设和能力建设为主线，全战线普遍加强人才和干部队伍培训工作，省委宣传部举办各类培训班24期，培训规模近3000人次。加强高校思政课教师、辅导员和宣传部长三支队伍培训。按照法治山西建设和“六权治本”要求，推进规章制度建设，围绕加强基层宣传思想文化工作、意识形态工作、核心价值观建设等，制订出台各类规范性文件21种，推进工作科学化制度化规范化。执行“好干部”标准，匡正选人用人导向,一大批政治强、业务精、作风正、有专长、敢担当的领导干部充实到各级领导班子,在全战线营造风清气正、干事创业氛围。 (王　正)

【“三个文化”宣传】 2015年,山西省委宣传部按照中央和省委重大决策部署,以“五句话”为指导,围绕“六权治本”“六大发展”“三个突破”“三个文化”“三个一”等治晋兴晋强晋重大方略,组织正面主题宣传,唱响主旋律,传播正能量,引领社会舆论,营造浓厚氛围。《山西日报》、山西电视台等主流媒体围绕中心、服务大局,开辟专栏专题,刊发刊播系列评论文章,在全省上下达成共识,凝聚强大力量,获省委肯定和各方面好评。

(王　正)

统　战

【思想政治引领工程】 2015年,山西省委统战部坚持以学习贯彻中央统战工作会议精神和《中国共产党统一战线工作条例(试行)》(以下简称《条例》)为主线,围绕全省中心工作。

2015年,山西省委常委会专题研究统战工作3次,省委书记王儒林参加统一战线重要会议、活动11次,就统战工作作出重要批示26次。中央统战工作会议召开后,省委先后召开省级党员干部会、省委常委会、省委中心组(扩大)专题学习报告会等会议,专题传达学习会议和《条例》精神。组织召开省委统战工作会议,制订印发《条例》的实施意见,成立以省委书记为组长的统战工作领导小组,明确各级统战部长由同级党委常委担任或兼任实现全覆盖。建立省委组织部、统战部联席会议制度并召开第一次联席会议,制订印发《省委组织部、省委统战部联席会议制度》《关于党外人士安排和统战部门干部管理工作的若干规定》等文件,对统战干部和党外人士管理、使用、研究、推荐等工作作出明确规定,推动中央统战工作会议精神和《条例》的全面贯彻落实。

2015年,山西省委统战部通过举办学习讲堂、知识讲座、专题报告会等形式,学习贯彻习近平总书记系列重要讲话精神,以及党的十八大、十八届三中、四中、五中全会和省委十届七次全会、全省经济工作会议等会议精神,坚持以科学理论武装头脑、指导实践、推动工作。全年组织中心组学习16次、干部集体学习22次,举办党风廉政建设、法治教育等专题讲座5次。先后举办省市县三级统战部长、党外市厅级领导、党外副县长、非公经济代表人士、宗教教职人员等参加的专题培训班13期,培训党政领导、统战干部、党外人士900多人次。在民主党派、工商联、无党派人士中开展坚持和发展中国特色社会主义学习实践活动,在非公经济人士中开展“以守法诚信为主题、以重塑民营企业家队伍形象为载体”的理想信念教育实践活动,在民族宗教界开展民族团结进步创建活动、和谐寺观教堂创建活动,分别举办民主党派学习讲堂5期、晋商大讲堂6期、民族宗教知识系列讲座6期,参学人员达5000余人次。 (王　峰)

【多党合作水平提升】 2015年,山西省委统战部加强制度建设,规范政党协商。代省委起草《山西省关于加强政党协商的实施意见》,代省政府起草《关于在政府工作中加强与民主党派、工商联和无党派人士联系的意见》,并分别以省委、省政府名义下发,推动多党合作的制度化、规范化建设。协助省委、省政府开展政党协商6次,就《政府工作报告》、全省经济运行情况、“十三五”规划建议等通报情况,征求意见。组织各民主党派、工商联和无党派人士围绕“六大发展”“六权治本”开展专题调研,形成一批具有参考价值的调研成果。加强党派班子建设,完成届中调整。统战部会同各民主党派出台《做好各民主党派省级组织届中调整工作的座谈会纪要》等3个指导性文件,统战部领导逐一约见各民主党派省委副主任委员,3次到中央统战部、民主党派中央汇报情况、交换意见、三方协商。全省6个民主党派完成届中调整工作,班子队伍中补充一批新成员。加强党外干部选配,搭建成长进步平台。修订完善党外人士安排有关制度,充实党外人士综合数据库,明确在省政府部门安排1~2名党外正职和3~5名党外副职、选配30名党外干部担任乡镇(街道)行政正职、推荐优秀党外中青年干部等工作。照顾同盟者利益,改善党派机关办公条件。秉承“真诚服务、确保安全、促进和谐”理念,改善条件,提升党派机关大楼科学化管理、人性化服务水平。推进社院新校区项目进度,完成土地证、规划证审批,省发改委、财政厅的建设资金全部拨付到位,项目建设进入施工阶段。 (王　峰)

【民营经济服务支持】 2015年,山西省委统战部按照山西省委、省政府“三个突破”部署,促进民营经济突破发展。(1)深入调查研究,制定出台政策。组织深度调研和多方论证,针对制约民营经济发展的8个方面38个问题,制订出台《关于加快民营经济发展的意见》和与之配套的《关于推进民营企业办理完善土地使用和房屋产权登记手续的实施意见》等4个实施细则,为民营经济突破发展提供政策保障。(2)牵头承办大会,推动政策落实。牵头承办全省民营经济发展推进大会,组建3个巡回宣讲团到11个市宣讲大会精神,督促各市召开会议、出台文件,推动《意见》和各项政策的落实。(3)健全体制机制,加大扶持力度。成立促进民营经济发展工作领导小组牵头起草《全省领导干部联系民营企业工作方案》,探索建立省市县三级帮扶机制。推动建立完善土地和房屋产权登记、金融支持重点民营企业筛选认定管理、“银税”合作等机制,破解民营企业融资难题。推动建立民营经济统计监测制度,完善民营经济统计考核内容。在晋中、长治和高平等地进行政策试点,形成经验,以点带面,发挥示范引导作用。启动民营经济“冬季行动”,对全省待批

审批项目进行“大起底”,助推民营企业加快转型升级。 （王 峰）

【民族宗教工作加强】 2015年,山西省委统战部重视民族宗教工作。(1)协助省委、省政府召开全省民族工作会议暨第六次民族团结进步表彰大会，贯彻中央民族工作会议精神,对山西省民族工作作出安排部署,对民族团结进步中的先进单位和个人进行表彰。(2)协调有关部门把全省23个少数民族贫困村纳入扶贫开发范围,给予政策、资金支持,推动形成加快少数民族贫困村经济社会发展的攻坚合力。(3)制订出台《关于切实加强少数民族学生教育服务管理工作的意见》《关于禁止歧视或变相歧视少数民族群众行为的通知》，支持办好山大附中藏族班,培训对口援疆地区民族宗教干部,促进各民族和睦相处、和衷共济、和谐发展。(4)加强宗教团体建设。召开五大宗教述职交流评议大会，落实省佛教协会办公场所，指导完成省道教协会换届工作,结束省道协八年未换届、六年没会长的局面,全省宗教团体建设全面加强。(5)开展宗教重点问题调研。形成关于加强大学生信仰基督教和农村基督教管理调研报告及意见,其中调研报告获全国统战理论政策研究创新成果二等奖。参与五台山景区整治整改,形成关于五台山佛教管理和涉藏维稳工作的调研报告及意见。

（王 峰）

【港澳台及海外统战】 2015年,山西省委统战部加强港澳台及海外统战工作。(1)开展对外交流。完成香港山西商会、台湾教师“山西古文化之旅”等20多个境外考察团、500余人次的接待任务,5次组团到境外考察联谊,促进与港澳台海外的交流交往。(2)服务社会民生。协助举办“活力澳门太原推广周”活动,利用香港李兆基基金会和澳门山西商会捐款在晋中等地新建和改扩建海联卫生室、老年日间照料中心,牵线搭桥支持山西大学与香港城市大学合作办学,通过内引外联改善民生、服务发展。(3)探索创建新的统战品牌。支持香港山西商会开展首届“晋港青年会·山西机遇行”活动,指导协助香港10所高校、37名大学生在山西省10家企业、机构完成实习锻炼,得到中央统战部肯定,成为山西省持续做好香港青年工作的重要品牌。(4)加强组织建设。成立省黄埔军校同学会。完善代表人士名单,协助推荐省青联港澳委员。在太原举办港澳台海外统战工作座谈会,在中山大学举办港澳台海外统战工作负责人培训班,提升统战干部素质能力。 （王 峰）

2015年9月15日,山西省委统战部召开省委统战工作会议 （王 峰供图）

【党外知识分子工作】 2015年,山西省委统战部推动党外知识分子工作开展。(1)开展无党派人士坚持和发展中国特色社会主义学习实践活动。组织理论培训、学习交流、专题座谈、专题调研和社会服务“五个一活动”,无党派人士学习传承优良传统的做法得到中央统战部领导肯定,经验在全国交流推广。(2)加强党外知识分子工作研究和部署。与省高校工委联合开展省属本科院校统战工作调研,召开全省党外知识分子工作座谈会、部分高校统战部长座谈会,总结成绩经验,分析研究问题,安排部署工作。(3)发挥党外知识分子作用。组织无党派人士围绕省委、省政府重点工作开展调研，就加强民主监督向各市、各民主党派开展问卷调查。围绕“大众创业、万众创新”,通过党外知识分子联谊会、山西欧美同学会等统战团体,组织创业导师团到高校、留学人员创业园开展创业辅导和专题讲座,组织开展“百城同台”招聘会、海归创业论坛、学术交流等活动,发挥留学人员等党外知识分子作用。

新的社会阶层人士工作方面。(1)加强新媒体从业人员统战工作。出台《关于做好新媒体从业人员统战工作的意见》，召开新媒体从业人员统战工作座谈会,筹备成立新的社会阶层人士联谊会,新媒体从业人员统战工作部署及时、推进有力。(2)加强工作机构和工作力量。申请成立新的社会阶层人士工作处,省编委会于年底前正式研究通过,下达公务员编制4名,其中正副处长职数各1名。

（王 峰）

【基层统战力量整合】 2015年,山西省委统战部针对县级统战部门工作力量小、散、弱的实际,采取多种形式推动落实县级统战部门合署办公。(1)坚持“五统一”“五不变”原则,尊重基层意见,坚持因地制宜,在半年内实现全省县级统战部门合署办公全覆盖目标。(2)选取部署早、推进快的市县作为典型,总结推广经验,为全面推进落实合署办公作出示范引导。(3)建立工作进展月报制度,组织工作小组到各地督促指导，推动落实。截至6月底，全省119个县（市、区）统战部门全部实现合署办公，取得整合资源力量、创新体制机制、提升部门影响、激发工作活力的多重效果。中央统战部领导要求对这一经验予以重点研究，中央办公厅《每日汇报》、中央统战部《统战工作》等刊物开展专栏刊载，河北、海南、内蒙古自治区等多个省级党委统战部主动咨询了解情况、组队到晋考察，学习先进经验。（王　峰）

【统战理论研究宣传和信息工作】 2015年，山西省委统战部采取课题申报、重点立项、适当资助的方式，吸引高校、科研院所的专门研究人员参与统战理论研究工作，确定年度立项课题57个，收回结项课题60篇，从中评选出22篇优秀成果，6篇作为统战理论政策研究创新成果上报中央统战部，其中1篇获全国二等奖、3篇获三等奖，另16篇由省委统战部给予经费资助。围绕纪念抗战胜利70周年、省委统战工作会议和全省统战工作重大事件组织开展宣传，协调省内和中央驻晋主流媒体进行报道，提高统一战线的社会关注度和认知度，统战宣传工作连续多年获全国先进单位称号。编辑信息专报和《统战工作日志》《每周汇报》等动态信息，统战信息工作被中央统战部评为全国三等奖。落实中央统战部信息化建设要求，坚持高起点规划、高标准建设，部机关电子政务网与省委信息中心实现互联互通。（王　峰）

台湾事务

【晋台经济交流合作】 2015年，晋台经济交流合作取得成效。全年对台贸易进出口总额9.77亿美元，同比增加36.1%，其中出口4.7亿美元，同比增加65.2%，进口5.07亿美元，同比增加17%。推动晋台双向经贸交流。在台举办“第四届晋台经贸合作交流论坛”；指导组织太重集团、太钢集团、富士康富晋精密（晋城）有限公司和鸿新农产品有限公司等17个团组74人次赴台进行经贸交流考察；接待“台湾海基会关怀山西台商参访团”一行30人和东莞市台资企业协会两批205人次到晋交流考察，邀请部分台商台胞到晋参加“双博会”“文博会”和“书博会”等活动，介绍产业优势，推荐引资项目。做好台资企业服务和台商投诉协调工作。跟踪有台资项目的落地和经营，促使太谷安老产业项目、统一集团祁县投资项目、台湾蓝天集团太原项目、吉县饮品生产项目等台资项目后续事项稳步推进；全年受理台商投诉和求助事项9件，其中涉台司法案件3件，纠纷事项3件，求助协调事项3件，结案6件，3件开展调查协调工作；保障台商合法权益，促进台企稳定发展。（吕继常）

【晋台各界交流】 2015年，晋台交流137项1523人次，其中台胞到晋交流31项1059人次，经省台办审批的山西省居民赴台交流106项464人次。制定《发挥高平炎帝故里文化优势 打造海峡两岸炎帝文化交流品牌规划（草案）》；炎帝陵综合修复保护工程建设取得实质性进展，项目占地面积62880平方米，总建筑面积6622.96平方米，总投资1.9亿元人民币；筹划举办“海峡两岸农耕文化节”活动事项，打造两岸炎帝文化交流品牌。接待台湾关圣帝君弘道协会、关圣帝君文化交流协会、“中华宗教文化协会”和台北指南宫道教文化交流团等300余人到运城解州关帝庙、芮城永乐宫参访交流，建立长效交流合作机制。组织举办“台湾基层民意代表山西行”“台湾大学生三晋行”“第四届海峡两岸中学生山西行”和“第五届海峡两岸中小学校长教书育人研讨会”等交流活动，促进晋台青少年及教育界交流合作。先后接待台湾海基会董事长林中森、中国国民党前副主席蒋孝严等团组和人士到晋参访交流。组织指导工会、妇女、医疗等多部门、各界别开展对台交流工作，“台湾产职业总工会山西行”“台南教师工会山西行”“中华台北奥委会山西参访”“夏合文化探讨会”“海峡两岸中华武术精英赛”“太原海峡两岸美食文化节”“台北高雄旅展”等活动相继在晋台两地举办。（吕继常）

【对台宣传工作】 2015年，山西省台湾事务办公室强化宣传平台建设，创新入岛宣传形式，深化新闻交流成果，宣传效果增强。推动全省涉台宣传网站建设，完成“纵横山西网”改版上线工作；推出“台湾记者三晋行——山西醋文化专题交流采访”

2015年7月10日，台湾青年参观山西剪纸艺术　（吕继常供图）

2015 年 9 月 9 日至 15 日，台商到晋参加第二届山西文化产业博览交易会

（吕继常供图）

“高雄里长山西行”等专题报道，提升网宣工作成效，全省网络对台宣传主要指标位居全国前列。邀请台湾媒体记者到晋参加“台湾记者三晋行——山西醋文化专题采访活动”等交流活动；全年接待《旺报》《联合报》、中天电视台、三立电视台、TVBS 等台湾媒体记者 30 人次到晋进行专题采访报道。完成 14 个“山西魅力市县专题”摄制，在岛内媒体上同步刊播，累计开展 5 年 57 个专题刊播工作；拍摄制作《黄天后土 地母至尊》电视专题片，在台湾中天电视台等媒体播出；与台湾《旺报》共同举办“两岸一家亲楹联征集活动”，优秀作品刊载在晋台两地相关媒体上并集册出版。开展台海形势报告会、全省涉台交流工作培训班、涉台教育进社区进校园等活动。全年编发《山西对台工作》6 期、《台情选编》58 期。（吕继常）

【涉台事务管理服务】 2015 年，山西省台湾事务办公室在涉台事务管理与服务工作方面细致、规范。提出 2015—2017 年应急演练工作计划，完善山西省涉台突发事件应急工作机制，妥善处置台商李松霖丽华大酒店猝亡事件、台湾旅游团五台山景区交通事故、台湾居民黄良达滞留大陆依法遣送出境事件、台商林瑞彬酒驾依法拘留事件和台胞唐少林滞留事件等，全年无重大涉台突发事件。制定并下发《山西省应邀赴台交流审批管理办法》，规范各项审批工作；全年山西省公民赴台人数 106785 人次，其中应邀赴台交流 947 人次，赴台旅游 105564 人次，赴台探亲等其他事项 274 人次；接待台胞 93059 人次，其中各项交流 1059 人次，旅游 92000 余人次。全年接受晋才奖学金、爱物奖学金、炎帝陵修复保护工程捐赠等台胞捐赠合计 347.8 万元人民币；开展台胞台属慰问、座谈和联谊活动，接受并妥善处理台胞台属来信来访、晋台双向寻亲、台胞考生身份认证、台属亲属关系认证、台属生产生活事项等相关事项 300 余件。（吕继常）

【第五届夏合文化研讨会】 2015 年 5 月 23 日至 27 日，第五届夏合文化研讨会在太原举办，来自海峡两岸的方夏文化交流协会和台湾两岸统合学会的 19 名学者进行交流座谈。其间，省委常委、秘书长王伟中宴请参加“第五届夏合文化研讨会”的两岸代表。（吕继常）

【第四届晋台经贸交流合作恳谈会】 2015 年 9 月 17 日至 24 日，山西省台办组织部分市县台办、有关部门及相关企业在台湾高雄市举办第四届晋台经贸交流合作恳谈会，开展农业现代服务业和中小企业交流对接活动，举办晋台两地农业专家、企业交流座谈会，实地考察走访高雄农业发展协会、高雄永龄农场和屏东农业发展协会、屏东恒春生态农场等农业组织和企业，就观光农业、农产品营销和公司加农户农企对接等内容进行交流探讨，形成开展双向农业考察交流和促进合作发展的共识。（吕继常）

机构编制

【权力清单制度实施】 2015 年，山西省机构编制委员会办公室（以下简称编办）贯彻落实《中央办公厅国务院办公厅关于推行地方各级政府工作部门权力清单制度的指导意见》精神和省委“六权治本”要求，制订《关于推行各级政府工作部门权力清单制度的实施意见》。坚持职权法定、权责一致、公开透明原则，建立部门会商、老干部顾问、专家咨询、市县参与等工作机制，通过部门自清、小组初审、集中会审、专项审核、征求意见、合法性审查等程序，清理减少省政府部门行政职权事项 5343 项，梳理责任事项 23277 项。经省委全面深化改革领导小组会议和省政府常务会议审定，省政府 52 个部门（单位）3090 项行政职权事项于 7 月公布运行，行政职权运行流程图同步公布；省政府部门 3090 项行政职权涉及的 23277 个责任事项清单于 10 月公布运行。督促指导各部门逐项编制行政职权廉政风险防控图，形成单独问责依据，并同步公布。加强对市、县推行政府部门权力清单制度工作的指导。全省 11 个市政府部门权力清单和责任清单于 12 月编制完成。（王小琴）

【行政审批制度改革】 2015 年，山西省编办加大取消下放和调整行政审批等事项力度。分四批完成国务院四个批次取消、下放和调整的涉及山西省的 216 项行政审批等事项落实和承接工作。分三个批次取消、下放和

调整行政审批等事项311项。全面清理非行政许可审批事项,终结"非行政许可审批"这一审批类别。印发《关于严肃纪律巩固行政审批制度改革成果的通知》和《关于进一步规范行政审批事项取消、下放和调整有关事宜的通知》。加强行政审批事中事后监管。拟定加强行政审批事中事后监管的指导性意见,落实事中事后监管措施。规范行政审批行为,改进行政审批工作。制订《关于规范省政府部门行政审批行为改进行政审批有关工作的实施意见》。制订《关于清理规范省政府部门行政审批中介服务的通知》,全面清理和规范省政府部门行政审批中介服务事项。在省直部门清理上报、省审改办审核论证、省政府法制办审核审查的基础上,初步形成省政府部门保留的行政审批中介服务事项清单。督促各部门逐项对应编制行政职权运行流程图和廉政风险防控图。起草《行政审批违规和滥用审批权问题专项整治方案》,配合省政府办公厅,督促省直部门和各市对行政审批权力滥用、暗箱操作,行政审批过程中"吃拿卡要"等10个突出问题开展重点整治。与省政府法制办联合印发《关于开展相对集中行政许可权改革试点工作的通知》,在太原经济技术开发区、灵石县开展相对集中行政许可权改革试点。(王小琴)

【机构编制及职能改革】 2015年,山西省编办推进各级机构编制及职能改革。

完成山西省市县政府职能转变和机构改革验收评估。这项工作于4月完成。各市县在改革中,坚持精简统一效能原则,以转变政府职能为核心,严控人员编制。8月,省编办与省委组织部联合印发《关于市县政府机构改革整合组建部门领导班子配备情况的通报》,督促各市加强对市县机构改革涉及部门领导班子配备工作。各市县改革涉及部门领导班子配备到位。

推进事业单位分类改革。省直事业单位分类完成。印发省直事业单位分类意见。1月5日,省编委审议通过省直事业单位分类方案。根据省编委领导指示和省编委会议纪要精神,4月完成除省交通运输厅、省煤炭工业厅外的省直各部门所属事业单位分类意见的批复工作。配合督促相关部门推进省直待分类行业事业单位改革。督促指导省交通运输厅、省煤炭厅加快推进所属事业单位分类;督促后勤机构、培训疗养机构、非时政类报刊、宾馆招待所等类机构的改革和分类工作。事业单位分类改革配套政策完成。省编办、省财政厅、省人社厅等改革相关部门完成相关配套政策制定工作。市县事业单位分类工作。组织召开全省市县事业单位分类批复工作会议,明确事业单位分类工作时间表和路线图。11月3日,对全省11个市、每市抽取的1~2个县(市、区)组织开展全面评估验收。

开展综合行政执法体制改革。推进中央编办确定的晋中市、晋城市、孝义市开展综合行政体制改革试点工作。截至2015年底,省编办起草完成山西省综合行政执法体制改革指导意见,正广泛征求意见建议。完成省级纪检派驻机构全覆盖涉及的机构编制工作。省编委会审议通过省纪委35家派驻机构设置及其编制、领导职数的意见;向省委、省政府相关部门印发抽编通知。配合省委政法委完成第一批法院检察院机构编制统一管理改革试点相关工作。省编办、省委政法委、省法院、省检察院联合出台《山西省省以下法院检察院机构编制统一管理试点实施方案》;省编办对法院、检察院系统的第一批试点单位上划省级统一管理的方案进行审核。

完成不动产登记方面机构编制工作。6月11日,省编委会议审议通过省国土资源厅不动产登记局有关机构编制的意见,印发《关于调整省国土资源厅有关机构编制事项的通知》。统筹推进市县改革,省政府在太原召开山西省推进不动产统一登记工作电视电话会议;与省国土资源厅联合印发《关于整合市县不动产登记职责的实施意见》。

深化煤炭体制改革,理顺煤矿建设管理职能。下发《关于理顺煤矿建设管理职能的通知》,明确将省发改委牵头负责的煤矿设计审查和竣工验收事项移交省煤炭厅,将省煤炭基本建设局承担的相关行政审批和安全监管职能划回省煤炭厅,实现从初步设计、基本建设、竣工验收、生产经营、安全监管等由省煤炭厅统一归口管理。

配合完成政府"两平台、一张网"相关机构编制工作。提出成立政务改革和管理办公室、山西省公共资源交易中心(山西省政务服务中心)的意见,于2015年12月11日省编委会审议通过。按照改革要求,对公布权力清单的52个部门(除暂不进驻省政务服务中心的6个),按照"撤一建一""加挂牌子"和增加内设机构等形式,成立行政审批处室。

推进五台山风景名胜区管理体制改革。省编办与省委组织部及忻州市共同负责研究解决五台山景区管理体制和班子队伍建设问题,起草《关于五台山风景名胜区体制改革的指导意见》,经省委专题会议研究同意并印发。12月15日,省政府〔2015〕第105次常务会议就五台山景区管理体制问题进行专题研究。完成科技创新城、汾河流域生态修复、改善城市人居环境的机构编制事宜。除以上工作外,省编办推进医疗卫生体制改革、教育体制改革等。(王小琴)

【机构编制管理】 2015年,山西省编办监督检查控编减编工作。制订并下发《关于印发〈全省控编减编方案执行情况专项督查工作方案〉的通知》,9月,现场督察省直及11个市、17个县考评工作。完善全省机构编制实名制管理。将以2014年3月为基础的核查数据导入实名制管理系统,并审核数据的准确性、完整性,要求各市县和省直部门核实补录本单位核查数据。制订出台《山西省机构编制实名制管理系统运行办法(试行)》和《关于明确省编办实名制系统管理运

行分工职责的通知》，对省编办内部机构编制实名制管理工作进行责任分工。10月完成山西省机构编制实名制数据上报中央编办的任务。加强机构编制监督检查。制订出台《山西省机构编制监督检查暂行办法》，加强机构编制核查整改。各市也采取各种措施，严控机构编制。

山西省编办梳理机构编制法规制度和相关文件，公布废止和宣布失效的机构编制文件，梳理出废止文件37件，宣布失效文件46件。（王小琴）

【事业单位登记管理】 2015年，山西省编办全面启动事业单位年检制度改革，取消事业单位年检，改为事业单位法人年度报告公示。取消开办资金验资，实行开办资金确认登记制度。省直1619个事业单位按时报送法人年度报告。对1604个事业单位的法人年度报告在“山西事业单位在线”网站进行公示。对23个法人证书废止的事业单位，在《山西日报》(A4版)进行公告。2015年，换发新证书1624件，办理设立登记52个，注销登记3个，变更登记422件，证书废止后重新申领22个，证书丢失重新补领5件，移出2个事业单位。

（王小琴）

【机构编制电子政务建设】 2015年，山西省编制办完善业务网络和系统建设，推广应用山西省机构编制综合管理系统。组织开展全省各级机构编制部门业务人员培训，加强网络安全检查维护，确保网络畅通率达98%。继续做好政务和公益机构专用中文域名注册管理和党政机关网站开办审核工作。（王小琴）

省直机关党的建设

【习近平系列重要讲话的学习】 2015年，山西省直工委以省直厅局党组（党委）中心组学习为龙头，以党组（党委）中心组和处级干部为重点，以《习近平总书记系列重要讲话读本》《习近平谈治国理政》为基本教材，采取全面学和专题学、党校培训和举办讲座学、集体研讨和个人自学相结合方式，组织各直属机关党组织和广大党员干部学习贯彻党的十八大，十八届三中、四中、五中全会精神和省委十届六次、七次全会精神。1月23日，省直工委邀请中央国家机关工委研究室主任王霄汉作题为《机关党建的行动指南——学习习近平总书记机关党建重要论述》的讲座。11月26日，召开省直机关系统学习贯彻党的十八届五中全会精神专场宣讲会，省委宣讲团成员、省直工委常务副书记杨增武作宣讲报告。印发《2015年省直机关党组（党委）中心组和干部理论学习安排意见》。2015年，编辑印发6期《中心组学习动态》，2册《中心组学习成果汇编》，加强对省直部门党组（党委）中心组学习的管理、指导和交流，带动机关基层各支部的学习。发挥省直机关党校主渠道主阵地作用，培训各级各类干部12650人次。

（阎鹏飞）

【“三严三实”专题教育】 2015年5月23日起，山西省直工委机关及直属事业单位共9个党支部、112名在职党员，开展“三严三实”专题教育。省直工委成立“三严三实”专题教育领导小组，制定《省直工委开展“三严三实”专题教育实施方案》和每月学习安排。5月23日，杨增武以《学习习近平用典，践行“三严三实”》为题为机关全体党员讲党课、作动员，组织全体党员观看王儒林“三严三实”专题党课；工委中心组5次进行专题讨论；班子成员带头撰写学习体会，开展对照检查；机关各支部组织处级干部写心得体会，在支部会上发言。机关党委抽查46名处级干部学习体会。工委领导班子通过召开省直部分机关党委专职副书记座谈会，工委机关各支部讨论会，设立群众意见箱，征求意见建议61条，梳理出工委领导班子“不严不实”问题清单13条，专题民主生活会前征求到意见和建议27条。12月25日，召开工委领导班子“三严三实”专题民主生活会，省委常委、秘书长、省直工委书记王伟中参加这次民主生活会。按照王伟中的要求，省直工委制定《“冬季行动”实施方案》，配套出台《省直工委机关正风肃纪专项整治活动方案》和《省直工委干部学习培训方案》。

（阎鹏飞）

【基层组织规范化建设年】 2015年，山西省直工委以抓直属机关党组织按期换届为突破口，在省直机关开展“基层组织规范化建设年”活动，突出抓机关党委按期换届、党务干部培训和支部建设三个重点。在抓机关党委换届中，举办省直机关党务干部换届选举专题培训，听取未按期换届厅局情况汇报，与这些部门党组书记沟通，协调解决换届工作中实际问题，对没有按期换届的党组织作具体原因分析。省委书记王儒林、省长李小鹏、省委副书记楼阳生和7个省委常委都在分析报告上作批示。按照省委领导批示要求，工委分类召开省直机关换届工作推进会，逐一督促指导。截至2015年底，督促70个单位基层党组织完成换届。在抓党务干部和党员的培训中，制定下发《2014年至2018年省直机关党员教育培训工作实施方案》和“百千万”培训计划，以习近平总书记系列重要讲话精神和关于全面从严治党的重要论述，党章、《条例》和落实“两个责任”为内容，举办百名机关党委书记、专职副书记、机关纪委书记、千名支部书记、万名新党员培训，组织40名新任机关纪委书记参加中国纪检监察学院举办的纪检业务培训。抓支部规范化建设。(1)加强党支部书记培训，举办省直机关党支部书记示范培训班。(2)向省直机关7000多个支部统一印发《党支部工作记录本》，建立支部工作台账，内容涉及党支部会议、党课、民主生活会、每月交纳党费、党员每月自答表、签字记录等，作为支部工作的基本要求和年度考核的印证资料。(3)工委领导到联系点和省直部分厅局调研，总结支部工作典型，征集机关党支部工作典型经验材料150多篇。(4)对“软弱涣散”基层党支部进行摸底调查。经过各单位自查，摸排出152个软弱涣散基层党组织。(5)会同

省委组织部印发《山西省直机关（事业）单位发展党员工作规程》，规范发展党员工作。（阎鹏飞）

【“两个责任”落实】 2015年，山西省直工委落实王儒林在省直机关落实“两个责任”座谈会上的讲话精神和王伟中在全省机关党的工作会议上的部署要求。(1)指导省直各直属机关党委、纪委落实“两个责任”。工委会议3次专题研究落实“两个责任”工作，上半年4次向省委汇报机关党建专项工作；派专人到中直机关工委，中央国家机关工委，吉林、甘肃等省直工委学习取经；理清机关党委、机关纪委、机关各支部在党风廉政建设中所担负的责任，制订印发《关于省直机关基层党组织和纪检组织落实党风廉政建设“两个责任”指导意见》。召开省直机关基层党组织和纪检组织落实“两个责任”座谈会，对未报送“两个责任”清单的41个单位机关党委、纪委进行通报。被通报单位于9月底全部报送“两个责任”清单。(2)工委带头制订《省直工委落实党风廉政建设主体责任清单》《省直纪工委落实党风廉政建设监督责任清单》和主体责任分解清单，工委的重点部室和一些关键岗位都制订权力清单、权力依据、权力运行流程图和责任清单，把协助工委领导班子履行主体责任作为落实纪工委监督责任的第一职责，把执纪监督问责作为落实纪工委监督责任的第一要求，形成主要负责人负总责、分管领导各负其责、班子成员齐抓共管、各部室“一岗双责”的责任落实体系。（阎鹏飞）

【机关作风和反腐倡廉建设】 2015年，山西省直工委坚持抓具体、抓节点，督促中央八项规定精神落实，坚决纠正“四风”。2015年中秋国庆期间，纪工委成立四个监督检查组，监督检查省直机关贯彻落实中央八项规定精神和纠正“四风”工作，发现29条问题线索上报省纪委。2015年12月，下发《关于加强2016年元旦春节期间监督执纪问责工作确保廉洁文明过节的通知》，要求各机关纪委强化监督责任，确保廉洁文明过节。纪工委制订工作方案，开展明察暗访，抽查各直属机关纪委抓节点、抓落实情况，防止“四风”反弹。拓宽监督渠道，创新监督手段，制订《省直工委聘请党风政风监督员办法（试行）》，聘请35名“两代表一委员”（党代表、人大代表、政协委员）为省直机关党风政风监督员。各位党风政风监督员履行监督职责，报告发现的问题线索。纪工委根据管理权限和职责划分，将问题线索转交有关部门党组织调查核实。坚持把违反中央八项规定精神问题线索作为纪律审查的重点，跟踪督办、严肃办理。纪工委根据省纪委要求，核实省直机关13件党员干部涉嫌违规经商办企业问题线索，按时报送省纪委。纪工委调查核实受理的违反中央八项规定精神的7条问题线索，约谈相关责任人，对涉嫌违纪违规的党员领导干部按程序移送所在部门党组织处理。加大查办案件力度。省直纪工委受理群众信访举报2343件（次），纪律审查案件34件，处分处级党员干部33人，移交司法机关6人，并执行“一案两报告”和“一案双查”制度。（阎鹏飞）

【机关党建机制完善】 2015年，山西省直工委组织学习王儒林在“六权治本”推进会上的讲话精神，用法治思维推进机关党建工作，将法治教育纳入工委中心组学习和党务干部培训内容。邀请中直工委组织部副部长罗建辉就贯彻落实《条例》作专题讲座；邀请省委党校教授张宏华、王建军、崔建周以《十八大党章》《学习习近平总书记全面从严治党的重要论述》和《落实主体责任、加强党风廉政建设》为题作专题辅导，邀请中央国家机关纪工委副书记刘利华作《准则》和《纪律处分条例》辅导。编印《省直工委法治建设法规文件选编》，在山西机关党建网开设普法教育专栏，让法律法规、党规党纪成为机关党务干部的必修课。建立完善机关党建工作机制。完善领导和指导体制。制定并报请省委，拟以省委办公厅文件形式印发《关于实行省直机关党的工作责任制的规定》，明确省直工委、部门党组、机关党委、机关纪委、党支部的职责以及工作机制。制定《建立工委领导班子成员党建工作联系点制度》，指导基层党建工作。修订完善《省直机关党建工作目标责任考核赋分办法》《省直文明单位创建管理规定》《文明单位考评指标体系》和工委内部各项管理制度。（阎鹏飞）

党校教育

【党校工作新态势】 2015年，中共山西省委党校、山西行政学院（简称“校院”）把2015年确定为“从严治校、制度落实年”，遵循“三个四”工作总思路，狠抓“五个从严管理”，实现教学再上新台阶、科研再上新水平、管理再提新效能、党建再创新业绩。完成山西省委省政府交付的重要培训任务，干部培训主渠道作用得到发挥。加强校院委班子建设，明确工作思路，从严治校、从严管理，办学质量有提升。按照年初制订的工作要点，完成党建、行政管理、后勤服务、学历教育、业务指导、扶贫等其他工作，办学环境有改善。开展全省党校系统工作调研，研究和辨析“7种社会思潮”，迎接国家行政学院评估中组部干教局调研，做好全省党校工作会议筹备工作，配合巡视组开展工作，校院事业继续保持良好发展态势。

2015年，校院委领导带头围绕专题教育三个专题进行党课辅导，研判分析问题和不足，各部门各支部查摆工作中存在的问题、立行立改，强化立规执纪，完善制度规定，有针对性地开展专题教育和专项整治，做到规定动作不走样，自选动作有特色，专项整治见成效。

2015年，校院在贯彻落实中央和省委《惩治和预防腐败体系2013—2017年工作规划》、制订校院年度反腐倡廉工作任务分解意见的基础上，明确各级干部落实党风廉政建设的职责和任务，完善校处主要负责人落

实“一岗双责”的机制，做到在落实“两个责任”问题上所有各级干部都是“一岗双责”，要求每一级有每一级责任，每个人有每个人责任，坚持将一岗双责落实情况作为考核评价干部的重要依据。

2015年，中共山西省委党校举办省管领导干部进修班、中青年领导干部培训班等1个月以上的主体班次13个，加上干部选学、各类专题研讨和联合培训班，全年办班100多期，培训11000余人次。承办省委省政府的重要会议，承办全省学习讨论落实活动总结暨“六权治本”推进会、全省高校系统专题党课、全省组织系统从严治部会议、全省上半年经济运行分析会议、全省安全工作会议等。参与省委省政府重要调研活动和重大决策研究，参加全省群团工作、红色旅游文化开发与保护等重要调研活动，向省委省政府提交《对选拔任用县委书记的建议》《关于实施“三个一批”的对策建议》等多项建议报告。

（孟国丽）

2015年，中共山西省委党校（山西行政学院）举办各类培训班次100余期，培训党员领导干部1.1万余人次

（孟国丽供图）

【党校教学管理】 2015年，中共山西省委党校、山西行政学院加强教学管理工作。

1.突出党的理论教育、党性教育主课，贯穿教学全过程。加大马克思主义原著、中国特色社会主义理论体系、十八届三中、四中、五中全会精神、习近平总书记系列重要讲话精神和省委十届七次全会精神专题等教学比重，优化教学布局。深化教学改革，改进完善“2+1”课堂互动教学，开发模块式、项目式和专题式教学板块，综合运用研究式、讲授式、案例式、体验式等教学方法，加强现场教学、模拟式教学等教学基地的建设和运用。推进教学科研咨询“三位一体”，围绕山西改革发展面临的一些重大理论和现实问题，推进教学科研咨询良性互动，发挥好三者相互融通、相互促进的巨大优势。加强优势学科建设，编写出版各类培训教材和辅导材料。

2.获准立项2项国家社科规划基金项目，连续14年获得国家课题立项。以校理论研究中心（含校领导）名义在省级以上报刊发表13篇理论文章。3篇论文入选中国延安精神研究会纪念抗日战争胜利70周年理论研讨会，1篇论文入选“第六届中国行政改革论坛”，2篇入选第八届环渤海区域合作与发展党校论坛。围绕“六权治本”“六大发展”发挥决策咨询思想库作用。全年《决策建议报告》报送11期，其中有10期得到省级领导批示或圈阅。

3.制订出台《“1+8”学员管理制度》和《关于规范主体班次教学调研考察的若干规定》。成立学员学风巡查督导小组，加强学员学风督查。配合山西省委组织部与学员选调单位，加强学员组织考察。推进干部继续教育管理。强化学员现代能力素质培训，增加知识含“新”量。

4.加强依法治校，狠抓政治纪律、工作纪律、劳动纪律。强化党校教师“姓党”意识，健全完善教学管理制度，加强教师授课内容审查把关、教师教学行为规范约束，坚决杜绝在党校讲坛和校外讲学中散播虚假信息、与中央和省委要求相违背言论，守牢马克思主义理论宣传主阵地，确保党校课堂的政治性和严肃性。强化纪律和规矩意识，严肃处理违规违纪问题。重点抽查和检查教职工遵守纪律情况，修订完善干部职工外出请假报备制度和工作督办通知制度。

5.依法合规做好资产和工程管理工作，从源头堵塞漏洞，强化制度建设。严格财务管理。制订出台多项财经制度，规范财务管理、降低行政成本，提高资金使用效率；财务预算统一管理，完全实现“收支两条线”，财务运行更加依法合规。推进公车改革，完成校院公务用车管理改革制度的起草、报送和车辆封存工作。开展清产核资和公房清理工作。推进基础设施建设。所有工程一律进入招投标程序，由校院机关纪委全程监督。

（孟国丽）

【本科学历教育】 2015年，中共山西省委党校、山西行政学院检查指导理论进修部30个教学点工作。国民教育本科部抓日常管理、抓教学质量，大学生公务员、研究生考录成绩突出，2011级有26名同学在中央国家机关和山西省公务员考试中被录用；2012级有25名同学入围中央国家机关公务员录用考试；2011级50名同学被中国人民大学、北京师范大学、南开大学等院校录取，被“985”院校录取17人，被“211”院校录取11人。

（孟国丽）

【全省党校系统工作调研】 2015年，山西省委副书记、省委党校校长楼阳生到朔州、太原市县党校专题调研指导，校委成员分头带队对全省11个市33个县（区）党校专题调研，形成《关于全省县级党校工作的基本情况和改进意见》，向省委组织部作专门汇报。调研11个市委党校、50多个县级党校基础设施建设情况、班子建设情况和教学科研情况，开展年度市县党校基本情况统计工作，新增市县党校决策咨询工作有关内容；协助省委组织部做好全省干部培训师资库建设工作，推荐270名具有副高以上职称的市县党校教师作为被选人；完成中央党校组织编印《全国党校系统信息大全》的收录编辑工作；更新校院网站有关兄弟党校、市县党校教学培训信息。忻州分校加强经营管理、创新环境，开拓市场，全年举办各类班次47期，培训5631人次。2015年，校院首次将全省党校、行政学院系统骨干教师培训班纳入主体班次，举办两期，经费由省财政提供，实现师资培训制度化、常态化。 （孟国丽）

【党校研究和辨析“七种社会思潮”】 2015年，根据山西省委副书记、省委党校校长楼阳生指示，中共山西省委党校、山西行政学院教务部组建7个教学团队，针对当前意识形态领域“普世价值的理论误区和实践陷阱”“新自由主义经济思潮的真实面目”等7种思潮的实质与危害进行集体研发，借助硕博论坛开展研讨，形成教学专题进入主体班次课堂。12月下旬课题组在山西农大开办7次讲座。这7个专题作为校院特色工作，得到国家行政学院督查评估组好评和中组部干教局调研组认可。 （孟国丽）

离退休干部管理与服务

【离退休干部“双先”表彰】 2015年，中共山西省委老干部局突出老干部工作为富民强省增添正能量的价值取向，发挥部门职能，各项工作取得新进展、新成效。

营造尊重老干部、重视老干部工作良好氛围。向省委常委会和省委组织部部务会汇报全国“双先”表彰大会精神。省委书记王儒林、省长李小鹏、省委副书记楼阳生和省委常委、组织部部长盛茂林等省领导提出明确贯彻落实意见。6月30日，召开全省离退休干部暨老干部工作“先进集体和先进个人”表彰大会，表彰4类399个先进典型。王儒林、李小鹏等省领导接见受表彰代表并合影留念，楼阳生出席表彰大会并发表讲话，高建民、王伟中等省领导出席会议。专门邀请中组部老干部局和全国老龄办有关领导，在全省老干部局处长培训班上作全国“双先”表彰大会精神专题辅导报告。组织山西省受中组部表彰的离退休干部“双先”代表到11个市巡回宣讲，全省5000余名离退休干部聆听宣讲。翻印并向老同志和老干部工作人员发放全国离退休干部“双先”表彰大会精神《宣传提纲》和“为党的事业增添正能量”活动《宣传提纲》10万余册。利用省内媒体和省委老干部局“三刊一网”，宣传全国、全省表彰大会精神和“双先”事迹。 （马召钰）

【老同志正能量释放】 发挥广大老同志促进弊革风清、富民强省的独特优势。2015年，全省组织开展“争做时代老人”“我看山西弊革风清”征文等“十个一”主题活动3000多次，以学、讲、谈、唱、演、写等形式汇聚和释放老同志正能量。省委老干部局组织省级老干部就制定山西省“十三五”规划建议建言献策，举办省直厅局级离退休干部“传递正能量、提升凝聚力”培训班，与中组部老干部局共同开展“我看十八大以来新变化”离退休干部专题调研访谈，召开10次“我谈重塑山西形象”座谈会，组织100余名老干部围绕新省委班子治晋兴晋成效座谈发言，引导老同志对各级党委和政府的科学决策和务实举措点赞喝彩。指导各级各部门抓住纪念抗战胜利70周年契机，组织老同志开展文艺演出300多场次，举办书画、摄影展180多场，征集征文3000余篇，激发广大老同志弘扬革命传统、为党的事业增添正能量的热情。省委老干部局举办省城离退休干部歌曲演唱会、离退休干部书画及老照片展、诗歌朗诵会，编印《抗战在山西》文集，组织省城老年文体艺术节抗战歌曲合唱专场等系列活动。按照中组部部署，开展离退休干部网上正能量活动，在省委老干部局门户网站增设“老党员博客”等互动栏目，组建首批

2015年8月27日，“全省离退休干部纪念抗日战争胜利70周年书画及老照片展”在省老干部活动中心开展 （马召钰供图）

2015年9月17日至20日，山西第九届老年健康产业博览会暨省城第六届老年文体艺术节在太原中国煤炭博物馆举办 （马召钰供图）

500人的老干部网宣员队伍，举办网宣员骨干培训班。各级老干部工作部门通过设立微信公众号、QQ群、UC教室、微博等，加强宣传引导，鼓励老同志在网络上积极发声，弘扬主旋律，唱好正气歌，扩大正能量活动的辐射效应。 （马召钰）

【老同志与党同心同向】 教育引导广大老同志永葆与党同心同向的正能量。坚持组织离退休干部政治理论学习，落实情况通报、走访慰问、参加重要会议和重要活动等制度。省委老干部局举办7次省级老领导、省直离退休干部情况通报会和理论学习专题报告会。全省举办离退休干部学习辅导报告会、形势报告会、培训班、座谈会等1300多场次，召开情况通报会290多次，组织200余名老干部理论骨干宣讲900多场次。按照从严治党要求推进离退休干部党组织建设，从省管党费中划拨15.57万元为全省5100多个离退休干部党支部订阅中组部编印的《学习参考》，举办全省离退休干部党支部书记示范培训班，协调省财政厅落实2015年度省直单位离退休干部党支部工作专项经费490余万元。召开全省离退休干部党组织建设座谈会，在市县两级开展建立党委（工委）试点工作。各地探索适合老同志特点的组织设置形式，不断改进活动方式，加强流动党员管理，推动离退休干部党建工作迈上新台阶。 （马召钰）

【老同志幸福感增强】 让广大老同志在感受组织关怀温暖中增强获得感、幸福感。各地各部门想方设法安排资金，确保离休干部医药费、生活补贴、护理费和抚恤金落实。以攻坚克难精神破解离休干部“三个机制”运行中的问题，与相关部门联合出台《关于完善省直单位离休干部医疗保障管理的通知》《关于离休干部享受副省（部）长级医疗待遇等有关问题的通知》《省属特困企业和事业单位离休干部医药费补助资金管理办法》3个政策性文件，规范和完善相关工作。加大对省属国有改制破产企业和困难企事业单位落实离休干部医药费和统筹外生活补贴的财政支持力度，落实专项补助资金3550多万元。贯彻中组部文件要求，集中时间完成抗战时期参加革命工作的部分离休干部提高医疗待遇审批工作。山西省抗战时期参加工作的正厅级离休干部整体享受副省长级医疗待遇，455名副厅级离休干部享受按副省长级标准报销医疗费待遇。集中走访慰问抗战时期参加革命工作的离休干部，送上一次性慰问金和抗战胜利纪念章。各级各部门健全帮困机制，帮扶4000多名离退休干部，发放帮扶救助资金近700万元。举办山西第九届老年健康产业博览会。继续开展社区离退休干部“四就近”示范点创建工作。推进老年大学、老干部活动中心建设，落实首批贫困县老年大学建设补助资金576万元。全省先进老干部活动中心（室）有253个，老年大学示范校创建58所，老干部学习活动条件得到进一步改善和优化。 （马召钰）

【老干部工作队伍建设】 增强老干部工作队伍为党的事业增添正能量的能力素质。坚持推进能力素质提升工程。举办全省老干部局处长培训班和老干部工作为党的事业增添正能量研讨会，宣讲中央领导关于老干部工作的新精神、新要求。完善省委老干部局机关“训研问联学平台”，开展多种形式的学习培训。分3批到哈尔滨工业大学、浙江大学参加自主选学培训。局领导领题开展重点课题调研。组织局系统年轻干部开展“为党的事业增添正能量”演讲活动。开展文明单位创建工作，省委老干部局机关和局直单位继续保持“省级文明单位”和“省直文明单位标兵”称号。开展定点扶贫和领导干部包村增收工作，选派3名副处级干部担任帮扶村“第一书记”，开展机关党员干部联户结对扶贫工作，组织省城医疗专家到扶贫点开展义诊活动。开展全省老干部工作“创新案例”和“特色品牌”推介工作，鼓励基层探索创新，为全省老干部工作增添新活力。 （马召钰）

信　访

【信访形势平稳可控】 2015年，山西省信访形势呈现“两下降三提升一好转”平稳可控态势。信访积案、进京非正常上访明显下降，信访事项及时受理率、按期办理率、群众满意率提升，信访秩序好转。“事要解决” 成效明显。山西省信访局以“三严三实”专题教育和学习讨论落实活动为契机,集中开展“信访积案化解百日攻坚”活动和“以群众举报乡村干部腐败为切入点集中解决群众信访诉求问题”专项治理,推动化解一大批信访积案。信访改革推进。山西省信访局建成以互联网为依托的信访信息系统,信访事项实现网上流转、网下办理。信访秩序依法规范。山西省信访局坚持法定途径优先,落实诉访分离政策,推动34个省直单位公布法定途径分类处理信访投诉请求清单。服务大局积极有为。山西省信访局推动建立处置非法集资信访问题沟通对接机制、农民工工资信访问题联动化解机制和军队退伍人员定期接待机制,对突出信访问题及时研判分析,提出具体建议。重大活动保障有力。山西省信访局完成全国“两会”、抗战胜利70周年纪念活动、上合首脑会议等重要时期和关键节点的信访工作任务。

(杨卫兵)

【信访工作重要会议】 2015年2月13日,山西省委省政府召开全省信访工作电视电话会议,总结2014年工作,分析研判形势,部署2015年任务。省委副书记楼阳生出席并讲话,省委常委、政法委书记王建明主持会议,副省长、省公安厅厅长刘杰宣读《2015年全国“两会”期间信访工作实施方案》,省委副秘书长、省信访局局长李体柱总结2014年信访工作并对2015年信访工作及全国“两会”期间信访工作进行具体部署。

3月30日,山西省委副秘书长、省信访局局长李体柱在太原主持召开民生大接访工作座谈会,就贯彻落实中央和省委领导同志批示指示精神,继续发挥好媒体在拓宽信访渠道、正面宣传引导、客观监督报道、推动群众合理诉求及时就地解决等方面的作用进行座谈。会议认为,民生大接访电视信访节目是山西省信访工作和新闻工作的创新和亮点,开辟信访工作的新渠道,在宣传党的政策、普及法律常识、推动化解矛盾纠纷等方面富有实效。

3月31日,山西省委常委、政法委书记王建明主持召开全省信访维稳工作点评会。王建明逐一点评11个市及10个重点省直部门信访维稳工作中存在的突出问题和薄弱环节,安排部署全省信访维稳工作。要求各地结合实际,明确工作责任,抓好落实,确保目标任务实现,把信访维稳工作放到全面推进依法治国、加快建设法治山西的大局中来谋划,更加注重以法治思维和法治方式推进工作。

(杨卫兵)

【群众举报乡村干部腐败专项治理】 2015年5月5日,山西省委常委会召开会议,研究讨论《关于“以群众举报乡村干部腐败为切入点集中解决群众信访诉求问题”专项治理实施方案》,省委书记王儒林主持会议。会议认为,近年来乡村腐败问题多发、高发,引发大量信访问题,群众反映强烈,严重影响党和政府的形象。要求全省各级各部门把开展“以群众举报乡村干部腐败为切入点集中解决群众信访诉求问题”专项治理作为贯彻落实中央关于“老虎”“苍蝇”一起打要求的具体行动;要实施领导干部包案制度;依法依规、公平公正、积极稳妥地加以解决。纪检监督部门对群众举报的乡村干部腐败问题要认真调查、依纪惩处,以此推动群众信访诉求问题的解决。要坚持省、市、县、乡四级联动,推进群众信访诉求问题的解决。

5月18日,山西省委、省政府召开“以群众举报乡村干部腐败为切入点集中解决群众信访诉求问题”专项治理电视电话会议,安排部署专项治理工作。省委副书记楼阳生出席会议并讲话,省委常委、政法委书记王建明主持会议,副省长、省公安厅厅长刘杰宣读《实施方案》。专项治理活动从2015年5月开展至8月底结束,分为清仓见底、集中交办,分级办理、限期解决,逐级审核、检查验收,总结经验、完善机制四个阶段,重点交办化解反映乡村涉纪问题的信访事项以及中央和省委、省政府交办的重要信访事项,实现信访事项件件有着落、事事有回音。

7月13日,山西省“以群众举报乡村干部腐败为切入点集中解决群众信访诉求问题”专项治理推进会在临汾市召开,会议贯彻山西省委书记王儒林、省长李小鹏对专项治理工作的批示精神,总结前段工作,交流经验做法,分析存在问题,并对下一步工作进行再动员、再部署。省委副书记楼阳生出席会议并讲话,副省长、省公安厅厅长刘杰主持会议。省委副秘书长、省信访局局长李体柱通报全省专项治理开展情况;临汾市、吕梁市、忻州市、省纪委、公安厅有关领导和霍州市委书记作交流发言。

12月9日,山西省委副书记楼阳生、副省长刘杰听取“以群众举报乡村干部腐败为切入点集中解决群众信访诉求问题”专项治理第二阶段工作情况汇报,并给予肯定。楼阳生要求,专项治理即将告一段落,要一边扎实推进,确保不留尾巴;一边着手总结,提炼好的经验做法,要围绕当前及下一步工作重点,落实省委十届七次全会精神,继续发扬优良作风,不断创新工作方法,推进信访工作。刘杰指出,专项治理中各级政法机关加强依法处理,为维护良好的信访秩序起到重要作用,司法机关要继续加强工作协调和配合,坚持强力执法、持续执法,依法打击信访活动中的违法犯罪行为,坚决树立法治权威,把信访纳入法治化轨道。 (杨卫兵)

【信访干部李培斌事迹宣传学习】 2015年10月15日,党的十八大代表、大同市阳高县信访服务中心主任李培斌为妥善处理群体性信访案件,在连续加班超负荷工作后,因劳累过度突发心梗,不幸殉职。获悉李培斌不幸去世的消息,山西省委书记王儒林作出批示:“全省要更多总结、大力宣传先进模范人物的先进事迹,推动重塑山西形象。”省委副书记、省长李小鹏批示:“学习李培斌同志为民服务、爱岗敬业、扎根基层、忘我工作的先进事迹和精神作风。”11月25日,省委办公厅发出通知,在全省广大党员干部中开展向李培斌学习的活动。司法部追授李培斌“全国司法行政系统一级英雄模范”荣誉称号。

（杨卫兵）

【信访分类处理法制化指导】 2015年8月17日、9月11日，山西省信访局、省政府法制办分两次联合召开《通过法定途径分类处理信访投诉请求》推进工作座谈会，研究讨论如何推进工作、制定分类清单等问题。12月25日，在充分调研、汇总分析各部门梳理材料的基础上，省信访局会同省政府法制办共同研究，形成《通过法定途径分类处理信访投诉请求的指导意见(试行)》。指导意见为大家开展工作指明方向，34家省直部门对本领域、本系统信访事项分类梳理，列出本部门通过法定途径分类处理信访投诉请求工作清单。（杨卫兵）

党 史

【党史资政】 2015年，山西省委党史办公室及时准确地提供省委领导了解研究山西党史所需党史资料；主动撰写贴近现实的党史资政调研报告，全年编办《党史参阅资料》5期，撰写《山西红色文化的形成脉络和内涵价值》资政调研报告、《山西红色文化史料征集整理编纂与研究利用规划建议》等，供领导决策参阅，供编制《山西省“十三五”时期红色文化传承保护与开发规划》采纳利用。作出《中共山西省委党史办公室关于贯彻落实中央“一突出”“两跟进”指示精神课题研究工作意见》。（赵茹琳）

【党史研究】 2015年，山西省委党史办公室完成《改革开放实录(山西部分)》专题研究任务，专题成果上报中央党史研究室审定；推进《老同志回忆改革开放新时期山西的发展(口述史)》的资料征编工作，其中有的口述史料整理发表；即时跟进历史记载历史，在编写修改《2014年山西党史大事记》(资料辑)的同时，启动《2015年山西党史大事记》(资料辑)编写工作。完成中央交付山西省、中央党史研究室组织安排的重大课题任务，完成《华国锋年谱(山西部分)》和《华国锋在山西》送审征求意见稿；编撰出版《山西革命遗址通览》忻州市卷、运城市卷，全省革命遗址普查成果丛书省、市卷全部出齐；编纂完成《抗日战争时期山西省人口伤亡和财产损失》丛书省卷；完成《中国共产党历史知识辞典》新民主主义革命时期重要文献词条、山西籍党史人物词条的撰写修改，报送中央党研室。完成《卫恒文集》送审稿。编辑出版《中共山西年鉴》(2015版)。（赵茹琳）

【党史刊物编辑出版】 做好《党史文汇》编辑出版工作。《党史文汇》开辟“纪念抗战胜利90周年”专栏，推出30多篇特色文章。在“伟人风采”和“历史的沉思”专栏突出反腐倡廉主题。全年编辑出版正刊12期，“反腐倡廉镜鉴”增刊1期。（赵茹琳）

【抗战史宣传】 2015年是中国人民抗日战争暨世界反法西斯战争胜利70周年，山西省委党史办公室组织开展山西抗战历史研究系列宣传工作。

开展“山西抗战的历史贡献”专题讲座。省委党史办主任于若洁给省委组织部全体干部、省政法系统领导干部作题为《山西抗战的历史贡献》专题讲座，在省直机关弘扬“三大文化”读书交流会上作《光耀千秋的山西红色文化》讲座交流。讲座围绕山西抗战的历史贡献，拓宽拓深研究总结，从10个层面做概括，做出符合历史的定位，党员干部从铭记山西光荣历史中受到教育和激励。

与新闻媒体合作扩大宣传山西抗战历史。与山西广播电视台共同策划、联合制作，推出大型系列节目《铭记》，分《抗战记忆》《日本侵晋罪行》《八路军总部在山西》《八路军将领在山西》4个系列，每集10分钟，共85集，连续在山西公共频道《文化讲堂》栏目播出。与山西卫视合作制作35集系列专题片《抗战纪事》，连续在《新闻午报》《山西新闻联播》播出。与山西广播电台联合制作节目《抗战英雄谱》，讲述在山西战斗生活过的党政军领导人、抗日英烈英模等104名共产党人的事迹，连续在山西综合广播《山西新闻》《全省新闻联播》播出。与人民网山西频道合作，为“让红色文化叫响全国 山西抗战震古烁今”专栏提供大量稿件和资料。与山西日报社共同策划和组织稿件，9月3日在《山西日报》推出《全民抗战看山西》八版重头纪念宣传文章。9月7日，以省委党史办名义在《山西日报》发表《山西抗战历史贡献》专版文章。组织人员参加中外媒体记者见面会，向中外记者介绍山西在抗战中的重要地位、发挥的特殊作用、做出的巨大贡献，回答中外记者提问。

举办“让历史照亮未来——党史图书捐赠活动”。7月31日，为纪念抗战胜利70周年，省委党史办联合省文化厅、教育厅(高校工委)向省城7所大学和6家文博单位捐赠省委党史办公室编著出版的图书60余种、4300余册。

组织研究人员撰写山西抗战历史的研究论文和宣传文章。全室研究人员撰写山西抗战历史的研究论文和宣传文章47篇，入选中央党史研究室主办的纪念中国人民抗日战争暨世界反法西斯战争胜利70周年学术研讨会3篇，入选中央文献研究室主办的纪念中国人民抗日战争暨世界反法西斯战争胜利70周年学术研讨会2篇。向省内外征集到一批研究山西抗战的论文，推进《山西抗战的历史贡献——纪念抗日战争胜利70周年论文集》编辑出版工作。

（赵茹琳）

综 述

【省人大常委会职责履行】 2015年，山西省人民代表大会常务委员会（简称“省人大常委会”）围绕省委“五句话”总体要求，依靠广大代表和基层人大，践行“三严三实”，依法履行职责，召开常委会会议6次，制定、修改、废止地方性法规13件，作出具有法规性质的决定1件，审查批准太原市、大同市地方性法规13件，审查规范性文件72件，听取审议省“一府两院”专项工作报告17项，开展执法检查3项，决定重大事项6项，任免国家机关工作人员144人（次）。

（秦 钟 王 磊 郭 强）

【山西省全国人大代表集中讨论立法法修正案】 根据全国人大常委会通知要求，全国人大常委会决定提请在3月召开的第十二届全国人大三次会议上对立法法修正案（草案）进行审议。2015年1月16日，省人大常委会组织山西省全国人大代表讨论立法法修正案草案。代表们首先收看立法法修改问题的专题辅导报告。之后围绕主题讨论，对于其中具体条款的修改提出许多合理化的、可行性的意见和建议。（秦 钟 王 磊 郭 强）

【省政府系统交办人大代表建议工作】 2015年2月13日，山西省政府系统交办人大代表建议工作会在太原召开。省委常委、常务副省长高建民出席会议并讲话。省人大常委会人事代表工委副主任霍晓琴宣读《关于省政府系统交办人大代表建议工作的安排意见》。省十二届人大四次会议期间，共收到省人大代表提出的建议、批评和意见911件，其中由省人民政府办理的840件，占建议总数的92.2%。分别由省政府系统的51个单位和7个市人民政府承办。

（秦 钟 王 磊 郭 强）

重要会议

【山西省第十二届人民代表大会第四次会议】 2015年1月28日至2月1日在太原举行。应出席代表536人，实出席510人。会议主席团成员共计56人。

大会议程共7项：(1) 听取和审议山西省省长李小鹏关于政府工作的报告；(2) 审查和批准省人民政府关于山西省2014年国民经济和社会发展计划执行情况与2015年国民经济和社会发展计划（草案）的报告，批准山西省2015年国民经济和社会发展计划；(3) 审查和批准省人民政府关于山西省2014年全省和省本级预算执行情况与2015年全省和省本级预算（草案）的报告，批准山西省2015年省本级预算；(4) 听取和审议山西省人民代表大会常务委员会副主任李政文关于山西省人民代表大会常务委员会工作的报告；(5) 听取和审议山西省高级人民法院院长左世忠关于山西省高级人民法院工作的报告；(6) 听取和审议山西省人民检察院检察长杨司关于山西省人民检察院工作的报告；(7)补选及其他事项。

大会收到代表提出的议事原案38件。经议案审查委员会审查后报大会主席团决定，将其中29件立为28件议案，交由省人大及其常委会有关工作机构办理；其余9件转作代表建议、批评和意见处理。

收到建议、批评和意见及议案转建议共902件，加上议事原案转为建议处理的，共911件。其中，26件交由省人大常委会办理，841件交由省政府系统办理，15件交由省高级人民法院办理，1件交由省人民检察院办理，68件交由党群部门办理。

大会补选李平社、李洪、迟耀云为省人大常委会委员。

这次会议有817人列席，有10人旁听。

（秦 钟 王 磊 郭 强）

【山西省十二届人大常委会会议】 第十八次会议。2015年1月22日至23日在太原举行。会议应出席组成人员63人，实出席61人。

会议议程是：(1) 听取关于山西省第十二届人民代表大会第四次会议筹备工作情况的报告；(2) 审议山西省第十二届人民代表大会常务委员会向山西省第十二届人民代表大会第四次会议所做的工作报告稿；

(3)审议山西省人民代表大会常务委员会代表资格审查委员会关于省十二届人大代表出缺情况和补选代表的代表资格审查的报告;(4) 审议山西省第十二届人民代表大会第四次会议议程(草案);(5)审议山西省第十二届人民代表大会第四次会议主席团和秘书长名单(草案);(6)审议山西省第十二届人民代表大会第四次会议议案审查委员会组成人员名单(草案);(7)审议山西省第十二届人民代表大会第四次会议列席人员名单(草案);(8)审议《山西省人民代表大会常务委员会关于加强和改进人大监督工作的决定(草案)》;(9)审议《山西省各级人民代表大会常务委员会规范性文件备案审查条例(草案)》;(10)审议和批准《太原市发展新型墙体材料条例》;(11)审议和批准《太原市城市桥梁管理条例》;(12) 审议关于接受部分山西省人民代表大会常务委员会委员辞职请求的决定(草案);(13)审议人事免职议案。

会议表决通过《山西省人民代表大会常务委员会关于加强和改进人大监督工作的决定》、山西省人民代表大会常务委员会关于批准《太原市发展新型墙体材料条例》的决定、山西省人民代表大会常务委员会关于批准《太原市城市桥梁管理条例》的决定,原则通过省十二届人大常委会向省十二届人大四次会议所作的工作报告稿,通过山西省人民代表大会常务委员会代表资格审查委员会关于省十二届人大代表出缺情况和补选代表的代表资格审查的报告、山西省第十二届人民代表大会第四次会议议程(草案)、山西省第十二届人民代表大会第四次会议主席团和秘书长名单(草案)、山西省第十二届人民代表大会第四次会议议案审查委员会组成人员名单(草案)、山西省第十二届人民代表大会第四次会议列席人员名单,通过山西省人民代表大会常务委员会关于接受部分山西省人民代表大会常务委员会委员辞职请求的决定及人事任免名单。

会议确认刘杰、李洪、迟耀云、李平社的省十二届人大代表资格有效。山西省第十二届人民代表大会实有代表536名,出缺16名。

会议决定接受李宝卿、杨波、施联秀、郭振中辞去山西省第十二届人民代表大会常务委员会委员职务的请求。

第十九次会议。2015年3月30日至31日在太原举行。会议应出席组成人员62人,实出席59人。

会议议程:(1) 审议省人大常委会主任会议关于提请审议《山西省女职工劳动保护条例(草案)》的议案;(2)审议《山西省各级人民代表大会常务委员会规范性文件备案审查条例(草案)》;(3)人事免职及其他事项。

会议表决通过《山西省各级人民代表大会常务委员会规范性文件备案审查条例》及人事免职名单。

30日,第十二届全国政协委员,全国人大法制工作委员会副主任阚珂作《以宪法为根本活动准则加强对权力的制约和监督》专题讲座。

第二十次会议。2015年5月25日至28日在太原举行。会议应出席组成人员62人,实出席58人。

会议议程:(1)审议《山西省城市公共客运条例(草案)》;(2)审议省人大常委会代表资格审查委员会关于代表出缺情况的审查报告;(3) 审议省人民政府关于2015年省本级预算调整方案(草案);(4)审议省人大财政经济委员会关于2015年省本级预算调整方案(草案)的审查报告;(5)审议省人大常委会关于批准2015年省本级预算调整方案的决议(草案);(6)审议关于全省促进就业工作情况的报告并进行专题询问;(7) 审议关于全省民营企业发展情况的报告;(8)审议关于全省金融创新发展情况的报告;(9)人事任免及其他事项。

26日下午举行联组会议,常委会组成人员专题询问关于全省促进就业工作情况的报告。

会议表决通过《山西省城市公共客运条例》、山西省人民代表大会常务委员会代表资格审查委员会关于代表出缺情况的审查报告、关于批准2015年省本级预算调整方案的决议及人事任免名单。

会议确认王贵荣、李海勇、陈子浩3人的代表资格终止程序符合法律规定。山西省第十二届人民代表大会实有代表533名,出缺19名。

27日下午,著名军事专家、海军网络安全和信息化专家咨询委员会主任尹卓少将作题为《我国周边安全形势及对策》的专题讲座。

第二十一次会议。2015年7月27日至30日在太原举行。会议应出席组成人员62人,实出席60人。

会议议程:(1) 审议省人民政府关于提请审议《山西省国有土地上房屋征收与补偿条例(草案)》的议案;(2)审议《山西省女职工劳动保护条例(草案)》;(3)审议《山西省实施〈中华人民共和国水土保持法〉办法(修订草案)》;(4)审议和批准《大同市人民代表大会常务委员会关于修改〈大同市地方立法条例〉的决定》;(5)审议关于检查《山西省社会治安综合治理条例》实施情况的报告;(6)审议关于实施妇女儿童发展"十二五"规划情况的报告;(7) 审议关于全省住房公积金管理和使用情况的报告;(8)审议关于2015年上半年全省国民经济和社会发展计划执行情况的报告;(9) 审议关于2014年省本级财政决算和2015年上半年全省预算执行情况的报告;(10) 审议关于2014年省本级预算执行和其他财政收支的审计工作报告;(11) 审议关于2014年省本级财政决算(草案)的审查报告及批准决议(草案);(12)审议山西省人民代表大会常务委员会代表资格审查委员会关于代表出缺情况的审查报告;(13)人事任免及其他事项。

会议表决通过《山西省女职工劳动保护条例》《山西省实施〈中华人民共和国水土保持法〉办法》、关于批准《大同市人民代表大会常务委员会关于修改〈大同市地方立法条例〉的决定》的决定、关于代表出缺情况的审查报告及人事任免名单,批准2014年省本级财政决算的决议。省人大常委会主任王儒林向通过任命的人员颁发任命书。

会议确认高强、马新义、郑富梅、洪发科4人人大代表资格终止。山西省实有省十二届人大代表529名,出缺23名。

29日上午,中共中央党校国际战略研究所教授、国际关系与台港澳研究室副主任赵磊作题为《“一带一路”与中国跨越式发展》的专题讲座。

第二十二次会议。2015年9月21日至24日在太原举行。会议应出席组成人员62人,实出席58人。

会议议程:(1)审议省人民政府关于提请审议《山西省法律援助条例(修订草案)》的议案;(2)审议省人民政府关于提请审议《山西省无线电管理条例(草案)》的议案;(3)审议《山西省国有土地上房屋征收与补偿条例(草案)》;(4)审议《山西省城镇住房保障条例(草案)》;(5)审议和批准《大同市餐厨废弃物管理条例》;(6)审议和批准《大同市人民代表大会常务委员会关于修改〈大同市煤矿安全生产监督管理条例〉的决定》;(7)审议关于《山西省人民代表大会常务委员会关于加强人民检察院对诉讼活动法律监督工作的决定》实施情况的报告;(8)审议关于2015年省本级预算第二次调整方案(草案);(9)审议关于2015年省本级预算第二次调整方案(草案)的审查报告及批准决议(草案);(10)审议关于检查《中华人民共和国水污染防治法》实施情况的报告;(11)审议关于全省非物质文化遗产法律法规执行情况的报告;(12)审议关于全省“三农”工作情况的报告;(13)审议关于全省建筑工程质量和建筑安全生产管理情况的报告并进行满意度测评;(14)人事任免及其他事项。

会议对关于全省建筑工程质量和建筑安全生产管理情况的报告进行满意度测评,测评结果为对报告总体满意。会议表决通过《山西省国有土地上房屋征收与补偿条例(草案)》、关于批准《大同市餐厨废弃物管理条例》的决定(草案)、关于批准《大同市人民代表大会常务委员会关于修改〈大同市煤矿安全生产监督管理条例〉的决定》的决定(草案)、关于批准2015年省本级预算第二次调整方案的决议(草案)及人事任免名单(草案)。省人大常委会主任王儒林向通过任命的人员颁发任命书。

22日下午,国防大学战役教研部教授黄祖海作题为《抗日战争的启示与中日关系》的专题讲座。

第二十三次会议。2015年11月23日至26日在太原举行。会议应出席组成人员62人,实出席56人。

会议议程:(1)审议省人大常委会主任会议关于提请审议《山西省各级人民代表大会常务委员会监督司法工作办法(草案)》的议案;(2)审议省人民政府关于提请审议《山西省环境保护条例(修订草案)》的议案;(3)审议《山西省法律援助条例(修订草案)》;(4)审议和批准《太原市人民代表大会常务委员会关于集中修改部分地方性法规的决定》;(5)审议关于修改《山西省地方立法条例》《山西省各级人民代表大会选举实施细则》《山西省乡镇人民代表大会工作条例》《山西省实施〈中华人民共和国全国人民代表大会和地方各级人民代表大会代表法〉办法》的决定(草案);(6)审议关于对任命的“一府两院”国家工作人员加强监督的意见(草案);(7)审议《山西省实施宪法宣誓办法(草案)》;(8)审议关于召开山西省第十二届人民代表大会第五次会议的决定(草案)(书面);(9)审议关于运城等设区的市人民代表大会及其常务委员会开始制定地方性法规的决定(草案);(10)审议关于检查《中华人民共和国保守国家秘密法》实施情况的报告;(11)审议关于全省土地管理工作情况的报告;(12)审议关于2014年省本级预算执行审计查出问题的整改工作报告;(13)审议关于2015年全省及省本级政府债务限额分配议案;(14)审议省人大内务司法委员会关于省十二届人大四次会议主席团交付的代表议案审议结果的报告(书面);(15)审议省人大财政经济委员会关于省十二届人大四次会议主席团交付的代表议案审议结果的报告(书面);(16)审议省人大常委会人事代表工作委员会关于省十二届人大四次会议主席团交付的代表议案处理情况的报告(书面);(17)审议省人民政府关于省十二届人大四次会议以来代表建议、批评和意见办理情况的报告;(18)审议省高级人民法院关于省十二届人大四次会议以来代表建议、批评和意见办理情况的报告;(19)审议省人民检察院关于省十二届人大四次会议以来代表建议、批评和意见办理情况的报告;(20)审议关于接受个别山西省人民代表大会专门委员会主任委员辞职请求的决定(草案)(书面);(21)人事任免及其他事项。

会议表决通过修订后的《山西省法律援助条例》,关于批准《太原市人民代表大会常务委员会关于集中修改部分地方性法规的决定》的决定,关于修改《山西省地方立法条例》《山西省各级人民代表大会选举实施细则》《山西省乡镇人民代表大会工作条例》《山西省实施〈中华人民共和国全国人民代表大会和地方各级人民代表大会代表法〉办法》的决定,《山西省组织实施宪法宣誓办法》,关于召开山西省第十二届人民代表大会第五次会议的决定,关于运城等设区的市人民代表大会及其常务委员会开始制定地方性法规的决定,关于批准2015年全省及省本级政府债务限额分配议案的决议,省人大内务司法委员会、省人大财政经济委员会关于省十二届人大四次会议主席团交付的代表议案审议结果的报告,省人大常委会人事代表工作委员会关于省十二届人大四次会议主席团交付的代表议案处理情况的报告,省人民政府、省高级人民法院、省人民检察院关于省十二届人大四次会议以来代表建议、批评和意见办理情况的报告,关于接受李永宏辞去山西省人民代表大会内务司法委员会主任委员职务请求的决定及人事任免名单。省人大常委会主任王儒林向通过任命的人员颁发任命书。

24日下午，太原师范学院教授郭文炯作题为《推进山西绿色发展的思考》的专题讲座。

（秦　钟　王　磊　郭　强）

国家机关工作人员任免

【省人大工作机构人员任免】 山西省十二届人大常委会第十九次会议根据主任会议的提名，免去杨波的山西省人大常委会教育科学文化卫生工作委员会主任职务。

第二十次会议根据主任会议的提名，任命李平社、李洪为山西省第十二届人民代表大会常务委员会代表资格审查委员会委员；免去杨波、施联秀的山西省第十二届人民代表大会常务委员会代表资格审查委员会委员职务。任命荣彤为山西省人大财政经济委员会副主任委员，李洪为山西省人大常委会教育科学文化卫生工作委员会主任，李平社为山西省人大常委会城乡建设环境保护工作委员会主任，郭勇义为山西省人大常委会城乡建设环境保护工作委员会副主任，杨随亭为山西省人大常委会预算工作委员会副主任；免去王联英的山西省人大法制委员会副主任委员职务，李宝卿、张立新的山西省人大财政经济委员会副主任委员职务，施联秀的山西省人大常委会城乡建设环境保护工作委员会主任职务。

第二十一次会议根据主任会议的提名，任命周世经为山西省人大常委会副秘书长，谭继海为山西省人大常委会教育科学文化卫生工作委员会副主任，张国富为山西省人大常委会人事代表工作委员会副主任，王尚义为山西省人大常委会民族宗教侨务外事工作委员会副主任；免去安志辉的山西省人大常委会教育科学文化卫生工作委员会副主任职务。

第二十二次会议根据主任会议提名，免去霍晓琴的山西省人大常委会人事代表工作委员会副主任职务。

第二十三次会议根据主任会议的提名，任命蔡汾湘为山西省人大法制委员会副主任委员，李渊为山西省人大财政经济委员会副主任委员；贾毓杰为山西省人大常委会法制工作委员会副主任，张高宏为山西省人大常委会人事代表工作委员会主任，牛社威为山西省人大常委会人事代表工作委员会副主任，何涛为山西省人大常委会民族宗教侨务外事工作委员会副主任；免去王满春的山西省人大法制委员会副主任委员职务，何涛的山西省人大常委会副秘书长、研究室主任职务，李渊的山西省人大常委会副秘书长职务，蔡汾湘的山西省人大常委会法制工作委员会副主任职务，郭贵春的山西省人大常委会教育科学文化卫生工作委员会副主任职务，董常生的山西省人大常委会农村工作委员会副主任职务，刘巩的山西省人大常委会人事代表工作委员会主任职务。

（秦　钟　王　磊　郭　强）

【省政府部门机构人员任免】 山西省十二届人大常委会第十九次会议根据省长李小鹏的提名，决定免去李洪的山西省国家安全厅厅长职务，李平社的山西省农业厅厅长职务。

第二十次会议根据省长李小鹏的提名，决定任命关建勋为山西省农业厅厅长。

第二十一次会议根据省长李小鹏的提名，决定任命王秀文为山西省国家安全厅厅长，许大纯为山西省国土资源厅厅长。

第二十二次会议根据省长李小鹏的提名，决定任命向二牛为山西省煤炭工业厅厅长。

（秦　钟　王　磊　郭　强）

【法院检察院人员任免】 山西省十二届人大常委会第十八次会议根据省高级人民法院院长左世忠的提名，免去赵有珍的山西省高级人民法院审判委员会委员职务，吉瑞田的山西省高级人民法院审判委员会委员、民事审判第一庭庭长、审判员职务，黄海峰、程建平、籍拴梅的山西省高级人民法院审判员职务，陈强的太原铁路运输中级人民法院副院长、审判委员会委员、审判员职务。

根据山西省人民检察院检察长杨司的提名，免去王建中的山西省人民检察院检察委员会委员、检察员职务，吴娟的太原铁路运输检察分院检察员职务，陈培忠的大同铁路运输检察院检察员职务，方彝原的临汾铁路运输检察院检察委员会委员、检察员职务。

第十九次会议根据省人民检察院检察长杨司的提名，免去李卫平、史瑞龙、李晓勇的山西省人民检察院检察员职务。

第二十次会议根据省高级人民法院院长左世忠的提名，任命王超为太原铁路运输中级法院立案庭副庭长，杨玲为太原铁路运输中级人民法院民事审判第一庭副庭长，郭文清为太原铁路运输中级人民法院民事审判第二庭副庭长，吕楠、赵海娟、程键、何晓鹏、李渊冲为太原铁路运输中级人民法院审判员，滕欣、冯璐、胡静、王毅、梁峰、孙强、王婷为太原铁路运输法院审判员，温龙为大同铁路运输法院刑事审判庭庭长，杨泽、檀丽为大同铁路运输法院审判员，李冬青为临汾铁路运输法院刑事审判庭庭长，吕霄翔为临汾铁路运输法院立案庭庭长，张娟为临汾铁路运输法院民事审判庭庭长，申雅栋为临汾铁路运输法院审判员；免去李洪义的山西省高级人民法院审判员职务，王登举、颜廷章的大同铁路运输法院审判委员会委员、审判员职务。

根据省人民检察院检察长杨司的提名，免去杜金拽、赵瑞英的山西省人民检察院检察员职务，刘富爱的山西省人民检察院太原铁路运输分院检察员职务，闫玉涛的大同铁路运输检察院检察员职务，李有臣的临汾铁路运输检察院检察员职务，邢书云的晋城晋普山地区人民检察院检察员职务。

第二十一次会议根据省高级人民法院院长左世忠的提名，任命袁振民为山西省高级人民法院审判委员会委员、审判员；免去石治文的太原铁路运输中级人民法院院长、审判委员会委员职务。

根据省人民检察院检察长杨司的提名，任命赵雅清、周跃武、崔峰为山西省人民检察院检察委员会委员，郭娟、胡昱倩、张颖、王光宏、武美华、代新叶、高晶、陈晓冉、王彩虹、师帅、吴杰为太原铁路运输检察分院检察员，吕全宝、张国勇、高波为太原铁路运输检察院检察委员会委员，韩燕、曹霁为太原铁路运输检察院检察员，张小贤、吕晓芳、李喜君、贺海琴为大同铁路运输检察院检察员，杜占华、任尚锋为临汾铁路运输检察院检察委员会委员，陈静、郭娇玉、于晨霞、赵晓俊为临汾铁路运输检察院检察员；免去王广志、吴亚玲的山西省人民检察院检察员职务，陈建设的太原铁路运输检察院检察委员会委员、检察员职务，张君的大同铁路运输检察院副检察长、检察委员会委员、检察员职务。

第二十二次会议根据省人民检察院检察长杨司的提名，免去侯玉萍的山西省人民检察院检察员职务，刘钢的太原铁路运输检察分院副检察长、检察委员会委员职务，宋芝元、陈兴智的太原铁路运输检察院检察员职务，张益民的永济董村地区人民检察院检察员职务。

第二十三次会议根据省高级人民法院院长左世忠的提名，张勇为山西省高级人民法院审判委员会委员、审判员；免去王珍的山西省高级人民法院审判委员会委员、审判员职务，高凤鸣、杨艾礼的太原铁路运输中级法院审判委员会委员、审判员职务，张中岳的临汾铁路运输法院审判员职务。

根据省人民检察院检察长杨司的提名，任命姜忠市为山西省人民检察院太原铁路运输分院检察员，李艳萍为太原铁路运输检察院检察委员会委员，黄建华为大同铁路运输检察院检察长，张满平为临汾铁路运输检察院检察长；免去孙初民、杨福生、赵常如、吕晓林的山西省人民检察院检察员职务，张满平的大同铁路运输检察院副检察长、检察委员会委员职务，姜忠市的大同铁路运输检察院检察委员会委员、检察员职务，黄建华的临汾铁路运输检察院检察长、检察委员会委员职务。

（秦　钟　王　磊　郭　强）

立　法

【制定、修改、废止法规】 2015年，山西省各级人民代表大会常务委员会制定山西省地方性法规5部，修改山西省地方性法规6部，废止山西省地方性法规2部。作出《山西省人民代表大会常务委员会关于加强和改进人大监督工作的决定》。批准太原、大同两市提请审议的地方性法规6部。

（秦　钟　王　磊　郭　强）

监　督

【“一府两院”工作报告审议】 2015年，山西省人民代表大会常务委员会审议省政府及其部门、省高级人民法院、省人民检察院的工作报告17项，分别是：关于全省促进就业工作情况的报告；关于全省民营企业发展情况的报告；关于全省金融创新发展情况的报告；关于实施妇女儿童发展“十二五”规划情况的报告；关于全省住房公积金管理和使用情况的报告；关于2015年上半年全省国民经济和社会发展计划执行情况的报告；关于2014年省本级财政决算和2015年上半年全省预算执行情况的报告；关于2014年省本级预算执行和其他财政收支的审计工作报告；关于《山西省人民代表大会常务委员会关于加强人民检察院对诉讼活动法律监督工作的决定》实施情况的报告；关于全省非物质文化遗产法律法规执行情况的报告；关于全省“三农”工作情况的报告；关于全省建筑工程质量和建筑安全生产管理情况的报告；关于全省土地管理工作情况的报告；关于2014年省本级预算执行审计查出问题的整改工作报告；省人民政府关于省十二届人大四次会议以来代表建议、批评和意见办理情况的报告；省高级人民法院关于省十二届人大四次会议以来代表建议、批评和意见办理情况的报告；省人民检察院关于省十二届人大四次会议以来代表建议、批评和意见办理情况的报告。

（秦　钟　王　磊　郭　强）

【规范性文件备案审查登记目录】 2015年，山西省各级人民代表大会常务委员会审查报备规范性文件72项，分别是：省政府《关于印发山西省省属国有企业财务等重大信息公开办法(试行)的通知》(晋政发〔2014〕38号)；省政府办公厅《关于全面清理行政权力推行权力清单制度的通知》(晋政办发〔2014〕88号)；运城市人大《关于推进农业现代化的决议》；运城市人大《关于科学推进新型城镇化的决议》；省政府法制办《山西省涉案财物价格鉴证办法》(第239号省政府令)；大同市政府《大同市畜禽屠宰管理办法》(第70号大同市政府令)；大同市政府《大同市废止部分政府规章的决定》(第71号大同市政府令)；省政府《关于落实和承接国务院取消和调整一批行政审批项目等事项的通知》(晋政发〔2014〕34号)；省政府《关于加快发展现代保险服务业的实施意见》(晋政发〔2014〕36号)；省政府《关于印发山西省煤焦公路销售体制改革方案的通知》(晋政发〔2014〕37号)；省政府《关于印发山西省加快发展生产性服务业促进产业结构调整升级实施方案的通知》(晋政发〔2014〕39号)；省政府《关于印发山西省信用体系建设规划(2014–2020)的通知》(晋政发〔2014〕40号)；省政府《关于印发山西省市场主体住所（经营场所)登记管理办法的通知》(晋政发〔2014〕41号)；省政府办公厅《关于进一步做好普通高等学校毕业生就业创业工作的通知》(晋政发〔2014〕68号)；省政府办公厅《关于促进地理信息产业发展的实施意见》(晋政发〔2014〕69号)；省政府办公厅《关于印发山西省2014–2015年节能减排碳发展行动方案的通知》(晋政发〔2014〕76号)；省政府办公厅《关于印发山西省加快推进新能源汽车产业

发展和推广应用若干政策措施的通知》(晋政发〔2014〕77号);省政府办公厅《关于印发山西省黄标车及老旧车淘汰工作实施方案的通知》(晋政发〔2014〕78号);省政府办公厅《关于印发山西省劳动密集型企业消防安全专项治理实施方案的通知》(晋政发〔2014〕86号);省政府《关于进一步推进户籍制度改革的实施意见》(晋政发〔2015〕2号);省政府《关于进一步健全完善临时救助制度的通知》(晋政发〔2015〕3号);省政府法制办《山西省军人抚恤优待实施办法(修订)》(第240号省政府令);省政府《关于加快推进法治政府建设的实施意见》(晋政发〔2015〕4号);省政府法制办《山西省石油天然气管道建设和保护办法》(第242号省政府令);省政府法制办《省政府关于废止和修改部分政府规章的决定》(第241号省政府令);省政府办公厅《山西省政府2015年新实施强农惠农补贴政策的通知》(晋政发〔2015〕9号);省政府《关于取消下放和调整一批行政审批项目等的决定》(晋政发〔2015〕7号);省政府《关于落实和承接国务院取消和调整一批行政审批项目等的通知》(晋政发〔2015〕8号);省政府《关于印发山西减轻企业负担促进工业稳定运行若干措施的通知》(晋政发〔2015〕11号);省政府办公厅《关于调整失业保险费率的通知》(晋政办发〔2015〕27号);省政府办公厅《关于印发《山西省经济技术开发区设立升级扩区和退出管理办法》的通知》(晋政办发〔2015〕34号);省政府办公厅《关于加快经济技术开发区转型升级创新发展的实施意见》(晋政办发〔2015〕35号);省政府《关于发布山西省政府核准的投资项目目录(2015年本)的通知》(晋政发〔2015〕13号);省政府办公厅《关于调整我省最低工资标准的通知》(晋政办发〔2015〕41号);省政府办公厅《关于印发山西省食品药品安全举报奖励办法的通知》(晋政办发〔2015〕38号);省政府《山西省人民政府关于促进旅游业改革发展的意见》(晋政发〔2015〕17号);省政府《山西省人民政府关于规范省政府部门行政审批行为改进行政审批有关工作的实施意见》(晋政发〔2015〕15号);省政府《山西省人民政府关于落实和承接国务院取消和调整一批行政审批项目等事项的通知》(晋政发〔2015〕16号);省政府办公厅《山西省人民政府办公厅关于印发山西省全面推开县级公立医院综合改革实施方案的通知》(晋政办发〔2015〕59号);省政府办公厅《山西省人民政府办公厅关于农村产权流转交易市场健康发展的实施意见》(晋政办发〔2015〕57号);省政府《山西省人民政府关于创新重点领域投融资机制鼓励社会投资的实施意见》(晋政办发〔2015〕20号);省政府《山西省人民政府关于印发山西省公共信用信息管理办法(试行)的通知》(晋政办发〔2015〕21号);省政府《山西省人民政府关于取消下放和调整一批行政审批项目等事项的决定》(晋政办发〔2015〕23号);省政府《山西省人民政府关于全面扩大开放的意见》(晋政办发〔2015〕24号);省政府办公厅《关于进一步做好农民服务工作的实施意见》(晋政发〔2015〕31号);省政府《关于印发山西省职业教育校企合作促进办法(试行)的通知》(晋政发〔2015〕16号);省政府办公厅《关于进一步做好新形势下就业创业工作的实施意见》(晋政发〔2015〕74号);省政府《关于加快应急产业发展的实施意见》(晋政办发〔2015〕65号);省政府《关于健全重大行政决策机制的意见》(晋政发〔2015〕19号);省政府办公厅《关于进一步支持小型微型企业健康发展措施的通知》(晋政办发〔2015〕70号);省政府办公厅《关于印发山西省煤矿瓦斯抽采全覆盖工程实施方案的通知》(晋政办发〔2015〕69号);省政府办公厅《关于进一步加强治理非法超限超载工作的通知》(晋政办发〔2015〕79号);省政府《关于印发山西省深化省级财政科技计划(专项基金)管理改革方案的通知》(晋政发〔2015〕35号);省政府《关于印发山西省煤炭行政审批制度改革方案的通知》(晋政发〔2015〕37号);省政府办公厅《山西省人民政府关于进一步加强食品安全工作的意见》(晋政发〔2015〕39号);省政府办公厅《山西省人民政府关于进一步加强乡村医生队伍建设的实施意见》(晋政发〔2015〕41号);省政府法制办《山西省实施《无障碍环境建设条例》(省政府令243号);省政府办公厅《山西省人民政府办公厅关于加快高速宽带网络建设推进网络提速降费的实施意见》(晋政办发〔2015〕91号);省政府办公厅《关于落实国务院取消一批职业资格许可和认定事项的通知》(晋政发〔2015〕40号);省政府办公厅《关于加强安全生产监管执法工作的通知》(晋政办发〔2015〕88号);省政府办公厅《关于支持社会力量发展养老服务业若干措施的通知》(晋政发〔2015〕39号);省政府办公厅《山西省政府办公厅关于加快推进"三证合一"登记制度改革的实施意见》(晋政办发〔2015〕89号);省政府办公厅《山西省政府办公厅关于加快我省多层次资本市场发展的实施意见》(晋政办发〔2015〕90号);省政府办公厅《山西省政府办公厅关于促进进出口稳定增长若干措施的通知》(晋政办发〔2015〕92号);省政府办公厅《关于加快建立企业信用信息互联互通交换共享机制推进企业信用体系建设的意见》(晋政办发〔2015〕96号);省政府办公厅《山西省政府办公厅关于建立分级诊疗制度的实施意见》(晋政办发〔2015〕97号);省政府办公厅《山西省政府办公厅关于印发山西省完善公立医院药品集中采购工作实施方案的通知》(晋政办发〔2015〕93号);省政府办公厅《省政府办公厅关于加快发展商业健康保险的实施意见》(晋政办发〔2015〕95号);省政府办公厅《省政府办公厅关于进一步完善医疗救助制度全面开展重特大疾病医疗救助工作的实施意见》(晋政办发〔2015〕98号);省政府办公厅《省政府办公厅关于全面实施城乡居民大病保险的实施意见》(晋政办发〔2015〕107号);省政府《省政府关于

印发山西省机关事业单位工作人员养老保险制度改革实施办法的通知》(晋政发〔2015〕42号);省政府办公厅《山西省人民政府办公厅关于建立全省困难的高频与失能老年人补贴制度及提高百岁以上老年人补贴标准的通知》(晋政办发〔2015〕116号)。

(秦 钟 王 磊 郭 强)

【《山西省社会治安综合治理条例》执法检查】 2015年6月至7月,山西省人大常委会副主任张茂才带领执法监察组听取省政府、省综治办及省公安司法机关贯彻落实条例的情况汇报,并到大同、长治、晋城、吕梁、阳泉、晋中6个市12个县(市、区)实地检查。

执法检查组认为,近年来,全省各地贯彻实施《山西省社会治安综合治理条例》,围绕建设"平安山西"目标,坚持打防结合、预防为主,专群结合、依靠群众方针,推进社会治安综合治理各项措施的落实,维护全省社会大局和谐稳定。

针对检查中发现问题,报告建议:统一思想,加大宣传,不断提高全社会对社会治安综合治理工作重要性的认识;依法治理,创新思路,推动社会治安综合治理各项工作深入开展;齐抓共管,共同参与,增强社会治安综合治理工作合力;抓好源头,夯实基础,不断强化基层社会治安综合治理工作。

(秦 钟 王 磊 郭 强)

【《中华人民共和国水污染防治法》执法检查】 2015年6月15日至19日,山西省人大常委会副主任李政文、周然、田喜荣带队,到忻州、太原、吕梁3市,围绕水污染防治监管执法及规划执行情况等6个方面重点,开展执法检查。委托其余8个市人大常委会检查所在行政区域内水污染防治法的贯彻实施情况,并按要求向省人大报送执法检查报告。

执法检查组认为,山西省在贯彻实施水污染防治法过程中,以促进绿色转型发展为目标,各级政府不断加大资金投入,开展饮用水源地保护、工业水污染治理、城镇污水集中处理等水污染防治工作,推进实施《水污染防治行动计划》,取得较好成效。全省地表水水质稳步改善,城市集中式生活饮用水源地水质基本保持稳定,地下水水质总体良好。全省水环境形势依然十分严峻。2014年,全省监测的96个断面中,水质优良的断面46个,占总数47.9%,与《水污染防治行动计划》提出2020年达到70%的总体要求仍差22.1个百分点,加之水资源保障能力先天不足、水生态受损较重等问题突出,水污染防治任务相当艰巨。

报告建议:省政府以落实《水污染防治行动计划》和山西省实施方案为契机,加强工业水污染防治,推进总量减排;加强水源地保护,确保饮用水安全;落实法律责任,提高水污染防治水平;加快城乡统筹,推进农村环境保护工作。

(秦 钟 王 磊 郭 强)

【《中华人民共和国保守国家秘密法》执法检查】 2015年9月至10月,山西省人大内务司法委员会组织部分常委会组成人员、省人大代表,听取省国家保密局关于全省保密法贯彻执行情况的汇报,到忻州、临汾、阳泉、晋中4市及部分省直单位检查,到省保密技术检查中心、涉密信息系统测评中心、涉密载体销毁中心等单位实地察看,委托其他各市人大常委会检查所在行政区域贯彻实施保密法情况。

执法检查组认为,山西是能源、重工、宗教、旅游、军工大省,涉密单位多、密级程度高、领域范围广。2010年新修订的保密法颁布实施以来,全省上下按照中央和省委要求和部署,掀起学习、宣传和贯彻保密法高潮,在普法宣传、依法治密、加强监管等方面做大量工作,取得明显成效。

针对检查中发现的问题,报告建议:理顺保密管理体制,加强保密队伍建设;加强保密法制建设,建立健全长效机制;加强定密、解密工作,提高工作规范性和准确性;加大保密科技投入,提高网络安全防范能力。

(秦 钟 王 磊 郭 强)

代表工作

【省人大代表议案建议办理】 2015年,山西省十二届人大四次会议期间,省人大代表提出建议、批评和意见911件,其中向省政府系统提出建议841件,占会议期间建议总数的92.32%。截至2015年底,建议已落实和落实中的超过八成。其中,建议被采纳,反映问题已解决或落实的426件,占50.6%;建议富有建设意义,反映问题在逐步研究解决落实的299件,占35.6%;建议有积极意义,受国家政策、资金、规划等客观条件限制,短期难以落实的116件,占13.8%。

(秦 钟 王 磊 郭 强)

【代表履职程序保障】 2015年,山西省人大代表议案、建议集中交办省政府系统及其他各部门承办单位。各承办单位依法落实代表议案、建议,创新代表议案、建议办理方式,加强代表议案、建议办理工作组织领导。年内就《山西省各级人民代表大会常务委员会规范性文件备案审查条例(草案)》《山西省地方立法条例(草案)》《山西省各级人民代表大会选举实施细则(草案)》《山西省乡镇人民代表大会工作条例(草案)》《山西省实施〈中华人民共和国全国人民代表大会和地方各级人民代表大会代表法〉办法(草案)》等法律草案修订会向社会公开征求意见,加强代表依法履职法律法规保障能力。

(秦 钟 王 磊 郭 强)

【省人大代表问询调研】 2015年,山西省人大常委会、人大代表开展问询调研工作。6月,山西省人大常委会开展"扶持就业创业"专题询问联组会。常委会代表委员就山西省就业局势稳定、农村富余劳动力的转移和培训、大学生自主创业支持等问题进行询问。山西省人力资源和社会保障厅、教育厅、财政厅、经济和信息化委员会、商务厅等有关厅局主要负责人接受问询并解答。6月12日,省人大常委会代表组成调研组到长治市就推进全省设区的市开展立法工作进行调研，要求长治市为开展立法工作做好全面准备，推进法治长治建设。7月9日，省人大常委会代表组成调研组到晋城市阳城县、沁水县调研县乡人大工作。调研组一行到阳城县町店镇、固隆乡和沁水县郑村镇、嘉峰镇，了解县乡人大工作中存在的困难和问题，要求县乡人大开拓创新，健全制度机制，加强自身建设，提供服务保障，发挥基层权力机关的法定职责。10月21日至22日，省人大常委会代表组成调研组到忻州市就《山西省建设工程抗震设防条例》贯彻落实情况进行执法调研。12月8日，部分山西省人大代表就山西省文物保护开发工作进行视察。代表们先后视察晋阳古城考古发掘遗址、西城墙加固工程和山西省博物院馆藏建设，听取省文物局局长王建武关于山西省文物保护开发工作的汇报。参与视察的代表对山西省文物保护开发利用工作提出建设性意见。

（秦　钟　王　磊　郭　强）

【省人大代表重点经济领域视察】 2015年2月1日至2日，在全国人大代表、省人大常委会副主任李政文带领下，部分在晋全国人大代表到太原、晋中等地，围绕天然气煤层气开发利用、超低排放燃煤发电、科技创新开展集中视察。代表们先后到太原和晋中市的寿阳、榆次等地，实地视察天然气全省调控中心、煤层气天然气综合开发示范园区和瑞光热电燃煤超低排放情况。代表们与相关部门负责人座谈，听取科技创新城建设进展和主体区商品化规划方案介绍，并就科技创新城土地相关问题提出建议意见。

（秦　钟　王　磊　郭　强）

【省人大代表与群众联系】 2015年，山西省人大充分利用代表小组活动平台，密切代表与人民群众的联系，关注民生热点难点问题。围绕推进转型综改实验区建设新型城镇化建设、新型农业经营主体发展等，组织代表开展专题调研活动，并将代表专题调研报告转有关机关、组织处理。省十二届人大四次会议前，围绕转型综改实验区建设和人民群众普遍关心的热点难点问题，组织代表开展集中视察，为代表审议人代会各项工作报告、提出高质量的议案建议做好准备。拓宽代表联系群众渠道，市县两级人大认真组织省人大代表参加驻地代表办公室接待人民群众活动。

（秦　钟　王　磊　郭　强）

【省人大代表履职能力保障】 2015年，山西省各级人大代表围绕财政预算审查监督、新型城镇化建设等内容，加强代表履职培训，提高履职意识和能力。通过召开情况通报会、寄送省人大常委会公报和有关资料，为代表履职提供信息服务。开展省人大代表向原选举单位的人大常委会报告履职情况试点工作，促进代表依法履职，自觉接受原选举单位和人民群众监督。完善代表履职信息管理系统，登记履职情况，建立履职档案。

（秦　钟　王　磊　郭　强）

综　述

·重大决策与执行·

【经济稳增长调结构】 2015年，山西省把握经济工作主动权，推动投资实现较快增长，为稳增长调结构发挥关键作用；最大限度为企业减负，精准施策帮扶企业，工业增加值降幅逐步收窄，经济增速逐季加快。制定实施发展商贸流通扩大消费若干意见和促进消费增长28条措施，开展“山西品牌中华行、丝路行、网上行”“美丽山西休闲游”等专题促消费活动，加快完善城乡流通体系，营造良好消费环境，城乡消费稳步扩大。2015年，全省地区生产总值一季度、上半年、前三季度分别增长2.5%、2.7%、2.8%，全年增长3.1%；固定资产投资一季度、上半年、前三季度分别增长8.3%、12.8%、13.5%，全年增长14.8%，超过全国平均水平4.8个百分点；社会消费品零售总额增长5.5%；城镇、农村居民人均可支配收入均增长7.3%；全省城镇新增就业51.48万人，城镇登记失业率3.51%；居民消费价格上涨0.6%；各项约束性指标全面完成。

（柏亚华）

【国企改革推进】 2015年，山西省坚持全面深化改革，推进国家下达各项改革任务，转型综改三年实施方案和2015年行动计划任务完成。出台深化煤炭管理体制改革意见，推进煤炭行政审批和证照管理体制改革，审批事项精简三分之一，审批时间缩短一半以上，启动煤炭资源市场化配置改革，出台《煤炭资源矿业权出让转让管理办法》，突出公开透明、尊重民意、总量控制、限制超额利润、实行负面清单和黑名单制等“十大亮点”。率先推行国有企业财务等重大信息公开，打造“阳光国企”迈出实质性步伐。推进省属国有企业负责人薪酬制度改革。行政审批、财税、金融、工商登记、医药卫生、高速公路、国有林场、供销社、生态文明建设、公共资源交易等方面改革取得成效。启动科技计划管理体制改革，与国家自然科学基金委共同出资成立“煤基低碳联合基金”，与中科院、中国科协等签订合作协议，与清华大学共建煤炭清洁高效利用研究院。推进煤基科技专项攻关，晋煤集团L型井等28个项目取得关键性技术突破。山西科技创新城建设步伐加快，中科院、清华大学等35个研发机构入驻，首批21个项目进入全面建设阶段。加大招商引资和对外交流合作力度，与美国爱达荷州和怀俄明州签署深化省州经贸文化交流务实合作协议，2015年“央企山西行”活动成果丰硕，成功举办能博会2015低碳发展高峰论坛、第二十五届全国图书交易博览会、中国体育文化·体育旅游博览会、文博会、农博会等。全年签约招商引资项目2400个，到位资金6300亿元。（柏亚华）

【民生改善】 2015年，山西省重视保障改善民生，民生支出2900亿元，同比增长12.3%，占总支出84.2%。重视“三农”工作，开展扶贫攻坚。发挥财政保障和政策扶持作用，做好教育、卫生、住房、社保等民生工作，扩大就业，增加收入，稳定物价，推动城乡人居环境改善，办好为民“五件实事”。

（柏亚华）

【节能减排与强化安全】 2015年，山西省加大节能减排工作力度，实施燃煤发电机组超低排放改造提速工程，改造容量1440万千瓦。完成营造林28.07万公顷，实施汾河流域生态修复工程。省城环境综合治理成效显著，截至2015年底，市区空气质量优良天数230天，较上年增加33天，优良率63.01%，提高9个百分点；PM2.5平均浓度比上年同期下降13.89%；空气质量位于74个重点城市的倒数第13位。“十二五”节能减排约束性目标如期完成。

落实党中央、国务院关于加强安全生产的各项决策部署，坚持把安全生产摆在首位，完善落实安全生产责任体系，强化安全监管，开展安全生产大检查、打非治违专项行动、危化品和易燃易爆物品安全专项整治，各行业各领域安全生产水平提高，全省安全生产形势总体稳定、持续明显好转并向稳定好转迈进。各类事故起数、死亡人数同比分别下降3.9%、4.67%，煤炭百万吨死亡率为0.079，低于全国平均水平。（柏亚华）

·重要会议·

【省政府常务会议】 **省政府第69次常务会议**。2015年1月5日，省长李小鹏主持召开省政府第69次常务会议，研究2015年转型综改行动计划，讨论《政府工作报告(讨论稿)》。会议原则通过石油天然气管道建设和保护办法(草案)。

省政府70次常务会议。1月20日，省长李小鹏主持召开省政府第70次常务会议，研究加快法治政府建设、深化煤炭管理体制改革、培育新型职业农民等工作。会议原则通过关于加快推进法治政府建设的实施意见(草案)。会议原则同意关于深化煤炭管理体制改革的意见(讨论稿)。会议原则通过山西省新型职业农民培育规划纲要(2015—2020年)。会议原则通过山西省军人抚恤优待实施办法(修订草案)，决定修改完善后，以省政府令的形式发布实施。会议研究山西科技创新城投资开发有限公司组建方案等其他事项。

省政府第71次常务会议。1月26日，省长李小鹏主持召开省政府第71次常务会议，安排部署当前工作，研究废止和修改部分政府规章事宜。

省政府第72次常务会议。2月1日，省长李小鹏主持召开省政府第72次常务会议，研究确定2015年《政府工作报告》重点工作分工，安排部署加快农业现代化建设工作。会议原则通过山西省关于加大改革创新力度加快农业现代化建设的实施意见(讨论稿)，决定进一步修改完善、按程序审定后下发实施。

省政府第73次常务会议。2月26日，省长李小鹏主持召开省政府第73次常务会，研究安排固定资产投资、十大重点领域投资和重点工程建设等工作，动员部署项目提质增效年活动。会上，李小鹏向各市市长颁发2015年重点工程六位一体和固定资产投资目标责任状，向省直有关部门负责人颁发十大重点领域投资目标责任状。

省政府第74次常务会议。3月1日，省长李小鹏主持召开省政府第74次常务会议，研究加强金融监管和风险处置、深化行政审批制度改革、调整企业退休人员基本养老金等工作。会议原则通过第二十五届全国图书交易博览会总体方案。

省政府第75次常务会议。3月17日，省长李小鹏主持召开省政府第75次常务会议，研究部署深化党政机关与所办企业脱钩改革、省属国有企业负责人薪酬制度改革等工作。

省政府第76次常务会议。3月24日，省长李小鹏主持召开省政府第76次常务会议，研究部署减轻企业负担、推进固定资产投资等工作，讨论通过山西省政府核准的投资项目目录(2015年本)。

省政府第77次常务会议。4月8日，省长李小鹏主持召开省政府第77次常务会议，研究部署扩大投资、改善城市人居环境、促进金融改革发展和推进贫困地区义务教育均衡发展等工作。会议研究省政府与国家自然科学基金委员会共同出资设立煤基低碳联合基金事项。

省政府第79次常务会议。4月14日，省长李小鹏主持召开省政府第79次常务会议，研究部署汾河流域生态修复、经济技术开发区转型升级、省属企业负责人履职待遇和业务支出管理等工作。

省政府第80次常务会议。4月21日，省长李小鹏主持召开省政府第80次常务会，分析一季度经济形势，听取就业、居民收入和价格运行工作汇报，研究重点工程建设和固定资产投资工作。会议研究调整2015年最低工资标准等其他事项。

省政府第81次常务会议。5月5日，省长李小鹏主持召开省政府第81次常务会议，听取减轻企业负担和煤焦公路运销体制改革工作督查情况汇报，研究部署振兴金融业、低热值煤发电项目环评审批和加强环境保护等工作。会议原则通过对省级评比达标表彰项目进行变更的请示，要求有关部门抓紧按程序报批。会议研究举办中国体育文化、体育旅游博览会等其他事项。

省政府第82次常务会议。5月12日，省长李小鹏主持召开省政府第82次常务会议，贯彻全国推进简政放权放管结合职能转变工作电视电话会议精神，部署深化行政审批制度改革、预算管理制度改革和加强政府性债务管理等工作。

省政府第83次常务会议。5月21日，省长李小鹏主持召开省政府第83次常务会议，研究部署全省固定资产投资、十大重点领域投资和重点工程建设等工作。

省政府第84次常务会议。5月26日，省长李小鹏主持召开省政府第84次常务会议，研究解决金融领域突出问题，部署旅游业改革发展等工作。会议研究进一步加强山西省与美国爱达荷州友好合作等其他事项。

省政府第85次常务会议。6月2日，省长李小鹏主持召开省政府第85次常务会议，研究部署加快发展新兴制造业、大力发展现代职业教育和创新投融资机制鼓励社会投资等工作。

省政府第86次常务会议。6月12日，省长李小鹏主持召开省政府第86次常务会议，研究固定资产投资和重点工程建设、全面扩大开放、加快民营经济发展、县以下机关公务员管理制度改革等工作。

省政府第87次常务会议。6月24日，省长李小鹏主持召开省政府第87次常务会议，研究全面加强政府自身建设事宜，部署推行省政府部门权力清单制度、深化行政审批制度改革、建设政务服务平台和健全重大行政决策机制等工作。

省政府第88次常务会议。7月8日，省长李小鹏主持召开省政府第88次常务会议，研究推进科技创新、完善县域经济发展考评办法、扩大社会投资、支持小微企业发展和瓦斯抽采全覆盖工程等工作，部署深化考试招生制度综合改革和机关事业单位工作人员养老保险制度改革等任务，通过对同煤集团姜家湾煤矿“4·19”重大水害事故有关人员的处理意见。会议原则通过2014年度县域经济发展考评结果，原则同意对灵石县等24个县（市、区）进行表彰并进一步改进县域经济考评办法。会议原则通过关于贯彻《国务院关于机关事业单位工作人员养老保险制度改革的决定》的实施办法。

省政府第89次常务会议。7月14日，省长李小鹏主持召开省政府第89次常务会议，听取重点工作目标责任上半年完成情况督查汇报，研究部署加强和改善对农民工的服务、加大对农业的财政和金融支持力度等工作。会议原则通过山西省法律援助条例（修订草案），要求修改完善后提请省人大常委会审议。

省政府第90次常务会议。7月21日，省长李小鹏主持召开省政府第90次常务会议，分析上半年经济形势，部署下半年重点工作。会议研究与清华大学共建山西清洁能源研究院、与国家中医药管理局共建山西中医学院等其他事项。

省政府第91次常务会议。7月22日，省长李小鹏主持召开省政府第91次常务会议，部署全省固定资产投资和重点工程建设工作，研究推进部分重点城镇污水处理厂建设事宜。

省政府第92次常务会议。8月4日，省长李小鹏主持召开省政府第92次常务会议，研究煤炭行政审批制度改革、就业创业、贫困县党政领导班子和领导干部经济社会发展实绩考核、公共资源交易平台建设和省级科技计划管理改革等工作。会议研究并原则通过深化省级财政科技计划（专项、基金等）管理改革的方案。

省政府第93次常务会议。8月14日，省长李小鹏主持召开省政府第93次常务会议，进一步研究部署加强安全生产、扩大固定资产投资、加快重点工程建设和促进工业经济增长等工作。

省政府第94次常务会议。8月16日，省长李小鹏主持召开省政府第94次常务会议，学习贯彻习近平总书记和李克强总理关于做好安全生产工作的重要指示批示精神，贯彻落实国务院安全生产电视电话会议精神，听取近期省政府领导带队突查安全生产等情况汇报，进一步安排部署全省安全生产工作。

省政府第95次常务会议。8月21日，省长李小鹏主持召开省政府第95次常务会议，学习贯彻中央政治局常务委员会会议和国务院常务会议精神，研究部署安全生产、大气污染防治、食品安全和扩大开放等工作。会议原则通过关于进一步加强食品安全工作的意见。会议研究山西省与部分中央企业和金融企业加强战略合作事项。会议原则通过无线电管理条例（草案），决定修改完善后提请省人大常委会审议。

省政府第96次常务会议。9月1日，省长李小鹏主持召开省政府第96次常务会议，研究部署消防安全和军队转业干部安置等工作。

省政府第97次常务会议。9月8日上午，省长李小鹏主持召开省政府第97次常务会议，研究部署省政府部门责任清单、国有林场改革和促进消费增长等工作，通过山西省实施《无障碍环境建设条例》办法（草案）。

省政府第98次常务会议。9月18日，省长李小鹏主持召开省政府第98次常务会议，研究部署当前经济运行和固定资产投资等工作。

省政府第99次常务会议。9月29日，省长李小鹏主持召开省政府第99次常务会议，研究部署山西省参与“一带一路”建设、加快发展养老服务业和旅游业、减少职业资格许可和认定事项等工作。

省政府第100次常务会议。10月13日，省长李小鹏主持召开省政府第100次常务会议，研究部署加强环境保护、开展政府绩效第三方评估和促进气象事业发展等工作。

省政府第101次常务会议。10月21日，省长李小鹏主持召开省政府第101次常务会议，部署当前经济运行、固定资产投资、加快生态文明建设和支持太原率先发展等工作，研究深化供销社综合改革等事宜。会议原则通过加快推进生态文明建设的实施方案和深化供销合作社综合改革的实施方案。

省政府第102次常务会议。11月3日，省长李小鹏主持召开省政府第102次常务会议，进一步学习贯彻党的十八届五中全会精神，研究部署主要河流生态修复保护、万家寨引黄工程体制改革、筹组金融投资控股公司、加快国际友城建设、第二届全国青年运动会筹备和政府法制建设等工作。会议原则同意省政府2016年拟提请省人大常委会审议的地方性法规建议项目和省政府规章项目计划，决定按程序报批实施。

省政府第103次常务会议。11月17日，省长李小鹏主持召开省政府第103次常务会议，分析当前经济形势，研究固定资产投资和建立经济困难高龄与失能老年人补贴制度等工作。

省政府第104次常务会议。11月24日，省长李小鹏主持召开省政府第104次常务会议，研究部署加快电动车产业发展和推广应用、加强扶贫开发和工作督查等事项。

省政府第105次常务会议。12月15日，省长李小鹏主持召开省政府第105次常务会议，学习12月14日召开的中共中央政治局会议精神，研究固定资产投资和重点工程建设、煤炭资源市场化配置改革、五台山风景名胜区管理体制改革等工作。

省政府第106次常务会议。12月24日，省长李小鹏主持召开省政府第106次常务会议，研究2016年经济社会发展主要指标和财政收支计划安排，部署行政审批制度改革和水污染防治等工作。会议研究修订“三晋学者”支持计划实施办法，决定增设“青年三晋学者”，进一步完善山西省高层次人才支持体系。

省政府第107次常务会议。12月29日，省长李小鹏主持召开省政府第107次常务会议，研究“十三五”规划纲要和科技创新等工作。会议研究设立原平经济技术开发区等其他事项。

（欣　然）

政　务

【政务信息】 2015年,国务院办公厅采用山西省政务信息61条,国务院领导对山西省上报的16条信息作出批示。省政府办公厅采用各市、省直各部门、各驻外办事处信息2100余条。

(柏亚华)

【政务公开】 2015年,山西省推进政务公开工作。信息公开方面,主动公开省政府及省政府办公厅文件150件,依申请公开25件,配合国办妥善处置山西省重大舆情5件。省政府门户网站发布、更新各栏目信息19323条。舆情监测和办理网民留言方面,系统监测舆情350多万条。收集网民留言13043件,受理7317件,满意度98%。电子政务建设方面,推进电子政务内网建设,编制完成初步设计方案,并通过省发改委评审;加强电子政务外网运行维护,确保电子公文信息、应用系统传输顺畅;完成省政府门户网站改造升级的设计、招标,进入全面建设阶段;制定出台《加强政府网站信息内容建设的实施意见》,做好全省政府系统网站普查工作,关闭211家、停运整顿94家。(柏亚华)

【督查问责】 2015年,山西省实行重点工作台账管理、全员抓督查制度,探索建立督查报告、问题清单、不落实典型事项清单"一报告、两清单"督查新模式,强化督查结果运用,确保政令畅通。全年3次普查督查国务院出台的一系列重大政策措施在山西省贯彻落实情况,完成国务院安排部署专项督查6项,组织开展专项督查31项(次),督办省政府常务会议和办公会议决策部署106次、重点工作落实情况336项,督查省长批示、调研事项832项,督促问责不作为干部60人。办理人大代表建议846件、政协提案890件。 (柏亚华)

【参事建言调研】 2015年,参事杨勇参加山西省刑释解教人员更生促进会过渡安置帮教基地启动仪式、"第四届太谷孟母文化节暨中华母亲节"等活动。与省人大等部分人员一起到吕梁市交口、方山县等地专题调研山西省贯彻新《环境保护法》实施情况以及环保行政执法现状及存在的问题。参事薄生荣撰写《山西"十三五"规划应围绕"四个全面"谋篇布局》和《正确理解和把握新常态是山西"十三五"期间的大逻辑》的参事建议,上报省政府。参事杨晓国到忻州对凤凰山景区山体遭受损坏一事专题调研。10月中旬,专题调研撰写《山西"十三五"红色文化传承保护与开发规划》,得到副省长张复明批示。2015年,参事室(文史馆)根据省长李小鹏要求,撰写《山西省人民政府参事选聘办法》《山西省人民政府文史研究馆员选聘办法》。

2015年4月,山西省《弟子规书篆释》编委会成立,以书法、国画、篆刻、注释等方式,对传统文化经典《弟子规》进行解析。特约研究员王俊闳应晋中市税务局、运城学院和山西日报报业集团邀请,以"弟子规中的修身之道"和"周易中的智慧"为题,开展优秀传统文化讲座。

2015年5月23日至25日,参事室(文史馆)参加文化共荣·资源共享——京津冀晋蒙五省市区文史研究馆书画展;6月25日至30日,参加大型系列文化活动"中华文化四海行——走进新疆;8月7日至13日,参加文史翰墨——首届中华诗书画展";8月8日至13日,参加文化共融·资源共享——京津冀晋蒙五省市区文史研究馆书画巡展。馆员陆贤能、张连瑞、席德生、赵国柱等在2015年举办书画个人展等活动。

(王合龙)

文史馆员杨吉魁(中)在美国进行文化交流　(王合龙供图)

应急管理

【应急处置】 2015年,山西省落实应急工作制度。落实每周应急例会、值班值守、培训教育、督查通报等制度,推进应急工作制度化、规范化建设。科学有效处置突发事件。协助省政府领导妥善应对处置同煤集团姜家湾煤矿"4·19"透水事故、焦煤集团贺西煤矿"11·17"瓦斯燃爆事故等突发事件190起。加强应急管理和保障体系建设。评估全省突发事件应急体系建设"十二五"规划,编制"十三五"建设规划,开展为期1个半月的专项检查,抽查重点应急单位3653个。为省直重点单位和11个市政府配备应急卫星电话208部。完善省政府应急管理数据库,推进省应急物资储备调拨信息平台建设。

(柏亚华)

【《山西省重污染天气应急预案》编制】 2015年8月26日，山西省人民政府为健全和完善山西省重污染天气应急响应机制，提高预防、预警、应对重污染天气能力，最大限度降低重污染天气造成的危害，保障人民群众身心健康，完成《山西省重污染天气应急预案》编制工作并向社会公布。要求山西省政府以人为本，预防为主。把保障公众身体健康作为重污染天气应急响应工作的出发点和着力点，加强日常监测与管理，强化节能减排措施，切实预防重污染天气的发生。在重污染天气下，强制执行污染减排措施，加强人体健康防护，最大程度降低重污染天气对公众造成的健康危害。各设区的市人民政府负责对本行政区内的城市重污染天气应急工作实施统一指挥。连片设区市大面积重污染天气应对工作由省重污染天气应急指挥部统筹领导，相关设区的市人民政府组织实施，省直有关部门各司其职、密切配合。加强大气污染点源的日常管理，提升重污染天气的监测预警能力，提前预测大气污染情况，综合考虑污染程度和持续时间，发布相应级别预警，根据预警级别启动响应程序，提前做好落实应急措施的各项准备工作。加强各有关部门协调联动，建立健全信息共享机制，充分发挥各自专业优势，综合采用经济、法律以及必要的行政手段协同做好重污染天气应急工作。完善信息公开制度，提高公众自我防护意识及参与意识。 （柏亚华）

【应急管理工作落实】 2015年，山西省各级管理机构、部门落实应急管理工作。

《2014年山西突发事件应对工作报告（报审稿）》《2014年山西省应急管理年度报告（报审稿）》通过专家评审。《山西省道路交通安全应急预案》通过评审。各省直单位周密安排部署春节假期值班工作。省煤炭厅召开煤矿事故约谈会议。省商务厅开展应急知识宣传活动。省经信委安排部署安全生产和应急预案大检查。省政府刘德政副秘书长在省民航机场管理局调研应急管理工作。省安监局开展安全生产应急管理"十三五"规划编制调研工作，建立安全生产应急演练工作情况报送制度，安排部署"两节""两会"期间应急管理工作。省政府专项检查组开展抗震救灾应急准备工作检查。省财政厅信息网络中心举办消防应急演练。应急响应联动稳妥处置危化品运输车辆侧翻事故。山西省应急管理领导干部专题培训效果好获好评。全省煤矿防治水暨防汛工作会议召开。

11个地市普遍开展应急预案大检查工作，并开展具体应急管理活动。试举例如下：太原市开展"五个加强"推进冬季施工安全生产大检查、隐患排查专项治理行动、地质灾害防治工作、非煤矿山应急救援体系建设、提升煤炭安全管理水平等工作。阳泉市启动动物卫生监督执法"百日绿剑行动"、安排部署森林防火等工作。阳泉市郊区组织各主要煤矿积极开展应急救援演练和反风演习。忻州市开展防灾减灾宣传活动、组织召开专家评审会对《忻州市粮食应急预案》评审等工作。晋中市召开市长办公会专题研究森林防火等工作。太谷县举办第四届"平安中国·平安太谷"防灾宣导千城大行动公益活动。榆社县六项措施切实做好森林防火安全工作。乡宁县开展食品安全专项整治。晋城市开展推动救灾资金直通车式发放等工作。大同市开展今冬明春护林防火应急等工作。运城市部署汛期防灾抗灾救灾等工作。 （柏亚华）

【应急救护培训与避难】 2015年，山西省红十字会举办"应急救护知识与技能"培训班，并在青岛啤酒太原有限公司实地教学。并走进富士康园区，开展实地教学。阳泉市举办2015年全市卫生应急专业人员培训班。阳泉市卫生局和市教育局联合举办全市学校突发公共卫生事件应急管理培训班500余名铁路工作者取得红十字初级救护员证。晋中市祁县开展应急管理知识专题培训。书博会志愿者开展红十字应急救护培训。推进应急避难场所建设，要求各应急避难场所具备基本设施功能10项，包括救灾帐篷、简易活动房屋、医疗救护和卫生防疫设施、应急供水设施、应急供电设施、应急排污设施、应急厕所、应急垃圾储运设施、应急通道、应急标志。一般设施3项，包括应急消防设施、应急物资储备设施、应急指挥管理。综合设施5项，包括应急停车

2015年5月8日，山西省红十字会组织开展世界红十字日应急救护进校园活动

（侯晓俊供图）

场、应急停机坪、应急洗浴设施、应急通风设施、应急功能介绍设施。

（柏亚华）

【应急演练与防灾减灾宣传】 2015年，山西省各级管理机构、部门组织开展应急演练与防灾减灾宣传活动。试举例如下：省安监局安排部署安全生产月应急救援专题行活动。在“5·12国家防灾减灾日”组织开展省市县地震应急综合演练，省市县三级联动地震综合演练在大同市举行。临汾市举行地震应急救援（市县联动）综合演练。省卫生计生委举行“5·12防灾减灾”卫生应急队伍集结待命演练。忻州市举行特种设备应急救援“双盲”演练，三地疾控中心联合开展突发传染病防控应急演练。忻州原平市首个消防主题游园开工建设，开展大型游乐设施和乘客电梯系列困人事故应急救援联合演练。阳泉市组织隧道消防应急演练。朔州市举行危险化学品泄漏事故应急演练。运城市举行多部门联合航空器应急救援演练，组织多部门举行实战性综合应急演练。临汾市多部门联合开展交通事故救援演练。晋中市公安局举行反恐应急力量拉动演练。中电国际神头发电公司举行灰坝救援应急演练，举办防洪防汛应急演练。山西省矿山救护队通过国家质量标准化达标检查。阳泉市开展防灾减灾宣传周活动。朔州市开展防灾减灾宣传活动。神池县广泛宣传防灾减灾应急知识。大同市浑源县开展应急管理集中宣传活动。

（柏亚华）

【《山西省突发事件应急预案管理办法》】 2015年8月26日，山西省人民政府公布《山西省突发事件应急预案管理办法办法》。办法所称应急预案，是指各级人民政府及其部门、基层组织、企事业单位、社会团体等为依法、迅速、科学、有序应对突发事件，最大程度减少突发事件及其造成的损害而预先制定的工作方案。应急预案的规划、编制、审批、发布、备案、演练、修订、培训、宣传教育等管理工作，适用本办法。应急预案管理遵循统一规划、分类指导、分级负责、属地为主、动态管理的原则。应急预案编制要依据有关法律、法规和规定，针对风险分析结果，以快速响应为中心，以提高应急处置能力为重点，紧密结合实际，合理确定内容，广泛征求意见和研究论证，提高针对性、实用性和可操作性。（柏亚华）

外　事

【外事服务国家总体外交和山西发展】 2015年，山西省外事系统围绕国家外交战略和全省中心工作，加强外事归口管理，统筹谋划和推进对外交流与合作，加强外事工作能力建设，为国家总体外交和山西省“六大发展”做出贡献。保持因公出国从严从紧管理基本态势，严格计划管理，审核同意2015年全省因公出访计划1586批6956人次。全省因公出访人数增长4.63%，其中经贸、科教、文体类出访团组增长15.53%，达到总出访人次的82.89%，出访结构显著改善。推进因公出国（境）综合管理网上服务平台建设，被外交部授予“因公护照工作服务奖”。

加强顶层设计，搭建交流平台，深化对外交往与国际合作。牵头和参与制订《以煤会友加快我省国际友城建设工作规划》等多项工作规划。组织45个国家代表团49批936人访晋接待工作。安排省领导外事活动34批次。邀请接待19个国家51名外国省州高层、国际组织和科研机构代表出席论坛。组织国家驻外使节一行60人到吕梁、临汾、运城等市考察调研。推进高僧法显故里襄垣县与斯里兰卡有关地区开展友好交往。依托吕梁市中央外事组旧址，以红色外事历史教育为纽带，加强与外交外事干部沟通联谊，拓展工作平台。推进友城建设，2015年山西省与美国西弗吉尼亚州、临汾市与澳大利亚杰尔顿市正式结好，全省友城数量达41对。推动山西品牌和文化对外交流合作，为平遥国际摄影节、农博会、书博会等会展活动提供精准外事支持。协助举办“山西品牌丝路行”系列活动。

强化涉外管理，维护山西省涉外安全良好局面。推进地方外办领事认证系统建设，被外交部授予“领事认证信息化建设优秀奖”。编制和发布出境游热点国家（地区）安全提示，为出国留学人员专题讲授领保知识，得到省文明委肯定。4月29日，张志川在太原会见以外交部亚洲司参赞杨宇为团长的日遗化武处置工作考察团，讨论日遗化武处置工作。

5月14日，省外侨办组织召开“全省境外非政府组织管理联席会议2015年第一次全体联络员会议”，副主任冉莉萍出席会议。11月17日，《山西省涉外突发事件应急预案（报审稿）》由专家评审会进行审议，省政府副秘书长刘德政、省外侨办副主任冉莉萍参会。经专家讨论，《预案》通过评审。

（许文菊）

【对外交流合作】 2015年3月11日，德国北威州投资促进署北京代表处首席代表封兴良一行分别与太重集团、山西省投资咨询和发展规划院等机构进行座谈，并出席“山西省—北威州投资促进中心”成立揭牌仪式。3月25日，省外侨办主任张志川在太原会见美国爱达荷州驻上海代表团一行。4月17日至18日，张志川在太原会见美国田纳西州教育代表团一行，副主任鞠振参加。5月26日，美国摩根士丹利中国研究部金属矿业首席分析师、总经理李浩然率代表团一行15人到晋访问。其间，由省外侨办牵头，组织有关厅局与代表团就煤、电、煤化工等领域进行座谈交流。省发改委副主任程泽业、省国资委副主任刘峰出席座谈并讲话，鞠振主持座谈会。7月16日至27日，省外事侨务信息中心组织山西省青少年友城代表团赴匈牙利、奥地利进行文化教育交流访问。9月17日，张志川在太原会见巴西淡水河谷公司北京代表处首席代表艾杰龙（A.J. Nichols）一行。10月14日至18日，鞠振率山西省农展团赴韩国全罗南道参加“2015国际农业博览会”，对韩进行工作访问。10月22日至24日，山西省友好省州西弗吉尼亚州教育代表团一行6人访问山西。22日，张志川在太原会见西弗吉尼亚州教育代表团一行。11月9日，省外侨办副主任田亦军会见意大利科莫省文化旅游代表团，双方就共同推动山西省与科莫省在文化旅游等领域的务实合作进行交流。

（许文菊）

【对外宣传推介】2015年3月13日，山西省外侨办副主任武绍忠率领有关处室负责人在晋中市举办APEC商务旅行卡推介活动。晋中市工商联、晋中经济技术开发区、外事旅游局、贸促会及部分知名企业负责人共30余人参加专题推介会。4月23日，武绍忠带领有关人员到临汾市进行APEC商务旅行卡宣传推介活动。8月28日，由山西省旅游局主办的中国·山西首届"一带一路"古城古镇国际文化旅游暨第二届国际旅行商采购大会在太原煤炭交易中心举行，其间举办业界洽谈会及中国·山西"一带一路"古城古镇旅游推介会。

（许文菊）

【高层出访与接待】2015年6月15日至19日，山西省省长李小鹏应邀率省政府代表团访问美国爱达荷州和怀俄明州，出席山西省与爱达荷州结好30周年庆祝活动并与爱达荷州签署《关于深化友好省州关系推进务实战略合作框架协议（2015—2020）》，省政府秘书长廉毅敏、省外侨办主任张志川陪同。8月7日，省外侨办副主任鞠振就山西省与美国田纳西州结好30周年庆祝活动，邀请田纳西州州长出席9月在太原举办的低碳高峰论坛，与美国田纳西州发展中心执行主任刘琳娜进行会谈。9月15日，省委书记王儒林、省长李小鹏在太原会见前来出席2015低碳发展高峰论坛的外方重要嘉宾。这次高峰论坛期间，专家学者围绕黑色煤炭绿色发展、高碳资源低碳发展的主题，深入交流、建言献策。12月8日，省政府与全罗南道代表团举行工作会谈。省长李小鹏、全罗南道知事李洛渊出席会谈并讲话。双方就能源、旅游、环保、友城、人文、经贸等领域合作达成共识。副省长王一新、省政府副秘书长盛佃清、省外侨办主任张志川会谈时在座。12月8日，到晋访问的韩国全罗南道代表团在并举行旅游推介会，宣传推广全罗南道旅游风光，洽谈两地旅游交流合作。副省长王一新与韩国全罗南道知事李洛渊一同出席，省政府副秘书长盛佃清、省外侨办主任张志川出席旅游推介会。

（许文菊）

侨　务

【侨务工作】2015年，山西省加强侨务资源涵养与利用。以第十二届世界王氏大会等涉侨联谊活动为纽带，发挥侨务大省资源优势，助力山西省经济转型；组织"关爱工程—送温暖慰问"活动。发放救灾救济款项80万余元；办理答复涉侨政协提案4件，协调处理信访案件16件，审核办理华侨回国定居4人次，三侨生证明28份。全年推荐18名教师赴海外华校支教。

（许文菊）

【侨务关怀】2015年1月21日，山西省委书记王儒林、副省长王一新就山西省49名在马来西亚务工人员拟赴中国驻马来西亚大使馆静坐讨薪一事分别作出重要批示，省外侨办协同相关单位密切沟通，妥善解决劳资纠纷。4月25日，根据省委书记王儒林、省长李小鹏批示精神，省外侨办及时核实尼泊尔强震中山西省被困人员安全状况及回国行程，通过媒体发布救助热线和人员安全信息。

（许文菊）

【侨务交流】2015年5月8日，山西省外侨办副主任田亦军到国侨办推介反映印尼爱国归侨李林烈士回国参加抗战壮烈牺牲英雄事迹的电视连续剧《烽火侨女》。8月1日，由省外侨办、省海外交流协会共同主办、山西大学承办的2015年海外华裔青少年"中国寻根之旅"夏令营山西营闭幕。这次山西夏令营共有来自瑞士日内瓦中文学校和美国华盛顿西北同乡会的近40名华裔青少年参营。11月16日至21日，由国务院侨办主办，山西省外侨办、福建省侨办承办的"侨资企业西部行"活动在山西举办。这次"福建侨商山西行"活动考察团一行12人，由来自美国、法国、巴西、葡萄牙、西班牙、澳大利亚6个国家的侨商组成。11月26日，太原王氏家族105周年庆祝大会和第十二届世界王氏恳亲联谊大会在缅甸仰光拉开序幕。山西省外侨办副主任、省海外交流协会副会长田亦军率山西代表团出席有关活动。（许文菊）

港澳事务

【山西与港澳合作交流】2015年，山西省推进与港澳地区的合作交流，完善港澳基本情况11项基础资料库，组织两批公职人员赴港澳培训交流。

（许文菊）

【香港青年学生山西实习计划】2015年6月15日，"晋港青年汇·山西机遇行"首届香港青年学生山西实习计划启动。这次活动，由省委统战部牵头，协调省内10多家企业机构，为来自香港10所高校的37名青年学生提供实习岗位，引导他们在实践中认识了解山西，加强与山西的交流与合作。活动计划每年举办一次，力争通过多年努力，打造成为山西省统一战线争取香港人心回归的一个重要平台。

（王　峰）

【澳门人员参访与宣传】2015年6月25日，山西省副省长王一新会见到并出席"活力澳门推广周·山西太原"活动的中央人民政府驻澳门特别行政区联络办公室副主任姚坚和澳门特别行政区代表团一行。省外侨主任张志川、副主任鞠振陪同。7月18日至24日，中央政府驻澳门联络办组织澳门优秀青年骨干34人到山西省参观访问。张志川、鞠振会见代表团一行并参加相关活动。（许文菊）

【香港青少年山西绛州鼓乐研习活动】2015年7月18日，由文化部港澳台办公室特别支持，中国民族民间

文化艺术交流协会(香港)主办,文化部民族民间文艺发展中心、山西省文化厅协办的为期一周的香港青少年山西绛州鼓乐研习活动在“中国鼓乐艺术之乡”运城市新绛县的西街实验小学正式启动。活动期间,香港英华小学师生和家长通过参加鼓乐学习、校际交流、实地考察等多种形式,亲身感受华夏文明的悠远厚重,加深对鼓乐艺术的理解,增强对民族文化的认同。（陈燕萍）

脱贫攻坚

【脱贫攻坚新投入】 2015年,山西省扶贫开发工作以吕梁、太行两大连片特困地区为主战场,以促进贫困群众增收为核心,围绕产业扶持、技能扶持、资本扶持和不断改善基本生产生活条件“3+1”精准扶贫工作路径,创新机制,强化举措,推进扶贫开发各项重点工作取得新进展。2015年,山西省贫困地区农民人均可支配收入达6078元,比上年增长11.9%,高于全省平均水平4.6个百分点。全年新扶持10万贫困人口易地搬迁、培训5万名贫困劳动力并实现稳定就业、500个贫困村整体脱贫、50万贫困人口脱贫任务完成。

2015年,山西省扶贫资金总量为23.21亿元。其中中央财政专项扶贫资金13.23亿元(含彩票公益金7000万元),省级财政专项扶贫资金9.98亿元(部门预算资金6.11亿元,年度追加资金3.83亿元,跨部门资金422.05万元)。年内实际安排下达扶贫资金23.192亿元。其中中央资金13.23亿元全部下达;省级资金9.96亿元,占省级资金总量的99.9%,结余资金133.74万元(因亚行项目汇率变动结余)。按照国家《关于改革财政专项扶贫资金管理机制的意见》精神和任务、责任、资金、权力“四到县”原则,实行标准法与因素法相结合的资金切块分配方法,将中央和省级安排的财政专项扶贫资金全部切块到县。除贫困地区产业扶贫项目贷款贴息资金项目审批权限下放到市外,其余扶贫项目审批权限全部下放到县。（刘世锋）

【干部驻村帮扶】 2015年,山西省在坚持开展机关定点扶贫和领导干部包村增收活动基础上,按照中央健全干部驻村帮扶机制,实施到村到户精准扶贫要求。省委、省政府制订出台《关于进一步加强和改进全省干部驻村帮扶工作的通知》,统筹整合领导干部包村增收和机关定点扶贫两支力量,采取领导包村、工作队驻村和党员、干部结对帮扶办法,按照帮扶对象、帮扶责任人、帮扶任务、帮扶措施和帮扶效果“五个落实”要求,瞄准贫困村贫困户开展精准扶贫工作。2015年,山西省组织1.16万名领导干部带领所在单位工作队,对全省7993个贫困村和2000多个低收入村实现驻村帮扶全覆盖;组织25.6万党员、干部,对119.2万贫困户实现结对帮扶全覆盖。包村领导和驻村工作队帮扶贫困村,党员、干部帮扶贫困户情况,全部录入信息化管理平台,台账管理,跟踪督查,定期通报,年底考核。采取干部驻村帮扶培训和安排专项资金等措施,推进驻村帮扶工作有效开展。省级安排3000万元干部驻村帮扶资金和750万村级互助资金。各市分别安排专项资金用于开展干部驻村帮扶,其中长治2500万元、忻州2000万元、朔州1500万元、晋中1000万元、太原700万元、阳泉304万元。2015年,各级驻村工作队落实帮扶项目8547个,投入和引进各类帮扶资金11.91亿元。从中央在晋帮扶单位、省、市、县三级机关和企事业单位中选派9395名党员干部,到全省2697个党组织软弱涣散村和7993个建档立卡贫困村担任第一书记,实现建档立卡贫困村派驻第一书记全覆盖,重点围绕建强基层组织、推动精准扶贫开展工作。（刘世锋）

【企业产业扶贫】 2015年,山西省扶贫办按照示范带动、项目支撑、政策支持、考核激励和精准管理“五位一体”推进思路,围绕全年完成投资240亿元目标任务,从政策支持、招商引资和项目督查上加大力度,支持引导各类企业参与产业扶贫。制订出台《企业产业扶贫项目贷款贴息资金管理办法》,对企业产业扶贫项目优先给以金融富民扶贫工程“强农贷”支持,扶贫资金贴息率从2%提高到5%;在京举办雁门关生态经济畜牧区招商引资洽谈会,在太原举办全省首届互联网大会和第四届中国(山西)特色农产品博览会,组织各市、县推介企业产业扶贫项目58个,涉及总投资101.3亿元,其中17个项目签约成

2015年,和顺县大力发展畜牧业,帮助农民脱贫解困　（一　溪供图）

功，签约总额54亿元。坚持问题导向，多次组织力量实地督查企业产业扶贫项目进展情况，发现问题，一对一向企业进行通报，并向县政府通报有关情况，协调帮助企业解决困难问题，推进企业产业扶贫开展。全省累计投资252.93亿元，完成率105.39%，其中阳泉、太原、长治、晋中、晋城、临汾、吕梁、忻州和大同9个市完成或超额完成省级下达的年度投资任务。各类企业产业扶贫项目共带动2935个贫困村、50.9万农户发展生产基地，吸纳13.6万贫困劳动力就业。

（刘世锋）

【“雨露计划”和教育扶贫】 2015年，山西省扶贫办实施精准扶贫，将实施“雨露计划”教育扶贫作为重点措施。加大职业技能培训支持力度。将“雨露计划”职业技术教育试点扩大到102个有扶贫开发任务的县，对建档立卡贫困户中接受中高等职业教育的学生，除全部免除学费外，每生每年补助标准从1500元提高到2000元。有73397名接受中高等职业教育的贫困生提交资助申请，进入审核程序（符合条件的贫困生在第二年三月份陆续发放资金）。加大贫困大学生资助力度。对考入计划内二本B类以上高校建档立卡贫困户大学生，一次性补助5000元，共资助贫困大学生8755人。拓宽就业培训主体、创新就业培训方式，组织完成新型职业农民培育30390人，千村万人就业培训20155人，分别占年度目标任务的101.3%和100.8%。（刘世锋）

【金融富民扶贫工程】 2015年，山西省在上年选择吕梁、太行21个片区扶贫攻坚县开展金融富民扶贫工程试点工作基础上，在58个贫困县全面推开这项工程。省扶贫办与省财政厅、省金融办等部门制订出台《山西省金融支持特色产业发展富民扶贫工程保险工作的指导意见》《金融富民扶贫工程贫困农户信用体系建设及农户评级主动授信操作指南》等指导性文件，省扶贫开发领导组印发《山西省金融富民扶贫工程双考核指导意见》，以发放贷款额度和贫困户获得贷款比例为主，对县级政府和金融合作机构实行双考核，支持鼓励金融合作机构开发适合贫困户特点和产业开发需求的贷款产品。全年累计发放扶贫小额信贷11.91亿元，支持2.8万贫困户发展生产增加收入。

（刘世锋）

【易地扶贫搬迁】 2015年，山西省新安排10万人口实施易地扶贫搬迁（其中扶贫部门9.5万人）。具体工作中，按照坚持政府引导、发挥市场作用、尊重群众意愿思路，制订出台《易地扶贫搬迁项目资金管理办法》和《易地扶贫搬迁后续产业开发奖补资金管理办法》，对有搬迁意愿贫困户全部给以支持，同时采取配套安排产业开发奖补资金，集中安置和分散安置相结合，支持各地推进这项工程。截至2015年底，新扶持9.5万贫困人口的搬迁任务，主体工程完工率达77%、两年滚动入住率达86.5%，全部超额完成40%和60%的年度目标任务，其中晋城、临汾、大同、阳泉、长治、吕梁、晋中等市当年任务主体工程完工率达80%以上。（刘世锋）

【光伏扶贫】 2015年，山西省抓住国家确定山西省为光伏扶贫试点省份重大机遇，发挥贫困地区光照资源充足、荒山荒坡广阔优势，采取荒山荒坡建地面集中电站、村庄闲置土地建村级分布式电站、农户屋顶建户用电站、利用养殖园区和设施蔬菜大棚建农牧一体化光伏扶贫电站等多种模式，组织大同、临汾两市的5个县开展光伏扶贫试点工作，5个试点县共支持企业建设地面集中光伏扶贫电站12座，其中省属国企晋能集团在天镇县建设的40兆瓦光伏扶贫电站主体工程基本完工。包括试点县在内的53个贫困县开工建设村级光伏扶贫电站104个，并网发电16个。

（刘世锋）

【旅游扶贫】 2015年，山西省32个贫困村获国家批准开展乡村旅游扶贫试点工作，省扶贫办与省旅游局合作，制订出台《开展乡村旅游富民工程推进旅游扶贫工作的实施方案》，规划在2015—2020年，扶持300个左右贫困村实施乡村旅游扶贫。对乡村旅游扶贫试点村，采取整村推进、贷款贴息和技能培训等办法给以支持，全年与省旅游局合作，组织开展乡村旅游培训500余人次，提升试点村服务能力和接待水平。初步统计，32个乡村旅游扶贫试点村，共带动建档立卡贫困户1908户，户均增收1957元。（刘世锋）

【电商扶贫】 2015年，山西省扶贫办组织并举办6期电商培训班，培训电商扶贫创业带头人1600多人。支持建立电商扶贫平台，与乐村淘网和唯真公司签订销售合作协议，开通全国第一个以国家连片特困地区作为区域概念的淘宝特色中国馆——“特色中国吕梁山馆”，帮助贫困地区农产品拓宽销路，增值增收。（刘世锋）

【建档立卡“回头看”】 2015年，山西省按照国务院扶贫办开展建档立卡信息数据清洗工作部署，对2013年度建档立卡扶贫对象数据信息进行修改、补充和完善，对2014年度建档立卡扶贫对象基础信息、帮扶措施以及受益贫困户信息和2015年帮扶计划信息进行采集。按照国务院扶贫开发领导小组第六次全体会议要求，10月16日，省政府召开电视电话会议，对全省扶贫开发建档立卡“回头看”工作进行动员部署。省扶贫开发领导组制定出台试点工作方案，并举办专题培训，提出扶贫对象识别“八不进”明确要求，组织各地按照识真贫真识贫、群众公议公认原则，领导带头抓点示范，层层分解落实责任，执行识别标准和识别程序，第一书记和驻村工作队全程参与，把工作做实做细，做到应进必进，该退必退，把“扶持谁”的问题解决好。在精准识别扶贫对象基础上，掌握贫困村产业发展、基础设施和公共服务和贫困户贫困状况，分析致贫原因、分类摸清脱贫需求，制订落实帮扶措施。

（刘世锋）

【全国扶贫日活动】 2015年，山西省扶贫开发领导组制订《山西省2015年"10·17全国扶贫日"活动方案》，省扶贫办联合省委统战部、省教育厅、省民政厅等9部门联合发出《山西省全国扶贫日活动倡议书》，山西电视台主要频道滚动播报全国扶贫日公益广告，组织移动、网通、电信三大电信运营商山西分公司，向全省4000万手机用户发送全国扶贫日宣传信息，动员社会各界以捐款捐物等多种方式参与支持扶贫开发。省扶贫办与有关部门配合，组织开展贫困地区特色农产品农餐对接展销会、吕梁山区特色农产品网上展销新闻发布会、企业家资助贫困大学生和农村贫困妇女、企业产业扶贫项目签约、医疗专家扶贫义诊、社会各界"牵手贫困儿童"为主要内容的"金秋十月扶贫助困"系列活动，推动全省上下营造关心贫困地区，关爱贫困人口，支持扶贫开发的浓厚氛围。 （刘世锋）

【扶贫宣传】 2015年，山西省扶贫宣传工作坚持围绕中心、服务大局思路，紧跟重要会议、重大部署、重点工作和关键时间节点，组织引导各类主流新闻媒体，运用各类宣传平台，加强扶贫开发宣传报道，扩大脱贫攻坚社会影响力。结合"10·17"全国扶贫日活动、中央扶贫开发工作会议、全省脱贫攻坚大会等重大事件组织开展系列专题报道，中央电视台新闻联播栏目两次报道山西省扶贫工作，《人民日报》头版头条刊登《山西对症施策精准扶贫》专题报道，《山西日报》开设《向贫困宣战》《决战贫困，看太行、吕梁主战场》等专栏，对山西省脱贫攻坚重大举措进行系列报道。全年共在各类新闻媒体组织扶贫开发宣传报道662篇，其中中央电视台、山西电视台等专题报道108篇，《人民日报》《山西日报》和《中国扶贫杂志》等报道276篇，人民网、新华网和中国网等发布278篇。 （刘世锋）

2015年，山西省地方志办公室在和顺县青城镇大窑底村驻村帮扶，扶持苗木基地建设 （一 溪供图）

【亚行贷款山西河川农业综合开发项目】 2015年，亚行贷款山西河川农业综合开发项目完成投资7413万元，完成提款报账1768.62万美元，直接收益户309户，收益人近1400人，全部完成当年目标任务。截至2015年底，累计完成投资12.685亿元，占中期调整后总投资14.06亿元的90.2%，直接收益户39120户，基地建设全部完成投资12.288亿元；累计完成提款9722.64万美元，完成报账比例97.23%。2015年初制订下发《2015年度工程财务实施计划》《配套资金计划》，全年完成对5市21县（运城市：盐湖区、永济、稷山、万荣、临猗，临汾市：侯马、襄汾、洪洞、隰县、大宁、永和，晋中市：平遥、榆次、祁县，吕梁市：柳林、文水、交城、中阳，长治市：平顺、沁县、黎城）完工工程省级验收。 （刘世锋）

【扶贫开发政策体系完善】 2015年，山西省完善扶贫开发政策。完善各种管理办法。山西省扶贫办与省财政厅联合印发《易地扶贫搬迁项目资金管理办法》《易地扶贫搬迁后续产业发展项目资金管理办法》《企业产业扶贫项目贷款贴息资金管理办法》，与审计署太原特派办、省审计厅等相关部门配合，采取专项督查和审计检查等方式，加强对扶贫项目资金的监管，规范扶贫项目管理，提高资金使用效益。改进完善贫困县考核机制。省委、省政府制订出台《贫困县党政领导班子和领导干部经济社会发展实绩考核办法》，提出把扶贫开发作为贫困县经济社会发展实绩考核的主要内容，对贫困县党政领导班子和领导干部经济社会发展实绩进行精准考核，《考核办法》中直接考核扶贫开发工作的指标权重占到考核总分值的78%。考核结果直接作为县域经济发展考核评价成绩，作为贫困县党、政领导班子和主要领导干部实绩的重要内容，作为干部选拔任用的重要依据。推动贫困县党委、政府突出重点集中精力抓好扶贫工作，把党政一把手负总责的扶贫开发责任制落到实处。 （刘世锋）

中国人民政治协商会议山西省委员会

Shanxi Provincial Committee of Chinese People's Political Consultative Conference

综 述

【委员议政建言】 2015年，山西省政协常委会把思想政治建设摆在工作首位，坚持用中国特色社会主义理论引领事业发展，用社会主义核心价值观凝聚奋进力量，用中央大政方针和省委决策部署统一思想行动。

学习贯彻习近平总书记系列重要讲话精神，把学习贯彻讲话与学习贯彻中共十八大和十八届三中、四中、五中全会精神相结合，与学习贯彻中共中央关于做好新时期政协统战工作的部署要求相结合，通过中心组学习、常委会专题讲座、委员集中培训、“政协学堂”互动交流等形式，教育引导委员掌握核心要义、领会精神实质，把思想行动统一到习近平总书记重要讲话精神和中央部署要求上来。学习贯彻中共山西省委十届六次、七次全会精神和省委书记王儒林重要讲话，发挥统一战线组织和协商民主重要渠道作用，教育引导广大委员认识山西省反腐肃贪、革弊立新的重大意义，坚定应对经济下行压力、促进经济平稳发展的奋进信心，凝聚反腐共识、法治共识、改革发展共识和价值观共识。组织中心组和常委会集体学习19次，培训委员、市县政协主席1300余人次。

2015年，省政协常委会贯彻落实省委书记王儒林关于人民政协要在净化政治生态、推动改革发展中“积极作为”指示要求，围绕省委、省政府工作部署，选择大局所系、各界关注的重点问题，发挥各民主党派、工商联，政协各专门委员会和各界别广大委员优势。

2015年，省政协组织各工作机构、相关界别和委员分赴全省11市49县(市、区)的300多个企业、乡村、社区、学校开展调研活动，形成报告或建议180余件，形成提案1066件。

(周志清)

【民生服务】 2015年，山西省政协常委会发挥人民政协团结各界、联系群众的桥梁纽带作用，协助党和政府做好新形势下的群众工作，为惠民生、保稳定、促和谐贡献力量。

围绕城中村改造组织委员实地了解推进情况，就做好拆迁补偿、土地开发、农民就业、社会保障、设施标准化建设和社区管理工作提出建议；针对人口老龄化加速实际，召开议政会议专题研究加快山西省养老服务业发展问题，提出推进医养融合、发展公办养老机构、支持社会力量兴办养老服务设施、完善养老服务业政策保障体系等工作建议；紧扣农村劳动力转移、高校毕业生就业难等民生实际，就加强职业技能培训、优化现代职业教育体系等问题跟踪调研，促进问题解决；立足贫困地区群众所需，深化政协“四送一帮扶”活动，组织相关界别和委员送医药、送科技、送文

2015年1月27日，山西省政协主席薛延忠在省政协十一届三次会议上作常委会工作报告

(周志清供图)

化、送法律下基层，港澳委员捐资帮困助学600余万元，活动惠及群众1万余人。主席班子成员到扶贫联系点，走访困难群众，研究制定帮困措施，协调解决实际问题，政协定点扶贫工作取得新成效。

做好社情民意信息工作，引导委员深入体察民情、掌握民意，及时反映各界群众所思所求、所忧所愿；加强集中辅导和调研指导，培训基层政协委员、信息工作人员2000余人次，提升信息工作层次和质量；做好社情民意信息汇总、分析、报送和跟踪反馈工作，促进民生问题解决。全年收集社情民意信息7100余条、编印上报231篇，其中34篇得到俞正声、张高丽、马凯、赵乐际等中央领导和省领导重视，作出重要批示。

宣传党的民族宗教政策，主动与民族宗教界代表人士交朋友，就少数民族聚居村发展和宗教事务条例贯彻情况开展专题调研，促进民族和睦相处、和谐发展，引导宗教与社会主义社会相适应；加强与新经济组织、新社会组织等阶层代表人士沟通联系，做好政策宣传、释疑解惑、凝聚共识工作，促进社会各阶层关系和谐；挖掘和弘扬山西省丰富的红色文化、廉政文化、法治文化资源，征集出版相关文史资料。

2015年，山西省贯彻中共中央和山西省委关于加强社会主义协商民主建设和人民政协协商民主建设的部署要求，发挥政协协商民主重要渠道和专门协商机构作用，开展政协协商工作。组织协商活动，坚持协商为民、服务大局主旨，听取各个方面意见，制定协商计划，使协商选题与省委、省政府总体部署相衔接，与人民群众的重大关切相契合。主席会议成员分别领题，统筹党派、界别、专委会和委员力量，加强与职能部门协作，开展协商调研，力求全面掌握情况、找准问题症结、做到策论科学。组织协商会议，开展协商活动，年初确定的专题协商、对口协商、界别协商、提案办理协商工作任务全部完成。创新协商方式，在协商活动中，不仅安排相关委员、协调党政有关负责人参加，还邀请农村、社区、企业、学校等基层群众代表和相关方面代表人士参与协商，让参加协商的党政领导既能听到委员的意见建议，又能直接了解基层群众的呼声和诉求，在近距离交流、面对面协商中增进理解和共识，促进问题解决，凝聚推进工作的合力。加强与省人大、省政府法制部门沟通协作，探索委员参与地方性立法和政府规章制定工作机制，委员参与立法协商取得新进展。促进协商成果转化，协商会议形成的关于科学制定"十三五"规划、加快山西省养老服务业发展、扶持中小企业发展新兴产业、健全依法决策机制、加强大学生思想政治教育、建立农民种养业风险保障机制等重点建议，受到省委、省政府主要领导重视，批示相关部门研究采纳。立案办理的957件提案，采纳率达到94.67%，其中年初确定的10个方面的重点提案得到职能部门的着实办结和积极回应。（周志清）

重要会议

【省政协十一届三次全体委员会议】 2015年1月27日至31日举行。山西省政协主席薛延忠代表省政协常委会向大会报告工作，副主席刘滇生向大会作政协山西省委员会常务委员会提案工作情况报告。与会委员列席省十二届人大四次会议，围绕全省改革发展稳定建言献策，提交发言材料80篇、提案866件，反映社情民意信息236篇，14位委员进行大会发言。王儒林、李小鹏等省领导分别听取大会发言、参加联组会议和小组讨论，听取委员意见和建议。与会委员听取并赞同省长李小鹏所作的政府工作报告，赞同省高级人民法院工作报告、省人民检察院工作报告以及其他报告；批准薛延忠代表政协第十一届山西省委员会常务委员会所作的工作报告，批准刘滇生代表政协第十一届山西省委员会常务委员会所作的提案工作报告；补选张克强、周明定、韩裕峰3名同志为十一届省政协常务委员。薛延忠主持闭幕会议。

（周志清）

【省政协十一届常委会议】 2015年，山西省政协第十一届常务委员会召开五次会议。

第十二次常委会议。 2015年1月23日至24日，山西省政协十一届第十二次常委会议在太原举行。薛延忠主持开幕会议并在闭幕会上讲话，省委常委、副省长付建华就政府工作

2015年1月27日至31日，山西省政协召开十一届三次全体委员会议

（周志清供图）

报告（征求意见稿），省高院副院长朱明、省检察院副检察长荣章分别就法检两院工作报告（征求意见稿），省委常委、统战部部长孙绍骋就调整增补委员名单及有关人事事项作说明。副主席李雁红、刘滇生分别就政协常委会工作报告（讨论稿）、提案工作情况报告（讨论稿）作说明。省委、省政府办公厅通报政协提案办理情况。会议协商讨论政府工作报告，省高院、省检察院工作报告，发展计划和财政预算报告；审议通过省政协常委会工作报告、提案工作情况报告和省政协十一届三次会议议程（草案），决定提交省政协十一届三次会议审议。秘书长阎根生通报小组讨论情况。会议通过省政协十一届三次会议日程，决定省政协十一届三次会议于1月27日在太原召开。决定增补李菲、周明定、韩裕峰为十一届省政协委员；因任职年龄或工作变动原因，同意孙连珠、杨左卿、孟原生、郝瑞珍、郑红辞去省政协常委、委员职务，同意马福山辞去委员职务；鉴于涉嫌犯罪，决定撤销谭晋康、李慧文省政协委员资格。

2015年11月11日，山西省政协部分委员到太原锅炉集团，就“以环保装备制造业为重点，推进山西省环保产业发展”重点提案进行督办　（周志清供图）

第十三次常委会议。2015年1月28日、30日，山西省政协十一届第十三次常委会议在太原分别召开。会议审议通过省政协十一届三次会议选举办法，监票人、总监票人名单，候选人名单，决定提请省政协十一届三次会议第三次全体大会对候选人进行选举。会议审议通过政协第十一届山西省委员会提案委员会关于省政协十一届三次会议提案审查情况的报告（草案），政协第十一届山西省委员会第三次会议关于常务委员会工作报告的决议（草案），政协第十一届山西省委员会第三次会议政治决议（草案），决定提请省政协十一届三次会议第四次全体会议通过。

第十四次常委会议。2015年5月27日至28日，山西省政协十一届第十四次常委会在太原举行。围绕促进经济转型和民生改善，就加快山西省养老服务业发展协商议政、建言献策。薛延忠出席并讲话，副省长张建欣应邀通报山西省养老服务业发展情况，副主席李雁红、朱先奇分别作有关人事事项、《关于进一步加快我省养老服务业发展的意见（讨论稿）》的说明。李志强等7人围绕会议主题发言。会议审议通过《关于进一步加快我省养老服务业发展的建议》，通过有关人事事项，决定：张克强任省政协提案委员会主任；周明定任省政协农村委员会主任；巨宪华、杨晋生任省政协经济委员会副主任；倪生唐、张富明、张明旺任省政协教科文卫体委员会副主任；王秋生任省政协民族和宗教委员会副主任；兰炎平任省政协文史和学习委员会副主任。免去：孟原生的省政协提案委员会主任职务；孙连珠的省政协农村委员会主任职务；张玉平的省政协人口资源环境委员会副主任职务；杨菲的省政协文史和学习委员会副主任职务；郝瑞珍的省政协港澳台侨和外事委员会副主任职务。

第十五次常委会议。2015年8月17日至18日，山西省政协十一届第十五次常委会议在太原举行，围绕扶持山西省中小微企业发展新兴产业协商议政、建言献策。薛延忠出席并讲话，省委常委、副省长付建华通报山西省中小微企业发展新兴产业的有关情况，副主席李雁红作《关于扶持我省中小微企业发展新兴产业的建议（讨论稿）》的说明，秘书长阎根生作有关人事事项的说明。会议期间，常委会举行集体学习，听取国家工信部赛迪研究院规划所所长乔标所作的专题报告。柴林山等5位人作大会发言。会议审议通过《关于扶持我省中小微企业发展新兴产业的建议》。决定任命：石扬令为省政协提案委员会副主任；杨海贵为省政协人口资源环境委员会副主任；刘文秀为省政协教科文卫体委员会主任；任月勤为省政协港澳台侨和外事委员会副主任。决定免去：程银锁、刘文秀的省政协副秘书长职务；杨左卿的省政协教科文卫体委员会主任职务；王建国的省政协民族和宗教委员会副主任职务。鉴于涉嫌犯罪，决定撤销苗俭中省政协委员资格。

第十六次常委会议。2015年11月12日至13日，山西省政协十一届第十六次常委会议在太原举行。会议学习贯彻中共十八届五中全会精神，围绕山西省“十三五”规划编制协商议政、建言献策。薛延忠主持并讲话，省委常委、副省长付建华通报山西省“十三五”规划编制情况。会议学习中共十八届五中全会《建议》和习近平总书记重要讲话，传达学习省委书记王儒林在省委省级党员领导干部会议上的讲话精神，省委党校教授高健生作五中全会精神辅导报告。与会人员紧扣中央精神、贯彻省委部署，开展讨论交流；16位委员代表各民主党派省委、省工商联和省政协各专委会作大会发言，就科学编制山西省“十三五”规划提出建议。会议审议通过有关人事事项，决定：蒋福新任省政协副秘书长；王宇鸿任省政协提案委员会副主任；杨有才任省政协社会法制委员会副主任；侯秀娟任省政协文史和学习委员会副主任。免去：田润华的省政协教科文卫体委员会副主任职务；高凤平的省政协民族和宗教委员会副主任职务；蒋福新的省政协调研室副主任职务。接受高凤平辞去省政协常委职务；撤销何萍的省政协委员资格。（周志清）

【省政协十一届主席会议】 2015年，山西省政协十一届委员会主席会议共召开十四次，即第二十一次至第三十四次。

第二十一次主席会议。2015年1月8日，山西省政协十一届第二十一次主席会议在太原举行。薛延忠主持。会议审议常委会工作报告（讨论稿）、提案工作情况报告（讨论稿）、省政协2015年度协商工作计划（讨论稿），审议通过提案工作和反映社情民意工作表彰名单。

第二十二次主席会议。2015年1月28日，山西省政协十一届第二十二次主席会议在太原举行。薛延忠主持会议。会议审议省政协十一届三次会议选举办法（草案），候选人建议名单，监票人、总监票人名单（草案），决定提交省政协十一届十三次常委会议第一次全体会议审议。

第二十三次主席会议。2015年1月30日，山西省政协十一届第二十三次主席会议在太原举行。薛延忠主持。会议审议通过省政协十一届三次会议选举办法（草案），候选人名单（草案），监票人、总监票人名单（草案），决定提请省政协十一届十三次常委会议第二次全体会议审议通过。会议审议通过政协第十一届山西省委员会提案委员会关于省政协十一届三次会议提案审查情况的报告（草案），政协第十一届山西省委员会第三次会议关于常务委员会工作报告的决议（草案），政协第十一届山西省委员会第三次会议政治决议（草案），决定提请省政协十一届十三次常委会议第二次全体会议审议。

第二十四次主席会议。2015年3月24日，山西省政协十一届第二十四次主席会议在太原举行。会议审议通过《省政协2015年主要工作责任及进度安排》。薛延忠主持并讲话。

第二十五次主席会议。2015年5月11日，山西省政协十一届第二十五次主席会议在太原举行。薛延忠主持并讲话。会议审议通过省政协十一届十四次常委会议议程（草案）和日程，决定省政协十一届十四次常委会议于5月27日至28日在太原召开，围绕促进经济转型和民生改善，就加快山西省养老服务业发展议政建言。会议研究确定省政协领导督办的10个方面的重点提案，要求主席会议成员和提案委员会强化工作责任，组织实施，密切与提案承办单位的协商沟通，办好重点提案，把政协提案转化为科学谋划工作、强化工作措施、解决实际问题的具体举措，进而促进山西省“六权治本”“六大发展”，加快现代化建设。

第二十六次主席会议。2015年5月20日，山西省政协十一届第二十六次主席会议在太原举行。会议审议并通过《关于进一步加快我省养老服务业发展的意见（讨论稿）》，决定提交省政协十一届十四次常委会议审议。薛延忠主持会议并讲话。

第二十七次主席会议。2015年5月26日，山西省政协十一届第二十七次主席会议在太原举行。薛延忠主持。会议审议通过政协第十一届山西省委员会常务委员会关于张克强等职务任免的决定（草案），决定提交省政协十一届十四次常委会议审议。省委组织部有关负责人到会作人事事项说明。

第二十八次主席（扩大）会议。2015年7月22日，山西省政协十一届第二十八次主席（扩大）会议在太原举行。会议传达学习全国地方政协工作经验交流会精神和全国政协主席俞正声重要讲话，研究部署山西省政协贯彻落实工作，并集中学习《中国共产党统一战线工作条例（试行）》和中共中央办公厅《关于加强人民政协协商民主建设的实施意见》。薛延忠主持会议并讲话。

第二十九次主席会议。2015年7月30日，山西省政协十一届第二十九次主席会议在太原举行。薛延忠主持。会议学习贯彻中共中央《关于加强社会主义协商民主建设的意见》和统一战线工作条例精神，落实省委相关部署要求，就加强人民政协民主监督，发挥政协职能作用，更好服务“六权治本”“六大发展”进行专题研究。会议审议通过省政协十一届十五次常委会议议程（草案）和日程。决定8月17日至18日在太原召开省政协十一届十五次常委会议，贯彻落实省委、省政府关于推进科技创新、金融振兴、加快民营经济发展“三个突破”重大部署，围绕山西省中小企业科技创新、转型升级、提质增效、加快发展议政建言。

第三十次主席会议。2015年8月10日，山西省政协十一届第三十次主席会议在太原举行。薛延忠主持并讲话。会议审议《关于扶持中小微企业发展新兴产业的建议（讨论稿）》以及有关人事事项。

第三十一次主席（扩大）会议。2015年9月6日，山西省政协十一届第三十一次主席（扩大）会议在太原举行。会议传达学习贯彻全国政协十二届十二次常委会议精神和全省民营经济发展推进大会精神。薛延忠主持并讲话。

第三十二次主席会议。2015年11月3日，山西省政协十一届第三十二次主席会议在太原举行。审议省政协十一届十六次常委会议有关事项。薛延忠主持并讲话。会议决定，省政协十一届十六次常委会议11月12

日至13日在太原召开，主要议题为：学习贯彻中共十八届五中全会精神和省委相关部署，围绕山西省“十三五”规划编制建言献策。会议审议通过省政协十一届十六次常委会议议程（草案）和日程。

第三十三次主席会议。2015年11月10日，山西省政协十一届第三十三次主席会议在太原举行。会议传达学习贯彻习近平总书记在中共十八届五中全会上代表中央政治局所作的工作报告和在第二次全体会议上的重要讲话精神。

第三十四次主席会议。2015年12月28日，山西省政协十一届第三十四次主席会议在太原举行。会议就省政协十一届十七次常委会议和省政协十一届四次会议等有关事项进行研究。薛延忠主持会议。会议建议省政协十一届四次会议2016年1月26日在太原召开；决定2016年1月22日举行省政协十一届十七次常委会议，为省政协十一届四次会议做准备。会议审议通过省政协十一届十七次常委会议日程和议程（草案）、关于召开省政协十一届四次会议的决定（草案）、省政协十一届四次会议议程（草案）和秘书处机构设置及工作职责（草案），决定将上述草案提请省政协十一届十七次常委会议审议。会议审议通过《关于加强机关领导干部外出请假报备工作的通知》。（周志清）

委员活动

【提案工作和反映社情民意工作先进表彰会】 2015年1月26日，提案工作和反映社情民意工作先进表彰会举行。山西省政协主席薛延忠，副主席李雁红、刘滇生、王宁、朱先奇、李悦娥、张友君，秘书长阎根生出席会议。会议表彰70件优秀提案、20个办理政协提案先进单位、10名办理政协提案先进工作者、30篇优秀社情民意信息、40个反映社情民意工作先进单位、30名反映社情民意工作先进个人。（周志清）

【委员专题学习报告会】 2015年1月26日，委员专题学习报告会举行。委员集体学习习近平总书记在庆祝中国人民政治协商会议成立65周年大会上的重要讲话。全国政协文史和学习委员会副主任卞晋平应邀作辅导报告。（周志清）

【经济企业界部分委员专题座谈】 2015年7月9日，山西省政协召集经济企业界部分委员围绕贯彻落实省委省政府决策部署、履行岗位职责、致力经济建设进行座谈交流。薛延忠主持并讲话，副主席李雁红、秘书长阎根生出席。大家围绕会议主题、结合工作实际，畅谈交流落实省委省政府决策部署、发挥委员应有作用、致力经济发展的情况，并针对企业生产经营中面临的突出困难和问题，就帮扶实体经济、抓好转型项目、解决融资困难、优化政务服务、确保政策措施落实等提出建议。来自国企、民企和相关部门的委员代表邓保平、孙明堂、张子玉、李德志、杨定础、杨宝明、渠性轩、彭辉、温建斌和苏清政先后在座谈会上发言。（周志清）

【大学生思想政治教育界别协商会】 2015年7月23日，大学生思想政治教育界别协商会举行，就加强大学生思想政治教育、培育和践行社会主义核心价值观进行界别专题协商。山西省政协主席薛延忠主持会议并讲话，副省长张复明，副主席李悦娥，秘书长阎根生出席。来自教育、妇联、民革等界别的7位委员作发言。李悦娥综合调研情况，就当前大学生思想政治教育中需要重视和解决的问题提出工作建议。职能部门负责人回应委员意见建议，就解决相关问题与委员协商讨论。副省长张复明对政协委员的意见建议给予肯定，指出这次协商会议选题及时、调研扎实、成果出色，对当前高校思想政治工作问题吃得准、建议很到位，要求职能部门认真研究，采取相应措施把委员们的建议吸收到山西省正在制订的加强高校宣传思想工作意见中。（周志清）

【“推进六权治本”专题议政会】 2015年8月6日，“健全依法决策机制，推进六权治本”专题议政会举行，山西省政协主席薛延忠，省委常委、常务副省长高建民出席会议并讲话，副主席朱先奇主持会议，副主席王宁、秘书长阎根生出席，相关职能部门负责人参加。省政协贯彻省委部署、助力“六权治本”，组织委员与党

2015年11月25日，山西省政协部分委员赴晋中市，就“推进山西省农民专业合作社发展”重点提案进行督办（周志清供图）

2015年11月14日，山西省政协召开"农民种养业风险保障机制"对口协商会议 （周志清供图）

派、市县政协开展相关调研、形成工作建议。政协委员高建生、王亦、李晋平、刘正、郝晓琴、李劲民、冯爱民、武金贵、贾桂梓和基层政协俞长生等作议政发言。省委常委、常务副省长高建民对委员的发言予以肯定。 （周志清）

【省政协与省各民主党派、工商联，各市政协座谈会】 2015年8月26日至27日，山西省政协与省各民主党派、工商联，各市政协秘书长工作座谈会在忻州召开。秘书长阎根生出席并讲话，副秘书长张建豪参加。会议通报省政协工作情况，各民主党派省委、省工商联，各市政协秘书长交流各自的经验做法，并对做好下一步工作提出意见建议。 （周志清）

【城中村改造重点提案协商会议】 2015年9月21日，山西省城中村改造重点提案办理协商会议举行。省政协主席薛延忠主持并讲话。省委常委、常务副省长高建民，副主席李雁红、刘滇生，秘书长阎根生出席，提案承办单位负责人、提案者和相关各方代表参加。省直有关厅局和太原市负责同志反馈提案办理情况，介绍城中村改造取得的成效和下一步工作重点及推进举措。民革、民盟、民建、农工等界别的6位提案者代表以及基层干部、城中村居民和开发商代表，围绕城中村改造中的拆迁补偿、土地开发、农民就业、社会保障、设施标准化建设和社区管理等问题踊跃发言、提出建议。省、市领导及职能部门负责人认真听取、协商互动，促进提案办理，凝聚各方共识，推进相关工作。副省长高建民对政协委员和各方代表的合理建议予以肯定。 （周志清）

【"农民种养业风险保障机制"对口协商】 2015年11月4日，"建立和完善农民种养业风险保障机制、促进农业增效农民增收" 对口协商会议举行。省政协主席薛延忠主持并讲话，副省长郭迎光，副主席王宁、朱先奇，秘书长阎根生出席。省政协委员赵安泽、李捷、杜顺义、张富刚和基层代表吴秀玲、吴小东围绕完善政策性种植业保险、防范果业风险、健全羊牛养殖业风险防控机制、发挥气象在农牧业风险防范中的作用等踊跃发言。副主席朱先奇综合省政协调研情况，就建立和完善种养业风险保障机制需要重视和解决的问题提出工作建议。省有关部门负责人回应委员和基层关切，并介绍相关工作推进情况和下一步重点举措。副省长郭迎光对政协委员和基层代表的合理建议予以充分肯定。 （周志清）

【政协提案建言献策】 2015年，山西省政协征集提案1066件。其中，各民主党派、各人民团体、省政协各专门委员会、界别集体提案235件，委员提案831件。经审查，立案957件，立案率89.77%；作为来信处理109件，占提案总数的10.23%。在立案的提案中，经济建设方面353件，占36.89%；政治建设方面105件，占10.97%；文化建设方面180件，占18.81%；社会建设方面280件，占29.26%；生态文明建设方面39件，占4.08%。提案被采纳、已经解决和正在解决的共906件，占94.67%；列入计划安排解决的41件，占4.28%；因客观条件所限尚未采纳的10件，占1.05%。确定10类(125件)重点提案。均有明确回应和落实意见，一些具体建议列入山西省"十三五"规划。召开以"推进城中村改造"为主题的重点提案办理协商座谈会。在原提案基础上，提出更具可行性的意见建议。围绕编制山西省"十三五"规划建言献策。向省政协十一届十六次常委会议提交《实施"定位转型"，促进产业升级》的报告。 （周志清）

【政协经济意见征集】 2015年，山西省政协经济委员会围绕省政协十一届十五次常委会议"关于扶持山西省中小微企业发展新兴产业"课题，向大会提交《关于扶持我省中小微企业发展新兴产业的建议（讨论稿）》，同时将前期调研和考察情况编辑形成《调研资料汇编》提交会议参阅。会后，根据委员提出的意见、建议对报告进行修改，报送省委省政府。开展"推进山西省旅游经济发展调研"，并在省政协十一届十六次常委会议上就山西省"十三五"规划进行议政建言。召开全省政协经济委工作会议，为推进工作打下坚实的基础。参加全国政协暨地方政协经济(农业)委员会工作会议。及时回复省政府办公厅有关函件，就《山西省人民政府关于全面扩大开放的意见(征求意见稿)》

等，组织委员、专家学者征求意见。

（周志清）

【政协人口资源环境调研】 2015年，山西省组织部分政协委员先后到太原等5市8县（区）16个养老机构和2个疗养院进行调研考察，形成《进一步加快我省养老服务业发展的建议（讨论稿）》。经省政协十一届十五次常委会原则通过后作进一步修改完善，报送省委、省政府。省委书记王儒林、省长李小鹏等领导相继予以批示。太原市政府出台《关于加快发展养老服务业的实施意见》。省政府出台《山西省人民政府关于支持社会力量发展养老服务业若干措施的通知》。建言"十三五"煤炭产业发展。组织部分政协委员调研，对"十三五"煤炭产业发展形成六点意见和建议，在省政协十一届十六次常委会上交流。力促《规划环境影响评价条例》落实。就山西省贯彻执行《规划环境影响评价条例》（国务院令559号）和山西省人民政府《关于贯彻实施〈规划环境影响评价条例〉的意见》（晋政发〔2010〕2号）的情况，组织部分政协委员进行视察，形成视察报告。

（周志清）

【政协农村调研】 2015年，山西省开展农村委员会工作。组织召开农民种养业风险保障机制对口协商会议。组织委员省内省外深入调研，确定发言材料12篇，收集整理调研报告27篇，赵安泽等在对口协商会议上发言，会议取得预期效果。围绕精准扶贫，为"十三五"规划编制建言献策。深入调研，形成调研报告及对山西省"十三五"规划精准扶贫工作的相关建议，在省政协十一届十六次常委会议上建言。拓展服务领域，开展送"文化"下乡活动。组织省晋剧院优秀文艺工作者到定襄县宏道镇平东社村"送文化下乡"。深入调研形成专门建议，向省委、省政府领导专报，建议将"红枣糖资源高效生物利用关键技术研究及产业化开发项目"列入山西省重点科技研发计划。强化内通外联，加强与省内外工作交流。省内上下联动，合力为农民种养业风险保障机制建言献策，形成调研报告23份。省外联系交流，取长补短谋求创新。参加全国政协经济委员会在贵州省毕节市组织召开贫困地区可持续发展理论与实践研讨会和全国政协暨地方政协经济（农业）委员会工作会议。

（周志清）

【政协教科文卫体调研】 2015年，山西省围绕"培育和践行社会主义核心价值观，加强大学生思想政治教育"课题组织调研，在界别协商会上，委员们与相关部门同志沟通交流，坦诚交换意见，形成许多共识。先后在北京、武汉和山西省太原、朔州两市对"众创空间"建设进行专题调研，借鉴先进省市发展"众创空间"，促进创新、创业的好做法、好经验，结合山西省实际提出意见和建议。围绕制定山西省"十三五"规划，就"优化科技生态环境，促进创新驱动发展"进行调研，在省政协十一届十六次常委会议上议政建言。发挥所联系界别和委员的优势，先后组织委员、专家赴静乐县、古交市开展"察情建言惠民行"送科技、送文化下基层活动。组织委员听取省招生考试管理中心有关考录方面的情况通报，深入招生录取工作现场了解相关工作情况。听取晋中市高考工作情况汇报，并对榆次等区县高考工作进行巡视检查。组织委员就山西省科技创新方面存在问题和面临挑战进行针对性的考察。（周志清）

【政协社会法制调研】 2015年，山西省开展社会法制委员会工作。筹备召开"健全依法决策机制、推进六权治本"专题议政会。组织部分政协委员并邀请各民主党派到省交通厅等山西省"六权治本"试点单位和部门，实地走访公共服务窗口47个，翻阅有关资料2000多件，形成调研报告和议政发言材料21份。10人作议政发言。省政府法制办和省人大在谋划2015年立法计划时采纳委员的建议。组织两次专项视察，起草一个文件，为深化民主监督探索实践。组织人民陪审员制度执行情况专项视察。组织部分政协委员赴省高院等单位进行调研，指出存在问题，提出完善建议。组织公安交警和消防执法情况专项视察，提出具体意见和建议。起草《中共山西省委关于加强人民政协民主监督的意见》代拟稿。共吸收110余条意见，19易其稿，形成送审稿。围绕党委政府中心工作和民生关切建言献策，做实专题建言工作。围绕城市道路建设和交通管理"十三五"规划组织委员调研，形成《关于城市道路

2015年9月16日，山西省政协教科文卫体委员会组织部分委员赴古交市，开展送文化进矿山活动

（周志清供图）

建设和交通管理“十三五”规划的几点建议》。围绕监狱和戒毒所监管安全进行调研。（周志清）

【政协民族和宗教调研】 2015年，山西省政协民族和宗教委员会协同全国政协民宗委就贯彻落实《宗教事务条例》情况进行专题调研。形成《关于贯彻〈宗教事务条例〉实施10周年、推进依法管理宗教事务的调研报告》，上报全国政协民宗委。组织开展“加快我省少数民族聚居村全面建成小康社会”专题调研，形成《关于加快我省少数民族聚居村全面建成小康社会的建议》，并在省政协十一届十六次常委会议上进行大会发言。配合全国政协民宗委完成“积极引导宗教与社会主义社会相适应”专题调研。再次协同全国政协民宗委就五台山碧山寺房产政策落实情况进行实地调研。加强联系，增进团结，参与民族宗教文化活动。持续关心山大附中西藏班和山大工程学院新疆班学生的健康成长，前往西藏进行回访，撰写“关于加强内地西藏班建设的建议”的社情民意上报全国政协。陪同广西政协民宗委一行学习考察。提交《关于落实山西省物价局关于宗教活动场所生活用电价格的通知》提案。

（周志清）

【政协文史和学习调研】 2015年，山西省政协文史和学习委员会举办政协第十一届山西省委员会第三期委员学习培训班，252人参加培训。挖掘整理抗战史料。编辑《血铸河山——亲历者讲述山西抗战》，收录文章225篇，114万字。为全国政协《亲历者说——中国抗战编年纪事》供稿232篇、120余万字。在《山西政协报》发表题为《缅怀先烈、珍爱和平、开创未来——省政协文史和学习委纪念抗战胜利70周年系列工作综述》。加强省内外调研、视察考察工作，搜集整理相关资料。就山西省抗战遗址的保护利用，促成副主席刘晓峰率“抗战遗址保护和利用”专题调研组到晋考察调研，为山西省一些遗址列入第二批国家抗战遗址名录起到推动作用。就“加强文化宣传”“文史和学习工作与元好问研究”组织委员进行调研；围绕山西编制“十三五”规划组织委员调研，向省政协十一届十六次常委会议提交《把推进基层协商民主作为创新社会治理的重要突破口》《给我省大水网建设提几点建议》的调研报告并作大会发言。组织委员就历史文化区域保护利用情况进行省外专题考察调研，搜集有关山西在外省的资料。全年编辑出版《文史月刊》12期，文章150余篇，50余万字。（周志清）

【政协港澳台侨和外事调研】 2015年，山西省政协港澳台侨和外事委员会及时下发“2015年度提案和社情民意选题目录”，为委员建言献策、履职尽责提供参考。利用港澳委员参加全会机会组织视察，使其感受省城的发展变化。组织港澳委员赴井冈山进行革命传统教育。对委员微信平台进行升级改造，提升时效性。联系界别、服务基层。组织委员到企业和开发区调研视察，撰写《关于推广百信安全信息技术并纳入政府采购的建议》提案。组织委员针对健全公共服务体系、创新社会治理模式和提升社会治理的制度化、规范化、科学化进行调研。促进开放、服务发展。向省委报送《关于进一步扩大对外开放促进经济转型的建议》，省委书记王儒林作重要批示。组织部分委员对太原武宿保税区进行调研。推动和协办“活力澳门山西推广周”活动，参与“山西品牌中华行”和“山西品牌丝路行”系列活动。围绕山西省加快融入“一带一路”发展进行专题调研，提出7条建议，并在常委会上发言。履职尽责、奉献爱心。2015年，以港澳台侨及外事委及委员名义提出提案61件，其中9件被选为重点督办提案。山西省港澳委员捐资600余万元。（周志清）

【政协工作调研】 2015年，山西省政协调研室修改完善代拟的《中共山西省委关于加强人民政协民主监督的意见》。为修订政协工作制度做前期准备。协同办公厅完成《机关党组工作条例》起草工作。起草全国地方政协工作经验交流会交流材料；协同办公厅完成重要会议和活动的新闻报道工作；组织50余篇论文参加全国政协理论研讨会，汇编《全国各省区市政协常委会工作报告集》，规范和加强政协理论研究会工作。全年起草各类文稿180余件、近90万字。先后到8市、20余个县（市、区）培训基层政协委员、信息工作人员2000余人。全年收集社情民意信息7100余条，编印上报231篇，被全国政协办公厅采择上报中共中央、国务院领导或有关部委25篇，其中有4篇综合稿件得到中央领导俞正声、张高丽、马凯、赵乐际的批示。省领导批办及部门反馈18篇。（周志清）

中国共产党山西省纪律检查委员会

Shanxi Provincial Committee for Discipline Inspection of Communist Party of China

重要会议

【省纪委十届五次全体会议】 2015年2月10日，山西省纪委十届五次全体会议在太原召开。全会由省纪委常委会主持。省委书记、省人大常委会主任王儒林出席全会第一次会议并作重要讲话。会议审议通过黄晓薇代表省纪委常委会所作的《坚定不移推进党风廉政建设和反腐败斗争，为净化政治生态、实现弊革风清提供坚强保证》的工作报告。

全会回顾总结2014年全省党风廉政建设和反腐败工作，并从6个方面研究部署2015年党风廉政建设和反腐败工作任务。严明政治纪律和政治规矩，强化纪律刚性约束；严肃问责，推动“两个责任”落实；持之以恒改进作风，驰而不息纠正“四风”；持续保持高压态势，坚决遏制腐败蔓延势头；深化纪律检查体制改革，推动组织和制度创新；严格落实“三铁”要求，打造忠诚、干净、担当的纪检监察干部队伍。

全会审议并通过省纪委常委会关于张秀萍、王民严重违纪问题的审查报告，确认省纪委常委会之前作出的给予张秀萍、王民开除党籍处分的决定。（李　鹏）

纪律检查

【“两个责任”落实】 2015年，新的山西省委履行党风廉政建设主体责任，省纪委履行党风廉政监督责任。山西省委常委会研究党风廉政建设和反腐败工作议题55个，省委书记王儒林作出批示、指示120多次，分析研判形势，领导推进工作。针对省纪委监督执纪发现的突出问题、巡视发现的共性问题，省委常委会、五人小组专题听取汇报，集中研究解决，省委、省政府分管领导牵头整治、督促整改；省委常委带头，省人大、省政府、省政协负责人共对126名省管干部进行谈话。王儒林严肃约谈各市党政主要负责人和纪委书记，以问题清单、责任清单、整改清单压实责任、传导压力。各级党组织主动扛责，逐级约谈，形成上下联动、齐抓共管的良好局面。省纪委履行监督责任，班子成员分头约谈市县党委主要负责人、11个市纪委书记及省直派驻机构负责人；督促各市、省直各单位、省属高校和省管国有企业分别列出“两个责任”清单，主要领导签字背书；配合省委督查室进行全面督查，对发现的7大类30个问题要求限期整改到位；在2014年度工作目标责任制考核中，对主体责任落实不到位的6个市和6个省直单位予以“一票否优”；坚持“一案双查”，对1520名落实“两个责任”不力的党员领导干部予以责任

2015年2月10日，中共山西省第十届纪律检查委员会第五次全体会议在太原召开

（李　鹏供图）

追究，同比增长 190.5%，其中 836 人受到党政纪处分，占追究总人数的比例由上年的 36.2%上升到 55%。中央纪委收到山西省信访举报同比下降 19.9%，低于全国平均增幅(14.2%)34.1 个百分点，其中检举控告类同比下降 36.5%，重复举报同比下降 57.3%。

（李　鹏）

【政治纪律审查】 2015 年，中国共产党山西省纪律检查委员会把政治纪律挺在最前沿，推进执纪方式转变。对反映领导干部问题线索进行大起底，建立分类处置台账，实行管处分离。强化日常监管，建立干部廉洁档案，提高监督工作规范化水平。纪律审查从“重点查违法”转向“重点盯违纪”，小病快治、小错即纠，查清主要违纪问题后即作出处理，将违法问题线索移送司法机关。把信访举报件中属于“七个有之”等违反政治纪律的问题单独列项统计，及时处置。执纪审理突出党纪特点，突出政治纪律、政治规矩和组织纪律，实行“三核两问一告知”谈话新模式。改进处分决定宣布方式，在违纪干部所在党委（党组）会上宣布，并扩大至中层干部，组织参会人员谈教训、剖原因、明责任。

（李　鹏）

2015 年 3 月 14 日，山西省委常委、省纪委书记黄晓薇（左二）在长治市武乡县故县乡调研乡镇党风廉政建设“两个责任”落实情况　（李　鹏供图）

【党章党规党纪意识提高】 2015 年，中国共产党山西省纪律检查委员会把尊崇党章、维护党章作为首要任务，在全省各级党组织和纪检监察机关部署开展学习党章活动。把是否违反党章作为纪律审查的重要内容，引导被调查人对照入党誓词、入党志愿书深刻反省反思，唤醒党章意识。把参与修订廉洁自律准则、党纪处分条例和巡视工作条例的过程作为深化学习、统一思想的过程，在研究讨论中强化纪律意识。三部党内法规颁布后，广泛学习宣传，把党规党纪刻印在党员干部心上。选取十八大以来山西省查处的典型案例，编辑制作系列《警示教育读本》《忏悔录》《警示教育片》等，阅读观看、接受教育的党员干部达 18.6 万人。加强宣传引导，全年在中央主流媒体刊发专题报道 176 篇，组织专家学者澄清和驳斥八种反腐败错误认识的理论文章，受到中宣部《新闻阅评》的肯定，在省级主流媒体组织有分量的专题宣传，在各级纪委网站第一时间发布纪律审查信息。挖掘于成龙、陈廷敬、阎喜棐氏《家训》等蕴涵的优秀传统文化基因，教育引导党员干部崇德重礼、遵规守纪，营造懂规矩、守纪律的浓厚氛围。

（李　鹏）

【违纪违法案件查处】 2015 年，山西省纪委严肃查处忻州市委原书记董洪运，阳泉市委原书记洪发科；结案处理和立案审查省国土厅原厅长李建功，省煤炭厅原厅长吴永平，省环保厅原厅长刘向东，中国移动通信集团山西有限公司原党组书记、董事长兼总经理苗俭中，山西国信投资集团有限公司原党委书记、董事长上官永清，山西传媒学院原党委书记解根法等厅局级一把手和 12 名县委书记违纪违法案件，改变此前 14 年没有查处过市委书记腐败案件、多年没有查处过省直厅局一把手腐败案件的局面，形成并保持惩治腐败高压态势。省纪委立案 75 件，结案 79 件，处分 70 人，处分的干部中厅局级 52 人，结案数和处分人数同比分别增长 38.6%、66.7%；移送司法机关 30 人，下降 40.0%。全省各级纪检监察机关共接受信访举报 124471 件（次），立案 20586 件，结案 20430 件，处分 22276 人，其中，厅局级干部 62 人，县处级干部 907 人；移送司法机关 767 人，挽回直接经济损失 13.2 亿元。省纪委向 10 个单位下发纪律审查建议书或工作整改建议书，提出建议 25 条；针对 4 个方面 13 类发生在群众身边的“四风”和腐败问题提出 4 个方面 21 条整改建议。全省各级纪检监察机关立查乡科级及以下干部案件 19756 件，同比增长 43.6%；结案 19661 件，增长 44.6%；处分 21307 人，增长 43.4%。

（李　鹏）

【“四风”纠正】 2015 年，中国共产党山西省纪律检查委员会到交通要道、旅游景点、饭店会所等排查“四风”问题线索，推广“随手拍”，探索构建专业监督、部门监督、舆论监督、群众监督充分发挥作用、形成整体合力的立体监督体系。紧盯重要时间节点，层层设防、一寸不让，深挖细查“四风”隐形变异新动向、新形式；开展违规收送礼金、红包问题和领导干部大操大办婚丧喜庆等借机敛财问题专项整治；对违反中央八项规定精神问题线索，专门设立台账，分类统计，把十八大以后发生的问题作为纪律审查重点,跟踪督办、严肃处理。全省共查处此类问题1362个,处理2004人,其中给予党政纪处分1625人,对26起典型问题通报曝光,释放出越往后执纪越严的强烈信号,保持狠刹"四风"的高压态势。 (李　鹏)

【纪律检查巡视】 2015年,中国共产党山西省纪律检查委员会创新工作机制和方式方法。在严肃整治巡视队伍的基础上,改进工作机制和流程,建立巡视组长库,实行组长"一次一授权"。探索形成常规巡视与专项巡视"双剑联动",常规巡视、专项巡视和对村巡察"三剑齐发"新格局。常规巡视以市带县,紧盯一把手,既抓大又抓小,对问题反映突出的18个村进行巡察;组建8个专项巡视组,以"一托N"方式,采取轻敲、直刺、重击等"点穴式"打法,快节奏精准打击。在完成常规巡视的同时,开展5轮专项巡视,共巡视128个地区和单位,实现对市县、国有骨干企业、金融企业、高校"四个板块"的全覆盖,巡视覆盖率达84.2%。突出问题导向。常规巡视发现问题线索3228条,专项巡视发现问题线索523条,对村巡察督办案件245件。巡视宣传增强"火药味",网络、电视、报纸同时发声,省、市、县三级同频共振,做到利剑高悬、震慑常在。强化成果运用。捆绑整改责任,建立分管省领导协调督促整改、被巡视单位全面落实整改、分管省领导与被巡视单位共同扛起主体责任的工作机制。探索建立巡视意见"双反馈"、巡视整改"双责任"、整改情况"双报告"、整改报告"双审核"、整改结果"双公开""五双"工作模式,倒逼整改压力,加强边巡边改,强化标本兼治效果。 (李　鹏)

【腐败存量减少的探索】 2015年,新的山西省委领导班子坚持惩前毖后、治病救人,明确提出,组织上要为犯错误想改正、想主动交代问题的同志创造条件、提供机会,明确问题线索处置和纪律审查工作"四条具体意见",并在干部使用上坚持"六个区别对待"。新的省委领导班子派出由省纪委、省委组织部等有关方面组成的工作组,到吕梁市、省交通厅、高平市三个腐败重灾区开展试点,以三个试点为突破口,探索减少腐败存量的有效途径。对主动交代问题的干部,坚持具体问题具体分析、宽严相济依规处理,有问题干部相信组织依靠组织、坚定跟党走、积极干事创业的良好氛围日益浓厚。 (李　鹏)

【纪律检查体制改革】 2015年,山西省纪委组织力量到市、县纪委和省直派驻纪检机构,宣讲"三转"内涵,以纪律要求、追责问责推动"三转",对48家省直派驻机构"三转"情况逐一督导,约谈30名省直派驻纪检组长,责令11名"三转"不力的纪检组长作书面检查。省市两级出台纪委书记和副书记、派驻纪检组长和副组长以及企业纪委书记和副书记"三个提名考察办法"。出台《关于加强省纪委派驻机构建设的意见》《省直部门和单位派驻机构全覆盖机构设置工作方案》。实行单独派驻和综合派驻两种方式,新设省委办公厅、省委组织部、省委宣传部、省委统战部、省人大机关、省政府办公厅、省政协机关等7家派驻机构,调整28家派驻纪检组,交流纪检组长18人,交流面达51.4%,交流副组长和工作人员82人,交流面达78.2%,省纪委派驻机构全覆盖完成81.4%。 (李　鹏)

监　察

【执纪监督突出主责主业】 2015年,山西省行政监察机关按照中央纪委监察部和省委、省政府决策部署,深化"三转",聚焦主责主业,严格监督执纪问责,履行各项工作职责。聚焦主业转方式,履行行政监察职能,确保政令畅通。全省行政监察机关会同有关部门对庸政懒政怠政和不作为问题共问责处理1222人,因生产安全事故问责处理236人。加大自办案件力度,严查"一把手"腐败,腐败蔓延势头得到有效遏制。形成抓点控面、立体围剿的狠刹"四风"工作机制。实行"五账工作法",坚决查处发生在群众身边的不正之风和腐败问题。坚持纪在法前、纪严于法,把厅纪在前和"四种形态"贯穿于纪律审查全过程。把权力关进制度的笼子,推进治本工作。践行"三严三实",加强监察机关自身建设。通过加大监督执纪问责工作力度,发挥行政监察职能作用,推动政府系统党风廉政建设和反腐败工作取得新成效。 (李　鹏)

【纪检监察机关新风气】 2015年,山西省纪委班子从自身做起,带头落实省委净化政治生态的要求部署,按照"铁纪铁军铁腕"的要求,从严管班子、带队伍。通过学习党章、思想引导、谈心交流、集中反思,省纪委班子成员痛彻反省,从对问题认账、认改、认罚,到对工作认理、认责、认干,自我加压、自我革新。省纪委内部恢复正常的党内政治生活,班子成员带头开展批评和自我批评,进行积极健康的思想斗争,工作作风、精神面貌焕然一新。从严管理监督干部,痛下决心清理门户。省纪委出台《关于进一步加强委厅机关干部日常管理监督的办法》,坚持管事就要管人、管思想、管作风、管纪律,严格执行"五个禁止""十个不准",坚决查处系统内的"害群之马";完善干部配偶、子女经商办企业情况报告制度,干部外出报备制度等,拓展家访活动,寓厚爱于严管之中;加强纪律审查安全工作,对涉案款物集中开展自查整改,实行"零报告""零承诺";机关提拔选用干部,严格进行查档案、查业绩、查个人事项报告、查民意、查线索、查案件等"六查",对新任省管纪检干部由省纪委常委会集体逐一进行任前谈话。全省纪检监察机关对系统内534名有问题线索的干部进行谈话、组织处理、执行纪律,其中,对311人作出诫勉谈话、责令检查、通报批评处理,将61人调离纪检监察系统;立案审查204件违纪案件,处分212人,重处分19人,移送司法机关10人。

(李　鹏)

民主党派和工商联

Democratic Parties and the Federation of Industry and Commerce

民革山西省委

【参政议政】 2015年，中国国民党革命委员会山西委员会（以下简称民革山西省委员会）参加中共山西省委、省政府、省政协召开的协商讨论会、征求意见会、情况通报会9次，围绕中心工作调查研究，建言献策。

2015年9月，在全国各民主党派推进民营经济发展专题座谈会上，张友君提出“用足、用活、用好各项民营企业政策的建议”；在《政府工作报告》征求意见会上，提出“推动我省民营经济发展、发展康养产业、推进太原晋中同城化”建议。

2015年，在全国“两会”上，张友君提交《关于进一步推进山西省煤电产业科技创新的建议》等提案3件，谢碧玲提交《关于在政策制度上推进民营企业健康发展的建议》提案；辛琰提交《关于发挥我国功能农业科技领先优势，加快实施“扶贫开发+功能农业”产业扶贫新模式的建议》等建议9件，杨林花提交《关于尽快在我国建立“药师法”的建议》等建议5件。在山西省“两会”上，张友君、刘占中、张湘君、王静提交提案7件，杨俊和、孙健民、刘美提交建议3件；王静代表省委员会在政协会上作《关于发展我省康养产业的建议》大会发言。

民革山西省委会围绕民革重点关注的“‘三农’、促进祖国和平统一、社会法制”三大重点参政议政领域以及事关民生的热点、难点问题进行调研，撰写提案。其中，“关于推进太原晋中同城化”课题，省委会召开“太原·晋中同城化论坛”，省委会就“关于发展我省康养产业”课题，到山西省太原市、大同市、太谷县及山东省、四川省调研，历时四个月，形成调研报告。在山西省“两会”上，民革党员代表提交集体议案2件，个人建议32件；省委会提交提案22件，民革界别的政协委员会提交个人提案41件，均全部立案。年内，省委会报送民革中央、省政协、省委统战部社情民意信息、统战信息176件，被采用10件。《关于加快我国应急产业的建议》获民革中央2015年省级组织参政议政成果二等奖。

2015年9月9日，省委会召开经济委员会企业家座谈会，商讨推进山西民营经济发展对策，撰写《民革山西省委会关于推进民营经济发展的建议》。社会法制委员会联合山西民革法律（咨询）服务中心和中国法律咨询中心山西分中心，义务开展法律咨询和讲座，调研司法改革、未成年人犯罪矫正等课题。妇女和青年工作委员会，在“三八”前夕表彰全省79名优秀女党员。（王明德）

【理论思想宣传】 2015年，民革山西省委员会开展“向蔡立忠同志学习”和“向张宝艳、秦艳友同志学习”活动，表彰全省坚持和发展中国特色社会主义学习实践活动“十佳党员”并制作宣传视频；向省委统战部报送《关于推荐“学习实践活动”先进典型工作情况的报告》。

组织开展纪念中国人民抗日战争暨世界反法西斯战争胜利70周年活动。全省各级组织举办座谈会、知识竞赛、图片展、慰问演出等纪念活动。省委会组织开展抗战老兵口述历史和民革前辈史料采集工作，共完成9位抗战老兵、黄埔老人的530分钟视频拍摄和制作，并剪辑成5分钟视频参加民革中央的评审，民革山西省委员会被民革中央评委民革前辈史料采集工作先进单位，王原生、徐志英被评为先进个人。组织征集、整理《第二次国共合作在山西》《抗日志士杨爱源》《李蓼源：我亲历的抗战史实》《抗战将领张甲第》等7篇稿件，参加省委统战部纪念抗战胜利70周年征文活动；在《山西民革》开辟“纪念抗战胜利七十周年”专栏；参加民革中央主办的以“民族魂——纪念抗战胜利70周年”为主题的大型爱国主义和优良传统教育活动，选送党员李红燕创作的国画《民族魂》和房爱华、林承伟创作的雕塑《抗战号角》，两件作品被收入民革中央画院印制的《民族魂——纪念中国人民抗日战争暨世界反法西斯战争胜利70周年美术作品集》，雕塑作品被民革中央收藏。

开展“观故居，走多党合作之路”活动。全省21个基层组织、300余名党员参观前辈故居23处。（王明德）

【民革组织建设】 2015年,民革山西省委员会发展新党员155人,平均年龄38岁。其中,具有大学本科及以上学历120人,占77.4%;中级及以上职称47人,占30.3%;民革特色28人,占18.1%。截至2015年底,全省民革党员总数为4174人。

民革山西省委员会按照后备干部选拔的“六条原则”和“六个程序”,严把选拔推荐关。2015年,推荐青联委员2人、山西省新的社会阶层联谊会2人、中青年党外干部5人。

2015年省直属基础组织换届,省委会制订下发相关文件,成立省直属基层组织换届领导组,召开换届工作会议,与中共各级统战部门沟通协商,推进换届工作。截至2015年底,完成8个省直属基层组织换届工作,新成立法制总支和省直属九支部。2015年7月,省委会增选王静(女)、杨林花(女)2人出任副主任委员、常务委员。

省委会通过教育培训等途径,加强干部培养,提升干部综合素质。2015年,分别在中共江西省委党校干部教育学院井冈山基地和中山大学举办第五期和第六期民革山西省中青年代表人士培训班,全省各级组织选送117名中青年党员参加培训学习。推荐8名党员分别参加中央社会主义学院第34期民主党派干部进修班、民革中央第12期中青年干部培训班,以及中共山西省委统战部举办的党外中青年干部培训班、山西省港澳台海外统战工作培训班和全省党外干部培训班。

按照《〈中国国民党革命委员会内部监督工作条例〉实施细则(征求意见稿)》和《山西省各民主党派省委会关于加强内部监督的座谈会纪要》精神,民革山西省委员会推进内部监督工作,探索内部监督工作机制。

(王明德)

【民革社会服务】 2015年,民革山西省委员会接待法律咨询服务300多人次、法律援助代理29起。2015年8月,民革山西省委员会机关成为山西省公职律师试点单位,李润、宋大琦被批准为公职律师。

2015年11月,张友君到定点扶贫村——吕梁市中阳县武家庄村进行调研;12月,省委会为武家庄村捐款5万元;12月,王静带队到革命老区晋中市左权县辽阳镇七里店村,开展“博爱·牵手”情系老区爱心活动,为当地捐款3万元。

“民革山西省委中山书画社”更名为“山西中山书画院”,院长刘占中出版个人书法专辑《刘占中书法集》;副院长周先宝于2015年10月13日至18日在浙江温州乐清市举办“乡愁——周先宝书画作品汇报展”。

(王明德)

【祖国统一促进工作】 2015年,民革山西省委员会执行民革中央《关于民革祖统工作联动协调机制建设的意见》精神和“三个坚持”工作方针,关注两岸关系和台湾岛内形势发展变化,推动祖国统一促进工作开展。

在纪念中国人民抗日战争暨世界反法西斯战争胜利70周年之际,省委会分别到太原、大同、临汾、运城等地慰问民革党员中的抗战老兵和黄埔老人,并为他们发放慰问金。通过调查、登记、甄别,向省委统战部推荐与省民革有关系的18名已故曾参加抗战的国民党将领名单,配合有关部门为他们申请由中共中央、国务院、中央军委颁发的纪念抗战胜利70周年纪念章,发放给他们的后代。在清明节当天省委派联络部的负责人到高平市与民革高平市委人员以及由抗战烈士后代组织的“陕西省抗战英烈祭奠团”共同祭拜陆军第十七师在晋东南各战役阵亡的烈士。

2015年,省委会接待台商马英杰暨邓治平、徐宝寿等台湾同胞,与他们共同做台湾民众的工作。

(王明德)

民盟山西省委

【参政议政】 2015年,中国民主同盟山西省委员会(以下简称民盟山西省委)在山西省政协十一届三次会议期间,向大会提交集体提案59件,其中54件被省政协立案采纳,5件作为意见、建议采用;盟员提交个人提案89件,其中立案77件、转来信12件。大会共有10名委员代表发言,民盟占4名。提案围绕中心、服务大局,紧扣“六权治本”“六大发展”、深化改革、法治建设、民生改善等各个方面,得到相关部门的重视和采纳。其中提案《进一步健全以房养老机制逐步完善我省养老体系建设》《建立健全巡特警长效保障机制进一步促进我省公安队伍稳定长效健康发展》《关于建立非正常户定期追缴及注销机制的建议》《关于规范城中村户籍迁移审批程序的建议》和《关于加强城中村集体财务年度审计核查监督的建议》有极强的针对性和实用性,被省政协列为重点督办提案。2015年3月民盟山西省委获民盟中央参政议政优秀成果奖。

2015年1月,民盟山西省委与中共山西省委、省委统战部、省政协确定2015年就煤层气开采中的问题进行调研的课题,6月至8月在全省进行调研,调研报告《关于我省煤层气开发的问题和建议》受到山西省政府的高度重视。4月,国务院副总理刘延东在民盟中央根据民盟山西省委调研报告撰写的《关于加强与完善我国非物质文化遗产保护工作的建议》上做重要批示。民盟山西省委承接民盟中央重点调研课题“保护中华医药”,5月至7月调研组赴山西各地及相关政府部门进行调研,11月赴宁夏、云南就中医药管理体制、人才培养、中药材质量管理、中药材生产、流通、使用开发等相关问题进行调研,形成《关于保护和发展中华医药的几点建议》的调研报告。

2015年,民盟山西省委共收集社情民意信息600余篇,其中盟省委采用525篇,民盟中央采用30篇,全国政协采用3篇。报送山西省委统战部《零讯》讯息150余篇,其中《建议简化房屋维修基金审批程序》被上报中央统战部,受到国家领导的重视。2015年1月获民盟中央颁发的“2013—2014年度信息先进工作单位"称号。

2015年，民盟山西省委为中国民主同盟华北地区盟务工作会暨第四届北方生态论坛内蒙古会议提供《山西采煤对生态环境的影响及防治对策》《草牧业之科学发展——以草为本》《弘扬草原文化促进草原畜牧业发展》3篇论文，并作大会发言。为第三届民盟教育论坛提供论文《品牌战略是民办高校发展的必由之路》，并被评为优秀论文；为第六届民盟民生论坛北京会议提供论文6篇：《关于改革社会主义分配制度的几点建议》《关注民生重在落实》《上世纪五十年代国家经租房问题的思考》《新常态下留守儿童生存困境亟待解决》《医药卫生体制改革存在的问题与对策建议》。（梁俊娜）

2015年2月12日，民盟山西省委联合山西省文联开展进社区送温暖活动

（梁俊娜供图）

【民盟社会服务】 2015年1月，民盟山西省委参与明盟中央的图书捐赠活动。明盟中央联合香港汉荣书局，向全国60多家省市图书馆捐赠图书。民盟山西省委通过考察、筛选、推荐，为娄烦县图书馆、朔州市图书馆、兴县关向应图书馆、太原市图书馆、长治市图书馆争取到捐赠图书2500余册。

2月12日，民盟山西省委和山西省文学艺术联合会在太原市小店区平阳街道办事处前进机器厂社区联合举办"进社区、送温暖"活动。省委统战部常务副部长郭海刚，省文联主席张根虎，驻会副主委赵恒寿，秘书长徐佩雄，省委统战部党派处处长王晓霞，民盟山西省委社会服务部部长康国强，以及联络委员会主任卫忠平，副主任张志坚、任肇文、郎伟、王亦等参加活动。活动中，来自省文联、山西民盟书画院的十八位书画家现场创作春联400余幅、国画作品8幅，分赠给社区下岗职工、复转军人、孤寡老人等，受到群众热情欢迎。

6月3日，民盟山西省委联合完美(山西)分公司赴原平市东社中学，举行图书及校园安全应急包捐赠仪式。向东社镇联校捐赠价值20000余元的图书——书法艺术版的《弟子规》，完美（山西）分公司捐赠价值35000元的校园安全应急包。

（梁俊娜）

【民盟专委工作】 2015年，民盟山西省委各专委会结合自身优势开展活动，促进全省盟务工作的开展。5月农村委员会就汾河对山西省农业、工业影响等问题进行调研；5月文化委员会参与主办"纪念毛泽东同志《在延安文艺座谈会上的讲话》发表73周年'春之约'朗诵音乐会"；5月法制委员会在山西省未成年犯管教所举办"民盟山西省委爱心大讲堂"；7月医疗卫生委员会赴晋城市泽州县人民医院作医疗指导工作；10月科技工作委员会赴太原高新区就山西省创客空间发展状况进行调研等。（梁俊娜）

【民盟山西省十届四次全委(扩大)会议】 2015年10月9日，民盟山西省十届四次全委(扩大)会议在太原举行。中共山西省委常委、省委统战部部长孙绍骋出席会议并作重要讲话。民盟中央副主席、民盟山西省委主委张平出席会议。省委统战部常务副部长郭海刚，民盟中央副秘书长、组织部部长陈幼平应邀出席会议。会议听取并审议民盟山西省十届常委会工作报告；进行民盟山西省第十届委员会领导班子及成员述职评议。

（梁俊娜）

【民盟思想宣传】 2015年，民盟山西省委在《山西民盟》开辟"学习实践活动专栏"，宣传学习实践活动的先进经验；组织参加山西省委统战部选树"学习实践活动"先进典型活动，报送民盟吕梁市委、民盟太原市晋源区支部、梁丽萍、姜秀丽等4个先进典型。全省各级盟组织通过宣讲团、报告会、座谈会、讲座等形式，向盟员宣讲中共十八届四中、五中全会精神和中央、山西统战工作会议精神。

11月4日，为学习贯彻中共中央《关于加强社会主义协商民主建设的意见》精神、中央统战工作会议精神和省委统战工作会议精神，民盟山西省委召开"加强社会主义协商民主建设"理论研讨会，对民盟山西省委理论研究员进行适当调整，将理论研究员提交的22篇论文汇编成册。

11月5日至6日，民盟山西省委召开民盟山西省委通讯员工作会议，重新组建通讯员队伍，新建"盟省委通讯员"微信群，对通讯员进行集中培训。

12月28日，在民盟中央理论研究工作会议暨《社会主义协商民主研究》新书首发式上，民盟山西省委有

两篇论文分获一、二等奖,两篇论文入选《社会主义协商民主研究》一书。（梁俊娜）

【民盟组织发展】 2015年,民盟山西省委发展新盟员413人,盟员总数达9226人,全省有11个市级组织,36个省直属基层组织,其中有8个高校基层委员会,9个总支委员会,19个支部委员会。

11月11日至13日,民盟山西省委在山西社会主义学院举办100余人的"民盟山西省委直属基层组织新盟员培训班",对新盟员首次进行历时三天的集中培训。

12月9日至17日,民盟山西省委与山西社会主义学院联合举办坚持和发展中国特色社会主义学习实践活动骨干盟员培训班。全省近50名骨干盟员参加培训学习。（梁俊娜）

【民盟组织建设会议】 2015年1月14日,民盟山西省委在太原召开基层组织建设年工作总结会议。民盟中央副主席、民盟山西省委主委张平,民盟山西省委副主委亢官文、史海涌、梅志强、赵恒寿、王维平、梁丽萍、李书吉,秘书长徐佩雄,中共山西省委统战部党派处处长王晓霞出席会议。120余人参加会议。民盟山西省委副主委梅志强主持会议。

会议对民盟山西省委"基层组织建设年"工作进行总结和表彰。民盟基层委员会代表进行经验交流发言。张平作总结讲话。

11月28日,民盟山西省民政系统总支委员会成立大会在太原举行。会议审议通过民政系统支部副主委王建伟所作的工作报告,选举产生民盟山西省民政系统第一届总支委员会。王建伟任主任委员,周更武、师泰、崔国良任副主任委员,王斌生、亢雁铭、王建平、金秀俞、王焕伟为委员。（梁俊娜）

民建山西省委

【建会70周年庆祝活动】 2015年,根据民建中央《纪念民建成立70周年活动方案》,民建山西省委员会各级组织举办各种纪念会、座谈会、学习会。民建省委在全省开展"读会史颂伟业,学会章树新风"征文活动,收到稿件17篇,《行动纲领的与时俱进是民建履行参政党职能的根本保证》获民建中央优秀作品奖。征集民建历史图片资料500多张,收集书画摄影作品130多幅,举办纪念民建成立70周年书画摄影作品展,编印《盛世放歌》书画摄影作品集1000册。12月27日,民建省委在山西饭店举办全省纪念民建成立70周年大会,回顾70年光辉历程,对先进集体和优秀会员进行表彰。中共山西省委常委、统战部部长孙绍骋出席大会并讲话。（张云鹏）

2015年11月11日至13日,民盟山西省委举办直属基层组织新盟员培训班
（梁俊娜供图）

【新闻宣传】 2015年,民建山西省委员会各级组织在省级以上媒体刊发新闻稿件390多篇次,其中,在国家级媒体上登载240多篇次,在省级媒体上登载150多篇次,《民建会员郝春波参加中国援非医疗队》获民建中央优秀新闻稿荣誉。加强"一刊一网"建设。全年编印《山西民建》6期,省委会网站采用各类稿件520多篇,其中,新闻报道、文章320多篇,社情民意信息190多篇。民建运城、临汾、吕梁、阳泉、朔州市委会建立会内网站,民建太原、运城、阳泉、晋中、朔州市委会创办刊物,省直七支部创办《七支民讯》、工商联支部创办《工商·职教》等内部刊物和自媒体,增强学习宣传效果。（张云鹏）

【理论研究】 2015年,民建山西省委员会向民建中央、省委统战部、省政协报送理论成果17篇,在民建中央2015年重点理论研究成果评比中,《凝聚共识,充分发挥民建在全面深化改革中的积极作用》和《民主党派助推依法治国基本方略》分别获民建中央理论研究一等奖和二等奖;在全省统战系统理论政策研究工作中,山西省民建三个理论课题被选为立项课题,其中《民主党派依法参政议政的程序研究》获课题资金资助,《建设中国特色新型智库,提升民主党派咨政建言能力》获全省统战理论政策研究创新成果二等奖,自选课题《山西民主党派改革37年来发展的基本情况和经验探析》报省委统战部。（张云鹏）

【建言献策】 2015年,民建山西省委员会领导参加中共山西省委、省政府召开的协商会、座谈会、情况通报会9次,分别就山西省关于全面深化改革的决定意见、山西省国民经济和社会发展"十三五"规划的建议、全省上半年和全年经济形势运行、贯彻落实中

央统战工作会议精神、政府工作报告征求意见等建言献策，代表民建省委提出意见和建议。在中共山西省委召开的民主党派省委专题调研成果座谈会上，民建省委提出的《山西城区老工业区搬迁改造的调研报告》在2015统一战线成果汇报会上进行汇报，得到省委相关领导肯定。

（张云鹏）

【政党协商】 2015年9月，民建中央召开全国参政议政工作会议。民建山西省委会主委王宁在大会上做重点经验交流发言，民建太原、运城、晋中市委会获先进集体称号，李志强等6人获先进个人称号，受到中央表彰。民建省委按照民建中央加强参政议政工作要求，结合山西省实际，围绕全面深化改革和依法治国大局，在促进全省经济、社会、生态、法制等方面调研，提案质量提高。在省政协十届三次全会上，民建山西省委员会提交大会发言1篇、提交团体提案50件、委员个人提案30件，有3件提案列为省政协领导领办的重点提案。其中《关于进一步改善我省城市交通状况》的提案受到省政协领导重视，并进行现场视察和督办。 （张云鹏）

【专题调研】 2015年，民建山西省委员会完成民建中央《加强社会诚信体系建设和共建网上丝绸之路》重点专题课题，向中共山西省委和山西省政协提出《山西省城区老工业区搬迁改造》《推进依法治省，发挥好法律顾问在实现六权治本中的作用》《十三五期间加快我省养老服务体系建设》调研成果，在省委统战部和省政协议政会上进行交流。全年开展实地调研、召开课题调研座谈会及活动10余次，通过向基层组织征集春季、秋季课题以及根据民建中央重点调研专题和统战部、政协年度调研成果征选方向，共向民建中央报送调研成果30多篇。 （张云鹏）

【社情民意工作】 2015年，民建山西省委员会举办全省社情民意信息员培训班，邀请会中央领导和优秀信息工作者做专题辅导和经验介绍，就工作中存在问题进行研讨。全年收到社情民意稿件523篇，省委会采纳192篇，报送民建中央、省政协、省委统战部139篇（次），被民建中央、省政协和全国政协采纳30余篇，其中，“打破出租车经营权垄断困局的建议”“加强食药监管的建议”被全国政协采用，“助推社会养老服务业健康发展的建议”得到山西省副省长张建欣批示，“整治山西大学城周边黑车建议”得到山西省副省长张复明批示。省委会获民建中央2015年度反映社情民意信息工作先进单位三等奖。

（张云鹏）

【民建专委工作】 2015年，民建山西企业家委员会完成“共建网上丝绸之路，促进山西经济发展”调研课题，该课题被2015中国（湖南）非公有制经济发展论坛征文入选。经济委员会完成《山西省“十三五”国有企业改革研究》、法律委员会完成《关于人民法院执行工作情况的建议》课题，向中共山西省委统战部和民建省委提交调研报告。在纪念民建成立70周年大会上，经济委员会、法制委员会、妇女委员会被评为先进集体，受到山西省委会表彰。 （张云鹏）

【会员组织建设】 截至2015年底，民建山西省委员会新入会366人。会员总数达到5058人，平均年龄46岁。具有大专以上学历4059人，占会员总数的80%；具有各类专业技术职称3013人，占会员总数的59%；经济界会员3967人，占会员总数的78%；新的社会阶层人士1285，占会员总数的25%。会员中担任各级人大代表65人、政协委员432人，担任政府司法部门县处级以上职务的会员72人。高素质、经济界代表人士比例提高，会员结构改善。结合民建成立70周年纪念活动，民建山西省委员会在全省范围开展先进集体和优秀会员评选工作，经过各级组织推荐，经省委常委会议研究确定，马春录等14名民建会员和省直七支部等5个基层组织被评为民建全国优秀会员和全国先进基层组织，受到民建中央表彰。马春亮等167名会员和民建太原市委古交支部等68个基层组织被评为民建山西省优秀会员和先进集体，受到民建省委会表彰。 （张云鹏）

【扶贫活动】 2015年，民建山西省委员会以中阳县枝柯镇南大井村和宁乡镇郝家岭村为“下乡住村帮扶”扶贫点，省委会主委王宁带领会员企业家走访农户，实地了解情况，开展项目扶贫活动。省委会向民建中央上报《发挥优势尽力量，定点扶贫求实效——民建山西省委吕梁山中阳县定点扶贫工作情况介绍》，总结省委会坚持开发式扶贫方针，到郝家岭村帮助建设基础设施、发展社会事业、改善生态环境、实施产业开发、改善贫困群众生产生活条件的典型事例，受到民建中央好评。 （张云鹏）

【企业咨询服务】 2015年，民建山西省委员会开展“走访困难会员企业”活动。通过走访交流、沟通，帮扶民营经济会员，让他们对发展好自己的企业有信心，对党委政府充满信心。借走访活动，对会员进行遵纪守法、规范经营教育，引导会员自觉遵守国家法律法规，强化责任担当，以实际行动内强素质、外塑形象。民建阳泉市委多年坚持的“广阳合作”“夏阳合作”取得新成果，2015年与民建哈尔滨等6市委合作，举办“龙江丝路带”中俄企业对接会，实现合作互动、优势互补、互利共赢、共同发展目标。省委会组织企业家会员参加“2015中国非公有制经济发展论坛”和“2015（第十七届）中国风险投资论坛”。

（张云鹏）

【“思源救护”活动】 2015年，民建山西省委员会申请“思源救护”活动，思源工程为山西分两次捐赠25辆救护车，全省35个国家级贫困县救护车捐赠实现全覆盖。在发车仪式上，邀请省委统战部领导和出席省“两会”会员中的人大代表、政协委员参加这次活动，为山西省国家级贫困县改善医疗条件奉献力量，受到全社会关注

和赞誉。（张云鹏）

民进山西省委

【参政议政】 2015年，民进山西省委员会发挥各级组织及广大会员优势，组织文化、医卫、教育等界别的会员参加会中央举办的非物质文化遗产研讨会、医疗体制改革研讨会、参政议政年会，参加省政协举办的关于六权治本的专题议政会；组织各专委会成员举行“山西省十三五规划征求意见会”及“省政府工作报告征求意见会”；组织两次关于教育工作的专题研讨会；组织企业界会员20余人两次召开促进山西省民营经济发展研讨会，并形成《山西民营企业发展的现状困境及其解决办法》调研报告；按照省委统战部2015年调研安排，举办“一带一路与构建山西改革开放新格局”高层论坛，形成《山西融入“一带一路”战略的建议》调研报告；与山西省工美协会联合主办“非物质文化遗产传承人的保护和发展”研讨会，形成《关于对我省非物质文化遗产传承人的保护和发展的建议》调研报告。2015年3月，民进山西省委员会邀请民进中央经济委员会副主任、中国文物保护基金会文史专家王林到山西省作《供给侧结构性改革与旅游产业发展》的专题报告。

2015年，民进山西省委员会向省政协第十一届三次会议报送集体提案41件，报送提案全部立案，10件被列为重点提案。会员提交提案86件，立案79件，占立案总数的8.25%。

2015年，民进山西省委员会收集整理各级组织和广大会员来稿信息412条，遴选整理报送民进中央66篇。其中，《关于保护中国民族种业知识产权的建议》《建议在全国本科音乐教育专业中尽快推广奥尔夫、柯达伊等世界先进的音乐教学法》被采纳；报送省政协75篇，报送统战信息共46条。其中，《关于莲发公司危险厂房修缮建造受阻的情况反映》批转处理。在省政协信息工作年度考核中，信息采用率和年度分值在山西省各民主党派中均排名第一。《县乡养老服务机构建设亟待加强》《关于建立居家养老机构养孤政府直补钱随人走养老制度的建议》《建议加大平阳年画的保护和扶持力度》《关于建立完善汾河流域生态补偿机制的建议》分别被《普刊》《山西统战专报》《山西统战建议》采用，采用数量在山西省各民主党派中名列第一。

（赵柱家）

2015年7月11日，民进山西省委举办“一带一路与构建山西改革开放新格局”高层论坛（赵柱家供图）

【民进组织发展】 截至2015年底，山西省有民进会员5203人，平均年龄49.9岁，女会员占49.7%。大专以上学历占84.0%；中上层人士占74.4%；教育界占62.4%（其中高等教育11.4%，基础教育51.0%）；文化艺术界占6.3%；出版界占2.2%；科学技术界占3.3%；医药卫生界占9.8%；新社会阶层占8.3%；机关团体占6.7%。全省各级人大代表71人，各级政协委员610人，处级以上政府及司法机关任职人员30人。全省市级组织11个，县级组织5个，基层组织225个。

加强代表人士队伍建设。2015年11月20日至12月3日，民进山西省委员会在山西社会主义学院举办“省直属基层组织新会员培训班”和两期“全省骨干会员培训班”，培训人数达240余人。先后推荐两名会员分别参加中央统战部举办的第35期民主党派干部进修班、培训班，6名会员参加民进中央举办的全国骨干会员培训班，15名会员参加民进中央举办的全国市县级组织专职副主委培训班等。建立健全山西民进会员参加社会团体情况数据库，更新代表人士队伍建设数据库。（赵柱家）

【民进基层组织建设】 2015年12月，民进山西省委员会推动成立民进山西省第二人民医院支部，筹备成立省直属佳华支部、山西大医院支部、电信支部、山西医科大支部、晋商支部、国新能源支部等。

开展单向走访交流活动。活动通过召开座谈会、参加组织活动、实地走访调研等方式，听取广大会员意见建议，为地方组织提供互相学习、取长补短、增进友谊、交流联动的平台。在民进中央对全国组织建设先进集体、先进个人的表彰中，山西省有3个市级组织、10个基层组织，11个先进个人受到表彰。（赵柱家）

【民进社会服务】 2015年，民进山西省委员会联合民进太原市委、民进阳泉市委和省直教科院支部，组织省城优秀教师走进阳泉市杨家庄中学开

2015年1月11日，民进山西省委举行“书香彩虹”捐赠图书公益活动启动仪式

（赵柱家供图）

展智力支教活动。各市委会和基层组织为基层中小学多次开展义务讲学和师资培训。

民进山西省委员会与省扶贫办、省饭店业商会及三晋国际饭店联合举办“山西省贫困地区特色农产品农餐对接展销会”，11个市58个贫困县的特色农产品与省内200余家大型餐饮企业进行对接合作洽谈，促成有关企业与交口县食用菌、天润枣业等山西特色农产品达成合作意向。

山西民进艺术团先后在阳泉市平定县、临汾市隰县开展送文化下乡演出活动，满足偏远山区老百姓文化需求。支持协助民进晋中市委、民进朔州市委、民进运城市委举办纪念民进成立70周年文艺演出。推进“高雅艺术进校园”活动，应山西师范大学邀请赴临汾举行“同心铸辉煌”文艺晚会。

结合2015年社会服务主题年工作要求和安排，省委会在全省开展“迎新春 送春联”书画家进社区活动。全省各级组织开展活动32场，参与人数6500多人，为群众义务免费书写春联13000多幅。民进山西开明画院举办“同心同梦”纪念民进成立70周年暨民进山西开明画院第三届书画作品展，组织会员先后参加会中央举办的“庆祝民进成立70周年全国书画作品展”、山西省直机关抗战胜利70周年书画展。举办会员安彩萍“魅力粉彩”艺术画展，与中国画院、山西省文联联合举办“溪山清濛”——许钦松、陈良宗中国山水画展。

民进山西省委员会联合民进阳泉市委组织会内医务人员到平定巨城镇西岭村开展医疗义诊活动，免费发放价值1200余元药品及各类常见病防治宣传手册。医卫工作委员会组织山西医科大学第二附属医院和山西省妇幼保健院专家到清徐县开展“同心·义诊”活动，捐赠清徐县第二人民医院价值1万余元的40余种药品。妇女儿童工作委员会和民进山西省儿童医院妇幼保健院支部在万柏林区开展“道行天下　关爱妇女儿童大型义诊系列活动”，为100多名群众进行义诊。

2015年，民进中央在全会开展“书香彩虹”捐赠图书公益活动。民进山西省委员会一个月内共捐赠图书27724册，总价值47万元。妇女儿童专委会组织30多名会员到太原市社会（儿童）福利院进行慰问活动，看望孤残儿童，送去奶粉等总价值4000余元的物品。民进山西省儿童医院妇幼保健院支部开展“六一慰问”活动，给医院患有血液疾病、慢性肾脏疾病的孩子们捐赠100册图书。山西民进企业家联谊会理事积极回报社会，或捐资助学，或扶贫济困，或捐款捐物，累计为社会捐助100多万元。

2015年9月，山西民进艺术团到贵州金沙举办“同心彩虹”民进艺术家慰问演出。民进山西省委员会调研组到金沙县长坝乡进行考察调研，参观长坝乡小学基础设施，与长坝乡领导班子座谈交流，了解长坝乡教育事业在省委会帮扶下取得的成绩及未来所需的帮扶重点。

2015年，民进太原市委等6个组织被民进中央授予“民进社会服务工作先进集体”称号，朱丽等9位会员被授予“民进社会服务工作先进个人”称号，省委会“同心绘彩虹·大爱满金沙”对口帮扶贵州金沙县项目被授予“民进社会服务工作优秀成果”称号。省委会社会服务工作在民进中央省级组织专项工作评比中被授予“民进社会服务工作先进集体”称号。

（赵柱家）

农工党山西省委

【参政议政】 2015年，农工党山西省委员会重视高层政治协商，多次参加中共山西省委、省政府、省政协举行的各类民主协商会、座谈会、通报会，就《关于健全行政机关依法行政决策机制的征求意见稿》等文件及省委省政府重大决策等方面发表意见建议。各级人大代表、政协委员及各类特约监督员，参加视察调研、政风行风监督等活动，凸显参政党在政治协商、民主监督中的作用。

在山西省政协十一届三次会议上，提交大会发言2篇，集体提案20件，委员提案44件，在政协大会上作《创新河流生态系统管理，保障大水网工程综合效益》的发言，获一致好评。农工党山西省委会提交的《关于尽快制定我省养老产业规划，支持养老行业发展的建议》《关于加强农产品质量和食品安全管理的建议》两篇集体提案和《关于基层卫生机构医疗废物管理存在的问题和建议》等5篇委员个人提案被评为省政协"2013—2014年度优秀提案"。

按照"省委出题、党派调研、政府采纳、部门落实"模式,农工党山西省委员会承担"关于加快我省职业教育发展的建议"重点调研课题。调研组先后到太原、运城、临汾、吕梁的相关政府部门和中高职院校进行实地考察,形成《关于加快职业教育发展的建议》,并在中共山西省委召开的"党外人士调研协商座谈会"上汇报,得到中共山西省委常委、常务副省长高建民高度评价。省委会重点调研课题组、各市委会和各专委会共报送省委14篇调研报告中,《关于加快职业教育发展的建议》《中西部农村人居环境现状与对策探讨》获农工党中央优秀调研报告二等奖;《关于发展山西省马铃薯产业的建议》获农工党中央优秀调研报告三等奖。（胡小龙）

【思想建设】 2015年,农工党山西省委员会坚持和发展中国特色社会主义学习实践活动中期推进工作。

开展"农工党党章、党刊、党网、党史和地方性党规知识竞答活动"。在省直基层组织负责人、全省专职干部和骨干党员三个微信群内,以农工党党章、党刊、党网、党史和地方性党规知识为重点,分两个阶段开展竞答活动,共发布知识竞答题目1300条,回答问题采取积分制,于4月和9月按照阶段将积分兑换奖品发到答题党员手中,调动党员学精神、学党章、学党史、学多党合作理论的积极性,普及党章、党史、党规知识。

对"中国梦、农工情"演讲征文、美丽山西书画摄影作品、2015年度优秀调研成果、《中国农工民主党党史长歌(音诗画)》等5项学习实践活动成果进行固化,编辑成册。

开展学习实践活动半程加力交流培训活动。8月17日至21日,组织29名党员(提交调研报告的专委会代表、"三学"知识竞赛100题书面答题活动优秀组织奖市委会代表和省直基层组织代表、在学习实践活动中作出较大成绩的党员代表和省市机关代表),到内蒙古自治区开展为期5天的学习实践活动。

11月29日至30日,农工党山西省委组织部分常委和机关干部一行16人到上海、浙江两地,先后参观中共一大会址、农工党一干会址和嘉兴南湖革命纪念馆。

2015年1月,农工党中央将位于上海市淡水路332弄1号的农工党第一次全国干部会议会址列为"党史教育基地",将第一次全国干部会议前后的革命活动史料作为会址布展的主要内容。为解决房屋维修及布展的经费来源,农工党中央于2月向全体农工党员发起缴纳"特别党费"的号召。省委接到通知后,响应中央号召,动员广大党员自愿参与,共计收到"特别党费"12.6万余元,为农工党史教育基地贡献力量。

制定《农工党山西省委精神文明创建工作制度》《2015年文明和谐单位创建规划及实施方案》等指导文件,在省直文明网刊登创建信息100余篇;文明和谐单位创建的精神和理念融入省委各项计划中,保持山西省直机关文明和谐单位标兵称号。

（胡小龙）

【农工党成立85周年暨抗战胜利70周年活动】 2015年,农工党山西省委员会主委周然为农工党中央《前进论坛》撰写《雄关大隘——抗日民族统一战线下山西军民同心抗战》一文,纪念抗战胜利70周年。

8月8日,农工党山西省委员会召开"中国农工民主党成立85周年暨抗战胜利70周年纪念活动"。活动共两部分,第一部分由农工党晋城市委员会赵静等4位农工党员用音、诗、画的方式表演《中国农工民主党党史长歌》。第二部分由刘海萍(农工党员)以边唱边讲、讲唱结合方式为现场观众讲演《太行奶娘》。

举办"学精神、学党章、学党史"知识竞赛。5月31日,农工党山西省委员会举办"学精神、学党章、学党史"知识竞赛。山西省7个市委员会、2个市级基层组织和10个省直基层组织共组成15支代表队参赛。经过3轮个人必答题、2轮集体必答题、2轮抢答题、1轮风险题的激烈角逐,长治市委会代表队获一等奖,晋城市委员会代表队、忻州市委会代表队获二等奖;山西省儿童医院、山西省人民医院联队等12个代表队获优秀奖。7月31日,农工党山西省委"学精神、学党章、学党史"知识竞赛100题答题卡在省委机关会议室拆封阅卷,专职副主委张李锁、秘书长王喜华负责阅卷工作,评审出正确有效的答题卡1790份,答题率62%,正确率89%。

7月16日,农工党山西省委由专职副主委张李锁领队,张立波(太原)、武亮(长治)、朱静芳(省直)、吴军鹏(省直)四位选手组成山西代表队,参加农工党中央"学精神、学党章、学党史"知识竞赛决赛(郑州赛区)决赛,以总分210分名列郑州赛区第四名,获全国总决赛三等奖。

排演《中国农工民主党党史长歌》。组织高平市农工党员赵静等3人将党史长歌排演成为音、诗、画一体综合的节目。被农工党中央选调作为"纪念中国农工民主党成立85周年文艺晚会"开场节目,获农工党中央和兄弟省市关注和好评。(胡小龙)

【农工党组织发展】 2015年,在农工党山西省六届四次全委(扩大)会议上,领导班子成员进行届中述职并接受民主评议,增选解军为副主任委员,冯玫、胡风云等2人为常务委员,杜宏瑞、赵杰、赵海生等3人为委员。

推进基层组织建设。制订《2016—2020年农工党山西省组织发展规划》,完成山西省基层组织摸底工作和全省县区党员人数分布统计工作,推进省直基层组织换届和设置调整工作。

举办山西省新发展党员培训班,190名党员参加培训。全年推荐31人次参加各类培训学习;依托后备干部队伍人才库和代表性人士数据库,向有关部门协商推荐各类人选80名。2015年累计发展党员292人。

制订《关于落实廉政建设领导班

子主体责任的意见》《关于落实廉政建设监督委员会监督责任的意见》等7个加强监督的规范性文件；召开第五次省委领导班子谈心会和监委会全体会议，监委会全体委员列席农工党山西省六届四次全委(扩大)会议。

(胡小龙)

【农工党社会服务】 2015年，农工党山西省委员会组织开展“中国环境与健康宣传周”“国际科学与和平周”和扶贫义诊等活动。全年累计送医送药36次，义诊8300人次；捐赠医疗器械等价值171万元，捐赠公益救助基金30万元；为下乡住村扶贫点筹划项目、筹集资金、重点帮扶，向贫困老区免费发放价值80多万元《健康备要》；完成司法鉴定法律援助26件，提供法律援助的刑事案件辩护13件、提供民事案件辩护及其他法律事务援助16件，义务提供法律咨询服务80人次，涉及金额共554万元，减免各项费用60万元。 (胡小龙)

九三学社山西省委

【九三学社调研协商】 2015年，九三学社山西省委员会(以下简称“社省委”)围绕粮食安全与农业协调发展、医调委的职能定位、大学生就业促进机制、黄河金三角区域发展、汾河水系绿道建设等课题到全国多个省市进行专题调研，形成《坚持创新驱动引领转型发展》《关于完善我省大学生就业促进机制的建议》《晋陕豫黄河金三角区域突破发展调研报告》《打造北方夏都 建设汾河绿道》等调研报告和提案并提交全省两会。在中共山西省委召开的党外人士调研协商座谈会上，社省委《坚持创新驱动，引领转型发展》所提的建议受到副省长高建民及各厅局肯定。 (张全双)

【提案工作】 2015年，九三学社山西省各级组织就经济建设和社会发展及群众普遍关心的热点难点问题建言献策，向山西省两会提交提案31件、大会发言5件，提交团体提案24件，立案22件，其中7件被省政协列为重点督办提案。社省委提交的《关于利用我省过剩焦化产能生产碳基洁净燃料与天然气的建议》被省经信委研究采纳。社省委提交的《切实实行“专业学士”与“学术学士”学位分类设置，推动地方部分普通本科院校向应用技术型院校转型》的建议被《光明日报》《新华日报》等二十余家媒体广泛报道，引起强烈反响。九三学社山西、陕西、河南省委共同起草的《关于晋陕豫“黄河金三角”区域合作规划实施情况的报告》以主席韩启德名义通过直通车上报国务院。黄河金三角区域合作规划纳入国家十三五规划及山西省十三五规划。2015年，社省委收集社情民意500余条，分别报送社中央、省政协及中共山西省委统战部。 (张全双)

【思想建设】 2015年，九三学社山西省委员会组织参加九三学社中央学习实践活动经验交流会。组织参加社中央全国九三楷模评选活动和省委统战部选树“学习实践活动”先进典型活动，向社中央推荐九三楷模2名，向省委统战部推荐先进集体2个，先进个人1名。邀请社中央副主席丛斌和邵鸿分别作题为《国家治理现代化与依法治国》和《如何做好参政议政工作》两个专题报告，反响热烈。6月，社省委邀请九三学社中央学习实践活动宣讲团成员、山东大学政治学与公共管理学院教授张淑兰作《中国特色的政党制度——主要理论与实践问题的解析》主题报告。

(张全双)

【宣传工作】 2015年，九三学社山西省委员会组织6次征文活动和1次课题中期总结，收到各类征文37篇，理论研究课题成果1篇，其中1篇获社中央大会主旨发言，1篇获社中央征文三等奖，有6篇入选大会论文集。召开社省委思想建设理论研究中心2015年年会，对2015年获奖征文进行表彰奖励。

11月社省委在山西大学姚奠中艺术馆举行九三学社全国传统教育基地揭牌仪式，并向山西大学姚奠中艺术馆捐赠书画作品，接待兄弟省市九三学社组织的传统教育基地学习考察活动。

12月举办社史编纂工作培训班，对全省各组织社史编写人员就各组织社史编写内容、人物志、优秀社员传等进行专题培训。 (张全双)

【组织建设】 2015年，九三学社山西省委员会制定印发《2015年组织发展的意见和计划》《关于进一步规范入社程序的有关说明》《关于促进各级

2015年11月11日，九三学社全国传统教育基地落地山西 (张全双供图)

2015年7月4日,九三学社山西省九届四次全委(扩大)会议在太原举行

(张全双供图)

组织开展组织活动的意见》《对社员和组织信息管理系统数据验收工作的几点要求》等文件。截至2015年底,全省有10个市级组织,9个高校委员会,1个省直属区委员会,17个省直属支社,社员总数为3526人,较上年同期净增206人,增长率为6.20%;社员平均年龄为53.72岁;社员高级职称比例为47.30%;科学技术、高等教育、医药卫生等主体界别比例为70.30%。开展社中央庆祝九三学社创建70周年纪念系列活动。在表彰活动中,社运城市委获优秀市级组织,社山西大学委员会、社尧都区委员会获优秀基层组织,22名社员获优秀社员,6名社员获优秀社务工作者。

筹备召开社省委领导班子民主生活会。社省委领导班子进行届中调整和述职评议,增选2名社省委常委。选拔3名优秀青年人才参加社中央青年工作委员会。

10月至11月,举办四期培训班,25个省直属组织近500名社员分批参加培训活动。社省委首次设计制作社员证并下发全省社员,为全省社员身份证明及缴纳社费提供依据。

(张全双)

【监督委员会工作】 2015年7月,九三学社山西省委员会九届九次常委会议决定成立九三学社山西省委员会监督委员会,审议通过《九三学社山西省委监督委员会工作条例》,社省委九届四次全委会上通报九三学社山西省委员会监督委员会的成立。9月19日,监督委员会第一次全体委员会议在太原召开,会议审议通过《九三学社山西省委监督委员会工作细则》,并对2015年第四季度工作进行安排。11月,九三学社中央社内监督工作现场会在郑州召开,社省委副主委、监督委员会主任闫义勇在小组讨论会上代表社省委监督委员会作发言。12月,由社省委副主委、监督委员会主任闫义勇带队,监委会一行10人到上海学习社上海市委监督委员会工作经验。 (张全双)

【社会服务】 2015年,九三学社山西省委员会以"九地合作"和"专家工作站"为平台,以新型农业社会化服务体系项目为载体,逐步完成服务网点的建设,完善专家服务工作平台和专业检测平台,推进农超对接平台建设,在运城、临汾、大同、长治、忻州等地开展小麦、玉米、谷子、马铃薯以及果树的示范种植。九三学社襄垣专家工作站推广"农业集成技术打包服务",建立农业科技园区,推广面积达3万亩,建成现代化生物有机肥厂。九三学社岢岚博士工作站推广绿色农业种植技术,向当地合作社赠送农机和肥料。社阳泉市委促成"九阳合作"项目——"野生皂荚开发和改良皂荚种植"在平定县锁簧镇推广种植。申请"新农村建设项目加强农村卫生室建设"资金10万元,用于寿阳安胜村卫生室建设。

在威宁建立原种抗病毒制剂、良种抗病毒制剂、玉米生物肥、叶菜类生物肥等应用示范基地,提供项目所需技术、有机肥、农用机械等,多次率专家团队到威宁县实地调研考察、举办培训班、召开项目阶段总结会。社省委参与社中央"同心·智力行"教育结对帮扶活动,承接运城康杰中学和威宁民族中学的结对工作,于11月促成两校成功对接,在运城康杰中学召开"九三学社'同心·智力行'康杰中学威宁民族中学结对互促交流座谈会",签署友好合作协议书。

(张全双)

【九三学社山西省九届四次全委(扩大)会议】 2015年7月4日,九三学社山西省九届四次全委(扩大)会议在太原举行。中共山西省委常委、统战部部长孙绍骋出席会议并作重要讲话,山西省政协副主席、九三学社山西省委主委刘滇生代表第九届常务委员会作工作报告,九三学社山西省委委员及相关人员80余人参加此次会议。会议传达中共中央统战工作会议精神,学习中共山西省委书记王儒林同志重要讲话精神,听取并审议通过工作报告,通报九三学社山西省监督委员会成立的决定,听取社省委领导班子成员的述职并进行民主评议,表彰2014年度社会服务和参政议政工作先进集体与先进个人。

(张全双)

山西省工商联

【民营企业家队伍建设】 2015年,山西省工商联在全省民营企业中组织开展以"守法诚信"为主题、以增强企业家"对中国特色社会主义的信念、对党和政府的信任、对企业发展的信心、对社会的信誉”为主要内容，以“重塑山西民营企业家队伍形象”为实践载体的非公经济人士理想信念教育实践活动。起草《重塑山西民营企业家队伍形象的意见》，与省委组织部、省委统战部联合举办全省各级民营经济领导小组、统战部、工商联负责人参加的民营经济理论政策培训班、全省非公有制经济代表人士和优秀中青年民营企业家培训班，组织6期“晋商大讲堂”，培训非公经济人士2000余人次。发出《弘扬晋商精神、勇于责任担当，为重塑山西形象促进富民强省做出新贡献》倡议书，组织民营企业家部分代表开展“重塑形象大讨论”活动，召开构建新型政商关系研讨会，向上级有关部门专题报送《新常态下山西省构建新型政商关系研究》的课题报告。在《山西日报》、山西电视台等主流媒体对优秀民营企业进行宣传，在中华工商时报刊发六期《中国商帮·晋商》专版，开展“重塑山西民营企业家队伍形象”征文活动，组织优秀民营企业家赴各市巡回报告，全方位展示山西民营企业家的良好形象。引导民营企业参与“百企千村产业扶贫开发工程”，举办全省工商联系统企业社会责任培训班，编制发布《山西省民营企业社会责任蓝皮书(2015年度)》，撰写《发布社会责任，树立责任晋商形象》调研报告，获全国工商联2015年度优秀调研报告三等奖。（冯学亮）

【民营经济发展】 2015年，山西省工商联提交《转型发展是“十三五”民营经济实现突破的关键》等政协大会发言和《关于大力支持民营企业发展战略性新兴产业的建议》等12个政协提案。其中《关于解决民营企业土地制约的建议》获全国工商联2015年度优秀提案。设立“点对点”民营企业运行情况观察点，编印10期“山西非公经济情况专报”，向省委、省政府领导和相关部门反映情况，开辟民营经济诉求快速反应和处理渠道。牵头起草《全省领导干部联系民营企业工作方案》，探索建立省市县三级领导干部联系帮扶民营企业制度。

2015年，山西省委、省政府成立省促进民营经济发展工作领导小组，省委常委、统战部部长孙绍骋，省委常委、副省长付建华任组长，办公室设在省工商联，牵头起草《关于加快民营经济发展的意见》和《关于推进民营企业办理完善土地使用和房屋产权登记手续的实施意见》《山西省民营企业创新转型投资基金设立方案》《关于促进中药产业发展若干措施》《山西民营经济统计监测制度》(试行)等制度措施。承办全省民营经济发展推进大会，起草省委书记王儒林提出的破解9个方面难题的主题讲话和责任分工方案，协调省直有关部门出台落实《意见》的实施细则。会同《山西日报》等主流媒体做好大会精神的宣传，开展政策解读；组织省宣讲团到11市进行12场巡回宣讲，听讲人数4000余人；编印政策解读问答，联合金融办、人行太原中心支行制定出台金融支持重点民营企业筛选认定管理办法，推出59家民营企业作为第一批重点扶持对象，截至2015年12月，59家民企共获得贷款93亿元。联合国土、住建等部门制定出台文件，盘活土地、房产存量资源，变资源为资本。为586户民营企业颁发土地使用证书，为322户民企办理他项权利证书。发起设立山西省民营企业创新转型投资基金，基金总规模50亿元。与省国税局、地税局、金融办、银监局等部门和省城18家银行联合开展“银税”合作，为302户守信小微企业发放无抵押、无担保贷款8.42亿元。建立民营经济统计监测制度，完善民营经济考核体系内容。在晋中市、灵石县、太谷县和长治市、长治县、襄垣县以及高平市等试点县市，开展试点工作。在“冬季行动”中，启动“民营经济待批项目”大起底活动，推动项目落地实施。（冯学亮）

【履职能力建设】 2015年，山西省工商联制定“五好”县级工商联建设工作实施方案和考评细则，评定出32家“五好县级工商联”，其中有8家被全国工商联命名为“五好县级工商联”。制定《省级商会会长、秘书长联席会议制度》，纳入《山西省工商联关于指导商会建设与发展若干问题的实施办法》，推动商会规范化建设。组织民企参加第十三届世界华商大会等经贸交流活动，一批民企和印尼、新加坡等国家的华商企业达成初步合作意向。吸收商会组织为工商联团体会员。指导省级15个商会建立党组织。建立与各市工商联、商会和会员企业一体化的信息办公系统，建立会务数据库、会员数据库、执常委数据库、光彩事业数据库和档案数据库及省市工商联视频会议系统，为服务“两个健康”奠定信息化基础。

（冯学亮）

山西省总工会

【工会工作"新突破"】 2015年，山西省基层工会"六有"工会达标率达72%。建立健全市、县两级地方工会法律顾问组织和法律援助维权服务中心，山西省7个市92个县建立工会法律顾问组织，省总工会和11个市127个县(市、区)、开发区、经济区建立法律援助维权服务中心。"两节"送温暖筹资1.38亿元，慰问困难企业1921家，走访慰问困难职工25万余人，金秋助学筹资3232万余元，资助困难职工和困难农民工子女1.2万余人。截至2015年底，全省工会组织发展到59276个，覆盖法人单位17.79万个，工会会员776.46万人。

（宋海兵 冯 千）

【党的群团工作会议精神落实】 2015年，山西省总工会贯彻落实中央和省委党的群团工作会议精神。贯彻落实工作在山西省总工会党组领导下，由省总工会常委会统揽，在全省工会系统开展，自上而下，全员参与。在全省工会组织开展为期一个月的"走基层、转作风、促工作"大宣传大调研活动。处级以上干部参加，每人至少走访1个乡镇(街道)工会、1个社区(村)工会，3户企业(含1户以上民营企业)、5位职工(或家庭)，召开各类座谈会、讨论会不少于3次，并提交情况翔实、分析透彻、措施可行的调研报告和调研活动情况说明。出台《山西省总工会贯彻落实党的群团工作有关精神的具体举措和责任分工方案》。方案要求，坚持山西工会组织联系职工"六个五"工作制度，做到"五联系""五必访""五必知""五必帮""五必促""五个在一线"。山西省总工会把39项贯彻落实工作作为部门目标责任考核内容，纳入省总工会目标责任考核体系，并对全省工会贯彻落实情况进行两次全面督查。

（宋海兵 冯 千）

【服务农民工专项行动】 2015年，山西省总工会推进"农民工有困难找工会，拿不到工资找工会"专项行动常态化、长效化机制建设，强化应急救助周转金监管，完善周转金使用和追偿办法，推动基层工会建立企业欠薪定期报告制度。畅通农民工"维权—服务—帮扶救助"通道。山西省工会直接参与处理农民工欠薪来访事件168件，追讨欠薪6054.2万余元，垫付应急救助周转金415.6万余元。中共中央政治局委员、全国人大常委会副委员长、中华全国总工会主席李建国在全总十六届四次执委会议上，对山西服务农民工专项行动给予肯定。新华社、中央电视台、《光明日报》《经济日报》《工人日报》等中央媒体对山西工会专项行动做重点介绍。

（宋海兵 冯 千）

2015年7月30日，山西省总工会学习贯彻中央党的群团工作会议精神会议在太原召开

（宋海兵供图）

【山西省企业“五小”竞赛】 2015年，山西省总工会在山西省所有工业企业中开展群众性的“小发明、小创造、小革新、小设计、小建议”竞赛活动。山西省有1.48万个企业、228万名职工参加“五小”竞赛活动，产生成果3.83万项，实现经济效益41.8亿元。省总工会举办“五小”成果展览，对400项优秀成果奖励近600万元，对524名获奖项目带头人给予记功表彰。中华全国总工会党组书记、副主席、书记处第一书记李玉赋在全总十六届四次执委会议上，肯定山西“五小”竞赛活动，要求宣传推广山西省总工会的成功经验和做法。山西省委书记王儒林、省长李小鹏、省政协主席薛延忠专程启动和参观全省职工“五小”竞赛成果展。

（宋海兵　冯　千）

2015年7月22日，“2015年中国技能大赛——山西省第五届职工职业技能大赛”在太原开幕　（宋海兵供图）

【《山西省女职工劳动保护条例》施行】 2015年7月30日，《山西省女职工劳动保护条例》经山西省十二届人大常委会第二十一次会议通过，于10月1日起正式施行。《条例》正文共计29条，涵盖立法宗旨、适用范围、政府群团职责、用人单位义务、女职工“五期”保护、健康检查、卫生费标准、生育待遇、法律责任等相关内容，体现连续性、适时性、可发展性和实用性。《条例》覆盖所有用人单位及女职工，包括女农民工；明确政府及相关部门、用人单位、工会及妇女组织的职责；女职工劳动保护被纳入社会信用体系，强化源头维护。《条例》增加女职工痛经休息、孕前保护、怀孕三个月以内女职工保护、申请哺乳假、延长哺乳期、更年期申请调整劳动岗位、夜班保护等规定，并以女职工职业健康检查、禁忌工作范围来补充。山西省总工会全程参与《条例》的起草、研讨、论证、修改等工作，先后11次组织专题调研并提交调研报告、9次提供立法依据报告、14次修改《条例（草案）》。《条例》受到国内各大媒体、网络等社会各界关注和赞誉。《人民日报》专门发表2000多字的文章予以报道。山西省总工会在全国会上做经验介绍，近20个省市总工会来人来函要求学习山西做法。

（宋海兵　冯　千）

【职业技能大赛等劳动表彰】 2015年，山西省第五届职工职业技能大赛举办，来自11个市7个产业204名技术能手参加6个工种决赛，其中新增煤矿安全仪器监测工种。各市县工会组开展技术培训、技术比武、技术练兵等比赛选拔活动，全省有近100万名职工参加各个层次的技能比赛。以创建“工人先锋号”为载体，组织建筑、信息、机械冶金建材、金融、煤炭、燃气、粮食等行业、企业职工技能比赛和知识竞赛，发挥工会“大学校”作用。召开山西省“五一”表彰大会，山西省委书记、省人大常委会主任王儒林讲话，省长李小鹏主持，表彰443个先进单位（集体）和先进个人。推荐83名全国劳动模范和全国先进工作者，完成山西综改试验区全国示范性劳动竞赛专项表彰推荐评选工作。举办“为劳动者点赞”山西省职工“五一”文艺晚会，开展“推进发展做表率、富民强省建新功”劳模宣传月系列活动，劳模服务社会“四送”“十百千”劳模宣传、“走近最美劳动者”记者行采风和“晒劳模故事”网络评选等活动唱响社会。加强职工（劳模）创新工作室和传统工艺（手艺）大师创新工作室建设。　（宋海兵　冯　千）

【职工文化建设】 2015年，山西省总工会开展“榜样山西·最美劳动者”年度人物表彰，选择树立10名最美劳动者和20名最美劳动者提名奖获得者，网络投票职工超过300万人次。组织全省职工法律知识竞赛，近百万职工参加答题、讲座等法律知识学习活动，山西省代表队在全国总决赛中获铜奖。举办“书香三晋·文化山西”争当学习型职工读书系列活动，20多万个班组、200多万名职工参与。配合第25届全国图书交易博览会，举行“晋韵千秋”山西职工读书朗诵会，开展送文化到基层活动。山西省推荐参加全国职工诵读经典大赛的5件作品分别获二、三等奖及优秀奖。全年建成全国职工书屋30个、省级职工书屋100个，超额完成全国职工书屋建设任务。省总工会与山西省人大常委会共同举办“我们在太行山上”纪念中国人民抗日战争暨世界反法西斯战争胜利七十周年书画展。组织职工文化建设成果展示微比赛，拓展职工参与途径。全国各级各类媒体刊发稿件3000余篇（件），中央和省级新闻媒体报道360余篇（条）。

（宋海兵　冯　千）

【和谐劳动关系构建】 2015年，山西省总工会推进构建和谐劳动关系工作。抓好机制建设。山西省总工会组织第14个集体合同与工资集体协商月活动，签订工资集体合同3.98万份，覆盖企业9.16万个，覆盖职工485.5万人。开展女职工维权行动月活动，签订女职工权益保护专项集体合同1.96万份，覆盖企业3.25万家、女职工152万人。建立健全市、县两级地方工会法律顾问组织和法律援助维权服务中心，全省7个市92个县建立工会法律顾问组织，山西省总工会和11个市127个县（市、区）、开发区、经济区建立法律援助维权服务中心。加强基层劳动争议调解组织建设，552家乡镇街道、2.18万个基层企业建立劳动争议调解委员会。抓好民主管理。制订《山西省企业职工代表大会工作规范》，联合有关部门出台《关于进一步加强非公有制企业职工（代表）大会工作的意见》，落实职工参与权、知情权、表达权、监督权。截至2015年底，全省国有、集体及其控股企业实行厂务公开建制数达99.6%，职代会建制数达99.8%；非公企业实行厂务公开建制数达92.4%，职代会建制数达98.3%。抓好劳动保护。“安康杯”参赛企业达1.67万个，比上年增加12%；参赛班组达16.1万个，比上年提高8.05%；参赛职工达473.6万人，比上年提高4.99%。召开全省煤矿井口群众安全工作站推进会，首批命名27个五星级井口群众安全工作站。完成《转型背景下的企业职工心理健康问题研究》课题，获多方赞誉和肯定。建立省级工会劳动保护组织电子档案。 （宋海兵 冯 千）

【帮扶救助】 2015年，山西省总工会在“两节”送温暖筹资1.38亿元，慰问困难企业1921家，走访慰问困难职工25万余人，实现全覆盖。金秋助学筹资3232万余元，资助困难职工和困难农民工子女1.2万余人。女职工关爱行动筹资432.56万元，资助困难女职工1.1万余名。“六一”期间慰问和资助困难女职工子女8463人。组织全省工会就业援助月系列活动，介绍就业4万人。全国总工会在山西省召开部分省及城市工会劳动就业工作座谈会，介绍山西工会做法。开展“一县一年一主题，一年解决一问题”活动。山西省119个县中有28个县选择推动企业与职工开展协商稳定劳动关系主题，15个县选择农民工维权服务主题；8个县选择推动解决改制企业中职工没有落实社会保障待遇主题，其他各县选择帮扶救助服务体系建设和创新主题。

（宋海兵 冯 千）

【女职工工作】 2015年，山西省74.5万名女职工参加劳动竞赛，山西省女职工完成技术革新4351项、发明创造302项。开展《山西省女职工劳动保护条例》宣传月暨大型咨询日活动。推进女职工“妈咪小屋”建设，全省建成123家。省总工会举办“相约五月——工会帮你搭鹊桥”大型公益相亲会，68对青年男女牵手成功。举办“培育好家风——女职工在行动”主题实践活动、第三届书香“三八”读书活动和“强健体魄·阳光生活”女职工乒乓球比赛。 （宋海兵 冯 千）

【“机关化、行政化、贵族化、娱乐化”专项整治】 2015年，山西省总工会按照准备动员、宣传调研、查摆问题、整改落实4个阶段进行“机关化、行政化、贵族化、娱乐化”专项整治工作。省总工会领导班子成员分组带队，走访40余个县（市、区）工会和开发区工会、110多个乡镇（街道）工会和基层工会，召开近40场座谈会。通过调研，列出4方面、12大项的整改问题清单。山西省总工会聚焦实际问题，出台《山西省工会组织“机关化行政化贵族化娱乐化”专项整治工作方案》。专项整治工作细分为5个方面、10项任务、42项具体举措，并明确部门责任分工和具体进度要求。为确保工作实效，山西省总工会召开专项整治工作大会、推进会，并将专项整治内容纳入机关目标责任考核体系，推动各项工作落实。通过专项整治，全省工会保持和增强政治性先进性群众性，防止和克服“四化”问题。

（宋海兵 冯 千）

2015年12月22日，全省工会“机关化、行政化、贵族化、娱乐化”专项整治工作会议在太原召开 （宋海兵供图）

中国共产主义青年团山西省委员会

【共青团组织概述】 2015年，山西省新建非公企业团组织 1208 家，新建 382 家青少年综合服务平台。推动团员成为注册志愿者，全部专兼职团干部和 41%团员青年注册成为青年志愿者。全省成立县域农村合作组织团工委 119 个；乡镇团委新增委员 621 人，退出委员 502 人，现有委员 6587 人；乡镇直属团组织新增 356 个，撤销空壳化直属团组织 496 个，整顿不规范直属团组织 1127 个，现有直属团组织 25584 个。乡镇 2 万元工作经费来源及落实数量 653 个，比例 54%；落实党建带团建制度的区县数量 119 个，比例 100%。

（张　瑜　陈志刚　师慧蓉）

【社会主义核心价值观培育践行】 2015 年，山西省共青团开展“我的中国梦”教育实践活动 9594 场，覆盖 143.57 万人次。创新开展“红色传递”爱国主义教育活动，组织引导广大青少年学习红色历史，讲述红色故事，体验红色历程，传颂红色精神，线上线下覆盖 910 万人次。推进“青年马克思主义者培养工程”，全省累计培训 29926 人次，同比增长 15%。创作推出大型音乐剧《火花》、电影《大山守望者》，《火花》入选 2015 年国家艺术基金资助项目，在北京大学百年讲堂上演。注重典型示范带动效应，全省选树 30 名“双争”青年典型，2 人获“全国向上向善好青年”称号，3 人获全国“最美青工”称号。开展“绿色环保梦、蓝色科技梦、红色报国梦、金色童年梦”系列活动，覆盖 270 万人次少年儿童。全年全省评选表彰“文明礼仪、热心公益、诚实守信、尊老爱亲、自强自立、乐于助人”6 类共 60 名“美德少年”。

（张　瑜　陈志刚　师慧蓉）

【“机关化、行政化、贵族化、娱乐化”专项整治】 2015 年，山西省共青团安排部署全省共青团组织“机关化、行政化、贵族化、娱乐化”专项整治工作，自查自纠，边整边改，避免和纠正各级团组织存在的“四个化”现象。开展“团干部如何健康成长”大讨论活动，以全省专兼职团干部为重点，下发《团干部健康成长教育读本》，针对不同青年群体发放征求意见表 2000 余份，召开座谈会 130 场，梳理形成《青年意见清单》，省市两级团委班子均召开专题民主生活会。按照“分级分类、下跨一级”原则，以习近平总书记系列重要讲话和省委重大决策部署为学习重点，分层分类培训团干部 20000 余人次、培训少先队工作者和大、中队辅导员 8400 人次。省、市两级分别举办主题读书班，覆盖到县级团的班子成员，学习贯彻中央和省委党的群团工作会议精神，谋划推进共青团深化改革工作，实现统一思想、凝聚共识、推进改革的目标。

（张　瑜　陈志刚　师慧蓉）

【专题调研制度化】 2015 年，山西省共青团各级团组织开展为期一个月的“走转改”大调研，实地走访企业、农村、高校、社区、专业合作社、基层团组织等基层组织机构 528 个，走访大学生村官、农村致富带头人、外出务工青年等各类各领域青年 7152 名，政策集中宣讲 210 次。参与省委的群团工作《实施办法》的起草调研工作，先后报送省委《党的群团工作现状及加强改进对策建议》等 5 份高质量调研报告。组织开展全团“加强和改进共青团工作”调研，开展三轮调研，第一轮从面上调研，由党组成员带队，走访 100 余个基层单位，召开 43 个座谈会，发放调查问卷 6140 份，最终形成《关于加强改进全省共青团工作的建议》调研报告。第二轮从点上调研围绕 10 个方面问题，突出问题导向，形成意见建议。第三轮从线上调研，围绕五个方面问题由战线部门牵头进行专项调研，形成落实意见。首次联合省教育厅开展山西省青少年和青少年工作研究，通过申报评审、立项公示、经费支持、课题调研、成果推广阶段，推动课题研究规范化、专业化。评审通过课题 219 项，确定立项 22 项资助课题、15 项自选课题。（张　瑜　陈志刚　师慧蓉）

·中国少年先锋队山西省工作委员会·

【少先队主题教育践行】 2015 年，山西省 270 多万人次少先队员参与“红领巾相约中国梦”系列主题教育实践活动。“红领巾相约中国梦”系列活动由“绿色环保梦”“蓝色科技梦”“红色报国梦”“金色童年梦”等组成，意在引领全省少年畅行节能环保，立志科技创新，树立报国志向，争当美德少年。“绿色环保梦”中有“红领巾节能环保微行动”、倡行“节能环保十小事”、选拔“红领巾节能环保小明星”、评选“环保金点子”等活动；“蓝色科

2015 年 9 月 11 日，共青团山西省委举办青少年红色诵读活动　（张　瑜供图）

技梦”引导少年儿童在科普教育“五个一”“科技改变生活”微调查、校园科技节、红领巾科技小社团等实践中放飞蓝色梦想、启航科技希望;“红色报国梦”鼓励少年儿童在学党史、唱红歌、看红色影视剧、参加红色夏令营等体验活动中传承红色梦想、树立报国志向;“金色童年梦”通过开展“美德少年”评选、少先队优秀集体和个人表彰、“榜样的力量”主题队会、少先队鼓号队展演等活动,引导少年儿童描绘金色梦想、畅享童年时光。开展少年儿童践行社会主义核心价值观系列活动。社会主义核心价值观宣传教育,通过“我是向上向善好队员”主题队日、“严实”品德教育、常态化学雷锋等活动,引导少年儿童传递正能量,自觉践行社会主义核心价值观;清明节祭英烈活动,采取“线上线下”相结合的方式,以“网上祭英烈”、瞻仰烈士陵园等多种形式进行革命传统教育;中华优秀传统文化进校园,开展宣讲410余场,组织“汉听红领巾体验赛”县、市、省三级比赛130余场,启动青少年“书香三晋”阅读活动,引导少年儿童继承和弘扬中华民族的优秀文化和传统美德;关爱困境少年儿童,组织“新春情暖、快乐同行”红领巾关爱行动,深入农村留守儿童和进城务工人员随迁子女学校,送温暖、送文化、送健康,捐赠物资14万元。联合天龙救援队等公益组织,向交城等28个县(市、区)的困境儿童发放“温暖包”2000个,价值73万余元。（张　瑜　陈志刚　师慧蓉)

【少先队活动质量提升】 2015年,山西省7635所小学和1358所中学实现少先队活动课进课表。其中,6902所小学和1215所中学开设少先队活动课。为基层辅导员赠送《少先队活动课程指导纲要(试行)》1万余册,编写并出版山西省首部少先队活动课教材《文明礼仪体验剧》。选建首批“文明礼仪体验教育”试点校55所及阳泉矿区、晋城城区2个全覆盖试点县,举办试点学校指导教师培训班,帮助基层少先队组织解决课程资源、操作实践等问题。开展各级少先队活动课说课展示活动328场,14所学校的辅导员参加“星星火炬”杯全省说课展示活动,交流优秀活动课案例。

（张　瑜　陈志刚　师慧蓉)

【少先队工作者培养】 2015年,山西省通过分级培训、专题讲座、送学下基层等方式,培训少先队工作者、辅导员8400人次。结合教育部关于中小学教师职称制度改革的时机,与人社、教育部门协商,起草《关于少先队辅导员职称评审工作的建议》。按照全国少工委的建设标准和申报要求,推荐6个全国首批少先队名师工作室,涵盖59名骨干少先队辅导员。与山西师范大学等高校联系,在招生发动、培养机制、课题研究等方面进行合作与探索,招收少年儿童组织与思想意识教育学科研究生。

提升少先队交流能力,开通微信公众平台“追梦少年”,发布工作通知、品牌活动、队讯信息及有关少年儿童健康成长、学习、心理等方面热点话题,实现与少年儿童、家长和辅导员之间直接联系和交流,平台关注度突破5万人。动员全省2万余名少先队辅导员加入网络文明志愿者队伍,传播网上正能量。

（张　瑜　陈志刚　师慧蓉)

2015年5月15日,共青团山西省委牵头举办小桔灯梦想课堂走进太原市盲童学校爱心助学活动　（张　瑜供图)

山西省妇女联合会

【妇联服务抗战纪念活动】 2015年5月,山西省妇联主持举办“红色记忆——纪念抗战胜利70周年”老战士座谈会。协助“红色记忆·抗日老战士王志强书香人生作品展”开展。

（谢元元)

【妇联扶贫援疆】 2015年1月,山西省妇联在扶贫点五台县高洪口乡举办贫困地区妇女创业就业培训班,邀请剪纸和串珠大师进行授课,全乡50余名妇女参加培训。6月1日,省妇联在高洪口乡北高洪口村丽群春蕾小学举行庆“六一”捐赠活动。协助产业扶贫开发现场座谈会在高洪口乡召开,中国扶贫开发协会会长胡富国出席会议并作讲话。省妇联选派到高洪口乡的5位“第一书记”全部到任。省妇联领导赴新疆,对山西省对口援疆联系点昌吉回族自治州阜康市和新疆生产建设兵团第六师五家渠市的妇女工作调研并进行交流和探讨。

（谢元元)

【各级妇联组织建设】 2015年,山西省各级妇联开展“下基层、访妇情、办实事”活动,密切与广大妇女群众的联系。加强基层妇女组织建设,督促指导各省直单位妇委会做好换届工作。加强团体会员建设,发挥省妇女

儿童发展基金会、女职工委员会、女企业家协会、女医师协会、女法官协会、女检察官协会、妇女体育协会等团体会员作用。加强妇女理论研究和智库建设，开展以“推进社会性别平等与妇女发展”为主题的征文活动。组织全省妇联系统网络及新媒体工作培训班、家庭教育骨干培训班、农村妇女土地权益维护及维权干部培训班等培训班24个班次，培训2834名妇女干部。开展“做一名尊法学法守法用法的妇联干部”学习教育活动，提升妇联干部运用法治思维和法治方式推动工作的能力。6月24日至26日，全省妇女工作培训研讨班举行。7月，山西省妇女干部综合能力提升专题培训班在省直机关党校开班，来自全省11个市、28个省直厅局、11所省属高校的113名学员参加培训。10月21日，召开全省妇联系统网络及新媒体工作培训班。12月17日至18日，山西省作为项目试点省，省妇联参加“推动中国妇女参政”项目经验交流会。（谢元元）

山西省文学艺术联合会

【文艺活动活跃】 2015年，山西省文学艺术界联合会(简称文联)各艺术门类3000多名文艺工作者和文艺家在全省各地开展230余次戏剧、曲艺、音乐、舞蹈、杂技、电影专场放映等文艺活动，组织100多场基层文艺骨干专题培训班，为群众创作书法、美术、摄影作品20000多幅，直接受益群众达数十万。人民网、《山西日报》等中央和省级媒体做集中报道。据不完全统计，2015年，山西省文联及各文艺家协会共获国家级（区域级)艺术奖项151项。（樊丽红）

【山西省中国画学会成立】 2015年1月12日，山西省中国画学会成立大会暨“太行风骨山西美术作品提名邀请展”启动仪式在山西省交通大厦举行。中国文联副主席、中国美术家协会主席、中国画学会名誉会长刘大为，中国画学会副会长、秘书长孙克，原山西省人大常委会副主任王雅安，原山西省副省长杜五安，山西省委宣传部副部长杜学文，山西省文联主席张根虎等领导以及来自山西省各地老艺术家、国画家百余人参加这次活动。山西省文联副主席郭新民主持会议。大会通过学会章程，选举并产生执行机构和负责人。山西省文联主席张根虎当选为山西中国画学会会长，山西省美协主席王学辉任常务副会长，山西省美协秘书长李桂平(兼)任学会秘书长。（樊丽红）

【文艺惠民迎新春活动】 2015年1月24日，山西省摄影协会组织200多名摄影家到太原市阳曲县杨兴乡鄯都村，举行摄影采风创作活动。摄影家们为170多户村民拍摄全家福。

1月底2月，山西省书法家协会初陆续开展8场“我们的中国梦——百名书法家送万福送欢乐”大型系列文化惠民公益活动。每队志愿服务小分队由20人至30人组成，共分十路。于1月29日、31日，2月1日、3日、4日、5日，小分队到阳泉市郊区荫营镇三都村、山西中医学院、太原市环卫队、山西革命老区武乡县、山西省晋中市昔阳县人寨村、大同市浑源县蔡村镇文家庄村、晋城矿务局、太原市劲松路社区等地开展文化惠民活动。

1月27日，山西省舞蹈家协会在太原市实验晋剧院举办“结缘中国梦，炫舞太原情”2015年迎春舞蹈专场演出。

2月4日，山西省文联组织文艺志愿者到浑源县蔡村镇文家庄村进行扶贫慰问演出，为老党员、老红军发放米、面、油等慰问品。（樊丽红）

【中国书法公益流动大讲堂巡讲】 2015年3月14日、15日，由中国书法家协会、山西省书法家协会主办的中国书法家公益流动大讲堂在太原开讲，来自全省各地260余名书法创作骨干参加培训学习。山西省文联党组副书记、山西省书法家协会主席石跃峰主持讲座并讲话。中国书法家协会理事、中国书法家协会楷书委员会委员、四川省书协副主席洪厚甜，中国书法家协会学术委员会委员、湖北省书法家协会副主席张天弓，中国书法家协会理事、中国书协草书委员会委员、湖北省书法家协会评审委员会及学术委员会副主任陈新亚进行授课和作品点评。（樊丽红）

【山西省文联八届三次全委会】 2015

2015年11月22日，山西省舞蹈家协会举办“深入生活、扎根人民”民族民间舞名家讲座培训班（樊丽红供图）

2015年2月2日，山西省文联、山西省书协开展"我们的中国梦"百名书法家送万福送欢乐文化惠民活动 （樊丽红供图）

年3月20日，山西省文联八届三次全委会在太原召开。山西省文联党组书记、常务副主席、书记处第一书记李太阳作关于《深入学习贯彻习近平总书记系列重要讲话精神，努力开创山西文艺繁荣发展新局面》工作报告，报告全面回顾2014年工作，提出2015年工作部署。出席会议的有八届全委会委员、省文联党组成员、离退休副厅级以上老领导，省文联机关各协会、直属单位负责人列席会议。会议由省文联主席张根虎主持。

（樊丽红）

【山西省书法家协会理事作品展】 2015年4月29日，"三晋气象——山西省书法家协会历届理事书法作品展"在山西美术馆开幕，展出省书协理事230幅代表作品。这次展览旨在弘扬中国传统文化，集中呈现山西省书协理事最新创作动态和精神风貌，体现山西书法大气纯正的地域书风和深厚博大的三晋文化气象。

（樊丽红）

【"春之约"朗诵音乐会】 2015年5月15日，以纪念毛泽东同志《在延安文艺座谈会上的讲话》发表73周年、到人民中去为主题的"'春之约'朗诵音乐会"在太原举办，朱先奇、吴达才、武正国及杜学文、李太阳、郭新民、夏振贵等领导出席。"春之约"朗诵音乐会是山西省电影家协会长期开展的一个公益文化活动，已经连续举办8年。 （樊丽红）

【文艺创作座谈表彰】 2015年5月22日，山西省文联文艺创作座谈表彰会在文联会议室召开。省文联党组书记、常务副主席李太阳，省文联主席张根虎，省文联党组副书记、副主席石跃峰以及省文联名誉主席、荣誉委员、在并全委会委员、老中青艺术家代表、受表彰集体和个人、文联机关、协会、直属单位的主要负责人出席会议。会议由李太阳主持，张根虎作讲话。座谈会上，回放73年前延安文艺座谈会情景片段和习近平总书记文艺工作座谈会现场视频短片。石跃峰宣读省文联党组"关于表彰2014年度荣获全国艺术奖项集体和个人的决定"。 （樊丽红）

【全国专题影展系列活动】 2015年7月25日，纪念中国人民抗日战争暨世界反法西斯战争胜利70周年专题影展系列活动，在山西省阳泉市郊区举行。这次活动由中国电影家协会、山西省文联、山西省名人联合会共同举办，山西省电影家协会、百花放映办公室协办，阳泉市文化局、阳泉市文联、阳泉市郊区区委、区政府具体承办。山西省原领导胡富国、吴达才，中国电影家协会秘书长饶曙光，山西省文联党组副书记、常务副主席石跃峰，著名电影导演翟俊杰，阳泉市人大常委会主任刘高官，中共阳泉市委常委、市委宣传部部长杨永生等领导和嘉宾，同5000余名观众观看开幕式文艺演出。随后，为群众免费放映优秀抗战影片1000场。 （樊丽红）

【长治市获"中国曲艺名城"称号】 2015年8月27日，中国首个"中国曲艺名城"花落长治市，授牌仪式在长治市举行。中国曲艺家协会分党组书记、驻会秘书长董耀鹏为长治授牌，长治市委书记马天荣，市长席小军等四大班子领导，省文联主席张根虎及党组成员、副主席和悦出席授牌系列活动。同日举行"长治经验：地方曲艺的发展创新之路研讨会"，全国曲艺界专家、学者崔凯、孙立生等与山西省曲艺理论界人士李豫、温江鸿、傅怀珠在会上发言。当晚，中国曲艺牡丹奖艺术团举办"送欢笑走进山西长治惠民演出"，著名演员赵炎、郭达等为当地百姓送上精彩演出。

（樊丽红）

【纪念抗战胜利70周年大型摄影展】 由山西省委宣传部、省文联、长治市委宣传部、晋城市委宣传部、晋中市委宣传部共同主办，省摄影家协会和山西博物院承办的《中国梦·太行魂——纪念抗战胜利70周年大型摄影展》，于2015年9月2日在山西博物院会展中心开展。山西省委常委、宣传部长胡苏平，省人大常委会副主任、省总工会主席田喜荣，省政协副主席朱先奇出席开展仪式，向抗战老兵代表赠送摄影集，并与各界群众代表一起参观展览。展览分为"雄伟太行山""英雄太行山""魅力太行山"三个篇章，展出摄影作品350幅。

（樊丽红）

【山西省第三届影视歌曲演唱大赛】 为纪念中国电影诞生110周年，由山西省音乐家协会、山西省电影家协会、太原市群众艺术馆、太原市音乐家协会共同举办的山西省第三届“山西剧院杯”影视歌曲演唱大赛，于2015年11月中旬在太原开赛，12月28日举行颁奖晚会暨新年音乐会。这次比赛分为中老年组、青年非职业组和青年专业组三个组别，有400多位歌手参赛，省音协和省影协计划比赛每两年举办一次。 （樊丽红）

山西省作家协会

【作协思想建设】 2015年，山西省作协党组、主席团学习贯彻习近平总书记系列重要讲话精神。先后印发学习贯彻讲话精神的通知，召开省城文学工作者座谈会、理论评论工作者座谈会、青年作家座谈会、网络作家座谈会等会议学习讨论。结合创作实际组织撰写学习体会与理论研究文章。《山西日报》开设栏目，连续刊发山西省作协人员学习文章。组织编辑学习研究论文集，收到全省各地作家的理论研究与创作体会文章50余篇。组织人员到基层带头宣讲，组织培训班与研讨会专题研读。 （吕轶芳）

【重点作品扶持】 2015年，山西省作协开展重点作品扶持工作，21部作品获得扶持。其中，李骏虎创作，反映晋南一个村庄从农耕色彩的皂铁庄到抗战色彩的营里村的变革史的长篇小说《巨树》获中国作协扶持。李骏虎的长篇小说《中国战场之表里河山》、朱凡的长篇小说《古城吉祥》、梦妮的纪实文学《梦想与选择》、周俊芳的纪实文学《寻找傅作义将军》获省委宣传部扶持。七部长篇小说：张素兰的《隐居者罗吉祥》、李爱民的《西口遥迢》、周山湖的《觉者法显》、彭图的《田家》、王泽宇与史国胜的《蝶变》、张晓枫的《并州，今夜有大雪》、袁省梅的《俗日子》；九部长篇纪实文学：王秀琴的《救赎》、陈春澜的《罪为镜—服刑人员口述实录》、玄武的《1948—1949：太原》、闫海育的《雷鸣电闪》、李德平的《红星照耀北国：追寻红二十四军足迹始末》、庞玉生的《墨香傲骨：马文蔚》、指尖的《符号》、柴然的《原平故事——老人岳建英这一生》、贾辽源的《跳跃的木偶》共计16部作品获省作协扶持。 （吕轶芳）

【“双百工程”文学创作】 2015年，山西省作协推进“双百工程”，主抓以“三个文化”为主题的文学创作。截至2015年底，编辑出版沈琨的《杨深秀传》、王西兰的《关羽传》、李金山的《司马光传》等9部传记，《赵武灵王传》《关汉卿传》《冯太后传》《晋文公传》等书稿开展终审工作；《孔天胤传》《柳宗元传》等作品大纲通过专家审核。“三晋百部长篇小说文库”出版12部作品，有《汾水长流》《三里湾》等。 （吕轶芳）

【作家协会成员创作成果】 2015年，山西省有20余篇小说被《小说选刊》《小说月报》《中篇小说选刊》等转载；有20余位作家50余篇散文作品获奖或被各种文学选刊选载；10余篇作品入选《小说选刊》《散文选刊》等年度作品选。张锐锋、白琳获《散文选刊》华文最佳散文奖、新经验散文奖；蒋韵获《小说月报》第十六届百花奖中篇小说奖；李骏虎、陈克海获《莽原》年度文学奖；李骏虎获《芳草》第四届汉语文学女评委奖最佳叙事奖；孙频获《钟山》双年奖；小岸获第二届鲁彦周文学奖；蒋殊获《小说选刊》举办的小小说奖；石头获《人民文学》年度诗歌奖；雷霆获第四届《中国作家》郭沫若诗歌奖。刘慈欣的科幻小说《三体》获世界科幻大会主办的第73届雨果奖·最佳长篇故事奖、第六届全球华语科幻星云奖最高成就奖、第26届银河奖科幻功勋奖。《文艺报》于12月刊发《文学晋军：不变的时代情怀》。中国作协《2015年中国文学发展状况》介绍山西省6位作家作品。 （吕轶芳）

山西省科学技术协会

【山西省政府与中国科协签署战略合作协议】 2015年12月9日，山西省政府与中国科协在太原签署战略合作协议。省委书记王儒林，省委副书记、省长李小鹏，省委常委、统战部部长孙绍骋，省委常委、秘书长王伟中，副省长张复明；中国科协党组书记、常务副主席、书记处第一书记尚勇，党组成员、计财部部长兼机关党委书记王延祜等出席签约仪式。李小鹏与尚勇代表双方在协议书上签字。根据协议，双方将本着“优势互补、重点突出、务实高效、共同发展”原则，发挥中国科协独特优势，结合山西转型创新需求，从实施创新驱动发展战略、加强全民科学素质建设、提升地方科协服务经济社会发展能力三大领域13个方面开展多形式、多层次合作。 （王继龙）

【创新驱动助力工程】 2015年，山西省科学技术协会以太原通泽重工、长钢锻压两企业为试点，推进“数控一代”机械产品创新应用示范工程，组织院士专家开展科技服务，推动数控技术、智能技术与机电设备渗透融合，促进产品升级换代。11月，召开山西省“数控一代”机械产品创新应用示范工程推进会，山西省委常委、统战部部长孙绍骋出席会议并讲话，副省长张复明主持会议；中国工程院院长、中国机械工程学会理事长周济，中国工程院院士卢秉桓、胡正寰、王一德、关杰、丁荣军，中国机械工程学会监事长宋天虎、国家数控工程中心副主任彭芳瑜等院士专家出席会议并与相关部门、企业举行高端对话；周济应邀为山西省委中心组（扩大）学习作“中国制造2025”专题辅导报告；出版发行《“数控一代”案例集（山西卷）》。晋中市被中国科协确定为“创新驱动示范市”，晋中市政府与中国科协科技成果转化服务中心签订合作协议，共建创新驱动科技成果转化服务中心晋中市分中心；有14家企业的37个项目与有关院士专家签订合作协议或达成合作意向。开展大众创业、万众创新政策落实情况评估，举办新型智库建设推进会和第二届山西科技·人才·创新论坛，组织山西省科技成果转化现状调研等15个调研课题研究，众多研究成果得到有

2015年12月9日，中国科协与山西省政府签署战略合作协议　（王继龙供图）

关决策部门采纳或关注。（王继龙）

【多层次学术交流】 2015年，山西省科学技术协会开展“全国算子理论和算子代数会议”“首届山西科技传播论坛”等学术活动20多项，参与科技人员1万余名。组织省级学会围绕学科发展难点和经济发展热点，开展高层次学术活动35项，涉及40多家学会。其中，省数学会举办山西省数学会2015年学术年会，省环境诱变剂学会承办全国环境与健康风险评估年会，省护理学会承办“第17届全国骨科护理学术会议”，省气象学会举办山西省气象学会2015年学术年会，省化学会举办青年科技论坛活动，省生物化学与分子生物学会举办新观点新学说学术沙龙活动，省硅酸盐学会举办“赤泥—固硫灰加气混凝土砌块的制备研究”会议，省连锁经营协会举办“智能社区便民生活服务平台的商业未来”研讨会。联合省科技厅、省人社厅、省财政厅共同组织第十七届山西省优秀学术论文评选工作，近5000名科技工作者撰写1035篇论文，内容涵盖数理、地质、建筑、工业、农业、管理、教育、卫生、科技等领域，评出特等奖3篇、一等奖50篇、二等奖245篇、三等奖298篇。（王继龙）

【“科普三晋”活动】 2015年，山西省科学技术协会组织10项特色公众科学素质活动。开展山西省2015年“全国科普日”暨第12届“科普三晋”系列活动，重点策划组织省城主场活动、第四届中国科普摄影大赛等活动，省委常委、统战部部长孙绍骋，省政协副主席李悦娥等领导出席省城主场活动。全省各级科协共举办科普报告、科普剧展演、科普培训、科普展览、科技咨询、网络科普活动等706项，受众100余万人次，山西有11家基层科协被中国科协评为优秀组织单位。省科技馆全年对外免费开放257天，科学实验演示993场，科普电影播放1045场，共接待观众70.63万人次。流动科技馆和科普大篷车到40个多县（市、区）开展活动，受众53万人次。“山西科学讲坛”举办46场。（王继龙）

【科普惠农】 2015年，山西省科学技术协会承担中国科协“科普中国·实用技术助你成才项目”，打造“农村专业技术协会2.0升级版”。科普惠农中心服务站试点建设覆盖全省11个市，建成100个科普惠农服务站、100个科普惠农骨干企业、100个优质农产品示范基地。“96110”三农热线、“96365”健康热线服务群众3万人次，组织专家开展科普服务100场次。为全省1万多名大学生村干部（含已转岗大学生村干部）编发科技手机报156期。（王继龙）

【科技强企及院士工作站】 2015年，山西省科学技术协会开展“讲理想、比贡献”活动，1600余条合理化建议被采纳。开展企业技术创新方法推广应用，为试点企业培养100名创新骨干，解决技术难题92项。完成企业产学研对接、成果转化“金桥工程”项目52项，为企业增加利税2.3亿元、节约资金1.2亿元。太原市科协在山西省干细胞基因工程有限公司等8个单位建立院士工作站，累计建立院士工作站35家，引进两院院士43名、院士团队专家201名，与院士专家团队签订合作项目130余项。帮助太原市冶金机械厂院士工作站组织“2015年全国堆焊再制造技术学术会议”。（王继龙）

【科普活动】 2015年，山西省科学技术协会培育建成全国、省级优秀科普示范社区24个，建成社区科普屏媒100个。举办“互联网+食品安全”“科学与艺术—融合创新”“科学用眼 健康生活”等10场专家与媒体面对面活动。实施公交楼宇电视“科普每一天”工程，编播科普宣传片48期，覆盖太原3600多辆公交车和1500多个公共场所。太原市科协在有活动室的社区开办科普大学，建立社区科普大学45所，全年固定参加人数3000余人，为100多个社区图书室配备科普图书。阳泉市科协累计建立社区科普大学38所，其中矿区7所、城区30所、郊区1所。晋城市科协与中科院老科学家科普演讲团签订科普教育基地共建协议，开展“晋城科普大讲堂”走进基层巡回报告活动，开展科普报告会120余场，受众8万余人。（王继龙）

【科普助教计划】 2015年，山西省科学技术协会开展山西省青少年科技创新大赛、青少年机器人竞赛、宋庆龄少年儿童发明奖、青少年高校科学营、青少年科学调查体验、青少年科学影像节、助力科学梦等系列青少年科普活动，近1200所学校、42万青少年参加。举办山西省首届大学生科学文化作品创新创意大赛活动，征集作品288件，评选出一等奖4名、二等奖8名、三等奖12名。（王继龙）

【科普资源建设】 2015年，山西省科学技术协会开发原创性科普图书、挂图、影视、动漫等优质资源100套(件)，编辑、出版、配送全民科学素质读本16.3万册(本)。山西科技手机报群开发运营20种手机报，全年编发8800多期，微信、微博群用户稳定在300万人以上。中科云媒全年发布信息3000余条，山西科普网、农科110网、科普惠农网、科学导报网等17个网站，总点击量3000多万次。山西科普资源库数据存储量突破1000G。（王继龙）

【科技人才举荐宣传】 2015年，山西省科学技术协会开展第八届"山西省优秀科技工作者"评选，表彰78名基层一线优秀科技工作者。开展中国工程院院士候选人、中国青年科技奖等奖项的遴选举荐工作，举荐高层次人才。山西焦煤集团总经理、省科协副主席金智新当选中国工程院工程管理学部院士。大同市科协评选表彰"大同市优秀科技工作者"183名。在《科学导报》《山西科技报》《山西科协》等报刊开设科技人物宣传专版，编印《创新　奉献——山西省优秀科技工作者事迹选编》《山西专家学者》等专刊，组织"科技梦　中国梦"——中国现代科学家主题展、"创新力量　筑梦山西"——山西优秀科技工作者风采展等展览。（王继龙）

【建家交友活动】 2015年，山西省科学技术协会组织召开中国科协八大代表座谈会、科技工作者座谈会，学习传达中央和山西省委、省政府重要决策部署，听取科技工作者的意见和建议。组织开展中国科协会员日活动，全省各级科协到基层开展走访慰问科技工作者活动。举办科技工作者知识产权报告会，提供法律咨询。举办科学道德和学风建设宣讲报告会5场，在高校和科技界产生反响。开通"山西科协""专家大院"微信，建设"山西省科协科技人才库""山西省科技工作者之家平台"和"山西省科技工作者线上协同创新平台"，用先进信息技术手段为科技工作者提供优质服务。（王继龙）

2015年12月17日，以"科技创新与民营经济发展"为主题的山西第二届科技人才创新论坛在太原举办（王继龙供图）

山西省社会科学界联合会

【清理规范学会(研究会)】 2015年，省社科联根据山西省纪律检查委员会、省委组织部、省监察厅、省民政厅联合下发的《山西省全省性社会团体清理规范工作方案》(晋纪发〔2014〕1号)文件精神，初步完成全省社科类学会的清理规范工作。省社科联领导和学会联系人深入学会，调查研究，针对性地采取措施。经自查自纠、严格审核、限期整改，学会达到"人员、机构、职能、经费"与党政机关"四分离"，解决领导干部在学会兼职过多的问题，134个处级以上党政领导干部退出学会，建议撤销20个运行不规范学会。清理整顿后，省属社科类社团共有115个，其中2015年新成立学会2个，按规定进行年检。为加强对学会研究会的管理，探索学会党建工作，省社科联组织有关人员赴辽宁、天津、上海、湖南等省市社科联进行学会党建工作调研，形成调研报告，提出关于加强社会组织党建工作的建议上报省委组织部。（杜伟琴）

【社科人才库建设】 2015年，山西省社科联加强与高校、科研院所联系，建立419人正高职称的人才库。推荐宣传山西优秀社科人才，有3部作品和3位社科工作者，在全国社科普及工作会议上受到表彰，山西省社科联在大会交流经验。（杜伟琴）

山西省归国华侨联合会

【参加第十三届中国国际人才交流大会】 2015年4月18日至20日，第十三届中国国际人才交流大会在广东省深圳市举行，山西省侨联派员参加会议。会上，省侨联参与组织"海外高层次人才对接洽谈会"，向来自世界13个不同国家和地区的海外华人华侨代表和高科技人才推介山西省有人才智力需求、有招商引资项目的企业，介绍山西省人力资源服务产业园区的规划和优惠政策，并与来自世界各地的华人华侨朋友进行交流，了解他们在海外的创业发展和生活状况,向他们介绍山西经济社会发展现状,诚邀参会的海外华人华侨朋友到山西观光旅游、投资兴业。（庞　乐）

【组织侨商进京参展】 2015年5月13日至17日，山西省侨联组织山西思迈斯电子商务有限公司、山西天生红枣酒有限责任公司、北京银辉生化科技有限公司(忻州分公司)、斯马特(太原)技术发展有限公司4家新侨创新企业参加第十八届中国北京国际科技产业博览会及第二届新侨创新创业成果展。展览中组织中北大学的碳金板材新新型复合材料的工艺与生产、北京银辉生化科技有限公司的甘净养肝健康中国、斯马特(太原)技术发展有限公司的中国十大地毯风尚新品斯马特香草垫3个创新项目参加不同形式的项目发布,其中由中北大学教授李巧玲团队研发的碳金板材新新型复合材料的工艺与生产项目参加由中国侨联组织的专场推介。（庞　乐）

【组织山西省侨企参加中俄蒙展销会】 2015年6月28日至30日,中国·海拉尔第十一届中俄蒙经贸洽谈暨商品展销会在呼伦贝尔举行。山西省侨联组织山西安晟科技发展有限公司、山西金核仁食品股份有限公司、平遥唐都推光漆器有限公司、介休志尧碳素有限公司、寿阳田益农业科技有限公司、曲沃恒通铸造有限公司、北京银辉生化科技公司忻州分公司、普来孚国际生态庄园共8家侨资企业参展。（庞　乐）

【新侨创新创业示范基地】 2015年7月9日,首批“山西省新侨创新创业示范基地”挂牌活动在清控创新基地举办。

首批确定的“示范基地”有清控创新基地、太原留学人员创业园、北京银辉生化科技有限公司忻州分公司、晋城市阿邦迪能源有限公司、山西思迈斯电子商务有限公司、寿阳县田益农业科技有限公司、山西欧德宝电子工程有限公司等7家单位。

（庞　乐）

【中国华侨国际文化交流基地】 2015年,根据《中国华侨国际文化交流基地管理办法(暂行)》,由山西省各市、县(区)级侨联组织申报,经省侨联核查、推荐,中国侨联确认山西省阳城县皇城相府、山西省运城市解州关帝庙、山西省灵石县王家大院民居艺术馆、山西省芮城县永乐宫等四个单位为中国华侨国际文化交流基地。

（庞　乐）

【侨企亮相首届中国(深圳)华人华侨产业交易会】 2015年8月12至14日,首届中国(深圳)华人华侨产业交易会(简称“侨交会”)在广东省深圳会展中心举行。作为支持单位,省侨联与阳泉市侨联共组织6家侨资企业参展。

大会期间,省侨联领导及参展企业负责人出席侨商智库第二届侨商高峰论坛暨华侨年度发展报告丛书国内首发式、侨交会开幕式及其他相关活动,看望山西省参展企业,参观深圳市留学生创业园、雅昌企业(集团)有限公司。与参会的海内外华人华侨及相关涉侨机构进行交流,宣传山西、推介山西。（庞　乐）

【海外侨领中国国情研修班山西现场教学】 2015年7月17日至18日,由中国侨联举办的“2015海外侨领中国国情研修班”在山西开展现场教学活动。

按照教学安排,研修班在山西期间,通过绿色生态环境之旅,感受自然生态、政治生态和三晋文化,了解山西经济发展政策,促进海外侨社团和谐发展,推进侨联工作的创新发展。来自美国、加拿大、阿根廷、智利、巴西、西班牙、多米尼加、乌拉圭、苏里南、委内瑞拉、墨西哥、坦桑尼亚、秘鲁等13个国家的近50名海外侨领参加活动。研修班先后在山西省晋中、临汾两市开展现场教学活动。

（庞　乐）

【东南亚五国王氏宗亲代表团访晋】 2015年8月19日至21日,来自新加坡、泰国、菲律宾、缅甸、马来西亚等五个国家的王氏宗亲代表团一行29人到山西开展寻根祭祖及参观访问活动。省侨联领导会见代表团一行。

（庞　乐）

【山西省海归创业论坛】 2015年8月29日,山西省首届“海归创业论坛”在太原清华科技园举行。

在论坛中,相关部门介绍山西省海归创业优惠政策,中科招商集团高级副总裁、中科创大常务副总经理刘海光导师进行创投经验交流,山西省

2015年8月29日,山西省首届“海归创业论坛”在太原举行　　（庞　乐供图）

"百人计划"特聘专家与大家分享创业心得，部分海归创新企业在现场进行项目推介。并组织参会来宾集体参观太原清华科技园。（庞　乐）

【"共建法治侨界"法律知识竞赛活动】 2015年7月2日至8月21日，山西省侨联"学法守法用法，共建法治侨界"法律知识竞赛活动举行。组委会收到来自全国各地4000余份答题卡。组委会评选出20个优秀组织奖、280名优秀个人奖，并在省侨联网站进行公示。（庞　乐）

【海外侨领山西交流活动】 2015年11月12日，海外侨领及驻外联络站山西交流活动在太原启动。来自澳大利亚、卢旺达、俄罗斯、加拿大、新加坡、巴西、美国、新西兰等国的侨领20余人出席活动。会上，省侨联介绍近年来山西省侨联围绕"两个并重"，在拓展新侨工作与海外工作中的创新举措以及重点活动开展情况，并希望通过这次活动，把越来越多的海外高层次人才吸引到山西创新创业。海外侨领介绍住在国华侨华人发展情况、资源优势、所在侨团基本情况和当地政治经济文化现状，共同探讨山西省海外联系点的建设与发展，对山西的发展和下一步的合作提出意见建议。（庞　乐）

【菲华联谊总会访华团到晋】 2015年11月7日至10日，菲华联谊总会访华团一行22人到晋考察访问。会见中，省侨联、省外侨办领导向来宾简要介绍山西省情和经济社会发展情况，以及山西省近年来所取得的成就。省侨联、省外侨办将继续为在菲华侨华人到晋开展投资兴业、文化交流、科技合作等活动提供优质服务。访华团团长对山西省侨联、省外侨办的热情接待表示感谢。他回顾菲华联谊总会的创会过程，介绍该会"弘扬联谊精神、推动国民外交、增进菲中友好"的目标和实践，并表示愿为促进两地民间交往搭建桥梁。（庞　乐）

山西省侨联组织侨企亮相首届中国（深圳）华人华侨产业交易会　（庞　乐供图）

【山西在港人员联谊会年会】 2015年11月14日，山西在港人员联谊会第四届年会在深圳举办。这次年会由省侨联主办，省海亲会承办，深圳山西商会、中国国际晋商会协办，在香港学习、工作的山西籍青年，港澳学习、工作后在深圳发展的山西籍青年，部分在港人员亲属共70余人参加本届年会。省委统战部、深圳市侨商智库研究院、深圳市海归协会、香港山西青年会、省侨青委的有关领导和人员应邀参加联谊会。（庞　乐）

【全省侨联工作座谈会】 2015年12月1日，全省侨联工作座谈会在太原召开。会议传达学习党的十八届五中全会精神、山西省委党的群团工作会议和统战工作会议精神，各市侨联对2015年度工作情况及2016年度工作思路进行汇报交流。

会议认为，全省全年各级侨联按照当地党委的统一部署，学习贯彻党的十八大和十八届三中、四中、五中全会精神及习近平总书记系列重要讲话精神，贯彻中央《关于加强和改进党的群团工作的意见》和《关于加强和改进新形势下侨联工作的意见》，学习领会王儒林书记重要讲话精神，围绕省委"五句话"总体要求和"富民强省"战略目标，开展学习讨论落实活动和"三严三实"专题教育，围绕中心、服务大局，发挥侨联组织六个方面的重要作用，开展海内外联谊活动，请进来、走出去，开展招商引资、招才引智活动，为全省经济社会发展做出贡献。（庞　乐）

【聚焦"十三五"侨界专家建言献策】 2015年12月3日，中国侨联"聚焦'十三五'侨界专家建言献策大会"在合肥召开。山西省侨联副主席、山西医科大学第二医院党委副书记、西院院长刘越泽，北京银辉生化科技有限公司董事长银小龙应邀出席会议。会上，山西省刘越泽、银小龙、李明定三位专家被增聘为中国侨联特聘专家。刘越泽、银小龙还向本次会议分别提交题为《强化政府干预 增强全民健康意识 大幅度提高平均期望寿命》和《健康中国要从肝病防治抓起》的两篇建言献策材料。（庞　乐）

山西省残疾人联合会

【残疾人事业推进】 2015年，山西省残疾人联合会（简称残联）推进残疾人小康进程，建立残疾人"两项补贴"制度，扩大残疾人康复救助范围，推进"一店三基地"建设，完成各项工作任务。山西省委、省政府和中国残联重视残联工作。副省长张建欣分管省

2015年5月17日，第六届全国特奥运动会在四川闭幕，山西省代表团斩获24枚金牌、15枚银牌、15枚铜牌 （王秋妮供图）

残联工作，先后12次听取汇报、调研工作、出席会议和活动。中国残联副主席王新宪、王乃坤、吕世明分别到山西省出席会议、参加活动，调研指导工作，对山西省农村残疾人扶贫、残疾人基本服务状况和需求专项调查、基金募集救助等工作给予肯定。全年省领导到残联调研、指导工作、参加会议和活动20人次，省领导的重要批示30件。 （王秋妮）

【基金募捐】 2015年，山西省残疾人福利基金会共筹集资金物资1606.66万元，组织实施9项集善工程惠及残疾人10650人。在助残公益项目设计和执行上表现突出，受到中国残疾人福利基金会的表彰，获“集善工程最具执行力奖”。 （王秋妮）

【基础设施建设】 2015年，中央和山西省财政补助资金2230万元，用于6个残疾人康复中心项目的建设；中央康复和托养设施设备补助经费1200万元，补助27个市、县级康复和托养中心。 （王秋妮）

【依法行政】 2015年，山西省各级残联共接待残疾人来信来访14000余人（件）次，其中省残联机关接待389人（件）次。协调省司法厅在省法律援助中心设立残疾人援助窗口，对23个残疾人法律救助案件给予资金补助。为6857名肢体残疾人发放机动轮椅车燃油补贴178万元，对1672户贫困残疾人家庭住宅进行无障碍改造。 （王秋妮）

【残联工作会议】 2015年2月3日至4日，山西省残疾人联合会工作会议在太原召开，省政府副省长张建欣、副秘书长巨宪华出席会议，张建欣在会上作重要讲话。省残联党组书记、理事长李亚明代表省残联作工作报告，副理事长郭新志就残联系统信访及相关工作进行安排部署，党组成员、副理事长温万一向大会传达中国残联第六届主席团第二次全体会议和第二十九次全国残联工作会议精神，党组成员、副理事长刘晔传达1月16日副省长张建欣到省残联调研时所作的重要讲话精神，副巡视员尹惠民就宣传文体工作进行安排部署。与会代表就张建欣的重要讲话、李亚明的工作报告和重度残疾人“两项补贴”“一店三基地”建设、贫困残疾人的康复救助等相关工作进行交流。省残联党组、理事会领导及成员，省残联5个专门协会的主席，各市残联理事长、（1名）副理事长，部分县（市、区）残联理事长，省残联机关全体干部职工及各直属事业单位班子成员参加会议。 （王秋妮）

山西省红十字会

【红十字会组织建设】 2015年，山西省红十字会5次召开党组专题会，研究安排党风廉政建设工作。完善对“一把手”和关键岗位的监督制度，加强干部队伍建设，推进“三个一批”工作，对个人有关事项申报不实的干部进行诫勉谈话。制定完善干部选拔任用管理办法，依法合规调整4名处级干部。加强干部教育培训，制订印发全省红十字系统干部教育培训工作实施意见，全年组织党员干部职工参加学习培训60余人次，人均学时140余小时。

健全完善山西省红十字事业发展机制。提请省政府制订出台《关于促进红十字事业发展的实施意见》。按照《山西省人民政府关于促进红十字事业发展的实施意见》，结合省委“十三五规划”建议，编制全省红十字事业五年发展规划。

全年新增理顺体制县级红十字会23个，累计达91个，县级红十字会管理体制理顺率达76.5%，超过全国65%的平均水平。

建立健全项目设计、物资采购、分配使用、信息公开等20多项制度、规范和程序。将履职服务的各项工作职能列出清单，明确实施依据，规定任务要求，落实责任分工，强化督促检查，上网公布，接受社会监督。

（侯晓俊）

【红十字应急体系建设】 2015年，山西省红十字会修订完善红十字自然灾害应急预案，将其纳入政府应急救援体系。健全备灾救灾仓储管理制度，与省储备局签订救灾物资仓储战略合作协议，全年新增应急救灾物资仓储面积近3000平方米，总面积达4600平方米，形成省市县三级红十字应急救灾物资储备网络。新组建省红十字会赈济救援队，全省红十字应急救援队达到22支，参加“直面实战2015”应急演练和2015年山西省市县地震应急综合演练活动。开展应急救护知识培训，在市民、学生、志愿者和企业职工等人群中普及救护知识7万余人次，累计达70余万人次；与教育行政部门联合在全省中小学开展应急救护知识进校园活动，全省1900多所中小学幼儿园3900多名老师接受应急救护知识培训；在铁路、民航、矿山、交通运输等重点行业、企业开展初级救护员培训，1.5万多人取得初级救护员证书。（侯晓俊）

【人道救助工作】 2015年，山西省红十字会加大博爱募捐工作宣传动员力度，全年收到“博爱一日捐”1465万元，其他捐赠款物价值1545万元，全部用于困难群众救助工作。开展“博爱助医工程”项目，救助189名贫困白血病患儿，124名贫困先天性心脏病患儿，50名贫困足内（外）翻患者，39名省直单位大病致困职工。开展“博爱助学工程”和“红十字博爱送万家”活动，投入195万元开展红十字生命健康安全项目，投入480余万元对3万户城乡特困家庭给予救助。开展“博爱助老”项目，接受爱心企业360多万元养老设备转赠养老机构；在10个社区或村庄实施“博爱家园”项目，2015年11月通过中国红十字会总会的项目检查评估。在长治、晋城实施红十字会与红新月会国际联合会在中国开展的新一轮唯一耐药结核病防治项目。（侯晓俊）

【捐献促进及保障】 2015年，山西省红十字会加大无偿献血宣传动员力度，开展无偿献血宣传、动员及表彰工作，全年无偿献血28万人次，总献血量达到1.12亿毫升，全省实现临床用血100%来源于无偿献血。推动造血干细胞捐献者资料库建设，做好志愿者招募、信息录入、血样采集、HLA（人类白细胞抗原）组织配型实验室分型检测、数据上传及向中华骨髓库样品库血样交接工作，举办2015年采样任务安排暨业务培训班，完成中华骨髓库下达的2015年4000人份的入库任务，累计向中华骨髓库传输志愿者HLA分型有效数据8.06万人份。2015年，山西省有11名捐献者向血液病患者捐献造血干细胞，累计捐献120例，其中有4例分别向新加坡、韩国和澳大利亚患者进行捐献。推进人体器官捐献工作，组织举办人体器官捐献协调员培训。2015年，完成公民逝世后人体器官捐献35例，累计完成57例，使151位脏器衰竭患者获得新生。440余人报名登记成为人体器官捐献志愿者。87例公民逝世后捐献遗体贡献于医学科研，56人成功捐献眼角膜使受益的眼疾患者重见光明。（侯晓俊）

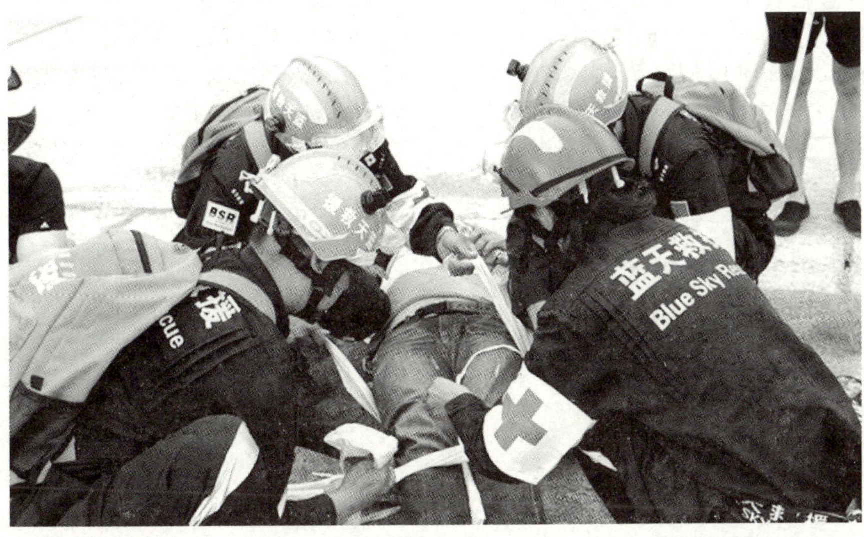

2015年7月14日，山西省红十字会组织志愿者救援队参加“直面实战2015”卫生应急综合演练（侯晓俊供图）

【红十字青少年和志愿服务】 2015年，山西省红十字会新登记注册志愿者1100余人，成立志愿服务队2支，对300余名红十字志愿者骨干开展志愿者领袖及YABC（青春善言行）同伴教育等系列培训活动，提高红十字志愿者综合素质和服务能力。组织志愿服务队开展溺水救援、贫困山区小学捐助、关爱农村儿童及敬老慰问等红十字特色志愿服务活动，全年参与活动志愿者1200人次，志愿服务时间达3300小时。组织全省红十字青少年参加“纪念红十字与红新月运动七项基本原则通过50周年”活动及“全国红十字青少年自救互救知识竞赛”，指导高校红十字青少年开展“救护大赛”“急救知识校园行”“人道传播”等红十字青少年活动。（侯晓俊）

【红十字宣传】 2015年，山西省红十字会组织开展“弘扬红十字精神，践行七项基本原则”主题采访活动，10余家主要媒体参与活动，累计宣传报道50余篇（次）。在山西大学附属中学开展“5·8世界红十字日”活动，山西省副省长张建欣出席活动并观摩学生应急救护演练。组织开展“世界急救日”“世界献血者日”主题宣传活动，宣传和倡导公众参与红十字公益活动。向山西省内电视、报纸、网站等媒体及总会网站、中国人道网、《中国红十字报》和省委、省政府等相关信息部门报送工作信息500余条（次）。（侯晓俊）

山西省青年联合会

【“三走”体育锻炼活动】 2015年，山西省青年联合会开展“大学生‘走下网络、走出宿舍、走向操场’主题群众性课外体育锻炼活动，并建立长效机制，将“三走”活动抓广、抓响、抓实、抓长。在山西省72所高校中开展“三走”活动5933场，累计64.26万人次，

2015年5月4日，山西省纪念五四运动96周年大会在太原市召开

（张　瑜供图）

取得良好的效果。

（张　瑜　陈志刚　师慧蓉）

【学生青年新媒体建设】 2015年，山西省青年联合会开展“清朗网络　青年力量——青年网络文明志愿行动”。构建网络队伍和管理机制，组织参与“阳光跟帖行动”和网络意识形态斗争，发挥网络生力军作用。截至2015年底，省级网络文明志愿者人数达10.02万人；微信平台听众数达46745人，在全国省级学校共青团排名前十。微博听众数达24284人；各高校微博原创量1.4万条，评论量15.39万人次，转发量21.1万条，阅读量100.57万人次；微信原创量24.52万条，评论量13.6万人次，转发量19.33万条，阅读量342.7万人次。各级团组织利用官方微博开展“四进四信·以梦为马，扬鞭未来”活动。

（张　瑜　陈志刚　师慧蓉）

·山西省学生联合会·

【思想政治引领】 2015年，山西省大、中学校学生联合会组织引导学生将青春梦与中国梦有机结合，各级各类学校共开展大学生“与信仰对话”活动1499场；开展“与人生对话——我的中国梦”主题报告会2016场、“彩虹人生——奋斗的青春最美丽”系列分享活动共计5721场。累计参与学生达119.57万人次。山西省被团中央选中作为分享省份，全国“奋斗的青春最美丽”分享团分别走进太原市财贸学校、太原市卫生学校、太原市高级技工学校等3所中职学校，与在校师生分享优秀中职毕业生成长心路，青春追梦的奋斗历程。引领各高校组织开展“四进四信”相关系列活动，全年共开展活动2.71万场，参加学生人数共73.12万人次。落实团中央、全国学联关于在大中学生中开展培育和践行社会主义核心价值观活动的通知精神，开展“践行核心价值观，争做向上向善好青年”的主题活动2.03万场，参加学生达57.88万人次。开展课外中华民族历史和文化常识教育，支持国学类学生社团，开展优秀传统文化研讨和展示活动。在全国“国学达人”挑战赛中，取得全国大学生组一等奖、全国中学生组二等奖及全国小学生组三等奖的成绩。

（张　瑜　陈志刚　师慧蓉）

【“三下乡”社会实践活动】 2015年，山西省青年联合会与省有关部门会签下发《关于开展2015年全省大中专学生志愿暑期文化科技卫生“三下乡”社会实践活动的通知》，向团中央大学处推送山西省优秀暑期社会实践团队参加全国重点团队选拔，筹办以践行“‘八字真经’·投身‘四个全面’”为主题的2015年全省大中专学生志愿暑期文化科技卫生“三下乡”社会实践活动，为暑期社会实践团队提供22000份保险。全省有34所高校，486支大学生志愿服务队，56773名学生参加暑期社会实践活动，其中全国级重点团队33支，省级重点团队30支，校级重点团队423支。

（张　瑜　陈志刚　师慧蓉）

山西省军区

【军区党委十届四次全体(扩大)会议】 2015年1月14日至16日，山西省军区召开党委十届四次全体（扩大)会议。会议传达学习军委和北京军区党委扩大会议精神，回顾总结全区2014年工作情况，安排部署2015年主要任务。省军区党委委员，各师旅级单位部门领导，省军区机关处(院、办）领导，直属单位党委书记共130余人参加会议。省军区政治委员张少华代表省军区党委常委作工作报告。省军区副政治委员喻军代表省军区纪委向大会作纪委工作报告。省军区司令员冷杰松就省军区部队全面建设提出明确要求。中共山西省委书记、省军区党委第一书记王儒林出席会议并作重要讲话。 (张志新)

【宋普选视察调研】 2015年2月5日至6日，北京军区司令员宋普选带工作组到省军区视察调研。其间，宋普选看望慰问太原预备役高炮旅官兵，检查机动指挥系统、应急救援装备，参观省军区军史馆，观看《兴武强军固太行》录像片，听取省军区工作情况汇报，对省军区全面建设情况给予充分肯定。省军区司令员冷杰松、政委张少华陪同调研。 (张志新)

【日遗化武挖掘回收作业暨业务研讨】 2015年2月7日至8日，国防部会同外交部组织召开全军日遗化武太原挖掘回收作业现场观摩暨业务研讨活动。其间，实地观摩太原市日遗化武回收作业现场，听取北京军区介绍太原日遗化武发现、保管及场地准备等情况，组织各大单位进行座谈交流，对新年度日遗化武工作提出具体要求，并对山西省军区近年来日遗化武保障工作给予充分肯定。 (张志新)

【国防教育新推进】 2015年2月9日，山西省军区召开山西省国防教育委员会全体(扩大)会议暨全省国教委主任会议。会议由省委副书记、省国教委主任楼阳生主持，省委常委、宣传部部长、省国教委副主任胡苏平和省委常委、常务副省长、省国教委副主任高建民分别传达国家国防教育办公室和全国省(区、市)国防教育办公室主任会议精神。省军区政治部主任、省国教委副主任徐建勇总结2014年全省国防教育工作，部署2015年工作任务。省委常委、省军区政委张少华和省委副书记、省国教委主任楼阳生分别讲话，各市国教委和部分省国教委成员单位就做好年度国防教育工作作书面发言。(张志新)

【国防动员新建设】 2015年2月28日，中共山西省委召开议军会议。省委书记、省人大常委会主任、省军区党委第一书记王儒林主持会议并讲话。省委副书记、省长李小鹏讲话。省党政军领导楼阳生、冷杰松、张少华、高建民、王伟中、付建华、张复明、刘杰、贠自博、喻军、吴国志、徐建勇、谢新宁及省直有关部门负责人出席。省军区司令员冷杰松传达中央军委、北京军区党委扩大会议精神。省委常委、省军区政委张少华汇报2014年山西省国防动员和后备力量建设工作情况以及2015年主要工作任务，并就提交会议审议的议题提出意见建议。 (张志新)

【部队“三严三实”专题教育整顿】 2015年3月10日至12日，山西省军区党委机关开展“三严三实”集中学习教育。通过动员学习、党课辅导、典型教育、体会交流等，紧密联系实际，解决理想信念淡化、法纪观念淡薄、工作作风不实、事业心责任感弱化、教育管理干部不严等五个方面的主要问题。教育中，统筹推进“八个方面专项清理整治”，把解决问题作为硬杠杠，突出整风整改正风肃纪，贯穿全年持续用力，5次召开省军区常委会、领导小组会，专题听取整改情况汇报，下发8份指导性意见，成立8个工作组开展3个波次巡回督导，纠治教育整顿中的4类16种倾向性问题，干部、财务工作大检查以及不合理住房、社团等清理整治取得阶段性成果。 (张志新)

【强军主题教育】 2015年3月17日，山西省军区召开“学习践行强军目标、做新一代革命军人”主题教育活动动员部署电视电话会议，就统筹抓好省军区部队各类教育进行安排部署。省军区政委郭志刚、副政委喻军、政治部主任徐建勇、副主任巩保成出席，全区团级以上单位政工领导和机关干部参加。会后，省军区政治部下发《关于以“学习践行强军目标、做新一代革命军人”主题教育活动为牵引，统筹推进省军区部队年度思想政治教育的实施意见》。（张志新）

【驻华武官夫人团参观访问保障任务】 2015年4月10日至12日，73名来自43个国家的驻华武官夫人，到大同地区进行参观访问。山西省军区司令员冷杰松、政治部主任徐建勇前往现场陪同接待。（张志新）

【民兵预备役部队整组】 2015年4月中下旬，山西省军区组成两个联合工作组，对全区民兵预备役部队整组工作进行检查验收，随机抽查26个部团，现地查看49个基层营（连），拉动点验41支分队。结合检查验收，对常备应急分队、职工和非现役警卫执勤人员、现役士兵等“三类人员”建设情况进行调研，研究对策措施。

（张志新）

【干部工作大检查】 2015年，山西省军区抽调专门力量对全区1651份档案材料和56372条数据信息进行核对，修正1965条错误信息，完善217份档案材料。军师两级分步展开对全区干部档案逐人逐表逐项审核认定，对审查出的609个问题进行严肃整改。对检查中发现问题，严格按照处理原则、政策依据、方法程序严肃审慎办理，完成整改问题情形32个，安排6名超编配、22名超高配技术干部退出现役，对提前（越职）晋升的11名干部进行处理，组织46名敏感岗位干部进行轮换，纠正14名干部令位不符的情况，清退借占用干部27名，干部队伍编配结构得到改善。

（张志新）

【大学生征兵宣传活动】 2015年6月10日，山西省征兵办在山西大学初民广场启动“大学生征兵宣传”活动仪式。省政府常务副省长高建民，省军区司令员冷杰松、政委郭志刚和其他常委，国防部征兵办副主任、总参动员部征集动员局局长张玉堂和北京军区动员部副部长马存成，以及省教育厅领导和驻并高校征兵工作负责人参加活动。邀请山西籍航天员景海鹏、刘旺现场作报告，和大学生面对面进行互动。组织驻并100余名高校学生到省军区教导大队参加“军营开放日”活动。（张志新）

【“新一代革命军人样子”大讨论】 2015年6月23日至7月1日，山西省军区党委机关率先开展“新一代革命军人样子”大讨论。整个活动贯彻整风整改基调，坚持问题导向，紧贴省军区领导机关职能使命和自身建设实际，围绕“应该是什么样子、哪些地方不像样子、怎么立起军人样子”等问题，广泛开展学习讨论，进一步凝聚坚持“四有”标准的思想共识，查纠与“四有”不符合不适应的突出问题，明确省军区领导机关党员干部学习践行“四有”要求的基本尺度。

（张志新）

【军区党委议训议教】 2015年6月30日，山西省军区召开党委议训议教电视电话会议。会议传达学习军区司令员宋普选、政委刘福连在军区党委议训议教会议上的讲话，机关三部分别就全区军事训练、政治教育、后勤保障情况和下季度工作安排进行发言，并随机抽点听取7个师（旅）级单位的汇报，党委书记郭志刚、副书记冷杰松作重要讲话。省军区党委委员、机关全体干部和团以上单位参加会议。（张志新）

【征兵工作电视电话会议】 2015年7月2日上午，山西省组织召开全省征兵工作电视电话会议，省政府常务副省长高建民、副秘书长马彦平，省军区司令员冷杰松、政委郭志刚和其他常委及军地有关领导参加。会议由参谋长吴国志主持，马彦平介绍2015年征兵有关政策规定，冷杰松对征兵工作进行安排部署，高建民就做好年度征兵工作作讲话。（张志新）

【县处级领导干部国防专题培训】 2015年7月6日至10日和7月20日至24日，山西省举办第一、二期县处级领导干部国防专题培训班。省军区司令员冷杰松、政委郭志刚为两期培训班分别作开训动员。两期培训班在省委组织部和省军区政治部领导下，由省国教办具体组织实施。参训学员主要是省、市、县三级分管或联系武装工作的县处级领导干部，每期培训100人。（张志新）

【退休干部优待优遇】 2015年7月21日，山西省军区召开干休所建设工作电视电话会议。省军区政委郭志刚、副政委喻军、省军区离退休干部工作领导小组成员、驻并干休所领导在太原主会场参加会议。会议贯彻整风整改总基调，坚持问题导向，分析原因，研究对策，进一步理清工作思路，规范建设管理秩序，推动全区干休所建设健康发展。

10月12日，北京军区下发通知，要求已审定安置去向、在安置地购买安置住房、经批准确定服务管理单位的军级以上退休干部进住服务管理单位安置。省军区主要领导亲自安排部署，分管领导带机关人员先后两次组织召开座谈会，传达上级精神，听取退休干部意见建议，年底前完成15名军职退休干部转隶移交任务。

10月23日，结合军人退役养老保险制度调整，与省社保局联合下发《关于清理核实退役军人养老保险实力转移接续情况的通知》《关于补发2014年度退役军人养老保险补助有关问题的通知》，对2012年以来军人退役养老保险接续情况进行清理，补发2014、2015年度退役军人养老保险和职业年金补助277万元。指导做好《军人住房公积金贷款管理办法》的宣传和摸底工作，为450余名符合条件军人上报住房公积金贷款需求，减轻军人购房经济负担。（张志新）

【“最美军嫂”“最美家庭”名单发布】

2015年7月29日，山西省军区与省妇联共同举办的三晋“最美军嫂”暨情系国防“最美家庭”发布仪式在省军区机关举行。省军区政委郭志刚、副政委喻军、政治部副主任巩保成出席发布仪式。太原市晋源区人武部部长梁晓明等9名干部家属当选“最美军嫂”，朔州军分区民兵武器装备仓库主任董海等3户家庭获评情系国防“最美家庭”。（张志新）

【党管武装工作述职会议】 2015年7月31日，山西省党管武装工作述职电视电话会议在太原召开。省委书记王儒林，省长李小鹏，省四大班子有关领导，省军区部门以上领导、机关处长，省国动委成员单位负责同志等120余人在主会场出席会议。各市书记、市长和市国动委成员单位主要领导、各师旅级单位部门以上领导和有关人员在分会场参加会议。会议由省军区政治委员郭志刚主持，11个市委书记兼军分区(警备区)党委第一书记在各自分会场述职；省委常委、省军区司令员冷杰松对全省党管武装工作总结讲评、部署安排下步工作；省委书记、省军区党委第一书记王儒林对山西省国防后备力量建设取得的成绩给予肯定，并就加强和改进新形势下党管武装工作作重要指示。（张志新）

【阅兵工作山西助力】 2015年8月10日，山西省委副书记楼阳生、省政府常务副省长高建民、省军区司令员冷杰松赴京阅兵村，看望慰问抗战时期在山西参加过重大战斗部队的阅兵方队，并赠送慰问金160万元。

9月3日，协调保障山西12名抗战支前模范参加北京阅兵盛典。抗战支前模范经军地层层遴选、政治审查和身体检查产生，分别是：闫元锁、毛三改、邵生云、马俊图、张招弟、陈德邻、孙宗武、梁福胜、刘增胜、肖江河、王晚成和李福财。（张志新）

【肃清郭伯雄徐才厚案件影响】 2015年8月11日，山西省军区召开部门以上领导参加的专题会议，集中传达学习彻底肃清郭伯雄、徐才厚案件影响有关文件精神，深刻剖析案件，人人表态发言，坚决与郭伯雄、徐才厚划清界限。省军区成立领导小组，要求各师旅团级单位党委、机关召开专题会议、搞好教育宣讲、上好专题党课、开展对照检查、召开组织生活会、开展大谈心活动，全面清查清理彻底肃清郭伯雄、徐才厚案件的影响。8月上中旬，省军区派出两个专项检查组，深入基层检查抽查，督导末端工作落实。8月18日，省军区副政委苗爱民主持召开清查清理涉郭伯雄信息工作领导小组会议，听取专项检查工作汇报，再次作出研究部署，会后下发《会议纪要》，对全区清查清理工作提出指导意见。（张志新）

【省城军民欢送新兵】 2015年9月10日，山西省城军民欢送新兵入伍大会在太原市工人文化宫举行。省军区司令员冷杰松、政委郭志刚和其他常委，以及太原市委、市政府、警备区领导，入伍新兵、接兵干部共计1000人参加大会。冷杰松代表省征兵领导小组作重要讲话，要求新战士牢记强军目标，牢固树立“四个意识”，努力渡过“三关”，实现“一个转变”，早日把自己锤炼成为新一代四有革命军人。（张志新）

【“量化考核、积分选岗”安置新办法】 2015年9月30日，山西省军转安置工作小组、省委组织部、省人社厅、省军区政治部联合下发《关于改进计划分配军队转业干部安置办法若干问题的通知》，确定全面实行计划分配军队转业干部按考核考试综合分数排序选择单位的安置办法。10月29日，召开全省2015年度军转安置工作会议。省委常委、副省长付建华，省军区副政委喻军，省人社厅厅长张健出席会议并讲话。会议学习贯彻全国军转安置工作会议精神，全面安排部署本年度安置接收工作任务，明确在全省全面实行量化考核积分选岗安置新办法。（张志新）

【财务工作大清查】 2015年3月至10月，山西省军区按照四总部“四查四治”和北京军区“九个重点内容”要求，对全区2013、2014两个年度所有经费开支进行“地毯式”清查。通过自查发现问题款项2.23亿元、北京军区检查指出问题款项1325万元、对下督导检查发现问题款项7287万元。通过整改纠治，调整完善手续2.02亿元、更换虚假发票6500万元、退回单位及个人违规款项2887万元。（张志新）

【国防动员组织指挥研究性演练】 2015年10月19日至21日，山西省军区组织省市县三级国动委领导机构、军分区(警备区)、人武部、预备役师旅团首长机关以及部分实兵分队4700余人，网上异地同步进行国防动员组织指挥研究性演练。演练区分动员筹划、动员实施和复员三个阶段，对组织体制平战转换、动员需求分析、定下动员决心、首批动员组织、紧急动员实施、持续动员开展、复员工作筹划、复员的展开与控制、恢复平时体制等9个问题进行深入研究。省委书记王儒林、省长李小鹏和有关领导参加演练，北京军区副司令员曹清率有关人员视察指导。（张志新）

【部团建设新形势】 2015年10月22日，山西省军区8个帮建工作组分别汇报下部队帮建指导部团情况。省军区司令员冷杰松、政治委员郭志刚分别围绕当前部团建设发展形势，需要高度关注解决的突出矛盾问题，以及加强和改进军师两级帮建工作指导等问题作重要指示。机关各部(处)结合职责分工，对部团建设存在的10类33个矛盾问题研究细化对策建议，并征求省军区党委委员意见建议，形成《省军区部团建设形势分析会梳理问题及解决措施的任务分工》，印发机关各部和各师旅级单位，推动问题解决。（张志新）

【师旅级单位政工领导座谈】 2015年11月13日，山西省军区组织召开全区师旅级单位政工领导座谈会。全区13个师旅级单位政工领导着重围绕当前部团建设存在的矛盾问题、年底部团考评和抽考工作、“今年怎么看,明年怎么办”,以及典型线索情况四个方面分别详细汇报。省军区副政治委员喻军就高标准完成好年度各项工作任务、搞好年度工作总结筹划、确保部队安全稳定三个问题进行重点强调。 (张志新)

【协助第27集团军军部进驻太原】 2015年11月27日,山西省军区为做好陆军第27集团军军部搬迁入驻太原的相关保障工作,协调组织军地相关部门在27集团军光社营区现场办公,研究解决营区水、电、暖、气、光缆信号扩容等相关事宜,省军区政委郭志刚主持会议。12月27日,陆军第27集团军军部进驻太原光社营区,省委、省政府、省军区和太原市委、市政府、警备区领导出席欢迎仪式。

(张志新)

【军委改革和军区党委全会精神传达学习】 2015年12月2日,山西省军区组织召开党委常委扩大会议,传达学习中央军委改革工作会议和北京军区军区党委十届十次全体会议精神。省军区司令员冷杰松就准确理解把握军队调整改革、做好当前工作、确保安全稳定三个方面提出具体意见。省军区政治委员郭志刚围绕党委在工作指导上需要关注和把握的问题提出明确要求。会后,省军区领导第一时间分赴13个师旅级单位,传达上级会议精神。 (张志新)

【年度“三考合一”工作】 2015年12月14日至25日,山西省军区组成8个考核组到师旅团单位进行考核验收。工作组采取听取汇报、查阅资料、现场检查、综合评估等方法,完成13个师旅级单位党委班子考核,18个一类部团抽考,5个师旅首长机关和4个部团军事训练考核工作。

(张志新)

【冬季适应性训练】 2015年12月,山西省军区所辖13个师旅级单位、119个人武部和9个预备役团,省军区司令部直属队及部分民兵预备役人员,采取徒步行军与摩托化机动相结合的方式在各自驻地范围组织冬季适应性训练。训练期间,省军区司令员冷杰松、政委郭志刚、副司令员于占唐、参谋长吴国志带领工作组对部分单位训练落实、内容设置、野战保障和政治宣传等情况进行现地检查指导。 (张志新)

武警山西省总队

【部队建设】 2015年,武警山西省总队贯彻“古田政工会”和总部推进会精神,围绕“4个牢固立起来”“5个着力抓好”,集中194名团以上干部“电疗式”集训,首次组织营以下干部全员理论轮训,建立4项协调督导工作机制,两次召开领导小组会议,梳理9个方面46个课题。遵循“五得”要求,用好“四教”抓手,科学统筹四项教育,开展“战斗力标准”和“新一代革命军人样子”大讨论。开展“十个一”系列警示教育活动,创建官兵及亲属法律援助机制,抓好“四反”工作和心理法律服务。开展“强军风采”系列文化活动,组织“野战文化轻骑兵”基层行,推进“先进文化警地联建联创联谊”活动,编印完成《红色山西》励志丛书,提升部队软实力。

贯彻“湖北会议”“杭州会议”“北京会议”精神,召开储备守卫、货币押运、“两规”勤务联席会,看守所、监狱安全工作会议和武装巡逻勤务现场会,推进组勤模式改革,深化“五防一体化”建设,常态治理执勤隐患,“两看”目标实现监门哨上勤率“双100%”,处置执勤险情30起,连续18年无执勤事故。贯彻训练“八落实”标准,运用“六种组训模式”,推进以战训法为重点的各类集训,直升机大队完成训练飞行452小时45分、任务飞行412小时42分,首次组织总队首长机关带直属部(分)队冬季野营拉练,常态开展训练监察,实战化训练取得新突破,参加总部干部骨干特战比武并获第二名。落实“宁夏会议”精神,整合战备力量体系,组织三场维稳战役和“卫士-15”演习,组织直属支队特勤分队赴疆轮战,全年累计用兵50000余人次,完成各类临时任务530起,解决朔州“9·3”严重危害公共安全事件、吕梁“11·19”劫持人质事件、太原“12·4”涉恐抓捕行动和阳泉“12·21”捣毁制枪制爆涉毒犯罪团伙四场战斗。

贯彻中央军委《决定》和总部《实施方案》,组织专题研讨集训,开展“学法规、用法规、守法规”和“条令学习月”活动,促进“三个根本性转变”落地见效;坚持月讲评、季通报、常警示,突出重要节日、敏感时段管理,加大突击检查力度,部队“四个秩序”更加正规;召开落实安全工作“八个规范”推进会,用好“五个一遍”和“月教育、周预警、日提示”预防机制,突出“十个重大问题”,狠抓安全大检查、反恐大排查、“五个专项整治”和“三库”专项治理,开展“百日安全竞赛”活动,落实强化内部关系、治酒、治车三个方面禁令,落实“八安七问”责任制,夯实部队安全发展根基。

贯彻新《纲要》,召开基层建设总结表彰会,组织736名三级主官《纲要》培训,抓好党支部书记培训和岗位练兵活动,掀起“三帮一带”活动热潮,提升基层按纲抓建能力。采取试点先行、逐步推开的办法,分层研究探索贯彻落实“双12条”措施,按纲抓建的秩序更加规范。全年组织3个批次联合工作组下部队蹲点调研考察帮建,总队常委人均下基层30余天,深入联系点蹲队住班、指导帮建,促进基层建设。组织126名机关干部下连当兵、蹲点帮建,突出对连续5年以上未进入先进的中队精准帮扶,23个中队摘帽。晋中支队被武警部队表彰为基层建设“十大标兵支队”。

端正选人用人导向,围绕好干部“五条标准”,推开“七图叠一人、军政后排队、按岗来取人”机制,组织161名优秀团营职干部素质测评,调整使用12名团营职干部,推荐35名中级指挥和预任处长培训对象。开展“五不实”专项教育整顿,编印《正确行使民主权利实用手册》,纠治财务问题1223个,清退违规住房85套,改建超标准办公用房114套，压减超配高配干部36名，调整涉及任职回避干部10名，处理违规提升任用干部11名，清理分流两级机关和医院干部106名、士兵51名。

注重"实战型"后勤建设，加强"前勤"指导，规范"一组五队"力量编成，储齐备足装备物资，将卫勤应急力量纳入省卫生应急救援体系，与地方协议保障运力征用、物资供应、医疗后送及装备维修，走警地融合发展路子。突出"法治型"后勤建设，开展财务"五查五治"和营房"三项"整治，开展"学法规制度、建法治后勤"活动，强化党委依法管财和预算执行管理，总队和11个地市支队、97个基层中队地方保障经费列入地方财政预算。强化"服务型"后勤建设，开展"伙食管理规范年"活动，推广筹建18个温室大棚和15座保温猪舍，解决官兵取暖、洗澡、饮水等问题，按编配齐基层卫生干部，开通基层中队驻地就医"绿色通道"，官兵生活有效改善。

（武月兴）

2015年3月3日，武警山西省总队、山西省文化厅在太原市支队万柏林中队召开"警地先进文化联建联创联谊"活动第一次联席会议 （武月兴供图）

【首长视察指导】 2015年1月19日，山西省委书记王儒林视察山西总队机关，听取总队全面建设情况汇报，参观总队警史馆，出席总队党委三届八次全体(扩大)会议。并在总队作战指挥中心，通过网络视频监控查勤系统查看总队兵力部署和执勤情况，通过视频向全省武警官兵的辛勤付出表示感谢和慰问。省委常委、政法委书记王建明，省委常委、秘书长王伟中，副省长兼公安厅厅长、武警总队党委第一书记、第一政治委员刘杰，省委常务副秘书长姜新文，以及总队党委书记刘振所、副书记仲轩参加活动。

9月2日，山西省省长李小鹏带领廉毅敏秘书长一行莅临武警山西省总队太原市支队六中队，慰问中队退伍士兵，总队刘振所政委、太原支队马金标政委陪同慰问。

10月14日至17日，武警部队政委孙思敬率政治部副主任陈国桢等一行，对总队党委班子进行考察帮建。孙思敬和工作组听取总队党委工作汇报，与总队党委常委、机关各层面的同志、部分支队主官谈话，到支队蹲点调研、召开座谈会，组织民主测评；参观总队史馆，深入部分支队、中队视察指导，上哨位、进班排、下厨房、看新兵，面对面、手把手、心贴心理思路、教方法，传授建队育人真经，部队深受鼓舞。

11月9日至10日，武警部队司令员王宁率总部工作组到山西总队进行视察调研。王宁一行视察总队机关和指挥中心，了解指挥中心建设和兵力部署情况；听取总队党委工作汇报，与总队党委常委、部门副职和机关处长进行座谈，对总队年度工作落实情况和2016年工作筹划以及调整改革进行调研；深入晋中支队机关和一中队视察调研，对机关营院、政治环境和作战勤务值班室建设进行检查，深入一中队班排慰问基层官兵。

（武月兴）

【基层建设总结表彰】 2015年1月19日，武警山西省总队专题召开基层建设总结表彰大会。会议以"能级抓、科学帮、按纲建，在新的起点上推动基层建设稳中求强全面过硬"为主题，回顾基层建设发展历程，总结经验启示，分析建设形势，解析重点问题，抓建基层的总体思路、目标、方法和举措，对总队进一步加强基层建议的《意见》进行征求，对基层建设中涌现出来的先进单位和个人进行表彰，组织6个单位和3名个人典型代表交流发言。总队党委常委，部门副职，总队机关干部和支队级单位主官，部门领导、组织科(股)长、基层先进典型代表参加会议。武警部队政治部组织部组织处处长陈洪志、干事韩新成到会指导。

（武月兴）

【先进文化联建联创联谊】 2015年3月3日下午，武警山西省总队、山西省文化厅在太原支队万柏林中队召开"警地先进文化联建联创联谊"活动第一次联席会议。会上，太原支队马金标政委致辞，太原市文化局、支队政治部分别作经验介绍，文化厅和总队领导先后发表重要讲话。总队政治部主任张喜文、副主任蒋学军，太原、晋中、忻州、阳泉、吕梁支队政委(主任)，省文化厅党组书记，厅长张瑞鹏、副厅长赵银邦和厅机关相关处(室)，相关地市文化局局长及部分省文化机构负责人出席。会后，警地领导观看《警地优秀文艺作品展演》。

（武月兴）

【官兵及家属法律援助机制】 2015年7月24日，武警山西省总队与省司法厅联合召开加强武警官兵及亲属法律援助动员电视会议，贯彻落实《中办国办关于完善法律援助制度的意见》和《国务院中央军委关于进一步加强军人军属法律援助工作的意见》文件精神，将军人军属法律援助工作规范化制度化。总队政委刘振所、政治部主任王殿元，省司法厅厅长崔国红、副厅长张玉良，省法律援助中心主任黄河，省律师协会会长高剑生等领导在总队主会场参加会议；全省各市、县（区）司法局长和法律援助中心主任，各支队机关干部和大、中队主官分别在分会场参加会议。会上，张玉良宣读总队政治部和省司法厅联合制定的《关于加强武警官兵及亲属法律援助工作的实施办法》，刘振所、崔国红分别作重要讲话。会后，省法律援助中心、省律师协会和武警直属支队还联合举行"武警官兵及亲属法律援助工作站"挂牌仪式，并为官兵发放法律服务连心卡片。

（武月兴）

【处置劫持人质事件】 2015年1月9日15时10分，长治市壶关县县委大院发生一起劫持人质事件。犯罪嫌疑人平某（男，29岁，壶关龙泉镇小关村人）因连续大量吸毒，导致精神异常，幻觉被人持刀追杀，遂持利斧将自己刚满2周岁的儿子劫持至县委大院，给周围群众造成安全威胁。16时5分，根据市公安局要求，经报请总队批准，长治市支队参谋长董健带领壶关县中队应急班10人携带武器装备赶赴现场，采取"围控设伏、攻心瓦解、正面牵制、侧翼突击、一招控敌"战法，于16时40分，抓捕犯罪嫌疑人1名，营救儿童1名。

11月19日16时50分，吕梁市岚县普明镇普家庄村发生一起因婚姻纠纷而引发的劫持人质事件。两名犯罪嫌疑人系父子关系，在家中一平房内劫持子的岳母。17时16分，公安机关成功控制一名犯罪嫌疑人。17时10分，接公安局情况通报后，经请示总队批准，吕梁市支队支队长骆之岭带一中队中队长和1名突击手、1名狙击手及岚县中队应急班10名官兵，采取"政策攻心、消耗瓦解，隐蔽接近、蹲守设伏，待机突袭、一举控制"的战法，于20日1时37分，解救人质1名，抓获犯罪嫌疑人1人。

（武月兴）

【武装搜捕抓捕】 2015年3月11日，忻州市繁峙县大营镇新圐圙村发生一起凶杀案，该村村支书姚某某因账务纠纷，连杀4人后潜逃，踪迹不明。据公安专家鉴定，犯罪嫌疑人杀人凶器为"健卫-20"小口径运动步枪，案发现场散落有10余枚弹壳。14日，应忻州市公安局请求，经请示总队批准，忻州市支队出动兵力120人次担负武装搜捕案犯任务。26日17时30分，有村民在大营镇齐城村东南方向一山沟内发现犯罪嫌疑人遗体，经鉴定，姚某某系自缢身亡；18时40分，执行任务官兵在姚某某自缢山沟附近发现藏匿的枪支和弹药。27日，根据联指指示，参战官兵安全归建。

4月，河津市公安局侦查发现2名犯罪嫌疑人涉嫌贩卖枪支。7月17日7时，公安机关锁定两名犯罪嫌疑人将于上午在河津市行政学院参加培训，遂请求武警协助抓捕。经请示总队批准，8时40分，运城市支队参谋长杨兵衍带领河津市中队中队长王景鹏及应急班10人，配合公安机关抓捕两名犯罪嫌疑人，缴获仿真手枪2支、仿真步枪3支、玻璃弹50发、铅弹30发、枪用气瓶9个、蝴蝶形管制刀具7把、钢质连接式警棍1把，参战官兵弹药无损耗，人员无伤亡。12时50分，参战分队安全归建。

12月4日，太原市发生一起"伊吉拉特"团伙企图实施暴恐活动案件。根据太原市公安局要求，太原市支队出动35名兵力，参与处置。总队在作战指挥中心开设基指，副司令员王树海、参谋长郭满副带总队前指前置一线，全程指挥部队处置行动；支队长张陆军一线直接组织部队行动，参谋长张建刚跟进指挥部队行动。在现场联合指挥部统一指挥下，采取"卡口堵要、隐性布控、相机捕歼"等战术手段，在南海西街、南海街实施设卡布控，完成捕歼任务，抓捕暴恐嫌疑人3名，参战官兵无一伤亡，6日安全归建。

12月21日13时32分，阳泉市公安局在矿区洪城河五区46号楼发现一藏匿、制造爆炸物、枪支弹药地点，并有可疑人员出入。根据市公安局要求，经请示总队批准，13时47分，阳泉市支队支队长张文才带领参谋长王诚、作训股股长、一中队特勤排A队，协同公安机关成功捣毁一制

2015年11月15日至29日，两支"国家队"全要素作战分队在武警山西省总队直升机大队进行驻训演练 （武月兴供图）

枪、制爆、涉毒犯罪团伙。历时13小时，停留观察5次，原地待命5次，嫌犯转移4次，实施抓捕3次，共收缴自制长短枪11支，管制刀具5把，弓弩1副，手榴弹2枚，迫击炮弹1枚，水胶炸药1管，钢珠弹1000余发，自制射钉枪子弹100余发。22日01时30分，参战官兵安全归建。（武月兴）

【抢险救援】 2015年3月20日15时许，晋中市榆次区乌金山镇莱八咀村乌金山森林公园突发火灾。经请示总队批准，16时35分，晋中市支队支队长高勇、副支队长杨斌、副参谋长王昆登带领市区部队200人开赴火场参加灭火战斗。21时55分，参谋长张新禄带领从太谷调集的100人增援火场。21日18时37分，扑灭明火5处，清理火线10公里，扑灭乌金山森林大火。（武月兴）

【震灾应急救援演练及驻训】 2015年4月14日至29日，武警部队依托山西总队训练基地组织北京、天津、内蒙古、山西4个总队救援分队160名官兵进行应急救援演练及驻训。演训划分震灾救援实兵演练、驻场强训、考核验收三个阶段，完成远程机动、开设行动基地、山岳救援、狭小空间救援、高空破拆、斜向救援、管道救援、埋压废墟搜救、伤员救护等40个训练课目。（武月兴）

【处置严重危害社会公共安全事件】 2015年9月3日10时30分许，山西省朔州市发生一起严重危害社会公共安全事件，1名男子驾驶一辆施工装载机，沿市区建设路、张辽路一线连续冲闯红灯，冲撞沿途人员、车辆，造成3名民警、20余名群众受伤，其中1名群众死亡，5辆警车、1辆大轿车和10多辆民用车辆受损。事故发生后，朔州市支队支队长任德辉带巡逻机动小组赶赴事发地域协同处置，在嫌疑人企图驾车冲撞前方一辆正在行驶的客运大巴（载客23人）的危急时刻，果断命令作训股长褚旭亮实施射击，一枪击中，避免更大损失和危害，保护挽救人民群众生命安全。

（武月兴）

【参加第二届特勤分队比武竞赛】 2015年9月21日至25日，武警部队第二届特勤分队比武竞赛在187师李墕训练基地举行，来自全国31个总队、兵团指挥部、总部直属支队共198名特战精英激烈角逐。武警山西省总队参赛队员不畏强手，顽强拼搏，同心协力取得团体第二名、突击专业单项第二名、侦察专业第三名、爆破专业第四名的佳绩。（武月兴）

【直升机飞行训练演练】 2015年5月26日，武警山西省总队直升机大队2架直升机根据总队前指命令赴总队训练基地参加“卫士-15”演习，完成空中侦察、宣传震慑和兵力输送等任务，展示总队直升机力量空中利剑的风采。

10月2日至11月10日，山西总队直升机大队出动3架直升机赴李墕训练基地参加武警部队“卫士-15·劲旅”演习，对任务中直升机的作战性能、作战样式、作战运用进行检验，为总队直升机力量遂行多样化任务奠定坚实基础。

11月15日至29日，两支“国家队”各35人全要素作战分队，利用15天时间在山西总队直升机大队进行驻训演练，探索组织空中反恐训练的方法，研练空中反恐作战的基本技能，初步实现战斗员、直升机与作战环境的有机融合。（武月兴）

【财务大清查】 2015年2月起，武警山西省总队对照“五查五治”内容，扭住“清、查、纠、改”等关键环节，坚持大事大抓，强化问题导向，严密组织清查，严格落实责任，注重查纠并举，开展自查互查、问题认定和整改纠治。

9月19日至25日，武警部队财务工作大清查第八检查组，在总部财务部保险基金中心主任程志斌带领下到武警山西省总队，采取“听取汇报、审核账表、调阅凭证、技术甄别、约谈核实”等方式，完成对山西总队财务工作大清查检查核查工作。

（武月兴）

【深入革命老区义诊】 2015年8月20至27日，按照国家卫生计生委、总后卫生部和武警总部要求，武警山西省总队抽取总队医院8名医疗专家组成国家医疗队到吕梁抗战老区（岚县、临县）开展为期一周的义诊活动，共义诊700人次，慰问健在的抗日老战士5人，指导县医院查房12次，为县医院疑难病例会诊6人次，义诊手

2015年4月14日至29日，武警部队依托山西总队训练基地组织北京、天津、内蒙古、山西4个总队救援分队官兵进行应急救援演练及驻训 （武月兴供图）

2015 年 5 月 25 日至 29 日,武警山西省总队组织开展“卫士 -15”演习

(武月兴供图)

术 3 台,开展技术管理培训课 5 场,手术管理培训 300 余人次,减免医疗费用 2000 余元。 (武月兴)

【一等功臣——褚旭亮】 2015 年 11 月 11 日,武政〔2015〕345 号通令,武警党委决定,给褚旭亮记一等功一次。褚旭亮,男,1982 年 6 月出生,山东省安丘市人,2002 年 12 月入伍,2007 年 11 月加入中国共产党,上尉警衔,现任山西总队朔州市支队司令部作训股股长。2015 年 9 月 3 日 10 时 20 分左右,朔州支队巡逻分队接到市公安局 110 指挥中心通报,有一名地方人员驾驶装载机沿主要街道横冲直撞,先后有 3 名警察和 10 多名行人被撞伤,1 人被碾压致死,5 辆警车、1 辆大轿车和 10 多辆民用车辆被撞毁。根据基指命令,褚旭亮在现场指挥员带领下迅速赶赴一线,随车前出追击。在发现犯罪嫌疑人即将对一辆载有 23 名乘客的大巴车实施二次撞击的危急关头,褚旭亮按照现场指挥员命令,沉着冷静把握战机,在时速 40 公里,距离约 30 米的情况下,果断实施运动中射击,一枪击中犯罪嫌疑人头部,当场毙命,避免更大人员伤亡,体现其精湛的军事技能和过硬的心理素质,维护驻地社会稳定和人民群众生命财产安全,在该次处置行动中功绩卓著。 (武月兴)

人民防空

【人防事业发展】 2015 年,山西省人民防空办公室(简称省人防办)按照《山西省人民防空建设第十二个五年规划》要求,以人防指挥所建设为龙头,健全理顺指挥机构,修订防空袭预案,加快指挥信息系统、网络传输体系、指挥末端要素建设,推进综合信息资源建设,加强信息安全体系建设,注重防空警报质量提升,全省人防指挥通信体系初具规模,在参与政府抢险救灾行动中有效履行应急救援的职责。

民用建筑同步修建防空地下室管理加强。推进《山西省人民防空工程建设条例》的贯彻落实,加强和规范建设项目人防审查,将易地建设费征缴纳入审计范围,在异地建设费收缴中统一使用非税分成收入自动清分软件,落实“以建为主,以收促建”,全年批准建设人防工程 xxx 万平方米,收缴易地建设费 xx 亿元。

人防工作向基层延伸。在会同发改、国土、规划、住建、监察等部门共同开展为期两年的防空地下室易地建设费专项检查的基础上,继续开展工程领域人防行政执法规范化建设,在全省范围内组织人防工程建设巡回示训,促进基层人防管理的专业化,推动全省县级人防工作的开展。

人防可持续发展能力、创新能力和统筹能力提升。根据《山西省人民防空事业“十二五”期间发展战略纲要》,实施“三三三”推进战略,通过人防自身建设重点工作年、人防特色和品牌打造重点工作年、人防融合式发展重点工作年连续三年的努力,全省

2015 年 8 月 28 日,山西省人防办牵头组织地震人民防空指挥通信保障协同演练

(史永健供图)

人防机构、编制、队伍、法制、基础设施、预案修订等方面得到加强。

人防军事斗争准备推进。省人防基本指挥所、机动指挥所、地面指挥中心建成，市县两级人防基本指挥所、机动指挥所建设推进，全省人防指挥通信体系基本形成，并覆盖三分之一的县。省人防办到省政府应急办以及5个应急成员单位的视频会议系统联通。电台、卫星、光纤、短波、军线、集群、空请接收、预警报知等多网合一的全省人防指挥通信网初步形成。防空警报基本实现全省覆盖。人防低空雷达预警系统、应急处置突发事件无人机系统、人防应急救援装备车、第三代军用短波电台等方面的建设进行试点，人防战备数据库采集工作展开。全省人防专业队员超过1.4万名，建成人防疏散基地11个，占地面积1741平方米，可容纳疏散人口105.6万。

人防融合式发展推进。2015年，省人防办牵头组织5省、15个市、2个县的人防部门进行山西地震人防指挥通信保障协同演练。各市人防办建立重要经济目标数据库。20多个平战结合项目开工建设，直接投资近60亿元。开发利用人防工程面积达到200多万平方米，为社会提供就业岗位1.3万个，创产值6.8亿元，上缴税收5000万元。贯彻《中共中央国务院中央军委关深入推进人民防空改革发展若干问题的决定》，组织全省人防系统开展人防建设情况和工作机制调查，提出推进全省人防改革发展的85条具体措施，得到山西省委省政府和省军区的高度重视。并拟以省委文件的形式印发。（史永健）

山西省领导调研山西省人防应急救援队伍建设　（史永健供图）

【地震指挥通信保障协同演练】2015年8月28日15时，山西省人防组织地震指挥通信保障协同演练，省军区副参谋长李国军、省国动委综合办主任陈丙骞、省政府应急办处长杨继恺、省地震局副局长田勇、省地震局应急救援处副处长陶君丽亲临演练现场指导。参加协同演练的单位包括：来自华北地区的5个省级人防办、15个地市级人防办、2个县级人防办。涉及的指挥场所包括:9个基本指挥所、5个地面指挥中心、15个移动指挥所。采用的指挥通信设备包括:光纤视频会议系统、指挥信息文电传输系统、卫星通信、短波通信、3G通信、移动通信、北斗通信、电话传真、超短通信。参加演练人员达160余人。（史永健）

【人防办扶贫工作】2015年10月30日，山西省人防办主任孙群，副主任刘涛、张铭到定点扶贫单位繁峙县光裕堡乡检查指导扶贫工作。省人防办于8月向光裕堡乡光裕堡村、华岩村、小李牛村和大木瓜村派驻“第一书记”。（史永健）

【省级人防地面指挥中心竣工】2015年12月17日，山西省人防办组织设计、施工、勘察、监理等单位对省级人防地面指挥中心工程进行验收，各项指标均符合设计规范要求。（史永健）

人大立法

【地方性法规制定】 2015年,山西省人民代表大会常务委员会审议通过制定的地方性法规有:《山西省各级人民代表大会常务委员会规范性文件备案审查条例》《山西省城市公共客运条例》《山西省女职工劳动保护条例》《山西省国有土地上房屋征收与补偿条例》《山西省组织实施宪法宣誓办法》。 (郭　强)

【地方性法规修订】 2015年,山西省人民代表大会常务委员会通过修改的地方性法规有:《山西省实施〈中华人民共和国水土保持法〉办法》《山西省法律援助条例》《山西省地方立法条例》《山西省各级人民代表大会选举实施细则》《山西省乡镇人民代表大会工作条例》《山西省实施〈中华人民共和国全国人民代表大会和地方各级人民代表大会代表法〉办法》。 (郭　强)

【地方性法规废止】 2015年,山西省人民代表大会常务委员会通过废止的地方性法规有:《山西省城市公共客运管理暂行条例》《山西省城市房屋拆迁条例》。 (郭　强)

【地方性法规批准】 2015年,山西省人民代表大会常务委员会批准太原大同两市人大常委会提请批准的地方性法规有:《太原市发展新型墙体材料条例》《太原市城市桥梁管理条例》《太原市人民代表大会常务委员会关于集中修改部分地方性法规的决定(太原市消防条例、太原市关于集会游行示威的若干规定、太原市禁止燃放烟花爆竹的规定、太原市晋祠保护条例、太原市文物保护和管理办法、太原市东西山绿化条例、太原市外商企业投资条例、太原市商业网点管理办法)》《大同市人民代表大会常务委员会关于修改〈大同市地方立法条例〉的决定》《大同市餐厨废弃物管理条例》《大同市人民代表大会常务委员会关于修改〈大同市煤矿安全生产监督管理条例〉的决定》。 (郭　强)

政法委与社会管理综合治理

【法治山西建设】 2015年,中共山西省委政法委制订印发《法治山西建设重要举措工作规划(2015—2020年)》。协调召开省委法治建设领导小组第一次全体会议,对加快法治山西建设进行安排部署。强化考核督导,将法治建设列入省委省政府年度目标责任考核。举办提高领导干部运用法治思维和法治方式能力暨推进"六权治本"专题培训班,开展"12·4"国家宪法日暨全国法制宣传日系列宣传活动,营造浓厚法治氛围。推进"六权治本",督导检查各市各部门推进情况,协调推动落实"两清单"制度、优化"两张图"流程、规范"两平台"建设等,形成试点范式。加强试点工作调研指导,推动孝义市、高平市试点工作开展。 (史竹涛)

【司法体制改革】 2015年,山西省委政法委成立山西省司法体制改革领导组及办公室,制订印发《山西省司法体制改革试点方案》,召开全省司法体制改革试点工作动员部署会议,在长治市和太原市尖草坪区、岢岚县、孝义市、祁县、长治市城区、襄垣县、武乡县、高平市等1市8县(市、区)启动试点工作。出台司法体制改革"1+8"制度体系,督促省政法各单位及有关单位制定配套制度和落实方案。成立省法官检察官遴选委员会,遴选出首批员额内法官205名、检察官173名。推进涉法涉诉信访改革,开展涉法涉诉进京非访集中清理专项活动,非访积案全部清理完毕。推进行政执法与刑事司法衔接机制建设,开展食药、环保、安全生产重点行业行政执法与刑事司法衔接中打击违法犯罪专项行动,扭转行政执法领域失之于宽、失之于软、以罚代刑的被动局面。 (史竹涛)

【执法保障经济发展】 2015年,中共山西省委政法委制定《山西省领导干部干预司法活动、插手具体案件处理的记录、通报和责任追究实施细则》,并督促抓好贯彻落实。出台《关于政法机关适应经济发展新常态服务和保障“六大发展”的指导意见》建立“1+4”制度体系，发挥打击、调节、保障、服务等职能作用，稳定经济社会关系，维护市场主体合法权益，创造良好的社会环境、法治环境和服务环境，得到中央政治局委员、中央政法委书记孟建柱和省委书记王儒林、省长李小鹏的肯定。加强执法巡查和执法专项检查督导。开展第四轮执法巡查，制订《执法巡查工作实施办法(试行)》，规范执法巡查工作。组织开展贯彻刑诉法16项配套制度、民诉法2个规范性文件等专项检查督导工作，推动各项制度落到实处。（史竹涛）

【政法舆情引导】 2015年，中共山西省委政法委加强政法舆情引导，完善政法宣传舆论引导工作联席会议制度，对涉政法负面网络舆情做好监测、引导与应对处置。推进山西长安网建设，全年发布各类信息14856条，向中国长安网报送4678条，11个市级长安网全部建成。（史竹涛）

【“六六创安”工程】 2015年，山西省委政法委完成党的十八届五中全会等重大活动和敏感节点安保维稳任务。协调推进打黑除恶专项斗争推进年活动，保持打黑除恶的高压态势。开展“城中村”社会治安整治专项行动，对21个突出问题或地区进行挂牌督办，一批群众反映强烈的治安问题得到有效整治。加强特殊人群服务管理，召开全省精神障碍患者救治救助工作会议，出台收治管控办法，坚决防止发生个人极端事件。开展平安创建活动，制订《省级平安县市区创建标准及命名办法》，对2014年度省级平安县(市、区)、平安单位、平安社区、平安示范家庭进行命名表彰。

（史竹涛）

【社会治安防控体系建设】 2015年，山西省委政法委出台《关于加强社会治安防控体系建设的实施意见》及《分工方案》，召开全省社会治安防控体系建设工作会议，对进一步加强全省社会治安防控体系建设工作进行总体部署。（史竹涛）

【综治基层建设】 2015年，山西省委政法委制订《关于深入推进全省社会服务管理体系建设的若干意见》，推动平台网格化、社会化、信息化建设。出台《关于进一步加强基层社会治安综合治理工作的意见》，加大乡镇(街道)综治专抓副职、综治专干的配备力度，截至12月底，配备511名乡镇(街道)综治专抓副职和1536名综治专干，确保基层社会服务管理体系健康高效运行。（史竹涛）

【矛盾纠纷化解】 2015年，山西省委政法委制订《关于进一步加强矛盾纠纷大调解工作的意见》和《推进方案》，推动在全省县(市、区)、乡镇(街道)、村(社区)全部建立矛盾纠纷调解中心，形成全省三级矛盾纠纷调解体系，确保绝大多数矛盾纠纷及时化解在基层、消除在萌芽状态。全省选聘调解员101941人，建立行业性、专业性人民调解委员会303个，调解成功率达到95%以上。推动在省、市、县三级建立矛盾纠纷排查调处工作领导组月例会制度，研究应对当前影响社会稳定的突出矛盾问题。推动建立全省社会治安形势分析研判机制，整合情报信息资源，把握社会治安形势。加强进京非正常上访专项治理，出台落实综治责任、加强衔接联动、依法打击处理等具体规定，制定依法处理非正常上访行为指导意见，加大依法治访力度，对非访问题突出的市、县实施黄牌警告、挂牌督办和党政“一把手”约谈，治理非访取得明显成效。（史竹涛）

【政法干警素质提升】 2015年，中共山西省委政法委推进“一村一警”联系走访活动，下发《关于继续深入开展“一村一警”联系走访活动的通知》，推动形成政法干警联系群众、服务群众长效机制。全年全省政法委系统帮助基层群众解决困难问题6万余个。举办全省政法领导干部政治素养提升暨法治建设培训班，各市政法委负责人、政法“五长”和省政法单位负责人等参加培训。开展第七届政法系统杰出优秀政法干警和先进集体评选表彰活动，开展向李培斌学习活动，发挥典型的示范和引领作用，树立山西省政法干警良好形象。开展政法系统执法司法领域突出问题专项整治，查摆突出问题8736个，落实整改措施10717条，建章立制3575个，查处违纪违法干警291人次。

（史竹涛）

法治政府建设

【地方立法】 2015年，山西省地方立法重点突出以下几方面：(1)规范国有土地上房屋征收与补偿活动，保护被征收人合法权益；(2)规范法律援助工作，保障弱势公民合法权益；(3)保护和改善环境，促进经济社会全面协调可持续发展；(4)保护和有效利用无线电频谱资源，保障国家安全和人民生命财产安全；(5)发展军人抚恤优待事业，激励军人保卫祖国的献身精神；(6)加强石油、天然气管道的建设和保护，维护社会公共安全；(7)加强无障碍环境建设，保障弱势群体利益。全年共制订并公布地方性法规1件，修订并公布地方性方法1件，提请省人大常委会审议地方性法规2件。制订并公布实施省人民政府规章4件，集中废止省人民政府规章5件，集中修订省人民政府规章3件。

省人民政府组织起草《山西省国有土地上房屋征收与补偿条例（草案）》。2015年5月5日，《条例（草案）》经山西省人民政府第81次常务会议讨论通过后，提请省人大常委会审议。9月24日，本条例经山西省第十二届人民代表大会常务委员会第二十二次会议审议通过，自2016年1月1日起施行。

省人民政府组织起草《山西省法律援助条例(修订草案)》。2015年7月14日，《条例(修订草案)》经山西省人民政府第89次常务会议讨论通过后，提请省人大常委会审议。11月26日，本条例经山西省第十二届人民代表大会常务委员会第二十三次会议审议通过，自2016年1月1日起施行。

省人民政府组织起草《山西省无线电管理条例(草案)》。2015年8月21日，《条例(草案)》经山西省人民政府第95次常务会议讨论通过后，提请省人大常委会审议。

省人民政府组织起草《山西省环境保护例(修订草案)》。2015年10月13日，《条例(修订草案)》经山西省人民政府第100次常务会议讨论通过后，提请省人大常委会审议。

省民政厅组织起草《山西省军人抚恤优待实施办法(修订草案)》。《办法(修订草案)》经省政府法制办依法审查后，提请省人民政府常务会议审议。2015年1月20日，省人民政府第70次常务会议审议通过《办法(修订草案)》。1月26日省长李小鹏签署山西省人民政府令第240号，公布新修订的《山西省军人抚恤优待实施办法》。该实施办法自2015年3月1日起施行。

省人民政府对现行有效的省政府规章进行全面清理。2015年1月26日，省人民政府第71次常务会议审议通过《山西省人民政府关于废止和修改部分政府规章的决定》，2月7日，省长李小鹏签署山西省人民政府令第241号，予以公布。《决定》自公布之日起施行。决定对5件省人民政府规章予以废止，对3件省人民政府规章的部分条款予以修改。

省发展和改革委员会组织起草《山西省石油天然气管道建设和保护办法(草案)》。《办法(草案)》经省政府法制办依法审查后，提请省人民政府常务会议审议。2015年1月5日，省人民政府第69次常务会议审议通过《办法(草案)》。2月8日，省长李小鹏签署山西省人民政府令第242号，公布《山西省专职消防队伍建设管理办法》。本办法自2015年3月15日起施行。

省残疾人联合会组织起草《山西省实施〈无障碍环境建设条例〉办法(草案)》。《办法(草案)》经省政府法制办依法审查后，提请省人民政府常务会议审议。2015年9月8日，省人民政府第97次常务会议审议通过《办法(草案)》。9月11日，省长李小鹏签署山西省人民政府令第243号，公布《山西省实施〈无障碍环境建设条例〉办法》。本办法自2015年10月15日起施行。 (郭文强)

【领导干部依法行政专题研讨】 2015年，山西省委组织部、省政府法制办于5月中下旬在省委党校联合举办2期领导干部依法行政专题研讨班。市、县(市、区)政府法制机构、行政执法部门和省直单位法制机构、行政执法部门负责人160余人参加学习研讨。 (郭文强)

【依法行政经验交流】 2015年10月15日上午，山西省政府法制办组织召开“依法行政经验交流工作座谈会”。会议由省政府法制办副主任刘钢柱主持，依法行政专项小组办公室主任，省政府法制办党组书记、主任王卫星和省纪委副书记、省监察厅厅长冯改朵出席会议并分别讲话。省编办、省发改委、省监察厅、省司法厅、省人社厅、省环保厅、省交通厅、省审计厅、省煤炭厅、省工商局、省食药局、省国税局等12个省直部门分管法制工作的领导、法制机构负责人及省政府法制办各处室、所属事业单位负责人参加会议。与会各单位就本部门推进依法行政的好做法、好经验、新进展、新成效，推进依法行政工作中存在的主要问题和对推进依法行政工作的建议作交流发言。

(郭文强)

【规范性文件审查备案】 2015年，根据《山西省规范性文件制定与备案规定》和《山西省行政机关规范性文件制定程序暂行办法》，省政府法制办共前置审查省政府及其办公厅规范性文件104件，前置审查省直部门规范性文件141件，其他涉法文件96件。依法公布省直机关规范性文件47件。备案审查太原市政府规章4件。备案审查各设区的市报备的规范性文件122件。其中太原市30件、大同市8件、朔州市17件、忻州市24件、吕梁市10件、晋中市2件、阳泉市0件、长治市9件、晋城市13件、临汾市5件、运城市4件。在总结全年规范性文件审查备案情况的基础上，结合对临汾、阳泉、晋城、吕梁4个设区的市和省发改委、省科技厅、省财政厅等8个省直厅局的抽查检查情况，印发《山西省人民政府法制办公室2015年规范性文件审查备案工作情况通报》。全省规范性文件审查备案工作存在的主要问题有三点：一是机构编制不足、人员配备短缺；二是有些部门和单位未按规定时限审查、备案及公布规范性文件；三是有些单位未按规定报送有关送审材料。

(郭文强)

【煤炭管理法制改革】 2015年1月25日，中共山西省委、山西省人民政府印发《关于深化煤炭管理体制改革的意见》(晋发〔2015〕3号)，从资源配置、项目审批、建设生产、生态治理、安全监管、销售体制、交易方式、企业改革、权力约束、法治建设等重点领域和关键环节提出煤炭管理体制改革要求，目标是到2017年基本实现煤炭管理体制和管理能力现代化。《意见》共分12部分36条，释放六大政策信号，部署八大改革任务。《意见》依法规范政府行政行为，综合运用行政、经济、法律手段，推进煤炭管理体制创新，使政府更加注重煤炭领域发展规划、宏观调控、行业监管、社会民生、生态保护和恢复治理等。省政府法制办全程参与《意见》的起草、征求意见、座谈调研、风险评估和论证等工作。 (郭文强)

【重大行政决策法律机制】 2015年7月20日，省人民政府印发《山西省人民政府关于健全重大行政决策机制的意见》(晋政发〔2015〕29号)。《意见》起草过程中，省长李小鹏、常务副省长高建民多次做出批示指示，廉毅敏秘书长多次主持会议讨论修改。省政府法制办具体承担《意见》起草工作。《意见》把坚持科学民主依法决策原则贯穿于政府重大行政决策始终，明确山西省县级以上人民政府重大行政决策的七项程序。在十八届四中全会决定要求的“公众参与、专家论证、风险评估、合法性审查、集体讨论决定”五项程序基础上，把“决策动议”“执行与后评估”列入重大行政决策程序。这不仅可以通过对来自社会不同层次的意见建议进行调整和规范，确保更多科学、合理的建议进入决策环节，还可以通过对决策实施情况进行有效权衡和评估，维护重大行政决策的严肃性。 （郭文强）

【行政执法人员培训】 2015 年 6 月 1 日至 12 日，山西省政府法制办和省委组织部联合举办两期“完善市县两级行政执法管理，规范相对集中行政处罚权”专题培训班。来自全省 11 个设区市人民政府分管政府法制工作的领导、市编办分管行政执法体制改革工作的领导、市政府法制机构负责人以及全省 119 个县（市、区）人民政府分管行政执法体制改革工作的领导共 170 余人参加集中培训。培训班邀请山西省高级人民法院、山西省编制委员会办公室、太原市人民政府法制办公室、山西大学法学院、太原科技大学法学院等山西省行政法理论界、实务界专家和学者，围绕依法治国、依法行政、加强和完善市县两级政府执法管理体制、推进城市管理相对集中行政处罚权等议题进行教学研讨，并就新常态下行政执法工作的有关问题进行探讨和交流。2015 年，山西省政府法制办组织 8 期新增行政执法人员培训，1283 名省直和地市县行政执法人员参加培训。

（郭文强）

【行政执法人员资格管理】 2015 年 1 月 14 日，山西省政府法制办印发《关于进一步加强行政执法人员资格审查和资格认证考试工作的通知》（晋政法字〔2015〕7 号），明确申领行政执法证件单位的资格审查主体责任，要求申领行政执法证件单位将拟申领证件人员信息全面公示接受监督；明确行政执法人员的资格认证考试工作由市、县政府法制机构和省直部门法制机构具体负责组织实施。全年指导、督促、保障省直部门及各市、县政府法制机构对 40587 名申领行政执法证件人员组织 813 场（其中：人机对话考试 146 场，纸质书面考试 667 场）行政执法人员资格认证考试。对符合资格条件的 37372 人审核发放山西省行政执法证件。 （郭文强）

【重点领域执法检查】 2015 年 3 月 2 日，山西省政府法制办印发《山西省人民政府法制办公室关于在全省卫计、食药、物价系统开展行政执法案卷评查工作的通知》（晋政法字〔2015〕37 号），《通知》明确案卷评查工作的组织方式、评查范围和时限要求。3 月 19 日，省政府法制办召集省卫计委、省食药局、省物价局有关处室负责人，召开“2015 年行政执法案卷评查工作推进会”，听取各部门工作进展汇报。省卫计委、省食药局和省物价局分别制定下发本系统行政执法案卷评查工作实施方案和评查标准，对本系统案卷评查工作作全面部署。9 月初，省政府法制办印发《关于对全省卫计、食药、物价系统行政执法案卷评查工作检查验收的通知》（晋政法字〔2015〕157 号），对检查验收阶段工作作安排部署。11 月上旬，省政府法制办牵头分 4 个工作组，先后到 11 个设区市对 3 个系统开展案卷评查工作情况进行检查验收。汇总整理 4 个工作组的检查材料后，起草总结报告报送省人民政府。

（郭文强）

【行政职权“权力清单”审查】 2015 年 4 月 23 日，山西省政府法制办对省审改办送审的“省发改委等 64 个部门各类行政职权权力清单（一审）稿”明确的 3727 项省政府部门行政职权集中进行合法性审查。重点对财政专项资金核拨类、行政奖励类、职称评审类和非行政许可审批事项提出审查意见。5 月 29 日，对省审改办送审的“省政府部门各类行政职权权力清单（二审稿）”进行第二次合法性审查，对其中存在的行政主体资格、行政职权分类、行政职权依据、行政职权交叉等问题向省审改办进行反馈。6 月 16 日，对省审改办送审的“省政府部门各类行政职权权力清单（三审稿）”进行第三次合法性审查，对 56 个省政府部门拟保留的 3122 项行政职权进行逐条梳理，对其中 33 个部门的行政职权事项提出书面修改建议。拟确认 52 个省政府部门和单位 3090 项行政职权。6 月 24 日，省政府第 87 次常务会议原则通过《省政府部门权力清单（送审稿）》。6 月 25 日，省委全面深化改革领导组审议通过《省政府部门权力清单（送审稿）》。依据权力清单，8 月初，省政府法制办分别对三个批次 52 个省政府部门的责任清单审核稿进行合法性审查，提出审查意见。经 9 月 8 日省政府常务会议、9 月 17 日省委全面深化改革领导组审定，确认并公布《省政府部门责任清单》。 （郭文强）

【行政审批制度改革】 2015 年，根据《中央编办国务院法制办〈关于印发相对集中行政许可权试点工作方案〉的通知》（中央编办〔2015〕16 号），山西省政府法制办和省编办协调，研究起草《省编办省法制办〈关于印发相对集中行政许可权试点工作方案〉的通知》（晋编办字〔2015〕85 号）。对山西省开展相对集中行政许可权试点工作做安排部署。确定太原市经济技术开发区和晋中市灵石县作为山西省相对集中许可权试点区、县。两个试点区县均完成试点方案起草工作，按程序审核报批。 （郭文强）

【法治政府建设督促检查】 2015 年 10 月，山西省政府依法行政领导组办公室印发《关于开展“深入推进依法行政加快建设法治政府”督促检查和报送 2015 年依法行政工作情况总结的通知》，要求各市人民政府、省直有关部门总结本地区、本部门 2015 年推进依法行政工作进展情况，报送总结材料。12 月下旬，由省政府法制办领导带队，分别对吕梁、阳泉、晋城、临汾 4 个市人民政府和省发改委、科技厅、公安厅、财政厅、人社厅、交通厅、审计厅、质监局8个省直部门2015年度推进依法行政、建设法治政府工作进展情况进行督促检查。检查结束后，省政府依法行政领导组办公室结合督促检查情况和各市和省直有关部门报送的依法行政工作情况总结，撰写并向省人民政府报送全省推进依法行政工作情况报告。

（郭文强）

【法制研究课题立项】 山西省政府法制办根据2015年7月6日山西省法学会印发的《2015年度山西省法学会法学研究课题立项通知（晋法会字〔2015〕9号）》，向省法学会递交“环渤海区域法治政府建设的共性与地方性问题研究”“加强地方政府立法程序建设问题研究”和“重大行政决策风险评估机制研究”三项申请立项研究课题，全部被省法学会列为2015年度重点研究课题予以立项。

（郭文强）

【行政复议应诉培训】 2015年4月28日至5月8日，山西省政府法制办与省委组织部联合在省委党校举办两期行政复议应诉工作专题培训班。来自省直相关部门及市、县（市、区）政府法制机构的160余名行政复议应诉工作人员参加培训。培训特邀山西大学法学院副教授赵银翠、山西省委党校副教授刘素仙、讲师王小军及省高级人民法院行政审判庭庭长任生林和副庭长方建霞授课。培训包含《“四个全面”与中国梦》《强化依法行政建设法治政府》《行政诉讼制度与司法审查内容》《行政诉讼法（新修订）》《国有土地上房屋征收与补偿条例》和《行政复议法》解读等专题。

（郭文强）

【国务院法制办到晋听证】 因不服省政府的征地批复和行政复议决定，太原市清徐县王某、吕梁市离石区吴某等人向国务院申请行政复议最终裁决。2015年10月13日至16日，国务院法制办行政复议裁决案件承办组一行4人到山西省举行行政复议裁决案件听证会。这是国务院法制办首次在山西省举行行政复议裁决案件听证会。这次听证会分别在太原市和吕梁市举行，省政府法制办、省国土资源厅、太原市、吕梁市政府以及涉案所在地的县（区）、乡政府和相关部门、案件当事人及其委托代理人参加听证会。听证会后，国务院法制办案件承办人员就案件有关情况向市、县（区）政府和相关部门进行反馈。

（郭文强）

【行政复议及行政应诉知识培训】 2015年6月14日至6月20日，山西省政府法制办在复旦大学举办行政复议应诉知识专题培训班，省直有关部门及市、县（市、区）政府法制机构的70名行政复议应诉工作人员参加培训。培训以《中共中央关于全面推进依法治国若干重大问题的决定》为主线，以新修订的《行政诉讼法》为重点，邀请复旦大学教授段厚省、朱鸿飞、刘志刚、赵渭荣、胡春阳及华东政法大学教授章志远分别就《新行政诉讼法讲解》《当前宏观经济形势分析》《依法行政与政府内部层级监督》《十八大四中全会解读》《新常态下的网络舆情及公共事件应对》《行政复议与应诉案例分析》等内容进行专题讲授。该次培训特邀上海市法制办行政复议处处长赵德关介绍上海市行政复议应诉工作经验，同大家进行工作交流。（郭文强）

【行政复议及行政诉讼联席会议】 2015年7月17日，山西省高级人民法院与山西省人民政府法制办公室在太原召开行政复议、行政诉讼联席会议。太原市中级人民法院、晋城市中级人民法院、太原市人民政府法制办公室、大同市人民政府法制办公室、晋城市人民政府法制机构的领导和相关人员参加会议。会上对2015年上半年省级政府和部分设区的市级政府行政复议、行政诉讼工作情况作分析介绍，交流讨论山西省行政复议委员会试点工作开展情况。

（郭文强）

【行政复议案件】 2015年，山西省人民政府收到行政复议案件140件，受理110件，已办结117件（含上年结转26件），正在按程序办理的19件，以其他方式处理4件。已办结案件中，有上年结转的26件，2015年办结91件。其中维持32件，占27.3%；不予受理26件，占22.22%；驳回申请38件，占32.47%；终止11件，占9.4%；责令履行8件，占6.83%；逾期未补正材料1件，占0.8%；告知1件，占0.8%。办结案件中被申请人为省人民政府的25件，市级政府64件，省直部门28件。涉及征地批复类的28件，政府信息公开类的25件，退休审批类4件，房屋土地征收的21件，其他类39件。与上年同期相比，行政复议案件总体数量略有增长。群体性的行政复议案件大幅下降，由上年同期的39件降为6件，降幅达84.6%。

（郭文强）

【行政诉讼案件】 2015年，山西省人民政府法制办公室参与应诉涉及省人民政府的行政诉讼案件85件。其中，一审案件66件，二审案件18件，再审案件1件。一审案件中，经过行政复议提起行政诉讼的61件，未经行政复议提起行政诉讼的5件；已结案的31件，正在审理的35件。一审判决结果为驳回诉讼请求19件，责令履行1件，撤销4件，终止2件，撤诉5件；二审案件中已结案的10件，正在审理的8件。二审判决驳回诉讼请求6件，维持2件，责令履行2件；再审案件判决结果为驳回诉讼请求。

（郭文强）

公　安

【反恐怖工作】 2015年，山西省公安厅贯彻落实《中共山西省委山西省人民政府关于贯彻落实〈中共中央、国务院关于进一步加强反恐怖工作的意见〉的实施意见》，及时侦办涉恐案件。2015年12月4日，山西省公安厅暨太原市公安局打掉一个在太原从事“伊吉拉特”非法出境活动和预谋就地“圣战”的暴恐犯罪集团，抓获涉恐人员4名。推进公安、武警联勤武装巡逻机制、应急响应机制以及联合督导检查机制落实，突出加强对党政首脑机关、城市中心广场、繁华街区、车站、机场等人员密集场所“软目标”的警力布控，制定《山西省处置恐怖袭击事件应急预案》《处置恐怖袭击事件应急工作手册》，组织开展反恐演练，提升应急处突能力。（王瑞成）

山西警方集中销毁非法枪支　（一　溪供图）

【严重刑事犯罪惩处】 2015年，山西省破获各类刑事案件43941起，抓获各类刑事犯罪嫌疑人26391名，“八类严重暴力案件”同比下降8.8%。打掉黑恶势力犯罪集团266个，其中黑社会性质组织4个，抓获黑恶势力成员1435人，破获各类刑事案件1793起，扣押涉案资产1.5亿元。命案侦破再创历史新高，破获现行命案328起，破案率98.80%，创历史最好成绩，太原、阳泉、晋中、朔州、临汾、晋城、忻州7个市实现命案全破。抓获网上逃犯15878名，同比上升2.1%。严厉打击各类经济犯罪，破案3165起，抓获嫌疑人1990名，挽回经济损失4.6亿元。在公安部组织的“猎狐2015”专项行动中，抓获8名境外逃犯，完成公安部下达任务。组织开展“百城禁毒会战”等一系列专项行动，破获14起部级毒品目标案件、18起省级毒品目标案件，缴获大量毒品，发现铲除非法种植罂粟11万余株。成功侦破公安部“2015–1091”毒品目标案件，受到公安部通令嘉奖。开展网络扫毒专项行动，交流梁新佳网络贩毒案（部目标2014–1013号）的做法和经验。开展“两清理一化解”和治爆缉枪专项行动，排查整治涉枪涉爆单位1663家、五区五场984家，整改隐患784起，收缴枪支990支、子弹29万发、炸药33.4万余公斤、雷管62.3万枚，查处涉枪涉爆案件159起，抓获违法犯罪人员142名。（王瑞成）

【矛盾纠纷排查化解】 2015年，山西省公安厅出台《山西省公安机关办理信访事项纠正补正执法错误和瑕疵实施办法》《山西省公安机关信访事项终结工作实施办法》和《山西省公安机关信访事项甄别导入实施办法》等文件，为依法办理各类公安信访事项提供依据。以贯彻落实山西省以群众举报乡村干部腐败为切入点，集中解决群众信访诉求问题专项治理和涉法涉诉进京非访集中清理专项活动为切入点，集中开展清理信访案件大会战，山西省委、省政府和省委政法委交办的506起信访案件全部办结。依法打击处理非访违法犯罪嫌疑人2600余人，进京非访人次同比下降27.5%。（王瑞成）

【公共安全管理】 2015年，山西省公安厅组织交通秩序整治、车辆驾驶人源头管理、事故多发点段排查和交通安全宣传教育四大领域交通安全大检查，部署春运道路交通和消防安全工作、“查违法除隐患、降事故保安全”“打非治违”统一行动，整治交通违法行为，消除道路交通安全隐患。全年全省发生道路交通事故5099起，死亡2015人，受伤5495人，同比分别下降1.45%、3.73%、0.16%。紧盯薄弱环节和关键领域，开展高规格、高强度、高密度火灾隐患排查整治，山西省发生火灾6972起，死亡24人，受伤19人，同比分别下降5.5%、20%、40.6%。开展“利剑行动”，打击食品药品违法犯罪，侦查办理食品药品违法犯罪案件693起，其中公安部督办案件19起，在全国发起6起打假集群战役。加大互联网安全管理力度，强化网络安全监测预警和通报处置工作，推进“黑卡”治理专项行动。强化重点治理，以“城中村”、城乡接合部、中小旅馆、出租房屋等重点区域、重点部位、重点场所为重点，开展治安乱点滚动排查和常态化专项整治。开展为期100天的山西省打击文物犯罪专项行动。组织开展各大中小学校园公安“护校安园”专项行动，查处和整治一批治安隐患和治安盲点。加强公安监所安全管理，推进“五化”建设和“三项重点工作”，实现监所安全稳定2015年度山西省人民群众安全感和满意度83.63%，较上年提高1.1%。（王瑞成）

【公安机关“四项建设”】 2015年，山西省公安厅制订《关于深入推进“四项建设”的意见》及四个相关方案，推进基础信息化、警务实战化、执法规范化、队伍正规化建设。

基础信息化建设　2015年，山西省公安厅打造以“警务云”平台为核心的山西公安科技信息化“升级版”，搭建500台虚拟服务器、运行86个业务系统的云平台和一套14个节点715TB的大数据处理集群，建成云架构下的数据中心，完成基础资源池、信息资源服务平台、云搜索、应用日志安全审计平台的建设和应用工作。依托警务云开发“警务云搜”、APP应用、核录系统等应用，实现涉案人员、车辆、物品、机构等信息资源精确关联和“一键式”查询，满足信息化条件下公安业务需求。作为公安部确定的公安数据标准化省级试点单位，山西省公安厅出台《山西省公安机关基础信息采集规范》，组织开展为期一年的“基础信息采集大会战”活动，整合191种公安内部资源和49种公安外部资源共150亿条，涉及17个警种72个信息系统，提升信息化支撑服务实战能力。

警务实战化建设 2015年，山西省公安厅通过构建四大体系八项机制，搭建以指挥中心为龙头的多警种多部门联动实战指挥平台，建设科学高效的实战化警务运行机制。部署实施派出所和社区警务“1135”工程，山西省下沉派出所警力1870名，落实保障经费2.06亿元，提高基层警务效能。

执法规范化建设 2015年，山西省公安厅出台《贯彻落实〈公安部关于贯彻党的十八届四中全会精神深化执法规范化建设全面建设法治公安的决定〉的实施意见及责任分解》，提出实现执法队伍专业化、执法行为标准化、执法办案规范化、执法管理系统化、执法流程信息化、执法结果责任化的“六化”目标，细化部署76项具体工作任务。推广“孝义经验”，制订《山西省公安机关受案立案工作规定》和《山西省公安机关刑事案件法制部门“统一审核、统一出口”工作规定》，推进受立案制度改革和刑事案件“统一审核、统一出口”机制改革。按照公安部统一部署，开展立案突出问题专项治理，山西省依法立刑事案件130355起，同比上升17.5%，纠正存在问题案件13176起，规范立案问题3939起，撤案或者侦查终结164起，依法解除强制措施18人，开展补侦补查1649起，依法作行政处理或移送有关部门629起。开展“五个一律”执法突出问题专项整改活动，查纠执法问题562个。（王瑞成）

队伍正规化建设 2015年，山西省公安厅开展“秉公执法、人民公安为人民”主题教育活动和“正风肃纪、规范执法、纯洁队伍、重塑形象”集中专项整治，围绕8个方面24类突出问题，严纪律，用重典，施重拳，正警风，整改人民群众反映强烈的突出问题。山西省公安机关涌现出一批爱岗敬业、忠诚履职的先进集体和优秀民警，8名同志光荣牺牲，46名同志因公受伤，有196个集体和2232名个人立功受奖。其中，1月15日，临汾市翼城县公安交警大队贺冰、张鹏、王凤战三位同志在执行“护学岗”任务时，为保护人民群众生命安全，被肇事车辆碰撞，导致贺冰同志光荣殉职，张鹏、王凤战重伤。通过《厅长信箱》《服务之窗》等多形式、多渠道与基层同志沟通交流，了解基层困难。2015年，山西省共立案查处袭警案（事）件155起，依法打击处理违法犯罪嫌疑人277人。落实从优待警措施。完善人民警察职业保障制度，与人寿保险公司签署《公安民警人身意外伤害保险服务协议》，为山西省公安机关（包括事业单位和行业公安机关）在职在编人民警察投保人身意外伤害保险。做好民警伤亡抚恤工作，开展“暖警”抚恤救助活动，对山西省238名因公伤亡、患重大疾病和特困民警进行救助。（王瑞成）

·刑　事·

【反恐维稳系列活动】 2015年，山西省公安厅开展反恐维稳系列活动。1月21日起，开展缉枪治爆专项行动。2月11日，山西省公安厅对2015年山西省严打暴力恐怖活动专项行动进行动员部署。3月20日，山西省开展“山西省打黑除恶专项斗争推进年”行动。6月19日起，开展为期6个月的以打击涉枪、个人极端、一杀多人、暴力袭警、暴力抗法等五类严重暴力犯罪为重点的“打击严重暴力犯罪专项行动”。（王瑞成）

【“猎狐2015”追逃】 2015年4月16日，山西省公安厅召集厅直有关部门负责人，研究部署境外“猎狐2015”追逃专项行动，要求：明确任务目标，坚定必胜信心；认真分析研判，实行多策并举；突出追逃重点，加大工作力度；部门密切配合，形成工作合力；落实奖励机制，激发工作活力；建立预警机制，预防减少增量。（王瑞成）

·安　保·

【抗战胜利70周年活动安保】 在执行2015年9月纪念抗战胜利70周年活动安保任务期间，山西省公安机关出动警力42.6万人次，山西省未发生影响全国、山西省社会稳定的重大政治事件，未发生群体性进京上访和极端个人上访事件，未发生严重暴力恐怖案（事）件，未发生重大公共安全事故。7月份以来，山西省警情同比下降24%。（王瑞成）

【高考安保】 2015年，山西省公安机关在高考安保任务期间，出动警力33000余人（次），将安保工作任务、责任和措施落实到每个点位、每个环节。山西省公安厅为高考试卷运送车辆办理免检通行证，安排专门警力做好试卷看护和运送工作。各级公安机关组织开展消防、治安大检查，先后排查生产经营通信电子产品的单位457家，检查考点周边出租房屋4344所，清查考点周边治安复杂场所1916家，消除一批安全隐患。开通考生办证绿色通道，优先为高考学生制发身份证60000余张。公安交警部门推出“互联网+畅行赴考”服务平台，高考期间，各级公安交警全警上路，在主要道路设立“禁鸣限速”提示牌，在考点区域易堵路口、路段设立641个警务服务站，开辟“绿色通道”，及时处理考生求助，高考期间，交警部门为4313名考生提供救助服务。各级治安、网安等警种密切配合，依法查处、严厉打击非法“助考”行为，会同教育、工商、无线电管理等部门开展打击生产、销售和使用无线考试作弊器材、组织考试作弊、制售假证、涉考诈

骗、非法泄露考生个人信息等各类违法犯罪活动。高考期间，各级公安网警实行24小时网上巡查，高度关注舆情动态，加强对微博、QQ群和重点涉考网站的实时监测与管控，及时封堵、删除涉考谣言、煽动性信息以及试题泄密、考试作弊等有害信息，及时发现和依法查处涉考违法犯罪人员。高考期间，山西省公安机关共封堵、删除涉考有害信息10条，落地查人24人，收缴作弊器材2套，确保山西省高考的顺利进行。（王瑞成）

·社会民生服务·

【民生警务建设】 2015年，山西省公安厅坚持民意引领警务理念，创新社会管理工作，不断满足人民群众的新期待新要求。

权力规范运行 按照省委"六权治本"要求，清理行政权力354项，保留行政权力304项，细化自由裁量标准，编制完成"行政职权运行流程图"和"行政职权廉政风险防控图"，向社会公示。

网上便民服务 拓展山西公安便民服务在线功能，网站总访问量9493万人(次)，日均访问量近10万人（次），回复群众咨询求助17.8万件，为群众办理各类公安业务13.1万件，在线发送短信、微信提示告知等453万余条，通过亲民热线接听群众来电3.1万余次，收到群众好评30万余条，群众满意度99.1%。建立"山西公安便民服务在线"四大标准体系，被国家列为全国第二批社会管理和公共服务综合标准化试点项目，被公安部确定为公安改革示范项目之一。推进互联网交通安全综合服务平台建设，实现10余类131项交管业务网上办理，被公安部列为第一批推广应用省份。

户籍制度改革 修订完善《山西省常住户口登记管理规定》，建立城乡统一的以合法稳定就业和合法稳定住所为户口迁移基本条件、以经常居住地登记户口为基本形式的新型户籍制度。山西省取消农业户口与非农业户口性质区分，统一登记为居民户口。放开建制镇和中小城市落户限制，有序放开大城市落户限制。贯彻落实《山西省流动人口服务管理办法》，推行流动人口居住证制度，开展流动人口服务管理工作，保障居住证持有人享有规定的合法权益和基本公共服务。推进户口登记管理专项清理整顿工作，累计清理重复户口5.2万余个，清理纠正户口登记项目差错16.6万余项。

便民利民措施 2015年，山西省公安厅出台《关于做好为企业减负帮扶服务工作的实施意见》，国务委员、公安部部长郭声琨作出批示予以肯定。制定《适应经济新常态服务和保障"六大发展"的实施意见》。在户籍、出入境、边防、消防、监管、交管等方面集中推出18项便民利民措施。推进太原武宿机场外国人口岸签证业务。改革机动车检验，实施山西省内异地验车。山西省登记的除大型客车、校车以外的其他机动车均可在省内异地检验，无需办理委托手续。公安机关与机动车检验机构、驾校等经济实体全部脱钩。（王瑞成）

【便民服务在线四项标准】 2015年5月26日，山西省质量技术监督局以2015年第4号地方标准公告，发布《山西公安便民服务在线网站运行管理规范》(DB14/T 1047−2015)、《山西公安便民服务在线服务质量评价》(DB14/T 1048−2015)两项山西省地方标准。山西公安便民服务在线网站开通运行以来，累计访问量突破6455万人次，回复群众咨询求助143133件，为群众办理各类公安业务104663件，收到群众好评24万余条，群众满意度达到99%。（王瑞成）

【省直单位信息共享与服务】 2015年3月20日，山西省综治办和山西省公安厅召集省直机关有关单位社会信息共享与服务工作座谈会，协商数据交换、信息共享工作。研究省直有关单位资源整合、信息共享的一次重要会议，随着以大数据、云计算、物联网、智慧工程为代表的现代信息技术的快速发展，加快构建纵向贯通、横向集成、分级应用、安全可靠的信息系统，实现网络互联互通、信息共享共用。山西省公安厅分别与省人力资源与社会保障厅、省测绘局签订《关于加强数据交换和信息共享合作协议书》，实现数据对接。（王瑞成）

【居民身份证服务管理改进】 山西

从2015年4月起，山西公安机关按照公安部统一部署，组织开展食品药品打假"利剑行动"（一　溪供图）

省公安机关居民身份证服务管理工作加快制证进度，简化制证环节，压缩制证周期，整个制发流程时间缩短为20个工作日，于2015年5月1日起开始试行。对未按规定时限完成身份证信息签发、抽检工作的责任民警发送短信提醒，开通对相片不合格的群众发送短信提醒功能，方便群众及时重新申领证件。（王瑞成）

【特邀律师和监督记者聘任】 2015年4月24日，山西省公安厅开展公安机关维护公安民警正当执法权益特邀律师、监督记者聘任活动。对特邀律师、监督记者履职提出以下要求:(1)当好监督员。要利用自身优势，对公安机关和公安民警的执法执勤活动开展有效监督，查找问题漏洞，帮助改正提高，成为公安队伍的“啄木鸟”与公安民警的“听诊器”。(2)当好宣传员。要在各自的工作生活中，广泛宣传公安机关在维护社会稳定、服务经济建设、打击违法犯罪、服务人民群众工作中做出的贡献，展示人民警察的良好形象，引导人民群众理解支持公安工作。(3)做好维权员。要向公安机关建言献策，协助办理并宣传报道一批具有重大社会影响的侵害公安民警执法权益案件，增强公众的法治意识，营造良好的执法环境。（王瑞成）

·治安管理·

【旅游市场秩序治理规范公安行动】 2015年7月2日，山西省公安厅联合山西省旅游局、省工商局联合开展山西省治理规范旅游市场秩序公安行动。行动要求山西省各级公安机关从全局和战略的高度，认识做好旅游安全工作对服务人民群众、促进新形势下旅游业改革发展、维护社会稳定的重要意义，增强责任意识和忧患意识，汲取事故教训，结合本地实际举一反三，完善工作机制，强化措施落实，预防和减少旅游安全事故的发生，维护良好的旅游秩序。要求强化各项打击整治行动，坚持打团伙、挖源头、抓整治，全面梳理旅游景区内各类违法犯罪案件线索，加大侦查破案、打击整治力度，净化旅游环境。加快构建景区治安防控网络。加强对旅游客运安全监管。协调交通运输、安全监管等部门对旅游客运企业开展安全隐患大检查，运用机动车缉查布控系统，发现和查处逾期未检、逾期未报废以及非法从事营运的“营转非”大客车等违法车辆，确保道路旅游运输安全。合理设立限行、禁行标志，公布举报电话，严防旅游客车违规进入。会同旅游、工商等部门建立完善部门联动工作机制和旅游突发事件应急处置机制，维护旅游景区安全稳定。（王瑞成）

【禁毒先进表彰】 2015年7月10日，山西省委副书记楼阳生，副省长、省禁毒委员会主任、公安厅厅长刘杰在省委会见山西省受表彰的全国禁毒工作先进集体代表和先进个人。省委副秘书长张克强，省禁毒委员会副主任兼省禁毒办主任、公安厅副厅长张立刚等领导和山西省受表彰的全国禁毒工作先进集体代表大同市公安局禁毒支队支队长杨补成，全国禁毒工作先进个人运城市公安局盐湖区分局禁毒大队大队长傅久仁、吕梁市孝义市公安局禁毒大队大队长王卫明参加会见活动。（王瑞成）

·交通管理·

【道路交通安全控制】 2015年，山西省公安厅交通管理局（山西省公安厅交通警察总队）对全省交通安全重点工作和预防事故工作进行安排部署，联合多部门开展督导检查。对2014年度全省道路交通安全目标责任落实情况进行考核，向各市政府下达2015年度道路交通事故控制指标，制定全省道路交通安全工作考核细则。提请省政府对重大道路交通安全隐患进行挂牌督办，向部分市、县政府和相关部门下达安全隐患整改通知，提出加强安全工作的措施要求。（张利荣）

【机动车和驾驶人管理】 2015年，山西省推进全省机动车安全技术检验监管系统建设，全省146家机动车安全技术检验机构全部安装到位，实现机动车省内异地检验。全省公安交警吸取“5·15”陕西淳化特大交通事故教训，狠抓“营转非”等重点车辆管理，开展排查“营转非”大客车活动，及时消除安全隐患。（张利荣）

【道路交通安全大检查】 2015年1月至3月，山西省公安交警开展交通秩序整治、车辆和驾驶人源头管理、交通事故多发点段排查和责任落实、交通安全宣传教育四大领域交通安全大检查。开展全省公路隧道、危险化学品、农村地区校车和学生接送车交通安全隐患排查整治，排查隐患路段651处，排查校车、接送学生车辆4.2万余辆。联合高管局、公安消防等部门开展高速公路安全大检查，并及时将发现的问题反馈相关部门整改。开展“道路运输平安年”活动和“公路安全生命防护”工程，推动道路运输企业交通安全主体责任落实，主动参与隐患排查、推动综合治理等工作。加强农村地区交通安全管理工作，完善机制，加强“两站”“两员”建设和路面管控、隐患整改、安全宣传等工作。（张利荣）

【整治交通违法行为】 2015年，山西省公安交警开展酒驾专项整治，把每月中旬第一个周五作为全省酒驾集中统一行动日，查处酒后驾驶1.2万余起，同比增加12%。6月16日至7月16日，全省公安交警开展为期一个月的“查违法除隐患、降事故保安全”大会战，查处重点违法47万余起，同比增长245%。其间，发生涉及人员伤亡道路交通事故337起，造成90人死亡，同比分别下降24.44%、48.57%。8月1日至9月27日，全省部署开展五个波次“打非治违”集中整治交通违法统一行动，查处营运客车违法121起、涉牌涉证违法1.4万余起、危化品运输车违法行为297起。11月1日至12月31日，开展重点高速公路交通秩序整治工作，预防

山西省公安交警开展交通安全宣传活动 （张利荣供图）

冬季高速公路事故。 （张利荣）

【交通安全宣传教育】 2015年，山西省公安交通管理局部署年度重点工作，联合省文明办开展“小桔灯梦想课堂”“告别不文明行为”主题教育实践活动。在重要节假日、活动等节点，进行“两公布一提示”，强化交通安全宣传。运用“互联网+”思维，突出“三微一端”等新媒体运用，构建交通安全大宣传大教育格局。拓展新宣传渠道，“山西交警”新浪官方微博获山西十大政务微博第一名。加强农村地区交通安全宣传教育，下发《农村交通安全协管员工作手册》。以省公安厅名义，联合5个部门开展“拒绝危险驾驶、安全文明出行”122全国交通安全日宣传活动。 （张利荣）

【交通安全防控体系建设和应用】 2015年，山西省公安交通管理局推进全省公安交警基础信息化、警务实战化、执法规范化、队伍正规化“四项建设”。全省加强公路交通安全防控体系建设和应用，通过机动车缉查布控系统拦截嫌疑车辆89.9万辆，是上年度的10.4倍。推进全省公安交警350M数字集群通信系统应用，提升指挥调度通信能力。规范执勤执法，细化道路交通轻微违法行为操作细则和处理工作流程，规范执法记录仪使用。修订《山西省公安交警应对恶劣天气道路交通应急预案》，制定《处置桥梁隧道路段道路交通事故应急预案》，加强应急体系建设。（张利荣）

【交通安全多项保障】 2015年，山西省公安交通管理局协助环保等部门，推进全省黄标车、老旧车淘汰工作，摸排信息600余万条，督促办理注销手续5万余人次，加强限行管控，集中注销报废。出台扶持新能源汽车产业发展、为大型运输企业上门服务等多项企业减负帮扶措施。联合保险行业推进交通事故快速处理快速理赔工作，建立微信快速处理平台，全省快处快赔交通事故1.8万余起。推行网上便民服务，12月15日，全省公安交警“互联网交通安全综合服务管理平台”上线，推出10余类131项“互联网+”交通管理创新服务。在门户网开发咨询服务人工智能回答系统“交警智询通”、车检预约等50余项便民服务功能。 （张利荣）

·边防保障·

【警力增补】 2015年，山西省公安边防总队面对山西省口岸出入境客流大幅增长的通关新常态，应对客流增长、边检任务量增加带来的用警压力，多次向上级机关和有关部门请示汇报山西口岸扩大开放的现实情况和前景展望，寻求政策倾斜和扶持保障，争取到30人的新增编制和10名执法士官，缓解保障一线执法执勤警力不足问题。 （乔 溪）

【通关服务创新】 2015年，山西省边防总队创新完善“快捷通关”“预约通关”等便民利民措施，满足出入境旅客不同类别的通关需求。定期邀请联检单位、旅行社和机场公司等单位召开服务质量评议会，主动通报边检工作情况，听取意见建议，为提高服务质量和执法水平提供必要参考和改进依据。跟进大同口岸正式开放和运城口岸临时开放需求，从口岸规划、基础建设和警力派遣上调整边检工作保障方案，确保边检服务与口岸发展同频共振。 （乔 溪）

【口岸风险管控】 2015年，山西省边防总队强化信息研判预警，每月进行口岸管控风险动态评估和预警，提前做好处置准备，做到口岸管控关口前移。制订印发《重点人员检查指引》《不准入出境人员办案指南》等执法执勤规定，提高口岸管控的针对性和实效性。抽调勤务中队战士组建应急处突班，增强口岸处突和快速反应力量，增配枪支、警棍、盾牌等武装防暴警械，实行限定区域卡口监护、外围流动巡查和便衣暗查相结合的警戒布局。与国保、反恐、口岸联检及机场公安局等单位和部门签订联防协作协议，形成“信息联通、协作联勤、沟通联动、防范联处”的“四联”协作机制，建立“相互协查、相互配合、相互联动”的“三互”防控体系。2015年查获在控人员20人，查处各类出入境违法违规案件21起21人。

2015年，山西省边防总队深化勤务革新，打造高效通关环境。出台边防检查《后台核查岗位工作规定》，推行“小前台、大后台”勤务处置模式，将管防资源“在前台分散、在后台集中”，确保勤务运行科学高效。针对国际航班日趋密集的新态势，推行“小单元”勤务组织模式，拆科化组，优化警力资源，配套完善出入境高峰时段旅客流量预测机制和检查员配置方案，实行出入境警力上下拉动和补班助勤制度，实现“出入境科学调配、跨科队快速增援”的目标，提高通关效能。（乔　溪）

【边检业务建设】2015年，山西省边防总队专业化、法制化、信息化新“三大支柱”建设，组织全体检查员开展以“会验证、会办案、会查缉”为目标的贯穿全年的岗位技能练兵活动，强化官兵专业素质培训，培养“一专多能”的复合型人才。在各执勤业务科设立证件研究小组，开展证研专项培训，确保官兵执法执勤能力与新形势、新任务相适应。开设“法治大讲堂”，开展法治理念教育，邀请北京边检总站专家进行执法办案专题授课，增强执勤官兵的法治意识。建立完善勤务质量通报、问题整改督办、责任追究和兑现奖惩等配套制度，确保执法监督公开透明、存在问题及时整改，推动法治型边检建设水平提升。在上级下拨经费有限的情况下，争取地方信息化建设专项经费支持，在太原口岸出境和入境现场各建成1条边检自助查验通道，填补山西省口岸无边检自助查验设施的空白，提升智能通关和科技管控能力。（乔　溪）

检　察

【职务犯罪案件查办】2015年，山西省检察机关查办各类职务犯罪1444件1989人，其中贪污贿赂犯罪1045件1408人，渎职侵权犯罪399件581人，为国家挽回经济损失9.9亿元。(1)配合纪检监察部门办理大要案，选派业务骨干2031人次参与案件调查工作。查办大案954件，大案率为66%；查办县处级以上干部要案198人（含厅级29人），同比上升27.7%。(2)立案查处玩忽职守犯罪300件，滥用职权犯罪81件，同比上升19%。依法查办农机、粮食等系统渎职犯罪141人，涉案金额1.2亿元。参与处置因非法集资引发的群体性上访事件，依法查办背后的渎职犯罪20件28人。(3)查办涉嫌行贿罪、单位行贿罪、对单位行贿罪、介绍贿赂罪等行贿类犯罪206人，同比上升32%。(4)结合办案，提出检察建议803件，制作预防报告1056件，推动有关部门建章立制510项；省检察院制作《权力不可任性》专题片并巡回展播；完善行贿犯罪档案查询制度，拓展服务领域，受理查询191524次；开展各类警示教育4293次，受教育人数达15万人次。（尹桂珍）

【职务犯罪预防】2015年，山西省检察机关开展预防调查1023次，进行职务犯罪案例分析814件，制作预防报告1056件。提出检察建议803件，被相关单位采纳777件，推动相关部门建立制度441件。开展警示教育和预防宣传4293次。其中，举办警示教育讲座1807次，受众达129606人；参观警示教育基地672次，参观人数达31894人；开展其他形式教育和宣传1814次。开展行贿犯罪档案查询191825次，查出有行贿记录的单位109批次、个人293批次。

（尹桂珍）

【检察职能履行】2015年，山西省检察机关批捕各类刑事犯罪12188件16035人，提起公诉19508件27048人。检察机关不批捕4208人，不起诉1680人，利用快速机制办理轻微刑事案件3300余件。通知法律援助机构为未成年犯罪嫌疑人指派律师132人，安排亲情会见350人次。处理举报、控告、申诉信访11028件次，息诉罢访768件。

依法批捕金融诈骗、非法集资、侵犯知识产权等犯罪1412人，起诉2421人；监督行政执法机关移送涉嫌犯罪案件118件；查办重点工程建设领域职务犯罪案件240人，同比上升23%；查办国有企业经营、管理中的职务犯罪182件251人。

立案查处支农惠农财政补贴、农村基础设施建设等领域8类职务犯罪344件453人。其中，乡镇站所工作人员57人，农村“两委”人员212人。开展破坏环境资源犯罪专项立案监督活动，起诉污染环境、盗伐林木等犯罪168件313人；开展危害食品药品安全犯罪专项立案监督活动，起诉制售有毒有害食品、假药劣药等犯罪120件426人。（尹桂珍）

【诉讼监督】2015年，山西省检察机

2015年12月4日，山西省人民检察院走上街头开展法制宣传活动

（尹桂珍供图）

关监督公安机关立案398件，撤案295件，介入命案现场勘查140件，提出侦查取证意见、建议220件次，公安机关采纳206件次。探索在公安机关设立检察官办公室，对侦查活动实施同步动态监督，得到最高检察院肯定。对认为确有错误的刑事裁判提出抗诉467件，抗诉成功率为82%。依法保障犯罪嫌疑人、被告人的诉讼权利，解决律师“阅卷难”“取证难”“会见难”问题，纠正有关单位阻碍辩护人行使诉讼权利108件。

加强对特赦罪犯工作的法律监督，监督特赦罪犯723人，对14人提出监督意见。加强对社区矫正的法律监督，纠正脱管、漏管、虚管217人；加强对减刑、假释、暂予监外执行的监督，对14名罪犯提出不予监外执行意见，对6名罪犯提出不同意减刑意见；依法查办发生在刑事执行中的职务犯罪案件37件41人。

办理各类民事行政诉讼监督案件9080件，占全国办案总数的7.86%；提出抗诉84件，法院改判45件；提出再审检察建议85件，法院采纳70件。在查办虚假诉讼专项活动中，办理虚假诉讼案件9件，涉及金额3200余万元。加大对弱势群体保护力度，办理支持起诉案件1603件，为农民工追回拖欠工资3300余万元。对民事行政审判程序中的违法行为提出检察建议1780件，法院采纳1719件；对民事行政执行活动中的违法情形提出检察建议1844件，法院采纳1802件。省院健全完善办案小组合议、处务会讨论和重大疑难案件专家咨询制度，抗诉案件的法律监督权威性提高。（尹桂珍）

2015年6月15日至19日，山西省检察机关首届电子证据实验室观摩现场会暨电子证据勘验取证培训班在长治举办（尹桂珍供图）

【司法规范化建设】 2015年，山西省人民检察院采取多项措施，规范司法行为，解决司法不规范突出问题。(1)要求各级检察院案件管理部门全体工作人员增强参加规范司法行为专项整治工作的自觉性和主动性。(2)组织各级检察院案件管理部门查摆和集中解决案件管理工作中存在的不严格、不规范、不公正、不廉洁等问题。(3)要求各级检察院落实《山西省检察机关案件管理部门流程监管工作办法(试行)》。截至2015年底，全省检察机关案件管理部门对违法办案情形发起流程监控4014件次，其中口头提示3301件次，纠正3185件次；发送流程监控通知书713份，纠正并书面回复587次。

2015年，山西省检察机关查摆梳理出司法不规范突出问题748个，典型案例550个，并制订问题清单，落实整改责任。评查职务犯罪案件、不捕不诉案件、涉法涉诉信访案件4607件。依托统一业务应用系统受理流转案件84310件，监管刑事诉讼涉案款5亿余元，对涉案财物违规处置、超期办案、侵害诉讼权利等不规范情形，发现并纠正3772件次。（尹桂珍）

【阳光检察】 2015年，山西省检察机关向各级人大及其常委会报告工作216次，召开人大代表座谈会138次，邀请人大代表视察工作186次，办理代表建议、人大常委会转交办案件160余件。实施“阳光检察”工程，公开案件程序性信息32658条，重要案件信息1825条，终结性法律文书11775份。

全省检察机关人民监督员监督“七类案件或事项”87件94人。其中，拟撤销案件15件18人，拟不起诉案件72件76人，同意检察机关拟定意见的80件87人，不同意的7件7人，检察机关采纳人民监督员的不同意见2件2人。省院人民监督员监督案件4件5人。人民监督员提出监督意见30余条。（尹桂珍）

【律师执业权利保障】 2015年，山西省人民检察院采取措施，依法保障律师在检察环节的执业权利。(1)组织召开有省司法厅、省律师协会领导、省城知名律师代表参加的座谈会，落实高检院《关于依法保障律师执业权利的规定》各项要求。(2)全省检察机关案件管理部门依法保障律师的会见权和调查取证权，对不依法保障律师执业权利的情形及时予以监督和纠正。(3)制发《关于进一步做好律师执业权利保障工作的通知》，对建立健全律师执业权利保障工作制度和机制、解决律师执业权利保障中存在的突出问题等进行安排部署。截至2015年底，全省检察机关案件管理部门受理审查律师申请阅卷5157次；收集(调取)证据材料71件；侦查期间申请会见111次；申请变更(解除)强制措施68人；要求听取意见97

次；申请通信 2 次；案件信息查询 3513 次。（尹桂珍）

【检察机关新媒体建设】 2015 年，山西省检察机关优化三级院门户网站群，推进全省各级检察院“两微一端”建设，全省各级院开通门户网站 129 个、官方微博 103 个、官方微信 77 个，形成全方位、广角度、多样化的宣传格局。省检察院门户网站全年发布新闻 382 条，点击数 116 万次；“山西检察”新浪官方微博发布微博 1072 条；“山西检察”腾讯官方微博发布微博 612 条；“山西检察”微信订阅号发布微信 38 期 186 条；“山西检察视频”微信公众号发布微信 165 期 169 条；入驻《今日头条》，开通“山西省人民检察院”头条号。吕梁市两级院在门户网站发表宣传稿件 650 余篇，发表微博 1500 余条，发表微信 400 余条。朔州市检察院在门户网站、短信平台、微博微信等新媒体播发各类信息 578 条，案件类信息 83 条，点击率达 198846 人次。（尹桂珍）

【案件集中管理科学化发展】 2015 年，山西省人民检察院推进统一业务应用系统和案件信息公开系统在服务案件办理和强化案件管理、推进检务公开和实施“阳光检察”工程等方面使用和应用。制发《山西省检察机关统一业务应用系统使用管理实施细则》，加强对检察机关司法办案活动的横向监督制约和纵向统筹指导。落实高检院关于案件信息公开工作的有关规定和要求，确保案件信息依法、全面、及时、规范公开。按照人才库建设的人才标准、程序和要求，完成全省检察机关统一业务应用系统应用人才库建设。省院政治部和案件管理中心联合组织开展全省检察机关统一业务应用系统使用知识与技能竞赛活动。（尹桂珍）

【电子证据实验室观摩暨培训】 2015 年 6 月 15 日至 19 日，山西省检察机关首届电子证据实验室观摩现场会暨电子证据勘验取证培训班在长治召开。省市县（区）三级检察机关技术鉴定部门 170 余人参加。培训中邀请国内一线电子数据取证实务专家，围绕电子数据取证流程、现场勘验流程、模块智能取证、电子证据数据恢复、智能手机综合取证等方面进行讲解和实训演练，通过理论学习和上机考核，90%以上的学员取得“电子数据调查分析师资格证”。组织培训人员去长治郊区院、襄垣县院电子数据鉴定实验室、屯留县院心理测谎实验室进行实地参观。（尹桂珍）

【检察干部选拔】 2015 年，山西省人民检察院在机关选拔副厅级干部 6 名，选拔配备正处级干部 18 名，晋升主任科员、副主任科员 34 名，选派 6 名副处级领导到基层院挂职。吕梁市检察院选拔 6 名处级非领导干部，晋中市检察院选任正科级干部 32 名，阳泉市检察院调整配备 3 名优秀干警充实到市院中层领导岗位，长治市检察院 3 次对副处、科级干部进行调整，太原铁路检察分院在 3 个基层检察院选任正科级干部 14 名。吕梁、临汾市检察院分别从基层检察院遴选 14 名和 6 名干警。（尹桂珍）

【山西检察官培训学院建设】 2015 年 12 月 22 日，山西检察官培训学院综合楼启用，综合楼面积近 20000 平方米，具有教学、科研、实训、健身、会务等功能。山西省检察官培训学院于 2004 年 1 月组建，前身为山西省检察干部教育培训中心，系山西省人民检察院直属事业单位。2008 年 12 月，最高人民检察院批复同意筹建国家检察官学院山西分院。学院新址位于晋中市榆次区，拥有 100 多亩的教学基地。2009 年 10 月完成检察官学院综合楼主体框架，2012 年进行室内外装修，2013 年进行室外附属设施建设。（尹桂珍）

法　院

【“司法为民公正司法凸显”】 2015 年，山西省各级法院坚持司法为民、公正司法工作主题，以审判为中心的各项工作都取得新成绩。随着立案登记制改革，案件数量突破 30 万件，创历史新高，达 344712 件，审执结 288795 件，比上年分别上升 32.30% 和 20.01%；结案标的额 894.44 亿元，同比增长 123.38%。其中，省高院受理各类重大案件 6189 件，审执结 4468 件。司法改革取得突破性进展，首批员额制法官遴选产生，完善司法责任制等试点任务有序展开，司法公开、队伍建设扎实推进。

便利人民群众立案诉讼。以立案登记制改革为契机，落实司法便民举措，对三级法院诉讼服务中心进行提档升级，实现电子公告屏、触摸查询机、诉讼服务窗口管理系统全覆盖，开通山西法院诉讼服务网，当事人及诉讼代理人可网上预约立案、递交材料、调阅卷宗、申诉信访，保证依法应当受理的案件有案必立、有诉必理。加强人民法庭工作，开展法官驻点、巡回审判，打通服务群众“最后一公里”，就地化解矛盾 8600 余件；开展司法救助，为合法权益受到侵害、经济上确有困难的当事人依法缓减免诉讼费 6061.89 万元，为 262 名无诉讼能力被告人、未成年被告人和可能被判处无期徒刑以上的被告人指定辩护人或诉讼代理人；实行案件繁简分流，民事一审案件简易程序适用率达 45.33%以上，减轻群众诉累。

提升办案质量效率。严把案件事实关、证据关、程序关和法律适用关，全省法院审结的一审案件当事人服判息诉率达 89.61%，同比上升 2.03 个百分点。全省法院“数字法院业务应用系统”建成使用，信息录入合格率达 99%以上，对 127 项案件流程节点进行全程留痕、动态跟踪，关键节点以短信形式及时通知诉讼参与人，设计 31 个指标对公正、效率、效果等方面进行质效评估，落实审判权管理“六大机制”。落实罪刑法定、疑罪从无、非法证据排除等法律原则和制度，听取律师辩护意见，坚决防范冤假错案，对指控证据不足、不能证明犯罪的被告人依法宣告无罪。发挥审级监督职能，审结各类二审、再审案件25438件，及时纠正存在瑕疵或确有错误的案件。加强国家赔偿审判，审结案件93件，决定赔偿29件，赔偿金额200.50万元，依法维护赔偿请求人合法权益。集中整治审案超时、办案拖拉问题，全省法院审限内结案率提升。

保障当事人胜诉权益。各级法院妥善审理婚姻家庭、人身损害、教育医疗、环保、住房等涉民生案件，依法保护妇女、儿童、老人、残疾人及困难群体合法权益。加强涉军维权案件审理工作，3家法院和2名个人分别被评为华北五省涉军维权工作先进单位和个人。破解人民群众反映强烈的执行难问题，推进执行信息化建设与应用，执行指挥中心全面运行，并与27家银行建立网络对接，实现当事人存款信息网上查询和强制执行全程录音录像、执行远程指挥调度的一体化，丰富执行工作的手段和威慑力。全省法院共执结案件47680件，执结标的258.82亿元，同比分别上升18.84%和62.53%。开展"转变执行作风、规范执行行为"和涉民生案件专项集中执行活动，执结案件4820件，执结标的2.7亿元，其中执结拖欠农民工工资案件279件，执结标的2192万元，中央电视台进行专题报道。

（马云跃）

【司法保障经济社会发展】 2015年，山西省高级法院制定出台服务保障"六大发展"和民营经济发展的实施意见，为全省经济社会发展提供司法保障。

着眼社会治安新动向，参与打黑除恶专项斗争，依法惩处黑恶势力、暴力恐怖、涉枪涉爆、故意杀人、绑架、抢劫等严重刑事犯罪，推进"平安山西"建设。审结刑事一审案件22182件，同比上升2.38%，判处罪犯30160人。打击黑恶势力犯罪案件背后的"保护伞"和重大安全事故的责任人，严惩贪污贿赂、滥用职权、失职渎职等犯罪案件1054件2518人；加大对行贿犯罪的惩治，判处行贿、介绍贿赂犯罪案件64件83人，同比分别上升23.08%和9.21%。坚持宽严相济，依法对情节轻微的初犯、偶犯、未成年犯等适用缓刑、管制、免予刑事处罚，严格依法按程序办理一批特赦案件，发挥刑罚的教育、感化、挽救功能。

正确处理惩治与保护、规范与激励的关系，坚持平等保护和公平竞争原则，审结各类民商事一审案件170909件，同比上升21.48%，涉案标的额达579.54亿元。运用司法手段，支持金融振兴、科技创新、民营经济发展，依法审结融资租赁、借款合同、证券保险等各类案件36451件，惩治非法集资、金融诈骗等犯罪385件607人，防范金融风险，保障金融安全；妥善审理专利权、商标权、著作权等案件243件，遏制各种垄断经营、恶性竞争等不正当竞争行为，保护知识产权，促进创新驱动发展；针对经济下行，企业生产经营出现较大困难的情况，对涉企纠纷慎用强制措施，及时公正调处涉及各类经济主体的买卖合同、股权转让、劳动争议、企业改制等纠纷21353件。运城海鑫集团破产案件涉及债务230多亿元、员工7600多人，省高院指导运城中院高效依法处理，使企业实现破产重整。

贯彻新修改的行政诉讼法，依法受理各类行政一审案件3665件，审结2818件，同比分别上升123.52%和81.57%。坚持合法性审查原则，依法对行政机关经济调控、市场监管、公共服务、社会管理等行政行为的依据进行司法审查，维护行政相对人合法权益，健全司法与行政良性互动机制，完善落实行政机关负责人出庭应诉、行政审判白皮书、司法建议等制度机制，延伸行政审判职能，促进、监督行政机关依法行政。加强行政执法与刑事司法有效衔接，依法判处恶意欺诈、扰乱市场、损害公共利益等违法犯罪案件366件618人；强化失信被执行人名单、财产申报调查、限制高消费招投标等社会征信和信用惩戒制度，向社会公布失信被执行人23604人，对609名拒不执行生效裁判或暴力抗拒执行的人员依法处理。

（马云跃）

【法院四项制度改革】 2015年，山西省法院开展四项制度改革试点。省高院起草制定法院人员分类管理、完善司法责任制、健全司法人员职业保障、省以下法院人财物统一管理等四项制度相关配套文件，形成遵循司法规律、符合山西省实际的"1+11"方案体系，其中，书记员实行政府购买、劳务派遣的司法雇员制管理模式等改革思路得到中央政法委肯定，法官职级待遇和职业保障向基层倾斜建议被中组部、中政委和最高院、最高检

2015年6月9日，山西省高级人民法院召开多元化纠纷解决机制改革推进会暨人民法庭工作会议

（马云跃供图）

四部委联合出台的《法官检察官单独职务序列改革试点方案》吸收借鉴。6月17日,司改试点正式启动后,省高院立即动员部署、组织培训,对长治中院、太原市尖草坪区法院等9个试点法院包点指导,确保试点工作顺利推进。按照改革时间表、路线图,试点法院年底前完成人财物上划的编制审核、债务清理、预算上报等对接准备工作,首批入额的214名员额法官经资格审核、业绩考核、民主测评、统一笔试面试等严格程序,由省法官检察官遴选委员会确认产生,按照新的审判权力运行机制、新的审判模式审理案件,并实行司法责任制,对案件质量终身负责。

加强信息化建设,实现与司法公开工作的深度融合。2015年6月,全省法院比最高法院要求提早一年,完成审判流程、裁判文书、执行信息三大平台建设,共公开审判流程信息1100项、执行信息268项、生效裁判文书94913件,变以往当事人千方百计打听案件情况为法院主动向当事人告知,展示人民法院阳光司法新形象。全省法院落实省高院出台的《关于推进发回重审案件三公开工作的指导意见》,裁定发回重审的3205件案件,全部做到依法公开发回理由、公开发回依据、公开发回方式,以司法公开提升司法公信。建成并投入使用科技法庭260个,做到庭审同步录音录像、数字动态监控,证据多媒体直观展示,局域网可随时调取观看庭审情况。三级法院全部建成远程提讯和远程视频接访系统,保障最高法院死刑复核类案件远程提讯170余次。38个法院建立远程视频审判系统,泽州县法院审理的当地68岁原告苗某与兰州市69岁被告王某离婚纠纷案,被媒体誉为全国法院运用远程视频系统审理民事案件"第一案";太原市迎泽区法院远程审理案件235件,节约办案成本近50%。

完善多元化纠纷解决机制。2015年5月立案登记制改革后,案多人少矛盾更为突出。省高院总结推广怀仁县法院、襄垣县法院和芮城县法院风陵渡中心法庭强化诉前调解、诉调对接、多元化解纠纷的经验做法,推动诉讼与非诉讼纠纷解决机制衔接。拓宽社会力量参与纠纷解决的制度化渠道,吸收律师参与信访、调解等工作,与司法行政机关、医疗卫生、工会、妇联等建立行业性、专业性的多元联动联调机制,引导人民群众选择非诉讼渠道解决矛盾纠纷。全省有18976起交通事故、医疗、家事、劳资、消费者权益等纠纷在诉前得以化解,节约司法资源。全省法院民事一审案件调解、撤诉率达59.19%,行政案件协调率达13.84%,执行案件和解率达17.25%。深化涉诉信访改革,强化"诉访"分离,畅通入口、疏通出口,全年共接待群众来访11219次,进京上访数量同比下降4.7%。 (马云跃)

【司法能力提升】 2015年,山西省各级法院有128个集体和49名个人受到省级以上表彰,太原市迎泽区法院获"全国模范法院"称号,大同中院法官邵晋栋、吕梁中院法官曹宪强被评为"全国模范法官"。

开展庭审观摩、裁判文书评比、书记员技能比赛和法警比武活动,提升法官驾驭庭审、适用法律、化解矛盾纠纷、做群众工作、信息化应用等"五个能力";加强业务培训工作,对干警进行分层、分级、分类全员大培训,先后组织量刑规范化、商事审判业务、人民法庭庭长、执行工作实务、《刑法修正案(九)》和司法改革等各类培训78期8500余人次;司法调研能力提高,法官责任制、农村干部职务犯罪等30个调研成果和17个案例分析,被最高院评为优秀。

省高院6次对12个中院和部分基层法院进行明察暗访、专项整治,使解决"六难三案"问题取得看得见、摸得着、感受得到的实际效果。以"零容忍"态度惩治司法腐败,严肃查处64人,对涉及廉政问题的2名中院领导进行诫勉谈话。 (马云跃)

【法院自觉接受监督】 2015年,山西省法院把自觉接受党委领导,接受人大、政协监督,作为公正司法的重要保障。坚持重要部署、重点工作及时向党委汇报,确保法院工作的正确方向。向人大及其常委会报告工作,根据会议审议意见整改工作。加强与人大代表、政协委员的日常联络,组织开展旁听案件庭审、考察法院基础建设、举行座谈、征求意见的"人大代表法庭行"活动,省高院联络人大代表、政协委员1700余人次,发送短信7000余条,听取代表委员意见建议,办理人大代表、政协委员建议提案及其他事项62件。依法接受检察机关诉讼监督,受理检察机关抗诉案件551件,审结461件。其中,维持原判96件,改判128件,发回重审190件,以调解、撤诉等方式结案47件。扩大司法民主,人民陪审员参审案件68082件,陪审率达65.24%,同比上升4.4个百分点。召开全省法官和律师座谈会,构建法官与律师良性互动机制,依法保障律师诉讼权利。接受社会监督,开办网上"院长信箱""我要举报""给大法官留言"等专栏,5个中院和10个基层法院官方网站进入全国法院排名前100名。省高院"给大法官留言"栏目留言和回复数量居全国前列,官方网站点击量在全国法院排名第7,获得新华网评"山西省直政务新媒体综合影响力奖"和"司法系统政务新媒体应用奖"。召开新闻发布会14次,聘请266名人大代表、政协委员和各界人士担任廉政监督员,问卷调查500余次,随机寻访1100人次,接受监督形成新常态。

(马云跃)

【《行政诉讼法》培训班】 2015年1月23日至25日,山西省高级人民法院举办全省法院2015年第一期新修订行政诉讼法培训班。全省三级法院分管行政审判的副院长、行政庭正副庭长、立案庭、审监庭、赔偿办、执行局从事行政诉讼相关业务的法官共550余人参加培训。省法院党组副书记、副院长刘冀民主持开班典礼。

(马云跃)

【法官职业保障论坛】 2015年4月28日上午,山西省法官协会、女法官

2015年4月28日，山西省法官协会、山西省女法官协会联合举办法官职业保障论坛 （马云跃供图）

协会主办的“法官职业保障论坛”在省法院举行，院长左世忠出席并讲话，副院长吴秋霞讲话。来自全省三级法院的23名法官代表，围绕法官工作压力过大、法官人身安全保障不足和法官缺乏职业尊荣感的表现、后果、成因和对策建议进行交流。

（马云跃）

【法院重要会议】 2015年1月23日，全省行政审判工作座谈会议在山西省高级人民法院召开，省法院行政庭全体人员、各中级人民法院分管院领导、行政庭庭长，以及行政案件相对集中管辖试点法院的相关人员共计50余人参加会议。

2015年2月10日，山西省高级人民法院目标考核大会在大法庭召开，省委督导组、考核组一行出席大会。会议由院长左世忠主持，组长王水成讲话。左世忠代表党组汇报工作，全院干警和太铁中院领导参加大会，会后领导干部分别谈话。

2015年2月12日，山西省高级人民法院召开全省中级人民法院院长会议，会议由副院长朱明主持，副院长刘冀民传达全国高级法院院长会议精神。朱明作总结讲话，院长左世忠与各中院院长签订党风廉政建设责任状、社会治安综合治理目标管理责任书，并作重要讲话。

2015年2月15日，山西省高级人民法院在大法庭召开全省法院党风廉政建设和反腐败工作大会（视频会），会议由副院长朱明主持，院长左世忠作重要讲话，组长王珍做工作报告，省法院全体干警、太铁中院全体干警和各中院纪检组长参加会议，全省各中、基层法院设远程分会场。

2015年3月11日，山西省高级人民法院召开“廉政监督员监督随机分案”任务部署会，旨在从分案开始就做到对案件审理的公平公正与阳光透明，从源头上推开务实步骤、采取管用措施并取得实在成效。省高院党组成员、纪检组长王珍参加会议并作重要讲话，纪检组副组长、监察室主任吴民一、纪检组副组长邱春明、立案庭庭长刘润山，担任电脑随机分案监督的廉政监督员、纪检组分案联络员以及活动办公室成员30余人参加会议。

2015年3月27日，山西省法院召开全省中级人民法院院长工作会议，会议由院长左世忠主持，分管院领导朱明、刘冀民、吴秋霞、张炜、王志刚、王文娅、王珍、方剑锋安排部署相关重点工作，左世忠作重要讲话，省院其他院领导、全省各中院主要负责人和省院各部门负责人参加会议。

2015年3月31日，全省法院信访改革暨诉讼服务中心建设工作会议在山西省院召开。各中级人民法院分管立案、信访工作的院领导、立案、信访部门负责人、省院各部门分管涉诉矛盾调处工作的领导和联络员以及立案庭、信访局全体人员参加会议。会议由省高院立案二庭庭长雷根奎主持，巡视员王志刚出席并作重要讲话。

2015年4月16日，山西省高级人民法院与省银监局、省银行业协会联合召开执行查控网络工作协调会。省高院执行局与技术处分别向到会的省内7家地方性银行代表介绍省高院执行指挥中心的建设情况，以及网络执行查控系统与金融机构查控业务对接情况，与会代表就协助法院进行网络查控达成共识。

2015年4月27日，山西省高级人民法院执行局召开全省中级人民法院执行局长座谈会，政委李新民主持，会议由党组成员、执行局局长方剑锋就抓好执行队伍建设全面推进执行工作，对全省法院执行工作进行安排部署，各中院就执行工作进行汇报，党组副书记、副院长朱明对全省执行工作提出要求和目标，以队伍建设为主线，信息化建设为依托，推动全省法院执行工作体制机制的改革创新。各中院执行局长和部分中院常务副院长参加座谈会。

2015年6月9日，山西省高级人民法院在迎泽宾馆召开省法院多元化纠纷解决机制改革推进会暨人民法庭工作会议，省领导王建明、安焕晓、朱先奇，省高院院长左世忠出席会议，省直机关厅局（队）领导、省院院领导、中级人民法院院长（庭长）、省院各部门主要负责人和受表彰人员参加会议，会议由副院长朱明主持，副院长刘冀民宣布表彰决定，给受表彰人员颁奖。王建明讲话，并观看三类先进单位经验视频。

2015年8月19日，山西省高级人民法院召开全省法院司法改革工作推进会。省高院党组副书记、副院长刘冀民出席会议并讲话，党组成员、政治部主任袁振民主持会议，审判委员会专职委员、审监庭庭长翟瑞卿介绍上海高院司改经验。全省各试点法院负责人参加会议。

2015年8月28日，山西省高级人民法院在吕梁召开全省法院行政审判工作座谈会，回顾全省行政审判工作情况，共同研讨行政审判工作中出现的新情况新问题。省高院副院长王文娅出席座谈会并讲话。

2015年12月25日，最高法院在山西省高级人民法院召开征求全国人大代表、政协委员意见建议座谈会，会议由院长左世忠主持，最高法院副院长李少平出席并代表最高法院介绍工作情况，最高院随行其他人员，省法院在家院领导和各庭处室负责人参加座谈会。（马云跃）

【法警首授和晋升警衔培训】 2015年4月24日至30日，山西省高级人民法院司法警察总队与山西法官培训学院在山西省高等警官职业学院联合举办全省法院司法警察首授和晋升警衔培训班，全省各级法院共计151名司法警察参加培训。（马云跃）

【“打击拒不执行判决、裁定等犯罪行为新闻宣传周”】 2015年7月21日开始，山西省法院开展为期一周的“集中打击拒不执行判决、裁定等犯罪行为专项活动新闻宣传周”活动。省高院执行局在街头开展宣传活动，布置宣传专栏，分发宣传材料。院党组副书记、副院长朱明，院党组成员、执行局局长方剑锋到现场宣传指导，并给过往群众进行宣传讲解。

（马云跃）

【最高人民法院咨询委员会到晋调研】 2015年9月1日，最高人民法院咨询委员会在山西省高级人民法院调研。最高法院咨询委员会调研组组长、山东省高院原院长周玉华通报调研活动有关要求，省高院党组书记、院长左世忠汇报山西省法院工作情况。（马云跃）

【首批法官遴选启动】 2015年11月28日上午，山西省法院系统首批法官遴选笔试工作启动，全省分为太原、长治两个考区，同步进行。9个首批试点法院的252名参选人员参加笔试。

（马云跃）

【信息业务标准与司法统计培训】 2015年12月11日至12日，山西省高级人民法院在山西经济干部学院组织全省法院案号和案件信息业务标准与司法统计工作培训班。省高院各业务庭统计人员，各中级人民法院立案庭、司法统计和信息化部门人员，基层法院立案庭和司法统计人员代表等300余人参加培训。（马云跃）

司法行政

【法制宣传】 2015年，山西省司法厅在法治宣传工作上，举办国家宪法日暨全国法制宣传日专题座谈会和现场宣传活动，安排部署弘扬宪法精神、推进宪法实施和加强法治宣传教育工作。开展山西省青少年法制动画漫画微电影创作评选活动和“文源讲坛”公民法律知识系列讲座等。适应法治山西建设新形势、新任务，恢复成立省普法依法治理办公室，开展“六五”普法总结验收工作，创新电视剧场、微信、微电影等普法新方式，在全省引起较大反响。开展“六五”普法总结验收工作，全省创建省级依法治理示范单位200余个，16个“法治县（市、区）创建活动先进单位”、35个“民主法治示范村（社区）”获司法部、全国普法办表彰。弘扬三晋优秀法治文化，厅长崔国红作《继承弘扬三晋优秀法治文化、推动实现弊革风清富民强省》宣讲报告会。《重温山西抗战法制建设的现实意义》纪念文章，被《人民网》和《山西日报》等媒体刊发，对推动弘扬山西“三个文化”做出有益贡献。（杨铁保）

【国家司法考试】 2015年，山西省司法厅组织国家司法考试。全省有11918人报名参加司法考试，实际参加考试人数为9625人，成绩合格人员1621人，其中360分以上的1334人，符合放宽分数线的287人。合格率占报名人数的13.6%，占参考人数的16.84%。（杨铁保）

·监狱管理·

【“平安监狱、法治监狱、廉洁监狱”创建】 2015年，山西省监狱系统以“平安监狱、法治监狱、廉洁监狱”创建为统领，完成省委、省政府下达的各项考核指标，连续九年实现司法部对监狱工作要求的无罪犯脱逃、无狱内重特大案件、无重大疫情、无重大安全

山西省司法厅举行“山西司法”官方微信开通仪式（杨铁保供图）

生产事故的“四无”目标，连续16年实现无狱内重特大案件，安全生产实现“零死亡、零重伤”，安全生产周期达26个月，安全生产工作创历史最好水平，完成“中国人民抗日战争暨世界反法西斯战争胜利70周年”纪念活动安保任务。

开展平安监狱建设。开展“双违清查”专项活动、监管安全隐患排查整治等活动，查处违纪行为和清缴一批违禁品、违规品、危险品。加强罪犯管理，坚持每季度召开一次全省狱情分析会，实行职务犯集中关押，完成罪犯集训分流工作。加大监狱安防设施建设和资金投入，对部分监狱的内隔离带、防攀爬网等重大安防设施进行集中整治。开展“三共”活动，2015年4月被司法部、武警总部联合评为“三共”活动先进单位，实现长周期监管安全。

开展罪犯减刑、假释、暂予监外执行工作，出台《监狱提请减刑假释暂予监外执行会议规程》《山西省监狱管理局推进狱务公开工作方案》，严格执法条件和执法程序，深化狱务公开和执法监督，提升执法公信力。按照省委“六权治本”工作部署，完成列入省政府部门权力清单的罪犯暂予监外执行审批、罪犯减刑审查呈报、罪犯会见管理这三项权力的权力清单、责任清单、权力运行流程图、廉政风险防控图、问责依据的编制工作，规范监狱执法权力运行。

坚持政治建警，举办全局性学习交流会和培训班10余次、金盾讲坛6次、政治理论培训班138期。各基层单位开展相应政治理论培训工作，累计参训人员达8000余人次。坚持素质强警，以执法业务、专业技术、法治文化为主要内容，抓好民警职工业务培训工作。组织开展各类培训班462期，总人数9360人，培训人次25852人次，取得良好效果。坚持从严治警，开展“严明纪律、严格履职”专项督查，严格纠警风执警纪。 （李　豪）

【上级调研】 2015年2月11日至12日，司法部监狱管理局副局长、煤管局副局长孟宪军一行四人到汾阳监狱、太原三监、阳泉一监检查工作，省局副局长高奇等陪同检查。

2015年3月27日，山西省委副书记楼阳生一行到太原二监实地调研，了解省委部署的学习落实讨论活动专项整治工作推进情况。山西省政协副主席卫小春，省委副秘书长张克强，省纪委副书记、省监察厅厅长冯改朵，省委组织部副部长陈跃刚，省委宣传部副部长尹天五，省司法厅厅长崔国红，省监狱局局长句轶旺、政委李效民、副局长高奇随同调研。

2015年3月28日至31日，司法部监狱管理局副局长叶跃进一行三人到太原一监、阳泉一监、晋中监狱实地考察，就山西省监狱系统近10年监狱工作进行全面调研。

2015年10月28日，司法部原副部长、中国监狱协会会长范方平一行到太原一监、平遥监狱调研指导工作。省局政委李效民陪同调研。

（李　豪）

【部分罪犯特赦报请工作】 2015年9月，山西省监狱系统为做好中国人民抗日战争暨世界反法西斯战争胜利70周年特赦部分服刑罪犯工作，开展专项工作，按照“不错放一个人、不漏赦一个人”的工作要求，先后多次召开局长办公会议、全系统特赦工作会议、特赦评审会议进行研究部署，严格把关，依法依规开展部分罪犯特赦报请工作，确保不错放、不漏放，完成特赦部分罪犯报请工作。

（李　豪）

【“七道防火墙”筑牢】 2015年1月至8月，山西省监狱系统开展减刑、假释、暂予监外执行专项整治活动。这次活动坚持问题导向，从严导向，责任导向，出台《监狱提请减刑假释暂予监外执行会议规程》《关于开展减刑、假释、暂予监外执行专项整治工作方案》《关于开展减刑、假释、暂予监外执行专项整治工作的补充方案》《山西省监狱管理局推进狱务公开工作方案》等规定，构建筑牢思想认识、筑牢考核管理、筑牢队伍建设、筑牢执法制度、筑牢程序控制、筑牢监督保护、筑牢阳光执法等“七道防火墙”，保障山西省罪犯减刑假释暂予监外执行工作规范运行。山西省在减假保工作中构筑“七道防火墙”的做法，被司法部在全国监狱系统进行推广。 （李　豪）

【罪犯改造质量提升】 2015年，山西省监狱系统深化“三课教育”，加强罪犯思想教育，开展党的十八届四中全会精神学习教育，“爱国主义教育和法治教育”专题教育活动；深化职业技能教育，全年安排罪犯职业技能培训4933人；投入260万元加强文化

山西省监狱管理局召开山西省监狱系统特赦工作会议 （李　豪供图）

2015年1月12日，山西省副省长、省公安厅厅长刘杰（前排中）一行到太原二监调研指导工作　　（李　豪供图）

教育设施建设。开展心理矫治教育和心理矫治工作，新入监罪犯心理测试率达100%。加强个别教育工作，顽危犯、重点犯攻坚转化取得明显效果。开展警示教育工作，全年6000余人到监狱接受警示教育。加大监狱文化建设力度，推进"一监一品"建设，举办山西省服刑人员第八届"时光杯"篮球赛，发挥以文育人、以文化人作用，促进罪犯改造质量提升。

（李　豪）

【监管安全隐患排查整治】 2015年10月20日至12月31日，山西省监狱系统开展监管安全隐患排查整治活动。重点排查警戒安防设施方面隐患、监狱大门管理方面隐患、罪犯会见管理方面隐患等。对于排查出的隐患和问题，逐一列出清单，制定整改措施，明确整改要求、时限、责任人，做到随时发现问题，随时整改隐患。活动期间，山西省监狱管理局成立由分管局领导和相关业务处室组成的排查整治活动领导小组，负责对全系统进行督查指导，同时派出检查组，对安全隐患较多、整治不力的单位，实行领导挂牌包干督导，确保全省监狱改造秩序持续安全稳定。

（李　豪）

【监狱工作会议】 2015年11月6日，山西省监狱工作会议在山西省委会议厅召开。会议的主要任务是学习习近平总书记关于监狱工作的重要指示，贯彻落实全国监狱工作会议精神和全国监狱安全工作会议精神，总结近年来全省监狱工作，表彰监狱安全稳定工作先进单位，部署监狱工作，推动新形势下监狱工作的改革发展。山西省委副书记楼阳生出席大会并作重要讲话，副省长、省公安厅厅长刘杰主持会议。省高院院长左世忠、省检察院检察长杨司、武警山西总队司令员曾有成，以及省委组织部、省政法委、省编办、省发改委、省公安厅、省安全厅、省财政厅、省人社厅、省司法厅、省监狱管理局等部门领导出席会议。　　（李　豪）

·律师与公证·

【律师工作】 2015年，山西省司法厅在法律服务保障"六大发展"上，开展"律师服务保障项目提质增效年"活动，组建专项律师服务团队开展调研走访、法律体检、法律咨询、风险评估等系列专项活动，为3727个重点工程提供法律服务。2015年，全省律师共办理各类诉讼案件5.15万件，办理非诉讼法律事务4.23万件。在"一村（社区）一法律顾问"工作上。坚持问题导向，开展"群众打官司难"问题专项整治，强力推动全省29736个村（社区）实现法律顾问全覆盖，并整理汇编《全省司法行政系统"一村（社区）一法律顾问"100个案例集》，提出"十有五优"的工作新标准，引导推动"一村（社区）一法律顾问"由"有形覆盖"向"有效覆盖"坚实迈进。在律师队伍教育管理上，推进律师行业党组织建设，推出律师党建工作的"山西模式"，实现省直律师事务所党的组织和党的工作全覆盖，获司法部肯定。在全省律师队伍中开展"依法治国与律师业"主题学习教育活动和"诚信执业、坚守法治""律师与法治政府建设高峰论坛"等主题教育实践活动，确保律师工作的正确政治方向。在加强律师业务建设上，引导律师巩固规范诉讼、仲裁、调解等传统业务，放眼国际和国内市场需求，坚持专业化方向，拓展新的业务领域，打造新的服务产品，推进山西省律师业务转型和升级。在律师工作改革上，重点研究解决律师执业权利保障、推荐优秀律师担任法官和检察官等问题。省司法厅与省高院合作开通运行"山西省律师诉讼服务平台"，借助法院现有的内部管理服务平台，推动律师享有网上立案、阅卷、文书提交、一卡通入庭等综合服务，截至2015年底，全省7100多名律师和650多家律师事务所名单全部录入系统，开展系统试运行。　　（杨铁保）

【公证工作管理】 2015年，山西省司法厅在公证工作体制机制上，贯彻落实省司法厅与省公安厅联合下发《依法查处扰乱公证执业秩序违法犯罪案件的意见》，与省高级人民法院联合下发《关于公证债权文书强制执行效力的意见》，与省住建厅联合下发《房地产交易中充分发挥公证证明效力的通知》，省司法厅下发的《关于推进全省公证工作改革与发展的意见》。开展公证行业"规范化、标准化、信息化"建设。与山西综合广播政风行风热线栏目联合制作"听民意，解民忧"节目。组织开展公证法颁布十周年系列纪念活动。在公证机构及队伍建设上，适当增设市级公证机构，鼓励适度竞争，经司法部正式批复同意，山西省设区的市公证机构数量增加 10 个。依法加强公证执业监管，完成省公证协会换届工作。组织公证人员在大中专院校举办公证讲座，开展优秀公证员评选活动。加强公证人员培训管理，公证从业人员学历主体逐年由大专学历提高为本科学历，本科及以上学历占比由 30.2% 提高到 56.7%。推动完善公证员职称评审工作。在公证业务上，全省公证行业加大对商业银行、小额贷款公司、担保公司、融资租赁公司等金融主体的债权文书进行公证并赋予强制执行效力，加强对民间借贷合同公证的力度，开展公证服务金融振兴的实务研究。开展公证法律援助工作，仅 2015 年办理公证法律援助案件 3977 件，减免收费 1043955 元。服务全省重点项目工程 353 余项，其中，省级重点项目 30 个，市级重点项目 62 个，县级重点项目 183 个，其他 78 个。涉及金额 506.95 亿元，涉及人数 47.67 万人。共计办证 16609 件。2015 年，全省公证机构办理各类公证事项 17.6 万件。 （杨铁保）

·法律援助·

【社区矫正管理】 2015 年，山西省司法厅在社区矫正工作上，加强对重点社区服刑人员的日常监管，落实重大事项报告制度和应急处突制度，全年撤销缓刑、假释收监执行 114 人，对暂予监外执行罪犯收监执行 62 人，警告 603 人次，予以治安管理处罚 27 人次。在安置帮教工作上，省司法厅汲取大同“12·8”特大绑架案沉痛教训，安排部署安置帮教“除隐患、强基础、保稳定”专项攻坚行动，全面查摆在信息录入、信息核查、出监评估、预释放信息录入、人员衔接、救助政策落实等环节存在的问题隐患。加强信息核实工作，全省应核查服刑人员信息核实率为 91.8%。加强刑满释放人员衔接帮教工作，全省衔接 17995 人，其中重点帮教对象接送率 100%，特赦人员衔接率 100%，刑满释放人员安置率 98.4%，帮教率 100%。

（杨铁保）

【戒毒康复工作】 2015 年，山西省司法厅建立形成“一所两中心”的戒毒康复工作格局，累计收治戒毒康复人员 4400 余人。在运城市和太原市开设美沙酮维持治疗门诊，受益近 2000 人。推动自愿戒毒工作，收治自愿戒毒人员 3735 人。建成全省禁毒教育基地，推动省戒毒康复医院建设取得实质性进展，“四位一体、两个尝试”大戒毒格局初步形成，在全国戒毒工作会议上做经验交流。 （杨铁保）

【基层法律服务】 2015 年，山西省司法厅在公共法律服务体系建设上，推进覆盖城乡的公共法律服务体系建设，提请省政府办公厅印发《关于推进公共法律服务体系建设的意见》，这是全国首家以省政府名义出台的推进公共法律服务体系建设的文件。制订《山西省司法厅关于推进公共法律服务体系建设 2015 年行动计划》，建成县级法律服务中心 115 个，占应建数的 96.6%。在基层司法行政队伍建设上，省司法厅把握新时期干事创业队伍的新标准要求，加强基层司法行政工作队伍建设。通过组织开展“向李培斌同志学习，争做人民满意的‘好司法’”主题实践活动，号召全省司法所工作人员向李培斌看齐，让培斌精神在司法行政系统代代传承，力争使每一名司法所工作人员都成为人民满意、群众信任的“好司法”。清理落实司法所政法专项编制，采取政府购买服务等形式，充实司法所人员力量。开展多形式、多层次的业务技能培训和岗位练兵活动，激发司法所工作人员性，提高司法所工作人员依法行政、规范执法和服务群众的能力水平。在人民调解工作上，部署开展“服务六大发展化解矛盾纠纷专项活动”，全省累计调解纠纷 177046 件，防止群体性上访 1558 件，调解行业性、专业性纠纷 11088 件，制止群体性械斗 100 件，防止民事纠纷转化为刑事案件 541 起，维护社会的和谐稳定。 （杨铁保）

【法律援助】 2015 年，山西省司法厅完善法律援助制度《山西省法律援助条例》修订草案于 2015 年 11 月 26 日经山西省第十二届人民代表大会常务委员会第二十三次会议审议通过，并召开《山西省法律援助条例》新闻发布会。山西省成为中办、国办《关于完善法律援助制度的意见》印发后，全国首个修订省级地方法规、大

2015 年 11 月 26 日，山西省司法厅举行《山西省法律援助条例》新闻发布会

（杨铁保供图）

幅提高法律援助覆盖面的省份。在法律援助便民服务上,山西省司法厅推进实现全省三级法律援助便民服务大厅和“12348”法律援助热线“两个全覆盖”。便民服务大厅“面对面”服务与“12348”专线服务“线上线下”相结合,形成省市两级统一监管、互通互联、“点线面”相结合的服务新模式。全省“12348”专线接通率达到95%,月接听量达到4000人次。建成全国首家省、市、县三级法律援助远程视频服务系统,实现大中城市优质法律服务资源向力量薄弱、资源缺乏和偏僻地区的倾斜。2015年,全省“12348”法律援助专线接听群众来电咨询50827人次,接待、接听群众法律咨询4.8万人次,办理法律援助案件2.2万件,受援群众超过30万人,为受援人争取经济赔偿3.3亿元,受援人满意率高达96%。（杨铁保）

·司法鉴定·

【司法鉴定机构管理】2015年,山西省司法厅开展司法鉴定机构仪器设备配置情况专项检查和案卷专项检查,加强司法鉴定行业违法违规问题专项整治,加强对环境损害司法鉴定机构和司法鉴定人的管理,解决司法鉴定机构和司法鉴定人违规违法执业的突出问题。做好司法鉴定投诉处理工作,树立司法鉴定行业良好形象,增强司法鉴定人的职业认同感,扩大司法鉴定社会影响力。2015年,全省司法鉴定机构办理司法鉴定案件3.53万件。（杨铁保）

【交通事故司法鉴定培训】2015年6月10日至12日,山西省司法鉴定协会举办全省道路交通事故机动车司法鉴定培训班,全省100余名从事机动车相关司法鉴定的人员参加培训。培训邀请3位省内外机动车司法鉴定方面专家,从道路交通事故车辆安全技术检验、道路交通事故车速鉴定、道路交通事故的现场勘验等方面进行授课,4家司法鉴定机构作机动车鉴定能力验证专题交流发言。

（杨铁保）

【涉保案件司法鉴定研讨】2015年11月3日,山西省司法鉴定行业和保险行业召开涉保案件司法鉴定专题研讨会。与会人员就涉保案件司法鉴定工作中的技术标准、委托主体、鉴定程序、鉴定人出庭、重新鉴定等问题交流讨论。

2015年,山西省司法鉴定协会表彰“全省十佳司法鉴定机构”和“全省百优司法鉴定人”。（杨铁保）

仲　裁

【仲裁事业发展】2015年,山西省政府法制办落实国务院法制办各项工作部署,加强同仲裁委员会所在地市政府、市政府法制办和仲裁委员会的联系沟通,提供指导服务,推动和促进仲裁事业健康发展。截至2015年底,山西省有阳泉、大同、太原、长治、运城、晋中、晋城、临汾8个设区的市成立仲裁委员会,仲裁委员会派出机构47个,仲裁员在册人数1189人。

（刘钢柱　张　恺）

【省内各仲裁委员会案件年度处理情况】2015年,山西省8个仲裁委员会开展案件受理与处理。太原仲裁委员会受理案件500件,标的额67000万元,调解和解270件,撤销案件2件;大同仲裁委员会受理案件87件,125139万元,调解和解28件,撤销案件1件;晋中仲裁委员会受理案件119件,41000万元,调解和解36件;阳泉仲裁委员会受理案件80件,标的额15635.8万元,调解和解42件;长治仲裁委员会受理案件102件,标的额24098万元,调解和解32件;晋城仲裁委员会受理案件184件,标的额43344万元,调解和解50件;临汾仲裁委员会受理案件34件,标的额20370.44万元,调解和解11件,撤销案件2件;运城仲裁委员会受理案件158件,标的额38259万元,调解和解15件。总计受理案件1264件,374847万元,调解和解484件,撤销案件5件。大同仲裁委员会以斡旋方式处理城市基础设施建设领域案件19件,标的额23613万元;阳泉仲裁委员会为仲裁委下设保险中心调解案件606件,标的额2168.94万元。

（刘钢柱　张　恺）

【仲裁管理】2015年,山西省司法厅在仲裁管理工作上,围绕提高仲裁公信力任务,规范仲裁机构的登记管理工作,加强仲裁机构监督管理,完善仲裁登记管理制度,在发挥仲裁工作化解矛盾纠纷、服务经济发展与社会稳定等方面起到作用。（杨铁保）

【仲裁机构实体化建设】2015年,山西省推进全省劳动争议仲裁办事机构实体化建设。山西省建立省级劳动人事争议仲裁院,全省各市、县(区)争取当地政府、财政编制部门的支持,落实机构和人员编制,确保完成建设任务。下发《关于进一步推进劳动人事争议仲裁机构实体化建设的通知》,建立月调度制度,每月定期对各市、县(区)仲裁实体化建设进展进行摸底,根据进展情况对全省各市、县(区)仲裁院建设统一部署,促进实体化建设取得成效。年底,结合全国综治委对全国各省综治工作中非公有制经济组织构建和谐劳动关系情况的相关考核,下发《关于对非公经济组织构建和谐劳动关系中调解仲裁工作情况考核的通知》,将实体化建设作为考核的一项重要指标,督促各市、县(区)加快实体化建设的步伐。山西省仲裁实体化建社进展效果显著。市级仲裁院上年建成5家,2015年建成9家,建设率较上年上升30%。县(区)级仲裁院上年建成20家,截至2015年底,完成75家,建设率上升40%。（任婷婷）

【仲裁效能建设】2015年,山西省劳动人事争议调解仲裁工作会召开,传达全国劳动人事争议调解仲裁工作座谈会精神,对上年全省劳动人事争议调解仲裁工作进行总结,并部署调解仲裁工作任务。下发《2015年山西省劳动人事争议调解仲裁工作要点》，对全省调解仲裁重点工作进行安排和部署，督促各地加快推进仲裁院实体化建设。

2015年6月，山西省人社厅组织全省劳动人事争议处理效能建设督查调研。调研以11个市交叉检查的形式，采取听汇报、进现场、实地走访，到仲裁办案一线和基层组织检查，增进互相学习、交流，促进全省调解仲裁效能建设。8月，人力资源与社会保障部“十二五”时期劳动人事争议处理效能建设到山西省督查调研，前往晋中市、临汾市及所辖县(区)进行督查调研，听取各市、县(区)汇报并实地检查仲裁办案机构。部督察组对山西省劳动人事争议处理效能建设给予肯定。（任婷婷）

【基层调解组织建设】 2015年，山西省各级仲裁机构发挥基层调解组织在劳动争议案件处理方面的作用，初步建成全方位、大纵横、立体式基层调解组织网络。全省规模以上企业基本建立劳动争议调解委员会；街道、乡镇劳动就业社会保障服务中心（所）劳动人事争议调解组织建设率达80%。在非公经济组织、商会(协会)推进建立内部劳动争议调解组织，加强非有公制企业及商会(协会)的劳动争议预防调解工作。各调解组织均配备有专职或相对固定的兼职调解员，建立基层调解组织的工作机制，通过搭建基层劳动争议调解平台，建成以劳动人事仲裁委员会为核心，乡镇街道调解组织为重心，企业行业劳动争议调解组织为前沿，全方位基层预防调解组织网络。

在调解工作创新方面，率先在晋城市推行探索仲裁委指导基层调解组织定期召开案件研讨会，加强基层组织办案规范化，并在劳动争议多发、易发地区实行“巡回仲裁庭”的方式，及时化解劳动纠纷。（任婷婷）

【调解仲裁制度管理体系】 2015年，山西省按照调解仲裁法、人事争议处理规定、办案规则、组织规则等政策法规，统一规范劳动人事争议处理体制，强化职能、健全机构、调配人员，增强整体工作合力。完善各级仲裁机构开庭程序、仲裁员和书记员管理制度、内部监督和错案追究等工作制度，制定规范化的仲裁文书式样，修订各项仲裁庭制度，形成制度管理体系。在制度创新方面，结合阳泉市行政区域相对小，案件相对少的特点，采取全市集中仲裁员统一办案模式，创新办案方式，优化办案程序。2015年，全省调解组织受理案件3171件，调解结案2578件，仲裁机构受理案件8770件(包括上年未审结案件597件)，结案8528件，结案率为97.24%，维护劳动者合法权益，促进全省劳动关系和谐稳定。（任婷婷）

【调解仲裁人员培训充实】 2015年，山西省组织仲裁员、基层调解员参加人社部培训50余人次，做好仲裁员证的申领和更换工作，完成全省仲裁员200余人的证件发放工作，保障仲裁员持证上岗，树立仲裁员的政治责任感和历史使命感，保持廉洁自律的工作作风。提高仲裁员人员素质，各级劳动人事争议仲裁机构通过公开招考、选聘、借调、选聘公益性岗位人员和大学见习生等方式方法充实仲裁院队伍及辅助工作人员。（任婷婷）

【调解仲裁办案信息化】 2015年，山西省启动全省调解仲裁办案系统，系统和数据均在省级集中部署，实现省、各市、县(区)三级网上办案。截至2015年底，系统在省仲裁院、太原市、晋中市、太原市杏花岭区及晋中市榆次区试运行，拓展临汾市、晋城市、运城市市级及所辖各1个县(区)进行试运行，待系统试运行成熟，将实现全省各地的仲裁办案信息化。开展调解仲裁案件信息整理工作，对全省各市调解仲裁案件进行梳理、分析汇总，完成全省一季度、二季度、三季度、四季度及全年调解仲裁数据报表的填报及数据分析报告的撰写，完成每月重特大案件报告，报送人社部。

（任婷婷）

发展与改革

【转型综改行动计划推进】 2015年，山西省发展和改革委员会(简称山西省发改委)建立健全省部合作、督查考核、“一事一表”“一月一报”、项目化管理、分类推进、第三方评估等工作机制，转型综改2013年—2015年实施方案确定的“5111”(50项重大改革、100项重大事项、100项重大项目、10个重大课题)任务落实。

2015年，“2285”综改行动计划推进，出台实施80多项制度性改革成果文件，煤炭管理体制、国资国企、土地管理、财税金融、行政管理、对外开放、生态文明建设等重点领域改革取得突破。山西省发改委具体承办的重点改革事项全部完成年初预定任务。公车改革方面，编制全省公务用车制度改革方案，经中央车改领导小组批复，省委办公厅、省政府办公厅以晋办发〔2015〕45号文件正式印发实施。12月31日，省直机关取消的公务用车正式封存停驶。公共资源交易平台建设方面，编制出台《整合建立统一规范的公共资源交易平台实施方案》，配套起草细化的推进方案和任务分工意见，完成省市两级公共资源交易平台整合工作。电力体制改革方面，牵头编制电力体制改革综合试点方案，经多次对接，国家同意将山西省列为试点省份。煤炭管理体制改革方面，制定《健全山西省煤炭物流体系实施方案》《山西省探索建立煤炭战略储备实施方案》。 (刘　帅)

【政策研究】 2015年，山西省发改委抓好“十三五”规划编制工作。组织编制64个专项规划，确定11个市县开展“十三五”规划编制试点。抓好重大政策研究制定。研究起草新型城镇化规划、生态保护与建设规划、加快生态文明建设实施方案、企业信用行为联合奖惩办法、推行环境污染第三方治理实施方案等重大政策20余项，报省委、省政府审定出台。加强经济形势分析。按月组织召开经济形势分析联席会议，动态跟踪分析工业、煤炭、投资、融资、民生等重点领域新情况新变化，向省委、省政府提出针对性强、操作性强的工作建议。组织各市发改委召开座谈会，就创新经济形势分析工作思路和方法、做好稳增长工作，进行讨论交流。按月向国家发改委报送经济形势分析报告，反映山西省工作建议和政策诉求。(刘　帅)

【固定资产投资增长】 2015年，山西省发展和改革委员会落实省委、省政府各项决策部署，发挥综合经济部门职能，发展改革工作取得新成绩。全年完成全社会固定资产投资14137.2亿元，增长14.4%。

发挥十大重点领域投资的龙头带动作用。2015年，3条特高压外送电通道、阳大铁路、大张客专、和邢铁路、太原地铁2号线、晋中至太原轻轨、科技创新城、24个低热值煤发电等重大项目开工建设，太焦客专、古贤水利枢纽、盂县—河北输电通道等项目前期工作进展较快，十大重点领域投资完成10438.3亿元，完成全年计划的107.5%，带动全省固定资产投资完成13744.6亿元，增长14.8%，超过全国4.8个百分点。“十二五”时期，全省全社会固定资产投资累计完成5.4万亿元，年均增长21.7%，超额完成“五年五万亿”目标。

拓宽投资资金来源渠道。争取中央资金，按照国家投资安排的重点和方向，及时筛选上报项目，全年共争取中央预算内投资95.2亿元，“十二五”时期共争取到505.2亿元，年均超过100亿元，支持全省农林水、交通基础设施、城建环保、社会公益事业、保障性安居工程、产业转型等领域项目建设。申请发行企业债券，全年共争取国家核准山西省企业债券25亿元，“十二五”时期累计达491.5亿元。申报国家专项建设基金，抓住契机申报4批项目，全年共争取到87.62亿元，缓解项目资本金紧张问题。研究制订并报请省政府出台《创新重点领域投融资机制鼓励社会投资的实施意见》。发布75个采用政府和社会资本合作(PPP)模式建设运营的项目，总投资591.4亿元，涉及交通、市政、公共服务等领域。全年全省民间投资完成8353.3亿元，增长21%，高于全省固定资产投资增速6.6个百分点。

深化投资体制改革。对省本级政

府投资实行部门预算管理,按照省政府确定的重点投向和基本原则,由行业主管部门组织项目计划和资金安排,投资主管部门履行审批手续,财政部门下达政府资金。通过还权于部门、还权于市场,促进效能提升。下放审批权限,修订《山西省政府核准的投资项目目录》(2015 年版),除国家规定必须由省级政府进行核准的项目外,其余全部下放市县,省级核准类项目减少幅度超过 50%,落实企业投资自主权。加强事中事后监管,坚持权力和责任同步下放、调控和监管同步强化,执行《政府投资项目竣工验收管理办法》,起草完成山西省重大建设项目稽查办法并报省政府。建设投资项目在线审批监管平台、省信用信息共享平台,实现与国家发改委的纵向贯通。加大重大项目稽查力度,对低热值煤发电项目等领域进行专项督查,发现问题及时督促整改。

(刘　帅)

【经济提质增效升级】 2015 年,山西省坚持转方式调结构,以国家综合能源基地建设为重点加快推进煤炭"六型"转变,以七大非煤产业为重点培育壮大新的增长点,促进经济提质增效升级。

加大对农业发展的支持力度。落实省政府出台的强农惠农富农政策,推进高标准农田建设,编制出台《高标准农田建设总体规划(2014–2020 年)》,将 410 万亩的建设任务分解到相关部门并督促落实。争取中央投资 25.15 亿元,用于新增粮食产能田间工程、大型节水灌区、天然林保护、三北防护林、京津冀风沙源治理、粮食仓储设施、粮食现代物流等项目建设。全省农业生产克服严重干旱等自然灾害影响,保持良好发展态势,粮食总产量 125.96 亿公斤,是历史上第四个高产年。

推进国家综合能源基地建设。制订出台山西省能源发展战略行动计划,推动由单一煤炭开采向综合开发利用转变,由单一煤电基地向综合能源基地转变。煤炭方面,争取国家批复霍东矿区总体规划,全省有 14 个矿区总体规划获批。推进新建及接续矿井建设,争取国家核准产能 500 万吨/年的晋城矿区东大矿井及选煤厂项目。电力方面,核准低热值煤发电项目 23 个,总装机 1997 万千瓦,均开工建设。核准中电国际 2×100 万千瓦、漳泽电力 2×100 万千瓦项目,实现山西省百万千瓦装机项目"零"的突破。争取国家安排火电建设规模 270 万千瓦。争取国家同意建设 4 条特高压外送电通道,新增外送电能力 1600 万千瓦,蒙西—晋北—天津南、榆横—晋中—潍坊、晋北—江苏 3 条开工建设。2015 年,全省电力装机达到 6966 万千瓦,增加 660 万千瓦。新能源方面,争取国家下达风电核准计划 199.8 万千瓦、光伏发电指导规模 65 万千瓦。争取国家批复同意大同采煤沉陷区建设先进技术光伏示范基地,增加光伏发电建设规模 100 万千瓦。截至 2015 年底,全省新能源装机达 1294 万千瓦。煤层气方面,争取国家批复三交—碛口煤层气区块开发方案,同意沁水盆地柿庄南煤层气开发项目、中石油大吉煤层气区块项目开展前期工作。支持应急调峰设施、输气管网等重点项目建设。全年全省煤层气(瓦斯)抽采量 101 亿立方米、利用量 57 亿立方米。现代煤化工方面,编制晋北现代煤化工基地总体发展规划,争取晋北基地朔州核心区的主要内容列入《国家煤炭清洁高效转化利用布局规划》拟定的七大基地。推进潞安煤制油等标志项目建设。

培育新的经济增长点。逐产业、逐行业研究编制七大非煤产业"十三五"专项规划,明确发展目标和重点,确定保障措施和扶持政策。推进已布局的轨道交通装备、煤机装备、煤层气装备、电力装备、煤化工装备等领域重大项目建设。推动铝工业转型升级。研究编制全省铝工业转型升级方案,争取国家支持。推进山西省与中铝、华润合作建设吕梁百万吨铝循环产业基地。核准平陆县中盛铝矾土公司靳家底铝土矿开采项目,备案一批氧化铝项目,帮助企业协调大用户直供电、自备电厂、铝土矿资源配置等问题。推进钢铁、焦化、电解铝等行业过剩产能化解工作。落实国家《化解产能过剩矛盾的指导意见》和山西省具体的实施方案,推进钢铁、焦化、电解铝等行业过剩产能化解工作,完成钢铁、水泥行业的清理整顿工作,全年未批准新增产能的钢铁、水泥项目。完成国家下达山西省的淘汰落后产能目标任务。加快服务业发展。牵头制订《物流业发展中长期规划(2015–2020 年)》和两年行动计划、《促进云计算创新发展培育信息产业新业态的实施意见》《加快发展体育产业促进体育消费的实施意见》,优化服务业发展环境,2015 年服务业增加值增长 9.8%。

(刘　帅)

【发展空间拓宽】 2015 年,山西省助推科技创新,主动对接融入"一带一路"建设、京津冀协同发展、环渤海地区合作发展等国家重大发展战略,增强经济发展动力,拓宽发展空间。

推动创新发展。落实国家加快创新驱动发展战略、推进大众创业万众创新等政策,研究制订山西省具体实施办法。编制战略性新兴产业"十三五"专项规划,围绕煤炭、煤层气、装备制造等行业开展科技创新专题研究。参与山西科技创新城的规划编制与政策设计,加快入驻项目的立项审批。组织申报国家地方联合工程研究中心(工程实验室),争取国家对新兴产业项目的扶持。

加强区域合作和对外开放。对接"一带一路"发展战略,争取山西省被列为中蒙俄经济走廊国内 10 个合作省份之一,争取山西省被列为环渤海地区合作发展 7 个省份之一,起草山西融入环渤海地区发展实施意见。拓展与中部五省的经贸交流与合作,编制新十年促进中部崛起战略发展规划(山西篇)。加强国际交流合作,出台《推进国际产能和装备制造合作实施方案》。与德国北威州等友好州省合作,继续选派赴德研修生。蒙晋冀(乌大张)长城金三角、晋陕豫黄河金三角、中原经济区等区域合作深化。

(刘　帅)

【循环经济试点工作】 2015年,山西省发改委组织开展循环经济试点示范工作。指导晋城市、吕梁孝义市开展国家循环经济示范城市创建工作,争取太原不锈钢园区和山西喜跃发建筑垃圾再生利用公司被国家列为循环经济标准化试点单位。推进朔州市、临汾浮山县建设国家第二批资源综合利用“双百工程”示范基地,争取朔州平鲁区、吕梁孝义市被列为国家第二批生态文明先行示范区。实施燃煤机组超低排放改造提速工程。出台《燃煤电厂超低排放改造三年推进计划》和2015年行动方案,将全省4404万千瓦装机的改造时限由2020年提前至2017年,38台机组完成改造任务,合计改造容量1440万千瓦。推进晋城国家低碳城市试点示范,选择15个市县、5个园区开展省级低碳试点,探索低碳社区试点,组织节能和低碳宣传活动。 (刘 帅)

【民生改善与经济增长两促进】 2015年,山西省发改委推进重点民生工作,实现民生改善和经济增长两促进、两提高。实施采煤沉陷区治理提速工程。制订《深化采煤沉陷区治理规划(2014-2017年)》和2015年行动方案,将全省采煤沉陷区治理完成时限由2020年提前至2017年,年初及时分解7.5万户、21万人的搬迁治理任务到市、县,并组织协调推进。启动城区老工业区和独立工矿区搬迁改造。太原、阳泉、临汾、长治、晋中5市搬迁改造工作获得国家支持,进展顺利。牵头办好农村“五件实事”。健全月报监测、协调联系等工作制度,组织省直各牵头部门制定具体工作方案并督促落实,各项任务基本完成。其中,省发改委具体负责的长治平顺、武乡2县5000人易地扶贫搬迁任务完成。支持科教文卫等社会事业发展。组织申报社会事业领域的中央预算内投资项目,全年在教育领域争取资金4.05亿元、医疗卫生领域6.4亿元、养老旅游文化体育等领域2.48亿元、就业和社会保障领域1866万元。开展光伏扶贫。确定临汾市汾西县、吉县、大宁县和大同市浑源县、天镇县为光伏扶贫试点县。2015年,总规模20万千瓦的12个地面集中光伏扶贫电站均开工建设。总规模5624千瓦的56个村级分布式电站和1个户用分布式电站启动,其中10个建成,3个并网发电。做好援疆工作。安排援助资金2.64亿元,20个援疆项目推进。抓好油气管道保护、新能源行业安全生产。报请省政府出台《山西省石油天然气管道建设和保护办法》,制定《省发改委安全生产管理委员会工作制度》,连续组织开展安全生产检查抽查,发现安全隐患并督促整改,确保油气管网、新能源行业安全运行。 (刘 帅)

国土资源管理

【资源保护 权益维护 改革推进】 2015年,山西省国土资源系统各项工作取得明显成效。

落实耕地保护责任,推进土地整治、高标准基本农田建设和基本农田划定工作,实现耕地占补平衡,守住405万公顷耕地和339.2万公顷基本农田保护红线。全年争取国家下达山西省年度用地计划1.3万公顷,批准建设用地7800公顷,供应土地1.02万公顷,确保一大批新兴产业、重大基础设施和民生项目落地。

省政府出台《山西省煤炭资源矿业权出让转让管理办法》,组织研究拟定煤炭矿业权管理体制改革相关配套制度规范。煤炭煤层气审批制度改革取得突破。与国务院相关部门协调,拟定改革方案,拟通过修改国务院行政法规附录,将煤炭和煤层气法定审批调整为国土部、省厅两级审批。推进兼并重组后续工作,完成资源储量核实,换发52个长期采矿许可证,解决40座煤矿边界重叠问题。

验收地质找矿项目89个,新增一批矿产资源储量。推行节约集约用地,开展11个市和17个开发区节约用地考核评价。严格矿产资源“三率”考核评价,提升矿产资源节约与综合利用水平。省政府出台不动产统一登记实施方案,建立厅际联席会议制度,提前1个月完成市、县不动产统一登记职责和机构整合任务。推进泽州县集体经营性建设用地入市试点,制定13项制度,5宗集体经营性建设用地入市,走在全国前列。

地质灾害防治工作。推进群测群防体系建设,加强灾害预警预报,强降雨期间组织避险4300人次;全省地质灾害发生数同比下降67%、人员伤亡下降64%,是“十二五”期间因灾损失最少的年份。推进农村地质灾害治理搬迁,超额完成年度任务。组织开展矿山地质环境恢复治理,企业和地方财政投入2.7亿元,治理矿山130座。国家将山西省列为采煤沉陷区治理试点省份并给予资金支持。

推进法治国土建设,公布权力清单89项、责任清单89项,编制并公布权力运行流程图、廉政风险防控图。加大制度建设力度,对120项各类管理制度进行清理,形成较为完备的制度体系。开展土地、矿产卫片执法检查行动,立案查处土地违法案件6851宗、矿产违法案件立案查处164宗,提出党政纪处分建议2426人,移送司法机关追究刑事责任101人。打击私挖滥采,排查关闭矿山(井)3214座,立案164宗,给予党政纪处分59人。开展土地和矿产资源领域专项整治行动,整改审批和监管不规范的问题。落实省政府“60条”,全年缓征548个矿山企业资源价款167.9997亿元;为44个企业高效办结采矿权抵押备案,帮助企业融资183亿元。实现国土资源收益441.5亿元。

“十二五”期间,山西省政府和国土资源部签署《创新矿业用地管理机制合作协议》,结合综改试验区建设,实施十项用地新机制,拓展用地空间43.57万亩。 (李 阔)

【耕地资源保护】 2015年,山西省国土资源厅推进耕地资源保护工作。下达各市级人民政府2015年耕地保护责任目标,并签订耕地保护目标责任书,对2014年耕地保护责任目标进行检查和考核。推进土地整治项目,

2015年下达全省高标准基本农田建设任务14.6万公顷，下达国土部门高标准基本农田建设任务6.53万公顷。截至2015年底，落实高标准农田建设任务6.55万公顷。其中，安排省级高标准农田建设项目建设规模2.934万公顷，总投资5.55亿元；安排市级建设规模3.62万公顷，落实建设资金11亿元。全年共组织专家评审土地复垦方案130个。为山西科创城项目协调省级专项基金补充耕地指标近333公顷，确保该项目顺利推进。推进基本农田划定工作。省政府成立由省委常委、常务副省长高建民和副省长郭迎光任组长的山西省永久基本农田划定工作领导组。8月，在阳泉市组织召开全省基本农田划定经验交流学习会与划定工作推进会。向国土资源部上报太原、大同两市中心城区永久基本农田划定成果。向国土资源部上报《关于山西省永久基本农田划定核实举证工作督导的自查报告》。

“十二五”期间，山西省配合省人大颁布《山西省土地整治条例》，完善土地整治法律体系。省市两级投资近68亿元，实施耕地开发项目2054个，新增耕地4.73万公顷，保障耕地占补平衡。推进基本农田建设，提升耕地质量，守住全省耕地红线。（李 阔）

【发展用地保障】 2015年，山西省全面保障发展用地。用好用足年度计划指标。国家下达山西省年度用地计划指标1.34万公顷。通过年初预下达、省市切块分配、年末调剂使用等措施，统筹新增和存量建设用地，优先安排社会民生建设用地，保障重点基础设施用地，并且合理安排城乡、产业建设用地，落实扶贫开发建设用地，为全省经济建设提供资源保障，促进经济平稳增长。2015年，全省建设用地报批总面积7800公顷，其中占国家计划报批总面积773公顷，占省计划报批面积6046.67公顷；增减挂钩680公顷，矿业用地整合利用26公顷，工矿废弃地273公顷。对保障性安居工程用地，做到应保尽保。拓展用地空间，继续推进用地新机制。组织相关处室和有关专家，实地踏勘论证11个增减挂钩项目区，批复24个项目区实施方案，完成5个项目整体竣工验收。批复两个县的矿业存量土地整合利用实施方案。审查批准潞城市工矿废弃地复垦利用设计报告、泽州县第三批工矿废弃地复垦利用实施方案。确定在朔州市山阴县通过土地利用总体规划评估和修改，开展未利用地转为建设用地改革。组织修改部分市、县土地利用总体规划。全年共有市级规划修改方案1个、县级规划修改方案44个通过省政府批复，18个县级规划修改方案完成厅内审查上报省政府审批。各市批准20个乡级土地利用总体规划修改，完成15个乡级规划局部调整的审查，保障重点工程依法合规用地。服务重点工程。完成对《北同蒲韩家岭至应县增建四线工程朔州至山阴联络线（山阴段）》《蒙西至天津南1000千伏交流输变电工程（晋北1000千伏变电站）控制性工程》《新建蒙西至华中地区铁路煤运通道（山西段）控制性工程》《榆横—潍坊1000千伏特高压交流输变电工程山西晋中1000千伏变电站》《山西晋北—江苏南京±800千伏特高压直流输电工程（晋北换流站）》《新建和顺至邢台铁路建设项目控制性工程》6个重点项目先行用地的审查报批工作，并经国土资源部批准；完成全省16个国家和省级重点工程的用地审查报批工作，其中5个项目经国务院批准、7个项目由国土资源部审查通过并报国务院待审批、4个项目上报国土资源部审查；全省全年完成保障性住房用地报批89公顷。

“十二五”期间，山西省争取国家下达用地计划8.08万公顷，是“十一五”的2.4倍；报批土地8.23万公顷、供应土地7.5万公顷、征收国土资源收益3388.7亿元，确保大批新兴产业项目、重大基础设施项目及时落地。

（李 阔）

【土地集约利用】 2015年，山西省国有建设用地供应呈现出下降趋势。供应总量9600公顷，同比减少9.7%。其中出让土地2666.67公顷，同比减少50.3%。成交价款265.6亿元，同比减少39.5%。指导土地供应工作。山西省国土资源厅组织各市县国土资源局按照编制规范和当地经济发展水平，编制2015年度国有建设用地供应计划和住房用地供应计划。2015年全省国有建设用地供应计划1.25万公顷，住房用地供应计划2200公顷，和上年实际供应水平相近，基本满足山西省经济发展的用地需求。推进开发区土地集约利用评价工作。山西省国土资源厅开展2014年度开发区土地集约利用评价工作，参与这次评价工作的6个国家级开发区和14个省级开

2015年6月11日，山西省国土厅召开采矿权抵押备案座谈会 （李 阔供图）

2015 年 6 月 16 日,山西省国土资源厅开展“安全生产宣传咨询日”活动

(李 阔供图)

发区完成评价工作并经国土部验收。山西省国土资源厅开展批而未供土地和闲置土地的清理整治工作。截至 2015 年底,山西省 2009 年至 2013 年共计批准农用地转用和征收土地面积 8.57 万公顷,供应土地面积 6.22 万公顷,未供应土地面积 2.35 万公顷,全省平均供地率为 72.6%。全省闲置土地 305 宗,面积 1333.33 公顷。处置完毕 105 宗,面积 479.6 公顷,处置完成率 36.0%。将闲置土地处置情况纳入年度目标考核,每季度对全省土地供应及开发利用情况进行一次通报,促进全省批而未供、开发利用违约等低效和闲置土地的开发利用。推进土地使用标准的应用,提高节约集约用地水平。 (李 阔)

【地籍管理与不动产登记】 2015 年,山西省国土资源厅推进地籍管理工作。山西省第二次全国土地调查省级汇总成果通过国务院第二次全国土地调查领导小组办公室组织的预检。推进山西省农村宅基地和集体建设用地使用权确权地籍调查工作。全省农村的“两权”权属调查和地籍测量完成 70%以上,其中晋城、太原、临汾、阳泉 4 个市基本完成,其余 7 个市的总体进度也均在 65%以上,有部分县(市、区)开展数据库建设工作。完成 2014 年度地籍变更调查工作。截至上年底,山西省辖区总面积 1566.98 万公顷,与 2013 年相比,新增建设用地 1.82 万公顷,耕地面积减少 4900 公顷。完成不动产统一登记职责和机构整合工作。在省编办及各部门的支持下,市、县不动产统一登记职责和机构整合,提前 1 个月完成任务。资料交接、数据整合、平台建设、窗口设置和流程再造等各项工作推进顺利。 (李 阔)

【矿产资源开采管理】 2015 年,山西省国土资源厅强化矿产资源开采管理。出台《山西省煤炭资源矿业权出让转让管理办法》,为山西省煤炭产业走“革命兴煤”之路提供制度保障。规范矿产资源开采审批制度。2015 年,山西省国有资源厅完成各类煤矿采矿审批登记工作 349 宗,其中兼并重组煤矿换发长证 52 宗,短期延续和顺延采矿许可证 208 宗,未参与兼并重组的省属国有大矿各类采矿登记 89 宗;非煤资源采矿审批登记方面,完成采矿权延续 150 件,其中划定矿区范围延续 114 件、采矿权变更登记 29 件、采矿权转让 3 件、采矿权抵押备案 13 件、新立采矿权 5 件。开展矿山企业年检工作。2015 年度应检矿山数 4051 个,实检矿山数 4044 个,占应检数的 99.8%,比上年度提高 0.1%;实地检查矿山 3375 个,实地检查率 83.5%,比上年度提高 1.3%;抽查矿山数 554 个,抽检率 13.7%,比上年度减少 9.4%。全省矿山设立采矿权标识牌 2401 个,开采回采率达标矿山 2386 个;追征矿产资源补偿费 1190.1751 万元,罚没款 105.6145 万元,没收矿石 4.98 万吨。完成煤炭矿业权设置方案相关工作。截至 2015 年底,12 个煤炭国家规划矿区矿业权设置方案和 7 个煤炭非国家规划矿区矿业权设置方案均报国土资源部。完成推进兼并重组煤矿解决遗留问题工作。2015 年换发兼并重组煤矿长期采矿许可证 52 宗,短期延续和顺延兼并重组采矿许可证 208 宗,在省政府“推进矿业权抵押贷款、限时缴纳采矿权价款”专项活动中采取积极的采矿权抵押备案政策。完成 2014 年度山西省矿产资源开发利用统计工作。从统计报表情况看,全省矿山数量为 4277 个。大型 349 个,中型 745 个,小型 1212个;按矿种分列,煤炭 1056 个,铁矿 293 个,铝土矿 45 个,铜矿 15 个,其他次要矿种 2868 个。矿山年产矿量 10.965 亿吨,实际采矿能力 13.535 亿吨。

“十二五”期间,山西省煤矿由 2600 个整合为 1055 个,非煤矿山压减 33%。全省矿业权管理进入一个相对稳定期,矿政管理法制化、规范化水平提升。 (李 阔)

【矿产资源储量管理】 2015 年,山西省国土资源系统强化矿产资源储量管理。完成建设项目压覆重要矿产资源审批 213 件。其中,有压覆重要矿产资源的审批 59 个,无压覆重要矿产资源的 154 个。全省各类建设项目压覆煤炭保有资源储量总计 13.36 亿吨,铝土矿资源储量 1688.8 万吨。共收到矿产资源储量评审备案申请 101 份,完成矿产资源储量备案 98 份。煤矿企业兼并重组资源储量核实工作完成,非煤矿山企业进一步开发整合资源储量核实工作收尾。矿产资源储

量登记统计方面，编制并印刷《2014年山西省矿产资源储量简表》及《山西省地质矿产资源概况（2014年）》，为山西省矿产资源储量家底提供可靠的数据保障。地质资料汇交管理方面，2015年，山西省共汇交的各类成果地质资料449种，数据量286.4GB；共向全国地质资料馆转送A类地质资料55种。截至2015年底，馆藏成果纸质地质资料共计12811种；电子文档地质资料11357种，数据量共计6.7T。向社会提供借阅地质资料服务达366人次、259份次、3344件次；复制电子数据259份次，数据量20.72GB。2015年完成全省重要地质钻孔数据库建设，编写山西省重要地质钻孔数据库2015年度工作方案。全省“一款两费”规费收益为175.8968亿元。其中，矿产资源两权价款征收数为155.4163亿元，矿产资源补偿费征收数为12.2548亿元，新增建设用地有偿使用费征收数为8.2257亿元。落实山西省政府为企业减负60条措施的政策，2015年，全省年度缓缴资源价款167.9991亿元，538家煤企、10家非煤企业享受到缓缴资源价款带来的惠企优政；对13家煤矿在政策出台前完成缴纳的2.0972亿元资源价款及时退返。

（李　阔）

【地质勘查管理】 2015年，山西省国土资源系统强化地质勘查管理。做好探矿权日常管理工作。2015年，山西省共办理探矿权新立5宗，保留30宗，延续8宗，注销9宗。各县、市政府及国土资源部门上报2015年拟公开出让项目共11个，其中“古县大南坪—安吉一带铝土矿”等7个区块基本符合探矿权公开出让条件，12月23日经省厅专题会审议通过。截至2015年底，全省应检勘查项目121个（其中部发证24个），实际检查121个（其中部发证24个），年检率100%。加强地质勘查资质管理。组织专家进行2015年全省地质勘查资质受理审查工作。共有22个单位提交申请材料。其中，二次新设17个单位，变更4个单位，注销1个单位。经省国土厅研究，全部通过6个单位，部分通过5个单位，不受理6个单位，通过变更3个单位，不予变更1个单位，通过注销1个单位。继续对各单位承担的矿业权价款项目工作进展情况进行督促检查，对山西省第三地质工程勘察院等3家地勘单位承担的部分项目进行检查。组织专家共完成设计调整批复59个（次），同时对完成野外工作的地质找矿项目组织专家进行室内验收，共验收项目89个。新增煤炭资源量49.98亿吨，新增铁矿资源量598.9万吨，新增铝土矿资源量3013.1万吨，新增石灰岩资源量2.58亿吨，新增冶镁白云岩资源量3.80亿吨，其他金银多金属、非金属资源量也有所增加。

“十二五”期间，山西省完成找矿突破战略行动第二阶段目标任务，投入15.85亿元，安排地勘项目238个，新增煤炭资源量458亿吨、铁矿3.34亿吨、铝土矿3.24亿吨。（李　阔）

【煤层气矿业权审批试点】 2015年，山西省国土资源系统继续推进争取煤层气矿权业审批制度改革试点工作。经过持续两年多的努力，煤层气审批制度改革方案确定，向国土资源部和国务院审改办履行论证、报批程序工作。做细做实启动改革试点的配套工作。修改完善《山西省煤层气资源勘查开发规划》，继续制定煤层气矿业权管理配套制度，完成《山西省煤层气和煤炭矿业权重叠区协调办法(试行)》起草任务，起草上报《承接煤层气矿业权审批权限工作方案》。开展油气管理日常业务工作。更新油气矿业权管理档案，建立油气矿产资源勘查开采信息报告制度，为企业提供咨询服务，配合国土部开展油气督察与矿权纠纷调处，对有关规章制度提出意见建议，开展油气资源管理业务培训。（李　阔）

【地质灾害防治】 2015年，山西省共发生5起规模以上地质灾害，其中1起灾害造成7人死亡。落实防治责任。启动汛期应急值班，全省地质灾害防治人员从严控制请假休假，24小时手机开机，落实领导带班制度、值守应急制度和应急分队轮班制度。遇有强降雨，各级“一把手”主动到隐患点一线指导检查，落实“雨前排查、雨中巡查、雨后复查”。及早进行安排部署。2015年年初，省国土厅会同交通、水利、气象、地震和安监等部门召开山西省2015年地质灾害趋势分析会，报请省政府印发《山西省2015年度地质灾害防治工作方案》，召开全省汛期地质灾害防治工作电视电话会议。开展预警防范。山西省累计发布3级以上地质灾害气象风险预警21次，发送预警短信23.85万条。全省完成重点区域隐患排查12717处，新发现隐患142处，发放地质灾害防治明白卡1.01万份，避险明白卡20余万份。组织督促检查。6月，省地质灾害防治领导组办公室组成6个督查组，对全省汛期地质灾害防治工作进行专项督查;8月，结合安全大检查对吕梁、忻州、晋中、临汾4个市进行重点督查;9月，组织5个督查组，对矿山地质灾害防治工作进行检查。据统计，汛期全省派出检查组300多个，做到高危隐患点检查全覆盖。开展宣传演练。印制地质灾害宣传科普读本7.2万册、监测记录本3.5万本、宣传画5.1万套、宣传页10万份，制作地质灾害防治公益宣传片，播放公益广告40余次，发送科普宣传短信53.35万条。组织各类培训407次，培训人员6.72万人，组织地质灾害演练258次，参演人员50806人。

“十二五”期间，山西省健全群防群测机制，推进地质灾害防治“十有县”全覆盖，实施一批重大地质灾害治理项目，防治水平显著提升。

（李　阔）

【地质环境保护】 2015年，山西省落实生态文明建设改革实施方案。推进矿山地质环境恢复治理。完善生态补偿机制，争取出台《山西省矿山地质灾害防治保证金管理办法》。推进矿山地质环境保护与恢复治理，据统计2015年矿山企业投入2.5亿元，地方财政投入2000万元，恢复治理矿山数130座，恢复治理面积2700公顷。推进矿山企业落实矿山地质环境保护与恢复治理方案，通过检查，促进矿山企业落实地质环境恢复治理工作。争取中央财政支持山西省采煤沉陷区矿山地质环境治理工作定位为采煤沉陷区治理试点省。省国土资源厅会同省财政厅、省环保厅上报《山西省采煤沉陷区治理试点工作方案》，获得国家批复实施。国家投资山西省138亿元的治理资金。试点先行，启动山西省采煤沉陷区地面变形稳定性监测项目。2015年3月，启动项目准备工作，监测工程选取西山、潞安和大同三大矿区。配合国土资源部开展山西省地质环境图系编制工作。编图工作项目中，展开收集资料、野外调查和核查、室内资料整理、基础背景图件数字化等工作，部分图件完成专业图件的编制。山西省地质环境编图工作基本步入正轨，各编图承担单位正常、有序开展工作。运用先进科技技术，加强地下水、地面沉降监测工作。启动"山西省地下水监测工程项目"，太原、大同、朔州、长治、临汾、运城等盆地平原区开展国家级、省级地下水长期观测孔的水位、水质监测工作；启动"国家地下水监测工程项目"，完成《国家地下水监测工程项目（山西部分）初步设计》的编制工作；依托省财政"山西省重点地区地面沉降地裂缝灾害监测项目"，完善山西盆地地面沉降和地裂缝监测网，开展地面沉降地裂缝动态监测工作；建设大西高铁祁县段重点地裂缝水准监测网，埋设标石18个；完成大同市、太原市、临汾市、运城市地面沉降监测水准测量1525千米；完成地裂缝监测水准变形测量150点次；完成大同市地裂缝仪器站监测365日次；完成山西重点地区地面沉降GPS监测29点次；取得486个地面沉降水准监测高程数据，29个地面沉降GPS监测高程数据，75个地裂缝监测变形数据，8760个地裂缝仪器站变形监测数据。保护珍贵地质遗迹，建设美丽山西。1月，对南引黄工程施工发现的古生物化石进行抢救性发掘保护；2月，按要求上报《山西省地热能开发利用规划》。此外，完成初审并上报《榆社古生物化石产地保护规划》，编制完成并初审《长子木化石产地保护规划》与《宁武化石产地保护规划》；配合国土资源部专家完成平顺天脊山国家地质公园验收；向国土资源部上报三个地质遗迹保护项目。

（李　阔）

【国土资源执法监察】 2015年，山西省开展国土资源执法监察工作。完成2014年度土地矿产卫片执法监督检查工作。土地卫片方面，全省土地违法总数为8251宗，立案查处6851件，面积4840公顷（可调整地类132.77公顷、耕地2693公顷），结案4468件，未结2383件，结案率为65.22%；非立案处理拆除复耕3宗，面积1.53公顷。下达处罚决定6432件，应收缴罚款6.198亿元，落实3.895亿元，收缴率为62.84%；应没收违法建筑物、构筑物2207.50万平方米，落实1446.42万平方米，落实率为65.52%；应拆除违法建筑物1406.21万平方米，落实39.08万平方米，拆除率为2.77%；应没收违法所得108.96万元，落实7.86万元，落实率为7.21%。对相关责任人，提出党政纪处分建议2350人，落实1338人，落实率为56.94%；移送司法机关追究刑事责任73人，落实20人，落实率为27.4%。申请法院强制执行3772件。矿产卫片方面，全省矿产违法总数为188件，立案查处164件，非立案处理24件，结案159件，未结5件，结案率96.9%。应收缴罚款261.74万元，收缴226.46万元，收缴率为86.52%；应没收违法所得696.16万元，落实549.66万元，落实率78.96%；应没收矿产品18.8万吨，全部落实到位。提出党政纪处分建议76人，落实59人，落实率为77.63%；移送司法机关追究刑事责任28人，落实24人，落实率为85.71%。开展专项行动，严厉打击非法违法采矿行为。在全省范围内集中开展三次针对非法违法采矿的安全生产大检查活动。截至2015年底，全省国土资源系统全年共出动巡查检查人员3.5万余人次，车辆7000余台次，排查关闭矿山（井）3214座（其中关闭煤矿2781座，非煤矿山433座）。立案164宗，结案159宗。累计收缴罚款226.5万元，没收违法所得549.7万元，没收矿产品18.8万吨，给予党政纪处分59人。对同煤集团、焦煤集团、晋煤集团、潞安集团、阳煤集团和省监狱管理局下属正华实业公司六家省属煤炭企业未取得采矿许可证煤矿进行排查整治。截至2015年9月底，全省共排查出无证产煤矿19座、越层违

2015年3月31日，山西省国土厅就落实省政府减轻企业负担新政策情况接受新闻媒体采访　（李　阔供图）

法开采煤矿3座。责成属地国土资源部门对违法行为予以制止并依法查处。配合当地政府、各有关部门开展针对地方油气输送管道隐患整改、危险化学品储存排查、危爆物品清查整治等专项行动。2015年共完成非法开采矿产资源破坏量鉴定43件，全部移送当地公安机关。（李 阔）

【国土管理改革与制度创新】 2015年，山西省推进行政审批制度改革。省政府确认国土资源厅行政职权为89项，编制并公布实施权力清单、责任清单、权力运行流程图、廉政风险防控图和行政职权问责依据。开展法规制度建设。起草制订厅党组《关于全面推进法治国土建设的实施意见》；加强行政决策程序建设，组织起草《山西省国土资源厅重大行政决策规定（征求意见稿）》；落实省委省政府深化煤炭管理体制改革部署，对涉煤地方性法规规章及规范性文件进行清理；按照要求完成厅规范性文件审查、公布、备案工作。报省政府法制办对《山西省耕地开发周转基金管理暂行办法》进行合法性审查和备案；及时对省人大、省法制办提出的法规、规章和规范性文件征求意见稿进行函复。推进依法行政，法治国土建设取得成效。2015年年初印发《2015年山西省国土资源法制工作要点》，开展"六五"普法总结验收和法制宣传教育工作；落实行政执法人员持证上岗和资格管理制度，为全系统3517名行政执法人员办理行政执法证；开展2014年度行政执法案卷评查，通报评查情况，促进依法行政；加强行政复议与应诉工作，依法办理87件案件，化解行政争议，通报分析案件情况，促进规范履职，促进严格执法，贯彻落实《政府信息公开条例》，发布重要政策和行政审批信息。推进泽州县农村集体经营性建设用地入市试点工作。制定13项制度，5宗集体经营性建设用地成功入市。开展用地管理改革。推进城乡建设用地增减挂钩改革。全省下达超过9333.33公顷的周转指标，在108个县区的200多个项目区开展工作。推进工矿废弃地复垦利用改革。开展长治、晋城、朔州、临汾等4个市14个县区的复垦利用工作，共下达建新指标近466.67公顷，报批用地266.67公顷。年内新批准的太原、大同、忻州、吕梁等4个市开展实施规划编制工作。推进露天采矿临时用地改革。全省共有34座符合露天开采的大中型露天采矿企业，向国土部申报26座矿的用地方案，获批复13座矿，批准试点面积约1.53万亩。对已批复的矿山用地进行规范化管理、下达临时用地计划指标和调查研究。推进重度盐碱未利用地转为建设用地改革。朔州市完成土地利用总体规划评估，完成规划修改方案，把露天采矿临时用地腾出的建设用地规划指标调整给重度盐碱未利用地。（李 阔）

国有资产管理

【国有企业经济指标】 2015年，山西省国有资产监督管理系统（简称国资系统）实现营业收入1.41万亿元，同比下降16.5%；完成增加值2352.3亿元，同比下降10.4%；上缴税金521.2亿元，同比下降24.9%；利润总额由正转负，同比减少61.9亿元。其中，省属企业实现营业收入1.39万亿元，同比下降16.6%；完成增加值2235.6亿元，同比下降11.2%；上缴税金497.8亿元，同比下降24.9%；实现利润同比减少60.3亿元。营业收入、资产总额、增加值三项指标分别列全国省级国资委监管企业第2、5、2位。（陈 锴）

【国有企业经营运行】 2015年，山西省国资系统在抓投资、降成本、拓市场、防风险等方面开展大量工作。组织省属企业参与"央企山西行"活动，签约项目12个，拟引资268.3亿元；通过月例会季通报、领导包干联系、现场督查、年度考核等方式，督促企业克服资金困难，持续保持投资强度，全年完成投资1617.3亿元，完成率107.8%。其中，13个转型综改重大项目完成投资205.2亿元，完成率102.6%。协调省政府免缴省属企业2015年度国有资本收益，为企业减轻负担1.6亿元；指导省属企业多管齐下、持续发力，深化对标管理，加强绩效考核，在降本节支上下功夫，全年营业成本下降17%、销售费用下降11%、管理费用下降19%，有效抵冲市场价格断崖式下降带来的巨大减利。要求省属企业紧盯市场变化，提高产品质量，变革营销模式，拓展市场。太钢集团强化技术服务营销，重点产品销量同比增长；煤炭企业优化营销策略，加大新用户开发力度；太重、建工集团参与"一带一路"，强化品牌战略，抢占国外市场；能投集团探索"互联网+"营销模式，国控推进"军民融合"，打破传统销售界限。组织省属企业抱团取暖，提高抗风险能力，推动省属煤炭企业合作实施瓦斯抽采全覆盖并纳入考核，国新能源集团重组晋能燃气产业，交投集团与晋煤、国新能源集团合作开展天然气、煤层气业务。支持山东信发集团战略入股阳煤集团兆丰铝业，阳煤集团与华能集团开展煤电一体化战略合作。加大高风险业务和安全隐患排查力度，实现规章制度、经济合同、重要决策法律审核率100%。（陈 锴）

【国有企业改革】 2015年，山西省国资系统按照省委、省政府统一部署，坚持问题导向，加快推进国有企业改革步伐。深化党政机关与所办企业脱钩改革，出台脱钩改革工作方案，将232户企业与原主管厅局彻底脱钩，启动对省、市、县党政机关所办企业的脱钩改革；加大对省直厅局破产工作的督促力度，19户列入破产计划的脱钩企业由法院宣告破产；配合交通厅完成下属交通企业及高速公路资产债务重组，3户企业划转省国资委直接监管。做好煤焦公路销售体制改革涉及的企业职工转岗安置工作，制订安置方案，支持企业以项目安置职工，并向3户企业预拨补助资金55亿元；推动国新能源接收转岗人员9282人；晋能集团通过项目分流安置1.6万人，安置率超过50%；焦煤集团

产业转型（气化山西）：阳曲压差液化项目　（陈　锴供图）

分流安置990人，安置率超过35%。厂办大集体改革，制订工作方案，拟订实施细则，组织审核部分企业改革总体方案；争取国家最高奖补政策，中央财政预拨26亿多元补助资金；同煤集团改革方案上报省政府，其中包含89户厂办大集体企业，待批准后实施。企业负责人薪酬制度改革，出台薪酬制度改革意见和履职待遇、业务支出管理办法；省属企业负责人薪酬管理办法起草完毕。发展混合所有制经济，推动晋煤、同煤、山投集团下属4户企业登陆新三板，对焦煤、同煤、太重、晋能集团下属7户企业实施股份制改造，争取在新三板上市；修改完善发展混合所有制试点工作方案，在建工集团下属两户企业开展员工持股试点工作，监管企业中混合所有制企业占比达64.93%。推进财务等重大信息公开，牵头制订财务等重大信息公开实施细则；指导省国资委监管企业、省属文化、金融类国有企业在省内主要媒体公开2014年度和2015年前三季度重大信息，督促企业对公开后发现的问题进行整改；省属企业被上海财经大学评为全国国有企业透明度第一，受到全国国资委系统的重视与肯定。推动深化改革试点，同煤集团改革试点工作形成三轮四套改革方案，晋能集团试点方案完善优化。　（陈　锴）

【国有企业产业转型】 2015年，山西省国资系统贯彻落实调结构、促转型政策措施，实施创新驱动发展战略，加快转型发展，培育经济增长点。强化科技创新，将科技创新城建设工作纳入到企业领导人员年度经营业绩考核中，将当年投资完成额视同利润计入考核，7个科技创新城项目开工建设，完成投资7.13亿元；省属企业全年研发总投入272.3亿元，约占营业收入的2%，晋煤集团建成煤与煤层气共采国家重点实验室；太重集团获得国家科技进步二等奖1项，建成矿山采掘装备及智能制造国家重点实验室；能投集团设立玄武岩纤维技术应用院士工作站；经贸集团搭建科技成果孵化平台。省属企业创新融资模式，搭建融资平台，拓宽融资渠道，加强市值管理，全年实际融资1187亿元。同煤集团培育形成以财务公司为龙头的融资平台，阳煤、能投集团投资入股阳泉商业银行；焦煤等企业在上海、珠海横琴自贸区设立融资租赁公司；潞安集团等企业利用发行永续债、公司债券等多种方式进行融资。省属企业加大传统产业升级改造力度，努力做强做精主业；加快发展新兴产业，形成新的竞争优势。太钢不锈钢全年出口80万吨；煤炭企业优化产业结构，打造循环经济园区，开展落后产能退出和产能置换，加快千万吨高产高效矿井集群建设；太重聚焦先进装备制造，拓展核电、海工装备制造领域；能投集团建成“互联网+物流+金融”电商综合服务平台；国新能源推进实施总投资234.8亿元的燃气产业发展规划。　（陈　锴）

【国有企业履行社会责任】 2015年，山西省属企业起草《国有资本收益共享机制的实施意见》并上报省政府，省长办公会议决定自2016年起，省本级国有资本收益的30%调入一般公共预算用于民生支出。产业扶贫项目开工60个，年度完成投资51.53亿元，完成率103.06%；参建产业援疆9个项目，年度完成投资48.6亿元，完成率103%。审核下达两户企业的破产计划，对进入法律程序的破产企业帮助做好破产清算及费用核算等工作，向3户企业拨付破产补助资金1.34亿元；为特困企业职工解决冬季采暖补助1500余万元，解决医保补助1769.6万元。全年接待上访群众329批次1378人次，其中集体访55批次977人次，个体访274批次401人次；共转办信访案件15件，转办信件371件，转办网上投诉件134件。省委、省政府交办重点信访案件6件，全部在规定时限内办结上报，结案率100%。　（陈　锴）

【国有资产监督管理】 2015年，山西省国资委履行职责，提高监管效能，加强国资监管。突出国资监管职能定位，研究国资监管法规体系，编制具有国资特色的“两单两图”，公开权力清单、责任清单；清理规范性文件，规范各类审核、批准、备案程序。改进监管方式，深入22户企业对政府工作完成情况进行全面督查；加强和改进外派监事会监督，落实报告制度，开展对外担保专项检查，发现、揭示、报告问题的数量和质量提升；完善监督检查成果运用机制，督促企业加大整改力度，加强监事会与纪委、机关处室的监督协同，提升监管效能；推进国资监管信息公开，首次公开企业年度经营业绩考核结果、省属企业负责

人职务变动信息；在部分二级企业开展自主决定工资总额或工资总额周期管理改革试点。协调有关单位，为13户省属企业争取产业扶贫项目建设奖励资金2.2亿元。加强集中统一监管，随着232户省直机关所办企业脱钩改制，高速、交投、路桥、水务、万家寨5户企业纳入直接监管范围。

（陈　锴）

投资管理

【引资适应新常态】 2015年，山西省投资促进系统按照省政府"项目提质增效年"和"落实四个一批"工作部署以及"六位一体"工作机制要求，适应经济发展新常态，围绕全年招商引资项目签约和资金到位目标任务，创新招商方式，拓宽招商渠道，强化项目对接，注重产业互动，坚持"走出去""引进来"相结合，引资规模和引资质量并重，招商引资力度加大，区域经济合作推进，对外交流合作扩大，各项工作取得新成绩。 （宋慧勇）

【招商活动】 2015年，按照省政府关于"落实'四个一批'，促进投资增长"指示精神，为加大招商引资力度，宣传推介山西新形象，由山西省政府主办、山西省商务厅牵头、山西省投促局承办，分别于5月11日至13日、5月18日至20日、6月2日至4日在广州、武汉、上海举办三场招商推介对接活动，8月28日至29日在太原举行央企山西行活动。广州、武汉、上海三场活动签约合作项目128个，总投资额2761.23亿元。其中，投资百亿元以上项目7个，投资50亿元~100亿元项目11个，投资10亿元~50亿元项目35个。央企山西行活动签约47个合作项目，总投资额1554.6亿元，包括四家省属企业与央企签订的9个煤电联营合作协议和市县政府或企业与央企签订的38个投资合作项目协议。 （宋慧勇）

【招商引资方式创新】 2015年，山西省共签约招商引资项目2254个，总投资额2.38万亿元，完成年度目标任务132%。其中，外资签约项目45个，总投资额511亿元，占比2.15%；内资签约项目2209个，总投资额2.33万亿元，占比97.85%。全年招商引资签约项目到位资金共计6319.6亿元。其中，内资到位6007.3亿元，占比95.1%；外资到位312.3亿元，占比4.9%。

（宋慧勇）

【区域经济合作】 2015年，山西省对接京津冀，融入环渤海成效显著。2015年8月17日，在大同召开的蒙晋冀（乌兰察布—大同—张家口）长城金三角合作区联席会议上，三地政府共同签署《协同推进蒙晋冀（乌大张）长城金三角合作区规划》认同书，三市林业、邮政、农业部门签订合作协议，在政策互惠、规划互融、产业互接、基础设施互通、社会服务业互动等方面推进合作区建设。9月9日，在太原市召开环渤海区域合作市长联席会第十七次市长会议，通过《关于推进环渤海区域合作的太原共识》，表决同意忻州、晋城、大同、阳泉4市正式成为环渤海区域合作市长联席会新成员市，加上太原和长治，山西省市长联席会成员市的总数达6个，占联席会成员市总数（50个）的12%。

加快融入中原经济区建设取得进展。5月18日，在第九届中部博览会期间，举办山西重点项目推介会，向参会国内外客商及"一带一路"沿线国家企业推介123个重点项目，宣传展示山西新形象；10月16日，在第五届山西（晋城）投资贸易洽谈会期间，举办山西省中原经济区合作发展推进会，加快区域经济一体化进程。晋城市和河南省晋商会合作，向中原经济区40多家企业推介对接20个招商项目，并达成一批合作意向。

推进黄河金三角示范区建设，深化与沿黄协作区的交流合作。5月22日，在中国东西部合作与投资贸易洽谈会期间，举办"晋陕豫黄河金三角区域合作山西推介对接会"，加快晋陕豫黄河金三角产业转移示范区的建设步伐，加强文化旅游、新能源、高新技术、现代化服务等行业和领域的对接合作，加大招商引资及区域合作力度，运城市与陕西企业签约11个项目，其他各市达成一批合作意向；11月27日，运城和临汾两市参加第三届黄河金三角投资合作交流大会，与渭南和三门峡共同签署《黄河金三角经济区共建"一带一路"战略支点行动纲领》，签约总投资158亿元的37个项目；组织参加2015中国·青岛绿色发展投资贸易洽谈会和黄河经济协作区省区负责人第二十六次联

中国国际高新技术成果交易会（深圳）山西展区　　（宋慧勇供图）

席会议，加强与黄河经济协作区各方的合作交流互动。

扩大与长三角、珠三角等地区的交流合作。利用长三角地区跨国公司与金融机构集聚优势，举办产业合作推介对接活动，提高山西省高新技术、金融、现代服务业、高端装备制造、信息技术等产业利用外资的质量和水平；面向珠三角地区民营企业开展推介对接活动，加强山西省与珠三角地区在新能源、高新技术、装备制造、现代服务业等行业和领域的对接合作，加大产业承接力度。（宋慧勇）

【展会平台的利用】 2015年，山西省投资促进局利用中部投资贸易博览会（中博会）扩大对外开放、承接产业转移、加强区域及国际交流合作的重要平台，促进山西与国内外企业的交流合作。2015年5月，山西省组织由省长李小鹏任团长、副省长王一新任副团长，省发改委、省经信委、省商务厅等10个省直部门和11市主要负责人为成员的山西代表团和11市分团共约600人参加第九届“中博会”。山西省展区以“转型发展，重塑山西新形象”为主题，通过新山西新形象、煤与非煤两篇大文章、实施创新驱动加快山西发展、十大重点投资领域和十大标志性工程、项目超市五个板块进行宣传展示，突出“新、实、全”三大特点，吸引国内外参观人数近7万人次。“中博会”期间，举行山西重点项目推介会，246家国内外企业与全省企业开展项目对接，各市自行组织开展20项专题推介对接活动。全省共签约经济技术合作项目90个，投资总额1222.3亿元，项目涉及新能源、信息产业、装备制造、文化旅游、交通基础设施、社会事业等行业和领域。

利用厦门中国国际投资贸易洽谈会（厦洽会）的客商资源特点实现有效对接。在2015年“厦洽会”上，组织11个市的商务、招商部门和企业参展参会，展览突出展示重点、突出区域载体、突出引资项目、突出展览效果，重点展示山西省“六大发展”“六型转变”和“煤与非煤两篇文章”，“走出去”与“引进来”（山西品牌中华行、十大重点投资领域），关公文化系列以及山西与台湾产业合作项目。借助“厦洽会”平台，针对台商和东南沿海客商以及“一带一路”沿线国家客商，山西省举办“2015山西重点项目（厦门）推介对接会”，推介总投资近1293亿元的66个项目，实现9个项目签约，总投资额182.24亿元，项目涉及旅游、农业、材料、新能源等多个行业和领域。

利用中国国际高新技术成果交易会（高交会）展示山西省高新技术新成果。11月16日，组团参加第十七届“高交会”。山西省展区利用高交会作为高新技术领域对外开放窗口、推动高新技术成果产业化的平台作用，通过科技创新促山西转型、高新技术成果展示、创新创业成果展示、山西科研成果现场发布及转化对接、项目超市和互动展品展示五个篇章，展示山西省自主创新研发的虹膜识别技术项目、城市公交电子站牌项目、久安人工心脏项目等24家企业的高新技术产品和项目。山西展区在展会期间每天分时段发布优选的山西科研成果项目，共发布项目20个。在展区现场进行的项目路演和项目超市吸引大量国内外客商关注和对接。同时举办“山西省高新技术项目推介发布对接会”，对3个项目进行路演，发布3个项目成果，72个项目进行现场对接。长治市在展会期间组织专场对接签约活动，签约项目20个，总投资105亿元，拟引资100亿元。山西省亮相该届高交会的科研成果，涉及新一代信息技术、电子、生物、新能源、智慧城市等不同领域，是山西省科研成果的一次集中展示。（宋慧勇）

2015年9月8日，山西省投资促进局组团参加厦门国际投资贸易洽谈会
（宋慧勇供图）

【教育培训】 2015年，山西省投资促进局组织副处级以上骨干人员参加5月25日至28日由省商务厅与商务部研究院共同举办的“2015年利用外资形势与招商引资创新发展专题研修班”和12月8日至10日由省商务厅与省委组织部联合举办的“新常态下招商引资专题培训班”。同时组织各市商务、招商、投促部门以及开发区、扩权强县试点县、综改试验县的有关领导和骨干共计300余人参加培训学习，提升全省各级招商引资部门专业人员的思维能力和业务能力。省投促局全年参加党校培训和人事、公文、财务业务培训，招商引资、区域合作等专题培训近50人次，提高干部队伍的政治理论及业务素养。

（宋慧勇）

口岸管理

【山西口岸运行记录】 截至2015年底，山西省有正式对外开放口岸1个：太原空运口岸（太原武宿国际机场），临时对外开放口岸1个：大同空运口岸（大同云冈机场）。海关监管场所2个：太原武宿综合保税区和山西方略保税物流中心。6月，山西省口岸办协调相关部门就山西省开行中欧、中亚国际班列开展前期工作。

2015年，山西省航空口岸进出境人员40.25万人次，飞机2947架次，同比人员增长4.32%，架次基本持平。其中，太原空运口岸出入境人员39.1万人次，出入境飞机2830架次，人员增长3.6 2%，架次基本持平；进出口货运量373吨，同比减少32.05%。大同空运口岸（临时开放）进出境人员11455人次，飞机117架次，同比分别增长35.31%和10.38%。

截至2015年底，太原空运口岸开通21条固定及临时国际和地区航线，可直达韩国、泰国、日本、印尼、越南等8个国家和中国港澳台地区，通航城市达到20个。开通2条至泰国国际客运航线、1条至越南国际客运航线、1班经山东烟台前往日本的国际航班。

2015年，大同空运口岸连续6次获批继续临时开放。大同至韩国仁川航线开通并持续运营。（宋晓徽）

【口岸综合管理】 2015年，山西省强化口岸工作业务，提高管理水平。2月3日，山西省人民政府召开全省口岸工作座谈会，副省长王一新出席会议并做重要讲话，省政府副秘书长盛佃清主持会议。省经济和信息化委员会主任张华龙传达全国口岸工作座谈会精神并汇报山西省口岸工作，太原、大同、运城市政府分管领导和民航、铁路、边检等部门相关负责人发言。山西省口岸工作领导组成员（23家单位）参加会议。

3月31日，山西省人民政府向海关总署报送《山西省人民政府关于报送山西省"十三五"口岸发展规划有关情况和意见的函》（晋政函〔2015〕28号）。

5月7日，海关总署党组成员、国家口岸办主任黄胜强到晋调研。黄胜强表示国家口岸办全力支持山西扩大对外开放，把山西作为国家"十三五"内陆口岸开放重点予以政策倾斜支持，促进山西扩大对外开放和经济社会发展。

6月26日，"活力澳门推广周·山西太原"在太原成功举办，山西省政府口岸办完成澳门代表团330多人在太原机场的入出境通关保障任务。口岸办专门召集山西省商务厅、太原机场海关、太原机场出入境检验检疫局、山西省公安边防总队和山西省民航机场管理局召开航空口岸保障工作协调会议，协调各联检单位在规定的范围内提供通关便利，完成包机的通关保障工作。

7月14日，国务院批复同意在太原武宿国际机场口岸开展口岸签证工作。外国人到太原、到山西旅游、投资、洽谈贸易等可享受"落地签"待遇。这对太原构建国际化营商环境，山西扩大开放发挥积极作用。

（宋晓徽）

【赴越新航线开通】 2015年8月1日，太原—越南岘港直航包机首航从太原武宿国际机场起飞。此次开通的"太原直飞越南岘港"包机由越南国家航空的空客A321机型执飞，周三、周六各一班。太原—越南岘港新航线的开通为太原与岘港在经贸往来、文化交流、市民出境游提供便利。

（宋晓徽）

【支线民航机场试飞成功】 2015年9月23日，东方航空公司B737–800型飞机经过两小时空中飞行，平稳降落在临汾机场，临汾机场试飞成功。临汾机场是山西省第六个民运航空机场。

10月22日，南方航空公司A320型飞机抵达五台山机场，16时开始试飞，经过三个多小时盘旋飞行，完成各项试飞科目，试飞过程各项数据显示正常，五台山试飞成功。（宋晓徽）

【澳大利亚种牛从太原空运口岸入境】 2015年11月23日，经过近13个小时的飞行和4个小时的通关转运，从澳大利亚引进的241头种牛从太原空运口岸成功入境。这是山西省首次从国外以空运方式引进种牛。

（宋晓徽）

【太原武宿综合保税区】 2015年，太原武宿综合保税区（包括服务维修中心和研发中心等六大中心）开展业务

检验检疫人员对运送种牛入境的外籍飞机实施登机检疫 （郑 罡供图）

内容:存储进出口货物和其他未办结海关手续的货物，国际转口贸易，国际采购、分销和配送，国际中转，检测和售后服务维修，商品展示;研发、加工、制造，经海关批准的其他业务等。

2015年，太原武宿综合保税区监管货运量11万吨，监管进出区货值达111.7亿元，与上年同期相比增长1.1倍。（宋晓徽）

【山西方略保税物流中心】 2015年，山西方略保税物流中心物流综合平台累计办理报关报检业务725票，同比上升3.5%；监管进出口货物总值9272万美元，同比下降55.8%。监管货物总量6400吨，物流服务方面，实现散货吞吐量196万吨，同比上升87.2%；集装箱吞吐量29865标箱，同比下降18.8%。方略保税物流中心业务发展到欧、美、澳、南非、新加坡、哈萨克斯坦、蒙古等国家以及中国香港、台湾地区，货物涉及铁、铜、铬、镍等有色金属矿，石油钻探设备、各类机械电子设备、食品及添加剂、聚苯醚等化工产品、铸管铸件、镁铝合金、果汁、芦笋、菜椒等27个品种。方略保税物流中心二期工程建成山西最大、全国为数不多的多功能、复合型物流场站。其中，1050米铁路专用线6条，高标准堆垛站台8个，高标准仓库14万平方米部分投入使用；综合应用网络信息平台上线运行，保税物流中心的卡口竣工；园区路网建设结束。购置正面吊、龙门吊、装载机、挖掘机等先进的专业物流设备，组建公路运输和海关监管运输车队。截至2015年底，方略保税物流中心开通至连云港的“五定班列”和至二连浩特边境口岸的货运专列。（宋晓徽）

出入境检验检疫

【出入境检验检疫记录】 2015年，山西出入境检验检疫局（以下简称“山西局”）检验检疫出入境货物12752批、货值162285万美元，与上年同期相比，批次增长4%、货值下降6.4%；签发各类原产地证书12932份，签证金额65690万美元，与上年同比份数增长1.6%、金额下降5.2%；检疫查验出入境人员39.9万人次，同比增长5.1%；健康检查6770人次，同比下降8%；从出入境货物中检验出不合格商品99批，不合格金额2923万美元，对外索赔261万美元；在出入境人员健康体检中，检出传染病106例；截获入境旅客携带的禁止进境物3283批、有害生物83种次；完成17批出口非法检产品退运调查。

2015年，山西检验检疫局机关被中央精神文明建设指导委员会授予第四届全国文明单位称号。（郑　罡）

【质量共治】 2015年，山西局实现进出口质量宏观管理，开展“一县一业”、跨境电商等专题调研，开展进出口质量安全分析，向政府报告和提出服务外向型经济发展建议，先后得到国务院、质检总局及省市各级领导批示20余次。检政共治，对11个地市实施进出口质量安全目标考核；完善诚信体系建设，对辖区561家进出口企业实行信用管理。检企和社会共治，注重部门协作，开展“质量月”“宪法日”等系列活动，完善“12365”平台建设、推出“山西国检”公共微信服务号。发挥示范区抓手作用，创建国家级出口工业产品质量安全示范区实现零的突破，永济新时速电机电器有限责任公司获第一批中国出口产品质量安全示范企业称号。与商务、农业部门和运城市政府签署合作协议，推进出口食品农产品质量安全示范区建设，全年新增创4个国家级示范区，总数达13个。（郑　罡）

【联防联控】 2015年，山西局强化口岸核心能力建设，加强联防联控，防止埃博拉、中东呼吸综合征等疫情传入；制定实施口岸动植物检疫规范化建设三年规划；加强入境旅客检疫查验力度、有效开展“绿蕾”行动。2015年截获进境植物疫情109批，有害生物97种次；在入境旅客携带物中截获禁止进境物3283批、有害生物83种次；在出入境人员体检中检出传染病106例。保障重点敏感进出口商品质量安全。开展进口轮胎3C产品抽查、进口路虎汽车后续监督调查、目录外商品抽查、输非产品检验监管、执法打假等工作，天津“8·12爆炸事件”发生后，全面排查危险品生产企业，落实安全生产大检查任务。检出不合格商品99批、金额2923万美元，对外索赔261万美元；完成17批出口非法检产品退运调查。保障食品农产品安全。加强源头和残留监控、过程监督检查；开展出口食品农产品安全风险分析、进口食品专项整治工作，完成市售进口婴幼儿乳粉23个样品、34种监控物质的监控。（郑　罡）

【检验检疫提质提速】 2015年，山西局落实区域发展战略，主动融入京津冀、加强与“一带一路”沿线检验检疫局合作，推进检验检疫通关一体化，深化晋陕豫“黄河金三角”协作。围绕“降、快、优”，促进贸易便利化，优惠原产地证书签证达到5.54亿美元，为企业减免关税1.82亿元，在通关无纸化、减免收费，以及开展“三通两直”“三互”“三个一”方面，为企业节省费用1600余万元、节约通关时间13万小时以上（其中区域一体化节约600余万元，无纸化报检、通关可节约300余万元；清理行政许可收费减负约300万元；按出境批次、货值估算，全年免收出口商品检验检疫费约326万元）。在太原机场、侯马方略保税物流中心、武宿综保区等完成“三通”“两直”和“三个一”的货物批次达到3019批（其中“三通”92批，“出口直放”2534批，“进口直通”92批，实现“一次申报”232批，“一次查验”31批，“一次放行”38批）。支持大同机场申请正式开放、运城机场临时开放和太原航空口岸扩大航线，参与政府电子口岸建设；帮扶大同进口肉类指定查验场项目获批筹建；服务重点工程项目和特色产业，优化认证认可流程，探索出口备案第三方采信方法，创新3C免办管理模式，服务富士康IPHONE手机进口；推进上海自贸试验区可复制可推广的政策在山西

特殊监管区落地。支持山西产品“走出去”，山西苹果代表中国首次出口美国，实现樱桃对台出口，兔肉对美恢复出口。 （郑 罡）

【朔州出入境检验检疫局挂牌运行】 2015年4月22日，朔州检验检疫局召开全体干部职工大会，山西检验检疫局党组成员、副局长郑慧敏宣布朔州局正式成立，并宣读山西局党组有关朔州局的人事决定。在朔州市市长李海渊、副市长韩文让见证下，山西检验检疫局局长、党组书记于洋在朔州检验检疫局以一名普通检验员的身份操作集中审单系统，接受朔州检验检疫局第一份出口货物报检单证，标志着朔州局正式开检运行，成为山西辖区第6个检验检疫分支机构。山西检验检疫局专门出台《支持朔州市外向型经济发展的意见》，从支持优势农产品出口、发展旅游业、加强国际经济合作、推进内陆“无水港”建设、帮助外贸企业有效应对国外技术性贸易措施、改善对外贸易通关环境等方面支持朔州经济社会转型跨越发展。

1987年平朔安太堡露天煤矿建成投产后，原山西进出口商品检验局派驻工作组，围绕进口机电设备和出口煤炭质量安全开展检验工作；2011年，朔州市人民政府向国家质检总局提出设立朔州检验检疫机构申请；2012年10月，国家质检总局批准成立山西出入境检验检疫局朔州办事处，同年12月，经中编办批准，国家质检总局依法在朔州地区设立朔州出入境检验检疫局，隶属山西出入境检验检疫局，主要负责朔州市全境和忻州十县(岢岚、五寨、代县、繁峙、五台、宁武、偏关、神池、保德、河曲)的出入境卫生检疫、动植物检疫和进出口商品检验鉴定和监督管理，是国家在朔州地区设立的涉外执法机构。 （郑 罡）

【新建技术业务用房主体封顶】 山西检验检疫局技术业务用房于2015年11月20日实现主体封顶。山西检验检疫局新建技术业务用房项目于2008年启动，2010年10月取得质检总局立项批复文件，设计方案为“L”形外观，建筑主体长66.7米，宽27.2米，建筑总高度为96.6米。项目于上年6月6日正式开工，承建单位为中色十二冶金建设有限公司。在国家质检总局、山西省委省政府的大力支持下，技术业务用房将主要用于山西检验检疫技术中心及国际旅行保健中心的检验检测及体检等相关业务，为山西外向型经济发展提供技术支撑。 （郑 罡）

太原机场航空口岸实现“人－机－犬”三位一体查验模式 （郑 罡供图）

【检疫犬服务太原空运口岸】 2015年1月，山西出入境检验检疫局首次引进的2只检疫犬在太原武宿国际机场正式上岗开展入境动植物产品携带物查验，实现“人—机—犬”三位一体检疫查验模式，提高太原空运口岸的动植物疫情风险的防控能力，为国门安全提供保证。 （牛 煜）

【农产品外销保障】 2015年，山西运城樱桃首次外销台湾。6月18日，经山西出入境检验检疫局检验检疫合格，300千克运城樱桃通过台方查验，被允许在中国台湾地区市场销售。

6月2日，运城苹果出口美国首发式在山西省万荣县举行，山西出入境检验检疫局局长于洋代表国检部门现场向万荣县华荣果业有限公司首批出口美国的20.2吨鲜苹果颁发植物检疫证书，质检总局动植司副司长陈茂盛与运城市政府市长王清宪共同为首发车揭幕。 （牛 煜）

【“三互”大通关建设】 2015年，太原机场出入境检验检疫局采取八项措施，按照国务院、质检总局、山西省政府要求，落实“三互”工作：对航空器实施海关、边防、检验检疫联合登机检查的“一站式”查验；对携带物实施与海关共享的“前台共同查验、后台分别处置”的“一机双屏”模式；与边防共享重点航班和重点人群信息，在疫情防控方面实施重点防控模式；对通关货物实施与海关一次报检、一次查验、一次放行的“三个一”模式；与其他检验检疫局实施通报、通检、通放的一体化通关模式；参与政府主导的“单一窗口”建设；建立口岸监管执法互助机制，完善案件通报移交制度；创新口岸通关模式，推行“申报放行”“验证放行”“抽样放行”“监管放行”等新模式。 （牛 煜）

【马达加斯加和美国鼠疫传入的预防】 2015年，太原机场出入境检验检疫局根据质检总局发布的《关于防止马达加斯加和美国鼠疫传入的警示通报》，快速部署以下措施：强化检疫查验，对美国和马达加斯加相关人员加强体温监测和医学巡查，对与美国和马达加斯加相关的货物进行卫生检疫查验，对有咳嗽、咳痰、出血、发热、头痛、胸痛等症状者进行医学排查；对发现有鼠类、蚤类或相关痕迹的，立即进行除鼠和灭蚤处理。加强卫生监督，对太原机场口岸进行严格的卫生监督，采取放置捕鼠笼等各种有效措施除鼠灭蚤，清除孳生场所，降低鼠密度，防止鼠、蚤在口岸传播疾病。强化个人防护，要求口岸一线检验检疫人员现场检验检疫过程应加强个人防护意识，做好防护措施。加强对码头、堆场协检人员的培训，将疫情信息及时通报协检人员，强化码头、堆场协查的疫情上报机制，严防鼠疫传入。 （牛　煜）

【中东呼吸综合征疫情应对】 2015年，山西出入境检验检疫局落实总局中东呼吸综合征疫情防控工作部署。疫情发生后，第一时间召开中东呼吸综合征疫情防控工作紧急会议，部署防控工作，研究制订《山西出入境检验检疫局口岸中东呼吸综合征疫情防控工作方案》，启动口岸应急预案。协调山西省疾控中心，建立山西出入境检验检疫局保健中心、机场出入境检验检疫局、山西省疾控中心合作机制，就中东呼吸综合征疫情以及其他传染病疫情防控工作开展深度合作，签署《联防联控工作框架协议》。 （牛　煜）

【突发事件驻守机制】 2015年，太原市疾控中心在山西省疾控中心和山西出入境检验局建立联防联控合作模式的带动下，提出和山西出入境检验检疫局口岸机构建立《突发急性传染病联防联控工作框架协议》，建立“突发事件驻守机制”，省、市疾控中心将关口前移，派员驻守口岸，和太原机场出入境检验检疫局、保健中心将组成三人小组联合执行疫情监测排查等应急任务。 （牛　煜）

【出入境特殊物品卫生检疫监管】 2015年，山西出入境检验局完善特殊物品卫生检疫监管工作规范。按照国家质检总局《出入境特殊物品卫生检疫管理规定》（国家质检总局令〔2015〕160号），做好从山西出境的特殊物品和在山西使用和生产的特殊物品将在山西出入境检验局的卫生检疫审批报检、检疫查验和后续监管，建立符合山西出入境检验局实际的出入境特殊物品卫生检疫监管工作机制，制订《山西出入境检验检疫局特殊物品卫生检疫工作规范》，报总局审定，纳入质量管理体系。

2015年，山西出入境检验局助推山西省唯一一家制药有限公司生产的细胞生物制品——重组人促红素注射液生物制品出口菲律宾、印尼，开启山西省特殊物品打入国际市场的先河；为山西省爱心慈善单位进口一批移植眼角膜提供快速审批便利化服务；为山西省地方病防治研究所和瑞士人类营养实验室开展科研项目出境的一批血液和乳汁样品提供便利服务。 （牛　煜）

【检验检疫服务贸易便利化】 2015年，山西检验检疫局围绕服务贸易便利化大局，优化通关工作。推动、融入检验检疫一体化建设。9月1日起，在山西省内实施“通报、通检、通放”一体化通关模式，企业可根据需要自主选择在山西省范围内的任何一个检验检疫机构办理报检、缴费、放行、领取证单等手续。9月24日起，正式融入全国检验检疫通关一体化，符合相关条件的山西进出口货物，可通过出口直放，进口直通，减少货物在沿海、沿边口岸的滞留时间。2015年办理省内“三通”92批，“出口直放”2534批，“进口直通”92批。10月，经质检总局批准，山西检验检疫局正式纳入京津冀检验检疫一体化协同发展框架。深化关检“三个一”合作，将“三个一”模式应用于全省所有通关场所。2015年实现“一次申报”232批，“一次查验”31批，“一次放行”38批，加快口岸放行速度。推行检验检疫无纸化工作。受理报检、出证放行实现电子化作业方式，推行原产地签证无纸化申报，实施出入境特殊物品卫生检疫审批证书电子核销，深化与海关的通关单联网核查机制。 （牛　煜）

太原海关

【海关履职数据】 2015年，太原海关监管进出口货运量590万吨，审核进出口报关单11259份；税收入库11.3亿元，减免税审批总货值2.44亿美元，减免税款2.89亿元；监管进出境航班3135架次，进出境人员40.74万人次；查获违禁书刊30起76册，旅客主动放弃书刊310册。

推进“五大战役”行动，保持打击走私高压态势。制定出台《太原海关“五大战役”行动方案》。全年立案侦办走私犯罪案件22起，同比增长6.3倍；立案调查行政违规案件68起，同比增长70%；补税200.42万元，征收税款滞纳金17.4万元，罚款139.13万元；配合兄弟海关缉私局协查案件28起。 （宋　阳）

【经济带海关区域通关一体化】 2015年，太原海关落实丝绸之路经济带海关区域一体化改革。成立领导小组和推进小组，做好丝路一体化改革各项工作，召开13次会议研究部署和协调推进改革工作。指派6名业务骨干入驻青岛应急协调中心。自5月1日起，太原海关纳入丝绸之路经济带海关区域通关一体化改革板块，为山西进出口企业减负增效和融入丝绸之路经济带提供通关服务。全年接受申报一体化报关单7995票，其中狭义一体化报关单813票，系统运行平稳。 （宋　阳）

【富民强省扩大开放】 2015年，太原海关参与制订山西《全面扩大开放意见》。配合支持地方政府加快获批海关机构筹建工作，运城、长治和晋城海关建设提速。支持武宿综保区加快发展，进出区货物日渐多元，监管进出区货运量11万吨，监管进出区货值111.7亿元人民币。办理新备案航空公司5家，审批新增国际航线4

条，复飞航线7条。支持大同航空口岸临时开放，配合相关部门开展运城航空口岸、太原铁路口岸开放前期准备工作。支持方略保税物流中心搬迁新址，指导兰花保税物流中心规范建设。启动跨境贸易电子商务调研，参加省市政府组织召开的研讨会，安排相关人员赴兄弟海关考察学习。

（宋　阳）

【海关内部改革深化】 2015年，太原海关与山西出入境检验检疫局共同制定关检合作“三个一”方案，联合举办培训宣讲会，推广使用统一版“一次申报”系统，全年“一次申报”报关单1591份。推进无纸化作业改革，提高无纸化申报报关单数据的全面性、准确性、及时性，无纸化率94.02%。推广汇总征税改革，到重点税源企业宣讲政策，已有企业申请开展汇总征税，并通过专项评估。电子保函区域通用实现零突破，实现“一份保函，区域通用”。优化查验工作机制改革，实施分类查验和查验分流，无干预随机布控率70.5%。

简政放权转变职能，清理进出口环节经营性服务收费项目、简化退税手续。自4月15日起，取消海关预归类服务等3项进出口环节经营服务性收费；自5月1日起取消面向自理报关企业的数据传输费。简化进出口企业注册登记，实施“一照一码”“三证合一”。减少行政审批项目，优化审批流程，缩短审批时限，保留行政审批事项7项，受理总署审批的行政许可项目2项。在门户网站更新“办事指南”和“行政许可”栏目内容54条。各业务现场全面施行“一个窗口”审批受理制度，统一印制《行政审批事项服务指南》，企业满意率100%。

（宋　阳）

【创新型海关建设】 2015年，太原海关推行创新缉私战法，利用大数据和情报分析探索研究“互联网+”新战法。创新政治理论和业务学习方式，推广“两个学习”做法，提升关警员的政治理论素养和业务水平。创新统计工作模式，依托统计大数据，排查虚假贸易企业取得新成效。创新稽查作业模式，借助中介机构专业化优势，提高稽查效能，实现稽查追补税133.32万元。优化完善“12360”海关热线人员培养方案和后台协作机制，太原海关选手入选岗位练兵竞赛决赛并取得团体第二名的成绩。创新新闻宣传工作方法，利用新媒体宣传海关各项改革和最新政策，扩大海关社会影响。

（宋　阳）

太原海关2015年主要业务数据统计表

序号	业务类别	2015年	与上年同比(%)
1	进出口货运量(万吨)	589.84	−56.4
	进口	571.85	−56.4
	出口	17.99	−54.9
2	进出口报关单总数(份)	11268	15.6
3	进出口记录条总数(条)	28128	31
4	集装箱总数(箱次)	20045	30.8
	集装箱箱载货物(吨)	447196	60.6
5	税收入库(万元)	113000.44	−65.52
	关税	16799.64	−55
	进口环节税	96200.8	−66.87
6	实有备案企业(个)	3537	17.2
	实有加工贸易经营企业(个)	9	0
7	备案加工手册(份)	35	−38.6
	手册备案金额(万美元)	40429.9	167.2
	经批准内销补税(万元)	6874.17	−43.3
8	监管进出境飞机(架次)	3135	−8.5
9	监管进出境人员(人次)	407443	3.4
10	走私犯罪立案案数(起)	21	600
	采取强制措施(人次)	12	9.1
11	处理违规案数(起)	69	122.6
	罚没入库(万元)	140.64	−70.61

【法治海关建设】 2015年，太原海关完善依法治关制度体系。制定出台《太原海关“三重一大”决策制度实施细则》《太原海关工作规则》等制度，对重大决策、行政管理等基础性、普遍性、根本性管理行为进行规范，清理规章制度369项，规范规章制度277项。成立关区法律小组，加强立法调研、献计献策，全年向山西省政府法制办等部门报送立法反馈意见建议11项，向海关总署政法司报送反馈意见建议13项。

实际监管能力和监管效能。夯实业务基础，按月对关区进出口商品的归类、价格、原产地等数据进行逻辑比对。加强对大宗散货的实际监管，严格散杂货物的转关审核。对查验工作进行专项检查。定期对免税店进行巡查，每月对报表进行审查及存档留存。开展监管场所、特殊监管区域及保税场所清理整顿。对进境旅客行李物品100%过机检查，进境飞机100%登临检查，关区旅检渠道旅客通关系统征税录入规范率和核注率均达100%，受到海关总署通报表扬。

执法统一性建设迈上新台阶。以建设学习型海关为抓手，对业务薄弱环节开展法治教育和业务培训，提高关警员的执法素质和水平，推进关区优化行政执法领域内部核批工作，压缩76项核批环节，下放15项核批层级，规范业务核批主体83项，优化174项。综合运用“制度+科技+人工”工作机制，关区执法统一性建设迈上新台阶。

推进反走私综合治理工作，承办由全省19家单位参加的2015年山西省打击走私综合治理工作会议。立案侦办的“3·20”走私武器弹药案被海关总署缉私局列为一级挂牌督办案件；参与的“7·10”查缉涉嫌走私贩枪案件专项行动得到海关总署领导肯定。（宋　阳）

【山西加入丝路一体化海关改革板块】 2015年5月1日起，丝绸之路经济带海关区域通关一体化改革启动，山西与山东、河南等9省（区）共同被海关总署纳入丝绸之路经济带区域通关一体化改革板块，打破地域限制和海关关区界线，在沿线9个省（区）的10个海关（青岛、济南、郑州、太原、西安、兰州、银川、西宁、乌鲁木齐、拉萨海关）形成“十关如一关”的通关一体化格局。该方式适用于丝绸之路经济带企业在丝绸之路经济带各口岸海关进出口的货物。丝绸之路经济带企业可自主选择向经营单位注册地、货物实际进出境地海关或其直属海关集中报关点办理申报、纳税和查验放行手续。企业可根据实际需要，自主选择口岸清关、转关、区域通关一体化等任何一种通关方式，通关效率显著提高。（张新年　宋　阳）

【太原机场海关获全国青年文明号称号】 2015年“五四”青年节，太原机场海关获2013—2014年度全国青年文明号称号。太原机场海关在太原空运口岸出入境监管现场组织开展青年文明号便民宣传活动。针对进出境旅客最常见的进出境旅客海关监管政策疑问，太原机场海关专门制作《说说出入境海关监管的那些事》宣传单，强化对海关监管政策的宣传。

（张新年）

工商行政管理

【依法行政监管】 2015年，山西省工商行政管理系统坚持依法行政，强化监管执法，创新监管机制，维护消费者权益。建设完成全省工商系统省级市场主体信用信息数据库和全省市场主体信用信息公示系统，组织动员市场主体开展年报工作，首次推行“双随机”抽查工作机制，推进企业信用分类监管，组织实施“三证合一”登记，在全国率先推行企业信用承诺制度，《中国工商报》在头版头条予以报道。开展“一企一商标”“一村一品一商标”活动，开展专项执法行动，开展农贸、集贸市场秩序专项整治，受理消费者咨询、投诉、举报11.2万件，做好非公党建工作，增强非公企业党组织的凝聚力和影响力，规范执法行为，深化法治工商建设，开展“冬季行动”。晋中市工商局法制科长高小超入选“全国工商系统十大法治人物”。省局机关连续9年被省直文明委表彰为“文明和谐创建标兵单位”。

（新国琦）

【“先照后证”改革】 2015年，山西省工商局在落实改“先证后照”为“先照后证”的改革中，根据《国务院关于“先照后证”改革后加强事中事后监管的意见》（国发〔2015〕62号文件）关于“省级人民政府应当于2015年底前依法制定工商登记后置审批事项目录，并向社会公布”的要求，以及山西省政府领导要求工商部门牵头按期完成此项工作的指示，查对各项审批所涉及的法律53部，法规101部，地方法规6部，向46个相关部门征求书面意见，向省政府报送《山西省工商登记后置审批事项指导目录》共计213项审批事项，经省政府法制办审查后，于12月31日以省政府晋政发60号文件向社会公布，印发全省设区的市人民政府、省直各厅委局办，同时也在省政府门户网站和省工商局门网站进行信息公开。（新国琦）

【行政处罚裁量】 2015年，山西省工商局制订印发《山西省工商行政管理机关行政处罚裁量权适用规则》。

截至2015年底，省局审核行政处罚案件18件，审核率100%。处理行政复议和被复议案件共33起。其中省局作为被复议机关由当事人向总局和省政府提起复议的28起。经过应对，复议结果为被维持的23起，驳回当事人复议申请的2起，被当事人撤回复议申请的4起。省局作为复议机关办理复议市级工商机关的案件4起，其中复议结果为维持的1起，当事人撤回复议申请1起，当事人自行放弃复议的2起。行政诉讼应诉方面，参加起诉省局的行政诉讼案件4件，其中1件由终审法院驳回当事人申诉，1件由法院裁定案件终止，未审结2件。由于新行政诉讼法开始实施，上述4件应诉案件中包括山西省局与总局作为共同被告的案件2起，赴北京异地应诉案件1起。全省工商系统一般程序处罚案件3282件，经审核的3272件，审核率99.7%。

（新国琦）

【商业贿赂行为查处】 2015年，山西省系统以医药、教育教学服务、建筑工程、政府采购等行业和领域为重点，加大治理商业贿赂工作力度，组织查处损害人民群众切身利益的商业贿赂案件。共查处商业贿赂案件2起（吕梁），收缴罚没款15万元，案件涉及电信、零售领域。吕梁市局对某电信分公司为获取小区宽带网安装建设交易机会而采取的为物业公司及房地产开发公司免费接入宽带网线路的商业贿赂行为进行查处，收缴罚没款10万元，并对某超市为获取办理超市卡交易机会而给予经办人财物的行为进行查处，共收缴罚没款5万元。太原市局配合市纪检委对5户企业的经营行为进行检查。临汾市局在全市大型建材销售市场和家装公司推行抵制商业贿赂承诺制度。

（新国琦）

【反不正当竞争执法力度加大】 2015年，山西省工商系统查处不正当竞争案件74起，收缴罚没款109.55万元。2014年12月15日至2015年

4月初，在为期4个月的空气和饮用水净化类商品专项整治中，出动执法人员854人次，执法车辆268辆次，检查相关经营户393户，查处4起案件。《中国工商报》和总局门户网站就山西省局的做法及所查处的3起典型案例进行报道。9月开始，在全省开展打击假冒伪劣日用品专项行动，全省系统共出动执法人员2048人次，检查日用品市场及日用品经营户3280个，查扣涉嫌假冒伪劣的香皂789块、洗护用品1120余瓶。

（靳国琦）

【限制竞争执法力度强化】 2015年，山西省工商系统共查处限制竞争案件10起(吕梁3起，太原3起，阳泉2起，临汾、运城各1起)，收缴罚没款90.65万元。吕梁市局对3家电力分公司强行向用户收取押金的限制竞争行为进行查处，共收缴罚没款35万元。太原市局对两家房地产公司和一家燃气公司滥收费行为进行查处，共收缴罚没款24.9万元。阳泉市局依法查处阳泉市郊区自来水公司和阳泉市公共交通总公司滥收费用案，共收缴罚没款13.75万元。临汾市局对某供热热公司滥收费用案依法进行查处，收缴罚没款10万元，并对某煤层气公司滥收费用案下达15万元罚款的听证告知书。运城市局查处某天然气公司在天然气安装过程中的滥收费用行为，收缴罚没款7万元。

（靳国琦）

【经济违法违规案件查处】 2015年，山西省工商系统共查处其他经济违法违规案件320起，收缴罚没款212.31万元。重视“扫黄打非”工作，把打击非法政治出版物作为重点。共出动执法人员2806人次，执法车辆777辆次，维护社会文化环境。开展电话“黑卡”治理专项行动。与省通讯管理局、公安厅联合开展为期1年的山西省电话“黑卡”治理专项行动。开展冻品走私专项打击和综合整治行动。开展境外电视网络接收设备专项整治行动及打击地面卫星接收设施工作，出动人员2737人次，检查电子市场30个次，电子商品经营户2059人次，网上店铺9户次，查扣非法电视网络接收机顶盒23套，查扣卫星地面接收设施66套。

（靳国琦）

【重点地区打击传销整治行动】 2015年，大同市继续保持打击传销工作的高压态势，工商、公安部门出动执法人员1600余名，车辆223台次，捣毁传销窝点115个，授课点3个，遣散传销人员705名，遣返传销人员644名，移送公安机关行政拘留26名。临汾市局在公安机关的配合下，捣毁取缔传销窝点61个，教育遣散传销人员853人。运城市局联合公安机关立案查处传销案件4起，案值300多万元，捣毁传销窝点34个，教育遣散传销人员652人。

（靳国琦）

【“创建无传销城市”宣传推动】 2015年，山西省工商系统印发打击传销宣传材料125600份，发布警示提示99条，开展现场咨询活动162次，发表打击传销专题文章6篇，举办专题讲座7场。省局在山西省电视台经济频道摄制5集打击传销纪录片《打传风暴》。出资10万元购置打击传销纪实电视剧《迷悟》光碟1000套，在全省免费发放，并在晋中、临汾、阳泉、运城等市级电视台进行放映，在阳泉工人俱乐部、山西农业大学进行集中播放，受教育人员达7000多人。6月，省工商局发布“谨防微信微商传销陷阱”的消费警示。为纪念“两个条例”颁布10周年，省局与《山西市场导报》开设宣传专栏。10月，临汾市打击传销办开展“两个条例”10周年纪念活动，打击传销领导组成员单位20多家共同参与活动。在全省开展创建无传销城市活动，以阳泉市为试点，努力实现建立一个完整的班子、完善一套长效管理制度、形成一个联动工作体系。

（靳国琦）

·消费者权益保护·

【新《消法》贯彻落实】 2015年，山西省工商系统以不同形式和方法组织全员进行新消费者权益保护法和有关配套规章实施办法的学习培训。省、市、县、所工商执法人员和企业代表组织参加培训206期20.65万人次，其中科级以上执法人员参训523人次。围绕“携手共治、畅享消费”年主题，开展“3·15国际消费者权益日”宣传纪念活动。建立消费者维权处理站544个，设立宣传咨询活动点716个，接受咨询人数26.87万人次，受理消费者申(投)诉举报2454件，印发宣传资料10.74万份，制作宣传展板、标语条幅2504条，召开新闻发布会、座谈会、培训会、演讲会、专题采访等共192次，出动宣传检查人员7518人次，出动宣传检查车辆1076台次，立案查处违法经营9起，行政调解消费纠纷676件，处罚2件，罚没款1.6万元，退还货款19.7万元，为消费者挽回经济损失182万元。

（靳国琦）

【重点商品质量专项整治】 2015年，山西省工商系统组织对流通领域家用电子电器、服装鞋帽用品、家具装饰装修材料、燃气灶具和交通工具、危险性危害性较大商品、儿童用品等重要商品开展专项整治和执法检查，出动执法人员4.54万人次，检查经营户3.27万户次，组织抽查检验63种商品共3280个批次（检验结果待公布)，查处违法案件381件，案值476万元。

（靳国琦）

·市场规范管理(网络商品交易监督管理)·

【网络市场监管】 2015年，山西省工商局制订出台《山西省工商局电子标识申请管理办法》，推动网络经营主体“亮照亮标”工作向前迈进。太原、大同市局利用自身网监系统率先实现电子标识发放，吕梁市局为“51好电”网发放第一例电子标识。截至2015年底，全省已提交电子标志使用申请的网络经营者共663户，审核通过372户。

在“双十一”前夕，对网络经营电子产品、汽车配件、服装鞋帽、儿童老年用品、农资等网络交易平台经营者进行实地检查，并指导其建立健全网络商品提供者主体身份备案制度，加强对网络商品提供者及商品信息的监督检查。大同市局依托省局“网监系统”，强化辖区网络市场经营动态和电子商务发展趋势的监测分析，编写《2015大同市电子商务市场主体数据监测报告》《2015促进大同电子商务健康快速发展的调研报告》等，为当地经济结构转型、政府决策提供大量基础数据。

2015年，全省共监测广告网站2.03万个次，监测广告3.49万条次，发现涉嫌违法广告36条，立案查处26件，罚没款23.28万元。投入约150万元，筹建“山西省工商局电子商务可信交易环境建设”项目一期工程，12月完成该项目的招投标任务。4月，与北京大学联合举办省、市、县三级共186名网监人员参加的“网络交易监管培训班”。12月，在厦门举办第一期“电子数据调查分析师”培训认证考试，参训50人全部通过测试，认证通过率为100%。（靳国琦）

【“红盾护农”行动】 2015年，山西省工商局贯彻落实全国农资打假工作电视电话会议精神和国家工商总局部署，加大对重点季节、重点区域、重点市场、重点品种的监管和违法案件的查处力度，保证全省农业生产的开展。全省工商系统查处违法违规案件78件，案值19.12万元，罚款21.11万元，移送司法机关案件1件，查处无证照、超范围经营20户，受理投诉18件。运城市、忻州市局开展“农资经营示范店”创建工作。晋中市局在全市500余个村委会设立“红盾维权站”，构建维权网络体系。大同市天镇县局创新监管举措，与河北省阳原县、怀安县、内蒙古兴和县签订农资协查互管协议，推动农资联合打假治劣。

（靳国琦）

【诚信市场创建】 2015年，山西省工商局按照国家工商总局《关于加强商品交易市场管理的指导意见》和《山西省诚信市场创建活动方案》，弘扬诚信经营，进行行政指导，开展诚信市场创建工作。评选出山西东方红品牌服饰有限公司等80家诚信示范市场活动中表现突出的商品交易市场，其中太原盛亚品牌服饰有限公司等3家市场被评为全国2014—2015年度诚信示范市场。长治市局争取当地党委、政府支持，会同市文明办、农委、公安局、国税局、地税局联合制订《长治市创建诚信市场和文明集市评选管理办法》，成立诚信市场和文明集市评审委员会。晋城市局加大宣传普及，发放相关资料1万余份，接待咨询投诉400余人次。忻州市局制订《商品交易市场开办者责任规范》《商品交易市场商品经营者责任规范》，并做好示范点的培育、规范、考评和推荐工作。太原市局迎泽分局将《创建诚信示范市场标准》印成小册子发放到大型商品交易市场开办者手中，并联合辖区东都服饰市场组织学习讲座、开展知识竞赛、举办文艺演出。

（靳国琦）

【汽车市场整治】 2015年9月起，山西省工商局在全省开展汽车市场专项整治。其间，出动执法人员4309人次，检查汽车销售（服务）企业923户，行政指导454户次，受理消费者投诉309件，消费者挽回损失72.77万元，办结案件28件，罚没款20.5万元。阳泉、晋中、运城市局翻印《山西省工商局致汽车经销企业的一封公开信》，送发到每个汽车经销企业，使其知晓此项工作的目的意义，开展自查自纠。太原市局组成两个队通过现场指导、以案代训、案例剖析等方式指导6城区工商分局开展整治。

（靳国琦）

【成品油市场监管】 2015年，在山西省双打办的统一组织下，按照《关于印发车用燃油专项整治工作方案的通知》要求，开展专项整治，并于7月20日至31日，对各市开展工作情况进行督查指导。严厉查处成品油经营中的违法违规行为，全年办结成品油案件33件，罚没款55.51万元。

（靳国琦）

【农资成品油质量抽检】 2015年抽检大同、运城、临汾、晋城等市辖区内的农资商品104批，抽检11个市216个加油站的457批油品。长治、晋城市局自筹经费抽检成品油207批。阳泉市局自筹经费抽检成品油82批。抽检情况通过山西省局红盾网进行通报。（靳国琦）

【旅游市场秩序整顿】 2015年，山西省工商局贯彻落实《关于加强旅游市场综合监管意见》《山西省开展旅游纪念品市场专项整治工作实施方案》的要求，部署开展国庆、元旦、春节等重点假日旅游市场规范整治工作。晋中市局开展旅游市场专项整治9次，检查旅游市场36个次，相关行业经营户1182户次，取缔无照经营户4户，检查相关商品1000余种，发出指导建议书、限期督办通知等37份，受理消费者投诉2起，印发各类宣传资料600余份。忻州市局以五台山、芦芽山、雁门关等旅游景区为重点，加强对旅游纪念品、旅游食品的检查，检查旅游经营单位584户次，立案查处5起，受理消费投诉4件。

（靳国琦）

【企业信用体系建设】 2015年，山西省工商局完成《山西省政务信用信息归集和公布目录（征求意见稿）》的编制。制订《山西省人民政府加快建立企业信用信息互联互通交换共享机制推进企业信用体系建设的意见》，编制《山西省市场主体的信用信息归集目录》《山西省市场主体信用信息归集规范》，制订《山西省商务诚信建设实施方案》，完成2014年度商务诚信建设预算绩效管理工作考核评价报告，向省综治办报送全省各地市2014年非公有制经济组织信用监管体系建设工作考评结果。根据《关于请报送“十二五”规划实施情况的函》，向省发改委报送省局“十二五”以来商务（企业）诚信建设工作完成情况以及“十三五”期间商务诚信建设的发展思路和建议。成立山西省商事制度改革领导组，起草制订并由省政府办公厅印发《山西省人民政府加快建立企业信用信息互联互通交换共享机制推进企业信用体系建设的

意见》(晋政办发〔2015〕96号)。经省政府法制办通过,制订印发《山西省工商行政管理局关于建立企业信用承诺制度的实施意见》。加强对工程建设领域项目信息和信用信息公开系统的维护管理,实施信息的归集、整合、发布。归集公布的项目信息为760个,累计达3.6万个,信用信息累计达79万条,系统点击数为2300万次。建成市场主体信用信息公示(共享)系统。推进信用信息归集、共享。加大信用信息公示工作力度。对信用信息进行归集整合,形成较为完整、准确、综合的市场主体的信用信息。

(新国琦)

【不公平合同格式条款专项整治】 2015年,山西省工商系统召开座谈会88次、开展集中宣传48次、印发宣传资料32059份、接受咨询766人次、召开新闻发布会3次、电视广播宣传6次、报刊宣传报道14篇。出动执法人员3222人次、出动执法车辆1951车次,重点核查本辖区水、电、气、暖企业397户、走访企业370户次、约谈企业159户次,备案的格式合同221份、制发整改通知(建议)书69份、责令改正的格式条款86条,收集整理涉嫌不公平格式条款71条,经专家评审的不公平合同格式条款共61条,受理举报31起。 (新国琦)

【"守重"企业公示工作机制】 2015年,山西省工商局为推进"守合同重信用"活动的制度化、规范化,起草《山西省"守合同重信用"企业公示办法》。开展对历年来公示的省级"守重"企业全面清理工作,对于已不符合"守重"企业公示条件和标准的企业将予以撤销其公示资格,并建立起"守重"企业信息卡。受理各市工商局推荐申报2014年度省级"守合同重信用"企业130家。 (新国琦)

【动产抵押登记和拍卖】 2015年,山西省工商局以信息化建设为重点推进动产抵押登记工作,维护交易安全、保障债权实现,促进各类市场主体融资发展。全年办理动产抵押1028件,贷款金额315.09亿元。依法加强拍卖监管,探索网上监管方式,依法加大对拍卖违法行为的查处力度,维护拍卖市场正常秩序,全年备案502件,涉及金额21.7亿元。 (新国琦)

【商事制度改革】 2015年,山西省工商局推进注册资本登记制度改革的实施工作,在全省实行注册资本认缴登记制,放宽公司注册资本登记条件。除法律、行政法规以及国务院决定另有规定的外,取消对公司最低注册资本数额、首次出资比例、货币出资比例、出资期限等方面的限制。

1月1日起,《山西省市场主体住所(经营场所)登记管理办法》正式实施。通过简化住所(经营场所)登记手续,释放场地资源,放宽市场主体准入条件,激发市场主体活力。

7月27日,省长李小鹏主持召开省长碰头会,研究深化商事制度改革,推进"三证合一"登记全面实施工作。会议决定成立以副省长张建欣为组长的山西省商事制度改革领导小组。讨论通过《山西省人民政府关于贯彻落实〈国务院办公厅关于加快推进"三证合一"登记制度改革的意见〉的实施意见》。

8月26日,省政府正式成立山西省商事制度改革领导小组。领导小组由涉及企业行政许可和监管的49个政府部门组成,组长由副省长张建欣担任,副组长由省政府副秘书长闫晨曦、省工商局局长董岩担任。

9月25日,省政府正式出台《山西省人民政府办公厅关于加快推进"三证合一"登记制度改革的实施意见》(晋政办发〔2015〕89号)。

9月29日,在太原市举行"三证合一、一照一码"营业执照颁发仪式。副省长张建欣出席并将太原市工商局核发的全省第一张"三证合一、一照一码"营业执照颁发给太原普汇商务孵化园有限公司。

12月31日,山西省工商局出台《山西省工商登记后置审批事项指导目录》(晋政发〔2015〕60号)。

(新国琦)

【私营企业、中小微企业发展支持】 2015年,山西省工商局通过开展个体户转企、免收登记注册费、办理股权出质等措施,支持全省私营企业、中小微企业健康发展。根据《财政部关于取消、停征和免征一批行政事业性收费的通知》(财税〔2014〕101号)相关要求,自1月1日起,全省工商部门继续暂停征收企业注册登记费、个体工商户注册登记费。截至2015年底,全省工商系统股权出质设立登记1261件,出质股权数额43.62亿元,被担保债权数额4492.87亿元。

(新国琦)

【各类市场主体注册登记】 2015年,山西省新增各类市场主体29.26万户,其中新增私营企业67136户。截至2015年底,全省实有各类市场主体173.89万户,同比增长20.23%,其中,内资企业6.73万户,私营企业32.37万户,外资企业3643户,个体工商户126.02万户,农民专业合作社8.39万户。《山西日报》以《商事制度改革助力民营经济井喷》为题在头版头条进行报道。 (新国琦)

【全省企业信息公示】 为深入贯彻落实《企业信息公示暂行条例》,加快推动企业信息公示工作开展,加强事中事后监管,召开全省企业年报及企业信息公示工作推进会和全省工商监管工作会议。自2015年,山西省建立全省年报通报制度,定期向各市局及政府通报年报情况,以有效促进年报率的提升。截至6月30日,山西省2013年度企业年报率为80.69%,2014年度企业年报率为78.23%。

(新国琦)

【"双随机"抽查】 2015年,山西省工商局专门成立企业监管处,推行"双随机"抽查工作机制,抽查3051户企业即时信息公示情况和4000余户企业出资信息情况。推进企业信用分类监管,累计锁定市场主体26.2万户,9.6万户市场主体被列入经营异常名录,对失信企业和个人在招投标、政府采购等方面予以限制或禁止。在组织实施"三证合一"登记的同时,在全

国率先推行企业信用承诺制度,《中国工商报》在头版头条予以报道。 (新国琦)

【涉金融企业监管】 2015年,山西省工商局重点对非融资性担保、投资担保、投资咨询、投资管理、财务管理等公司加强监管,展开对上述几类公司的清理整顿规范、非法集资风险排查、教育宣传月和专项整治等活动。全省工商系统出动执法人员17825人次,出动执法车辆6002车次,排查企业8374户,其中与登记事项不符的2119户,无法取得联系的企业2193户。排查企业发布广告的情况共8579条次。检查各类借款、担保合同2603份。受理举报63件,立案调查51件,查处案件41件,向当地政府报告问题线索251个,移交司法机关案件线索14个。 (新国琦)

【培训宣传新广告法】 2015年7月17日,山西省工商局召开学习宣传新广告法座谈会,联席会议成员单位及省直15家主要媒体参加座谈,在媒体开设栏目宣传新广告法,组织有关广告从业人员学习宣传新广告法,自觉遵守新广告法。山西广播电视台、《山西日报》《山西晚报》《山西市场导报》等媒体以不同的形式对新广告法进行宣传。8月4日,举办贯彻实施新广告法培训班,各市局分管局长、广告科长,以及县局业务骨干182人参加培训,对联席会议成员单位负责人、省级主要媒体负责人、广告部主任及广告审查员70余人进行培训。9月15日至17日,将广告法的培训内容纳入全省商事制度改革与市场监管专题培训,对各市、县(市、区)分管工商行政管理(市场监督管理)工作的副市长、副县长,各市(包括所属开发区)、县(市、区)工商行政管理(市场监督管理)局长等300余人进行专题培训。 (新国琦)

【媒体广告监管】 2015年,山西省工商局对广告违法率较高的媒体行政告诫14次,诫勉谈话9次,对媒体单位现场检查指导6次。3月9日,省局会同省委宣传部、省新闻出版广电局对2014年下半年违法广告情况严重的山西广播电视台等12家省市主要媒体进行行政约谈。3月18日,召开省级主要媒体和部分广告代理商广告监测情况通报会,通报广告监测情况。5月7日,约谈省级主要媒体负责人。建立广告监测通报制度。从下半年开始由季度通报改为月通报,全省违法率明显降低,广告市场秩序明显好转。全系统查处广告违法案件271件,罚没款508.34万元,其中省局办案18件,罚没款120万元。(新国琦)

【品牌兴省战略】 2015年,山西省工商系统围绕省政府推进产业结构优化升级,加快资源型经济转型发展的战略部署,引导企业实施商标战略,创建高知名度商标品牌。全年全系统继续开展"一企一商标""一村一品一商标"活动,指导各类注册。全省全年商标注册申请量19380件,商标注册量18117件。截至2015年底,全省有效注册商标总量达到77018件。国家工商总局新认定全省驰名商标4件、地理标志证明商标1件。截至2015年底,全省驰名商标总量达到88件、地理标志证明商标总量达到43件。组织开展山西省著名商标认定工作,申报426件,认定338件。全省有效山西省著名商标1092件。(新国琦)

【侵权和制假打击活动】 2015年,山西省工商局制订下发《2015年山西省工商系统打击侵犯知识产权和制售假冒伪劣商品工作要点》《2015年工商系统打击侵权和假冒伪劣工作方案》。以驰名商标、著名商标、涉外商标、地理标志为重点,查处各类商标侵权假冒案件。全年全系统出动执法人员10165人次,检查经营主体11791户次,检查批发零售市场、集贸市场等2283个次,立案查处案件344件,其中查处侵犯驰名商标案件18件,罚款金额724万元,移送案件2件,案件信息公开174件。"4·26"世界知识产权宣传周期间,向社会发布全省十大商标侵权典型案件。

开展打击侵犯"汾酒"注册商标专用权专项执法行动,打击各类侵犯"汾酒"系列注册商标专用权行为,保护汾酒集团创新成果和商标知识产权,全省工商系统检查酒类经销市场33个,各类专营、专卖店500余家,查扣侵权"汾酒"系列3212箱。国家工商总局和世界知识产权组织授予汾酒集团酒类行业唯一的中国商标金奖——"商标运用奖"。 (新国琦)

物价管理

【消费价格态势】 2015年,山西省居民消费价格累计上涨0.6%,处在低位运行区间,低于3%的调控目标。主要呈现如下特点:(1)基本在1%之内运行。居民消费价格指数同比涨幅除8月上涨1.2%外,其他月份涨幅在0~0.9%之间波动。(2)山西省全年居民消费价格指数累计上涨0.6%,低于全国平均水平0.8个百分点,居全国倒数第一位。(3)价格呈结构性上涨态势,八大类商品和服务价格呈现"七升一降"运行格局。

主要原因有以下几个方面。(1)食品价格保持微幅上涨,是居民消费价格指数平稳运行的重要原因。全年食品价格累计上涨0.4%,1月、5月、6月、7月、10月5个月食品价格同比为负增长。(2)工业价格指数持续负值运行对居民消费价格指数形成抑制。2012年3月以来,全国工业价格指数连续46个月负值运行,对下游终端产品的传导效应累积显现,对居民消费价格指数上行空间形成持续抑制。(3)国际国内市场总体需求不足。全球各大主要经济体经济增速减缓,我国进口、出口增速双降,国内固定资产投资增速放缓,这些因素均对居民消费价格指数上行构成压力。

(安　静)

【企业负担减轻措施】 2015年,山西省减半收取煤炭交易费,减轻企业负担。自2014年起,为落实"煤炭二十条",降低中国(太原)煤炭交易中心煤炭交易费,由向买卖双方各收取0.10元/吨降为向买卖双方各收取

0.05元/吨,2015年贯彻落实“减负60条”,继续减半收取煤炭交易服务费,累计减轻企业和用户负担1.13亿元。

2015年,山西省物价局落实《减轻企业负担促进工业稳定运行若干措施》(简称减负60条),对涉及价格的19项工作,制订落实“60条”工作方案,明确目标,细化措施,列出贯彻落实时间表和路线图,并把工作任务落实到分管领导,落实到有关处室,明确责任人。4条牵头任务“规范超计划用水加价费、统一纳入水价管理、继续减半收取煤炭交易服务费、实行工业用水限价、煤炭产品质量监督检验费按标准再降低20%执行”,在2015年3月底前出台相关措施贯彻落实。停止征收价格调节基金、取消煤炭价格稽查费等总计减轻企业和社会负担40亿元。 (安　静)

【价格政策调整】 2015年,山西省物价局落实和完善环保价格政策,为调整改善结构环境做出贡献。对全省燃煤发电机组继续实施脱硫加价1.5分/千瓦时、脱硝加价1分/千瓦时、除尘加价0.2分/千瓦时的环保电价政策,配合国家发改委测算煤价下降空间,疏导环保电价。全省省调燃煤机组安装脱硫设施机组容量为4019万千瓦,安装脱硝设施机组容量为3476万千瓦,安装除尘设施机组容量为3260万千瓦。调整排污费征收标准,对排污费实行差别收费政策,改变焦炭生产排污费征收方式。在全国率先开展排污权交易试点工作,制定6种主要污染物排污权交易基准价。

完善价格政策,落实惠民生措施。执行重大节日小型轿车免车辆通行费政策,2015年“春节”“清明节”“五一劳动节”“十一国庆节”免收3.65亿元;全省所有收费公路对整车合法装载鲜活农产品的车辆免收通行费,2015年1月至10月免收4.5亿元;对小型微型企业以及从事个体经营的登记失业人员、残疾人、退役士兵以及毕业两年以内的普通高校毕业生实行减免政策;取消农机服务部门组织联合收割机参加跨区作业收取的服务费,每年减轻农民负担约50万元;取消城建档案服务机构收取的城建档案专业技术咨询服务费,每年减轻企业负担约1000万元;取消房屋租赁手续费,每年减轻企业和居民负担约500万元;降低房屋转让手续费标准,降低幅度30%,每年减轻企业和居民负担约2000万元;出台《山西省物价局关于贯彻落实山西省人民政府关于促进旅游业改革发展的意见》(晋价市字〔2015〕146号)。从2015年7月1日起,全省国有及国有控股A级景区景点门票统一降价15%,并保持三年不变。规范旅游价格秩序,对重点地区、重点景区实施暗访和督查,发现问题现场纠正,提出限期整改意见。

强化成本监审工作,核减不合理费用。对输配电、供水、管道燃气、教育、旅游门票、供热等6个行业62家单位定价成本实施监审,核减不合理费用110.68亿元。 (安　静)

【价格机制改革】 2015年,山西省物价局简政放权,实施目录清单管理。累计取消、放开、下放价格管理项目和管理权限384项;取消收费许可证管理制度和年审制度;停止各级各类学校7项收费备案制度;承接国家下放的定价权限4项。抓好权力规范工作。依法确权全面实行权力清单化。规范清理行政权力,现有行政权力(权力清单)18项,包括:行政许可1项、行政确认1项、行政处罚6项、行政强制2项、行政奖励3项、其他权力5项。重新修订《山西省定价目录》,凡是政府定价项目,一律纳入目录管理,用清单形式列明具体项目、内容。新修订《山西省定价目录》由原来22种(类),缩减为13种(类)(包括新增基本养老服务),缩减率达40.9%;定价内容由74项,缩减为42项,缩减率达43.2%。确保“目录之外无政府定价”。2015年12月1日正式实施。

资源性产品价格改革。电价改革方面,完善外送电价格形成机制,推进大用户直供电电价改革工作,累计完成交易电量约360亿千瓦时,可降低电力用户用电成本约23.7亿元;对电解铝行业实行阶梯电价政策,对水泥行业实行差别电价政策,化解电解铝行业和水泥行业过剩产能;制定山西省燃气热电标杆上网电价,促进山西省燃气热电产业发展;实施超低排放环保电价政策,对3家发电企业4个发电机组试行超低排放环保电价。累计试行超低排放环保电价发电机组装机容量126万千瓦。水价改革方面,提高水资源费征收标准,限制过度使用地下水,山西省现行水资源费征收标准高于国家发改委对山西省“十二五”水资源费标准2元/立方米的目标要求;对居民生活用水实行阶梯水价,促进居民节约用水,全省11个设区市全部出台居民阶梯水价政策;对工业实行“差别水价”政策,对限制类企业水价加一倍征收,对淘汰类企业水价加三倍征收,对污染严重企业在限制类、淘汰类水价基础上加一倍征收,促进产业结构调整;开征污水处理费,促进水污染防治工作;实行提引黄河水灌溉泵站水价优惠政策,促进黄河水用水量增加,从政策实施前的3.9亿立方米增加至11亿立方米。气价改革方面,推进全省煤层气产业发展,起草《关于推进煤层气价格形成机制改革的意见(试行)》;推进天然气价格改革,2013年、2014年、2015年共四次调整省内非居民天然气价格,2015年4月1日实现非居民存量气和增量气价格并轨,2015年11月20日降低非居民天然气价格,非居民用气价格在现行价格基础上降低0.70元/立方米。热价改革方面,推进以按用热量计价收费为重点的热力价格改革,会同有关部门下发《关于积极稳妥做好按用热量计价收费工作的通知》,明确按用热量计价收费的范围、职责以及两部热价制定办法。

医药价格改革。按照全省医改工作要求,平稳有序推进医药价格改革。2015年为巩固和发展县级公立医院综合改革和成果,制订《关于全面推进县级公立医院医药价格改革工作的实施意见》,增加建立医疗服务价格调整浮动机制、“三比”控制要求、市级人民政府部署县级公立医院改革、审核平衡调价方案的权限等内容。从2015年11月1日起,全省所有县级公立医院取消药品加成;建立完善科学合理的药品价格形成机制,取消省管药品政府定价。清理1996年以来省管药品价格文件,公布废止药品价格文件683个。

规范价格秩序。山西省开展涉企、涉煤、医疗、教育、旅游等专项检查工作,为稳定市场价格水平、维护市场价格秩序发挥积极作用。全省共查处价格违法案件367件,实施经济制裁4837万元。其中,退还用户510万元,没收价格违法所得3055万元,罚款1272万元。加强价格举报信息系统建设,完成“12358”价格举报信息系统四级联网工作,举报工作基本实现电子化、信息化、网络化。四级联网举报信息系统的建立对维护消费者合法权益、排除价格隐患、调解价格纠纷、促进社会和谐发挥促进作用。全省共受理各种投诉举报1.58万件,办结率达98.82%。 (安 静)

审 计

【全面审计】 2015年,山西省各级审计机关共审计和调查单位4600个,查出违规金额652.76亿元,促进增收节支178.35亿元,向纪检监察和司法机关移送案件线索802件390人,涉及金额145.42亿元。

(宁红伟 郑钰卿)

【跟踪审计】 2015年,山西省审计厅持续开展政策落实跟踪审计。把推动政策落实作为首要任务,把握节奏、跟踪督导,推动资金落实、项目实施、政策落地和追责问责,推进新开工项目130多个。 (宁红伟 郑钰卿)

【经济审计】 2015年,山西省审计厅推进经济领域各项工作。开展财政审计,贯穿绩效审计理念,组织开展预算执行、财政决算、财务收支、税收征管等多项审计,查出隐瞒转移截留资金38.96亿元,滞留闲置资金156.25亿元。开展投资审计,围绕促进经济结构调整、投资领域改革,开展对高速公路、对口援疆、基础设施等重大投资建设项目审计,核减投资额23.28亿元。 (宁红伟 郑钰卿)

【全省各地市审计】 2015年,太原市审计局共审计及延伸审计单位700个,查出违规、损失浪费和管理不规范金额398.58亿元,非金额计量问题441个;收缴及原渠道上缴15亿元(含审计期间整改),移送案件线索104件,提出审计建议399条,其中被采纳123条;被省、市有关领导批示报告、信息30件,参与实施的晋中土地出让收支和耕地保护情况审计,获得全国土地审计表彰项目奖励。

大同市审计局对306个审计项目(单位)进行审计和审计调查,查出主要问题金额92.4亿元,其中违规金额1.49亿元、管理不规范金额90.91亿元;审计处理处罚金额85.26亿元,其中应上缴财政5466万元、应归还原渠道资金21.76亿元、应缴纳其他资金61.2亿元、应调账处理资金1.74亿元);提出审计建议269条,被采纳61条;移送纪检部门、主管部门处理案件11件2人。

阳泉市审计机关完成审计项目413个,查出主要问题金额3.93亿元,其中违规金额24.94亿元、损失浪费金额300万元、管理不规范金额4.90亿元;损益(收支)不实8143.16万元;审计处理处罚金额17.04亿元,其中应上缴财政7.689亿元、应减少财政拨款或补贴10万元、应归还原渠道资金438.33万元、应调账处理金额8.996亿元;审计发现非金额计量问题542个;审计促进整改落实有关问题资金1.37亿元,其中增收节支1.31亿元、已调账处理金额509.03万元;审计促进拨付资金到位3219.43万元;移送司法机关、纪检监察机关和有关部门处理事项75件;出具审计报告和专项审计调查报告420篇,被批示、采用10篇;提出审计建议466条,提交审计信息99篇,被批示、采用59篇;向社会公告审计结果5篇。

长治市审计局完成审计项目56个,查出主要问题金额145.38亿元,其中违规金额1.63亿元、管理不规范金额143.75亿元;损益(收支)不实4.68亿元;审计处理处罚金额19.17亿元,其中应上缴财政3647万元、应归还原渠道资金14.33亿元、应调账处理金额4.48亿元;审计发现非金额计量问题149个;审计促进整改落实有关问题资金14.57亿元,其中增收节支10.81亿元、已调账处理金额3.76亿元;审计促进拨付资金到位2322万元;移送司法机关、纪检监察机关和有关部门处理事项62件;出具审计报告和专项审计调查报告56篇;提出审计建议143条,提交审计信息30篇。

晋城市审计局完成审计项目103个,查出主要问题金额120.91亿元,其中违规金额44.05亿元、损失浪费金额0.99亿元、管理不规范金额75.87亿元;审计处理处罚金额31.24亿元,其中应上缴财政14.72亿元、应减少财政拨款或补贴0.01亿元、应归还原渠道资金0.43亿元、应缴纳其他资金9.34亿元、应调账处理金额6.73亿元;审计发现非金额计量问题339个;审计促进整改落实有关问题资金10.56亿元,其中增收节支10.37亿元;移送纪检监察机关和有关主管部门处理事项8件;提出审计建议144条,提交审计信息31篇,被批示、采用17篇。

朔州市审计机关完成审计项目94个,查出主要问题金额19.98亿元,其中违规金额9.47亿元、损失浪费金额266.04万元、管理不规范金额10.40亿元;损益(收支)不实802万元;审计处理处罚金额1.997亿元,其中应上缴财政8748.4万元、应归还原渠道资金2775.65万元、应调账处理金额8441.12万元;审计发现非金额计量问题98个。审计促进整改落实有关问题资金16.14亿元,其中节收增支334.16万元、已调账处理金额7.06亿元、审计促进拨付资金到位

1692.1万元、审计挽回（避免）损失3820.84万元；移送司法机关、纪检监察机关和有关部门处理事项36件；出具审计报告和专项审计调查报告94篇，被批示、采用11篇；提出审计建议264条，提交审计信息58篇，被批示、采用8篇。

晋中市审计机关完成审计项目127个，查出主要问题金额211.8亿元，其中违规金额8.15亿元、管理不规范金额203.61亿元；损益（收支）不实12.22亿元；审计处理处罚金额1.23亿元，其中应上缴财政1.23亿元；审计发现非金额计量问题196个；通过审计整改，向财税及有关部门、企业追缴各项税费及政府性资金11.94亿元，收缴罚没款1146万元，核减工程款2672万元；促进专项资金到位6.03亿元，促进资金纳入预算管理3837万元，归还原渠道资金4324万元；累计移送案件线索9起，移送问题线索38起，立案8起17人，刑事拘留8人，开除党籍2人，撤销党内职务2人，留党察看1人，党内警告处分2人，诫勉谈话1人，没收违法所得453.8万元；出具审计报告和专项审计调查报告127篇，被批示、采用6篇；提出审计建议402条，提交审计信息83篇。

忻州市审计机关完成审计项目1080个，查出主要问题金额137.58亿元；审计处理处罚金额63.53亿元，其中应上缴财政2.61亿元、应减少财政拨款或补贴16.23亿元、应归还原渠道资金1.86亿元、应调账处理金额38.96亿元；审计发现非金额计量问题365个；审计促进整改落实有关问题资金11.99亿元；移送司法机关、纪检监察机关和有关部门处理事项44件；出具审计报告和专项审计调查报告1080篇，被批示、采用53篇；提出审计建议903条，提交审计信息672篇，被批示、采用265篇。

吕梁市审计机关完成审计项目985个，查出主要问题金额225.48亿元，其中违规金额30.89亿元、损失浪费金额793万元、管理不规范金额194.51亿元；损益（收支）不实2.29亿元；审计处理处罚金额22.79亿元，其中应上缴财政3.81亿元、应减少财政拨款或补贴1232万元、应归还原渠道资金2.19亿元、应调账处理金额14.62亿元；审计发现非金额计量问题1521个；审计促进整改落实有关问题资金2273万元，其中增收节支1228万元、已调账处理金额1044万元、审计促进拨付资金到位247万元、审计后挽回（避免）损失50万元；移送司法机关、纪检监察机关和有关主管部门处理事项154件；出具审计报告和专项审计调查报告1072篇；提出审计建议1402条，提交审计信息403篇。

临汾市审计局完成审计项目91个，查出主要问题金额147.64亿元，其中违规金额33.73亿元、损失浪费金额2009万元、管理不规范金额113.7亿元；损益（收支）不实3.25亿元；审计处理处罚金额20.67亿元，其中应上缴财政9.22亿元、应减少财政拨款或补贴1522万元、应归还原渠道资金3996万元、应调账处理金额10.49亿元；审计发现非金额计量问题242个；审计促进整改落实有关问题资金7.28亿元，其中增收节支7.13亿元、已调账处理金额56万元；移送司法机关、纪检监察机关和有关部门处理事项185件；提出审计建议211条，提交审计信息30篇。

运城市审计机关共完成审计项目429个，查出主要问题金额125.46亿元，其中违规金额25.9亿元、损失浪费金额614万元、管理不规范金额99.49亿元；损益（收支）不实18.06亿元；审计处理处罚金额10.6亿元，其中应上缴财政1.82亿元、应减少财政拨款或补贴113万元、应归还原渠道资金5.95亿元、应调账处理金额2.8亿元；审计发现非金额计量问题505个；审计促进整改落实有关问题资金1.6亿元，其中增收节支1642万元、已调账处理金额1.43亿元、审计促进拨付资金到位11万元、审计后挽回（避免）损失2万元；移送司法机关、纪检监察机关和有关部门处理事项60件；出具审计报告和专项审计调查报告458篇，被批示、采用3篇；提出审计建议737条，提交审计信息127篇，被批示、采用81篇。

（宁红伟　郑钰卿）

【民生资金和资源环境审计】 2015年，山西省各级审计部门着力保障民生，开展对社会保障、农业综合开发、保障性安居工程和土地出让收支和耕地保护情况等重点民生资金和项目的专项审计，查处违规问题资金742亿元。（宁红伟　郑钰卿）

【审计监督制度完善】 2015年，山西省各级审计部门强化反腐败工作，完善审计制度。依法查处重大违法违纪问题线索。坚持问题导向、查深查透，向纪检监察和司法机关移送案件线索802件290人，涉及金额145.42亿元。同时，选派800多人次参加巡视、专案和专项调查工作，查处一批腐败案件。

推进制度健全完善。关注体制性障碍和制度性缺陷，提交审计报告和信息5724篇，提出审计建议7486条，建立健全制度措施755项。

（宁红伟　郑钰卿）

统计管理

·统计局·

【统计局专项整治】 2015年4月14日，山西省统计局党组召开专题会议，传达贯彻省委活动办第四次主任会议精神和有关要求，研究推进省统计局专项整治工作，局党组书记、局长翟振新主持会议并讲话。会上，翟振新传达省委副书记楼阳生重要讲话精神和省委活动办关于报送全省学习讨论落实活动专项整治项目办理进展情况清单的通知要求，对推进专项整治工作进行再动员、再部署，对专项整治工作责任和要求进行再重申、再明确。（王立品）

【民营经济统计监测】 2015年6月16日，为贯彻落实省委、省政府关于加快民营经济发展的决策部署，加快研究建立山西省民营经济统计监测制度，按照省长李小鹏，省委常委、常务副省长高建民，省委常委、统战部部长孙绍骋的重要指示要求，省统计局党组书记、局长翟振新一行赴省工商联就开展民营经济统计监测工作进行调研，并围绕民营经济发展、统计监测指标建立等有关具体事宜进行座谈交流。（王立品）

·国家统计局山西调查总队·

【粮食产量调查】 2015 年，山西省粮食总产量为 125.96 亿公斤，比上年减少 7.12 亿公斤，减产 5.4%；粮食亩产为 255 公斤，比上年减少 15 公斤，减产 5.4%。其中夏粮总产量为 27.28 亿公斤，比上年增加 1.25 亿公斤，增产 4.8%；夏粮平均亩产 265 公斤，比上年增加 12 公斤，增产 4.7%，夏粮单产再创历史最好水平。由于部分地区遭受严重旱灾，秋粮减产，总产量为 98.68 亿公斤，比上年减少 8.37 亿公斤，减产 7.8%；秋粮亩产为 253 公斤，比上年减少 21 公斤，减产 7.7%。

2015 年，山西省粮食减产，结束“五连增”，但全年粮食产量仅次于 2014 年的 133.1 亿公斤、2013 年的 131.3 亿公斤和 2012 年的 127.4 亿公斤，为山西省历史上第四个高产年，对全省农民增收有所影响，但对全省粮食安全影响不大。（傅湏汉）

【畜牧业发展调查】 2015 年，山西省畜牧业平稳发展，主要畜禽存栏增减互现，畜产品供给充足。生猪养殖规模缩小。2015 年末全省生猪存栏 485.9 万头，同比减少 5.6%。其中，能繁母猪存栏 51.7 万头，同比减少 13.8%。全年生猪出栏 783.7 万头，同比减少 6.4%；猪肉产量 60.3 万吨，同比减少 6.1%。牛存栏微幅增长。2015 年末全省牛存栏 101.1 万头，同比增长 0.2%。全年牛出栏 40.2 万头，同比增长 1.1%；牛肉产量 5.9 万吨，同比增长 1.3%；牛奶产量 91.9 万吨，同比减少 4.5%。羊存栏较快增长。截至 2015 年底，全省羊存栏 1001.5 万只，同比增长 8.5%，在历史上首次突破 1000 万只大关。全年羊出栏 484.4 万只，同比增长 3.1%；羊肉产量 6.9 万吨，同比增长 3%。家禽存栏减少。2015 年末全省家禽存栏 8857.7 万只，同比减少 6.4%。全年家禽出栏 8780.9 万只，同比增长 15.7%；禽肉产量 11.3 万吨，同比增长 20%；禽蛋产量 87.2 万吨，同比增长 4.3%。（傅湏汉）

【农产品生产价格调查】 2015 年山西农产品生产价格比上年下降 4.16%。从各季度走势看，第一、二季度延续上年第四季度走势，逐步回落，第三季度明显回升，第四季度较大幅度下降。与上年同期相比，第一季度上涨 0.23%，第二季度下降 3.38%，第三季度上涨 3.15%，第四季度下降 9.97%。农业产品生产价格跌幅较大。2015 年，山西农业产品生产价格同比下降 5.52%。分品种来看，谷子、玉米、小麦生产价格均呈降势，分别比上年同期下降 9.11%、5.63%和 0.41%。蔬菜生产价格稳中趋升，同比上涨 0.73%。水果生产价格跌幅较大，同比下降 13.52%。其中，苹果类下降 16.39%，梨类下降 10.89%。畜牧业产品生产价格涨跌互现。2015 年全省畜牧业产品生产价格比上年同期下降 1.81%。分品种看，羊、禽、生奶和鸡蛋生产价格同比分别下降 11.9%、2.89%、11.44%和 3.57%，活猪上涨 8.17%，活牛上涨 0.20%。林业、渔业产品生产价格下降。2015 年全省林业产品价格比上年下降 6.21%，渔业产品价格下降 4.78%。（傅湏汉）

【居民收入情况调查】 2015 年，山西省城乡居民收入实现稳步增长，全体居民人均可支配收入达 17854 元，比上年增加 1316 元，增长 8.0%(扣除价格因素实际增长 7.3%)，但城乡居民收入增速双双回落。城镇居民人均可支配收入增长 7.3%。2015 年，全省城镇居民人均可支配收入为 25828 元，比上年增加 1758 元，增长 7.3%(扣除价格因素实际增长 6.7%)，增速较上年回落 0.8 个百分点。

从收入构成看，(1) 工资性收入增速放缓，但仍是拉动可支配收入增长的主要因素。2015 年，全省城镇居民人均工资性收入 16562 元，同比增加 938 元，增长 6.0%，增幅比上年回落 0.5 个百分点。工资性收入对可支配收入增长的贡献率为 53.3%，拉动城镇居民人均可支配收入增长 3.9 个百分点。工资性收入占城镇居民收入的比重为 64.1%，比上年下降 0.5 个百分点，但仍是拉动可支配收入增长的主要因素。(2)经营净收入增幅大幅放缓。2015 年，全省城镇居民人均经营净收入 2790 元，同比增加 89 元，增长 3.3%，增幅比上年回落 5.4 个百分点。对可支配收入增长的贡献率为 5.1%，拉动可支配收入增长 0.4 个百分点。(3)转移净收入快速增长，绝对额位居四大项收入第二。2015 年，全省城镇居民人均转移净收入为 4687 元，同比增加 670 元，增长 16.7%，增幅比上年提高 9.1 个百分点。对可支配收入增长的贡献率达 38.1%，拉动可支配收入增长 2.8 个百分点。转移净收入占全部城镇居民可支配收入的 16.5%，绝对额仅次于工资性收入。(4)财产净收入稳定增长，是城镇居民收入的重要补充。

农村居民人均可支配收入增长 7.3%。2015 年，全省农村居民人均可支配收入为 9454 元，比上年增加 645 元，增长 7.3%(扣除价格因素实际增长 6.6%)。

从收入构成看，(1) 工资性收入稳定增长，占比继续提高。2015 年，山西省农村居民人均工资性收入为 4922 元，比上年增加 352 元，增长 7.7%，增幅比上年回落 2.4 个百分点。工资性收入对农村居民可支配收入增长的贡献率为 54.6%，拉动可支配收入增长 4 个百分点，占农村居民人均可支配收入的比重为 52.1%，比上年提高 0.2 个百分点。(2)经营净收入小幅增长，占比有所下降。2015 年，全省农村居民人均经营净收入为 2624 元，比上年增加 142 元，增长 5.7%，增幅比上年回落 7.6 个百分点。对农村居民人均可支配收入增长的贡献率为22.0%，拉动可支配收入增长1.6个百分点，占农村居民人均可支配收入的比重由上年的28.2%下降到27.7%。(3)转移净收入平稳增长，对农村居民收入贡献率增大。2015年，全省农村居民人均转移净收入为1766元，比上年增加132元，增长8.0%，对可支配收入的贡献率为20.5%，拉动可支配收入增长1.5个百分点，占农村居民人均可支配收入的比重由上年的18.5%上升到18.7%。(4)财产净收入稳定增长。全省农村居民人均财产净收入为142元，比上年增加19元，增长15.1%，对可支配收入增长的贡献率为2.9%，拉动可支配收入增长0.2个百分点。在财产性收入中，红利和转让承包土地经营权收入占65.5%。

与全国、周边、中部省份比较。2015年山西省城镇居民人均可支配收入增速比全国平均水平(8.2%)低0.9个百分点(抛除价格因素，实际增长6.7%，比全国高0.1个百分点)，绝对值和增速排位分别位于全国23位和27位，绝对值在中部六省、周边五省区中居第5位和第4位，增速均居末位。增速低于山西的省份分别为：吉林(7.2%)、广西(7.1%)、黑龙江(7.0%)和辽宁(7.0%)。农村居民人均可支配收入增速比全国平均水平(8.9%)低1.6个百分点(抛除价格因素，实际增长6.6%，比全国低0.9个百分点)，绝对值和增速排位分别位于全国23位和29位，在中部六省均居末位，周边五省区中绝对值居第4位，增速居末位。增速低于山西的省份分别为：黑龙江(6.1%)和吉林(5.1%)。(傅滨汉)

【居民消费价格调查】 2015年，山西省居民消费价格总水平上涨0.6%，涨幅比上年缩小1.1个百分点。分类看，城市上涨0.6%，农村上涨0.7%；食品价格上涨0.4%，非食品价格上涨0.7%；消费品价格上涨0.2%，服务项目价格上涨1.6%。从八大类看，呈"七升一降"格局。烟酒(上涨2.6%)、衣着(上涨2.2%)、医疗保健和个人用品(上涨1.8%)和娱乐教育文化用品及服务(上涨1.7%)涨幅相对较高，食品(上涨0.4%)、居住(上涨0.2%)、家庭设备用品及维修服务(上涨0.1%)涨幅相对较小，交通和通信价格则下降2.7%。与上年相比，食品价格涨幅回落2.4个百分点，交通和通信价格降幅扩大2.1个百分点。

价格变动的主要特点：(1)粮食价格增长放缓。2015年山西省粮食价格仍小幅上涨，但涨幅呈逐季回落态势，全年各季度涨幅分别为3.1%、2.1%、1.2%和0.8%。(2)鸡蛋价格大幅回落。受上年鸡蛋价格较高，养殖户补栏积极，市场供应充足影响，2015年全省鸡蛋价格比上年同期下降15.7%。(3)猪肉价格涨势明显。第二季度起，猪肉价格出现明显反弹，连续上涨6个月，累计涨幅达32.8%，全年猪肉价格累计上涨11.3%。

影响CPI的因素分析：(1)CPI拉动主力由食品转为服务。2015年全省食品类价格仅上涨0.4%，拉动CPI上涨0.13个百分点，而全省服务项目价格比上年上涨1.6%，拉动CPI上涨0.5个百分点，成为CPI上涨的主要因素。(2)翘尾因素拉动影响较大。据测算，2014年物价上涨对2015年CPI产生的翘尾影响为0.7个百分点。而新涨价因素影响为-0.1个百分点，对全年CPI产生"负"作用。

与全国、周边、中部省份比较：2015年山西省居民消费价格总水平低于全国平均水平(1.4%)0.8个百分点，与新疆并列居全国第30位，在中部省份和周边省份均居末位。

(傅滨汉)

【工业生产者价格调查】 2015年受多重因素叠加影响，山西省工业生产者价格持续低位运行。其中，工业生产者出厂价格同比累计下降12.3%，降幅比上年扩大3.7个百分点；工业生产者购进价格同比累计下降6.9%，降幅比上年扩大3.1个百分点。12月当月工业生产者出厂价格降幅为15.5%，创2009年10月以来新低。说明山西主要工业产品价格仍持续大幅下降，目前尚无回暖迹象。

价格运行的主要特点：(1)工业品生产者出厂价格持续下降。从2012年3月至2015年12月，山西工业生产者价格已连续〖JP4〗下降46个月，其中，2015年1月-12月，工业生产者出厂价格各月同比降幅分别为9.7%、10.7%、10.6%、10.5%、11.5%、12.1%、12.5%、13.5%、13.6%、13.8%、14.6%、15.5%，同比降幅呈逐月持续扩大走势。(2)出厂、购进价格倒挂现象一直持续。从2011年3月至2015年12月，山西工业生产者出厂价格和购进价格一直处于高进低出的状况，连续倒挂58个月，并呈扩大之势，严重压缩企业的盈利空间。(3)行业降幅面较大。2015年，工业生产者出厂价格所调查的37个大类行业中，有27个大类行业产品价格下降，占到全部调查行业的73%。3个大类行业产品价格同比累计持平，仅有7个大类行业产品价格同比累计微涨。全行业价格降幅面较大，工业经济需求不足十分突出。(4)主要工业品价格均呈降势。煤炭价格承接上年跌势，从年初开始持续走低，全年累计下降18.1%，降幅较上年扩大4.3个百分点；焦炭价格持续走弱，全年累计下降19.4%；钢铁类价格同比累计下降15.4%，降幅比上年扩大11.4个百分点。

影响PPI的因素分析：(1)产能过剩导致产品价格走低。全国范围内部分传统行业产能严重过剩，全国煤炭产能40多亿吨/年，需求仅36亿吨/年，导致价格一路走低。(2)内外环境不佳导致PPI降幅扩大。从内部环境看，2015年全国GDP增速为6.9%，为25年来最低，企业生产和投资动力不足，工业通缩压力不减；而外部环境也不容乐观，受新兴经济体增速放缓以及美联储加息预期强化等因素影响，大宗商品价格跌至5年来最低水平，使得PPI生产价格指数持续大幅下降。

与全国、周边、中部省份比较。2015年山西省PPI出厂价格同比降幅比全国平均水平的-5.2%高7.1个百分点，在全国31个省市区中按涨跌幅由高到低排序，居第28位，降幅低于新疆(下降17.6%)、黑龙江(下降

14.0%)和甘肃(下降 13.0%)。在中部六省、周边五省区中均居末位。

(傅滇汉)

国家财政监督

【部门预算监管】 2015 年,财政部驻山西省财政监察专员办公室(简称山西专员办)加强部门预算监管。制发中央基层单位预算监管办法,召开全省财政预算监管工作会议,向 54 户驻晋中央预算单位专题通报专员办工作转型方向及预算监管新要求,推进全覆盖监管;建立资料报送、重大事项报告、预算执行动态监管、通报制度等预算监管四项基本工作制度,收集资料 116 份。

2015 年,山西专员办对 1310 多个单位实施财政预算监管,涉及 321 个项目 605.9 亿元资金,通报处理 92 个单位并核查应补交中央非税收入 147.7 亿元,开展 5 项专项检查,查处问题资金 139 亿元。

收集中央预算单位近三年的预决算数据,对预算执行情况进行季度分析,动态对各类信息数据进行汇总、统计、分析和评价,关注异常趋势或变动,对问题和疑点进行问询、约谈、实地走访、现场调查或核查,为强化预算执行动态监控奠定基础。

开展属地中央预算单位预算管理,审核单位 1310 个、审核项目 199 个、审核资金量 69.37 亿元。其中对驻晋中央预算单位的人员、资产、重点项目情况进行审核,核减 15 户单位编制人数 353 人,净核减实有人数 139 人,审核重点项目 93 个,核减 3 户预算单位 372 万元。

全年审核国库直接支付 16 户次 0.94 亿元;审批银行账户 25 户次、备案 193 户次,完成 778 户 1846 个账户年检审核,专题通报预算单位存在的多设基本户等违规问题,敦促预算单位及时整改。

开展山西省地方预决算公开情况专项检查,发现地方政府和部门在预决算公开的及时性、完整性和全面性等方面均不同程度存在问题,涉及各级财政部门和预算单位 400 余户。

(郭　帅)

【中央转移支付资金监管】 2015 年,山西专员办加强中央转移支付资金监管。制发中央转移支付资金监管办法,完善转移支付指标台账,动态监控转移支付资金拨付情况,全年全省动态监控 1325.4 亿元资金下达和使用情况。

开展转移支付资金监管。全年监管项目 122 个,监管金额 536.54 亿元,完成中央转移支付项目城镇居民基本医疗保险和新型农村合作医疗补助资金、保障性安居工程等审核 16 项,开展村卫生室实施国家基本药物制度情况和山西煤层气开发与利用、长治市城市交通可持续发展世行贷款项目专项核查,发现各类问题 11 个。督导提前下达 2016 年转移支付指标资金 998.2 亿元。

推进预算绩效管理。召集驻晋中央预算单位召开预算执行绩效监管专题研讨会议,实施预算执行绩效监管专题调研。

(郭　帅)

【收入监管】 2015 年,山西专员办加强收入监管。制定《山西专员办中央非税收入征缴内部工作制度(试行)》《关于建立健全中央非税收入征缴报告制度的通知》等制度,落实征缴程序,促进工作规范。同时,建立非税收入季报、分析和动态监管机制,运用网络平台等媒介与企业进行及时沟通,促进相关政策的宣传和信息反馈。全年累计完成中央非税收入就地征收 44.53 亿元。

山西专员办核查追缴采矿排水水资源费中央分成 9.1 亿元,跟踪督促山西省地税局撤销非税汇缴账户 143 个;核查处理 2004 年以来山西地方电力公司欠缴中央非税收入 3951 万元;核查 2006 年 9 月以来山西省探矿权采矿权价款收入征收解缴情况,责令将欠缴中央分成收入 138.4 亿元全额缴库。

全年审批退付一般增值税 4.4 亿元;核查中国移动通信集团山西有限公司纳税情况,督促太原市国税局通过下达"税务事项通知书"等,落实移动公司两地纳税问题整改。

完成财政部安排的地方政府债务清理甄别核查工作,对山西省上报的 5113.5 亿元情况进行核查,剔除 660 个债务明细,涉及金额 267.2 亿元;调整 10 个债务明细,涉及金额 113.6 亿元;降低山西省地方政府负有偿还责任债务 380.8 亿元。

开展省外专查,对云南省盘活财政存量资金情况进行专项检查,重点检查云南省本级、昆明和红河两个市州,延伸检查 32 户预算单位,查处问题金额 81.01 亿元。

(郭　帅)

【金融企业监管】 2015 年,山西专员办开展晋城银行会计金融信息质量检查,发现问题金额 28 亿元,其中以虚列费用套取资金方式支付员工奖金 160.7 万元,逃避个人所得税。

对邮储银行山西省分行"三项业务"及近年落实"八项规定"、执行财经纪律开展专项检查,下达呆账核销检查的检查结论和处理决定,并对财务管理、会计核算及执行财经纪律方面抽查的问题下达管理建议书。

(郭　帅)

【上市公司监管】 2015 年,山西专员办对致同会计师事务所山西分所开展专项检查,并对太重股份、太化股份两家上市公司开展延伸核查,检查发现太重、太化股份存在问题资金金额 11.45 亿元(尚未审理),将太化股份大量虚增贸易收入等问题,专题报告财政部和省政府。

(郭　帅)

国家审计监督

【国家审计深入】 2015 年,审计署驻太原特派员办事处(以下简称太原特派办)承担 17 个审计项目,其中跨年度审计项目 7 个。全年提交审计(调查)报告 26 篇,编发重要审计情况 42 期、审计简报 18 期、工作动态 36 期,共计 122 期。被审计署采用 57 篇,其中审计要情 21 篇,重要信息要目 28 篇,审计长信函 3 篇,审计长批转函 1

篇,信息转送函1篇,审计工作通讯3篇。审计促进整改落实有关问题资金1534.29亿元,促进国家财政增收节支461.36亿元,促进完善制度33项。移送司法、纪检监察机关处理案件23起,移送其他部门处理案件22起。

2015年,太原办与南京特派办、武汉特派办联合实施山西省2011年至2013年矿产资源开发利用保护及相关资金征管情况审计项目,与金融审计司、兰州特派办联合实施国家开发银行股份有限公司2013年度资产负债损益情况审计(总行)项目,均被评为审计署优秀审计项目;与武汉特派办联合实施山西省2013年财政收支审计项目。 (郎少萍)

审计人员实地勘察废旧汽车回收拆解环境和拆解流程 (郎少萍供图)

【政策贯彻落实情况跟踪审计】 2015年,太原特派办对山西省、内蒙古自治区稳增长等政策落实情况进行跟踪审计。审计研究提交反映山西、内蒙古两省(区)经济特点的专题研究建议21份,向署报送第四季度各月稳增长跟踪审计报告,得到署领导肯定。审计查出问题被审计署重要信息要目采用7篇,13个典型案例被审计署结果公告采用。审计推动山西省出台3项省级政策,推动拨付资金47.37亿元,加快项目建设21个;促进内蒙古自治区政府部门简政放权11项,推动拨付资金125.13亿元、收回财政资金2.34亿元,促进16个重大项目推进,推动内蒙古自治区政府及相关部门出台11项具体政策。审计查出山西省水利厅引调提水工程进展缓慢问题,被中央电视台《焦点访谈》栏目报道后,山西省委书记王儒林、省长李小鹏做出重要批示,山西省水利厅采取措施推进整改。审计查出内蒙古自治区部分财政供养人员违规领取低保资金和自治区财政厅存量资金盘活不到位两个问题,被中央电视台新闻频道全文播报,其中财政供养人员违规领取低保资金问题,国务院督导组及自治区政府高度重视,进行整改,相关人员已退回低保资金,49名责任人被给予行政记大过、党内警告等处分。 (郎少萍)

【经济责任审计】 2015年,太原特派办牵头组织实施中国人民保险集团股份有限公司法人代表经责审计,独立实施中国南方航空集团公司领导人员经责审计,配合长春特派办开展中国石油化工集团公司领导人员经责审计等3个经济责任审计项目。审计中查出的重大违法违规问题被审计署审计要情采用6篇;被审计署重要信息要目采用两篇。审计查处的某单位主要领导人涉嫌违规违纪问题被审计署移送中纪委。 (郎少萍)

【金融行业审计】 2015年,太原特派办组织实施山西省"一行一会"预算执行审计、重点商业银行跟踪审计等项目。审计查出1个重大案件线索,被审计署审计要情采用,6个问题被审计重要信息要目采用。 (郎少萍)

【农业与资源环保审计】 2015年,太原特派办配合成都特派办开展2013—2014年度青海矿产资源审计项目,审计发现矿山环境治理和生态恢复机制需完善两个问题,被审计署重要信息要目采用。在山西和内蒙古两省(区)土地出让收支和耕地保护情况审计项目中,查出土地使用和耕地保护等方面问题,被审计署审计要情、重要信息要目、审计署移送、特派办移送采用信息共计45篇。 (郎少萍)

【外资运用审计】 2015年,太原特派办组织实施世界银行贷款张家口至呼和浩特铁路项目2014年度财务收支和项目执行情况审计。审计查出问题被审计长信函采用1篇,提出并被有关部门采纳审计建议10条。 (郎少萍)

【审计数据中心建设】 2015年,太原特派办建立完善数据采集、使用、存储等方面制度规定,如《审计项目电子数据管理办法》《数据存储恢复存放路径及命名规范》等,对分散于不同存储介质数据实行统一登记、统一存放、统一恢复、统一发布。截至2015年底,特派办数据中心累计存储6个省14大类16T的电子数据,形成具有潜在关联、可相互印证大数据关系网。依托数据中心数据优势,计算机分析团队结合审计业务,通过建立项目数据分析平台,加大数据关联分析比对等技术,发现问题线索,许多问题线索被转化为审计成果。(郎少萍)

质量技术监督

【全省质量工作推进】 2015年,山西省政府印发《山西省贯彻实施质量发展纲要2015年行动计划》,明确省直各责任部门18项重点目标任务，部署推进全省质量工作。组织起草《山西省质量发展“十三五”规划》，按期上报省政府。开展质量强市示范城市建设，太原市召开创建动员大会，晋城市召开创建工作推进会及成员单位联络员和市局工作任务分工会议。完善市级政府质量奖励制度，全省7个地市建立市长质量奖。

山西省政府召开全省特种设备安全工作会议，向11个地市和18个省直部门颁发2015年特种设备安全工作目标任务书，政府统一领导、企业全面落实、质监专业监管、部门各负其责、社会共同参与的工作机制得到巩固。 (李 昆)

【质量管理】 2015年，山西省质量技术监督局推进质量统计分析工作，投入350万元对全省制造业产品质量合格率进行调查统计，联合省政府政策研究室、山西大学商务学院等单位，开展全省产品、工程和服务质量状况分析，并向省政府提交《2015年山西省质量状况分析报告》。开展“质量月”宣传活动，发送公益宣传短信48.5万条，发放宣传画3000余张、宣传手册10万余份。在2014年全国质量考核获得“良好”等次的基础上，发挥山西省质量强省领导组办公室牵头组织协调作用，将2015年各项考核工作任务分解落实到各省直相关部门，明确工作进度，提出任务要求，10月份接受国务院考核组质量工作实地核查。开展儿童用品、装饰装修材料、车用汽柴油等9类重点产品质量提升行动，抽调30余名技术专家对全省15类272家危化品获证生产企业进行“拉网式”专项监督检查，促进重点发证产品质量提升。推进工业产品和检验机构质量分类监管，在获证企业分类监管全覆盖的基础上，把监管范围扩展到重点消费品等其他工业企业。 (李 昆)

【知名品牌创建】 2015年，山西省质量技术监督局推进“全国知名品牌创建示范区”建设，指导经质检总局批准创建的汾阳市白酒集中产区等6家单位制订创建工作方案，指导大同云冈旅游示范区通过现场审查。组织省内知名品牌企业参加国家自主品牌价值评价和发布，重点向国家质检总局推荐大同云冈旅游示范区参评。加大品牌宣传力度，配合省商务厅等部门，加强对外交流合作，开展“山西品牌中华行”“山西品牌网上行”和“山西品牌丝路行”宣传活动，提高山西品牌的影响力和市场占有率。

(李 昆)

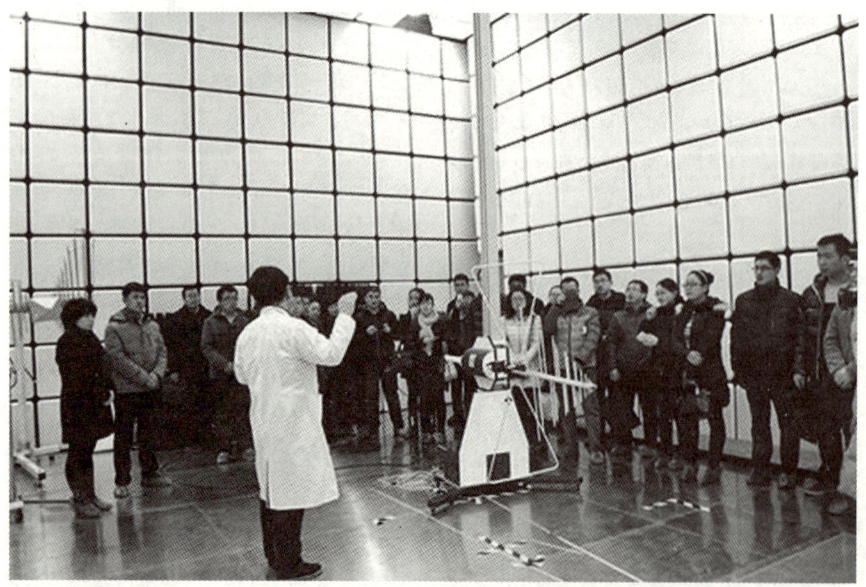

山西省质量技术监督局举办2015年度岗前业务培训班 (李 昆供图)

【特种设备安全监察】 2015年，山西省质量技术监督局继续以“全覆盖、零容忍、严执法、重实效”为总要求，部署开展全省特种设备安全大检查，6月份派出3个督查组，采取“四不两直”方式，对各地工作落实情况进行督查。在全省开展“油气输送管道、电梯、锅炉”3场安全攻坚战，摸底检查5800余千米长输油气管道，整改隐患2116起；排查锅炉1.4989万台，存在管理问题和安全隐患的2369台全部整改到位；完成5.292万台电梯的自查和抽查工作，对存在管理问题和安全隐患的3771台全部建立隐患台账并跟踪整改。“8·12”天津港事故发生后，在全省开展新一轮特种设备安全大检查。继续向行业管理部门和生产使用单位免费发放特种设备安全法单行本，通过专题讲座、电视宣传片、制作展板、悬挂条幅等多种方式开展安全生产宣传教育活动。截至2015年底，全省未发生特种设备安全人员伤亡事故。 (李 昆)

【重点消费品质量安全监管】 2015年，山西省质量技术监督局围绕农资、食品、建材、儿童用品和汽车配件等重点领域，在全省范围内开展“质监利剑行动”和“双打”专项行动，全系统共出动执法人员7.2万人次，查获假冒伪劣产品货值4000余万元，查处违法案件660余起，取缔制假黑窝点10余个。加强农资、建材和日用消费品等产品质量的监督抽查，全年抽查61类1.23万批次产品，总体合格率为92.3%，其中山西企业产品合格率为96.1%。发布监督抽查通报36期，发出不合格产品处理通知单127份，对不合格产品企业实施后处理。

(李 昆)

【标准化工作加强】 2015年，山西省政府成立由副省长张建欣任组长、37个部门负责人为成员的“山西省标准化工作领导小组”，印发《关于进一步推进标准化工作改革发展的实施意见》和《关于加强节能标准化工作的实施意见》，推进全省标准化工作改革发展。加强地方标准制(修)订，立项221项，审查发布135项，在继续保持高数量的同时，提高质量水平。推进标准化示范试点项目建设，创建标准化示范市7个，建成国家级项目125个、省级项目108个。（李　昆）

【计量惠民生】2015年，山西省质量技术监督局继续开展“计量惠民生、诚信促和谐”双十工程，打击计量欺骗违法行为，加强对医疗卫生单位、加油机、眼镜制品、民用四表等重点领域和重点计量器具制造企业的监督检查，对29家企业86批次商品实施包装计量监督抽查，全省1150家出租汽车公司、超限超载检测站、计量收费站和供水、供电、供气、供热公司实现诚信计量自我承诺。国家城市能源计量中心（山西）通过质检总局验收，完成638家重点用能单位能源计量审查、2家企业的测量管理体系认证和31家中小企业计量保证能力评定。（李　昆）

【认证认可管理】2015年，山西省质量技术监督局健全完善强制性产品认证制度区域监管责任制，推广建立“五定四查三监管”的联合监管模式和“一网三联”执法监管系统，并在全国认证监管联席会议上作经验介绍。开展实验室资质认定和日常监管，出台《技术评审工作指南》，监督检查700余家获证实验室，对70多家实验室分别进行7个参数的能力验证。组织开展管理体系认证活动专项监督检查，检查企业50余家。（李　昆）

【质检科技基础建设】2015年，山西省质量技术监督局监督指导两个国家级质检中心正常运行，帮助6个获批筹建的国家级质检中心加紧建设。年底新批准筹建2个省级质检中心。对全省19个已授权、7个已批准筹建和3个拟申报的省级质检中心（站）进行督导考察。向质检总局申报的两个科研项目批准立项，3个项目通过鉴定验收。山西省质量技术监督局推荐项目获山西省科学进步三等奖1项，进入二等奖公示两项。开展山西质监综合检验检测中心工程项目的外装修和消防工程建设。（李　昆）

【质监法强化建设】2015年，山西省质量技术监督局编制完成权力清单和责任清单，并向社会公布。完成省审改办安排的全省权力清单编码任务。组织修订行政执法责任制，制订出台《山西省质量技术监督局行政处罚自由裁量权行使指导规则》。提升案件审理效率，案审委审理案件13起。加强法制审查，结合质监职能，对34件有关法律、法规、规章、草案及规范性文件提出修改意见。配合工商、编办等部门按期完成“三证合一”“一照一码”改革。按照“两集中、两到位”要求，组建行政审批管理处。全年受理的1070件行政审批事项全部按时办结，按时办结率100%。（李　昆）

安全生产监督管理

【全省安全形势】2015年，山西省安全生产形势好转，呈现“三个双下降，一个良好”态势。各类安全生产事故总起数和死亡人数双下降，全省共发生各类安全生产事故1.22万起，死亡2226人，同比分别下降3.90%和4.67%。生产经营性事故起数和死亡人数双下降。全省共发生生产经营性事故1758起，死亡1104人，同比分别下降10.21%和3.24%。部分行业领域事故起数和死亡人数双下降。道路交通、铁路事故的死亡人数事故起数和死亡人数双下降。安全生产控制指标进度良好。生产经营性事故死亡人数占国家下达年度控制指标的84.99%，比进度控制目标少195人。全省11个市均在控制进度范围内。（孙　军）

【责任体系完善】2015年，山西省安全生产监督管理局（简称安监局）贯彻山西省委、省政府《关于实行安全生产党政同责的意见》，明确新能源、洗煤等行业管理部门安全监管职责，抓好安全生产党政同责“五个全覆盖”。推进乡镇（街道）和村（社区）安全生产党政同责“五个全覆盖”，全省有90%以上的乡镇（街道）和60%以上村（社区）实现“五个全覆盖”。狠抓企业“五落实五到位”工作，督促企业落实安全生产主体责任，提高安全生产水平。（孙　军）

【安全生产大检查】2015年，山西省开展贯穿全年的三轮安全生产大检查，在安全生产大检查中坚持“四个突出”。突出督查暗查。8月17日至26日，省长李小鹏在阳泉市、长治市调研时，采取“四不两直”方式突击检查危化品生产企业和工业园区。从8月12日至9月2日，省委常委、副省长付建华5次率领省直有关部门和专家深入分管领域进行突击检查。省直部门成立督查组349个，暗查暗访组171个，抽查企业70538家。省安委办成立5个督查组，分别在6月、11月按照“四不两直”的方式对各市和省直部门进行督查。各市市委书记、市长、副市长、各部门负责人到辖区重点行业领域、重点企业，以“四不两直”的方式进行督导检查。（孙　军）

【安全法治化建设】2015年，山西省安监局开展安全生产普法宣传，并选调相关业务处室人员到省直机关、各市县政府和企业开展新安全生产法宣讲活动，全年各级各部门共举办新安法宣讲324场。加快研究制订配套制度措施，启动《山西省安全生产条例》修订工作，先后召集省直12个厅局、8个市所属县乡政府、中央驻晋、省属重点企业相关人员召开座谈会，征求各方面意见和建议，修改完善10余次，并将现条例初稿上报省政府。代省政府起草《关于加强安全生产监管执法的通知》，并把工作任务和责任分解落实到各有关部门，强化组织实施。打击各类安全生产非法违法行为，共查处安全生产非法违法违规违章行为30万多起，安全监管监察部门罚款2600多万元。（孙　军）

【安全宣传教育】2015年，山西省安监局以安全生产月活动为契机，开展“平安山西”网络安全知识竞赛、“安全生产宣传咨询日”“三晋安全行”等安全生产月系列活动；围绕新安全生产法的颁布实施，组织对省长进行专访，安监局局长在《山西日报》发表署名文章，开展学习宣传和教育培训，宣传新安法，提高全社会遵纪守法意识。同时，严肃事故查处与责任追究，全年对12起较大生产安全事故进行挂牌督办，对91起事故进行严肃查处，给予党纪政纪处分354人，追究刑事责任66人。对省内外发生的重特大事故和典型事故及时发布警示信息，下发事故通报23份，并组织拍摄多部事故警示教育片下发基层，起到警示、教育和震慑作用，做到“一厂出事故、万厂受教育，一地有隐患、全省受警示”。（孙　军）

【保障能力提升】 2015年，山西省安监局开展“安全生产月”活动，在各类媒体开办专题、专栏，开展集中宣传报道，举办“安全生产宣传咨询日”“我身边的安全故事”征集、三晋安全行等一系列宣传教育活动。开展安全乡村（社区）创建活动，全省91.7%的乡村建成安全乡村。强化培训工作，连续五年举办各级政府分管领导和安监局长安全生产专题培训班，指导全省培训安监执法人员、企业负责人等共计4.7万余人。加强安全科技工作，推广HAN撬装式加油装置、危险化工工艺自动控制系统、尾矿库在线监测系统、尾矿库干排技术等一批安全技术示范工程。加强应急管理工作，与北京、河北、天津、内蒙古自治区建立华北五省（市）应对重特大生产安全事故灾难突发事件应急联系、联防、联动机制，全省矿山、冶金、危险化学品等重点行业企业应急预案覆盖率达100%，同煤集团和汾西集团完成国家矿山区域队建设任务。（孙　军）

【事故查处】 2015年，山西省各级安全监管监察部门查处事故73起，应结案63起，实际结案53起，建议给予党纪政纪处分526人，追究刑事责任45人。省政府提级进行调查处理阳城瑞兴化工“5·16”较大有害气体中毒事故、平遥县兴盛佛殿沟煤业公司“6·7”较大窒息事故等4起典型事故。2015年，省政府召开3次警示教育会议，各级各部门召开事故警示教育会40余次，对较大以上事故和典型事故深刻反思，汲取教训。（孙　军）

【重大以上安全事故】 2015年4月19日18时50分，同煤集团地煤公司姜家湾煤矿发生一起透水事故，事故造成21人死亡。（孙　军）

食品药品监督管理

【监管体制改革】 2015年，山西省食品药品监督管理局新设置专门的稽查执法机构131个，2300人，10个地级市、95个县（市、区）的公安部门专门成立食品药品犯罪侦查机构，有食药警察303名。加强基层基础建设，加快乡镇站所标准化规范化建设。全省1404个乡镇（街办）核定设置乡镇监管站888个，实际设立1005个，核定编制5596名，到位4316人，到位率为77.12%。太原的小店区、万柏林区，晋中的介休市、祁县，吕梁的孝义市等一批县局的乡镇站所已经达到标准化、规范化要求。（杨晓锋）

【食品安全监管】 2015年，山西省食品药品监督管理局在食品安全方面加强监管。加强重点品种监管。采取全面排查、重点抽查、监督抽验、从严查处等有效手段，整治肉制品、乳制品、食醋、白酒、食用油等消费量大、风险比较高的品种，共责令整改409家，停产停业150家，依法取缔103家，规范食品生产行为。加强重点区域监管。以批发市场、集贸市场、农村地区、城乡接合部为重点，集中整治“三无”食品和假冒伪劣食品，共检查食品经营场所16.6万家次，查处食品违法案件2632件，罚没款金额686.42万元，净化食品市场。加强重点单位监管。实施学校食堂16条和聚集性就餐15条监管举措，采取排队通报、约谈警示、上限处罚直至停业整顿等严厉措施，对全省6575所学校食堂、25家集体用餐配送单位和中央厨房进行全覆盖检查，全省持证餐饮单位量化分级率达97%。加强重点行为整治。采取降低门槛、登记备案，全面整顿、重在规范的办法，对全省5235家食品生产加工小作坊实施备案管理，取缔一批不符合条件的小作坊、小摊贩、小餐饮。采取强制下架、全省禁售、监管公告、媒体曝光等措施进行整顿规范，查处8种非法添加和15种严重违规宣传保健食品，突出问题得到遏制。（杨晓锋）

【药品、医疗器械监管】 2015年，山西省食品药品监督管理局在药品、医疗器械方面加强监管。抓重点环节监管。在药品生产环节，开展特殊药品、中药提取物、银杏叶药品等专项检查，责令8家企业限期整改；在药品流通环节，重点对全省92家基本药物配送企业、11家疫苗经营企业进行全覆盖检查。在医疗器械领域，开展生产经营质量管理规范、无菌和植入类医疗器械、体外诊断试剂等专项检查，责令整改1581家次，保障药械安全。抓药品规范管理。实施新版药品质量管理规范，推进企业改造升级，全省共有100家药品生产企业、332家批发企业通过认证，淘汰102家生产经营条件差、管理不规范的企业。以高风险品种为重点审查对象，完成6562个药品品种的再注册。颁布恒山黄芪等50个中药材品种质量标准，提升中药材中药饮片质量水平。抓重点问题治理。组织对全省银杏叶药品生产企业进行检查，消除安全隐患。对存在问题的山西仟源医药、瑞福莱药业，及时采取警告、责令召回、停产整改等措施，对仟源医药处以408.395万元罚没款，没收涉案药品并监督销毁。组织对全省药物临床试验数据进行自查核查，对117号公告涉及的29个品种，先后两次撤回21个，药物临床试验数据自查核查工作第一阶段任务完成。（杨晓锋）

【监管技术支撑体系建设】 2015年，山西省食品药品监督管理局构建省、

市、县、乡四级检测检验体系。市级方面，11个市食品药品检验所新增事业编制170名，增加设备投入1.8亿元，完成资质认定437项；太原、朔州、忻州、阳泉、长治、晋城、运城等市争取政府支持，新建高标准的食品药品检验监测中心，投入资金均在2000万元以上，面积均超过2500平方米。县级方面，全省增设县级检测检验机构84个，新增事业编制1018名，古交、孝义被列入全国检测检验资源整合试点，柳林、祁县等县局检测检验中心抓紧建设，为监管提供技术支撑。

山西省食品药品监督管理局全年抽检食品14258批次，公开发布抽检信息26期，核查处置问题产品398批次，减少安全隐患。抽检药品7344批次、医疗器械437批次、保健食品化妆品939批次，发布监管公告10期，核查处置不合格产品212批次，防范药械风险。市县两级监管部门克服经费、能力不足的困难，落实食品监督抽检责任，晋中、长治、运城3个市，晋中榆次区、介休市，太原杏花岭区、万柏林区，吕梁孝义市，运城稷山县、永济市等38个县（市、区）工作主动积极，在落实经费、组织实施、信息发布等方面走在全省前列。（杨晓锋）

【案件查处】 2015年，山西省食品药品监督管理局把严查重处作为解决食品药品安全突出问题的重要手段，加强行刑衔接，与省公安厅联合制定出台《联合打击制售假劣食品药品违法犯罪活动工作制度》，与省高级法院、检察院、公安厅联合制订出台《山西省办理食品药品涉刑案件物证检验鉴定的工作规定（试行）》，定期、不定期与公安部门召开联席会议，通报案件信息，会商重大案件，挂牌督办案件，一起培训执法人员，加强公安机关和食药系统的合作。全年共查处各类案件14149起，罚没款4692万元，比2014年分别增长1.4%、9.4%。共移送涉刑案件127件，与省公安部门联合查获“9·7”跨省特大制售假冒名牌白酒案，一举端掉窝点26个，捣毁完整生产线7条，抓捕嫌疑人17人，案值总额超过1亿元。（杨晓锋）

【食品可追溯体系建设】 2015年，山西省食品药品监督管理局把建立以信息化为支撑的食品可追溯体系作为提升监管能力的战略工程，坚持信息化与追溯体系一体化建设，实现同步推进、相互促进；坚持把企业管理信息化作为基础，落实企业追溯体系建设的主体责任；坚持政府主导，实现部门监管过程和企业生产经营过程都可以追溯；坚持统筹谋划、急用先建、试点先行，实现高风险品种和关键环节可追溯。

抓高风险品种可追溯。以安全风险高的肉制品、乳制品和具有山西省地方特色的白酒、食醋为重点，在食品生产加工聚集区率先推动建立食品可追溯体系。晋中平遥县15家肉制品生产企业和53家肉制品小作坊、吕梁文水县5家肉制品生产企业，应用二维码和自编码建立肉制品质量安全追溯系统；榆次区14家食醋生产企业实现二维码追溯管理；朔州市乳制品追溯系统在生产加工环节初步建立。特别是白酒追溯体系建设被国家总局列为试点，吕梁汾阳市32家白酒生产企业建立信息化追溯体系，汾酒集团采用电子射频、在线赋码和电子标签等先进技术，建成白酒信息化追溯系统。

抓重点环节可追溯。抓住食品安全重点环节，探索食品安全全链条可追溯，真正实现过程全覆盖，质量可追溯。在食品流通环节，实行“电子一票通”，把企业销货单据、索证索票、台账记录纳入信息化管理，生成随货通行的电子台账，做到产品流向可查询、可追溯。在餐饮环节，建立餐饮服务电子监管平台，将大型餐饮和学校食堂纳入动态监管范围，实现原料购进、索证索票、添加剂使用、餐厨废弃物管理、食品留样等环节可追溯。

抓监管过程可追溯。把执法过程管理、痕迹管理纳入可追溯体系建设，建立综合监管信息平台，采用卫星定位和二维码识别技术，对执法人员准确定位，实时反映执法过程，上传执法记录。执法人员随身携带移动执法终端，随时可以查询辖区内全部行政相对人基础数据信息，并将现场检查情况实时回传监管平台，实现高效处置、层级监督。（杨晓锋）

【食品药品监管社会参与建设】 2015年，山西省食品药品监督管理局组织相关部门修订《山西省食品药品安全举报奖励办法》，由省政府办公

2015年4月9日至10日，山西省副省长张建欣（右二）陪同国家食品药品监督管理总局副局长焦红（前排右四）一行到山西省调研督导医疗器械监管工作（杨晓锋供图）

厅印发,解决公众对举报奖励不积极、不了解、不信任的问题。全年接到投诉举报1.593万件,比2014年增长28.3%,省市两级兑现7起举报奖励19.99万元。

省食品药品监督管理局围绕落实企业主体责任,把市场机制引入监管工作,制定出台《信用档案工作制度》和《"黑名单"管理制度》,把主观故意、违法添加、无证生产经营、抗拒执法、屡治屡犯等18种严重违法违规行为列入黑名单,对生产经营者和责任人设立不良行为记录,向社会公示,实施重点监管,加大惩戒力度,督促企业落实主体责任。建立与媒体的常态沟通合作机制,主动邀请媒体监督举报食品药品安全违法行为,监督监管部门执法过程,与山西电视台合作进行长时间、大范围的深入暗访,发现"潜规则"、重大风险和监管人员不作为、乱作为等问题,发挥舆论引导和监督作用。 (杨晓锋)

能源监督管理

【电力安全监管】 2015年,山西电力系统未发生较大以上电力生产伤亡事故,未发生造成电网大面积停电的较大以上电力安全事故,未发生电厂垮坝事故,未发生较大以上环境污染事故、主设备严重损坏事故和对社会造成较大影响事故,保证全省电力系统安全稳定运行。

建立安全协同监管机制。首次将地方政府电力管理部门纳入电力安全监管体系,初步建立"能源监管机构牵头、地方政府电力管理部门协同"工作机制。

落实企业安全生产主体责任。初步建成"企业自查、主管单位复查、政府部门督查"的全覆盖工作机制,探索电力安委会成员单位带队检查制度,拓展监管手段。

开展电网安全风险管控、电力建设施工安全、电力建设质量安全和电力监控系统安全防护专项监管,举一反三、防患于未然,保障全省电力系统安全稳定运行。

完善重大隐患挂牌督办制度,实现隐患排查动态管理,全省电力企业排查各类隐患整改率达98.2%。

开展电力安全培训,参加培训人员培训率达90%;建立在建工程项目施工安全和质量安全月报制度,完成325家在晋电力施工单位基础档案。 (龙 颖)

【市场准入监管】 2015年,山西能源监管办建立资质管理信息系统及许可申请网络化。资质管理信息系统正式上线运行,实现山西能源监管办全部行政审批业务均网上审批。实现电工进网作业许可申请网络化,以及电工进网作业考试实时远程监控,依托网络巡查实现省内巡考的全覆盖。

加强电力建设工程备案管理。对备案过程中发现的6家建设单位使用资质证书无效的施工企业情况,下发整改通知书,规范施工市场。

开展自备电厂调研摸底工作。通过对目标发电企业基础信息的汇总分析,为规范自备电厂监管提供数据支持。

规范高电压等级电网工程市场。安排部署许可证持证企业许可条件专项复核,通过一年的工作,注销1家一级、2家二级企业,降级1家一级、2家二级企业,监督不具备高电压等级电网工程施工能力但仍持有相应许可的企业退出相应市场。

规范市场准入秩序。连续开展在建电网工程项目许可制度执行情况专项检查;探索向从事供电业务的非电网企业发放供电业务许可证;开展新能源和可再生能源分布式发电许可豁免工作。 (龙 颖)

【市场运行监管】 2015年,山西能源监管办加强市场运行监管。全年直接交易电量达180亿千瓦时,居全国前列,占全省工业用电量12%,有31家发电企业和45家用户参与,协商交易方式成交电量166.59亿千瓦时,集中撮合交易成交电量13.41亿千瓦时。有效降低电解铝、钢铁等电力大用户的用电成本。

开展风火深度调峰交易。2015年2月23日首次实施交易电力2万千瓦,交易电量4万千瓦时,交易价格350元/兆瓦时,山西省辅助服务市场交易迈出新步伐。

加强市场规则执行情况监管。加强发电并网监管,开展调度交易及成本监管,加强调度运行方式监管,落实新建电源接入电网监管办法开展电源项目自建送出工程专项监管,促进电网公平开放。

跨省区送电首次开展市场竞价。山西能源监管办及时修订完善交易规则,会同有关部门启动外送电市场竞价交易,通过挂牌招标方式,向河北南网增送38亿千瓦时,采购均价318.5元/千千瓦时。

减少企业负担。提出取消用电企业减容或暂停期限限制、缓交新增用电户临时接电费用两条减负措施,2015年共减负约3.48亿元。

搭建市场信息交流平台。按季定期组织召开电力市场信息披露及经营分析会,煤电一体化项目研究座谈会,组织山西焦煤、同煤、晋城煤业所属供电公司召开座谈会,并赴阳泉煤业、晋能集团进行实地调研,形成山西售电侧改革思路。 (龙 颖)

【行业政策监管】 2015年,山西能源监管办强化业务监管,推进能源行业工作。会同山西省发改委、省煤炭厅等部门联合开展煤矿建设秩序专项监管,对14座未核先建煤矿下达停工(停产)通知书,并函告国土、环保、水利、安监和煤监等部门;会同省发改委下发《关于开展新建电源项目投资开发秩序专项监管工作的通知》;向国家能源局上报《沁水县煤层气产业发展专项调研报告》。

强化低热值煤发电监管。通过无线方式实现平朔煤矸石电厂入炉煤热值信息实时传送,完成山西首台低热值煤发电远程在线非现场监管。

加强煤制油、煤制气监管工作。配合中国石化联合会组织专家对潞安煤制油示范项目进行现场标定,起草潞安煤制油示范项目现场标定情况的专题报告上报省政府。

推进节能减排促进企业发展方式转变。发挥部门联动优势，推动燃煤机组脱硝治理，先后对省内电网、发电共计36家电力企业开展节能减排和淘汰落后产能督查，出具监管报告，得到省政府及省环保厅和经信委的好评。 （龙　颖）

【电力行政执法】 2015年，山西能源监管办维护广大用户的合法权益，及时处理电力投诉举报事项。全年登录“12398”热线平台1.70万人次，按照规定受理1539件。所有投诉举报均在规定时间内办结，办结率为100%。投诉举报事项直接调查处理112件，约谈企业有关负责人和听取企业落实转办督办函件汇报16起，下达整改意见书3件，联合政府职能部门转办、协办112件，维护能源领域消费者的合法权益。

开展两率重点监测，制订并下发《山西省供电“两率”监测工作方案》。完成《山西省配电网投资运营情况分析报告》，省政府主要领导专门批示“此报告很有见地，建议省发改委、经委阅研”。

开展“12398”投诉举报热线标识普及和宣传，下发热线宣传方案，明确涉及宣传方式、内容以及协调沟通机制，按月公开发布“12398”投诉举报处理情况通报，全省能源行业以及供电营业场所全部悬挂“12398”热线标识牌，提升热线知晓度。

加大行政处罚力度。对1家供电企业、两家电力施工企业予以行政处罚，没收违法所得并处罚款16.6万元。对5家电力施工企业涉嫌违法行为移送公安机关，下达整改通知书5份，追补电费1.1万元，责令供电企业处理5人。对监管检查发现的4家供电企业、2家电力施工企业违法违规行为立案处罚，对两家电力施工企业涉嫌违法行为移送公安机关处理。 （龙　颖）

2015年2月9日，山西能源监管办召开2015年度山西能源监管工作会议暨电力安全生产委员会第一次（扩大）会议 （龙　颖供图）

【电力体制改革】 2015年，山西能源监管办促进能源行业科学发展和改革，向山西省委、省政府报送关于电力体制改革及市场建设建议等专题报告10余份，受到省委、省政府好评。联合经委、物价等部门出台《关于规范小区物业供电行为的公告》。推进“一户一表”改造，截至2015年底，全省改造完成127.8万户，占需改造数的32.4%。

2015年组织山西能源讲堂，到多个煤电能源企业调研辅导、宣讲中央9号文件精神，针对山西地方电网和大型企业自供区多的特点，做好电网投资多元化和售电侧竞争改革促进工作。对19家有配电网供电企业开展业务许可证培训，加快各类电力市场主体培育。

推进建设跨区跨省电力交易市场平台。引入省外电力用户直接购电，结合三大煤电基地建设，架设点对网直送省外通道，如华东直送大容量通道，推进电力体制改革。 （龙　颖）

转型综改试验区

Transformation Comprehensive Reform Testing Zones

重大部署

【概述】 2015年，是山西省完成转型综改三年《实施方案》“5111”重点任务的最后一年，也是落实中央“四个全面”战略部署、推进山西省“六大发展”的开局之年。山西省把综改区建设作为工作的统领和抓手，作为全面深化改革的切入点，作为激发动力活力、开拓发展空间的重大举措，加强指导协调，突出工作重点，落实综改《行动计划》“2285”任务，重点领域和关键环节取得重要进展和突破，对全省稳增长、调结构、惠民生、防风险的促进作用，对推进“六大发展”、实施“六权治本”的引领作用逐步显现。

统筹协调推改革。2015年年初《行动计划》印发后，指导协调“2285”任务牵头部门从“牵头任务、细化任务、进度安排、成果表现形式、推进措施”五个方面编制细化工作方案，经过两轮审查和修改完善，形成《部门牵头任务细化工作方案汇编》和《重点任务部门责任分解表》，确定推进落实的任务书、时间表、路线图，并作为督查考核的重要依据，强化力量统筹、进度统筹、质量统筹，加大协调力度，全力推进落实。完成“十三五”规划《实施方案》研究编制工作。

创新机制推改革。完善部门协同、上下联动工作机制，健全部门对市县改革的指导机制，落实改革任务“一事一表”“一月一报”制度。省发改委（综改办）履行统筹、协调、指导、推动职责，多次组织调研座谈，深入部门、市县指导编制工作方案，协调解决实际问题，督促落实时序进度。强化工作推进机制创新，出台《改革任务项目化管理办法（试行）》《改革任务分类推进办法（试行）》和《改革任务第三方评估办法（试行）》，将改革任务视为项目，实行从规划、决策到实施、验收的全过程管理，根据改革的事权归属、条件成熟程度等对改革任务实施分类推进，探索引入第三方评估机构对重点改革进展和效果开展独立、公正、客观评估。

突出重点推改革。强化改革“硬支撑”，着眼于制约发展的突出矛盾和问题，服务于“六大发展”和稳增长、调结构、惠民生、防风险，围绕省委、省政府重点工作部署，确定“深化煤炭管理体制改革、深化国有企业改革、深化科技体制改革、推进金融业改革、推行权力清单和责任清单制度、推进综合性政务平台和公共资源交易平台建设、推进农村产权制度改革、加快推进采煤沉陷区治理”等15项任务作为重中之重，完善工作方案，实行周报制度，省综改办每周一例会专题研究，及时掌握最新进展，强化协调督促，解决具体问题，突出抓好落实。20项重大改革和20项重大事项基本完成年度任务，部分取得阶段性进展，出台深化煤炭管理体制改革的意见、省属企业负责人履职待遇业务支出管理办法、引导土地经营权有序流转发展农业适度规模经营的实施意见、政府核准的投资项目目录（2015年本）、金融振兴意见、进一步推进户籍制度改革实施意见、深化预算管理制度改革实施意见、减轻企业负担促进工业稳定运行若干措施等制度成果性文件并有序落实。其中既有在重点领域打基础利长远的体制性安排，也有破解当前经济运行难题，促进稳增长、调结构、惠民生、增效益的政策性举措。80个重大项目进展顺利。以新项目建设为抓手，促进投资稳步增长，夯实改革经济基础。确定铁路、公路、外送电通道和电网建设、水利等十大重点投资领域，按月对重点工程固定资产投资进度进行排名公布。

试点先行推改革。注重发挥改革试点和基层实践的“探路”作用。(1)争取国家层面的试点布局，截至2015年底，山西省开展的低热值煤发电项目核准、国家低碳城市试点、城区老工业区搬迁改造试点、土地管理制度改革试点、新型城镇化综合试点、中小城市综合改革试点、主体功能区建设试点、光伏扶贫试点、大同采煤沉陷区国家先进技术光伏示范基地、太原西山生态产业园区国家新能源示范等62项国家级试点示范推进，先期开展的部分试点取得明显进展。12月16日，国家发改委门户网站向社会发布第二批公私协作(PPP)推介项目，总投资2.26万亿元，其中山西省入选120个，总投资910.7亿元。争取开展煤层气矿业权审批制度改革、动力煤衍生品交易、电力体制综合改革等试点。(2)结合实际自主布局一批省级层面试点,15项省级试点有序开展。继续推进扩权强县改革,探索开展扩权强镇改革,批复晋城巴公镇为省级扩权强镇试点。(3)市县、企业各具特色开展改革实践,形成一批典型经验和模式。

强化宣传推改革。山西电视台、《山西日报》、《山西经济日报》等省内主要媒体加大对综改区建设的宣传力度,利用专栏、专版等形式,对煤炭管理体制改革、国资国企改革、行政审批制度改革、金融振兴、创新驱动等作重点报道;人民日报刊发《转型综改看山西》等长篇通讯,宣传山西省综改进展和成就。坚持以《综改专报》《综改动态》《综改手机报》等形式,及时向省领导、省委改革办、国家发改委通报综改情况。 (一 溪)

【转型综改2015年行动计划】 2015年1月26日,山西省政府办公厅印发《山西省国家资源型经济转型综合配套改革试验2015年行动计划》。3月11日至13日,省转型综改办组织2015年转型综改重点任务牵头部门细化工作方案审查会,对2015年综改《行动计划》部署的20项重大改革、20项重大事项涉及的22个省直牵头单位编制的细化工作方案以及承担对各市、省级试点县、试点企业改革进行业务指导的省直部门的指导工作方案进行集中审查。2014年度省转型综改重大课题“行政区划调整及省直管县管理体制改革研究”通过验收。 (一 溪)

【重点领域转型政策出台】 2015年3月17日,山西省政府常务会议通过《进一步深化党政机关与所办企业脱钩改革工作方案》和《进一步深化省国资委委托省直机关管理企业的脱钩改革工作方案》,要求尽快修改完善后按程序报批实施。3月20日,省政府办公厅印发《山西省深化采煤沉陷区治理规划(2014—2017年)》和《山西省采煤沉陷区治理2015年行动方案》,深化采煤沉陷区治理。3月24日,省政府常务会议原则通过《关于减轻企业负担促进工业稳定运行的若干措施》,决定修改完善后立即下发,4月1日起施行,4月15日起省政府将对贯彻落实情况开展专项督查。3月26日,省政府印发《山西省减轻企业负担促进工业稳定运行的若干措施》,出台减轻企业负担、促进工业稳定运行的4个方面60条措施。4月8日,省政府常务会议会议原则通过《山西省改善城市人居环境规划纲要(2015–2017年)和2015年行动计划》,修改完善、按程序审批后下发执行。4月27日,省政府印发《关于加快经济技术开发区转型升级创新发展的实施意见》和《山西省经济技术开发区设立升级扩区和退出管理办法》。4月14日,省政府常务会议原则通过汾河流域生态修复规划纲要(2015–2030年),决定修改完善、按程序报批后实施。5月5日,省政府常务会议通过《关于促进金融业振兴的意见和金融改革发展总体规划(2015—2020年)》《促进金融业振兴2015年行动计划》《地方金融改革框架方案》,要求修改完善后按程序报批实施。会议研究通过《山西省低热值煤发电项目环评审批实施意见》,决定修改完善后下发执行。8月21日,省政府会议审议讨论并原则通过《山西省煤炭行政审批制度改革方案》。9月29日,省政府召开常务会议,研究部署我省参与“一带一路”建设、加快发展养老服务业和旅游业、减少职业资格许可和认定事项等工作。会议通过山西省参与建设丝绸之路经济带和21世纪海上丝绸之路实施方案;会议原则通过《支持社会力量发展养老服务业的若干政策措施》《山西省旅游发展大会申办暂行办法》《省政府关于落实和承接国务院关于取消一批职业资格许可和认定事项的通知》,决定修改完善后按程序报批执行。12月16日,省委常委会召开会议,审议通过《山西省煤炭资源矿业权出让转让管理办法》。 (一 溪)

【行政治理领域改革政策出台】 2015年,山西省委、省政府出台行政治理领域改革相关政策,推进改革。5月16日,印发《关于规范省政府部门行政审批行为改进行政审批有关工作的实施意见》。5月26日,省政府常务会议通过关于促进旅游业改革发展若干措施的意见。6月9日,省政府印发《关于深化预算管理制度改革的实施意见》。6月25日,省委全面深化改革领导小组召开第八次会议,深入贯彻落实中央全面深化改革领导小组第十三次会议精神,审议并原则通过《山西省领导干部干预司法活动、插手具体案件处理的记录、通报和责任追究规定实施细则》《山西省政务服务平台建设总体方案》《省政府部门权力清单》,要求进一步修改完善后按程序下发实施。6月24日,省政府常务会议原则通过《山西省政务服务平台建设总体方》案,决定修改完善后按程序报批实施。会议通过《全面加强政府自身建设三年规划(2015–2017)和2015年行动计划》,决定修改完善后下发实施。7月8日,省政府常务会议通过《关于实施科技创新的若干意见》,原则通过2014年度县域经济发展考评结果;通过关于进一步支持小型微型企业健康发展的措施,决定修改完善后下发执行。7月20日,省政府印发《山西省2015年推进简政放权放管结合转变政府职能工作方案》,方案涉及深入推进行政审批改革、投资审批改革、职(执)业资格改革等7项改革28条具体任务。8月3日,省政府印发《山西省2015年推进简政放权放管结合转变政府职能工作方案》,方案共涉及深入推进行政审批改革、投资审批改革、职(执)业资格改革、收费清理改革、商事制度改革、教科文卫体领域相关改革、监管方式创新等7项改革28条具体任务。8月21日,审议讨论并原则通过《山西省煤炭行政审批制度改革方案》。9月1日,省政府办公厅印发《关于整合建立统一规范的公共资源交易平台实施方案》。《实施方案》提出,2015年底前,省、市两级基本完成公共资源交易平台整合、建立工作。9月25日,省政府办公厅印发《关于加快推进"三证合一"登记制度改革的实施意见》。《实施意见》要求自2015年10月1日起,在全省全面推行"一照一码"登记模式。(一　溪)

【行政审批清理整顿】 2015年,山西省政府自身建设加强。推进法治政府、服务政府、责任政府、廉洁政府、创新型政府和学习型政府建设,编制全面加强政府自身建设三年规划(2015–2017年)和2015年行动计划,经省政府常务会议审定印发。行政审批制度改革深化。分两批取消、下放和调整96项省本级行政审批事项,取消14项政府部门内部审批事项,不再保留"非行政许可审批"类别,经过本轮改革,省政府部门保留的行政许可审批项目减少到409项。权力清单和责任清单制度推行。出台推行各级政府工作部门权力清单制度的实施意见,经过"三报三审",形成省政府部门权力清单,经省政府常务会议、省委深化改革领导小组会议审议通过并公布。本轮清理共精简省政府部门和单位权力事项5343项,保留52个部门和单位行政职权3090项,精减率达63%。责任清单相关工作积极推进,名单于9月底公布。综合性政务服务平台和公共资源交易平台建设加快推进。政务服务平台建设总体方案经省政府常务会议、省委全面深化改革领导小组会议审议通过并下发实施,2015年底前省级政务服务平台将初步建成运行,争取2016年年底前建成全省完整统一、各级各部门横向连接、纵向贯通、信息共享、全程覆盖的政务服务网。整合建立统一规范的公共资源交易平台实施方案经省政府常务会议审议通过,将对各市、各部门分散设立的工程建设项目招投标、土地使用权和矿业权出让、国有产权交易、政府采购等四类公共资源交易进行整合规范。省级层面,把土地使用权和矿业权交易中心、省级政府采购中心等专项交易市场业务纳入公共资源交易中心;市级层面以市政府为主导建立集中统一的交易平台;县级层面原则上不新建交易平台。截至2015年底,省市两级基本完成交易平台整合规范工作,2016年底全省范围内形成规划统一、公开透明、服务高效、监督规范的公共资源交易平台体系。投资体制改革持续深入。出台2015年版政府核准的投资项目目录,经过两轮修订,除国家规定必须由省级政府核准的项目外,全部下放市县,省级核准类项目减少幅度超过50%。同时,规范政府投资项目事中事后监管,从制度层面强化项目竣工验收管理和项目稽查。引导民间投资,出台创新重点领域投融资机制鼓励社会投资的实施意见,总投资591.4亿元的75个采取政府与社会资本合作建设的PPP项目经省政府常务会议审定发布。

(一　溪)

重点领域改革

【煤炭管理体制改革】 2015年,山西省出台《关于深化煤炭管理体制改革的意见》,围绕到2017年基本实现煤炭管理体制和管理能力现代化的目标,部署加快推进资源配置市场化改革、深化行政审批管理制度改革、规范煤矿建设和生产秩序、加强煤矿安全监管、创新销售服务体制等10个方面32项具体改革任务,推进18项任务有序完成。煤炭行政审批和证照管理体制改革步伐加快,从煤矿项目审批的前期准备、核准、开工、竣工验收各阶段减少审批环节,规范审批行为,实行阳光运作,加强监督制约。涉煤审批事项、审批环节和企业事务性负担均减少1/3,审批时间缩短一半以上。改革方案正式出台,配套出台新的煤矿建设项目审批流程图、证照申领流程图、审批事项及其依据表。煤炭资源市场化配置改革启动,初步编制实施方案,将对一级市场招拍挂、共伴生矿业权一体配置、矿业权二级市场监管等作出制度性安排。《山西省煤炭资源矿业权出让转让管理办法》经省政府常务会议、省委深化改革领导小组第十六次会议、省委常委会会议分别审议通过。

(一　溪)

【能源领域改革】 2015年,山西省推进综合能源基地建设,出台山西省贯彻落实国家能源发展战略行动计划的实施意见。规范高效落实国家低热值煤发电项目核准委托。落实省政府对全省低热值煤发电"两个1000万千瓦"(上半年核准并开工1000万千瓦,下半年核准1000万千瓦)的部署,修编低热值煤发电专项规划,争取煤层气矿业权审批改革试点、动力煤衍生品交易试点落地,就山西煤层气矿业权审批改革由国务院授权或由国土资源部委托两套方案,国土资源部与国务院法制办进行对接;山西省证监会按照国务院办公室要求,重新起草在山西开展动力煤衍生品交易试点的请示,与有关方面密切对接。实施燃煤发电机组超低排放提速工程,将原计划改造时限由2020年提前至2017年底,配套出台超低排放改造提速三年推进计划和2015年行动方案,3年将全部完成106台、4404万千瓦机组的超低排放改造,年内安排的33台、1417万千瓦机组改造展开工作。贯彻中央深化电力体制改革的若干意见,争取国家电力体制综合改革试点,上报相关请示,并制订试点方案。加强晋电外送通道建设,争取国家核准蒙西—晋北—北京西—天津南1000千伏、陕北榆横—晋中—石家庄—济南1000千伏、山西—江苏±800千伏3条特高压输电通道全部开工建设。《山西省国新能源发展集团有限公司燃气产业发展规划(2015—2017)》(以下简称《规划》)获山西省发改委批复,以拓展燃气产业链条、增加就业为主要目的,以现有气源及已建省级输气管网为基础,对山西省长输管网项目、应急调峰项目、加气站项目及物流配套设施进行完善。(一　溪)

【国资国企改革推进】 2015年,山西省出台《2015年省属国资国企改革行动计划》,国企财务等重大信息公开、推进国企负责人薪酬制度改革等8项重点工作推进。国有企业财务等重大信息公开办法出台实施细则，截至2015年底，完成省属国有企业今年第一季度财务等重大信息公开，2014年度企业财务等重大信息陆续公布。国企负责人薪酬和履职待遇管理制度改革推进。出台《山西省省属企业负责人履职待遇业务支出管理办法》，省属企业负责人薪酬制度改革方案获得国家批复。省直机关直属企业的脱钩改革步伐加快。出台进一步深化党政机关与所办企业脱钩改革工作方案、进一步深化省国资委委托省直机关管理企业的脱钩改革工作方案，力争2017年底完成脱钩改革。省属企业发展混合所有制试点工作方案、改组（组建）国有资本投资运营公司试点工作方案、分类监管分类考核办法等文件修改完善。（一　溪）

【民营经济发展】 2015年，山西省《加快民营经济发展的意见》经省委常委会审议通过，重点举措有：放宽市场准入条件，简化审批程序，建设综合性政务服务平台，引导民营企业特别是家族制企业建立现代企业制度，探索“互联网+”等新产业、新业态、新模式，成立省市县促进民营经济发展工作领导机构，建立领导联系民营企业和商会机制等。《关于进一步支持小型微型企业健康发展的措施》经省政府常务会议审议通过，围绕政策落实、财政支持、融资服务、创业就业、两化融合、技术创新、公共服务等方面，明确具体措施。有关部门联合公布2015年重点扶持的27家重点骨干民企和23家优秀民企名单，按照“一企一策”原则给予政策倾斜和融资支持。（一　溪）

【生态城乡领域转型改革】 2015年，山西省生态保护修复机制逐步健全。生态环境保护与恢复治理补偿机制完善。山西省制订贯彻落实中央加快推进生态文明建设意见的实施意见。列入2015年立法计划正式项目的《山西省生态环境补偿条例》形成初稿，并完成征求意见工作。矿山生态环境恢复治理机制创新完善，煤炭矿山环境恢复治理保证金从价计提实施细则完成征求意见工作。推进排污权交易，主要污染物排污权有偿取得和交易试行办法出台。出台推行《环境污染第三方治理实施方案》，变“谁污染谁治理”为“谁污染谁付费”，吸引社会资本投入，推行排污者付费和第三方治理新机制。采煤沉陷区治理步伐加快。在试点基础上加快推进11个市48个县136个乡镇440个村、7.5万户、21万人的采煤沉陷区搬迁安置工作，出台《采煤沉陷区治理规划（2014—2017年）》和2015年行动方案。（一　溪）

【城乡统筹发展机制构建】 2015年，山西省新型城镇化步入快车道。出台新型城镇化规划，部署推进农业转移人口市民化、优化城镇化布局和形态、推动城乡发展一体化、改革完善城镇化发展体制机制等重点任务。介休市国家新型城镇化综合试点、阳泉市和晋中市国家中小城市综合改革试点有序推进，晋中108廊带区域一体化发展示范区启动建设。农业农村改革逐步深入。出台加大改革创新力度加快农业现代化建设的实施意见、农村土地承包经营权确权登记颁证工作方案、引导农村土地经营权有序流转发展农业适度规模经营的实施意见、引导农村产权流转交易市场健康发展的实施意见等改革举措文件，农村土地承包经营权确权颁证在上年试点基础上展开，土地流转、新型农业经营主体培育等工作推进。潞城市被国家确定为农村集体资产产权改革试点，试点方案获批；泽州县被国家确定为农村集体经营性建设用地入市试点，试点方案上报并开展试点工作。改善人居环境工程推进，出台改善农村人居环境2015年行动计划，开展投资工作。出台改善城市人居环境规划纲要和2015年行动计划，设施提升、城市安居、城中村改造、环境提质“四大工程”实施。依托工程建设，在整合资源、融资创新、政策支撑等方面形成典型经验和模式。（一　溪）

【金融振兴】 2015年，山西省省委、省政府召开全省金融振兴推进大会。各级各部门迅速行动，形成振兴山西金融、服务实体经济的强大合力。出台《关于山西金融振兴的意见》，围绕推动金融业成为山西省基础性和关键产业、推动社会融资总量显著增长和金融机构实力明显增强、逐步建成与实体经济发展相适应的现代金融服务体系的目标，明确6方面26条具体举措，规划山西金融振兴的“路线图”。出台《促进金融业振兴2015

朔州市推进转型综改项目——山西省中小企业创业基地　（元雷花供图）

年行动计划》，明确17项重点任务。强化金融对实体经济的支持，设立全省企业资金链应急周转保障资金，省财政首期安排3.3亿元引导资金，专项支持基本面良好、资金暂时困难、银行有意续贷支持的企业；筹建山西省资产管理公司，采取市场化运作方式，处置地方金融机构不良资产；健全融资担保行业组织体系和政策体系，深化银行担保合作，更好地服务小微企业和“三农”融资。鼓励吸引各大银行拓展在晋业务，与国家开发银行签署《推进山西转型发展开发性金融合作备忘录》，开行明确“十三五”期间向山西省提供3000亿元贷款授信，专项支持重大基础设施和城镇化建设。完善多层次资本市场体系，与深交所、上交所签订《全面战略合作协议》，永东股份、东杰物流在深圳证券交易所挂牌上市，13家企业在新三板挂牌。优化金融生态环境，开展非法集资风险排查及专项整治，加强对各类交易场所的清理、规范和监管。（一　溪）

【科技创新】 2015年，山西省深化科技体制改革，制订实施科技创新的若干意见，经省政府常务会议审议通过并报省委常委会审定。深化省级财政科技计划（专项、基金等）管理改革的方案、支持山西科技创新城发展的若干意见抓紧完善。科技计划管理办法、重点科技创新平台和团队建设组织管理办法、科技创新平台资源开放共享实施细则、建立完善科研人员股权和分红激励政策的实施意见等配套文件抓紧起草。全省科技创新推进大会对实施创新驱动、促进转型发展做出部署。完善产业创新链，统筹煤与非煤两篇大文章，编制煤基产业创新链（2015版）、高新技术产业创新链（2015版），同步起草重点产业创新链及项目产生办法、科技招投标管理暂行办法，开展征求意见工作。山西科技创新城建设加快推进，核心区起步区控制性详细规划及19个专项规划获批复，华能低碳研发中心、山煤科研院等9个研发机构项目，以及科技创新综合服务平台、核心区道路等基础项目开工建设。（一　溪）

【新兴制造业推进行动】 2015年，山西省出台新兴制造业三年推进计划和2015年行动计划，部署推进装备制造、新材料、节能环保、信息、食品、医药、轻工、纺织等8个新兴制造业加快发展，2015—2017年重点推进986个项目，投资4144亿元。加快煤层气勘探、开采、利用步伐，煤炭瓦斯抽采全覆盖工程实施方案经省政府常务会议审议通过，煤矿瓦斯抽采全覆盖工程规划开展编制工作，重点推进晋煤集团寺河矿地面瓦斯抽采等6项示范性工程建设。（一　溪）

【财政预算管理改革】 2015年，山西省贯彻落实国务院关于深化预算管理体制改革的决定，出台山西省深化预算管理制度改革的实施意见，部署完善政府预算体系、细化预决算公开内容、建立跨年度预算平衡机制、加强财政收入管理、优化财政支出结构、加强预算执行管理、规范政府债务管理、规范理财行为8个方面24项改革举措，标志着山西省财政预算管理制度改革进入实质性推动阶段。加强和创新地方政府性债务管理，出台实施意见，从建立规范的政府举债融资机制、妥善处理存量债务、加强政府性债务风险管理等方面明确具体措施。（一　溪）

综改典型

【投资项目目录审核公布】 3月24日，省政府常务会议讨论通过山西省政府核准的投资项目目录（2015年本）。4月29日，省政府发布山西省政府核准的投资项目目录（2015年本），深化山西投资体制改革，加大简政放权力度，转变政府投资管理职能，发挥市场在资源配置中的决定性作用，确立企业投资主体地位，更好发挥政府作用。（一　溪）

【对外开放融入世界】 2015年，山西省扩大开放加快开放型经济发展的意见出台。主动融入京津冀，全国“两会”期间山西省提出打造北京清洁能源供应基地相关建议开展协调对接工作。参与“一带一路”建设，相关实施方案和项目清单报国家待批；山西省正式纳入《中蒙俄经济走廊合作规划纲要》，参与走廊建设的方案报国家发改委；开展“山西品牌丝路行”系列活动。通关便利化改革加快推进，太原海关列入丝绸之路经济带海关区域通关一体化改革10个试点之一，5月1日正式启动通关一体化。国际交流合作拓展，省长李小鹏率团赴美国爱达荷州和怀俄明州进行友好访问，签署深化省州经贸文化交流务实合作协议。（一　溪）

【山西金融投资控股集团挂牌成立】 2015年，山西金融投资控股集团有限公司挂牌成立，标志着山西省第一家全牌照大型地方金融投资控股集团成立运营。新成立的山西金控集团是山西国有金融资本投资平台，是省政府在金融领域的资本投资、管理公司，是整合地方金融企业国有产权，集银行、证券、保险、信托、金融租赁、资产管理、担保、要素交易、互联网金融等金融业态于一体的综合性地方金融企业。（一　溪）

【不动产登记职责机构整合完成】 2015年，山西省不动产登记职责机构整合完成。原来分散在住建、农业、林业等部门的不动产登记职责统一划转到国土资源部门，并设立11个市级、99个县级不动产登记中心，调整核定不动产登记机构行政编制103人、事业编制1864人。开展不动产统一登记制度中“登记机构统一、登记簿册统一、登记依据统一和信息平台统一”的“四统一”工作，推动全省国土、住建、农业、林业等相关部门加快不动产登记的资料移交、数据整合、系统建设、窗口设置、流程再造等工作，完成全省不动产统一登记发证信息系统建设和证书印制。（一　溪）

【地市县综改典型】 2015年，山西省

各市县发挥“探路”作用，各具特色推进综改区建设，涌现出一批新的典型经验和模式。形成太原市老工业基地搬迁改造模式、大同市新能源示范城市创建模式、晋中市城市管理创新模式、晋城市扩权强镇模式、忻州市夯实企业发展模式、运城市创新金融服务平台模式、临汾市创新园区管理机制模式、阳泉市转型综改第三方评估模式、长治市农信社改制模式、朔州市创新机制推进扶贫开发模式、吕梁市引导城市工商资本“下乡”模式。尖草坪区多部门联动推进城中村改造；灵丘县通过有机农业园区建设探索“农民就地城镇化”；孝义市创新机制推进采煤沉陷区治理；灵石县创新城镇化基金管理运作模式，支持城镇化建设；原平市“七个办法”保障项目用地；盂县生态治理与产业转型两同步，促进煤炭企业转型发展生态农业；平定县打造小微企业孵化器，促进民营经济发展；侯马市推进环保第三方治理；盐湖区完善金融担保服务体系助力企业发展；潞城市农商行创新金融扶持方式，推出无抵押免担保小额贷款等。

山西转型综改试验区建设全国示范性劳动竞赛启动仪式　　（一　溪供图）

太原市成为国家小微企业创业创新基地示范城市，获得中央财政专项资金奖励支持每年3亿元，连续支持3年，对示范成效显著的城市还将额外增加10%的资金奖励。太原市西山生态产业园区开展国家新能源示范园区创建工作。

忻州市率先开展收费制度改革切实减轻企业负担，贯彻落实省政府减轻企业负担“60条”，加强涉企收费管理，2015年累计减轻企业负担27亿元。(1)建立涉企行政事业性收费和政府性基金收缴分离制度。在全省率先开展收费制度改革，由过去执收执法单位直接征收变为“执收单位开票、企业缴款、银行代收、收费大厅记账、财政统管”管理模式，实现“收缴分离、票款分离、权钱分离”，并将全市非税收入全部纳入全省统一的非税收入收缴系统。(2)建立收费票据年检制度。建立“财政统管、收费局专管”的管理办法，对购票单位实行“分次限量购领、日常审旧领新”和年检制度相结合的管理模式，规范全市400余个单位的票据供应。同时强化对收费单位票据的监管，从源头上治理涉企收费违法乱纪行为。

吕梁市紧盯全市贫困村、贫困户、贫困人口，精准扶贫精准脱贫。(1)加大对市属百企千村产业扶贫企业的引导和动员，落实扶持政策，支持企业发展，将“8+2”农业产业化项目投资列入全市百企千村产业扶贫投资范畴，充实投资领域。(2)在完成易地扶贫搬迁“十二五”规划目标的基础上，根据新一轮建档立卡信息，制订“十三五”易地扶贫搬迁规划，增强移民对象的精准性。同时统筹结合新型城镇化建设、城乡危房改造、生态移民、保障房建设等项目，适当提高贫困群众补助标准，降低搬迁成本。(3)着眼电商扶贫，成立吕梁市电商扶贫协会，推动电商扶贫培训工作，兴县蔡家崖、方山赤坚岭等地开设网店，电商试点取得成效。

阳泉市组织专家对西安煤航信息产业有限公司承担的“阳泉市农村土地承包经营权确权登记颁证航拍采集数字正射影像工作底图项目”进行验收并顺利通过。

晋中市政府出台《晋中市进一步创优发展环境减轻企业负担促进工业经济稳定增长行动计划》，从简政放权、创优发展环境、政策支持与服务、减轻企业负担4个方面，对落实中央、省惠企减负政策进行再部署，以保证优惠政策落地生根。

灵石县出台《灵石县小额贷款保证保险试点工作实施方案》，帮助符合条件的各类小型和微型经济主体，以合理的融资成本获得银行贷款。县政府设立小额贷款保证保险风险补偿专项资金500万元，并根据风险补偿资金的使用情况及时调整补充，为小额贷款保证保险及相关信贷业务提供风险保障。　（一　溪）

工 业 经 济

Industrial Economy

经济和信息化

【概述】 2015 年，山西省工业经济受市场需求不足、产能严重过剩、融资难融资贵、煤焦冶电传统产业深度调整以及新兴产业接替不足等因素叠加影响，全省工业经济持续承压艰难运行，工业增速处于负增长区间，经济运行十分艰难。

工业经济运行总体情况。

1.生产情况。2015 年，山西省规模以上工业比上年下降 2.8%，全国排名第 30 位。

分轻重工业看，2015 年，轻工业下降 2.8%，同比下降 1 个百分点，负拉动全省工业增长 0.2 个百分点，占全省工业比重 7.3%，同比提高 1.1 个百分点；重工业下降 2.8%，同比回落 6.2 个百分点，负拉动全省工业增长 2.6 个百分点，占全省工业比重 92.7%。

分隶属关系看，2015 年，省属企业增长 4.7%，拉动全省工业增长 1.4 个百分点，占全省工业比重 32.1%；省属以下企业下降 4.2%，负拉动全省工业增长 2.3 个百分点，占全省工业比重 53%；中央企业下降 8.6%，负拉动全省工业增长 1.3 个百分点，占全省工业比重 14.9%。

分经济类型看，2015 年，国有企业下降 4.5%，负拉动全省工业增长0.6 个百分点，占全省工业比重 6.1%；股份制企业下降 2.8%，负拉动 2 个百分点，占全省工业比重 81.2%；外商及港

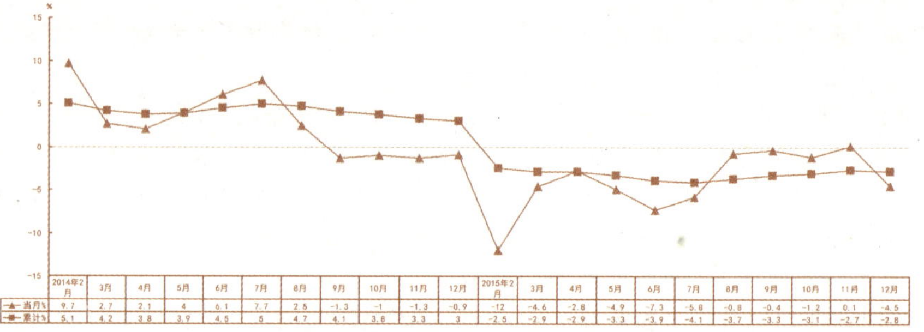

	2014年2月	3月	4月	5月	6月	7月	8月	9月	10月	11月	12月	2015年2月	3月	4月	5月	6月	7月	8月	9月	10月	11月	12月
当月%	9.7	2.7	2.1	4	6.1	7.7	2.5	-1.3	-1	-1.3	-0.9	-12	-4.6	-2.8	-4.9	-7.3	-5.8	-0.8	-0.4	-1.2	0.1	-4.5
累计%	5.1	4.2	3.8	3.9	4.5	5	4.7	4.1	3.8	3.3	3	-2.5	-2.9	-2.9	-3.3	-3.9	-4.1	-3.7	-3.3	-3.1	-2.7	-2.8

2014 至 2015 年山西省工业增长统计图

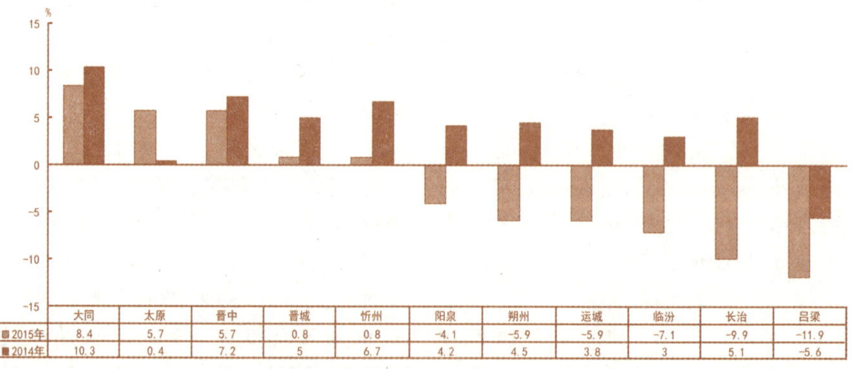

	大同	太原	晋中	晋城	忻州	阳泉	朔州	运城	临汾	长治	吕梁
2015年	8.4	5.7	5.7	0.8	0.8	-4.1	-5.9	-5.9	-7.1	-9.9	-11.9
2014年	10.3	0.4	7.2	5	6.7	4.2	4.5	3.8	3	5.1	-5.6

2014 至 2015 年山西省各市工业增速统计图

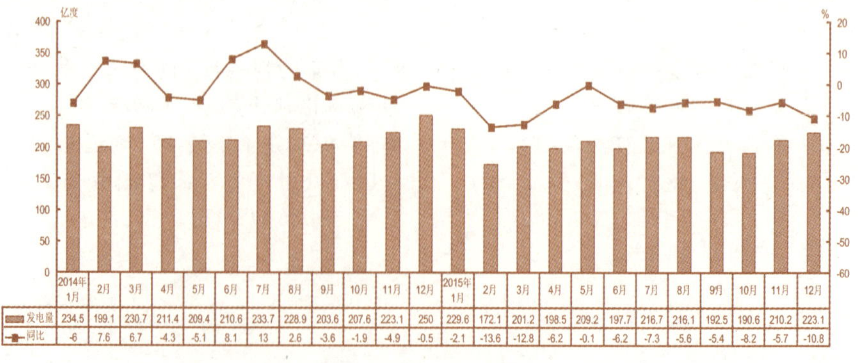

	2014年1月	2月	3月	4月	5月	6月	7月	8月	9月	10月	11月	12月	2015年1月	2月	3月	4月	5月	6月	7月	8月	9月	10月	11月	12月
发电量	234.5	199.1	230.7	211.4	209.4	210.6	233.7	228.9	203.6	207.6	223.1	250	229.6	172.1	201.2	198.5	209.2	197.7	216.7	216.1	192.5	190.6	210.2	223.1
同比	-6	7.6	6.7	-4.3	-5.1	8.1	13	2.6	-3.6	-1.9	-4.9	-0.5	-2.1	-13.6	-12.8	-6.2	-0.1	-6.2	-7.3	-5.6	-5.4	-8.2	-5.7	-10.8

2014 至 2015 年山西省月度发电量完成统计图

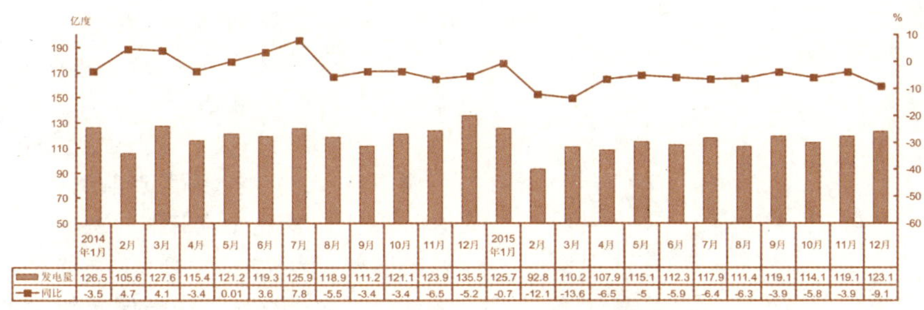

2014 至 2015 年山西省月度工业用电情况统计图

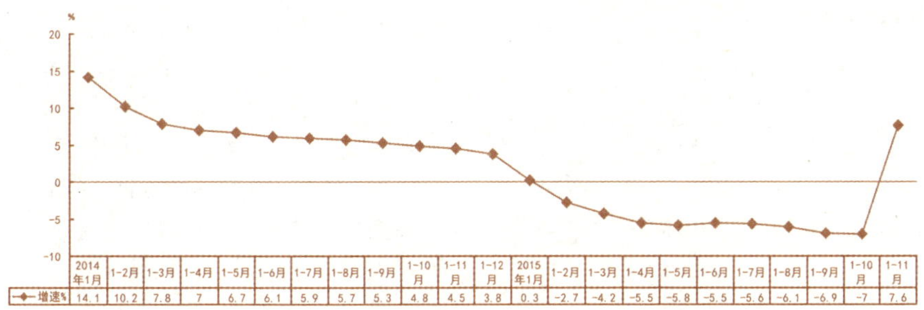

2014 至 2015 年山西省铁路货运量增速统计图

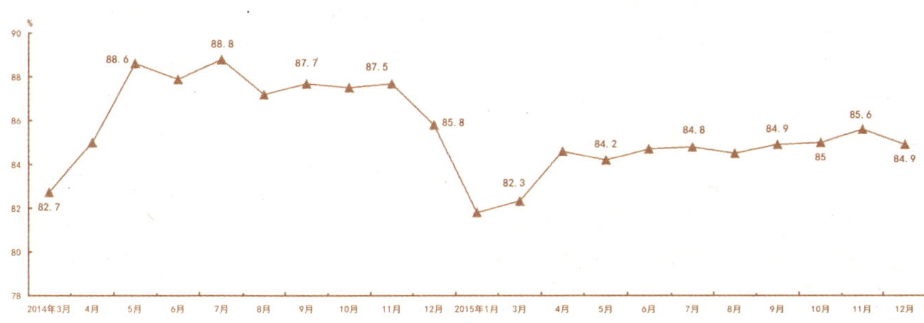

2014 至 2015 年山西省规模以上工业企业开工率变化情况统计图

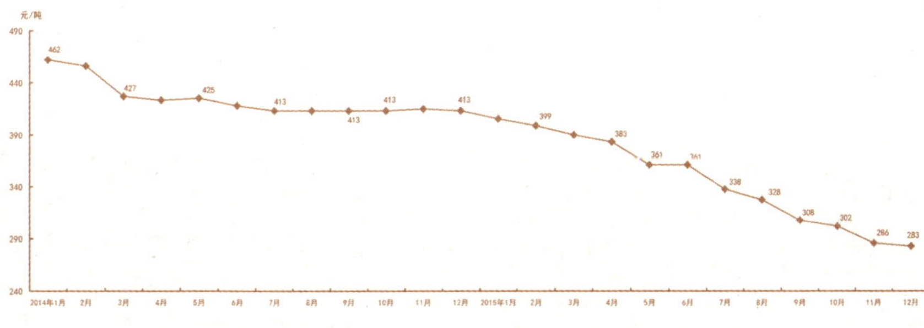

2014 至 2015 年山西省 5500 大卡动力煤价格统计图

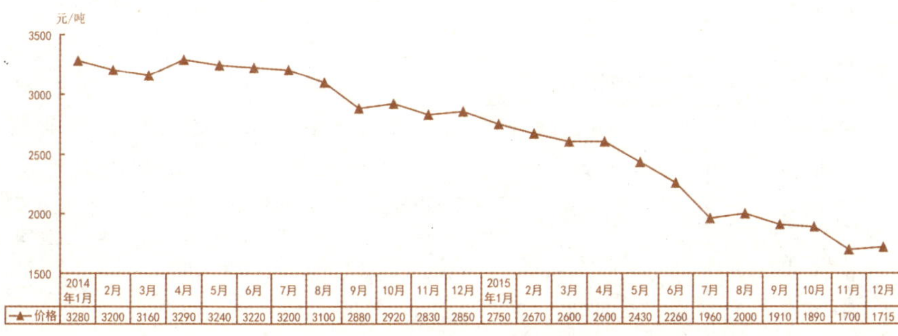

2014 至 2015 年山西省钢材价格变化统计图

澳台企业增长 1.3%，拉动全省工业增长 0.1 个百分点，占全省工业比重 9.8%。

分企业规模看，2015 年，大中型企业下降 1.4%，同比回落 2.7 个百分点，负拉动全省工业增长 1 个百分点，占全省工业比重 76.3%。

2.各市运行情况。2015 年，全省 11 个市中，大同(8.4%)、太原(5.7%)、晋中(5.7%)、晋城(0.8%)和忻州(0.8%)五市工业增长实现正增长，增速快于全省平均水平；阳泉(−4.1%)、朔州(−5.9%)、运城(−5.9%)、临汾(−7.1%)、长治(−9.9%)和吕梁(−11.9%)六市工业负增长。

3.行业运行情况。2015 年，煤炭工业(1.5%)、医药工业(0.8%)2 个行业同比增长；焦炭工业(−8.1%)、电力工业(−7.6%)、冶金工业(−9%)、化学工业(−8.6%)、装备制造业(−1%)、建材工业(−12.2%)、食品工业(−5.2%)、纺织工业(−3.8%)等 8 个行业同比下降。

4.投资情况。2015 年，全省固定资产投资完成 13744.6 亿元，增长 14.8%，其中，全省工业固定资产投资完成 5283.1 亿元，增长 4.6%，新兴产业完成投资 2808 亿元，在工业固定资产投资中的占比达 53.1%。

5.进出口情况。2015 年，全省海关进出口总额 914.0 亿元，比上年下降 8.4%。其中，出口 523.3 亿元，下降 4.7%；进口 390.7 亿元，下降 12.8%。高新技术产品出口 251.5 亿元，增长 9.9%，占全省出口额比重为 48.1%；机电产品出口 348.8 亿元，增长 9.1%，占全省出口额比重为 66.7%。

6.产量情况。2015 年，全省规模以上企业煤炭产量 94410.3 万吨，比上年增长 0.6%；焦炭 8034.7 万吨，下降 8.4%；生铁 3576.4 万吨，下降 15.1%；粗钢 3847 万吨，下降 11.6%；钢材 4267.3 万吨，下降 9.2%；原铝 66 万吨，下降 20.1%；水泥 3564 万吨，下降 20.6%；氧化铝 1272.9 万吨，增长 17.6%；化肥(折纯)465 万吨，增长 5.9%。

7.销售情况。2015 年，全省规模以上工业企业实现销售产值 12577.5 亿元，比上年下降 17%，降幅较同期扩大 8.8 个百分点；实现出口交货值

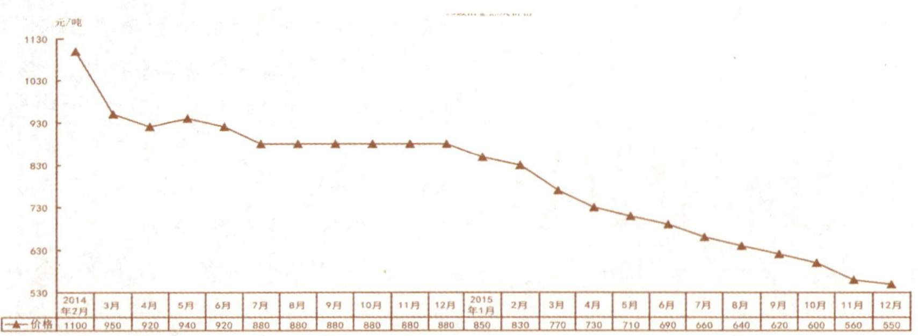

2014 至 2015 年山西省二级冶金焦炭价格变化统计图

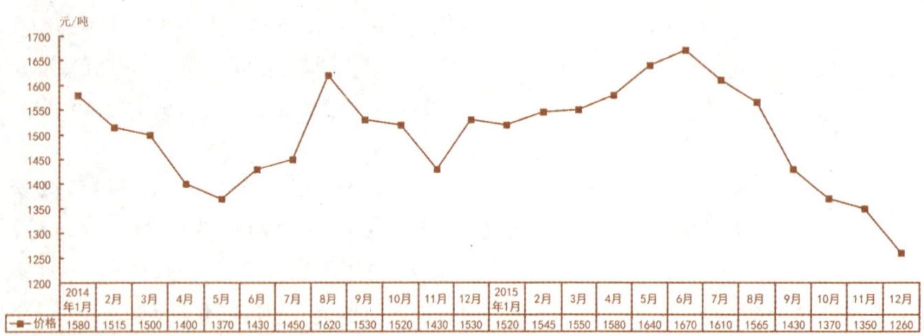

2014 至 2015 年山西省尿素(小颗粒)价格变化情况统计图

2015 年规模以上工业主要工业产品产量完成表

产　品	2015 年	
	总　量(万吨)	同比增速(%)
煤　炭	94410.3	0.6
焦　炭	8034.7	-8.4
钢　材	4267.3	-9.2
生　铁	3576.4	-15.1
粗　钢	3847	-11.6
原　铝	66	-20.1
氧化铝	1272.9	17.6
化肥(折纯)	465	5.9
水　泥	3564	-20.6

2015 年山西省各市工业增加值增速表

地　区	增速(%)	地　区	增速(%)
全　省	-2.8	朔州市	-5.9
太原市	5.7	忻州市	0.8
大同市	8.4	吕梁市	-15.9
阳泉市	-4.1	晋中市	5.7
长治市	-9.9	临汾市	-10.1
晋城市	0.8	运城市	-5.9

655.3 亿元，下降 4.5%，同比减缓 25.9 个百分点；工业产品产销率 94.39%，同比下降 0.53 个百分点。

8.企业运行情况。重点企业产值持续下降。2015 年，省重点监测企业合计工业产值比上年下降 13.9%，降幅较同期扩大 9.7 个百分点。总体看，除医药行业企业生产小幅增长外，其他行业企业生产均负增长。工业企业开工率总体低于上年。2015 年，全省工业企业开工状况较上年明显回落。据调查，12 月全省规模以上工业企业开工率为 84.9%，同比下降 2.7 个百分点。停产企业占比 15.1%，其中煤炭行业停产企业较多，占停产企业总数的 48.6%。主要行业看，装备行业开工率最高，连续保持在 90%以上水平；冶金行业开工率为 78.9%；化工、煤炭行业开工率分别为 84.3%和 76.6%。

9.发用电情况。2015 年，全省发电量 2457.4 亿千瓦时，比上年下降 7%。全省全社会用电量 1737.2 亿千瓦时，下降 4.7%。其中，工业用电 1356.5 亿千瓦时，下降 6.6%。外送电 720.2 亿千瓦时，下降 12.2%，同比回落 15.6 个百分点。

10.铁路运输情况。2015 年，全省铁路货运量 57543.8 万吨，同比下降 7.5%；其中煤炭货运量 50013.9 万吨，同比下降 7.5%，其他货运量 7529.9 万吨，同比下降 9.8%。

11.成品油销售情况。2015 年，中石化山西公司和中石油山西公司合计调入成品油 537.8 万吨，同比下降 12%，其中汽油调入量 248.8 万吨，增长 3.2%，柴油调入量 289 万吨，下降 21.9%；合计销售成品油 550 万吨，同比下降 12.2%，其中汽油销售量 245.5 万吨，增长 4.2%，柴油销售量 304.5 万吨，下降 22%。

12.天然气销售情况。2015 年，全省开采煤层气 39.8 亿立方米，同比增长 1.9%；销售天然气 32.39 亿立方米，同比增长 21.5%，其中工业用气 5.82 亿立方米，同比下降 33.5%，占全省用气比重 18%。　(董晨阳)

【工业经济运行特点】 2015 年，山西

山西省经信委召开新能源汽车发展工作推进会　　（董晨阳供图）

省工业经济运行呈现增速下行、产量回落、价格下跌、效益下降等特点。

1.工业增速低位运行。全省工业经济增速持续在负增长区间徘徊。分季度看，一季度、上半年、前三季度全省规模以上工业增速同比分别下降2.9%、3.9%和3.3%，11月当月增速实现扭负为正，12月当月全省工业增速下降4.5%。

2.主导产品产量回落明显。能源原材料产品市场需求受经济发展新常态冲击，产量明显回落。除煤炭同比小幅增长外（增长0.6%），焦炭（-8.4%）、生铁（-15.1%）、粗钢（-11.6%）、钢材（-9.2%）、水泥（-20.6%）、原铝（-20.1%）等产品产量均大幅下滑。

3.产品价格总体低位下行。受市场需求不足影响，能源原材料产品价格缺乏市场有效支撑，总体呈现下滑回落运行态势。全省工业品出厂价格同比下降12.3%，连续46个月负增长。12月底，5500大卡动力煤价格283元/吨，同比下降132元/吨；6.5毫米线材价格跌至1715元/吨，同比下跌635元/吨；304B不锈钢价格11407元/吨，同比下跌4889元/吨；电解铝价格10920元/吨，同比下跌2483元/吨；二级冶金焦炭价格550元/吨，同比下跌330元/吨；尿素价格1260元/吨，同比下降270元/吨。

4. 电力铁路等生产要素需求不旺。2015年，全省发电量同比下降7%，工业用电下降6.6%，降幅同比扩大5个百分点。从重点行业用电情况看，除煤炭行业用电小幅增长外，钢铁、有色金属、化工和电力行业用电均负增长。全省铁路货运量同比下降7.5%，连续11个月下降。

5.企业效益持续大幅下滑。2015年，全省工业企业销售收入、实现利税分别下降16.9%和35.7%，企业亏损面达45.4%，同比提高5.3个百分点；实现利润盈亏相抵净亏损68.1亿元，其中煤炭、冶金、焦炭、化工、建材等行业盈亏相抵净亏损，合计亏损324.9亿元。

6. 运行风险进一步累积。2015年，全省规模以上工业企业资产负债率75.6%，同比提高3个百分点，其中焦化、冶金、煤炭行业资产负债率分别达87.8%、77.4%和76.6%，省属五大煤炭集团资产负债率达81.5%，企业经营风险上升。

7. 工业经济结构发生积极变化。2015年全省工业投资完成5283.1亿元。其中，煤炭工业投资1048.2亿元，同比下降2.8%；非煤产业投资4235.0亿元，同比增长6.6%。传统产业（煤炭、焦炭、冶金、电力）投资合计2476.5亿元，同比增长7.8%；非传统产业投资合计2806.7亿元，同比增长1.9%。

（董晨阳）

【工业行业运行情况】 煤炭行业。（1）产销同比双下降。2015年，山西省全社会煤炭产量97531万吨，同比减少139万吨，下降0.14%，其中规模以上企业产量94410.3万吨，增长0.6%；全省煤炭企业商品煤销量8.16亿吨，同比减少1700万吨，下降2%；截至12月底，全省煤炭企业库存5067万吨，同比增加1141万吨，增长29.1%。从重点企业情况看，六大集团中，同煤产值增长7.9%，平朔、焦煤、阳煤、潞安、晋煤产值分别下降42.9%、28.4%、13.1%、6.5%和3.2%。（2）价格持续下行探底。2015年，煤炭市场总体处于持续下行运行态势，且价格跌幅不断扩大。12月25日，中国煤炭交易综合价格指数（CTPI）为61.34点，同比下跌20.8点，下降25.3%；5500大卡动力煤价格283元/吨，同比下降132元/吨；主焦煤价格633元/吨，同比下降224元/吨；喷吹煤价格491元/吨，同比下降163元/吨；化工煤价格744元/吨，同比下降104元/吨。（3）全行业持续亏损。2015年，煤炭行业实现销售收入5759.7亿元，同比下降15.8%；实现利润盈亏相抵净亏损152.3亿元（同期盈利27.7亿元）；1115户规模以上煤炭企业中657户亏损，亏损面58.9%，同比扩大8.9个百分点，亏损企业亏损额302.1亿元，增长29.5%；全行业资产负债率76.6%，同比提高4个百分点。

冶金行业。（1）产量全面下滑。2015年，全省主要冶金产品中，仅氧化铝产量同比增长17.6%，其他产品产量均负增长，其中生铁、粗钢、钢材产量分别下降15.1%、11.6%、9.2%，降幅较同期分别扩大10.1、4.2、14.4个百分点；原铝产量下降20.1%，降幅同比收窄0.5个百分点。（2）价格屡创新低。2015年，钢材价格呈持续低位下行走势。全省6.5毫米线材价格跌至1715元/吨，同比下跌635元/吨；304B不锈钢价格11407元/吨，同比下跌4889元/吨；电解铝价格10920元/吨，同比下跌2483元/吨。（3）企业亏损加剧。2015年，冶金行业实现销售收入2713.8亿元，同比下降28.5%；

实现利润盈亏相抵净亏损68.5亿元,同比增亏64.1亿元;细分行业看,钢铁行业净亏损77.3亿元;有色金属行业由同期亏损12.1亿元转为实现利润8.8亿元,同比扭亏为盈;516户规模以上冶金企业中261户亏损,亏损面50.6%,亏损企业亏损额111.8亿元,增长58.4%;全行业资产负债率77.4%,同比提高6.6个百分点。

焦化行业。(1)焦炭量价齐跌。2015年,全省焦炭产量8034.7万吨,同比下降8.4%,降幅扩大4.9个百分点;全省出口焦炭851.8万吨(太原海关收发货地口径),同比增长11.6%,占全国出口总量的86.5%。受煤炭、钢铁持续弱势运行影响,焦炭价格持续下降,12月底二级冶金焦炭价格550元/吨,同比下跌330元/吨。(2)企业经营极为艰难。2015年,焦化行业实现销售收入776.9亿元,同比下降24.7%;实现利润盈亏相抵净亏损80.9亿元,同比增亏13.2亿元;145户规模以上焦化企业中113户亏损,亏损面77.9%,同比扩大11.4个百分点,亏损企业亏损额86.1亿元,增长14.5%;全行业资产负债率87.8%,同比提高2.2个百分点。

电力行业。(1)发电设备出力受限。2015年,电力行业增加值同比下降7.6%,负拉动全省工业增长0.8个百分点。截至12月底,全省装机容量6966万千瓦,较上年底增加660.1万千瓦;发电设备平均利用小时3737小时,同比减少596小时,发电设备出力明显不足。(2)企业效益稳定增长。2015年,电力行业实现销售收入1458.7亿元,同比下降8.9%;实现利润121.7亿元,同比下降7%,销售利润率8.3%,同比提高0.2个百分点;152户规模以上电力企业中43户亏损,亏损面28.3%,同比下降2.3个百分点;亏损企业亏损额9.9亿元,下降40%;全行业资产负债率74.5%,同比下降0.9个百分点。

化工行业。产品产量小幅增长。2015年,全省化肥(折纯)产量465万吨,同比增长5.9%,增速加快4.9个百分点;其中尿素产量404.5万吨,增长4.1%;精甲醇产量264万吨,增长2%;聚氯乙烯树脂64.3万吨,下降5.4%。价格总体呈下跌走势。2015年12月底,尿素价格1260元/吨,同比下降270元/吨。基础化工产品维持低位震荡波动运行态势,甲醇价格1470元/吨,同比下跌130元/吨;PVC价格5148元/吨,同比下降800元/吨;氯丁橡胶价格25040元/吨,同比下降4960元/吨。全行业同比增亏。2015年,化工行业实现销售收入740.5亿元,同比下降12.4%;实现利润盈亏相抵净亏损11.4亿元,同比增亏6.9亿元;267户规模以上化工企业中108户亏损,亏损面40.4%,同比提高5个百分点;亏损企业亏损额42.2亿元,增长19.2%;全行业资产负债率75.8%,同比提高2.1个百分点。

山西省经信委召开全省工业经济运行分析座谈会　(董晨阳供图)

机电行业。2015年上半年,装备制造业受富士康集团拉动,全行业同比增长19.1%;进入下半年,随着富士康集团产品结构调整及订单减少,对全行业增长贡献逐步下降甚至负拉动,全年装备制造业增加值下降1%,负拉动全省工业增长0.1个百分点。2015年,机电行业实现销售收入1479.4亿元,同比下降9.3%;实现利润60.9亿元,增长7%,销售利润率4.1%,同比提高0.7个百分点;566户规模以上机电企业中171户亏损,亏损面30.2%;亏损企业亏损额20亿元,增长26.6%;全行业资产负债率69.7%,同比下降0.4个百分点。

(董晨阳)

【工业经济形势分析】 2015年,在经济新常态下,山西省工业经济发展机遇与挑战并存。从有利因素看,国家将坚持稳中求进工作总基调,积极引领经济发展新常态;着力推动供给侧结构性改革,落实"三去一降一补"五大重点任务,推进钢铁、煤炭行业化解产能、脱困发展;实施"一带一路"建设、京津冀协同发展等战略,将对山西省工业发展产生有力拉动。省委、省政府推进"六大发展",突出做好煤与非煤两大文章,实施金融振兴,坚持科技创新,推进民营经济发展,这一系列稳增长政策措施有利于工业经济平稳运行。

同时充分认识山西省面临的困难和挑战。世界经济仍在调整分化,复苏动力不足,特别是大宗商品价格持续低迷。国内经济受"三期"叠加的影响还在继续,新旧产业和发展动能转换正处在接续关键期,长期积累的深层次矛盾正在逐步凸显,潜在增长呈现放缓态势。山西省煤焦冶电等传统产业受制于产能过剩、需求不足的双重制约,继续处于深度调整期,增长动力减弱;装备、医药及引领经济发展的战略性新兴产业规模小，比重低，短期内难以弥补传统产业对全省工业增长的影响。

总体看，山西省工业经济处于改革开放以来最困难时期，内部外部因素相互叠加，长期短期问题相互交织，经济运行中的不确定、不稳定因素明显增多，工业增速仍将处于负增长区间，稳步回升的基础依然脆弱，稳增长任重道远。（董晨阳）

山西省经信委召开山西省两化融合管理体系贯标推进现场会　（董晨阳供图）

【产业结构调整】 2015年，山西省推动产业结构调整。编制《中国制造2025山西行动纲要》，编制全省工业和信息化发展“十三五”规划纲要和省级行业专项规划。制定并实施装备制造、节能环保等八大重点新兴产业和冶金、焦化、电力、煤化工等四大传统优势产业2015–2017三年推进计划和2015年行动计划。

突出项目带动。制定《2015年工业转型升级项目推进计划》，重点推进1309个工业转型升级项目建设。2015年，全省工业固定资产投资完成5283.1亿元，同比增长4.6%，其中新兴产业完成投资2808亿元，在工业固定资产投资中占比53.1%。制定《2015推进新兴产业项目建设实施方案》，七大新兴产业全年完成投资1788亿元。

提升创新能力。推动以企业技术中心为核心的技术创新体系建设，新培育省级企业技术中心19户，全省国家级企业技术中心达到26户、省级企业技术中心达到205户。

优化产业布局。编制并实施特钢、铝、镁、钕铁硼、LED、酒、醋、乳、生物医药、云计算十大行业重大项目布局方案。制定《加快推进电动汽车产业发展和推广应用的实施意见》及2016年行动方案；吉利山西新能源汽车一期产业化项目年产10万台甲醇轿车生产线在晋中市正式投产。制定《山西省中药材保护和发展实施方案》，提升全省中药材产业化水平。实施法兰、食醋、玻璃器皿3个特色产业集群发展推进计划，引导中小企业集聚发展。（董晨阳）

【节能降耗】 2015年，山西省经济和信息化委员会抓好节能降耗攻坚。分解下达年度各市节能指标，按季发布目标完成情况晴雨表，推动各市完成年度节能目标。发布实施13项能耗限额地方标准，全省节能地方标准54项。28户水泥企业和37户火力发电企业推进能效对标。重点推进617项节能改造项目，完成560项。2015年全省万元GDP能耗下降5.31%。

提升固废利用水平。重点推进90个资源综合利用项目建设，37项完工，完成投资156亿元。加强对朔州市工业固废综合利用产业布局的规划指导，组织召开“2015亚洲粉煤灰及副产石膏处理与利用技术国际交流大会”。2015年全省大宗工业固废综合利用率65.2%。

化解过剩产能。抓好焦化、有色、铸造等18个行业准入和钢铁、水泥、铝、平板玻璃、光伏等8个行业规范工作。完成工信部下达山西省淘汰落后电解铝7万吨、水泥60万吨、电力2.4万千瓦目标任务。焦化行业淘汰落后产能190万吨，太原市推广清洁焦试点成功。

推进超低排放改造。制订加快推进全省燃煤发电机组超低排放改造三年推进计划和2015年行动方案，全年完成改造容量1566万千瓦左右，超额完成1000万千瓦的年度任务。2015年5月，国务院副总理张高丽在山西省超低排放改造工作报告上作出批示，要求“发改、环保、能源等相关部门了解和总结推广各地好的经验做法”，在全国推广。

（董晨阳）

【信息产业发展】 2015年，山西省经济和信息化委员会加快发展信息产业。制订并实施信息产业2015—2017年三年推进计划和2015年行动计划，推动电子信息制造业和软件服务业发展。全年全省电子信息制造业销售产值同比增长7.8%，软件服务业收入同比增长1.8%。

推进两化深度融合。深化两化融合管理体系贯标试点，太钢等6户首批试点企业达标，汾西重工等6户企业列入第二批试点。实施两化融合示范引领工程，总结推广首批16户两化融合示范企业和15户两化融合试点企业经验，培育30家示范和试点企业，打造行业两化融合示范标杆。

实施“互联网+”行动。研究制订《推进互联网+工业实施方案》，推动省政府与中国联通签署《“互联网+”战略合作框架协议》。遴选山西商品电子交易中心股份有限公司等7户企业申报互联网与工业融合创新试点，清瑞能源科技（山西）有限公司

“基于互联网的分布式油气井智能控制与数据处理”被确定为试点项目。

推动经济社会领域信息化。开展宽带山西2015专项行动，宽带用户普及率51%。实施重点公共场所无线局域网建设与服务工程，11个市300余处公共场所实现网络覆盖。推动三网融合，全省IPTV用户57万户。制订《关于加快高速宽带网络建设 推进网络提速降费的实施意见》，全省互联网资费水平下降30%以上。推动全省电子政务发展，开展覆盖全省11个市、126个省级部门信息安全检查，推进工业控制系统信息安全工作。推进太原、长治信息消费试点建设，全年全省信息消费规模1000亿元。

(董晨阳)

【工业经济调控】 2015年，山西省经信委坚持多措并举、综合施策，促进工业经济平稳运行。

1.加强政策支持。制定《减轻企业负担促进工业稳定运行的若干措施》(减负“60条”)，全年减轻企业负担501亿元。制定《关于进一步促进工业稳增长的若干措施》(工业“19条”)，全力稳定工业增长。2015年，全省规模以上工业增加值同比下降2.8%。

2.加强运行调控。健全监测调度体系，加强对重点企业、重要生产要素、重大增长点监控。推动煤电一体化发展，20万千瓦及以上主力火电企业80%以上实现煤电联营。

3.精准帮扶企业。制定《全省重点工业企业帮扶活动实施方案》，分类分层对预增产值亿元以上的161个重大增长点项目和投资10亿元以上的97个提质增效年工业项目进行帮扶。2015年，161个重大增长点中有143个项目正式投产或试生产。

4.支持拓展市场。制定《工业企业支持服务重点工程建设工作推进方案》，两次发布省重点产品推荐目录865种，推广晋中市地方产品扩销经验，扩大省内工业品使用比率。开拓湘鄂川赣煤炭市场，扩大晋煤外销。组织召开中国(山西)焦炭出口座谈会，引导焦炭企业开拓国际市场。

(董晨阳)

【体制机制改革】 2015年，山西省经济和信息化委员会推进体制机制改革。简政放权，取消焦炭经营审批和工艺美术大师评审2项审批事项，把总投资5亿元以下企业投资项目备案、节能评估和审查权力下放各市。建立完善权力清单、责任清单制度，向社会公开7大类65项权力事项。

完成煤焦管理体制改革任务。制订《煤焦运销管理体制改革工作方案》，取消开立户管理、取消票据查验补征、取消汇总平衡计划，提升煤炭生产与流通效率。推进煤焦公路、铁路运销体制改革，取消煤焦公路运销统一调运单，取消铁路运输计划归口管理，实现铁路部门敞开受理所有发煤、发焦企业铁路运输需求。

创新电力直接交易机制。组织开展6批次直接交易，交易电量233.7亿千瓦时，为电力用户节约用电成本16.2亿元，发电企业机组利用小时最高增加2300小时。在电解铝行业采取竞价撮合方式开展直接交易，华圣铝业、华泽铝电等4户企业与7户发电企业完成交易电量54.5亿千瓦时，全省电解铝企业全年减少用电成本9.465亿元。

组织山西省175个先进制造业项目参与粤津鄂沪招商引资系列推介活动。开展产业援疆对接活动。推进太原航空口岸、铁路口岸建设，大同航空口岸连续六次获批临时开放，运城航空口岸临时开放推进。

实施“冬季行动”。成立“冬季行动”领导机构，确定项目推进、企业帮扶、提升产业素质、推进绿色发展等8项工作任务，细化明确30项行动重点，确保“冬季行动”取得成效。

(董晨阳)

煤炭工业

【煤炭工业稳增长】 2015年，山西省贯彻落实煤炭“20条”“17条”等政策措施，加强对煤炭经济运行的分析预测和宏观调控，引导企业科学组织生产经营；加强煤炭企业与电力等用户的长期战略合作，推动落实“三省两公司”协调机制，建立省内炼焦煤和无烟煤稳定运行协商机制；落实国家和山西省煤炭脱困政策，全省煤炭经济保持平稳发展态势。2015年全省煤炭产量9.75亿吨，同比减少140万吨，下降0.14%；煤矿企业商品煤销量完成8.16亿吨；销售收入14394.67亿元，同比增加286.03亿元，增幅为2.03%；实现税费577.55亿元。煤炭行业仍然是全省经济发展和财政收入的主要力量和基础支撑。 (王德善)

【煤炭管理体制改革】 2015年，山西煤炭工业贯彻落实山西省委、省政府深化煤炭管理体制改革的战略部署，推进各项改革任务。截至2015年底，煤炭管理体制改革多项任务完成，改革红利基本落地。清费立税取消、降低和规范涉煤收费项目14项，实施煤炭资源税从价计征制度；全省煤焦公路销售21项行政授权、9种运销票据和1487个站点全部取消；出台煤炭行政审批制度改革方案，煤矿建设项目行政审批事项从63项精简合并为38项，开办煤矿企业由“六证”简化为“三证”；出台煤炭资源矿业权出让转让办法。

(王德善)

【煤矿安全生产】 2015年，山西省煤矿发生安全事故33起，死亡77人，煤矿百万吨死亡率0.079%，保持全国先进水平，全省煤矿安全生产形势实现由持续明显好转向稳定好转迈进。全行业树立安全生产“红线”意识，贯彻落实“三个决不能过高估计”“三个敬畏”和“三个越是”的要求，责任意识和底线意识增强；实施隐患排查治理、事故约谈、干部带班、“不放心煤矿”挂牌等安全生产制度；强化政府、企业两个主体责任，推行承诺制，落实挂牌责任制，严格安全生产责任考核和问责，强化“五人小组”日常监管，建立煤矿应急救援体系；督促企业落实主体责任，加大安全投入，建立安全生产长效机制；出台瓦斯防治八项规定，实施煤矿瓦斯抽采全覆盖工程；出台防治水“十条规定”，监管重组整合矿井，实施煤矿安全重点县攻坚战；推进安全质量标准化矿井建设，全年全省有457座煤矿达到二级及以上安全质量标准化；加强安全生产检查，开展“四不两直”专项突查。2015年，全省各级煤炭部门开展安全生产执法行动1.42万起，出动人员8.28万人次；检查企业9726个矿次，下达执法文书1.34万份；排查出安全隐患35.93万项，其中重大隐患164项，整改率93.90%。（王德善）

【煤炭生产管理】 2015年，山西省煤炭行业落实国家和山西省“四个严格治理”措施，按照“去产能”要求，科学调控煤炭产能，制订控制煤炭产能实施方案，提出化解产能的“淘汰关闭一批、重组整合一批、置换退出一批、产能核减一批、搁置延缓一批”的“五个一批”措施。落实生产能力公告和生产要素管理制度，建立生产要素动态核查机制，强化煤炭生产管理，截至2015年底，全省登记公告生产煤矿541座；建立打击超能力生产联合执法机制，对煤与瓦斯突出矿井的能力进行复核；完成6个集团公司169座煤矿的交换图审查。严格煤矿开采技术管理，出台加强煤层配采管理、特殊条件下开采的技术管理办法，提高煤炭回采率，全省生产煤矿采区回采率达80%以上；制订实施办矿企业、建设施工、煤矿管理、煤矿建设、现代化矿井、安全质量、技术装备、信息化等标准体系，促使全行业走上标准化管理道路。（王德善）

【煤炭现代化发展】 2015年，山西省煤炭行业固定资产投资完成1111亿元，同比减少330亿元，下降23%；推进重组整合矿井建设，截至2015年底，累计完成重组整合矿井初步设计760部、开工建设729座、建成重组整合矿井377座，全部实现综合机械化开采；推进现代化矿井建设，建成118座现代化矿井，超额完成年初计划的100座的任务，加大重点工程建设力度，58个煤矿建设省重点项目，计划投资238亿元，实际完成350亿元，支撑全省经济平稳发展；规范煤炭生产管理，实行生产能力登记公告制度，加强煤矿配采管理，加强煤矿井下生产布局管理，严格煤矿产能核定，加快生产运行监管信息系统建设。（王德善）

【煤炭转型发展】 2015年，山西省煤炭行业非煤固定资产投资490亿元。推进煤制油、煤制烯烃、煤制天然气等转型重大项目，煤焦化、煤气化、煤液化产业链发展加快；推进以“煤控电、煤参电、电参煤、组建新公司”为新模式，煤电联营、煤电一体化，省内主力火电企业80%以上实现煤电联营；煤层气（煤矿瓦斯）抽采量完成102.05亿立方米，利用量完成57.12亿立方米。（王德善）

【煤炭科技创新】 2015年，山西煤炭行业围绕“安全、清洁、高效、低碳”发展方针，贯彻落实省委、省政府科技创新部署要求，加大煤炭科技投入，推进煤炭科技创新，深化煤炭科技体制改革。全省煤炭行业科技创新推进会确定煤炭科技创新的总体思路，通过科技创新破解安全生产、煤炭开采、低碳发展、煤炭改革、煤层气产业、煤炭商业模式、煤机制造产业、煤炭科研队伍建设八个方面的难题，推动煤炭产业向“六型转变”。编制《山西省煤炭科技创新战略规划》；推进煤矿充填开采工艺，截至年底，选定矸石固体充填与膏体充填开采技术方案；拟定《山西省煤矿井下防爆柴油机无轨胶轮车技术管理标准》。（王德善）

【煤矿可持续发展】 2015年，山西省煤炭行业构建全省煤矿劳动用工管理体系，化解煤矿用工矛盾纠纷，加强煤矿职业病防治，推进煤矿变招工为招生，全省煤矿变招工为招生3.68万人，比例达90%以上；举办三届职工职业技能大赛，推行“送教下矿”，健全安全培训考核体系，培训主要负责人737人，安全生产管理人员2.21万人，特种作业人员7.58万人，其他人员32.57万人，各类专项培训1.54万人，中等学历提升教育入学1.83万人；“十二五”期间，全行业有11个煤矿被列入第二批国家级绿色矿山试点。全省煤炭系统完成造林9200公顷，绿化面积1614.74万平方米。（王德善）

·中国（太原）煤炭交易中心·

【概述】 中国（太原）煤炭交易中心（以下简称“交易中心”）是由国务院批准、目前唯一冠以“中国”字样的全国性煤炭交易中心，承担着煤炭交易体制机制创新、探索现代能源交易体系建设和搭建基于第三方的大宗商品电子交易平台等重要职能，是集煤炭交易、结算融资、物流仓储、信息咨询、商务会展等多种服务功能于一体的现代化煤炭交易市场。

2015年，中国（太原）煤炭交易中心通过改造提升煤炭现货电子交易平台、完善创新交易制度和交易模式、优化升级中国太原煤炭交易价格指数、研发推广国内首个煤炭质量升贴水标准、建立全国首家煤炭现货交收仓库、内河港交收仓库及“海进江”交收仓库、打造“以交易服务为核心，信息服务为基础，物流服务为保障，金融服务为延伸”的“一核三系”四位一体综合服务体系，探索场外衍生品交易、推进“多层次、多元化”现代能源市场交易体系，申请能源期货试点等创新举措，完成多项重大任务。

2015年，中国（太原）煤炭交易中心设计完成电商平台的交易、信息、物流、金融、客服五大功能模块和招标、拍卖、挂牌三种交易方式；直营店、旗舰店、集团店等网店模式，打通线上线下互动渠道，实现煤炭全供应链的移动电子商务化。2015年7月30日，第三代交易平台正式上线，改进优化后的移动商务客户端同时上线运行。

截至2015年底，交易中心注册交易商达10490户，比上年底增加703户，涉及电力、钢铁、化工、建材等多个行业，遍布全国31个省市区。2015年度交易量达13.91亿吨，交易额达5794.19亿元。自开市以来，累计

中国（太原）煤炭交易中心豫北交收仓库煤炭市场化交易首列专车发出

（李海涛供图）

交易总量达48.67亿吨，交易总额达2.65万亿元。（李海涛）

【分支机构建设】 2015年，中国（太原）煤炭交易中心与忻州市政府合作，成立忻州交易处，于5月27日挂牌运营；与临汾市政府合作，成立临汾交易处，于7月8日挂牌运营。2015年8月1日，交易中心在临汾组织召开“2015年中期（临汾）煤炭交易会”，交易会期间实现交易量1283.5万吨，交易额56.67亿元。交易中心先后与中国林业集团、唐山博鳌煤业进行商务合作，在省外中转港口，探索建立现货交易平台，推动省外分支机构建设。（李海涛）

【煤炭质量升贴水设置标准公开发布】 2015年6月12日，中国（太原）煤炭交易中心和中国煤炭工业协会联合，公开向社会发布煤炭质量升贴水设置标准，填补国内外这一领域的空白。经山西省科技厅组织专家进行软科学成果评审，该项研究成果达到同类研究的国内领先水平。煤炭质量升贴水设置标准的发布，标志着交易中心占领行业标准制定的一个制高点，有助于为煤炭交易供需双方在产品定价、质量纠纷处理等方面提供有效依据。（李海涛）

【省内外交收库建设】 2015年，中国（太原）煤炭交易中心在完善豫北交收库管理基础上，制订《中国（太原）煤炭交易中心交收仓库管理办法（试行）》和《中国（太原）煤炭交易中心仓单管理办法（试行）》。通过加强与国内主要煤炭物流企业、贸易企业以及港口的合作，强化交收库的建设力度。2015年，先后成立第一个内河港交收库——徐州港交收库、第一个“海进江”交收库——中林金海岸交收库、第一个主产地交收库——朔州经纬通达交收库。朔州经纬通达交收库的运营打通晋北地区同天津港口的煤炭物流通道，增加山西省煤炭的外销规模。（李海涛）

【金融服务延伸】 2015年，中国（太原）煤炭交易中心在金融服务方面推出“煤炭订单池融资”“票据池融资”“应收账款融资”和“仓单质押融资”等四大金融服务，得到交易商认可。四大金融服务在日常运营中取得成效，为山西煤炭物流发展有限公司、河南央能储运有限公司、山西省经贸燃料公司等企业协调银行授信5.35亿元，帮助中林金海岸港口控股集团，协调中国建设银行上海分行等多家金融机构，取得120亿元授信额度。（李海涛）

【场外衍生品交易平台建设】 2015年，中国（太原）煤炭交易中心配合中国证监会多次征求国家“清理整顿各类交易场所部际联席会议”23家成员单位的意见，寻求国家相关部委支持，完成大量的前期准备工作，在商品场外衍生品交易模式设计、产品研

2015年9月29日，中国（太原）煤炭交易中心、晋商银行股份有限公司共同举行战略合作暨首笔供应链融资业务签约仪式（李海涛供图）

发、团队建设等方面完成大量基础性工作，制订太原能源商品交易所筹建方案，与拟选股东单位进行接洽商谈，为开展商品场外衍生品交易奠定基础。（李海涛）

【会展业务】 2015年，中国（太原）煤炭交易中心所辖山西国际会展中心举办各类展会活动68场，涉及汽车、工业、农业、文化产业、生活服务、食品餐饮、服装、医疗等领域；参展单位达5895家（境外参展单位40家），参展观众突破230万人次；展览面积达71.7万平方米，较上年增长19.7%。（李海涛）

·晋能集团有限公司·

【概述】 晋能集团有限公司（简称“晋能集团”）成立于2013年5月，是由原山西煤炭运销集团与山西国际电力集团合并重组而成，集煤炭、电力、清洁能源、贸易物流、装备制造、房地产等产业于一体的大型综合能源集团，是山西省省属国有重点骨干企业，位列2015年《财富》世界500强第382位。

截至2015年底，集团有煤炭生产矿井50座，联合试运转矿井12座，产能7100万吨/年；选煤厂23座，洗选能力4785万吨/年；燃煤发电装机458.2万千瓦，在建装机477万千瓦；光伏、风电新能源发电装机167.04万千瓦，在建装机75.6万千瓦，光伏电池生产能力50万千瓦，光伏组件生产能力60万千瓦；煤炭贸易量1.33亿吨；多元产业形成装备制造、房地产开发、旅游酒店、有色金属、高效绿色农业等板块。集团资产总额达2300亿元。（桑龙地）

【重点项目入选国家计划名录】 2015年，晋能清洁能源公司光伏项目进入国家能源局发布的光伏“领跑者”计划。行业内太阳能电池的平均效率集中在17.60%，组件功率255瓦，而晋能出货平均输出功率为264瓦。通过新技术的使用和生产控制等方面的优化，公司产品满足准入门槛和“领跑者”计划的要求。

9月，晋能集团清洁能源科技有限公司市场拓展有新突破，成功入选国家“一带一路”重点开局项目——中兴能源位于巴基斯坦旁遮普省的900兆瓦光伏地面电站项目的供货商。这次被中兴能源选中，是对晋能集团产品质量和企业能力的全面肯定。清洁能源公司生产的光伏组件效率达到国家“领跑者”计划所规定的高标准，不仅拥有出色的抗PID性能，且具备完善的产品质量管理和认证体系，在国内已获得众多合作伙伴的支持。研制生产的高效多晶硅光伏组件JNMP60和JN-MP72近期通过第三方检测机构严格的抗PID性能测试，双双实现1%以下组件功率衰减，优于行业5%PID的平均水平。

12月21日，晋能清洁能源科技有限公司单晶背钝化电池中试效率达到21.36%，高于行业内同类技术平均20.6%至20.9%的效率水平，达到该技术的世界领先水平。该技术产品光电转换效率高、开路电压高、具有更好的弱光响应，是抢占主流市场的战略性产品。（桑龙地　张晓辉）

【晋能集团参展交易交流会】 2015年7月23日，由中国煤炭工业协会、东北亚煤炭交易中心主办的“2015夏季全国煤炭交易会暨（第六届）东北亚煤炭交易会”在大连开幕，集团副总经理、铁路销售总公司总经理王东文代表集团参会。会议期间，王东文及铁路煤炭销售总公司相关人员同东北亚煤炭交易中心、泰德煤网股份有限公司董事长李洪国进行座谈，结合集团铁路物流“十三五”规划，就将互联网思维运用到铁路煤炭贸易工作中，创新营销模式等进行探讨。

9月22日，亚洲粉煤灰及脱硫石膏综合利用技术国际交流大会在朔州市召开。晋能环保工程公司作为大会的协办单位，在会议现场对生产的喷涂石膏及粉煤灰干粉砂浆系列固废综合利用产品进行展示。（桑龙地　张晓辉）

【电力项目投产运行】 2015年9月18日16时16分，国金电力公司2×350兆瓦发电工程1号机组顺利通过168小时试运行，并同步实现燃煤电厂污染物超低排放，这是世界首台350兆瓦超临界CFB低热值煤发电机组正式投入商业运营。国金电力公司位于山西文水经济开发区煤、焦、电、化、建、运循环经济产业园区，规划建设2×350兆瓦低热值煤发电项目和2×200万吨/年固废综合利用项目，消纳循环经济产业链中的煤矸石、洗中煤和煤泥，同时全部处理发电项目产生的粉煤灰，兼顾工业园区供汽和文水县城的民用采暖集中供热，具有显著的经济效益、社会效益和环保效益。

10月25日，地电兴县分公司蔡家崖扶贫光伏电站二期并网发电。蔡家崖扶贫光伏电站是兴县首座光伏电站，一期二期并网后，按日均4小时发电，预计年发电量40万千瓦时。该光伏电站位于兴县蔡家崖乡蔡家崖村，占地约7亩，于2015年7月24日通过验收。首次并网功率100千瓦，截至10月底，总计发电22460千瓦时。二期工程并网功率200千瓦，两期均采取直接上网的运营模式，采用三相四线制在用户侧并网。

12月27日，晋能清洁能源公司右玉丁家窑一期49.5兆瓦风力发电项目顺利并网。12月28日，右玉丁家窑二期49.5兆瓦风力发电项目顺利并网。至此，晋能清洁能源公司2015年投产风力发电项目3个，装机148.5兆瓦。（李慧芳　张晓辉）

【沁园春饮用水通过QS认证】 2015年，沁园春矿泉水通过QS认证并取得证书。沁园春矿泉水项目，是山西晋能集团转型发展非煤产业重点项目，是2012年省人民政府确定的全省重点工程。公司注册资金5000万元，主要经营范围为天然矿泉水开发和销售。沁园春矿泉水取自位于北纬36°~37°间的世界黄金水源带，该水源带地处太行山脉中心区域、上党盆地北沿、千里海河西源头——山西省长治市沁县册村镇后泉村“七星泉”地域。水源出自400米以下的三叠系沙岩层自涌泉，水温常年保持在16.5摄氏度左右。水质清澈明净、甘甜醇香、天然优质、绿色健康，经科学论证鉴定水龄为5980年，是低钠、低矿化度、含锶重碳酸钙镁型饮用天然矿泉水，内含19种有益人体健康的微量元素，所有组分指标完全符合矿泉水国家标准和世界卫生组织建议值，是世界珍稀饮用水。（李红琴）

【晋能集团荣誉】 2015年，晋能集团公司以营业收入313.178亿美元排名2015年《财富》世界500强排行榜第382位。以1929.6321亿元的营业额入选“2015中国企业500强排行榜”，位列第81位。位列“2015山西企业100强”第5位和“山西服务业企业80强”第1位。获2014年度全国“安康杯”竞赛优胜单位称号。

据国家安监总局公告，晋能集团阳泉上社晋玉煤业、新旺煤业、吉县盛平煤业、王庄煤业、三元煤业位列全国实现连续安全生产1000天以上、生产能力为9万吨及以上的合法生产煤矿（井工）。阳光发电公司热控车间党支部书记、主任魏双云和临汾四通煤业安全员王长秀获“全国劳动模范”称号，在北京人民大会堂接受表彰，受到党和国家领导人接见。

长治热电公司获“电力安全生产标准化一级企业”称号。地电柳林分公司被中央文明委授予“全国文明单位”称号。阳光发电公司获“2014年度全省电力安全生产先进单位”荣誉称号。王庄煤业综采队生产检修班获得“全国青年安全生产示范岗”称号。晋能集团国金、国峰发电工程获评国家能源局“电力安全生产标准化一级工程建设项目”。（张晓晖）

【电力工程标准化考核与监理资质提升】 2015年2月9日，国峰低热值煤综合利用电厂工程通过基建安全生产标准化一级达标现场评审。来自南京中电学汇电力安全评价公司的8位专家组成评审组，根据《电力工程建设项目安全生产标准化规范及考核评级标准》，采用现场查评与制度台账查评相结合的方法，对国峰低热值煤综合利用电厂工程13个一级要素，评审适用项的79项，进行客观、公平、真实的评定。

4月30日，经国家住房和城乡建设部批准，山西煤炭建设监理咨询公司成功晋升电力监理甲级资质。山西煤炭建设监理咨询公司于2012年4月，由省煤炭厅直属管理划转晋能集团公司管理。公司具有矿山、房屋建筑、市政公用、电力工程监理甲级资质，拥有公路监理乙级资质和人防工程监理丙级资质。（张晓晖）

【晋能集团燃气产业板块与国新能源重组签约】 2015年7月16日，山西省国新能源发展集团有限公司与晋能集团有限公司举行燃气产业板块国有股权无偿划转签约仪式，晋能集团和其所属燃气产业板块的国有股权无偿划转给国新能源，资产重组完成实质性工作。（张晓晖）

【王家岭煤业运煤专线通车】 2015年12月9日，王家岭煤业运煤专线通车。作为山西省重点工程，专线起点位于窑洼乡曹虎村，与保德县曹虎互通连接线K3+062.493相接，终点止于牧塔村K11+901.416处，与山西王家岭煤业有限公司进场道路连接，路线全长8.835千米，全线按二级公路标准修建，设计速度为60千米/小时，路基宽度为12米，路面为2×3.5米双行车道，桥涵与路基同宽，设计汽车载荷等级为公路Ⅰ级。专线通车后将极大缓解煤炭外运压力，带动地方经济发展。（张晓晖）

电力工业

·国家电网山西省电力公司·

【概述】 2015年，国家电网山西省电力公司（以下简称国网山西电力公司）服务客户约958.55万户，拥有资产718.13亿元，员工2.93万人。2015年，公司完成省内售电量1305.06亿千瓦时，外送电量300.37亿千瓦时。截至2015年底，山西电网总装机容量70705.575兆瓦。按调度单位划分，国调装机容量3300兆瓦，阳城电厂以点对网方式送江苏电网；华北网调直调机组容量5920兆瓦；省调装机容量57551.8兆瓦（其中进入商运容量为56501.8兆瓦）；地区小电厂合计容量3933.775兆瓦。省调机组按机组性质划分，光伏电站28座，容量1065兆瓦；风电场68座，容量6688.8兆瓦；煤层气电厂1座，容量120兆瓦；燃气机组9台，容量1845兆瓦（全部供热）；水电厂4座（含抽水蓄能）16台，容量2288兆瓦；火电机组167台，容量45545兆瓦（其中供热机组112台，容量28655兆瓦，占比为62.9%；空冷机组130台，容量37275兆瓦，占比为81.8%。循环流化床机组62台，容量10985兆瓦，占比为24.1%）。

2015年，省电力公司有220千伏及以上电压等级变电站235座，主变511台，变电容量103089.574兆伏安，其中特高压变电站1座，变压器2台，容量6000兆伏安；500千伏变电站21座（含榆社开闭站），主变39台，容量33500兆伏安；220千伏变电站213座，主变470台，容量63589.574兆伏安。

2015年，省电力公司有220千伏及以上输电线路717条，线路长度20337.793千米（不含跨省输电线路）。其中500千伏线路81条，长度5180.689千米；220千伏线路636条，15157.104千米（其中省调线路548条，13689.417千米），跨省输电线路29条，长度3433.739千米。（龙　云）

【人力资源】 2015年，国网山西电力公司发布实施《人力资源计划管理实施细则》，下达全口径用工总量、各类用工人工成本、全资及控股单位专项计划等38项人力资源指标计划；印发《人力资源信息与统计管理细则》，开展人员信息基础数据核查工作，人资信息化管理基础得到夯实。首次实行公开选择单位和岗位，择优录用高校毕业生642人，其中硕士研究生176人,比上年增加42人,人才素质提升。承办第十三届全国电力人才招聘大会，完成2016年毕业生招聘考试工作。组建11个地市供电服务公司，编制完成16项配套管理制度及相关合同、协议文本,细化工作措施,逐级签订工作责任书,确保规范农电用工管理工作落实到位。制订10个管理实施细则，引导人员合理流动,盘活内部存量1577人;选派12名专业人员开展对藏帮扶和东西人才帮扶工作。

根据国网公司“总量不变、结构调整”整体思路,统一省、市、县、所各层级岗位等级序列标准,规范供电单位60个典型班组分类,统一《岗位绩效工资套改归档表》等薪酬管理台账格式,顺利通过国网公司薪酬制度建设专业验收,相关推广经验被《国网动态》专题采用刊登。印发《县公司企业负责人薪酬管理指导意见》，按照“尊重历史、逐步过渡、缩小差距”原则，核定所属99个县公司520名企业负责人的年薪标准。员工薪酬分配向一线艰苦岗位、关键核心岗位、优秀专家人才、“双师型”人才、绩效突出员工倾斜,员工岗级与个人素质挂钩,激励员工不断提高自身技术技能素质，推动各层级单位的机构设置、工作流程、人员素质向“三集五大”体系要求转型。

加强培训质量监管,进行全过程各环节检查,提高培训效能;加强培训安全管理，杜绝安全事故发生,国网山西技培中心获国网公司培训安全检查第二名。采用“案例研讨”、模块化教学等手段,开展技能人员持证上岗培训，突出培训对象的针对性,全年完成16个专业4305人的持证上岗培训。开启“互联网+”培训新模式,开发编制培训课件、教材讲义和应用题库,实现自主自助学习和资源共享的针对性培训。将“竞赛调考成绩”纳入业绩考核、人力资源集约化、同业对标指标中，强化随机抽考,全员参与、层层选拔,加大对各单位、各部门考核力度。专家人才培养取得新突破,110人当选国网公司优秀专家人才后备,录取比例60.8%,位列国网公司第六名;发挥优秀专家和专家工作室辐射引领作用,立足专业工作解决生产实际问题,促进公司高技能人才队伍建设。 （龙 云）

【电网建设与发展】 2015年,国网山西电力公司完成电网建设项目投资133.48亿元,同比增长30.38%,创历史新高。其中,特高压项目完成投资21.76亿元,500千伏项目完成投资12.52亿元;220千伏项目完成投资35.10亿元;110千伏项目完成投资19.56亿元;35千伏及以下项目完成投资45.22亿元。新开工工程96项,线路长度2335.03千米，变电容量1055.3万千伏安。其中,500千伏变电容量400.00万千伏安，线路670千米;220千伏变电容量360万千伏安,线路861.61千米;110千伏变电容量295.3万千伏安,线路803.42千米。全年投产工程72项,线路长度2489.01千米，变电容量830.45万千伏安,其中,500千伏变电容量300.00万千伏安,线路151.6千米;220千伏变电容量318万千伏安,线路1495.79千米;110千伏变电容量212.45万千伏安,线路841.62千米。

列入国家大气污染防治行动计划的“两交三直”特高压工程全部核准开工,灵州—绍兴(山西段)直流全线架通。着眼新型综合能源基地建设,落地山西的电网投资突破170亿元。500千伏“西通道”等重点工程加快建设,500千伏龙城站、桐乡站等重点工程投产,新增220千伏及以上变电站15座、变电容量613.2万千伏安,线路66条、长度1613.7千米。中部电网实现南北分区运行,短路容量超标、区域全黑风险有效化解。2015年农网改造升级工程投入运行,新增工程全面开工,35.73万户“低电压”问题得到治理。参建的1000千伏哈密—郑州直流线路获国家优质工程金质奖,500千伏兴县变电站、吕梁—兴县线路获国家优质工程奖,±800千伏灵州—绍兴(山西段)、500千伏运城东线路夺得国网公司安全质量管理流动红旗,220千伏天湖变电站获“中国安装之星”。 （龙 云）

【经营管理】 2015年,国网山西电力公司加强精益管理,一体化电量与线损管理处于国网前列,线损率同比降低0.11个百分点。开展电网建设、农网改造等日常在线审计监督,内外部审计发现问题整改率91.35%。参与全

2015年10月13日,电力工作人员在灵州至绍兴±800千伏特高压直流输电线路工程黄河山西运城段施工 （龙 云供图）

2015年6月13日至19日是全国第25个节能宣传周，山西电力公司系统各单位开展主题为“节能有道 节俭有德”宣传活动 (龙 云供图)

省电改综合试点方案编制。巩固提升“三集五大”体系，推进“五位一体”深化应用，流程体系实现全业务覆盖，582项制度、2503项标准、2490条绩效考核指标、2032个风控点与流程环节动态匹配。岗位绩效工资制度改革推进，市县企业负责人实现年薪制管理。投资设立众辉供电服务公司，规范农电劳动用工管理。调研摸排底数，加强监督管理，推进集体企业改革改制。建成主要经营指标管控平台，实现财务、营销等9个重点专业176个核心指标实时监测。8项科技成果获国网公司、山西省科技进步奖，两项管理成果获全国电力行业管理创新成果一等奖，7项典型经验入选入围国网公司同业对标典型经验库，创历史最好水平。 (龙 云)

【安全生产】 2015年，国网山西电力公司建立省市县三级全覆盖安全督察(纠察)体系，派出人员1.6万人次，覆盖现场7655个，查纠违章1179起，确保作业现场安全有序。以电网年度运行方式为统领，开展电网滚动分析，推行二次设备精益化管理，调度运行管理评为国网标杆。常态开展风险分析预警，集中管理全省500千伏变电站，开启无人值守模式，加强重要站线运维，完成抗战胜利70周年等重要保电工作。建成7座观冰站和自动气象站，应对3次大范围雨雪冰冻突发灾害。截至2015年底，国网山西电力公司实现无重大设备事故5946天。 (龙 云)

【电力电能营销服务】 2015年，国网山西电力公司增供扩销，净增业扩报装容量973.4万千伏安，同比增长8.3%;推广实施电能替代项目434个，增售电量43亿千瓦时；配合开展大用户直接交易，完成电量161.75亿千瓦时；短时支援交易电量98.89亿千瓦时，增收1.95亿元。首次实现外送电市场化定价，减免用户资产接收和新建电网项目税收5.46亿元。实施高风险企业“一户一策”、驻场催收等措施，确保电费足额回收。

推进省级分布式智能仓储系统建设，新建智能仓储库房2座，购置安装计量周转柜和应急抢修箱1169个，覆盖供电所达70%以上，规范供电所表计领用，推进营配末端表计抢修有效衔接。加快省计量中心能力提升，实践计量资产“集约化管理、属地化运维”管理新模式，推行计量资产条码终身唯一性，全年检定、配送计量器具83.86万台，推行各级库存常态化核查盘点机制，完成11个地市公司库存盘点，计量生产过程实现精确到日、精准到台的精益化管控。开展智能电能表全寿命各环节质量监督管控，完成11个供货厂商的智能表全性能检测、样品比对和抽样试验，完成低压计量箱全性能检测，完成通信组网能力测试建设，智能表质量管控水平提升。

围绕山西省“六大发展”，发挥责

2015年6月15日，临汾电力公司黎明共产党员服务队工作人员抢修电力设施 (龙 云供图)

任央企表率作用，落实工业减负措施，对接重点工程，满足供电需求。消纳清洁能源，最大接纳风电441万千瓦、光伏56万千瓦。电力交易平台率先实现单轨运行，交易全业务线上运作。推行"一证办理、一站式服务"业扩报装新模式，精简手续流程，低压、高压客户接电时间分别缩短20%、5%。贯通营配调数据，实现站、线、变、箱、表、户信息实时交互和同步更新。开展营业厅全天候远程互动服务，推广应用移动互联服务平台，及时满足客户需求。（龙 云）

【科技与信息化】 2015年，国网山西电力公司推进公司及各单位信息机房的隐患排查治理工作，狠抓信息系统账号权限整改治理、信息系统业务授权许可使用等专项工作，发现隐患88项，整改85项，整改率达到95%以上，完成全国两会及抗战胜利70周年阅兵等重大安全保障任务。定期组织信息通信安全常规督查和专项监督检查，组织全省优秀信息通信人员参加红蓝队对攻培训调考，组织网络安全攻防（红蓝）演习，开展信息系统性能优化、信息通信联合应急演练等工作，在国网信通部组织的网络攻防对抗邀请赛中，由晋缘网络公司和临汾公司组成的山西蓝队夺得蓝队第一名。

2015年，国网山西电力公司获省部级科技奖8项（其中国网公司科技进步奖和山西省科技奖各4项），同比增加2项，其中一等奖2项、二等奖2项、三等奖4项。省检修公司"超特高压输电线路带电运检一体化关键技术及装置的研究与应用"获山西省科技一等奖。2015年，国网山西电力科技成果指数9.71分，在国网26个省市公司排名第23位。全年申请专利775项，其中申请发明专利330项，分别完成指标的124.4%、122.67%；授权专利650项，其中授权发明专利112项，分别完成下达指标的173.8%、203.63%；登记软件著作权30项；发表论文750余篇。

（龙 云）

机械电子工业

【概述】 2015年，山西机电工业有规模以上企业566家，资产总额2313亿元，从业人员24.3万人。全年完成工业增加值441.6亿元，同比下降1.0%；实现主营业务收入1479.4亿元，同比下降9.3%；实现利税99.2亿元，同比增长4.4%；实现利润60.9亿元，同比增长6.3%。机电产品全年出口332.3亿元，同比增长5.8%，占全省出口的63.5%。（姚文举）

【科技成果】 2015年3月，太重集团研发的"6400吨液压复式起重机"项目顺利通过山西省科技厅组织的科技成果鉴定。该起重机解决我国在超大型细长件整体吊装施工领域遇到的瓶颈，具有显著的经济效益和社会效益，推广应用前景广阔。

5月26日，太重获得一项由韩国授权的专利，该项专利名称为"三辊连轧管机及其主减速机"，专利号为10-2012-7028731，该专利属于发明专利。该项专利系太重第一项在国外获得的专利。

5月，由山西煤矿机械制造有限责任公司承担研发制造、我国首套经过井下工业性实践验证、核心部件全部国产化的综采工作面智能型输送系统通过成果鉴定。这是国内首套具有自主知识产权的千万吨级智能型输送系统，首次成功实现示范应用，项目达到国际领先水平。

10月5日至8日，中国中车永济电机公司赴韩国昌源参加2015年国际质量管理小组大会，在会上进行《提高动机车电机定子产品电气性能》QC课题发言，获最高奖项。

10月，中国中车大同电力机车有限公司承担的"大轴重机车关键技术研究及HXD2F型电力机车研制"项目通过中国中车组织的科技成果鉴定。和谐2F型机车可以在重载专用铁路线上行驶，也可以满足普通铁路的运输需求。通过转换，和谐2F型电力机车可以实现轴重由30吨降至27吨，满足普通铁路开行27吨轴重货运列车的牵引需要。

11月，由中国工程机械工业协会主办的"BICES中国——第三届国际工程机械及专用车辆创意设计大赛"上，由太原科技大学教授徐格宁指导，侯鹏龙、刘文举、王东岩三名学生设计的作品多节臂多向铲挖掘机，获二等奖。

太重4个科研项目获2015年机械工业科学技术奖项，分别是6400吨液压复式起重机研制获一等奖；薄壁类零件三辊轧机架的加工工艺的改进获二等奖；加压移动床气化炉布煤破粘系统研究与应用和延长磨齿机金刚轮使用寿命的方法获三等奖。

12月，在北京举办的中国第四届能源经济论坛上，太重煤机公司研发制造的智能型千万吨煤炭综采成套设备获"中国能源装备十大年度创新产品"称号。

在中国质量协会组织的2015年全国实施用户满意工程推进大会上，经纬纺织机械股份有限公司榆次分公司获中国质量协会最高奖项"全国实施用户满意工程先进单位（标杆企业类）"，其主导产品细纱机和精梳机被授予"全国用户满意产品"荣誉，属纺机行业唯一获奖的企业和产品。

（姚文举）

【新产品】 2015年2月，中国中车大同电力机车有限公司制造的中国首台30吨轴重和谐2F型电力机车在瓦日铁路长子南—平顺间的重载综合试验取得成功。和谐2F型电力机车完成牵引12000吨等不同编组的30吨轴重列车重载试验，是国内首次30吨轴重电力机车牵引不同编组30吨轴重货车试验。

4月，特大型环类锻件在山西太重集团公司锻造成功。该锻件外径3900毫米，内径2700毫米，高度2265毫米，锻件重105吨，利用167吨双真空钢锭经多道工序锻制而成。

6月，由中国北车永济电机公司研制的第一套35立方米高原电铲车电机组交付，并在用户现场进行装车调试。该高原型电机组适用于西藏

5500 米海拔地区野外工矿等恶劣环境，可以满足零下 30 摄氏度到零上 30 摄氏度的温差变化。

7 月，太原重工浇铸成功特大立柱型铸件。该铸件重量达 565 吨，采用 5 个钢包同时浇铸，使用的钢水重量达到 935 吨。该立柱型铸件的外形尺寸为 11.5 米×7.5 米×4.4 米，为该公司 3.5 万吨多向模锻压机配套生产。

8 月 19 日，山西康宝集团在长治市发布自主研发成功的智能机器人，这是山西省企业自主研发生产出来的首款机器人。“山西品牌”机器人是山西省科技创新和高端制造业的最新成果。

10 月，太原重工制造的 225 兆牛顿单动卧式短行程铝挤压机在天津制造基地成功下线，从该公司的天津港重件码头开始起运，发往辽宁忠旺集团公司。225 兆牛顿单动卧式短行程铝挤压机，由该公司自主设计制造，拥有完全自主知识产权。主要适用于大型铝合金型材、棒材及大型带筋壁板等的挤压加工，最大挤压力 225 兆牛顿，挤压产品最大外接圆直径达 1100 毫米。

10 月，长治康维尔输送带有限公司为台湾客户生产出总长 28 千米的输送带。该条输送带顺利通过德国 DIN 输送带标准，成为山西省唯一一家通过该标准的企业。和普通输送带相比，在使用中可以节约 25%到 30%的设备和电力能耗。（姚文举）

【产品认证】 2015 年 4 月，太重锻造分公司生产的 10000 箱集装箱船用轴系锻件获得挪威船级社(DNV)的认证，并获得挪威船级社总部颁发的工厂认可证书。

11 月，山西晋能清洁能源科技有限公司获得由中国质量认证中心(CQC)颁发的第一批光伏领跑者认证，这标志着山西省光伏组件产品已获得国家第三方权威认证机构的认可并成为行业标杆。这次获得首批“领跑者”认证的多晶硅太阳能组件为晋能科技生产的 JNMP60-270 和 JNMP72-320。（姚文举）

【重点投资项目】 2015 年 3 月 25 日，属于“百日百项工程”的晋煤集团金鼎公司永磁电机制造项目开工建设。项目概算投资 2 亿元。

9 月 21 日，太重榆液长治液压有限公司高性能液压产品自主化产业基地建设项目在康庄工业园区奠基。由太重集团榆次液压工业有限公司投资兴建。项目占地 200 余亩，总投资 5 亿元，产品包括转向叶片泵、中高压齿轮泵等。

12 月 9 日，太原重工新能源装备有限公司风电整机及关键零部件智能化工厂项目开工建设。该项目以智能化为核心进行规划设计，全面优化工艺流程，做到信息化与工业化的深度融合。项目总投资 20 亿元，总工期 20 个月。

12 月 28 日，吉利汽车山西新能源汽车产业化项目竣工仪式在山西晋中举行，标志着山西省首条全流程轿车生产线正式投产。吉利山西新能源汽车产业化项目共规划年产整车和发动机各 20 万台，一次规划，分期建设。其中项目一期规划年产整车和发动机各 10 万台，建有整车冲压、焊装、涂装、总装等四大工艺生产线，购置先进的液压机、起重机、珩磨机、三坐标测量机和焊接、喷漆机器人等生产、检测设备。（姚文举）

【市场开发】 2015 年 4 月 8 日至 10 日，在 2015 中国上海国际轨道交通展览会上，由中国北车永济电机公司完全自主研发制造的 350 千米中国标准动车组牵引电传动系统，是纯中国血统的高铁列车的心脏，被冠名“中国标准”动车组的动力之源。中国北车这次参展的和谐 D3D 型大功率交流传动客运电力机车、和谐 N3B 型大功率交流传动内燃机车、自主化和谐 2 型电力机车、30 吨轴重和谐 2F 型大功率电力机车、CRH380C 高速动车组、CRH380B 高速动车组、GMC16A 型钢轨打磨车等均配属永济电机的电传动系统产品。

5 月 20 日，中国北车集团大同电力机车有限责任公司最新研制的和谐 2F 型电力机车，作为国内第一代大轴重电力机车和世界重载铁路技术发展的最新成果，在“中国装备制造业展览”展会上精彩亮相。这是同车公司大功率电力机车产品继东南亚、欧洲和非洲后，第四次随总理在出访地展出。

6 月 9 日至 12 日，长治高科携 LED 封装、显示屏、电视白板和照明等产品亮相第 20 届广州国际照明展，向世界展示山西省高科技产业成就和水平。

11 月 24 日至 26 日，在墨尔本举办的澳大利亚铁路工业展上，中车大同电力机车有限公司的三款铁路重载明星产品同时亮相，分别是有铁路“重载王”美誉的新型和谐 2 型电力机车、30 吨轴重和谐 2F 型电力机车和出口欧洲的中白货运 2 型电力机车。三款明星机车中，新型和谐 2 型电力机车是中国铁路干线的主要牵引动力，总功率达到 9600 千瓦，在理想线路条件下，可实现单机牵引 1 万吨重载列车。30 吨轴重和谐 2F 型电力机车是中国“第一代大轴重”机车的标志性产品，牵引能力比现有和谐型大功率电力机车还要高 20%。中白货运 2 型电力机车是中车大同公司专为白俄罗斯宽轨铁路设计的大功率电力机车产品，拥有耐高温高寒的基因，是拥有国际铁路标准和独联体铁路标准双重认证的电力机车产品。

2015 年第四季度，晋能清洁能源科技有限公司向位于巴基斯坦旁遮普省的 900 兆瓦光伏地面电站项目供应 50 兆瓦组件。项目总规划占地 1821.085 公顷，总投资 93.13 亿元人民币，分三期建设实施。（姚文举）

【经济合作】 2015 年 11 月 2 日，由中国中车永济电机公司、日立永济电气设备(西安)有限公司与西安市地下铁道公司联合开展的具有世界先进水平的地铁车辆异步牵引系统项目方案评审委员会的审查。

12 月 22 日，山西省委书记王儒林、省长李小鹏在太原会见比亚迪股份有限公司董事局主席兼总裁王传福一行,并出席省政府与比亚迪战略合作框架协议、太原市与比亚迪投资协议签约仪式。省委常委、太原市委书记吴政隆,省委常委、秘书长王伟中,省委常委、副省长付建华参加会见和签约。12月22日,山西省政府与比亚迪战略合作框架协议,太原市与比亚迪投资协议签约仪式召开,副省长付建华与比亚迪股份有限公司董事局主席王传福分别代表双方,签署《山西省人民政府比亚迪股份有限公司战略合作框架协议》。市长耿彦波与王传福分别代表双方,签署《太原市人民政府比亚迪汽车工业有限公司投资协议》。会见结束后,付建华与王传福分别代表双方,签署《山西省人民政府比亚迪股份有限公司战略合作框架协议》。太原市市长耿彦波与王传福分别代表双方,签署《太原市人民政府比亚迪汽车工业有限公司投资协议书》。(姚文举)

冶金工业

【冶金行业运行情况】 2015年,山西省有规模以上冶金工业企业516户。其中,黑色金属工业企业405户;有色金属工业企业111户。冶金工业职工总数23.2万人,同比减少3.8万人。其中,黑色金属工业企业18.2万人,同比减少3.4万人;有色金属工业企业5万人,同比减少0.4万人。截至2015年底,形成生产能力:粗钢6283万吨、生铁6280万吨、钢材6018万吨、铁合金278万吨;精炼铜20万吨、电解铝112万吨、金属镁70万吨、氧化铝1580万吨。粗钢产能100万吨以上企业21户(其中200万吨以上企业13户),氧化铝产能100万吨以上企业7户。

2015年,山西省粗钢完成3847万吨(全国排名第五位,占全国的4.79%,比上年减少0.47个百分点),同比下降11.63%,比全国降幅多9.3个百分点。其中,太钢不锈钢产量401.84万吨,同比增长5.61%;生铁完成3576万吨(全国排名第五位,占全国的5.17%,比上年减少0.53个百分点),同比下降15.06%,比全国降幅多11.61个百分点;钢材完成4267万吨(全国排名第七位,占全国的3.8%,比上年减少0.4个百分点),同比下降9.23%,比全国增长0.56%低9.79个百分点;铁合金完成177万吨,同比下降5.2%,比全国降幅多2.6个百分点。十种有色金属完成104万吨(全国排名第八位,占全国的2.04%,比上年减少0.48个百分点),同比下降14.6%,比全国增长5.82%低20.42百分点;精炼铜完成18.09万吨(全国排名第十二位,排名前移一位,占全国的2.27%,比上年增加0.47个百分点),同比增长25.22%,比全国增幅高20.42个百分点;电解铝完成66万吨(全国排名第十位,排名后移一位,占全国的2.10%,比上年减少1.29个百分点),同比下降20.15%,比全国增长8.43%低28.58个百分点;镁完成19万吨(全国排名第二位,占全国的22.56%),同比下降19.38%,比全国降幅多18.55个百分点;氧化铝完成1273万吨(全国排名第三位,占全国的21.58%,比上年提高2.68个百分点),同比增长17.64%,高于全国增幅8.01个百分点。

2015年,山西省钢铁主要产品进出口(按收发货所在地)51.69亿美元,占全省进出口总额的30%。进口商品中铁、锰、铜、铬矿砂及其精矿占到进口总额的51%。其中,进口铜矿砂及其精矿21.93万吨,同比增长87.6%;进口铬矿砂及其精矿111.75万吨,同比增长114.5%。出口商品中钢材占到出口总额的70%,出口钢材154.24万吨,同比增长2.3%,其中,不锈钢出口72.76万吨,同比增长17.6%。出口镁及其制品(包括废碎料)24.97万吨,同比增长3.2%。

2015年,全省规模以上冶金工业企业主营业务收入完成2713.8亿元,同比下降28.6%,占全省的18.85%,同比减少3.06个百分点。其中,钢铁工业2163.1亿元,同比下降32.8%;有色金属工业550.7亿元,同比下降4.7%。实现利税-22.6亿元,同比下降139.2%。其中,钢铁工业-46.6亿元,同比下降185.2%;有色金属工业24亿元,比上年同期增长727.6%。实现利润冶金全行业净亏损68.5亿元,同比增亏72.9亿元,亏损面50.58%,比上年增加20.06个百分点。其中,钢铁行业实现利润由上年盈利7.7亿元转为亏损-77.3亿元,净减少85亿元;有色行业由同期亏损12.1亿元转为盈利8.8亿元,净增加20.9亿元。

2015年,山西冶金工业运行情况呈现以下特点:

1.钢铁行业运行更加困难,有色行业运行有所好转。受产能过剩、经济增速放缓影响,粗钢、生铁、钢材同比下降幅度在10%左右;原铝、金属镁同比下降幅度在20%左右,下降幅度均高于全国。由于投产项目的达产达效,精炼铜和氧化铝增幅在20%以上,其中精炼铜净增加3.64万吨;氧化铝净增加370万吨。

2.原燃料价格走低、产品价格更低。2015年末,铁矿石价格指数160.47点,同比下降92.57点,降幅36.58%。钢材价格连续4年下降,2015年跌幅加大,出现断崖式下跌。钢材综合价格指数由年初的81.91点下跌到56.37点,下降25.54点,降幅31.1%。从品种上看,板材下降幅度大于长材,其中板材价格指数由83.99降至56.79点,降幅32.4%,板带材及管材价格下跌超过1000元/吨;长材价格指数由81.38降至56.92点,降幅30.1%,长材价格下跌超过800元/吨。铜、铝、镁现货年均价分别为40941元/吨、12159元/吨、12970元/吨,分别同比下降16.8%、10.2%、11.69%。

3.融资难、融资贵,资金短缺,造成企业停产或减产。由于产品价格长期在低位运行,且持续下跌,原材料价格下跌幅度低于产品下跌幅度,且时间滞后,成本价格倒挂,钢铁全行业由上年盈利7.7亿元转为亏损77.3亿元。海鑫钢铁、酒钢翼钢、永恒工贸、文水海威、同煤新大钢铁、东方铝业等企业停产;太钢、首钢长钢、中阳钢厂、山西兆丰铝业等减产。产能过剩,价格断崖式下跌,企业效益不佳,获取资金更加困难，成本更高，冶金行业亏损面达50.58%，多数企业处于亏损或微利边缘，企业面临生存危机。

4.能源、资源组合优势未得到有效发展。煤电铝化材一体化格局尚未形成，能源资源优势没有转化为产业优势，大量电解铜、氧化铝、金属镁以基础原料形式流出，造成资源和能源的双重流失。

5.产品同质化，企业经济效益差。冶金企业普遍装备水平低，技术水平差，产品技术含量低，产品附加值少，企业经济效益差。建筑用材占到全部钢材产量的60%以上，同质化竞争激烈；铜、铝、镁以初级产品为主，加工及深加工产品很少，高附加值、高技术含量产品更少，铜、铝、镁产业谈不上竞争的优势。（康建基）

【企业转型跨越发展】 2015年，山西省冶金行业面对严峻形势，企业主动适应新常态，提速转型跨越进程，加快项目建设速度和投产项目的投产达效，加快企业的发展速度，用多元的投资结构优化企业的产业结构，把困难期转化为项目快速推进期、积蓄后劲机遇期。

做好新投产项目的达产达效工作。中条山有色金属集团有限公司50万吨多金属矿综合捕集回收技术改造项目，围绕产品提质、节能降耗等内容开展科技攻关和技术创新活动，2015年生产精炼铜11.51万吨，超出设计产能11.9%。北方铜业铜矿峪矿以“精细化管理年”为契机，挖掘潜能，提前一个月完成全年生产任务。中铝交口兴华科技有限公司打造世界级铝基新材料基地，一期年产35万吨铝基新材料建成投产。生产、建设、研发齐头并进，先后产出“双五”氢氧化铝、低钠氢氧化铝和砂状氧化铝等产品。山西华兴铝业、山西复晟铝业坚持系统寻优、对标管理，解决基建遗留问题，实施全流程系统消缺。生产组织强化调度管控，开展全面对标，促进关键指标持续优化。营销系统加强外部供应协调，主动组织大宗原燃物料进厂，为实现安全、稳定、均衡、高效生产创造有利条件。

转型升级项目进展顺利。2015年11月9日，山西中铝华润有限公司成立，标志着吕梁轻合金基地建设进入新的里程，公司致力于构建矿产开发—电力电网—轻合金加工—综合利用—路港物流一体化产业链，实现各环节合理匹配、产业链协同，打造大型现代化产业基地。一期计划投资31.7亿元，建设年产50万吨轻合金项目及局域网，配套2×66万千瓦低热值煤自备电厂。中条山有色金属公司年处理150万吨铜精矿综合回收项目的安评、环评及入园工作进展顺利。12月16日，该项目通过可研报告，计划总投资92.82亿元，建成后年产阴极铜30万吨。项目采用氧气底吹熔池熔炼+转炉吹炼+回转式阳极炉精炼+电解精炼工艺流程，具有技术先进成熟可靠、对原料适应性好、高效节能、环保条件好等优点。中铝山西分公司投资2.9948亿元，以5组高压溶出机组和6台熟料窑产能为基础，通过对局部薄弱环节进行改造和优化，实现节能、降耗、减排、消除安全环保隐患。项目年节汽78万吨，年节煤4.63万吨，折合标煤11.63万吨，产生经济效益14348万元，实现利税3600万元。太钢高速铁路用钢技术改造、原料场改造项目建成投产，峨口铁矿露天转地下开采工程、袁家村铁矿采矿接续工程、太钢碧水源公司膜材料、太钢集团先进材料工程技术研究院等重点项目按计划节点有序推进。首钢长钢焦化项目一期工程铺开建设，2号焦炉砌炉工作进入收尾阶段。同德铝业100万吨氧化铝、东方希望晋中铝业100万吨氧化铝、中铝交口兴华科技二期50万吨铝基新材料、山西信发化工110万吨铝及铝加工项目进展顺利。

兼并重组和股权转让取得突破。2015年9月25日，运城市中院裁定建龙集团子公司吉林钢铁有限责任公司作为并购主体重整海鑫钢铁集团，成立山西建龙钢铁有限公司，海鑫钢铁集团破产重组取得重大进展。山西同德铝业有限公司股权设置事宜，同煤集团所持40%股权保持不变；华宇集团、深圳东英世纪投资有限公司将各自30%股权转让给山东信发集团。9月，哈尔滨工程大学与瑞格镁业产学研合作基地挂牌；万丰奥特与八达镁业签订战略合作协议，双方的合作将实现优势互补，更好引领镁产业发展。（康建基）

【降本增效】 2015年，山西省冶金企业加大降本增效步伐。

太钢集团推进以市场为导向、以创造价值为中心的管理机制和流程变革，撬动内部和外部的活力杠杆，加快由生产经营型向价值经营型转变，拉开新一轮深化改革帷幕。面对严峻的钢铁行业形势，太钢一只眼睛“盯”市场，瞄准附加值高的产品，另一只眼睛“盯”成本，尽可能地将生产成本降下来。

首钢长钢公司变安全高库存为经营低库存，建立生产库存预警机制，期货、现货并行采购矿粉，强化原燃料、中间产品、产成品库存管控，加大库存滞销材处理力度。存货资金占用同比降低4.19亿元，降幅36.65%，6个月以上滞销材实现零库存。全年内部挖潜增效4.84亿元。

中阳钢厂提出以品种钢战略、钢铁电子商务平台、“家门口”市场为驱动力，优化产品结构、加速资金回笼、降低购销成本，促竞争力提升；抓住成本、质量两条主线不放，坚守环保红线不碰触、安全底线不逾越，促发展脚跟站稳；通过“抓节约，把浪费的钱拾起来；抓创新，把有潜力的钱挖出来；抓电商，把丢在路上的钱捡回来”等系列措施，实现吨钢成本再降50元。

晋钢集团推进精细化管理，实施全员降本增效。坚持“以市场为中心，向质量要效益”导向，先后中标晋蒙黄河大桥、长临高速公路及蒙华铁路工程等国家级、省级重点工程项目。

中铝山西分公司贯彻落实十项主动“拔管”、断臂求生的非常措施，开展“全成本、全员分析”活动，推进管理改革措施，主动实施弹性生产，

清仓利库，盘活、处置闲置资产，实现增收节支降本。（康建基）

【节能减排】 2015年，山西省冶金行业推进全行业节能减排工作。参与政府组织的发电企业与用电企业直购电交易，电解铝电费较上年降低0.155元/千瓦时，使有色企业全年节约电力成本近8亿元。

太钢利用生产过程中产生的余热新增500万平方米集中供暖面积，成为太原市重要的热源厂之一。新建的钢渣综合利用项目是全球技术最先进的钢渣综合利用项目，是中国第一个钢渣肥料制造项目。新建的城市生活污水处理中心回收处理周围居民的生活污水，"每天能从污水中'捞回'4万立方米干净水"，参与城市污水处理，实现多元发展。太钢生产过程产生的固体废弃物全部综合利用，工业废水基本实现无外排，各类污染物排放大幅降低，形成"低能耗、低污染、低排放、高效益"的"固、液、气"三大循环经济产业链，为都市型钢厂的绿色转型走出一条新路。

首钢长钢公司实施9号高炉TRT改造、转炉二次除尘风机变频改造、烧结环冷机烟气余热发电、高炉煤气管道喷碱设施、高炉返矿运输皮带等项目，完成11个系统67台水泵节能改造，"三废"实现循环利用。

立恒钢铁集团注重发展循环经济和节能减排工作，先后配套建设高炉余压、烧结余热、焦炉煤气发电，废渣处理和废水循环设施，实现资源能源高效利用。

山西华泽铝电狠抓电解精细管理和精细操作，以稳定电解生产为目标，开展内外部对标活动，使各项技术条件达到较好匹配水平，主要技术指标持续优化。自上年11月份以来，该公司铝液交流电耗持续在中铝电解铝企业排名第一。

2015年7月，由华泽铝电提供技术支持和服务的中铝系统内兄弟企业的铝灰处理系统、阳极保护环系统、再生冰晶石系统开始进入设备招标阶段。在中国铝业总部协调支持下，华泽铝电电解物料循环再利用项目在为自身每年创效约2000万元的基础上，开始在其他电解铝企业推广复制。中宣部、国家发展改革委通过《经济日报》等国内重要媒体，在全社会表彰100个"节俭养德"全民节约行动先进单位。山西华泽铝电有限公司成为国内唯一一家获此荣誉的电解铝企业。

山西华圣铝业创新、开发和应用一系列新节能技术，包括新式阴极钢棒、磁流体稳定技术及铝电解槽立体密封保温技术等多项先进技术降低产品的综合能耗；通过采用合同能源管理节能效益分享模式，对部分能耗较大设备进行节能改造。

中条山有色金属集团有限公司对新引进的底吹熔炼炉和转炉进行多次工艺完善，采用环境集气处理脱硫系统和接触法双转双吸制酸工艺，对底吹炉、转炉等设备周围的溢散烟气进行回收利用，对制酸后的尾气采用活性焦吸附脱硫处理，使整个工艺从根本上减少对环境的各类污染，三废排放优于国家规定的环保指标，最终使硫的捕集率达到99.55%以上，烟气中二氧化硫含量小于0.02%，低于国家规定的0.04%的行业标准，铜冶炼综合能耗达到274.43千克标准煤每吨，低于国家规定的420千克标准煤每吨的限额标准。（康建基）

【冶金行业互联网+】 2015年，山西省冶金行业发挥互联网信息量大、速度快的优势，开展电商销售、电商物流、电商集采等，实现效益最大化。

太钢开展钢材电子商务，拓展撮合竞价、挂牌交易等多种电商销售模式。拓展销售渠道，为客户提供物流、在线支付、在线融资等增值服务。2015年，太钢营销部继续优化电商平台功能，新增加物流配送功能，实现交易配送一体化，在原有现货交易的基础上实现期货交易功能。

立衡钢铁借助互联网力量，开发电商销售、电商物流、电商集采平台，并推行无人门房、无人磅房和在线支付、在线结算等项目。

首钢长钢公司借助总公司平台推进电商采购和销售工作，直供直销比例达40%以上。加大与地方政府的协商洽谈，获得太原市城建委地铁项目等重点工程项目订单。加大HRB500(E)热轧带肋抗震钢筋产品市场推广力度。（康建基）

【冶金科技成果】 2015年，山西省冶金企业有以下获奖科技成果：1. 冶金科学技术奖(4项)，主要有：太钢高性能超及奥氏体不锈钢系列板材关键工艺技术及产品开发获二等奖。太钢微细粒铁矿全寿命废石筑尾矿（库）坝关键技术研究与应用；大型烧结机微细颗粒全精矿烧结关键技术的开发与应用；特殊钢钼合金化工艺技术开发与研究获三等奖。

2.山西太钢不锈的铁素体不锈钢冷轧钢板和钢带、奥氏体不锈钢冷轧钢板、不锈钢盘条和钢带和焊接气瓶用钢带共四项；首钢长钢的钢筋混凝土用热轧带肋钢筋和热轧H型钢共两项，获中国钢铁工业协会2015年度冶金产品实物质量认定"金杯奖"。其中，山西太钢不锈铁素体不锈钢冷轧钢板和钢带获中国钢铁工业协会2015年度冶金产品实物质量认定"特优质量奖"。

3.中国有色金属工业科学技术奖(9项)，主要有：中条山有色金属集团有限公司参与的特厚大矿体高效连续自然崩落法开采技术研究；中铝山西分公司参与的中国有色工业安装工程质量验收及评定系列标准；中条山、中铝山西分公司、山西铝厂参与的轻、重有色金属冶炼国家职业标准开发及其员工技能水平评价中的应用获一等奖。中铝山西分公司氧化铝大型搅拌机槽高性能搅拌技术的研发与应用；中条山有色金属公司参与的中华人民共和国有色金属行业标准(冰铜)获二等奖。山西华泽铝电铝灰；山西华圣铝业铝电解槽低电压生产技术；中铝山西分公司种分槽内新型降温设备浸没式板式换热器开发应用和回转筒轴向弯曲计算分析技术创新获三等奖。

4.山西省科学技术奖(14项),主要有:中条山有色金属集团有限公司铜冶炼副产品及中间产品中稀贵金属综合回收利用研究;山西华圣铝业有限公司铝电解槽母线分流及修补技术开发与应用、铝电解槽低电压生产技术;太钢高炉冲渣水直接换热余热回收技术开发及应用、黑色冶金过程废水资源化循环利用技术及应用等14项。 (康建基)

【技术与管理创新】 2015年,山西省冶金行业面对严峻的市场形势,冶金企业主动适应新常态,转变经济发展方式,推进供给侧结构性改革,实施创新驱动战略,加大科技成果的转化和运用力度,增加有效供给,走低成本、低消耗、高效益、高端化发展的路子。推进工业化和智能化的高度融合,培育新的经济增长点,促进冶金工业健康和可持续发展。

3月,由太钢生产的移动式压力容器用不锈钢顺利通过锅标委技术评审,成为全国首家取得认证资格的企业。太钢是国内首家开发成功第3代核电堆内构件用特种不锈钢材料的唯一生产厂,也是国内首家通过美国机械工程师、材料组织核电体系认证的企业。同时在国内率先开发成功AP1000用高强度不锈钢复合板,并在国内独家开发出我国自行设计的第三代核电示范堆CAP1400项目用双相不锈钢板材。这些加快中国第三代核电站用钢关键材料的国产化进程。成功轧制出国内最薄的热轧水电用钢,填补国内超薄热轧水电用钢的空白,通过热轧工艺的优化实现省去冷轧环节,扭转中国水电用该钢种长期依赖冷板的局面。“以热代冷”的生产过程能耗更低、排放更少,助力中国水电用钢领域实现绿色新突破。

太钢研发生产超超临界百万千瓦核电用硅钢,成为国内率先生产厚涂层高牌号冷轧硅钢的厂家,实现超超临界百万千瓦核电发电机组硅钢材料国产化。在由中国、美国、日本、俄罗斯、韩国、印度以及欧盟7方参加建造的国际热核聚变实验堆(ITER)计划中,太钢率先开发成功超低温用不锈钢钢板、锻件、钢管、异形挤压件等特种材料,成功生产出大厚度铜+不锈钢复合板,为该项目提供优质的配套材料。

瞄准石油化工行业发展机遇,加快研发和生产大口径、高强度、超低温、耐腐蚀、强韧性特种钢材,在油气勘探开采、油气输送、油气储罐等领域得到广泛应用,成功替代进口,并打入国际市场。在国内重大工程项目亮相的同时,太钢高级别管线钢出口形势向好,出口至加拿大、印度、土耳其等20多个国家,保持国内钢企高级别管线钢最大供应商和技术领先地位。

耐蚀合金800作为一种耐腐蚀、高强度、耐高温、焊接性能优异的钢铁材料,由于该产品的特殊性能,生产技术难度高,国内加工企业长期依赖进口,价格居高不下。太钢成为继日本企业之后,世界第二家能够进行连铸生产该钢种的企业。

银光集团生产的有关产品通过由沈飞集团组成的专家组的技术评审和现场评价,标志着山西银光华盛镁业股份有限公司正式成为沈飞集团的合格供应商。公司开发的镁合金压铸件、挤压型材、棒材、板材等产品,广泛应用于交通、电子信息、休闲运动器材、航空航天和军工武器装备等领域。

首钢长钢公司生产锚杆钢、Q345H型钢、品种钢共62.24万吨,占钢材总量的25.6%。中阳钢铁全力以赴开发新品种钢,用高附加值的产品提升企业核心竞争力,走“高、精、尖”路线,以“做专、做精”为指导,开发冷墩钢、弹簧钢为目标,向汽车、铁路、桥梁使用的标准件加工等领域推进,形成较强的差异化竞争优势。

(康建基)

化学工业

【化工行业运行情况】 2015年,山西化工行业以科学发展观统领全局,抓好重点项目建设,推进产业结构升级,推动企业技术创新,落实节能降耗减排,基本实现行业经济的平稳运行,转型升级推进,结构调整加快,能源效率提高,但是受国内经济增长放缓、国际油价断崖式下跌等因素影响,固定资产投资持续低迷,行业下行压力仍然较大。

截至2015年底,山西省规模化工企业225户,资产总计1310.5亿元,同比增长2.9%;主营业收入702.5亿元,同比降低12.0%;利润总额减少11.2亿元;企业亏损额40.6亿元,同比增加17.6%。行业经济下行压力持续加大,受国际原油价格持续下跌影响,煤化工行业主营业收入降低,利润下降。

2015年固定资产计划投资2185.5亿元,同比增长9.2%;实际投资559.8亿元,同比下降18.1%;施工项目389个,同比增长25.1%;新开工项目267个,同比增长37.6%;竣工项目297个,同比增长58.8%。与上年相比,固定资产投资增速放缓,原因是市场倒逼产能过剩行业减少投资,产能过快增长势头得到遏制;新施工项目增幅加大,说明行业结构调整加快,行业发展正从规模式增长向内涵式增长转变。

2015年,山西省重点企业的部分化工产品生产情况因市场环境开工率不足,产品与上年同期相比主要产品有轻微上涨,行业经济运行总体保持平稳态势,但行业效益仍不乐观。2015年1月至12月,全省合成氨、化肥、甲醇保持平稳增长,合成氨(无水氨)产量535.9万吨,同比增长2.7%;化肥总计(折纯)产量464.9万吨,同比增长5.9%,甲醇产量264.0万吨同比增长2.0%。纯苯增幅明显,产量21.2万吨,同比增长57.6%。其他重点产品如电石、离子膜烧碱、聚氯乙烯、子午线轮胎等均出现不同程度下滑,电石产量33.5万吨,同比下降25.4%;离子膜烧碱产量43.9万吨,同比下降0.3%,聚氯乙烯树脂产量64.3万吨,同比下降5.4%,子午线轮胎产量153.2万条,同比下降1.8%。

(张　平)

【产业现状】 2015年，山西省化学工业依托资源禀赋，适应经济新常态，结构调整步伐加快，产业规模扩大，自主创新能力不断增强，技术装备水平明显提高，行业总体保持平稳较快发展。

煤化工：全省现有合成氨产能650万吨，居全国第三位；化肥产能1200万吨，其中尿素产能1000万吨居全国第二位；甲醇产能550万吨，居全国第五位；潞安集团、晋煤集团分别建成煤制油和甲醇制汽油(MTG)示范装置，并建设百万吨级工业化项目；阳煤集团年产百万吨乙二醇项目(一期)、昔阳氯碱项目和化工新材料园区基本建成；同煤集团建成60万吨/年甲醇项目。

炼焦化产品加工：焦炉煤气化工利用方面，现有焦炉气制甲醇产能270万吨，居全国首位；尿素产能152万吨和合成天然气产能2亿立方米，均居全国前列。煤焦油加工能力和焦化粗苯精制能力居全国首位，其中煤焦油加工能力278万吨，产品主要有超高功率电极、针状焦、专用炭黑等20余种；粗苯精制能力66万吨，主要产品有苯、顺酐、富马酸、噻吩等。

盐化工：山焦盐化公司无机盐总产能220万吨，无水硫酸钠产销量世界最大，硫化碱、硫酸钡、硫酸镁等产销量均为全国第一。日化洗涤用品总产能52万吨，品牌价值、产销量均位居全国前列。氯碱化工方面，现有烧碱产能85.5万吨；聚氯乙烯产能76万吨。

精细化工：翔宇公司的橡胶防老剂、青山化工公司的荧光增白剂产能规模、技术水平和市场占有率处于行业领先地位；三维集团的聚乙烯醇和1,4-丁二醇、天脊集团的苯胺、山纳集团的氯丁橡胶等产品，在国内具有较高知名度；太钢集团建成国内首条T800级聚丙烯腈基碳纤维生产线，填补多项国内空白。 （张　平）

【产业布局】 2015年，晋东基地依托当地丰富的无烟煤资源，以晋煤集团、阳煤集团、潞安集团、天泽集团等企业为龙头，形成全国最大的高浓度氮肥和复合肥生产基地；以潞安集团煤制油和晋煤集团MTG项目为核心，形成现代煤化工示范基地。晋中(南)基地依托优质焦煤资源和焦炭产业基础，形成以阳煤集团、焦煤集团等企业为龙头的炼焦化产品深加工基地；以山焦盐化、三维集团、青山化工、翔宇化工为代表的精细化工集聚区。晋北基地依托煤炭资源、黄河水资源、盐碱地资源等优势，建成同煤集团塔山园区和阳高化工新材料循环经济园区，同煤集团煤制天然气和烯烃项目进入实质推进阶段。

（张　平）

【技术创新】 截至2015年底，山西省大型化工企业均建立科研技术中心，行业拥有省级企业技术中心25户，行业技术中心2户，天脊集团等5户企业技术中心被认定为国家级技术中心，潞安集团组建国家煤基合成工程技术研究中心。山西省集聚中科院山西煤化所、赛鼎工程公司等一批知名的化工研究设计机构，在相关领域的科研实力达到国内先进水平。

（张　平）

【产业优化】 2015年，山西化工推进产业优化。培育壮大新兴产业。科学发展现代煤化工，以煤炭分质分级利用为方向，从生产燃料、原料向生产材料转变，优先规模化发展煤(甲醇)制烯烃、芳烃、乙二醇等新材料产品，适度发展煤制油、气等能源转化产品，鼓励发展焦煤、煤气联产精细化学品。推动化工装备制造业上规模、上水平，构建具有市场竞争力的产业体系。改造提升传统产业。鼓励现有化工企业，以促进转型升级、提升竞争力为主攻方向，运用现代科技装备，加大技术改造投入，不断延伸产业链，降低物料消耗成本，全面提升行业发展的质量和效益。加快两化融合步伐。加强信息化与工业化的深度融合，以"互联网+化工"模式，推动建立化工企业物联网、行业信息管理平台等，推进化工企业信息化建设，加快智能园区建设，提升化工园区信息化水平。 （张　平）

【产业管理】 2015年，山西化工加强产业管理。加强经济运行监测，继续深化行业管理。针对当前化工行业下行压力突出的情况，企业开展调查研究，监测生产、价格、效益等运行指标，及时发现苗头性、倾向性问题，研究提出有针对性的对策措施。处理好化解过剩产能与稳增长的关系。一方面坚决遏制新增产能，加大落后产能淘汰力度和在建项目监督力度；另一方面支持先进企业实施技术改造、产品调整、两化融合等有利于内生增长的投资。实施创新驱动。加快建立以市场为导向、企业为主体的"产学研用"技术创新体系，加强标准建设，突破一批核心、共性和关键技术；加快培育化工新材料、生物化工等战略性新兴产业。加强企业管理。引导主要煤化工企业通过开展对标活动等形式，优化生产要素配置，提高能源资源的利用效率，保障化工生产装置的长、稳、安、满、优运行。 （张　平）

医药工业

【医药工业运行情况】 2015年，山西省医药工业克服企业成本增加和GMP认证的压力，保持相对平稳的增长速度。全省医药工业主营业务收入169.36亿元，同比增长4.13%；实现利润17.23亿元，同比增长12.89%；利税26.89亿元，同比增长7.59%。截至2015年底，山西省规模以上医药制造企业84家，占全省规模以上工业企业的2.25%，占全省消费品行业规模以上工业企业的16.77%。

2015年，山西省医药工业排名前10位的龙头企业主营业务收入达到125.11亿元，占全省医药工业总主营业务收入的73.87%，分别为：山西振东集团、亚宝药业、国药威奇达、国药威奇达中抗、山西康宝生物药业、山西普德药业、山西德元堂药业、同药集团、山西太行药业、山西广生医药等，其中主营业务收入超10亿元的企业有5家。

2015年，山西省医药企业上亿

元品种共25个，分别是：6-氨基青霉烷酸(6-APA)、丁桂儿脐贴、阿莫西林、复方苦参注射液(5毫升)、连翘、静注人免疫球蛋白(pH4)、药用空心胶丸、硝苯地平缓释片(Ⅰ)、清开灵注射液、人血白蛋白、青霉素钾、苦参、生脉注射液、消肿止痛贴、克拉维酸钾微晶纤维素(1:1)、舒血宁注射液、双歧杆菌乳杆菌三联活菌片、阿莫西林钠克拉维酸钾无菌粉(5:1)、西洋参片、土霉素、胶体果胶铋胶囊、连翘、枳术宽中胶囊、比卡鲁胺胶囊和银杏达莫注射液。

2015年是"十二五"收官之年，"十二五"以来山西省医药工业发展和全国医药工业发展趋势基本一致，由原来依靠政策红利的高速增长期转为2011—2013年政策调整行业分化加剧的多空交织期，再到2014—2015年的挑战和机遇并存的中高速增长时期。"十二五"期间，全省医药工业增加值增速持续加快，依次为0.22%、10.61%、11.64%、15.24%、15.27%，在全省工业增加值中所占比重不断增加，2015年，全省医药工业增加值为60.4亿元，占全省工业比重较2011年上升0.82个百分点。

山西省医药工业发展特点：

1.产业规模迅速扩大。全省规模以上医药工业企业达到84家，其中上市公司5家，分别是亚宝药业、振东制药、广誉远、仟源医药、锦波生物。全省医药总资产达321.63亿元。

2.龙头企业实力不断增强。近几年全国医药工业百强企业中，亚宝药业、振东集团公司榜上有名，2014年，亚宝药业、振东集团公司分别位列全国医药工业百强中的90位和93位，亚宝药业还获得工信部评选的2015年中国医药研发产品线最佳企业称号。龙头企业的发展壮大成为推动山西省医药产业持续快速发展的重要力量。

3.产业集中度不断提高。围绕同朔、太原、晋中、运城、晋东南、临汾六大产业集群，形成以医药工业园为主体，相对集中和规模化发展的医药产业格局。截至2015年底，全省66.2%的医药企业聚集于大同、晋中、运城、长治四市，产业集中度高更有利于产业规模化发展。

4.资产重组加快，规模效应显现。"十二五"期间，华润集团、国药集团、石药集团、誉恒药业、四川好医生等国内一批知名医药企业通过收购、控股、参股等方式入驻山西医药企业；全省龙头企业亚宝药业、仟源医药等，收购重组一批省外制药企业，延伸产业链；国药威奇达、振东制药、同药集团、旺龙集团等企业兼并省内一批制药企业，扩大企业规模，提高市场竞争力。 （刘利民）

2015年5月27日，振东集团和山西振东医药物流公司联合举办中国太原《新医改形势下的商业发展之路》高峰论坛 （一 溪供图）

【《山西省医药工业"十三五"发展规划》编制】 《山西省医药工业"十三五"发展规划》是省级重点专项规划之一，根据省政府、省经信委安排，由省医药行办组织编制。省医药行办通过到各市县经信委、各医药企业，省级各有关部门调研，征求专家意见，召开专家论证会等方式，分别走访9个市的40余家企业及10余个相关部门，对规划内容多次进行修改和完善，目前该规划进入审批印发阶段。

（刘利民）

建材工业

【建材工业运行情况】 2015年，山西省建材工业面临经济下行压力持续加大，全社会固定资产投资及房地产开发投资增速双双减缓，建材产品市场需求持续萎缩以及主要传统建材行业产能普遍过剩，市场竞争日益激烈以致市场恶性竞争的势头在全省不断蔓延泛滥的严峻形势，全省建材工业主要经济指标持续呈现下滑的态势。

2015年山西省建材行业规模以上工业企业共统计254户，主营业务收入完成166.1亿元，比上年下降24.2%；实现利润总额为-18.8亿元，比上年增亏9.3亿元；亏损企业亏损户130户，亏损企业面达51.18%，亏损企业亏损额24.9亿元，比上年同期增亏7.6亿元。

主要建材产品产量普遍下降。2015年全省建材工业规模以上工业企业产品销售收入完成166.1亿元，比上年下降24.2%。全年全省统计的17种主要建材产品产量，有3种同比保持增长，14种同比出现不同程度下降，主要大宗的建材产品产量均呈大幅下降的趋势。其中，水泥完成3564.7万吨，同比下降20.58%，比2013年最高峰时的产量4985万吨下降2420万吨，降幅达29%；水泥熟料完成2247.7万吨，同比下降33.17%；平板玻璃完成1400.8万重量箱，同比下降20.3%；商品混凝土完成720万立方米，同比下降24.5%；砖完成11.16亿块，同比下降47.1%；花岗石建筑板材完成211.6万平方米，同比下降27.4%。2015年只有陶瓷砖、玻璃纤维纱和预应力混凝土桩这三种主要建材产品同比保持增长。

建材产品出厂价格在低位震荡。山西省的水泥等建材产品出厂价格近年来普遍一直比全国的平均价格要低，近三年来随着市场的持续萎缩低迷，售价更是普遍跌入低谷。尤其是水泥价格一直在低位震荡甚至持续破位下行，晋北、晋南、晋东南、吕梁等地的矿渣32.5袋装水泥售价普遍在160元/吨左右，最低的售价仅130元/吨，太原及周边地区的P.O42.5(普通硅酸盐水泥)散装出厂价格也仅在200元/吨左右，各地的水泥熟料售价也普遍低于或接近成本线。浮法玻璃售价每重量箱仅51元左右，处在盈亏平衡点以下。其他如墙体材料、建筑陶瓷、耐火材料、水泥制品等产品售价普遍在低位徘徊。

行业经济效益大幅度下滑。从2013年以来山西省建材工业一直面临愈来愈严峻的经济运行形势，呈现出越来越严重的全省行业性亏损的局面。2015年全省建材行业规模以上254户工业企业实现利润总额为-18.8亿元，比上年的-9.5亿增亏9.3亿元；亏损企业亏损户130户，亏损企业亏损面达到51.18%，比上年增亏8户；亏损企业亏损额24.9亿元，比上年同期增亏7.6亿元。主要建材行业的经济效益均呈现下滑态势，其中尤以水泥工业的经济运行下滑态势最为严重，对全省建材行业的不利影响也最大。2015年全省水泥行业产品销售收入60.7亿元，占全省建材工业比重36.5%，同比下降34%；实现利润总额为-21亿元，比上年增亏9亿元；亏损企业64户，亏损面高达79%，亏损企业亏损总额21.5亿元，占到全省建材行业亏损总额的86.3%，同比增亏7.6亿元，增长54.8%；当年全省的水泥行业亏损总额占到全国水泥行业亏损总额的10%，成为全国亏损情况最严重的省份。其他主要行业中：建筑与技术玻璃制造业近两年一直呈现行业性亏损，2015年行业亏损面66.7%，实现利润为-1.22亿元，同比减亏0.38亿元；混凝土与水泥制品业2015年亏损企业亏损面44.4%，亏损企业亏损总额0.91亿元，同比增长46.3%；建筑陶瓷制品制造业亏损企业亏损面28.6%，全行业实现利润为-270万元，同比减亏2022万元；砖瓦及建筑砌块制造、石灰石、石膏开采、黏土及其他土砂石开采、轻质建筑材料制造、建筑用石开采与加工业等行业经济效益下滑情况均较严重，实现利润出现增长的只有玻璃纤维及制品制造等少数行业。2015年全省规模以上建材工业利息支出11.3亿元，同比增长5.9%；全省建材行业资产负债率79.2%，同比增长7.8个百分比，高于全国建材工业53.9%的资产负债率平均水平，建材企业经营困难的状况在日益加剧。

固定资产投资完成保持增长。2015年全省建材行业完成固定资产投资375.3亿元，比上年增长7.97%，高于全国建材行业5.97%的平均增速。其中，水泥制造业完成固定资产投资28.6亿元，同比增长9.48%，全省还有9条新型干法水泥生产线在建，其中7条为日产5000吨熟料的规模(当年3条日产5000吨熟料生产线基本建成并投入试生产)。山西仍为全国少数还在大量投资建设水泥生产项目的省份。山西省保持较大规模投资的行业还有砖瓦及建筑砌块制造、石灰和石膏制造、砼结构构件及水泥制品制造、建筑用石开采及加工、石灰石、石膏、黏土及其他非金属矿开采、轻质建材制造、平板玻璃及技术玻璃制造、隔热和隔音材料制造等，主要还是利用本省的部分非金属矿产以及工业废渣资源优势的传统建材及非金属矿开采与初加工产业。山西的绿色建材、新型建材及无机非金属新材料的新上项目投资完成额占比仍较低，但占比明显增大。

2015年，山西省建材行业存在以下发展问题：面临的经济下行压力在持续加大，市场需求持续走弱。中国经济2015年面临着持续加大的经济下行压力，而山西省在2013年下半年起主要受煤炭价格大幅下跌等因素的影响，全省经济受到下行压力持续加大的严峻考验。2015年山西省全省生产总值仅增长3.1%，全省规模以上工业增加值按可比价格计算下降2.8%，全省固定资产投资和房地产开发投资分别增速为14.8%和6.5%。主要是近年来山西省煤焦冶电等传统能源原材料产业产能严重过剩，需求持续疲软，增量扩能空间受限，致使全省经济增长呈现稳中放缓，出现工业经济下行压力持续加大的困局。当前房地产业和铁路、高速公路等建设明显减缓，一些大型基础设施建设和产业项目建设进度普遍滞缓，固定资产投资增速与前些年相比明显下滑，导致连年以来主要建材产品市场需求持续下降。2015年的市场形势尤凸显低迷，产品市场需求乏力使多数建材企业无法满负荷正常生产，企业开工率严重不足，产能利用率普遍较低，尤其对水泥、混凝土及水泥制品、建筑与技术玻璃、建筑用石、砖瓦及建筑砌块、建筑陶瓷等行业影响更为突出。

产业结构依然失衡。历经多年的快速发展，山西省的水泥、平板玻璃、陶瓷、墙材、耐火材料等传统建材产业所占比重仍较大，仍存在结构不优，质量不高的矛盾，对资源和环境的压力巨大，且多数企业对科技研发普遍投入较低，整体技术进步驱动力不足，产品同质化严重，核心竞争力不足，行业利润率偏低。代表未来市场需求和技术发展趋势并能够带动整个行业发展的先导性、支柱性、可持续的建材新兴产业比重依然较低。

主要产品产能严重过剩。水泥、建筑陶瓷、墙体材料、耐火材料、商品混凝土和其他水泥制品以及平板玻璃等行业近年来产能增长过于迅猛，导致出现全省各区域的产能过剩，市场竞争日趋激烈。近年来山西省水泥产能增长过于迅猛，从2009年至2015年的七年期间全省新增水泥熟料产能4607万吨，新增水泥产能7678万吨，每年平均新增和释放水泥产能已超过1000万吨，导致出现全省各区域的产能严重过剩，市场竞争日趋激烈。截至2015年底，全省共有水泥工业生产企业146户（其中水泥粉磨站84户），水泥熟料总产能6005万吨，水泥总产能12729万吨（熟料生产企业兼有水泥产能7141万吨，水泥粉磨站产能5588万吨）。另有仍未被淘汰但近两年一直停产的20户水泥企业的水泥窑（其中有6户改为只粉磨水泥）和18户水泥粉磨站的共计522万吨水泥熟料产能及1423万吨水泥产能未计算在内。2015年全省水泥产量3564.7万吨，按1.27亿吨水泥产能计算产能过剩达257%，产能利用率仅为28%；2015年全省水泥熟料产量2247.7万吨，产能过剩率为167%，产能利用率仅37%，远远低于全国67%的水泥产能利用率平均水平。水泥产能过剩情况严重，和产能利用率低均已属全国之最。而山西省仍在建大型新型干法水泥熟料生产线9条，另还有拟建新型干法水泥熟料生产线12条，其中有些已被公示获准建设。需求走低与新增产能持续叠加，将持续加剧水泥产能严重过剩的矛盾。传统建材行业普遍出现的产能严重过剩对全省建材工业的经济运行质量带来潜在和巨大的不利影响。

建材产品市场竞争普遍激烈且无序。市场需求萎缩加上部分产品产能全面过剩，促使市场竞争异常激烈，近年来水泥、平板玻璃等主要建材产品销售价格普遍下降，并出现赊销竞争的局面。因各地的水泥及熟料售价普遍均已低于或接近成本线，导致全省各地水泥市场无序生产、恶性竞争的局面频现，价格战呈现愈演愈烈的趋势。由于近几年省内新型干法水泥熟料生产线发展太过迅猛，而大公司集团的兼并重组步伐在近两年又基本停顿未有进展，全省及各地区域的产业集中度均很低，行业协调自律工作几经努力难有突破，各地水泥市场无序竞争的情况已存在多年，很难有效规范，山西水泥工业的经济效益状况已连续十多年低于全国行业的平均水平，近三年来又一直呈现全行业性亏损的局面，2015年全省又有3条新建成的熟料生产线投产，新增释放熟料产能465万吨，而水泥市场则出现大幅萎缩，行业面临形势更为严峻和艰难。墙体材料、建筑陶瓷、耐火材料、水泥制品等行业也面临同样的低价倾销，无序竞争的局面。

（郑晋宜）

【建材产业调控分析】 2015年，山西建材行业根据山西省经信委要求，针对山西建材结构调整、转型升级，编辑上报《山西省建材产业三年推进计划（2015—2017）》和《山西省建材产业2015年行动计划》；参与省经信委编辑《山西制造2025》有关建材产业的反馈意见；根据省发改委来函，提交关于山西省水泥产业有关数据及山西光明恒基建材有限公司的相关情况；配合省经信委编制“十三五”规划，经调研，提交《“十三五”无机非金属材料发展规划思路》；向省经信委提交《山西省重点工业产品推荐目录（第一批）》中的部分重点建材产品推荐目录表；根据省发改委《关于请配合开展山西省2012、2014年省级温室气体清单编制工作的通知》要求，提供相关数据及情况；向省经信委提交关于《关于征求山西利虎玻璃（集团）有限公司年产200万套汽车安全玻璃生产线项目意见的函》的复函；受省经信委委托对铁三局一处水泥厂和长治市八一水泥厂进行淘汰落后产能现场核查；组织专家对西山煤电（集团）有限责任公司水泥厂和山西昌盛水泥有限公司进行符合产业政策确认工作。

做好全省行业经济运行统计分析与监控。对本行业及重点企业经济运行情况进行实时监控和统计分析，按季度对全省建材工业经济运行情况进行分析和形势预测并及时通过山西省建材网、《山西省建材工业协会会讯》向社会公布，并按照省经信委经济运行局要求搞好行业经济运行分析上报工作。（郑晋宜）

【水泥行业管理】 2015年，山西省响应国家工信部、中国水泥协会、各省市工信部门与行业协会以及广大水泥企业在中国北方冬季采暖地区推动实行的水泥错峰生产行动，配合泛华北地区六省市的冬季水泥错峰生产联合行动（2015年1月15日至3月15日），在全省分五个片区落实自律停窑行动并取得一定成效。在省经信委、环保厅等部门监督指导下于2015年12月15日至2016年3月15日继续在全省组织开展冬季采暖期水泥错峰生产行动。

根据省经信委《关于印发山西省水泥行业能效水平对标活动实施方案的通知》要求，省建材工业协会于5月初举办水泥企业能效对标管理工作人员培训班，并在全省日产2500吨熟料以上水泥生产企业深入组织开展能效对标活动。

做好水泥行业质量管理工作。根据省经信委工作安排，编辑整理《山西省水泥行业质量品牌总体情况报告》；2015年1月30日印发《关于2014年度全省水泥企业化验室合格证年度考核情况的通报》；下半年组织2015年度全省水泥企业化验室年度考核工作和换发证工作；为贯彻实施工信部《水泥企业质量管理规程》，做好水泥企业化验室管理工作，协会组织对水泥企业化验室检验人员进行培训、考核，全年共组织举办三期水泥企业化验室检验员上岗培训班，共培训考核人员110多人（郑晋宜）

【建材行业技术创新】 对省经信委下达的2015年山西省企业技术创新项目计划中的建材项目，负责检点落实各个项目的前期准备工作及实施工作；组织上报的《赤泥——固硫灰加气混凝土砌块的制备研究》等4个创新项目进行初审、论证，上报省经信委，列入“2015山西省技术创新项目库”。

开展行业劳动竞赛和评比表彰活动。2015 年，山西省机冶建材工会与机电、冶金、建材行办共同在全省机冶建系统联合开展“五比五争”劳动竞赛活动。省建材工业协会继续组织参加环渤海地区建材行业最具影响力企业、知名品牌企业和诚信企业的评选推荐工作。向中国建材联合会推荐上报两名全国行业优秀企业家，3 户全国行业百家节能减排示范企业和两户转型升级向纵深转折百家优秀企业。向中国水泥协会推荐上报获评 2014 年全国水泥企业优秀总工程师 1 人。 （郑晋宜）

【建材行业建设】 依照山西省民政厅《关于做好涉企社团收费清理规范工作的通知》要求，进行全面梳理并于 2015 年 4 月 14 日上报协会涉企收费自查报告，省建材工业协会经研究决定免收 96 户困难会员企业的 2014 年度会费 22.5 万元。按照国家及省有关要求推进协会与行政单位的脱钩分离和协会换届工作。

依照国家人社部有关规定及时上报内设在协会的山西省建材特有工种职业技能鉴定(013)站的“职业技能鉴定许可证” 的换证申请材料，并与国家建材行业职业技能鉴定指导中心签订《职业技能鉴定质量管理责任书》。

全年出刊《山西省建材工业协会会讯》6 期，并完成《山西省建材网》的网站日常管理和信息上传工作。

省政府关于建材工业重要政策、法规和规章制度发布和实施。(1)山西省人民政府办公厅关于加强节能标准化工作的实施意见（晋政办发〔2015〕109 号）。(2)山西省人民政府关于推进标准化工作改革发展的实施意见(晋政发〔2015〕46 号)。(3)山西省经济和信息化委员会《山西省部分产能严重过剩行业产能置换实施细则的通知》(晋经信产业字〔2015〕286 号)。(4)山西省经信化委关于在全省 2015—2016 年冬季采暖期试行水泥错峰生产的通知(晋经信投资函〔2015〕523 号)。 （郑晋宜）

国防科技工业

【概述】 2015 年，山西国防科技工业面对持续加大的经济下行压力，军工经济仍保持良好的发展态势。全年实现销售收入 420 亿元，同比增长 8%；完成工业增加值 86 亿元，同比增长 9%；军工总资产达 614 亿元，同比增长 3 %；职工年均收入达 52246 元，同比增长 9%。 （赵登斌）

【军品科研生产】 2015 年，山西省国防科技工业坚持保重点、保节点、保质量、保交付，承担的以“9·3”阅兵装备研制保障为代表的军品科研生产任务全面完成，全行业未发生重大质量问题。全省军工核心能力提升。探索和完善科技创新体制机制，制订《关于加强国防科技工业科技创新的实施意见》，获得国家科技奖 4 项，国防科技奖 19 项，省科学技术奖 2 项，获得山西省国防科技工业科技创新奖 21 项，申请专利 956 项。推动扩大“民参军”规模，制订山西省扩大“民参军”规模的指导意见，搭建“民参军”服务平台，组织召开民口配套科研项目指南发布会 3 次，征集项目 17 项，新增山西钢科碳材料有限公司等 5 家“民参军”企业，年内新增军品配套企业 5 家。汾西电子公司、山西华洋吉禄科技股份有限公司 “新三板”上市。太原钢铁公司 T800H 碳纤维工程化研制项目参加国家 T800H 碳纤维项目“市场化竞赛”，取得航天组中的性能检测得分第一、综合实力得分第一，航空组性能检测得分第一、综合实力得分第二的成绩。（赵登斌）

【体制机制创新】 2015 年，山西省国防科技工业办公室（以下简称科工办）编制完成《山西省国防科技工业军民融合深度发展“十三五”规划》，形成全省国防科技工业改革发展特别是军民融合深度发展的路线图。推进 40 个重点军民融合产业项目建设。总投资 206 亿元，达产达效将新增销售收入 432 亿元。推进瓦斯发电机组、轨道交通装备、高效高压永磁同步电动机、北斗导航产品、煤层气钻采设备等 5 个优势产品市场化、产业化，助力结构优化升级。通过 3000 万元专项资金重点支持 8 个军民结合项目发展。推动产业基地建设。制订落实《山西省创建军民结合产业基地创建实施办法》，重点推进太原轨道交通及装备制造工业园等 9 个军民结合产业基地建设，总规模达 200 多亿元。谋划 6 个新的产业基地建设，形成产业聚集效应。省国防科工办加强谋划推动，促成山西省人民政府与国家国防科工局签订推进山西军民融合深度发展的战略框架协议，省委书记王儒林、省长李小鹏、副省长付建华、省委秘书长王伟中四位常委出席签字仪式，推进山西省军民融合示范区建设。在“2015 年中央企业山西行”活动中，促进山西省政府与中国兵器工业集团公司、中国船舶重工集团公司、中国电子科技集团公司签署深化战略合作协议，签约 17 个项目，投资 170 亿元。加强军工与各市横向协调，完善、夯实与太原、大同、长治、晋城、临汾等市建立军民融合发展协调推进机制，山西省国防科工办与太原市委、市政府共同发文，深化协同机制与产业合作，提升国防军工在地方经济社会发展中的贡献度和显示度。 （赵登斌）

【重大专项发展】 2015 年，山西省国防科技工业重大专项取得进展。高分山西应用中心正式挂牌运行，与省农业厅、省国土资源厅、省环保厅等相关厅局和企业、院校对接，开展森林生物物种检测、土地变更调查监测、矿山生态环境监测等系列项目应用。北斗卫星应用方面，与省公路局协商合作北斗地基增强系统 “一张网”建设，组织开发运煤车辆监管、矿区地表形变监测预警等北斗技术应用项目，向煤炭厅、交通等重点领域拓展。高端装备智能制造方面，推进重点产品攻关，轨道交通、煤层气发电、节能电机、秸秆综合利用等一批产品实现新突破，特别是中国电子科技集团公司第二研究所微电子组装智能装备试点示范项目被国家工信部列为2015年全国46项智能制造试点示范项目之一，成为山西唯一入选项目。煤层气发电机组项目，通过大量调研论证和集中攻关，新产品完成研制，在阳煤试点运行，对发展山西省煤层气产业产生重大推动作用。“两化”融合方面，推进贯标，山西汾西重工有限责任公司成为国家试点。信息安全方面，与中国电子科技集团公司合作，共同筹划建设华北总部，打造山西网络安全产研基地。（赵登斌）

【“四项工程”建设】 1.推动军工科研院所改革改制，推进大集体改革。2015年，山西省国防科工办对全省14家军工企业的76个厂办大集体及“三供一业”分离移交工作进行调研摸底，涉及总资产3.66亿元，总人数1.4286万人，加强大集体改革政策、措施研究与对接，山西汾西重工有限责任公司、长治清华机械厂进入实质操作阶段。

2.推动企业管理水平提升。山西省国防科工办贯彻中国制造2025和“互联网+”战略，推进关于提升企业管理水平指导意见的落实，成立专门机构加强发展战略研究，加强生产经营管理、财务资产管理、科技创新管理、风险控制管理，通过工业机器人、ERP生产协作系统等信息化手段的大范围应用，实现流程再造，降低生产成本，培育新型生产方式。

3.加强文化品牌建设。山西省国防科工办召开“弘扬军工精神，纪念抗战胜利70周年”座谈会和军工文化教育基地工作会议，推动军工文化建设，山西北方机械制造有限责任公司“军工文化教育基地”、长治清华机械厂“军工文化建设示范单位”和淮海工业集团有限公司“黄崖洞兵工厂旧址群”挂牌。鼓励企业创新营销模式，加大品牌推广力度，参与“著名商标”申请活动，提升企业形象。山西新华化工有限责任公司“新华”品牌入选中国品牌。

4.加强人才队伍建设。全省军工系统人才制度不断完善，各单位通过加强政策导向和人才引进平台建设，高层次领军人才不断增加，人才专业结构更加合理，“985”“211”院校毕业生增多，有的单位硕士学历人数达到50%，企业活力和后劲增强。在山西省第五届职工职业技能大赛中，山西军工代表队获得2个工种团体第一名、1个工种团体第三名和2项个人第一名、1项个人第五名，1项全国职工职业技能大赛个人第十四名的成绩。

（赵登斌）

【军工质量安全生产和保密工作】 2015年，山西省国防科技工业推进。坚持军品质量第一，完善武器装备科研生产工艺管理，加强过程控制，加大责任事故追究，全系统形成质量问题“零容忍”文化氛围，企业质量管理进一步规范化、法制化，全行业未发生重大质量问题。

抓好安全生产。贯彻中央和山西省委、省政府关于安全生产的决策部署，印发工作要点，层层签订责任书，坚持例会定期研究，坚持领导带队，采取“四不两直”形式，开展军工、民爆行业安全生产大检查和隐患排查治理，做到零容忍、全覆盖。2015年领导带队排查整改隐患116项，各单位自查整改隐患2184项，整改率100%。加强安全标准化建设，全年累计投入安全技改资金13.6亿元，提高企业本质安全度。同时，通过严格事故责任追究，强化应急预案、开展教育培训、现场会观摩、应急救援演练等多种形式，增强全员职业安全素质。全系统安全生产形势稳定，完成山西省政府下达的安全生产控制指标和工作目标。

强化军工安全保密监管。狠抓反奸防谍和保密责任制落实，加强保密宣传教育和涉密载体管理，全系统涉密人员教育培训达到人均15学时以上，完成13家单位的保密资格审查认证、12家单位保密复查工作和16家涉密业务咨询服务单位的备案工作，安全保密基础夯实，2015年未发生失泄密案件。

（赵登斌）

【民爆安全监管】 2015年，山西省民爆行业落实国务院、工信部和省政府关于安全生产工作的重要决策和部署，围绕结构调整、技术进步、安全生产标准化建设和安全监管等重点工作，开展“管理巩固年”、安全大检查等活动，各项工作取得成效，全省民爆行业安全生产继续保持平稳态势。全年实现工业总产值20.6亿元，同比下降21.76%；销售总值19.7亿元，同比下降22.1%；实现利税3.89亿元，同比下降34.3%；实现利润1.8亿元，同比下降37.9%；生产工业炸药30.13万吨，同比下降21.2%；销售30.21万吨，同比下降20.78%；生产工业雷管8768.31万发，同比下降21.79%；销售8724.51万发，同比下降19.78%。

2015年，全省民爆行业开展“管理巩固年”活动，巩固精细化管理成果，使安全监管体系建设、制度建设、现场管理、安全培训、隐患排查治理、技术进步、安全生产标准化建设等成果巩固，安全管理水平提高。推进科技进步，督促企业安全投入近1.6亿元，完成5条生产线的技术升级改造，其中，焦煤集团的乳化炸药生产线技术实现连续化、自动化、智能化，达国际先进水平。优化产品结构，创新服务方式。同德集团、金恒集团将地面生产线炸药产能置换为现场混装炸药产能；中煤平朔公司14万吨地面站搬迁项目和江兴公司1.5万吨太钢袁家村地面站项目的建成投产，为用户提供安全、高效、节约国家鼓励和推广的“一体化”爆破服务。完善达标考评标准，严格安全生产标准化考评工作，安全生产标准化水平提升。全省9家生产企业和13家销售企业达标。持续强化主体责任，与全省20家民爆企业全部签订安全生产责任书，并向政府公开作出承诺。开展“安全生产月”活动，按照“全覆盖、零容忍、严执法、重实效”的总要求，开展隐患排查和专项治理工作。加大事前事中问责处罚力度，各级监管部门停产停业整顿8个生产销售单位，企业内部处理625人次，罚款15.1万元，调离工作岗位9人。（赵登斌）

轻工业

·综 述·

【轻工业运行情况】 2015年，山西省规模以上轻工企业主营业务收入、利润总额、利税总额分别累计实现716亿元、34.6亿元、85亿元，同比下降9.56%、13.28%、2.98%。其中，食品工业主营业务收入、利润总额、利税总额分别为601亿元、25.7亿元、48.3亿元，同比下降10.48%、14.03%、6.24%。

主要产品产量：食醋67.3万吨，同比增长14.7%；软饮料累计完成117.8万吨，同比增长9%；白酒（折65度，商品量）累计完成8.36万千升，同比降低10.9%，液体乳累计完成45万吨，同比降低0.3%；日用玻璃65万吨，同比增长12.07%；日用陶瓷20.6亿件，同比增长3%，机制纸及纸板35.3万吨，塑料制品75万吨，同比小幅增长。（李海龙 何运燕 高文珍）

【行业管理】 完善轻工行业准入规范管理。根据《关于做好葡萄酒、浓缩果蔬汁（浆）加工行业准入管理工作的通知》，组织行业申报工作；启动农用薄膜、制革、再生化学纤维等行业的准入流程与要件审核制定和确定工作；开展铅蓄电池行业准入工作，山西吉天利科技有限公司通过工信部第三批铅蓄电池行业准入公告，核查省内其余3户在产铅蓄电池企业。

严格项目前期产业政策确认。根据《关于做好消费品工业产品生产许可项目符合产业政策确认工作的通知》，明确符合产业政策确认规程，明确省市工作职责和程序，确保产业政策确认工作规范开展。组织专家完成对阳曲瑞美乳业、杏花村汾溪酒业、灵石中加石膏山冰酒等9户企业产业政策确认工作。

加速优势细分行业提档升级。按照9月召开的山西省民营经济推进大会的部署要求，开展重点子行业专项调研，完成《祁县玻璃器皿产业的情况汇报》《关于山西省食醋产业发展情况的汇报》《关于山西特色面食产业化发展的调研报告》等，结合新常态提出新任务，利用新契机提出新举措，加快构建玻璃器皿、食醋产业发展体系，推进玻璃器皿、食醋两个优势特色产业提档升级，规模化、标准化发展。

（李海龙 何运燕 高文珍）

【行业动态】 2015年1月，山西工美集团组建山西工美集团民间工艺美术品电子商务中心。该中心将山西千年文化手工技艺与现代网络营销模式接轨，与国内知名电商合作，实现民间工艺美术品、旅游纪念品生产厂家和手艺传人与消费者的有效链接，对山西省的民间工艺美术品和制造技艺起到宣传、普及、传承与发展的作用。

经中国室内装饰协会批准，山西省室内装饰协会组织培训、考试、认定首批高级室内设计师。4月28日，组织召开2015“居然杯”中国山西室内设计周新闻发布会。经过4个月的征集，共有400多幅设计作品参会，最后评出各类别奖项80多个。

2月11日，山西供销名特优农副产品展销中心开始运营，该中心是省内第一家集名特优农副产品展销、旅游观光、赏花、小吃为一体的线上线下相结合的展销中心，采用展示销售超市化管理运营模式和扣点营销方法，统一搭建O2O、O2M营销平台，将线上线下、移动互联资源打通融合，实现客户资源和效益的倍量增长以及新型的智慧营销服务，降低入驻商户的经营成本。

4月12日，为纪念汾酒荣获巴拿马万国博览会中国白酒品牌甲等大奖章100周年，“晋商与汾酒”高峰论坛在太原举行，做出“汾酒是中国白酒祖庭”的论断。此论断将是中国酒史研究上的一项重大成果，汾酒是名副其实的白酒之根、中国酒魂。

4月12日，长治市“襄垣手工挂面”获中国地理标志证明商标，填补当地“国字号”商标的空白。标志着“襄垣手工挂面”形成整体品牌效益有了坚实的基础保障，为襄垣经济的发展产生积极的影响，尤其为襄垣挂面产业的发展注入新的生机和活力。

5月9日，由山西省美术家协会主办的“山西省第二届漆画作品展”在太原美术馆正式开幕。来自全国10个省份的135件作品亮相太原美术馆。其中山西省漆画作品90件，有34件作品获奖（其中金奖2件，银奖4件，铜奖9件，优秀奖19件）。

5月29日，为纪念汾酒荣获

山西老陈醋是山西省特色产业项目之一，图为老陈醋生产车间

（王 彬供图）

1915巴拿马博览会甲等大奖章100周年暨2015中国(山西)酒饮食品交易博览会(简称“山西糖酒会”)在太原煤炭交易中心举行。展会围绕“中国清香型白酒核心产区和中国山西老陈醋核心产区”两大区域地理概念,推出“中国酿造在山西”的文化概念,展示交易总面积约36000平方米,展位500多个,有来自全国的400多家企业参展,为省内企业与省外企业开展合作与交流起到桥梁和纽带的作用。

7月,山西轻工组织举行2015年中国技能大赛——山西省焙烤行业职业技能竞赛。竞赛工种主要包括西式糕点制作工、中式糕点制作工、面包制作工三个工种。对竞赛前三名给予表彰奖励。

8月10日至15日,山西轻工组织举行2015年中国技能大赛——山西省白酒品酒师岗位职业技能大赛。全省山西杏花村汾酒厂股份公司、山西汾阳王酒业集团公司、汾酒集团汾青酒厂、山西梨花春酿酒集团公司、山西汾阳市酒厂、山西长治潞酒厂等16家企业的32名选手参赛。竞赛前六名被评为山西省白酒行业技术能手,前三名被评为“三晋技术能手”,第一名给予记功表彰。

9月16日,第四届国际醋酸菌大会暨世界名醋博览会在太原召开。对食醋工艺、产品品质、市场营销、互联网+等企业发展面临的问题和未来的发展战略进行研讨。

11月6日,2015年中国技能大赛——山西省工艺美术第三届“平定刻花瓷奖·神工杯”陶瓷职业技能大赛决赛在平定县启动。比赛以“永不熄灭的三晋窑火——赛陶艺技能神工,展三晋瓷韵风采”为主题,旨在坚持保护传承和创新发展相结合,大赛工种为陶瓷装饰工,来自全省的50余名陶瓷技艺高手汇聚一堂,现场展示三晋瓷韵风采。

(李海龙　何运燕　高文珍)

【产业项目投资】 2015年,山西省轻工企业完成投资114.75亿元,推进201个项目,其中省级重点推进10亿元以上项目8个;特色食品产业完成投资276.88亿元,推进项目413个,其中重点推进40个项目,省级重点推进投资额度10亿元以上项目5个。

大同市山西宝迪农业科技有限公司推进的宝迪食品产业一体化项目总投资15.87亿元,2015年实际投资2.76亿元。华阳玛里纳无水港物流有限公司推进的大同市肉类指定查验场项目,总投资53亿元,投资1490万元,主要进行前期准备工作。

长治市潞宝金和生食品有限公司推进的农业产业化食品加工项目,总投资30亿元,当年投资1.75亿元,主体工程基本完工。郊区河桦工贸有限公司推进的红木家具市场扩建项目,2015年完成总投资9800万元,建成厂房。

晋城市中鑫贸易有限公司推进的晋城市中小微企业孵化园泽州县示范基地项目,总投资10.9亿元,2015年完成投资1.5亿元,招商中心楼正在进行室内装修、室外绿化。

朔州市恒天然(应县)牧场有限公司推进奶牛养殖乳品建设项目,总投资15亿元,投资7.2亿元,完成设备购置和安装。久泰和升光伏科技有限公司推进复合科技农牧业大棚项目,总投资18.26亿元,2015年投资7亿元,开展工程建设。

忻州市山西中科忻能科技有限公司新建镁基锂离子电池项目,总投资50亿元,2015年投资3.85亿元,处于土建施工阶段。

吕梁市中汾公司推进的杏花村产业集中发展区建设项目,总投资200亿元,当年投资15.5亿元,部分投产。

晋中市晋汉生物科技有限公司推进的晋汉高新生物科技园项目,总投资12.3亿元,2015年投资3.1亿元,处于土建施工阶段。

(李海龙　何运燕　高文珍)

【轻工业科技创新】 2015年10月24日至27日,第二十一届全国发明展览会在浙江永康国际会展中心举行,本届发明展览会以“大众创业、万众创新”为主题。阳泉市作为山西省唯一代表,共组织20多家企业和发明人、31个优秀专利项目参加展览会,16个项目获得奖项。其中3个项目获得金奖,7个项目获得银奖,6个项目获得铜奖,市科技局还获得了优秀展团奖。获得金奖的3个项目分别是山西邦奥伟业半导体照明有限公司的“矿用隔爆兼本质安全型LED巷道应急灯”、山西冠霖农业科技有限公司的“冠山连翘茶”和平定县冠

山西汾酒集团举办庆祝“汾酒荣获巴拿马万国博览会甲等大奖章100周年纪念大会”系列活动

(王　彬供图)

窑砂器陶艺有限公司的“砂器壶柄用绝热材料及具有绝热柄的砂器制备方法”。

11月，南风化工集团股份有限公司与浙江赞宇科技股份有限公司共同进行的脂肪酸甲脂磺酸盐（MES）在洗衣粉中的应用技术研究项目、中国日用化学工业研究院（太原）的烟气高效净化湿式电除尘器及技术项目获得2015年度中国轻工联合会技术进步三等奖。

（李海龙　何运燕　高文珍）

【行业标准】 2015年3月2日，针对《山西日用玻璃单位产品综合能耗限额》地方标准召开标准二审会，对标准进行修改完善。

8月，《山西日用玻璃单位产品综合能耗限额》地方标准付印发布，该标准适用于山西省区域内日用玻璃生产企业的能耗计算、考核以及对新建项目的能耗控制。

（李海龙　何运燕　高文珍）

【诚信体系建设】 2015年，山西省共有13家食品工业企业通过诚信体系评价，涵盖酿酒、乳制品、肉禽加工、焙烤等行业，省食品研究所（评价机构）对10家企业进行跟踪评价。山西省食品研究所对山西厦普赛尔食品饮料股份有限公司、山西沁州黄小米集团谷之爱食品有限公司、山西水塔老陈醋股份有限公司3家企业进行诚信管理体系的咨询工作，协助其建立食品工业企业诚信管理体系，并指导运行。

3月至4月，完善诚信服务平台功能，通过升级改版增加电子商务、大事记、行业动态、检验检测等多个栏目，加强平台信息发布的专业性、功能性，平台全年共发布新闻资讯、行业动态、政策标准、法律法规等各栏目信息1676条，实现政府、企业和消费者间的信息互通和交流，为消费者、企业、第三方服务机构提供需求对接平台。

6月10日，参加工信部在杭州召开的食品工业企业诚信管理体系评价机构工作座谈会，与全国各省市评价机构进行业务交流，学习探讨评价过程中好的做法和经验，互相借鉴，互相监督，共同推动食品诚信体系评价有序开展。

6月中下旬，按照国家食安办等部门的安排，开展“2015食品安全宣传周”系列专题活动，宣传推介“山西省食品工业企业诚信信息公共服务平台”，举办“传承尚德守法，共铸食品诚信”的主题宣传活动，强化食品企业的法制意识，动员社会力量建设食品诚信。为配合做好食品安全宣传周工作，编印《山西省食品工业企业诚信管理体系建设专刊》，对食品诚信管理体系的政策法规、标准体系、措施任务等进行宣贯、解读和推进落实，提升山西省食品工业企业诚信管理水平。

11月，为提升评价人员素质和技术能力，山西省食品研究所参加工信部举办的2015食品工业企业诚信管理体系评价人员培训和持续教育班，两人参加培训并通过考核且获得评价资格，6名评价人员参加持续教育培训。

12月，为强化评价机构督促检查，一方面，依据相关制度，通过现场座谈、听取汇报、核实有关材料等方式进行督查，重点从年度工作、制度建设及评价流程等方面，对省食品研究所进行综合检查，了解评价开展过程中存在的问题和不足，规范其服务行为，提高服务水平。另一方面，调查获证企业反馈意见，通过发放调查反馈表，了解企业对评价质量、技术水平、工作作风、公正性及保密性等方面的反馈，切实加强对评价机构及评价人员的监督管理，提高评价质量。

（李海龙　何运燕　高文珍）

·食品工业·

【食品工业运行情况】 2015年，山西省规模以上食品工业企业共有296户，完成主营业务收入648.7亿元，实现利润总额32.9亿元，完成工业总产值611.9亿元，利税82.2亿元；工业增加值完成168.3亿元，增幅低于全省3%的平均水平10.6个百分点。

全行业生产发展趋缓。从行业看农副食品加工业较为明显，全省154户规模以上企业实现主营业务收入299.3亿元，下降14.9百分点，利润总额下降32.3个百分点，利税总额下降31.3个百分点，工业总产值下降12.9个百分点；从产品看乳制品制造业，主营业务收入与上年基本持平，利润下降42.1个百分点，工业总产值下降10.1个百分点，利税下降24个百分点。龙头企业下降明显。全省销售10亿元以上企业有8家，完成主营业务收入331.3亿元，实现利润总额18.9亿元，完成工业总产值246.6亿元，利税58.8亿元。食品制造业回落明显。1月至12月规模以上企业完成主营业

游客参观体验山西老陈醋生产制作过程　（王　彬供图）

汾酒集团举行以"荣耀百年 唱响清香"为主题的庆祝汾酒巴拿马万国博览会获奖100周年启动仪式 (王 彬供图)

务收入103.9亿元,同比下降17.5个百分点,工业总产值128.3亿元,同比下降6.5个百分点。其中乳制品制造业尤为明显,完成主营业务收入28.8亿元,同比下降31.6个百分点;糖果蜜饯制造完成主营业务收入3.5亿元,同比下降55.1个百分点,利润同比下降60.5个百分点。 (王 彬)

【山西组建"食药警察"维护"舌尖上的安全"】 2015年3月,山西省在9个市、75个县级公安机关组建食药品犯罪侦查队伍,形成专业化打击食品药品犯罪的工作体系,并与食药监、质检等多部门联合,初步形成全社会食品药品安全共治格局。 (王 彬)

【《山西省食品药品安全举报奖励办法》】 2015年5月12日,《山西省食品药品安全举报奖励办法》发布实施,对举报危害食品药品安全违法行为进行奖励,各级监管部门对查证属实的举报案件,每起奖励金额最高不超过20万元。 (王 彬)

【2015山西面食文化节】 2015年9月25日,由长治国家高新区管委会、山西佰和园食品有限公司主办的"2015年佰和园面食文化节"在长治市开幕。这次面食节为期3天,通过专业面艺表演、面食与民俗技术展示,面食品鉴、产品推介等项目,展示和宣传山西面食文化,让游客了解山西面食深厚文化底蕴。 (王 彬)

【山西省两人被聘为第三届肉、禽、水产制品国家评委】 2015年10月13日,山西省平遥牛肉集团有限公司孔建纲和太原六味斋实业有限公司武志明被中国食品工业协会任聘为第三届肉、禽、水产制品国家评委。

(王 彬)

【山西新增4个国家级出口食品农产品质量安全示范区】 2015年11月10日,国家质检总局公布2015年度国家级出口食品农产品质量安全示范区名单,山西省新增4个国家级示范区,分别为昔阳县出口双孢菇、大宁县出口水果、芮城县出口苹果和翼城县出口水果质量安全示范区。山西省国家级出口食品农产品质量安全示范区总数达到13个,排名全国第五位。 (王 彬)

【"四环一链"食品安全监管体系】 2015年11月16日,山西省强化食品安全监管、追溯体系建设取得成效,国家食品药品监督管理局将省食品药品监督管理局的经验向全国推广。山西省食品生产全过程追溯统一为"采购进货查验、生产过程控制、产品质量检验、产品销售管理"四大环节的"四环一链"追溯,并确定四大环节关键控制点和追溯链接点,引导生产企业建立起食品原产地可追溯管理系统,指导全省各市食品药品监督管理局建立起食品原产地可追溯监管信息平台。 (王 彬)

【"2015我喜爱的山西食品品牌"】 2015年12月19日,由山西省食品工业协会主办的"回望山西食品工业30年,谁为山西赢得尊重"主题活动在太原举行,山西省食品工业协会五届二次会员大会暨我喜爱的山西食品(餐饮)品牌颁奖盛典同时举行。大会设立"山西食品工业三十年品牌企业传承奖""山西食品工业三十年杰出人物贡献奖"等奖项,双合成等10家单位获"2015我喜爱的山西食品品牌"企业奖。分别为兴县山花烂漫农业综合开发有限公司、五寨县汇丰贸易有限公司、晋城市古陵山食品有限公司、沁县晋味美食品有限责任公司、山西智泽食品有限公司、山西绿色山区农副产品销售有限公司、山西晋酒集团股份有限公司、太原双合成食品有限公司、山西九康食品有限公司、忻州市汇丰粮业有限公司。

(王 彬)

2015年山西省食品工业主要效益指标(分地区)情况表

指标代码	企业单位数	主营业务收入(亿元)		利润总额(亿元)		利税总额(亿元)		工业总产值(亿元)	
		1–12月(亿)	增减%	1–12月(亿)	增减%	1–12月(亿)	增减%	1–12月(亿)	增减%
山西	296	648.7	−9.3	32.9	−12.0	82.2	−1.8	611.9	−9.2
太原	34	111.8	1.1	10.7	0.9	39.2	4.8	111.5	2.6
大同	11	10.7	−4.5	1.0	−23.1	1.4	−17.6	9.6	−12.0
阳泉	4	4.9	16.7	0.1	0.0	0.1	0.0	5.8	5.3
长治	30	33.2	−48.7	2.3	−20.7	3.2	−20.0	45.1	−32.1
晋城	11	9.5	−5.9	0.2	−33.3	0.3	−25.0	9.4	−7.1
朔州	21	25.5	−28.0	0.4	−63.6	1.5	−28.6	27.5	−26.8
晋中	40	71.2	14.5	0.6	−33.3	2.8	−9.7	85.7	23.4
运城	65	125.3	−16.1	7.6	32.1	8.9	−28.8	142.1	−16.4
忻州	15	7.5	−13.8	0.3	−25.0	0.5	−16.7	8.7	−8.9
临汾	16	11.0	−28.1	−0.1	−200.0	0.1	−50.0	21.5	−5.7
吕梁	49	238.1	−2.4	9.8	14.0	24.3	12.5	145.0	−10.8

2015年山西省食品工业主要指标（分行业）情况表

指标名称	企业单位数	主营业务收入	同比增减	利润总额	同比增减	利税总额	同比增减	工业总产值	同比增减
	个	亿元	%	亿元	%	亿元	%	亿元	%
农副食品加工业	154	299.3	-14.9	9.0	-32.3	10.1	-31.3	317.6	-12.9
食品制造业	82	103.9	-17.5	7.4	-14.0	10.4	-8.8	128.3	-6.5
酒、饮料和精制茶制造业	59	197.9	2.1	9.3	16.3	27.8	9.4	119.8	-5.7
烟草制品业	1	47.5	8.7	7.3	-2.7	34.0	5.6	46.2	3.7

2015年山西省食品工业主要产品产量及其增长速度情况表

产品名称	计量单位	年产量	同比增长(%)
粮 食	万吨	1259.6	-5.4
其中:玉 米	万吨	862.7	-8.0
小 麦	万吨	271.4	4.8
谷 子	万吨	35.4	-9.0
豆 类	万吨	30.6	-2.6
薯 类(折粮)	万吨	36.7	-6.2
蔬菜及食用菌	万吨	1302.2	2.4
水 果	万吨	842.6	9.3
其中:瓜果类	万吨	86.9	-1.5
园林水果	万吨	755.7	10.7
食用坚果	万吨	18.7	49.5
其中:核 桃	万吨	18.1	49.1
精制食用植物油	万吨	35.2	17.5
鲜、冷藏肉	万吨	57.9	5.9
方便面	万吨	3.8	-19.7
小麦粉	万吨	17.1	-
乳制品	万吨	48.38	0.6
其中:液体乳	万吨	45.0	-0.3
白 酒	万千升	8.36	-10.9
卷烟	亿支	163.5	0.0

·纺织工业·

【纺织工业运行情况】 2015年，山西纺织工业面临的外部形势更为复杂严峻，市场需求增长动力较弱、产品制造成本继续上升、资金极度紧张等一系列因素影响企业和行业的发展，山西省纺织工业经济下行的压力加大，经济运行呈现出以下特点：1.后加工行业好于前加工行业。具体说，服装行业好于印染行业，印染行业好于棉纺织行业。从主要产品产量看，全省棉纺织行业纱产量4.945万吨，比上年减少4.78%；布产量3800.46万米，比上年减少13.44%；印染行业生产印染布1.392亿万米，比上年减少10.32%；服装行业生产服装1653.05万件，比上年增长7.54%。

2.资金和用工"双紧"的问题仍然严重。一方面是融资难，资金紧张，特别是中小企业生产性流动资金更加紧张。另一方面是招工难，用工紧张，劳动力成本持续上升，加之大部分80后、90后都是独生子女，导致纺织企业招工越来越困难，部分企业的操作挡车工已由"三班制"被迫改为"两班制"。企业用工短缺的问题日趋严重，甚至成为制约企业生存与发展的重要因素。2015年，全省规模以上企业从业人员年平均人数仅2.07万人，比上年减少4.61%。全省国有控股纺织企业从业人员年平均人数仅0.76万人，比上年减少9.52%。

3.产销率提高，但回款困难，库存增加。2015年，全省纺织工业面临的销售形势仍然严峻，虽然内需拉动提高全年的产销率，但库存和回款压力继续加大。全省纺织工业的产销率为99.78%，比上年提高5.24个百分点。其中，纺织行业的产销率为98.08%，提高3.22个百分点；服装行业的产销率为96.93%，下降5.44个百分点；纺织机械行业的产销率为105.87%，提高17.08个百分点。从流动资产来看，2015年全省纺织工业产成品8.36亿元，比上年增加5.29%。其中，纺织行业减少6.65%，服装行业增加22.81%，纺织机械行业增加15.35%；2015年全省纺织工业应收账款18.48亿元，比上年增加25.54%。其中，纺织行业增加28.11%，服装行业产成品增加62.06%，纺织机械行业增加1.47%。

4.出口形势更加严峻，出口数量和金额均呈现下降趋势。全年规模以上企业出口交货值总额为7.90亿元，比上年减少6.62%。其中，纺织品出口交货值5.33亿元，比上年减少5.66%；服装行业基本没有出口；纺织机械出口交货值2.57亿元，比上年减少8.54%。纺织行业中，印染出口集中在欧美和非洲市场。即使是往年出口较好的大麻纺织产品也出现下降趋势。山西绿洲纺织有限责任公司全年累计完成进出口总额为341.37万美元，其中，进口63.98万美元，比上年同期的103.74万美元减少39.76万美元，减幅为38.33%。全年出口创汇277.39万美元，比上年同期的347.01万美元减少69.62万美元，减幅为20.06%。

5.主要经济指标均呈现大幅下降态势。2015年，全省规模以上纺织工业的工业总产值、工业销售产值、主营业务收入、利润总额、利税总额等指标与比上年相比，均呈现负增长态势。2015年，全省纺织工业规模以上企业累计实现工业总产值81.80亿元，比上年下降8.67%；工业销售产值81.62亿元，比上年下降3.61%；主营业务收入78.81亿元，比上年下降5.41%；实现利润总额0.15亿元，比上年下降91.48%；利税总额为2.13亿元，比上年下降45.24%。

从全年走势看，全省纺织工业经济继续艰难运行，其运行的质量和效益都比较差。全省纺织工业规模以上企业中亏损企业有23户，比上年增加两户；亏损面达到40.35%，比上年增加8.04%；亏损企业亏损额为2.15亿元，比上年增加30.30%。从纺织、服装、纺机三大行业来看，纺织业整体效益不佳，主营业务收入和利润持续下跌，分别比上年下降11.26%和93.46%；服装业增收不增效，职业服装、军队服装比重大，虽然全行业主营业务收入比上年增长15.20%，但因出口制约和国内市场需求不旺，使得行业利润不增反降，比上年下降15.20%；纺机制造业方面，由于新疆大力发展纺织业的需求拉动，经纬纺织机械股份有限公司榆次分公司生产经营较好，经济效益提高，但因国际国内经济下行压力仍然较大，导致整个纺机行业主营业务收入和利润均呈现下降态势，分别比上年下降11.34%和75.00%。 （孙宝明）

【纺织工业"十三五"规划】 2015年，山西省纺织工业行业管理办公室组织相关人员深入太原、运城、临汾、长治、晋城、晋中、吕梁等市进行调查研究，参观考察30余家纺织企业(这些企业的产值覆盖面达全省80%以上)。在此基础上编制《山西省纺织工业"十三五"规划》，并上报省经信委。根据国家纺织工业产业政策和省委、省政府"六大发展"的要求，坚持集群化、规模化、信息化、绿色化的发展原则，以机制创新、技术创新和扩大开放为动力，主动承接产业转移，加快培育龙头企业和知名品牌，在做强纺织服装等传统产品和做精丝麻等特色产品的基础上，发展产业用纺织品和高新技术产品，实现全省纺织工业的振兴和跨越发展。

规划要求，从2015年到2020年，棉纺织年生产能力保持在100万锭左右，印染布年生产能力达到3亿米，服装年生产能力达到6000万件，家用纺织品、服装等终端产品的销售比重达到50%以上；麻及麻混纺纱生产能力达到8000吨，大麻及麻混纺面料达到2000万米；碳纤维原丝达到3000吨，碳纤维达到500吨，产业用纺织品加工能力达到5万吨。重点企业研发投入占到销售收入的3%以上，加快淘汰落后产能的步伐，全行业技术装备和生产自动化水平达到国内同行业领先水平，力争新增国内市场认知度较高的知名品牌2~3个。

（孙宝明）

【纺织工业技术进步】 2015年，山西省纺织工业重视技术进步。加强企业技术中心建设。2015年，山西绿洲纺织有限责任公司从组织结构、运行机制、经费投入、产学研合作等方面着手，不断提高企业的研发水平和创新能力，提升企业推广新技术、新产品能力，一方面发挥企业技术中心在促进企业技术进步、推动产业转型升级中的作用；另一方面加强企业技术中心建设，通过组织的2015年度考核评价。省级企业技术中心评价工作每两年开展一次，主要对企业技术中心的创新机制、技术与人才、产出与效益，以及获得的国家、省级奖励等方面进行考核，能够综合性地反映企业创新能力建设、创新成果产出情况。山西省经信委根据《山西省企业技术中心管理办法》(省政府令第219号)的要求，组织有关专家对公司企业技术中心进行年度评价，评价得分75.65分，评为合格。

举办操作技术比武运动会。山西绿洲纺织有限责任公司每年开展运转操作技术练兵、技术比武活动，提高广大职工的专业理论和操作技术水平，促进产品质量、效率的持续提升。2015年度运转挡车操作技术练兵、技术比武活动于11月下旬展开。该届操运会共设全项28个、单项及一专多能单项36个。公司五大生产分厂(车间)和服饰分公司的33个工种共352名运动员(372人次)参加竞技。其中，一专多能运动员147人，约占运动员总人数的50%。此次运动会特设全项、单项、团体等若干奖项，对获得名次的优秀员工和优秀班组予以重奖，鼓励挡车工成为挡车多面手。为促进运转挡车工、新工、转岗员工学技术，激励员工向“一专多能”方向发展，成为挡车多面手，对本次比赛取得优异成绩的运动员，公司决定在2016年评比工作中择优推荐为公司“劳动模范”“先进工作者”“三八红旗手”“杰出青年”和“技术标兵”。

推进技术改造。经过技术引进和技术改造，山西绿洲纺织有限责任公司、山西百圆裤业连锁经营股份有限公司、山西新绛纺织有限责任公司、华雄实业有限公司、山西恒晟纺织有限公司的技术装备提升，企业竞争力明显增强。中国纺织工业联合会统计中心发布的2014/2015年度纺织服装企业竞争力500强中，上述公司榜上有名。全省印染企业经过近两年淘汰落后产能和技术改造，技术装备水平提高。2015年，山西绿洲纺织有限责任公司继续坚持技术改造和小改小革新不停步，对制约产品质量、产品成本、生产效率的关键工序和重要环节进设备更新及配套改造。全年投资153万元，先后完成脱胶车间1台DF241B高温高压煮锅及不锈钢麻笼改造安装，梳纺车间1套JYFO—Ⅲ-8梳纺开松滤尘机组改造，纺纱分厂2台竹节纱装置的安装，5#空调喷淋室及喷雾风机改造等技术改造和小改小革工作。经过技术改造和工艺改进，山西绿洲服饰公司产品质量大幅提高，于7月24日取得特种劳动防护用品生产许可证。

抓好技术创新。2015年，山西绿洲纺织有限责任公司在搞好设备改造和管理提升的同时，推进技术创新。大麻亚氧漂工艺(包括新型油剂的使用)在麻纺生产线开始试验并推广，为解决困扰大麻纤维麻皮问题找到突破口，大麻雨露麻经过工艺改进实现批量生产大麻纱，开通大麻二粗

2015年山西省规模以上纺织工业企业主要指标完成情况表

指标名称	纺织行业（亿元）	服装行业（亿元）	纺织机械（亿元）	合　计（亿元）
单位数(个)	31	12	14	57
亏损企业(个)	14	4	5	23
工业总产值	38.51	22.16	21.13	81.80
工业销售产值	37.77	21.48	22.37	81.62
年末资产合计	60.83	28.68	38.91	128.42
流动资产合计	34.43	18.06	25.73	78.22
固定资产合计	16.26	8.50	6.88	31.64
负债合计	40.35	18.05	36.32	94.72
年末所有者权益	20.48	10.62	3.17	34.27
主营业务收入	36.95	21.30	20.56	78.81
主营业务成本	34.05	18.36	18.37	70.78
主营业务税金及附加	0.06	0.04	0.07	0.17
营业费用	0.61	0.45	0.52	1.58
管理费用	1.26	1.66	2.40	5.32
财务费用	1.08	0.27	0.31	1.66
利息支出	1.09	0.27	0.35	1.71
利润总额	0.07	1.06	–0.98	0.15
亏损企业亏损额	0.84	0.07	1.24	2.15
利税总额	0.71	1.77	–0.35	2.13
从业人员年平均人数（万人）	0.91	0.68	0.48	2.07

麻生产大麻短麻纱的工艺路线，形成批量生产能力。自主研发、自主创新的科研成果“大麻类纺织面料及纺织工艺”被国家知识产权局授予发明专利。大麻纺织品是20世纪90年代进入国际新兴领域的纺织品，具有大麻纤维抗霉抑菌、吸湿透气、屏蔽紫外线等特殊功效，迎合人们“崇尚自然、绿色保健”的消费需求，但由于大麻面料易折皱、保型性差，制约大麻面料在国内的消费需求。该发明专利提供一种大麻类纺织面料及纺织工艺，用此制造方法生产的大麻类纺织面料不仅具有抗霉抑菌、吸湿透气、防紫外线、防辐射、防静电等保健功能，而且布面光洁明亮，手感柔软飘逸，吸湿放湿快，透气凉爽，悬垂性、抗皱性、保型性好。解决现有的大麻类纺织面料易折皱、保型性差的问题，填补国内同类产品技术创新方面的空白，技术达到国内领先水平。近年来，山西绿洲纺织有限责任公司自主创新成果显著，拥有大麻纺织9项专利、9个国家重点新产品、51种面料入围“中国流行面料”，多项技术获国家技术发明大奖。（孙宝明）

【纺织工业产品开发】 2015年，山西省纺织服装企业开发新产品。

山西森鹅服装有限公司开发出高档蚕丝保暖系列服装。其具有贴身保暖、蓬松轻柔、透气保健等得天独厚的品质和优点。蚕丝中的丝胶蛋白对人体肌肤有天然的亲和性，能防止众多皮肤病，对过敏体质者有益。蚕丝含有18种氨基酸，具有追风、除湿、安神、滋养、润肤等保健作用，是老少皆宜的纯天然动物蛋白纤维。同时，研发出新型竹爽面料——“冰丝竹”面料。该面料具有抑菌防晒、光洁抗皱、凉爽丝滑、亲肤透气、舒适吸汗等特征，将为2016年春夏增添又一新产品。为更好地了解市场和有针对性地开发产品，该公司于11月16日至18日参加第十五届澳大利亚中国纺织服装展（国内有281家企业参展），集中展示汉麻、亚麻、竹纤维和棉质童装四种材质的系列产品。同欧洲市场消费者普遍青睐麻质产品不同，几家客商则对童装产品更加感兴趣，同时澳大利亚人酷爱运动，运动和休闲服装是展会上最受澳商欢迎的产品，这也为企业走出去提供更多的借鉴和参考。公司开发有高档真丝床品系列、家居服系列、针织内衣系列以及针织休闲服等系列产品，产品面料涉及桑蚕丝、纯棉、汉麻、莫代尔、竹纤维、大豆纤维、牛奶纤维、竹碳纤维等纯纺或混纺纤维，销售网络遍布北方各大城市和地区。

长治雅瑞地毯有限公司的地毯生产线是长治县雄山集团一次性投资3.5亿元新上马的非煤项目。其年产350万平方米机织地毯项目，主要设备从德国、比利时引进，属于当今世界最先进的机织仿手工地毯生产线，该项目于2014年10月建成，2015年全面投产，填补山西省地毯行业空白。企业主要生产纯羊毛、混纺、化纤等各种机织仿手工地毯。雅瑞地毯已为长治市政府、市医院、市宾馆等会议厅、会客厅及客房完成地毯铺装更换，其设计的图案及地毯质量得到专家与客户的一致好评。

山西绿洲纺织有限责任公司邀请苏州大学纺织与服装工程学院眭建华教授进行“纺织产品创新设计讲座”。为适应多品种生产需求，改善麻纺生产工艺，提升产品质量，扩大生产规模，改善设备运行效率，该公司新安装TS-1800型粗纱煮锅。该设备采用节能、节电的变频调速、煮漂工艺全自动化的先进技术，提高大麻粗纱的煮漂能力，促进产品结构优化和产品质量提升。先后开发出针织盖毯、背心、毛巾、方巾等新产品。5月14日至18日参加在深圳举办的第11届中国国际文化产业博览交易会，公司展出大麻工艺床品、大麻工艺匾、大麻针织挂画、大麻手工贴画、大麻手工工艺拖鞋等蕴含大麻文化的系列麻纺工艺品百余种。大麻系列工艺产品连续3年代表山西亮相大型国际文博展会，其最新开发生产的工艺匾、针织挂画、手工贴画、工艺拖鞋、工艺床品等大麻产品深受市场好评。8月27日至28日，“2015中国国际面料设计大赛评审会”（秋冬季）暨“16/17秋冬中国流行面料入围评审会”“2015中国国际面料创意大赛评审会”在江苏吴江盛泽举行。山西绿洲纺织有限责任公司参评的“精纺双面大麻混纺斜纹布”面料荣获“中国流行面料优秀奖”。截至2015年底，该公司已有51种面料连续34次入围“中国流行面料”。本次大赛收到来自国内外500余家纺织面料企业的4000余份面料产品参赛，大赛国际化越发显现。公司参评的“精纺双面大麻混纺斜纹布”以展现麻文化为主题，注重发挥大麻纤维特有的抗霉抑菌、吸湿透气、屏蔽紫外线、消散音波等保健性能，通过与可再生涤纶混纺改善大麻制品易折皱、保型性差的不足，实现保健性、服用性、视觉美三者的和谐统一。

际华3534制衣有限公司为纪念抗战胜利70周年暨世界反法西斯战争胜利70周年，完成大阅兵需要的大檐帽和春秋服的生产任务，被阅兵联合总指挥部授予“纪念中国人民抗日胜利70周年阅兵保障贡献突出奖”。

华雄实业有限公司为推动产业链条，实现跨越发展，在原有纺纱车间基础上成立制衣车间，新装缝纫机器200台，吸纳服装人才200余人，一季度末进行试车投产，从而为公司实现纺织、裁剪、缝纫、整烫一体化生产创造条件。公司新增设两台德国气流纺设备，安装清梳联设备，并进行气流纺和清梳联的试车投产，促进产品品种的多样化。

加强人才培养，提高纺织品设计与技术水平。一方面是加强企业产品设计与开发人员的水平，另一方面是加强纺织高校教学质量，培养高素质人才。太原理工大学轻纺工程学院在10月21日举行的“红绿蓝杯”第七届中国高校纺织品设计大赛中再创佳绩，该院学生收获颇丰，获三等奖1项，优胜奖6项，获奖数量创历史新高。第七届中国高校纺织品设计大赛由中国纺织服装教育学会和教育部高等学校纺织类专业教学指导委员会主办，绍兴市柯桥区人民政府、绍兴文理学院承办，东华大学纺织学院、天津工业大学纺织学院、西安工程大学纺织与材料学院等协办，浙江红绿蓝纺织印染有限公司冠名，大赛共征集到来自全国33所院校的1010项作品，966份作品具有参选资格。大赛分“家纺装饰织物组”等五组，每组均设一等奖1名、二等奖3名、三等奖5名，另设单项奖7项。该院纺织工程2012级学生从4月份开始精心准备，最终选送作品14组，其中王利祥、王茜的参赛作品“风·韵”荣获家纺装饰组三等奖，“The Simple Life”“怦然心动”“昙花一现”“拯救”“护花使者”“追忆”六组参赛作品获优胜奖。郭红霞、张永芳两位老师被评为“优秀指导教师”。该院郭文杰老师带队指导的4名同学作品入围11月20日至22日第七届“高等学校信息技术创新与实践活动”(简称高校NOC活动)“数字绘画”组的决赛，其中服装设计与工程专业2012级李对婷的《静夜幽兰》获得一等奖，赵丹的《穿越神秘》获得二等奖，乔国栋和吴娇的作品获得三等奖。（孙宝明）

2015年山西省国有控股纺织企业主要指标完成情况表

指标名称	纺织行业（亿元）	服装行业（亿元）	纺织机械（亿元）	合 计（亿元）
单位数(个)	2	6	2	10
亏损企业(个)	1	2	1	4
工业总产值	2.23	8.44	12.12	22.79
工业销售产值	2.1	8.09	13.16	23.35
年末资产合计	4.19	12.63	19.5	36.32
流动资产合计	2.77	7.86	14.96	25.59
固定资产合计	1.27	4.3	3.4	8.97
流动负债	0.56	7.92	12.9	21.38
负债合计	1.41	8.27	19.35	29.03
年末所有者权益	2.78	4.37	0.14	7.29
主营业务收入	2.16	7.91	11.49	21.56
主营业务成本	1.84	6.92	10.54	19.3
主营业务税金及附加	0.01	0.03	0.05	0.09
营业费用	0.09	0.3	0.26	0.65
管理费用	0.25	0.82	1.37	2.44
财务费用	–0.03	0.07	0.03	0.07
利息支出		0.07	0.05	0.12
利润总额		–0.04	–1.07	–1.11
亏损企业亏损额		0.07	1.09	1.16
利税总额	0.10	0.30	–0.60	–0.20
从业人员年平均人数（万人）	0.16	0.33	0.27	0.76

【精细化管理】 2015年，山西省纺织企业积极应对，加强管理指导。山西绿洲纺织有限责任公司不断强化责任意识和危机意识，提出“精、实、稳”的工作理念，即要求每一项工作都要精细化，做到精益求精、精细操作、细致完美，把“精、实、稳”全方位落实到安全管理、质量管理、营销管理、成本管理、人力资源管理、后勤服务、党建工作的全过程。

1.以年末职工1318人为标志，劳动定额管理迈上新水平。人力资源部、技术装备部和各部门结合设备、工艺、品种变化和操作技术等实际情况，对分厂、车间定员定额实行动态修订，推行先进合理的定员定额及考核办法。全公司继续按照“一盘棋”用人原则，通过推行“大车间”“大保全”“大机关”的工作模式，以及“三必须”和“六能六不能”用工要求，科学用工、精细用工，实现内部人力资源有效利用和最大节约。2015年，年末职工人数为1318人，较上年同期的1390人减少72人；全年人均产值达到18.39万元，较上年同期17.30万元提高5.93%。

2.以流动资产占比81.98%为标志，资产结构优化。通过在人财物、供产销等各个环节实施精细化管理，加之省经济建设投资公司增资扩股，使公司资产结构、资产质量优化。截至2015年底，企业总资产为3.017亿元，较上年增加7284万元。其中，流动资产2.473亿元，占全部流动资产的81.98%；所有者权益1.88亿元，比上年增加6222.93万元；应收账款591.69万元，比上年减少44.35万元。公司资产负债率为37.68%。

3.以优选供方购进6977吨原料为标志，采购渠道得到新拓展。公司严把原料采购关，通过优选合格供方、减少中间环节、降低运输费用、严格进行验收等多种措施，最大限度降低原料成本，满足各品种的生产使用。全年采购原料6316吨。其中，棉花2720.74吨、大麻类1829.88吨、亚麻类1950.81吨、其他纤维476.09吨，占总采购量的比重分别达到

40%、26%、28%和 7%，基本保证生产的均衡供应。

4.以纱、布实现产值 2.3 亿元为标志，营销质量稳定提升。公司各生产、服务单位按照“一切服务质量，一切为了质量”的原则，围绕“做强大麻产品，做优亚麻产品，做好有机产品，做广大麻成品”，加强从原料（半成品）进厂到车间领用，从原料投入到成品、半成品入库，从生产订单下达到工艺调整、品种翻改、质量检验，从设备器材管理到操作管理、现场管理、温湿度管理等全过程的精细化质量管理，保证产品质量和品质稳定提升，通过 ISO9001:2008 质量管理体系和荷兰 CU 公司的 GOTS&OCS 有机认证年审，形成以 21 厘米×24 厘米、30 厘米× 30 厘米亚麻棉交织布等为代表的一批品牌产品和忠实用户。2015 年仅以上两个品种产量就达 478 万米，占全部布类产量的 48.83%，30 厘米× 30 厘米交织布呈现产销两旺的局面。

5.以联合开松等关键纺织工序着力防护为标志，安全管理得到加强。公司始终把安全工作作为各项工作重中之重，从抓好人身安全、设备安全、防火安全、生活安全入手，建制度、查隐患、抓整改，各系统、各单位做到安全工作制度化、规范化和常态化，为安全工作筑起“防火墙”。2015 年，公司安委会先后同 20 个单位签订《安全生产（工作）目标责任书》和《消防安全目标责任书》；建立健全 10 类安全生产台账；对 78 名义务消防员进行消防技能培训。全年查处隐患 58 处，安全隐患基本得到整改。全年共发生一般人身、设备、火灾、交通事故 11 起，未发生重大设备、人身和火灾事故。 （孙宝明）

【企业文化宣传】 2015 年，山西纺织业创建品牌文化，提升企业凝聚力和竞争力。绿洲纺织公司将品牌的文化蕴涵定位为“绿色、健康和时尚”，专注于大麻系列纺织品的研发和生产。聘请太原理工大学、乳山汉泰公司研发单位等的多名博士、教授为技术顾问，引进美国面料高级设计师 Nancy 女士等高端人才资源，为企业量身打造出“绿洲大麻”品牌“LZ 绿洲”商标。2015 年 5 月 22 日，中国麻纺行业协会会长会议评选中国麻纺行业十大影响力品牌“LZ 绿洲”品牌商标入选。在 2015 中国纺织品牌文化推介大会上，绿洲纺织公司获“2015 中国纺织品牌文化创新奖”，这是继 2009 年获得“中国纺织十大品牌文化”之后，在文化品牌建设方面获得的又一奖项。准备车间浆纱小组获“郝建秀小组式全国纺织先进班组”。

举办新闻写作与摄影培训。际华 3534 公司为加强和促进公司宣传报道工作，提升报道员新闻写作和摄影水平，于 3 月 12 日对全体宣传报道员进行新闻写作与摄影培训专题培训，各单位、各部门宣传报道员共计 50 余人参加培训学习。 （孙宝明）

【产业集群研讨会】 2015 年 5 月 15 日，由中国纺织工业联合会、中国服装协会指导，山西省服装协会、运城空港经济开发区主办，际华 3534 制衣有限公司、山西安民集团、中纺商联（北京）投资管理有限公司联合承办的“晋陕豫纺织服装产业集群”研讨会在山西运城召开。研讨会邀请杉杉、七匹狼、利郎、培罗成等著名服装企业和广州白马服装市场、上海新七浦服装市场、北京百荣世贸商城、辽宁西柳等著名市场以及产业集群参加。来自国家行业协会，温州、泉州等沿海地区行业领导和专家共同探讨晋陕豫地区纺织服装产业商贸流通和产业集群化发展之路。

通过现场考察和会议讨论，与会的领导和专家均对在运城市建设晋陕豫纺织服装产业集群发表建设性意见和建议。中国纺织工业联合会流通分会副秘书长、中纺商联（北京）投资管理有限公司沈暖晖汇报“晋陕豫纺织服装产业集群”发展规划建议书起草情况。会上，举行“晋陕豫纺织服装产业集群战略合作签约仪式”，“际华 3534 运城服装产业基地”总经理樊少强、山西安民木业集团有限公司总经理薛晓杰、中纺商联（北京）投资管理有限公司副总经理郭晓静，作为代表签署三方合作协议。 （孙宝明）

【服装行业会议】 2015 年 5 月 29 日至 30 日，为进一步加强沟通联系，谋求新常态下全省服装行业发展的新思路，商讨服装行业“十三五”发展规划，“2015 年度山西省服装行业会议”在运城空港新区召开。会议由山西省服装协会主办，际华 3534 制衣有限公司、山西新新纺织行业技术中心承办，山西省经济与信息化委员会、山西省纺织工业行业管理办公室、山西省服装协会会长、山西省新技术推广中心、太原理工大学轻纺工程学院、山西新新纺织行业技术中心、山西省工业与信息技术学校、中纺联投资管理有限公司、安民集团和二十多家服装服饰等企业的主要领导参加会议。会议通报和分析行业发展形势；审议协会年度工作报告，增选副会长（常务理事、理事）单位；讨论全省服装产业集群的建设，梳理中小微企业成长发展壮大的思路和行业“十三五”发展设想，组织参观际华空港物流园等。参会单位建议各方服务平台开展有针对性的各种活动，开阔企业领导团队视野，加强企业间的互相交流和沟通，促进合作提升，实现互利共赢。 （孙宝明）

城镇集体工业

【概述】 2015 年，山西省城镇集体工业联合社推进百强项目建设，打造手工技艺、工艺美术品牌展会，开创山西省城镇集体经济改革发展新局面。

2015 年，山西省城镇集体工业和工美行业工业总产值完成 91.61 亿元，比上年减少 10.6%；工业增加值完成 31.61 亿元，比上年减少 20.9%；销售收入 89.26 亿元，比上年减少 8.6%；利税完成 6 亿元，比上年减少 41.4%。 （冯晓东）

【城镇集体工业体制机制构建】 2015 年，山西省城镇集体工业联合社争取城联社集体经济的合法地位，成为“省政府促进中小企业发展协调小组成员单位”“省委省政府信访突发事件联席会议成员单位”“省委省政府促进民营经济发展领导小组成员单位”等。6月3日,山西省城联社主任工作座谈会在阳泉市平定县召开。推动山西省城镇集体经济改革和发展调研论证。草拟《关于深化城镇集体企业改革 促进民营经济发展的意见(建议稿)》,为全省城镇集体企业明确定位和方向,使集体资产权属、职工基本权益保障、债务、产权及股权在改革中更加量化、更具操作性。制订《山西省城镇集体工业联合社“十二五”规划纲要》。提出山西省城联系统和工美行业八条转型融合发展路径,草拟《全省城联系统和工美行业转型发展实施意见(建议稿)》;草拟《关于加快山西省工艺美术产业发展的意见(建议稿)》,为山西省工艺美术行业实现产业化、规模化发展提供保障。

省城联社收集国家和山西省委、省政府出台的有关国有企业、集体企业、中小微企业、文化产业等政策,编印《中小微企业政策汇编》。利用《山西城联信息》《山西工美行业通讯》、山西省城镇集体工业联合社和山西工艺美术协会网站,开通微博微信、电子显示屏,建起山西城联党建、山西城联组工社保、山西城联投资、山西城联道德讲堂、山西城联廉政建设、山西工美行业会员之家、山西工艺美术集团、山西黄河画院画廊等微信群,宣传贯彻中央和山西省委、省政府重大决策部署和重要会议精神、中小微企业政策、文化产业政策等重要文件精神,向全省城联系统和工美行业传达。 (冯晓东)

【城镇联社剪纸艺术作品展】 2015年4月15日,山西省城镇集体工业联合社组织开展“红色记忆颂太行·弊革风清倡廉政”剪纸艺术作品展。组织省内剪纸艺术非物质文化遗产继承人创作反腐倡廉剪纸艺术作品百余幅,《中华百廉图》《根据地风光》和《廉政杯》等剪纸作品获参观群众高度评价。 (冯晓东)

【外国商贸访问工艺美术馆】 2015年7月15日,欧洲商业联合促进会主席 Tony Cordischi(汤宏飞)一行到山西省工艺美术馆、山西黄河美术馆参观。参观结束后,汤宏飞对山西的工艺美术品大加赞赏,希望加强山西和欧洲的文化交流与合作。

11月11日,意大利科莫省文化代表团一行5人在山西省贸促会、省外事侨务办公室、省民间工艺美术家协会、省城联社、山西工艺美术集团、山西工美进出口有限责任公司及山西宇达集团等多家知名文化企业负责人的陪同下到山西省工艺美术馆、山西黄河美术馆参观。团长切尔诺比奥市市长 Paolo Furgoni(保罗·弗谷尼)及其他代表就文化贸易方面的相关项目与山西工美集团及多家省内知名文化企业进行交流讨论。

(冯晓东)

【台湾花莲县美术家协会参观山西省工艺美术馆】 2015年11月13日,台湾花莲县美术家协会理事长彭荣美一行在山西省城镇集体工业联合社、山西工艺美术集团等陪同下参观山西省工艺美术馆、山西黄河美术馆。彭荣美表示希望加强两地的文化交流与合作,让台湾精致的美术作品走进来,让山西精美的工艺美术品走出去。 (冯晓东)

【山西工美行业整合】 2015年,山西工美集团组织机构和经营平台初步完善和组建,利用大集团和省级文化产业示范基地平台优势,整合山西工艺美术市场,组织参加国际、国内及省内外各类展会,扩大山西工艺美术影响力。

根据山西省委、省政府组建山西十大文化产业集团的决策部署,2012年省城联社措资筹建山西工艺美术(集团)有限公司,引进中国工艺美术集团总公司在山西工美大楼设立中国工美珍宝馆太原店。2013年12月注册山西工艺美术集团有限责任公司。截至2015年底,注册成立4个分公司(山西工美进出口有限责任公司、山西太行山夕阳红休闲文化度假村有限责任公司、山西工美工艺美术创作基地管理有限责任公司、山西工美木偶皮影演艺研究院有限责任公司)。下设单位:山西省工艺美术馆、山西黄河美术馆、4个分公司、劳模创新(荣誉)工作室、山西工美少年红文工团、山西省图书馆山西工美少年红非遗传承展示基地、广州市山西大厦

山西省副省长王一新(右二)在山西省工艺美术馆调研 (冯晓东供图)

山西工艺美术品展销中心、五台山旅游景区山西工艺品连锁（五台山）店(在建)等；注册《晋艺工坊》商标和《乐艺淘》电子商务中心，获山西省级文化产业示范基地。（冯晓东）

【山西工美“引进来”行动】 2015年，山西工美集团与中国文房四宝协会联合举办第34届全国文房四宝艺术博览会；与中国礼仪休闲用品工业协会联合举办中国礼仪休闲用品工业协会二届三次理事扩大暨“中国礼物”品牌培育会；接待由山西省人民政府、中华文化联谊会组织的“情系三晋——两岸文化联谊行”大型文化交流活动“走进山西省工艺美术馆活动”；与五台山佛教文化促进会、山西省文化产业促进会联合举办中国(太原)大型佛教文化用品展览会；与繁峙县联合举办“滹源明珠——繁峙”为主题的文化旅游形象展；与代县联合举办“大美雁门·魅力代州”代县文化旅游产业精品展示会等。以山西省工艺美术馆、山西黄河美术馆为依托，2015年举办《APEC“国礼”典藏版及百件大师精品进山西活动》《山西工美唐都平遥漆器婚庆家具配饰婚俗文化展》《乔十光漆画艺术五十年全国巡展(太原站)《中国陶瓷艺术大师李金水作品展》《中国陶瓷书画院景德镇当代艺术家作品展》等展览，实施省城千名出租车司机、山西百名戏曲名人、山西百名书画名人等“百名系列”走进山西工美活动，与其他省市工美行业交流合作，搭建资源共享平台。（冯晓东）

【山西工美“走出去”行动】 2015年，山西工艺美术集团，将山西的非物质文化、传统手工技艺带出娘子关，走出国门、走向世界。组织参加首届山西艺术精品新疆行系列活动、晋善晋美——山西省非物质文化遗产精品展、第2届中国(太原)佛教文化用品博览会、第4届中国(山西)特色农业产品交易博览会、第6届中国美术陶瓷技艺大赛、深圳第7届—第11届中国国际文化产业博览交易会、第6届—第10届中国北京创意产业博览会、第12届—第16届中国工艺美术大师作品暨国际艺术精品博览会、第46届—第50届全国工艺品交易会“金凤凰”创新产品设计大奖赛、第25届全国图书交易博览会、中国(青岛)工艺美术博览会、中国体育文化·体育旅游博览会等国内外知名品牌展会，并多次参加国外展示推介活动。

8月25日至28日，山西品牌丝路行第二站在吉尔吉斯斯坦比什凯克市体育馆正式启动，与第二届伊塞克湖经济论坛暨首届丝绸之路国家商品展同期举行。“山西品牌丝路行”是山西省落实国家“一带一路”战略，扩大对外开放的重要举措，是《山西省参与“一带一路”建设总体实施方案》经贸合作的重要内容之一。活动以“丝绸之路经济带”为平台和契机，主题为“走丝绸之路、促合作共赢”，以推广山西形象与品牌产品为目标，展开将山西推向世界的文化之旅。山西工美进出口有限责任公司结合吉尔吉斯斯坦人民对中国工艺美术品的认识和了解，重点推介山西优秀的工艺美术作品，如：螺钿漆器、云雕漆器、葫芦、面塑、刺绣、丝巾、剪纸、编织等。山西省面塑艺人胡旭春现场进行面塑表演。开展当天，吉尔吉斯斯坦人民和当地华人对参展作品表现出十分的喜爱和惊叹。

10月8日，在俄罗斯圣彼得堡“亚历山德琳娜国际戏剧节”上，山西工美集团与华晋舞剧团合作，宣传展示山西文化。山西工美为这次出行圣彼得堡准备以“手艺山西，文化三晋”为主题的平遥唐都推光漆器、剪纸，皮影，面塑，砂器，民族、民间工艺品等近100多件山西工艺美术精品引发观众兴趣，广受好评。

10月27日，山西工美集团随山西品牌丝路行走进米兰2015世博会，参加“2015山西品牌丝路行(意大利站)暨世博园中国馆山西日”活动。山西工美挑选能代表山西工艺美术特色的青铜器、推光漆器、布艺、剪纸等参加展示推介活动。在都灵国际会议中心，中意双方企业参观中企布展现场，举行山西省招商引资和投资推介说明会，都灵工商总会主席贵多·博拉多和山西省副省长王一新分别致辞做推介。借助意大利2015年米兰世博会平台，山西民乐、面食表演和工艺美术品展示提升山西品牌知名度。

山西工艺美术集团承办的“红色记忆颂太行·弊革风清倡廉政”剪纸艺术作品展在太原、朔州、阳泉先后举行巡展，引起强烈反响。组团全程参加“山西品牌中华行”和“山西品牌丝路行”活动，在天津、西安、西宁、兰州、乌鲁木齐、长春、哈尔滨和匈牙利、吉尔吉斯斯坦、俄罗斯、意大利等国际舞台上亮相。山西工美集团以“手艺山西、文化三晋”“指尖上的神奇”为主题，将“晋艺”融入晋酒、晋醋、晋药、晋风、晋韵、晋味的非遗“晋字”品牌中，精选漆器、金属、晋作家具、雕塑、抽纱刺绣、民族民间工艺品等工艺美术九大品类作品，通过展示展销、专家访谈、媒体互动、招商引资、专家座谈、行业对接等活动，以文化为灵魂，以旅游为载体，以商务为支撑，以展会为平台，集中推介山西工美品牌，受到各地群众赞誉和喜爱，提升山西工美品牌的内涵和山西文化影响力和知名度。

2015年，山西工美集团共组织参加展览44期。其中，国外展览5期，省外展览12期，省内展览10期。山西省工艺美术馆和山西黄河美术馆为平台举办展览17期。

2015年，山西工美集团和山西工美协会主办第二届山西文化产业博览交易会。展区面积达4748平方米，标准展位350个，邀请到全国31个省市自治区和24个国家及地区的300多家企业参展；参展商1000多人，现场成交额9000余万元。规划为衍生商品区、品牌精品区、工艺美术区、创意设计区及誉智区等展区，共20多个主题展览画展，东北、华北、西北省市区工艺美术行业协会合作组织联谊座谈会，全国工艺美术馆馆长、工艺美术期刊主编合作交流座谈会及“神工杯”工艺美术精品评奖活动，山西工美少年红文工团木偶剧展演等。其间举行"神工杯"工艺美术精品评奖活动，评出金奖142名、银奖126名、铜奖126名。

山西工美集团开展线上线下共同营销模式。与研发企业、生产企业、旅游景点等相关单位合作，开拓和扩大山西手工艺品、艺术品连锁专卖实体店；与省内外多个电商实力企业探讨合作，开发建立山西工美电商平台。通过对全省普查、实地调研、设备置办、仓储建设、平台设计规划、媒体宣传等举措，打造具有山西文化特色的工艺美术品O2O商务平台，实现一头链接覆盖全省范围内的民间工艺美术品、旅游纪念品的生产厂家和手艺传人；一头链接对山西民间工艺品、旅游纪念品有需求的全省、全国乃至全球的消费群体与消费者，实现横向到边、纵向到底的全覆盖。

2015年10月举办"第16届中国工艺美术大师暨国际艺术精品展"，山西工美集团精选60余件工艺精品参评全国工艺美术最高奖"百花杯"评奖，其中部分作品来自山西工美集团设计研发中心、山西省工艺美术馆艺术品研发室、山西黄河美术馆工艺品研发室、山西工美木偶皮影演艺研究院、山西职工工艺美术学院、山西技工造型设计学院、太原理工大学山西工美研发基地、山西省工艺美术研究所、山西二轻文教事业中心等单位的合作研发。山西工美集团创作以"一缕曙光"和"一座都城"为主题的《世纪曙猿》和《陶寺蟠龙》中条山石雕作品，在第16届中国工艺美术大师作品暨国际艺术精品博览会上，获行业最高奖项"百花杯"铜奖和优秀奖。

截至2015年底，山西工美集团累计争取山西省财政专项资金3220万元，对225个传统工艺美术保护项目进行扶持发展。（冯晓东）

【山西工美成立少年红文工团】 山西孝义木偶皮影是中国四大木偶皮影之一。2015年，山西工美集团根据山西省委宣传部山西省文化厅相关精神成立山西工美木偶皮影演艺研究院有限责任公司和山西工美少年红文工团。

在第二届山西文化产业博览交易会上，山西工美少年红文工团表演木偶戏串烧《三晋奇葩花盛开》、皮影戏《抗日模范村母亲之歌》和儿童民间元素舞蹈《醋妞妞》。（冯晓东）

【山西工艺美术作品夺"金凤凰"6项金奖】 2015年3月30日，在山东青岛举办的第50届全国工艺品交易会2015"金凤凰"创新产品设计大奖赛上，山西工美集团选送的山西工艺美术精品取得6金4银6铜好成绩。

山西工美集团选送的泥塑《童年的记忆》，平遥县兴东坊银传统錾刻《佛龛》，山西省韵宝楼红木家具有限公司工艺品《官皮箱》，中国工艺美术大师梁中秀工作室漆器《蝶恋花双碗》，新绛县大唐云雕漆艺厂云雕漆器《茶海》，平遥县唐都推光漆器有限公司漆画《问礼图》获金奖。

晋砖世家传统文化艺术有限公司砖雕《四君子》，山西宇达集团有限公司雕塑《三羊开泰》、青铜圆雕版《昭陵六骏》，袁六顺紫砂艺术工作室紫砂《竹扁》获银奖。

山西工艺美术集团、贾法屯陶器《红叶天球瓶》，张善东剪纸工作室剪纸《爱廉》，太原新奇花面塑艺术工作室面塑《得羊添祥 毋忘母恩》，山西凤凰山生态植物园有限公司葫芦烫画《金玉满堂》，平遥县唐都推光漆器有限公司漆画《二十四孝全图》，山西工艺美术集团、贾兴林漆器《十二生肖漆盘》获铜奖。山西省工艺美术协会台山砚《五台山全景》等16件作品获优秀奖。（冯晓东）

【第二届文博会"神工杯"工艺美术精品奖评选活动】 2015年9月9日，第二届山西文化产业博览交易会收官之际，大会组委会和山西省工艺美术协会主办的"第二届山西文化产业博览交易会'神工杯'工艺美术精品奖评选活动"揭晓。

大会组委会邀请国内外资深工艺美术专家、学者、国家级工艺美术大师、院校、工艺美术企业专家以及有关部门组成的专家评审团评奖，经广大观众评议、专家评选，对来自亚非欧三大洲的24个国家、国内31个省区市区以及港澳台地区的上万件展品和经过省市区代表和山西省11个市级代表团推荐的申报作品进行评选。选出金奖142个，其中省内94个，省外48个；银奖126个，其中省内91个，省外35个；铜奖126个，其中省内91个，省外35个。表彰第二届山西文博览在组织和参展工作中的优秀单位、团组和参展商。

评奖作品有：漆器、陶瓷、刺绣、雕刻、地毯、挂毯、珠宝首饰、金属、剪纸多个品类，工艺精美、技艺精湛、风格独特、造型典雅，呈现不同地区的民间文化和绚丽的异地风情。

（冯晓东）

【平遥县申报工艺美术特色区域荣誉称号通过考评】 2015年12月23日至25日，由山西省工艺美术协会推荐，国家有关部委、中国工艺美术协会、故宫博物院，北京、重庆、浙江、江苏等各省顶级工艺美术行业专家一行13人，组成中国工艺美术行业特色区域荣誉称号考评小组和中国工艺美术行业博物馆专家考评小组就平遥县漆器产业、推光漆器博物馆、古代兵器艺术博物馆建设进行实地考评。

考评组到平遥唐都推光漆器博物馆、平遥文涛坊古兵器博物馆、平遥唐都推光漆器有限公司、漆树林、薛生金大师工作室、恒隆泰漆艺职业培训学校、永隆号以及古城内各漆器生产销售商铺企业和作坊等单位进行实地考察。对平遥县漆器产业、推光漆器博物馆、古代兵器艺术博物馆建设给予高度评价，认为平遥县具备授予中国工艺美术行业特色区域称号和中国工艺美术行业博物馆的条件，讨论通过考评意见，提交申报单位，报中国工艺美术协会审批授牌。

（冯晓东）

【山西国宝系列皮影艺术精品展】 2015年10月6日，山西国宝系列皮

影艺术精品展在山西黄河美术馆开展。这次展览由山西工美集团、山西省工艺美术馆、山西黄河美术馆主办。为传承、保护和发展山西传统工艺美术技艺和人才，推进山西省工美行业抓老创新，推动山西工艺美术行业产业化、规范化发展，山西省工艺美术协会、山西工美集团联合启动“五寻行动计划”，即寻找老行当、寻找老手艺、寻找老品牌、寻找老字号、寻找老艺人行动。此次举办“山西国宝系列皮影艺术精品展”意在宣传山西省传统手工技艺，弘扬山西民间文化精髓，整合全省皮影艺术资源，有利于艺术交流和推广。（冯晓东）

中小(乡镇)企业

【概述】 2015年，山西省中小企业经济遇到不少预期内和预期外的冲击与挑战，经济下行压力持续加大，全省中小企业在克服困难中奋力前行。

山西省中小企业法人单位18.251万户，比上年净增2.83万户；完成增加值5936.30亿元，同比下降2.0%，占地区生产总值的比重为46.4%，比上年的47.4%降低1个百分点；完成营业收入23279.90亿元，同比下降2.0%；上缴税金881.9亿元，同比下降8.2%；年末从业人员383.6万人，比上年同期净增5.2万人，增长1.4%。

从中小企业营业收入分月增长变化看，全省中小企业经济运行总体呈现低开低走、小幅波动、缓中趋稳的态势。2015年1月至2月全省中小企业经济运行同比增长2.97%，增速比上年同期下降4.52个百分点。2015年上半年中小企业经济运行逐月放缓，但基本都处在正增长区间。下半年则连续6个月在负增长区间内小幅波动。（边 疆）

【政策环境】 2015年，山西省中小企业局推动扶持政策落地。围绕创优中小微企业发展环境，采取有效措施，抓好“国29条”和山西省“17条”“15条”“12条”等一系列政策的落实，确保各项扶持措施在中小微企业落地生根、见到实效。加强与财政部门合作，6月底前省级将各类专项扶持资金基本下拨到位；加强与税务部门合作，落实针对小微企业、科技型小微企业的各类税收优惠政策；深化与各金融机构合作，改善对中小微企业的融资服务，加大对中小微企业的信贷支持。

完善政策支持体系。先后代省委、省政府起草《关于加快民营经济发展的意见》《关于进一步支持小型微型企业健康发展的措施》，指导推动太原、忻州、临汾等市出台扶持中小微企业发展的配套措施，山西省促进中小企业、民营经济发展的政策措施进一步完善。新出台的政策措施覆盖范围更广、支持力度更大，针对性更强、含金量更高，更具指导性和操作性。

编制权力清单和责任清单。按照“六权治本”的要求，对中小企业局行政权力事项进行确权，通过全面摸底、各处室自行申报、分管领导把关、审改办审核，最终确认3类11项行政权力事项，并在山西省中小企业网上进行对外公布。对照经确认的局权力清单，制订一对一的权力运行图、风险防控图和权力责任清单，确保法无授权不可为，法定职责必须为。

创政策宣讲宣传方式。根据企业的需求，有针对性地组织开展“送政策、送专家、送服务”三送活动，为中小微企业提供政策分析及政策利用支持，帮助企业了解政策、吃透政策、用好政策；通过网上宣传、手机推送、乡镇企业管理员上门送达等多种方式，扩大政策的知晓度。组织开展“法律进企业”活动，针对企业在生产经营中存在的法律风险和问题，进行免费会诊指导，为中小企业营造良好法制环境，促进企业依法经营。成立“山西省中小企业法律维权服务专业联盟”，在全省挑选66家诚实信用、守法经营、服务能力强、服务业绩好、具有示范和带动作用的服务机构，为中小微企业法律维权咨询等服务。

在全省范围内组织开展为期一个月的“小微企业政策宣传月”活动，对近年来国家和山西省出台的支持小微企业发展的政策措施、各地推动小微企业发展的经验做法和创业创新的成功典型，进行全方位、高强度的集中宣传报道和多形式、多角度的政策宣讲解读。全社会形成关心小微企业成长、支持小微企业发展的浓厚氛围。

答复建议、提案。认真办理省十二届人在四次会议代表建议和省政协十一届二次会议委员的提案共10件。尤其对省领导重点督办的十二届人大四次会议代表第1441号建议，局党组高度重视，专门召开会议，研究办理工作事宜。根据山西省中小企业局《关于省第十二届人大四次会议代表第1441号建议办理工作方案》的要求，由副局长王怀荣负责，局政策法规处具体办理。在充分征求省国税局、省地税局及省金融办等部门意见和建议的基础上，先后多次与省人大代表王新哲、刘新东进行电话沟

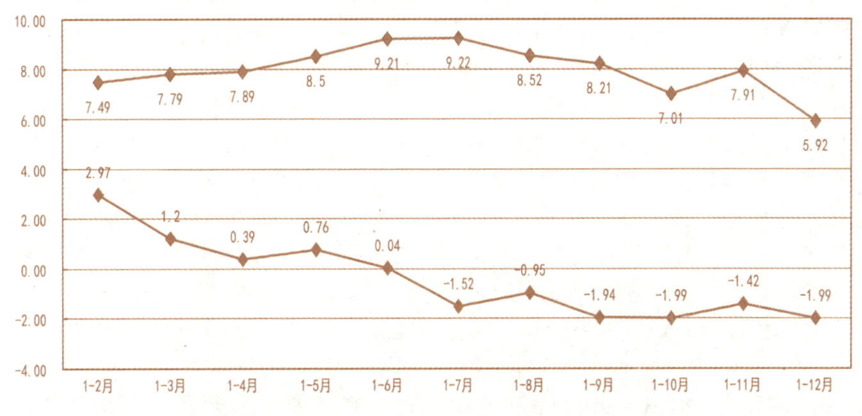

2015年山西省中小企业营业收入增速统计图

2015年山西省中小企业第三产业分行业营业收入及占比情况表

	营业收入（亿元）	营业收入占第三产业比重(%)
总计	4028.36	100.0
交通运输仓储业	575.99	14.3
批发零售业	1678.42	41.7
住宿及餐饮业	718.12	17.8
其中：餐饮业	228.80	5.7
居民服务修理其他	448.46	11.1
其他	607.37	15.1

通，并专程赴阳泉，与两位代表进行面对面座谈，征求对建议答复的意见和建议。6月19日，在此基础上，对建议答复内容进行修改补充，经局领导审核把关，最终形成《关于对省第十二届人大四次会议第1441号建议的答复》。并把办理答复情况向省领导和省政府办公厅、省人大财经委进行汇报，并得到上级部门的肯定。

拓展大数据服务平台。为满足移动互联时代广大中小微企业对全方位产业情报信息的准确、快捷需求，中小企业局印制6600张山西省中小企业大数据产业情报公共服务平台服务卡，上半年发放350张。

设立维权服务工作站。为深入贯彻落实国家和省扶持中小微企业发展若干政策措施，夯实“法律进企业”工作的基础，保护企业、职工合法权益，构建和谐劳资关系，减轻企业负担，优化发展环境，促进山西省中小微企业持续健康发展，在山西师达律师事务所(临汾市)、山西清泽律师事务所(平陆县)设立“山西省中小企业维权服务工作站”。建立省地联合开展维护企业、职工的合法权益的有效机制，重点开展以增强法制意识、普及法律知识、提升经营管理水平，维护企业、职工合法权益，促进中小微企业和谐发展为主要内容的“法律进企业”宣传培训维权服务活动。

（边　疆）

【生产经营】 2015年，山西省中小企业局统计监测的工业企业数据为：全省工业企业法人单位4.15万户，比上年减少5724户；完成营业收入5933.59亿元，同比下降9.5%；上缴税金346.18亿元，同比下降13.2%；年末从业人员181.37万人，比上年同期减少17.42万人，同比下降8.8%；利润总额438.94亿元，同比下降11.7%。

从规模以上中小工业企业主要指标看：2015年，全省规模以上中小工业企业3486户，比上年增加34户；亏损面45.5%，比上年扩大4.4个百分点；实现主营业务收入5910.4亿元，同比下降18.7%；主营业务成本5126.3亿元，同比下降18.7%；税金总额329.2亿元，同比下降8.0%；利润总额2.0亿元，同比下降98.0%；产成品存货377.4亿元，同比增长0.5%；应收账款1110.8亿元，同比增长6.1%。

从规模以上中小工业企业行业分布看：年度行业监测数据显示，2015年，中小工业企业数排在前6位的行业依次为：煤炭开采和洗选业、非金属矿物制品业、农副食品加工业、化学原料和化学制品制造业、黑色金属冶炼和压延加工业、通用设备制造业，这六个行业单位数占全部单位总计的54.5%；从业人员排在前6位的行业依次为：煤炭开采和洗选业、非金属矿物制品业、化学原料和化学制品制造业、黑色金属冶炼和压延加工业、石油加工炼焦和核燃料加工业、有色金属冶炼和压延加工业，这六个行业从业人员占全部从业人员总计的59.7%；营业收入排在前6位的依次为：煤炭开采和洗选业、石油加工炼焦和核燃料加工业、黑色金属冶炼和压延加工业、化学原料和化学制品制造业、有色金属冶炼和压延加工业、农副食品加工业，这六个行业营业收入占营业收入总计的61.7%。

从500万~2000万元中小工业企业生产销售看：2015年，500万~2000万元中小企业4023家，年平均从业人员21.10万人，实现工业产值595.94亿元，销售产值564.48亿元，营业收入556.70亿元，利润总额36.70亿元，上缴税金22.29亿元，劳动者报酬49.02亿元。

企业个数排在前6位的行业依次为：其他制造业、非金属矿物制品业、农副食品加工业、煤炭开采和洗选业、金属制品业、黑色金属冶炼和压延加工业，这六个行业单位数占全部单位总计的60.6%；从业人员排在前6位的行业依次为：其他制造业、非金属矿物制品业、煤炭开采和洗选业、金属制品业、农副食品加工业、通用设备制造业，这六个行业从业人员占全部从业人员的58.7%；营业收入排在前6位的行业依次为：其他制造业、煤炭开采和洗选业、农副食品加工业、非金属矿物制品业、金属制品业、黑色金属冶炼和压延加工业，这六个行业营业收入占总计的64.6%。

从第三产业看：2015年，中小企业局统计监测的从事第三产业的中小企业法人单位11.48万户，从业人员144.26万人，实现营业收入4028.36亿元，利润总额298.71亿元，上缴税金179.28亿元，劳动者报酬287.07亿元。

分行业看，交通运输仓储业营业收入575.99亿元，占第三产业营业收入总计的14.3%；批发零售业营业收入1678.42亿元，占41.7%；住宿及餐饮业营业收入718.12亿元，占17.8%；居民服务、修理和其他服务业营业收入448.46亿元，占11.1%；其他行业营业收入607.37亿元，占15.1%。

从重点监测企业看：2015年12月，全省上报数据审核通过的重点监测企业1212家，其中工业861家，农

2015年山西省中小工业企业主要产品产量情况表

产品名称	计量单位	本期实际	上年同期	同比增长%
原煤	万吨	13453.03	12655.86	6.30
型煤	万吨	246.05	279.78	-12.05
洗精煤	万吨	17504.78	15709.04	11.43
发电量	万度	1131562.00	1151497.31	-1.73
焦炭	万吨	4564.04	4779.98	-4.52
其中:机焦	万吨	3659.60	3824.48	-4.31
生铁	万吨	1055.66	1206.70	-12.52
硅铁	吨	96793.00	101737.00	-4.86
焦油	吨	136108.00	161667.70	-15.81
金属镁	吨	120808.00	141893.22	-14.86
铁矿石	万吨	3165.37	3778.08	-16.22
铁精矿粉	万吨	1189.45	1848.04	-35.64
生铝矾土	万吨	105.10	126.20	-16.72
铸铁件	万吨	358.66	399.96	-10.33
其中:汽摩铸件	万吨	6.42	11.52	-44.27
铸铁管	万吨	116.33	126.37	-7.94
玛钢件	万吨	37.19	32.47	14.54
暖气片	万吨	30.00	26.50	13.21
粗钢	万吨	1073.83	979.21	9.66
成品钢材	万吨	1201.51	1060.60	13.29
电解铝	吨	66001.00	64388.00	2.51
磁性材料	吨	16764.84	15666.50	7.01
糠醛	吨	26918.00	26347.00	2.17
电石	吨	35861.00	44191.00	-18.85
活性炭	吨	89336.02	91276.00	-2.13
水泥	万吨	3555.07	2645.85	34.36
耐火砖	万吨	130.26	139.36	-6.53
水泥预制件	万立方米	774.06	687.24	12.63
陶瓷	万件	162828.00	152477.00	6.79
服装	万件	838.29	669.83	25.15
淀粉	吨	226883.80	202566.50	12.00
罐头食品	吨	16230.38	14335.00	13.22
肉制品	吨	551350.51	313744.40	75.73
乳制品	吨	365809.00	372506.00	-1.80
酒	吨	327010.44	369773.93	-11.56
其中:白酒	吨	46368.00	41062.45	12.92
啤酒	吨	253065.44	289242.48	-12.51
干果系列产品	吨	68641.26	61877.50	10.93
杂粮系列产品	吨	124208.70	113994.00	8.96
饮料	吨	504871.50	681308.00	-25.90
食醋	吨	735932.32	723637.20	1.70
食用植物油	吨	140100.00	200937.50	-30.28
西药制品	万片、万粒、万支	61985.00	61694.00	0.47
成品中药	千克	1609138.00	1962027.00	-17.99

林牧渔业84家,建筑业43家,第三产业224家。从企业规模看,中型企业330家,占比27.22%;小型企业745家,占比61.46%;微型企业137家,占比11.32%。

全年1212家重点监测企业中亏损企业427家,亏损面35.23%,同比增长5.53%。其中,中型企业亏损135家,亏损面40.91%;小型企业亏损252家,亏损面33.83%;微型企业亏损40家,亏损面29.20%。

全年1212家重点监测企业实现营业收入970.11亿元,同比下降14.93%;营业成本844.56亿元,同比下降15.2%;应收账款221.54亿元,同比增长7.91%;应缴税金21.28亿元,同比下降23.03%;从业人员20.03万人,同比下降5.91%。

全年861家重点监测工业中,采矿业实现营业收入44.16亿元,同比下降17.87%;制造业实现营业收入698.62亿元,同比下降14.76%。其中,农副食品加工业实现营业收入102.47亿元,同比增长2.49%;食品制造业实现营业收入49.15亿元,同比下降11.09%;石油加工、炼焦和核燃料加工业实现营业收入101.48亿元,同比下降29.63%;化学原料和化学制品制造业实现营业收入42.20亿元,同比下降23.62%;医药制造业实现营业收入47.72亿元,同比增长9.47%;非金属矿物制品业实现营业收入55.54亿元,同比下降5.58%;黑色金属冶炼和压延加工业实现营业收入85.79亿元,同比下降24.37%;计算机、通信和其他电子设备业实现营业收入9.34亿元,同比下降6.08%;设备制造业实现营业收入72.17亿元,同比下降2.74%;其他制造业实现营业收入132.75亿元,同比下降19.46%。

全年224家重点监测服务业中,住宿业实现营业收入0.81亿元,同比下降3.42%;餐饮业实现营业收入1.74亿元,同比下降8.94%;批发和零售业实现营业收入134.26亿元,同比下降17.67%;交通运输仓储和邮政业实现营业收入4.23亿元,同比下降39.78%;其他服务业实现营业收入

2015年山西省中小企业主要产品分月价格变化情况表

单位：元/吨、元/200块

主要产品	1月	2月	3月	4月	5月	6月	7月	8月	9月	10月	11月	12月
主焦煤	410	410	410	410	410	410	390	370	360	360	310	310
主焦洗精煤	740	740	740	680	680	660	630	600	575	575	530	530
配煤	410	410	410	410	370	360	360	340	340	340	340	340
电煤	410	410	410	360	330	330	330	300	330	330	290	250
焦炭	890	850	760	760	740	740	670	700	700	690	600	540
钢坯	2525	2503	2470	2470	2400	2282	2076	2000	1918	1918	1918	1918
钢材	2700	2700	2650	2650	2575	2457	2250	2180	2090	2090	2090	2090
精矿粉	709	669	663	640	621	630	597	562	601	594	535	474
水泥	150	170	145	145	170	180	180	170	170	180	165	170
砖	60	60	40	40	50	45	45	30	30	60	42	42

2015年山西省中小企业特色产业集群情况表

重点特色产业集群	监测企业个数(个)	开工企业个数(个)	开工率(%)	全年营业收入同比增长(%)	全年产量同比增长(%)
万荣水泥添加剂	56	32	57.14	14.57	16.0
清徐醋产业	42	40	95.24	11.75	1.2
祁县玻璃器皿	94	34	36.17	16.04	4.6
原平皮带机	115	65	56.52	7.54	0.9
定襄法兰盘片	620	205	33.06	81.74	−27.2
屯留农副产品	17	13	76.47	2.3	−90.6
山阴乳品加工	8	3	37.5	12.40	−13.41
稷山纸包装	112	112	100.0	9.66	1.7
交城铸造机加工	170	105	61.76	21.13	30.0
闻喜金属镁产业	16	16	100.0	23.21	−4.0
大同医药产业	9	9	100.0	23.21	4.8
怀仁陶瓷产业	35	30	85.71	13.18	2.26
侯马装备制造	10	10	100.0	2.50	−1.1
榆次液压产业	215	215	100.0	60.00	−21.6
太谷玛钢产业	102	93	91.18	6.02	−1.7
榆次纺机产业	200	120	60.0	69.00	−21.4
太原不锈钢	83	57	68.67	72.01	−32.0
阳城陶瓷产业	115	5	33.3	3.65	16.0
大同县活性炭	30	4	13.33	0.70	−28.6
阳泉耐火材料	251	138	54.98	9.24	−8.0
汾阳白酒	27	21	77.78	3.18	0.75
平遥铸造	86	12	13.95	12.49	−1.35

2015 年山西省中小企业各市主要经济指标情况表

地 区	企业个数	增幅±%	从业人员	增幅±%	营业收入	增幅±%	上缴税金	增幅±%
全 省	172498	18.34	3678632	1.37	111540822	−1.99	5897698	−8.23
太原市	55213	21.72	769146	6.6	25981215	2.9	1553129	0.91
大同市	7230	3.17	169416	2.7	5408534	6.61	292874	1.22
阳泉市	7007	11.59	123540	−16.91	2104957	−13.72	131889	−29.66
长治市	14821	22.12	314122	2.78	11037801	1.36	518356	−17.22
晋城市	13502	12.27	349932	1.9	10495404	−0.69	547767	−11.59
朔州市	8051	13.84	253550	9.78	11818107	−2.03	438534	−23.55
忻州市	12510	−4.62	231403	−11.2	5100110	−13.05	247910	−12.35
吕梁市	16024	34.25	367623	1.2	10913503	−4.42	855641	−11.26
晋中市	13841	28.87	290988	−7.43	10575537	−5.15	401358	−3.92
临汾市	11350	28.29	337400	6.22	10609922	−10.72	536724	−3.96
运城市	12949	15.18	471512	2.99	7495732	4.09	373516	1.57

5.89 亿元，同比下降 28.97%。

从主要产品产量看：在重点监测的 44 种产品产量中，21 种产品产量同比增长，23 种产品产量同比下降。产量增幅较大的产品主要有：水泥、服装、肉制品、白酒、罐头食品、淀粉、干果系列产品等。产量降幅较大的产品主要有：生铁、铁精矿粉、焦油、铁矿石、生铝矾土、汽摩铸件、电石、饮料、食用植物油等。

从主要产品价格看：与年初相比，重点监测的 10 种产品出厂价格除水泥出厂价格上涨 13.3%以外，主焦煤、主焦洗精煤、配煤、电煤、焦炭、钢坯、钢材、精矿粉、砖等 9 种产品出厂价格均呈下降之势。其中，降幅在 20%以下的有配煤 17.0%；降幅在 20%~30%之间的有钢坯 24.0%、钢材22.5%、主焦煤 24.6%、主焦洗精煤 28.4%；降幅在 30%以上的有电煤 39.0%、焦炭 39.0%、精矿粉 33.1%、砖 30.0%。

与 2008 年上半年相比，主焦煤出厂价格下降 80%，主焦洗精煤下降 73%，焦炭下降 81%，钢坯下降 58%，钢材下降 58%，精矿粉下降 57%。

从产业集群看，2015 年 12 月重点监测的特色产业集群 22 个，涉及企业 2313 家，其中 1339 家开工，总开工率为 57.89%，较上年同期提高 0.99 个百分点。

开工率在 80%以上的产业集群有 8 家，分别是：大同医药、侯马装备制造、怀仁陶瓷、清徐醋业、稷山纸包装、太谷玛钢、闻喜金属镁、榆次液压。开工率在 60%~80%的产业集群有 5 家，分别是：汾阳白酒、交城铸造机加工、屯留农副产品、太原不锈钢、榆次纺机。开工率不足 60%的产业集群有 9 家，分别是：大同县活性炭、定襄法兰、平遥铸造、祁县玻璃器皿、山阴乳制品、万荣添加剂、阳城陶瓷、阳泉耐火材料、原平皮带机。

22 个产业集群实现营业收入 475.52 亿元，同比下降 21.73%。全年营业收入同比增长速度为正的产业集群有 9 家，分别是：大同医药、汾阳白酒、怀仁陶瓷、稷山纸包装、清徐醋业、祁县玻璃器皿、万荣添加剂、阳城陶瓷、原平皮带机。其中，万荣添加剂和阳城陶瓷增速达两位数。全年营业收入增长速度为负的产业集群有 13 家，分别是：大同县活性炭、定襄法兰、侯马装备制造、平遥铸造、山阴乳制品、太谷玛钢、屯留农副产品、交城铸造机加工、太原不锈钢、闻喜金属镁、阳泉耐火材料、榆次纺机、榆次液压。其中，大同县活性炭、定襄法兰、平遥铸造、山阴乳制品、屯留农副产品、榆次纺机、榆次液压 7 家降幅达两位数，最高的屯留农副产品降幅达到 90.6%。

从个体经济看：2015 年，全省个体工商户户数 81.35 万户，年末从业人员 304.45 万人，实现营业收入 3697.43 亿元，上缴税金 105.15 亿元。

（边 疆）

【企业素质】 2015 年，山西省中小企业局提升企业综合素质。实施技术创新能力提升计划。支持有条件的中小企业建设技术中心，增强企业发展后劲和核心竞争力，发挥中小企业技术中心在技术创新体系和企业技术创新能力建设中的引导和示范作用。组织开展中小企业技术中心认定工作，认定 2015 年（第四批）山西省中小企业技术中心 46 个。截至 2015 年底，全省共有省级中小企业技术中心 158 个，拥有全国领先技术 122 项、发明专利 203 项、实用新型专利 487 项、外观设计专利 157 项。

实施中小微企业品牌发展战略。

引导广大中小微企业树立品牌意识，创建自主品牌，提高产品质量，增强产品的市场竞争力；组织全省中小企业品牌产品参加全国性展示展销活动；鼓励支持品牌企业建立电子商务平台，在省局网络平台上进行宣传、销售。经企业申报、各县、市核实推荐、省局审核确认，安排专项资金2000万元，对上年度山西省中小微企业品牌发展项目进行资金奖励，其中国家驰名商标10件，山西省著名商标300件。

实施“3个1”经营者素质提升工程。组织全省100名小微企业优秀经营者在北京大学参加培训学习，搭建共赢发展平台，拓展双向发展渠道，进行理论课与产品展示、商务对接互联等重点环节，现场达成多项合作意向；组织全省1000名小微企业主在太原、晋中、临汾、朔州等地开展创业能力提升培训；全省10000名小微企业经营管理人员培训在全省各市、县地相继展开，取得良好效果。组织“工信部中小企业经营管理领军人才清华大学（山西班）”和“全省小微企业优秀经营者清华大学（总裁班）”的近百名中小企业家，在太原、晋中两地开展延伸培训效果商务参访交流活动，促进企业间交流合作，取得良好的效果。（边　疆）

【转型升级】 2015年，山西省推动中小企业转型升级发展。推进企业“专精特新”发展。召开全省“专精特新”工作座谈会，强化对“专精特新”中小企业的跟踪服务，重点推进各类专项扶持资金项目向“专精特新”中小微企业倾斜，帮助“专精特新”中小微企业完善内部管理、开拓市场，组织“专精特新”中小企业开展国际合作与交流以及优先享受宣传推广、提升企业品牌形象及3个1人才培育工程等政策和服务。

推进产业集群化发展。在全省范围内开展中小企业产业集群的调研，全面了解山西省产业集群发展的现状，总结好的做法和对策，为研究制定相关政策措施提供参考。召开全省中小企业产业集群工作座谈会，明确责任，落实任务。印发《关于加快中小企业产业集群发展的实施意见》，指导全省中小企业产业集群的发展。重点完成《关于祁县玻璃器皿产业集群发展情况的报告》及《关于定襄法兰产业集群发展情况的报告》。组织进行《山西省中小企业产业集群发展规划（2016–2020）》的编制工作，进一步加强规划引导，坚持政府推动与市场导向相结合，以龙头企业为引领，以“专精特新”企业为支撑，支持传统优势产业集群发展壮大，促进新生产业集群形成与发展。

培育和发展新兴产业。贯彻落实省委、省政府的决策部署，坚持把促进新兴产业中小企业发展，作为推动全省经济社会转型跨越发展、加快全面建成小康社会步伐的重要抓手来抓。在全省范围内开展摸底调研，指导推进全省促进新兴产业中小企业发展。开展为期两个月的专项调研，起草《关于扶持中小企业发展新兴产业的情况报告》，指导推进全省促进新兴产业中小企业发展。（边　疆）

【企业发展】 2015年，山西省中小企业发展壮大。推动小微企业创办。围绕全年创办3万户小微企业的工作目标，制订下发《2015全省中小企业创业工作要点》，分解工作任务，建立信息直报制度。截至10月底，全省新创办小微企业5.09万户，提前超额完成全年目标任务，为全省经济发展注入新活力。

开展形式多样的创业创新活动。依托小微企业服务站定期举办针对创业创新主体的座谈会、创业沙龙、集中咨询等专题培训活动，激发创业创新热情。建立中小企业创业辅导师队伍，为创业创新主体提供创业信息、政策咨询、项目开发、创业培训、开业指导、管理诊断、营销策划等服务，提高创业创新成功率。

推进小微企业创业基地建设。坚持新建与改造并重，鼓励和支持各类社会资本利用企业闲置土地、厂房，旧学校、旧仓库和各类园区、商务楼

2015年山西省中小企业固定资产投资情况表

按产业分	投资额（亿元）	同比增长%
总计	1103.08	–25.9
第一产业	65.65	19.0
第二产业	637.66	–27.8
其中：工业	599.96	–26.3
其中：农副产品加工	41.65	–19.6
煤炭采选业	55.13	–66.3
其他矿采选业	24.64	29.5
焦化	18.21	–24.4
冶炼	5.90	–81.6
铸造	26.14	–44.6
建材	40.19	–42.3
医药	18.06	–38.4
其他	324.15	–2.0
第三产业	399.76	–27.2

字等,建设小微企业创业基地,帮助中小企业特别是初创期小微企业解决用地难问题。在县、市中小企业管理部门逐级考察、推荐的基础上,组织2015年省级中小企业创业基地认定评审工作,新认定省级中小企业创业基地14个。对已认定的省级中小企业创业基地实行动态管理,指导各地积极培育基础基础设施完备、服务功能齐全、服务业绩突出、社会公信度高、示范带动作用强的国家小型微型企业创业示范基地,提升小微企业基地的规范化水平。截至2015年底,全省认定省级中小企业创业基地81家,占地面积1880.93万平方米,吸纳小微企业2728家,拉动社会投资88.16亿元,带动就业1.36万人,取得明显的经济效益和社会效益。

推进国家小微企业创业创新基地城市示范工作。会同省直相关部门完成国家小微企业创业创新基地城市示范申报工作,通过积极指导与协调,太原市以第一名成绩入选国家小微企业创业创新基地首批示范城市。从2015年开始连续3年,太原市每年将获得中央财政小微企业创业创新基地专项扶持资金3亿元,省、市财政安排专项资金予以支持。省中小企业局根据国家五部委“两创示范”工作目标要求,配合省直相关部门建立省级部门联合工作机制,太原市制订具体工作实施方案。这一项目的建设与实施,将对太原市乃至全省推进大众创业、万众创新起到推动作用。

组织开展双创活动周工作。根据工业和信息化部的统一部署,于10月19日至23日在全省范围内集中开展双创活动周工作。组织政策宣讲、创业大赛、创业沙龙等丰富多彩的创业创新活动,激发大众创业创新热情,推动全省大众创业、万众创新。

实施“小升规”成长工程。完善奖励办法,实行部门联动,扶持一批成长性好的小微工业企业发展壮大,建立“小升规”企业培育库和营业收入500万~2000万元企业基础信息库,全省“小升规”企业培育库入库企业达到281户,基础库企业达到1900余户。 (边 疆)

【资金投入】 2015年,山西省加大对中小企业固定资产投资看:全年中小企业完成固定资产投资1103.08亿元,同比下降25.9%。当年完成的固定资产投资中,国家及有关部门扶持资金9.08亿元,占全部投资的0.8%;金融机构贷款178.27亿元,占16.2%;引进资金37.70亿元,占3.4%;自有资金840.75亿元,占76.2%;其他资金37.28亿元,占3.4%。

在中小企业固定资产投资中,第一产业65.65亿元,同比增长19.0%,占比6.0%,比重提高2.2个百分点;第二产业投资637.66亿元,同比下降27.8%,占比57.8%,比重下降1.6个百分点;第三产业投资399.76亿元,同比下降27.2%,占比36.2%,比重下降0.7个百分点。

在中小企业固定资产投资中,煤、焦、冶三大传统产业投资79.25亿元,较上年减少64.0%;非传统产业投资520.71亿元,较上年减少26.3%。

全年中小企业固定资产投资施工项目1927个,其中亿元以上项目510个,完成投资722.36亿元;5000万元至1亿元项目364个,完成投资192.22亿元;1000万元至5000万元项目643个,完成投资160.38亿元;500万元至1000万元项目310个,完成投资28.11亿元。全年新开工项目946个,其中工业项目566个,占比59.8%;第三产业项目229个,占比24.2%。全年投产项目770个,其中工业项目484个,占比62.9%;第三产业项目164个,占比21.3%。 (边 疆)

【中小企业对外经贸】 2015年,山西省中小企业发展对外经贸。从产品出口看:全年有产品出口的中小工业企业246家,比上年同期减少18家;实现出口产品交货值814281万元,同比下降10.6%。

按出口规模分,年出口产品交货值在500万~1000万企业54家,实现交货值48456万元;年出口产品交货值在1000万~3000万元企业65家,实现交货值159914万元;年出口产品交货值3000万元以上企业75家,实现交货值577351万元。

按主要产品分,全年出口焦炭企业3家,出口焦炭22万吨,实现交货值16080万元;出口金属镁企业5家,出口金属镁6351吨,实现交货值7164万元;出口活性炭企业4家,出口活性炭12410吨,实现交货值6535万元;出口铸铁件企业37家,出口铸铁件235867吨,实现交货值167662万元;出口汽车配件企业5家,出口汽车配件15816吨,实现交货值21029万元;出口法兰企业31家,出口法兰83600吨,实现交货值85175万元;出口磁性材料企业1家,出口磁性材料360吨,实现交货值6675万元;出口糖醛企业1家,出口糖醛1000吨,实现交货值820万元;出口玻璃器皿企业43家,出口玻璃器皿82827万件,实现交货值73083万元;出口陶瓷制品企业4家,出口陶瓷制品3331万件,实现交货值3452万元;出口芦笋企业5家,出口芦笋5420吨,实现交货值4470万元;出口药品企业2家,出口药品867万片(粒/支),实现交货值2438万元;出口其他产品企业103家,实现交货值419273万元。 (边 疆)

【服务体系】 2015年,山西省健全中小企业服务体系。推进中小企业公共服务平台网络建设。坚持“需求导向、服务为本”工作理念,整合服务资源,创新服务方式,建立协同机制,完善22个专业应用平台、8个市级综合服务窗口平台和24个产业服务窗口平台的服务功能,为小微企业提供量身定做的公共服务,实现“服务资源应有尽有、服务需求一网打尽”,形成互联互通、资源共享、服务协同、覆盖全省的中小企业公共服务平台网络。开通山西省中小企业公共服务微信平台,增加服务小微企业的新手段。从4月底开通以来,发布相关信息200余条,阅读量达20000人次以上。企业家和创业者通过手机客户端登录平台(微信号:sme8718)能及时了解最新的政策解读、产业动态等服务类信息，还可通过在线申请服务、在线咨询和在线报名参加服务活动等互动方式获取更加专业的服务。筹备建设为中小企业挂牌上市的专业应用平台，为山西省企业提供专业、优质的场外市场综合服务。截至2015年底，公共服务平台网络入驻服务机构538家，入驻中小微企业10000余户，其中认证企业用户2820家，发布服务项目1067项，发布服务活动735条，提供线上线下各类服务8275项。

规范推进小微企业服务站建设。继续在创业创新者和小微企业比较集中的城区、乡镇、高校、园区、创业基地建设小微企业服务站，为创业者和小微企业提供面对面、一站式服务。加强中小企业公共服务平台与小微企业服务站及服务联盟、服务机构的对接，完善全省已建成的小微企业服务站的创业辅导、政策咨询、策划指导等服务功能，为广大小微企业提供人才、技术、项目、管理、信息等专业性公益服务。推动山西省小微企业服务站规范运作，提升服务能力，并对30个开展服务活动和业绩突出的优秀小微企业服务站给予奖励，激励全省小微企业服务站为创业者和小微企业提供优质服务。截至2015年底，全省建小微企业服务站223个，累计接待来访人员2.3万人次，帮助解决问题7500多个。

发挥中小企业发展研究院作用。支持山西省中小企业发展研究院，开展中小微企业信息的收集整理、数据的统计分析、决策咨询服务和战略性、前瞻性的政策研究。开展《山西省中小微企业融资问题研究》《山西新创中小微企业研究》《山西中小企业用地难问题研究》《山西省中小企业发展情况研究》和《山西省民营经济发展情况研究》等5个课题研究。

帮助中小微企业开拓市场。组织7企业、20多种产品参加第十一届中俄蒙经贸洽谈暨商品展销会，进行产品推介，组织项目考察，开展合作洽谈。组织14家企业、30多种产品参加在宁夏银川市举办的2015中国—阿拉伯国家博览会。组织全省100多家企业230多种产品参加第十二届中国国际中小企业博览会。与到访山西的美国纽约州中小企业发展中心总署商务代表团进行交流座谈，在交城、汾阳、祁县、清徐等地实地考察企业，进行项目对接，为中美双方进一步合作奠定良好基础。 （边 疆）

【运行监测】 2015年，山西省中小企业局强化中小企业运行监测。做好运行监测。应对经济下行压力，完善省市县乡“四级联动”和全面统计、19个直报县、22个产业集群、1500户重点企业、200户企业手机快速调查“五位一体”的运行监测体系，及时掌握发展动态，强化预测预警分析，努力构建点面结合、内容多样、富有特色、运转顺畅的中小企业、民营经济统计监测体系。

加强综合协调。每季度召开中小企业经济运行分析会，掌握中小企业发展情况，加强分析研判，提升运行分析水平，为各级各部门指导中小微企业发展提供决策依据。每月参加省政府经济形势分析部门联席会议，帮助解决企业生产经营中遇到的困难和问题。

推进中小微企业固定资产投资。制订《推进2015年山西省中小企业固定资产投资任务工作方案》，建立山西省中小企业局机关干部联系固定资产投资项目制度，各市、县中小企业主管部门与辖区内项目包联，主动与项目单位对接，实行无间隙、零距离服务，定期到项目现场协调解决困难和问题，通过领导包联项目，对

2015年山西省中小企业主要产品出口情况表

	企业个数	计量单位	出口数量	出口产品交货值(万元)
总　计	246	–	–	814281
煤　炭	–	万吨	–	–
焦　炭	3	万吨	3	16080
金属镁	5	吨	6351	7164
活性炭	4	吨	12410	6535
生　铁	–	万吨	–	–
玛钢件	1	吨	–	25
铸铁件	37	吨	235867	167662
汽车配件	5	吨	15816	21029
法　兰	31	吨	83600	85175
磁性材料	1	吨	360	6675
糖　醛	1	吨	1000	820
玻璃器皿	43	万件	82827	73083
陶瓷制品	4	万件	3331	3452
芦　笋	5	吨	5420	4470
药　品	2	万片(粒/支)	867	2438
其　他	103	万元	–	419273

投资完成情况定期分析研究，统筹推进任务进度，及时解决存在的问题，促进项目建设顺利推进。实施“一月一跟踪、一月一分析、一月一汇报”的推进机制，每月召开全省中小企业固定资产投资分析会，定期掌握项目进展信息，分析研究存在的问题，帮助解决固定资产投资工作推进过程中存在的困难和问题。（边　疆）

【企业融资】 2015年，山西省中小企业局推动中小企业深化融资工作。推动金融机构改善对中小微企业服务。截至9月底，山西辖内银行业金融机构各项贷款余额17999.94亿元，其中小微企业贷款余额3988.03亿元，较年初增加198.42亿元，增长5.24%；金融机构小微企业贷款客户数20.44万户，较年初增加2.54万户。

完善客户推介机制。召开多场次、多层次的金融产品推介会、银企洽谈会，为政银企保合作交流搭建平台。各级中小企业局因地制宜，积极搭建新型融资平台，鼓励银保企项目对接，在创新融资方式和降低融资成本上取得新突破；实施客户推介制、共同考察制、项目对接制、信息反馈制，既提高对接成功率，也引深政银企保合作深度。各级中小企业管理部门向金融机构推荐中小微企业1200户，与各银行机构达成664亿元融资担保合作意向。

创新政银企保合作机制。推广“助保贷”等有效融资模式，联合财政厅为各市拨付创新中小微企业融资模式奖励资金1.94亿元，重点向合作银行推荐中小微企业成长工程、专精特新及科技型中小微企业。合作银行由建行一家发展到国开行、邮政、农村信用社、浦发、民生、渤海等多家银行。截至2015年底，全省有66个县开展中小微企业创新融资模式工作，太原市率先在市级建立合政银企合作平台。全省省市县三级政府共投入资金11.2亿元，累计为1885户中小微企业发放助保金贷款68.3亿元，财政资金放大6.1倍，财政资金杠杆效应明显，撬动银行对中小微企业发放贷款效果显著。

加强中小企业担保体系建设。为开展中小微企业担保业务业绩突出的担保公司，申请国家风险补偿资金和营业税减免；安排专项资金，支持符合条件的担保机构扩大对中小微企业的融资业务。筹措2000万元扩充省中小企业发展融资担保有限公司国有资本金，增加山西省唯一一家混合所有制担保公司的国有资本的比例，推动其积极开展中小微企业融资担保业务。21户担保机构上年共为1838户中小微企业提供贷款担保82.5亿元，2015年度享受补助。

拓宽直接融资渠道。制定出台山西省《中小企业规范化改制三年行动计划》和《2015年中小企业规范化改制工作推进方案》，对在中小板、创业板、“新三板”、山西股权交易中心上市或挂牌融资的中小企业分别给予100万元、50万元、10万元的一次性资金奖励，鼓励中小企业通过互联网平台以股权众筹等新模式进行融资。实施企业上市培育工程，健全完善企业上市后备资源库，特别是从战略性新兴产业和重大转型行业中，筛选和支持实力强、成长性好的优秀企业上市融资。截至2015年底，陆续有22户中小企业在新三板上市融资，累计26户中小企业登陆新三板；东杰智能在创业板上市融资，累计上市3户；永东股份在中小板上市融资，累计上市4户；40户企业在上海股权交易托管中心Q板挂牌，累计挂牌52户；62户企业在山西股权交易中心挂牌展示，累计挂牌企业1275户。（边　疆）

【编制规划】 2015年，山西省中小企业局加强调研，编制山西省中小微企业“十三五”发展规划。按照省政府统一部署，成立山西省中小微企业“十三五”发展规划编制领导组，制定详细工作方案，组织各市中小企业主管部门开展本市中小微企业“十三五”规划的编制工作，确保规划编制工作的有序开展。领导组成员赴太原、吕梁、阳泉、晋中等地18个县区、24个中小企业，采取现场观摩、会议座谈等方式就全面落实省委、省政府的战略部署，加强工作研究和系统谋划，进行认真研究和深入思考。截至2015年底，全省中小微企业“十三五”发展规划草稿编写完成。（边　疆）

开发区

·太原高新技术产业开发区·

【概述】 太原高新技术产业开发区（简称太原高新区）为全国54个国家级高新产业开发区之一。园区由政策区和新建区两部分组成，总面积2400公顷，其中新建区规划面积800公顷。新建园区位于太原市小店区学府街以南，火炬街以北，体育路以西，滨河东路以东区域，为太原市高新技术产业企业集中区。

2015年，太原高新区营业收入完成1719.1亿元，同比增长1.1%；工业总产值完成1451.3亿元，同比增长0.75%；地区生产总值完成415亿元，同比增长3.5%；利税完成73.7亿元，同比下降7.5%；区级财政收入完成25.97亿元，同比下降7.0%；出口创汇完成4.87亿美元，同比增长86.8%。

高新区科工贸总收入构成中，产品销售收入1554.0亿元，占经济总量的90.39%，同比增长3.2%；技术性收入95.1亿元，占经济总量的5.53%，同比增长0.2%；商品销售收入38.4亿元，占经济总量的2.23%，同比下降42.7%。高新区科工贸总收入上千万元企业342家，比上年减少9家。上述企业实现科工贸总收入1699.77亿元，占全区科工贸总收入的98.9%。其中，总收入上亿元企业82家，较上年增加2家，实现科工贸总收入1620.51亿元，占全区总收入的94.3%。总收入千万元以上企业特别是亿元以上企业在太原高新区经济总量中支撑作用十分突出。（赵　媛）

【一区多园格局形成】 2015年，太原高新区完成固定资产投资89.9亿元，同比增长24.0%。其中，工业及其他项目投资完成69.8亿元，同比增长

27.4%；房地产项目投资完成20.1亿元，同比增长13.4%。随着市委市政府对太原高新区汾东、阳曲、姚村拓展区建设规划的确定，高新区一区多园发展格局正式形成。

汾东拓展区。2015年汾东拓展区基础设施工程进展顺利，大运西路、六号线南街开工，雨污水及电力方涵、电力排管的建设完成，园区临时供电、供水工程及汾东22万伏变电站建设主体完成。物联网产业园109万平方米孵化器、加速器全部封顶，2016年将投入使用。招商工作开展，将重点打造信息安全产业园、物联网产业园、大学生（留学生）创业园、文化产业园等专业园区。新投资建设的项目有太原风华信息装备股份有限公司的新型显示成套装备研发与产业化项目和山西美特好连锁超市股份有限公司的美特好众创产业园项目。储备的重点项目包括北京同仁堂山西连锁药店有限公司的北京同仁堂山西连锁互联网医药电子商务平台项目和太原吉贝克金融大数据产业开发有限公司的金融大数据产业园项目。

阳曲拓展区。2015年，阳曲拓展区有意向投资的项目14项，拟投资80.9亿元，总用地需求124.67公顷。包括北京林达投资集团有限公司的废旧轮胎再生循环利用项目、科工龙盛生产制造基地项目、山西华夏动力科技有限公司的年产5000辆纯电动客车及电动汽车驱动电机、电池、控制器项目、山西远航电动车业有限公司的太阳能动力车生产基地建设项目、山西森达源科技有限公司的年产100吨高纯纳米导电材料项目等。

姚村拓展区。2015年，姚村拓展区共储备项目25项，拟投资135.5亿元，总用地需求273.53公顷。可开工的项目有太原高新区建投公司孵化器和加速器项目、山西（姚村）中小企业创业示范基地项目、山西国际医疗器械产业园项目、太原酒厂搬迁改造项目、中药材综合开发项目、山西省中医院养老护理项目、正大基因生命科学抗衰老产业园项目。（赵　媛）

【科技创新平台建设】 2015年，太原高新区各类科技企业孵化器成功输送大批高新技术企业，培育一批高素质的企业家。截至2015年底，太原高新区各类孵化器及科技园的总孵化面积约230万平方米。

太原高新区积极搭建创新孵化平台，建设一大批众创空间、创业者加速器等创新型孵化器，构建一批面向大众的“众创空间”等创业服务平台，打造经济发展新引擎。截至2015年底，创办有清控众创、37度、博创敢为、高新梦谷等众创平台。出台《太原高新区关于发展众创空间推进大众创新创业的实施意见》，在创业场地补贴、免费提供网络、软件、购买服务等方面给予大力支持。规划将创意街作为太原高新区发展众创空间的物理载体，将其打造成太原的双创基地，开展规划设计工作。

截至2015年底，企业创新主体地位增强，新获批高新技术企业65家，高新技术企业销售额与规上工业企业销售额比值为32%。申报国家级企业技术中心1家，省级企业技术中心3家。全区拥有国家企业技术中心4家、国家工程技术研究中心1家、公共服务平台4家，拥有山西省企业技术中心27家、山西省工程技术研究中心4家。产学研联动机制高效运行，与中北大学签订战略合作协议，开展产学研合作，合建的太原高新区3D打印公共平台正式启动。

知识产权战略深入实施。2015年，高新区企业申请专利423件，新增授权专利363件，办理技术合同登记68份，合同成交总金额达4409万元，其中技术交易额4128万元。

（赵　媛）

【投融资平台建设】 2015年，太原高新区构建多层次金融服务平台。建区以来，园区共聚集非标金融机构227家、各类银行机构网点30多家，为园区企业提供流动资金贷款余额达40亿元。联合发起设立山西高新普惠资本投资服务有限公司，高新普惠众筹平台正式上线；成立太原高新区股权投资有限公司、太原高新区中小企业融资担保有限公司、太原高新区科融小额贷款有限公司、太原天使投资基金。与晋商银行、国家开发银行、平安银行、渤海银行、山西省农信社等多家银行建立战略合作关系；晋商银行在高新区设立科技银行，推出与建行的“助保金贷款”高新区专项计划。推进“四板”区域性股权交易市场和“新三板”挂牌工作，筹备设立太原高新科技股权托管交易中心，为全省的初创期、成长期中小微企业提供挂牌展示、投融资服务、转板上市通道的金融服务平台，打造具有区域特点的精品四板市场；企业直接融资呈现加快势头，截至2015年底，高新区新三板上市企业共12家。创造和完善园区金融生态环境，财政出资设立3000万元的应急周转保障资金和2000万元的金融服务风险金。

截至2015年底，太原高新区成立技术转移机构3家，律师事务所13家，会计师事务所11家，人才服务机构3家，生产力促进中心1家。

（赵　媛）

【招商引资】 2015年，太原高新区新入区企业1106家，累计注册资金113.2亿元。完成签约项目总投资370.1亿元，实际到位资金91亿元，储备项目870亿元。全区重点工程落地项目20个，落地项目投资额36.87亿元；开工项目35个，开工投资额76.22亿元；建设项目累计完成投资84.39亿元；投产项目22个，投产投资额57.77亿元。其中，新建物联网技术应用硬件产品项目完成投资13.42亿元；新建物联网技术应用软件产品项目完成投资9.45亿元；云锦盛科技产业园项目完成投资1亿元，进行外装工程；山西国际金融中心项目完成投资4.68亿元，一期工程进行幕墙及安装工程，二期工程推进主体施工工作；军威新能源创新商务小区项目完成投资4.21亿元，进行主体结构及二次结构工程建设。

现代科技、工业服务业在高新区加速推进，园区3700家入区企业中，服务业企业约占46.0%；电子商务产业异军突起，共引进电子商务企业81

家，聚集相关企业130余家，从业人员5000余人，聚集包括贡天下、易通天下、成宁科技、四季风旅游等一批省内优秀电商，垂直和行业电商发展迅速。 （赵 媛）

【深化体制机制改革】 2015年，太原高新区深化行政审批制度改革，落实"两集中两到位"，推行电子审批，简化审批流程，缩减审批时限。政务中心共进驻单位26个，设42个前台办事窗口，办理69项审批事项。实施"六权治本"，制订各部门权力和责任清单，对所有事项进行再审核、再清理，缩减行政权力事项59项。出台《太原高新区项目入区办事流程》，明确部门职责，为推进项目入区落地奠定制度基础。坚持依法履职，依法办事，强化行政规范性文件管理，加大行政执法监督力度，开展普法宣传教育，聘请常年法律顾问，开设《生活晨报》法制宣传专版。 （赵 媛）

【园区治理】 2015年，太原高新区实施片区综合整治、市容环卫整治等专项行动，完成区内5条道路的拓宽改造、电力设施"临改正"、供热纳入市集中供热、星级单元创建等工作，完善基础设施和城市服务功能。探索社会治理新机制，推行"网格化管理、组团式服务"模式，提升社会治理能力。加强食品药品监管，严肃查处违法行为，保持良好市场秩序；化解不稳定因素，信访事项共8件，全部化解，化解率100%；建立健全安全生产责任制，开展各类安全生产专项整治活动，加大监督检查力度，狠抓各类事故隐患的治理和整改，促进企业主体责任和各级监管责任的落实，园区各行业领域未发生任何重大事故。

（赵 媛）

·太原经济技术开发区·

【经济发展】 太原经济技术开发区为国家级经济技术开发区，规划面积9.6平方千米，开发区围绕新兴产业规模化示范区和绿色生态工业园区的发展定位，依托山西省丰富的资源优势和雄厚的技术优势，坚持科学发展、和谐发展，形成国际新材料加工基地、特色鲜明的国家级装备制造业基地、省级信息产业基地、省级食品及农产品加工基地和省内最具规模的生物制药产业园区的"五大产业基地"的产业发展格局。

2015年，太原经济技术开发区按照"三并重、二致力、一促进"的建区方针，围绕完成一个目标(加快转型升级，实现创新驱动发展)、夯实两个基础(高效的管理服务、廉洁务实的干部队伍)、打造三大核心产业(高端装备业、高新技术产业、现代服务业)、促进四个协调发展（二产与三产、规模与效益、改革与稳定、经济与民生)的发展思路和奋斗目标，推动全区各方面工作取得新突破，主要经济指标均实现又好又快增长，工业总产值完成642.52亿元，同比增长8%；财政总收入完成41.1013亿元，同比增长23.6%；公共财政收入完成14.28亿元，同比增长15.5%；固定资产投资完成124.12亿元，同比增长20.79%。

（栗 群 李冬梅）

【投资环境】 2015年，太原经济技术开发区按照总体规划和"有收益项目市场化引资，无收益项目财政投资""谁投资、谁受益"的原则，基本完成9.6平方千米内的道路、雨污水管网、供水、供电、供暖、供汽、煤气设施及管网、通讯网络、绿化、土地平整、污水处理、固体废弃物处理等基础及配套设施建设。截至2015年底，区内骨干道路网建设，主干路网基本形成，给排水、热力、煤气管网全部贯通，通讯设施、宽带网络、有线电视线路随道路管网一并完成铺设，基本实现"九通一平"。

截至2015年底，区内建成220千伏变电站、110千伏变电站、35千伏变电站各一座，10千伏开闭所两座；区内全部采用引黄水，日供水能力达60万吨；区内建成145吨供热供汽热源厂一座，70兆瓦采暖、170吨蒸汽热源厂各一座，实现冬天供热、夏天供冷气、全天供应热水和蒸汽的服务；区内共完成绿化面积442542.3平方米，完成投资约3125.1万元，绿化覆盖率达到46%。基础设施配套完善，增强服务企业、帮助企业发展能力，并为建设循环经济示范区和绿色生态工业园区奠定坚实的基础。

太原经济技术开发区优化投资软环境。推进"两集中、两到位"改革，减少审批环节、简化审批程序、压缩审批时限。行政审批事项由原62项保留为50项，减少幅度19%；政务服务事项由49项合并为24项，减少幅度为51%，确保所有事项在大厅办理，不搞体外循环。开展审批流程再造工作，搭建企业入区注册平台和项目落地建设运行平台，开展项目入区联合审批、企业注册联合审批、项目落地建设联合审批和企业运行联合审批服务，编制并公示新的审判流程图，明确各单位审批负责人和办理时限。实现从项目入区联合许可开始到项目报建、施工许可完成，全流程审批时限45天。建立行政审批职能整合机制。整合各部门内部审批职能，将所有审批权归并到一个科室，确定13家单位入驻政务服务中心，形成权责并重、审管分离、公开透明、廉洁高效的行政审批运行机制。建立行政审批授权委托机制。各职能部门对行政审批服务科和行政审批首席审批员充分授权，使其进驻中心后，独立完成行政审批工作，确保窗口审批、盖章、证书制作三到位。

（栗 群 李冬梅）

【人才科技创新】 2015年，太原经济技术开发区高新技术企业新认定7家，累计33家；高新技术成果鉴定两项；高新技术产业销售产值227.79亿元，占规上企业销售总产值36.07 %；研发费用投入9428.91万元；有效发明专利授权16件，累计162件。作为国家级产业园区，利用省市对人才的支持政策，开发区注重对博士后工作站、海外高层次人才创新创业基地、院士工作站、国家级和省级企业技术中心等人才平台的建设，管委会申请设立博士后工作站和海外高层次人才创新创业基地，设立企业市级院士工作站7家（其中2家获批省级院士工作站），设立山西省引进国外智力成果示范推广基地一家、博士后创新实践基地一家。截至2015年底，拥有国家百千万人才工程、国务院特贴专家省级领军人才10余名，省学术技术带头人5名，引进博士后研究人员4名，与10余名两院院士签订长期的技术合作协议，有4名海归博士入选省"百人计划"，两名"千人计划"专家、两名"百人计划"专家在我区创建科技型企业，多名优秀人才在科技创新方面做出突出贡献。

截至2015年底，开发区从业人员达9万余人。其中，博士生40余人，硕士生近600人，本科生7000余人，有2760余名专业技术人员通过评审取得相应的职称。

（栗 群　李冬梅）

【投资促进】 2015年，太原经济技术开发区签约项目总数为34个，总投资395.93亿元，其中总投资10亿元以上项目5个，30亿元的项目3个，项目涉及装备制造、新材料研发、移动通信、商贸物流、房地产等行业。年度利用外资4.0827亿美元。年度储备项目总数为43个，总投资1352亿元，涉及装备制造、电子信息、生物医药、仓储物流、商业地产等行业。项目储备定位于新型工业化及现代服务业项目，杜绝煤焦、冶金、化工等传统耗能污染项目；注重储备项目的落地可能，考虑储备项目的立项、规划、土地、环保等相关问题，促成储备项目的高落地率和高开工率；储备项目力争投资大带动性强的项目，10亿元以上项目达43个。（栗 群　李冬梅）

【社会事业】 2015年，太原经济技术开发区坚持经济发展和社会事业发展有机结合，构建和谐社会。解决失地农民问题，统筹城乡发展，出台和落实一系列政策办法，从政策上引导农民规模化从事养殖业以及商业、饮食等第三产业，鼓励引导农民利用自身优势走自主择业、自谋发展的道路。构建就业培训体系，对农村转移劳动力进行加工技能、电脑应用、绿化、服装加工、保安、锣鼓等专业培训，使其拿到就业上岗"通行证"，并安排就业。成立工程协调中心，区属农村组建工程服务队，为区内建设项目提供土方、物流等多种服务，解决部分村民的就业和收入问题。组建成立巾帼锣鼓队，参与社会化服务，解决200个农村家庭妇女的收入问题。引导农民将征地补偿款投入到有收益保障的物业项目，增加收入。启动"城中村"改造工作，建设社会主义新农村。完善居民社会保障体系，做到"老有所养、老有所依"。全区九个农村居委会六十岁以上的老年人参加养老保险，每人每月可领取200元。全区有2851户，9228名农村居民参加新型农村合作医疗保险，参保率达到100%。（栗 群　李冬梅）

【管理与服务】 2015年，太原经济技术开发区按照"封闭式管理，开放式运作"的新型管理模式运作，设立企业服务大厅。大厅遵循"审批与服务并重，服务重于审批"的理念，以事为主，方便企业；根据行政许可法的要求，实施并联审批，精简办事程序，缩短办事时限；按照公开、公平、公正、透明、规范、高效的原则，实行"一个窗口受理""一个窗口领证""一个窗口收费"的一条龙服务和"首问负责制"。区经济发展局、环保局、建设局、工商分局、质监分局、土地分局、规划分局、地税局、国税局、物业服务中心等审批服务部门组成审批服务窗口，银行、人才交流中心、会计师事务所等机构为入区企业提供延伸服务。区纪检监察、投诉中心在大厅设置监督服务窗口，保证各项审批服务事项的落实；投诉中心24小时受理企业各类投诉。

为加强部门协调，创新服务方式，建立外商投资审批服务中心、企业项目建设服务中心、企业运行服务中心三大服务体系。

实行"三大服务中心"例会制度。所有入区企业在办理各项行政许可和审批事项以及施工建设、生产经营中遇到问题都可以直接上报议题到"三大服务中心"，面对面提议，并于例会上得到相应行政职能部门的答复和解决方案。截至2015年底，40家企业上报的130个议题都有解决方案。"三大服务中心"成为经济区入区企业解决问题的终点站。

（栗 群　李冬梅）

【高新技术产业和重点企业】 2015年，太原经济技术开发区形成国家级装备制造（能源装备）产业基地、国家级新材料新能源基地、国内有影响的电子信息产业基地、国内有影响的食品及农产品加工基地、国内有影响的生物制药产业基地。山西质检综合检验检测中心项目获建筑领域"汾水杯"质量奖。山西东杰智能物流装备股份有限公司（简称"东杰智能"）正式在深圳证券交易所挂牌上市。亚全药业入选"2014年度中国医药工业百强榜""中国医药研发产品线最佳工业企业"榜单。山西锦波生物医药股份有限公司在全国中小企业股份转让系统举行挂牌仪式，成功登陆新三板，成为继"太矿电气"之后，开发区第二家新三板挂牌企业，也是山西省首家新三板挂牌的生物医药企业。

10月23日上午，江铃重汽全体员工与福特亚太、福特奥托桑、江铃股份的高管以及奥杰等开发团队的产品开发工程师共同见证江铃重汽JH476项目首批M1样车正式下线。

太原经济技术开发区管委会投资1亿元设立的政策性融资担保机构——山西经开融资担保有限公司（简称经开融担公司）正式成立运营。

太原经济技术开发区太原通泽重工有限公司和中国煤炭科工集团太原研究院有限公司两家企业获准设立博士后科研工作站，山西新富升机器制造有限公司被批准设立为省第二批博士后创新实践基地。

12月9日，太原重工新能源装备有限公司风电整机及关键零部件智能化工厂项目开工建设。

为加快高新技术产业的发展，提高企业技术创新能力，太原经济技术开发区出台《科技项目发展资金使用和管理暂行规定》。截至2015年底，全区有33家企业通过省级高新技术企业认证，完成高新技术领域企业工业总产值达593.99亿元。

（粟　群　李冬梅）

【生态环保】 2015年，太原经济技术开发区组织实施南畔、南黑窑等四个"城中村"社区的清洁能源供暖改造工程，实现居民原有分散燃煤锅炉置换，推进富士康、中电科技33所等单位的燃煤锅炉置换工作，改善开发区冬季大气空气质量，烟粉尘、二氧化硫等污染物排放削减。

随着入区项目的逐步建成投用，生产、生活污水的排放逐年增加，为满足入区企业日益增长的实际需要，经济技术开发区推进金世纪阳光污水处理厂二期项目建设，帮助企业解决项目落地过程中遇到的各类困难，进入施工阶段。（粟　群　李冬梅）

【武宿综合保税区业务拓展】 2015年，经现场查验合格，太原武宿综合保税区国检筹备组为一批价值125116美元的进口火车轮对实施无纸化电子通关单放行，标志着太原武宿综合保税区正式实现出入境货物通关单无纸化。

6月25日，由太原武宿综合保税区打造的全国首个以保税区进口商品为标的的"云沃国际进口商品创业平台"上线营运。有60多位创业者与该平台签约，签约金额超过500万元。在保税区内开设大众创业平台在全国尚属首创。

12月3日，山西省副省长王一新带领省商务、经信、财政、国税、口岸、民航机场管理等省直部门以及海关、出入境检验检疫、外汇管理、邮政管理等中央垂直单位负责人在太原武宿综合保税区专题调研跨境贸易电子商务工作，并主持召开跨境贸易电子商务工作座谈会。

（粟　群　李冬梅）

【"三证合一"制度改革】 2015年10月13日，太原经济技术开发区首张"三证合一、一照一码"营业执照颁发仪式在区政务服务大厅举行。"三证合一"登记制度改革的重大意义，联动、密切配合、主动对接，创新服务模式、优化工作流程，克服改革过程中面临的各种困难，确保经开区"三证合一"工作有效运行、全面推开。

（粟　群　李冬梅）

·太原不锈钢产业园区·

【概述】 太原不锈钢产业园区为山西省省级开发区。园区规划控制总面积约1486公顷，位于太原市尖草坪区108国道两侧。园区坚持招商引资，改造提升传统产业、培育壮大新兴产业，加强整体经济实力。紧盯战略性新兴产业，抢抓新能源产业加速发展的政策和市场机遇，引进新能源汽车和光伏发电产业项目。修改并完善《入园企业办事流程》等资料，用图表方式明确各职能部门服务企业的内容、流程和办结时限，使企业在项目签约后能顺利开展前期准备、手续办理、开工建设等各项工作，提高审批效率和服务水平。实施"走出去，请进来"战略，采取小分队招商、产业招商、以企招商、定向招商、委托招商等多种方式，紧盯国内知名企业和行业龙头企业，主动登门拜访，对接招商项目。

2015年，太原不锈钢产业园区规模以上企业工业增加值完成11.95亿元，同比增长33.89%；公共财政预算收入完成1.94亿元，同比增长29%；固定资产投资完成28.62亿元，同比降低22.16%。全年共引进企业12家，协议引资193亿元。

（郭　微）

【园区项目建设】 2015年，太原不锈钢产业园区坚持推进项目建设。建立周督查工作机制，全年共组织召开现场办公、固投例会、项目协调会议40余次，专题研究项目手续办理、进场施工过程中的各类问题，对发现的难点问题及时研究解决，确保项目建设按时推进。全年新续建项目50个，总投资169亿元，完成投资54亿元，全年完成投资28.62亿元。其中，新建项目36个，续建项目14个。（郭　微）

【园区基础设施建设】 2015年，太原不锈钢产业园区加大投入力度，统筹布局，推进基础设施建设，承载能力提升。道路建设方面，完成市政道路兴安南二巷建设，启动小返南街等4条配套路网工程。水气暖配套方面，新建供水干线2.1千米，燃气干线1.6千米，集中供热干线0.5千米；新建3座燃气供热站，改造供热管网1.1千米，实现供热能力50万平方米。电力工程建设方面，完成电力排管沟建设7.5千米，改造旧线入地4千米；完成10千伏北同蒲贯通线、10千伏阳铁线、10千伏东方线等迁改工程2.7千米。园林绿化方面，完成绿化工程7.7万平方米，新增省级园林单位1个。

（郭　微）

【园区行政服务】 2015年，太原不锈钢产业园区强化服务意识，深化服务内涵，创新服务方式，园区发展环境得到优化。综合服务大厅日趋完善。服务窗口增至13个，基本实现"一个窗口受理、一个窗口办结"的一站式服务。国地税一体化办税模式深化。在联合办税的基础上，共同开展税收宣传、纳税服务、简化优化办税流程、落实纳税服务规范、联合征管等工作。"三证合一"工作走在全省前列。发出全省首张"三证合一"营业执照，并将原来9至11个工作日压缩为3至4个工作日，压缩审批时限。企业融资服务再上新台阶。鼓励帮扶优质企业进入资本市场，创造建区以来企业上市数量的最高纪录，全年共有7家企业成功上市。（郭　微）

【园区产业提质升级】 2015年，太原不锈钢产业园区面对经济下行压力，调整发展思路，狠抓内部提质升级，综合竞争实力提升。国家级循环化改造持续进行，获中央财政补助资金的8个重点实施项目有序推进。省级低碳产业园区创建正式启动，5月正式获批，分布式屋面光伏项目、环保产业科技示范园、新能源汽车项目等按计划推动。"双创"工作推进，贯彻《太原市小微企业创业创新基地城市示范工作实施方案》，注入配套资金，采用“免二减一”方式，为小微企业提供厂房、办公场所、研发基地等，降低小微企业的运营成本。狠抓外部扩区增容，可持续发展能力提升。太原市委、市政府于年初启动全市开发区拓展工作，园区多年来的扩区需求得以迈出实质性步伐。经过若干次沟通调整，最终确定在阳曲镇拓展3.5平方千米。拓展后园区规划管理范围18.36平方千米，同时在尖草坪区范围实施“区区融合”发展战略。两区开展拟定产业布局、明确地块情况等前期工作，推动两区在体制机制、一二三产等方面的深度融合，形成互惠互利、协同发展的共赢局面。（郭 微）

【园区综合管理】 2015年，太原不锈钢产业园区规范社会服务，提升综合管理能力，各项工作取得新进展。征地拆迁有序推进。确保新店北路等项目顺利开工建设。安全生产形势持续稳定。建立健全“党政同责、一岗双责、齐抓共管”的责任体系，组织开展各类安全生产检查200余次，累计排查各类安全隐患500余条，全部整改完毕，创造连续三年未发生重大安全生产事故的好成绩。环境整治日趋优化。开展全面改善省城环境质量工作，全年拆除锅炉3台，减少燃煤量1980吨。综合执法规范有序。高效、准确办结数字化信息平台案卷共964起。处理劳动用工违法行为举报8起，涉及人数411人，为农民工追回拖欠工资942万元，有效保障劳动者的合法权益。（郭 微）

·晋中经济技术开发区·

【概述】 晋中经济技术开发区（简称晋中开发区）为国家级经济技术开发区。晋中开发区位于晋中市西北城乡结合部，毗邻省城太原市，管辖面积55.8平方千米，规划面积5.2平方千米，区内有17个农村，常住人口8.4万人。2015年，晋中经济技术开发区对标国家级经济技术开发区发展的新标准，瞄准“十二五”既定目标，按照打造新型产业集聚地、高新技术辐射极、生态文明新城区的新定位，抢抓转型综改、太原晋中同城化、山西科技创新城等三大机遇，以改革创新为动力，以大项目引进与建设为主攻方向，各项工作取得新进展。

2015年，晋中经济技术开发区地区生产总值完成43.87亿元，比上年增长14%，是2010年的2.67倍，年均增长21.69%；工业增加值完成21.50亿元，比上年增长10%，是2010年的2.78倍，年均增长22.67%；财政总收入完成18.16亿元，比上年增长9.8%，是2010年的3.62倍，年均增长29.37%；固定资产投资完成57.50亿元，比上年增长16.3%，是2010年的2.39倍，年均增长19.08%；进出口总额完成2607万美元，比上年增长24.2%，是2010年的2.96倍，年均增长24.24%。

2015年，晋中开发区征收建设用地6580亩，招商引资项目供地1342亩；新认定高新技术企业7户，高新技术企业户数达22户；限额以上消费品零售总额（11月末数据）完成55.1亿元；农民人均收入1.7万元，收入水平居晋中各县市区第一。

（赵新政 李 茂 侯惠芳）

【主导产业】 截至2015年底，晋中开发区入驻企业达2535个，其中规模以上工业企业33户，限额以上商贸流通企业48户，世界500强投资企业14户。初步形成“4+1”产业发展框架，即医药食品加工业、装备制造业、电子信息产业、节能环保产业及现代物流产业。2015年33户规模以上工业企业累计完成工业总产值41.64亿元，比上年增长6.46%，实现规模以上工业增加值13.50亿元，比上年增长8.26%。医药、纺机、改装车、食品四大主导行业实现产值22.85亿元，其中：医药企业实现产值11.51亿元，比上年增长10.81%，拉动规模以上工业总产值增长2.87个百分点，占规模以上工业总产值比重为27.65%。

（赵新政 李 茂 侯惠芳）

【产业转型】 2015年，晋中开发区以四个园区为平台，培育适合企业集聚发展的产业生态，有针对性地招商引资和扶持项目建设，并带动城中村改造。创新型产业园：从西向东由山西省科技创新城、民营科技园、晋中科技产业园三个版块组成。7月，省科技创新城进入全面开工建设阶段，太钢集团、潞安集团等4个项目开工建设，完成投资1.56亿元；配套的4个村城中村改造一期205亩土地安置用地挂牌并启动建设；综合通道和退水工程完工，完成投资3.72亿元；城际铁路2号线7月开工。民营科技园中海归创业中心、国际能源晋中科技

晋中开发区信息技术孵化器大楼 （赵新政供图）

产业基地、鑫发城市创业广场等项目开工建设,完成投资9.8亿元。晋中科技产业园引进杉杉天美奥特莱斯、山西产业研究院、卫星导航信息技术应用等3个项目,配套的汇丰街、王河路两条园区主干道开工建设。装备制造产业园新引进10个项目并开工,计划总投资15亿元,完成投资4.6亿元,其中山西普丽环境工程股份有限公司投资项目实现当年开工建成、当年投产。物流产业园:新引进世界500强中国平安、中国500强苏宁、国际物流品牌企业普洛斯物流项目、北辰集团汽贸基地项目、太原地区铁路货运中心等,总投资约50亿元,其中太原地区铁路货运中心项目开工建设,苏宁和平安2个项目用地挂牌出让。综合服务园:田森汇商业综合体、万豪新天地商业综合体共计划投资25亿元,完成投资6亿元,其中田森汇商业部分于10月投入运营。开发区人民医院、保障房、龙田城中村改造一期工程15栋住宅楼和9栋商业楼基本建成,共累计完成投资21亿元。经过产城一体化建设,产业结构更加合理,"产业集群"效应初步显现,全要素生产力提高,区域竞争力提升。

(赵新政　李　茂　侯惠芳)

晋中经济技术开发区山西潞安重工有限责任公司重型压力容器生产车间

(赵新政供图)

【招商引资】 2015年,晋中开发区按照国家级开发区标准要求,瞄准世界500强、国内500强、品牌企业、上市公司投资项目,点对点对接,紧密跟踪,成效显著。2015年共引进项目11项,总投资156亿元,代表性的项目有:世界500强中国平安物流与苏宁、普洛斯物流项目全部落地秋村物流片区,总投资达40亿元,占地面积1000余亩;12月,杉杉天美奥特莱斯购物广场项目开工建设,总投资约10亿元,占地210亩;山西产业技术研究院产业基地项目、中科晶电蓝宝石晶体生产基地等项目开展前期工作。

(赵新政　李　茂　侯惠芳)

【项目建设】 2015年,晋中开发区按照"六位一体"项目推进"提质增效"目标。完成储备项目13项,总投资563亿元;签约项目11项,总投资156亿元;落地项目49项,总投资78.96亿元;新开工项目17项,总投资66.42亿元;2015年度列入晋中市考核重点工程(项目)共4类43项,计划总投资224.67亿元,2015年计划投资48亿元,截至12月底,开工43项,共计完成投资48.58亿元,投资完成率101.21%。其中省级重点工程完成投资3.8亿元,为年度目标任务3.2亿元的118.75%。新投产项目40项,总投资46.2亿元。

(赵新政　李　茂　侯惠芳)

【创新发展】 2015年,晋中开发区新认定高新技术企业7户,累计达22户,占晋中市的40%,占区内规上企业的45.5%,产值达42.1亿元,占工业总产值的56.5%;开发区目前有创新型企业6户,分别是山西德元堂药业有限公司、山西华辉凯德有限公司、山西鸿基科技股份有限公司、晋中开发区贝斯特机械制造有限公司、中航兰田美运和山西振东安特生物制药有限公司。企业设立研发中心21个,有1个博士后流动站实训基地。注重技术成果转化,2015年企业申报省、市、区各类科技项目61项。加大专利发明和知识产权保护力度,2015年共申报115件专利,有效发明专利拥有量达36件,比上年增加11件,比上年增加120%。

打造聚集人才的服务平台。做好晋中市第二批"551人才"的申报工作,上报"551人才"共15人,申报第六届市委联系高级专家6人。统筹科技扶持资金,2015年晋中开发区财政列入预算的科技研发专项资金2000万元全部用于扶持和补助区内企业的人才进行科技研发工作。至2015年累计引进两院院士4人,博士学历37人,硕士学历69人,海外留学人才及外籍人士26人。

加快科技孵化器建设。截至2015年底,共建成10个孵化基地,其中:孵化器总部1个,分部7个,加速器分部2个,孵化面积共9万平方米。2015年9月,基地被山西省科技厅认定为省级科技孵化器,2015年3月被省中小企业局认定为省级中小企业创业基地。共引进孵化企业112户,涉及医药食品、装备制造、电子信息、电子商务等重点产业。2015年企业营业收入为2.8亿元,新增就业岗位3000余人。

(赵新政　李　茂　侯惠芳)

【改革创新】 2015年,晋中开发区出台《推进"六权治本"实施方案》《重大行政决策制度》《行政执法责任制度》《行政执法检查制度》等。依法确定权力。2015年,晋中市政府及22个市直单位委托晋中开发区管委会及11个部门行使行政权力1177项，工商分局等9个市直单位派驻开发区机构行使行政权力事项2021项，确定行政权力事项共计3198项，标志着晋中开发区理顺行政执法体制。制定权力运行流程。对确定的权力事项从实施主体、法律依据等逐项予以明确，形成承办人具体办理、单位分管副职直接负责、单位一把手全面负责、纪检书记（组长）或纪检联络人负责监管的权力运行机制。落实法律顾问全覆盖。管委会和22个部门、17村全部配备法律顾问，共聘请律师40名，实现全覆盖。

工作机制改革创新更贴近市场。“三证合一”“一照一码”全面推行，涉及的工商、质监、地税、国税等部门按要求完成互联互通，信息共享，其他单位通过电子政务外网实现网络连通，行政审批实现大“瘦身”，激发市场主体活力。招商准入、审批联审、落地征拆、要素储备及配置、财政金融帮扶工作机制完善。尤其是项目审批，解决审批环节上协调难问题；完善项目签约、审批、进地开工、建设“四位一体”机制，推进保障项目征拆进地、开工建设，2015年累计进地约446公顷，确保省科技创新城、太铁物流、城际铁路2号线等省市重点工程及区内30余个项目开工建设。

开放型格局逐步形成。省级层面的科技创新城建设实现从计划到实施的跨越；市级层面的108示范区科技产业园借力示范区上升为省级战略并由晋中市政府组织实施。晋中开发区对外开放发展的开放性与外向度更加显现：晋中普洛斯仓储设施有限公司属于外商独资企业；山西鸿基科技股份有限公司同德国公司合作，引进先进的技术设备；山西普丽环境工程股份有限公司与韩国公司开展合作。晋中开发区主动“对接京津冀、融入环渤海”，承接产业转移、招商引资引智，学习先进运营管理经验。

（赵新政　李　茂　侯惠芳）

【投资环境】 2015年，晋中开发区铺开的道路工程建设项目共23项，共完成投资3.6亿元。代表工程有综合通道道路工程项目，为晋中开发区内省科技创新城主干道，计划总投资6.3亿元，截至12月底，完成投资2.04亿元，主车道铺设完工。四个园区实现“七通一平”（即：通给水、通排水、通电、通信、通路、通燃气、通热力以及场地平整）。晋中自来水公司设立开发区服务中心，晋中供电公司、太原煤气集团、晋中天然气公司、晋中洁源天然气公司对开发区供电、天然气、煤气设施建设和用户服务实现无缝对接，优先服务。区内共有集中供热5处，实现区域全覆盖。

政务服务大厅全部采取串并联模式进行审批与服务，并配备行政审批、电子监察系统，对到期件和超时件进行提醒、预警。2015年，接待受理行政许可事项3960件，接待非行政许可事项268件，全部办结。

截至2015年底，晋中开发区共有金融机构67家，担保公司8家。晋中开发区中小企业担保公司2015年办理担保业务64笔，担保金额达7亿元，累计扶持企业103户，支持山西晋能艾斯特空冷设备制造有限公司、山西华纳机械加工有限公司、山西福润家具有限公司等重点企业建设发展。晋中开发区银桥公司2015年办理委贷业务32笔，金额3.7亿元，缓解区内部分重点企业资金紧张困境。（赵新政　李　茂　侯惠芳）

·临汾经济技术开发区·

【概述】 临汾经济技术开发区位于临汾市新城区的中心区域，行政管辖面积9.867平方千米，城市规划面积7.8平方千米。规划功能、定位是商贸启动、工业兴区，工业及市政用地率达到70%以上。与洪洞县合作共建临汾开发区（洪洞·甘亭）新型工业园，是临汾首个承接东部沿海产业转移的大型基地。该园区位于洪洞县南部甘亭镇，在临汾市百公里汾河新型经济带区域范围内，距开发区10千米，规划面积96.5平方千米，一期规划面积24.8平方千米。工业园区规划建设六大产业功能区，具体为：精密装备产业区、农业及食品深加工产业区、电子信息产业区、生产性服务区、新材料产业区、高新技术产业区。

2015年，临汾经济开发区地区生产总值完成72亿元，同比（以下同）增长7%；工业总产值完成23亿元，增长4%；科工贸收入完成324亿元，增长10%；外贸进出口总额完成5999万美元，增长5%；固定资产投资完成48亿元，增长52%；财政总收入完成4亿元；土地出让金入库额完成2亿元。（梁　青）

【招商引资】 2015年，临汾经济开发区共签订入区合同及协议6项，分别是投资8亿元汽车件精密制造项目，2亿元锦悦汇A、B座建设项目，5亿元节能减排环境检测服务项目，35亿元晋港环保技术机械装备制造产业园项目，30亿元新能源汽车核心技术产业园区项目，57亿元高河店社区“城中村”改造项目，合同及协议资金共计137亿元人民币。完成临汾市下达（年度招商引资合同资金额100亿元人民币）的137%。因沃特玛项目协议属三方签署，市认定签约项目完成额122亿元，超额完成全年招商引资目标任务。（梁　青）

【重点项目】 2015年，临汾经济开发区投资29.44亿元，实施各类项目32个，其中，省级重点项目3个，市级重点项目29个，所有项目报建率、招投标率、图纸审查率、监理率和质量安全监督覆盖率均达到100%，完成2015年“六位一体”任务，各项指标处于全市中上游水平，固定资产投资居领先位置。华翔白色家电零部件生产和机械工程类单厂规模分别在2015年排名全球第一和全国第一；新能源、新材料等产业跻身全国先进行列。投资4亿元山西天然气有限公司液化调峰储备集散中心项目、投资60亿元沃特玛新能源汽车核心技术产业园区项目等一批高新技术企业顺利落户，使临汾开发区跃居为全市同类高新产业首个聚集区。（梁　青）

2015年8月22日，临汾经济开发区、洪洞县政府与深圳沃特玛有限公司共同举行新能源汽车核心技术产业园项目签约仪式　　（梁　青供图）

【园区建设】 2015年，临汾经济开发区引进深圳市沃特玛新能源汽车核心技术产业园、临汾市瀚海源科技、山西桓合合成材料、凯德佳自动化设备制造等多个高新技术项目，推进华翔四期、锦江物流园、童亿生物科技有限公司年产3000吨微生物菌剂及10000吨固体生物有机肥建设项目、格瑞蔚蓝年产200台锅炉节能水处理器项目、三维豪信化工改建项目、龙信达大型物流仓储项目等，实施第一大道和北外环延伸项目，园区规模逐步壮大。投资15亿元沃特玛一期工程展开建设，为打造全省最大新能源基地奠定坚实基础。　　（梁　青）

【"三个突破"】 2015年，临汾经济开发区结合区域实际，完成"三个突破"。金融振兴突破。形成以工商银行、建设银行、晋商银行、兴业银行、光大银行、中信银行、华夏银行、尧都农商行等多家银行机构为支柱的金融中心；发挥区融资担保公司、小额贷款公司和银行"助保贷"平台作用，帮助中小微企业解决融资难题，引进山西省股权交易中心，帮助企业融资1.5亿元。引导支持三水集团在"新三板"成功挂牌、华翔集团启动主板整体上市。科技创新突破。支持华翔集团实施改造并帮助企业申请国家级技术中心，建设科技研发大楼，设置上海交大博士后工作站。民营经济突破。采取项目包联、项目调度会、项目直通车等措施帮助企业解决发展中的难题，扶持具备实力的企业加快转型升级。　　（梁　青）

【安全生产】 2015年，临汾经济开发区加大企业安全生产监管力度，编制修订安全生产事故灾难应急预案、烟花爆竹安全事故应急预案和危险化学品事故灾难应急预案等，深入开展安全生产大检查、"六打六治"打非治违专项行动和涉危化学品、烟花爆竹、建筑工地、消防安全、食品药品、特种设备及学校安全等专项整治活动，完善事前预防和事后处置工作机制。推行社会网格化管理和三级联动建设，发挥公安、综治、信访等部门的骨干作用，开展矛盾排查摸底活动，解决治安问题和各类矛盾纠纷，做到小事不出社区、大事不出办事处、群体事件不出开发区。此外，开展"严打整治"、"六项整治"、打击"黄赌毒"等行动，排除辖区的治安隐患和有关案件的处置工作。　　（梁　青）

【社会民生】 2015年，临汾经济开发区实施社区道路改造、廉租房建设、环境绿化、卫生改善和公共安全配套等工程，改善居民的居住和生活环境。按时足额兑现失地农民补偿、生活补助、各种补贴和城乡居民养老、医保、低保、优抚补助、"家电下乡"补贴等优惠政策，让广大居民享受开发区发展的红利。推进劳动监察、教科文卫体，民政、保密、统计、计生、综治、人武、工青妇和残联等工作，社区精神文明建设事业蓬勃发展。　　（梁　青）

临汾经济技术开发区电子商务产业园　　（梁　青供图）

【冬季行动】 2015年,临汾经济开发区将全区"冬季行动"内容细化为19大项37个小项,明确各级各部门责任分工,层层分解任务,层层传导压力,并把"冬季行动"与2016年全年工作和"十三五"规划统筹考虑,紧紧盯住主要指标不放松,重点抓经济运行调节、优化企业服务、招商引资、项目建设、安全生产、社会稳定、应急值守等工作,在全区上下掀起一场"冬闲"变"冬忙""马上就办、真抓实干"的工作热潮,确保"冬季行动"推进。

(梁　青)

·侯马经济开发区·

【概述】 侯马经济开发区是经国务院审核通过的省级开发区,位于侯马市区东部,面积8.16平方千米。侯马开发区党工委、管委会设有1个办公室和12个职能局,工作人员179名。截至2015年底,累计入区企业总计1116家。其中,工业企业61家,建筑行业企业46家,商贸物流、电子商务、医疗器械、现代金融类等企业1009家。

2015年,在山西省商务厅支持下,侯马经济开发区启动扩区工作。根据临汾市委、市政府决定,将占地55平方千米的山西国际陆港综合保税园区并入侯马开发区。10月,在市商务局牵头指导下,陆港园区已整体移交到侯马开发区。12月下旬,临汾市政府将扩区请示文件和相关资料上报省政府。

2015年,侯马经济开发区地区生产总值完成50.72亿元,同比增长9.02%;财政总收入完成2.91亿元,同比减少3.11%;公共财政预算收入1.13亿元,同比减少10.2%;税收收入完成2.02亿元,同比减少10.96%;企业主营业务收入完成242亿元,同比增长10.79%;工业总产值31.64亿元,同比增长9.43%;固定资产投资完成39.41亿元,同比增长7.26%;进出口总额1458万美元,同比增长91.06%;实际引进到位资金33.01亿元,同比增长21.37%。(林广源)

【投资环境】 基础设施建设方面。2015年,侯马经济开发区加强城市基础设施建设和管理,提升园区项目承载力。完成城市道路雨污管网改造工程、城市园林绿化工程和城市道路改造工程,新建城市污水管网2.1千米,改造排水管网1.1千米;新增绿化面积2.43万平方米;新建城市道路2.3千米,改造城市道路1.3千米。对城市设施管理标准和考核办法进行修订完善,形成考核成果与资金支付挂钩的考核管理机制,通过政府采购,实行向社会购买服务方式,加强对道路、路灯、绿化、供排水等市政设施的日常维护管理,提高城市管理水平。

品牌服务建设方面。创造条件,搭建公共服务平台,扶持主导产业和重点企业发展。行政服务中心平台建设。对开发区行政审批服务中心进行升级改造,设立办事区、查询区、等待休息区三个区域,增设主任热线、房产交易、财政三个窗口,对网络、多媒体等设施进行升级。投融资平台建设。发挥建设银行"助保贷"融资平台,在此基础上,与晋商银行、尧都农商行陆港支行、海融担保公司共同搭建两个新的"助保贷"平台。发展以小额贷款公司、担保公司为主的非银行金融机构,引进中强、晋昌邦和国际陆港3家小额贷款公司和汇银恒信、海融两家担保公司。电商培训基地平台建设。引进淘宝大学、网商学院、敦煌学院,并与山西省电商商会、山西财经大学等院校战略合作,建设电商培训中心、人才孵化中心、网商创业中心,开展电商人才培养工作。全年举办各类电子商务培训会议28期,培训人才4100余人。医疗器械产业公共服务平台。围绕"大健康"产业,搭建两个服务医疗器械企业发展的公共平台,医疗器械电子监管信息平台,是山西省首个应用电子化信息技术进行监管的技术平台,可以实现企业与政府监管部门的信息互通和资源共享。医疗器械仓储物流配送中心,是山西省首个集中化管理的医疗器械仓储中心,有助于提升仓储物流配送能力,降低医疗器械产业运营成本,实现大健康产业的快速聚集。

(林广源)

【招商引资】 2015年,侯马经济开发区围绕"大机电""大电商""大健康"三大产业集群,延伸招商触角,加大招商力度。学习研究新经济业态。多次组织招商骨干外出,就产业转移趋势、综保区和自贸区政策等进行学习考察,提升招商工作的能力和水平。创新招商引资方式。针对产业基础和

2015年10月10日,国际陆港园区整体移交侯马经济开发区举行签字交接仪式

(林广源供图)

人脉信息,“走出去”“请进来”,多次前往长三角、珠三角等地开展全员招商、精准招商和产业链招商。同时,组织参加央企入晋项目推介对接会、跨国公司入晋交流合作项目对接会、第九届中博会山西重点项目推介招商会、宁夏“一带一路”政策推介洽谈会等专题招商推介会。开发区电商示范基地代表山西省电商领域参加“山西品牌中华行”长春站、西安站的交流活动,为下一步的发展积累人脉和资源。2015 年 7 月,在北京举行的第十二届中国企业发展论坛暨首届“一带一路”园区建设国际合作峰会上,侯马经济开发区以鲜明的产业特色,跻身“2015 中国产业园区成长力百强”。2015 年,全区共引进 112 家企业入驻开发区。其中,工业企业 9 个,商贸物流、电子商务、总部金融等现代服务业项目 103 个。 （林广源）

2015 年 9 月 1 日,侯马经济开发区国家电子商务基地代表山西电商领域参加山西品牌中华行(长春站) （林广源供图）

【主导产业和重点企业】 2015 年,侯马经济开发区重点围绕“大机电”“大电商”“大健康”三个产业集群大力发展现代物流、电子商务、电子信息、装备制造、医疗器械等产业。

山西好利阀机械制造有限公司。该公司主要从事阀门产品的设计研发、阀门零部件加工制造及阀门总成装配,是一家生产创新科技型企业。

山西德迅电梯有限公司。该公司引进德国的先进技术、工艺和服务体系,主要生产系列乘客电梯、观光电梯、自动人行扶梯、货梯等四大系列二十余个品类。该项目通过运用物联网和大数据等技术手段,率先实现省、市、区三级远程监控,保证产品从安装、使用、保养、维修等各个环节的安全性和规范性。

山西威尔捷太阳能动力车有限公司。该公司是一家专业从事太阳能两轮车、太阳能三轮车、四轮车的研发、设计、生产、销售为一体的专业公司,属于无污染,无废弃物排放的纯环保型公司,并组建行业前锋的研发团队,多项研发成果获国家专利。

山西天美优品科技有限公司。该公司隶属于天美优品(北京)网络科技有限公司,专注于县域经济的天美本地通,是天美公司打造的生活服务平台,有外卖配送,商超配送,到家服务,同城跑腿等四大版块。

山西亚欧有色金属交易中心有限公司。该公司是由省级政府批准设立的跨境有色金属电子商务平台运营企业。公司研发的“亚欧有色金属交易中心”电商平台,以提单贸易为核心, 以中小企业为主要服务对象,具备网上招标专场、直销专场、原材料挂牌多种贸易功能,是根据有色金属供、需双方交易习惯,创新资金融通、仓储物流、信息获取方式,打造的全产业链现货交易平台。

山西晋淘天下科技有限公司。该公司是一家专门从事电子商务人才培训、孵化、输出,以及帮助本土农产品、工艺品、旅游文化与非遗传承物产实现网络推广,并致力于为企业信息化提供互联网应用服务,提供管理信息化咨询与互联网解决方案、软件实施的高科技知识型企业。

山西伟涛食品有限公司。该公司是一家以农副产品深加工、食品研发、加工、仓储、冷链物流配送为主的规模化产业型企业。产品主要结合民族文化,开发国际化、养生化、生态化、数字化的中式快餐。

金葵花大健康产业有限公司。该公司依托集团雄厚的实力,拥有全新的工厂和 9 条批文。具备为客户提供生产销售一条龙服务所需的软硬实力。主要经营生产、销售医疗器械、日化用品、保健食品、化妆品,商品信息咨询服务与医疗器械技术研究开发。

山西健康动力医疗科技有限公司。该公司是集研产销为一体的生产企业。主要研发生产物理治疗系列、医用电子系列、诊查器械系列、临床检验系列产品。现获得发明专利两项, 分别是颈椎治疗仪和腰椎治疗仪,并有 5 项专利开展申请工作。

（林广源）

【科技创新】 2015 年,侯马经济开发区加大科技创新力度,推进企业技术研发和科技孵化平台建设。加大对企业创新的资金支持和政策扶持力度。为中小企业发展预算 400 万元“科学技术研究与开发专项资金” 和 1800 万元“中小企业发展专项资金”,用于扶持企业创新发展;同时出台《关于推进民营经济、科技创新和金融振兴的实施意见》,从创建技术中心、鼓励企业增加研发投入、培育高新技术企业、对专利等知识产权奖励、“两化”融合、科技人才队伍建设等方面推动科技创新, 驱动实体经济升级发展。

加快孵化器建设，提高孵化能力。在发挥好金山和锦茂两个标准厂房工业企业孵化的同时，2015年启动两个孵化平台，分别是依托自建标准厂房的“科技创新孵化园”和依托省汽运晋南电商物流园的“网商园”，这两个孵化平台重点孵化高科技企业和电子商务企业。截至2015年底，在孵的企业有威尔捷太阳能汽车、大禹供水设备、日思信光电、日祥科技、普安门业、畅达高分子管道、固德机械、金葵花医疗器械、健康动力医疗器械9家企业。加强高新技术企业和研发机构培育建设。为区内企业创新发展提供全程服务，帮助企业申请认定高新技术企业、建设技术中心、申请专利。截至2015年底，有1家企业被认定为高新技术企业，2家企业开展培育工作；还有1个省级企业技术中心，6个市级企业技术中心，1家培育市级技术中心。2015年，共申请专利19件，授权4件，累计申请专利90件，授权63件。企业累计投入研发费用5075万元，占生产总值比重为1%；高新技术领域企业工业总产值6.5亿元，占全区工业总产值比重20.5%。鼓励企业加大产学研合作，推动技术推广应用。严格项目准入，引进新技术、新业态。伟涛食品与太原理工大学合作开发的智能售饭机器人项目，实现传统餐饮业向自动化与物联网的转型；畅达管道引进美国研发的高分子化合物塑料变形管件生产项目，填补全国不开挖管道修复技术的空白；卓锋钛业在西北有色金属研究院的支持下研发3D打印球形海绵钛粉技术并申请发明专利，提升核心竞争力；德迅电梯与德国鲁尔工业区中的电梯企业、高校和管理机构建立良好的联系和合作关系，引进德国先进的电梯工业理念、企业管理模式和制造技术，生产“德系”技术“迅捷”服务的全系列电梯整机产品；威尔捷太阳能动力车应用3D打印技术，设立3D打印设计研究室，实现零部件模具的自主设计研发。（林广源）

【环境保护】 2015年，侯马经济开发区落实ISO14001环境管理体系认证，从城市规划、项目入区、文明服务、节能降耗和依法行政等多方面进行规范化管理，提升开发区的环境管理水平。开发区严把项目入区关口，对不符合环保要求的实行一票否决，绝不引进。区内企业排放的废弃物均达到国家规定的排放标准和污染物排放总量控制指标。推动绿色低碳循环产业发展，引进绿色低碳生产项目，引导企业通过技术创新和节能技术改造，实现节能减排、绿色发展。（林广源）

【管理与服务】 2015年，侯马经济开发区坚持“小政府、大服务”的基本定位，实行“一局多能、一人多岗、一岗多责”的工作模式，打造肯吃苦、能战斗的创业团队。在此基础上，引进企业化管理、数字化考核，解决工作“效率”和“服务”问题，激发出团队干事创业的热情和积极性。2014年以来，侯马开发区开始实行管委会主任兼任所在地主要领导的改革模式，探索从领导层面解决开发区与所在地之间的协调问题。经过两年实践，这一模式推动开发区与所在地之间的优势互补、利益共享。（林广源）

【社会事业】 2015年，侯马经济开发区履行社会责任，实现区域经济、社会和谐发展。解决失地农民的利益问题。结合新农村建设，开发区列支专项经费，为所在地乡村修路、打井、建学校，改善农村的生活环境；帮助农民成立运输装卸队，建设商业步行街、自营市场、供水站等项目，解决村民的致富问题；出资与侯马职业中专合作，免费培训区内的劳动者，在区内优先安排农村剩余劳动力就业。抓好安全生产工作，开展“知责、履职”谈心活动和“安全生产月”系列活动，推进安全生产大检查和“六打六治”专项行动，全年没有发生一起大的安全生产事故。抓好信访稳定工作，加大对矛盾的预防和调解力度，妥善解决10余起信访案件，全年没有发生一起越级上访事件。（林广源）

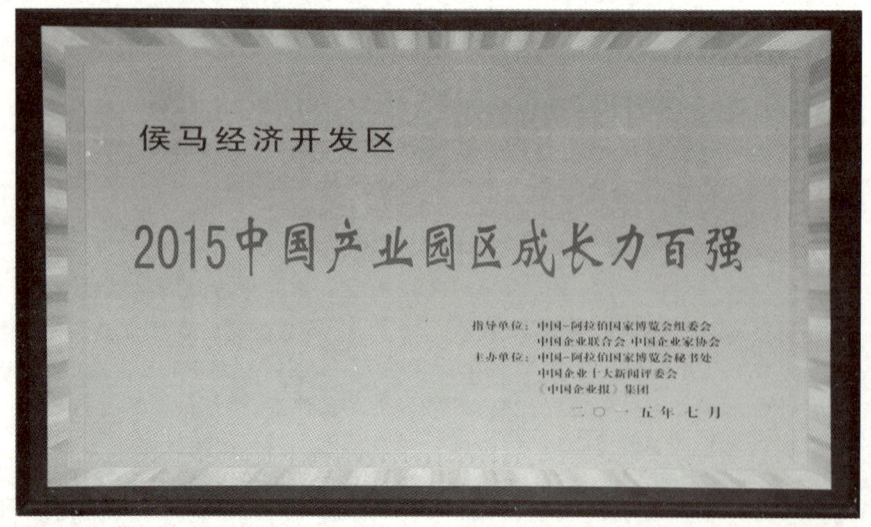

侯马经济开发区在第十二届中国企业发展论坛暨首届“一带一路”园区建设国际合作峰会上跻身2015中国产业园区成长力百强榜（林广源供图）

·运城经济开发区·

【概述】 运城经济开发区为山西省省级开发区，位于山西省西南部运城市区东北部，规划面积24.68平方千米，完成开发15平方千米。常住人口10.64万人，从业人员5.38万人。截至2015年底，开发区拥有工商企业1443家（2015年新登记359户），其中规模以上企业22家，外商企业6家，进出口企业23家，世界500强企业4家（沃尔玛、中国移动、晋能集团、阳煤集团），高新技术企业两家（阳煤丰喜、天网安防），民营科技企业8

家。省、市级技术中心 9 家，区内企业拥有专利数 139 件，注册商标 140 件，其中山西省著名商标 4 件（奥圣管业、卡乐仕、绿新素、瑞泽），驰名商标 1 件（丰喜）。A 级信用企业 6 家，AA 级信用企业 3 家，AAA 级信用企业 1 家。个体工商户 7805 户（2015 年新登记 1265 户）。培育壮大新型装饰材料、汽车零配件加工制造、现代商贸物流、总部研发职业教育、医药、电子商务“六个产业集群”。

2015 年，运城经济开发区地区生产总值完成 180.4 亿元，同比增长 11.1%；工业总产值完成 154.9 亿元，同比增长 15.2%；第三产业增加值占生产总值比重 66.1%；入区企业主营业务收入 536.4 亿元，同比增长 14.9%；固定资产投资完成 89.7 亿元，同比增长 19.9%；财政总收入完成 7.68 亿元，同比增长 3.2%；一般公共预算收入完成 2.62 亿元，同比增长 21.3%；税收收入完成 4.08 亿元，同比增长 13.5%。（陈艺冉）

【投资环境优化】 2015 年，运城经济开发区打造“四纵五横”的路网框架；实施绿化工程，绿化面积 264.3 万平方米；建成 11 万伏变电站、集中供热站、天然气加压站和电动汽车充、换电站，实现水、电、气、暖全覆盖；区内有大中型综合、专业医院 5 家，幼儿园、小学、中学、职业学校 18 所，金融分支机构 7 家，会计事务所、律师事务所等社会中介服务机构 20 家。运城海关商检具备闭关运营条件，和运城检验检疫局合作建设的两栋楼经太原海关、省检验检疫局验收，2015 年底具备办公条件。（陈艺冉）

【招商引资与利用外资】 2015 年，运城经济开发区围绕发展汽车零配件加工制造、新型装饰材料、现代服务业和医药四个产业集群开展招商引资。组织企业参加中国（上海）国际技术进出口交易会、中博会、西洽会、中阿博览会、黄河金三角投资合作交流大会、央企山西行活动、亚太投资促进会举办的招商引资项目对接会、2015 年海外学人回国创业周活动、晋商大会年会。引进北京朗致集团投资 30 亿元的医药产业园项目，与荷兰代尔夫特理工大学签订技术合作协议。2015 年新签约项目 14 个，总投资 119.45 亿元，到位资金 29.01 亿元。

截至 2015 年底，开发区实际利用外资 5689.8 万美元，增速 8.7%；外资依存度 2.1%；实际到位境内省外投资额 52.82 亿元，增速 12.4%。（陈艺冉）

【主导产业与重点企业】 2015 年，运城经济开发区初步形成以新型装饰材料、汽车零配件加工制造、现代商贸物流和区域总部研发职业教育四类产业为聚集的产业格局。其中新型装饰材料、汽车零配件加工制造是开发区的“两大主攻产业”。截至 2015 年底，开发区集聚四大集群企业 198 家，年产值和销售收入突破 400 亿元。2015 年新崛起医药、电子商务两大产业集群。

新型装饰材料产业集群。新型装饰材料产业建成和在建 8 家企业。主要产品有超薄真空绝热板、壁纸装饰材料、聚酯树脂、电线电缆、包装膜、塑钢制品等 20 余种。骨干企业有：山西中海金源科技有限公司、山西金博雅装饰材料有限公司、运城奥圣塑钢制品有限公司、国澳崇基电梯及立体车库等项目。截至 2015 年底，新型装饰材料产业集群企业达 15 家，年产值实现 164.6 亿元。

汽车零配件加工制造产业集群。汽车零配件加工制造建成和在建 7 家企业。产品以汽车主要部件、铸造件、机械加工件为主，面向全国和国际市场，并与跨国整车厂商结成紧密的供应关系。骨干企业有：山西同誉有色金属有限公司、山西卡乐仕汽车服务有限公司、大运集团运城三轮车项目等项目。截至 2015 年底，汽车零配件加工制造产业集群企业达 23 家，年产值实现 122.2 亿元。

现代商贸物流业集群。开发区形成以居然之家家居广场为龙头，美特好商超物流配送中心及销售网点、豪德光彩贸易广场、大明宫鑫源家具广场为基础的辐射黄河金三角地区的现代商贸物流门户，建成和在建 9 家企业。截至 2015 年底，现代商贸物流业集群企业达 10 家，销售收入实现 130 亿元。

区域总部研发职业教育产业集群。区域总部研发职业教育产业集群建成和在建 15 家企业，有阳煤丰喜总部暨研发中心、移动总部、煤运总部等总部和运城职业技术学院、西北工大运城分院和水利职业学院等。截至 2015 年底，引进大型企业总部 30 家，区域总部经济集群销售收入实现 150 亿元。

医药产业集群。2015 年新引进国药控股山西有限公司运城分公司医药物流配送基地项目。物流中心导入总部物流信息系统，实现物流、资金流、信息流管理相统一的现代物流体系。北京朗致集团运城医药产业园项目总投资 30 亿元，分三期建设。一期投资 12 亿元，朗致博康药业 GMP 技术改造搬迁项目、朗致华北区总部项目；二期投资 9 亿元小容量注射剂项目、朗致化药口服制剂中心项目；三期投资 9 亿元的朗致医药物流园项目、朗致中药材深加工及交易中心项目、朗致北方营销中心项目。

电子商务产业集群。运城经济开发区电子商务集聚区可用面积 5628.82 平方米。重点建设“运城电子商务公共服务平台”，配套建设电子商务百强企业集聚区、电子商务物流服务中心、电子金融服务港、电子商务产业研究中心、电子商务人才培养基地、大学生创业孵化基地、电子商务体验中心、电子商务中小微企业创业基地。完成入驻的大型电商企业有：京东乡村电商、联想 e 购等 10 余家，其他对接电商有大麦商务、恒洋电商等 60 余家。准备入驻的机构有：中国电子商务协会运城分会、中国电商实战协会运城分会、山西电子商务商会运城分会、国家信息化紧缺人才培养工程运城人才培养基地、运城对外劳务输入人才培训中心、商务部跨境电商试点示范中心等 10 余家。依托职业技术学院、西北工业研究院运

2015年12月7日，山西省省长李小鹏（左三）在运城经济开发区调研（陈艺冉供图）

城分院、清华大学、郑州大学在开发区设立的科研机构，搭建科技转化平台，建设黄河金三角科技大市场，加快实现运城市科技创新突破。

（陈艺冉）

【科技创新】 2015年，运城经济开发区研发机构和高新技术企业占入区企业比重达1.15%；财政支持科技发展支出占当年开发区基础设施和公共服务平台投资比重达0.16%；科技孵化水平达11个/万平方米。专利水平提升，研究与试验发展经费支出和开发区财政支持科技发展支出之和占生产总值比重达1.8%；高新技术领域企业工业总产值占全区工业总产值比重达54.6%。区内企业研发人员数量和研发经费支出逐年增加，截至2015年底，区内企业中高级工程技术和专业研发人员共计818人，研发经费支出累计1.82亿元，较上年同期分别增加63.6%和15.3%；开发区财政支持科技发展支出110万元，较上年同期增加10%；区内企业拥有专利数139件，其中完成授权118件，完成受理13件，处于申请状态8件；高新技术企业2家，民营科技企业8家；规模以上高新技术企业工业总值占全区工业总产值55.2%；区内研发机构（含技术中心和实验室）共计70余家，其中省级技术中心两家，市级技术中心7家。

（陈艺冉）

【环境保护】 2015年，运城经济开发区实施"绿色生态工程"，推进全区转型发展、跨越发展、和谐发展、可持续发展。出台《关于落实运城市环境质量改善攻坚行动实施方案》《关于印发运城经济开发区绿色生态工程实施方案的通知》《关于整治违法排污企业保障群众健康专项行动实施方案》《开发区严厉整治焦化、冶金、化工等行业违法排污行为专项行动实施方案》《运城经济开发区开展大气污染防治行动实施方案》《运城经济开发区燃煤锅炉煤改气专项整治工作实施方案》等文件，打击环境违法行为，推进开发区的环境保护工作。截至2015年底，开发区万元工业增加值能耗为0.122吨标准煤/万元；万元工业增加值用水量为0.411立方米/万元。万元生产总值二氧化硫排放量为0.105千克/万元；万元生产总值氮氧化物排放量为0.038千克/万元；万元生产总值化学需氧量排放量为0.606千克/万元；万元生产总值氨氮排放量为0.095千克/万元；万元生产总值烟尘排放量为0.089千克/万元；万元生产总值工业粉尘排放量为0.001千克/万元。工业用水重复利用率达75%。

（陈艺冉）

【管理服务改革】 2015年，运城经济开发区深化行政审批制度改革。完备并联审批、全程代办、特事特办机制，保证企业和群众请办事项的优质高效办理，提高行政效能，压缩审批时限，办理时限由13天减少到7天，减少审批事项，审批事项由原有63项减少到46项。推进工商登记制度改革，落实认缴登记制，由先证后照改为先照后证。实行登记制度改革，降低门槛，简化手续，为企业营造宽松平等的市场准入环境，激发群众的创业热情。2015年，开发区新登记注册各类企业359户，新登记注册各类个体工商户1265个，截至2015年底，开发区有企业1443家、个体工商户7805户。

帮扶服务企业。实施品牌战略。帮助金博雅壁纸研发出"金博雅"和"古瑞斯"两个品牌，新研发出高端无纺"赛默森"壁纸和"圣力诺"牌刺绣壁纸，产品竞争力增强，年底产值达到4.8亿元。截至2015年底，开发区著名商标达到6件，驰名商标2件。因企施策，对症帮扶。从产品质量、市场营销、经营管理、产品研发、标准认证等方面着力。帮助同誉轮毂12月底拿到德国轮毂协会认证，为轮毂产品进入国际市场打开绿色通道；针对企业原料、燃气遇到的困难，协调加快办理相关手续，帮助企业新上5万吨铝合金项目、自建煤气发生炉，解决原料紧张、燃气价格高问题，使企业满负荷生产，年底新增销售收入达4.6亿元。促进天源药业和蜀中制药合作，天源药业顺利通过良好生产规范认证，药品实现批量生产。搭建融资平台。和民生、工商、浦发、中行等金融机构签订战略合作协议，帮助企业解决资金6200万元。（陈艺冉）

【社会事业】 2015年，运城经济开发区坚持民生为本。抓就业。年内新增就业岗位1300余个，吸纳1200余人就业创业，转移农村富余劳力3100人次，职业培训716人次，公益岗位安置就业35人。抓社保。新增24家养老企业、参保职工971人、参加养老保险居民12264人。企业养老保险基金突破5000万元，居民养老金额达172.94万元。社会事业投入达1.4653亿元，占公共财政支出80%。全额补发津补贴542.5259万元。

（陈艺冉）

·运城空港经济开发区·

【概述】 运城空港经济开发区（以下简称空港经济开发区）为省级开发区，位于运城市东郊，下辖33个行政村，总规划面积30平方千米，建成16.7平方千米。空港经济开发区先后建成三大产业集群，即以大运汽车制造、卓里机械为龙头的机械制造产业集群，以华润雪花啤酒、际华集团、康师傅饮品、华雄纺织、恒运制衣为龙头的轻工食品产业集群，以航空物流、烟草物流、运汽物流为龙头的现代物流产业集群，成为运城经济发展的增长极。

2015年，空港经济开发区主营业务收入完成210亿元，同比增长17%；财政总收入完成2.65亿元，完成年度目标任务的112.2%；外贸进出口总额完成3264万美元，完成年度目标任务的127%；外贸出口总额完成3253万美元，完成年度目标任务的126.6%。入区企业总数达902家，个体户3868户，其中规模以上企业14家。空港经济开发区共有10家规模以上企业和4家规模以下企业进入股改及挂牌上市企业后备资源库。磊源电器、绿康实业、鑫宇房产3家企业完成Q版挂牌上市，大运汽车、巨安电子均完成股改工作。（杨建国）

【投资环境优化】 2015年，空港经济开发区启动“七路一桥”路网工程建设。其中，河东东街延长线道路工程全长1442米，主路面全部完成；创新路南延道路工程全长712.5米，路基回填压实完成500余米，占总工程量的40%，以上两个项目完成投资近1亿元，占投资总额的22%。港南大道的前期手续可研、勘察、设计、土地、选址、用地许可、工程许可、立项完成；盐湖大道空港段、雪花南路延长线、工业一街、汤王街前期手续可研、勘察、设计完成；柳河东路上跨南同蒲铁路立交桥，办理开工前期手续，项目可研报告编制完成；供热锅炉改造及敷设管网工程，完成75吨锅炉改造任务，铺设供热管网10.4千米，完成投资7600万元，基本满足空港居民冬季取暖需求；城市供水项目完成新建输水管网35千米，供水管网17千米，完成投资9500万元；南部排污总干管网工程通过财政评审。

（杨建国）

【招商引资与项目建设】 2015年，空港经济开发区11支招商小分队分赴全国各地，共外出60余次，对接企业55家，签约项目16个，总金额达101.85亿元。

山西蒲津板业有限公司投资6.2亿元的木塑地板及板材项目建成投产，该项目节能环保，防腐防潮阻燃，市场前景看好；大运集团总投资12亿元的新能源汽车项目车间主体完工，投产运营后年产电瓶车2.5万辆、燃气车1万辆，年产值65亿元，税收2亿元；投资8.8亿元的A区汽配园项目7万平方米车间全部建成，其中宏扬汽配冲压件项目、宏德汽配车架项目建成投产，开展试运营工作；由山西新安泰物贸有限公司投资3.58亿元的物流仓储项目一期工程土建完工；由北京南明教育集团和运城新教育集团联合投资7000万元建设的运城国际学校项目于2015年8月动工；由锦博苑房地产投资4000万元的运城新港实验二小4轨制项目于2015年12月动工。全部项目总投资31.68亿元。（杨建国）

【主导产业和重点企业】 2015年，空港经济开发区内主导产业和重点企业发展良好。山西大运汽车制造有限公司作为一个集科研、开发、生产、销售、服务为一体的重卡企业，公司厂区占地面积100公顷，规划总建筑面积30万平方米，总资产30亿元人民币，拥有国内一流的冲压、焊装、涂装、总装、改装五大工艺生产线，主要生产设备、检测试验设备均达到国内先进水平。为争取在新三板上市，企业进行股份制改制，更名为大运汽车股份有限公司。2015年生产汽车1.5万辆，形成N6中重型、N8重型、高端N9重型三大拳头产品。

华润雪花啤酒（运城）有限公司隶属于华润雪花啤酒（中国）有限公司，总投资6亿元人民币，设计年生产能力40万千升，占地面积25.87公

2015年1月11日，山西省委常委、组织部部长盛茂林（前左二）在运城空港经济开发区大运汽车股份有限公司调研

（杨建国供图）

2015年5月7日,山西省委常委、副省长付建华(前中)在运城空港经济开发区大运汽车股份有限公司调研 (杨建国供图)

顷,一期工程投资3.75亿元人民币,年生产能力26万千升,是山西省境内最大的啤酒生产企业。2010年3月26日正式出酒,生产的品种有勇闯天涯纸箱、清爽纸箱、冰酷纸箱、雪花塑包、桶啤等,产品辐射山西、陕西、河南三个省市。2015年生产啤酒10.06万千升,完成工业总产值2.6亿元,同比增长35.4%。

华雄纺织有限公司是由煤炭行业转型发展而来的现代化纺织企业。公司职工400余人,占地30.87公顷,总投资10亿人民币。2014年4月,华雄实业有限公司由山西兵娟制衣有限公司注资重组,2015年生产棉纱1.68万吨,同比增长19.6%;完成工业总产值4.1亿元,同比增长10.3%。 (杨建国)

【开发区科技创新】 2015年,空港经济开发区帮助鑫华翔科技完成高新技术企业上报审批手续,推荐巨安电子互联网+智慧食药信息化系统、鑫华翔COD自动在线分析仪、大运汽车N8右舵牵引车型开发、中州电器一种新型配电系统在风电场的作用、中泰源工业自动化永磁材料方块压制成型机器人、龙泉泵业永磁潜水泵等申报全市科技创新和科技计划项目,共争取市科技扶持资金72万元。2015年,全区拥有研发机构和高新技术企业6家,研发工作人员510人;有科技企业孵化器1个,孵化企业18个;取得专利申请受理数159个,专利授权数207个。 (杨建国)

【环境保护】 2015年,空港经济开发区管委会先后对卓里集团半挂车及改装车生产线二期工程项目、绿康农药年产5000吨农药混剂项目、中远机械年产6万吨高速、快速列车制动盘生产线项目、顶新集团康师傅纯净水项目等大中型企业的建设情况进行现场检查,督促有关负责人抓紧配套环保设施的建设进度,要求加强施工期间的环境保护管理工作,减少扬尘污染和噪声污染。

空港经济开发区管委会组织编制《运城市空港开发区环境质量改善攻坚行动工作方案》,成立环境质量改善攻坚行动领导组,下设领导组办公室,负责全区攻坚行动的督查、督办和信息调度、总结报告工作。编制《运城市空港开发区2012年环境质量改善攻坚行动任务分解》,对涉及的各部门进行攻坚行动任务分工,明确各单位和责任人的工作任务,有针对性地开展各项工作。攻坚行动期间出动执法人员300余人次,出动车辆20余辆次,检查企业和工地100余家次,全部按照要求汇总上报。

2015年,空港经济开发区管委会开展环保改造。投资800万元,完成姚暹渠空港段4.4千米的污水管网改造工程,污水经由地下管网排至城东污水处理厂;完成燃煤锅炉改气共42蒸吨改造任务;康杰中学供热锅炉全部淘汰,使用集中供热;大运汽车制造有限公司锅炉提标改造完成;万德福热力有限公司锅炉提标改造工程完成除尘、脱硫。 (杨建国)

【管理与服务】 2015年,空港经济开发区管委会为缩短审批时限,提高办事效率,对入驻空港政务大厅的11家窗口单位涉及的40余项审批事项在审批环节、审批时限上进行不同程度的压缩。原承诺办结期限由431个工作日调整为258个工作日,减幅为40%。40余项审批事项中即办项为8项、承诺项为32项。其中,地税窗口所有事项均为即办;计生窗口2项审批事项由原来承诺的10个工作日调整为即办;规划窗口3项审批事项由原来承诺的20个工作日缩减为7个工作日;新型农村合作医疗保险窗口4项审批事项由原来承诺的40个工作日缩减为33个工作日;土地窗口各项审批事项由原来的50个工作日缩减为30个工作日;食药窗口4项审批事项由原来的30个工作日缩减为20个工作日;国税、工商、发改、房产等窗口的审批环节和审批时限均有不同程度的缩减。 (杨建国)

【开发区社会事业】 2015年,空港经济开发区在财力十分紧张的情况下,共对6698名60岁以上老人发放生活补贴1148.95万元;对1452名学生发放生活补助119.63万元;对张孝村327户、1100余人、2000余亩土地反哺1030万元;对徐家庄170户、800余人、1686亩土地反哺843万元。

2015年,空港经济开发区康杰中学、东康中学、运城幼儿师范高等专科学校、运城市财经学校、运城新港实验小学教职工达1600余人,在校学生达 2.3 万余人，使开发区基础教育扎实，职业教育特色明显，为社会培养大量实用人才。

2015 年，空港经济开发区对辖区 33 个农村的低保户全部兑现低保款。其中，低保 464 户 1276 人，共发放低保金 224.9 万元；优抚 365 人，发放优抚款 132.1 万元，被运城市民政局评为先进单位。成立 6 个社区，建立完善空港医院、空港卫生院、计生机构和 33 个农村的环境卫生专业队伍，各项社会事业顺利推进。

（杨建国）

·绛县经济开发区·

【概述】 山西绛县经济开发区（原山西省华信经济技术开发区）于 1997 年 12 月 31 日经国务院备案、山西省人民政府批准成立，是应世界 500 强美国卡特彼勒公司投资要求，为盘活“541”军工企业资产而特设的省级经济开发区。经济开发区共设置机构 28 个。其中，获得上级编办批复设置的机构 9 个，因工作需要增加内设机构 12 个，垂管单位 6 个，派驻单位 1 个。按照运城市委市政府加快理顺开发区体制机制工作的要求，与地方政府通力协作，将卫庄、韩庄、里册、涧东、范村、増村、义沟桥七个村整建制划归开发区，管辖面积达 21.7915 平方千米。正式成立直属机关党委和非公有制经济组织党委，财政体制进一步明确，公安、质监、工商、国税、地税、规划、国土七个部门的权力进一步下放，社区、食药局、保险管理服务中心、新型农村合作医疗管理中心经市编办正式批准，各项工作移交完成，正式启动运行。

2015 年，开发区形成铸造机加、煤化工、食品药品、新材料四大产业，拥有注册企业 180 余户，区内职工和群众人数达 2 万人。组织小分队外出招商 40 余次，其中管委会班子领导带队 20 次，签订投资协议 10 个，总投资 32 亿元。2015 年在建招商引资项目 18 个（新建 15 个，续建 3 个），总投资 31 亿元，实际到位资金 13.6 亿元，完成市定目标任务 13 亿元的 104.6%。其中，主攻产业项目 5 项，实际到位 3.93 亿元，占全部到位资金的 28.89%。签订投资协议 14 项，总投资 90.03 亿元。

（许引弟）

【重点企业】 2015 年，绛县经济开发区围绕“10、30、10”任务目标，做优做强铸造机加产业，改造提升煤化工产业，培育发展食品医药产业，调整推动新材料产业。亚新科国际铸造在原有基础上加大 11~13 升大马力发动机缸体缸盖的开发力度；加快国营红山机械厂、山西冲压厂和中信机电科研院合并重组步伐，成立特种车辆有限公司，培育新的增长点；力促中设华晋的高铁刹车盘项目竣工投产。引导煤化工企业改造升级，延伸产业链，提高附加值，通过转型使煤化工这一传统产业焕发新生。突出技术创新和改造升级两条主线，采用先进的大型煤气化和化工合成技术装备，进行原料路线、动力、产品结构三项调整，实施节能、环保、安全、综合利用四项改造。区内 7 家煤化工企业，淘汰落后通达化工、天珠化工 2 家企业，德信隆、华青、佩格特、天宝 4 家企业先后实施特炭黑改造升级，华青公司延伸产业链新建双壁螺纹管项目，力源化工进行管式炉技改，佩格特化工计划与上海、江苏投资商合作投资 3 亿元建设煤化工循环科技园区，生产特种炭黑、色浆、色母粒。依托本地丰富的道地药材资源及山楂、草莓、樱桃等农产品资源，实行“公司+农户+基地”模式，推广中药材 GAP 标准种植，组建中医药交易平台，辐射周边省市的中医药材开发与交易。加快丰元科技新建道地药材项目、丕康药业 GMP 生产线项目、新鑫食品有机山楂制品加工综合开发等项目建设进度。(4)围绕市场需求，调整产品结构，加大化肥、造纸、铅笔等企业在建项目的投入力度，2015 年竣工投产的浩之大年产 10 万吨生物有机肥和鑫珑纸业 6 万吨再生纸等项目发挥正常产能，益沣源年产 6 万吨硫酸钾肥项目竣工投产。

（许引弟）

【基础设施】 2015 年，绛县经济开发区实施开发区亮化提升改造项目：投资 217 万元，对华晋南路、涑水大街、化信大道进行亮化提升改造，共安装涑水大街路灯 176 盏，华晋南路路灯 80 盏，更换华信大道灯头 106 盏。实施休闲广场建设项目：休闲广场南北长 64.4 米，东西长 67.3 米，占地4334.1 平方米，于 5 月 25 日竣工验收，分健

2015 年 1 月 28 日，省考核组对山西绛县经济开发区 2014 年经济发展水平进行全面考核

（许引弟供图）

2015 年 4 月 16 日，新组建的山西中设华晋铸造有限公司正式挂牌成立

（许引弟供图）

身、休闲、运动三个区域，提升开发区的整体形象，又满足群众的精神需求。实施休闲广场绿化美化项目：投资 13.7 万元，对开发区休闲广场进行绿化美化，新增绿化面积 695 平方米，主要种植的苗木种类有雪松、樱花、法桐等。实施华晋北路建设项目：道路全长 1050 米，红线宽 52 米。项目预计总投资 2700 万元，2015 年完成青苗补偿及房屋拆迁，完成投资 530 万元。实施乡村四级路改造项目：2015 年共完成投资 140 万元，改造路段 3.54 千米。实施里册峪危桥改造项目：投资 784.3 万元，拆除原有桥梁，新建钢筋混凝土预应力空心板桥，桥梁全长 81.086 米，桥面全宽 21.6 米，2015 年完成项目勘察、设计等前期工作。实施污水处理厂项目：投资 5502 万元，占地 20 亩，位于开发区里册村东侧，主要建设内容包括：粗、细格栅、提升泵房、沉砂池、初沉池、厌氧池、缺氧池、好氧池、综合楼等及相关配套管网工程。与源清水务公司签订污水处理厂项目构架协议，完成工商注册、税务登记、项目选址、土地预审、环评、可研等前期手续，加紧开展征地补偿工作。实施华信路、新一级路、机关院内绿化提升改造项目：投资 1000 万元，对华信路、新一级路、机关院内进行绿化提升改造，绿化面积约 5 万平方米，栽种苗木 6 万余株，完成投资 245 万元并初步验收，进入管护阶段，初步形成以广场绿化、公共绿地绿化为中心，道路绿化为骨架，庭院绿化为依托的生态环境绿化格局。实施 10 千伏工业线项目：投资 14.5 万元，新建一条长 0.38 千米的 10 千伏高压工业线，解决园区企业供电问题。实施供水公司项目：与源清水务公司达成初步的合作意向，拟成立绛县经济开发区供水公司，设计供水能力达 3.5 万立方米/天。

（许引弟）

【投资环境】 2015 年，绛县经济开发区帮扶 18 个重点企业解困、推动 22 个在建重点项目建设、促进 6 个重点招商项目签约落地。解决亚新科铸造（山西）有限公司生产耗电量大、用电成本高问题。每年可为企业减少电费支出 480 万元左右。开发区还筹资 200 余万元对一级路到亚新科国际铸造（山西）有限公司、华晋冶金铸造厂的厂区道路实施翻修改造，争取落实国家、省、市各方面的优惠政策及资金支持，帮助停产企业恢复生产。

（许引弟）

【管理与服务】 2015 年，绛县经济开发区加快“一园三区”创业孵化基地建设，培植孵化 4 家生产经营创业户，带动 100 余人再就业。对 6 户小微企业新招劳动力实施就业援助政策，就业补助 20 万元。招用 31 名就业困难高校毕业生从事基层公益性岗位工作。落实引进留用人才“十二条”政策，为创业户免税费 10 万元。符合企业所得税税收优惠政策的企业共有 81 户，残疾职工加计扣除 1 户，扣除 4.46 万元；80 户小微企业减免 1.36 万元；审批办理免抵调库 257.19 万元，审批退税 36.67 万元。实行“一窗通办”和“免填单”服务，免填单服务共计 1588 次；推行网上办税，一般纳税人网上申报率 100%，小规模纳税人网上申报率 80%以上。坚持以职业培训促进就业，组织两场招聘会，实现 150 余名求职者就业；开展八个班次 300 余名铸造工免费技能培训，开展 200 余名农民工岗前劳动技能培训，为开发区发展提供人力资源保障。

开展两轮百日安全生产大检查，重点突出危险化学品、冶金机械、特种设备、建筑施工、水利设施、人员密集场所等行业领域的隐患排查；开展企业原始设计，设备检修，操作规程，应急预案、抢险方案，安全生产资质、安全投入，安全生产重点措施“六查六看”，突出检查高危岗位 AB 角、安全绩效工资、安全奖励、安全联保等措施是否实施，效果如何；开展安全法律知识竞赛、安全知识技能培训、“安全生产月”活动，继续保持安全生产零事故、零伤亡的良好态势。

推进“3366”警务模式建设，在一厂、二厂、五厂依托厂矿武保部门和卫庄、里册村设立 5 个“3366”警务室，开展“一村一警”和“大走访、大调解、大督察”活动，落实“六机制”、做好“六任务”；加强便民服务在线平台和官方微博维护和管理，打造面对面、键对键服务，零距离听取意见、答复提问，办理业务；走访群众及企业门店 6500 余户，提供法律咨询 300 余次，各类接处警 173 起，调解纠纷 60 起，受理治安案件 54 起，立刑事案件 7 起，整改安全隐患 17 处，实现以每

2015 年 10 月 28 日,绛县经济开发区召开稳增长调结构“三个一百”工作推进会

（许引弟供图）

个村、每个社区、每个企业的“小平安”,积累出开发区的“大平安”。

（许引弟）

【社会事业】 2015 年,绛县经济开发区完成食品放心城市创建工作任务,开展乳制品、“地沟油”、食用油、散装醋等五十多次专项整治,确保区辖群众的饮食安全。辖区人口实现稳定低生育水平，为 2700 余名育龄妇女进行免费健康体检。执行计划生育“一票否决”权。帮扶 45 名独生子女贫困家庭,发放慰问资金 1.35 万余元。发放计生奖励资金 24.636 万元。为区辖职工医院争取资金 100 万元,用于改善基层医疗卫生条件,提高基层卫生服务能力。落实乡村医生多渠道补偿和待遇政策。推进基本公共卫生服务均等化。共为辖区内 1630 名 60 岁以上老年人进行免费健康体检。接种疫苗 3524 人次,接种率达 98%。2015 年正式运行新型农村合作医疗保险,参保人数 6843 人,参保率 97.7%。规范定点医疗机构诊疗行为,减轻参合农民医疗费用负担,为参合农民提供优质便捷的服务。民政工作方面,杜绝“人情保、关系保、错保”,共发放低保资金 74.72 万元。救助受灾群众 183 人,发放救助金 7 万元。农经等涉农工作方面:组织开展农村“三资”管理专项清理整治,土地确权,涉农乱收费、乱摊派等专项整治,确保农民群众利益不受侵害。

（许引弟）

【环境保护】 2015 年,绛县经济开发区张贴宣传画 40 余幅、发放“绿色生活”宣传单 300 余份;拆除通达化工公司 10 万吨煤焦油深加工生产线和天珠化工公司 12 万吨煤焦油深加工生产线,取缔和淘汰 3 台 5 吨以下燃煤锅炉,拆除改造天龙农科贸公司原有脱硫除尘设备,鑫珑纸业污水问题完成整改。二氧化硫减排 112.2 吨、氮氧化合物减排 91 吨、烟(粉)尘减排 56.56 吨。生活污水处理厂市发改委进行核准,环评通过批复;建成区环境空气质量稳定达到国家二级标准,工业固体废物安全处置利用率和综合利用率分别达 100%和 65%，建成区绿化率达 37.5%，集中供热普及率达 82%。为佩格特化工公司锅炉替代项目争取专项资金 62 万元。

（许引弟）

·风陵渡经济开发区·

【概述】 风陵渡经济开发区为山西省省级开发区。开发区总体规划面积 5000 公顷,近期开发面积 2000 公顷。开发区位于运城市芮城县风陵渡镇。

2015 年，风陵渡经济开发区地区生产总值完成 17.43 亿元，同比增长 2.73 %,其中:第二产业完成 14.48 亿元,同比增长 2.29%;第三产业完成 2.95 亿元,同比增长 4.94 %。工业总产值完成 41.82 亿元,同比下降 14.28%,其中,规模以上企业工业总产值完成 33.75 亿元,同比下降 18.98%。工业增加值完成 14.33 亿元，同比增长 2.08%,其中规模以上企业工业增加值完成 11.5 亿元,同比增长 0.35%。外贸进出口总额完成 331 万美元,占全年任务 330 万美元的 100.3%。招商引资到位资金 18.05 亿元,占全年任务 18 亿元的 100.27%。固定资产投资完成 22.5 亿元(其中工业投资占 99.26%),同比增长 18.15%。财政总收入完成 1.89 亿元，公共预算收入完成 4713 万元。

（姚洪涛）

【城市建设】 2015 年,风陵渡经济开发区高度重视城市管理工作。加强规划编制,《风陵渡经济开发区总体规划 2013—2030》获批复。新区控制性详细规划文本编制完成。加快基础设施工程建设,按照“城市功能完善,产业空间拓展,土地集约利用,市民方便宜居”的原则,投资 1.39 亿元(社会资金 1 亿元),共实施 10 项基础设施建设工程。其中:市政道路工程 3 项全部完成投入使用,包括创业大街道路工程，风陵西街路面改造工程,商业北街北延工程。城市供水工程水源地及自来水厂基本建成,铺设供水管网 13.5 千米。污水处理工程正式投入运营。雨污管网工程 3 项,包括污水处理厂至大唐电厂 5 千米中水管道、创业街雨、污管网、商业北街雨污管网全部完工。集中供热工程中车集团完成对嘉鑫热力公司资产的并购重组,新增供热面积 15 万平方米。天然气利用工程用气户达到 3000 户,年供气能力达 1000 万立方米。推进公共服务设施建设。2015 年共实施 5 项工程,总投资 1.3 亿元(社会资本 1.17 亿元)。其中:劳动就业和服务中心建设工程动工;康复养老中心部分设施

运城市委书记王宇燕(中)在风陵渡经济开发区调研　（姚洪涛供图）

帮扶解困企业2个，重点在建项目1个,重点招商引资项目2个。开发区结合开发区实际和“三个方案”的要求,实施“三个五”工作,即:着力帮扶5个重点企业解困、推动5个在建重点项目建设、促进5个重点招商项目签约落地。截至2015年底,5个解困企业帮扶存在的问题得到缓解,5个在建项目推进,5个招商项目加紧签约落地。开发区重视大唐电厂的解困工作，主要领导带领有关部门到绛县、新绛、平陆、垣曲、闻喜、万荣等县与大用户直供电企业开展业务对接工作。2015年大用户成交电量3.5亿千瓦时。建立重点解困企业台账、重点在建项目台账、重点招商引资项目台账、解决问题台账、督促检查台账五本台账,促进重点企业解困、推动在建重点项目建设、加快重点招商引资项目签约落地。　（姚洪涛）

建成使用；焦芦幸福院一期建成;开发区中心幼儿园和西太阳小学综合楼交付使用;开发区骨伤专科医院住院楼主体建成。加强文明城市创建。组织相关部门负责人深入金三角市场、黄河北路、金典物流园进行现场办公,推进活动开展。典型示范引领,树立东兴市场、唐风大街等文明典型。开展精细化改造提升工作。　（姚洪涛）

【项目建设】 2015年,风陵渡经济开发区坚持园区化发展集群化招商思路,研究制定全区产业集群发展的举措,项目建设取得明显成效,被市政府授予工业建设先进单位。推进项目招商,在建项目31个,总投资34.47亿元，完成固定资产投资23亿元。其中，工业集群化项目13个，总投资25.82亿元;农业现代化项目5个,总投资2.55亿元；新型城镇化项目13个,总投资6.10亿元。以小分队招商为载体,成立以党工委、管委会主要领导为组长的5支招商引资小分队外出招商26次，对接洽谈企业42家,共签约项目6个。优化发展软环境,营造亲商、爱商、富商的良好氛围,为企业发展努力搭建融资、就业、网络招商、安全生产、环境保护等七大平台，对入区项目手续集中办理,实行“一站式”服务;对项目落地、建设期间与占地村的劳务用工实行统一管理、统一结算。　（姚洪涛）

【“三个一百”工作】 2015年,风陵渡经济开发区列入市委、市政府稳增长调结构“三个一百”工作方案的重点

【社会管理】 2015年,风陵渡经济开发区制订出台《风陵渡开发区规划区内土地预征方案》,对辖区内43.38平方千米已用地报批、征收储备、供应管理等相关资料进行汇总。11个行政村土地确权登记发证工作按要求开展。做好安全生产工作。贯彻落实新安全生产法；严格安全生产责任追究,狠抓隐患排查治理,开展安全生产大检查。连续3年实现安全生产“零”事故,安全生产形势总体平稳。维护社会稳定,实行信访案件三级负责制,对风陵东街原拆迁户、原交警中队10名干警等信访案件通过党政联席会议进行专题研究解决。　（姚洪涛）

农业管理

【概述】 2015年，山西省政府出台10项补贴政策，农业部门承担其中4项，涉及资金3.73亿元。及时下达资金，制定管理办法，抓好项目落实，调动各地重农兴农、稳粮增收积极性。出台2015年行动计划和美丽宜居示范村三级联创活动方案。省政府与住建部、国家农发行签订战略合作协议。2015年"四大工程"累计完成投资231.9亿元。

通过产业增收、劳务增收、政策增收、改革增收等举措，全省农村居民人均可支配收入9450元，同比增长7.3%。

粮食生产克服严重干旱和局部地区洪涝、冰雹灾害等不利因素影响，总产量125.96亿公斤，比上年(历史最高年)减产5.4%，超额完成省政府下达的110亿公斤目标任务。

加大招商引资力度，一大批知名企业到晋投资，全省现代农业投资完成1150亿元。

出台《2015—2020年规划纲要》，整合资金1.1亿元，培训新型职业农民10.3万人。

全省蔬菜、水果、畜禽产品农兽药残留抽检合格率分别达96.7%、100%、100%，没有发生重大农产品质量安全事件，未发生区域性重大动物疫情。 (马小波)

【农业产业振兴工程】 2015年，山西省农业厅推进杂粮、设施农业、畜牧业、中药材等七大产业振兴翻番工程，扶持2000个一村一品专业村、60个一县一业基地县和33个国家级、省级现代农业示范区；建设粮油高产创建万亩示范片245个，新发展设施蔬菜21万亩；推进水果产业提质增效，果品出口取得重大突破，运城苹果首次出口美国；中药材产业成为新亮点，新发展道地中药材基地50万亩；朔州市成为全国唯一草牧业发展市级试点。推动建立3亿元的山西农业产业发展基金，实施项目贷款贴息，开展政银企项目对接，支持重点项目建设。全省农产品加工企业实现销售收入1422.6亿元，比上年同期增长13.6%。 (马小波)

【特色农业产品交易博览会】 2015年，第四届中国(山西)特色农产品交易博览会在太原举行。山西省政府与中国农业产业化龙头企业协会、中国中医科学院签署战略合作框架协议。展会签约招商引资项目226个，签约额528亿元，达成合作贸易15.3亿元；搭建政、证、银、企对接平台，推介171个信贷项目，现场签约21亿元。 (马小波)

【土地确权登记颁证工作】 2015年，山西省推进土地确权登记颁证工作，清查村数20970个，农户433万户，确权面积285.86万公顷。省委、省政府出台农村土地流转实施意见和农

朔州市白马石胡麻种植基地 (元雷花供图)

村产权流转交易市场建设实施意见,1个市级、47个县启动产权交易市场建设。全省土地流转面积51.93万公顷,流转率15.9%。培育农业新型经营主体,全省注册登记农民合作社8.3万家,认定家庭农场8636个。

(马小波)

【资金治理】 2015年,山西省农村集体"三资"专项整治和涉农资金综合治理成效显著。开展农村集体"三资"管理专项清理整治,省市县乡村五级联动,查出各类问题13.3万个。开展涉农资金综合治理,重点对惠农政策落实、项目实施、专项资金、各种补贴情况开展治理,摸底排查项目8611个,发现问题230起,涉及资金2530万元。 (马小波)

晋城市大力发展现代设施农业,有效提高农民收入 (牛晋军供图)

种植业

【概述】 2015年,山西省粮食播种面积4930.8万亩,与上年持平;粮食总产量125.96亿千克,连续第四年超过120亿千克;夏粮获得丰收,总产27.28亿千克,其中冬小麦单产265千克/亩,连续二年创历史最高纪录。

2015年,山西省蔬菜播种面积达675万亩,产量2250万吨,总产值达415亿元;设施蔬菜面积215万亩,总产量达1150万吨。果园总面积840.9万亩,果品总产量880.5万吨。新增中药材69万亩,中药材产业成为发展新亮点。油料、棉花受种植效益影响,面积和产量呈减少趋势。

2015年,山西省农村居民人均可支配收入达9454元,比上年增长7.3%,连续三年超过全国平均增速。其中农民人均种植业收入达1679元,比上年增长7.6%。 (武少东)

【惠农政策落实】 2015年,按照中央"三补合一"思路,山西省将80%的农资综合补贴存量资金,加上粮食直补和农作物良种补贴资金总计28.7亿元,按照往年政策执行下达农户;其余20%的农资综合补贴资金用于支持粮食适度规模经营,其中一部分用于支持农业信贷担保体系建设,一部分用于农业社会化服务补助。实施省级杂粮良种补贴,对杂粮良种每亩财政补贴10元,共补贴1亿多元。中央和省安排资金3.8亿元,对30个产粮大县进行奖补。山西省财政安排2000万元对设施蔬菜大县实行奖补,对贷款新建日光温室实行一年期贴息,对设施蔬菜集中连片小区建设和集约化育苗场建设给予补助。11个市、80多个县出台蔬菜扶持政策,市县两级财政用于设施蔬菜发展的资金初步统计达30亿元以上。

加强行政推动。山西省把粮食产量任务指标分解落实到各市,增强各级重农抓粮的积极性和责任感。下发《关于做好春季农业生产工作的通知》《关于抓好2015年小麦秋播工作的通知》等,对农业生产进行安排部署。与国土厅联合下发《关于进一步做好永久基本农田划定和设施农用地管理工作的通知》,制定出台《山西省粮食绿色增产模式攻关推进落实方案》等重要文件。先后组织召开全省春季田间管理暨春耕备耕视频会、高产创建、旱作农业、蔬菜生产工作部署会,组织设施农业、农情调度等工作培训。在农业生产关键时节,多次组织农业干部和技术人员到生产一线开展工作督导和技术指导,利用多种媒体宣传政策,及时发布信息,引导农民合理安排生产。加强监督检查,组织全省种植业系统先后开展学习讨论落实活动强农惠农富农补贴政策落实问题专项整治和涉农资金综合治理,查处整治一批突出问题。制订下发《关于进一步做好粮食直补等三项补贴工作的通知》。(武少东)

【高标准农田建设】 2015年,山西省落实《高标准农田建设规划》,完成高标准农田建设任务205.5万亩。旱作节水农业技术应用932.55万亩,建设高标准农田节水示范区19个,组织实施耕地保护与质量提升59.2万亩。组织开展化肥、农药减量行动,推广测土配方施肥面积4806万亩,施用有机肥3163.2万亩,化肥使用量增幅明显下降,农药使用量比上年减少6.1%。开展粮食高产创建工程。利用中央和省级资金,在全省建设381个万亩、千亩粮棉油高产创建示范片,示范带动全省大面积均衡增产。加强农情调度,加大队伍素质提升和农情信息平台建设,做好农情及灾情信息的采集、整理、会商和上报,为政府决策提供准确依据。 (武少东)

【种植业风险防范】 2015年,山西省遭遇几十年一遇的严重干旱和较重的暴雨风雹灾害,各级各部门主动作为，积极应对。加强与水利、农资等部门协调配合，落实灌溉、追肥、补种、改种等措施，减轻灾害损失。推广应用防灾减灾稳产增产重大技术。利用中央资金推广地膜覆盖471.7万亩，带动全省农作物地膜覆盖达850万亩，落实冬小麦"一喷三防"技术880万亩。开展病虫草鼠害防治。全省累计防治农作物病虫1.41亿亩次，防除杂草3330万亩次，农田灭鼠860万亩次，全年挽回粮食损失16.5亿千克，挽回农作物经济损失近50亿元。完善种植业保险。2015年，山西省将旱灾、病虫草鼠害等五种灾害纳入政策性保险保障范围，开展种植业干旱气象指数综合保险试点。与气象部门签署《共同推动"三农"气象服务工作合作协议》，联合气象部门面向新型农业经营主体开展直通式气象服务，加强农业自然灾害防御和应对。各级农业部门配合保险公司开展灾情查勘赔付，为广大农户减轻损失。降低农产品质量风险。强化农药、种子等农资市场监管，加强高毒农药管理，打击制售假劣种子，确保农业用药、用种安全。加大农药残留监测力度，蔬菜农残监测合格率连续四年稳定在96%以上。做好产销对接，发展农产品电子商务，多渠道促进农产品流通，减少种植业市场风险。（武少东）

【科技支撑】 2015年，山西省加快发展现代种业。在全国第一批完成种业体制改革任务，推动种业人才、技术、资源向企业合理流动。扶持培育种子企业，全省注册资本3000万元以上的种子企业达28家，其中3家成为农业部颁证"育繁推一体化"亿元种子企业，全省种业发展水平和市场竞争力明显提高。建立科研育种基地、生态试验站439个，育成自交系1.53万个，新审定品种62个，提升种业育种创新能力。推动马铃薯种薯繁育体系建设，推广脱毒种薯繁育技术，全省脱毒种薯推广率达40%以上，促进马铃薯生产发展。加强绿色防控技术推广，抓好绿色防控与专业化防治融合示范，推广新型药械。推广小麦探墒沟播、杂交谷子免间苗地膜覆盖机械化穴播及胡麻、向日葵集雨覆盖高产模式等先进技术，提高种植业生产水平。开展粮食绿色增产模式攻关试点，展示高产栽培技术模式60余种。（武少东）

农 垦

【概述】 2015年，山西省农垦新一轮改革大幕拉开，将山西省山阴农牧场等8户原属农业厅管理农垦企业与农业厅脱钩，划转到山西省投资集团有限公司（山投集团），成为其子公司（企业）。帮助农垦分离社会职能，帮助农垦化解历史遗留的问题，确保垦区、农场职工能够享受到地方均等的基本公共服务，支持农垦轻装上阵。有关各方形成合力，按照中共中央、国务院要求，用三年完成农垦改革发展基础工作，使山西农垦能在"十三五"期间，成为一个新的、重要的现代农业集团。

山西省农垦系统有国有农场（公司）30个，其中：省属农场（公司）8个，市属农场9个，县属农场13个，分布在全省9市、26县（区）境内。垦区总人口3.29万人，职工总人数4101人，土地总面积32.57万亩，其中耕地10.10万亩、草地牧坡8.64万亩、林地9.03万亩、居民点及工业用地1.87万亩、非利用地2.93万亩。主营种植、养殖业的企业有24个，农作物种植面积9.16万亩，粮食总产33806吨，蔬菜总产8834吨；大牲畜存栏12518头，肉类总产量3798.17吨，牛奶产量31600吨；有7个农场兼营工业，主要门类有：饲料加工、矿产开采、石材加工、家具制造、白酒及醋酿造等，实现营业收入4.4亿元；有10个农场兼营第三产业，主要从事农副产品批发和交通运输、商贸、服务业等，实现销售总额3.8亿元。全省垦区实现国民生产总值57179万元，其中第一产业增加值13402万元，第二产业增加值23560万元，第三产业增加值20217万元。人均纯收入8412元，职工人均收入17107元。（阎维平）

【农场困难职工慰问】 2015年1月23日，山西省总工会副主席梁克昌、省农林工会主席赵其源、厅机关党委专职副书记李运生，在农垦局局长闫寅宝陪同下，深入方山肉牛场走访慰问困难职工，表达省总工会领导对农垦困难职工的关心。（阎维平）

【农垦管理体制改革】 2015年5月12日，山西省委、省政府办公厅印发《关于进一步深化省国资委委托省直机关管理企业的脱钩改革工作方案》的通知（晋办发〔2015〕27号），主要精神有：将农业厅所属18户企业（包括8户农垦企业）划转到山西省投资集团有限公司，成为其子公司（企业）。省农业厅拟组建的集团公司不再成立。农业厅脱钩改革企业中有9户（包括4户农垦企业）列入山西省属国有企业改革领导组关闭破产小组破产范围。脱钩企业中破产、停产企业及员工的党组织关系继续保留在原主管省直机关，并负责脱钩改革期间的安全、信访、稳定工作。

6月12日，山西省国有资产监督管理委员会下发《关于省国资委终结委托省农业厅管理山西省山阴农牧场等18户企业有关事宜的通知》（晋国资函〔2015〕347号），自下年1月1日起，省国资委终结委托省农业厅管理山西省山阴农牧场等农垦企业；省农业厅继续指导解决上述企业历史遗留问题，确保企业平稳过渡。

6月23日，拟定山西省农业厅直属企业划转移交工作领导组名单，由副厅长赵志杰任组长，人员由财务、人事、农垦和原集团筹备组主要领导组成。6月24日，由副厅长赵志杰牵头与山投集团负责人进行洽谈，并商讨随后主要开展的有关工作，划转接收工作推进。（阎维平）

【农垦脱钩改革动员】 2015年6月19日，山西省政府召开由相关省直机关和接收脱钩企业的集团负责人参加的动员会。要求统一思想，提高认识。坚持分类指导，坚持问题导向，坚持整体性、连续性统一有序。要过好五关：审计评估关、方案审查关、民主审议关、资产处置关、法律风险关。要坚持以人为本，职工安置方案由职工大会或职工代表大会通过，确保人员稳定。

脱钩企业划转移交。2015年6月25日，山西省农业厅与山投集团在太原联合召开由18户企业负责人及会计参加的对企业基本情况调研安排会。副厅长赵志杰，山投集团党委书记、脱钩改革领导组组长王巧兰、山投脱钩改革企业接收组组长师王龙彦及农业厅人事、财务、农垦负责人出席会议。会上，山投集团明确指出从5月12日起各企业冻结人员调动和干部调整，各企业大额资金支出要报告山投集团；确定7月5日召开山投集团划转接收企业干部大会。

中央文件推进农垦改革发展。2015年11月27号中共中央、国务院下发《关于进一步推进农垦改革发展的意见》（中发〔2015〕33号），明确中央、各部委支持农垦改革发展的各项政策规定。（阎维平）

【王一新部署山西省农垦改革工作】2015年，根据全国农垦改革发展电视电话会议要求，山西省副省长王一新安排部署山西省农垦改革发展工作。山西省农业厅副厅长赵志杰，省发改委、省财政厅、省人社厅、省国土厅等省直部门负责人，市农垦主管部门、重点农场负责人及省农垦局站负责人在省政府五号楼电视电话会议室山西分会场参加会议。

王一新指出，全国新一轮农垦改革的大幕已经拉开，各级农垦主管部门和国有农场要进一步解放思想、勇于创新，全力推进农场企业化、公司化、集团化，把山西农垦打造成体制机制灵活，有竞争力的国有现代农业公司。各相关部门要及时向本单位主要领导和党组汇报此次会议精神，并认真学习中央33号文件精神，落实好中央、各部委支持农垦改革发展的各项政策。帮助农垦分离社会职能，帮助农垦化解历史遗留的问题，确保垦区、农场职工能够享受到地方均等的基本公共服务，支持农垦轻装上阵。有关各方要形成合力，按照中共中央、国务院要求，用三年完成农垦改革发展基础工作，使山西农垦能在“十三五”期间，成为一个新的、重要的现代农业集团。（闫维平）

畜牧业

【概述】2015年，山西省存栏生猪485.9万头、禽8857.7万只、牛101.1万头、肉羊1001.5万只，分别比上年同期下降5.6%、6.4%、增长0.2%、8.5%；出栏生猪783.7万头，禽8780.9万只、肉牛40.2万头、肉羊484.4万只，分别比上年同期下降6.4%、增长15.7%、1.1%、3.1%。肉、蛋、奶总产量分别达到86.1万吨、87.2万吨、91.9万吨，分别比上年同期下降2.0%、4.3%、4.5%。（郑晓静）

【畜产品市场】2015年，据15个定点调查县监测数据（下同）显示，山西省活猪和猪肉价格1月至3月持续下滑，从4月开始反弹后持续上涨。全年活猪、猪肉平均价格分别为14.88元、24.01元，较上年同期分别下跌13%、11%。出售活猪全年平均每头收益200余元。饲养管理水平高，母猪产仔成活率高的养殖场，头猪可盈利近300元；饲养管理水平较差的，处于亏损状态，下半年养殖效益好于上半年。生猪产能过剩局面基本改变，母猪产能逐步调减，产品供应量下降，与消费基本达到新的平衡。生猪产业结构和饲养模式转变，传统养猪业加速退出，规模化和家庭农场成为方向。

2015年，山西省生鲜乳收购价总体先降后升，低点出现在7月中旬。全年鲜奶收购价格平均每千克3.88元，较上年同期下降8%。受中国与澳大利亚签署自由贸易协定影响，全国乳制品进口大幅增加，国内乳品企业开始对本地奶源压级压价，原料奶销售困难。

2015年，山西省家禽市场回归正常水平，鸡蛋价格运行趋势为前3个月处于季节性回落，4月以后该涨不涨持续单边下跌，8月至9月强势反弹，后继续回落。全年平均每千克鸡蛋8.05元，同比下跌18%。标准化蛋鸡场鸡蛋成本价约7.0元/千克，饲养蛋鸡一个饲养周期可盈利约25元。肉鸡市场相对平稳，活鸡全年平均每千克价格为12.26元，同比下降3%。农户出售一只鸡可赚3.5元。

山西省牛、羊肉价格结束连续13年上涨趋势，拐头向下。全年平均每千克牛肉价格为52.71元，同比微跌1%；羊肉价格为55.19元，同比下跌11%。肉牛舍饲圈养成为主流方向，但散养比重依然偏高，规模养殖发展难以跟上市场持续增长的消费需求，牛肉价格相对稳定；肉羊受国家政策扶持力度大，肉羊生产恢复较快，国家进口羊肉数量增加，造成羊肉价格出现向下拐点，养羊效益下降。据各市调查，出售一头肉牛可获利2000元左右，架子羊育肥基本微利，出售绒山羊收入约保持300余元。

畜禽规模化标准化发展。山西省大型龙头企业、畜禽养殖专业合作社、家庭畜牧场、规模养殖场（户）等养殖主体加快发展，累计达到2.5万个，畜禽养殖规模化比重达58%，比国家平均水平高出18个百分点。全省有各类大型养殖企业600多个，其中年出栏生猪万头以上的企业82个，出栏肉鸡50万只以上的企业35个，存栏蛋鸡10万只以上的企业56个，存栏奶牛1000头以上的企业27个，出栏肉牛500头以上的企业56个。规模养殖场进行挂牌建设单位350个，全省50%以上的规模养殖场在设施装备、生产技术、管理制度等方面达到标准化养殖水平。

重大项目建设。山西省连续四年举办畜牧招商引资活动，签约畜牧项目195个，招商引资额491亿元，其中上亿元项目88个。2015年第四届农业博览会上签约的招商引资项目开工建设。全省现代农业投资中畜牧业投资达到430亿元，占农业总投资约50%，其中民营经济投资达到90亿以上，为山西省现代畜牧业发展提供资金支持。（郑晓静）

【畜牧区域经济发展】 2015年，山西省雁门关生态畜牧经济区牛羊草食畜生产量占全省的63%，各类大型养殖企业达到400多个，规模化养殖比重达到60%；规模以上畜产品加工企业达40多家，畜产品交易市场新增19个，年加工转化能力达65万吨，年销售收入63亿元，分别比2001年增长近2倍和4倍；销售市场覆盖环渤海湾地区，每年有1/3的畜产品销往京津唐，创立"雁门"肥羊、"古城"牛奶、"凯鹏"猪肉等具有雁门地理标识和营养特色的畜产品品牌；区域内建设以舍饲和放牧半舍饲相结合为主的草食畜示范家庭牧场125个，家庭牧场配套的种草面积达100多万亩；以牧为主、农林牧协调发展的产业格局初成雏形，"粮—经—饲"三元结构稳定，饲草种植在种植业中的比重增加到10%左右。通过实施划区轮牧、饲草种植、粮草间作生产方式，区域内生态效益改善，土地地表风速降低15%~63%，径流量减少15%~80%，泥沙冲刷量减少45%~88%，土壤有机质提高12%~20%、氮提高18%~24%，草地植被覆盖度提高20%以上。

畜牧业政策。山西省政府出台10项惠农政策，把扶持畜牧业发展内容作为重点纳入其中，扶持范围覆盖猪鸡牛羊四大产业，形成以标准化建设、良种补贴、饲草种植、青贮氨化、粪污治理和贷款贴息为主的"五补-贴"政策体系。2015年国家及省级财政扶持畜牧业发展资金达5亿元。

畜禽品种质量。山西省优质畜禽资源有18个地方良种，分别是：晋南牛、平陆山地牛、山西黑白花奶牛、广灵驴、晋南驴、临县驴、襄汾马、山西黑猪、山西细毛羊、陵川细毛羊、广灵大尾羊、晋中绵羊、洪洞奶山羊、黎城大青羊、吕梁黑山羊、阳城白山羊、右玉鸡。开展科研攻关和技术推广，推广符合地方需求的新品种"晋岚绒山羊""晋汾白猪"等，新建10个肉牛、30个肉羊种畜场。推广畜牧实用技术，奶牛单产水平从4.5吨提高到近5吨，肉羊繁殖率从一胎一羔、一年一胎提高到一胎双羔、两年三胎，能繁母猪单产从一胎14头提高到17头，畜禽单产水平提高。 （郑晓静）

【畜禽繁育改良】 2015年，山西省推广三元优质生猪827.9万头，推广蛋鸡标准化养殖768.3万只，改良绵羊390.9万只，改良山羊303.3万只，分别完成年计划的110%、110%、112%、108%，生猪良种补贴达25万头。

种畜禽生产管理加强。全省发放种畜禽生产经营许可证70个，比上年同期减少35个，减少37.6%。其中，省级发证11个，市县两级发证59个。全省85%以上的种畜禽生产经营许可证实现就近办理。

畜禽良种成果转化。2015年，重点实施"晋汾白猪繁育与推广""猪优化繁育农村技术承包"和"肉用型贵妃鸡引进与利用"三项科技推广项目，分别获教育部科技进步二等奖、山西省农村技术承包一等奖和科技进步二等奖。落实生猪良种补贴和调出大县政策，完成2014年至2015年国家和省级生猪调出大县奖励实施方案编制、评审、批复等实施。

畜禽遗传资源保护。畜禽遗传资源保护项目申报成功，包括晋南牛保种场和右玉边鸡保护建设项目。在晋南牛保护中采用DNA血统鉴定技术，澄清124头母牛、37头种公牛的血缘关系，根据鉴定结果，重新调整选种选配方案，组建保种核心群，进行分家系小群饲养，规范选种选配，保种工作科技含量提高。

畜禽良种繁育体系建设。山西地方培育品种晋汾白猪的三级繁育体系基本建成，达到全年提供种母猪2250头、种公猪250头，繁育推广商品代猪15万头的供种能力。完善羊的三级良种繁育体系，种公羊供种能力突破1万只。

蜂产品标准化生产。加快蜂标准化生产示范基地建设，在晋城市的沁水、阳城、运城市的临猗和垣曲、长治市武乡县建立10个标准化安全生产技术蜂场，辐射蜂群10000余箱。在全省推进规模化蜂场自愿登记备案管理工作，全省自愿登记备案的规模化养蜂场户有3000余家，涉及6个养蜂重点市的180000箱蜜蜂，约占全省蜜蜂饲养总量的75%以上，对符合规定的蜂场发放"养蜂证"1000余份。开展蜜源调查，提高蜜源利用水平，为山西蜜源植物综合开发利用打下基础。

牛良种繁育。全省全年生产标准冻精88万剂，性控冻精2万剂，其中奶牛36.8万剂，肉牛49.3万剂。全年发放奶牛冻精80万剂，其中奶牛43万剂，肉牛37万剂。专车下乡配送服务累计120天，行程3.6万千米，惠及全省三十多个重点养牛市县的养牛

晋城市发挥地区优势，开展梅花鹿特色养殖 （牛晋军供图）

场及养殖户。实现省外销售奶牛良补冻精10万剂，肉牛冻精20万剂。2015年农业部下达奶牛DHI测定任务1.6万头，实际测定2.5万头。10月，山西畜牧遗传育种中心DHI实验室，通过ISO9001:2008质量管理体系认证，12月通过农业部畜牧总站专家组审核验收。后裔测定方面，全年发放六省联盟87头荷斯坦青年公牛后测冻精5360份，全年鉴定517头牛。引进美加系荷斯坦胚胎50枚，培育出合格的荷斯坦小公牛5头，西门塔尔牛3头。从澳大利亚引进活体肉用青年公牛13头，扩大种牛群体，改善种公牛的年龄结构。（郑晓静）

【草地建设】 2015年，山西省实施草原建设“四项工程”，全年新增草地建设面积239万亩，其中多年生牧草55万亩（飞播牧草2万亩），一年生牧草184万亩。连片种植面积达到3000亩以上草地达15片。完成2015年度国家紫花苜蓿、豌豆、小黑麦、鸭茅等4个草种9个区组共35个草品种的区域试验任务。

2015年，山西省启动草原保护“双十工程”，保护和改良全省10大片亚高山天然草地和10大片山地草原。全年完成草原新保护面积395万亩，其中草地围栏5万亩，草地改良75万亩，鼠害治理150万亩，虫害治理165万亩。草原防火加强，全年未发生重、特大草原火灾及人员伤亡事故，实现连续四年全省草原火灾“零火警”。强化草原监测，对和顺、五台两县草原植被长势进行观测；对全省10市、17县（区）、101个样地、217个样方的牧草盛期样地样方监测；对朔城区、繁峙县京津风沙源草地治理工程生态效益监测；对11市、17县（区）、233户补饲情况及草食牲畜数量进行统计调查。

草牧业发展试验试点建设。朔州市作为整市推进草牧业试点市，朔州市政府和省畜牧局联合编制《朔州市草牧业发展试验试点工作方案》。确定以两个“双百”工程为重点，完成草牧业发展五大工程目标，初步形成草牧业一体化发展的政策体系、产业体系和支撑服务体系，把朔州市打造成为山西省雁门关生态畜牧经济区的核心区和国家级草牧业发展示范市，为全国草牧业发展提供样板和经验。

山西省根据《粮改饲发展草食畜牧业实施指导意见》要求，把草畜配套、种养加协调、一二三产融合作为主攻方向，把形成地方畜牧经济作为重要目标，先后编制《朔州市粮改饲发展草食畜牧业试点工作方案》《2015年粮改饲发展草食畜牧业试点实施方案》《粮改饲发展草食畜牧业试点绩效考核指标》《2015年粮改饲发展草食畜牧业试点进展情况》《2015年粮改饲发展草食畜牧业试点实施进展情况》等文件。2015年9月配合农业部在太原召开粮改饲发展草食畜牧业试点工作部署会。

退耕还草项目。全省5万亩退耕还草任务涉及5市13县。项目全部落实到地块，并编制项目实施方案。其中保德县、原平市、太谷县、左权县全部完成建设任务6800亩；永和县、蒲县、曲沃县、吉县、大宁县、兴县、灵石县、忻府区、闻喜县落实到户。

（郑晓静）

【畜产品质量安全保障】 2015年，山西省完成畜产品质量安全例行监测2643批，完成动物产品兽药残留监控657批，监测合格率99.9%。完成饲料产品抽检640批次，抽检总合格率为98.7%，完成兽药监督抽检400批，抽检合格率达97.6%。完成生鲜乳质量安全监测802批，生鲜乳兽药残留检测218批，检测合格率达99.9%。完成生鲜乳国标指标监测101批；省级生鲜乳专项监测61批，合格率100%。畜产品质量安全指标隐患排查摸底监测开展。完成国家生鲜乳质量安全隐患排查检测50批；完成创建国家农产品质量安全县畜产品质量监测59批；对农博会参展的畜产品进行快速检测，保证参展畜产品质量安全。

开展兽药专项整治，强化对兽药抽检结果利用，实施检打联动，组织7个检查组采取巡查、抽查、飞行检查等方式对全省92家兽药生产企业进行监督检查，规范兽药市场。开展对兽药标签、说明书的整治，向经营、使用环节延伸整治，兽药标签说明书不规范行为得到遏制。组织开展抗菌药专项整治，打击超范围、超剂量、不遵守停药期使用抗生素等违规行为。全省累计出动执法人员6684人次，检查兽药生产、经营、使用单位2952个，全省兽药执法立案51件，办结案件49起，罚没金额13.1万元，取缔无证生产、经营企业3个。

兽药生物制品行政审批。山西省根据《国务院关于取消和调整一批行政审批项目等事项的决定》要求，就兽药生产许可证审批健全各项工作制度，制定办事指南和规模审批流程等。建立省级兽药GMP检查员库，经培训考核全省有52名技术人员成为首批兽药GMP检查员；按照兽药许可审核程序和检查验收标准，完成51个兽药生产企业和12个兽药生物制品经营企业申请的技术资料审核、现场检查、问题整改和兽药许可证审核发放工作；核准兽药广告2个。加强对兽用生物制品的批签发，对山西隆克尔、山西海森2个兽用生物制品企业的350批次，10亿头份兽用生物制品进行批签发。

兽药生产企业管理兽药产品可追溯系统建设。根据农业部2210号公告，山西省对全省95个兽药生产企业的产品进行相关信息网上录入上报工作，并对企业发放二维码密钥，在技术培训基础上督促兽药生产企业添置二维码扫描上传设备，按照实施时间节点要求实现所有兽药产品付二维码出厂、上市销售，建立兽药生产企业兽药产品可追溯系统。为饲料、兽药及畜产品生产企业开展检验服务。根据国家有关规定，为企业完成委托兽药复核检验3030批，企业申请兽药批准文号1010个；饲料生产企业提供申请文号委托检验和饲料企业免税检测500多批次。

实验室能力建设。2015年，山西省派出检测人员到省外省内学习培训30多人次，邀请大型分析仪器专家到所讲学3次，培训人员60余人

晋城市引导农民发展养殖业，多措并举加快农民脱贫致富实现小康 （牛晋军供图）

次。组织农产品质量安全示范县检测技术人员进行培训。参加全国饲料、兽药、畜产品、生鲜乳四大类产品50多个参数5次实验室能力验证比对试验，均为优秀和合格。按照认证实验室管理要求，各项检测严格管理，检测结果科学，10月顺利通过省质监局资质认证复评审。

兽药标准和检测方法研究。山西省承担的2015年版《中国兽药典》标准复核及制修订全部完成；对部分新兽药质量标准按要求进行复核校准；选派技术人员多次参加新兽药评审和兽药产品批准文号的国家审查。

（郑晓静）

【动物疫病防控】 2015年，山西省动物疫情形势平稳，高致病性禽流感、牲畜口蹄疫等重大动物疫情保持无疫情。

强制免疫。全省猪O型口蹄疫免疫1506.6万头次，牛O型-亚洲I型口蹄疫免疫247.69万头次，A型口蹄疫免疫75.49万头次，羊O型-亚洲I型口蹄疫免疫3270.59万只次，高致病性禽流感免疫鸡21528.56万羽次，高致病性猪蓝耳病免疫1496.98万头次，猪瘟免疫1512.06万头次，小反刍兽疫免疫羊992.94万只，基本上做到应免尽免、不留空当。

疫情监测。动物疫病病原学监测数量和频率增加，全省免疫抗体累计监测高致病性禽流感140610份，合格率95.56%；牲畜口蹄疫110935份，合格率89.40%；鸡新城疫91898份，合格率96.12%；猪瘟41558份，合格率90.93%；高致病性猪蓝耳病17749份，合格率90.16%。全部达到农业部免疫合格标准。

应急管理。加强应急物资储备，省级储备疫苗、消毒药品、防护用品、扑杀器械等价值100万元的物资，各市、县储备消毒药品319.75吨、防护服63105套、喷雾器4779台、手套178124双等防疫物资。

动物疫病防控责任体系。强化动物疫病防控政府责任体系、部门组织和监管责任体系、养殖者防疫主体责任体系三级责任体系。重大动物疫病防控受到省委、省政府重视。部门目标责任考核管理将动物防疫列为全省农业、农村工作目标责任考核和延伸绩效管理内容，并对上年4个先进市级单位、20个县级单位进行表彰。养殖生产者承担防疫第一责任，采取与养殖者签订承诺书或责任状、下发强制免疫预免告知书、强制免疫回执单、强制免疫补免通知书、加强技术培训和政策宣传等多种形式，监督养殖场户落实强制免疫、病死畜禽无害化处理等各项防控措施，使养殖场户做到依法防疫。

动物疫病防控。建立疫病感染情况和流行趋势监测预警体系，在养殖环节和屠宰环节设立10个定点监测县，每县至少选择10个养殖场作为监测点开展监测。对全省11个市及1/3以上的县级兽医实验室开展检测能力比对试验和培训。开展国家级"规模化养殖场动物疫病净化示范场""规模化养殖场动物疫病净化创建场"申报，申请国家创建场6个，省级示范场881个。人畜共患病攻坚力度加大。制订布病防治方案，对全省肉牛和羊实行全面免疫，全年下发布病疫苗1400万头份，累计免疫羊800万只。在全省13个种牛场对存栏牛全部开展布病、结核病监测净化工作，全省布病新发病人数同比下降9%。应急处置效果明显。2015年1月，黄河湿地三门峡库区出现野鸟禽流感疫情。山西省组织库区涉及县迅速启动应急预案，配合林业部门开展病死禽无害化处理、封锁隔离、消毒工作。在全省范围组织对家禽养殖场户开展全面排查，对75份家禽样品检测，H5N1、H7N9禽流感检测结果均为阴性。全省没有发生家禽高致病性禽流感疫情。

基层体系建设。全省乡镇畜牧兽医站均建有固定办公场所，配备两台以上冰箱（柜），村级防疫员每人配备冷藏包等设施设备。全省112个县全额落实乡镇兽医人员工资；全省22243名村级防疫员，全部解决补助待遇，其中有77个县每人每月提高到200元以上。对基层人员加强培训，基层防控能力提升。 （郑晓静）

【动物卫生监督管理】 2015年，山西省规范动物产地检疫申报制度，严格执行到场、进点、入户实施检疫，生猪产地检疫申报受理达到全覆盖，全省规模养殖场（户）产地检疫率达100%，从源头上控制动物疫病发生和传播。屠宰检疫加强，严把入场、宰前检疫、宰后检疫、出证四个关口，屠宰动物受检率达100%，染疫动物产品未流入市场。

流通监管。全省组织开展流通环节、动物防疫条件审查、跨省引进种用、乳用动物等专项整治行动；启动全省动物卫生监督“绿剑执法”行动；配合公安、商务、质监等部门开展多次“零点行动”“利刃行动”等联合行动；开展生猪屠宰环节“瘦肉精”监管专项整治；加强省界动物卫生监督检查站监管；完善省际间联防联控机制；强化活畜禽跨省调运监督管理，建立健全跨区域案件联防联动机制、检打联动机制以及部门间执法协调协作机制；防止流通环节重大动物疫情的跨区域传播。组建“山西省动物卫生监督严查快办行动组”，为监督检查、执法办案和专项整治，保证动物卫生及动物产品质量安全，维护公共卫生安全奠定基础。

屠宰环节监管。组织各市开展畜禽屠宰管理重大问题调研工作；依据《生猪屠宰管理条例》《山西省畜禽屠宰管理条例》，开展畜禽屠宰执法检查；编制《山西省生猪屠宰环节病害猪无害化处理补贴管理办法》，开展畜禽定点屠宰换证工作，开展畜禽屠宰专项整治活动。全年检查屠宰企业640个，出动执法人员4468人次，查处问题80起，涉及金额5.8万元，责令整改69起，取缔无证企业1家，媒体宣传45次，发放宣传资料20244份，指导培训97场次，培训人员7183人次。

无害化处理监管。加强无害化处理体系建设，制订《山西省病死畜禽尸体无害化处理体系建设规划》，争取病死畜禽无害化处理体系建设补助资金2500万元，病死畜禽及动物产品无害化处理监管工作得到保障。开展病死畜禽无害化处理监督检查，督促各规模养殖场推进病死畜禽无害化处理设施建设。完善病死畜禽无害化处理机制，与中国人寿财产保险股份有限公司山西省分公司共同开展和探索养殖业保险合作模式和风险防范机制，联合制订并下发《养殖业保险合作方案》。（郑晓静）

渔业

【概述】 2015年，山西省水产品总产量达5.25万吨，较上年增长2.3%。全省渔业经济总产值达8.98亿元，较上年增长0.33%。全省渔民人均纯收入达7988元，较上年增长9.89%。

（王秀芳）

【水产健康养殖示范场创建】 2015年，山西省开展水产健康养殖示范场创建活动作为推进水产健康养殖，转变渔业发展方式，加快渔业现代化建设的有力抓手。经申报筛选、考核验收，向农业部申报的2家农业部水产健康养殖示范场创建单位中有1家创建单位通过考核验收；13家省级水产健康养殖示范场创建单位中有9家创建单位通过考核验收。经复查，1家农业部第一批示范场通过复查，16家2012年省级示范场中有10家通过复查，其余6家取消其省级水产健康养殖示范场资格。（王秀芳）

【池塘标准化改造建设】 2015年，山西省投入省级财政支渔资金600万元，重点扶持具有较大养殖规模、较好基础条件、较高管理水平、较强辐射带动能力的养殖生产单位实施池塘标准化改造建设工程，通过完善升级池塘养殖设施装备，提升池塘养殖标准化水平和安全有效供给能力。全年改造老旧池塘3960亩，比上年增加668亩，新建池塘1613亩，比上年减少106亩。（王秀芳）

【水产品质量安全监管】 2015年，山西省配合农业部完成4次市场水产品例行监测和2次产地水产品质量安全监督抽查任务。水产品质量安全抽查覆盖11个地市，47个市、县，产地水产品苗种合格率达到97%以上。全年共完成17个无公害水产品产地环境检测及29个无公害水产品药残检测工作，共检测水样300样次。选择省水产技术推广站和具备一定基础条件的4个市级水产站、2个养殖场共7个建设点开展水产养殖病害测报与鱼病远程辅助诊断系统建设试点。（王秀芳）

【渔业科技创新】 2015年，山西省水利厅渔业管理处完成省科技农村承包项目“鲟鱼规模化人工繁殖及养殖技术示范”并获得2015年度山西省农村科技承包一等奖。申报山西省2015年度科技进步奖及中国水产科学研究院2015年度科技进步奖。先后与中国水产科学研究院渔业机械与信息研究所、中国水产科学研究院黑龙江水产研究所等多家科研院校进行合作交流，并就名特优品种的人工繁育、利用生态模式解决池塘水质问题达成合作意向。由省水产技术推广站承担的盐碱地南美白对虾高效生态养殖技术项目，养殖总面积达到1100亩，超出项目指标10%，虾苗成活率由预计的50%提升到60%。

（王秀芳）

【渔业资源环境保护】 2015年，山西省按照农业部统一部署，与太原市人民政府联合组织开展汾河太原段水生生物增殖放流活动，放流经济鱼类1021.9万尾，省委常委、市委书记吴政隆及省市有关部门干部职工代表和游园群众参加活动，提高增殖放流活动的层次及质量。（王秀芳）

【渔政渔船管理】 2015年，山西省渔业管理部门与各地市渔业主管部门签订安全生产责任状，实行一把手负责制，建立工作台账。召开渔政管理人员和渔民代表会议，对达不到登记要求的渔船一律不予登记办证，已登记但不符合安全生产要求的渔船，签证时限期整改到位。发布《山西省渔政监督管理局关于2015年实施春季禁渔的通知》，对黄河干流偏关老牛湾到河曲娘娘滩段、黄河干流河津到垣曲段、沁河安泽段实施禁渔制度管理。组织开展春季禁渔专项执法活动，共出动执法人员100人次，印刷宣传资料5000份，没收违规渔具15套，教育违法违规人员23人次。安排渔政执法人员对太原市五龙口等几家大型农贸市场水产品经营单位开展水产品药物残留进行抽测，严禁病死水产品上市销售。在全省范围内继续广泛开展渔船检验、执法、监督三大行动，打击非法捕捞以及使用禁用

渔具等违法行为，维护渔民合法权益，保障人民生命安全，完善渔船安全监管长效机制。（王秀芳）

农业机械化

【概述】 2015年，山西省农机总动力达3351.6万千瓦，比上年增加65.4万千瓦，增幅2%。其中，大中型拖拉机保有量13.1万台，玉米联合收割机2.1万台，分别比上年增加1.2万台和2770台，增幅为9.8%和15.2%。畜牧、设施农业、林果及农产品加工机械均快速发展，全省农机装备结构得到优化，农机作业水平稳步提升。全省机耕、机播、机收面积分别完成273.7万公顷、264.7万公顷、182.5万公顷，机耕、机播、机收水平分别达到75.9%、68.8%和47.5%，与上年相比分别提高2.4、1.2和0.8个百分点。全省农作物耕种收综合机械化水平达到65.2%，比上年提高1.6个百分点，超出全国平均水平2.2个百分点。农机化经营效益持续增加。全省农机化经营总收入133.5亿元，比上年增加2.4亿元，增幅1.8%；农机化经营纯收入67.3亿元，比上年增加0.1亿元。农机安全生产形势稳中向好。全省发生2起农机事故，1人死亡2人重伤，直接经济损失5.35万元。事故起数、伤亡人数和每千台重伤率均低于省政府下达的农机安全生产考核指标。（秦永红）

【综合示范县乡村创建】 2015年，山西省农机局投入专项资金2500万元，整合各类项目资金2.21亿元，扶持20个农机化综合示范县、3个国家农机化示范县、2个马铃薯机械化示范县、126个示范乡和502个示范村开展创建活动。共建设玉米马铃薯全程机械化生产、保护性耕作、农机深松整地等示范区84个，示范点142个；建设高标准农机专业合作社及维修网点70个；新修和整修机耕道150千米；新建机库棚1万平方米。2015年，全省25个示范县农机总动力达到890万千瓦，占全省农机总动力的27%；农作物耕种收综合机械化水平达到76%，超出全省平均水平11个百分点。（秦永红）

【主要农作物全程机械化】 2015年，山西省建设玉米、马铃薯、高粱、莜麦、胡麻等五大作物全程机械化示范点82个、农机新技术示范点109个，重点示范推广五大农作物耕、种、管、收等机械化生产主要环节急需机具和技术。2015年，全省共新增玉米播种、田间管理和收获机械1.3万台，完成玉米全程机械化作业面积1493.4万亩；新增马铃薯播种、田间管理和收获机械1100台，完成马铃薯全程机械化作业面积129.3万亩；完成高粱、胡麻、莜麦全程机械化生产示范面积1.8万亩，全省胡麻、莜麦、高粱全程机械化水平分别达到36%、38%和33%，分别比上年提高2个、2.8个和3个百分点。（秦永红）

【农机购置补贴】 2015年，山西省共落实中央财政农机购置补贴资金4.92亿元，补贴6.2万农户购置7.9万台件农机具。开展农机购置补贴专项整治和“回头看”，取消农民购机前的“确认书”和对经销企业的审核，升级改造补贴管理系统，实时公开补贴信息，建立健全6项工作制度，农机补贴工作长效机制更加健全，取得显著整改成效。10月21日，山西省委副书记楼阳生带领省专项整治检查验收组在验收农机购置补贴专项整治工作时，给予“特色鲜明、成效显著”高度评价。投入各类农机作业补贴资金1.11亿元，分别实施玉米机收秸秆还田、农机深松整地、柠条机械平茬作业补贴面积260万亩、100万亩和12万亩。（秦永红）

【社会化服务体系建设】 2015年，山西省新建农机专业合作社118个，新增农机大户380个；确定69个农机合作社、60个机械化家庭农场、126个示范大户作为培育对象，从优先安排农机补贴资金、农机项目、管理技术培训等方面重点扶持。农机合作社承担全省30%以上农机作业任务，成为现代农业生产的主力军。投入700万元，培育新型职业农民（农机操作手）7000人；与企业合作，采取现代学徒制模式培养465名学生。（秦永红）

【示范推广与科研创新】 2015年，山西省新增保护性耕作实施面积53万亩，总实施面积达到1640万亩；完成秸秆机械化还田面积2328万亩，转化利用378.4万吨；先后举办第十届北方现代农业装备推广展示交易会、第二届中国（山西）农用无人机等高

玉米机收现场 （秦永红供图）

效植保装备演示会和第四届中国（山西）特色农产品交易博览会农机展等重大农机展示推介活动。全省共组织各类技术培训班234次，举办农机新技术、新机具现场演示活动180次，培训农机推广人员2.3万人次。先后组织农机工业转型升级、丘陵山区机械化和电动农机专题调研，并向省政府提交工作建议。“设施农业工业化养殖应急供电装置研究”等4个项目被列为省科技攻关项目，其中2个项目通过省科技厅验收；“长城沿线坡耕地抗旱补水播种保苗综合技术配套装备研究”项目通过农业部验收，获得1项发明专利和10项实用新型专利；微型电动拖拉机、小籽粒电动播种机、电动果园管理机以及设施农业用电动机械等新能源农机新产品进入样机试制阶段。（秦永红）

【安全生产】 2015年，山西省共新注册登记拖拉机、联合收割机1.9万台，检验6.4万台，新训新考驾驶员1.4万人。集中开展农机安全生产大检查、打非治违专项整治等活动，共整改各类隐患3400多项；举办各类宣传活动226次、散发宣传资料16万份；开展“平安农机”创建活动，柳林县被评为国家级“平安农机”示范县。组织开展“3·15”农机质量维权宣传活动，发放宣传资料19万份，接受群众咨询1.1万人次；组织开展玉米收获机质量调查并公布调查结果；联合工商、质监等部门开展农机市场打假专项治理行动，查处不合格农机产品及配件2097件，受理农机质量投诉案件28件、结案26件，为农民挽回经济损失760余万元。（秦永红）

【农机行业建设】 2015年，山西省农机局编制并公布权力清单、责任清单、权力流程图、风险防控图及问责依据，梳理、完善工作制度和监督制度，全面推进“六权治本”工作。紧盯“四风”隐性变异问题，在重要时间节点，开展贯彻落实中央八项规定自查及专项督查、领导干部顶风大操大办婚丧喜庆等借机敛财问题专项整治，形成并保持“反四风”的高压态势。狠抓农机化信息宣传，在国家和省级新闻媒体宣传、报道农机化220余次；向省委、省政府报送政务信息40多条；采集农机网站信息2330条、发布1662条；发布跨区作业手机短信6万多条次。组织开展纪念抗日战争胜利70周年、第一届“读书月”、宪法宣传日等系列活动，深入开展“六型机关”建设。（秦永红）

农业科技

【概述】 2015年，山西省农业科学院共开展科研课题896项。其中，国家级课题181项，省级课题404项，院级课题260项，横向协作课题51项。新开课题248项，其中，国家级课题68项，省级课题90项，横向协作课题17项，院级课题73项。国家级课题主要包括：国家自然基金课题4个，国家支撑计划子课题1个，国家星火课题3个，科技部国际合作项目1个，农业部公益性行业专项子课题3个，农业部引进项目1个，农业部产业体系岗位专家11个，农业部产业体系综合试验站27个。全年鉴定科研新成果39项。其中，两项达到国际领先水平，20项达到国际先进水平。通过国家审（鉴）定农作物新品种10个，省级农作物新品种审（认）定80个。获国家授权专利135件，其中：发明专利34件，实用新型专利89件，外观设计专利12件。发表学术论文502篇，其中国家级论文146篇，出版专著11部。发布山西省农业地方标准54项。（朱俊菲）

【获奖成果】 2015年，上一年度科技奖发布，山西省农业科学院作物科学研究所参与完成的“绿豆优异基因资源挖掘与创新利用”，获得中华农业科技奖科学研究成果一等奖（协作），山西省农业科学院小麦研究所参与完成的“小麦黄矮病流行监测及防控关键技术”，获得中华农业科技奖科学研究成果二等奖（协作）。上年度山西省科技类进步奖公布，农科院获一等奖1个，二等奖9个，三等奖7个。2015年度山西省科技类进步奖中，农科院获一等奖1项，二等奖6项，三等奖10项。（朱俊菲）

【农业技术推广示范行动】 2015年，农业科技成果转化与推广示范纳入山西省新实施十项强农惠农富农政策，农科院578名科技人员在全省44个县（市、区）实施37个农技推广项目，推广新品种247个，集成358项先进适用技术，配套40项高产高效技术模式，示范6.83万亩，推广133.32万亩，粮、油、果、菜、畜牧、食用菌、贮藏保鲜、物联网应用等示范推广累计增加社会经济效益3.69亿元。全年开展各类培训755次，培训骨干农民技术员2.67万余名，培训农民9.89万人次，发放技术资料61.10万份。

粮食高产优质高效科技支撑行动计划在全省17个县（市）实施15个项目，推广展示优良品种41个，集成创新先进适用技术31项，建立高产样板田3352亩，示范1.67万亩，辐射带动21.57万亩，增产粮食2162.77万公斤，增收5601.17万元。

新型农业社会化服务体系在全省实施14个项目，各项目组共与205个新型农业经营主体合作，探索出5种服务模式，推广示范优质品种247个，集成配套组装新技术90项，示范1.29万亩，辐射81.12万亩，增产粮食7190万公斤，增加社会经济效益1.4亿元。（朱俊菲）

2015年山西省农业科学院获国家授权发明专利一览表

名 称	完成单位
抗鸡热应激的中药制剂及其制备方法	畜牧兽医研究所
老陈醋醋糟饲料的制备方法	畜牧兽医研究所
秸秆蘑菇基质压缩成型机	试验研究中心
倒搭钩管式微小粒种子分种器	农业资源与经济研究所
一种小麦抗黄矮病性表型鉴定方法	小麦研究所
一种小麦播种过程板结疏松装置	小麦研究所
小麦专用有机生物材料包裹型控释肥及其生产工艺	小麦研究所
液压自走式棉田高隙喷药车	棉花研究所
同步选育棉花恢复系和不育系的方法	棉花研究所
一种手动吹吸式风力吸虫器	棉花研究所
快速检测棉花品种耐盐性的方法	棉花研究所
一种组合物在制备防治梨小食心虫信息素散发器中的用途	植物保护研究所、北京中捷四方生物科技有限公司
一种用于干扰梨小食心虫成虫交配的迷向剂	植物保护研究所、北京中捷四方生物科技有限公司
一种高纤燕麦面包	农产品加工研究所
从亚麻籽皮中连续提取亚麻胶和木酚素的方法	农产品加工研究所
亚麻籽发芽装置	农产品加工研究所
先嫁接再大枝扦插一年内繁育樱桃成苗的方法	果树研究所
一种提高乙烯吸收剂有效成分含量和吸收效率的生产方法	农产品贮藏保鲜研究所
沙化区芦笋的生态保护栽培方法	蔬菜研究所
一种促生抑菌解淀粉芽孢杆菌、调理剂制备方法及应用	农业环境与资源研究所
一种有抑菌功能的黑曲霉H菌、或新腐解剂及其制备方法	农业环境与资源研究所
盐碱地玉米专用肥及其制备方法	农业环境与资源研究所
一种枣树甲口保护方法	园艺研究所
一种工业大麻良种繁殖技术	经济作物研究所
适宜芽菜生产的板蓝根及其栽培板蓝根芽菜的方法	经济作物研究所
利用绿豆皮制备保健蜜丸的方法	经济作物研究所
利用绿豆全株粉制备保健早茶的方法	经济作物研究所

续 表

名　称	完成单位
一种黑小米富铁营养酱油的酿造方法	农业科技信息研究所
一种玉米播种机	作物科学研究所
食用菌液体菌种运输接种罐	食用菌研究所
灵芝深层发酵液制备灵芝醋的方法	食用菌研究所
恒温干燥种仓	高粱研究所
一种甘薯育苗方法	玉米研究所
一种在大豆抗胞囊线虫研究中抗病植株移植方法	农作物品种资源研究所

2015年山西省农业科学院获国家授权实用新型专利一览表

名　称	完成单位
一种冬小麦冬前或春初麦行积雪位移器	小麦研究所
一种麦田提墒保墒镇压耙耱一体机	小麦研究所
瓜类育苗钢丝插接针	小麦研究所
温室用简便紧线器	小麦研究所
绿芦笋等高采割刀	棉花研究所
手抬式小麦小区化杀喷雾器	棉花研究所
一种双孔同向双叶轮水力击打喷头	棉花研究所
棉花试管苗嫁接用湿度调节器	棉花研究所
降温式蜜蜂授粉专用蜂箱	棉花研究所
小区精量施肥机	棉花研究所
小型便携式地膜覆盖机	棉花研究所
一种引诱杀虫器	棉花研究所
便携式油菜精量播种撒播器	棉花研究所
开放式昆虫波长选择器	棉花研究所
可调式甘薯垄膜收获机	棉花研究所
高枝摘果器	棉花研究所
小麦起垄覆膜膜侧播种机	棉花研究所
一种土壤干旱自动报警装置	棉花研究所
拼接式秸秆燃烧炊暖两用节能炉	棉花研究所
一种能扩蓄增容的农田	棉花研究所

续 表

名 称	完成单位
可调式起垄机	棉花研究所
粟叶甲幼虫饲养观测装置	植物保护研究所
粟叶甲越冬成虫繁殖寿命观测装置	植物保护研究所
油纤两用亚麻收割机	农产品加工研究所
巴德维疗法饮品搅拌器	农产品加工研究所
小型胡麻收获机	农产品加工研究所
谷物干燥装置	农产品加工研究所
果树拉枝器	果树研究所
一种适用于北疆地区的葡萄栽培架	果树研究所
实验用水果打孔器	农产品贮藏保鲜研究所
一种白菜人工蕾期自交隔离罩	蔬菜研究所
一种地膜破膜器	农业环境与资源研究所
一种土壤筛架	农业环境与资源研究所
气吸式播种机的精量高粱播种盘	农业环境与资源研究所
土壤快速淋洗测砷装置	农业环境与资源研究所
土壤快速淋洗实验装置	农业环境与资源研究所
一种蜂蜜的融晶处理装置	园艺研究所
一种种子风干晾晒平台	高寒区作物研究所
一种马铃薯起垄机	高寒区作物研究所
一种苜蓿根系采样装置	高寒区作物研究所
一种苜蓿颗粒成型机	高寒区作物研究所
一种牧草播种机	高寒区作物研究所
一种除草机	高寒区作物研究所
一种蜜蜂饲喂皿	经济作物研究所
一种蜜蜂养殖箱	经济作物研究所
一种鹅用的饲养装置	经济作物研究所
一种鹅舍结构	经济作物研究所
农业检测装置	农业科技信息研究所
一种自行走喷药小车	农业科技信息研究所
实验室手持便携式刷瓶器	生物技术研究中心

续 表

名 称	完成单位
便携式间苗器	作物科学研究所
一种小麦遗传材料专用手工脱粒器	作物科学研究所
一种小麦育种专用人工授粉器	作物科学研究所
一种科研考种专用便捷数粒器	作物科学研究所
小麦人工杂交育种专用镊子	作物科学研究所
小麦人工杂交育种整穗专用剪刀	作物科学研究所
一种小麦人工杂交育种整穗专用剪刀	作物科学研究所
一种向日葵快速剥粒器	作物科学研究所
绿豆分选装置	作物科学研究所
荞麦脱粒机	作物科学研究所
悬挂式种质资源整理袋	作物科学研究所
玉米移苗器	作物科学研究所
播种机用排种器	作物科学研究所
一种免间苗膜侧谷子条播机	作物科学研究所
一种播谷机谷粒计数控制器	作物科学研究所
一种播谷机播种机构	作物科学研究所
一种播谷器种子分配器	作物科学研究所
便携式谷物精密播种装置	作物科学研究所
播种机种箱缺种预警装置	作物科学研究所
固体菌种接种钳	食用菌研究所
一种手推式高粱播种器	高粱研究所
可折叠式背负翼形喷雾装置	高粱研究所
一种仿地形防板结镇压器	高粱研究所
一种基于物联网的智能农业生产系统	高粱研究所
一种喷雾器多喷头喷杆	玉米研究所
一种中空间苗锄	玉米研究所
一种锄头	玉米研究所
菜豆纸筒育苗用点种器	旱地农业研究中心

续 表

名 称	完成单位
旱区菜豆育苗专用纸筒	旱地农业研究中心
便携式甘蓝型作物收获器具	旱地农业研究中心
百粒玉米籽粒数粒器	旱地农业研究中心
手提式播种器分种装置	旱地农业研究中心
一种折叠式多规格作物试验田密度尺	旱地农业研究中心
一种蓄水保湿覆膜	旱地农业研究中心
一种果园开沟施肥机	隰县农业试验站
一种羊人工采精架	畜牧兽医研究所
一种用于显微镜的加热盒	畜牧兽医研究所
一种羊药浴工具	畜牧兽医研究所
一种随母哺乳犊牛断奶用装置	畜牧兽医研究所

2015年山西省农业科学院获国家授权外观设计专利一览表

名 称	完成单位
包装袋(东方100)	棉花研究所
包装袋(绿蒂)	棉花研究所
施肥机(小区精量)	棉花研究所
双孔同向双叶轮水力击打喷头	棉花研究所
包装袋(并单23)	棉花研究所
包装袋(科能0518)	棉花研究所
包装袋(晋单64)	棉花研究所
包装袋(运棉3539)	棉花研究所
包装袋(晋棉44)	棉花研究所
农业剪	作物科学研究所
镊子	作物科学研究所
剪刀(月牙形)	作物科学研究所

2015年经山西省质监局批准发布山西省地方标准一览表

名称	起草单位
日光温室栽培双孢蘑菇技术规程	食用菌研究所
白灵菇日光温室代料栽培技术规程	食用菌研究所
黑木耳大棚吊袋栽培技术规程	食用菌研究所
山区猪苓仿野生栽培技术规程	食用菌研究所
甘薯轻简化栽培技术规程	棉花研究所
甘薯脱毒种苗繁育技术规程	棉花研究所
舍饲育肥羊全混合颗粒饲料生产技术规程	畜牧兽医研究所
杂交构树饲料生产应用技术规程	畜牧兽医研究所
奶牛乳腺炎综合防治技术规程	畜牧兽医研究所
舍饲羔羊育肥技术规程	畜牧兽医研究所
肉用繁育母牛饲养技术规程	畜牧兽医研究所
垣坪旱地春播玉米秸秆冬春覆盖还田深施肥技术规程	农业环境与资源研究所
复垦农田土壤肥力评价及提升技术规程	农业环境与资源研究所
煤矸石填埋造田技术规程	农业环境与资源研究所
土壤中总铅的快速测定-玫瑰红酸钠目测法	农业环境与资源研究所
杂交饲草高粱栽培技术规程	高粱研究所
旱地粒用高粱覆膜栽培技术规程	高粱研究所
春播早熟区谷子高产栽培技术规程	高寒区作物研究所
黍子机播地膜覆盖栽培技术规程	高寒区作物研究所
旱作区红小豆栽培技术规程	高寒区作物研究所
复播食用向日葵栽培技术规程	经济作物研究所
远志生产技术规程	经济作物研究所
红小豆、玉米间作技术规程	经济作物研究所
枣树更新复壮技术规程	果树研究所
玉露香梨贮藏技术规程	果树研究所
扁桃生产技术规程	果树研究所
早黑宝葡萄设施促成栽培技术规程	果树研究所
苹果树腐烂病抗病性鉴定技术规程	植物保护研究所

续 表

名 称	起草单位
苹果园休眠期病虫害防治技术规程	植物保护研究所
梨小食心虫性诱芯监测技术规程	植物保护研究所
麦茬复播花生栽培技术规程	小麦研究所
观赏凤梨盆花生产技术规程	园艺研究所
红掌盆花生产技术规程	园艺研究所
制干辣椒栽培技术规程	蔬菜研究所
日光温室草莓套种甜瓜栽培技术规程	生物技术研究中心
玫瑰香葡萄采前管理及贮藏技术规程	农产品贮藏保鲜研究所
春播中晚熟区谷子宽窄行种植技术规程	谷子研究所
苦荞机械化栽培技术规程	农产品加工研究所
双孢蘑菇林下栽培技术规程	食用菌研究所
山区日光温室平菇袋式栽培技术规程	食用菌研究所
高寒区日光温室香菇代料生产技术规程	食用菌研究所
夏播棉栽培技术规程	棉花研究所
大田转基因棉花外源序列 PCR 检测规程	棉花研究所
复播玉米轻简化栽培技术规程	棉花研究所
复播绿豆硬茬直播栽培技术规程	作物科学研究所
晋南夏播大豆栽培技术规程	小麦研究所
春播中晚熟杂交大豆栽培技术规程	农作物品种资源研究所
旱地燕麦栽培技术规程	农作物品种资源研究所
核桃大树芽接技术规程	隰县农业试验站
高光效开心形树形苹果生产技术规程	现代农业研究中心
水地燕麦高产栽培技术规程	高寒区作物研究所
谷子渗水地膜精量穴播栽培技术规程	农业资源与经济研究所
清香型白酒酿造用高粱	高粱研究所
甜玉米鲜穗质量分级	高粱研究所

2015年山西省农业科技创新团队一览表

名　称	依托单位	带头人
羊规模化高效养殖关键技术研究与应用	畜牧兽医研究所	毛杨毅
谷子杂种优势利用与分子机理研究	谷子研究所	王玉文

2015年山西省农业科学院通过国家审(鉴)定新品种目录表

名　称	选育单位	完成人
晋超甜1号	玉米研究所	卢保红等
运旱115	棉花研究所	李秀绒等
晋青2号	蔬菜研究所	赵军良等
圆粉209	蔬菜研究所	张剑国等
丽红	蔬菜研究所	王永珍等
长农44号	谷子研究所	郭二虎等
长生11号	谷子研究所	王节之等
晋荞麦(苦)6号	高寒区作物研究所	郭忠贤等
晋亚12号	高寒区作物研究所	杨建春等
晋谷59号	作物科学研究所	马建萍等

2015年山西省农业科学院通过山西省审(认)定新品种目录表

名　称	选育单位	完成人
晋麦99号	小麦研究所	张凤琴等
晋稻15号	作物科学研究所	王广元等
晋大麦(啤)3号	小麦研究所	董双全等
晋薯26号	高寒区作物研究所	杜　珍等
晋薯27号	高寒区作物研究所	王春珍等
晋薯28号	高寒区作物研究所	范向斌等
晋薯29号	隰县农业试验站	张碧岱等
晋早密3号	食用菌研究所	郭　尚等
密龙	生物技术研究中心	王果萍等
大同37号	高寒区作物研究所	任月梅等
长生13	谷子研究所	王节之等
长农44号	谷子研究所	郭二虎等
晋谷61号	经济作物研究所	史关燕等
长杂谷1205	谷子研究所	王玉文等
晋杂42号	高粱研究所	柳青山等
汾酒粱2号	高粱研究所	张福耀等
晋燕20号	高寒区作物研究所	李荫藩等
晋燕21号	五寨农业试验站	王建雄等

续 表

名 称	选育单位	完成人
品燕 4 号	农作物品种资源研究所	刘龙龙等
芸选 2 号	作物科学研究所	郭宝德等
晋豌豆 7 号	高寒区作物研究所	刘　飞等
晋豌豆(草)8 号	高寒区作物研究所	王雁丽等
晋亚 13 号	高寒区作物研究所	杨建春等
汾麻 3 号	经济作物研究所	康红梅等
路易 3 号	生物技术研究中心	杨晋明等
晋椒 101	蔬菜研究所	马蓉丽等
俊丽 3 号	食用菌研究所	郭明慧等
晋绿 3 号	蔬菜研究所	赵美华等
早绿 6 号	强盛种业	许　晶等
强绿 10 号	强盛种业	车星星等
丰满一代	蔬菜研究所	武玲萱等
临杏二号	小麦研究所	焦连城等
玫香宝	果树研究所	唐晓萍等
金冠酥	生物技术研究中心	曹秋芬等
晋远 2 号	经济作物研究所	田洪岭等
并单 36	作物科学研究所	刘守渠等
晋薯 25 号	五寨农业试验站	王建雄等
农丰 8 号	生物技术研究中心	杨晋明等
大同 36 号	高寒区作物研究所	任月梅等
晋谷 60 号	作物科学研究所	马建萍等
晋品谷 3 号	农作物品种资源研究所	王海岗等
晋品谷 4 号	农作物品种资源研究所	温琪汾等
长生 11 号	谷子研究所	王节之等
晋杂 36 号	高粱研究所	程庆军等
晋杂 37 号	高粱研究所	平俊爱等
汾酒粱 1 号	高粱研究所	张福耀等
晋杂 39 号	高粱研究所	平俊爱等
晋杂 40 号	高粱研究所	程庆军等
晋燕 18 号	右玉农业试验站	薛志强等

续　表

名　称	选育单位	完成人
同燕 2 号	高寒区作物研究所	徐惠云等
晋燕 19 号	五寨农业试验站	王建雄等
晋荞麦(甜)7 号	作物科学研究所	李秀莲等
晋荞麦(甜)8 号	高粱研究所	吕慧卿等
晋黍 10 号	高寒区作物研究所	李　海等
晋黍 11 号	五寨农业试验站	王建雄等
晋小豆 7 号	隰县农业试验站	张建宏等
晋绿豆 9 号	高寒区作物研究所	刘支平等
晋豌豆 6 号	右玉农业试验站	靳建刚等
晋扁豆 3 号	玉米研究所	高克昌等
晋饲草 1 号	作物科学研究所等	孙　玉等
晋花 10 号	经济作物研究所	白冬梅等
汾蓖 11 号	经济作物研究所	王宏伟等
金甜蜜 3 号	农业资源与经济研究所	张　涛等
晋番茄 11 号	蔬菜研究所	王永珍等
艳红 103	强盛种业	尚春树等
晋椒 203	蔬菜研究所	焦彦生等
晋青椒 7 号	园艺研究所	岳　青等
晋青椒 8 号	园艺研究所	梁燕平等
晋茄 1205 号	蔬菜研究所	张继宁等
籽葫芦 1 号	食用菌研究所	郭　尚等
惠丰 70	蔬菜研究所	武永慧等
晋绿 5 号	蔬菜研究所	赵美华等
新酥梨	生物技术研究中心等	曹秋芬等
万尼卡	果树研究所	戴桂林等
晋梅 1 号	果树研究所	戴桂林等
早薄丰 1 号	省农业科学院等	田建保等
矮化苹果砧木 Y-2	果树研究所	杨廷桢等
苹果砧木 Y-3	果树研究所	杨廷桢等
晋园红	园艺研究所	马光跃等
晋红宝	小麦研究所	孙红亮等

林　业

【概述】 2015年，山西省推进林业六大工程，完成营造林28.09万公顷，占年度任务28万公顷的100.3%。其中，“两山”造林工程完成18.82万公顷，“两网”绿化工程完成1.82万公顷，“两林”富民工程完成4.72万公顷，“两区”增绿工程完成0.73万公顷，“双百”精品工程完成2万公顷。完成500个村庄绿化任务，长治县振兴村等四个村被中国生态文化协会评选为“全国生态文化村”。

天然林综合保护将非天保区天然林和国家级公益林全部纳入天保公益林管理体系，在国家综合考核中位列全国第二。全年发生火情40起，同比下降51.81%。森林火灾受害率0.06‰，大大低于省政府确定的0.5‰控制指标，没有发生重特大森林火灾和人员伤亡事故。实施防治林业有害生物面积11.8万公顷，成灾率0.87‰，远低于省政府4.5‰的控制目标。组织开展严厉打击盗挖树木、破坏野生动物资源等专项行动和省林业厅十大挂牌案件督办工作，查处各类森林和野生动物案件3528起，为国家挽回直接经济损失3000余万元。

加快以干果经济林、速生丰产林、种苗花卉、森林旅游、林下经济为主要内容的林业产业建设，林业产值达到453亿元，连续四年增速达到10%以上。新发展经济林4.71万公顷，改造低产低效林2.26万公顷。种苗结构优化，新育苗1.73万公顷。花卉产业发展，面积达到0.3万公顷，销售突破4亿元。森林旅游加速，旅游人数达到1270万人次，门票收入2.18亿元。林下经济势头强劲，经营面积达36.7万公顷，实现产值16.5亿元，林农人均收入1600元。举办第三届山西苗木及花卉博览会，吸引全国200多家企业参会。第三届中国绿化博览会山西展园获“综合银奖”和“最佳质量奖”。

山西省委书记王儒林（左一）参加义务植树活动　（冀瑞平供图）

开展核桃、仁用杏抗寒育种试验研究，引进核桃抗寒品种5个，引进优仁、国仁、围场1号等仁用杏抗冻害品种5个。开展优良乡土阔叶树种良种选育研究，突破臭椿、皂荚等14个乡土树种无性繁殖技术，营造乡土树种优系育苗和对比试验林333.33公顷。建成生态定位监测5个主站，在金沙滩等7个站点开展定位数据采集和森林生态功能评价，测算出山西省公益林生态价值为每年1500亿元。加快食用林产品检测检验中心建设，完成检测设备购置。“黑杨杂交育种研究”等11项成果通过山西省科技厅鉴定。“黄土丘陵区基于生态需水理论抗旱造林技术研究”等4项成果获山西省科技进步奖。培育出“帅丁皂荚”等林木良种13个。获得“幼树防啃护树套”等国家专利2项。4名科技人员被评为山西省学术技术带头人。

3月23日，第三届山西省苗木及花卉博览会在太原举办。全省11个市、9个省直国有林局和全国各地200多家苗木及绿化资材生产经营单位参展。　（冀瑞平）

【深化集体林权制度改革】 2015年，山西省林业厅深化集体林权制度改革，推进和完善林权登记发证工作，出台《关于加快完善集体林权登记发证工作的通知》（晋林改发〔2015〕6号），明确提出深化林权改革要把林权证发放到户工作进一步抓实、抓好。完善林权抵押贷款，印发《2015年林权抵押贷款工作实施方案》。加强银林合作平台建设，与山西省农村信用联合社签订战略合作协议。安排870万元扶持发展农民林业专业合作社建设。推进国有林场改革，贯彻落实党中央、国务院《国有林场改革方案》和《国有林区改革指导意见》，多次召开会议研究部署全省国有林场改革工作，在全省国有林场开展调研，摸清机构、人员、编制、财务、债务等基本情况，听取基层意见建议，明确省直林区改革思路，修改完善《山西省国有林场改革方案》，并向国家林业局作专题汇报。开展第九次森林资源清查工作。开展林区变更调查工作。落实省林业厅《关于积极稳妥推行购买式造林促进林业发展提质增效的指导意见》，引深合作式、购买式等造管新机制。2015年11月，山西省国有林区林场中药材开发利用项目战略合作仪式启动。　（冀瑞平）

【封山禁牧促进林牧业协调发展】 2015年6月19日，山西省林业厅、山西省农业厅印发《关于在林业生态建设重点工程区域实施封山禁牧促进林牧业协调发展的意见》。《意见》指出，在全省林业生态重点工程区域实施封山禁牧是有效化解林牧矛盾，科学推进林业生态建设和畜牧业发展

的有效措施。《意见》对封山禁牧范围、重点、区划规划、设施建设、机构管护、资金使用、严格执法作出详细规定。（冀瑞平）

【山西省国有林场改革】 2015年2月8日，中共中央国务院印发《国有林场改革方案》和《国有林区改革的指导意见》。3月17日，国务院召开国有林场改革电视电话会议，安排部署国有林场改革工作，并确定山西、内蒙古自治区、吉林、黑龙江、福建等9省（区）为国有林场改革重点推进省。山西省委书记王儒林批示"要高度重视，认真落实"。7月8日至9日，省长李小鹏率领省编办、发改、财政、交通、林业等部门负责人，到长治、临汾、省直太岳林局进行国有林场改革专题调研。9月8日，山西省人民政府第97次常务会议原则通过《山西省国有林场改革实施方案》，10月8日，山西省委深化改革领导小组审议通过，10月21日报国家发改委、国家林业局，于12月16日正式获批。

（冀瑞平）

【市县林业工作】 2015年，山西省各市县开展林业工作。太原市推进北山森林防火通道建设，完成道路建设59.71千米，完成投资2.49亿元，在太原市东山、北山和西山形成一条兼顾森林防火、林产业发展、休闲旅游和森林景观带的完整、畅通、安全和便捷的道路体系。大同市实施一线五河多点治理工程，在长城沿线打造文化绿道，对御河、甘河、口泉河、十里河、淤泥河两侧进行植被恢复和生态治理，每县实施1个万亩连片荒山造林工程。朔州市实施朔城区西山环城绿化八期工程，与前七期工程连接打通，构筑2.66万公顷的城郊绿色框架。忻州市开展两个"林业生态建设年"活动，完成重点工程造林8.66万公顷。吕梁市发展干果经济林，在沿黄、吕梁山东部、西部丘陵建立3个百万亩红枣、核桃干果经济林带。晋中市推进生态庄园经济发展，建成生态庄园513个，累计吸引社会资金近50亿元，成为林业改革发展的新生力量。阳泉市立足改善农村人居环境，实施道路两侧、城镇四周、村庄四旁"244"绿化工程，有近500个行政村初具园林绿化规模，涌现出一批省级、国家级村庄绿化先进村。长治市加强林业项目资金管理，推行"三期九制"工作法，狠抓工程实施前期准备、中期管理、后期管护工作，推行方案论证制、招投标制、施工能力考察制、工程监理制、技术人员包点制、阶段验收制、竣工验收制、工程区禁牧制、绩效考核制，项目管理取得实效。晋城市狠抓森林抚育经营，重点对人工纯林、针阔混交林、天然低效林、通道绿化宽林带、商品经济林进行抚育经营，提高产量质量，促进森林资源持续增长和民生持续改善，坚持狠抓计划任务、设计施工、监督检查、资金使用、档案建设"五项管理"，推动森林抚育经营迈上规范化、制度化、标准化建设轨道。临汾市以建设林业生态强市为目标，通过整山系整流域推进、垣坡沟综合治理、多树种多林种栽植、生态经济相结合等，打造生态经济型林业发展模式，每年以2.66多万公顷的绿化规模发展，累计造成林地64.8万公顷，森林覆盖率31.9%，林业总产值达52亿元。运城市瞄准干果经济林，狠抓林业产业化，新发展干果经济林0.8万公顷，干果经济林总面积达12.01万公顷，面积在全省排名第二，总产值达百亿元以上，在全省排名第一。（冀瑞平）

山西省林业厅和山西省国新能源集团达成战略合作协议（冀瑞平供图）

【省直林区建设】 2015年，山西省各大直属林区强化林区建设。杨树林丰产实验局发展种苗产业，打造完整的种苗产业链，培育营养钵苗木总量达到4000万株，新增固定苗圃286.6公顷，栽植大苗500万株，完成造景树培育1万株。管涔山国有林管理局坚持保护与培育并重，提升森林综合效益，落实局、场、站、警、员五级"包保"责任制，建立局与县、场与乡、站与村"三联"森林防火机构，与五寨、神池、岢岚三县实施合作造林工程0.2万公顷，完成营造林任务0.88万公顷。五台山国有林管理局瞄准区域综合治理，完成滹沱河流域造林0.4万公顷，桑干河流域完成阔叶树造林100公顷，清水河流域完成52千米造林绿化任务，唐河流域完成造林0.66万公顷，完成清水河流域抚育任务0.18万公顷。黑茶山国有林管理局创新造林机制，购买式造林取得成效，13个单位、493名职工及27户林农实施购买式造林0.152万公顷，与岚县8个乡镇39个村规划购买式造林0.36万公顷，县局合作造林规划0.13万公顷，实现造林由"过程管理"向"结果购买"的转变，变计划经济体制下的"要我造林"为市场经济体制下的"我要造林”。关帝山国有林管理局提质增效建精品，统一规划梅洞沟、薛家沟、段家坪沟、驿沟、洞沟五大流域治理重点工程区，整合两个以上营造林项目的单位达18个，完成森林抚育0.62万公顷，占总任务量的93%；完成人工造林0.48万公顷，完成封山育林0.16万公顷。太行山国有林保护局打出流域综合治理组合拳，流域综治面积占林局总面积21%，启动清漳河流域田寺沟、白云沟、恋思水库、里禅堂寺沟、龙峪沟等5大区域综合治理工程。总规划面积0.2万公顷，与和顺县政府合作建设的清漳河源头生态恢复综合治理工程，完成工程建设任务。太岳山国有林管理局，冻雨灾害理赔开创新河。2015年4月1日，太岳林局部分林场发生罕见冻雨灾害，净受灾森林面积为0.19万公顷，兑现理赔资金1410万元，通过省林权中心与省保险公司协调，最终确定对折干、翻兜等死亡林木按照保险金额全赔，对断稍林木按照程度和树种不同赔付40%~60%，对断枝50%以上林木赔偿10%。吕梁山国有林管理局探索解决“留住人、护住林、出效果”三个问题，在基层管护站上科学选址，开展职工以站建基地活动，合理调配管护力量，启用GPS巡检系统，每年年初组织管护人员进行学习培训，出台“保护有偿，损失有价”的管理制度，实行“五联单”报告制，在森林资源管理上迈出坚实一步。中条山国有林管理局，利用自身优势，因地制宜，发展阔叶乡土树种，推进营林树种结构调整。与中国林业科学研究院林业科技信息研究所合作开展水源涵养林抚育的多目标经营模式，选取油松纯林、混交林、陡坡林、集水区上坡位、退化林、急坡林等6种典型林分结构，营林生产初步实现由营造大面积针叶纯林向多树种营造的转变，由单纯的生态林森林经营向多功能森林经营目标的转变，由粗放经营方式向科学经营模式转变。（冀瑞平）

【林业培训】 2015年4月21日至23日，全国油松樟子松良种基地建设技术培训班在山西省开班，来自北京、内蒙古、河北等20多个省市的林木良种基地种苗站负责人以及北京林业大学、西北农林科技大学、华南、沈阳、河南农业大学的林木良种专家和教授参加培训。国家林业局国有林场和林木种苗工作总站总站长杨超、山西省林业厅总工程师刘虎山出席培训会。

7月13日，山西省皂荚产业发展管理与技术培训会在山西运城市盐湖区召开。10个市林业局，盐湖区等10个试点县林业局相关负责人等参加培训，并观摩盐湖区西姚村皂荚嫁接改造基地。

8月31日至9月2日，山西省深化集体林权制度改革林下经济发展现场培训会在古县召开。各市林业局副局长、林权中心主任、2015年实施林下经济项目的15个县的分管局长和林权中心主任及种植大户共100多人参加培训。省药材学院张震云教授作题为“林下中药材的种植与环境影响”的报告；古县、大同市、潞城市介绍发展林下经济的经验；参观古县生态林下中药材立体种植基地、核桃树下种植牡丹基地和连翘茶加工厂等示范基地。

12月8日至9日，山西省核桃管理技术培训会在潞城市举办。大同、阳泉、晋中、吕梁、长治、晋城、临汾、运城市林业局分管副局长、林业站站长，核桃重点县林业局局长、分管副局长、技术员，共150余人参加培训。省林业厅总规划师张云龙出席会议并讲话。（冀瑞平）

【《古树名木养护管理规范》】 2015年1月30日 山西省《古树名木养护管理规范》(DB14/T 973—2014)正式实施。《规范》由省绿化委员会办公室起草，省质量技术监督局审查批准。《规范》共6章，提出古树名木日常养护的技术和管理措施，不仅包括树体养护、环境维护、有害生物防治等技术，还对雷电、强风、雪灾等灾害预防做出具体规定，在国内首次规定火灾防范技术，对提高山西省古树名木养护管理水平、推进古树名木资源保护具有重要意义。（冀瑞平）

【林业扶贫】 2015年8月3日，山西省扶贫办决定启动实施构树扶贫试点，计划利用5年时间，在山西省灵丘、岢岚、临县、武乡、平顺、吉县6个国家扶贫开发工作重点县和襄垣、稷山2个非贫困县打造7个构树扶贫工程基地，总面积约0.48万公顷，计划总投资额为2.2亿元。（冀瑞平）

【“三北林业工程”山西现场会】 2015年9月16日至17日，国家林业局三

朔州市南山林业基地 （元雷花供图）

北局“三北工程退化林分改造现场会”在山西大同市召开。共有国家林业局、财政部等有关部委,三北地区13省(区、市)、新疆兵团林业厅(局)分管领导及三北站(局)长,50个试点县政府主管领导,新华社、《人民日报》、中央电视台、《中国绿色时报》等新闻媒体记者等110余名正式代表参会。山西省政府副省长郭迎光代表省委、省政府为大会致辞,大同市代市长马彦平致欢迎词,省林业厅总规划师张云龙代表在会上作典型发言。会议还组织参会代表实地参观杨树局金沙滩林场黄花梁退化林分改造示范工程、杨树局科技服务中心安疃退化林分改造杨树伐桩嫁接示范工程、杨树局金沙滩林场马庄退化林分改造综合试验示范区、大同市新荣区退化林分改造示范工程和大同市大同县退化林分改造示范工程。

(冀瑞平)

水 利

【概述】 2015年,山西省累计完成水利投资433.67亿元。全省建成水库596座,其中大型水库10座,中型水库67座,现有大中型水库库容48.56亿立方米。全年实际灌溉面积153.547万公顷。小型水利设施累计8646处。小型水利灌溉面积10.068万公顷。累计除涝面积8.913万公顷。万亩以上灌区187处,万亩以上机电灌站70处,防渗长度13331.22千米。累计堤防长度10413.42千米。水利工程总供水量69.90亿立方米。当年地下水开采量32.56亿立方米,水土流失累计治理面积577.911万公顷,新增水土流失累计治理面积22.735万公顷。当年改善和提高农村饮水安全标准人口36.10万人。城乡供水工程年供水量14.25亿立方米。全省小水电全年发电量3.24亿千瓦时;水产品总量52427吨,较上年增长2.3%。

(王秀芳)

【水利规划编制】 2015年,山西省开展水利规划编制工作。汾河流域生态修复规划通过水利部审查。4月14日,省政府第79次常务会议审议通过《汾河流域生态修复规划纲要(2015—2030年)》。10月8日,省政府在平遥汾河三坝举行开工仪式,标志着山西省以汾河生态修复为标志的生态文明建设全面启动。编制完成《汾河流域生态修复规划(2015–2030年)》。11月5日至7日,水利部水规总院组织30多位院士、专家在京对《规划》进行审查,完成规划修改和复审工作。12月16日,水规总院出具审查意见上报水利部。推进古贤水利枢纽前期规划。黄河水利委员会牵头,会同山西和陕西省发改委、水利厅五家,联合向水利部和国家发改委上报古贤水利枢纽项目建议书。12月7日至8日,水利部水利规划总设计院对《古贤水利枢纽项目建议书》进行审查,黄河勘测设计公司按照专家意见对项目建议书进行修改完善并上报。古贤水利枢纽项目建议书顺利通过审查,标志着古贤项目前期工作取得重大进展,为快速推进工程建设奠定基础。启动桑干河、滹沱河等六河生态修复规划工作。11月3日,省政府第102次常务会议安排部署桑干河、滹沱河、漳河、沁(丹)河、涑水河、御河六条河流的生态修复与保护规划编制工作。11月19日,省水利厅召开桑干河、滹沱河、漳河、沁河、涑水河和御河等河流生态修复与保护规划编制工作会议,安排布置六条河生态修复与保护规划编制工作。成立桑干河、滹沱河、漳河、沁河、涑水河及御河生态修复与保护规划工作领导小组。省水利厅在参照省汾河流域生态修复工作领导小组组建的基础上,起草《关于成立山西省桑干河、滹沱河、漳河、沁河及涑水河、御河等河流生态修复与保护规划工作领导小组的通知(代拟稿)》。

(王秀芳)

【水政法治建设】 2015年,《山西省实施〈中华人民共和国水土保持法〉办法》经省十二届人大常委会第二十一次会议表决通过,于10月1日起实施。制订出台《山西省汾河流域生态修复与保护条例》,年内完成资料收集、立法调研、立法论证等准备工作,初稿报送省政府法制办。12月31日,山西省政府颁布《关于加强地下水管理与保护工作的通知》。《山西省水利厅关于全面推进依法治水的实施意见》出台。

开展水土保持专项执法检查活动。整改人为水土流失问题,推动水土保持监督执法工作。查处各类河湖、水保违法案件200余项,限期整改120余起。

严格执行办证分级审批制度,为1200多人办理水政监察证件;加强人员执法能力建设,组织各级执法人员培训达900余人次,参加水利部、流域机构组织的行政执法人员培训40余人次;为执法队伍配备水政监察移动执法装备,完成水政移动执法系统软件初步开发,实现数据资料查询、上传、共享等功能。

开展“六五普法”“世界水日”“中国水周”“12.4国家宪法日”等水利法制宣传纪念活动;按照“谁执法谁普法”原则,创新普法的针对性、有效性和覆盖面,增强全社会水忧患意识和水法治观念。在“依法行政宣传月”活动期间,邀请省委党校教授作法治专题讲座。

(王秀芳)

【水资源保护性管理】 2015年,山西省推进以晋祠泉复流为代表的水生态系统保护与修复工作。(1)水生态保护治理。推进五大河流地表水、六大盆地地下水和19处岩溶泉域水保护与修复。通过实施汾河清水复流、“三河”(沁河、汾河、桑干河)水污染控制工程、汾河流域地下水超采区治理等工程,汾河流域水生态环境明显改善。汾河连续多年不断流,流域地下水位止降回升。加强娘子关泉域岩溶水保护工程和生物多样性保护与修复工程建设,神头、霍泉、龙子祠等岩溶泉域综合整治和泉源生态修复工程有序推进。运城市对涑水河、姚暹渠等重要河流进行治理,重点保护古堆泉等岩溶大泉以及地下水,把古堆泉域10平方千米作为治理重点范围,计划三年内完成垃圾集中处理、农村污水集中排放、旱厕改造和绿化等工作，对汾河、涑水河、姚暹渠51个排污口进行水质化验，启动涑水河流域生态修复与保护规划编制工作。11月，《汾河流域生态修复规划》经审查通过后，由水利部会同山西省政府联合批复。山西省政府同步启动桑干河、滹沱河、漳河、沁河等省内其他四大河流的生态修复规划编制工作。(2)晋祠泉复流工程。2015年，山西省采取汾河水库生态用水调度、汾河二库提高蓄水水位加大地下水补给、泉域范围内关井压采、地表水源置换地下水、煤矿禁采限采、晋祠泉域岩溶地下水观测等措施，晋祠泉难老泉水位上升到6.34米，比年初的7.38米上升1.04米。按照《山西省泉域水资源保护条例》的有关规定和《晋祠泉复流工程实施方案》要求，对在晋祠泉域重点保护区内井田面积占总井田面积36.9%、吨煤排水量远高于其他煤矿的白家庄矿，不同意其采矿许可证延期。对部分井田面积位于泉域重点保护区范围内的东于、南峪及梅园永兴煤业3座整合矿井，要求不许开采重点保护区范围内煤田，并在保护范围外留出保护圈。

落实最严格水资源管理制度。山西省把实行最严格的水资源管理作为解决山西水问题的重要举措，建立省对市的水资源管理考核体系，将万元工业增加值用水量降幅和地下水压采量作为对各市的考核指标，全面落实"三条红线"，加快建设节水型社会。强化用水需求和用水过程管理，完善水资源管理规章制度，7月1日起新修订的山西省地方标准《山西省用水定额》正式实施，《山西省水资源规划》完成编制并进入省级专家审定阶段，制订出台全省取水许可管理、用水计划管理、重要江河湖泊水功能区水质达标监测等一系列规范性文件，地下水管理与保护工作推进。山西省万元工业增加值用水量较上年下降4.6%，连续6年呈下降趋势；推进地下水关井压采和引黄水原水直供、分质供水，全年压采地下水1.5亿立方米，全省地下水位连续8年持续回升；实施江河湖泊重要水功能区河道生态水量调度，汾河连续7年不断流、河水长流常清，流域生态环境得到改善。

完成压减地下水开采量1.5亿立方米目标。上半年，编制《山西省地下水超采区评价报告》和《山西省地下水关井压采实施方案》，对地下水超采区进行评价与复核，划定禁采和限采范围。规划到2020年，全省地下水开采量控制在30亿立方米以内，关闭农业、工业、城市管网覆盖区地下水井11709眼、压采地下水量6.5亿立方米。年内全省关井520眼、压采地下水6500万立方米，加上水源置换、节水和中水利用等措施，共关井压采和置换地下水1.55亿立方米。

低热值煤电规划及项目取水许可和水资源论证。编制《山西煤电基地规划水资源论证报告》《山西低热值煤发电项目规划水资源论证报告》，4月20日、6月10日，水利部组织专家论证会进行两次审查。该项目是山西省煤电基地建设和低热值煤发电项目重要支撑。省政府重点推进29个低热值煤电项目实施，截至9月底，29个项目水资源论证完成全部批复，其中黄委、海委批复12个、省级批复17个。全省用水总量70.34亿立方米，其中地表水34.4亿立方米、地下水32.52亿立方米、矿坑水及中水3.42亿立方米，分别占总量的49%、46%和5%。省级审查建设项目水资源论证报告、泉域水资源影响评价报告95个。

农村水价改革。制订《关于深化农村水权制度改革的意见（初稿）》，并报省委、省政府审批。（王秀芳）

【水利工程建设前期工作】 2015年，山西省推进水利工程建设前期工作。推进汾河流域生态修复试点工程。2015年7月，省水利厅启动汾河流域生态修复试点工程12个项目。其中西范灌区东扩工程，禹门河汾阳市段河道治理工程、介休市龙凤河河道治理，潇河城区段河道治理工程(东郝桥—西郝桥、汇通桥—108桥段)，汾河下游河津、万荣段生态修复生物措施，禹门口东扩襄汾支线供水工程等6个项目的前期工作完成；古交市汾河市区段滩上桥至铁磨沟河道综合治理工程可研立项批复；汾河太原段综合治理三期工程(水利工程部分)、汾河静乐县城段生态综合治理工程、汾河干流稷山城区段综合治理工程等3个项目的可研报告报省发改委待批；3个项目报省发改委待批；汾河中下游干流生态修复湿地工程该工程的可研报告展开编制工作、太榆退水渠改扩建工程太原市段编制可研报告。

小型水库更新建设前期工作。山西省小型水库更新建设项目可行性研究报告编制完成70座，组织专家评审65座。其中52座水库可行性研究报告出具审查意见并报送省发改委，省发改委批复31座，21座水库由所在县(市、区)办理土地预审、环境影响评价等前期立项支撑文件，其余13座水库可行性研究报告修改完善；初步设计审查18座，批复17座。

（王秀芳）

【基础工程建设】 2015年，山西省推进水利基础工作建设。大水网建设。大水网四大骨干工程（中部引黄工程、东山供水工程、小浪底引黄工程、辛安泉供水改扩建工程)进入建设高峰，中标承建的国字号水利、中铁施工队伍22家，省级施工队伍5家，近万名施工人员24小时奋战在工程一线。截至2015年底，完成隧洞掘进205千米，管道铺设150千米；完成投资54.2亿元，占年度建设及投资任务的101%，超额完成年度建设任务。9月28日辛安泉供水工程襄垣支线通水，实现向天脊和王桥工业园区供水目标。

在建重点水利工程。汾河、滹沱河和涑水河三条重要支流治理工程累计完成新建及堤防加固229千米。沁源县永和水电站主体工程完工；石楼坪底供水枢纽工程完工并通过竣工验收。昔阳松溪供水工程口上水库完工实现下闸蓄水，输水工程完成通水验收。禹门口东扩二期和柏叶口龙门供水主体工程完工。临汾市引沁入汾浮山供水工程隧洞开挖6.5千米。娘子关供水二期工程3座泵站土建和机电安装完成，城市配水管网完成4.6千米。张峰水库一干阳城供水工程隧洞开挖2千米。北赵引黄灌区二期工程完成干渠40.2千米、隧洞开挖2.5千米。大同守口堡水库大坝基础垫层浇筑及固结灌浆完成。垣曲县瓦舍水库、阳高县堡子湾水库完成监理及施工招标；平陆县五龙庙水库初设完成批复，开展招标及施工准备工作；蒲县刁口水库开展初步设计报告审查会，并根据专家意见进行修改。

（王秀芳）

【防汛】 2015年，山西省开展防汛工作。重点河流防洪。2015年，山西省开展为期20天的集中清障专项行动，共清理阻水林木及高秆作物572亩，违章房屋2386平方米，其他违章建筑物3167平方米，清理违章桥梁63座，非法采砂59处，清理违章堆积物454万立方米，投入清障人工12.8万工日，投入清障机械6.9万台班，投入资金1.34亿元。对黄河、汾河、沁河等大河流的防洪安全，明确以县为单元，按河段全面落实以行政首长负责制为核心的责任制，逐级落实隐患整改、清淤清障、巡堤查险、抢险物料、队伍、迁安救护等措施。

完成省、市、县、乡(镇)、村五级预案修编。以《山西省防汛应急预案》专项预案为核心，完善11个市级和115个县级的防汛应急专项预案，在受山洪威胁区制定1758个乡镇和13033个村级山洪灾害防御预案，形成较为完整的省、市、县、乡、村五级上下联动、部门协调的预案体系。

加强监测预警建设，实现群测群防全覆盖。在前期初步实现山洪监测预警全覆盖的基础上，对山洪预警工程进行完善，新建自动雨量站130个，简易雨量(报警)器5261个，无线预警广播2224套，手摇警报器3661个，锣、鼓、哨6881套，县级平台延伸到乡镇1305处、移动巡查设备575套，完善县级预案115个，乡镇预案1201个，村级预案15879个，制作警示牌4471个，宣传栏4607块，明白卡45.7万张，宣传手册29.03万册，培训1.42万人次，演练129场次等。2015年，山西省山洪灾害体系共发布预警信息上万条，全省安全转移受山洪地质灾害威胁群众6万余人。

山洪灾害防御。山西省共有10084处地质灾害隐患点和1843条山洪沟道，年内重点对“河道两岸、沟道两旁、土崖之下、削坡附近、填方之上、坝库下游、采空区域、低洼地带”等薄弱环节加强防范。乡村等基层部门严格执行山洪防治群测群防“九个一”制度，加强巡查值守，密切监视山洪预警平台变化，第一时间将预警信息通知到村、到户、到人。（王秀芳）

【抗旱】 2015年，山西省开展抗旱工作。水利工程设施抗旱。为保障全省抗旱灌溉工作的顺利开展，山西省防指在上年10月初和2015年5月底分别下达冬、春和夏浇的建议指标，要求各地各水管单位做好抗旱灌溉工作。大型灌区和机电灌站作用显著，汾河灌区农业灌溉用水1.07亿立方米，灌溉面积79万亩；运城市沿黄尊村、夹马口、大禹渡、北赵、禹门口等大型机电灌站农业灌溉水量2.65亿立方米，灌溉面积206.87万亩、362.92万亩次，在山西省抗旱灌溉中发挥极大作用。据统计，全省开动各类水利设施近3.2万眼(处)，投入抗旱人员30万人，全省完成冬春浇1779万亩、1851万亩次，确保全省夏粮丰收。完成夏浇面积1254万亩、1594万亩次，超额完成山西省夏浇计划，为降低干旱损失奠定基础。

抗旱服务队深入一线开展抗旱减灾工作。各县级抗旱服务队利用自身有设备、有技术、有人员的优势，组织技术人员开展小型水利设施的维修配套工作，在有水源条件的区域，开展旱地扩浇工作，通过拉运水的方式，为旱区群众送水解困。全年全省抗旱服务队共新建、维修各类设施367眼(处)，维修各类抗旱设备2444台(套)，出动抗旱设备1900台(套)，拉运水47000立方米，抗旱扩浇面积10.48万亩，浇灌果树221万株，累计解决11.3万人、4.8万头大牲畜临时性饮水困难。挽回粮食损失82.7万公斤，挽回经济损失124.1万元。

加快推进抗旱应急水源工程建设，确保抗旱规划实施工作完成。2014年度70处抗旱应急引调提水全部开工建设，2015年底全面完成工程建设任务。2015年度70处抗旱应急水源工程年底前47处工程项目开工建设，其余23处工程项目全部挂网公告，11月初完成招投标工作进入工程建设，年底完成总投资的80%。

（王秀芳）

【农村水利】 2015年，山西省推进农村水利建设。2015年，山西省农田实灌面积达到2300万亩，如期实现“十二五”末全省农业人口人均一亩水浇地的目标。依托中央安排的灌区节水改造、泵站更新改造和小型农田水利重点县、项目县建设，山西省因地制宜实施农田水利建设，推进农田水利标准化建设，加快膜下滴灌示范工程项目实施。推进和实施省政府确定的农业灌溉电价水价补贴、末级渠系建设补贴等强农惠农政策，各项补贴资金全部下达到位。

农村水利改革。小型水利工程产权制度改革试点工作取得阶段性成效。4月，组织清徐、临猗、稷山、汾阳4个改革试点县分管县长、水利局长赴安徽省定远、怀远两县进行为期一周的学习调研。7月，组织召开全省改革工作经验交流会。年底，各试点县完成改革试点方案编制、改革领导机构组建和清产、核资、登记等工作，部分设施核发证书。为推进山西省产权制度改革和创新运行管护机制工作，山西省将运城市列为全省产权制度改革试点市，所辖13个县(市、区)实施方案均完成批复，开展清产核资工作。基层水利服务体系能力建设加强。省财政安排专项资金用于乡镇水管站能力建设，改善乡镇水管站基础设施条件，提高基层水利服务保障能力；全省农民用水合作组织达到近1200个，管理灌溉面积超过500万亩，弥补农田水利工程“最后一公里”

的管理缺位,激发农民投资办水的热情和用水积极性。（王秀芳）

【节水型社会建设】 2015年,山西省推进节水型社会建设。膜下滴灌示范区建设。在巩固和发展原有成果的基础上再发展膜下滴灌示范区面积10万亩,以大同、朔州、忻州市北部3市为重点,在全省推广膜下滴灌技术,种植作物以粮食和蔬菜为重点,并逐步推广经济林、小杂粮等特色品种。

世行贷款节水灌溉二期项目。世行贷款节水灌溉二期项目开工建设的项目区有介休兴地灌区工程、橡胶坝引水工程、临县阳坡水库灌区、榆社云竹水库灌区、交城县项目区。各项目区共完成铺设骨干输水管线11.96千米,建设各类水工建筑物51座,在建橡胶坝、橡胶坝充排水泵站各1座,改建井1座;组建农民用水户协会7个,发展和改善节水灌溉面积3081.33平方千米,其中防渗渠灌529平方千米,管灌2499.33平方千米,滴灌53平方千米。（王秀芳）

【水土保持治理】 2015年,山西省采取多种措施,加快水土保持重点工程建设进度。

加快推进重点工程建设进度。国家水土保持重点建设工程、国家水土流失重点治理工程、坡耕地水土流失综合治理工程、国家农业综合开发水土保持项目等四个国家水土保持重点工程共完成2015年度计划总投资的96.73%,其中中央投资完成99.06%,超额完成水利部关于中央投资当年完成80%的规定任务,在全国33个省、自治区、市、单位中排名第七。批复完成四个国家水土保持重点工程的2016年度实施方案。

全面贯彻落实水土保持法。2015年7月30日,《山西省实施〈中华人民共和国水土保持法〉办法》由山西省第十二届人民代表大会常务委员会第二十一次会议修订通过,10月1日起施行,山西省水土保持法律法规体系进一步完善。全年省、市、县三级共开展生产建设项目水土保持监督执法检查2469次,检查项目1890个;审批水土保持方案214个,涉及水土流失防治责任范围1.8万公顷,拦挡防治弃土、弃渣2205万立方米;验收水土保持设施开发建设项目82个;征收水土保持补偿费11469.9万元。按照水利部安排部署,制订山西省水土保持监督检查专项行动实施方案,对25个部批、102个省批项目的水土保持法贯彻落实情况进行监督检查;按照省水利厅的安排部署,开展水土保持监督执法专项整治活动,对97个存在问题的生产建设项目下达整改通知,并督促其全部进行整改。

实现淤地坝全年安全运用。确保全省2014座大中型淤地坝平稳度汛、安全运行。落实淤地坝管护经费500万元,其中省级经费300万元,市县经费200万元,所有大中型淤地坝按照骨干淤地坝1500元/座、中型坝800元/座的标准落实管护经费;举办淤地坝安全培训,全年共培训施工单位负责人490人、项目管理人员236人、安全生产管理人员550人;完成1020座大中型病险淤地坝的核定工作,为下一步开展淤地坝除险加固工作奠定基础。（王秀芳）

【地方水电】 2015年,山西省推进地方水电建设。水电新农村电气化项目建设。泽州县三姑泉二级水电站完成机组启动验收工作。长治市平顺县和晋城市泽州县是山西省“十二五”水电新农村电气化县,在电源工程完成批复建设任务的基础上,10月30日和12月22日分别完成平顺县和泽州县水电新农村电气化县的验收工作。按照《水利部办公厅关于印发水电新农村电气化和小水电代燃料建设项目绩效评价暂行办法办法的通知》(办水电〔2014〕233号)要求,完成2个水电新农村电气化项目绩效评价工作。

小水电代燃料工程建设。全省在建的小水电代燃料项目共3个,分别为左权县苏公,灵丘县上沿河和交城县沓旯项目,总装机4410千瓦,总投资7266万元,发展代燃料户3527户。

农村水电增效扩容改造项目建设。完成国家批复的31个农村水电增效扩容改造项目建设任务,完成投资16353万元。改造前水电装机77635千瓦,改造后新增水电装机1725千瓦,技改水电装机容量达到79360千瓦。31个农村水电增效扩容改造项目均进行完工验收。

（王秀芳）

【水利科技】 2015年,山西省持续发展水利科技。科研项目获奖情况。2015年,山西省禹门口水利工程管理局完成的《预应力钢筒混凝土顶管技术研究》获省科技进步二等奖;山西省水利科学研究院完成的《非充分供水条件下灌溉预报研究》获省科技进步三等奖;山西省水产科学研究所完成的《鲟鱼规模化繁育及养殖技术》获省科技厅农村科技承包奖一等奖;6个项目获省水利科技优秀成果奖。

科研项目鉴定情况。山西省水利水电勘测设计研究院承担的《山西省水利普查成果应用及水利资源信息共享服务平台》和山西省汾河水库管理局承担的《面向大水网汾河水库综合自动化系统开发研究》通过省科技厅鉴定,鉴定结论分别达到“国际领先水平”和“国际先进水平”。

科研项目验收情况。山西省水利科学研究院承担的水利部“948”项目“环保型除氟装置在农村饮水安全中的应用”向水利部提交验收申请;5个项目通过山西省科技厅验收,44个项目通过山西省水利厅验收。（王秀芳）

城乡规划

【城乡规划编制】 2015年8月，山西省人民政府依法启动《山西省城镇体系规划》修编工作。山西省住房与城乡建设厅(简称住建厅)完成《孝汾平介灵城镇组群规划(2014—2030)》初稿。加大控制性详细规划编制力度，完成年初确定的设区市、县级市和县城控规覆盖率分别达到100%、50%和40%的目标。完成大同、介休历史文化名城保护规划报批，左云、浑源历史文化名城保护规划评审等工作。山西省住建厅完成科技创新城核心区起步区控制性详细规划和19项专项规划编制，并于2015年2月27日报请省政府批复。

2015年，山西省住建厅探索县市"多规合一"空间规划方法，指导霍州、孝义、潞城、介休、河津等5市开展城乡总体规划编制试点。以县市为单元，以城乡规划为依托，做好与经济社会发展规划、土地利用规划、环境保护规划等的协调，统筹安排城乡居民点、产业园区、基础设施和公共服务设施，保护生态环境和历史文化遗产。"多规合一"规划的编制，有利于形成发展一盘棋、建设一张图、管理一平台。开展城市设计试点工作，指导运城开展本级整体城市设计，指导太原、大同、朔州、忻州、晋中、阳泉、吕梁等市开展钟楼片区、文瀛湖环湖区域、中心市区核心景观片区、雁门大道两侧地区、大西铁路晋中站核心区、阳泉生态新城、马茂庄片区重点片区城市设计试点工作。

(李国红　米玉婷)

【城乡规划专项整治】 2015年，山西省住建厅组织开展城乡规划专项整治，制订下发《城乡规划专项整治工作方案》，对全省城乡规划专项整治工作作出安排部署。专项整治期间，全省共查处无规划许可的房地产项目248个，违反规划许可的房地产项目79个。结合专项整治，开展规划许可抽查和控规编制摸底工作，对工作滞后的个别市县进行约谈。加强城镇控规编制管理，制订下发《城镇控制性详细规划覆盖率统计规则》，建立控规编制情况统计制度，形成控规管理长效机制。健全规划督察员制度，制订《山西省规划督察员管理办法》；健全规划监管机制，制订《房地产项目规划监督管理规定》《山西省城乡规划公开公示规定》。

(李国红　米玉婷)

【历史文化名城保护规划落实】 2015年，山西省住建厅落实历史文化名城保护规划，提请住建部组织专家对大同、左云、浑源历史文化名城保护规划进行成果审查。制订下发《关于加强保护性建筑保护工作的通知》，指导全省开展历史建筑认定、挂牌、建档工作。组织开展全国历史文化名城、历史文化名镇名村、历史文化街区、历史建筑等基础信息采集工作。

(李国红　米玉婷)

城市建设

【城市人居环境建设】 2015年，山西省住建厅制订改善城市人居环境"三年规划纲要"和2015年行动计划，启动设施提升、城市安居、城中村改造、环境提质"四大工程"，完成投资2856.2亿元。

改善城市生态环境，新增城市绿化面积2519万平方米，完成年度目标任务的126%。洪洞、阳城、左权、昔阳、沁源获"国家园林县城"称号，吕梁、临猗等10个市县获"省级园林城市(县城)"称号。(李国红　米玉婷)

【市政基础设施建设】 2015年，山西省市政基础设施承载能力提升，新建和改造城市道路1486千米、各类市政管网8281千米，提标改造城镇污水处理厂30座，开工建设生活垃圾无害化处理场14座。

城市地下管线管理。2015年，省政府办公厅印发《关于加强城市地下管线建设管理的实施意见》，召开全省城市地下管线建设管理工作会议，推进全省城市地下管线建设管理工作。编制《城市地下管线普查、综合管理信息系统建设、地下管线综合规划编制工作指南》，科学指导各市推进工作。建立地下管线月报和通报制度，联合五部门对22个设市城市工作进展情况进行督查，促进各市工作推进。

地下综合管廊建设。2015年，山西省政府下发《关于推进城市地下综合管廊建设的实施意见》，召开全省城市地下综合管廊建设工作会议，对全省城市地下综合管廊建设工作进行安排部署，提出工作目标、主要任务和保障措施，开展试点工作。协调国家开发银行山西省分行、中国农业发展银行山西省分行，加大对地下综合管廊建设的金融支持力度。

（李国红　米玉婷）

【智慧城市】　2015年，山西省有国家智慧城市创建试点10个。其中，2015年新增的大同市、忻州市和吕梁离石区与住建部、科技部和住建厅、科技厅签订《智慧城市创建任务书》。大同市完成《智慧大同顶层设计方案》，吕梁市离石区出台项目招标实施方案。太原市、大同市城区、阳泉市、长治市、怀仁县、朔州市平鲁区、晋城市7个城市（县、区）启动创建智慧城市项目25个，其中太原市智慧公交项目进行阶段性验收，智慧太原时空信息云平台建设研究被列入国家863课题，阳泉智慧公交、智慧教育、智慧医疗取得阶段性成果。

（李国红　米玉婷）

村镇建设

【村镇规划建设】　农村困难家庭危房改造。2015年，山西省政府下达农村危房改造任务8.5万户，国家下达山西省任务13万户。为做好国定任务与省定任务衔接，经报请省人民政府同意，由上年度超额完成的7.8万户省定任务中调整4.5万户任务至2015年国定任务。2015年全省13万户农村危房改造目标实现，完成投资38.76亿元。山西省农村危房改造工作得到国家开展城乡危房改造专项督查组肯定。

农村住房抗震改建。省住建厅完成大同、朔州、忻州3市10县农村住房抗震改建试点任务1万户，完成投资10.94亿元。召开省农村危房改造和抗震改建工作推进会，结合住建部要求，安排部署40个抗震烈度设防8度区和地震重点危险区县的农房抗震改造工作，提出改造具体要求，进行改造技术培训和指导，组织参观太原市小店区新型装配式农房展示。

2015年，太原市房地产业快速发展　（王　颖供图）

村镇建设。省住建厅完成村庄规划编制研究试点启动任务35项，一般乡镇规划编制任务11项，采煤沉陷区治理搬入地乡镇规划编制29项。按照“五建设两整治”实施百镇建设工程，重点镇开工五建设两整治项目473项，完成百镇建设投资27.35亿元，完成年度任务。

（李国红　米玉婷）

【乡村清洁工程】　2015年，山西省住建厅抓好全省农村清扫保洁人员、车辆配置，农村积存垃圾清理和村容整饰，重点开展农村生活垃圾转运站、处置点建设。截至2015年底，山西省完成乡村清洁工程投资10.5亿元，建设乡镇垃圾中转站234座，设置垃圾处置点7355处，累计配备农村清扫保洁员9.4万名、乡镇监管人员1.5万名、垃圾清运车辆3.8万辆，清除农村积存垃圾419万吨，乡村面貌改善。

（李国红　米玉婷）

【古村镇保护】　2015年，山西省住建厅重点推进21处国家级试点村保护工作。截至2015年底，21处中国传统村落编制完成保护发展规划，中央专项资金全部下达县财政，25个项目在建，6个项目开展招投标，11个项目开展前期准备。开展10处历史院落维修。完成52项保护规划编制和建档，完成年度任务。与省政协、山西日报社、山西广播电视台等多家单位合作开展大型文献纪录片《晋乡》的拍摄工作，开辟《乡愁记忆》栏目。

（李国红　米玉婷）

建筑业

【建设工程质量安全监督】　2015年，山西省住建厅建立质量终身负责制月报制度，完成“工程质量责任永久性网络标牌”信息系统建设，发挥社会监督作用。2015年，山西省办理质量监督手续工程2407项，全部按规定签订法定代表人授权书、质量责任承诺书；办理竣工验收手续工程1083项，全部按规定设置质量责任永久性标牌并建立质量信息档案。加大建筑材料质量管理，印发《关于加强全省预拌混凝土质量管理的通知》，从采购使用、企业生产、试验管控、现场施工、质量监督等环节强化混凝土的质量管理。加大监督执法检查力度。开展全省建筑施工现场主要建设工业产品质量专项监督抽查。启动建筑产业现代化工作。全省9家企业将建筑产业现代化列入公司发展重要日程，其中晋城铭基房地产示范项目进入实施阶段。

建筑抗震防灾。省住建厅对“华润万象城”等36栋超限高层建筑工程抗震设防进行专项审查。完成《山西省超限高层建筑工程抗震设防专项审查项目汇编》。推广减隔震技术，全年有53栋建筑采用减隔震技术。

安全生产管理。省住建厅开展预防建筑施工起重机械脚手架等坍塌事故专项整治。全省各级住建主管部门检查在建工程1905项，责令停工整改210项，曝光典型案例17起，5类危大工程隐患880项全部整改到位。加大省级督查工作力度，开展交叉检查、春季复工检查、安全大检查、紧急大检查、大检查“回头看”等安全生产检查5次，抽查建筑工地209个，下达停工整改通知书9份、执法建议书52份，发现安全隐患和问题827条，排查出重大隐患29个，并全部整改到位。围绕新安全生产法和住建部建筑施工安全监督规定加强从业人员培训，累计培训人员达2.3万余人。

建筑施工标准化建设。省住建厅组织编制出版《建筑工程安全资料填写范例与指南》，对各类安全表格进行示范填写，并归纳整理填写指南。对349家二级及以上建筑施工企业进行安全认证，评选出“省级建筑安全标准化工地”165项。

（李国红　米玉婷）

【建筑市场】 2015年，山西省建筑业完成建筑业产值2931.3亿元；完成地税收入158.72亿元，占地税总收入的17.8%；实现增加值847.2亿元，同比增长5.2%，占国内生产总值的6.6%。扶持培育骨干企业。认定31家企业为2015年度山西省骨干建筑企业，其中10家企业为优秀骨干建筑企业。取消监理服务收费专户管理和省级监理工程师、监理员考试，规范监理市场。

招投标专项整治活动。省住建厅针对全省建筑工程招投标环节存在的权力寻租、钱权交易等腐败问题，开展招投标专项整治活动。加强制度建设。印发《房屋建筑和市政工程标准施工资格预审文件》《建筑工程招投标监督管理机构及人员考核管理办法》和《进一步规范建筑工程招投标活动的通知》，规范招投标程序，加强监督指导。改革招投标监管机制。印发《关于做好非国有资金投资房屋建筑和市政基础设施工程项目监管工作的通知》，将非国有资金投资建筑工程项目招投标监管由原来的全过程监督管理调整为事后备案管理，提高监管效能，提升非国有资金使用效率。强化执纪问责。针对底数不清、监管不力的问题，建立招投标月报制度，对招投标市场中存在的违法违规行为进行分类梳理和处理。对监管不力的太原市、晋中市主管部门责任人进行约谈。加大查处力度。2015年检查项目2377项，发现违法行为的项目151项，处罚款金额3016.56万元，没收违法所得金额10.23万元，停业整顿企业64家，吊销资质企业两家。

诚信体系建设。省住建厅开发建立山西省建筑市场管理信息系统，涵盖市场监管、项目管理、企业和人员信用信息管理等功能，录入各类建设类企业基本信息4493条，注册执业类人员信息28372条，房屋建筑与市政公用工程项目各类信息267条，初步实现监管的联动化和信息化；制订《山西省建设工程企业信用信息采集办法》，明确主管部门和企业信用信息管理权限，细分管理责任，为建筑市场监管与诚信一体化平台的运行提供保障。（李国红　米玉婷）

【建筑节能】 绿色建筑工作。2015年，山西省住建厅印发《关于加强政府投资的公益性工程和大型公共建筑执行绿色建筑标准的通知》以及《绿色建筑设计专篇（居住、公共建筑示范）》《绿色保障性住房设计专篇（示范）》等政策文件，全省绿色建设监督管理迈向规范化、常态化。政府投资类公益性建筑164项、面积148.24万平方米，全部执行绿色建筑标准；大型公共建筑44项、面积474.03万平方米，全部执行绿色建筑标准。全省保障性住房执行绿色建筑标准280.54万平方米，执行率61.65%。2015年，全省新建建筑中执行绿色建筑标准项目共有1122万平方米，执行比例达26.05%。全省通过绿色建筑星级评价标识项目18项、200.01万平方米（一星级6项60.49万平方米、二星级12项139.52万平方米）。

建筑节能。既有居住建筑节能改造。2015年，山西省实施改造项目776万平方米，开工面积765万平方米，完成年度目标任务。落实中央财政预拨奖励资金2.205亿元。太原市出台《既有居住建筑节能改造实施方案》，计划5年完成4000万平方米。可再生能源建筑应用。2015年设计应用面积2070万平方米，占新建建筑比例达48.06%。新建建筑节能监管。2015年，山西省新建建筑依据居住建筑和公共建筑节能设计标准执行65%节能标准，设计建筑面积4307万平方米，设计阶段节能强制标准执行率100%。节能专项验收1200余项，面积1902万平方米，全部达到国家强制性建筑节能标准。

（李国红　米玉婷）

房地产业

【房地产业】 2015年，山西省完成房地产开发投资1495亿元，同比增长6.5%，占固定资产投资的10.9%；实现增加值约639亿元，同比增长5.8%，占生产总值总量的5%，商品房销售情况持续稳定好转，销售面积增幅由负转正。

2015年，山西省住房和城乡建设厅（简称“山西省住建厅”）制订《关于进一步加强房地产开发项目监管的通知》《关于加强房地产交易管理的通知》《关于建立商品房销（预）售监督管理工作机制的通知》《关于做好房地产行业涉嫌非法集资问题专项整治工作的通知》《场馆物业服务标准》《关于加强物业承接查验工作的通知》《关于规范物业服务收费管

理的通知》《关于规范居民小区供电行为的公告》等文件，为加强房地产市场监管、促进房地产市场健康发展提供制度保障。山西省住建厅于2015年4月对全省房地产市场进行明察暗访，于5月对全省违规建设、违规销售房地产项目进行专项检查，在9月组织开展全省商品房买卖合同网签系统建设及交易资金监管情况专项检查和房地产估价管理工作检查。通过专项整治，全省查处房地产开发项目违法违规行为676件，涉及项目566个。

2015年，山西省政府制订出台《关于健全完善住房保障和供应体系促进房地产市场健康发展的意见》（晋政办发〔2015〕103号），《关于2015年促进消费增长若干意见的措施》（晋政办发〔2015〕85号），《关于推进民营企业办理完善土地使用和房屋产权登记手续的通知》（晋政办发〔2015〕77号），《关于加快解决国有土地上房屋权属登记遗留问题的意见》等文件，有效促进住房消费，稳定房地产市场。（李国红　米玉婷）

【公积金管理】 2015年，山西省贯彻国家住房公积金政策，提高住房公积金使用效率，发挥住房公积金促进消费、拉动市场、改善民生作用，完成省政府确定的年度住房公积金管理“三个五”目标任务（存量资金减少50%，个贷率达到50%以上，个贷率在全国排名退出后五位）。截至2015年底，公积金存量资金减少、个贷额同比增长、个贷率增幅三项指标创全国第一；存量资金由年初的772.2亿元减少到230.5亿元，存量资金减少541.7亿元，减少比重为70.15%，完成全年目标任务123.8%；个贷率由年初23.9%提高到60.6%；个贷率在全国的排名提升5位。（李国红　米玉婷）

重点工程建设

【“项目提质增效年”活动】 2015年，山西省住建厅开展“项目提质增效年”活动，坚持“六位一体”推进机制，采取重大项目挂牌推进、领导干部包联项目、进工地解难题等措施，完成项目储备、签约、落地、开工、建设、投产年度任务。项目储备投资完成158038.3亿元，占年度计划的130.8%。项目签约完成投资23761.7亿元，占年度计划的132.0%。项目落地完成投资12436.3亿元，占年度计划的103.6%。项目开工完成投资10413.8亿元，占年度计划的104.1%。重点工程建设，完成投资11269.4亿元，占年度计划的112.7%。其中省重点工程完成投资3230.9亿元，占年度计划的96.2%。项目投产，完成投资10301.6亿元，占年度计划的103.0%。（李国红　米玉婷）

2015年6月3日，引黄工程首次实现四机联合运行（闫淑铮供图）

【万家寨引黄入晋续建工程】 2015年5月25日，山西省发改委批复左云供水工程可行性研究报告，同意省引黄局组织实施北干线左云供水工程。工程任务是向中海油项目及左云县提供工业和城镇生活供水。同日批复阳曲原水直供工程可行性研究报告，同意省引黄局组织实施联接段阳曲原水直供工程。10月21日，省发改委批复阳曲原水直供工程初步设计。工程建成后，可满足太原市工业新区、阳曲县转型发展园区工业用水，保障城乡生活用水水源需求。

6月3日，山西省万家寨引黄工程总干线一级、二级、三级各泵站第四台机组陆续启动成功，总干线全线进入四机联合运行。实现引黄工程投运以来的首次四机联合运行。

11月1日，山西省万家寨引黄工程总干线一级泵站8号机组HDV打开，泵组蜗壳顺利出水，标志着新扩变频器启动首台一期机组调试取得成功，引黄工程扩机建设项目取得重大阶段性胜利。（闫淑铮）

【《山西省万家寨引黄工程体制改革方案》印发】 2015年11月3日，山西省政府第102次常务会议和11月20日省委全面深化改革领导小组第十四次会议，原则通过《山西省万家寨引黄工程体制改革方案》。11月30日，引黄局正式印发《方案》。山西省万家寨引黄工程体制改革迈出重要一步，改革工作有序进行。（闫淑铮）

【引黄工程年度供水运行任务完成】 2015年，山西省万家寨引黄工程完成输水3.2亿立方米，完成供水3.09亿立方米。其中，生态供水1.6亿立方米；生活和工业供水1.49亿立方米（太原0.92亿立方米、大同0.35亿立方米、朔州0.22亿立方米）。生产运行系统以安全、经济、高效为目标，不断强化管理。全年未发生安全责任事故，供水水质符合国家标准。

（闫淑铮）

环境质量

【大气环境】 2015年，山西省11个地级市环境空气质量均超过二级标准。11个地级市达标天数平均为253天，占全年有效监测天数的70.4%，比上年上升7.1%。11个地级市重污染天数平均为12天，占全年有效监测天数的3.4%，比上年下降0.8%。11个地级市环境空气质量综合指数介于5.36~7.13之间，综合指数由轻到重排名前3位的是大同、吕梁、晋城。与上年相比，太原、大同、阳泉、晋城、晋中、忻州、吕梁7市综合指数下降，长治、朔州、运城、临汾4市综合指数上升。

11个地级市环境空气中二氧化硫(SO_2)、二氧化氮(NO_2)、可吸入颗粒物(PM10)、细颗粒物(PM2.5)年均浓度分别为61微克/立方米、34微克/立方米、98微克/立方米、56微克/立方米，一氧化碳(CO)和臭氧(O_3)平均浓度分别为3.5毫克/立方米和134微克/立方米。与上年相比，全省SO_2、NO_2、PM10、PM2.5平均浓度和CO平均浓度分别下降6.2%、2.9%、14.0%、12.5%和2.8%，O_3平均浓度上升20.7%。 （王 颖 王 毅）

【水环境】 2015年，山西省地表水水质属中度污染。按照《地表水环境质量标准》(GB3838—2002)进行评价，在监测的100个断面中，水质优良(Ⅰ~Ⅲ类)的断面44个，占监测断面总数的44.0%，同比下降3.9%；重度污染(劣Ⅴ类)的断面32个，占32.0%，同比上升7.0%。

8个地级市共监测45个监测点位，按《地下水质量标准》(GB/T14848—93)进行评价，地下水总体水质为良好。其中：太原、朔州、吕梁市水质优良，大同、长治、晋城、临汾水质良好，阳泉市水质较差。与上年相比，水质基本保持稳定。

11个地级市共监测29个集中式饮用水源地，总体水质达标率为87.9%。其中：太原、大同、长治、晋城、朔州、忻州、晋中、运城、吕梁9市集中式饮用水源地水质达标率100%。与上年相比，水质基本保持稳定。

（王 颖 王 毅）

【声环境】 2015年，山西省城市区域环境噪声平均等效声级为52.9dB(A)，较上年下降0.1dB(A)，声环境质量较好。全省城市道路交通噪声平均等效声级为66.7dB(A)，较上年下降0.2dB(A)，声环境质量好。全省城市功能区噪声，除0类功能区夜间达标率为0%外（山西省仅有大同市新唐宏酒店1个0类功能区监测点位），各类功能区昼夜间达标率在48.3%~100%之间，4类功能区（交通干线两侧区域）夜间噪声达标率最低。

（王 颖 王 毅）

【辐射环境】 截至2015年底，山西省有2252家核技术利用单位领取辐射安全许可证，其中涉源单位569家，有3736枚放射源。射线装置使用单位1683家，有4298台射线装置。放射性同位素使用和放射性废物库运行全年无事故。电磁辐射环境质量保持稳定。 （王 颖 王 毅）

【自然生态环境】 截至2015年底，山西省建成自然保护区46个，其中国家级7个，省级39个。自然保护区面积达110万公顷，占全省国土面积的7.4%。有国家级生态示范区16个，省级生态功能保护区2个；国家级生态乡镇8个，国家级生态村3个；省级生态县2个，省级生态乡镇244个，省级生态村1372个。山西省野生脊椎动物和野生维管束植物种类有2602种，其中野生维管束植物152科685属2121种，包括蕨类植物22科39属95种，裸子植物4科8属14种，被子植物126科638属2012种；野生脊椎动物34目108科481种，包括哺乳类7目22科65种，鸟类17目64科329种，爬行类2目7科27种，两栖类2目5科12种，鱼类6目10科48种。

山西省境内有中国特有种635种。其中，野生维管束植物特有种591种，野生脊椎动物特有种44种。有国家一级保护动物7种，二级保护动物51种；国家一级保护植物1种，二级保护植物7种。维管束植物中属于极危物种1种，濒危物种10种，易危物种53种。野生脊椎动物中属于极危物种2种，濒危物种11种，易危与近危物种62种。 （王 颖 王 毅）

环保管理

【环境保护规划实施】 2015年，山西省环保厅完成《山西省环境保护厅“十二五”规划实施情况报告》和《〈国家环境保护“十二五”规划〉山西省终期评估报告》，并按时报送。两份报告就“十二五”期间山西环保成绩及不足进行详细总结，如主要污染物减排方面，化学需氧量、氨氮、二氧化硫、氮氧化物、烟尘合工业粉尘排放总量分别完成规划削减目标的207.4%、127.7%、195.8%、180.1%、157.7%和162.1%，全面完成国家及省下达的任务。又如环境监测监管方面，在全国率先全面开展环境空气质量新标准监测。开展《山西省环境保护“十三五”规划》编制工作，形成《山西省环境保护“十三五”规划》送审稿。

（王 颖 王 毅）

【环保资金投入】 2015年，山西省级环保资金投入8.2亿元。其中，大气污染防治项目资金投入占3.09亿元，主要用于工业大气污染综合治理、重点城市燃煤锅炉治理、焦化企业对标改造、黄标车及老旧车淘汰等项目建设；水污染防治项目资金投入占2.78亿元，主要用于重点河流生态环境综合治理、断面水质考核生态补偿等项目建设；农村人居环境改善项目资金投入占1.2亿元，主要用于改善农村人居环境生活污水处理设施、管网等项目建设；环保能力建设项目资金投入占1.13亿元，主要用于环境执法能力建设、土壤环境监测能力建设、断面水质考核监测能力、环境信息能力等项目建设。省级环保能力建设资金的投入，加强全省11个市的土壤监测能力、7个市的环境监察移动执法能力，2个市的环境信息公开能力。中央环保专项资金投入5.3亿元，主要用于工业大气污染综合治理、重点城市燃煤锅炉烟尘治理等项目建设。

（王 颖 王 毅）

【环境影响评价管理】 2015年，山西省环保厅批复建设项目环境影响评价报告书（表）166个，出具规划环境影响评价报告书审查意见5个，批复均及时完成，批复率为100%。

开展环保部下放事项承接工作，合理调整和细化省级审批权限，提出省级下放事项，形成省级《目录》，报经省政府同意后，印发《山西省环境保护厅审批环境影响评价文件的建设项目目录（2015年版）》，涉及43类项目。报请省政府常务会议审议通过《关于低热值煤发电项目环评审批实施意见》，制定专项审批流程图，明确审批要求、审批环节、审批时限，畅通“绿色通道”，推动省重点工程项目的环评审批进度。 （王 颖 王 毅）

【建设项目环保管理】 2015年，山西省环保厅批复竣工环境保护验收项目54个、试生产建设项目6个。2015年5月，出台《关于印发按照〈国务院关于第一批取消62项中央指定地方实施行政审批事项的决定〉（国发〔2015〕57号）及〈山西省人民政府关于落实国务院第一批取消62项中央指定地方实施行政审批事项的通知〉（晋政发〔2016〕2号）要求，取消建设项目环境保护试生产审批。

推进全省“久试未验”环境保护违法违规建设项目清理整改工作；推进和督办建设项目环评审批规定涉及的卫生防护距离内居民搬迁落实工作；2015年7月，山西省对已完成竣工验收、但未完成居民搬迁任务的50个项目所涉及的24个县区政府下发督办通知，对不符合环保竣工验收要求的建设单位下达限期整改通知，开展省级建设项目竣工环境保护验收整改要求落实情况专项后督察。

（王 颖 王 毅）

【环保法制建设】 2015年10月13日，山西省政府第100次常务会正式审议通过《山西省环境保护条例》（修订草案）。11月23日，省第十二届人大常委会第二十三次会议审议《山西省环境保护条例（修订草案）》。省政府印发《山西省人民政府办公厅关于加强环境监管执法的通知》（晋政办发〔2015〕24号），部署违法违规建设项目专项清理、环境保护大检查、环境网格化监管等重点工作。

5月5日，省政府第81次常务会专题研究省环保厅厅和公安厅联合制定的《全省严厉打击环境违法犯罪专项行动方案》。出台《山西省环境保护厅行政处罚实施规范》《山西省环境保护行政措施实施规范》《山西省环境保护厅规范性文件制定程序》《山西省环境保护厅申请人民法院强制执行环境保护规范》《关于进一步细化自动在线监控平台发现超标排污违法行为行政处罚裁量基准的通

2015年，汾河公园南延工程完工，有效改善太原市区空气湿度 （王 颖供图）

2015年山西省各市主要污染物总量减排目标完成情况表

地　区	化学需氧量	氨氮	二氧化硫	氮氧化物	烟尘	工业粉尘
太原市	8.82%	7.59%	6.98%	13.17%	5.25%	3.75%
大同市	12.14%	7.78%	6.39%	24.31%	0.52%	0.96%
阳泉市	7.77%	6.77%	11.37%	13.10%	0.29%	0.63%
长治市	7.32%	6.60%	12.66%	8.9%	9.41%	3.41%
晋城市	7.13%	6.95%	3.33%	13.10%	0.47%	3.75%
朔州市	7.86%	4.26%	26.62%	29.71%	6.52%	2.57%
晋中市	8.14%	11.33%	2.05%	12.06%	0.63%	1.16%
运城市	10.93%	5.29%	3.02%	11.83%	6.60%	8.21%
临汾市	6.85%	8.46%	3.85%	4.28%	3.99%	2.90%
忻州市	8.06%	3.93%	1.90%	9.69%	3.21%	0.58%
吕梁市	5.24	3.70%	1.26%	3.58%	1.25%	2.25%

知》《山西省环境保护厅重要决策公众参与办法》《山西省环境保护厅上级重要决策贯彻落实情况工作制度》等制度规范。（王　颖　王　毅）

【环保监察执法】 2015年，山西省开展全省环境保护大检查，排查工业园区75个、各类排污企业8587家、饮用水水源地保护区338个、违法建设企业1279家；开展全省重点行业“铁腕斩污”专项行动，现场检查工业企业8581家，责令停产整治326家，限期整改625家，取缔162家，对1198家单位实施行政处罚；开展国家重点监控企业专项巡查，巡查企业137家，占全省国控企业总数的30%；开展严厉打击环境污染违法犯罪专项行动，移交涉嫌环境违法犯罪案件26起；开展大气污染防治检查、中国人民抗日战争胜利70周年空气质量保障督查行动、自然保护区专项执法检查等环境执法活动，查处典型案件303件。其中，按日计罚22件；查封扣押49件；限产限停176件；关停取缔土小企业575家。全省2015年对1696起环境违法案件实施行政处罚，收缴罚款10616余万元。

2015年，全省征收排污费10.77亿元，在环保部排污申报登记与排污费征收汇审考核中获二等奖。

（王　颖　王　毅）

【环保督查】 2015年，山西省环境保护厅完成对4个设区市（吕梁、运城、太原、忻州）和4个县（市）（孝义、汾阳、河津、清徐）的综合督查，约谈交城县、平定县、介休市、代县和风陵渡经济开发区5个县（区）一把手和阳煤集团主要负责人，督促限期解决突出问题。下发《关于对29家长期违法试生产和未落实卫生防护距离内居民搬迁的企业挂牌督办进展情况的通报》，对上半年的挂牌督办情况进行部署；下发《关于对霍州煤电集团有限责任公司煤矸石热电厂等4家企业实施挂牌督办的通知》，对4家严重超标企业挂牌督办，现对1家摘牌，2家延期；对新荣区污水处理厂和闻喜宏富镁业有限责任公司环境违法问题进行督办。印发《关于对省环境保护厅2015年度挂牌督办企业落实整改要求的通报》，对10家企业解除挂牌督办，2家企业协调落实，对17家企业有关项目责令实施停产。

（王　颖　王　毅）

【环保监测管理】 2015年，山西省推进和完善重污染天气监测预报预警系统建设，完成纪念抗战胜利70周年活动期间空气质量监测预报预警工作；开展环境空气质量监测专项检查。加强环境空气及地表水监测点位管理。开展国家土壤环境质量监测国控点位布设工作。开展对国家确定的18个县的县域生态环境质量考核。推进环境监测站标准化建设，11个市级环境监测站和高平、襄垣、孝义、闻喜等45个县级环境监测站通过达标验收，分别达到国家要求的中部地区二、三级站的建设标准；省环境监测中心站达到国家要求的中部地区一级站的建设标准。加快转变环境监测职能，引导和扶持社会力量参与环境监测，省环保厅对24家社会环境监测机构进行业务能力认定，推动这些单位依法开展环境监测业务。推动456个重点监控企业开展污染源和厂区周边环境质量自行监测工作并在当地市级环保部门对外网站及时公开自行监测结果等信息，全省自行监测信息公开率为83.7%。

自动在线监控。截至2015年底，山西省11个市级环境监控中心均与省环境监控中心互联互通，并与环保部监控平台稳定联网，实时上传国控重点污染源自动在线监控数据。对照2015年国控名单下达的建设任务，建有自动在线监控设备500余台（套），监控国控重点排污企业317家。

省级环境监控中心全年出动执法人员900余人次，对全省500余家（次）国控重点排污企业实施现场检查，依法对不正常运行监控设施和超标排污违法行为立案处罚43起，涉及超标排污行为39起、自动在线监控设施不正常运行行为4起，收缴罚金130余万元。（王　颖　王　毅）

【环保信访】 2015年，山西省环保系统受理各类信访件11901件，同比增长7%。其中来信643封，同比增长11%，来访336批（558人次），同比增长44%，电话（含12369热线）10288个，同比增长4%，电子邮件（含微信举报）634封，同比增长11%。山西省环保厅受理信访件1079件（来信99封，来访75批次143人），受理案件都按规定时间办结。

（王　颖　王　毅）

【环保宣传教育】 2015年，山西省环境宣传教育工作围绕“践行绿色生活，建设美丽山西”等主题，在山西电视台连续10天播放公益宣传片，影响人群数10万人。拓宽外宣平台，在中央主要媒体发表稿件百余篇，在中国环境报发表新闻报道30余篇，接待省内外新闻媒体记者近百次。建立《环保新闻类信息快速发布机制》《建立工作动态类信息发布长效机制》《完善环保动态信息发布监督机制》，准确、及时、权威发布信息，提升山西省环保厅门户网站的影响力和活跃度。建立舆情搜索机制，定期查看主流新闻媒体和有关媒体有关山西的环保报道，作为省环保厅门户网站新闻类信息发布来源。制定《山西省环保厅2015年政府信息公开工作要点任务表》，加强突发环境事件信息公开，及时公布应对情况及调查结果。启动“我的绿色环保梦”主题教育实践活动，举办山西千名青少年徒步倡环保活动，开展山西省首届环保小卫士体验营活动，通过实施“红领巾节能环保微行动”、倡行“节能环保十小事”、选拔“红领巾节能环保小明星”等活动设计，培育青少年的公益环保情怀，传播生态文明理念。启动“六五”绿色读书月系列活动，开展绿色主题大讲堂活动，向公众普及环保法规和低碳理念。开展第五届“保护母亲河，聚力汾河行”大型环保公益活动启动仪式举行。组织开展“生态文明美丽山西”散文创作征文活动和青少年征文活动，提升环境文化的影响力和传播力。 （王　颖　王　毅）

污染防治

【污染物减排】 2015年，山西省化学需氧量排放总量为40.51万吨，较上年下降8.22%；氨氮排放总量为5.01万吨，较上年下降6.64%；二氧化硫排放总量为112.06万吨，较上年下降7.25%；氮氧化物排放总量为93.07万吨，较上年下降13%。

（王　颖　王　毅）

【大气污染防治】 2015年，山西省围绕“控煤、治污、降尘”等环节，落实大气污染防治措施。

在控煤方面，城市建成区严禁新建燃煤锅炉，淘汰城市建成区燃煤小锅炉，全年全省淘汰燃煤锅炉2168台，完成年度任务1000台的217%。推广清洁能源替代，加快燃煤设施的清洁能源改造，完成现有燃煤锅炉清洁能源替代2622蒸吨，工业窑炉清洁能源替代57家。提高煤炭洗选比例，煤炭入洗率79.7%，超过年度考核目标9.7%。新增风电装机规模150万千瓦，新增光伏发电装机规模20万千瓦。

在治污方面，完成电力、钢铁、水泥等重点行业脱硫、脱硝、除尘改造任务，加快推进焦化、燃煤锅炉提标改造；完成1566万千瓦燃煤发电机组超低排放技术改造，改造后污染排放指标达到燃气发电机组水平。淘汰电解铝7万吨、水泥60万吨。全省100家工业企业完成挥发性有机物治理任务。全省有289家企业完成清洁生产审核任务。

在降尘方面，强化道路扬尘污染控制，2015年全省创建保洁示范街道44条，投入5500余万元购置干扫车、湿扫车、抑尘车等环卫机械化作业车辆用于城市道路机械化清扫。推进绿色施工，2015年全省在建工程全部采取扬尘污染控制，在建工程项目安全生产标准化考评达到全覆盖。加强工业企业堆场扬尘污染治理，对全省煤焦发运站、水泥搅拌站、料堆场等扬尘污染点源进行排查和综合整治，完成1666个工业堆场扬尘治理任务。

9月1日至3日，山西省对列入国家控制区的太原、大同、阳泉3市启动最高一级应急减排措施；全省出动执法监察人员21039人次，排查10558家次工业企业、6527家次施工工地、2092台次燃煤锅炉，对督查发现的问题及时进行处罚并督促整改。期间，全省空气质量综合指数同比下降0.76%，环比下降16.7%，PM2.5同比下降32.6%，环比下降32.6%。

（王　颖　王　毅）

【水污染防治】 2015年，山西省制定《山西省水污染防治工作方案》《各市水污染防治目标责任书》《山西省水污染防治2016年行动计划》，并将《山西省水污染防治工作方案》上报国务院备案。

2015年山西省工业“三废”排放与污染治理情况表

	项　目	2014	2015
废水	废水排放总量（万吨）	49250.2	41355.6
	化学需氧量排放量（吨）	72384.8	68708.6
	氨氮排放量（吨）	6887.2	6297.9
废气	废气排放量（亿标立方米）	36024.7	33720.8
	二氧化硫排放量（吨）	1077990.4	900764.5
	氮氧化物排放量（吨）	778224.0	648043.3
固体废物	固体废物产生量（万吨）	30220.9	31814.9
	固体废物综合利用量（万吨）	19698.1	17630.0
	固体废物综合利用率（%）	65.1	55.3
	固体废物处置量（万吨）	7721.2	11312.3
	固体废物贮存量（万吨）	2867.6	2956.3
污染治理	当年污染治理施工项目总数（个）	280	241
	污染治理项目本年完成投资额（万元）	311477.1	278738.4
	治理废水	34593.9	39538.9
	治理废气	230645.8	160538.0
	治理固体废物	12667.2	8267.1
	治理噪声	180.0	
	治理其他	33390.3	33390.3

强化饮用水水源保护,严控饮用水水源保护区项目建设。完善地表水跨界断面考核机制,将断面监测事权全部上收至省级。年度扣缴地表水跨界断面考核生态补偿金34900万元,奖励6480万元。开展地下水环境监测网络优化工作,组织完成《山西省地下水环境监测网设置方案》。坚持水环境质量预警通报制度,对水质恶化严重、污水处理项目进展缓慢的市县进行约谈督办。

截至2015年底,全省建成136个污水处理厂,处理水量8.7亿立方米,城市污水处理率87.9%,县城污水处理率84.3%。 (王 颖 王 毅)

2015年,山西省投入5500余万元购置干扫车、湿扫车、抑尘车等环卫机械化作业车辆用于城市道路机械化清扫 (王 颖供图)

【噪声污染防治】 2015年,山西省11个地级市开展城市区域声环境质量、城市道路交通噪声及功能区声环境质量监测;加强各级噪声污染防治部门联动机制建设;加大工业噪声及建筑施工噪声污染治理力度;推进声环境功能区划分与调整工作;开展噪声达标区建设。 (王 颖 王 毅)

【土壤环境保护】 2015年,太原市小店区和忻州市忻府区耕地土壤污染治理与修复示范项目启动,完成全省土壤监测点位的确认;以化工、金属冶炼、农药、电镀行业以及涉及危险化学品生产、储存、使用行业为重点,对已淘汰关停、并转、破产、搬迁、原址拟再开发利用的或被列入相关计划的企业污染场地进行排查;完成阳泉市平定县铬渣污染场地和地下水治理项目。 (王 颖 王 毅)

【固体废物治理】 2015年,山西省抽查危险废物产生单位305家、危险废物经营单位17家,危险废物产生单位达标率93.5%,危险废物经营单位达标率85.4%;推进危险废物处置能力建设,全省有25家企业领取"危险废物经营许可证";完成5家加工利用企业进口固体废物初审;加强化学品环境监管,安全清理、转运、处置大同市广灵县8.3吨废弃杀虫剂。 (王 颖 王 毅)

【辐射污染防治】 2014年11月至2015年7月,山西省开展核安全文化宣传推进专项行动,覆盖辐射安全监管人员256人、持证单位2252家、辐射安全管理骨干人员3100多人。制订《山西省饮用水放射性监测与应急处置工作实施方案》,完成山西省饮用水放射性监测采样点位的布设工作。开展辐射安全大检查,对全省50家Ⅲ类以上重点用源单位的450枚放射源、外省移入山西省的34家用源单位的168枚放射源进行执法检查,出动辐射环境监督执法人员380余人次,立案查处19家单位。 (王 颖 王 毅)

【机动车污染防治】 2015年,山西省黄标车及老旧车淘汰工作领导组印发《关于推进2015年黄标车淘汰工作的通知》采取黄标车限行、提高检验频次、严格强制报废、补贴政策激励、加大回收拆解力度等措施,落实黄标车及老旧车淘汰月调度、月通报工作机制,2015年淘汰黄标车及老旧车18.14万辆。太原、晋城、长治、晋中、运城、忻州和朔州7个市完成平台建设。开展执法检查,全年对机动车环保检验机构检查552次。截至2015年底,全省有机动车环保检验机构149家。全省机动车环保定期检验参检率85%。 (王 颖 王 毅)

【排污权许可交易】 截至2015年底,山西省各级环保部门向排污企业核发排污许可证5897个。全年全省完成省级、市级排污权交易272宗,总成交金额8.51亿元,较上年同期增长185%,涉及二氧化硫19304吨、氮氧化物23681吨、化学需氧量533吨、氨氮47吨、烟尘3942吨、工业粉尘834吨。2015年市级排污权交易有117宗,总成交金额2849万元,较上年同期增长86%。

(王 颖 王 毅)

【生态环境治理】 2015年,山西省环境保护厅开展自然保护区执法检查,加大执法力度。联合多部门,依法对涉及自然保护区的开发建设活动开展专项检查,加强对自然保护区的生态保护执法力度,严查各种生态破坏案件和违法行为。以国家级、省级生态乡镇、村创建为重点,加大对基层生态示范创建的指导力度,指导一批基础条件好、创建积极性高的乡镇、村开展申报工作,提高全省生态示范创建的数量和质量。采用多种宣传手段,利用"世界环境日""国际生物多样性日"等契机,加强生态环境保护宣传,提高公众的生态保护意识。

(王 颖 王 毅)

交通运输

【交通运输改革】 2015年，山西省交通运输厅推进交通企业及高速公路资产债务重组改革，先后组建省路桥集团、省高速公路集团、省交通投资集团3个企业集团，理顺产权关系，增加企业注册资本，加强班子建设，并移交省国资委监管，省交通运输厅实现政企分开。完成6条政府还贷高速公路收费权益转让，减少政府性债务209.43亿元。会同省财政厅筛选出16个已建成、3个在建、2个待建高速公路项目开展PPP模式试点。研究推进公路建设事权改革，推动构建“国高网省建、省高网市建”的新模式，同意运城、吕梁两市政府以经营性公路方式组织建设3个高速公路项目。完成19个高速公路建管处整合。

（师国梁　陈瑞丽）

【交通运输服务能力提升】 2015年，山西省交通运输厅确保春运、“两会”、纪念抗日战争暨世界反法西斯战争胜利70周年等重大活动期间以及全省煤检站撤销等重大改革举措落实过程中的道路交通安全畅通。加强交通战备保障能力建设，在大规模、多频次保障部队过境机动中发挥重要作用。落实省政府为企业减负、促经济增长部署，制订出台高速公路收费、运输证件管理“三减两免”优惠措施，将全省高速公路货运车辆通行费收费标准降为周边省份最低，4月至12月为企业减负9.98亿元，加上执行“绿色通道”和重大节假日小型客车免费政策，全年减免通行费19.49亿元。全省道路运输完成货运量9.2亿吨、货物周转量1376亿吨千米，分别比上年增长3.4%和0.9%。加强城市公交系统建设，运输旅客15.3亿人次。加快推进高速公路ETC建设，新增ETC及非现金支付卡用户近60万户，达75.7万户。（师国梁　陈瑞丽）

公　路

【公路建设】 2015年，山西省交通运输厅完成投资274.95亿元，为年计划的112.2%，比2014年增长7%，投资完成进度在全省“十大重点领域”始终名列前茅。高速公路建设完成投资179.36亿元，建设规模达688千米。和顺至榆社二期工程、高平至沁水、原平至神池、吉县至河津、左权至黎城、运城至灵宝黄河大桥、北京至乌鲁木齐山西段、永和至永和关、长治至临汾、长治至邯郸改扩建工程10个续建项目工程进展顺利，右玉至平鲁、神池至岢岚、晋蒙黄河大桥3个“百日百项”工程开工建设，临县至离石、吕梁环城、运城解州至陌南、和顺至榆社二期工程4条179千米高速公路正式开通运营。加大协调推进力

2015年12月22日，京昆高速公路平定至阳曲晋冀连接段通车（东梁收费站）

（师国梁供图）

度，打通荣乌国家高速公路（G18）灵丘驿马岭、京昆国家高速公路（G5）平定杨树庄、东吕国家高速公路（G2516）和顺康家楼3个省界高速公路出口，为全省融入"一带一路"、京津冀协同发展和环渤海经济圈战略布局提供交通支撑。国省干线公路建设完成投资35.96亿元，完成新改建工程379千米；农村公路建设完成投资57.47亿元，完成通村公路完善提质工程等5132千米。

（师国梁　陈瑞丽）

【债务管理】 2015年，山西省公路建设按照"控制规模、优化结构，防范风险、化解债务，改革创新、走出新路"的思路，以项目贷款置换短期贷款107亿元，以低成本贷款置换高成本贷款295.5亿元，提前归还不到期高利率贷款9.2亿元，表外融资利率降低，节约利息支出5.8亿元。争取政府债券和社会资本参与交通债务重组，落实平安资产管理公司首期债权投资100亿元，地方政府一般债务债券置换存量债务22.15亿元。落实国家开发银行交通建设专项基金9.97亿元，推动右平、神岢、京新和长邯改扩建4个高速公路建设项目资本金的解决。（师国梁　陈瑞丽）

【安全生产】 2015年，山西省交通运输厅党组把安全生产摆在头等重要的位置，每季度召开一次安委会，专题研究安全生产工作。按照"党政同责、一岗双责、失职追责"的要求，严格落实企业主体责任和政府部门监管责任；加大隐患排查治理力度，在全系统组织开展三轮安全生产大检查，排查整治各类事故隐患6958项；组织实施农村公路生命安全防护工程1182千米，完成163座高速公路隧道消防安全设施升级改造工程。省交通厅被交通运输部确定为全国交通运输系统安全生产风险管理试点，探索建立交通运输安全风险管理模式。开展"安全生产月"活动，强化从业人员安全意识，省交通厅被国务院安委办评为"2015年全国安全生产月活动先进单位"。（师国梁　陈瑞丽）

【专项整治】 2015年，山西省交通运输厅以工程招投标、资金管理、质量管理3个方面的15类突出问题为重点，推进交通工程建设领域突出问题专项整治，以项目化管理方式列出问题清单，逐项对照整改，出台《关于进一步加强公路工程招投标管理工作的若干意见》《公路工程质量鉴定检测要求》等制度，初步建立规范管理的长效机制。以3个方面的20类突出问题为重点，推进公路"三乱"问题专项整治，解决乱设卡、乱收费、乱罚款等问题，查处违纪执法人员77人。清理上缴财政预算结余资金6.6亿元；开展厅属单位银行账户专项审计调查，清理违规账户105个。

（师国梁　陈瑞丽）

【公路养护管理】 2015年，山西省交通运输厅在工程量不减、工作标准不降的前提下，主动核减高速公路日常养护经费预算10%、约6925万元，倒逼高速公路降低管理成本，提升管理绩效。国省干线公路推广预防性养护，加大路域环境整治力度。创新超限治理工作，将治超工作纳入对各市政府安全生产考核指标体系，强化政府主体责任，巩固治超成果，促进长效机制建设。交通运输部检查组对全省国省干线养护管理工作给予高度评价，认为山西省国省干线养护管理工作在经济下行的情况下，实现建设大发展，路况大变样，管理大提升，治超大突破，服务大拓展，管理制度健全规范，养护管理务实高效，应急保畅成效卓著，展现公路交通负责任的行业形象。（师国梁　陈瑞丽）

【国庆期间全省交通运输情况】 2015年10月1日至7日，山西省公路车辆通行量达769.49万辆。其中，高速公路通行量643.32万辆，比上年同期增长6.03%；七座及七座以下小型客车通行量514.43万辆，同比增长8.5%，占通行量80%。干线收费公路通行量126.17万辆，比上年同期增长16.4%；七座及七座以下小型客车通行量73.57万辆，同比增长17.1%，占通行量58.3%。

山西省公路七座及七座以下小型车辆和绿色通道共减免通行费1.71亿元，较上年同期增长9.6%。其中，高速公路七座及七座以下小型客车免费额达1.51亿元，同比增长10.2%；绿色通道减免通行费1315.07万元，同比增长0.3%。干线收费公路小型客车及绿色通道减免通行费731.26万元，同比增长26.7%。

山西省道路水路共完成客运量5350.5万人次，较上年同期增长

2015年10月30日，山西交通在线教育培训平台正式启动　（师国梁供图）

2015 年 11 月 28 日，山西省交通厅和新华网山西分网联合举行寻找“最美山西交通人”活动启动仪式 （师国梁供图）

12.3%。其中，道路运输投放营运客车10.51 万辆次，日均发送班次 2.1 万个，组织客运包车 544 辆次、加班车1906 辆次，运送旅客 418.2 万人次，同比下降 19.3%；城市客运投入公交车 10165 标台、出租车 4.2 万辆，运送旅客 4920.2 万人次，同比增长 3.08%；水运累计投入客运船舶 914 艘，运送旅客 12.1 万人，同比下降 4.3%。

（师国梁　陈瑞丽）

【晋蒙黄河大桥项目】 2015 年 1 月 14 日举行开工仪式。项目是山西省高速公路网规划“三纵十二横十二环”第三横连接内蒙古自治区的关键节点，路线全长 4.86 千米。其中：黄河特大桥 2.178 千米，按双向六车道高速公路技术标准建设，设计时速 80 千米/时，路基宽度 32 米。全线设主线收费站 1 处、大桥管理养护中心 1 处、省界治超站 1 处。投资估算 10.5 亿元，建设工期 3 年。

（师国梁　陈瑞丽）

【高速公路建设】 2015 年 12 月 22 日，晋冀接线路段通车，包括山西省平（定）阳（曲）高速公路 16 千米省界路段和河北省石（家庄）太（原）北线石家庄至冀晋界段 52 千米，全线总计 68 千米，连接北京、河北、山西、陕西、四川、云南 6 省市的京昆高速公路全线贯通。京昆高速公路大动脉全长 2800 多千米，晋冀接线段是其实现全线贯通的最后一个路段。

7 月 24 日 11 时 58 分，荣成至乌海高速公路晋冀界胜利贯通，成为山西与河北两省之间打通的第五个高速公路出口通道。

荣成至乌海高速公路由东至西横贯山东、河北、天津、山西及内蒙古五个省、直辖市、自治区，全长 1820 千米，从晋冀交界灵丘县驿马岭进入山西，山西段总里程为 262 千米，分为灵丘至山阴段、山阴至平鲁段（晋蒙界）两段建设，这些路段已经分别于 2012 年 3 月、2014 年 7 月通车运营。晋冀高速公路接线协调座谈会召开，山西省、河北省分别介绍荣乌高速、邢汾高速、京昆高速等项目建设及需要协调事项。两省签订推进公路交通运输合作协议。山西省高速公路与周边省份共有 33 个出省口，荣乌高速公路晋冀主线的通车标志着全省第 16 个出省口打通。

7 月 31 日 11 时 58 分，公路桥原神高速公路恢河特大桥双幅顺利安全合龙。路线全长 64.67 千米，概算总投资 75.27 亿元。恢河特大桥位于 LJ9 合同段，全长 3448 米，工程总造价 4.97 亿元，设计为 22 联 86 跨，塔式墩身平均高度 40.7 米。

11 月 10 日，吕梁环城高速公路通车运营，路线全长 43.276 千米，总投资概算 40.78 亿元。路线起点位于方山县大武镇闫家山村北，采用大武枢纽连接临离高速公路，田家会枢纽连接青银高速公路汾阳至离石段，终点位于离石区田家会街道办上楼桥居委会西，设计时速 80 千米每时。

12 月 30 日，东吕国家高速公路晋冀接线段正式通车，这是山西交通运输发展取得的一项重要成果，也是推进晋冀两省交通基础设施互联互通的一件大事。该路段为和顺至榆社高速公路二期工程，2011 年 3 月开工建设，全长 36.2 千米。

12 月 31 日，运城解州至陌南（黄河桥头）高速公路通车运营。路线全长 30.039 千米，总投资 30.75 亿元（含 20.917 千米的芮城一级公路连接线投资 3.56 亿元），是全省高速公路网“三纵十二横十二环”规划中“西纵”的最后一段。（师国梁　陈瑞丽）

【《山西省城市公共客运条例》】 2015 年 5 月 28 日，山西省人大常委会第二十次会议审议通过《山西省城市公共客运条例》，分为总则、规划和建设、管理和服务、安全与应急、监督检查、法律责任、附则 7 章 46 条，2015 年 10 月 1 日正式实施。《条例》的颁布实施，是全省贯彻落实国家城市公交优先发展战略，规范城市公共客运市场秩序，促进城市公共客运健康发展的一部重要法规。（师国梁　陈瑞丽）

【“寻找最美山西交通人”活动】 2015 年 11 月 28 日“寻找最美山西交通人”活动启动。活动通过评审推选，有 50 名基层交通人获提名。借助网络平台，公布交通人优秀事迹，分 5 个类型推广宣传。借助人民网、中国新闻网、《中国交通报》、黄河新闻网、山西新闻网、《山西日报》、山西电视台、《山西经济日报》《山西晚报》、山西人民广播电台、山西交通广播电台等媒体开展为期 3 个月的宣传活动。

（师国梁　陈瑞丽）

内河航运

【《山西省水路交通突发事件应急预案》】 2015年6月5日，山西省政府召开《山西省水路交通突发事件应急预案》（简称《预案》）评审会议。专家组在听取评审稿修订情况说明后，一致认为编制基本符合预案编制要求，同时提出修改意见，并要求编制单位按照上述评审意见并参照专家意见进一步修改完善后上报。《预案》于2011年12月28日经省人民政府同意印发实施，但随着全省水路交通运输的兴起和发展，以及运输船舶、挖沙船舶、渔业捕捞船舶、农用船舶和旅游船舶数量的不断增长，水路交通突发事件和险情明显增多，《预案》的一些内容已不适应全省水路交通运输的快速发展。为进一步提高全省水路交通突发事件的应对能力，使《预案》能更好地、有效地发挥对水路交通突发事件的处置、应对和救助指导作用，特修订《预案》。 （师国梁　陈瑞丽）

【渡口改造工程设计评审】 2015年6月5日，《山西省贺家洼等35个渡口改造工程初步设计》评审会议在太原召开。会上，专家组一致认为该设计原则同意通过评审。

（师国梁　陈瑞丽）

【水上交通安全大检查】 2015年6月8日，山西省地方海事局召开紧急会议，再次对全省水上交通开展安全大检查。这次检查贯彻中央、省、厅领导的重要批示指示精神，汲取事故教训，提高加强水上交通安全工作重要性的认识，增强责任感和使命感。开展水上交通安全大检查，局领导带队，到基层一线，检查督导工作，查事故隐患，堵工作漏洞，确保水上交通安全。加强应急能力和信息化监管能力建设，提高水上交通安全监管水平。加强和完善与气象、水利等部门的预警预报信息联动机制，做好异常天气及汛期水上交通预警预报和渡口码头、船舶船员的现场监管工作。开展“打非治违”“隐患大排查”“安全生产月”等专项行动，确保各项活动取得实效。 （师国梁　陈瑞丽）

【山西省船检机构通过资质认可不定期检查】 2015年7月7日至10日，交通运输部海事局船检机构检查组一行对山西省地方海事局船检机构和晋城市地方海事局船检分支机构进行不定期检查。检查组通过听取汇报、查阅资料、现场检查等方式，重点对检验机构的技术档案、船检台账、船检证书、审批图纸及执行法规规范情况进行检查。认为省地方海事局船检机构及晋城市船检分支机构能够严格执行船检工作有关规范和标准，严把船舶质量关，较好履行船舶检验职能，符合同类验船机构资质条件。

（师国梁　陈瑞丽）

【老牛湾客运码头工程设计评审】 2015年7月24日，黄河万家寨老牛湾客运码头工程施工图设计评审会议在忻州市召开。专家组听取设计单位汇报后，认为《施工图设计》可作为报备和施工依据。老牛湾客运码头是全省“十二五”水运发展规划中投资最大的客运码头工程，对于完善全省综合交通运输服务体系，促进黄河旅游事业发展有着十分重要的意义。

（师国梁　陈瑞丽）

【四省界河水路交通管理合作协议】 2015年8月3日、8月11日、9月15日，山西省地方海事局局长刘清平一行分别到陕西、河南、内蒙古开展水路交通管理情况调研，并与三省（区）签署界河水路交通管理合作协议。这次签署的界河水路交通管理合作协议，明确界河安全检查、异地发证、联合执法、船舶审批、应急搜救、事故处理、互通情况等行为，对四省（区）海事航运部门加强合作，保障界河水路交通安全有着促进作用。

（师国梁　陈瑞丽）

【安全生产风险管理】 2015年8月7日，山西省地方海事局召开水路交通运输领域安全生产风险管理试点工作推进会议。参加试点工作任务的三个市地方海事局、三个水运企业、技术咨询单位的主要负责人和省局机关有关处室负责人参加会议。省地方海事局要求，各相关市地方海事局要主动将试点工作任务向交通主管部门汇报，争取各方面支持，保证试点工作开展；试点单位和试点水运企业要高度重视此项工作，严格按照省地方海事局有关要求，明确工作任务、工作步骤和工作责任，把各项任务落实到人、落实到位；省、市地方海事机构、水运企业和技术咨询单位要加强协调合作，制定切实可行的工作计划，保质保量完成安全生产风险管理试点工作任务，推进全省水路交通安全管理的科学化、现代化水平。

（师国梁　陈瑞丽）

铁　路

【概述】 2015年，太原铁路局以完成总公司盈亏考核任务、实现职工工资增长为目标，坚持依法治企，全面落实预算管理，不断完善经营业绩考核机制，增收节支并举，提质创效并重，在经营压力巨大的情况下，完成112.3亿元的盈亏考核任务。实施104项节支措施，实现节支19亿元；强推债权债务清理，累计清债3397笔、139亿元；规范物资管理，节约采购成本8337万元；开展“小金库”专项治理，不断优化合资公司管理，各层级资金管理更加规范。截至2015年底，管内线路营业里程4450.076千米，其中客运专线424.054千米，线路总延展长度11422.434千米，其中正线8087.217千米，双线营业里程3398.62千米，电气化营业里程3809.882千米，无缝线路总延长7535.674千米；道岔10677组；道口145处，其中有人看守道口56处；桥梁3776座，762481延长米，其中特大桥209座，525442延长米；隧道526座，726829延长米，其中特长隧道14座，215354延长米，明洞23座，2689延长米。 （孙淑环）

【客运服务】 2015年，太原铁路局坚持以“人民群众满意”为标准，整治客运服务设施，持续改善旅客出行条

件，创新性推出中铁银通卡、常旅客积分、空铁联合售票等便民利民措施，旅客满意度持续提升。打造二十大客运服务品牌，太原站连续29年被评为全路“文明车站”，大西高铁及沿线站车以安全、便捷、高效的服务，在三晋大地树立铁路良好形象。服务老区人民，开行太原与吕梁直达城际列车，开创太原局路地合作开行旅客列车的先河。主动融入旅游产业链条，开行旅游专列，全年共开行36列，客运增收1382.1万元，实现旅游综合收入2237.4万元。2015年，全局累计发送旅客首次突破7000万人大关，客运收入完成43.43亿元，双创历史新高。（孙淑环）

【安全风险管理】 2015年，太原铁路局坚持“三点共识”和“三个重中之重”，细化管理职责，明确工作流程，全局安全职责体系更加清晰。突出高铁客车等重点，动态研判，超前防范，采取2371项管控措施，开展18项安全专项整治，安全风险关键得到控制。强化安全基础，先后组织14次集中修及综合维修施工，推进工装设备和检修能力升级，全局固定和移动设备基础改善。持续开展安全大检查活动，两级班子536名领导干部带头，挂牌督办，过程盯控，大秦线机车乘务员超劳等一大批影响安全生产的难点问题得到有效解决。持续加强治安综合治理，公安、保卫、站车联合行动，全局安全发展环境保持稳定。面对工务系统存在的短板，举全局之力，开展“百日会战”，推进“三个集中”改革，组建专门施工组织管理机构，实施“大数据”管理，狠抓设备隐患整治，系统整体面貌改善。（孙淑环）

【货物运输】 2015年，太原铁路局按照总公司“全品类物流、全流程服务、全方位经营、全过程管理”的总体要求，优化顶层设计，明确指导意见，合理布局物流节点，200个无轨站(揽货点)形成区域覆盖，“95306”网站累计注册企业达到16683户，适应市场发展的现代物流格局初步形成。坚持稳黑增白，推行网格化营销模式，提升两端接取送达能力，创新性实施协议运输、阶梯运价、承兑汇票等营销举措，大宗货物在市场非常艰难的情况下保持相对稳定，零散白货运量实现大幅增长。拓展集装箱业务，集装箱办理站点更加密集合理，入箱品类更加丰富，铁海联运通道更加通畅，集装箱发运箱数同比增长52.2%。优化运输组织，突出“两高一远”货源装车组织，实施区域联动运输机制，用好太兴、瓦日等新线运输能力，最大限度提升运输效益。全年全局货物发送量完成5.87亿吨，占全路货运总量的五分之一。其中，煤炭运量完成4.8亿吨；白货运量完成1.07亿吨。运输总收入完成816.8亿元，同比增加10.9亿元，增幅1.4%。（孙淑环）

【铁路工程建设】 2015年，太原铁路局推进铁路工程建设。吕临支线、聂庄至东港增建二线、东港站改造等工程按计划顺利开通；曹妃甸港区扩能改造、朔州至准格尔铁路等项目全部兑现节点计划。推进新项目上马，大张高铁正式开工建设，太焦铁路完成立项审批，京原、南同蒲侯马至风陵渡电化改造达到开工条件。大西高铁试验段完成建设任务，综合试验全面启动，具有完全自主知识产权的两组中国标准动车组都跑出385千米每小时的“中国速度”。建设系统干部职工促协调、攻难点、抓推进，太原枢纽新建西南环线工程项目成功与太原市签订入地协议，工程推进实现重大突破；大同站改、太原北枢纽改造施工方案先后优化27次，在确保施工安全、质量的同时，最大限度减少对运输的影响。全年共完成建设投资127.88亿元。（孙淑环）

【资产经营开发】 2015年，太原铁路局坚持做强实业、发展实体、壮大实力。商贸物流板块发展实体物流服务，太钢袁家村、东港卸车环线等多项全程物流业务得到拓展；加快工业制造新产品研发和新技术储备，动车组研磨子、客车闸片、75公斤重载道岔、27吨轴重道岔、HGM-D型高摩合成闸瓦等一大批项目落地生效；发展土地资源开发、农产品生产加工、种植养殖等业务，太原建北停车场、洗车行，临汾生活中心商铺开发、晋中环城北路高架桥下仓储基地、大同铁联鱼类养殖基地等一大批新产业、新项目实现创效。全年太原铁路局直属非运输企业累计完成营业收入155.01亿元，实现利润5.58亿元。（孙淑环）

【科技创新】 2015年，太原铁路局坚持以创新发展为主线，投入1500多万元，推进科研攻关。主动承担大西客专高速综合试验组织技术研究等3项总公司重点科研课题；“27吨轴重C80E货车条件下线桥适应性及强化改造措施研究”等126项科研课题列入路局科研攻关计划，“大秦线重载组合列车机车设备统一授时系统”“半自动闭塞区段断轨监测系统”等一批科研成果通过路局技术评审，“大秦线机车渡板变形”等问题在实践中得到有效化解。推进科技成果转化，“HX1型机车亏电研究及补偿装置”“铁路隧道煤尘清除装置”等研发成果在现场得以推广运用。完善各层级调度指挥中心功能，推进“视频到车间、网络进班组”建设，持续补强“天眼工程”，开发推行电子公文系统，科技促进生产、科技提升效率的作用明显。（孙淑环）

【太原铁路局成功申报“全国5A级物流企业”】 2015年1月31日，太原铁路局5A级综合服务型物流企业通过申报，标志着路局跨入全国5A级物流企业的行列，成为山西省唯一国家5A级物流企业。路局在山西省综合交通运输体系中居于骨干地位，在全国物流企业中占有举足轻重的地位。开展物流企业综合评估，对深化铁路货运改革，提升铁路货运服务品牌效应，增强路局影响力和社会公信力具有重大而深远的意义。（孙淑环）

【现代物流创新发展】 2015年，太原铁路局推进向现代物流创新发展、转型升级，以互联网+物流的创新模式，创建“云聚万商、流通万家”，辐射中西部、面向全国的重要物流基地，引领和带动全省物流业向现代化转型。12月27日，山西省委书记王儒林带领山西省委常委、常务副省长高建民，省委常委、副省长付建华，带领太原、晋中两市和省发改委、国土厅等10个部门的负责人，深入太原铁路局就加快供给侧结构性改革特别是现代物流产业转型发展进行调研，并主持召开座谈会，研究解决实际问题。山西省省长李小鹏多次就推动全省现代物流业发展、加快中鼎物流园建设作出具体的指示要求。省直有关部门，太原、晋中两市和太原铁路局围绕推进中鼎物流园建设工作，形成思想上高度重视、行动上齐抓共推的良好局面，研究制定协调服务的工作机制，梳理协调和服务项目需求，积极破解园区项目建设难题，制订现代物流推进路线图、重点工作责任表和每天推进动态，先后召开中鼎物流园第一次建设推进会和6次周碰头会，共议定事项48项。（孙淑环）

【大同至张家口高速铁路工程开工建设】 2015年11月18日，大同至张家口高速铁路工程在大同南站正式开工建设。山西省省长李小鹏，省委常委、常务副省长高建民，铁路总公司副总经理卢春房，太原铁路局局长赵春雷与来自晋冀两省的有关方面代表一起见证开工。全国劳模冯彩亮宣布大张高速铁路工程开工。李小鹏、高建民、卢春房与劳模、群众代表共同推杆启动项目。

大同至张家口高速铁路由山西、河北两省及铁路总公司共同出资建设，是《国家中长期铁路网规划》的重要组成部分。大张高铁线路起自山西省米庄线路所，经大同市、阳高县、天镇县，止于河北省怀安县，接轨于在建的呼和浩特至张家口高铁怀安站。东接京张城际铁路，西联大西客运专线，与京包铁路、京西铁路联网，是贯通京、津、冀、晋、陕的客运咽喉工程，也是晋北地区对外交流的“生命线”。铁路设计新建正线里程140.1千米。其中，山西境内124.3千米；河北段15.8千米。铁路设计行车速度每小时250千米；初步设计批复总投资165亿元；规划运输能力为每年运送旅客4500万人。该线新建大同南站、阳高南站、天镇站三座车站，建设工期四年；工程建设完工后，大同至北京通行时间将大大缩短到100分钟左右，把晋冀蒙的长城金三角和京津冀环渤海地区的经济区有效联系起来，促进山西、内蒙古、河北、北京的联系，对方便沿线地区人民群众出行，促进山西省参与“一带一路”建设、对接京津冀、融入环渤海、加快对外开放步伐意义重大。（孙淑环）

【一站直达城际列车开行】 2015年8月1日，太原铁路局以“八一”建军节和抗战胜利70周年为契机，以“寻找吕梁抗战老战士回曾经战斗过的地方看看”为主题，开行太原南至吕梁K7835/6次城际列车。这是路局首次开行一站直达城际列车，是路局推出的又一项客运服务新产品，是宣传路局“三个出行”优质服务和方便老区人民、服务区域经济发展的客运新举措。（孙淑环）

【大秦线集中修施工】 2015年10月8日至27日，大秦线进行为期20天的第二阶段集中修施工。这次集中修施工完成成段更换钢轨156.283千米，更换维修侧磨轨27.111千米，成组更换道岔12组，更换轨桥枕9056根，道床清筛95.62千米，桥梁换砟12.411千米，道岔及岔间线路换砟131组/6.33千米，大机捣固道岔219座，大机捣固线路1118.161千米，大机打磨钢轨924.13千米，道岔达标整治361组，隧道清污131883米/31座，隧道清淤29853米/11座、隧道基底病害整治200米/1座、隧道渗漏水整治370米/4座、隧道拱部无损检测5100米/3座、路基注浆380米/9处、更换桥梁步行板及两线间盖板7648平方米，栏杆除锈油漆10082米。（孙淑环）

【太原局电子公文系统开通运行】 2015年8月25日，太原铁路局机关正式开通运行电子公文管理信息系统。自此，全局各单位、各部门之间的收、发文件全面使用电子公文系统进行局域网上办理，实现无纸化办公。电子公文管理信息系统建设是强化效率和服务意识、减轻基层工作负担的具体举措，极大地促进各项工作传达迅捷、信息畅通、易于追踪。（孙淑环）

民用航空

【概述】 2015年，山西省内机场共保障运输起降10.18万架次，完成旅客吞吐量1088.78万人次，货邮吞吐量5.05万吨，分别同比增长5.56%、8.89%、−0.58%。其中，太原机场通航航线108条，通航城市69个，完成运输起降7.84万架次，旅客吞吐量884.30万人次，货邮吞吐量4.55万吨，分别同比增长8.56%、11.49%、1.34%；长治机场通航航线10条，通航城市12个，完成运输起降0.72万架次，旅客吞吐量61.79万人次，货邮吞吐量0.06万吨，分别同比增长−7.45%、−0.45%、−49.21%；运城机场通航航线10条，通航城市15个，完成运输起降架次0.80万架次，旅客吞吐量81.45万人次，货邮吞吐量0.24万吨，分别同比增长−17.33%、−12.97%、−4.58%；大同机场通航航线11条，通航城市15个，完成运输起降架次0.57万架次，旅客吞吐量47.09万人次，货邮吞吐量0.19万吨，分别同比增长9.06%、15.09%、−8.02%；吕梁机场通航航线4条，通航城市6个，完成运输起降架次0.25万架次，旅客吞吐量14.10万人次，货邮吞吐量0.0014万吨，分别同比增长59.66%、38.56%、120%；五台山机场于12月25日开航，通航航线1条，通航城市1个，完成运输起降架次8架次，旅客吞吐量641人次，货邮吞吐量0吨。

2015年，山西省内机场在全国206个定期航班通航机场（不含港澳台地区）吞吐量排名中，太原机场排名 28;运城机场排名 80;长治机场排名 89;大同机场排名 106;吕梁机场排名 156;五台山机场排名 205。

（郭　静）

【航空安全】 2015 年,山西省内机场共计安全检查旅客 529.73 万人次、货邮 4.87 万吨,查出证件不符 54 起,查缴各类违禁物 25.2 万件,安全保障各类警卫任务 5 次,全年未发生机场责任原因造成的劫、炸机事件、安全检查差错事件、一般航空地面事故及其他飞行事故征候。颁发安全目标责任状;推进法人安全承诺制;实行安全生产工作“一票否决制”;分解细化安全生产控制指标;理顺和完善岗位安全职责。全年制订下发 12 个安全方案、组织 14 次专题会议;对安全管理体系实施、按章操作、人员资质及培训教育、设施设备维护管理、跑道侵入防范、机场主体责任落实、空管运行单位规章落实等 7 个方面开展风险管理工作;对安全监察员队伍进行全面评估和量化考核。由集团公司(管理局)领导带队,在全省机场范围内开展三次安全生产大检查,提出各类问题和安全隐患 289 项(无重大安全隐患),截至 2015 年底,完成整改 210 项, 其余 79 项均已制定整改措施,并指定专人负责跟踪落实;对安全工作中的薄弱点、危险点、事故多发点, 开展 15 次各层级的系统性安全检查, 并对整改情况进行跟踪管理;针对航空货运安保、净空环境保护、航空食品安全以及“平安民航建设、反恐专项建设等内容,组织开展专项整治活动。细化全省机场各岗位应急处置程序,强化各级应急演练。

（郭　静）

【企业管理】 2015 年,山西省民航机场集团公司完成对太原机场、长治机场的投(增)资工作;明确太原机场安保、消防、应急、环卫和能源收费等工作的权属,精简集团本部会计核算范围;加强合同事前审核事中监管的动态管理;共筹集省市专项资金、节能减排专项资金、民航发展基金等 2.18 亿元。修订出台《财务管理办法》《员工招聘管理办法》《固定资产管理办法》。通过三体系的换证审核工作;与忻州市政府签订《忻州五台山机场委托经营管理协议》; 配合省政府及相关部门开展通航发展规划、通用机场建设、通航调研座谈等工作;组织编写集团公司“十三五”规划;与中国民航管理干部学院签署战略合作协议;与民航局相关领导、部门就山西民航机场发展趋势以及山西民航融入京津冀民航协同发展等事宜进行沟通。提出管理局与集团公司政企分开方案;与首都机场集团就将集团公司及所属机场委托首都机场集团管理事宜进行沟通对接;并在省直有关部门及律师意见的基础上,对政企分开及托管方案进行修订完善。对三级干部进行培训需求问卷调查,开展三级干部专项培训;分两批对基层班组长进行管理能力培训。

（郭　静）

【市场开拓】 2015 年,山西省民航机场集团公司开拓航空市场。

国内方面:太原机场重点加强对国内航班经停航线的布局, 新增长春—太原—宜宾、福州—太原—银川、青岛—太原—乌鲁木齐、哈尔滨—太原—贵阳、昆明—太原—长春、沈阳—太原—长沙等经停航线在内的 17 条国内航线, 加密国内航线 19 条, 并引进邮政航执飞货运航线;大同机场运营航线由 8 条增至 11 条,通航城市新增天津、呼和浩特、哈尔滨、昆明;吕梁机场加密北京航线。

国际(地区)方面:太原机场在与外航加强合作的基础上, 开通曼谷、名古屋和岘港的国际定期航班,全年完成国际及地区航班起降 3063 架次,运输出入境旅客 37 万人次,与上年基本持平;大同机场在保证香港航线全年通航的基础上, 于 10 月开通至韩国仁川的国际航线。

（郭　静）

【基础建设】 2015 年,太原机场开展燃煤锅炉清洁能源替代(一期)建设工程、T1 航站楼终端设备更换升级、安保设施设备更新改造、停机坪扩容工程的前期准备工作等项目;长治机场实施航空器应急救援设备、爆炸物探测仪项目, 启动航站区改扩建工程;忻州市政府完成五台山机场改扩建工程; 临汾机场复航改造工程完工,具备通航条件。

（郭　静）

【太原交通开启“空铁联运”模式】 2015 年 12 月 10 日,太原机场与太原火车南站在太原机场二号航站楼出港大厅内召开“空铁联运”新闻发布会。太原机场、太原南站、东航山西分公司、海航太原营运基地等相关单位出席。

（郭　静）

【获奖情况】 2015 年,山西省民航机场集团公司(管理局)连续九年获“全国安康杯竞赛优胜单位”称号,贵宾

2015 年 5 月 19 日,山西空港贵宾服务有限公司举行成立大会　（郭　静供图）

2015 年 12 月 10 日，太原国际机场和太原火车南站联合举行“空铁联运”新闻发布会 （郭 静供图）

公司新锐班组获“全国五一巾帼标兵岗”称号，太原机场安检站廖宏班组获“全国民航五一巾帼标兵岗”称号，长治机场航行保障部管制室获“全国民航工人先锋号”称号；多名职工获“全国五一巾帼标兵”“山西省三八红旗手”“全国民航五一劳动奖章”“山西省巾帼建功标兵”等个人荣誉。 （郭 静）

【太原机场 PBN 飞行程序实地验证试飞取得成功】 2015 年 1 月 30 日，由中国东方航空公司 MU200(B737 机型)实地验证试飞，太原机场 PBN 飞行程序取得成功，标志着太原机场具备 PBN 飞行程序使用和保障能力。民航华北地区管理局、民航华北地区空管局、民航山西省监管局、东航山西分公司等相关单位的专家共同参与见证此次实地验证试飞。 （郭 静）

【山西空港贵宾服务有限公司成立】 2015 年 4 月 8 日，山西省民航机场集团公司与首都空港贵宾服务管理有限公司就成立贵宾服务合资公司在首都机场集团公司办公楼举行签约仪式。5 月 19 日，山西空港贵宾服务有限公司召开成立大会，集团公司副总经理梁洪逵主持会议。首都机场集团公司副总经理张木生，省民航机场集团公司党委书记、总经理郝孝义共同为山西空港贵宾服务有限公司揭牌。首都空港贵宾服务管理有限公司总经理陈京云，首都空港贵宾控股、参股机场、贵宾公司代表，集团公司领导、二级正职以上干部参加会议。 （郭 静）

【太原机场首次承接 9 类危险品航空运输业务】 2015 年 4 月 8 日，装载着 7 件 500 公斤 9 类危险品锂电池类货物的深航 ZH9956 航班从太原机场飞向深圳。这是太原机场首次承接 9 类危险品航空运输业务。 （郭 静）

【山西省民航机场集团公司托管忻州市五台山机场】 2015 年 7 月 16 日，山西省民航机场集团公司与忻州市人民政府签署《五台山机场委托管理协议》，集团公司正式接管五台山机场的经营和管理工作。 （郭 静）

【越南航空公司入驻太原机场】 2015 年 8 月 1 日，太原机场引进越南航空公司执飞太原至越南岘港航班，该航线航班号为 VN458/9 。 （郭 静）

【大同云冈机场开通大同—韩国仁川国际航班】 2015 年 10 月 1 日，东航执飞的大同—韩国仁川航班起飞，这是大同云冈机场自通航以来首次开通韩国航线。山西省民航机场集团公司总经理郝孝义、纪委书记吴建庭，大同市市长马彦平、副市长刘振国，大同市口岸办、大同市经委、山西公安边防总队、大同海关、大同出入境检验检疫局等相关单位领导出席首航活动。 （郭 静）

【太原机场年旅客吞吐量突破 800 万人次】 2015 年 11 月 22 日，太原机场旅客吞吐量首次突破 800 万人次，这是继 2010 年突破 500 万人次，2012 年突破 600 万人次，2013 年突破 700 万人次后，太原机场运输生产实现又一次历史性跨越。 （郭 静）

【太原机场 1 号航站楼电子借阅机服务点投入使用】 2015 年 12 月 24 日，太原机场 1 号航站楼内 3 台电子借阅机正式投入使用，这是太原机场为推广“书香太原”系列公益活动延伸的一项新举措。 （郭 静）

【忻州五台山机场正式通航】 2015 年 12 月 25 日，由首都航空 A319 执飞的海口－五台山 JD5313 航班降落在忻州五台山机场，五台山机场完成首航，正式通航运营。山西省副省长王一新，省政府副秘书长盛佃清；集团公司党委副书记、工会主席樊颖；忻州市委书记李俊明，副书记、市长郑连生出席首航活动。 （郭 静）

无线电

【概述】 2015年，山西省无线电管理局围绕“管资源、管台站、管秩序，服务经济社会发展，服务国防建设，服务党政机关”的方针，加强频率台站管理，加强无线电监测，强化无线电安全保障，推进无线电管理法制建设，发挥服务国防作用，突出文化建设和宣传工作，打击“伪基站”“黑广播”，维护空中电波秩序，全省无线电管理事业迈上新的台阶，为促进全省经济社会发展和国防建设做贡献。

（李金凤）

【频率使用情况核查专项活动】 2015年，山西省无线电管理局按照工信部无管局有关要求，为推动“频率使用情况核查专项”工作，建立领导机构，出台实施方案，组织专项培训，明确任务标准。逐份核实历年文件资料，梳理无线电频率指配文件74份，完成344个数据的数字化填报。山西省无线电监测站对全省119个县（市、区）的重点频段、大功率电台进行逐一监测比对，发现无执照设台、擅自更改参数、擅自占用频率、辐射超标等各类问题215个；长治、晋中市局将频率核查与非法设台整治工作有机结合，对违规使用民航信标台频率的校园广播进行查处，消除威胁民航专用频率的安全隐患。通过核查，进一步摸清“家底”，为频率规划重耕、精细化管理和事中事后监管提供基础数据。

（李金凤）

【频率台站管理】 2015年，山西省无线电管理局受理设台申请25个，指配频率16个，审批各类台站566个，核发电台执照485个，换发318个。办理业余电台执照694个、指配业余电台呼号403个，受理并完成型号核准初审2个。对临汾机场、太原南站和石太、侯禹、太中银、吕临、太兴等铁路沿线140个基站、281个直放站进行验收；大同市局采取限期关闭（多路微波分配系统）系统、备案无线数字电视设备、拆除非法直放站等手段，使台站管理更加规范；朔州市局建立24小时打击非法设台快速受理机制，随时接受举报投诉，深入县（区）对出租车公司模拟中继台进行集中核查整顿；运城市局深入13个县区出租车公司，严查擅换设备、更改频率、无照设台等违法行为，规范出租车电台管理。

（李金凤）

【无线电安全保障】 2015年，山西省无线电管理局加强无线电安全保障组织领导和部门协调，与公安、广电、移动等部门建立定期会商、信息沟通和工作衔接机制，全年查处“伪基站”14起，“黑广播”60起，卫星电视干扰器19起，手机屏蔽器、校园广播、直

山西省无线电管理局召开《山西省无线电管理条例（草案）》专家论证会

（李金凤供图）

放站等其他非法设台26起，查扣各类非法发射设备101套，查获人员11名。全年参加各类考试保障56次，查获作弊发射设备86套，移交作弊组织嫌疑人24名。配合公安、安全、610等部门，完成抗战胜利70周年、国庆、十八届五中全会等重大活动、重要会议24小时无线电监测值班任务。山西省无线电监测站与大同市局连续奋战三昼夜，行程1000余千米，排查解决大同市气象局多普勒雷达受干扰问题，确保抗战纪念活动气象保障的万无一失。（李金凤）

【无线电监管能力建设】 2015年，山西省无线电管理局开展基础设施建设，大同市监测技术机房筹建工作进展顺利，完成规划用地、设计审批和各类评估。阳泉市局完成监测技术机房政府采购审批、购置合同签订工作。技术设施建设渐成体系，完成全省无线电监测设备维保和便携式压制设备、频率使用核查设备、移动监测设备、数字无线电发射检测等20多个设备采购招标任务，便携式压制设备、频率使用核查设备采购等项目完成验收，其他项目按计划稳步实施。山西省无线电监测站组织建设Ⅰ类固定监测站1个、小型站6个，运城、朔州、吕梁市局完成36个小型站设备安装调试，与B级站、高山站联网运行，形成网格化监测网系，初步实现监测智能化，拓展监测覆盖范围。为省市两级配备隐蔽式监测设备、“伪基站”侦测系统、无线电监测测向系统29套，提升无线电监管技术保障能力。在工信部无管局召开的北方片会上，山西省无线电管理局作交流发言。（李金凤）

【无线电管理法制建设】 2015年，山西省无线电管理局配合省政府、省人大相关部门开展《山西省无线电管理条例》立法调研论证和征求意见，《条例（草案）送审稿》获得省政府常务会议审议通过和省人大一审通过。梳理、制订权力清单、责任清单、信用清单、信访投诉请求清单，按要求编制行政权力运行流程图，细化行政处罚自由裁量权标准，16项权力事项列入省经信委权力清单。组织行政执法培训和经验交流，邀请领导专家就条例修订、行政执法等专题进行辅导授课，增强法律意识和行政执法能力。（李金凤）

【无线电科普宣传】 2015年，山西省无线电管理局在省监测技术楼建设文化长廊、科普长廊和工作画廊，弘扬社会主义核心价值观。以第四个世界无线电日和无线电管理条例颁布22周年纪念为重点，通过广播电视、平面媒体、信息网站、微信平台等有计划地组织宣传活动，全年网站发布信息981条，被中国无线电网转发78篇，国家无线电管理工作通讯刊载103篇，微信公众平台网络点击量20余万次；省无线电监测站宣教中心以《定制度抓队伍，搭平台保重点，全面做好我省无线电管理宣传工作》为题，在全国无线电管理宣传培训班上进行经验交流。无线电科普进校园工作势头良好，对全省12个挂牌校园科普基地的校外辅导员、基地老师进行测向培训，与国家体育总局、中国无线电协会联合组织全国无线电测向公开赛（山西站）暨山西省无线电科普基地测向赛，展示山西省无线电科普知识及无线电测向运动成果，晋城市局组织的测向队在测向赛中包揽M15组别四个项目的全部第一。朔州市局在中北大学朔州校区建立无线电科普教育基地，成立无线电爱好者社团；晋中市局与市教育局联合下发《关于在全市中小学校推广无线电测向运动的通知》，将科普活动覆盖到小学、中学、大学各个阶段，在校园运动会中增设无线电测向项目。（李金凤）

【军地协调融合发展】 2015年，山西省无线电管理局组织召开军事电磁频谱管理工作会议，回顾分析近年来无线电管理服务国防工作，明确下一步工作重点。按照“拉得出、管得住、保得好”的要求，筹建省无线电应急机动大队，提升快速反应、应急保障能力。省市两级机构参加部队组织的训练演练活动，检验电磁频谱动员方案预案的实战性。阳泉、晋中市局配合驻地部队开展电磁频谱动员潜力调查，及时更新潜力数据，主动为预备役部队进行监测技术培训；吕梁市局与军民融合协同创新研究院达成云计算、微纳卫星、无人机系统技术开发无线电管理支持意见；朔州市局高度关注部队周边电磁环境，严控台站设置，协助完成抗战纪念活动无线

山西省无线电管理局、中国铁塔股份有限公司山西分公司联合举行战略合作协议签约仪式（李金凤供图）

电安全保障任务。（李金凤）

通　信

·通信行业发展与监管·

【概述】 2015年，山西省通信管理局贯彻落实“宽带中国”战略，推进“提速降费”工作，强化行业监管，确保网络信息安全，营造良好的行业发展环境，通信行业持续平稳、健康发展。

2015年，全省电信业务收入累计完成247.1亿元，按可比口径计算同比减少3.1%。其中，非话业务收入实现170.1亿元，同比增长5.6%，在总收入中的占比达到68.9%。全行业固定资产投资完成134.6亿元，同比增长20.6%。全省固定电话用户数达444.6万户，比上年末减少109.7万户；移动电话用户达3337.3万户，比上年末新增4.9万户。其中，3G电话用户数达721.4万户，比上年末减少418.2万户；4G电话用户保持高速增长态势，平均每月增长80多万户，用户数达1198.2万户。固定互联网宽带用户达606.1万户，比上年末净增35万户。其中，光纤接入(FTTH/O)用户达396.3万户，比上年末净增175.9万户，占宽带用户比重增加至65.4%。（魏程明）

【“宽带山西”建设】 2015年，山西省推动落实“宽带山西”战略。

落实2015专项行动。山西省政府高度重视宽带网络建设，成立由副省长付建华担任组长的“宽带山西”建设领导小组。为强化专项行动的督查考核，山西省通信管理局制订下发《“宽带山西”2015专项行动考核管理暂行办法》，截至2015年底，专项行动的各项工作目标和任务超额完成。山西联通在全省11个市、119个县(市)实现“全光网络”覆盖。太原市成功申报成为“宽带中国”示范城市，其他地市均达到“宽带中国”示范城市申报条件。山西省通信管理局自加任务，连续3年组织通信企业开展校通宽带工程，截至2015年底，全省通宽带中小学校达10788所，通宽带率达72.62%。会同省财政厅协助长治、运城市成功申请为国家电信普遍服务试点城市；加快三网融合，截至2015年底，山西省新增IPTV用户56万户，累计达78.6万户。

落实提速降费。为落实国务院提速降费精神，山西省政府办公厅制订印发《关于加快高速宽带网络建设推进网络提速降费的实施意见》。山西省通信管理局积极组织通信企业落实提速降费目标，同时召开媒体发布会，向社会公布宽带提速、资费下降方案。全年3家基础通信企业20条降费举措全部落地实施，资费降幅达30%以上。截至2015年底，全省宽带用户视频下载速率达6.78Mbit/s，较上年同期增加76%；可用下载速率达7.13Mbit/s，较上年同期增加98%。

推进宽带市场开放。宽带接入市场向民间资本开放有序进行，分两批向网宿科技股份有限公司、山西岩涛网络有限公司、山西微普通信科技有限公司、内蒙古金田科技股份有限公司等4家民营企业发放太原市宽带接入网业务试点批文。经争取，晋中市成为全国第二批宽带接入网业务试点城市之一。

贯彻光纤到户两项国家强制性标准。联合省住建厅印发《关于进一步做好2015年光纤到户推进工作的通知》，对新建小区实行名单制管理并通过媒体向社会公布，抓好光纤到户示范小区的建设。对光纤到户专项检查情况进行排名通报，形成“比、学、赶、超”的良好局面。截至2015年底，全省有198个新建小区完全实现光纤到户标准建设，完成5316个既有小区的光纤网络改造工程。

深化共建共享。针对铁塔公司成立后出现的新情况，山西省通信管理局进一步建立健全通信基础设施共建共享工作机制，明确通信配套设施建设的牵头单位，规范相关工作的实施流程。完善省、市两级共建共享例会制度，为及时解决通信建设中的有关问题搭建有效平台。组织召开专题会议，协调解决科技创新城、太原地铁2号线、大西高铁等重点场所的通信设施建设问题。截至2015年底，大西高铁南线508个基站覆盖工程全部完成并通过初步验收，共建共享各类考核指标超额完成。通过铁塔公司集约化经营、共享存量铁塔资源，全年全行业少建铁塔13112座，节约建设投资约28.8亿元，节约土地约111.5公顷。（魏程明）

【电信市场监管】 2015年，山西省通信管理局强化电信市场服务质量监管。为提高电信行业服务质量和水平，结合山西省实际，通信制订印发

2015年7月3日，山西省召开第一届山西省互联网大会（魏程明供图）

山西省通信管理局组织开展通信行业首次网络安全联合应急演练（魏程明供图）

《山西省电信行业电信服务工作考核办法》，按照百万用户申诉率（完全由于企业过错的申诉量）指标，年终进行考核并将结果进行通报。为帮助解决广大通信用户关注的热点和安全问题，宣传普及电信服务知识，组织编写《山西省通信用户服务常识百问解答》，通过免费赠阅、在山西省通信管理局政务微博、微信和门户网站发布等方式，宣传和普及通信业务和服务知识，确保用户知情消费、明白消费、放心消费、安全消费。创新开展用户满意度调查，增加网上调查方式，2015年度全省电信用户满意度指数得分达85.52分，达到质量强省办公室下达的服务质量指标要求。针对个人信息保护、智能手机使用、流量费用争议等热点问题，多次在《山西日报》等媒体发布电信消费和互联网使用安全提示。发挥电信用户委员的桥梁和纽带作用，组织委员参与各项服务监督工作，为改善各企业服务工作献言献策110余条。

各基础通信企业创新服务工作，优化业务办理流程，拓展各类互联网便捷服务渠道能力，整治不明扣费行为，改进服务短板，严格控制投诉、申诉率。山西省电信用户申诉受理中心对用户的申诉、咨询100%受理、100%处理、100%回访。全年全省电信用户申诉率为28.9人次/百万用户，低于全国年度平均申诉率42.1人次/百万用户，低于工信部2015年行风纠风考核指标70人次/百万用户，在全国排名第8位；不明扣费申诉率为3.7人次/百万用户，低于全国不明扣费平均申诉率4.0人次/百万用户，低于工信部2015年行风纠风考核指标6人次/百万用户。

各基础通信企业加强手机内置增值业务管理，加大审查、拨测力度，打击不法行为，不知情订制业务与上年相比下降80.85%。随着光纤到户、“宽带山西”、提速降费工作的推进，宽带服务质量显著提升，用户在使用宽带业务过程中发生掉线、网速慢、上网障碍的申诉与上年相比下降78.23%。加强投诉处理工作人员业务知识培训，规范投诉、申诉处理工作，投诉类问题与上年相比下降55.36%。

维护电信市场秩序。组织ISP企业签署《山西省因特网接入服务（ISP）企业自律公约》。对3家基础通信企业所接入的733项增值电信业务进行拨测，对个别存在问题的SP企业责令其限期整改。对太原、晋中等市校园营销进行专项检查，要求6家地市通信企业对夹寄电话卡和宣传资料的行为进行整改并内部追责。加强移动通信转售企业的管理和引导，截至2015年底，有16家移动通信转售企业在山西省开展业务，累计发展用户28.96万户。修订完善行政审批事项服务指南，制订扶持意见，降低准入门槛。全年发放51家增值电信业务经营许可证。其中，35家从事互联网及为用户提供宽带上网服务，其他的以经营移动网信息服务、呼叫中心、IDC业务为主。截至2015年底，取得山西省增值电信业务经营许可证的企业共计182家。其中，ISP企业27家，ICP企业127家。

太原晋中通信同城化工作取得新进展。组织基础通信企业通过资费叠加包形式，自2015年10月1日零时起实现太原晋中移动通信资费同城化，两市通信用户每年可节省通信费用3000余万元。（魏程明）

【网络与信息安全保障】 2015年，山西省通信管理局确保通信网络安全通畅。山西省政府办公厅高度重视重点单位通信网络安全保障工作，印发《关于进一步加强重点单位通信网络设施保护工作的通知》，并组织全省重点单位召开贯彻落实会议。山西省通信管理局强化通信网络安全“三个办法”的贯彻落实，制订《山西省电信网络安全工作例会制度》。

加强安全生产和应急通信保障。强化通信行业安全生产管理，顺利通过山西省安全生产工作考核领导组的考核检查。组织应急通信保障队伍参与省市县地震应急综合演练，完成第二届山西文化产业博览交易会、全国图书交易博览会等重大活动的应急通信保障任务，完成山西省国动委组织的综合防卫演练任务，获上级有关部门的肯定和表扬。

推进电话用户实名登记，保障山西省信息安全。制订下发具有山西省特色的《山西省通信行业电话用户真实身份信息登记工作管理规定》《关于加强电话用户真实身份信息登记工作的公告》，重点开展强化制度建设、技术核验、社会营销渠道管理、未实名老用户补登记、检查考核等“五个强化”工作。督促基础通信企业为全部营销网点配备二代身份证识别设备2万余台，对1.5万个代理代办点全部配发统一标识，对全省1万余个移动电话营销网点进行明察暗访，基本杜绝企业营销网点流出非实名电话卡情况。开展电话“黑卡”专项治理，对全省186个营业网点进行明察暗访，对山西省流出的100余张电话“黑卡”进行关停查处和责任倒查。在工信部连续两次组织开展的实名制工作全国暗查中，山西省是均未发现违规问题的两个省份之一。截至2015年底，全省电话用户实名登记率95%，超过工信部考核指标5个百分点。

落实网络与信息安全管理责任。细化制订《2015年网络与信息安全考核实施细则》，落实基础通信企业网络与信息安全管理责任，组织开展网络与信息安全管理系统升级和部省对接工作。加大网站备案力度，集中开展为期2个月的专项治理行动。截至2015年底，在山西省备案的网站数达52073个，省内接入网站主体数达3960个，山西省网站备案率达99.98%以上，真实性核验材料电子化上传比例达95.9%以上，网站主体信息准确率达90%，超过工信部考核指标5个百分点。

开展网络环境和有害信息治理工作。重点开展扫黄打非·净网2015、防范打击通信信息诈骗等3个专项行动，强化有害信息治理，全年共处置发送垃圾短信手机号码45.6万个，封堵关闭短信业务端口37个，阻断垃圾短信5933万条，拦截诈骗及有害信息电话呼叫4.25亿次。配合有关部门开展打击治理电信网络新型违法犯罪等专项行动19项，协查违法违规网站39个、关闭14个，协助公安机关关停涉案违法电话号码189个，配合查处“伪基站”案件3件，拦截违法违规类短信113.2万条，封堵违法违规IP地址12619个、违法违规网页地址(URL) 6179个。

开展网络安全防护工作。完成全省384个网络单元的定级备案、78个3级网络单元的符合性评测和风险评估。加大对移动恶意程序和木马僵尸网络监测与有效处置力度，全年共捕获移动互联网恶意程序疑似样本112个，发现并处置省内用户感染已知恶意程序数量432.3万个；捕获木马和僵尸网络疑似样本197.7万个，发现并处置省内用户感染已知木马僵尸病毒数量2.04万个，净化山西省公共互联网环境。组织开展山西省第一次网络安全联合实战应急演练，完善行业网络安全应急救援体系和应急预案，达到预期效果。配合有关部门制订山西省《党政机关、事业单位和国有企业互联网网站安全专项整治行动方案》，建立山西省基础电信企业互联网网站/系统信息台账。开展通信行业第二届网络安全宣传周工作，在全省布置50余个宣传专区，滚动播放宣传片、微电影等视频2万余次，印制发放宣传资料20余万份。

(魏程明)

【通信行业法治建设】 2015年，山西省通信行业立法取得较大进展。山西省通信管理局组织起草《山西省通信设施建设与保护条例》草案送审稿，并报送省政府法制办。编制《山西省通信设施建设与保护条例立法参考资料汇编》。修订《行政许可实施办法》，印发《行政审批事项受理单文书文本》。推行权力清单、责任清单，并在山西省通信管理局门户网站公布。

加强对基础通信企业守法经营的考核。根据国家有关文件规定，结合山西省实际，制订下发《山西省通信管理局配合开展电信运营企业干部考核与管理工作实施办法（试行）》，对配合基础通信企业省、市领导班子考核的标准进行细化和量化。

(魏程明)

【通信服务地方】 2015年，山西省通信管理局与省网信办等单位共同指导省互联网协会组织举办第一届山西省互联网大会，来自行业内外、社会各界共计2000余人参加会议，推动全省互联网与经济社会的融合发展。山西省通信管理局和山西省互联网协会分别向社会发布《山西省通信行业发展报告》《山西省互联网发展报告》及山西省互联网网络信息安全相关通报，每月定期向相关部门报送《山西省互联网网络安全信息通报》。完成《山西省志·电信志》的编撰工作。开展扶贫工作，为定点扶贫村争取到以工代赈农田水利配套设施项目和光伏发电项目。 (魏程明)

·中国电信山西分公司·

【概述】 2015年，中国电信山西分公司全业务收入超过26亿元，同比增长4.4%，用户总数达到528万户，其

山西省国防信息动员办公室开展应急通信“探索－2015”演练 (魏程明供图)

中移动用户326万户，固网用户202万户。截至2015年底，公司总资产达到62亿元。

中国电信山西分公司坚持发展为第一要务，持续加速移动业务规模发展，流量经营转模式、提价值、优产品，加强3G/4G协同，4G发展在城市实现突破，树立品质；3G业务在农村实现上规模，深入拓展；聚焦高速宽带，主推50M和100M高带宽，主推双机融合产品；将驻地网民营合作作为宽带业务规模发展的重要战略性举措，快速有效推进，提升宽带业务竞争力；聚焦三个市场，区域市场采取积极的市场策略，传统促销向精细营销转变，有效应对市场竞争，农村网格实现跨越提速；政企市场聚焦重点细分市场，以行业应用为抓手带动发展，围绕客户实际使用场景和需求适配对应产品，强化纵向一体、四级穿透，纵向细分市场引领，清单突破，加强存量保有和扩群；大众市场提升渠道能力，强化渠道销售，聚焦高质核心渠道，提升单店销量，提高合作紧密度；推广O2O服务模式，以新兴技术引领，探索数据经营，聚焦政务、医疗、教育等行业，拓展定制化行业云项目，采取竞争性政策，尝试云业务代理渠道拓展；构建大数据运营平台，精准分类网上用户构成，采用用户标签标示，开展针对营销；通过大数据进行运营分析，提升营销准确性，参照大数据分析及模型，提高销售、维系、管控等经营效率；新型业务带动移动规模发展，聚焦拉动基础业务发展的差异化元素，完善产品体系和提升差异感知。以上举措的实施使公司保持稳中有升的发展态势。一是全业务收入是山西省通信行业中唯一正增长的基础运营商；二是市场份额快速提升，较上年提升1个百分点，2015年增量收入市场份额均居省内主要通信运营商之首；三是用户规模稳步增长，移动用户份额较2012年（三年规划）提升近2.5个百分点；四是新兴业务收入占比提升明显，较2012年累计提升近15个百分点；五是用户质量日益优化，新增用户短期离网率保持在30%以下，与上年相比下降超过5个百分点。

中国电信山西分公司自2013年开始推进划小承包，经过3年努力，企业组织活力和人员活力得到提升。优化前端架构，调整机构职能，理顺省市关系，明确机构对接；完善三、四级单元划小承包体系，并对省公司直接承担销售服务工作的两部、两中心、三公司开展划小核算，全面提升一线触点经营活力；推进四级单元的资源穿透和成本中心使用；持续优化权力清单事项，对地市放权29项、减负9项、明确负面清单50项；明确一线工作规范，编订三四级单元工作手册，规范小CEO经营管理动作，为小CEO设计职业发展计划及通道；减员增效，打造前端营销六支队伍，力促全员整体销售服务能力提升。截至2015年底，全口径用工人数较2013年6月减少10%，劳产率提升近30%。

打造“倒三角服务支撑体系”。建立省、市两级综合服务支撑中心，建成综合服务支撑系统，做好“倒三角服务支撑体系”的“传输中枢”。完善自下而上的逆向考评机制。小CEO对省、市管理部门逆向考评权重分别不低于20%和30%，设置接单量、转派准确率、预处理率等考核指标，鼓励管理部门“多接单，接好单”。

2015年，中国电信山西分公司打造“无处不在的互联网服务能力、创造服务价值”，服务互联网转型初见成效。开展“大干百日，打造无处不在互联网客服”的服务互联网转型劳动竞赛，微信客服用户达到22.7万人，较年初增长374%；互联网客服服务量累计达到6153万次，实现“服务量倍增”；易微信客服服务量同比大幅提升，四项重点产品线上服务量累计2273.8万次，线上服务量占比81.9%；拓展宽带自助服务，宽带自助服务月均访问量占比为14.3%；手机上网满意度连续两年同业第一，高于行业平均水平。

聚焦重点业务服务对标优化，找出4G业务、宽带业务84个对标点，挖掘19个影响客户感知的短板问题优化提升。开展营业厅/网厅季度客户感知测评、宽带使用端到端速率感知体验、4G网络服务客户感知专项测评，传递客户感知，督促短板优化。健全省市两级客户建议闭环管理，推进全局性问题解决。全年收集省市级客户建议567条，省市级优化单184单，全省问题解决率85%。落实宽带提速降费专项工作，重点任务完成率94.4%；拓展自助安装/排障，订单信息透明，在线即时测评、在线资源可查询、线上预约/改约五项自助服务功能，迭代优化宽带服务流程。加快4G服务质量提升，为用户提供网络感知好、业务更贴心、渠道更便捷、终端更特色、关怀更周到的4G服务，省内4G服务热点问题解决完成率95.5%。

2015年，中国电信山西分公司强化“百年电信 百兆中国”战略落地，实现全光网络覆盖。完成ASDL宽带改造，率先在ADSL区域全部实现光覆盖。响应国家提速降费要求，数据网出省带宽从800G提升至1600G；各市IP城域网上行带宽由1320G增加到2000G。开展4G网络“建设大提速、质量大提升”大会战，全年开通4G基站6400个，全省11个主城区、96个县城全部实现4G网络连续覆盖，覆盖面积达1789.4平方千米，占有效面积的92.3%，覆盖人口达1700万人，全省266个重要乡镇，69个AAAA级以上景区实现4G网络覆盖。重点区域4G网络覆盖率从92%提升至95%，下载速率从35Mbps提升至38Mbps，大幅提升移动网用户数据业务感知。提升宽带用户业务感知，建立TOP50优质访问网站，引导电信用户优先访问质量较好的同类网站；设立乐视专区（15台服务器，1个10G接口），专为电信用户提供视频缓冲服务，优化DNS路由，保障省内宽带用户优先访问优质资源，确保优酷、爱奇艺等视频播放平台能够在线流畅观看高清视频，乐视能够在线流畅观看超清视频。6月份率先在太原启动载波聚合实验工程，实现太原城区重要卖场、营业厅及重点客户的4G+网络覆盖，客户感知提升明显；

年底实现全省11城市重要卖场、营业厅的重点覆盖，具备高速下载（理论300M）演示能力。 （赵 苇）

【"互联网+"建设】 2015年，中国电信山西分公司聚焦"互联网+"建设，提升行业服务水平。

推进"互联网+现代农业"，驱动农业"跨越发展"。2015年，中国电信山西分公司与各级农业主管部门联袂打造"互联网+现代农业"，利用农业产业链各群众组织和生产企业多方资源，以"农技宝"等行业应用切入，推进云计算、物联网等现代信息技术在农业生产经营各环节中的应用，截至2015年底，太原、阳泉、忻州、临汾和运城5个地市农技云平台投入使用，平台服务三农用户数达6300人。

加强"互联网+公安警务"合作，提升公安信息化能力。信息化应用合作深入到多个警种。2015年，中国电信山西分公司多次与省公安厅领导交流行业应用产品，探讨提升各警种信息化，并配合公安部门在抗战胜利七十周年等大型活动的安保工作中，完成通信保障工作。

推进"互联网+养老"建设，提升社区养老服务。2015年，中国电信山西分公司在全省推广智慧社区居家养老服务，提供"平台+终端+特定资费+爱心服务"于一体的综合性社区养老服务。走进社区，贴近老人，太原、运城、临汾、阳泉、长治、忻州、大同等地全面开花，累计派发终端达4.7万余部。在网老年用户达4万户，服务覆盖全省200余个社区。开通全省"12349"社区养老服务热线，年话务量4万余次，加快居家养老服务体系构建，缓解政府、社会和家庭养老的压力。

提供"互联网+监管"服务，推进"12358"价格监督举报热线项目建设，提升山西价格监督服务能力。公司协助山西省物价局在全省范围内开通163个价格监督举报呼叫中心座席，并增加自动语音播报、免费电话外乎、双线路连接等功能。自1月1日上线运行以来系统运行稳定，累计受理各类举报案件1万余件。

推进"互联网+智慧医疗"建设，提升卫生计生信息化水平。2015年12月，中国电信山西分公司与山西省卫生和计划生育委员会签署《预约诊疗平台建设合作协议》，全省各地市卫计委和医院配合，接入电信2M电路，一期工程为三级医院，共计49家。通过"118114"语音热线预约挂号服务实现全省统一预约挂号，建立全省所有医师信息数据库，使号源信息与各医院系统实时同步，提升医院信息化服务水平和能力，降低患者使用成本，通过建立医患沟通渠道，拉近医患关系，提升患者服务满意度。

召开"互联网+金融创新发展新引擎"系列研讨会，促进互联网金融与传统经济的融合。2015年8月至12月，中国电信山西分公司联合山西各市市政府金融办分别在长治、晋中、大同举办"互联网+金融创新发展新引擎"研讨会，贯彻"互联网+金融创新发展"新理念，通过"互联网+金融"方案指导帮助金融机构提升信息化水平、降低成本及放贷风险，同时协助金融办等政府机构丰富金融监管手段，推进互联网与传统经济的融合创新。长治市金融办与长治电信合作，共同打造长治市政府金融监管服务平台，为当地金融行业更好地服务于中小微企业做贡献。

推进"互联网+交通"，助力山西北斗产业落地应用。2015年，中国电信山西分公司根据《道路运输车辆动态监督管理办法》（交通运输2014年第5号）要求，成立专项团队，加强道路运输车辆动态监督管理，预防和减少道路交通事故做出贡献。2015年7月，中国电信山西分公司加入《山西省空间信息技术产业联盟》，并成为副理事长单位，为山西省空间信息技术产业的市场拓展创造条件，针对全省20多万运营车辆，分别制定解决方案，配套北斗信息化平台和终端，获得广大客户认同，并在全省推广，共发展用户超1万户。

（赵 苇）

【企业驻地发展】 2015年，中国电信山西分公司履行企业社会责任。

驻地网宽带引入民间资本合作规模发展。公司推进驻地网宽带引入民间资本合作，确定以分成为基础，以发展业务为目标，风险共担，利益共享的合作模式，实现代理商"建设+营销+装维"一体化的合作，公司提供"驻店培训+现场帮扶"等1对1的帮扶措施。省市共同锁定重点区域清单，逐个组织招商大会，通过纵向交流、现场会推进、经验分享、案例复制等多种形式，部分驻地网代理商获得超预期收益；招聘当地人员参与营业受理、安装维护等工作，缓解当地就业压力。

推进共建共享工作。公司与山西铁塔公司全面对接，节约基站建设成本，除部分使用自有基站的改造外，其他基站塔桅、机房、外电全部由山西铁塔公司承建，共建共享基站3328个，节省配套投资3亿元以上；推动并深化管道、杆路、室内分布等基础资源的共建共享，避免重复建设。

缓解社会就业难问题。2015年，公司所属太原分公司、阳泉分公司接收3名退役士兵。开展面向全国各高等院校的应届毕业生招聘工作，并深入部分高校现场招聘，累计招聘应届毕业生60余人，对解决就业难问题起到积极作用。

做好应急处置和通信保障。中国电信山西分公司完善应急装备的配备和储备工作，截至2015年底，共配置有大型移动应急通车1辆、中型移动应急通信通车2辆、小型移动应急通信通车3辆，卫星电话27部，便携式VSAT2台，基本满足山西地区电信业务应急通信保障需求。5月12日，参加山西省防震减灾指挥部在大同市大同县许堡乡举办的"省市县地震应急综合演练"。演练期间，采用卫星传输链路（省内唯一一家运营商）开通移动业务、软交换业务、WLAN业务、全球眼业务等电信业务，为演练现场提供通信保障，受到上级部门的表扬；参与武乡县抗战胜利70周年纪念活动通信保障和大同姜家湾煤矿透水事故救援通信保障。全年累计参加书博会、文博会、演唱会、民间活动、校园支撑、各类体育赛事等大型活动通信保障38次，服务用户28.95万人。

有效促进能耗指标下降。全年节电约330万千瓦时；优化无线网建设模式，开展BBU集中放置工作、减少机房数量，节约建设成本，降低单站造价，降低能源消耗；在太原机房开展安装第三代焓差空调节能系统实验，2015年节能14万千瓦时电。

（赵 苇）

【服务互联网化转型】 2015年，中国电信山西分公司开展"优自助、强功能、提感知"服务举措。推进服务互联网化转型提升服务感知，为用户提供方便、快捷的互联网体验。

建设"QQ在线客服"，通过QQ好友方式，开启以互联网服务方式为客户提供自助、互助的服务模式。历经6年发展，"易信客服、微博客服、微信客服、天翼客服、欢go手机客户端"面世，新媒体客服平台扩大，新媒体服务用户逐年提升，为客户提供更方便、快捷的服务。

开发"欢go手机客户端"，为电信手机用户提供"流量、话费随时查；手机积分一键兑；服务网点一览无余；国际漫游一键检测；业务办理一点通"的自助服务。

开发"宽带自助服务"，宽带用户通过加入"中国电信客服"微信客服公众号，即可在手机上享受自助装宽带、排故障，在线查询安装修障进度等服务。

公司10000客服中心的新媒体客服班组"以客户为中心"内强素质，创新匹配客户需求服务，围绕"有用、好玩、贴心"思路展开工作。微博客服突显活泼有趣的特点，主要以"特色话题"增加用户黏性、以"热门话题"保持用户新鲜感、以"每月有主题，周周有活动"，提升用户参与度；QQ客服、易信客服、微信客服则突显关怀提醒的特点，主动向有消费提醒需求的客户提供关怀告知服务。

（赵 苇）

【互利合作框架协议】 2015年12月24日，中国电信山西省分公司与中国联通山西省分公司经过共同协商，开展通信网络建设领域的共建共享，并签订《互利合作框架协议》。

协议明确本着"平等合作、互利双赢、资产清晰、先易后难、积极推进"的原则开展合作。合作内容以双方集团确定的网络建设领域共建共享原则为基础，首先在传输网络、LTE网络建设领域中，选择双方都有益的场景、项目，稳妥推进。同时探索在维护、经营等其他方面的合作。

（赵 苇）

·中国联通山西分公司·

【概述】 2015年，中国联通山西分公司（简称山西联通）在行业环境复杂多变、经济面临较大下行压力的情况下，贯彻执行联通集团公司战略部署，推进内外部巡视检查整改工作，调整工作思路，深化重点领域改革。截至2015年底，山西联通主营收入累计完成78.45亿元，同比下降7.5%，利润总额累计完成3.9亿元（剔除流量不清零、铁塔交易影响），比上年同期增长55%，收入利润率完成4.76%，较上年改善2个百分点。增值税综合税负率-1.08%，中国联通集团北十省中，山西联通排名第二。 （黄云霞）

【重点领域改革】 2015年，山西联通从五个重点领域入手，采取有效措施，加大改革力度。推进激发基层单元活力工作。基层责任单元机构、人员基本到位，17898名员工进入到2474个市场、集客、网建、运维基层单元；"四包一清单" 基本下沉到位，资源配置范围、配置规则、下沉比例省公司统一掌控；积分得到广泛应用，成为非合同制员工转签及全员晋级晋档工作的有力抓手，人均积分不断提升，收入稳步增长，基层员工积极性得到激发。专业化、一体化运营改革初见成效。省、市公司成立与各渠道对应的自主经营体，实行专业化运营，直接穿透到基层责任单元。自有厅陆续实现终端连锁化运营，提升销售能力，下半年月均发展4G用户较上半年提升89.1%。基本建成"一纵一横"的IT支撑系统。纵向体系的运营支撑系统覆盖公司所有资源，对基层单元进行透明资源配置、透明评价考核，所有岗位纳入流程，所有流程搬上系统。横向体系的内外部工单系统以业务、投诉、合作商、员工工单为核心，通过横向穿透全部工单环节，落实责任，获取短板，推动流程再造和资源优化配置。建立市场导向的网络建设体系。构建面向综合业务区的项目经理管理体系，从建设规模、进度、质量、效果四个维度对项目经理进行考评积分，并通过系统实时展现，实现市场响应效率和项目管控水平的"双提升"。搭建以楼宇系统为基础的网络、业务一体化数据分析与监控平台，与BSS、号线、沃建设和网管等系统对接，实现基层责任单元对网络资源利用、重点业务发展等关键指标的及时掌握，为精准配置投资资源提供支撑。推进运维管理和维护模式转型。以"集约化维护"和"一体化响应"为切入点，优化现有运维流程，建立基于"集中监控"的业务和故障调度流程、基于"运维积分标准化"的考评流程和基于"基层责任单元"的资源下沉流程，支撑市场发展，激发一线员工活力。 （黄云霞）

【全光网络建设完成】 2015年12月15日，运行20多年的太原联通迎泽程控交换机下电，标志着山西联通全面实现全光网络，在北十省中第四个建成"全光省"。近年来，山西联通全面推进"宽带山西"建设，自上年光纤化改造专项行动以来，全力加速，扎实推进。随着太原光改工作顺利完成，全省11个市全部进入全光网络时代。近两年全省光改投资达25亿元，光缆线路总长度达30.69万皮长千米，光纤通达所有乡镇。宽带接入能力达到835.3万线，其中FTTH占比达到81%，宽带端口实占率为49.8%；宽带覆盖行政村22101个；完成167个PSTN端局和6823个模块局、接入网点设备下电。3G 基站达到 2.2 万个,4G 基站新增 7386 个,累计开通 10243 个,实现市区、县城城区的良好覆盖和 100%乡镇的点覆盖。室分覆盖楼宇 9719 栋。11 个旗舰营业厅和 53 个县级以上标准营业厅开通载波聚合。（黄云霞）

【《"互联网＋旅游"战略合作协议》】2015 年 10 月 16 日,山西省旅游发展暨"互联网+旅游"大会召开,山西省省长李小鹏、国家旅游局副局长李世宏、山西省副省长王一新、太原市市长耿彦波、中国联通集团副总裁张范、山西联通总经理苏宝合,以及山西各厅局领导和全国大型旅游公司和互联网企业参加会议。其间,山西省旅游局与中国联通山西省分公司签署《"互联网+旅游"战略合作协议》,山西省旅游局副局长王文保、山西联通副总经理李晓龙代表双方签约。（黄云霞）

【"双 11"行业短信保障】 2015 年,山西联通省业务平台维护中心完成"双 11"行业短信保障工作。在"双 11"期间,对阿里、京东、苏宁、当当、唯品会五家电商及各大银行进行重点保障,保障重点客户 129 个。11 月 10 日 18:00—11 月 12 日 24:00,行业网关峰值时间为 18:00—22:15, 峰值负荷 1440 条每秒, 总业务量为 3216991 条,客户感知良好,山西联通的企业美誉度得到提升。（黄云霞）

【4G 业务规模转型发展】 2015 年,山西联通采取有效措施对传统业务进行创新转型,分阶段、有步骤启动 2/3G 用户免费开放 4G 网络工作,开网率于北十省中排名第四。对 4G 用户加强质量有效管控,出账率显著上升,三无用户占比持续下降。在开展的"流量消费能力及价值贡献双提升"劳动竞赛中,移动数据及信息业务收入同比增长 12.42%, 截至 2015 年 12 月底,4G 用户规模达到 337.6 万户。（黄云霞）

【家庭业务发展】 2015 年,山西联通将光改工作与营销挖潜同步实施,建立与光改联动机制, 打造智慧乡村,开展"基础+应用"的家庭全业务融合,拉动 4G、宽带及 IPTV 家庭应用产品发展,稳定存量,针对不同场景制定套餐产品体系,实现客户价值有效提升,宽带 ARPU 同比提升 7.7%。开展宽带"提速降费"工作,10M 及以上用户占比达到 62.9%,宽带用户数、收入同比分别增长 19.5%和 10.6%, IPTV 业务达到 76 万户, 在 FTTH 用户中占比达到 24.6%。智慧沃家用户规模达到 85 万户。（黄云霞）

【官方直达号和头条号上线运营】 2015 年 4 月 13 日, 山西联通为更迅速、直接地进行品牌宣传及业务推广, 开展电子渠道的开发和创新,丰富电子渠道的形式和沟通方式,在全国范围内率先于百度上开通山西联通官方直达号, 并在拥有 2.4 亿用户的今日头条 APP 上开通山西联通官方头条号。（黄云霞）

【营销业务运营发展】 2015 年,山西联通营销业务专业化、一体化运营模式初见成效。实施社会渠道代理商业绩提升激励办法,沃易购平台月均交易额、终端交易量同比提升 31%和 11%。驻地网实施沃家千店计划,有效增加营销触点,截至 2015 年底,山西省沃店达 1107 个。组建农村市场专业化运营团队,下半年宽带月均发展量比上半年提升 36.3%。聚焦目标用户,实施精准维系,分层级落实标准化维系动作,开展"四盯"管控,移动存量用户保有率、单卡转合约率、存量用户 4G 迁转率、SIM 卡换卡、终端解锁以及整体机网卡适配率等维系指标均跃居北十省前三,移动存量收入流失得到遏制。开展"集商客渠道销售大赛""建筑工地和聚类市场专项营销活动""IDC 起早促销季""国庆中秋两节营销活动""集商客营销大会战"等一系列营销活动,集团客户战略级重点产品营销效果良好,"班班通""互动宝宝""智慧工地"等重点产品发展排名集团前列。完善网上专售产品的电子渠道,打造专属产品体系,提升网上商城销售能力,形成三级营销资源保障联动机制。（黄云霞）

·中国移动山西省分公司·

【概述】 2015 年,中国移动通信集团山西有限公司(简称山西移动)狠抓业务发展,完成各项任务,保障公司的稳定健康发展。

紧抓 4G 窗口,竞争能力明显增强。4G 规模快速拓展,4G 客户突破 680 万户。4G 网络覆盖全面提升,4G 基站总数达 2.8 万个,在连续覆盖、广域覆盖、室内覆盖方面等全面提升。4G 客户感知持续改善, 开展端到端优化,建立无线网"六维度"优化分析体系。建立客户体验提升工作机制,4G 客户净推荐值集团排名第 4 位。

扭转发展态势, 营销水平增强。面对经济和行业发展下行压力,中国移动以"4G、公众、集客、家庭"四大市场为重点,推进"八项举措",为收入增长领先行业水平奠定基础。集客市场聚焦"信息化收入"和"成员价值",拓展小微企业市场, 提升销售能力、支撑能力、执行能力。优化省市两级实体渠道运营体系,开展渠道"双力提升"行动,强化实体渠道与电子渠道、集客渠道协同。

扩大领先优势, 网络能力增强。中国移动开展无线网优化,加强室分优化整改,实现 VoLTE 试商用。加快传输网建设,PTN 覆盖率、分纤点平均密度高于全集团平均水平。完成与铁塔公司 2.7 万个站点交接。推进 IDC 互联网内容本网化,流量本网率提升至 95%。IDC 数据中心成为全集团首批"钻石五星级"数据中心,出口峰值流量同比增长 3 倍。业务支撑系统完成第三代 BOSS 系统分布式云化改造,优化重点模块 138 个,减少界面 311 个,效率提升 38%。建立多维度客户动态标签体系,提高精准营销成功率。业务连续性保障能力、系统安全防护水平进入全国前列。

夯实基础工作, 管理能力增强。

中国移动开展“提效率、促发展”流程专项治理活动，开展流程优化。规范集中采购，坚持合法合规，加大公开招标力度。加强预算管理，立项规范性提高。加强合同管理，强化合同管理关键节点的管控。坚持正确用人导向，修订《经理人员管理办法》等一系列选人用人管理制度，营造“想干事、能干事、会干事、干成事、干净干事”的良好选人用人氛围。开展激励机制建设，实施差异化的薪酬激励政策。选树、推广劳模先进，鼓舞士气，弘扬正能量。11个集体获“山西省五一劳动奖状”“山西省工人先锋号”等省级以上荣誉，18名员工获“全国劳动模范”“山西省五一劳动奖章”等国家和省级以上荣誉。完善审计工作机制，推进审计大整改及跟进项目，针对15个领域、92类、195个具体问题进行限期整改。紧盯公司运营关键领域，梳理20个方面、47个廉洁风险点，建立“嵌入式廉洁风险防控体系”。

开展“送沙龙到基层”活动，30名优秀班组长分赴各市分公司、中移分公司和22个县分公司，推广“微创新”成果、分享优秀营销案例、传授基层管理经验，与员工面对面交流。公司先后举办“立足平凡岗位 争当转型先锋”和“时代先锋 转型楷模”报告会，分别邀请中国移动“最美通信人”和“最美移动人”代表分享成长经历、共话奋斗故事，在转型发展的关键时期广泛传播正能量，将“员工论坛”改版为“员工直通车”，增加政令标准解读模块，建立奖励制度，升级版主权限，搭建政令上通下达、员工互动交流的沟通平台。借助该平台，开展“信息化金点子”“节水节电节纸金点子”等活动，其间共收集金点子822条，评选出优秀金点子172条。

2015年，山西移动履行企业社会责任，保障客户权益，加强实名制管理，落实国家“提速降费”和“流量不清零”要求。加强信息安全管理，落实两部委专项行动要求，净化网络环境。强化网络安全与应急，完成各类重大活动和突发事件应急通信保障49次，出动应急通信车219次，应急人员792人次。（贺　硕）

【4G精品网络建设】 2015年，山西移动坚持把4G网络打造为精品网络，做到广覆盖的适度领先、连续覆盖的相对领先、深度覆盖的绝对领先，完善4G网络质量管理体系，加强端到端优化，确保客户感知。4G基站总数达2.8万个，超过基站总量的三分之一；4G网络综合覆盖率达97%以上。公司推进VoLTE和CA等新技术应用，完成10大领域的VoLTE改造任务，建设CA基站超过1000个。12月2日，4G+在省会太原正式试商用。（贺　硕）

【4G客户突破680万】 2015年，山西移动紧扣流量经营发展思路，推进4G发展，全年按照“终端销售先行，全民换卡驱动，加快客户迁移”的策略，快速拓展4G客户规模，重塑竞争优势。全省网内净增4G终端608万台，4G客户突破680万户，移动数据流量在一年内实现翻番。（贺　硕）

【信息化应用】 2015年，山西移动围绕“信息化收入提升”和“成员价值提升”两条主线，坚持“大项目拓展与小微企业并举，客户经理与公开渠道同进”的管理策略，公司集团客户业务发展突飞猛进，“集团产品收入份额”与“通信和信息化收入份额”全集团领先。集团业务涌现出一批基于4G行业应用、大数据变现的优秀项目，包括天网、交通卡口、林管通、旅游监测、电子政务、政府OA、村医通等，其中“4G林管通——互联网+智慧林业管护应用”成果获集团双奖评选业务类三等奖。（贺　硕）

【客户服务管理】 2015年12月，山西移动“赢在口碑-建立自下而上的客户感知闭环管理体系”获集团公司服务管理最佳实践一等奖，这是公司实施客户感知管理体系的转型成果。狠抓服务质量提升，实现全方位客户感知监测和贬损客户分层分级预警、修复，持续推动客户满意度、客户忠诚度提升，以及焦点难点问题治理，各项关键客户感知指标全集团排名前列，一线服务能力提升明显，客户服务保持领先。（贺　硕）

【渠道转型深化】 2015年，山西移动优化省市两级实体渠道运营体系，提升集中运营支撑能力和队伍专业化能力。开展渠道掌控力与销售力“双力提升”行动，核心商圈手机卖场合作率达86%，进厅客户4G转化率达34%。开展实体渠道与电子渠道、集客渠道协同，4G目标客户O2O联动转化率达19%。微厅全省粉丝突破600万人次，电子渠道分流效果显著。（贺　硕）

【提速降费落实】 2015年，山西移动适应提速降费要求，主动承担社会责任。降费方面，推出“国际漫游包天套餐”“夜间流量套餐”“4G流量卡”“假日流量套餐”“流量‘白加黑’”“流量不清零”“语音短信不限量套餐”“套外安心服务”八项举措；提速方面，推出“打造4G精品网”“做宽骨干传送网”“扩容和优化CMNET网”“扩容国际互联网出口带宽”四大工程。全年流量资费价格下降超过35%，4G平均下载速率35Mbps(传输速率)。（贺　硕）

【流程专项治理】 2015年，山西移动开展“提效率、促发展”流程专项治理工作，把流程优化与各专业线条管理提升有效融合、同步推进，在保证合法合规的基础上，实现响应。针对17类252个问题进行流程优化，重点优化集中采购流程，打造低成本、高效率、阳光化的供应链体系。（贺　硕）

【移动通信公司资产注入铁塔公司】 2015年，山西移动对27024个站点进行资产清查，完成对铁塔公司26799座铁塔、16167个机房的资产注入。依照边接收边管理原则，在现场交接工作完成后，原代维单位继续实施现场维护，铁塔公司区域经理落实区域维护责任，确保维护工作平稳过渡、快速承接，保障网络运行质量。（贺　硕）

【通讯信息"治防"行动】 2015年，山西移动强化技术手段，完善治理机制，在山西省范围内开展"综合治理不良网络信息 防范打击通讯信息诈骗"行动。全年拦截垃圾短信3656万条，处置违规号码49.7万个；拦截骚扰诈骗电话4.2亿次；封堵淫秽色情网站1.3万个；配合执法机关侦破伪基站案件20例，缴获设备19套。太原分公司获全国"打击整治'伪基站'专项行动先进集体"荣誉称号。 （贺 硕）

【公司IDC被评为"钻石五星级数据中心"】 2015年，中国移动公司武洛街数据中心凭借优秀的硬件和软件能力从全集团62个IDC机房中脱颖而出，与北京基地、宁桥机房、南方基地并列获得全集团"钻石五星级IDC数据中心"荣誉称号。为提升流量经营能力，公司以标准化、系统化、流程化管理为目标，推进IDC建设，打造全集团领先的"云计算产业园区"，园区位于太原经济技术开发区，占地面积57.2亩。 （贺 硕）

邮 政

·邮政管理·

【概述】 2015年，山西省邮政业务总量完成43.13亿元，同比增长17.98%，增幅比上年提高10.79个百分点；业务收入完成45.71亿元，同比增长18.57%，增幅比上年提高5.91个百分点。其中，快递业务量首次突破亿件，完成1.15亿件，同比增长25.7%，最高日处理量达到234.85万件；快递业务收入完成15.29亿元，同比增长47.74%，消费者申诉满意率达97.83%。全省现有邮政普遍服务网点1596个，快递品牌47个，快递企业及分支机构2825个，邮政、快递从业人员4.5万余人。 （董 刚）

【行业发展环境优化】 2015年，山西省邮政管理局主动协调，优化行业发展环境。行业利好政策出台。山西省邮政管理局将邮政业发展内容纳入多项省级规划和专项规划中，全省《促进物流业发展两年行动计划》《物流中长期规划》等政策颁布实施，省市两级邮政业"十三五"规划逐步纳入地方政府规划中，太原市首次将发展快递业写入政府工作报告，忻州市出台促进物流业发展两年行动计划，为规划目标任务的实现奠定基础。山西省"十二五"期间共出台40余项支持邮政业发展的利好政策。

地方支持力度加大。山西省邮政管理局聚焦行业发展面临的突出问题，向省人大、省政府汇报行业发展现状和面临的新问题，获取有力支持。山西省政府有关领导就行业安全监管、邮政专用标志车辆高速通行费用减免等工作作出专门批示；省市两级党委、政府、人大及政协有关领导带领相关部门，多次深入邮政、快递企业实地调研，协调解决发展中的难点问题，帮助行业发展寻求有效途径。大同大学校园内设立全省首家第三方综合快递末端服务平台。晋中局推动山西大学城校园快递综合服务平台建设。阳泉局与公安、交通、安监等部门沟通协调，解决全市快递车辆通行问题。

人才队伍素质优化。山西省邮政管理局一方面注重建设高素质的邮政管理队伍。创建学习型组织，搭建学习平台，创新学习方式，制定培训计划，出台《教育培训管理办法》，督促各级结合实际强化落实，提高工作人员学习的主动性和积极性。全年共组织各类大型培训20余次，参训人员达400余人次。另一方面注重提高行业从业人员专业水平。多批次组织职业技能鉴定考试和业务技能竞赛，督导企业开展职业道德、安全知识等培训，推动校企深入合作，探索多元化人才培养模式，提升行业人才素质。截至2015年底，山西省快递从业人员大专以上学历占到31.5%。2015年共组织3批次4377人参加快递从业人员职业技能鉴定考试，山西省快递持证从业人员达9263人，占全部快递从业人员45%以上。

服务型单位建设加强。山西省邮政管理局进一步加大简政放权力度，制订出台《快递企业经营许可优化工作方案》，推进流程再造，方便企业办理经营手续，75%的许可审批项目由实地核查变为形式审查，准入材料由22项减为9项，准入审批时限由45日压缩至25个工作日，许可企业变更绿色通道企业办理时限压缩至15个工作日，下放快递企业分支机构备案和名录开具功能，建立绿色审批通道。出台《全省"两项审批"下放承接指导意见》，配套下发流程和文书模板，创新性进行"预报对接"，简化办理流程，构建审批服务新体系，方便企业办理手续。 （董 刚）

【服务水平提高】 2015年，山西省邮政管理局加强邮政建设，提高服务水平。空白乡镇局所补建全面完成。山西省邮政管理局建立政企联合推进机制，全省409个计划空白乡镇补建局所全部实现移交运营，提前33天完成国家局下达的"补白"工作任务，真正实现"乡乡设所、村村通邮"。

国家投资邮政基础设施建设全部完成。全省邮政管理部门履行行业审查职责，完成2015年度行业审查任务，确保"十二五"时期，中央预算内资金支持邮政普遍服务基础设施建设项目全部完成。安排各市邮政管理局督导邮政企业项目建设符合《邮政普遍服务标准》规定，开办法定普遍服务业务，不得限制办理包裹等法定普遍服务业务，确保公共财政支持普遍服务政策用到位、出实效。

村邮站建设任务超额完成。山西省邮政管理局持续推进村邮站建设，分别向山西省邮政分公司和各市邮政管理局印发《关于加强农村通邮建设和服务的通知》《关于做好2015年村邮站建设工作的通知》，对村邮站建设、运营提出明确要求，分解下达2015年村邮站建设任务。截至2015年底，共新建村邮站1717个，超额完成国家局、省局下达的建设任务。

监督检查取得实效。全省邮政管理部门严守"两条红线"，加大对普遍服务的监督检查力度，开展"合标"监督检查、邮政专用标志车辆监督检查、机要通信检查等专项检查和乡镇网点覆盖率、建制村通邮率“两率”调查。全年监督检查营业场所1726处，监督检查5319人次，下发检查通报29份，下发责令改正通知书111份，下发行政处罚告知书12份，下达行政处罚决定书11份，处罚10.6万元，其中，违反“两条红线”6案，占50%，同比下降37.5%。各级邮政企业违法违规行为减少，遵法守法意识增强，普遍服务创新发展能力逐步提升，有效维护用户用邮权益。

社会监督有效开展。全省调整聘请邮政特邀监督员77名，市县总覆盖率达59.81%。监督员履行监督职责，配合邮政管理部门开展乡镇邮政局所运营情况调查、邮政基本公共服务供给和需求情况调查、全国普遍服务满意度调查、邮政局所开办业务核查、城区局所设置情况调查、空白乡镇补建局所运营情况调查、纪特邮票发行监督检查、信函、印刷品和包裹传递时限测试工作，对邮政服务质量和水平的提高发挥重要作用。

（董　刚）

【快递市场规范】 2015年，山西省邮政管理局加强快递市场规范工作。标准化建设推进。快递企业“三化”标准建设持续推进，截至2015年底，全省进入标准化验收范围的申通、圆通、中通、百世汇通、韵达、顺丰、宅急送等7家规模以上快递企业的1609个网点中，通过验收的有1311个，达标率为81.5%。圆通率先在全省开设20家标准形象门店“妈妈店”，企业服务水平和能力明显提高。

“快递下乡”工程稳步实施。引导快递企业向农村地区布局网络，加强与农民网商的协同发展，探索与邮政局所、村邮站合作模式，优势互补、双促双赢，山西省快递乡镇网点覆盖率达80%，晋城市率先实现乡镇快递网点100%全覆盖。快递企业加强与农村电商的协同合作，借助“互联网+”的发展模式，助推当地特色农产品外销，其中运城市“快递+苹果”、吕梁市“快递+大枣”等销售模式助推当地特色农产品外销增收。据不完全统计，旺季期间运城市每天通过快递向国内外售出的苹果达到5000件以上，全年通过快递销售的苹果数量占到总产量的20%以上。“快递+”成为土特农产品外销的新模式，促使双方协作共赢。

“两整”工作成绩显著。山西省邮政管理局部署开展全省快递市场经营秩序整顿和服务质量专项整治活动。活动期间，全省共查出服务质量问题128个，约谈企业64次，责令整改268次，经营秩序类罚款17.9万元，服务质量类罚款3.6万元，全省快递企业合法化率上升到89.1%，“两整”工作取得成效。

电子运单技术推广使用。山西省邮政管理局持续推广使用电子运单、可回收利用的绿色包装材料，推广环保包装辅材应用，推进“绿色邮政”建设。各品牌快递企业积极响应，申通推广大客户开始使用电子面单；圆通在全省的电子面单使用率达到35%左右；中通使用电子面单总计108万个；韵达电子运单从2015年4月推广使用，实现覆盖多数大客户目标。

旺季服务保障工作圆满完成。“双11”期间，快递业连续保持高量运转，单日最高处理量达230万件以上，单日最高进口量达200万件以上，单日最高出口量达40万件以上。企业采取多项措施，提早准备，精心组织，增加车辆，储备人员；省、市两级邮政管理部门深入企业督导检查，确保企业做好收寄验视、实名收寄、过机安检“三个100%”制度要求的贯彻落实，实现既定目标。

快递服务满意度稳中有升。山西省邮政管理局建立申诉处理与市场监管联动机制，有效促进企业服务质量提升。2015年受理快递业务有效申诉1939件，同比下降11.1%，为用户挽回经济损失16.7万元。用户满意度较上年提高3.63个百分点，达97.83%。

（董　刚）

【安全监管能力提高】 2015年，山西省邮政管理局加强提高安全监管能力。狠抓落实确保寄递渠道安全畅通。省、市两级先后成立寄递渠道安全管理领导机构，明确职责任务分工，将寄递渠道安全管理工作纳入2015年全省综治考评范围，并对各市寄递渠道安全管理工作进行考评打分。落实《邮件快件收寄验视规定（试行）》和《邮政业安全生产设备配置规范》强制性标准的宣传贯彻工作。推动山西省邮政业安全中心组建。开展以“强化安全管理、推动安全发展”为主题的安全生产月活动，督促企业树立安全生产意识，强化安全责任，彻查安全隐患，堵塞安全漏洞，提高安全防范能力。在全省范围内集中开展寄递渠道清理整顿专项行动，督促寄递企业严格落实“三个100%”措施，严厉打击利用寄递渠道从事违法犯罪活动。

重大活动期间寄递渠道安全保障有序开展。在抗战胜利70周年纪念活动期间，发挥“环京护城河”的作用，省、市两级先后成立寄递渠道安全保障工作领导小组，制订印发实施方案，与企业签订《抗战胜利70周年纪念活动寄递渠道安全保障工作承诺书》，要求进京邮（快）件100%过机安检，并认真开展督导检查，对检查出的隐患问题，依法进行处理。活动期间，全省邮政行业未发生一起重大安全生产事故，圆满完成抗战胜利70周年纪念活动期间山西省寄递渠道安全保障工作任务。在新疆维吾尔自治区成立六十周年、西藏自治区成立五十周年、党的十八届五中全会、国际互联网大会、上合组织峰会、省十届七次会议等重要活动期间，以同样的安全标准和要求，确保行业安全平稳运行。

突发事件应急管理能力持续增强。山西省邮政管理局指导各市邮政管理局督导企业完善应急预案，太原、大同、临汾、吕梁、运城、阳泉、晋城、晋中8个市局分别组织开展应急演练，通过实战演练，有效提高行业从业人员处理突发应急事件能力。

信息化建设推进。山西省邮政管理局推进“绿盾工程”，完成申通、汇通、中通、圆通、韵达、天天、宅急送、优速8家快递企业分拨中心视频终端接入国家局视频监控系统工作。

多部门协调形成监管合力。山西省邮政管理局与“禁毒”“反恐”“双打”和“扫黄打非”等部门沟通联系，发挥联动机制作用，开展联合督导检查。全国“扫黄打非”检查组在晋检查时，对晋中局的工作给予表扬和肯定。

（董　刚）

·邮政业务·

【概述】 2015年，中国邮政集团公司山西省分公司（简称邮政山西分公司）贯彻集团公司“一体两翼”经营发展战略，发挥行业优势，围绕全省转型升级发展和转型综改区建设，开辟服务经济社会和民生发展新领域，通过政策引领、经营转型、创新驱动、能力支撑、作风转变等举措，力推“代理金融深化转型、寄递业务加速发展、渠道平台建设运营”三件大事的有效落地，推进企业转型发展，取得社会效益和经济效益的双丰收。

2015年，山西省邮政实现业务收入30.11亿元，同比增长7.34%。新增金融总资产189.96亿元，同比增长53%，其中新增储蓄余额53.3亿元，总余额规模达1280.07亿元；新增保费110.4亿元，市场占有率74.98%，继续位列各大金融机构之首。寄递业务实现收入1.74亿元，同比增长42.15%。

（孙久臣）

【基础建设】 2015年，邮政山西分公司购置邮政综合服务网点6处，装修改造代理金融网点110处，购置ATM/CRS机400台，新增、更新营业终端4741台(套)，购置叫号机304台、自助填单机200台、清分机141台，窗口形象和服务能力提升；更新邮运车辆286辆(其中普遍服务建设项目更新邮运车72辆、服务“三农”建设项目更新邮运车52辆)、运钞车47辆；完成太原邮区中心局、侯马邮区中心局和5个市分公司邮政处理场地及生产工艺改造项目；长治沁源邮政生产楼、忻州七一路邮政支局开工建设。揽投专网建设加大投入，增配三轮车758辆、PDA1602部、图形终端270部。以缴费系统升级和代收农电费项目为依托，持续推进便民(三农)服务站建设，全年累计启动站点达9356个，为城乡居民就近使用邮政业务、缴纳与日常生活息息相关的各类费用提供便利。完成409个空白乡镇局所补建运营工作。发挥信息技术引领支撑作用，完成ERP、电视电话会议系统、ETC、包裹快递业务整合、金融网点远程授权集中系统等建设项目，开发经管系统二期、便民服务站统版、柜员宝APP、短信平台、网点损益核算等新技术项目。

（孙久臣）

【服务质量提高】 2015年，邮政山西分公司重视普遍服务和特殊服务工作，组建60人的服务督查队伍，专司检查工作。开展全面提升服务质量专项活动和无着邮件清理整治活动，包裹、挂信、挂刷三项邮件时限指标完成率均达96%以上；全省客户服务满意度达93.05分，较上年提升0.78个百分点。机要通信质量继续保持全红，实现“九连冠”。加强寄递类业务服务质量管控，建立全省统一的主动客服和售后服务机制，寄递类业务时限、质量提高。引入产品(服务)体验机制，全年共开展22次体验活动，通过问题倒逼，改善客户服务体验。履行社会责任，重点围绕抗战胜利70周年等重大社会活动，聚焦营业窗口验视基本制度执行和零售渠道管理，加大监督检查，狠抓邮件安全和“扫黄打非”工作，确保邮政寄递渠道的安全。

（孙久臣）

【战略合作领域拓展】 2015年1月8日，由山西省邮政公司与山西省高速公路管理局合作开发的邮政代理ETC项目上线运行，标志着邮政代理ETC业务在全省开办。

2015年4月29日，山西邮政公司和山西省移动公司举行深化合作座谈会。双方就渠道资源开发、客户回馈及积分互换、移动4G卡和合约机配送及上门实名认证服务等方面达成合作共识，并尽快对接、完善方案、逐项落地。

2015年6月3日，邮政山西分公司与中国石油山西销售分公司签署框架合作协议，在仓储物流配送、客户积分回馈、商品集采互供、营销渠道和产品合作、广告传统资源共享等五个方面开展深度合作。

2015年9月16日，邮政山西分公司与山西省供销社签署战略合作协议，有助于发挥行业和资源优势，推动在综合便民服务、物流配送、电子商务推广、金融服务、营销渠道拓

2015年6月6日，五台山祈福邮局正式营业　（孙久臣供图）

2015 年 10 月 27 日，中国邮政航空公司开通呼和浩特—太原—南京往返航线

（孙久臣供图）

展等领域的深度合作。

2015 年 10 月 23 日，邮政山西分公司与山西省公安厅交通管理局签订警邮合作服务协议。双方开展三个方面的合作。(1)通过交通管理局互联网服务平台，实现机动车行驶证和驾驶证补换证、机动车补换领检验合格标志等业务申请资料提交，以及牌证发放所涉及的快递服务；(2)实现交通安全违法通知书、处罚决定书和事故处理法律文书等交通违法信息的信函寄递服务；(3) 通过邮政电子化支局及代理金融等网点开展交通违法罚款、机动车行驶证和驾驶证补换证等代办业务。（孙久臣）

【邮政航空呼和浩特—太原—南京往返航线开通】 2015 年 10 月 27 日，中国邮政航空公司波音 737-300 型全货机专航在太原武宿国际机场安全着陆，标志着中国邮政航空公司开通呼和浩特—太原—南京往返航线。邮航货机正式落地太原，填补山西省全货机落地的空白，山西邮政成为全省首家开通全货机的快递企业。依托该航线，山西邮政 EMS 被正式纳入中国邮政航空网络体系，打通邮政 EMS 标准邮件进口山西、出口全国、通达全球的航空通道，加快山西省进出口 EMS 标快邮件的传递速度。

该航线实行“全夜航”作业，相比之前山西寄往全国 22 个省(市、区) 60 个重点城市的 EMS 标准邮件，时限水平提升 56%，实现“次日递”时限水平在环渤海、长三角、珠三角经济圈和全国主要经济带的全覆盖。通过陆运网衔接邮政航空南京中心的集散，山西邮政 EMS 标快发往全国主要城市均实现次日上午递或次日递，提升山西邮政 EMS 在快递市场的竞争水平。（孙久臣）

【法人体制调整工作启动】 2015 年 3 月，中国邮政集团公司启动法人体制调整工作，将集团公司对各省邮政公司的管理体制，由母子制改为总分制。根据调整方案，集团公司新设 31 个省分公司，省邮政公司所属的市、县分支机构按原有层级作为省分公司的下属分支机构，以更名形式统一变更隶属关系至集团公司名下，并相应办理省、市、县分公司及所属分支机构营业执照等照证的登记或变更。中国邮政集团公司吸收合并省邮政公司，吸收合并完成后，省邮政公司的债权债务、业务及经营资质、税务、人事关系等由中国邮政集团公司在各省新设立的省分公司全部承接，中国邮政集团公司通过授权管理模式，对省分公司进行管控。法人体制调整工作全部完成后，省邮政公司注销。

2015 年 5 月 1 日起，中国邮政集团公司山西省分公司在完成相关照证的登记后，正式对外运营。新成立的邮政山西分公司，是中国邮政集团公司在山西省设立的分支机构，负责全省邮政通信网络的建设、运行、经营与管理，依法经营邮政专营业务，承担邮政普遍服务义务，提供邮政特殊服务，对竞争性邮政业务实行商业化运营。（孙久臣）

【主题邮局建设运营】 2015 年，邮政山西分公司在学习借鉴全国部分省市先进经验的基础上，围绕省内各地独有的历史文化、人文景观，开发多款具有当地文化旅游特色的产品。主题邮局通过经营具有当地人文内涵、景观特色的邮票、明信片以及融入地方元素的纪念品(册)，提供土特产品寄递、火车和机票代售、代缴手机话费、金融服务等业务，既可为游客提供方便、快捷的服务，满足他们的消费需求，又能弘扬当地历史文化，提升景点知名度，推进旅游产业发展。

截至 2015 年底，山西邮政共建成五台山祈福邮局、黄河邮局、平遥古城邮局、云冈北魏邮局、关帝庙忠义邮局等 30 处主题邮局。（孙久臣）

财　政

【概述】 2015年，山西省一般公共预算收入完成1642.2亿元，占年度预算90.2%，短收177.9亿元，较上年下降9.8%，减收178.2亿元。分级次看，省级一般公共预算收入完成577.9亿元，比上年下降1.9%，减收11亿元；市级一般公共预算收入完成402.6亿元，比上年下降9.2%，减收40.8亿元；县级一般公共预算收入完成661.9亿元，比上年下降16.0%，减收126.5亿元。11个市一般公共预算收入增幅最高的运城市为6.6%，最低的朔州市为-37.3%。分科目看，税收收入完成1056.6亿元，占预算80.6%，比上年下降6.9%，减收77.7亿元，下拉一般公共预算收入增幅4.3个百分点；非税收入完成585.8亿元，占预算103.9%，比上年下降14.6%，减收100.5亿元，下拉一般公共预算收入增幅5.5个百分点。

2015年，山西省一般公共预算支出执行3443.4亿元，占年度预算92.2%，比上年增长10.9%，增支337.7亿元。分级次看，省级一般公共预算支出732.6亿元，比上年增长6.1%，增支43.6亿元；市级一般公共预算支出664.0亿元，比上年增长13.9%，增支79.5亿元；县级一般公共预算支出2026.4亿元，比上年增长22.4%，增支214.6亿元。市、县两级支出比重与上年相比分别上升0.5和5.5个百分点，全省支出重心下移趋势明显。11个市中，朔州市支出同比略有下降，其余10个市支出均增长。119个县中，95个县同比增长，24个县同比负增长，负增长县比上年少34个县。分科目看，2015年全省财政支出结构调整方向更注重于民生，民生支出占总支出比重比上年提高0.6个百分点；政府公务支出有所控制，一般公共服务支出比重比上年下降0.5个百分点。2015年全省一般公共预算支出中占总支出比重10%以上的3个科目，依次为教育支出、社会保障与就业支出、农林水支出，占比分别为17.6%、15.6%和11.5%；占总支出比重大于5%小于10%的有6个科目，依次为医疗卫生与计划生育支出8.5%、城乡社区事务支出7.5%、一般公共服务支出7.2%、国土海洋气象等支出6.5%、交通运输支出6.1%和公共安全支出5.1%；住房保障支出3.7%、节能环保支出2.9%、文化体育与传媒支出2.1%；其余支出科目所占比重均不到2%。其中，教育支出、社会保障和就业支出、农林水支出、医疗卫生与计划生育支出、住房保障支出、城乡社区支出、交通运输支出等民生支出2881.5亿元，同比增长11.7%，增支302.4亿元，增量占全部增支89.5%。全省一般公共服务支出等8项服务业支出同比增

2015年11月26日，山西省财政厅组织召开山西省首批政府和社会资本合作（PPP）示范项目推介会

（卫忠梅供图）

2015年7月3日，山西省财政厅、煤炭基金稽查局共同举行全国“青年文明号”揭牌仪式 （卫忠梅供图）

长13.5%，高于全省支出增幅2.3个百分点，拉动全省地区生产总值增长成效明显。 （卫忠梅 魏笑甜）

【预算执行】 2015年，山西省财政通过增加转移支付、发行地方政府债券、实施临时性救助等措施，缓解县乡财政困难。省财政对市县均衡性转移支付311.7亿元，增长24.8%；下达县级基本财力保障奖补资金49.2亿元，增长8.6%。中央对山西省转移支付1272.36亿元，增长10.6%；批准山西省发行地方政府债券610亿元，替代高利息债务，节约融资成本约145亿元；同意将未上缴中央“两权”价款用于支持山西省采煤沉陷区治理；争取财政部出台煤炭企业增值税进项税额抵扣扩围政策，有效减轻煤炭企业负担。 （卫忠梅 魏笑甜）

【财政调控】 2015年，山西省财政厅加强财政调控。做好煤与非煤两篇大文章，实施积极财政政策不变调，集中支持转方式调结构，推动经济发展提质增效。落实结构性减税和普遍性降费政策，2015年取消、停征、减征行政事业性收费项目130项，减少收费34亿元。加大资金筹措力度，扩大政府有效投资，累计下达235亿元重点支持公路、铁路、民航等基础设施建设；推广PPP模式，首批推介国家级PPP示范项目3个，省级PPP示范项目9个；设立城市人居环境PPP投资引导基金，子基金总规模128亿元，带动投资850亿元以上。创新财政支持方式，加快运作新兴产业投资基金，通过市场化运作方式支持煤与非煤产业发展；将煤矿瓦斯抽采省级财政补贴标准提高1倍，促进煤层气产业发展；开展首台（套）重大技术装备保险补偿机制试点，对列入推广应用指导目录的装备产品予以补贴。发挥财政资金引导作用，支持节能减排和淘汰落后产能。对黄标车及老旧车提前淘汰予以财政奖励；对电动汽车生产企业予以营销补贴，支持新能源汽车产业发展壮大；对全省现役30万千瓦及以上燃煤发电机组一次性改造投资给予补助；补助各市5.88亿元开展工业大气污染综合治理；生态转移支付补助实现对省级重点生态功能区全覆盖。落实减轻企业负担稳定工业运行60条要求，省财政牵头落实11项措施为全省企业累计减负151.7亿元，带动社会增加企业发展资金180多亿元。降低失业保险费率，减轻企业、个人负担5.6亿元。拨付晋能集团、焦炭集团55亿元支持煤焦公路运销体制改革。

（卫忠梅 魏笑甜）

【财政调控“三个突破”】 2015年，山西省促进金融振兴，组建具有金融全牌照的山西金融投资控股集团有限公司，推动山西省金融产业集聚发展和转型升级；组建资本金达14亿元的省级再担保公司，强化对中小企业的融资担保功能；设立华融晋商资产管理股份有限公司，加快处置地方金融不良资产；创新中小微企业融资模式，撬动银行贷款80亿元，财政资金放大8倍；完善财政奖补政策，支持29户企业挂牌上市并成功融资。

推进科技创新，出台深化省级财政科技计划（专项、基金等）管理改革方案，结束科技资金多头分散、碎片化管理局面；支持推进山西科技创新城建设和煤基低碳科技专项计划取得新进展；通过支持中试基地建设、解决“中人”退休待遇、政府购买公共科技服务等方式，帮助解决转制科研院所生存和发展问题。

推动民营经济发展，设立民营企业创新转型投资基金，引导省内民营企业创新转型发展。对中小民营企业进入政府采购市场实施公平待遇，年度政府采购项目预算总额的30%以上专门面向中小企业采购。省财政每年安排中小企业发展专项资金3亿元，从加强公共服务、完善融资担保政策、支持创业基地建设等方面支持小型微型企业发展。

（卫忠梅 魏笑甜）

【财税改革】 2015年，山西省财政厅出台《关于深化预算管理制度改革的实施意见》，从完善政府预算体系、推进预决算公开、建立跨年度预算平衡机制、加强财政收支管理、规范政府债务管理等8个方面部署24项改革任务。将政府收支全部纳入预算管理；将地方教育附加、文化事业建设费、残疾人就业保障金等9项基金转列一般公共预算。着手编制省级2016—2018年财政规划，并在水利投运、义务教育等重点领域开展三年滚动预算试点。加强国库现金管理，省级现金管理规模达470亿元。对农

2015 年 10 月 28 日，山西省举办第五届会计信息化大赛 （卫忠梅供图）

业、教育和科技等重点支出据实安排，不再预设重点支出项目增长比例，新出台的项目政策一律不与财政收支增幅挂钩，新增项目根据财力依政策、按需要、据绩效安排。实行财政资金预拨和转移支付提前下达制度，大多数专项转移支付采用"因素法"切块分配到市县。出台《关于加强政府性债务管理的实施意见》，建立"借、用、还"相统一的政府性债务规范管理制度。完善煤炭资源税改革配套政策，改革前后各级利益格局基本保持不变。 （卫忠梅 魏笑甜）

【财政资金管理】 2015 年，山西省财政厅推进"六权治本"，健全完善依法理财长效机制。以清理"法定权力"为基础，依法确定权力事项 64 项，编制并公布"两单两图"。以规范"隐性权力"为重点，制定《山西省财政厅省级财政专项资金管理办法》和《山西省财政厅关于财政专项资金分配职责的规定》，开展财政专项资金管理分配不规范问题专项整治，形成财政专项资金管理和分配两个"1+N"制度体系。将政府采购实施计划由核准改为备案管理，审批环节由 12 个精简为 3 个，每年减少审批事项 14 万人次，精简率达 75%。推进财政预算信息公开，除涉密信息外，所有使用财政资金部门都公开本部门预决算和"三公"经费预决算，打造"阳光财政"升级版。 （卫忠梅 魏笑甜）

【民生保障】 2015 年，山西省财政厅加大强农惠农富农力度，统筹整合新增资金 15.76 亿元支持实施 10 项新的强农惠农富农政策，资金总规模达 83 亿元；设立规模为 3 亿元的农业产业发展基金；组建公益性山西扶贫开发投资公司，统筹承接易地扶贫搬迁、扶贫开发和农业发展专项贷款；投入 3.87 亿元开展土地承包经营权确权登记颁证工作；拨付资金 53.5 亿元，改善农村人居环境，美丽乡村建设试点县扩大到 11 个。

提高教育、养老、医疗卫生、社保等支出的保障水平。全年新增支出 158 亿元，支持 14 项民生政策提高标准，新出台 12 项民生政策。全省 170 多万企业退休人员基本养老金月人均提高 239 元，达到 2630 元，210 万城乡低保对象最低生活保障标准每人每月提高 20 元；城镇居民医保和新农合财政补助标准每人每年提高 60 元，达到 380 元；人均基本公共卫生服务经费政府补助标准提高至 40 元；农村五保集中供养对象和分散供养对象省级补助标准每人每年分别提高 200 元、100 元，达到 2400 元、1530 元。

促进创业就业，投入资金 1.5 亿元成立省级中小微企业小额贷款担保中心、创业融资服务有限公司，为高校毕业生等就业群体创业就业提供担保和融资服务；安排 2.35 亿元专项资金，为高校毕业生购买基层社会管理和公共服务岗位、支持实施大学生农技特岗计划、鼓励高校毕业生自主创业。

推进教育事业发展，新建、改扩建公办幼儿园 312 所；推进义务教育薄弱学校改善办学条件，有 30 个县通过义务教育均衡发展评估认定；特岗教师工资补助标准由年 2.4 万元提高到 2.8 万元；高中和中职国家助学金标准由每生每年 1500 元提高至 2000 元，高职院校年生均财政拨款达到 9000 元；启动高校协同创新中心建设，提升高校服务山西省经济社会发展能力。

加大困难群众帮扶力度，提高全省 19 万多优抚对象的补助标准、1500 多名伤残军人的护理费标准、5000 多户失独和伤残家庭的特别扶助金补助标准；低收入农户冬季取暖用煤由实物发放改为省财政货币化补贴；全省城乡低保家庭中的高龄老年人和失能老年人，每人每月分别可以再得到 30 元、60 元补贴。

（卫忠梅 魏笑甜）

税 务

·国家税务·

【概述】 2015 年，山西省国税税收收入完成 972.07 亿元，同比下降 13.38%，减收 150.19 亿元。其中：中央级收入完成 690.06 亿元，同比下降 13.91%，减收 111.53 亿元；地方级完成 282.01 亿元，同比下降 12.05%，减收 38.65 亿元。增值税完成 646.64 亿元，同比下降 18.93%，减收 150.96 亿元；企业所得税完成 208.81 亿元，同比下降 2.75%，减收 5.92 亿元；消费税完成 56.34 亿元，同比增长 28.56%，增收

12.52亿元;车辆购置税完成60.27亿元,同比下降8.8%,减收5.81亿元;储蓄存款利息个人所得税完成129万元,同比下降35.18%,减收70万元。文化事业建设费收入完成8067万元,同比下降7.86%,减收688万元。

2015年,山西省国税收入主要有四个特点:(1)收入规模跌破千亿元,连续三年呈现下降态势。(2)各月收入波动明显,收入最高的1月与最低的8月之间相差40.59亿元。(3)税收增速与主要经济指标回落趋势相一致,税收与经济发展基本协调。(4)主导税源贡献率下滑,全省煤焦钢电四大传统行业税收占全省国税收入比重由2012年的60%下降至39%左右,且重点行业税收呈现明显分化趋势,煤炭、焦炭和钢铁三行业税收分别下降34.05%、27.14%和23.73%,合计减收134.25亿元,下拉国税收入12.3个百分点;而有色金属、金融、电力和装备制造四行业税收分别增长81.4%、21.27%、6.43%和5.47%,合计增收32.9亿元,拉动国税收入增长3.01个百分点。

2015年国税收入下降,主要是受宏观经济持续下行、主要工业品价格大幅下跌、消费市场需求不足等因素影响,全省工业税收完成573.7亿元,同比下降17.41%,减收120.93亿元;第三产业税收完成384.21亿元,同比下降2.9%,减收11.47亿元。

(董其文)

【税收法治】 2015年,山西省国税局出台坚持依法治税、更好地服务经济发展的7方面19项具体措施。推进行政审批制度改革,建立行政审批事项目录动态调整机制,公开7项行政许可事项,取消57项非行政许可审批事项,调整23项为其他权力。推行税收执法权力清单制度,发布第一批税务行政处罚权力清单公告,公开3类8项处罚权力事项。实施法律顾问制度,成立局长法律顾问办公室。推进法治税务示范基地建设,确定太原市杏花岭区国家税务局等8个单位为全省国税系统法治税务示范基地。

(董其文)

【税收政策落实】 2015年,山西省国税局持续加强对“营改增”试点纳税人的运行监控,重点关注交通运输业和现代服务业运行情况,做好政策解释和业务对接工作。编写《小微企业办税指南》宣传手册,两次开展小微企业增值税优惠政策落实情况疑点数据核查,免征小微企业增值税9.7亿元和企业所得税8461万元,小微企业税收优惠政策覆盖面达99.99%。

(董其文)

【税种管理】 2015年,山西省国税局升级税种管理。推行增值税发票系统升级版,将山西全省16万户纳税人纳入升级版系统管理。开发运行增值税发票风险预警系统,建立发票风险预警防控机制,2015年推送6期风险数据,下发风险纳税人1354户,涉及发票9.5万份,发现涉嫌虚开虚抵纳税人176户,查补税款3707.6万元,进项转出374.8万元。统筹消费税改革,顺利推进调增成品油税率、对电池涂料行业征收消费税、调整卷烟批发环节税率等税制改革,确保执行到位。落实新《车辆购置税征收管理办法》,结合纳税服务规范和征管规范,印发车购税业务指南,做好1.6升及以下排量乘用车减征政策落实,编制《车购税小排量减税电子操作指引》。下放出口退税审批权限,压缩审批退税时间,全年办理出口退税30.44亿元,同比增长48.5%。加强企业所得税后续管理,印发《企业所得税后续管理办法》,编写《企业所得税优惠事项后续审核指引》,强化重点税源和高风险事项管理,组建省、市两级所得税风险管理团队,在风险应对中调增应纳税所得额28.16亿元,调减亏损额5.32亿元,补缴入库企业所得税5.71亿元,加收滞纳金1922万元。

(董其文)

【纳税服务】 2015年,山西省国税局开展“便民办税春风行动”,优化办税服务,印发优化办税服务指导意见,推广网上办税和“e税客”移动办税方法,全省7.3万户一般纳税人实现网上申报,8.6万户纳税人使用“e税客”。推进税收规范化建设,落实“四个规范”,推进标准化、规范化管理,实现办税服务“流程更优、环节更简、耗时更短、效果更佳”。拓展国地税联合办税,全系统92个办税服务厅设置地税窗口,8个县区建立国地税合署办税的“办税服务厅”,26个国地税局共同进驻政务大厅。与省地税局共同联合山西银监局等多家政府部门共同推进“银税合作”,与建设银行推出“税易贷”产品,与18家省级银行集中签订“银税合作”意向书,破解小微企业融资难题。开展纳税信用评价,完成2014年度全省纳税人纳税信用评价任务,印发纳税信用评价结果应用实施办法,将纳税信用融入社会信用体系。

(董其文)

【税收征管】 2015年,山西省国税局全面落实税收征管规范1.0版,印发工作方案,组织培训,召开动员视频会议,确保征管规范顺利运行。推进“三证合一”登记制度改革,实现工商营业执照、组织机构代码、税务登记证“三证合一”“一照一码”。开展国地税合作,与地税局建立联席会议制度,定期不定期开展各项工作,联合印发《规范税务行政处罚裁量权实施办法》,统一6大类48项税收违法行为的行政处罚标准。联合开展纳税信用综合评价,深化结果应用。强化国税、地税稽查合作,联合稽查79次,查补税款7806万元。转变征管方式,推进税收风险管理,全系统推送风险任务528期,涉及风险纳税人26598户,入库税款16.37亿元。试点运行“全省发票服务平台”,委托邮政部门代征税款、代开发票,推行发票邮政配送,方便纳税人领用、代开发票。建立众创众包工作机制,设立“众创空间”,打造创新思想孵化地。以“拥抱互联网,打造新国税”为主题,开展“互联网+山西国税”创客大赛,征集创意类、产品类、科研类项目148个。

(董其文)

【大企业税收服务与管理】 2015年,山西省国税局开展大企业全流程风险管理,完成中国海洋石油总公司等6户在晋成员单位全流程风险管理。

开展大企业税收服务与监管试点，各市局建立专门的大企业税收管理部门，提升管理层级。建立税企高层对话机制，开展组织税企高层见面会、签订税收遵从协议、走访大企业、企业涉税诉求回复和部分大企业税收风险内控测试调查等5项活动，为大企业提供个性化、差异化服务。

（董其文）

【国际税收管理】 2015年，山西省有10户非居民企业享受税收协定待遇，减免税3359.88万元。加强反避税工作，企业特别纳税调整入库税款649.59万元、利息210.58万元、滞纳金3.57万元。围绕“一带一路”发展战略，山西省国税局为“走出去”企业提供政策服务，建立和完善“走出去”企业涉税诉求快速响应机制。（董其文）

【税务稽查】 2015年，山西省国税系统各级稽查部门检查纳税人2855户，查补收入入库14.48亿元。深化稽查体制改革，全省11个市实行“市级一级稽查”和“全市稽查一体化”，撤销29个区（县）局稽查局，在各市局设15个正科级直属稽查机构，对在职人员60人以下或税收收入2亿元以下的53个县局稽查局保留建制，进行职能转换，基本形成“案源统一管理，检查统一实施，审理统一组织，人员统一调配，文书统一使用”的新型稽查模式。对电力行业、房地产及建筑安装业、股权交易企业、出口退税企业、“营改增”行业、黄金交易企业等行业开展税收专项检查，检查企业2280户，实现查补收入入库5.39亿元。开展打击利用黄金交易虚开增值税专用发票违法犯罪专项行动，已定性进行税务处理1.55亿元，组织入库1.05亿元，调减留抵进项税额2772.39万元，移送公安机关查处企业22户。对191户企业开展重点税源企业检查，查补收入入库2.25亿元，调减亏损企业申报亏损额4047.46万元。打击发票违法犯罪活动，检查企业2009户，查处涉票违法企业1774户，查处非法发票23776份，查补入库4.38亿元，移送公安机关案件60起，公安机关立案56起。落实税收违法“黑名单”制度及联合惩戒工作，对外公布“黑名单”案件信息28件，向相关单位推送联合案件70件次。（董其文）

【电子税务管理】 2015年，山西省国税局承担税务总局金税三期工程部分项目，完成金税三期工程网络项目第二包（省网包）项目巡检、互联网纳税服务平台及外联网平台、网络项目（骨干网包）项目、区县防火墙项目的验收、身份认证系统项目试运行评价及身份认证第五包的到货上架及验收等项目任务。统筹全省税收信息化项目管理，完善税收信息化管理制度，印发网络管理办法和网上办税系统安全测评方案。以“增值税发票升级版”技术保障为核心，依托信息化管理平台，紧抓基础设施管理，提升计算存储支撑能力，加强应用管理，满足税收业务需求。保障机房基础设施安全稳定运行，加强网络与信息安全防护体系建设，努力提高信息系统安全保障能力。（董其文）

【教育培训】 2015年，山西省国税局规范培训管理，将全系统各级举办的培训班，纳入《税务干部培训管理系统》，建立全省国税系统干部脱产培训工作台账。省局举办各类培训班54个，参训4052人次，49121人天；各市、县（市、区）局举办各类培训班1241期，参训86803人次，240755人天。开展“岗位大练兵，业务大比武”活动，1122人参加税收风险评估业务考试，1492名青年干部加入“1+5”青年干部成长期教育培训体系，2630人参加“1+5”青年干部成长期教育培训考试。（董其文）

【执法督察与内部审计】 2015年，山西省国税局开展税收执法督察，以县（市、区）国税局自查、市局复查和省局重点督察为主要方式，有效开展税收执法督察，全省系统有207个单位开展执法督察，发现8个方面3167个违规税收执法行为，涉及税款1.45亿元。落实税收执法责任制，加大执法考核追究力度，发现和追究过错责任3668人次，其中：批评教育2552人次，责令书面检查54人次，通报批评1056人次，其他6人次。实施内部审计，财务审计55个单位，经济责任审计31名领导干部，其中任前审计5名、任中审计18名、离任审计8名，专项审计8个项目（单位），发现各类问题1122个，涉及违规及管理不规范资金3874.8万元。（董其文）

【税务监察】 2015年，山西省国税局多措并举落实“两个责任”，制订惩治和预防腐败体系建设2015—2017年目标任务分解意见、党风廉政建设主体责任清单和监督责任清单。严明纪律引深作风建设，开展全面自查和重点督查，组成6个督查组，对全省11个市局和省税务干部学校办公用房清理情况、三公经费支出情况等4方面27项内容进行全面督查，对“文山会海”“三公”经费管理不严、违规大操大办婚丧喜庆事宜、违反规定从事经营性活动和违反规定兼职取酬等问题进行专项整治。因地制宜完善内控机制，推进内控机制信息化建设。开展“两权”监督，全年执法监察立项455项，开展监察179次，提出执法监察建议290条，被采纳270条；提出完善内控机制建议178条，推广先进典型2个，挽回税款损失123.54万元；对169人次进行组织处理和责任追究。规范管理强化纪律审查，全省国税系统自收信访举报38件，接受上级转办信访举报39件，处置反映问题线索72件，其中拟立案9件、初步核实54件、谈话函询9件，对17名干部给予政纪处分。（董其文）

【税务文化】 2015年，山西省国税局开展创先争优活动，在全系统144个国家级和省级青年文明号集体中，广泛开展“青年文明号创新创效创优活动”；太原市尖草坪区国税局等8个单位被授予“全国文明单位”称号；灵丘县国税局办税服务厅、盂县国税局办税服务厅被命名为国家级“青年文明号”集体；岚县国税局等14个单位被命名为省级“青年文明号”集体；太原市小店区国税局等70个单位被授予“全省国税系统先进集体”称号；120名同志被授予“全省国税系统先进工作者”称号；省局机关被授予“省直文明标兵”称号，山西国税“12366”热线服务中心被授予省直机关第七批“十佳文明窗口”。推进国税文化建设，组织“税苑春风”文化下基层活动和书法美术摄影展，开展“讲好税收故事，弘扬税务精神”为主题的征文活动，在省局内网开设“思想政治工作园地”。树立典型弘扬正气，太谷国税局干部肖英荣登“中国好人榜”。

（董其文）

·地方税务·

【概述】 2015年，山西省地税系统各项工作取得新的进展，为富民强省做出贡献。面对复杂严峻的经济税收形势，山西省地方税务局持续开展“组织收入攻坚年”活动，加大收入督查、解剖、指导力度，按月通报收入进度、按季组织经济税收形势分析，先后3次开展组织收入全面督查，5次实施专项检查。7月，对收入进度滞后的3个市局进行解剖式督查，推动组织收入工作开展。各级地税部门综合运用税源监控、稽查检查、欠税清缴、综合治税等手段，开展组织收入工作，探索形成一系列收入攻坚举措，省局先后批转11个市局收入攻坚的特色经验，在全系统营造全力以赴保收入的浓厚氛围。

2015年，全系统累计完成各项税收892.09亿元，同比下降9.17%；其他规费收入累计完成91.4亿元，同比下降74.38%。地税部门组织的一般公共预算收入完成762.34亿元，同比下降4.83%，完成省政府年度调控目标751亿元的101.51%，超收11.34亿元。

（徐　鸿）

【核心业务改革】 2015年，山西省地税系统落实省局《全面深化改革创新若干意见》，聚焦2020年基本实现地税现代化总目标，全面推进各项改革创新项目，形成多方探索、多点突破的创新格局。推进“营改增”进程，2.32万户试点行业纳税人移交国税部门管理。深化煤炭资源税改革，按照省政府部署集中开展全省煤炭资源税改革专项检查，查补入库煤炭资源税4895万元。推进征管改革，在运城市局进行试点。推行总局《税收征管规范1.0版》，推进税收征管工作制度化、规范化、标准化。推进税收风险管理工作，在吕梁市局、忻州市局和阳泉市局开展试点，利用金税三期工程国、地税数据大集中优势，扫描推送风险信息8.1万条，入库税款1.12亿元。推进“互联网+税务”行动，网上办税服务厅建设、网上申报、在线发票开具、网上发票查询、财税库银横向联网电子缴税、网上涉税服务与监督等工作取得新进展。落实《纳税服务规范》和《国地税合作规范》，推进国地税联合开展税收分析、办税服务、纳税信用等级评价、奖惩激励、稽查检查等合作事项，与国税共建办税服务厅6个，实现互设窗口、互派人员的办税服务厅83个，共进政务中心的办税服务厅20个。落实支持小微企业发展等各项结构性减税政策，为纳税人减免税收77.68亿元。清理欠缴煤炭可持续发展基金2.78亿元，为企业办理多缴煤炭可持续发展基金退库3.4亿元。与国税、建行联合开展“税银互动”助力小微企业活动，为35户小微企业发放“税易贷”贷款2149万元。开展“三证合一、一照一码”商事制度改革，完善守信激励和失信惩戒机制，实施纳税信用等级评定和税收违法“黑名单”制度。以“便民办税春风行动”为抓手，创新服务手段、完善服务机制，加强税收宣传咨询工作，进行纳税服务满意度调查，对发现问题进行整改。

（徐　鸿）

【依法治税“六权治本”】 2015年，山西省地方税务局制订出台《全省地税系统“六权治本”工作意见》和《实施方案》，推行税收执法权力清单制度，科学编制廉政风险防控图，制订《规范税务行政处罚裁量权实施办法》和《执行基准》，压缩行政处罚裁量空间，增强税收执法的统一性、规范性。服务全省转型综改区建设，加强涉税政策把关审核，380条意见建议被省政府及有关部门采纳。强化税收稽查工作，全年查补收入24.87亿元，查处百万元以上案件26件，查处违法受票企业685户，查处非法发票6666份。加强税收执法督察，累计开展执法督察项目378个，发现问题6384个，责任追究494人次，提高全系统依法治税水平。

（徐　鸿）

金 融
Finance

金融监管

·中国人民银行太原中心支行·

【概述】 2015年,山西省金融业总体运行平稳,发挥金融支持实体经济发展、服务全省转型综改大局的作用。

各项存款增速企稳回升,增长节奏趋于平稳。山西省金融机构本外币各项存款余额28641.4亿元,同比增长5.70%,增速较上年加快3.13个百分点,全年新增存款1602.9亿元,同比多增927.4亿元。受互联网金融违约风险暴露、企业投资意愿下降以及A股市场大幅波动影响,山西省金融机构存款回流明显,全年住户存款、企业存款和非银行业金融机构存款同比分别多增399.2亿元、784.6亿元和213.4亿元。

各项贷款适度增长,支持实体经济转型升级力度强。山西省金融机构本外币各项贷款余额18574.8亿元,同比增长12.17%,增速较上年加快1.96个百分点,全年新增贷款2016.1亿元,创历史新高。其中,山西省法人金融机构各项贷款余额5353.6亿元,全年新增575.7亿元。贷款投向"有扶有控、重点突出",支持经济转型升级。2015年内五次实施"降准"政策,释放金融机构流动性796.4亿元,累计发放信贷政策支持再贷款、再贴现资金232.2亿元,定向调控资金投向,严控产能过剩行业贷款规模、满足民生领域和薄弱环节资金需求。全年全省"转型综改"领域新增贷款1204.2亿元,采矿业贷款增速较上年回落10.6个百分点,涉农领域贷款同比多增110.7亿元,批发零售业、保障房、就业创业、土地流转、扶贫开发、环境修复等领域贷款保持较快增长。

金融市场平稳运行,市场融资能力逐步增强。直接融资规模快速增长,融资结构趋于均衡。山西省共实现各类融资4498.8亿元。其中,直接融资2522.8亿元,占到全部融资总量的56.08%,较上年上升5.15百分点。直接融资中,债券市场融资2281.8亿元,同比多增952.7亿元,股票市场融资241.0亿元,同比多增218.2亿元。货币市场参与主体增多,交易量增加。2015年,山西省金融机构在全国银行间同业拆借和债券市场累计成交109294.7亿元,同比增长67.53%,增速较上年加快63.73个百分点。其中,在全国银行间同业拆借市场累计拆借资金568.6亿元,在全国银行间债券市场质押式回购89927.0亿元,现券交易14435.3亿元,买断式回购4363.1亿元。票据市场交易平稳,利率逐季走低。2015年,山西省各金融机构累计签发银行承兑汇票4044.2亿元,同比减少632.6亿元,降低13.53%。累计办理贴现9928.3元,同比增加4223.8亿元,增幅74.04%。地方政府债务置换稳步推进。2015年,山西省共发行各项政府债券580.9亿元,其中置换债券357.0亿元,新增债券223.9亿元,发行期限由3年至10年不等,利率区间2.87%至3.58%,到期一次性偿还本金。发行两期山西省政府专项债券,共计额度137.5亿元,其中置换专项债券110.5亿元,新增专项债券27亿元,发行期限分别为5年、10年,利率2.97%,到期一次性偿还本金。证券市场稳健运行。截至2015年底,山西省境内共有A股上市公司37家,较上年新增2家,其中主板30家,中小板4家,创业板3家;新三板挂牌公司32家,较上年新增28家;上市公司总股本694.46亿股,流通股本565.01亿股;总市值5863.70亿元,流通市值4678.31亿元,总市值在全国排第20位,在中部六省排名第5位。保险市场运行良好。截至2015年底,全省有法人保险公司1家;省级分公司47家。其中,财产保险公司24家,人寿保险公司20家,较上年新增1家,养老保险公司2家,健康保险公司1家。保险深度4.58%,较上年提高0.93个百分点;保险密度1601.33元/人,较上年增加325.63元/人,两项指标位居中部六省首位。全省保险业总资产达1228.1亿元,同比增长13.30%,全年累计实现保费收入586.73亿元,同比增长26.08%,位居全国第7位,是近年来最好水平。全省保险业赔款与给付支出214.37亿元,同比增长17.48%。

(马 丽)

【金融服务与创新】 2015年,山西省强化金融服务与创新工作。

货币信贷工作全面贯彻。山西省

人民银行落实《山西省金融振兴意见》,引导金融机构抓抢机遇,先行先试,加快金融体制改革和金融创新,支持全省综改试验区建设;制订出台《关于进一步加大住房公积金支持缴存职工住房消费的指导意见》,做好差别化住房信贷政策的组织实施,指导金融机构进一步加大对保障性住房建设的信贷支持力度;开展小微企业、涉农和绿色信贷三个单项评估,完善信贷政策评估办法;出台扶贫开发金融服务、涉农贷款增量奖励等指导意见,召开"山西省金融支持县域经济转型发展(灵石)项目对接会",开展"金融定向精准扶贫宣传周活动",在支农再贷款的发放上,注重向全省36个国定贫困县倾斜,向8个试点县各增加1亿元支农再贷款限额,并对贫困地区农村金融机构实行支农再贷款优惠利率政策,引导和撬动全省支农信贷投放逐步增大;召开"全省农村金融创新工作推进会",推进土地承包经营权抵押贷款发展;启动跨国企业集团跨境双向人民币资金池业务,对中国银行开展跨境双向人民币资金池结算业务发放备案通知书,标志着山西省跨国企业集团开展跨境人民币资金集中运营业务的新政正式落地。

金融稳定工作推进。做好存款保险制度组织实施,逐级成立存款保险制度领导小组,建立7×24小时值班制度;加强对全省大额资金异常流动、存贷款异常变动等情况的监测,并严格执行存款保险制度实施前重要异常情况"零报告""日报告"制度;对全省163家地方法人投保机构进行风险评级试打分,督促指导辖内各银行业金融机构按时办理投保手续,提交相关资料,并进行审核汇总;深化金融风险监测系统运用,增加存款保险业务板块,实现机构投保和保费计算数据采集电子化、标准化;强化金融风险监测评估,对全省风险较高的34家机构开展风险排查工作,并以召开现场会、发出书面风险提示等形式进行风险通报;推进金融稳定再贷款损失认定,重启华康信托公司破产清算,维护人民银行债权。加强与地方政府相关部门、监管部门的信息交流和沟通,密切关注联盛集团破产重组等金融风险事件,配合省政府开展非法集资专项整治活动,合力维护辖区金融稳定;发挥"两管理、两综合"工作效能,落实机构设立规划报备制度,制作新设金融机构集中申报资料模版,实行新设金融机构集中申报预审制和限时办结制,构建起规范、全面、配套的制度体系,提高申报审批效率,全年累计受理全省124家新设金融机构的开业集中申报;开展对4家金融机构的综合执法检查和131家机构的综合评价工作。

(马　丽)

【支付体系建设】 2015年,中国人民银行太原中心支行(简称人行太原支行)完成支付系统参与者二代系统上线切换。加强支付清算系统管理和维护,保障系统安全高效运行。开展支付结算现场检查、支付机构客户备付金检查,会同有关部门开展联合整治银行卡网上非法买卖专项行动。完成银行机构个人存款账户真实性核实验收。推动设立农村金融综合服务站13931个,其中完成挂牌10671个,达标未挂牌3260个,完成农村金融服务站在有条件行政村的全覆盖目标。探索"互联网+农村支付"新模式,联合电商开发村镇线下体验店。出台实施《山西省支付机构综合评价办法(试行)》,对30家支付机构开展半年评价。上线运行银行卡收单业务监管系统(第一期),实现对收单业务的实时、动态和科学管理。(马　丽)

【管理国库水平提升】 2015年,人行太原支行上线运行省本级国库集中支付电子化管理系统,全面推行横向联网电子退更免业务,推广安全规范的销售点终端(POS)刷卡缴税、网银缴税等新型电子缴税业务,提高国库服务效率。在孝义市支库上线试点运行国库无纸化系统直接办理集中支付业务。继续推进国库"直补"工作,累计直接支付各类政府补助资金483.79万余笔,金额33.70亿元,涉及资金类别12类。(马　丽)

【反洗钱监管】 2015年,人行太原支行依规对70家金融机构进行现场检查,累计处罚494万元。协调金融机构同执法机关开展特定洗钱类型线索的摸排和有效性甄别。指导金融机构开展外逃人员名单排查、涉毒资金交易监测分析和"打击利用离岸公司和地下钱庄转移账款专项行动"。制订并印发《山西省法人金融机构洗钱和恐怖融资风险评估工作指引》,对风险等级不同的金融机构采取差别化监管方式,增强反洗钱监管实效。

(马　丽)

【货币金银管理】 2015年,人行太原支行加大10元以下小面额货币的投放力度,确保全省现金供应和市场券别结构合理;完成2015年新版100元人民币发行工作。持续推进人民币净化工程,自助取款机及一体机对外支付现金实现全额清分,社会化清分业务稳步发展,在太原市、临汾市推广人民币冠字号码信息与现金实物同步流转。加大残损币回收力度,加强清分和销毁设备管理,确保残损币回收销毁工作安全推进。累计检查发行库39次,开展发行库违规操作专项整治,建立辖区内管库员管理信息档案,加强发行库安全管理。在太原辖区增设特种残缺污损人民币兑换网点37家,对全省931个金融机构网点进行现场检查,优化人民币流通环境。开展反假货币宣传,对全省784个金融机构网点进行反假货币检查,推进反假货币工作持续深入开展。截至2015年底,全省累计收缴假人民币795.53万元、11.07万张,同比分别减少34.63%、23.98%。(马　丽)

【金融生态环境改善】 2015年,人行太原支行制订《金融富民扶贫工程贫困农户信用体系建设及农户评级主动授信操作指南》;推动在信用信息共享平台上研发"第三方信用评级信息服务系统"子模块。推进山西省中小企业和农村信用体系建设,为全省6.27万户小微企业、408万农户建立信用档案，评定信用户287万户，信用村6800个，信用乡（镇）235个。推广应收账款融资服务平台，全年累计通过平台融资281笔、287亿元。举办全省2015年诚信文化建设业务竞赛活动等系列宣传活动。制订《进一步推广两类机构信用评级的指导意见》，301户借款企业和担保机构参加资信评级。参与妥善处置大同天镇“7·13”农民被贷款事件。（马 丽）

【外汇管理与服务】 2015年，人行太原支行与省发改委联合制订《山西省“十三五”开放型经济发展规划》。支持省内4家企业开办跨国公司外汇资金集中运营管理试点业务。推广直接投资外汇管理改革和外商投资企业外汇资本金意愿结汇改革，直接投资项下39项审核业务下放金融机构办理，大幅提高科企业外汇业务办理效率。落实保险业务外汇管理新政策，简化保险业务外汇行政审批。争取总局1.7亿美元短期外债指标，是上年的2.4倍，核定太钢集团财务公司等企业和金融机构1.65亿美元短期外债指标，制订《支持跨境贸易电子商务发展实施意见》，推动第三方支付机构开展跨境电子商务外汇支付业务。完成对全省25家银行的国际收支现场核查。推进重点主体监管，以案例方式设计数据提取处理方法。促进本外币兑换特许机构业务发展。以富士康精密电子（太原）有限公司为试点，推进企业联机接口服务工作。优化综合柜台服务管理模式，加强对银行和企业的外汇业务培训指导，深化外汇服务能力建设。

（马 丽）

【金融法治环境治理】 2015年，山西省加强金融法治建设及宣传工作。修订和颁布立法法、商业银行法等金融基础法律法规，为金融业的持续、健康发展创造更为完善的法治环境，也为金融创新提供法律支持。人民银行太原支行组织全省金融机构采取多种形式开展反洗钱、征信知识、票据管理、反假货币等方面的金融法制宣传活动，社会公众办理金融业务时遵守金融法律的自觉性和依法维权意识提高。

对金融违法行为的查处力度加大。人民银行山西辖内各级分支机构2015年共做出行政处罚决定125件，其中，人行太原支行做出处罚决定17件，罚款126.39万元。（马 丽）

【金融消费权益保护】 2015年，山西省人民银行系统贯彻落实《中国人民银行金融消费权益保护工作管理办法（试行）》，优化投诉处理流程，采取直接处理、转办、调解等多种方式化解金融消费纠纷。出台《山西省区域金融消费权益保护环境评价试点方案》，开展金融消保环境评估试点。金融消费权益保护信息管理系统在全省成功上线运行，人民银行系统内部以及人民银行和金融机构之间的信息沟通和传递进一步加强，投诉处理和信息反馈效率提升。全年全省人民银行系统共受理金融消费者投诉429件、咨询5048件，消费者满意度100%。

（马 丽）

·山西省银监局·

【银行业运行监管】 2015年，山西省监管银行运行情况稳定发展。

防范化解信用风险。开展煤炭企业资产缩水、银行三类抵质押融资、企业“倒贷”及银行多头授信情况调查，摸清风险底数，提出针对措施。持续跟进地方政府发债置换银行贷款情况，指导银行业做好置换债券承销及在建项目后续融资工作。建立重点监控名单，督促银行业做好房地产贷款风险防范和处置工作。督促严格担保准入管理，强化风险抵补和资产保全，防范担保圈风险。按照重大银行业风险应对工作方案，统筹协调企业融资风险应对工作。指导银行业开展资产证券化、资产流转业务，加大不良贷款处置力度。

严密布防操作风险和声誉风险。深化“制度执行年”活动，开展银行业金融机构案防工作评估和打击银行卡非法买卖专项行动。组织排查银行业员工异常行为和重要业务领域操作风险，督促加强内部管理和员工行为管理，规范理财产品销售行为，严防“飞单”事件和操作风险。加强从业人员处罚信息管理，严防违规人员“带病”流动和提拔。督促银行业金融机构加强声誉风险管理，妥善应对负面舆情。

防控流动性风险和外部风险。引导银行业金融机构强化主动负债管理，完善应急预案，推动建立农合机构流动性风险互助机制，提高流动性管理精细化程度和风险应对能力。持续统计监测全省银行业“八类业务”，跟进信托计划到期兑付及风险处置，强化银担合作风险监测。开展银行业金融机构与P2P网络借贷平台合作情况调查，督促排查涉及非法集资和民间高利贷情况，规范与融资性担保公司、小额贷款公司业务合作，严防社会金融风险向银行业传染。

（陈建波 蔡常新）

【实体经济金融监管支持】 2015年，山西省银监局贯彻银监会和山西省委省政府决策部署，突出强化服务，全面防控风险，深化改革，注重提升能力，转变作风，维护全省银行业稳健运行，支持山西实体经济发展。

推进金融振兴。2015年，山西省制订《推进金融振兴提升银行业服务实体经济能力的意见》，省委书记王儒林批示充分肯定，省委转发全省各市、县（区）党委政府。党委中心组学习会议专题解读《意见》，提出贯彻要求，细化分解任务，纳入政务考核，推动落地实施。全局系统科学谋划工作，推动解决重点、难点、热点问题。

支持实体经济。引导全省银行业金融机构落实稳增长政策，保持信贷合理增长，与企业共渡难关，坚持不抽贷、不断贷、不压贷。2015年全省银行业贷款投放2016亿元，增长12.2%，同比多增528亿元，提升2.3个百分点。重点支持主导产业运营和升级，装备制造业等新兴产业发展，交通基础设施建设和批零商贸、消费升级，合计新增1184亿元，占全部新增贷款的60%。

改进小微企业金融服务。召开工作推进会，开展金融服务宣传月活动，建立银税合作机制，助力小微企业发展，严格“三个不低于”考核。2015年末，全省小微企业获授信21.8万户、贷款19.6万户，分别增加2.2万户、1.7万户；贷款余额3995亿元，增长5.4%。批设小微、社区支行139家。推动18家银行业金融机构和税务部门建立合作，为302户小微企业放贷8.4亿元。

强化“三农”金融服务。按季通报“三农”金融服务情况，督促实施“三大工程”，加快村镇银行县域全覆盖进度，完善支农服务体系。2015年末，全省涉农贷款8224亿元，较年初增加821亿元，增长11%。持续推动基础金融服务“村村通”工程，全省基础金融服务行政村覆盖率达83.4%，较年初提升7.7个百分点，覆盖行政村数较年初增加2165个，34个县实现全覆盖。

做好消费者权益保护工作。召开工作推进会，开展“金融知识进万家”宣传月活动，建立监管部门接诉制度，实现消费者投诉网上处理。开展柜面业务操作和消费者权益保护督导，推进创优服务网点示范点建设。出台银行业为老年人服务实施意见，制订银行业行为“十大禁令”，建立消保工作微信平台，加强消费者宣传教育及保护工作。

减轻企业负担。贯彻银监会和省政府减轻企业负担文件精神，印发规范银行业收费行为通知，推动减费降息。开展不规范服务收费清理工作，精简规范收费项目，对前期发现服务收费问题“回头看”，督促整改落实。全省银行业为1.1万户企业转贷续贷1.5万笔334亿元，减免涉企收费项目600余项，为近20万户企业减免费用4.9亿元，让利约12亿元。建言省政府建立政府增信机制，印发实施《企业资金链应急周转保障资金管理办法》，帮助困难企业及时续贷。

（陈建波　蔡常新）

【银行业改革推进】 2015年，山西省推进银行业改革。

推进农信社体制机制改革。开展省联社履职情况专项评价，引导完善绩效考评。督导省联社加快职能转变，调整内部架构，下放信贷业务权限，推进设立区域审计中心，完善县级法人治理结构。贯彻省政府促进农信社化解风险达标升级会议和全省金融振兴大会精神，召开全省农合机构推进高风险社风险处置会议，推动高风险农信社加快重组改制步伐。2015年批准改制农商行14家，稳步推进6家高风险农信社改制工作。

完善城商行公司治理。开展地方法人银行高管人员问题调研，提请地方政府关注银行高管人员选任机制问题。分别致函地方党政部门，提请关注相关城商行董事长与党委书记分设、新任行长及董事长换届选举问题。推进城商行深化改革，优化股权结构，加快风险处置，批复长治银行增资扩股方案，指导阳泉市商业银行引进战略投资者。支持城商行适度延伸发展，批设城商行县域、小微和社区支行107家，批复3家城商行设立4家跨市分行(含筹)。

提升村镇银行县域覆盖率。坚持贫困县和农业县优先原则，采取贫困县与市辖区挂钩方式，推进村镇银行设立工作。2015年批复开业村镇银行14家、分支机构10家，累计达61家村镇银行、25家分支机构，村镇银行县域覆盖率54%，贫困县覆盖率46%。初审同意5家农商行在县域发起设立24家村镇银行，其中12家设在贫困县。

加大创新发展力度。支持晋商银行成功发行信贷资产支持证券和二级资本债，初审同意晋商银行申请理财直接融资工具与银行理财管理计划业务试点。支持晋中银行、晋城银行开办公务卡发卡业务，支持晋城银行新三板上市及申请证券投资基金销售业务，支持同煤财务公司承销成员单位企业债券及有价证券投资(股票投资除外)。

推进银行业开放。向银监会汇报沟通引进银行业金融机构事宜，获得政策支持。支持符合条件的民营资本参与城商行和农信社改革改制，支持自然人和民营企业参与村镇银行发起设立或增资扩股。与政府有关部门沟通协作，储备优质民间主体，培育民营银行等新型金融机构，对有意向设立民营银行的2家企业进行前期辅导。支持晋商银行发起设立消费金融公司，把好尽职调查审查关。2015年，民间资本进入山西省法人银行业金融机构累计达257亿元，持股85%，较年初提高2个百分点。

（陈建波　蔡常新）

【银行业监管效能提升】 2015年，山西省提升银行业监管效能。

推进准入监管改革。编制准入工作流程图，明确审核流程和重点环节。精简行政许可委员会审议决定事项，下放27项审批权限。设立准入工作岗，推行全流程网上审批，实行办理时限承诺制。建立准入工作抽查机制，设计开发抽查样本软件，事中或事后抽查。建立市场准入内部审计机制，督促问题核实整改，准入管理的规范性和效率大幅提高。

强化非现场监管。合并精简统计报表和报告，合理确定报送频率，统一日常报告模板，强化数据质量管理。加强统计数据分析应用，增设太原市银行业监管统计。建立银行业风险及服务状况分析核心指标体系，实行非现场监管分析季度例会制度，注重异动情况分析，作为现场检查立项依据。设计运行“会计全科目检查分析模块”，探索EAST系统应用于非现场监管。严格监管评级标准，下调部分银行业金融机构监管评级。

提升现场检查质效。开展“两个加强、两个遏制”专项检查及“回头看”、社团贷款、票据业务等现场检查，建立联络员周报制度，定期召开主查人碰头会，通报问题，交流方法，确定重点。召开总结汇报会，统一定性，明确依据，拟定处罚标准。开展银行业务现场检查流程图和检查专家库、方案库、报告库、案例库等“四库”建设，提升现场检查质效。

严格实施监管措施。落实银监会新修订的行政处罚办法，坚持双罚原则，加大处罚力度，2015年实施行政处罚84件。建立纠正措施台账，持续记录行政处罚情况。规范行政处罚立案、法律审查程序要求，统一处罚文书格式和流程。出台审慎监管措施程序规定，规范监管措施运用。

强化监管质效监督。设立在岗履职台账，建立内部审计部门再监督机制，加强对监管全流程的审计监督，建立整改跟踪机制，推动问题整改。加大政务信息公开力度，2015年通过银监会官网山西银监局子网站等渠道公开政务信息795条，提高监管透明度。（陈建波　蔡常新）

·山西省保监局·

【保险业运行监管】 2015年，山西省保监业在经济下行压力加大的形势下实现逆势增长，全省累计实现保费收入586.8亿元，同比增长26.1%，增速较全国高6个百分点，位居第7。其中，财产险公司保费收入167.4亿元，同比增长2.8%；人身险保费收入419.3亿元，同比增长38.6%。保险业服务全局能力提升，2015年为全社会提供风险保障15.6万亿元，同比增长12.9%，赔款与给付200.2亿元，同比增长9.7%，保险业的经济助推器和社会稳定器的作用凸显。服务农业发展。农业保险将旱灾纳入保障范围，地方财政支持的特色农业保险覆盖全省11个市32个县区，气象指数、价格指数、农产品产值等保险产品陆续推出，为15.6万农户提供风险保障8.74亿元，财政资金作用放大55倍。保障和改善民生。城乡居民大病保险签约22个项目，实现全覆盖，带动商业健康保险增速达42.5%；太原、朔州等地市相继建立全民意外伤害保险制度，临县、安泽等10多个县政府财政出资购买自然灾害公众责任保险，农村小额人身保险等普惠性保险业务快速发展，群众风险保障水平提高。支持实体经济发展。保险资金新增投资累计172.7亿元，是上年的3.8倍，“平安—山西省交通运输厅债权投资计划”100亿元一次性全部到位，是山西单笔最大的保险资金投资项目。出口信用保险出口企业覆盖率和一般贸易渗透度分别达76.8%和86.4%，两项指标继续位居全国第一。保证保险实现保费收入1.99亿元，同比增长9.9%，帮助中小微企业和个人融资11.2亿元。建立首台（套）重大技术装备保险补偿机制，试点工作稳步开展。参与灾害事故应对。各类突发事件发生后，保险业及时启动应急响应，参与相关处置工作，开展理赔服务，得到各方好评。“4·1”冻雨气象灾害，保险业赔付3000余万元。全省发生大面积旱灾，农业保险综合赔付率90%，高于全国19个百分点，保险业为大旱之年农民走出困境、渡过难关做出积极贡献。“保险业2015年取得长足发展”被评为山西金融十件大事之一。（王　焰）

【发展环境优化】 2015年1月起，山西省保监局加强与各市政府沟通协调，通过政策宣导、拜访相关市政府主要领导、督促协会办事处联系政府有关部门，推动各市出台贯彻落实保险新国十条、省十条文件。截至12月底，全省11个市全部以政府名义出台专项文件。

上年12月至2015年5月，山西保监局组织开展“两个加强、两个遏制”专项检查工作，督促公司开展自查，成立专项检查组，对人保健康、国寿财险开展上下联动现场检查，对英大人寿开展监管抽查，基本摸清辖内保险机构存在的突出问题和风险隐患，查处一批违法违规行为，形成震慑，防范风险，为监管决策提供参考依据。

8月，山西保监局贯彻国务院和中国保监会有关简政放权要求，取消保险销售（代理）、保险经纪从业人员资格核准。资格核准取消后，保险公司个险人力与代理保费规模增长迅速。截至2015年底，个人保险代理人数量突破17万人，较上年底增长45.42%，增速为近十年最快；保险公司个险渠道实现保费收入272.32亿元，较上年同期增长18.62%。

9月，山西保监局加强与省财政厅、地税局沟通，联合制订《山西商业健康保险税优试点方案》并获山西省政府批准，确定太原市为省试点城市，按时上报财政部、税务总局、保监会三部委审核。

10月，山西保监局推动《山西省人民政府办公厅关于加快发展商业健康保险的实施意见》（以下简称“《实施意见》”）出台。省政府办公厅以晋政办发〔2015〕95号文件印发《实施意见》。

12月，山西保监局修订要求各省级保险公司向保监局报送统计分析报告的基本框架，减少系统数据重复报送，增加非系统数据报送要求，简化各处室及地市分支机构数据报送内容。根据保监会、省政府应急预案管理规定，结合山西保险业实际，修订完善《山西保险业突发事件应急预案》，并向保监会和山西省政府进行报备。（王　焰）

【保险服务】 2015年，山西省推动城乡居民大病保险全覆盖。加强与政府有关部门沟通协调，严格大病保险经营资质审核和招投标管理，推动大病保险承办工作开展。全省大病保险覆盖2215.6万城乡居民，涉及11个地市的22个项目全部签约，实现山西省城乡居民大病保险全覆盖。大病保险全年累计赔付3.65亿元，受益群众10万人次。强化医药费用管控，控制不合理医疗费用497笔，涉及460余万元。

开展车险积压未决赔案清理“攻坚战”。2015年年初，山西保监局下发《关于开展积压未决赔案清理“攻坚战”的通知》和《关于继续做好积压未决赔案清理工作的通知》，召开专项部署会议进行总体部署，制订每月清理进度并加强通报督促。根据保监会统计数据，全年山西省件数清理率和金额清理率分别达90.24%和81.44%，积案清理工作成效显著。

6月，山西保监局向省政府报送《关于尽快开办棉花、马铃薯、育肥猪等中央财政补贴农业保险的请示》，并加强与财政厅、省金融办反复沟通，财政厅最终申报将马铃薯作为2016中央财政补贴品种，并初步确定将红枣、核桃、苹果和梨纳入2016年省级财政奖补品种。（王 焰）

【保险消费者权益保护】 2015年，山西保监局根据中国保监会《关于理顺保监局内部职责分工有关事项的通知》(保监发〔2014〕94号)有关精神，设立保险消费者权益保护处，主要履行以下职责：根据国家法律法规及中国保监会规章，拟订和落实辖区内保险消费者权益保护工作的相关实施细则、具体办法和工作措施；负责辖区内保险消费投诉处理工作，接受保险消费者咨询；督促辖区内保险机构加强对涉及保险消费者权益有关信息的披露；指导推动辖区内保险纠纷调处和调解与诉讼、仲裁对接机制建设，并监督其规范运作等。

3月，山西保监局以"3·15"消费者权益保护日为契机，组织召开山西保险业提升服务质量推进会暨山西保监局"12378"投诉热线启动仪式，总结行业提升服务质量工作情况，分析服务方面存在问题和原因，明确下阶段任务。并通报2014年保险消费者投诉情况、山西省机动车辆保险理赔服务质量检查评价和山西人身保险业2014年综合治理销售误导效果评价结果。

6月至11月，通过个案检查与专项检查相结合，开展打击损害保险消费者合法权益行为"亮剑行动"专项检查，对39起投诉事项进行查处，对人民人寿山西省分公司及大同中支、阳光产险山西省分公司及晋中中支开展专项检查，并对中国人寿、泰康人寿、人保财险、渤海财险开展有关消费者权益保护制度的落实督导。对检查发现的违法违规问题，按照规定程序依法进行严肃处理。（王 焰）

【保险机构拓展】 2015年，中国保监会根据中编办《关于保监会在部分地市设置派出机构的批复》(中央编办复字〔2015〕17号)精神，批准成立中国保险监督管理委员会山西监管局运城监管分局。运城分局的主要职责是：根据中国保监会和山西保监局的授权，对辖区内保险机构的经营活动进行监督管理；依法查处辖区内保险违法、违规行为，维护保险市场秩序，依法保护被保险人利益；监测、分析辖区内保险市场运行情况，预警与防范辖内保险风险。

7月，山西保监局与晋中市人民政府联合印发《关于创建太谷保险示范县的通知》及《关于创建太谷保险示范县的实施方案》(晋保监发〔2015〕23号)，启动保险示范县创建工作，力争用2至3年的时间，完成太谷保险示范县的创建工作，实现现代保险服务业发展与经济社会建设、民生改善的互利共赢。

9月底，按照中国保监会保险中介市场改革精神，山西保监局将保险专业代理分支机构设立审批制改为报告制，全省保险专业代理分支机构铺设速度明显加快，社区门店、加盟店、专属代理门店等经营模式不断涌现。截至2015年底，山西省新设保险专业代理分支机构95家，是原有分支机构数量的2.32倍，新设分支机构多在县域及以下地区展业，保险专业代理机构服务基层保险市场的能力增强。（王 焰）

【保险纠纷诉调对接机制建设示范单位】 2015年9月，中国保监会和最高人民法院联合召开的全国保险纠纷诉讼与调解对接机制建设工作推进会。山西保监局上报的12家公司入选保险纠纷诉讼与调解对接机制建设示范单位，相关工作获得上级部门肯定。（王 焰）

·山西省证监局·

【证券市场运行监管】 2015年，山西省证监局结合山西实际，围绕"大力推进监管转型"，坚持市场化、法治化的工作理念，坚持风险导向的监管理念，坚持问题导向的改革理念，坚持需求导向的服务理念，在维护市场稳定、提升监管效能、推动改革创新、服务实体经济等方面积极作为，推进山西资本市场稳定健康发展。

2015年7月中旬，股市非理性持续下跌，山西省证监局迅速反应、多措并举，保障全省资本市场稳定运行。准确预判并及时启动应急预案，在股市出现异常波动不久即向省委、省政府报送《山西证监局关于应对辖区上市公司股价持续下跌风险的请示》，提出稳定辖区上市公司股价的10项措施，逐日盯市，连续27天通过《山西资本市场信息专报》向省委、省政府报送前一交易日证券期货市场运行情况。联合行业协会引导辖区37家上市公司共同践行社会责任，利用主流媒体主动发声，发布《山西省上市公司关于共同维护证券市场持续稳定的联合声明》及《山西省证券业协会等四家协会联合发出倡议书：共同维护证券市场稳定》，提振市场信心。下发维护上市公司股价稳定通知，紧急约谈减持股票的7家上市公司控股股东，督促公司制定并披露维护股价情况及增持实施情况。督促证券期货经营机构维护市场稳定，召开证券公司融资融券业务风险排查座谈会，要求公司制定应对极端行情措施，并加强内部管理，开展正面宣传和舆论引导，加强客户服务和安抚工作。督促*ST安泰、*ST狮头、*ST阳化3家公司采取措施，有效化解退市风险。重视投资者诉求办理工作，全年累计处理信访投诉300余件。

（张会玉）

【资本市场直接融资】 2015年，山西省资本市场实现直接融资866.21亿元，同比增长81%，其中：IPO融资6.45亿元，上市公司增发股份融资225.58亿元，公司债融资203.4亿元，企业债融资48亿元，私募(创投)基金融资12.35亿元，证券公司柜台市场融资248.77亿元，证券业务创新融资110.82亿元，高新普惠众筹平台融资1.87亿元，新三板定向增发融资5.57亿元，山西省股权交易中心融资3.4亿元。全省银行间市场融资1747.7亿元，同比增长32%。以上两方面合计，全省宽口径直接融资规模达2613.91亿元，同比增长44%，超过银行贷款增量，占比为130%。资本市场融资和创新工作受到省委书记王儒林肯定。（张会玉）

【上市公司】截至2015年底，山西省共有A股上市公司37家(2015年新增永东化工、东杰智能2家上市公司)，其中主板30家，中小板4家，创业板3家，A股上市公司数在全国排名第20位，在中部六省排名第5位；总股本694.46亿股，流通股本565.01亿股；总市值5863.7亿元，流通市值4678.31亿元，总市值在全国排名第20位，在中部六省排名第5位。（张会玉）

【拟上市公司】2015年，山西省证监局通过各种方式指导推动企业改制上市和挂牌。通过调研走访、召开座谈会，动态了解企业改制上市(挂牌)进展，解决企业改制上市(挂牌)过程中面临的困难和问题，多次联合省金融办、上海证券交易所举办企业改制上市(挂牌)培训，强化对企业改制上市(挂牌)的政策指导，加快企业改制上市(挂牌)步伐。强化拟上市企业辅导监管工作。修订《首次公开发行股票并上市辅导监管工作规程》，督促中介机构归位尽责，最大限度避免欺诈发行等违法违规行为发生。

截至2015年底，山西省在证监会排队等候IPO审核的企业有申报上海交易所主板的壶化集团1家，审核状态为“已受理”。进入上市辅导期在证监局备案的企业有6家。全省共有“新三板”挂牌公司33家(2015年新增29家)，新三板公司数在全国排名第25位。（张会玉）

【证券经营机构】截至2015年底，山西省共有2家证券公司，23家证券公司分公司，150家证券营业部。山西证券和大同证券总资产达478.54亿元，同比增长74.84%，整体资产规模提升，占全国证券公司总资产的0.75%。两家公司累计代理证券交易总额为3.18万亿元，同比增长147.28%，占全国证券公司代理证券交易总额的0.57%；融资融券业务规模达84.18亿元，同比增长36.52%，占全国融资融券业务规模的0.76%；营业收入36.49亿元，同比增长99.84%，占全国证券公司营业收入的0.63%。

两家证券公司主要收入来源证券经纪业务净收入达24.74亿元，融资融券业务利息收入达8.6亿元；累计实现净利润17.24亿元，同比增长142.82%，占全国证券公司净利润的0.70%。两家公司加强流动性风险管理，流动性覆盖率和净稳定资金率指标均超过100%，符合证监会关于流动性风险监管指标的规定要求。（张会玉）

【期货经营机构】2015年5月，中辉期货公司迁址上海，山西省期货公司缩减为3家，分别是和合期货、三立期货、晟鑫期货。截至9月底，和合期货注册资本增加3亿元。

截至12月底，山西省共有3家期货公司和27家期货营业部。辖区3家期货公司总资产达6.23亿元，同比增长79.13%；净资产3.80亿元，同比增长333.55%；净资本2.75亿元，同比增长268.85%。期货投资者开户数41469户，同比增长77.24%；全省期货市场累计成交额为28108.54亿元，同比增长75.93%，占全国市场份额0.25%。3家期货公司累计实现手续费收入3693.52万元，同比下降2.38%。因市场手续费率逐年下降，加之公司无创新业务，市场竞争力较弱，成本管理能力较差，经营效果不佳，2015年利润总额为−1220.80万元，净利润−1250.08万元，与上年同期相比，亏损有所增加。3家期货公司持续符合风险监管指标标准。

2015年，山西省期货客户以中小散户为主，机构户数量严重不足，受投资环境、竞争加剧等因素影响，虽然代理交易量、交易额呈现绝对数的增长趋势，但占全国的市场份额下降。与期货市场联系密切的煤焦钢行业持续下行，全省企业对于期货套期保值工具运用不够充分，在一定程度上影响期货市场的发展及期货市场服务实体经济功能的发挥。（张会玉）

【基金行业管理】2015年，山西省基金行业运行平稳，公募基金销售机构业务规范发展，私募基金产业蓬勃发展，行业队伍进一步扩大。山西证券股份有限公司获得公募基金管理人资格，首支公募基金产品“日日添利货币市场基金”完成认购，截至12月底，该基金保有量为28.1亿元。多家具备基金销售资格的银行及独立销售机构在山西省设立分支机构，全省公募基金机构布局加快。

截至12月底，全省工商注册登记的私募投资基金管理人(含合伙制私募投资基金)约180家，在中国证券投资基金业协会完成登记的私募投资基金管理人共85家。其中，私募股权投资基金管理人44家，创业投资基金管理人19家，证券投资基金管理人21家，其他投资基金管理人1家；管理私募股权基金46只，管理资金规模累计为240.02亿元，基金认缴规模53.55亿元。（张会玉）

【再融资和并购重组】2015年，山西省9家上市公司累计实现再融资300.08亿元，其中增发股份225.58亿元，公司债74.5亿元。美锦能源、山西证券非公开发行融资64.72亿元获批待发；阳煤化工、跨境通、振东制药、永泰能源、太原重工等5家上市公司累计152.61亿元融资方案待证监会完成审核工作。

2015年，山西省上市公司并购重组获批金额181.16亿元，实现金额156.44亿元。永泰能源通过开展并购重组有效应对煤炭价格和需求下滑的双重压力，加快“煤电一体化、能源物流仓储、新能源”产业多元化布局步伐，抗风险能力提升。百圆裤业连续两年利用资本市场开展并购重组，股票市值较2011年上市之初增长11倍。美锦能源利用资本市场并购重组解决同业竞争问题，实现煤焦化一体化新突破。当代东方通过资本市场并购重组，拓展业务范围，有效化解公司持续经营风险。（张会玉）

【资本市场改革创新】 2015年，山西省资本市场改革创新举措层出不穷，辖区资本市场创新发展步伐加快。指导省内首家混合所有制综合金融服务平台高新普惠互联网众筹平台正式上线运行，截至2015年底，众筹平台累计帮助全省30家中小企业近40个项目融资2.5亿元。支持地方政府开展金融招商，指导晋城市和大同市结合区域旅游资源特点，探索“旅游振兴+金融创新”组合拳试点，实施大集团、大资本、大平台发展战略，发展全域旅游，组建总规模10亿元的旅游文化母基金和总规模30亿元的子基金，组建3个注册资本各5亿元的混合所有制旅游文化产业发展集团。指导高平市出台《关于促进金融振兴和强化服务实体经济的意见》。指导汾阳市发展康养产业并协助起草试点方案。支持娄烦县白家滩村开展金融扶贫模式创新，完善众筹扶贫模式，探索合作社“实物回报+捐赠款贴息”的众筹利息偿付机制。（张会玉）

【证券期货经营机构创新服务实体经济】 2015年，山西省证监局推动证券经营机构开展业务和产品创新，稳步发展融资类和资产管理类业务，截至2015年底，2家证券公司融资融券业务规模达84.18亿元。山西证券累计设立集合资产管理计划53只，募集资金71.06亿元；大同证券累计设立集合资产管理计划8只，募集资金5.68亿元。推动和合期货股权转让和增资工作，资本实力较上年末增长近10倍。支持太钢不锈、安泰集团、山西焦煤、美锦能源等工业企业利用期货市场套期保值功能对冲现货市场风险；引导晋龙集团、天鹏牧业等涉农企业对接期货市场，期货市场服务“三农”力度加大。（张会玉）

【市场主体培训宣传】 2015年，山西证监局领导带队深入市场主体、各市县调研30余次，局主要负责人为党政领导干部和企业家作报告12场，受众人数3000余人。全省金融振兴大会召开后，证监局及时组建讲师团到运城、忻州、文水、稷山、襄垣、临县、高平、万荣等多个市县宣讲“5·29”金融振兴大会精神和破解融资难的新理念、新方法。加强市场主体培训工作。联合省金融办、中小企业局、交易所、地方协会开展各类培训20余次，受训人数3000余人。借力主流媒体，坚持正面引导和反面警示相结合，强化舆论宣传工作，营造资本市场服务山西转型发展良好氛围。围绕资本市场新出台政策、证券期货领域投资者教育、防范打击非法集资活动及资本市场新工具新品种开展大量宣传报道工作。各类新闻媒体全年围绕山西资本市场有关工作发表近60余篇新闻稿件。（张会玉）

【日常监管】 2015年，山西证监局落实简政放权要求，梳理取消1项期货经营机构非法定行政许可申请要求，取消证券经营机构备案事项6项、报告事项29项，取消期货经营机构备案事项8项，简化期货经营机构备案事项4项。全年共受理行政许可申请11件，办结并做出行政许可决定11件。以上市公司信息披露为抓手，落实大信息监管理念，强化现场检查和问责力度，监管针对性和有效性提升。全年累计对上市公司现场检查23家次，累计采取行政监管措施10项，下发监管关注函28项。完成证监会“两个加强、两个遏制”专项检查和整改工作；以合规和风控为切入点，实施证券期货经营机构分类监管，加强证券公司信息系统外部接入管理，清理规范证券期货经营机构涉嫌配资的偏股型私募资管产品，针对性开展证券期货经营机构现场检查84家次，累计采取行政监管措施9项。完善私募基金风险监测和现场检查制度，对辖区7家私募机构进行现场检查，采取行政监管措施5起；及时纠正2家私募机构利用网络进行宣传推介行为。（张会玉）

【惩处证券期货市场违法违规行为】 2015年，山西证监局累计查办案件21起，其中立案调查10起、初步调查并转立案1起、协助调查10起。打防结合，对非法证券活动保持高压态势，核查非法证券活动及证券期货行业领域非法集资事项10起。开展辖区证券期货领域防范打击非法集资宣传月活动、防范非法证券期货活动宣传教育进社区活动、涉嫌非法集资广告资讯信息排查活动等宣传活动，活动期间累计发放宣传材料近6万份，发送手机短信近15万条，发布微博微信平台信息8000余条，接受社会公众咨询近1.2万人次。（张会玉）

银　行

·中国工商银行股份有限公司山西省分行·

【概述】 2015年，中国工商银行股份有限公司山西省分公司（简称工行山西分行）开展市场营销，实现新常态下的平稳发展，经营格局稳定向好。全年实现净利润36.84亿元，同比增长2.68%。

2015年，工行山西分行实施“双擎两翼”工程，打造基础产品支撑、重点领域拉动、新型业务创收的收入格局。全年全行实现中间业务账面收入22.12亿元，同比增加3.31亿元，增幅17.61%；中间业务收入四大行占比37.96%，继续保持同业首位。大零售发挥基础支撑作用，营业贡献达到39.93亿元，占比44.94%，同比提高0.5个百分点；零售业务中间业务收入实现13.09亿元，占比59.18%，同比提高2.92个百分点。全年法人理财、个人理财分别实现收入1.54亿元和1.45亿元，分别同比增长469.22%和22.82%。票据业务成为收入增长亮点，在实现零风险运营的同时，全年累计办理票据直贴365.35亿元，系统内排名第9位；实现票据收入7.68亿元，同比增加3.85亿元，增幅100.52%；实现业务净收入3.12亿元，同比增加1.21亿元，增幅63.35%。开展网点“1995”效能提升和柜员“1+1”劳动竞赛，积极组织融e行“登录有礼、交易有奖”“融e购购房节、购车季”“020

全员营销体验”等活动，全年工银e支付客户、企业网银证书客户分别同比增长58%、12%，融e行计划完成率系统排名第1位，电商平台企业商城交易额完成全年计划的185%。

（闫洁琼）

【保持资产质量稳定】 2015年，工行山西分行研究确定“集中处置、专职清收、分层管理”的总体思路，建立行领导分片包干督导二级分行资产质量的工作机制，组建11个专门工作团队，16次召开督导会议，18次深入二级分行与客户面对面共同研究面临问题，制订风险化解应对措施，形成自上而下的推进动力，促使各项清收处置措施层层落地。构建管理人员带头攻坚的工作格局，落实各级班子成员“挂帅”清收责任，定期召开不良贷款分析会，逐行逐户研究清收处置方案，明确阶段目标和进度安排，保证清收处置工作高效组织、有序推动。坚持传统清收和创新方式双管齐下，缓解资产质量压力，同步实现财务状况良好和基本面的健康，运用法律手段成功全额追索海鑫钢铁信用证垫款，成为国内首个商业银行作为提单持有人胜诉海上货物运输合同纠纷的典型案例。推进风险滚动排查，全年召开法人大户风险专题分析会13次，对56户、融资总额409亿元的贷款项目进行集中会诊，提出明确意见和管控措施，提升潜在风险客户的预警覆盖率，全年压降潜在风险贷款33.4亿元。推开信贷从业人员资质认证，打造专业化、高素质信贷队伍；开展基层机构信贷经营资质认证，提升各级机构信贷经营能力；健全由山西省分行牵头的三级联动贷后管理机制，强化信贷政策研究和产品应用管理；探索闭环式信贷管理新模型，加快链融资业务试点推广，提升信贷创新管理水平。全行不良贷款余额34.48亿元，不良率1.6%；全行逾期贷款51.68亿元。累计清收处置不良贷款19.47亿元，其中现金清收10.67亿元、呆账核销5.65亿元、转化3.15亿元；账销案存0.07亿元。持续加强表外业务风险化解工作，成立应急工作领导小组，按周召开应急领导小组会议，动态跟进工作进展，研究制订应急预案和应对措施；同步强化与省委省政府及各级地方党委政府的沟通协调，密切与总行对口部门的上下联动，保持与媒体、公检法等部门的互动协作，为加快处置工作打开通道，成功化解1个信托项目和2个理财违约项目风险，其余风险项目矛盾得到有效化解，形成局面基本可控的有利格局。（闫洁琼）

【存款增长】 2015年，工行山西分行有效对公结算账户较年初净增7222户；个人有效客户较年初增加79.62万户。储蓄存款深化“六进”主题营销，以薪金溢、节节高、大额存单、理财保险等产品为抓手，推进“五个一”台账认领营销，积极竞争代发工资、三方存管和同业客户，拉动储蓄存款稳健增长，年末储蓄存款时点增加136.5亿元，日均增加91.8亿元。公司存款综合运用大额资金监控平台等系统，提前预警和督促各行严控重要时点走款，上下联动多维实施策略挽留，同步强化“存贷比、受托支付和销售归行”三维管理，年末公司存款时点增加23.8亿元，日均增加31.5亿元。机构存款继续巩固“财政、住房、社保、民生”四大核心阵地，取得山西省市县三级廉政专户唯一主办权，稳固第三方存管市场第一位置，挖转他行武警系统全部地方经费专户，实现新拓客户1517户，同比多增749户，多渠道归集机构存款，有效消化山西公积金个人提取70多亿元的减存因素。截至2015年底，全行本外币全部存款（含同业）余额3961亿元，较年初时点增加212.1亿元；日均增加217.8亿元。（闫洁琼）

【贷款多元增长】 2015年，工行山西分行累计投放各项贷款（含票据）1512.6亿元，同比多投40亿元；本外币各项贷款余额为2149亿元，较年初增加98.6亿元。实现电力板块全年新增贷款29.94亿元，占大中型客户贷款净增额的67%。推进信贷结构调整，加强与政府部门对接，及时掌握建筑、医药、旅游、物流、煤层气等行业最新动态，跟进75个政府和社会资本合作项目，开拓交通设施、市政设施和公共服务等信贷市场，全年累计发放新兴行业贷款12亿元。以太钢、太重核心企业为主线，推动供应链融资业务发展，全年共拓展供应链13条，累计拓户110户，实现融资投放12.14亿元。推进小微信贷专业化

2015年5月14日，中国工商银行总行领导在山西省分行调研

（闫洁琼供图）

2015年6月18日，工商银行山西省分行行长周玮（中）在晋中中都支行调研
（闫洁琼供图）

经营，在运城试点成立首家小微中心，8月正式运营以来累计发放贷款20笔，金额1.15亿元，推进营业部小微中心组建。全年个人贷款增加27.82亿元，增量占全部贷款增量的53.84%，其中个人质押贷款投放、余额、净增额分别在系统内排第5、第8和第9位。全年实现创新融资414.68亿元。全年融资压降客户137户、涉及融资35.02亿元，其中煤炭行业压降29户企业、10.42亿元，促进信贷资源向高质量、高信用的行业客户倾斜配置。（闫洁琼）

【内控案防】 2015年，工行山西分行高低柜业务配比下降至1.53:1，柜员日均工作量达到127笔。改革共充实前台营销和客户经理团队1895人，实现MOVA“直通式”员工考核全覆盖，年末MOVA员工维度中有业绩员工占全部网点员工（剔除网点负责人）比重达到86%。提升网点核心竞争力，启动“领头雁”培养计划，加快智能网点和自助银行布设，网点格局持续优化，全年推动73个网点实现效能提升。强化内控案防管理，推进“合规文化建设工程”，开展“制度执行暨合规文化建设巩固年”活动，组织“两加强、两遏制”自查、检查及回头看，按照总行“五个必须”“五个强化”要求提出7项贯彻措施，推进风险排查和问题整改工作。试点开展合规养成教育，组织合规文化大讲堂，启动合规标兵评选，深化员工参与经商办企业、员工异常行为等专项排查，对234人次进行处分和处理，促进全行基础管理水平持续提升，全年未发生案件和重大风险事件。（闫洁琼）

【社会公益事业帮扶】 2015年，工行山西分行对两个扶贫点各捐赠5万元，用于民生工程。按照每户360元标准，购置粮油米面等生活用品，对贫困户进行慰问。购置8000元科教图书，捐赠当地小学。（闫洁琼）

·中国农业银行山西省分行·

【概述】 2015年，中国农业银行山西省分行（简称山西农行）各项存款余额达2926.97亿元，比年初增加155亿元，增量份额22.69%，居同业第2位；核心存款日均余额2862亿元，比年初增加146亿元，增量份额33.31%，稳居同业第一；资产质量总体稳定；经营效益符合预期。全年累计投放贷款783.34亿元，净增176.64亿元。运用保函、信用证和各类票据，多渠道满足企业资金需求，累计办理信用证30.80亿元、保函5.43亿元、承兑汇票66.53亿元。各项融资合计达到771.04亿元，余额1446.31亿元。（田喜成）

【实体经济支持】 2015年，山西农行支持全省实体经济转型升级发展。加大存量盘活、增量优化力度，促进信贷结构调整、支持重点突出。2015年，山西农行在支持电力、煤炭、钢铁等传统支柱产业中的龙头企业转型升级发展上，全年新增电力行业贷款39.13亿元、新增太钢集团贷款12.1亿元、新增八大煤业集团贷款75.35亿元。支持全省公路、铁路建设，新增交通运输及相关基础设施建设贷款45.57亿元。支持高端装备制造、新能源、新材料、节能环保等重点新兴产业，为太原重工轨道交通设备有限公司、太重煤机有限公司等高端装备制造、为大唐闻喜清洁能源有限公司、国电电力山西新能源开发有限公司等风电清洁能源项目，为阳煤集团太原化工新材料有限公司投放固定资产，为同煤大唐塔山第二发电有限责任公司、山西鲁能河曲能源有限公司等低热值煤发电节能环保项目共投放贷款49.11亿元。支持百姓改善居住生活条件，投放住房公积金贷款20.33亿元。加快直接融资，拓宽融资渠道。2015年，累计办理直接融资151亿元。其中，债券融资89亿元；理财融资62亿元。倾情小微企业发展。截至2015年底，全行小微企业贷款余额94.97亿元，比年初增加16.99亿元，增速为21.79%，高于全行各项贷款增速7.04个百分点。小微企业贷款户数550户，高于上年同期20户。小微企业申贷获得率76.02%，高于上年同期9.3个百分点。全面完成银监部门“三个不低于”的监管要求。（田喜成）

【“三农”服务提升】 2015年，山西农行实现“三农”服务新突破。战略合作实现新突破。与省农业发展银行、省农村信用合作社首次签订全面战略合作协议，在银团贷款、资金托管、支付结算等涉农金融方面开展合作，共

同提高服务“三农”的效率和水平。水利金融实现新突破。支持全省“大水网”工程建设，为中部引黄、东山供水、小浪底引黄、辛安泉供水、湖头水电站等5个水利工程项目授信51亿元，首笔出贷6亿元，实现水利项目贷款的零突破。强农服务实现新突破。新营销“千百工程”达标客户31户，任务完成率129.17%；深化产业链金融服务，客户总量达829户，涉及138个产业链，带动存款3.7亿元、贷款21.33亿元，带动农户67.16万户，实现结算量52.57亿元。强化“旅游百县”营销，实现价值贡献3.58亿元，计划完成率104.33%。惠农服务实现新突破。其中，为8个县发放城镇化贷款13.9亿元。全年涉农贷款余额达413.64亿元，较年初新增48.73亿元，增幅13.36%。强县弱行实现新突破。对全省12家强县弱行实行挂点帮扶和发展资源实施倾斜配置、单独配置。截至2015年底，“强县弱行”三年摘帽计划实现“开门红”，12家“强县弱行”存、贷份额整体提升，4家行存款份额进位，3家行贷款份额进位，县域市场竞争力提高。　（田喜成）

【金融服务质量提升】 2015年，山西农行提升金融服务质量。加强网点设施改造，改善金融服务环境。全年新改造人工网点33个，建成离行式自助网点132个，新增自助设备上线884台，离行式自助银行总数达到475个；现金类自助设备总数达到2788台。做好电子银行渠道建设，增强金融服务基础。截至2015年底，新增智能支付终端9246部，其中“金穗惠农通”智能支付终端783部。“金穗惠农通”智能支付终端总数达到34826部，覆盖行政村19516个，覆盖率70%。当年实现金融性交易4450万笔，金额993亿元。推出“三农通用代收付平台”，把缴纳新农保、新农合等惠农服务由传统电话渠道扩展到网银、掌上银行等互联网渠道，全年服务1154万笔，金额188亿元。推进代理业务营销，建设“金融综合服务站”，增强服务点服务能力，完善农村支付结算渠道，提升服务“三农”品质。向省集中连片特困区内21个县、4073个具备发放设备条件行政村，布放“智付通”支付终端5178部，向具备条件的农户免费发放专为农民量身定做的惠农卡86.92万张。电子银行客户规模扩大，服务品质提升。2015年，山西农行个人电子银行客户新增212.28万户、新增活跃户143.44万户；企业电子银行客户新增1.87万户、新增活跃客户及电子商务有效商户8462户。全行电子渠道交易量占比达到90.51%。　（田喜成）

【消费者权益维护】 2015年，山西农行增强保护消费者权益意识。开展消费者权益保护活动，健全消费者权益规章制度，成立消费者权益保护工作委员会，建立消费者权益保护专项投诉机制，制定投诉受理、处理、跟踪、改进等流程，设定处理时限，有效维护消费者权益。开展专项金融知识宣传活动。组织开展“金融知识万里行”“金融知识进万家”“金融知识普及月”等金融知识宣传活动。开发推广临柜智能新系统。2015年，山西农行在全省金融系统首家开发推广应用临柜智能系统，实现临柜业务操作的凭证电子化、印章电子化、签字电子化、审批电子化和填单电子化，实现“全网点、全窗口、全业务、全交易”的电子化推广应用。简化业务办理流程，提高柜面服务效率，增强风险防控能力，改善客户服务体验。总行对此临柜智能系统给予充分肯定，并在全国推广应用。通过强化大堂经理和一线柜员防诈骗等意识，全行先后多次堵截客户遇到的电话、短信、非法集资等诈骗事件。　（田喜成）

·中国银行山西省分行·

【概述】 2015年，中国银行山西省分行（简称中行山西分行）完成人民币各项存款余额2238.22亿元，时点较年初新增140.11亿元，日均较年初新增106.13亿元；余额市场份额占比7.85%，较年初提升0.08个百分点。人民币各项贷款余额1111.24亿元，较年初新增143.97亿元；余额市场份额占比6.01%，较年初提升0.13个百分点。国际结算、跨境人民币结算、结售汇、基金代销业务市场份额分别达36.45%、37.18%、29.82%和37.7%，继续领跑省内同业。累计发行债券175亿元，实现分销133.3亿元。网络金融业务增势喜人，其中：B2C中银快付交易客户12.86万户，同比增加7.29万户；企业网银交易客户2.82万户，同比增加5402户；个人电子银行存量交易客户、手机银行交易客户数超额完成全年任务。不良余额较年初下降0.59亿元；不良率1.5%，较年初下降0.28个百分点，是中行系统内为数不多的实现双降的一级分行。（宁裕东）

【山西经济金融支持】 2015年，中行山西分行支持山西经济发展。

加大贷款投放。实现贷款新增143.98亿元，位居全省同业前列。为同煤集团、阳煤集团、山煤国际等大型煤炭企业，为侯禹铁路、吕临铁路、山西河曲发电、忻州广宇煤电等重大项目，为部分地市住房公积金中心，为大同市第五人民医院、忻州实验中学等单位新增贷款共计40.08亿元。通过票据融资、贸易融资等方式，共为各类企业新增融资81.91亿元。发展个人贷款、小微企业贷款、银行卡专向分期等业务，为广大个人客户提供方便快捷的融资支持。截至2015年底，该类贷款新增21.99亿元。对阳煤集团、焦煤集团等企业投放贷款3笔、金额3.2亿元。

为企业减负增效。中行山西分行叙做（即操作、办理）直接融资业务175亿元。通过中票、超短融、私募等直接融资业务，为企业拓宽融资渠道，降低财务成本。其中为山煤集团、太钢不锈、阳煤集团发行超短融20亿元、20亿元和15亿元，为潞安集团发行短期融资券60亿元、焦煤集团发行中期票据30亿元，为同煤集团发行私募30亿元。三次参加山西省政府一般债和专项债的投标工作，共承销山西省政府地方债97.1亿元，位

居18家承销银行第2位。（宁裕东）

【山西金融秩序稳定维护】 2015年，中行山西分行盘活不良信贷资产近50亿元，帮助吕临铁路有限责任公司、山西煤销国电能源有限责任公司、山西润锦化工有限公司、山西乡宁焦煤集团有限公司等50余家重点企业渡过难关。

配合政府，处置金融风险。配合运城市政府，加快处置在全国影响较大的海鑫钢铁金融风险。从大局出发，组成专职小组，加强与山西省政府金融办的沟通，对接和处理海鑫钢铁金融风险事件；协调省政府与中国银行总行会谈，商榷重组方案，派人多次赴总行相关部门沟通，仅用4天时间，中国银行总行就批复通过海鑫重整方案。严密防范和监控非法吸收公众存款、非法集资等违法违规活动，全年未发生一起案件，为有效维护区域经济金融稳定做出贡献。

落实政策，给予利率优惠。对太钢集团、八大煤业、富士康等省内重点企业实行优惠利率，2015年末新增公司贷款平均利率5.14%，在同业和系统内都较低，减轻企业筹资成本。

（宁裕东）

【助力企业"走出去"】 2015年，中行山西分行助力企业"走出去"。

发挥国际化、海内外一体化的优势，为山西企业"走出去"提供全面优质的金融服务。累计办理国际贸易结算业务66.2亿美元、跨境人民币结算业务147.15亿元、结售汇业务36.5亿美元。加大跨境人民币结算业务的宣传推广力度，利用汇率风险低、节约汇兑成本、避免短债管控等优势，提高"走出去"企业资金管理的便利性和透明度，使跨境人民币结算业务成为企业办理贸易融资、投融资、境外项目贷款的新选择。其中，为太钢集团开办山西省内首笔"跨境双向人民币资金池"业务，开启山西企业全球化资金管理模式。加强银保合作，将银行贸易融资与政策性出口信用保险有机结合，为"走出去"企业提供资金"融"通的便利。依托出口商业发票贴现、福费廷、中银货运保险等业务，全力支持外向型企业货物、技术和服务的出口。2015年，累计办理出口融信达、出口押汇、进口押汇等国际结算融资业务1.74亿美元。设计定制专项外汇产品，如"出境必备——中行零钱包"、留学汇款"全额到账""全网点、全币种、全天候"外币兑换服务等；举办教育展、定向营销国际班、对接海外行服务等活动，为出国旅游、探亲、求学等客户提供优惠便捷的一站式服务。

利用海内外市场低成本资金，丰富企业融资来源。开办对外工程承包项目项下投标、履约等非融资性保函，以及风险专项资金项下保函、"内保外贷"等特色业务，支持山西省对外承包工程企业及涉外项目。2015年，为中铁三局、中铁十二局、太钢集团、山西省地质工程勘察院、太重集团等多家企业办理对外工程承包项下的外币保函、内保外贷等业务，累计金额1.26亿美元。落实国家"一带一路"发展战略，为企业提供缴税更便利、通关更快捷的金融服务。2015年6月，为太钢国贸办理全省首笔"丝绸之路经济带"通关一体化关税保函业务。太钢国贸凭借出具的保函，在海关成功备案后，享受"十关如一关""先提货后交税"的便捷通关模式和网上电子支付税费的通关便利。

（宁裕东）

【社会服务】 2015年，中行山西分行与山西省高速公路管理局签订合作协议，成为省内ETC项目合作银行。11月12日ETC卡首发，至年末，为8万多有车一族提供便捷顺畅的高速通行服务。

运用非标理财方式，为太原市小王村城中村改造项目融资2.38亿元。

以社保卡、医保卡、福农卡等产品为依托，以水、电、天然气等与日常生活息息相关的代收付业务为手段，以固话POS机、手机取款业务代办点等为平台，为广大人民群众提供优质高效的金融服务。11月，参加朔州市社保卡银医服务项目，在全省范围内首家真正实现银行、医保、医院HIS系统"三网融合"，参保群众凭借社保卡或中行借记卡，就可以享受挂号、诊疗、付费等"一站式"服务。

10月，携手山西广播电视台在长治市壶关县石坡乡南坪头坞小学开展"中银黄河书屋"捐赠的公益项目；加大对省内贫困地区的扶持力度，为临汾市永和县坡头乡的蔬菜大棚项目和道路改造注入资金24.5万元，为吕梁市岚县栗家村修建活动广场注

2015年5月25日，中国银行山西分行与山西省高管局联合举行高速公路ETC客户服务签字仪式

（宁裕东供图）

2015 年 10 月 13 日，中国银行山西分行与山西国际能源集团有限公司签署战略合作协议 （宁裕东供图）

入资金 8 万元，为大同市天镇县塔儿村村貌改造注入资金 5 万元。

（宁裕东）

【企业管理】 2015 年，中行山西分行统筹财务管理，助力业务发展。开展对存款偏离度、贷款规模的日常监控，做好预警管理，把控投放进度，确保各项指标符合该行总行管控要求。

优化业务流程，提升运营水平。开展“三个寻找”活动（寻找与现行制度不相符，寻找系统与功能空白点，寻找岗位与业务处理环节空白点），推动网点业务流程标准化进程。成立太原反洗钱质检中心，强化日常反洗钱监测与分析。

加强基层管理，建设“平安中行”。落实中行基层网点风险管控 50 条措施，加大对重点部位、重要岗位和关键环节的风险排查力度。提升业务经理履职能力，把好基层操作风险防控第一道关口；全年成功堵截各类案件 124 起，涉及金额 648.41 万元。

落实服务承诺，改进工作作风。将服务承诺纳入对省分行机关部门的绩效考核，丰富服务内容，延伸服务内涵。抓好常态化的监督评议和后评价，促进分行与基层、部门与部门、前中后台之间的高效协作。

关爱员工，提升队伍战斗力。落实员工关怀工作。帮助员工解决两地分居，同城上班路途较远，工作用餐等困难。将党组织的温暖和关怀送到老党员、老干部、困难员工的身边，2015 年共慰问 274 人次。（宁裕东）

·中国建设银行山西省分行·

【概述】 2015 年，中国建设银行山西省分行（简称建行山西省分行）围绕山西经济发展转型发展战略目标，衔接重点建设项目，对接企业转型需求，发挥资产业务的带动作用，配合国家产业和区域政策要求，支持山西经济转型发展，主要业务指标实现既定目标，多项业务取得突破，合规意识增强，基础管理夯实，整体保持健康持续的发展态势。

2015 年，建行山西省分行实现考核利润 34.3 亿元，主营业务收入 86 亿元。存款业务保持市场份额。一般性存款日均余额 2689 亿元，四行占比 23.44%，提升 0.06 个百分点，日均新增 110.1 亿元，四行第二。其中，企业存款余额 1147 亿元，占比 25.36%，四行第二；新增 13.1 亿元，四行占比 25.36%，四行第一；个人存款余额 1542 亿元，新增 97 亿元，占比 22.39%，四行第三。信贷投放创历史新高。各项贷款余额 1632 亿元，新增 196 亿元，四行第一，为“十二五”以来新增最多的一年。中间业务收入保持四行第二。实现净收入 15.3 亿元，保持四行第二。其中信用卡收入 3.61 亿元，增速 36.91%；资金结算业务收入 1.27 亿元，增速 8.2%；造价咨询业务收入 1.07 亿元，连续三年突破亿元。资产质量保持同业最优。不良贷款率、不良贷款额保持四行最低水平。不良处置取得突破，累计处置不良贷款 28.6 亿元。

2015 年，建行山西省分行协调总行与省政府签订《推进金融振兴的合作协议》，打造银政合作的新起点。开展为期三个月的“走基层、访客户、送温暖”活动，走访客户 2265 户，其中重点客户 200 余户。同业中率先推出“税易贷”业务，与省国税、省地税签署合作协议，搭建银税合作平台。在全省 119 个县级行政区搭建“助保贷”业务合作平台 89 个，实现区域内地市级全覆盖。参与山西品牌“中华行”“网上行”活动，开设善融商务“山西品牌馆”，成功营销 137 家品牌企业入驻。（麻林楠）

【金融业务转型创新】 2015 年，建行山西省分行将转型创新作为重要工作。制订 2016—2020 年转型发展实施方案，以“打造最具价值创造力的当地最优银行”为统领，围绕山西经济“六大发展”，重点推进大资产、大负债、大同业、大数据四个转型方向，树立从股权融资到债权融资再到信贷投放的思维模式，将建立大资管平台作为对公转型的重点之一，建立“信贷+资管+第三方融资”的综合性、多功能、集约化经营模式，紧抓“地方政府债存量置换与新增投资”政策机遇，筛选 200 亿元项目，首批 57.7 亿元项目获总行审批通过。转型发展取得成效，贵金属租赁、单位大额存单定向发行、买入返售电子银行承兑汇票、代客外汇期权、黄金远期业务、人民币利率掉期、外币利率掉期、汇率掉期等多项业务实现破“零”。

（麻林楠）

2015年9月21日，建行山西省分行与太原市民营经济开发区签署银政战略合作协议 （麻林楠供图）

【信贷业务转型】 2015年，建行山西省分行主动对接，统筹管理，加大信贷结构调整，多渠道、多方式支持支持地方经济发展。新增非煤产业贷款74亿元，抓好“三大一高”重大项目和重点客户，继续巩固和发挥基础设施、大型项目、重点企业等领域的传统优势。倾斜票据业务发展，累计办理票据贴现274亿元，比上年新增63亿元，余额首次突破百亿元。加大投行业务发展。以主承销商身份认购地方政府债101亿元，同业第一；发起设立20亿元的山西省战略新兴产业基金和18亿元的太原市城中村改造基金项目。推进小企业业务发展，坚持“小额化、零售化”思路，小微企业贷款余额、新增均为四行第二。加大个贷投放，个贷余额284亿元，四行占比41%，同业第一；新增80亿元，四行占比55%，同业第一。 （麻林楠）

【存款市场开拓】 2015年，建行山西省分行加大客户拓展力度。2015年结算账户新增1.6万户，四行占比44.39%，增速20.13%，账户增量、增速均位列四行第一。对公有效客户新增668户、个人加权有效客户新增112万户。打牢存款稳增长基础。推进社保卡渠道建设、专业市场营销、代工业务、县域业务、个人外币业务等五大基础工程。关注公积金资金转化，设计适合客户需求的产品组合，公积金转个人存款资金承接率达90%以上，留存率达30%以上。住房资金存款余额143.58亿元，四行占比45.23%，提升1.1个百分点，同业第一。提升资金体内循环率和承接率，通过对客户资金流的监控，强化对客户结算资金的营销。对公客户资金体内循环率和承接率分别达48%和47%。紧抓重点产品，大额定期存单的发行、续接和市场摸底及目标客户筛选扎实有效，认购余额61.6亿元；社保卡发卡量达1062万张，激活率67%，沉淀存款10.25亿元，新增6.07亿元；结算通卡发卡量60.67万张，新增42.11万张，存款余额50.9亿元，新增35.8亿元。加强渠道建设，助农取款终端布放达1.42万台，新增1.2万台；布放电话POS1.92万台，新增1.32万台，电话支付终端沉淀存款累计3.11亿元，新增1.4亿元。2015年，全行一般性存款时点新增居四行第一位，日均新增保持四行第二。 （麻林楠）

【创新国际融资金融服务】 2015年，建行山西省分行加大对企业“走出去”支持力度。做好“三个转变”客户结构转变，从高度依赖钢铁大客户向行业多元化发展；融资结构转变，从以进口业务为主向进出口业务均衡发展转变；业务结构转变，单纯货物贸易领域向服务贸易项下扩展。完成5项产品创新，包括汇权盈、互汇盈、贸易融资转移资产簿记、跨境直贷和境外工程项下“计价单”融资。储备20余户80多亿美元的山西省内企业“走出去”项目，先后办理1.79亿美元、9868万欧元、3.2亿元人民币国际融资业务，5.5亿美元进口委托付款。2015年，建行山西省分行对公外汇存款时点、日均、日均新增三项同比翻三番，且均位居同业第一。 （麻林楠）

【强化风险管理】 2015年，建行山西省分行推进信贷质量管控，提高风险管理水平。完善机制。建立行领导牵头督导，省分行、二级行、基层行三级联防联控、群策群力的工作机制，出台大中型客户信贷业务贷后管理实施细则等政策制度。实时调度。及时统筹不同时间阶段资产质量防控任务完成的进度和目标，召开全行重点项目诊断会，组织召开11次关于资产质量调度的风控委会议。2015年底，逾期贷款控制在20.05亿元，高发态势得到有效控制。重点监控。确定省分行“十五大”信用风险项目，制订“一户一策”化解处置方案。从严考核。按季对二级机构和相关信贷经营部门实施“横向到边、纵向到底”考核，实现风险有序、可控释放。加快处置。以“早处置、快处置、多处置”为目标，加强不良贷款现金回收、具备条件企业分类上迁、核销、打包处置力度，用足、用好、用活总行的政策，最大限度地做好不良贷款处置工作。2015年，推出四个资产包并成功转让，处置不良贷款项目80个、27.07亿元。 （麻林楠）

【金融案件防控】 2015年，建行山西省分行加强案件防控工作。开展专项活动。在全行开展“合规管理年”“制度执行年”“一加强两遏制”“平安建行创建”“案件风险排查”等专项活

2015 年 7 月 6 日,建行山西省分行参加山西品牌中华行(兰州站)活动

(麻林楠供图)

动,确保制度落实到位,责任落实到人,措施落实到岗,强化合规意识、塑造合规文化、筑牢合规防线。营造合规氛围。开展"人人合规、事事合规、处处合规"倡议,"送法面对面 合规创价值"和"珍惜岗位 敬业尽责"主题宣讲,拓展普法平台,开展网络培训,举办专题讲座等一系列活动,树立合规理念,提高合规意识。深化教育活动。组织开展"讲规矩 正风纪 守廉洁"主题教育活动;召开全行警示教育大会,通报违规违纪问题和典型案例。开展专项排查。开展员工异常行为集中排查、飞单专项排查、廉洁合规从业排查。严格责任追究。强化对失职违规行为的查处力度,重点关注审计发现严重问题、员工行为排查、授信业务责任认定问题。持续建设"平安建行"。营造"平安建行、人人有责"氛围,全省"平安建行"示范点从创建初期的 37 个,推广至 169 家。加强信访维稳,及时有效处置多起群体性、进京访事件,实现信访总量、进京到省上访、群体访"三个下降"。(麻林楠)

·中国邮政储蓄银行山西省分行·

【概述】 2015 年,中国邮政储蓄银行山西省分行(简称邮储银行山西分行)贯彻落实邮储总行和监管工作要求,坚持普惠金融理念,自觉承担"普之城乡,惠之于民"的社会责任,服务"三农"、服务中小企业、服务社区。全年累计实现收入 24.41 亿元,同比增长 9.04%,完成预算目标的 105.5%;累计实现利润 4.71 亿元,同比增长 2.47%,完成预算目标的 101.9%。

2015 年,邮储银行山西分行零售贷款累计放款 29.7 亿元,余额净增 21.5 亿元。一手房贷款净增 18.1 亿元,在全国邮储银行一级分行中排名较上年提升 6 位。太原市分行消费贷款余额净增 15.9 亿元,全省占比 74%。全年累计发放小额贷款 32.8 亿元,其中新产品放款 15 亿元。小企业贷款业务落地 10 个新产品,累计放款 31.4 亿元。(杜晶莹)

【金融同业】 2015 年,邮储银行山西分行办理全国邮储银行首笔理财资金投资证券公司固定收益凭证项目 2 亿元,落地全国邮储银行首单国债质押保险通道协议存款业务 3 亿元,首次开展同煤保险债权计划 10 亿元。同业理财业务全年销量超过 370 亿元,规模居全国邮储银行一级分行首位;办理同业融入业务 5 亿元;托管业务规模新增 125 亿元,列全国邮储银行一级分行第 5 位。(杜晶莹)

【电子银行】 2015 年,邮储银行山西分行电子银行保持较快发展,客户规模突破 300 万户,新增 119 万户,其中县域新增客户占比 62%。电子银行业务多项指标稳居全国前列,全年新增客户 101 万户,结存户数 470 万户,其中自营占比 39%,交易替代率达 79.35%,节约运营成本 6.56 亿元。(杜晶莹)

【风险防控】 2015 年,邮储银行山西分行推进全面风险管理。坚持"适度风险,适度回报"风险策略,完善风险与内控委员会工作规则,加大风险事项督办力度,推动决策有效落地;健全机构、部门风险管理评价体系,加强风险联络员履职评价,风险管理组织体系有效运行;强化诉讼管理,提高维权化险能力,实时风险提示,前移风险关口。强化信用风险管控,实行限额管理,加强预警预控,加大不良贷款处置,信用风险得到有效缓释。全省贷款不良率 0.975%,不良金额 4.16 亿元。(杜晶莹)

【内部控制】 2015 年,邮储银行山西分行以合规管理为中心,严守风险底线,全网开展"一加强、两遏制""合规回头看""除隐患、提能力""制度执行年"和案件风险排查等活动,发现问题 1939 个,整改 1927 个,有效化解风险。保持案防高压态势,层层签订责任书,拓展合规检查、专项排查、审计评价的深度和广度,宣传贯彻员工行为"十条禁令",全年未发生案件,没有因违反"十条禁令"退出人员。开展制度梳理,新出台制度 65 个。进行内控评价,梳理要点,内控体系进一步完善。(杜晶莹)

【安全防控】 2015 年,邮储银行山西分行以安全保卫工作能力提升为主线,严格执行"一把手"责任制、"一票否决"制和安全案件责任追究制。推进安防升级达标,改造 222 个自营网点安防设施、改造 10 个过夜现金库并实现异地值守,完成 270 个营业网

点和 189 个离行自助银行预报警接入，利用系统功能成功堵截 3 起破坏自助机具事件。省、市两级监控中心全部实现 24 小时值班，延伸平台应用领域，初步形成非现场技防格局。

（杜晶莹）

【资源配置】 2015 年，邮储银行山西分行拓展渠道功能，在晋城上线电视银行。上线运营存折取款机、自助发卡机等新型自助机具，开通 ATM 跨行转账功能。全年新增 ATM(CRS) 247 台、自助银行 34 处。启动装修改造网点 24 个，500 平方米以上网点达到 116 个。完成 16 项统建 IT 项目的上线推广，自主完成 6 项中间业务平台省内二次开发、生产经营信息发布平台、流媒体系统建设，市行三网改造、网点 Wifi 接入全面启动。

（杜晶莹）

【财务管理】 2015 年，邮储银行山西分行以规范化管理为基础，以风险管理为核心，以绩效管理为辅助，发挥财务管理的转型助推作用。加强资本约束管理，通过完善绩效考核指标体系、科学分配信贷额度、强化利率定价管理，引导经济资本在不同区域、行业、产品和客户之间合理配置。加强投资计划管控，出台考核办法，规范网点建设过程管理，提升工程质量和效益。推行财务集中核算，成立核算中心。强化头寸管理，节约流动性成本 83 万元。（杜晶莹）

·中国农业发展银行山西省分行·

【概述】 2015 年，中国农业发展银行山西省分行（简称农发行山西分行）全年累计投放各类贷款 118 亿元，年末贷款余额 404.3 亿元，较年初增加 58.4 亿元，增长 16.9%，基金投资 27.7 亿元，全年两项资金净投放 86.1 亿元，是“十二五”前四年净投放总和的 1.6 倍，支农作用增强；各项存款余额 158.6 亿元，较年初增加 65.6 亿元，同比多增 59.1 亿元，增幅 70.5%，总量、增量、增幅均创历史新高；实现经营利润达 7.2 亿元，完成总行下达任务的 303.6%。（牛晓辉）

【信贷支农】 2015 年，农发行山西分行始终把支持政策性粮食收储、维护国家粮食安全作为履行政策职责的首要任务。

做好粮食收储资金供应。全年累计发放贷款 19.8 亿元，确保国家政策性粮食跨省移库、地方储备粮增储和各级储备粮轮换计划的实施。落实中储跨省移库有关政策要求，投放贷款 5 亿元，支持粮食跨省移库入库粮食 1.85 亿公斤。支持地方储备体系建设，投放贷款 8330 万元，新增省级储备玉米 0.2 亿公斤；投放贷款 4.9 亿元，新增市级储备 1.8 亿公斤。支持各级储备粮轮换，投放贷款 9.1 亿元，支持中储和省储轮换粮食近 70 万吨。在风险可控的前提下，加大对战略性优质客户和骨干调控企业市场化粮食收购的支持力度，确保夏、秋粮收购平稳进行。在夏粮、秋粮收购开始前，对小麦、玉米的生产、收购价格等进行调研，各级行主动向当地政府汇报农发行信贷政策及有关情况，与山西省粮食局召开收购工作联席会议，提前做好收购贷款企业资格认定工作，召开信贷支持粮食收购主流媒体见面会。全年共投放粮食收购贷款 1.1 亿元，支持企业收购粮食 4841.5 万公斤。

支持农业农村基础设施建设。争取山西省委省政府重视支持。及时主动汇报总行一系列新政策及相关建议，赢得信任和支持。省政府领导共 11 次对农发行工作作出批示，并在多个场合推介农发行政策，先后 3 次举办银政企项目融资对接会，安排省分行在全省金融培训班上讲解相关政策。推动总行与省政府“十三五”战略合作协议、总行、省政府与住建部三方农村人居环境改善战略合作协议的签署，开创银政高层合作新局面。强化与省直厅局的沟通对接。与 10 多个省直厅局沟通对接，推动重点项目早日落地。贯彻落实总行扶贫开发工作会议精神，与省扶贫办开展业务合作，外部发展环境进一步优化。营造银政合作良好氛围。打出营销组合拳，即：一封信函，向各市党政主要领导分别致信推进合作；一套政策，汇总政策发送到各市党政领导手中；一份建议，向各市提出项目实施路径，激发地方政府合作意愿。各市党政均及时回应，部分市与省分行签署战略合作协议，一些地方主要领导主动上门商谈合作，农发行的社会影响力提升。全年共调查中长期项目 70 个，金额 149.6 亿元，同比增加 33 个、75 亿元；累计投放农业农村基础设施建设中长期贷款 74.9 亿元，同比多投 45 亿元，增长 155 %；年末中长期贷款余额 188.4 亿元，较年初增加 50.4 亿元，增长 36%，是“十二五”前四年增量总和的两倍，集中支持山西大水网、太原城中村改造等省市重点项目建设。发挥逆周期调节作用，投放重点建设基金 27.7 亿元，支持项目 51 个，拉动社会投资 3 至 5 倍。（牛晓辉）

【信贷资产质量优化】 2015 年，农发行山西分行优化信贷资产质量。全面解决粮食政策性财务挂账欠息等重大历史遗留问题。争取省政府支持，8 亿元挂账欠息全部拨补到位，并对今后利息拨补做出制度性安排，长期困扰农发行业务经营的突出问题得到彻底解决。加大不良贷款清收处置力度。区别情况、一企一策，多管齐下、协调解决，大额不良贷款清收处置取得突破。通过盘活企业资产、协调担保企业履约等方式，分别现金清收忻州纪元、长治金泽不良贷款 3600 万元、1000 万元。加强自营性贷款风险防控。从第一还款来源、财务数据核实、增强担保能力等 6 个方面加强自营性贷款管理。全年共稳妥退出自营性企业 13 户，收回贷款 1.2 亿元；核减 16 户企业续贷金额 0.6 亿元；对 13 户企业、4.5 亿元续贷，强化担保措施，防控自营性贷款风险。（牛晓辉）

【基础管理】 2015 年，农发行山西分行推进基础管理工作。加强信贷基础管理。开展贷款风险专项检查，深入排查风险易发和风险集中度高的重点客户，摸清底数，强化管理。做好客户评级授信，加强客户基础信息真实性管理，推行贷审会主质询人制度，推动信贷审查审议标准化规范化流程化。加强财会基础管理。开展财会专项整治，对市县行实现检查全覆盖。开展会计坐班主任异地交流和财会岗位突击对接检查，财会内控管理加强。开展基建集中推进，全面梳理问题，逐项目确定进度，分阶段督导检查，加快项目实施。严肃财经纪律，加强财务支出管理，均衡费用列支，优先保障业务发展、重大项目和基层行需要。提升内控管理水平。开展内控评价和“一加强、两遏制”专项检查，狠抓发现问题整改，促进各项政策制度落实。实施违规积分与专项检查挂钩管理，严格违规积分认定标准，提升合规管理水平。（牛晓辉）

【经营效益提高】 2015年，农发行山西分行提高经营效益。完善考核激励。修订完善经营绩效考评办法，针对全省业务经营特点，适当调高人均同业存款指标和人均中间业务总收入指标权重分，增设中长期信贷业务累放额考核指标，进一步鼓励各级行加大低成本同业存款组织力度，促进投资业务、中间业务和国际业务对全行的绩效贡献度。

加强存款营销。开展存款“春天行动”，年末低成本日均存款余额达113.2亿元，较年初增加18亿元，增长19%，完成总行增量目标的4倍；推进财政支农资金代理主办行，54个县支行成为主办行，占支行总数的69%，年末财政性存款日均余额53.3亿元，较上年增加12.7亿元；全行年末存贷比达36.5%，列全国系统5名。开展国际业务和中间业务，全年实现国际业务结算量1860万美元，中间业务收入544万元。

加强利息收回。强化收息管理，加强分析监测，及时掌握收息进度，按月监测各项贷款收息指标完成情况，及时调整工作重点，提出针对性工作措施，实现贷款利息应收尽收。全年贷款利息收回率达122.28%，同比提高26.45个百分点，全辖11个市分行中有8个市分行收息超过100%。对2014年度15个亏损县支行因行制宜，一行一策，采取领导包点帮扶等有力措施，全面提升亏损县级支行盈利能力，年末8个县支行实现盈利，3个县支行实现减亏。（牛晓辉）

·华夏银行股份有限公司太原分行·

【概述】 2015年，华夏银行股份有限公司太原分行（简称华夏银行太原分行）实现各项业务的平稳发展。截至2015年底，华夏银行太原分行在太原市有同城机构15家，在长治、大同、朔州、运城、晋中设立二级分行（异地支行）7家，成立多家小微支行和社区支行，形成以太原为中心、辐射全省的金融服务体系，员工总数约900人，资产总额487亿元。

2015年，华夏银行太原分行加强重点客户关系维护，提升客户忠诚度，夯实客户基础。公司业务将企业现金管理工具箱的推广与对公CRM系统运用作为客户提升工作的重要工具，增强工作的针对性，实现对公客户数量、质量“双提升”，全年对公客户较年初净增779户，较全年计划超69户，对公有效户999户，较年初净增81户，新增公司电子银行客户1000户。个人业务通过持续开展移动银行“0元抢快乐”活动、围绕信用卡ETC、“卡通POS、TPOS”产品吸收优质个体工商户，新增个人贵宾客户256户，余额达到2.1万户，绝对量在系统名列前茅；新增信用卡VIP客户6.5万户；新增移动银行用户8.45万户，提前超额完成总行下达的挑战目标。中小企业业务坚持“精准营销、平台对接、链式开发”的营销策略，加大平台客户的推广力度，组织开展华宇商业发展有限公司、山西华安保险公司、太原市中小企业局项目等90余次客户营销，小企业用信客户数248户，净增32户，用信余额16.1亿元；小企业贷款客户237户，比年初增加33户，增幅16.18%。（韩 雪）

【创新产品运用】 2015年，华夏银行太原分行根据总行确定的15项重点产品，结合区域经济环境特点和太原分行现状，将债务融资工具承销、理财项目融资、企业资产证券化、票据池、信贷资产证券化、融资租赁等业务确定为分行重点推广产品，以“项目制”的管理方式推动新产品的运用。截至2015年底，太原分行承销同煤、阳煤、晋能等10户集团客户债务融资工具187.30亿元，承销额在全行排名第二，在山西同业排名第一；以理财项目融资支持山西煤炭进出口集团、山西省交通运输厅30亿元；以融资租赁的方式支持晋能清洁能源、山西蓝焰煤层气集团15亿元；积极开发推广网上支付结算类产品，为太原市财政局、太重集团成功上线银企直联，开发晋中达钰佳商贸、山西顺宝行投资、天脊塑料等3户集团客户集算快线。个人业务以产品推广为着力点，开拓增存源头，拓展渠道业务，积极营销“卡通POS、TPOS”等产品，以优质个体工商户为目标客户，以ETC业务为绿色山西建设新产品。成功开发ETC客户13763户，带动储蓄存款增加8.8亿元。国际业务将结售汇等新产品作为新的业务增长点，结售汇业务量完成4.3亿美元，同比增长23%；远证即副产品完成2800万美元，同比增长8%；对外担保产品完成210万美元，同比增长198%，实现国际业务结算量5000万美元。小企业业务推广个人经营性贷款、年审制贷款、网络贷等重点融资类产品，持续平台金融一线开发模式，开展“一线支持、现场商议、确定方案”的审批模式，提升对小企业客户的支持效率。（韩 雪）

【风险防控和内控建设】 2015年，华夏银行太原分行加强信用风险管理，重点加强授信业务运行过程管理，并在严格控制新增不良和逾期贷款的基础上，组织推动清收处置，不良率低于山西同业平均水平。深化案件风险防控。持续保持案防高压态势，落实案件防控与经营管理“五同”要求，突出案防“四重”核心，加强专业案防垂直管控，完善案防工作考核机制，严格落实分级负责和责任追究，全年未发生重大案件。提升操作风险防范能力，通过员工异常行为排查、从业规范教育、强制轮岗交流等形式，加强源头风险管控；通过支付密码器推广、银企对账、电子芯片推广运用及印鉴卡置换工作，提升重点环节的技防能力；把握重点环节业务风险，交流学习案防经验，发挥柜台把关堵口作用，下辖各营业机构共把关堵口190余次，堵截金额7000多万元。完善声誉风险管理体系，嫁接外部舆情咨询平台强化舆情监测，主动搭建有效的媒体沟通渠道，举办舆情实战演练和培训，提升各营业机构媒体接待和舆情处置能力。加强合规运行管理，完善内控管理体系，通过开展“两个加强、两个遏制”专项检查，规范各类经营活动，夯实内控建设基础。严格落实安保责任制，重点加强营业场所和办公区域的安保管理，完善突发事件应急处置预案体系，针对“9·3”阅兵等重大活动金融事务制订应急预案，并开展应急演练，确保运行安全、平稳。（韩　雪）

【基础服务能力提升】 2015年，华夏银行太原分行提升基础服务能力。强化科技管理，以保障信息系统安全稳定运行为中心，以辅助业务发展为主线，优化辖内各系统性能，打造新技术平台，开发新系统项目，为全行业务平稳发展提供强有力的技术保障。“零”误差完成影像流上线，保障会计工作顺利开展。自主开发ETC收费系统。推广运用虚拟机平台，影像流业务系统、财政集中支付凭证库系统、华夏E社区业务系统等多套系统在虚拟机集群实现上线。

分支机构建设进展顺利。全年完成朔州分行、长治长兴支行、大同惠民西路支行、太原经开区支行、永乐苑社区支行、万科紫台社区支行、云路街社区支行、运城尚东城社区支行、长治西花苑社区支行的建设工作，营业网点达到21个。

“服务品牌”建设取得实效。按照“内强服务，外塑形象，提升综合服务能力”的要求，开展“服务品牌”建设，打造标杆网点，提升“华夏服务”品牌影响力，客户服务效能提升。长治分行营业部获得全国“百佳”示范单位称号，南城支行、平阳路支行、府西支行获评全国银行业五星级服务网点，运城支行获评四星级网点，华夏银行太原分行成为入选中国银行业协会星级网点最多的分行之一。（韩　雪）

·中国民生银行太原分行·

【概述】 2015年，中国民生银行太原分行(简称民生银行太原分行)在吕梁、大同、运城各设有1家二级分行，下设41家支行（含二级分行)，62家社区支行，5家小微支行，132家自助银行。全口径资产规模超过1000亿元，存款余额667亿元，贷款余额930亿元，累计投放信贷资金近11000亿元，市场份额连续十四年保持当地股份制银行首位，资产质量保持业界较优水平，走出“低风险、快增长、高效益”发展道路。（王　晶）

【供给侧改革】 2015年，民生银行太原分行助力山西省产业转型升级。根据省委、省政府“稳增长、调结构、促改革、惠民生”要求，通过加大信贷投放等措施，做好“煤”与“非煤”两篇文章。围绕煤炭、钢铁等主导行业，推动过剩产能化解，针对贷款企业不压贷、抽贷，继续做好到期业务叙做工作，支持企业转型升级；减轻企业财务负担和融资成本，采取借新还旧、展期等措施延长贷款期限，以时间换空间，帮助企业走出困境；发挥全行整合资源优势，支持企业增进销售，增加现金流，实现共同发展。“非煤”产业方面，通过调整业务布局，倾斜信贷资源，优先支持节能环保、内需拉动、新型城镇化等项目，支持山西战略新兴产业发展，聚焦天然气、节能环保、物流冷链、医药流通、医疗器械等新兴产业。2015年，新兴产业信贷占信贷投放总额的20%，成为助推山西经济发展的重要力量。

全力支持重点项目。突破信贷规模不足局限，践行“融资+融智”观念，加大金融产品和融资模式创新，采用“一户一策”服务策略，为企业提供多渠道、低成本融资和金融支持，先后为阳煤集团、山西路桥集团、山西国际电力集团等重点企业创新运用金融产品，通过发行短期融资债券、银租通、自贸通、账户直投、理财直接融资等业务，降低企业融资门槛，实现融资超过70亿元。加强与政府协同合作，为政府重点领域提供融资支持，成功承销地方政府债券四期，规模近40亿元；与运城市政府签署“百亿资金惠民生”战略合作协议，支持政府相关重点项目推进。民生银行在山西区域投放信贷资产是存款的3.2倍，为山西地方经济建设做出贡献。

深化小微金融。以客户需求为导向，通过升级业务模式、强化技术应用等措施，坚持提升服务水平，紧贴小微客户需求，确保小微金融的可持续发展动力，主动下沉目标客户层级，推出网乐贷、银联贷等小微创新产品，扶持创新型小微企业发展，支持1.3万余家小微企业融资需求，服务小微企业总数超过11万户。（王　晶）

【合规经营建设】 2015年，民生银行太原分行提升内控管理效能。创新工作方式，与分行自有活动结合，开展银监局“两加强、两遏制”专项检查工作，摸清关键风险环节管理现状，落实针对性整改措施，夯实内控合规基础；创新核查形式，建立经营机构季度“体检”制度，对各类业务逐一问诊“把脉”，形成问题库、通报共性问题，对同质同类业务进行自查并规范；创新管理载体，以“合规导航”系统为抓手，从制度、流程、执行等层面开展点对点整改和控制措施，对机构和人员的风险状况进行评价和预警，及时发现并化解隐患。

加强风险流程管理。主动规避高风险业务，重点将国企、PPP项目、新能源产业开发作为引导及审批重点；强化全流程管理，严格贷前调查和客户准入管理，从源头上防范风险，加强放款审核力度，将真实性管理落实到位，提升重点风险领域贷后检查频率，严把贷后管理风险关口；集中精力化解问题及不良资产，实施一户一策，进行差异化清收，并拓宽与第三方合作渠道，确保资产质量稳定。

强化安防工作。落实社会治安综合治理工作责任制，以创建"平安支行"为手段，全方位深化"平安单位"标准化建设工作，从安防设施、消防管理、应急预防等八个方面突出分支行的标准化、精细化、规范化、常态化安全管理建设，加强案件防控制度建设，做到案件防控学习常态化，形成案防治理有效的管控模式，提升风险防范水平。（王 晶）

【社会责任履行】 2015 年，民生银行太原分行加大"三农"、小微客户和社区等领域支持力度，实现金融服务广覆盖和可持续，通过推进产品创新、强化与第三方合作、完善内部机制等举措，服务"三农"发展，信贷支持特色醋产业、酒产业、果蔬深加工、干鲜果饮品项目等农产品产业；从全力保障信贷规模支持、降低准入门槛、优化业务全流程、创新业务产品、降低融资成本等维度，支持和服务小微客户群，累计投放资金超过 400 亿元，保持同业主导地位；依托社区网点布局，发挥线上线下网络优势，创新社区居民服务模式，服务客户总数超过 200 万户。

维护消费者合法权益。开展"服务 i 行动"活动；制定网点规范化服务标准，明确岗位工作职责，响应消费者多样化诉求；参与中国银行业协会开展的"千佳""百佳"服务示范单位创建活动；按季组织开展"神秘人"检查并考核，有针对性地实施产品和服务改进，提高营业网点服务质量，提升服务品质，维护消费者权益，树立良好的社会形象，提升品牌价值。

开展金融普及宣传。开展金融知识进万家、小微企业金融服务宣传月、行庆 20 周年金融普惠等公众金融普及教育活动；通过借助短信、微信、微博等宣传平台，向公众传播普及包括银行卡、防范非法集资和金融诈骗等业务知识，网上银行、电话银行、手机银行等电子渠道风险防范以及个人信用记录方面知识，提升金融消费者认知水平和风险识别能力。

支持社会公益事业。为纪念中国人民抗日战争暨世界反法西斯战争胜利 70 周年，与《山西青年报》报刊社合作，以"党建带团建"形式联合开展"红色印记——慰问山西老兵"志愿公益系列活动；举办第二季"民生银行杯"全民才艺大赛总决赛，通过大众才艺比赛为全市居民搭建人人都能参与的欢乐文化大舞台；推出"民生青年微公益"之"爱的 N 次方"曙光助学计划，联合山西省青少年发展基金会，依托腾讯公益在线捐助平台不定期推出贫困学生公益筹募，以互联网众筹形式捐资帮助贫困学生重造梦想；86 家社区金融网点被太原团市委命名为首批"太原市城市街道区域化团建青少年工作站"，依托"流动团员服务联络站+社区团员服务站+青年志愿服务站+青年就业创业服务站+青少年维权服务站"模式开设社区青少年图书室、建立学习小课桌、实行留守儿童帮扶活动、组织社区趣味文体比赛等，打造民生小区 365 服务品牌；与临县大禹乡火燎坡村结对开展党团共建扶贫助困活动，选派吕梁分行团委书记为驻村"第一书记"，进行首批 20 户特殊困难群众的生活帮扶慰问；开展"关注环境事业 关爱环卫工人"爱心公益、黄手环免费发放活动，举办图片展、爱心捐赠、事迹座谈、社会公开倡议、集体承诺书等，受到多家媒体专题报道。

（王 晶）

·晋商银行股份有限公司·

【概述】 2015 年，晋商银行股份有限公司（简称晋商银行）资产总额达到 1568.93 亿元，各项存款达到 1042.16 亿元，各项贷款达到 650.31 亿元，全年实现经营利润 25.48 亿元，上缴税收 8.72 亿元，主要监管指标均符合监管要求。累计向各类企业提供一般贷款 469.26 亿元，其中 198.68 亿元贷款集中投入到煤炭、化工、冶金、电力等山西支柱型产业上，95.81 亿元贷款投入到制造业、流通业等中小企业，174.77 亿元一般贷款投放到小微企业；充分运用绿色快速审批通道，为 200 户存量企业续贷 389.95 亿元；运用结构化融资手段，为企业融资 102 亿元；响应省、市两级政府推进"城中村"改造任务，成为首家为项目提供融资的银行，通过开发交易所委托债权投资模式，全力保障改造项目顺利进行，成功与万柏林区、小店区、晋源区开展业务合作，累计融资额 37.91 亿元。截至 2015 年底，晋商银行累计向产业转型、生态治理、城乡统筹和改善民生四大转型领域提供一般贷款 80.37 亿元，其中 72.85 亿元贷款集中投到产业转型领域，7.52 亿元投入到生态治理、城乡统筹和改善民生领域，余额达到 101.96 亿元，为山西省经济转型和综改试验区建设提供金融支持。（韩晓俊）

【小微企业扶持】 2015 年，晋商银行累计向 2207 户小微企业发放各项贷款 326.83 亿元，余额达 222.86 亿元，占全行各项贷款余额的 34.26%。加强与政府、担保机构、商会、协会等平台渠道的合作力度，在全行范围内开展小企业金融业务区域规划工作，改进信贷业务操作流程，完善小企业客户准入标准，提高业务办理效率；各机构小企业中心因地制宜，分别制定小企业金融业务发展思路、行动方案，形成分中心区域业务发展规划；发起成立太原首家"科技银行"，为科技型中小企业提供专项金融服务。

（韩晓俊）

【经营管理】 2015 年，晋商银行稳步推进物理网点建设，加速推进电子渠道建设，加快线下线上的融合，为城镇居民提供更为便捷的金融服务。加快推进物理网点建设。到年末，全行共有分支机构 122 家，其中太原地区 71 家（含 1 家小企业金融服务中心），异地分行 9 家，异地支行 42 家。持续推进电子渠道建设。主动适应互联网变革大势，推动直销银行上线运行，为晋商银行打造“网络银行+移动金融+大数据”三位一体的互联网金融发展模式迈出坚实一步；网上银行、手机银行、微信平台全面改版升级，客户体验进一步优化；完成晋商消费金融公司筹建工作，于2月开业。社区银行建设加快推进。15家社区银行完成筹建，36家对外运营，总数达到59家。加强对营业网点及办公场所的整合调整和优化升级，完成2个网点的迁址改造。（韩晓俊）

【金融创新服务】 2015年，晋商银行以创新突破为手段，研发新业务产品。以改革转型为动力，探索新的发展模式。理财业务在稳步增长基础上加快转型发展。1月至12月，晋商银行共发行理财产品299期、金额685.29亿元，存续余额302.11亿元，综合理财能力、发行能力、信息披露规范性位居山西省21家商业银行之首，在全国2016银行理财实力榜中位居第37名；7家“晋升财富”理财中心开业运营。打造个人信贷产品体系。“卡易贷”业务实现强劲增长，累计授信突破5万户，贷款余额26.21亿元；面向个体工商户和小微企业主，推出“商易贷”经营类贷款。拓展银行卡客户群体。推出“小荷卡”“DIY卡”为代表的个性化银行卡产品，借记卡产品不断丰富，累计发卡量突破200万张。以创新突破为手段，提供多元融资渠道。创新并办理商业承兑汇票保贴业务；成功发行首单23亿元的信贷资产证券化产品和首期二级资本债，发行首单20亿元公司债券，作为主承销商承销山西省地方政府债券22.52亿元；介入一级市场融资业务，开展股票、债券的混合型资管产品、上市公司股票质押业务；成为全国市场利率定价自律机制基础成员，在全国银行间债券市场发行三期同业存单；推出“先得利”“一本万利”创新类负债产品，受市场欢迎，成为拉动晋商银行个人储蓄存款的又一抓手；结构性存款、大额协存等业务的推出，得到市场的高度认可；开展优秀产品研发成果评选活动，对评选出的5项优秀产品和3项创新产品给予重奖。（韩晓俊）

【金融服务水平提升】 2015年，晋商银行完善金融服务工作机制，推动以网点效能提升为主题的“一号工程”，全行金融服务水平和消费者权益保护能力提升。在山西省银行业2015年度星级网点评定工作中，晋商银行清徐支行等5家支行被评为星级网点；在省银协组织的文明规范服务示范网点评选中，晋商银行迎泽支行、兴华街支行、南寨支行等6家单位被评为文明规范服务百佳示范网点，其中龙城支行营业部继续被中银协评为全国千佳示范网点。（韩晓俊）

【年度获奖】 2015年，晋商银行在英国《银行家》杂志全球1000家银行排名中位列第559位，先后被评为“第四届最佳中小银行——最具市场竞争力奖”“中国金融品牌500强”“中国银行业文明规范服务千佳示范单位”“全国企业文化建设创新先进单位”“山西省金融系统优质服务先进单位”“山西省金融系统工人先锋号”“山西省银行业文明规范服务百佳示范单位”等，得到各级党政、金融同业和社会各界的认可。（韩晓俊）

【社会责任】 2015年，晋商银行开展赈灾扶贫、扶危救弱等慈善活动，推动公益事业发展。晋商银行加强定点扶贫工作，对晋商银行定点扶贫的大同县聚乐堡乡西关村、张庄村进行精准扶贫，立足两村的实际情况，解决两村最为迫切的吃水问题，组织全行领导干部与贫困户实施结对帮扶，切实帮助贫困农户脱贫致富；分支行员工积极组织员工参与“送温暖、献爱心，慈善一日捐”“心系环卫情，共筑中国梦”、捐资助学等活动，累计捐款捐物金额4.8万余元。晋商银行还成立多个志愿者服务团队，参加慰问孤寡老人、慰问环卫工人、清洁城市护栏、“平安志愿者”等多种公益活动。（韩晓俊）

·山西省农村信用社联合社·

【概述】 2015年4月28日，山西省农信社联社落实“六权治本”工作。经过“自查清理、汇总完善、研究审议”三个阶段，梳理出省联社实施的105项审核（审批、咨询、备案）事项，经省农信社联社党委会研究决定保留96项，调整9项。11月，省农信社联社印发《关于公布山西省农村信用社联合社权力清单及行使流程图的通知》，印制《山西省农村信用社联合社权力清单及行使流程图公式手册》，在省农信社联社门户网站及办公大厅LED显示屏进行滚动播放，在省农信社联社机关各部门办公室悬挂公示牌，接受广大干部员工的严格监督。

2015年，省农信社联社督促各级机构保质保量完成年初制定的改制化险、达标升级工作目标。全省农信社按照政府领导、监管引导、省社主导、机构努力、多方支持“五位一体”的工作格局，内化外促加快风险处置。2015年，挂牌开业11家，累计开业20家。截至2015年底，全省110家县级法人机构，向省农信社联社提出改制农商行的有77家，省农信社联社批复同意改制的58家，累计召开创立大会的38家。（李益友）

【省领导到省农信社调研】 2015年5月8日，山西省委书记王儒林深入尧都农商行太原小微专营支行，就金融支持小微企业发展、加快农商行改制等工作进行调研。省领导吴政隆、王伟中、王一新及省委办公厅、省委政研室、省经信委、科技厅、金融办等部门负责人，以及省农信社联社党委书记、理事长崔联会等陪同调研。

7月12日，由省农信社联社主办的“晋·道大讲堂”山西农信专场在中国（太原）煤炭交易中心举行，取得良好效果。（李益友）

【纪念山西省农村信用社成立70周年暨省联社成立10周年系列活动】 2015年为山西省农村信用社成立70

2015年7月12日，山西省副省长王一新在庆祝山西省农村信用社成立70周年暨省联社成立10周年宣传活动上致辞　（李益友供图）

周年暨省联社成立10周年。7月12日，庆祝山西省农村信用社成立70周年暨省联社成立10周年宣传活动启动。8月起，省农信社联社陆续通过六大举措将宣传活动推向高潮。这六大举措包括征集评选“我与农信一路同行”故事会、开展“学社史、知社情”微信答题赢礼品活动、举办“辉煌七十年”诗歌创作与朗诵比赛、举办“七十载激情跨越新起点再创辉煌”祝福语创作大赛、开展“圆梦工程”捐资助学活动、举办“感怀、感动、感慨、感恩”主题书画摄影大赛等。　（李益友）

【农信精准扶贫】 2015年，为推动实施金融富民扶贫工程，带动贫困人口脱贫致富，省农信社联社发挥金融杠杆作用，从两方面加大精准扶贫力度。(1)加强银政工作。省农信社联社与省扶贫办进行沟通，从省级层面确立合作意向、签订战略合作协议，并引导贫困地区县级行社主动加强与当地扶贫部门沟通接洽，建立合作关系，开设风险储备金专户，依托“富民贷”和“强农贷”产品加大扶贫力度。(2)推进信贷信用工程。坚持创建信用工程，根据农户的信用状况、还款能力等因素评定信用户，核定授信额度，并采取“一次核定、随用随贷、余额控制、周转使用”的管理办法，支持贫困老百姓脱贫致富。2015年，全省农村信用社共依托风险补偿金累计投放扶贫小额信贷27014万元，支持6465户建档立卡贫困农户，面向农业企业、能人大户等累计投放“强农贷”27268万元，带动12851户贫困户。截至12月底，全省农村信用社涉农贷款余额占到贷款总额的85.06%。

（李益友）

【行业管理企业化改革】 2015年4月20日，山西省农信社联社印发《关于加快推进信贷管理转型 切实增强法人机构自主经营活力和风险防控能力的实施意见》，实施行业管理去行政化改革，取消省农信社联社、办事处（市联社）信贷业务咨询工作，所有存量信贷业务权限全部下放县级机构，省农信社联社主要负责强化政策指导，帮助县级机构提升事前风险甄别能力，建立大额贷款风险县级机构高管主体责任制，推行信贷客户分类管理，探索设立集中办贷中心、小贷专营中心、集中审批中心、贷后管理中心，推动形成“小法人、大系统”“小银行、大平台”的发展模式。

（李益友）

【数据中心迁移】 2015年3月，山西省农信社联社南内环数据中心投入使用。根据工作安排，省农信社联社启动数据中心迁移工作。这次迁移工作涉及面广、影响范围大、工作繁杂，涉及300多台（套）硬件设备、30多个重要信息系统及相关功能模块的迁移，各应用系统相互关联，多个系统对外提供7×24小时服务。为确保系统迁移“安全稳定、不出问题”，省农信社联社精心组织、周密安排，各业务条线，基层网点全体参与、密切配

山西省农村信用社普惠流动服务车深入农村，用实际行动推动实施金融富民扶贫工程　（李益友供图）

合，开展前期调研、设备安装调试、应用系统梳理、基础架构设计和搭建、迁移模拟演练、资料报备等工作完成迁移工作，保障迁移期间全省农信社各项业务工作的正常开展。（李益友）

保　险

·中国人寿保险股份有限公司山西省分公司·

【概述】 2015年，中国人寿保险股份有限公司山西省分公司（简称中国人寿山西省分公司）推动山西国寿事业发展。

业务增速再创新高。总保费收入111.7亿元，同比增长15.25%；首年期交保费收入19.77亿元，同比增长52.2%；首年10年期保费收入9.6亿元，同比增长29%；短期险（含大病保险）保费收入6.37亿元，同比增长28.8%；政保业务收入1.32亿元，同比增长16.8%。总保费增速创7年来新高；首年期交增速创10年来新高。

预算底线落实到位。长险首年标保、新单保费、首年期交、首年10年期4项核心业务，均提前超额完成全年预算。其中，首年标保和首年期交分别超预算35.9个和32.2个百分点。

结构效益持续改善。首年期交占首年保费比为46.4%，同比提高5.5个百分点。首年期交中，5年期及以上占比91.5%，10年期及以上占比48.6%。长险首年标保收入10.32亿元，同比增长55.22%。费用佣金预算资源17.5亿元，同比增长24%；长险首年佣金6.7亿元，同比增长48%。

销售队伍扩大。从个险渠道看，月均增员率由上年的4.7%提高到7.1%；持证人力达45346人，较年初增加20349人，同比增长81.4%；月均长险举绩达10596人，同比增长45.1%；收展人力增至8632人，成功反超主要同业公司；全年晋升组经理1219人，晋组人数为上年的4.84倍。从团险渠道看，新增销售人力739人，代理制销售队伍达1344人，建成54个城区标准拓展团队和254个县支公司标准拓展团队。从银保渠道看，新增保险规划师2164人，规划师队伍达3662人，月均举绩人力达1336人。从电销中心看，月均人力稳定在50人以上。（刘建珍）

【市场对标发展】 2015年，中国人寿山西省分公司推动业务市场对标发展。个险“双领先”优势得到巩固。截至2015年底，个险首年期交市场份额为29.89%，在主要竞争对手突击5亿高现价3年期业务的情况下，仍牢牢占据市场主导地位；个险营销人力市场份额达31.22%，在剔除3个月未举绩人力的情况下，较上年底提升4个百分点；与主要竞争对手比值为1.35，较上年提高31个百分点。省会城市竞争力提升。太原分公司个险首年期交和营销人力，与主要竞争对手对标比值分别提升至0.55和0.65，较上年分别提升10个和22个百分点。太原分公司获得自分业以来的首次集团公司年度会议表彰。城乡市场有效统筹。城区人力实现倍增，规模人力达14978人，较年初增长102%；农网队伍快速扩充，规模人力达到9887人，较年初增长80.48%；全省系统共建成36个集团公司“绿洲工程”网点，建成171个省公司品牌网点。（刘建珍）

【业务改革】 2015年，中国人寿山西省分公司强化业务改革。探索改革新路。在总结评估近年来深化改革经验教训的基础上，提出“3+1”（专业化、精细化、市场化+科技国寿）突破工作课题，发出改革再出发的动员令，标注出继续改革的着力点和优先顺序。组织开展“3+1”大讨论活动，组织12个条线制订“3+1”突破任务书，按照“僵化-优化-固化”的模式，推进改革的立柱架梁和夯基垒台工作。加大服务创新力度。推进电子化服务，打造线上服务平台，E宝账用户数突破17万人，绑定保单67万件；保全电子化率达28.29%，个人短险电子化率达39.5%。践行科技国寿战略。制订“科技国寿”建设奖励办法，创新开发“准客户资料分析”“银保网点管理”等新技术应用系统，推广“两朵云”，云助理使用人数达30485人，云桌面开通账号3549个。率先在全国系统试点“微回执”“微回访”，“微回访”服务客户达12余万人次，推广率达84.75%；全国系统有近20个省级公司到晋学习交流。肯定创新成果。“太原分公司职工大病保险客户资源开发与专项队伍建设”“长治分公司银保大学生团队建设”创新成果荣获总公司2015年度创新成果优秀奖，忻州分公司“V品会”项目荣获总公司2015年度“银保·创”大赛“销售创意奖”。（刘建珍）

【业务保障】 2015年，中国人寿山西省分公司提升业务保障能力。运营效能增强。理赔、保全、代理业务自动通过率分别达41.39%、77.09%和38.86%；保全、理赔、代理业务省级集中度分别达99.48%、57.31%和100%；完善客户信息150余万件，临柜客户信息准确率达99%，推进“颗粒归仓”活动，清理失效保单8.5万件，复效保费2.95亿元；建立立等可取业务处理模式，完成档案省级集中管理改革。服务层次提升。全面推广“业务综合柜员制”；理赔5日内结案率达99.53%；“95519”热线人工接通率达92.56%，服务满意度达99.93%；坚持开展农村客户集中服务活动，全年在59个农村网点为2万人次提供现场服务；高度重视大病保险服务，与基本医保共建合署办公网点56个，公司承保的大病保险区县，接近半数实现“一站式”结算。客户经营改善。新增长险投保客户12.53万人，同比增长43.06%；老客户二次购买率达4.91%，同比提高0.75个百分点。风控措施升级。开展“两加强、两遏制”专项检查、反洗钱现场执法检查、大病保险专项检查及发现问题的整改，健全内控体系。（刘建珍）

·中国太平洋财产保险股份有限公司山西分公司·

【概述】 中国太平洋财产保险股份

有限公司山西分公司(简称太平洋产险山西分公司)为山西经济社会发展、为客户提供全面的风险保障。

2015年，太平洋产险山西分公司面对山西经济持续低迷和保险市场竞争日益复杂多变的严峻形势，以“控品质、保盈利、强基础、增后劲”为方针，以承保盈利为底线，以合规经营为红线，以提升客户体验，满足客户需求为生命线，扭亏为盈夯基础，结构调整增活力、转型创新谋长远，实现可持续价值增长的战略目标。截至2015年底，保费收入11.49亿元。其中，机车险保费收入9.77亿元，非车险保费收入1.72亿元。赔款支出7.06亿元。截至2015年底，辖内共设11家地市中心支公司，60家县级支公司，服务网络逐渐完善。太平洋产险山西分公司从承保理赔质量、费用精细化管理等多方面采取措施，综合成本率大幅降低。综合成本率95.08%，同比下降5.18%。其中车险、非车险综合成本率分别为96.02%、88.21%。

(周苗为)

【渠道建设】 2015年，太平洋产险山西分公司强化渠道建设，加大业务发展。明确车险渠道化发展的工作思路，聚焦渠道推动业务发展。制订三大渠道基本法，统一绩效管理和考核体系。与山西省511余家车商建立合作关系，保费突破2亿元。发展电销渠道和交叉销售渠道业务发展。

(周苗为)

【直销队伍转型】 2015年，太平洋产险山西分公司按照太保总公司要求进行直销队伍转型。分期分批，稳妥推进车险直销队伍转型。从2015年二季度开始，经历摸底调研，制订方案，首批3家试点，分三批分步实施，至11月转型工作全面铺开。通过转型释放活力，增强团队的专业化能力和团队战斗力。建立车险、非车险渠道化经营、专业化发展路径。车险。在加大车商、电销、交叉团队建设的同时，建立团车业务团队，制订《个代基本法》，推进个代渠道发展。非车险。建立非车业务专业团队，提升专业水平，促进业务发展。 (周苗为)

【服务水平提升】 2015年，太平洋产险山西分公司全面推进“以客户需求为导向”的战略转型，把工作重心放在挖掘客户价值、实施细分战略、提升服务品牌。

客户服务方面。深化窗口规范化服务，提升服务形象。对临柜人员着装仪表、行为举止和接洽谈吐等进行全面规范，跟进服务督导检查，保证公司整体服务形象提升的落实。开展“增值服务”工作，提升公司服务水平。每逢节日来临，发送温馨提醒短信、节日祝福短信，让客户充分感受公司关怀；为深化车商渠道建设，坐席执行送返修推荐，保证车险送返修工作的第一步开展；加强公司VIP客户收集，努力发展新会员，掌握服务动态，提升公司客户量及满意度。参与全国保险公众宣传活动，拉进与消费者的距离。参加7月8日全国保险公众宣传日活动。开展总经理接待活动，零距离与客户接触，加深客户对公司专业服务的信任和认可。健全客户投诉管理体系，切实保护消费者权益。2015年，投诉总量同比下降66.47%；投诉一次解决率为98.65%，同比提高2.41%。

理赔服务方面。2015年，太平洋产险山西分公司加快理赔结案周期，提升理赔服务。截至2015年底，全险种综合赔付率下降6.63%，其中车险综合赔付率59.96%，非车险综合赔付率48.3%。坚持“赔得快、赔得准”，加快全流程案件结案速度，缩短结案周期，提升客户体验，助力业务发展。公司提高理赔结案周期，同比提高8.91天。推出小额人伤快赔处理办法，人伤案件诉前调解管理办法。经公司参与三方自行调解案件407起，小额快赔665起，客户满意度提高。加大新技术推广运用力度，提高理赔服务能力。推出自助查勘APP，客户可以通过自己报案、上传现场照片，与3G移动视频时时连线，不到10分钟就完成自主查勘定损，理赔更快更方便。推出《太平洋产险山西分公司优质客户理赔服务方案》，利用理赔各接触点，加大优质客户服务推广力度，提升理赔服务能力。2015年，共服务新车首次出险客户数量为2360件，连续三年未出险的客户数量为670件，优质女性客户为780件。在五一、十一、春节等重大节假日期间，实施无休制，开展“畅通无阻，太保相伴”的理赔服务活动。在山西省各高速路口，旅游景点设立便民服务站，为过往的行人、车主提供理赔服务及救援服务，得到社会各界的一致好评。

(周苗为)

【财务基础夯实】 2015年，太平洋产险山西分公司深化财务费用管理改革，改变“大包干”，实行“固变分离”。固定费用、人工成本、运营费用据实定额支付，确保三、四级机构的正常运转。销售费用按条线、渠道、险种、品质，以市场导向配置资源，提高费用投放精准度。 (周苗为)

【依法合规经营】 2015年，太平洋产险山西分公司作为山西省保险行业内的主要经营主体之一，面对复杂多变的经营形势，坚持依法合规经营，防范化解风险，维护市场秩序，在业内树立起良好的公司形象。以三级机构为重点，加强内控风险自查，构建内控制度体系。坚持风险管控前移，开展合规风险系统监测，强化事前、事中的预防管控和考核问责约束，确保行政处罚指标优于行业平均水平。开展“两加强、两遏制”“三反五清”和“反洗钱”专项活动，坚持合规经营。

(周苗为)

【开展公益活动】 2015年，太平洋产险山西分公司自觉参与各类公益活动，履行企业公民的职责。2015年发生的MH370飞机失联、鲁甸地震后，太平洋产险山西分公司第一时间做出应急措施，开通绿色理赔通道，简化理赔手续，提高理赔速率。太平洋产险山西分公司各级工会、团委参与当地工会、共青团组织的各项“献爱心”与“责任照亮未来”公益活动，把履行好企业社会责任融入企业文化建设中。

5月16日，太平洋产险忻州中心支公司(简称中支)参与由忻州市残疾人联合会、忻州日报、忻州市电视台、金娃娃水育早教中心、蓝丝带等多家爱心单位发起的“大爱中国行,爱心传递希望”公益活动,在全公司发出倡议,为自闭症儿童小成豪进行募捐,共捐得善款5000余元。5月31日,太平洋产险长治中支协同长治市青年志愿者协会志愿者,与长治市青志协文艺服务队一起携手走进阳光天使特殊教育学校,与那里的孩子一起欢度“六一”儿童节并送去太平洋保险的祝福。7月,太平洋产险朔州中支“关注成长,放飞梦想”帮扶共建活动,为留守儿童捐赠红领巾、小红帽各50件;为留守儿童每人承保10万元的意外人身伤害保险;捐赠矿泉水8箱。太平洋产险晋中中支对昔阳县东固壁村进行扶贫慰问,给扶贫村里老、伤、病、残的村民送去节日慰问生活用品。2015年中考、高考期间,太平洋产险山西分公司多家中支机构开展“情系考生,太保助力”公益活动。在考点设置休息送水点,免费向考生及家长提供矿泉水、扇子及临时休息服务区。(周苗为)

·中国太平洋人寿保险股份有限公司山西分公司·

【概述】 2015年,中国太平洋人寿保险股份有限公司山西分公司(简称太平洋寿险山西分公司)实施“条线化经营、专业化推动、差异化投入、标准化评估”的经营策略,秉持“专业、务实、落地、升级”的工作要求,持续优化和调整业务结构,累计实现原保险保费收入55.1亿元,以同比增长17.2%的良好成绩继续保持稳固的市场地位,总体规模保费在山西省保险市场位居第二名。2015年,全省11个地市均开设有地市机构,另有100余家县区机构覆盖三晋大地。

2015年,太平洋寿险山西分公司共计处理各类赔案1.17万件,累计给付理赔金1.55亿元,缴纳各类税费1.33亿元。(刘志平)

【个险业务发展】 2015年,太平洋寿险山西分公司个险条线坚持基本法持续推动、新技术普及应用,客户资源分类管理,准确把握经营节奏,明确经营重点,在业务、人力方面均取得较快增长。截至2015年底,公司实现营销新保保费15亿元,市场份额24%,较上年同期增长4个百分比,市场排名第二,营销新保保费同比增长94%,增长率排名第一。营销新保期缴实现14亿元,市场份额27%,较上年同期增长4个百分比,市场排名第二,新保期缴同比增长95%,增长率排名第一。营销人力3.3万人,同比增长40%,市场占比24%。

太平洋寿险山西分公司相继推出《东方红·样样红年金保险(分红型)》《利赢年年年金保险(分红型)》《银发安康恶性肿瘤疾病保险》等客户欢迎、市场认同的产品,为山西客户提供专业、完备的保险保障。

太平洋寿险山西分公司创新客户服务模式,通过存量客户脸谱分析,应用客户洞见结果,借力新技术移动保全的推广、应用,培养营销员上门服务客户习惯。为客户提供客户信息维护、受益人变更、给付、贷还款等功能,提升客户体验,发现、发掘客户需求,并获取加保、转介绍机会。(刘志平)

【渠道业务转型】 2015年,太平洋寿险山西分公司法人渠道业务中心围绕“构建政保服务最全面、企业员工福利最专业、渠道经营最领先”的愿景,经营、转型同步开展、渠道培育初见成效。通过加强销售序列与支持序列人员管理,加强干部考核力度,强化基本法管理,改善公司业务投产比,提升销售产能与价值贡献,实现法人渠道业务健康稳健经营。截至12月31日,法人渠道业务累计实现保费1.4亿元。其中,团险短险实现保费9000余万元,市场份额8%,市场排名第三位;银保期缴实现保费5000余万元,市场份额5%。

期缴业务:通过架构调整,原银保板块客经业务保费调整至营销渠道,销售人力下降68%,银邮渠道在“开门红”期间主推期缴业务,后续转型至短险业务开拓。

短险业务:发挥传统“安贷宝”农信及银行合作渠道优势,发展延伸业务,挖掘后台客户资源,逐步实现业务转型;逐步接洽计生、驾协领域,开拓培育新型合作渠道,为业务发展搭建平台;借助营销优势,发展交叉业务,通过专属产品细分客户市场,扩大业务市场;利用新技术,生成业务发展的多元化触角,占领市场先机。(刘志平)

【基础服务】 2015年,太平洋寿险山西分公司坚持“关注客户需求、改善客户界面、提升客户体验”经营策略,创新服务模式,优化作业流程,推动新技术运用与推广,提高服务效率,开展各类保险活动,提升服务质量,维护消费者的各项权益。

开展“3·15”消费者权益日活动。3月14日至16日,太平洋寿险山西分公司及11家中支总经理全部参加“首席客户服务经理接待日”活动,总经理与消费者进行零距离互动,倾听客户声音,解决客户诉求,介绍“神行太保”“中国太保”官微等新技术服务。

开展“7·8全国保险公众宣传日”系列宣传活动。7月8日,全辖各机构充分运用社会化媒体,通过扫描官微二维码、收集调查问卷、城市快闪手语舞等方式,开展宣传活动。

开展“总经理接待日”活动。2015年全辖开展总经理接待日140余次,活动期间,各中心支公司解答、及时处理保险消费者各类咨询和投诉案件300余人次,获得客户及业务人员高度认可。

利用新技术防范风险、提升客户服务体验。微回访:1月10日上线,微信回访在便捷性、自主性、保密性及合规性等方面均得到较好体现,2015年公司通过微信回访保单15万余件。移动理赔:1月30日上线,对全辖的五星级业务员授予一定额度的小额医疗险理赔权限,业务员通过“神行太保”可为出险客户现场办理理赔。3月13日,山西省内首例“移动理赔”案件在太原产生,客户在10分钟内收到理赔结案短信。微贷款:2月上线，简化贷款手续，节省客户时间成本，2015年通过微信贷还款29万余件，占贷还款总业务73%。OCR技术应用：公司在“神行太保”投保人、被保险人、受益人信息录入环节实施光学字符识别技术，通过对证件（支持身份证、户口簿）进行拍摄，系统自动识别证件信息，自动识别并导入大部分必录信息。POS实名制验证：为避免代刷卡，公司采用银联账户验证接口，支付时将投保人姓名和卡号传输至发卡行进行户名信息验证，验证一致则支付成功，验证失败则反馈支付失败，提前控制和预防风险发生。增量客户信息真实性校验：为保证客户信息的准确性和完整性，录单环节增加身份自动识别，客户姓名与公安部公民信息中心数据库进行实时比对，比对不一致，在PAD端提示业务员进行更正录入。电子信函推广：订阅电子信函后，公司会向有需求的客户指定的微信及邮箱发送电子版分红周年报告、保险费交费通知书等通知单证。微领取：10月10日上线，为行业首创的快捷手机版给付金领取项目，借助“中国太保”微信平台，客户只需三分钟即可通过手机完成给付金实时领取。微理赔：11月上线，客户本人通过“中国太保”官微平台进行赔案信息录入、电子签名、资料拍扫等动作，即可完成医疗补贴型险种的理赔流程。

推进柜面建设，参与“星级柜面”评选：3月，公司成功上线临汾客户体验店，为客户提供高品质的保险服务。2015年，山西省保险行业协会连续第四年举办“寿险公司星级柜面”竞赛评选活动，截至2015年底，共计20个柜面获得星级柜面，其中太原、大同获得最高评审级5A级柜面，临汾、晋中、长治、朔州获得4A级柜面，其余5家中支机构及9家四级机构柜面获得3A级柜面。

开展客户服务活动。开展2015年度“关爱工程”活动：举办主题为“灵感无限·点亮生活”的2015年度关爱工程活动少儿创意大赛，鼓励少年儿童参与创新。结合活动方案，每家机构选送1件作品至分公司，通过分公司评选，最终太原中支段昊阳由贝壳和手工纸制作的《金孔雀》作为分公司参选作品参与“中国太保”微信投票，荣获总公司二等奖。举办“感恩季”活动：为进一步打造公司服务品牌，推动客户服务体系和服务文化建设，公司于11月10日至12月20日期间，在全辖组织开展30余场“感恩季 感恩有你”创新服务客户体验活动，各机构活动现场累计参与客户2700余人。活动通过对门店参观、新技术应用介绍，客户俱乐部积点兑换等一系列服务活动，为高端客户提供增值服务，搭建资源共享及高端社交平台，全面提升消费和服务体验。开展“客户体验大使”招募活动：总公司通过“中国太保”微信平台面向社会公众招募客户体验大使，山西分公司通过积极宣传和推广，共计1.7万人参与本次活动。通过评选并结合客户意愿，最终来自全省各地的15名客户当选客户体验大使，其中一名客户获评首席客户体验大使。（刘志平）

【财务管理】 2015年，太平洋寿险山西分公司以提升素质、管理升级为重心，围绕流程化、标准化、精细化开展工作，优化资源配置，夯实会计基础，防范财务风险，使财务各项工作全面升级。深化全面预算管理，优化资源配置，提升投产效率，保费收入逐年增长，费用结余逐年递增。夯实会计基础，提高财务运营水平，专业化考核排名逐年上升，2015年完成会计资料无纸化、业务核算自动化试点等工作。加强资金管理，转账率逐年递增；加强内部控制，建立会计督导体系，防范财务风险，内审外查各类风险缺陷逐年下降。2015年对全辖11家中支进行全覆盖现场督导检查，对36家四级及以下机构进行现场检查，在2015年进行的集团审计中，财务条线缺陷数为零。开展培训，建立荣誉体系，强化工作考核，提高团队综合素质，团体和个人获总公司多个奖项。

（刘志平）

【合规经营防范风险】 2015年，太平洋寿险山西分公司强化合规文化建设，通过提升合规管理水平和重点风险评估监控能力，支持业务创新发展。全辖机构班子成员签订《合规经营责任清单》，分级细化责任归属，做到责罚措施具体化，责罚处置严格化。强化反洗钱工作，年度监管检查实现“0”处罚，被人行太原中心支行评为山西金融机构反洗钱工作“A类”机构，辖属阳泉、运城、朔州、临汾、忻州、吕梁六家中支也被评为“A类”机构，山西分公司获总公司“年度反洗钱管理优秀分公司”。强化缺陷源头治理，推动内审外查及专项检查发现问题“1+10”整改措施的落地与实施，落实整改责任，分解整改任务，完善整改评价，确保整改成效。制订《2015年山西分公司合规培训工作计划》，6月30日前，组织全体内勤人员开展以《内控基础管理工作规范》为基础的实务培训，参训率达100%（不含长期病假、产假）。（刘志平）

【社会公益】 2015年5月26日至27日，太平洋寿险山西分公司赴平陆县启智乐育幼儿园、东街幼儿园进行爱心慰问，赠送学习用品，与小朋友和家长们共同欢度六一。

5月27日，太平洋寿险山西分公司参与省保险行业协会组织的太原市三晋小学“保险知识进学校”活动，分公司捐赠书籍、书包、文具等七箱物资，价值3000余元。

6月7日，太平洋寿险山西分公司在晋城市凤鸣、实验等考点开展“情系六月、爱心助考”活动，免费为考生、家长提供纯净水及绿豆汤。

9月25日，太平洋寿险山西分分公司举办第五届“纸飞机”捐资助学活动，分公司、中支代表共计30余人赴晋中市祁县九汲村孔妈妈残障孤儿院，捐资为孤儿院购买食品、生活和学习用品。（刘志平）

·中国人民财产保险股份有限公司山西省分公司·

【概述】 2015年，中国人民财产保险股份有限公司山西省分公司(简称人保财险山西省分公司)打造人保财险升级版,深化以客户为中心转型,对标市场,聚焦基层,效益第一,提品质、增能力、建机制,取得发展对标提速、盈利基础扎实、服务品质增强的转型发展新成效。

2015年,公司保费收入完成57.84亿元,市场份额34.17%,高于主要竞争对手18.93个百分点,4条产品线、3个市分公司市场份额高于45%;保单质量改善,车险保全保足率提升5个百分点,非车险保费占比全险种提升0.82个百分点,市场份额49.45%,电商渠道优质业务占比74.56%,提升10.79个百分点。在全省农险旱灾赔付陡增的情况下,未决赔款准备金提取充足,综合成本率、综合赔付率分别同比下降2.35和3.13个百分点,持续承保盈利。万元以下赔案理赔周期8.36天,提速4.27%,排名系统前列;8个市分公司服务质量测评区域第一;全年承担保险责任金额6.13万亿元,处理各类赔案74万件,支付各类赔款39.65亿元,上缴营业税金2.52亿元。(茹哲峰)

【保险精品战略】2015年,人保财险山西省分公司围绕打造人保财险升级版和精品公司目标,坚持企划顶层设计与基层实践互动,推进精品战略落地见效。导入对标理念,着力品质提升,丰富"指标支撑、基础扎实、习惯养成"精品建设要求;细化全年经营企划,明确六大工程重点,系统性、差异性、针对性推进;落实"目标导向、聚焦问题、缺口管理、过程监控、一跟到底"工作方法,月度企划点评,过程服务结果;开展基层精品创建回头看,严格标准,数据衡量,优中选优,精品服务窗口达到48个。

(茹哲峰)

【业务市场发展】2015年,人保财险山西省分公司强化大格局思维,坚持资源对标投入,实施积极的财务、费用和考核政策,务实进取,优化发展格局。引领团体业务,绘制展业地图,实现三级联动,在重点企业经营艰难、政府采购更加严格规范的新形势下,巩固集团客户;大病保险实现全省覆盖,市场份额保持第一;深化"一村一品""一县一品",地方特色农业保险险种新增4个,农业保险市场份额59.45%。分散业务突破,战略性重点发展家自车业务,推进商业非车险新领域拓展,家财险同比增长74.6%,市场份额74.87%,行业第一。i保养、创业保、安福宝、安业保、汽车延保、小额贷款履约保证保险、中小企业贷款保证保险、助贷险、国内贸易信用险、随人行等新产品不断突破。渠道专营增能,整合送修资源,拓展城乡二级经销商,车商渠道保费同比增长10.1%,电销直通业务保费同比提升68.28个百分点。(茹哲峰)

【盈利能力保障】2015年,人保财险山西省分公司推进成本领先,强化效益观念,承保、财务、理赔、精算联动,坚持优质业务做进来、赔付成本降下来,在农险赔付陡增、大病赔付刚性约束的情况下,未决赔款准备金提增充足,成本管控更加精细,盈利能力大幅提升。严入口,完善业务分类,主动剔除高风险负价值业务,承保风险识别和筛选能力持续提升。降赔付,开展降赔专项治理,强化内控,优化流程,完善大要案集中管理,健全未决估损跟踪,改进人伤管理模式,严格修理厂考核,规范理赔分部管理,遏制理赔利益漏损,车险综合赔付率同比下降五年最大。增效能,深化全面预算管理,推进销售费用差异化落地,优化配置,动态监控,配置效能持续提升。(茹哲峰)

【客户服务优化】2015年,人保财险山西省分公司优化客户服务,注重全流程协同、一体化服务,客户满意度稳步提升。规范标准,完善服务界面标准化操作手册,建立外部神秘人测评机制,客户服务界面清晰有序。优化体验,上线微理赔,推广协赔制度;升级客户经理制,完善客户俱乐部模式,健全客户分类分级体系,按照客户价值推送增值服务;完善归因问责机制,源头治理客户投诉;开展县域市场"三进两扫"活动,健全农村市场客户信息收集、分析机制,客户黏性增强。(茹哲峰)

【内控合规经营】2015年,人保财险山西省分公司开展"两加强、两遏制""三重一大"、中介业务、农险、大病合规专项检查和办公用房、公务用车清理整顿,边查边改,立查立改,强化责任,系统解决,完善制度,健全机制,长效推进;强化主体责任,履行一岗

山西保险业开展保险知识进学校活动 (郭秋芳供图)

双责,健全工作机制;从严纪律规矩,发挥纪委监督责任,严守"八项规定"要求,注重承诺践诺,广开监督渠道,保持执纪高压,廉洁从业、合规经营更加自觉。（茹哲峰）

平安人寿山西分公司开展希望小学支教行动　（郭秋芳供图）

·中国平安人寿保险股份有限公司山西分公司·

【概述】 2015年,中国平安人寿保险股份有限公司山西分公司(简称平安人寿山西分公司)贯彻落实新国十条和省十条的核心内容,坚持保监会稳中求进总基调和山西保监局"抓服务、严监管、防风险、促发展"的监管思想,主动适应经济发展新常态,保护保险消费者合法权益。坚守保险行业"守信用、担风险、重服务、合规范"的核心价值理念,秉承总公司"合规经营,专业价值"的经营理念,夯实基础、强化管理、深化服务、追求效益,推动平安人寿山西分公司各项业务持续健康发展。

截至2015年4季度,分公司累计实现总保费收入314190万元,同比增长29.08%;分公司营销员人数21511人,同比增幅49.8%。（郭秋芳）

【客户服务】 2015年,平安人寿山西分公司秉承"专业·价值"理念,注重专业性提升,凭借专业行动,获"客户体验管理成就奖"、客户体验创新推广"最佳客户体验奖"、电销荣誉体系"销售支持奖""先进工会组织""先进单位"等称号。"讲危机、讲不足、讲创新"三讲系列活动、NPS客户体验工程接力推行,分公司在文化、科技、产品、服务、传播五大体验提升平台全面发力,生态圈经营模式初建、服务水平大幅提升、慈善理念深入人心,"提升客户体验"思路在产品设计、前线服务、后援支持等方面全面贯穿。

2015年7月10日,随着"健康行、公益情"健步行活动的开展,分公司第二十届客服节正式启动。分公司通过健步行、少儿平安行动、平安欢乐秀、专家巡讲以及APP系列活动吸引43万余名客户参与,并获平安客服节欢乐家庭秀全国总冠军。

分公司开设亲访、电话、信函、网络等多种投诉渠道,并在各营业场所公布投诉处理流程,便于客户咨询、投诉。为提高服务水平,管控业务品质,公司对投诉案件总结并编写典型案例。2015年年初制定全年的投诉宣讲计划,并严格按计划开展宣讲,规范展业、提高服务质量,减少投诉案件的发生。（郭秋芳）

平安人寿山西分公司携手《山西晚报》、山西省体育局开展"奔跑吧,平安"大型快乐彩绘跑活动　（郭秋芳供图）

【理赔服务】 2015年,平安人寿山西分公司重点从服务时效和服务品质两方面入手做好理赔服务。推出"爱与承诺"系列理赔服务升级举措,理赔服务模式由以公司运营为中心转变为以客户体验为中心。截至2015年底,分公司理赔案件21503件,赔付金额1.5981亿元,豁免保费2896.2万元,理赔客户服务满意度93.43%,用实际行动兑现理赔服务承诺。

践行服务承诺,提升理赔服务时效。2015年,平安人寿山西分公司标准案件共结案14727件,标准案件件均时效 1.2 天，标准案件 2 日结案率达成 96%。2015 年 5 月客户李某身故理赔 152 万元，刷新山西分公司近年单笔赔款记录。（郭秋芳）

【合规经营】 2015 年，平安人寿山西分公司落实“两个加强 两个遏制”“打击非法集资、打击违规代销”活动，通过全体内外勤员工自上而下、层层推进的自查自检，为公司筑起合规管理防线。在品质宣导方面，分公司下发《关于山西分公司规范品质宣导流程的通知》，将每月 6 日定为“品质宣导日”。在品质管理方面，每月召开品质业评会，对上月全省品质类、投诉类案件进行汇总分析，对其中发现的重点问题进行研讨，对疑难问题进行评议，协商处理。对下阶段合规工作进行部署安排。在培训管理方面，全省各机构及二元网点培训体系均使用总部授权的新人生产线、主管生产线、导师生产线、客户经理系列、销售技能提升培训五大课程体系培训班标准的课件及教材，并加入合规诚信教育内容，通过各阶段的培训教育提升业务人员诚信展业意识和专业销售技能。在内控管理方面，平安人寿山西分公司开展 2015 年内控自评项目及制度执行自查工作。这次内控自评工作的自评流程涉及销售误导治理的流程，包括销售、佣金管理及培训管理。公司通过双证管理、保单回执回销、客户回访等方式对展业队伍的销售行为进行管控，从销售流程的各个环节有效管控销售误导行为。（郭秋芳）

【社会责任公益】 2015 年，平安人寿山西分公司围绕“执善心，筑大业”慈善理念在全省范围内开展公益行动，通过“为环卫工人送温暖”“健康行、公益情”系列活动、“专注明天·心向未来”大爱公益行、“爱相随·伴成长”公益捐助、“支教行动”等活动提升公益形象。

平安人寿山西分公司为环卫工人送温暖　（郭秋芳供图）

4 月 29 日，分公司携手“大爱清尘”公益组织及太原市环卫局共同开展“关爱健康·爱洒山西”——关爱一线劳动者活动。5 月 27 日，分公司在协会牵头下走进太原市三晋小学开展保险知识进学校活动，向孩子们捐赠《小保学保险》系列丛书以及其他课外读物、学习用品等，将保险知识带进校园，向老师与孩子们宣讲保险知识，普及保险理念。9 月初，2015 年中国平安山西地区希望小学支教行动启航，15 名支教志愿者们奔赴永康平安希望小学开展为期一月的支教行动。9 月 7 日，分公司策划组织“专注明天·心向未来”大爱公益行活动，30 余名内外勤志愿者前往永康平安希望小学，为学校带去价值 35000 元的多媒体教学物资。9 月 19 日，10 余名志愿者走进羊角平安希望小学开展“爱相随·伴成长”公益捐助活动，志愿者为孩子们带去价值 50000 元的多媒体教学物资和文教类学习生活用品。10 月，携手《山西晚报》、山西省体育局开展以“奔跑吧，平安”为主题的大型快乐彩绘跑活动，分公司在活动现场以参跑人员的名义，通过“大爱清尘”公益基金山西工作区向尘肺病人捐赠 10000 元爱心基金，用于尘肺病患者的后续治疗。（郭秋芳）

商 务

【概述】 2015年,山西省实现社会消费品零售总额6030.0亿元,同比增长5.5%,增速比上年同期下降5.8个百分点,比全国低5.2个百分点。其中,限额以上消费品零售额2273.8亿元,同比下降5.3%;限额以下消费品零售额3756.2亿元,同比增长13.2%。按地域分,城镇消费品零售总额4913.5亿元,同比增长5.4%;乡村消费品零售总额1116.4亿元,同比增长5.7%。按行业分,批发业298.5亿元,同比增长5.0%;零售业5189.3亿元,同比增长5.6%;住宿业65.7亿元,同比增长4.3%;餐饮业476.4亿元,同比增长4.8%。

2015年,全省进出口完成147.15亿美元,同比下降9.3%。其中,出口84.21亿美元,同比下降5.8%;进口62.94亿美元,同比下降13.7%,贸易顺差21.26亿美元。机电产品进出口85.11亿美元,同比增长6.8%,占全省进出口额比重为57.84%,比上年同期提高8.72个百分点。高新技术产品进出口63.20亿美元,同比增长12.3%,占全省进出口额比重为42.95%,比上年同期提高8.26个百分点。

2015年,全省签约招商引资项目2254个,签约项目总投资额2.38万亿元,招商引资签约项目到位资金共计6319.6亿元,完成年度目标任务106%。全省新批外商投资企业36家,合同外资金额9.82亿美元,同比增加1.47%,实际到位外资金额28.7亿美元,同比下降2.78%。

2015年,全省对外投资额约1.65亿美元,同比下降12.1%;对外承包工程新签合同额约3.5亿美元,同比增长0.8%;完成营业额约7.38亿美元,同比增长0.3%。月末在外各类劳务人员数量5010人。投资分布在美国、加拿大、澳大利亚、马来西亚、肯尼亚等国家,涉及制造业、餐饮业、房地产业、建筑业、批发零售业等领域,重点项目有五峰建设集团有限公司在加拿大酒店并购项目、山西广润在美国的农场项目、山西建筑工程(集团)总公司在马来西亚的工程建设项目。

2015年,全省纳入统计的25个开发区在占全省面积1.54‰的有限面积内,实现地区生产总值1706.12亿元,比上年增长3%,占全省地区生产总值比重13.3%;实现工业增加值1155.23亿元,比上年下降3.4%;实现第三产业增加值502.32亿元,比上年增长6.8%;实现高新技术产业增加值480.42亿元,比上年下降2.6%。实现财政收入209.13亿元,比上年下降0.7%;实现税收收入193.47亿元,比上年增长0.7%;实现公共财政预算收入65.68亿元,比上年下降3.8%;实现工业总产值3862亿元,比上年下降1.5%;实现企业主营业务收入6234.76亿元,比上年增长5.2%;实现企业利润总额379.69亿元,比上年增长7.3%;固定资产投资(不含农户)完成1155.35亿元,比上年增长3.4%,占全省比重8.1%;基础设施投资完成138亿元,比上年增长55.6%。进出口总额完成82.35亿美元,比上年增长14.5%,占全省进出口总额的56%,其中进口额完成29.96亿美元,比上年增长17%,占全省进口额的47.6%;出口额完成52.39亿美元,比上年增长13%,占全省出口额的62.2%;实际利用外资9.37亿美元,比上年下降22%,占全省实际利用外资额的32.6%;实际引进境内省外投资额(含新增内资企业注册资本)800.56亿元,比上年增长13.7%。 (周建东)

【对外开放和区域合作】 2015年,山西省出台《关于全面扩大开放的若干意见》(晋政发〔2015〕24号)。配合国家发改委完成环渤海地区发展规划纲要编制工作,2015年9月国务院批复的《环渤海地区发展纲要》将山西省纳入其中,其中提出"一轴""三大区域""一个基金""四大基地"等与山西相关的发展战略。太原、长治、忻州、晋城、大同、阳泉等6市先后加入环渤海区域合作市长联席会,占成员市总数的12%。 (周建东)

【山西参与"一带一路"建设】 2015年,《山西省参与建设丝绸之路经济带和21世纪海上丝绸之路实施方案》经国家推进"一带一路"建设领导小组办公室同意,以省政府名义印发,这为山西省贯彻国家"一带一路"战略,推动全省企业"走出去"提供指导。山西省加入丝绸之路经济带通关、检验检疫区域一体化改革范围，是山西省在贸易便利化改革体制机制建设方面的重要突破。山西参与“一带一路”建设逐渐步入发展轨道，协调各部门推动参与“一带一路”建设，探索建立“走出去”战略支点，争取“一带一路”建设市场机遇和金融支持，引导企业“走出去”“引进来”，开展与“一带一路”国家的合作交流，加强对外文化交流，深化医疗卫生和教育合作，争取中蒙俄经济走廊合作省份，研究拟定《山西省参与中蒙俄经济走廊建设的总体思路》，加大投入推进路网基础设施建设和口岸平台建设，提高贸易便利化水平。

(周建东)

2015年9月5日，山西省启动购物季促消费活动　(周建东供图)

【招商引资】 2015年，山西省商务厅围绕“项目提质增效年”和“落实四个一批”工作部署，以承接产业转移为重点，突出产业链招商，组织实施2015晋粤产业合作项目(广州)推介会、第九届中博会山西省重点项目投资合作项目(武汉)推介会、2015跨国公司入晋暨产业合作项目(上海)推介会、2015中央企业山西行四大重点招商引资活动，省委、省政府领导出席。四场招商活动签约175个投资合作项目，总投资额4314.6亿元。省商务厅搭借招商引资平台，组织各市分别组团出击拜访，举办专题推介对接活动，与客商进行一对一、面对面交流洽谈，开展全方位精准招商活动。中海油、中国铁路工程总公司、大唐集团、武钢集团、国药集团、中国石化、中国船舶重工集团公司与山西省相关企业达成合作意向。(周建东)

【外贸保障服务】 2015年，山西省商务厅加快建设外贸转型升级示范基地和跨境电子商务平台，协调太原市人民政府编制完成《太原市跨境贸易电子商务服务试点项目工作方案》，按照省人民政府要求，就《工作方案》提出修改意见。加快推进贸易便利化，协调太原海关、山西出入境检验检疫局推进关检合作“三个一”(一次申报、一次查验、一次放行)，双方共同制订《关于继续推进关检合作“三个一”的工作方案》，安装上线全国统一版“一次申报”系统客户端，业务程序涵盖太原机场、大同海关、侯马海关和综合保税区海关。推进电子口岸二期建设，编制完成《山西省电子口岸二期建设方案(草稿)》，与太原海关、山西出入境检验检疫局就有关工作进行对接，协调推进“一次申请、并联备案”。(周建东)

【开发区规划布局】 2015年，山西省商务厅协调省直有关部门和各市人民政府，推动开发区(园区)扩区升级，新设左云经济技术开发区为省级开发区，太原民营经济开发区扩区获批准。组织编制《山西省经济技术开发区中长期发展规划》，引导构建“布局合理、产业集聚、结构优化、功能互补、绿色生态、区域平衡”的全省开发区发展格局。完善开发区各项管理制度，出台《开发区发展水平综合考核办法》《开发区招商引资工作考评办法》《开发区统计制度和考核办法》等系列规范制度，推动开发区转型创新发展。(周建东)

【山西面食餐饮亮相美国】 2015年，山西省制订《山西刀削面制作标准》，推动面食加工企业与面食餐饮企业优势互补，加快产业化发展。推动8家龙头餐饮企业抱团发展，设立美国山西餐饮文化发展集团有限公司，在美国洛杉矶投资建设首家山西刀削面馆，将山西刀削面推向美国市场。

(周建东)

【现代流通网络】 2015年，山西省推动跨区域农产品流通基础设施建设工作，制订《山西省跨区域农产品流通基础设施建设工作实施方案》，明确总体思路、工作目标、支持重点、支持方式、实施程序、工作要求等，全年验收通过两个贷款贴息项目拨付山西资金，确定9个政府股权投资项目。完善提升全省36个便民商圈服务功能，重点抓好西华苑社区新型商圈，创新西华苑商圈模式，夯实太重社区传统商圈，通过这两个商圈示范推动全省社区商圈发展。农村流通网络建设以提高统一配送率、信息化率为核心，发展多种模式并存的配送体系，推进农村流通信息化建设，实现农村流通网络“一网多用”。加强对承办企业配送体系建设的规划引导，支持流通企业建设面向农村市场的物流配送中心，在全省累计支持建设41个农村物流配送中心。发展物流配送、网络购物等现代流通方式，指导太原市共同配送体系建设工作，将太原市共同配送试点模式向大同市、晋中市推广，复制太原市先进做法和成功经验，先行先试。推进以托盘标准

化为突破口的物流标准化试点，选择基础较好、积极性高的地区、园区和企业开展商贸物流标准化应用推广工作。（周建东）

【商贸服务业发展】 2015年，山西省促进家政服务业发展，培育消费新热点，贯彻落实省家政服务业《家庭母婴护理》《家庭养老》等地方标准，统一规范家政服务员职业预防性健康检查，开展从业人员培训，提高从业人员素质，引导山西省家政服务协会与管一家在线家政服务网络中心，签订战略合作意向，建立"管一家在线"家政电子商务服务平台。引导餐饮消费，支持企业转型发展，推进放心早餐工程，全年全省放心早餐工程实施企业为24个，中央厨房面积为10.28万平方米，早餐经营网点1746个。启动"互联网+"生活服务业行动，推动实体店与网络融合发展，引导"三晋E家""管一家在线"等本土电商企业和行业协会合作，发展家电维修、家政服务等生活服务业业务，实现服务企业利用电子商务平台开展网订店取、预约上门、社区配送等服务。

（周建东）

【"山西品牌中华行、丝路行、网上行"叫响全国】 2015年，在天津、西安、西宁、兰州、乌鲁木齐、长春、哈尔滨7个城市，举办8站山西品牌中华行活动，累计行程2万多千米，现场销售930万元，正式签订销售合同7.3亿元。在重庆建立山西名优特商品展销中心，在上海设立6个山西名优特商品展销专柜，通过组织对接，有100余家名优特企业的1500多种商品入驻6个展销中心（专柜），全年6个展销中心（专柜）共销售5469万元。"山西品牌丝路行"2015年成功举办匈牙利、吉尔吉斯斯坦、俄罗斯、意大利、泰国五站活动，签订贸易合同4.88亿元，对外投资合同9798万元。"山西品牌网上行"自2015年11月启动，100余家品牌企业参与网上销售，成交额达上亿元。（周建东）

【农村电子商务】 2015年，山西省制订《山西省农村电子商务行动计划（2015—2017）》，组织召开全省农村电子商务推进大会，全省60个县区启动电子商务进农村行动。推动农村电子商务试点。商务部确定清徐县、静乐县、兴县、左权县、武乡县、陵川县、垣曲县、侯马市8个县（市）为国家级电子商务进农村综合示范县。推动与国内龙头电商融合对接。阿里巴巴"千县万村"计划试点县项目在侯马、静乐等地落户，苏宁云商在57个县建立苏宁易购服务站，京东商城在45个县建立运营中心，拓展山西省农村"工业品下乡，农产品进城"渠道。首创"网上赶大集"农村电商新模式，并向省外复制输出。支持山西乐村淘公司把线下集市搬到网上，每月逢"6"赶集，集中下单，集中配送，开创农村网上赶大集新模式，在河北、山东等15个省落地，成为山西农村电商模式输出者。（周建东）

【晋非经贸合作区】 2015年，山西省投资集团确立以金融文化旅游服务业为主的园区规划，推动中国银行筹备成立毛里求斯子行，推动中非基金与山西晋非合作，与中国铁建签署战略合作协议，就毛里求斯晋非经贸合作园区智慧城市建设达成合作意向。福建胜利经贸有限公司、Mauritius-China自由港开发有限公司等企业入园，主要从事金融服务、旅游、餐饮、仓储物流、婚旅摄影等。晋非经贸合作区是商务部首批批准的境外合作区之一，全年山西晋非实现营业收入853万元，实现经营扭亏为盈。

（周建东）

【惩处侵权假冒行政执法与刑事司法衔接信息共享平台建成运行】 2015年，山西省商务厅制订打击侵权假冒领域行政执法与刑事司法衔接信息共享平台管理办法，完成全省打击侵权假冒行政执法与刑事司法衔接信息共享平台建设。信息共享平台覆盖省、市、县三级近1500个部门，数据采集和传输格式均采用统一标准，实现联网单位案件信息实时共享，促进行政执法机关与公安机关、检察院之间案件移送、受理、监督、反馈等工作的网上流转，促进案件信息共享流程跟踪和监控，促进行政执法机关依法行政，确保涉嫌犯罪案件及时进入司法程序，提高行政执法与刑事司法衔接效率。（周建东）

【首届"山西购物季"】 2015年9月1日，山西省启动实施为期三个月的首届"山西购物季"促消费活动。这次活动以"扩消费、稳增长、惠民生、促发展"为主题，实施部门联动，市县联动，行业联动，企业联动，开展电子商务、汽车、成品油、节庆会展、餐饮服务、百家大型商贸企业促销、家电、家具、服务消费十大主题百余场活动。3389家大型商场、超市、家电、建材、加油站等专业门店组织促销活动719场次，完成销售额85.3亿元。

（周建东）

粮食流通

【概述】 2015年，山西省农作物种植面积有376.77万公顷，比上年减少1.57万公顷。其中，粮食种植面积328.72万公顷，增加0.08万公顷；油料种植面积12.12万公顷，减少0.85万公顷。在粮食种植面积中，玉米种植面积167.69万公顷，增加0.03万公顷；小麦种植面积67.51万公顷，增加0.12万公顷。2015年全省粮食总产量1259.6万吨，比上年减少71.2万吨，减产5.4%。其中，夏粮总产272.8万吨，增产4.8%；秋粮总产986.8万吨，减产7.8%。玉米产量862.7万吨，比上年减少8.0%；小麦产量271.4万吨，比上年增长4.8%；谷子产量35.4万吨，减少9.0%；豆类产量30.6万吨，减产2.6%。年消费粮食1387万吨左右，小麦缺口281.1万吨，稻谷缺口112.2万吨，全部靠调入，玉米需销往省外347.1万吨。总体上看，总量不足，结构不平衡，产粗吃细，小麦不足，玉米有余。

全省各类粮食企业收购粮食696.5万吨，比上年减少23.5万吨，减少3.3%。其中，国有粮食经营企业收

山西小杂粮享誉全国　　（韩景洲供图）

购 113.1 万吨，占总收购量的 16.2%。全年销售粮食 874.3 万吨，比上年增加 4.3%。其中，国有粮食经营企业销售 123.1 万吨，占总销售量的 14.1%。

截至 2015 年底，全省共有国有粮食企业 556 户，职工人数 20403 人。山西国有粮食企业总仓容 695 万吨，符合储粮要求的可用仓房容量 545 万吨。（祝志光）

【粮食安全保障】 2015 年，山西省政府首次对各市政府实行粮食安全目标责任考核，国家粮食局对此给予高度评价。省粮食局推进粮食安全省长责任制的落实，省政府以（晋政发〔2015〕26 号）文件印发《山西省人民政府贯彻落实粮食安全省长责任制的实施意见》。2015 年国务院《粮食安全省长责任制考核办法》出台后，山西省政府领导高度重视，省长李小鹏、常务副省长高建民、副省长郭迎光多次做出批示，省粮食局牵头起草《山西省粮食安全责任制考核办法》，并征求 12 个部门意见后报省政府。各市同步推进市政府粮食安全责任的落实，保障区域粮食安全，维护全省粮食安全的制度体系初步形成。

（祝志光）

【粮食保供稳价】 2015 年，山西省粮食局推进粮食保供稳价工作。

精心组织粮食收购。2015 年受国内经济增速放缓影响，玉米出现阶段性过剩、粮价下行压力加大形势。面对全省粮食连年丰收、产需矛盾突出的新情况，山西省贯彻落实国家粮食收购政策，在发挥国有粮食收购、企业主导作用的基础上，鼓励和引导多元市场主体入市收购。5 月和 8 月夏、秋粮收购前，省粮食局深入全省小麦、玉米主产区开展调研，并与省农发行联合下发《关于做好 2015 年夏秋粮收购工作的通知》，在 5 月 27 日和 10 月 29 日，分别召开全省夏粮收购工作会议和全省秋粮收购工作会议，分析粮食生产收购形势，安排部署收购工作。在夏秋粮集中收购季节，启动小麦、玉米收购进度和收购价格五日报制度，及时掌握收购动态，并在省粮食局政府网站定期发布收购进度和收购价格市场信息，为售粮农民有序售粮、企业自主经营、粮食合理流通提供必要的公共服务。为避免出现“谷贱伤农”，保护种粮农民利益，省粮食局比照国家政策，完善制定小麦最低收购价和玉米临时收储执行预案，必要时报请省政府批准，采取临时收储措施，解决农民产后余粮出售问题。

建立粮食产销合作长效机制。为做好粮食保供稳价工作，确保市场粮源充足，价格基本稳定，山西省粮食局深化省际间粮食产销合作机制，连续 5 年举办粮食产销衔接会。2015 年 12 月 2 日在太原举办“2015 山西粮食（玉米、小杂粮）产销衔接会”，签约粮油总量 617.7 万吨。其中，调出 266 万吨，调入 351.7 万吨。5 年累计签约粮食总量达 4205 万吨。其中，调入粮食 2365 万吨，年均调入粮食 473 万吨，年均销售粮食 814.5 万吨。省粮食局组织有关市、县粮食局和稻谷（大米）加工贸易企业赴哈尔滨参加 2015 黑龙江金秋粮食交易合作洽谈会，确保山西粮食总量平衡和主要品种平衡，保障全省粮食安全。

充实地方粮油储备。上年 11 月，山西省粮食局会同省有关部门安排下达全省新增地方粮食储备规模 35 万吨，落实新增地方粮食储备充实工作。截至 2015 年底，完成市级储备粮充实任务 14 万吨。2015 年下达并完成省级储备食油 0.8 万吨充实计划任务。建立市级应急成品粮储备 5.5 万吨，市级应急小包装食油储备 1100 万公斤。地方粮食和食用油储备充实规模分别达到国家核定规模的 93% 和 100%，全省宏观调控能力增强。

增强粮食应急能力。山西省粮食局注重加强粮食应急体系建设和市场监测预警。按照“平时自营，急时应急”的原则，截至 2015 年底，全省共建立粮食应急供应网点 1517 个，并配套落实应急加工企业 167 个，粮油配送中心 140 个，建立中央、省、市级粮食价格监测点 247 个，巩固完善 80 个省级粮食价格监测直报点，增强应对各类突发事件和市场异常波动情况下的粮食应急保障能力。制订《山西省战时粮油应急预案》，参加由省委、省政府、省军区组织的全省战时国防动员指挥研究性应急演练，提升山西战时粮油供应保障能力和应急水平。

开展优质军粮供应服务工作。2015 年，山西省粮食局落实国家军粮供应政策，加强军粮供应体系建设。军粮供应严格按照《山西省军粮统筹采购暂行办法》，进行招标采购。2015 年 11 月省粮食局与武警山西省总队后勤部军需处组成联合调研组就军粮供应和服务等情况进行联合调研，广泛听取部队官兵和军供站职工的意见和建议，并随机抽取军供粮食进行质量检测，结果全部合格。省粮食局就军粮供应站资格认定、军粮供应委托代理资格认定行政审批开展专项整治，执法行为得到规范。

（祝志光）

【储备粮油管理】 2015年，山西省粮食局储备粮油管理加强。

加强地方储备粮油管理和安全生产。2015年，山西省粮食局出台《山西省省级储备粮油出入库管理操作规范》，标志着山西省省级储备粮油管理步入规范化制度化操作流程新阶段。制订《山西省省级储备粮管理责任清单》，增强储备粮管理责任意识，确保省级储备粮数量充足、质量良好、储存安全和调运高效。开展承储企业储备粮管理岗位责任清单制度试点工作，并对22个省、市储备库省级储备粮油购销、轮换等重大事项集体研究决策制度、出入库操作规范和包仓管理制度执行情况进行督促检查，为实现储备粮油的安全管理奠定基础。在全行业开展安全生产大检查和防汛、夏季消防、防范粉尘爆炸等专项整治活动。全年全行业未发生重大安全生产事故。

推进仓储设施建设。2015年，国家安排山西省40万吨新建粮库计划，具体建设项目共计22个，项目总投资3亿元。截至2015年底，有4个项目竣工，形成仓容13.2万吨。完成36个省、市储备库388台（套）出入库设备配置工作；在3个省级储备库实施库存粮食识别代码试点及储备粮管理信息化项目建设；对45个市县储备库及基层粮站进行仓储设施功能提升，全省粮食仓储现代化水平得到提升。球形仓、绿色充氮气调、石洞仓储等三项仓储技术走在全国前列。在推进危仓老库维修改造方面，争取中央财政补助资金9047万元，省级配套资金5000万元，辅以市县政府配套和企业自筹，在全省推进危仓老库维修改造工作。在推进粮食现代物流节点建设方面，山西省粮食局争取国家发改委切块资金700万元用于平遥县粮食储备中心宁固粮站物流项目建设。

加强粮食质量安全监测体系提升改造。2015年，山西省粮食局加强粮食检验检测能力项目建设。截至2015年底，1个省级和10个市级粮食质量监测中心列入国家粮食质检体系。完成34个省市粮食储备库469台（套）粮油质量检测仪器配置工作，提高省级储备粮油企业粮油质量自检能力。山西粮食质量监测检验楼建设项目推进。以省级中心为龙头、市级粮食质检站为骨干、重点产粮县粮食质检站为基础、省市骨干粮库化验室为依托的四级粮食质量安全监测检验体系有序推进。

强化助农增收服务措施。省粮食局实施农户科学储粮专项五年建设计划，惠及城乡居民。2015年为全省粮食主产区农户申报专项建设计划2.7万套储粮装具，近年来累计配置26.2万套，每年可减少粮食损失0.75多万吨，助农增收1700余万元。利用世界粮食日、粮食科技活动周、食品安全宣传周等开展粮食政策、文化、储粮技术宣传。听取农民建议，发现粮食生产、流通等环节的先进典型，宣传先进事迹，发挥先进带动作用。

（祝志光）

【粮食行政监督】 2015年，山西省粮食局以落实粮食安全省长责任制为中心，以抓好储备粮监管、社会粮食流通检查、涉粮案件查处和体系建设为重点，坚持问题导向，强化责任落实，加强粮食监督检查工作。全年全省开展各项检查6151次，出动检查人员20188人次，检查企业14737个次，查处案件284例。贯彻落实“六权治本”新要求，推进依法管粮。制订权力清单、责任清单，出台《行政许可入驻政府服务平台方案》，编制行政职权运行流程图、廉政风险防控图、问责依据，并向社会进行公布。粮食收购资格许可由前置审批变为后置审批，将90%以上的粮食收购者全部纳入监管范围，规范收购行为，维护售粮农民的利益。依法行政、依法治粮能力提高。

（祝志光）

【国有粮企改革】 2015年，山西省深化和推进国有粮食企业改革工作。截至2015年底，全省88个县完成国有粮食购销企业“一县一企，一企多点”改革，全省国有粮食企业由2003年底的2446个减少到510个，其中国有粮食购销企业由1068个减少到188个；职工人数由2003年底的6.26万人减少到2.04万人，其中国有粮食购销企业职工由3.6万人减少到1.3万人。国有粮食购销企业扭亏增盈工作取得成效，“十二五”期间累计盈利6315万元。

（祝志光）

供销合作

【概述】 2015年，山西省供销合作社联合社（简称山西省供销社）全系统购进总额完成426.3亿元，同比增长9.3%；销售总额完成458.5亿元，同比增长7.9%；汇总实现利润2.02亿元。完成省委、省政府年度目标责任考核任务，具体指标是：规范提升农村便民连锁商店任务120个，完成206个，完成率为272%；改造基层供销社任务23个，完成54个，完成率为235%；创办农村综合服务社任务7个，完成31个，完成率为423%；建设改造农资配送中心任务18个，完成18个，完成率为100%；扶持供销社领办的农民专业合作社项目任务8个，完成9个，完成率为113%；碘盐覆盖率、合格碘盐食用率分别达到97.98%和96.43%，超目标完成。

（狄重阳　司昌平　韩景洲）

【供销系统综合改革】 2015年，山西省委省政府出台《深化供销合作社综合改革的实施方案》。省委、省政府主要领导和分管领导对供销社综合改革高度重视，多次对综改工作调研并做出重要批示和指示、提出具体要求。全国供销总社副主任骆林、邹天敬分别到山西调研指导综合改革进展情况。省直有关厅局、各市县党委政府对供销社综合改革工作配合、提出建议。省社采取基层调研、走访座

2015 年 8 月 8 日，山西省首家大型涉农电子商务综合服务平台——“农芯乐”商城在太原上线 （韩景洲供图）

谈、学习考察、征求意见等多种形式，对《实施方案（代拟稿）》进行修改完善，先后经省政府常务会、省委深化改革领导小组会议研究通过，报中农办批复，并以（晋发〔2016〕8 号）文件印发。

为落实《实施方案》，突出改革内容任务化、项目化，增强针对性和可操作性，省政府印发《山西省深化供销合作社综合改革 2016 年行动计划》（晋政办发〔2016〕40 号），省社出台 10 个配套文件，形成“1+1+10”综合改革组合拳。省供销社与省财政厅沟通协商，对 25 个改革试点县、融资性担保公司给予资金扶持，并从 2016 年起列入财政预算；与省农业厅达成支持供销社参与农村产权交易市场建设，依规开展政策咨询、资产评估、产权交易、抵押融资、交易鉴证等方面综合服务的共识；《实施方案》对中央文件有关扶持政策作多方面的承接和突破。

（狄重阳　司昌平　韩景洲）

【基层组织服务建设】 2015 年，山西省供销社系统把握农村经济社会发展的新趋势、新常态，开展个性化、差异化、多样化服务，夯实供销社基层基础，提升基层组织服务能力。加快基层供销社改造。按照“空白抓重建改造、较强抓发展创新”的原则，增强基层社发展活力。晋中市供销社制定“重建有标准、经营有机制、实施分步骤、注重搞服务”的建设标准，投入 2487 万元，恢复改造基层供销社 20 个。运城市供销社投入 1.2 亿元改造基层供销社。长治市供销社整合县域资源、吸纳新型农业经营主体入社，新建和改造新型基层供销社 126 个，入社农民达 3100 余人。推进专业合作社建设。各级供销社围绕特色产业，按照区域布局的原则，领办、创办、合办一批特色专业合作社，引导专业合作社标准化建设、品牌化经营、市场化运作、专业化管理、科学化发展。省供销社先后在长治、大同召开片区中药材和小杂粮专业合作社座谈会，指导各级供销社发挥地域优势、整合产业集群、抓好联合合作，引导和支持特色专业合作社发展。忻州市供销社培育“全国 50 佳示范社”1 个，省级和市级示范供销社 28 个。平遥晋伟中药材综合开发专业合作社投资 1650 万元的长山药加工项目解决 333.33 公顷长山药原料和 2333.33 公顷 70 多个中药材品种的饮片加工，年加工量达 3000 余吨，产值 3000 余万元。增强为农服务规模化功能。各级供销社联合社会各界力量，依托农村便民店，合理布局农村综合服务社，拓展服务范围，提供公益性和经营性相结合的综合服务。太原市供销社将综合服务社建设与电子商务平台建设相结合，打造“三农”综合服务智能平台。

（狄重阳　司昌平　韩景洲）

【农村现代流通网络完善】 2015 年，山西省供销社拓展为农服务经营领域，推进金融和商业模式创新，加快经营服务网络的结构调整和转型升级，农村现代流通服务网络完善。电子商务平台建设取得突破。通过“请进来专家讲课，走出去学习经验”进行集体补课。在此基础上，以“互联网+供销社”聚焦新业态为抓手，围绕“织密扎牢一张网，助农增收闯市场”的经营服务模式和经营理念，推进电子商务与全系统实体网络资源优势相结合。新组建的山西供销农芯乐电子商务公司“农芯乐”商城上线运营，在全省完成建设 36 个县级电商管理中心，1000 余个村级服务点任务。安泽县实现 105 个农村便民店电商网点全覆盖，创造“供销大集”网上销售模式。“新网工程”建设质量提升。重点建设一批产地和集散地农产品批发市场、现代物流中心、城市社区生鲜超市等零售终端。加快原有市场的升级改造和功能提升，建立健全仓储运输、冷链物流、终端配送等服务体系。吕梁、朔州、阳泉、晋城等市供销社重点在扩大区域配送中心经营规模、增加配送种类、提高商品配送率上下功夫，做到点、网、面同步，规范与提升同步，经济效益与社会效益同步。农村互助金融业务稳步推开。各级供销社把开展农村合作金融服务作为综合改革的支撑，破解农村融资难、融资贵的问题，构建以农村资金互助、融资担保、小额贷款等为主要形式的新型合作金融服务体系，实现全系统合作金融业务从无到有、有序发展。省供销社分别与山西省农业厅、省农信社、邮储银行山西省分行达成战略合作协议，取得 20 亿元授信额度，为解决各类经营主体严重“缺血”问题创造条件。在全省选择 10 个县开展农村合作金融试点，依托 8 个专业合作社成立资金互助社开展资金互助业务。省供销社组建成立的融资性担保公司和小额贷款公司正式运营。

（狄重阳　司昌平　韩景洲）

【社有企业发展】 2015年，山西省供销系统加快社有企业转方式、调结构，提高发展质量和效益，增强企业内生动力和实力。抓项目。各级供销社从农业产业化、流通网络化、为农服务功能多样化入手，实施项目带动、联合推动、接二连三互动，优化产业结构，加快发展步伐，提高运行质量，在全系统上下形成谋项目、上项目、促发展的良好氛围。山西省物流业发展中长期规划（2015—2020年）重大储备项目中，省供销社6个项目纳入其中。中国供销农产品批发市场有限公司投资10亿元建设的农产品物流园区、城乡综合服务社区"个十百千万"工程、大型中药材交易市场、果品冷库及农资配送中心等项目推进。抓升级。各级供销社做优做强农资、盐业、农副产品、日用消费品等主营业务，提升市场占有率，推进传统业务逐步向上下游产业领域延伸，实现对资源基地、产品加工、物流配送、终端销售等环节的渗透和覆盖，形成全产业链融合发展格局。山西农资集团强化和提高终端销售，推进"贸易提升规模"的营销策略，立足国内贸易，拓展国际贸易，扩大市场占有率。长治市副食果品公司投资1700万元，对现有批发市场、配送中心、冷藏设施进行升级改造，并建设果蔬生产基地，年营销额达4.2亿元。抓业态。社有企业立足培育新的经济增长点，强化集成创新、品牌创新和商业模式创新，在新兴业务开拓发展上探索新路。省盐业公司拓展城乡一体化服务、辣椒贸易开发、中药材交易市场建设、金融资本运作等新的为农服务领域。省果品储运公司把加强冷链物流体系建设作为发展新型产业的切入点，完成改扩建冷库面积达5000平方米，年收入达1000万元，提高单位资产收益率。汾阳市新合作经济发展有限公司创新经营业态、拓展服务领域，累计投资1.2亿元，建成1个日用品配送中心，1个快捷商务酒店，11个直营超市，390个加盟便民店，构建起新型服务网络体系。

（狄重阳　司昌平　韩景洲）

【盐务供销执法】 2015年7月26日，山西省运城盐务分局破获一起跨省劣质盐贩销案，涉案盐产品260余吨。8月7日，山西省自新中国成立以来最大制售假食盐案宣布告破，涉案盐产品700余吨，案值近150万元，移送起诉犯罪嫌疑人11人。11月4日，大同盐务分局与市公安局直属分局查获特大涉嫌非法经营食盐案。

（狄重阳　司昌平　韩景洲）

烟草专卖

【概述】 2015年，山西省烟草商业系统实现税利92.12亿元，同比增长20.07%，其中利润40.41亿元，同比下降7.30%。货币资金实现保值增值，全年利息收入约为4.30亿元，同比增加1.21亿元，占全省税利增加额的7.86%。三项费用率为5.29%，同比下降9.73%。

（赵　钰）

【专卖管理】 2015年，山西省烟草专卖局查处假烟案件1397起，其中案值5万元以上假烟案件35起，查获假烟900.02万支，案值770.11万元，捣毁贩藏假烟窝点26个。查处卷烟非法流通案件4995起，查获非渠道烟6627.91万支。破获符合国家局标准的网络案件22起，其中临汾市局破获的互联网非法经营案被公安部、国家局列为督办案件。公安、司法机关依法拘留23人、逮捕34人、判刑21人。各地市局建立专职化打网络队伍，直接承担起打网络职责。发挥山西省法院、检察院、公安、烟草四部门联合打假机制作用，与公安机关治安、刑侦、经侦、特警、食药、网监、技侦、情报、交警等部门联合，解决卷烟打假打网络工作中遇到的各种难题。重新确立市场监管评价体系，制定市场净化率和守法经营率指标，并对各地市局的市场监管工作进行动态考核评价。省局成立市场监管督查组，采取不打招呼、不定线路、不定时间方式，完成四次全省季度市场秩序督查，市场净化率和零售户守法经营率分别达98.93%、96.8%。治理卷烟非法流通，加强考核和排名通报，对违规经营线索实时督办，构建治理卷烟非法流通联动机制，对5名违规经营责任人进行责任追究。推行非现场监管模式，各市、县级内管部门参与卷烟经营决策，提出意见建议1083条、质询341次，下发整改通知263份。

（赵　钰）

2015年10月28日，长治市烟草专卖局（公司）举办专卖岗位技能比武竞赛

（赵　钰供图）

【卷烟经营】 2015年，山西省烟草商业系统销售卷烟735.11亿支（147.02万箱），同比下降3.04%。其中，销售一类烟120.12亿支（24.02万箱）；二类烟48.42亿支（9.68万箱）；三类烟332.04亿支（66.41万箱）；四类烟168.08亿支（33.62万箱）；五类烟66.46亿支（13.29万箱）。地区销量居前三位的品牌为“云烟”“红塔山”“红河”，销量分别为146.95亿支（29.39万箱）、68.85亿支（13.77万箱）、53.70亿支（10.74万箱）。实现卷烟销售收入334.35亿元，同比增长4.06%。

品牌培育。抓亮点品类，销售细支卷烟15.75亿支（3.15万箱）、雪茄烟7528万支，分别同比增长176%、90.4%，均高于全国平均水平。释放市场资源空间，以半年为周期，开展在销卷烟评测和新品引入工作，全年有18个工业企业125个品牌规格卷烟符合退出条件，全省性退出54个，区域性退出77个。截至2015年底，在销规格优化到226个（不含雪茄烟、细支卷烟、进口烟），同比减少32个。

市场化取向改革。省级卷烟营销平台于9月底上线运行。以项目管理方式，推进太原市公司卷烟营销市场化取向改革试点工作，研究调整卷烟营销规则，加强零售终端建设，推动卷烟营销模式转型升级。推进网上配货，优化货源，提高货源的适销对路。制订《批零互动宣传客户分档规则》，实行档位投放货源政策。研究需求发现机制和需求满足机制，营造局部稍紧平衡状态，调整营销错位点，形成客户间适度竞争局面。

2015年5月15日，太原市烟草专卖局（公司）爱心“你＋我”捐助活动小组联合“102.6爱心小桔灯”栏目携手开展“你是我的眼”主题爱心捐助活动　（赵　钰供图）

加强调控管理。根据年度指标卡死销量时间进度，细化过程管控，对全省销量跟踪逐步细化到“日跟踪、周通报、旬调整、月调度、季把控”。省局制订《市场状态监测督查检查办法》，每季度按照客户总数2%的比例，对11个区域市场的卷烟价格、社会库存、品规状态等进行信息采集，对全省市场状态进行综合研判。出台《关于进一步激发县级局（营销部）活力的意见（暂行）》，逐月通报全省各县级局（营销部）卷烟销售指标排名。

提税顺价。落实提税顺价政策，对259个国产、11个进口卷烟规格的卷烟批发价和零售指导价进行调整，提前下发卷烟价格调整信息，并对全省系统进行调整录入和测试维护，暂停访销。从5月11日起，全省卷烟按照新价格开展批零业务。印制调价目录10万余份、价格标签1551万枚，下发到零售客户，通过宣传引导实现卷烟市场平稳运行。

卷烟物流建设。加强物流配送中心建设，运城市公司物流技术改造项目基本完成；忻州五寨中转站建设项目进展顺利；对介休中转站、长治新建配送中心项目开展前置性审查论证。优化整合配送线路，在全省推广太原市公司配送经验，减少送货线路117条、车辆27部、人员45人，全省单箱物流费用197.5元，同比下降4.6%。推进卷烟包装箱循环利用工作，

2015年10月19日，大同市烟草专卖局（公司）到阳高县曾家梁村助学收秋
（赵　钰供图）

太原市公司高架库包装箱存放量同比提高约10%。加强工商物流一体化建设,太原、晋中、临汾市公司和山西昆明烟草有限责任公司(简称山昆公司)、浙江中烟开展整托盘联运。

(赵　钰)

【烟叶产销】 2015年,山西省烟草商业系统签订烟叶种植收购合同1064份,同比下降17.32%。种植烤烟2266.67公顷。收购烟叶0.565万吨,其中上等烟0.29万吨、中等烟0.26万吨。加强工商交接质量管理,烟叶等级合格率在80%以上。烟叶收购均价为24.96元/千克,同比提高1.71元/千克。实现烟农总收入1.41亿元,同比减少1476万元。运城、长治市公司作为吉林烟草工业有限责任公司清洁型烟叶示范点单位,围绕工业企业对原料的质量需求,结合烟叶化学成分化验结果,从生产技术规范入手,抓好大田生产管理,烟叶质量和效益均稳步提高。在山西省烟叶种植面积中,机耕面积2266.67公顷,机械起垄2066.67公顷,机械移栽573.33公顷,机械覆膜2000公顷,机械施肥1786.67公顷。

(赵　钰)

【规范管理】 2015年,山西省烟草专卖局成立投资项目和采购项目预审小组,加强前置调研论证,为"三项工作"管委会决策提供保障。投资项目和采购项目预审小组和"三项工作"管委会否决或延缓投资采购项目63项,节约和延付资金6500余万元。加强审计监督,重点对县级局财务支出、审计整改、重点费用、重大工程、重要采购项目开展专项审计和审计调查,完成审计项目1678项,取得直接经济收益1893万元。

(赵　钰)

【《山西烟草志》】 2015年,《山西烟草志(2000—2010年)》正式定版并展开出版前期工作。《山西省志·烟草志》由体制与机构、烟草种植与加工、烟丝加工与手工卷烟、机制卷烟、烟草经营、烟草专卖、行业管理、教育科研文化、烟草税费、烟草禁戒十个编目组成,记述山西400多年的烟草发展史,重点对新世纪以来山西烟草的改革发展史实进行编写,是山西烟草经济发展和文化建设的重大成果。

(赵　钰)

石化供销

【概述】 中国石化销售有限公司山西石油分公司(简称山西石油分公司),位于山西省太原市万柏林区大王路8号。前身为成立于1951年的中国石油公司太原支公司,1991年改为山西省石油总公司,1998年整体上划归中国石化集团公司,2000年10月重组改制为中国石油化工股份有限公司山西石油分公司,2014年按照中国石化油品销售系统改革重组安排,更名为中国石化销售有限公司山西石油分公司。

山西石油分公司现为中国石化在山西最大的成品油销售企业,承担着成品油资源配置、供应的主要任务,主营汽油、柴油、煤油、润滑油、燃料油及非油品业务。

(邓俊伟)

【王勇到公司调研指导】 2015年2月13日,国务委员王勇到山西石油分公司太原皇后园油库就安全工作进行调研。山西省委书记王儒林,山西省委常委、副省长付建华,山西省委、省政府,国家安全监督管理总局有关领导一同调研。王勇一行在中国石化集团公司党组成员、副总经理张海潮、集团公司安全监管局副局长寇建朝、山西石油分公司总经理徐建春的陪同下,深入油库付油区、罐区、铁路专用线、管输区等重点部位,对油库的安全管理、业务流程、设备设施运行情况进行全面了解,在听取有关人员对油库工作的汇报后,对中国石化的安全工作给予充分肯定。王勇指出,中国石化长期以来对安全工作高度重视,制定安全生产十大禁令,制度健全,管理到位,对安全工作常抓不懈,很有成效,但同时,要清醒地认识到安全工作面临的严峻形势,树立红线意识和安全意识,发挥好央企在安全生产方面的引领和带头作用,在抓经营管理的同时,加大对安全的投入,用创新和科技的手段提高安全管理水平,实现企业本质安全。

(刘丽婷　邓俊伟)

【吴政隆到公司检查指导】 2015年8月14日上午,山西省委常委、太原市委书记吴政隆一行深入山西石油分公司太原皇后园油库检查安全生产责任制落实、消防设施设备管理及资源保供等情况,以及中国石化山西公司油库、加油站油气回收改造项目的完成落实情况,对中国石化山西公

2015年1月8日,中石化山西石油分公司与太平保险山西公司签署战略合作协议

(刘丽婷供图)

司在积极承担国有企业经济、政治和社会责任方面的做法和努力给予充分肯定，并表示将全力支持中国石化山西公司在太原市的网络建设等各方面工作。8月28日，双方在市委会议厅举行工作会谈，就推动太原市加油加气网络“拆一还一”政策切实落实达成共识，山西石油分公司太原公司多年来面临的加油加气网络发展问题的解决取得实质性突破。

（刘丽婷）

【与太平保险山西公司签署战略合作协议】 2015年1月8日，山西石油分公司与太平保险山西公司签署战略合作协议。双方商定，太平保险山西公司将依托中国石化山西公司加油站易捷便利店销售平台，开展车险及寿险产品销售；中国石化山西公司将作为太平保险山西公司油品和非油品消费的唯一供应商，为太平保险山西公司提供优质产品与服务。

（刘丽婷）

【与中国移动山西公司签署战略合作协议】 2015年2月4日，山西石油分公司与中国移动山西公司签署战略合作协议。双方商定中国石化山西公司充分发挥油品销售主渠道优势，以IC卡为媒介，向山西移动省公司及其下属机构、员工提供合理的积分优惠，借助加油站及易捷便利店的网点优势、商品优势和品牌优势，开展移动积分兑换油品、非油品和手机入网、代缴话费等业务办理。中国移动山西公司也将充分利用其广泛的营业网点优势代理销售中国石化加油卡及充值卡，将中国石化山西公司作为公司统采供应商，采购办公用品、招待用品及其他商品。（刘丽婷）

2015年8月14日上午，山西省委常委、太原市委书记吴政隆（前右二）一行到太原皇后园油库检查安全工作（刘丽婷供图）

【制度管理】 2015年，山西省经济增长乏力，成品油需求持续萎缩，市场资源严重过剩，价格竞争更趋恶化，山西石油分公司经营遭遇前所未有的困难与挑战。面对严峻的经济形势和艰巨的经营任务，山西石油分公司调整经营思路、力拓市场空间，建立相关制度规定章程，强化经营部门统筹协作和资源市场协同运作。数质量管理方面：山西石油分公司将全面提升数质量管理水平作为落实从严管理、提升品牌形象的重要抓手，整章建制、规范管理，紧盯油品进销存各个环节，强化油品质量抽检和库存盘点，运用铅封管理和智能化监控，推进加油站地罐交接深入开展，落实损溢管理制度，数质量管理水平得到提升，确保质量合格、计量准确。安全方面：山西石油分公司贯彻落实国家、总部及山西省安全管理相关要求，坚持预防为主、防治结合，确保安全。通过落实安全生产责任制，推行实施“一把手安全生产承诺制”和“领导干部定点承包挂牌制”，加强安全生产监督检查和安全隐患排查治理等，强化企业安全文化建设，加大员工安全知识技能培训，构建应急预案演练常态化机制，以人为本，筑牢安全发展防火墙，实现企业本质安全。

（刘丽婷　邓俊伟）

旅游业　会展业

Tourism　Exhibition

旅游综述

【旅游接待与收入】 截至 2015 年底，山西省旅游总收入 3447.5 亿元，同比增长 21.11%。实现旅游业增加值 1310.1 亿元，占全省 GDP 的比重为 10.2%，占全省第三产业增加值的比重为 19.2%，旅游业带动的餐饮、住宿、社会消费品零售总额达 1415.5 亿元。全年接待国内游客 36007 万人次，国内旅游收入 3428.91 亿元人民币，国内旅游人均花费 884 元/人次；接待入境过夜游客 593772 人次，其中外国游客 380390 人次，港澳台游客 213382 人次，旅游外汇收入 29710 万美元，其中外国游客消费 686.5 万美元，香港游客消费 164.3 万美元，澳门游客消费 38.3 万美元，台湾游客消费 85.4 万美元。全省景区景点门票收入持续较快增长，云冈石窟、平遥古城、乔家大院、太行山大峡谷等同比增长 20%左右。五台山、壶口瀑布、通天峡同比增长 50%左右。（王海叶）

【旅游产业规模】 2015 年，山西省从产业规模看，全省旅游企业 9000 余家。旅游景区景点 543 家，A 级景区 143 家，其中 AAAAA 级 6 家，AAAA 级 86 家。星级饭店 328 家，其中五星级饭店 18 家，凯宾斯基、假日、帕尔曼、建国等国际、国内知名品牌酒店落户山西。旅行社 866 家，其中营业额过亿元有 8 家。全省持证导游 2 万余名。旅游直接从业人员 51.5 万人，间接从业人员 210.8 万人。（王海叶）

【乡村旅游】 2015 年，山西省乡村旅游品牌经营户 1 万户，直接从业人员 5 万人，户均收入 3.9 万元。全省乡村旅游接待 6000 万人次，收入 300 亿元。2015 年，山西省加强对乡村旅游资源的规划指导、配套设施建设和标准化管理，实施乡村旅游“555 工程”，用 3 年左右时间打造 50 个特色旅游名镇、500 个乡村旅游点、5000 户品牌农家乐。山西省旅游局连续两年专列 3500 万元用于乡村旅游公共服务设施建设补助，全省乡村旅游发展进入快车道。壶关县桥上乡依托太行山大峡谷景区发展乡村旅游，全乡从事旅游业各类服务户 480 户，从业人员 3000 多人，占全乡总人口的三分之一，户均纯收入 4.2 万元，从业人员人均工资 1.2 万元。永济市北峪口古村开发乡村旅游综合体，入住小吃商户 130 户，其他商户 30 多户，从业人员 500 人，客流量 230 万人次，商户平均收入 30 万元，最高收入 100 万元，带动周边种植、养殖、客栈、酒店 2300 人创业、就业。

2015 年 1 月 12 日，山西省旅游局在全省范围选取 18 家成熟的乡村旅游景点，首次设立 3 个培训基地、15 个实习基地，借优秀景点所积累的开发、管理、营销经验，培养乡村旅游人才。从 2015 年起，每年规划扶持约 50 个贫困村，到 2020 年将扶持约 300 个贫困村通过发展旅游产业脱贫致富。设立的基地以实用、专业课程为主，解决乡村旅游存在的缺点与不足：产业规模不大，多数乡村旅游发展保持在自然发展、无序开发状态，缺少统一规划和管理；相当一部分地区乡村旅游资源开发投入不足，基础设施不配套，综合能力不强；乡村旅游产品同质化严重，产品滞后、缺乏特色，缺少市场营销策划，没有形成完整的产业链和产业体系；乡村从业人员素质有待提高等诸多方面。

2015 年全国休闲农业与乡村旅游示范县、示范点认定名单中，山西省有 6 地上榜。其中，平顺县、太谷县上榜被评为全国休闲农业与乡村旅游示范县；长治长子县方兴现代农业园区、晋中市太谷县美宝农业观光园、灵丘县红石塄乡上北泉村休闲农业与乡村旅游示范点、万荣县晋汉子农庄被评为全国休闲农业与乡村旅游示范点。（一　溪）

【假日旅游】 2015 年春节假期，山西省实现旅游总收入 28.23 亿元人民币，同比增长 13.67%；接待海内外游客 599.42 万人次，同比增长 14.25%，其中过夜游客 181.06 万人次，同比增长 13.45%，一日游游客 418.36 万人次，同比增长 14.60%。五一假期，实现旅游总收入 69.69 亿元人民币，同比增长 14.64%；接待海内外游客 1533.52 万人次，同比增长 14.75%，其中过夜旅游者 445.17 万人次，同比增长16.38%，一日游游客1088.35万人次，同比增长14.10%。国庆假期，山西省实现旅游综合收入213.47亿元人民币，同比增长16.15%；接待国内外游客3357.63万人次，同比增长17.02%，其中，过夜游游客1277.32万人次，同比增长16.1%，一日游游客2080.31万人次，同比增长17.59%。

（一　溪）

【红色旅游】 2015年，"红色经典 晋善晋美——'山投杯'10万学子重走太行、吕梁"活动由山西省旅游局主办，由山西省教育厅、山西省党史办、共青团山西省委支持，由山西投资集团、新浪山西承办。活动从2015年7月3日开始到2015年9月3日结束，为期两个月时间。活动期间，全国凡持有效学生证件的中小学生和大中专院校学生，采取参团或自助旅游的形式，到活动指定的17个红色旅游景区旅游，除免门票的红色旅游景区景点外，在收取门票的红色旅游景区景点均享受国家规定的对学生门票优惠政策。活动涉及17个红色旅游景区景点，分别是：大同市灵丘县平型关大捷纪念馆；朔州市平鲁区李林烈士陵园；忻州市五台县晋察冀军区司令部旧址纪念馆；阳泉市城区百团大战纪念馆；吕梁市兴县晋绥边区革命纪念馆、石楼县红军东征纪念馆；晋中市左权县麻田八路军总部旧址、麻田八路军总部纪念馆、和顺县八路军石拐会议纪念馆；长治市黎城县黄崖洞兵工厂旧址、武乡县八路军太行纪念馆、武乡县八路军文化园、武乡县八路军游击战体验园、武乡县《太行山》实景剧、武乡县王家峪八路军总部旧址、武乡县砖壁八路军总部旧址；晋城市阳城县晋豫边区抗日纪念馆。

2015年4月5日，国家AAAA级旅游景区"洪洞大槐树寻根祭祖园"祭祖活动开幕

（一　溪供图）

8月31日，"铭记历史·圆梦中华"全国红色旅游万里行主题活动山西分会场启动仪式在左权麻田八路军总部纪念馆举办。由国家旅游局主办，山西省旅游局和晋中市人民政府承办。"铭记历史·圆梦中华"全国红色旅游万里行主题活动将一直持续到9月底。开展红色旅游"百千万"活动，组织抗战主题红色旅游景区，优秀讲解员、党史专家学者，走进景区、社区、校园等单位，举行红色旅游宣讲活动。以多种形式引导、鼓励游客走进红色旅游景区，接受红色旅游，传承红色基因，接受红色洗礼。

（一　溪）

【重大旅游活动】 2015年3月25日，由山西省旅游局与中国日报社联合举办的"洋眼看山西"境外宣传推广活动在山西太原正式启动。由中国日报整合其平面、网络与新媒体平台资源，面向全球招募并甄选50名具有深厚文字和摄影功底的高端外籍人士（"洋霞客"），在山西进"体验式旅游"，用他们的视角和感触，用他们的文字和影像向世界展示多姿多彩的美丽山西新形象。采风活动在5月、7月、9月分三次举行，分别为：太行山水之旅、三大遗产之旅、黄河文化之旅，兼顾自然山水和人文古建。其作品在《中国日报》报纸、网站、新浪微博账号、微信订阅号、Facebook、twitter等社交媒体发布。启动仪式上签署《中国日报社与山西省旅游局国际传播战略合作框架协议》。

2015第二届大同国际自行车骑游大会大同站活动由中国人民对外友好协会、国际自行车旅游协会、山西省旅游局、大同市人民政府主办，是"爱在中国·为爱骑行"的第三站。8月1日，举行文瀛湖与白登山赛段比赛。8月3日，为纪念反法西斯战争暨中国人民抗日战争胜利70周年，500骑手以骑行的方式在灵丘平型关赛段骑行，缅怀先烈。以赛为媒的旅游品牌城市形象宣传新平台建设工程，映衬着"骑游塞上名城，探寻大同世界"的活动主题。

2015年9月26日，中国·黎城第三届太行红山国际自行车骑游文化活动周开幕，来自海内外的2000余名骑游爱好者，从黎侯古城出发，开始"骑游红山景区，观赏太行风光"。活动周期间，黎城举行"骑游红山景区，观赏太行风光"国际自行车爱好者欢乐之旅；"低碳环保，绿色骑行"——骑行爱好者红山下线骑游观光活动；"圆红山梦想，展骑士风采"骑行竞技赛；"新能源新材料新产业"招商引资洽谈会；黎氏寻根祭祖活动及第二届中华黎氏黎城寻根研讨会；美丽黎城风光摄影展等活动，推广黎城旅游形象与资源。

2015年11月21日，2015运城市冬季旅游启动暨踩线仪式在平陆县三湾大天鹅景区举行。黄河金三角旅游主管部门、全国400家旅行社、60余家媒体，旅游、摄影爱好者约千人参加启动仪式，并在仪式结束后对运城景区进行踩线活动。这次运城冬季旅游大型活动，依托平陆黄河湿地大天鹅冬季栖息地，利用“中国死海”、关帝庙、李家大院、鹳雀楼、蒲津渡、普救寺等自然和人文景区，对北方传统旅游淡季寻找到最佳突破口，激活“古中国、新运城”旅游新形象，打造运城旅游一年无淡季、全球华人朝圣关公的圣地、以“古中国”为标识的国际旅游目的地的“三个目标”。

（一 溪）

旅游市场开发

【旅游投资】 截至2015年底，山西省有215家资源型企业投资开发旅游景区、星级饭店、休闲度假区和娱乐设施，总投资高达400亿元，带动社会资本1700亿元。营利过亿元的资源转型企业投资的旅游景区中，介休绵山风景区投资超过18亿元，建成国家AAAAA级景区，门票收入、小交通收入1.5亿元，酒店餐饮利润1亿元。阳城县皇城相府门票收入1.73亿元，旅游综合收入7.04亿元。

2015年，太行山大峡谷股份公司实现大峡谷景区统一规划、统一管理、统一开发、统一品牌、统一经营。截至2015年底，门票收入达到5380.2万元。

翼城县政府和山西历山旅游投资有限公司（原垣曲历山旅游开发有限公司）就开发翼城历山风景区签约，垣曲历山和翼城历山资源整合进入正式实施阶段。

（王海叶）

【旅游景区建设】 2015年，山西省开展“山西百佳休闲旅游产品”推选活动，推出一批旅游文化小镇、旅游休闲度假区、森林旅游景区、文化体育娱乐产品，展开传统旅游产品升级，新兴旅游产品推广活动，优化山西省旅游产品结构。传统产品提升中，云冈石窟将单一景点改造为国际标准旅游区；绵山、乔家大院、平遥古城建成国家AAAAA级景区，AAAAA级景区由3家增加到6家；雁门关景区、太行山大峡谷景区通过国家旅游局国家AAAA级景区资源与景观质量评审。新兴旅游产品中，新项目建成并投入使用，旅游产品向观光、休闲、度假并重转变。大同方特度假城、盂县大汖温泉、交城果老峰水上乐园、孝义星宇广场、祁县千朝农谷、晋中百草坡公园房车自驾车营地、灵石崇宁堡温泉度假酒店、晋城司徒小镇等休闲度假产品向游客开放。《又见平遥》等大型旅游演艺节目推出，为旅游与文化融合发展提供范例。

“第十二届中外避暑旅游口碑金榜”，主持评价机构为亚太环境保护协会APEPA、联合评价机构为中国城市竞争力研究会CICC、世界文化地理研究院ICGA、世界自驾游总会、中华口碑中心CPPC和香港中国气候旅游研究院，出炉全球避暑名城百佳榜、中国避暑名城65佳榜、中国避暑休闲百佳县榜、中国避暑名山百佳榜、中国避暑小镇百佳榜5个榜单。五台山和长治县振兴新区中国乡愁公园分别位于中国避暑名山百佳榜和中国避暑小镇百佳榜的首位。中国避暑名城65佳榜中，分别有太原市、长治市、大同市、晋城市。中国避暑休闲百佳县榜中，分别有武乡县、长治县、阳城县、和顺县、平顺县、昔阳县、岢岚县。中国避暑名山榜百佳榜中，分别有五台山、恒山、珏山、绵山、北天池山、太岳山、红山、大雄山。中国避暑小镇百佳榜中，分别有长治县振兴新区中国乡愁公园、阳城县北留镇皇城村、昔阳县大寨村、河津市清涧街道龙门村、长治县东掌村、汾西县僧念镇师家沟村、平顺县石城镇岳家寨、山阴县桑干河湿地新区。

11月8日，由国内互联网和IT界权威杂志《互联网周刊》发起的2015智慧旅游景区Top100出炉，山西忻州五台山景区、晋中乔家大院景区、大同云冈石窟景区、晋城皇城相府景区和介休绵山景区参评，全部入围前100名。五台山景区和晋中乔家大院景区分别以92.35分和91.37分排名第9位和12位，云冈石窟景区、皇城相府景区和介休绵山景区分别排第56位、66位和80位。参加的旅游景区有185家，通过线上大众投票、专家评委、专业客户、用户评委等评选方式产生。评选有三大指标，分别是品牌内涵与影响力（iBrand）、自身网络建设（iSite）和传统行业地位（iPower）。

（一 溪）

【旅游市场扩展合作】 2015年，山西省实施“走出去、请进来”宣传战略。省旅游局组织各市旅游局、各景区、旅行社、媒体奔赴北京、天津、河北、河南、陕西、内蒙古、广东、山东、江苏、浙江、福建、广西、湖南、四川、重庆、湖北、东三省、西三省等22个省区市和香港、台湾地区开展大规模专业推介，共有22省区和香港、台湾地区的2000多家旅行社参加推介、对接、签约，1000多家主流媒体和新媒体报道宣传山西旅游形象和景区景点。依托国家旅游局驻外办事处、省内重点旅行社邀请省外、境外旅行商来山西考察踩线，拓展山西国内外旅游市场。区域旅游合作掀开新局面。依托山西省与相关省（区、市）联合成立的“美丽中国·天下黄河”“美丽中国·古老长城”“美丽中国·陆上丝绸之路”等旅游联盟，加强境外旅游市场宣传推广。2015年8月28日至9月1日，山西省旅游局举办中国·山西首届“一带一路”古城古镇国际文化旅游暨第二届国际旅行商采购大会。邀请丝绸之路推广联盟有关省（区、市）旅游局（委）负责人，德国、法国、加拿大、西班牙、意大利、俄罗斯、日本、韩国、泰国、马来西亚等11个国家和台湾地区境外旅行商与新闻媒体，法国普罗万古镇和国内丽江古城、凤凰古城、阆中古城、周村、台儿庄等16个知名古城古镇负责人以及国内沿线旅行社负责人等274名代表出席推介会。省内各市旅游局负责人、重点旅行社、重点旅游景区、部分五星级酒店负责人和中央驻晋及省内新闻媒体记者100余人参加推介会和洽谈会。

2015年11月13日至15日，国家旅游局、中国民用航空局和云南省人民政府共同主办的2015中国国际旅游交易会在云南昆明举行。山西旅游展团由山西省旅游局带队，全省各市旅游局以及重点景区组成。在这次交易会中,山西旅游展团省获得“优秀展台奖”和“优秀组织奖”。交易会以“丝绸之路旅游”主题,通过组织专业推介、专业洽谈等活动,开展旅游合作。在中国特色旅游商品评比中,山西省共选送9大类42件旅游商品,经网络评选和专家评审等环节,获2金6银。

2015年6月26日至28日,山西省旅游局组织省内11个市旅游局及辖区内50多家旅游企业共计140多人,参加北京国际旅游博览会。山西省展台面积100平方米,展台设计以简洁、开放、互动为理念,突出山西旅游“晋善晋美·美丽山西休闲游”品牌形象和博览会“坐高铁·游山西”“山西旅游北京特卖会”主题。组委会为山西展团颁发“最佳组织奖”和“最佳创意奖”。通过这次博览会,探索宣传营销山西旅游的新模式,宣传山西省的旅游形象和资源得。 (一 溪)

【旅游公共服务建设完善】 2015年,山西省旅游交通设施改善。全省高速公路里程突破5000千米,旅游中心城市到重点景区基本实现一小时通达。全省投入运行的民航机场6个,待完工1个,基本实现县县通高速、片片有机场。大西高铁、石太高铁纵贯东西南北,并与太中银铁路、陇海客专、西成客专等骨干线路紧密衔接,全天候、公交化、高速度的快速客运网逐渐形成。

旅游标识系统建设有新进展。高速公路旅游导引标识基本完成。市县旅游道路标识完善。旅游集散体系见雏形,省汽运集团在全省布局旅游集散中心,按照“定点、定线、定时、定价、定服务”的标准,开通近20余条旅游直通车。A级景区的游客中心发挥比较完善的咨询服务作用。重点旅游城市、景区开通免费无线网络服务广大游客。

旅游厕所建设推进。2015年,国家和山西省共下达旅游厕所建设补助资金4100万元,全省厕所建设总投资达1.78亿元,完成新建、改建旅游厕所737座。 (王海叶)

【旅游政策促进】 2015年6月,山西省政府出台《关于促进旅游业改革发展的意见》,10月出台《山西省旅游发展大会申办暂行办法》。《意见》抓住影响山西旅游业健康快速发展的一些重大问题,提出推动全省旅游业转型升级、建设旅游经济强省的11条措施。

10月16日,山西省旅游发展暨“互联网+旅游”大会在太原举行,省长李小鹏、国家旅游局副局长李世宏出席会议并讲话,省人大常委会副主任张茂才、省政协原副主席李雁红出席会议,副省长王一新主持会议。省旅游改革发展领导小组成员单位的主要负责人,各市市长、分管旅游工作的副市长及旅游局主要负责人,部分旅游县(市、区)政府主要负责人及旅游局长,部分省人大代表、省政协委员,部分旅游企业和旅游院校负责人,以及国内大型实体旅行商、旅游互联网运营商、知名旅游电商、大型旅游投资集团、大型旅游门户网站负责人共600余人参加会议。(王海叶)

旅游管理

【旅游市场管理】 2015年,山西省旅游局致力于治理规范旅游市场秩序的制度化建设和常态化检查。组织旅游、公安、工商、物价等省旅游改革发展领导小组成员单位,并邀请省内部分媒体记者和社会监督员参与在春节黄金周、五一小长假、中秋节、十一黄金周等节假日进行旅游市场明察暗访。研究和探索治理不合理低价旅游现象的方法和措施,通过召开座谈会、实地考察、约谈、依法惩处违规违法企业、发布企业联合倡议书、开展优质供应商计划等形式,对不合理低价行为重拳出击,在行业内部形成振动,在游客市场形成影响。

4月2日,五台山景区因“旅游环境杂乱、服务管理缺失”被国家旅游局警告处分。9月14日,中央电视台《焦点访谈》曝光五台山问题。省委、省政府主要领导亲自挂帅,抽调省直15个部门,分12个课题,对五台山景区综合整改整治进行集中调研调查,48天时间,拿出五台山体制机制改革指导意见、五台山景区集中整治整改指导意见和解决省道和景区道路并线方案,并付诸实施。对照A级景区标准,省旅游局组建10个暗访小组,对全省150家A级景区进行暗访检查,对存在问题的大同市灵丘县桃花山等10家景区的标准化等级予以注销,晋祠等21家景区被约谈,平遥日升昌票号等8家景区因主景区升级和主体整合予以合并。10月9日,国家旅游局宣布撤销对五台山景区的警告处分。 (王海叶)

【旅行社管理】 2015年,山西省旅游局新审批设立旅行社35家,新增出境游组团社11家,注吊销旅行社22家。截至2015年底,出境游组团社92家,赴台游组团社9家。宝华国旅、红马国旅进入全国百强旅行社行列,分别列2014年度全国第28名和57名。

(一 溪)

【旅游饭店管理】 2015年,山西省复核饭店108家,通过93家,通过率86.11%,取消星级11家(其中主动退出8家),限期整改4家。截至2015年底,全省旅游饭店有五星级18家、四星级69家、三星级135家、二星级62家。 (一 溪)

【导游员管理】 2015年,山西省成立独立法人的导游员协会,发挥维护导游权益、加强导游职业宣传、促进导游行业健康发展的作用。2014年5月至2015年5月,国家旅游局与光明日报社联合开展“寻找最美导游”活动,通过层层推荐选拔,大同市旅游局杨蕴婧、山西太旅股份李茹浩、山西省导游管理中心任俊洁3人获入围奖,杨蕴婧入围前四十。

11月12日,由山西省旅游局主办的2015“蟒河杯”山西省“中国好游客、中国好导游”评选活动暨导游员大赛落幕。全省49名导游员通过导游故事、形象展示、景点讲解、知识问答、才艺展示等环节大秀风采。大赛决出一等奖1名、二等奖3名、三等奖5名、单项奖4名。来自山西商务国旅的闫鑫获大赛一等奖。杜瑞鹏、董鹏飞、酒晨浩3人获二等奖，王瑾、程琳琳、李根、乔康杰、翟沁芳5人获三等奖。大会为推选出的山西省"中国好游客""中国好导游" "山西省优秀导游员"代表颁发证书。这些导游、游客将被推荐参加全国评选。4家单位获得优秀组织奖、7家单位获得最佳组织奖、3家单位获得突出贡献奖。来自晋城沁水历山风景区的"民间导游"仝海青获"终身荣誉奖"。

（一 溪）

【旅游安全管理】 2015年11月24日至12月2日，山西省旅游局在太原举办"山西旅游安全监管人员培训班""全省出境旅行社安全培训班"和"全省旅游星级饭店安全培训班"。培训内容涉及反恐斗争形势与对策、旅游目的地安全问题辨识与安全管理、"山西旅游安全监管信息系统"操作、国内外旅游安全形势和外事纪律及安全事项、星级饭店消防安全、食品安全及卫生制度、旅游行业安全风险管控与对策等各方面。授课老师结合山西省旅游安全方面存在隐性问题，讲授安全防范意识、安全监管体系、安全风险管控和应急救援处置知识。各市、重点县（区、市）旅游局分管领导、行管科长、安全科长、出境旅行社负责人、四星五星级饭店负责人等300余人参加培训。

2015年11月28日至12月2日，由山西省旅游局主办、省旅游培训中心承办的"全省旅游饭店创新发展与安全管理培训班" 在太原举行。培训内容涉及新常态下旅游饭店市场营销，"互联网+" 时代的中国旅游饭店业，旅游饭店业安全管控与对策，反恐斗争形势与对策，食品卫生安全，消防安全等内容。浙江君澜酒店集团总裁王建平、先之副总裁殷彤、杭州贝竹科技有限公司总经理林文、幻腾智能CEO王昊、省反恐办副主任郭济平、省食品药品监督管理局副处长赵宁等知名国内专家和省行业管理部门负责人进行授课，并就以上几个课题与学员进行交流。各市旅游局分管副局长、行管科长、安全科长、四五星级饭店负责人等110余人参加培训。

（一 溪）

会 展

·山西省展览馆·

【概述】 山西省展览馆是山西省最早的综合性展览基地，也是山西省展览事业的开拓者和领头羊。它长期担负着组织承办全国、全省大中型展会的任务，为各个行业领域搭建沟通交流的平台，在山西的经济发展和对外经济交流中扮演着不可或缺的团队角色。

2015年，山西省展览馆举办展览30余场，取得良好的社会效应和经济效益，密切各行业间的交流，也惠及周边餐饮业、旅游业、交通业、商贸等诸多产业。

（韩一平）

【山西省首届青少年教育暨装备展览会】 2015年7月3日，由山西省《生活晨报》主办的"山西省首届青少年教育暨装备展览会"在山西省展览馆开幕。展会为期5天，共设9个展馆，由200余家优质教育机构、厂商和少儿艺术团组成，使用近千个展位，是山西省举办的首次教育暨装备交流盛会。展览会以"素质教育、创新教育、实践教育"为主题，突出"新产品、新技术、新装备、新教育"，旨在为引进优质教育资源，推进教育合作与交流搭建更有效的合作平台。

展会期间，青少年教育展在各大院校展区、特色幼儿园展区、培训机构展区三个展区进行。教育装备分为教学装备展示区、学习用品展示区、学校体育用品区、艺术设备区、旅行用品区、教育机构展示区六大展区。展览期间，主办方举行校园教育装备合作校企对接会、校园体育用品合作校企对接会、教学装备山西代理商专场推介会、艺术教育现场咨询推介会四场主题活动，精选少儿艺术表演节目进行演出。山西各大中小学校（院）、民办艺术院校及幼教和特教机构的校园教学成果同台竞展；国际、国内优秀的教学用品装备供应商带着最新的教学教育产品亮相展会，与各教育机构交流互动。 （韩一平）

【北方国际高新科技成果暨创新产品洽谈博览会】 2015年9月11日至13日，由山西省商务厅、山西省科学技术协会主办，山西科技新闻出版传媒集团、山西晋安钰岫文化传媒有限公司承办的2015北方国际高新技术成果博览会在山西省展览馆举办。

北方科博会主题为 "科技引领，助推转型"，宗旨是"促进科技成果转化，服务社会创新发展"，展览内容涵盖新一代信息技术产业、生物产业、航空航天产业、新能源新材料产业、节能环保产业、物流业、智慧城市和服务外包等多个专业领域。展会同步举办高峰论坛，邀请中国科学院、工程院20余名院士、山西省政府高层及国企科研人士出席。山西省委省政府领导及各职能厅局领导莅临大会指导，全省120余县的政府及科技人士组团参加。博览会邀请有关企业以及兄弟城市组团参会，共同推进高新技术产业的深度交流与合作，共同研讨"低碳引领，创新驱动"实体经济发展的新思想与新路径，共同为做强实体经济搭建创新示范、品牌推广、成果转化、信息导向、资本对接的全产业链服务平台，共享科技发展硕果。

（韩一平）

【中国(太原)国际煤炭工业展览会】 2015年9月22日至24日，中国太原国际煤炭工业展览会在山西省展览馆举办。展会经山西省商务厅批准，由太原市人民政府、山西省机械电子工业联合会和中国煤炭城市发展联合促进会主办，中国国际贸易促进委员会太原分会与北京华贸联展览有限责任公司承办。展会参展商由来自全球十多个国家的200余家企业组成，包括众多知名展商。展会共吸引参观观众2.77万人次，专业观众达95%，是一次具有国内外影响力的行业盛会。

展会活动以“绿色煤矿、智能煤矿、科技引领转型跨越发展”为主题，通过展览、论坛、技术交流会、产品推介会等专题活动，展示煤炭矿山技术装备、技术创新、科技兴矿等新技术、新设备；就建设绿色煤矿基本原则、煤炭环境问题的治理、打造绿色煤矿实现矿业可持续发展等相关议题进行研讨，为煤炭矿山行业搭建合作、贸易、交流平台，推动煤炭、矿山行业的健康发展，促进新成果、新技术、新装备、新工艺的推广应用，提升山西煤炭矿山行业科学发展水平，扩大国际交流与合作，使煤炭矿山行业朝着可持续、健康的方向发展。（韩一平）

【第五届山西省节能减排、低碳发展博览会暨首届山西新能源汽车展】 2015年10月16日，第五届山西省节能减排、低碳发展博览会暨首届山西新能源汽车展在山西省展览馆开幕。展会由省政协经济委员会、省发改委、省经信委、省住建厅、省国资委等单位联合主办，为期三天。

展会以“节能、高效、绿色、环保”为主题，共设置节能减排与低碳发展成果展、新能源汽车展、工业节能减排技术及产品展、建筑节能（公共机构、民用）展、清洁能源展、交通运输节能减排展、技能服务展、室内通风空气净化及洁净技术设备展、民用节能展九大展区。北京、天津、广东、浙江等省市墙体保温材料、空气能、城市节能照明、建筑一体化技术、节能电机、污水处理设备技术、新能源汽车及甲醇汽车改造、太阳能电动车等最新技术、产品到会参展，参展商达120余家。按理性勤俭节约的举办原则，这届博览会会场展台回收率达80%以上。

首届山西新能源汽车展作为博览会的一个重要组成部分，受到新能源汽车制造企业的支持。展会期间，数十家生产企业、经销商携带最新款新能源纯电动汽车首次公开亮相，展示企业的新技术、新设计、新产品，在提升品牌影响力的同时，也为山西的低碳发展助力。（韩一平）

【山西国际新能源汽车及商用汽车展览会】 2015年10月30至11月1日，在山西省展览馆举办为期三天的山西国际新能源汽车电动车及商用车展览会。

展会以“绿色、循环、低碳”为内涵，以“贸易、合作”为宗旨，展示中国电动车、三轮车及新能源汽车产业绿色低碳发展所取得的成就及新技术、新装备，内容涵盖交通基础设施建设、节能环保交通工具、集约高效交通工具组织体系建设、交通运输科技创新与信息化发展、绿色循环低碳电动车新能源汽车管理能力建设等内容，为绿色交通产品及技术设备商提供集形象展示、品牌推广、市场营销和交流的强大平台，推动先进电动汽车经验推广及新技术新装备的普及应用，促进中国电动车新能源汽车产业向更高层次发展。（韩一平）

·煤炭交易中心·

【山西精品年货节】 2015年（第二届）山西精品年货节于1月30日至2月8日举办，以“寻年味、购年货、过大年”为主题，有多个省份数万种年货商品参展。年货节分为年货展、晋剧戏曲、庙会和三晋精品文化活动三大板块。年货展分设7个特色展区，分别为糖酒食品区、特色农产品区、服装家居区、小家电用品区、节日商品展区、民俗文化表演展区、非物质文化遗产展区，展销面积达10000平方米，有400余家企业参展，包括茶叶、烟酒、干果、肉蛋、海鲜、小家电等商品。逛年货节人数约14万人次，单日最高入馆人数达1.8万人次，销售额达3000余万元。

为烘托年味气氛，这届年货节推出三大配套活动：(1)寻年味、看大戏活动，每天上午有山西省文化厅组织晋剧院的戏曲家精心为老百姓准备的折子戏演出。下午是参展企业产品推介会活动，由专业主持人配合展商宣传、推介和销售产品；(2)山西省工艺美术协会组织的民俗（文化）活动，邀请众多民间艺人，展示皮影、捏面人、画糖画等各种古老民俗文化；(3)引入首届社区广场舞决赛赛段、书法艺术家迎春作品展示、首届瑜伽节、太极表演、山西电视台都市110栏目十周年观众见面会、山西交通广播和山西音乐广播送福等文艺活动。

（一　溪）

【华巨臣第二届太原茶博会】 2015年7月20日，华巨臣第二届太原茶博会在中国（太原）煤炭交易中心落幕。展会会期4天，意向交易额约20亿元，现场成交额9500余万元，入场观众达6万余人。太原茶博会设国际展位1600个，展览面积35000平方米，囊括六大茶系茶品、茶服、茶食品以及红木根雕、紫砂陶瓷等，集合云南、福建、湖南、湖北、广东、广西、四川、贵州、河南、江西、江苏、浙江、台湾，以及韩国、马来西亚等国内外茶叶主产区、著名茶具产地的逾600家原产地茶叶企业和知名茶具品牌。

参会代表中，史志鹏、朱斌、谈曙君、刘根林、张耀军等为代表的宜兴紫砂名家超过80位；内地以汉陶张生、茗韵堂、茗镜堂、还真汝窑、韵牌等为代表，台湾以火云式、仁功堂、黑彩窑、益德陶瓷等为代表的精品茶器企业超过100家。（一　溪）

【第二届山西文化产业博览交易会】 2015年9月9日至15日，第二届山西文化产业博览交易会在中国（太原）煤炭交易中心举行，以“文化三晋，美丽山西”为主题。

这次文博会是展示山西省11个市精品集萃的大平台。“法治文化、廉政文化、红色文化”主题展区内，精心布置的白底红字展板、于成龙雕塑、廉政杯等。非物质文化遗产展有：大同广灵的剪纸、吕梁孝义的皮影、长治的堆锦、晋中祁县的玻璃器皿、临汾的土疙瘩布艺等。艺术文化有忻州二人台、绛州锣鼓、晋城上党八音会等。会展中心室内3.6万平方米，24个国家、31个省市自治区及山西省11个市千余家企业，万余种产品参展。

（一　溪）

【第二十五届全国图书交易博览会】

2015年9月25日，第二十五届全国图书交易博览会在太原开幕。由国家新闻出版广电总局、山西省人民政府共同主办，以“文华三晋·书香九州”为主题，会期3天，设太原市主会场和大同、长治、运城3个分会场。主会场所在地中国(太原)煤炭交易中心共设12个展区、2300个展位，展区面积达6.2万平方米，包括港澳台在内的全国各地1000余家出版发行单位参展，展出各类图书25.63万种，其中新书15.6万种，精品图书展区集中展示新出版反映抗战题材和弘扬主旋律的精品图书2000余册。（一 溪）

2015年6月11日，2015第15届中国(山西)国际美容美发化妆用品博览会开展

（周建东供图）

【2015中国体育文化·体育旅游博览会】 2015年10月11日，2015中国体育文化·体育旅游博览会在中国(太原)煤炭交易中心开幕。这届“两博会”以“弘扬体育精神，建设体育强国”和“体育旅游，服务民生”为主题，会期3天。来自全国31个省（区、市）、全省11个市、国家体育总局系统10余家单位和全国约300家户外用品、体育文化、休育旅游企业参展，展场总面积8万平方米，整个展会突出专业化、市场化、精品化特色，集展览、赛事、论坛、体验、评选、交易等活动为一体。（一 溪）

【第四届中国(山西)特色农产品交易博览会】 2015年10月23日，第四届中国(山西)特色农产品交易博览会在中国(太原)煤炭交易中心开幕。农博会由农业部、中国贸促会、山西省政府共同主办，中国农业产业化龙头企业协会协办。这届农博会秉承“特色、创新、合作、共赢”的主题，展区分十个板块：11市的综合展区；农业新技术、新品种、新成果展区；农产品加工“513”龙头企业展区；改善农村人居环境展区；汾河流域生态修复展区；农产品电子商务交易区；林业新产品展区；新型农机装备和农村电气化展区；休闲观光农业、乡村旅游展区；新型职业农民培育及农业物联网展区。

来自省内外的1100多家企业参展参会。展销产品涉及粮食、杂粮、干鲜果、蔬菜、畜产品、中药材、醋类、酒类、饮料、油脂、林产、水产、小型农机具、民间工艺、农业科技以及新型农药、肥料等18大类6600余种。中国农业发展集团、中粮集团有限公司、中国水产总公司、双汇集团、北京新发地等企业参加投资签约、洽谈贸易活动。（一 溪）

【太原第九届TOP国际汽车博览会】 2015年11月5日至9日，太原第九届TOP国际汽车展览会在中国(太原)煤炭交易中心展览中心举行。由山西省会展行业协会、山西省汽车行业协会、山西省汽配流通协会主办，太原市天玺文化传媒有限公司承办。这届TOP车展以“缤纷车展炫酷龙城”为主题，占地面积66500平方米，其中室内36500平方米，室外30000平方米。参展品牌展出车型700多辆，包括劳斯莱斯、玛莎拉蒂、乌丁、宾利、奔驰、宝马、捷豹、路虎、林肯、荣威、沃尔沃、进口大众、进口现代、英菲尼迪、凯迪拉克、斯巴鲁、进口起亚等顶级品牌，以及大众、现代、雪佛兰、雪铁龙、斯柯达、标致、菲亚特、本田、丰田、日产、马自达、三菱、起亚、双龙和国内品牌陆风、江铃、奔腾、东风风神、东风风行、海马、传祺、东风小康、北汽威旺、华颂、长安、力帆等。（一 溪）

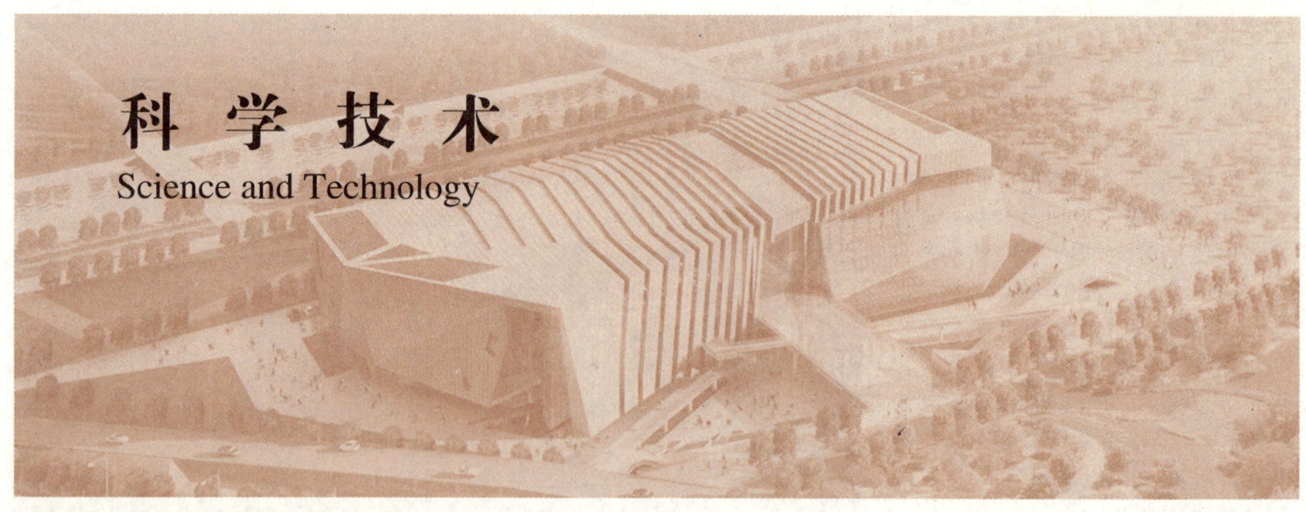

科 技

【概述】 2015年，山西省委、省政府召开全省科技创新推进大会，对实现科技创新新突破工作任务进行部署，全省科技创新工作取得新进步。全省R&D经费投入152.19亿元，基本保持上年投入水平。山西科技创新城完成投资40亿元。发明专利拥有量比上年增长29%，达8104件。6个项目获国家科学技术奖。高新技术企业数量比上年增长39.4%，总数达725家。全省科技进步水平综合指数排全国第17位，上升2位，增幅全国第一。

（王 强）

【科技管理体制改革】 2015年，山西省科技厅建立新的省级科技计划（专项、基金等）管理体制。初步形成一个决策平台、三大运行支柱、五大科技管理信息系统、五类科技计划和八个配套制度组成的科技计划管理体系和制度体系。一个决策平台即厅际联席会议制度，由科技厅牵头，财政、发改等15个部门参加。三大运行支柱即战略咨询与综合评审委员会、专业项目管理机构、统一的评估和监管机制，制订《战略咨询与综合评审委员会组建方案》《山西省科技计划（专项、基金等）监督和评估办法》《山西省专业项目管理机构遴选和认定管理办法》。五大管理系统即省科技计划管理信息平台、科技成果转化和知识产权交易平台、科技资源开放共享管理服务平台、科技报告共享服务平台、高新技术企业管理服务平台。五类科技计划即新设立的山西省科技计划（专项、基金等），包括应用基础研究计划、科技重大专项、重点研发计划、科技成果转化引导专项、平台基地和人才专项。八个配套制度即山西省科技计划管理"1+7"制度体系，包含《山西省科技计划（专项、基金等）管理办法》和7个配套的专项管理办法。

深化各创新主体科技体制机制改革。经省编办正式批复，山西省科技厅新设立政策法规与监督处、创新发展与科技成果处、资源配置与管理处，机关职能由研发管理向创新服务转变。推进省属科研院所新一轮改革，制订《关于进一步加快省属转制科研院所改革的意见》。制订《关于推进高校科技创新工作行动计划》等配套政策文件，在改革高校科研体制机制、加强人才队伍建设、优化科研经费使用、促进协同创新和科技成果转化等方面有重大突破。

建立新的项目形成、立项和经费管理机制。对科技重大专项和重点研发项目，建立编制产业创新链，凝练科技重大专项，公开招标立项机制，实现山西省在科技项目组织上的重大创新。拟制《山西省科研项目和科技活动经费管理办法》，首次对横向科研项目经费管理提出指导性意见。

（王 强）

【知识产权保护】 2015年，山西省科

2015年5月21日至24日，山西省科技厅牵头组织山西"大众创业 万众创新"双创项目路演

（王 强供图）

技厅配合省人大修订《山西省专利实施与保护条例》,出台《山西省知识产权战略实施行动计划》和《山西省专利行政执法案件信息公开实施细则》,拟制《山西省专利奖励办法》,开展知识产权宣传周系列活动。在推进专利质押融资方面实现新突破,组织130余家企业、金融机构,举办山西知识产权质押融资交流对接会。全年成交专利质押融资10笔,质押专利29件,获融资总额2.59亿元。(王　强)

【科技交流与合作】 2015年,山西省科技厅与国家基金委共同出资5000万元,成立"煤基低碳联合基金",首批44个项目正式实施。与中科院签订《山西省人民政府—中国科学院战略合作协议》,中科院29家所属院所与山西省38个单位开展交流与合作,促成45个合作项目。与振东集团共同设立"山西省中药现代化关键技术研究基金",与晋煤集团共同设立"山西省煤层气联合研究基金",与潞安集团联合设立"山西省煤基合成精细化学品专项研究基金",加强财政科技资金与社会资本合作。(王　强)

【产业创新链编制】 2015年,山西省科技厅组织120余名专家,编制煤层气、煤电、煤化工、煤焦化、煤机装备、煤基新材料等6条煤基产业创新链2015版项目目录。对新凝练的31个重大科技攻关项目开展招标,其中29项国内招标,2项国际招标。经省政府审核,13个科技重大专项立项实施。2014年组织实施的67个煤基科技重大专项,取得部分关键技术突破。清洁利用方面,太钢投运的240吨每时和550吨每时循环流化床锅炉,实现超低排放。安全利用方面,晋煤开发出适合采空区抽采的L型井,单井日均产气1500立方米~1800立方米,该技术结合全省瓦斯抽采全覆盖工程向全省推广。高效利用方面,阳煤化机研制出适合山西高灰熔点及低质煤的清华炉,汽化温度达到1600摄氏度;阳煤集团与东华工程合作研发的PWR气化炉在美国完成两次山西煤种试烧,汽化温度达到2500摄氏度,为延长产业链、实现煤炭高效利用奠定基础。低碳利用方面,潞安乏风氧化发电项目投产发电。

山西省科技厅组织召开煤基重点项目"高可靠智能化液压支架及关键技术开发"项目启动和方案界定会　(王　强供图)

省科技厅组织86名专家,编制完成"数控一代"交通与重型装备、新能源汽车、新能源、电子信息、节能环保5条高新技术产业创新链,凝练35个省重点研发项目。为打造高新技术产业链,延伸产业链提供科技支撑。

(王　强)

【山西科技创新城】 2015年,山西省政府及太原、晋中两市批准有关山西科技创新城各类规划文件24个,包括核心区19项专规、5平方千米控规,编制完成12个邻里单元修建性详细规划和建筑设计方案。启动核心区其余15平方千米和产业区控规编制。清华大学清洁能源研究院、科技创新综合服务平台、马练营路等21个研发机构、公共服务设施和基础设施项目开工建设,完成投资40亿元,科技创新城进入全面建设阶段。累计引进中科院、中海油、华能集团等煤基低碳研发机构34家。落实水浇地易地占补平衡3320亩。完成开工项目用地企业拆迁41家。核心区8条高压油气管线有5条完成或基本完成改迁。制订出台高端人才引进、科技成果转化等4项配套政策。

(王　强)

【科技资源开放共享】 2015年,《山西省人民政府关于大型科研设施与仪器等科技资源向社会开放共享的实施意见》《山西省大型科研设施与仪器等科技资源开放共享管理办法》以及《山西省科技创新券实施管理办法(试行)》出台。新投入570万元,支持大型科研仪器、自然科技资源、科学数据、科技文献等基础性平台建设。山西省大型科学仪器共享资源新增入网单位5家,仪器236台,价值1.4亿元,入网单位总数达143家,仪器总数达1972台(套),总价值9.64亿元。

(王　强)

【自主创新体系构建】 2015年,山西省推动企业成为技术创新决策主体。吸纳创新实力强的企业参与重大科技项目规划、组织和决策。在2015年省科技重大专项和重点研发计划立项评审专家组中,企业家和企业技术专家占到三分之一以上。引导企业加大技术创新投入。落实企业研发投入视同利润制度,省属企业科技研发投入一律视同利润纳入经营业绩考核。2015年科技重大专项招标评审的企业承担能力评价和承担单位优先性评价,都把企业研发投入和技术创新能力作为政府支持的重要指标。支持企业完善技术创新组织。强化企业主导的产学研协同创新,初步形成开展技术合作、协同技术攻关、共建研发中心、共建技术联盟、共建产业基地等五种主要产学研合作模式。新认定115户民营科技企业，新认定火电节能优化监测监控等26家省级工程技术研究中心，新认定高新技术企业271家，新认定5家省级科技企业孵化器。太重集团、晋煤集团获批企业国家重点实验室。引导企业牵头科技攻关和创新成果转化。新组建超重力环保等4个省级产业技术创新战略联盟。鼓励骨干企业牵头开展重大科技研发活动，2015年立项支持的13个煤基科技重大专项项目，企业牵头承担的占82%。出台《山西科技创新城促进科技成果转化的暂行办法》《山西科技创新城首台(套)重大技术装备认定和扶持的暂行办法》，试点"后补助""首台(套)"等政策，引导企业取得技术创新成果并推广应用。

(王　强)

【2015低碳发展高峰论坛】 2015年9月16日，第五届能博会低碳发展高峰论坛在太原开幕。山西省省长李小鹏发表主旨演讲，世贸组织前总干事素帕猜·巴尼巴滴等6名嘉宾发表演讲。来自美国、俄罗斯、乌克兰、泰国等19个国家和地区的嘉宾，国内清华大学等22所高校、中国科学院等155个科研院所和知名企业的专家学者等共计2000余人参加各类活动。传播低碳发展新理念，达成多项对外合作意向，搭建专家院士交流平台，展示山西对外开放新形象，提高举办大型活动的组织能力。 (王　强)

【大众创业推动】 2015年，山西省出台《关于发展众创空间推进大众创新创业的实施意见》，首批认定35个省级众创空间。科技活动周期间举办以"大众创业万众创新"为主题的180个科技项目展示，获科技部奖励。117个企业和团队参加第四届中国创新创业大赛山西赛区预决赛。以省高新技术创业中心为试点，建设集创新工场、创客咖啡、创业服务、企业孵化、科技金融等为一体的山西省科技创新创业服务大平台。支持太原市进入国家首批小微企业创业创新基地示范城市，争取到国家和省支持创新创业资金10亿元。 (王　强)

测绘地理信息

【概述】 2015年，山西省测绘地理信息局推进全省测绘地理信息重点工作，服务全省经济发展。加快数字城市建设，推广测绘地理信息成果在全省经济建设中的应用。完成"数字大同"等6个市、县(市)数字城市项目建设。以地理国情普查为龙头，发挥测绘地理信息对省委、省政府重点工作的服务保障作用，按时向第一次全国地理国情普查领导小组办公室汇交全省普查成果，成果质量检验合格率100%。

完成兴县等9个县级基础测绘项目，县级基础测绘实现全省全覆盖。落实21个贫困县基础测绘项目省财政"以奖代补"经费630万元，落实边远地区、少数民族地区基础测绘项目中央财政专项补助200万元。完成省基础测绘"十二五"规划评估报告，结合《全国基础测绘中长期规划纲要(2015—2030年)》，立足省情，编制完成《山西省基础测绘"十三五"规划》，通过专家评审并上报省政府。全面贯彻落实国务院办公厅关于促进地理信息产业发展的意见和省人民政府办公厅的实施意见，推动地理信息产业发展。编制《山西省地理信息产业发展规划(2015—2020年)》。

加强依法行政，提升测绘地理信息市场统一监管水平。加强国家版图意识宣传教育，编制完成吕梁、大同、运城市的《版图教育知识读本》，共印制15万册并分发到各市初二学生手中，实现《版图教育知识读本》初二学生全省全覆盖。对489家测绘资质单位开展基本信息的征集、评价、发布工作。开展测绘资质巡查，涉密地理信息成果使用情况和"问题地图"专项检查。完成吕梁7县(市)测量标志警示牌设置工作，实现测量标志警示牌设置的全省全覆盖。建设完成晋中市昔阳县大寨村虎头山旅游景区景观型标志1座。

编制完成《山西省廉政文化地图》《山西省红色文化地图》《山西省法治文化地图》"三个文化"系列地图作品以及《山西省县域经济地图集(大同、运城卷)》《山西省林业资源地图集》等大型地图集。 (任玉荣)

【地理国情普查】 2015年，山西省第一次全国地理国情普查经过第一次全国地理国情普查领导小组办公室(以下简称国普办)组织进行的3次过程监督抽查和4次抽检、预验收、时点核准验收及最终成果验收，按时完成地理国情普查成果汇交，以及影像图成果、控制点成果和数字高程模型精细化处理成果汇交。全省普查成果质量全部合格，合格率100%，优良级品率91.2%。山西省第一次全国地理国情普查领导小组办公室举办地理国情普查网上知识竞赛，科普大讲堂，地理国情普查进社区、进校园等活动。 (任玉荣)

【地理信息产业】 2015年，山西省测绘地理信息局制订印发《山西省测绘地理信息局贯彻落实〈山西省人民政府办公厅关于促进地理信息产业发展的实施意见〉任务分解方案》。方案要求各处室按照职责分工，确定阶段目标，突出重点，明确责任，全面掌握重点难点任务，全省上下一盘棋，齐心协力，共同促进地理信息产业的持续、规范、健康发展。

山西省测绘地理信息局编制完成《山西省地理信息产业发展规划(2015—2020年)》(以下简称《规划》)。《规划》编制工作自4月启动，向省发展和改革委员会、省经济和信息化委员会、省财政厅、省科技厅、省人力资源和社会保障厅、省工商局、省地税局、省政府金融办，11个设区市国土资源局和32家甲、乙级测绘资质单位征求意见。 (任玉荣)

【地理信息公共服务平台】 2015年，山西省测绘地理信息局编写完成

《2015年天地图·山西省级节点建设工作方案》；依据全省专题资料对交通、人口等专题信息对平台门户网站信息进行更新；利用高清影像对晋中、晋城的省市数据融合成果进行更新，并在省级节点统一发布服务；市级节点（太原市及晋中市）与国家主节点开展数据融合，并按时提交数据成果。完成晋城市、运城市及吕梁市的18个市县范围主要矢量要素更新；完成年度数据更新任务，利用全省资源3号卫星影像、部分地区0.5米卫星影像进行局部更新；采用天地图最新配图方案进行配图，达到天地图主节点配图效果。完善和改进天地图·山西公众版门户网站功能及内容，增加全省53个旅游景点的街景影像，门户网站接入省政府门户网站首页。山西省综合地理信息中心完成的参赛项目“烽火三晋”获得天地图应用大赛二等奖。年内新增加省公安厅、省国家安全厅、省环保厅、省人防办等6个应用示范项目；为省交通科学研究院、省生态环境研究中心提供互联网在线地图服务，与太原卫星发射中心、省体育局等多家单位进行平台应用的研讨，拓展服务领域。

（任玉荣）

【智慧城市试点】 2015年，太原市国土资源局争取市财政资金1500万元，确定政务网、公众网“智慧太原”时空信息云平台建设项目软件体系及智慧城市管理、智慧公共交通2个应用示范为第一期建设项目。太原市政府采购中心对“智慧太原”时空信息云平台试点项目平台建设和应用系统（一期）进行招标，确定项目建设承担单位。（任玉荣）

【测绘法治化建设】 2015年，山西省测绘地理信息局加强测绘地理信息立法工作，配合国家测绘地理信息局做好《中华人民共和国测绘法》的修订工作，三次组织各市国土资源局和部分甲、乙级测绘资质单位对《中华人民共和国测绘法（修订草案）》进行讨论研究，向国家测绘地理信息局和省政府法制办提交修订意见和建议。完成《山西省人民政府关于健全行政机关依法决策机制的意见》《山西省人民政府关于规范省政府部门行政审批行为改进行政审批有关工作的实施意见》《山西省政务服务平台建设总体方案》《山西省人民政府关于深化行政审批制度改革加强事中事后监管的意见》等规范性文件的立法征求意见工作。对制定（修订）的测绘地理信息法规、规章及规范性文件进行年度报备。共受理行政许可申请467件，其中测绘资质审批68件，测绘项目登记12件，测绘成果提供利用申请354件，地图审核31件，永久性测量标志迁建审批2件，全部办结，限时办结率100%；当日办结360件，当日办结率77%。

对“六五”普法依法治理工作进行全面总结验收。8月29日，在局办公楼前举办测绘法宣传活动，摆设宣传展板，设立咨询台，播放宣传音频，发放太原市交通导游图1500份，宣传书签1700余张；制作完成宣传活动主题板报，利用巨大型电子屏滚动播放。举办机关公务员学法用法专题培训，通过《中国特色社会主义法律体系》系列讲座形式，组织机关全体公务员专题学习新颁布的行政法律法规。

组织开展2015年测绘资质巡查工作。印发《关于开展2015年测绘资质巡查工作的通知》，明确省局负责甲、乙级测绘资质单位巡查工作；市局负责丙、丁级测绘资质单位巡查工作。局测绘市场管理处会同地图编制与测绘成果处、权属界线测绘处、地理信息发展处组成联合巡查组对太原、晋中、长治、晋城4市12家甲、乙级测绘资质单位进行测绘资质巡查，对市级测绘地理信息行政主管部门的测绘资质巡查工作进行指导。

组织参加省直部门新增行政执法人员培训班，共3人参加培训。组织开展测绘地理信息行政执法证件的申领和培训考试工作。申领工作采取省级和市县级分批申领的方式进行，省局机关申请换发“测绘地理信息行政执法证”共23人；市县级测绘地理信息行政主管部门申请领取“测绘地理信息行政执法证”共921人。省局委托各市国土资源局组织开展本辖区测绘地理信息行政执法人员的执法培训和考试工作，全省11个市全面完成执法培训和考试工作，培训范围覆盖测绘管理科（股）、执法支队（大队）和部分国土所的负责人。

2015年全省有3人参加国家测绘地理信息局举办的全国测绘地理信息行政执法人员培训班。（任玉荣）

【测绘市场信用体系建设】 2015年，山西省测绘地理信息局参加国家测绘地理信息局组织的测绘地理信息市场信用管理研讨会。委托山西省测绘职业资格管理中心组织开展全省测绘资质单位信用信息的征集和评价、发布工作，共征集到良好信息436条，可用于发布和评价的信息377条，涉及110家测绘资质单位。按照要求评价测绘资质单位489家，取得测绘资质未满6个月不进行评价的有26家。参加评价的489家单位中，信用等级评为A级的10家（乙级2家、丙级5家、丁级3家）；信用等级评为B级的479家（乙级65家、丙级160家、丁级254家）；没有信用等级评为C级和不合格的单位。11月14日，组织全省测绘资质单位信用评级结果专家审查会议，对信用评价报告和评级结果进行专家审查。依据《测绘地理信息市场信用信息管理暂行办法》的有关规定，向社会公开测绘资质单位的信用信息。（任玉荣）

【国家版图意识宣传教育】 2015年8月11日，山西省测绘地理信息局组织专家对编制完成的吕梁市、大同市、运城市三个市的《版图教育知识读本》进行验收。9月1日，向三个市的测绘地理信息行政主管部门下发《关于做好版图教育知识读本接收有关事宜的函》，当月三个市分别举行《版图教育知识读本》进校园活动，共向12.7万名初二学生及公共图书馆等单位发放读本15万册。山西省测绘局按照计划，利用三年时间实现

《版图教育知识读本》初二学生全省全覆盖。测绘局适时组织各市举办形式多样的国家版图意识宣传活动,通过悬挂横幅、发放宣传品、发放地图和发送短信等方式宣传国家版图知识,提高全社会的国家版图意识。

(任玉荣)

【测绘保密培训】 2015 年,山西省测绘地理信息局对大同市、朔州市近 200 人进行地图市场监管和测绘成果行政管理培训。11 月 2 日至 4 日,举办山西省第四期涉密测绘成果管理人员岗位培训班。参加培训的学员为全省各有关测绘资质单位和涉密测绘成果生产和使用单位的核心涉密人员。培训邀请山西省保密局专家授课,通过典型案例分析,对国家保密工作面临的形势和保密法规与政策、涉密测绘成果保密管理政策与法规及具体要求等内容进行详细讲解。参加培训的学员共 190 余人,经过统一考试后为成绩合格者颁发“涉密测绘成果管理人员岗位培训证书”,作为单位申请领用涉密基础测绘成果、办理测绘资质申请等的基本材料。

(任玉荣)

【测绘资质管理】 2015 年,山西省测绘地理信息局全面完成全省测绘资质复审换证工作。全省通过甲级测绘资质复审换证 22 家,通过乙级测绘资质复审换证 63 家,通过丙级测绘资质复审换证 162 家,通过丁级测绘资质复审换证 266 家;注销测绘资质单位 40 家(其中乙级 2 家、丙级 7 家、丁级 31 家)。全省测绘资质复审换证工作中共审查发放测绘资质证书 64 家(新申请乙级 1 家,丙级 18 家,丁级 45 家);测绘资质升级 18 家(乙级升甲级 3 家,丙级升乙级 6 家,丁级升丙级 9 家);测绘资质证书信息变更 47 家;注销测绘资质 1 家。2015 年全省共有测绘资质单位 576 家,其中甲级 24 家、乙级 68 家、丙级 183 家、丁级 301 家。 (任玉荣)

【省级基础测绘】 2015 年,山西省综合地理信息中心完成 1:1 万汾河测区、左权测区共计 1086 幅地形要素数据的检查、修改工作;完成 1:1 万阳泉测区、长治测区、左权测区及汾河测区共计 1875 幅地形要素数据、数字正射影像数据、数字高程模型数据的升级整合、建库工作。

中心与国家基础地理信息中心合作,完成 1:1 万基础地理信息数据图库一体化建设任务,研发图库一体化制图软件,试生产符合要求的图库一体化数据。经过近半年的数据整理、程序设计以及专用软件的反复测试调整和数据试生产,达到批量生产能力。 (任玉荣)

【数字城市建设】 2015 年,山西省测绘地理信息局加快数字城市地理空间框架建设。2015 年完成数字大同、数字霍州、数字河津、数字永济、数字左权、数字怀仁 6 个市、县(市)的地理空间框架建设任务。数字吕梁完成航摄任务。启动数字灵石、数字右玉项目。 (任玉荣)

【测绘成果验收】 2015 年,山西省测绘地理信息局委托山西省测绘产品质量监督检验站开展国家 1:5 万地形数据库动态更新 2014 年生产成果质量抽查,3 月 10 日,完成抽查结果上报国家测绘地理信息局工作。

(任玉荣)

【质量管理】 2015 年 6 月 3 日,山西省测绘地理信息局印发《山西省测绘地理信息质量提高年活动实施方案》。省局成立活动领导组织机构,负责全省活动的统一组织实施及督导检查,各市活动组织机构负责本区域内活动的落实。质量提高年分为动员部署、组织实施和总结考评三个阶段。活动以抓地理国情普查质量为重点,辐射行业质量统一监管,促使各测绘地理信息单位树立以质量为核心,质量、市场和信誉有机结合的质量观念,加强质量保证体系建设,加大测绘技术标准执行力度,规范作业技术流程,严格落实“两级检查一级验收”制度,提升全省测绘地理信息成果质量整体水平。

(任玉荣)

【测绘仪器检定】 2015 年,山西省测绘产品质量监督检验站检定水准仪 612 台、经纬仪 82 台、全站仪 1083 台、GPS 接收机 953 台、测距仪 586 台,共计 3271 台。其中,不合格仪器 209 台。 (任玉荣)

【地图编制审查】 2015 年,山西省测绘地理信息局完成《山西省民俗地图集》《朔州市在线触控式工作用图》《山西耕地质量及生产能力调查评价(插图)》《山西抗战全景图》等图集、地图、插图及“数字河津”网络地图审查 13 项。 (任玉荣)

【“三个文化”系列地图】 2015 年,山西省地图院发挥地图服务优势,编制完成“三个文化”系列地图作品,即:《山西省廉政文化地图》《山西省红色文化地图》和《山西省法治文化地图》。2015 年 3 月 20 日,省委书记王儒林对先行编制完成的《山西省廉政文化地图》作出重要批示:“省测绘局发挥自身优势,弘扬三大文化的办法值得重视。”省委宣传部部长胡苏平批示:“测绘局的廉政文化地图很有创意,值得推广,这种创新意识、工作精神值得学习。”之后又先后编制完成《山西省红色文化地图》和《山西省法治文化地图》。“三个文化”系列地图于 9 月 9 日整装亮相山西文化产业博览交易会。10 月 1 日至 3 日,《山西新闻联播》连续 3 日头条播报。

(任玉荣)

【大型地图集编制项目】 2015 年,山西省地图集编纂委员会办公室完成《山西省行政区划历史沿革地图集》的审校工作,全面反映山西省境域行政格局的历史沿革,展现省域政治、经济、社会进步等内容。完成《山西省民俗地图集》的编制工作,展示山西省民俗分布的地理和社会、文化背景,揭示山西民俗产生的物质和精神基础、地域分布特征,全面反映山西民俗的基本内容、现状及其保护、传承和创新发展。启动经山西省人民政府批准的《山西省传统村落地图集》的编制工作,反映山西省 129 个国家级传统村落在美术、建筑、民俗上独特的历史文化价值，是优秀历史文化活态传承的载体。启动经山西省人民政府批准的《山西省百镇地图》的编制工作，满足新农村建设规划、乡村产业发展、城镇化建设和乡村文化建设等重大项目的需求。

山西省地图院完成《山西省县域经济发展地图集》大同卷、运城卷的出版工作，分设政区交通、自然资源、人文教育、综合经济、特色经济、市域规划、县域经济等20余个图组，共计712幅图，全面反映两市县域经济发展状况。（任玉荣）

【政府决策服务】 2015年，山西省地图集编纂委员会办公室完成2015版《省领导工作用图》的编制。该图共计19幅，内容围绕省人民政府中心工作，在2014版的基础上新增"三个文化、综合能源基地、装备制造重点企业、气化山西、科技创新城"等内容；更新行政区划、交通布局、旅游资源、传统村落、水利工程、煤矿分布、城镇框架体系、扶贫开发等14幅图。为山西省领导外出考察、调研提供太原、忻州、运城、吕梁、晋中、晋城等地的调研线路图等公务用图1000余幅。（任玉荣）

【重点项目服务】 2015年，晋中市人民政府编制完成《晋中108廊带区域一体化发展示范区总体规划》并纳入省级发展战略。受晋中108廊带区域一体化发展示范区管理办公室委托，2015年山西省遥感中心为晋中108廊带区域一体化发展示范区规划提供地理信息数据支撑。中心对108国道晋中段185千米共400平方千米范围进行无人机航摄，形成1:1000正射影像数据，制作完成晋中榆次段16千米重点区域的正射影像图供示范区管理办公室使用；对潇河4.5千米范围进行无人机航摄，形成1:1000正射影像数据；采用监测型多旋翼无人机对108国道晋中榆次段16千米和潇河4.5千米范围进行无人机航拍，形成视频数据成果；建成108国道三维地理信息演示系统，集成晋中市15米TM数据、0.5米航片、0.1米无人机影像数据，以及1:5万基础地理信息数据和部分地理国情普查数据，并在三维环境下通过录制以无人机视角沿108国道的飞行动画，制作完成重点工程专题汇报视频。（任玉荣）

【应急保障服务】 2015年，在中国第七个"防灾减灾日"，山西省在大同市大同县举行省市县三级地震应急综合演练。山西省遥感中心出动国家地理信息应急监测车和2架无人机参加此次演练任务。由无人机进行现场航拍，并将灾情视频数据实时传输到地理信息应急监测车内的大屏幕，山西省委常委、副省长付建华，中国地震局副局长修济刚等领导现场观摩整个监测过程，了解地理信息应急监测车和无人机的性能及技术参数。（任玉荣）

【社会服务】 2015年，山西省测绘地理信息局向各级各部门提供多种比例尺纸质地形图2358幅3694张，多种比例尺基础地理信息数据总计359幅，数据量达778.5GB，专题地图300余幅；三角点70个，水准点103个，GPS点170个。（任玉荣）

【涉密测绘成果管理】 2015年，山西省测绘地理信息局会同省国家保密局联合印发《关于印发〈山西省地理信息保密检查工作方案〉的通知》(晋测发〔2015〕7号)。组织各市对所属的涉密地理信息生产单位和涉密地理信息成果使用单位在涉密地理信息成果生产、保管、复制、转借、销毁等重点环节管理情况和涉密地理信息成果电子数据的存储、传输、使用情况进行全面检查。4月至10月各市按照方案要求开展保密检查。检查采取自查、抽查、交叉检查相结合的形式开展。全省自查单位共691家，抽查单位共373家。其中，有问题的单位75家，发出整改通知书共75份。（任玉荣）

【测量标志管理】 2015年，山西省测绘地理信息局完成吕梁市7县（市）测量标志警示牌设置，实现测量标志警示牌设置工作的全省全覆盖。建设完成晋中市昔阳县大寨村虎头山旅游景区景观型测量标志一座。太原市土地储备中心因土地整理工作需审批迁建测量标志一座，山西省测绘局依法受理并进入行政审批系统，整个审批环节在5个工作日内完成。（任玉荣）

【科技奖励】 2015年，山西省测绘地理信息局获中国测绘地理信息系统产业协会2015年中国地理信息产业优秀工程奖金奖1项，银奖1项；获中国测绘地理信息系统产业协会2015年地理信息科技进步奖二等奖1项，三等奖1项；获中国测绘地理信息学会科技进步奖二等奖1项。（任玉荣）

【科技创新】 2015年，山西省测绘地理信息局共收到全系统各单位申报的科技项目7项。其中，省地图院申报的《室内三维导航平台在数字城市建设中的应用》、省遥感中心申报的《无人机技术在城市大比例尺基础测绘中的应用》两个项目于4月25日通过立项评审，山西省测绘局对两个项目各资助经费32万元，带动项目总投资124万元。（任玉荣）

【标准化工作】 2015年，山西省测绘地理信息局编制完成《山西省测绘地理信息标准化"十三五"规划》，并于2015年8月4日印发。对国家测绘地理信息局测绘标准化研究所制定的《南极测绘基本技术规定》《管线信息系统建设技术规范》《测绘地理信息应急监测车通用技术要求》按期回复反馈意见。组织局属单位技术人员参加国家测绘地理信息局开展的测绘地理信息标准培训工作。（任玉荣）

水文水资源勘测

【雨情】 2015年，山西省年均降水量为403.0毫米，比多年平均473.5毫米少70.5毫米，属正常年份，比上年487.7毫米少84.7毫米。各县（市、区）年均降水量介于244.0毫米（襄汾县）~620.7毫米（平陆县）之间。全省各月

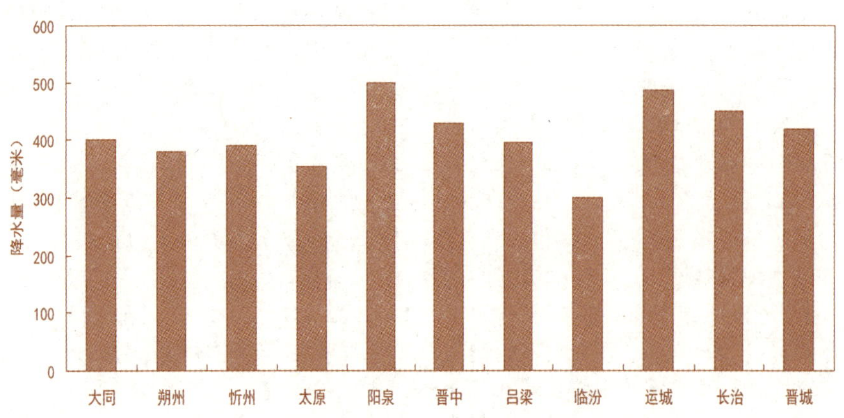

2015年山西省各市降水量统计图

降水量与多年平均比较，11月异常偏多（排2000年以来同期偏多第3位），4月偏多，2月、5月、6月、9月、10月正常，1月、7月、8月偏少，3月、12月显著偏少。

2015年，全省汛前、汛期和汛后降水量分别占年降水总量的21.7%、64.1%和14.2%。汛前全省平均降水量87.3毫米，属正常年份；汛期全省平均降水量258.3毫米，属偏少年份；汛后全省平均降水量57.4毫米，属偏多年份。

2015年，全省在6月至9月期间，发生两次较大范围的强降水过程：7月14日至22日，7月27日至8月3日，大同市浑源县、天镇县，吕梁市临县，晋中市和顺县、寿阳县、昔阳县，太原市阳曲县，临汾市永和县等地局部地区还发生大暴雨（日降水量大于100毫米）。

（一）汛前降水

汛前（1–5月），山西省平均降水量87.3毫米，占年降水量的21.7%，比多年平均多3.2毫米，属正常年份，比上年同期少19.0毫米。各县（市、区）降水量介于32.3毫米（天镇县）~155.3毫米（长治县）之间。汛前降水量评价为：大同市降水偏少，其余各市降水均正常。

1月，全省平均降水量3.2毫米，与历年同期相比少2.0毫米。大同市、忻州市和临汾市降水量属于正常，晋中市降水量偏少，其余各市降水均属异常偏少。

2月，全省降水量正常，各县（市、区）降水量介于1.2毫米（黎城县）~18.0毫米（万柏林区）之间，全省平均降水量7.2毫米，与历年同期相比少0.4毫米，比上年同期少3.0毫米。其中，朔州市和忻州市异常偏多，大同市、太原市和阳泉市偏多，晋中市和吕梁市正常，临汾市和运城市偏少，长治市和晋城市显著偏少。

3月，全省降水量显著偏少，各县（市、区）降水量介于0毫米~33.3毫米（芮城县）之间，全省平均降水量4.8毫米，与历年同期相比少5.6毫米，比上年同期少4.1毫米。其中，阳泉市降水偏少，大同市、朔州市、忻州市、太原市和晋城市降水异常偏少，其余各市降水显著偏少。

4月，全省降水量偏多，各县（市、区）降水量介于4.4毫米（广灵县）~71.7毫米（曲沃县）之间。全省平均降水量28.0毫米，与历年同期相比多6.0毫米，比上年同期少13.1毫米。其中，大同市、朔州市、忻州市和阳泉市降水量偏少，太原市、晋中市、吕梁市和临汾市降水量正常，其余各市降水量异常偏多。

5月，全省降水量正常，各县（市、区）降水量介于13.5毫米（右玉县）~92.8毫米（壶关县）之间，全省平均降水量44.1毫米，与历年同期相比多5.2毫米，比上年同期少2.0毫米。其中，晋中市降水异常偏多，吕梁市和长治市降水偏多，其余各市降水正常。

（二）汛期降水

汛期（6–9月），山西省平均降水量258.3毫米，占年降水量的64.1%，比多年平均少88.6毫米，属偏少年份，比上年同期少192.7毫米。整体呈现东多西少、北多南少的趋势，低值区（小于150毫米）位于临汾市中南部（洪洞县、尧都区、襄汾县和曲沃县一带）和西部（大宁县），峰值区（大于500毫米）位于晋中市北中部（昔阳县、寿阳县及和顺县的交界地带）及忻州市东部（五台县），全省汛期降水量分布情况详见附图。各县（市、区）降水量介于119.0毫米（襄汾县）~437.7毫米（五台县）之间。汛期降水量评价为：大同市、朔州市、忻州市、阳泉市和晋中市降水正常，其余各市降水偏少。

6月，全省降水量正常，各县（市、区）降水量介于12.2毫米（柳林县）~130.0毫米（平陆县）之间，全省平均降水量54.8毫米，与历年同期相比少8.3毫米，比上年同期少26.2毫米。其中，朔州市降水偏多，运城市降水显著偏多，吕梁市降水显著偏少，太原市、阳泉市、晋中市和临汾市降水偏少，其余各市降水正常。

7月，全省降水量偏少，各县（市、区）降水量介于11.7毫米（侯马市）~146.9毫米（阳高县）之间，全省平均降雨量59.4毫米，与历年同期相比少35.2毫米，比上年同期少177.9毫米。其中，大同市降水正常，临汾市、运城市和晋城市降水显著偏少，其余各市降水偏少。

8月，全省降水偏少，各县（市、区）降水量介于15.7毫米（河津市）~140.0毫米（阳泉市城区）之间，全省平均降水量67.7毫米，与历年同期相比少39.1毫米，比上年同期多5.1毫米。其中，阳泉市和运城市降水正常，忻州市和临汾市降水显著偏少，其余各市降水偏少。

9月，全省降水正常，各县（市、区）降水量介于22.8毫米（晋城市城区）~136.4毫米（灵丘县）之间，全省平均降水量76.4毫米，与历年同期相比减少6.0毫米，比上年同期增多6.2毫米。其中，大同市和朔州市降水显著偏多，忻州市和阳泉市降水偏多，长治市和晋城市降水显著偏少，临汾市和运城市降水偏少，其余各市降水均正常。

（三）汛后降水

汛后（10—12月），山西省平均降水量57.4毫米，占年降水量的14.2%，比多年平均多14.9毫米，属偏多年份，比上年同期多32.7毫米。各县（市、区）降水量介于12.0毫米（原平市）~219.8毫米（盐湖区）之间。汛后降水量评价为：朔州市和运城市降水异常偏多，大同市、阳泉市和晋城市降水显著偏多，临汾市降水偏少，其余各市降水正常。

10月，全省降水正常，各县（市、区）降水量介于0毫米~163.2毫米（盐湖区）之间，全省平均降水量25.5毫米，与历年同期相比少3.4毫米，比上年同期多7.0毫米。其中，运城市和晋城市降水显著偏多，大同市、朔州市、忻州市和临汾市降水显著偏少，长治市降水偏少，其余各市降水均属正常。

11月，全省降水异常偏多，各县（市、区）降水量介于2.3毫米（灵石县）~83.8毫米（平鲁区）之间，全省平均降水量30.6毫米，与历年同期相比多21.0毫米，比上年同期多25.9毫米。其中，吕梁市和临汾市降水显著偏多，其余各市降水异常偏多。

12月，全省降水显著偏少，各县（市、区）降水量介于0毫米~7.0毫米（石楼县）之间。全省平均降水量1.3毫米，与历年同期相比少2.7毫米，比上年同期少0.1毫米。其中，大同市降水正常，朔州市降水偏多，太原市、晋中市、临汾市、长治市和晋城市降水异常偏少，其余各市降水显著偏少。

（四）暴雨

2015年，山西省在6—9月期间，发生两次较大范围的强降水过程：7月14—22日，7月27—8月3日。局部地区还发生近年来十分罕见的大暴雨（日降水量大于100毫米）：7月15日浑源县中庄铺；7月19日和顺县阳光占乡；7月20日临县郝家沟；7月21日昔阳县沾尚；7月27日天镇县赵家沟和阳和塔；7月31日寿阳县上龙泉；8月1日永和县河口、临县中月镜和阳曲县北留岗；8月3日昔阳县沾尚。 （刘耀峰）

【河道水情】 2015年，山西省各河流水势总体平稳。汛前，南运河水系浊漳河、绛河、清漳东源，沿黄支流南川河、洮水河、白沙河，汾河干流，汾河水系岚河、涧河、潇河等河流来水量偏多，其余河流来水量偏少。汛期，受局部暴雨和极端气候的影响，山西省汾河干流、御河、南洋河、朱家川、杨兴河、屈产河、三川河、北川河、湫水河、清凉寺沟、芝河、木瓜河、潇河多处河道发生洪水。汛后，受持续少雨影响，永定河水系桑干河东榆林、新桥、南洋河天镇、御河孤山、壶流河广

2015年山西省汛期各主要河流控制站逐月实测来水量情况表

序号	流域	河名	站名	流域面积（平方千米）	月平均流量（立方米每秒）				汛期累计水量（万立方米）
					6月	7月	8月	9月	
1	海河	桑干河	固定桥	15803	0.398	0.268	0.077	0.681	372
2		滹沱河	南庄	11936	2.6	2.2	1.85	3.45	2653
3		龙　华	下社	475		0.012	0.045	0.045	27
4		松溪河	泉口	1627	0.413	0.413	0.64	2.55	1050
5		桃　河	阳泉	490	0.162	0.17	0.509	2.55	480
6		浊漳河	石梁	9652	15.4	2.23	3.74	4.14	6664
7		清漳东支	蔡家庄	4606	0.186	0.186	0.399	0.466	326
	海河流域累计水量（万立方米）				4966	1467	1945	3194	11572
1	黄河	偏关河	偏关	1896	0.04				10
2		东川河	岢岚	476	0.471	0.422	0.465	0.465	480
3		三川河	后大成	4075	3.26	3.44	5.7	5.22	4646
4		涑水河	张留庄	5545	2.17	1.53	1.1	1.74	1718
5		汾　河	河津	38650	11.5	1.01	5.17	17.7	9224
6		沁　河	飞岭	2683	1.05	1.76	0.95	1.94	1501
	黄河流域累计水量（万立方米）				4793	2186	3585	7015	17579
	全省合计（万立方米）				9759	3653	5530	10209	29151

2015年山西省汛期部分河流洪峰流量统计表

序号	站名	地址	河名	时间	洪峰流量（立方米每秒）	历史排位
1	裴沟	吕梁市	屈产河	2015-07-17 20:40	210	37
2	后大成	吕梁市	三川河	2015-07-19 21:30	74.2	
3	桥头	忻州市	朱家川	2015-07-20 21:27	123	
4	孤山	大同市	御河	2015-07-28 02:36	55	51
5	天镇	大同市	南洋河	2015-07-28 09:48	74.5	
6	阳曲	太原市	杨兴河	2015-08-02 03:12	53.8	
7	圪洞	吕梁市	北川河	2015-08-02 04:54	82.4	34
8	林家坪	吕梁市	湫水河	2015-08-02 06:24	1400	13
9	杨家坡	吕梁市	清凉寺沟	2015-08-02 07:54	319	21
10	官庄	临汾市	芝河	2015-08-02 10:30	77.8	
11	后大成	吕梁市	三川河	2015-08-02 13:42	102	56
12	华泉	晋中市	木瓜河	2015-08-03 11:46	72	
13	芦家庄	晋中市	潇河	2015-08-03 14:30	156	44
14	汾河二坝（二）	太原市	汾河	2015-08-04 14:30	111	
15	义棠	晋中市	汾河	2015-08-05 19:10	108	44
16	赵城	临汾市	汾河	2015-08-06 06:00	106	60
17	柴庄	临汾市	汾河	2015-08-07 12:00	73	61
18	林家坪	吕梁市	湫水河	2015-08-30 20:12	210	
19	义棠	晋中市	汾河	2015-09-11 08:00	72.5	
20	赵城	临汾市	汾河	2015-09-11 08:00	63	
21	柴庄	临汾市	汾河	2015-09-12 00:00	51.2	
22	河津	运城市	汾河	2015-09-14 08:00	54.7	59

灵，子牙河水系滹沱河上永兴、龙华河下社、桃河旧街、阳泉，沿黄支流偏关河偏关、鄂河乡宁，汾河水系冶峪沟董茹、静升河灵石、洪安涧河东庄、续鲁峪大交（续）共15站河道出现断流现象。

（一）全年河道水情

2015年，山西省各水文站年均流量与多年均值相比，除永定河水系南洋河天镇，子牙河水系清水河五台山，汾河干流宁化堡、静乐、河岔、汾河二坝（二）、义棠、赵城8个站偏多外，其余站点均偏少。永定河水系桑干河新桥、壶流河广灵，汾河水系冶峪沟董茹、静升河灵石4个站点河道出现全年断流情况。

各主要河道水文站年平均流量与多年均值比较：桑干河固定桥站0.550立方米每秒，比多年均值4.59立方米每秒少4.04立方米每秒；唐河南水芦站0.729立方米每秒，比多年均值1.21立方米每秒少0.481立方米每秒；滹沱河界河铺站1.18立方米每秒，比多年均值4.85立方米每秒少3.67立方米每秒；南庄站3.88立方米每秒，比多年均值15.1立方米每秒少11.2立方米每秒；松溪河泉口站0.651立方米每秒，比多年均值1.56立方米每秒少0.909立方米每秒；桃河阳泉站0.163立方米每秒，比多年均值1.20立方米每秒少1.04立方米每秒；浊漳河石梁站7.57立方米每秒，比多年均值13.6立方米每秒少6.03立方米每秒；偏关河偏关站0.003立方米每秒，比多年均值0.987立方米每秒少0.984立方米每秒；鄂河乡宁站0.026立方米每秒，比多年均值0.161立方米每秒少0.135立方米每秒；汾河静乐站11.4立方米每秒，比多年均值7.07立方米每秒多4.33立方米每秒；兰村站9.23立方米每秒，比多年均值12.7立方米每秒少3.47立方米每秒；义棠站15.9立方米每秒，比多年均值14.5立方米每秒多1.40立方米每秒；柴庄站13.2立方米每秒，比多年均值28.1立方米每秒少14.9立方米每秒；潇河芦家庄站1.45立方米每秒，比多年均值3.44立方米每秒少1.99立方米每秒；沁河飞岭站1.58立方米每秒，比多年均值6.24立方米每秒少4.66立方米每秒。

（二）汛前河道水情

2015年，山西省各站汛前平均流量与多年同期平均相比，除南运河水系浊漳河石梁、绛河北张店、清漳东源蔡家庄，沿黄支流南川河万年饱、逃水河冷口、白沙河大庙，汾河干流宁化堡、静乐、河岔、寨上、兰村、汾河二坝（二）、义棠、赵城、柴庄，汾河水系岚河上静游、涧河娄烦、潇河芦家庄18个站偏多外，其余站点均偏少。部分站点出现河流断流的现象：永定河水系桑干河东榆林、新桥、南洋河天镇、御河孤山、壶流河广灵，子牙河水系滹沱河上永兴、桃河旧街、阳泉，沿黄支流偏关河偏关、鄂河乡宁，汾河水系冶峪沟董茹、静升河灵石、洪安涧河东庄，共13站。

2015年，汛前各主要河道水文站平均流量与多年同期平均比较：桑干河固定桥站0.623立方米每秒，比多年同期平均少2.47立方米每秒；唐河南水芦站0.626立方米每秒，比多年同期平均少0.534立方米每秒；滹沱河界河铺站1.89立方米每秒，比多年同期平均少0.450立方米每秒；南庄站3.85立方米每秒，比多年同期平均少5.08立方米每秒；松溪河泉口站0.517立方米每秒，比多年同期平均少0.156立方米每秒；桃河阳泉站0.027立方米每秒，比多年同期平均少0.209立方米每秒；浊漳河石梁站11.3立方米每秒，比多年同期平均多5.68立方米每秒；鄂河乡宁站0.006立方米每秒，比多年同期平均少0.030立方米每秒；汾河静乐站11.4立方米每秒，比多年同期平均多7.81立方米每秒；兰村站16.7立方米每秒，比多年同期平均多5.30立方米每秒；义棠站17.5立方米每秒，比多年同期平均多12.0立方米每秒；柴庄站16.5立方米每秒，比多年同期平均多1.60立方米每秒；潇河芦家庄站1.64立方米每秒，比多年同期平均多0.340立方米每秒；沁河飞岭站2.06立方米每秒，比多年同期平均少0.360立方米每秒。

（三）汛期河道水情

1.汛期各主要河流控制站来水量

山西省各主要河流控制站流域总面积为93768平方千米，其中，海河流域面积40443平方千米，占总控制面积的43.1%，黄河流域面积53325平方千米，占总控制面积的56.9%。2015年汛期，全省各控制站径流总量29151万立方米；海河流域各控制站汛期径流量11572万立方米，占汛期径流总量的39.7%；黄河流域各控制站汛期径流量17579万立方米，占汛期径流总量的60.3%。

2.汛期主要河道水文站平均流量

2015年，各站汛期平均流量与多年同期平均相比，除永定河水系南洋河天镇、子牙河水系清水河五台山、汾河干流宁化堡3个站偏多以外，其余站点均偏少。部分站点出现河流断流的现象：永定河水系桑干河东榆林、新桥、御河孤山、壶流河广灵，子牙河水系滹沱河上永兴、龙华河下社，沿黄支流偏关河偏关，汾河水系冶峪沟董茹、静升河灵石、洪安涧河东庄、续鲁峪大交(续)，共11站。

汛期各主要河道水文站平均流量与多年同期平均比较：桑干河固定桥站0.353立方米每秒，比多年同期平均少7.78立方米每秒；唐河南水芦站0.729立方米每秒，比多年同期平均少0.601立方米每秒；滹沱河界河铺站0.240立方米每秒，比多年同期平均少8.76立方米每秒；南庄站2.52立方米每秒，比多年同期平均少22.6立方米每秒；松溪河泉口站0.996立方米每秒，比多年同期平均少2.18立方米每秒；桃河阳泉站0.456立方米每秒，比多年同期平均少2.50立方米每秒；浊漳河石梁站6.32立方米每秒，比多年同期平均少19.4立方米每秒；偏关河偏关站0.010立方米每秒，比多年同期平均少2.16立方米每秒；鄂河乡宁站0.071立方米每秒，比多年同期平均少0.327立方米每秒；汾河静乐站9.40立方米每秒，比多年同期平均少3.20立方米每秒；兰村站5.02立方米每秒，比多年同期平均少14.2立方米每秒；义棠站16.8立方米每秒，比多年同期平均少12.3立方米每秒；柴庄站9.17立方米每秒，比多年同期平均少37.2立方米每秒；潇河芦家庄站1.70立方米每秒，比多年同期平均少5.49立方米每秒；沁河飞岭站1.42立方米每秒，比多年同期平均少9.98立方米每秒。

3.洪水

由于受局部暴雨和极端气候的影响，山西省汾河干流、御河、南洋河、朱家川、杨兴河、屈产河、三川河、北川河、湫水河、清凉寺沟、芝河、木瓜河、潇河多处河道发生洪水。

7月，受局部暴雨影响，17日至20日屈产河、三川河、朱家川，28日御河、南洋河相继发生洪水，石楼县裴沟站17日20时40分洪峰流量210立方米每秒，列建站以来第37位；柳林县后大成站19日21时30分洪峰流量74.2立方米每秒；保德县桥头站20日21时27分洪峰流量123立方米每秒；南郊区孤山站28日2时36分洪峰流量55.0立方米每秒，列建站以来第51位；天镇县天镇站28日9时48分洪峰流量74.5立方米每秒。

8月，受局部暴雨影响，2日至7日汾河干流多处水文站相继发生洪水，30日湫水河发生洪水。2日3时12分尖草坪区阳曲站洪峰流量53.8立方米每秒；4时54分方山县圪洞站洪峰流量82.4立方米每秒，列建站以来第34位；6时24分临县林家坪站洪峰流量1400立方米每秒，列建站以来第13位；7时54分临县杨家坡站洪峰流量319立方米每秒，列建站以来第21位；10时30分永和县官庄站洪峰流量77.8立方米每秒；13时42分柳林县后大成站洪峰流量102立方米每秒，列建站以来第56位。3日11时46分寿阳县华泉站洪峰流量72.0立方米每秒；14时30分寿阳县芦家庄站洪峰流量156立方米每秒，列建站以来第44位。4日14时30分清徐县汾河二坝(二)站洪峰流量111立方米每秒。5日19时10分介休市义棠站洪峰流量108立方米每秒，列建站以来第44位。6日6时整洪洞县赵城站洪峰流量106立方米每秒，列建站以来第60位。7日12时整襄汾县柴庄站洪峰流量73.0立方米每秒，列建站以来第61位。30日20时12分临县林家坪站洪峰流量210立方米每秒。

9月份受局部暴雨影响，11日至14日汾河干流多处水文站相继发生洪水，介休市义棠站11日8时整洪峰流量72.5立方米每秒；洪洞县赵城站11日8时整洪峰流量63.0立方米每秒；襄汾县柴庄站12日零时整洪峰流量51.2立方米每秒；河津市河津站14日8时整洪峰流量54.7立方米每秒，列建站以来第59位。

4.汛后河道水情

2015年，山西省各站汛后平均流量与多年同期平均相比，除子牙河水系云中河寺坪、清水河五台山，沿黄支流白沙河大庙，汾河干流宁化堡、静乐、河岔、汾河二坝(二)、义棠、赵城，汾河水系岚河上静游10个站偏多以外，其余站点均偏少。部分站点出现河流断流的现象：永定河水系桑干河东榆林、新桥、南洋河天镇、御河孤山、壶流河广灵，子牙河水系滹沱河上永兴、龙华河下社、桃河旧街、阳泉，沿黄支流偏关河偏关、鄂河乡宁，汾河水系冶峪沟董茹、静升河灵石、洪安涧河东庄、续鲁峪大交(续)，共15站。

汛后各主要河道水文站平均流量与多年同期平均比较：桑干河固定桥站0.691立方米每秒，比多年同期平均少1.65立方米每秒；唐河南水芦站0.898立方米每秒，比多年同期平均少0.252立方米每秒；滹沱河界河铺站1.25立方米每秒，比多年同期平均少2.22立方米每秒；南庄站5.74立方米每秒，比多年同期平均少6.06立方米每秒；松溪河泉口站0.413立方米每秒，比多年同期平均少0.473立方米每秒；浊漳河石梁站3.17立方米每秒，比多年同期平均少7.43立方米每秒；汾河静乐站13.9立方米每秒，比多年同期平均多8.48立方米每秒；兰村站2.48立方米每秒，比多年同期平均少4.01立方米每秒；义棠站12.3立方米每秒，比多年同期平均多2.20立方米每秒；柴庄站13.1立方米每秒，比多年同期平均少12.3立方米每秒；潇河芦家庄站0.804立方米每秒，比多年同期平均少1.16立方米每秒；沁河飞岭站1.02立方米每秒，比多年同期平均少4.69立方米每秒。

（刘耀峰）

【大中型水库蓄水情况】 2015年，山西省大中型水库蓄水情况分汛初(2015年6月1日)、汛末(2015年10月1日)和年末(2015年12月31日)3个节点进行统计分析。

(一)汛初大中型水库蓄水情况

1.全省59座大中型水库

据全省59座大中型水库汛初蓄水量统计，汛初蓄水总量为9.11亿立方米，比年初(2015年1月1日)少2.80亿立方米，比上年同期少1.36亿立方米，比多年同期平均多4.39亿立方米。

2.全省8座大型水库

据全省8座大型水库汛初蓄水量统计，汛初蓄水总量为6.73亿立方米，占所有大中型水库蓄水总量的73.9%；比年初少2.61亿立方米，比上年同期少蓄1.29亿立方米。

(二)汛末大中型水库蓄水情况

1.全省59座大中型水库

据全省59座大中型水库汛末蓄水量统计，汛末蓄水总量为8.13亿立方米，比汛初少0.98亿立方米，比上年同期少3.36亿立方米，比多年同期平均多2.09亿立方米。

2.全省8座大型水库

据全省8座大型水库汛末蓄水量统计，汛末蓄水总量为6.08亿立方米，占所有大中型水库蓄水总量的74.8%；比汛初少0.65亿立方米，比上年同期少2.97亿立方米。

(三)年末大中型水库蓄水情况

1.全省59座大中型水库

据全省59座大中型水库年末蓄水量统计，年末蓄水总量为9.26亿立方米，比汛末多1.13亿立方米，比上年同期少2.65亿立方米，比多年同期平均多2.59亿立方米。

2.全省8座大型水库

据全省8座大型水库年末蓄水量统计，年末蓄水总量为6.82亿立方米，占所有大中型水库蓄水总量的73.7%，比汛末多0.74亿立方米，比上年同期少2.52亿立方米。（刘耀峰）

【土壤墒情与灾情】 2015年，山西省共有墒情观测站点71个，站点稀少，代表性不是很好，墒情站点观测的土壤含水量可作为各地市土壤墒情情况的参考指标，所以选用各县降水量距平和各站点土壤相对湿度两个指标，分季节逐月进行旱情分析。

(一)春季干旱分析

春季，3月份旱情较为严重，由于降水偏少，全省大部分地区发生旱情，其中忻州旱情较为严重。4–5月，受降水影响，全省旱情得到缓解。

1.降水量距平计算

3月，全省大部出现旱情，其中，大同、忻州、太原旱情较为严重。

4月，大同、忻州、朔州、临汾市局部地区发生轻度干旱，其余地区均属正常。

5月，全省仅忻州西部局地出现轻度干旱，其余地区均属正常。

2.土壤相对湿度

3月，大同、阳泉、朔州、忻州、太原、运城等地出现旱情，忻州旱情较为严重。其中，轻度干旱站点15个，中度干旱站点6个，严重干旱站点2个(晋源区董茹、广灵县广灵)，特大干旱站点5个(大同南郊区孤山、神池县八角、河曲县曲峪等)。

4月，干旱范围与3月份相当。其中，轻度干旱站点11个，中度干旱站点11个，严重干旱站点4个(大同南郊区孤山、祁县盘陀、忻府区豆罗桥、神池县八角)，特大干旱站点2个(稷山县翟店、广灵县广灵)。

5月，大同、朔州、忻州、太原、运城部分地区旱情严重，其余各市小范围轻微旱情。其中，轻度干旱站点10个，中度干旱站点11个，严重干旱站点9个(晋源区董茹、广灵县广灵、阳城县芦池、应县镇子梁、祁县盘陀、稷山县翟店、绛县大交(续)、忻府区豆罗桥、偏关县偏关)，特大干旱站点4个(大同南郊区孤山、神池县八角、河曲县曲峪、文水县文峪河水库)。

(二)夏季干旱分析

夏季，6月，出现旱情的范围较5月有所缩小，干旱程度亦有所减轻。7、8月，全省大部分地区出现旱情，北部及南部部分地区旱情严重，其余各地旱情较轻。

1.降水量距平计算

6月，太原、晋中、吕梁及临汾市部分地区发生旱情。其中，柳林县、汾阳市旱情较为严重，出现严重干旱。其余地区均属正常。

7月，忻州、晋中以南大部地区发生旱情。其中，曲沃县、大宁县、侯马市、闻喜县、垣曲县、夏县旱情较为严重，出现严重干旱。其余地区均正常。

8月，大同、朔州、忻州、临汾、运城及长治市部分地区发生旱情。其中，神池县、襄汾县、永济市旱情较为严重，出现严重干旱。其余地区均属正常。

2.土壤相对湿度

6月，出现旱情的范围较5月有所缩小，干旱程度亦有所减轻。其中，轻度干旱站点11个，中度干旱站点4个，严重干旱站点3个（神池县八角、偏关县偏关、文水县文峪河水库），特大干旱站点2个（大同南郊区孤山、祁县盘陀）。

7月，全省大部分地区出现旱情，北部部分地区和运城南部旱情严重，其余各地旱情较轻。其中，轻度干旱站点13个，中度干旱站点11个，严重干旱站点8个（左云县张家场、襄垣县后湾水库、闻喜县吕庄、稷山县翟店、河曲县曲峪、原平市界河铺、吉县吉县、大宁县大宁），特大干旱站点11个（晋源区董茹、大同南郊区孤山、祁县盘陀、介休市义棠、绛县大交（续）、神池县八角、偏关县偏关、襄汾县柴庄、洪洞县赵城、文水县文峪河水库、方山县圪洞）。

8月，北部和南部出现旱情，其中朔州、运城局部地区，忻州大部分地区旱情严重，其余各市出现小范围轻微旱情。其中，轻度干旱站点6个，中度干旱站点12个，严重干旱站点6个（南郊区孤山、阳城县芹池、稷山县翟店、忻府区豆罗桥、原平市界河铺、洪洞县赵城），特大干旱站点8个（晋源区董茹、应县镇子梁、祁县盘陀、盐湖区冯村、神池县八角、河曲县曲峪、偏关县偏关、方山县圪洞）。

（三）秋季干旱分析

秋季，9–10月，北部及南部部分地区发生旱情，局部地区出现严重干旱。11月份，全省局部地区出现小范围旱情。

1.降水量距平计算

9月、10月，临汾、运城、长治及晋城市大部发生旱情。其中长治及晋城局部发生中度干旱。其余地区均属正常。

11月，全省仅灵石县发生中度干旱，曲沃县发生轻度干旱，其余地区均属正常。

2.土壤相对湿度

9月，运城、忻州出现旱情，其中轻度干旱站点7个，中度干旱站点10个，严重干旱站点3个（祁县盘陀、绛县大交（续）、神池县八角）。

10月，大同市广灵县、忻州市神池县、晋中市榆社县局部出现严重旱情。其中，轻度干旱站点5个，中度干旱站点5个，严重干旱站点3个（广灵县广灵、榆社县榆社、神池县八角）。

11月，全省局部地区出现小范围旱情，其中高平市下冯庄、榆社县榆社2个站点出现中度干旱，静乐县静乐站出现轻度干旱。大同、朔州、忻州、晋中、太原和阳泉市因冻土停测，其余各地正常。

（四）灾情

据2015年1月1日至9月30日全省洪涝灾害基本情况统计，全省共有8个地市（太原、大同、阳泉、晋城、晋中、忻州、临汾和吕梁），29个县、143个乡镇发生洪涝灾害，受灾人口总计57.845万人，因灾转移人口0.726万人，倒塌房屋2350间、直接经济总损失10.1966亿元，其中水利设施直接经济损失0.5764亿元。

农林牧渔业损失：农作物受灾面积5.94万公顷，成灾面积4.28万公顷，绝收面积1.1526万公顷，因灾减产粮食14.8万吨。死亡牲畜310头，水产养殖损失0.006万吨，农林牧渔业直接经济损失5.5322亿元。

工业交通运输业损失：停产工矿企业1个，铁路中断1条次，公路中断208条次，机场、港口关停3个次，供电中断86条次，通讯中断196条次，工业交通运输业直接经济损失0.7077亿元。

水利设施损失：损坏小型水库6座，损坏堤防98处38.64千米，堤防决口17处0.05千米，损坏护岸44处，损坏灌溉设施49处，损坏水文测站2个，损坏机电井103眼。水利设施直接经济损失0.5764亿元。

城市受淹情况：7月20日，吕梁市文水县自20时起受淹，淹没历时0.5小时，累计降雨量32.6毫米，淹没范围0.1平方千米，受灾人口0.055万人，主街道最大水深1.1米，未造成供水、供电、供气和交通等生命线工程中断。受淹房屋0.016万户，城区直接经济损失0.0169亿元。7月21日，晋城市高平市受淹，受淹房屋0.002万户，城区直接经济损失0.001亿元。7月22日，吕梁市交口县自5时起受淹，淹没历时3小时，累计降雨量66.0毫米，淹没范围2.0平方千米，受灾人口0.401万人，主街道最大水深0.4米，未造成供水、供电、供气和交通等生命线工程中断。受淹房屋0.004万户，受淹地下设施1100平方千米，城区直接经济损失0.035亿元。8月3日，吕梁市孝义市自11时开起受淹，淹没历时4小时，累计降雨量52.3毫米，受灾人口0.005万人，主街道最大水深0.4米，未造成供水、供电、供气和交通等生命线工程中断。受淹房屋0.001万户，城区直接经济损失0.0004亿元。 （刘耀峰）

【水环境监测中心通过国家计量认证复查评审】 2015年12月4日，国家计量认证水利评审组（以下简称评审组）会同山西省质量技术监督局在省水文局召开山西省水环境监测中心2015年计量认证复查评审末次会议，同意山西省水环境监测中心通过国家计量认证复查评审。

评审组会同山西省质量技术监督局于11月30日至12月4日，对省中心及9个分中心分别进行计量认证复查评审。评审包括现场评审、盲样考核、理论考试和座谈考核等。评审组按照《实验室资质认定评审准则》和《水利质量检测机构计量认证评审准则》（SL309–2013）的要求，先后听取近三年来山西省水环境监测中心及各分中心开展检测工作、质量体系运行和社会服务等情况汇报，查看2012年复查评审中存在问题的整改落实情况，对中心仪器设备、环境条件、检测工作、药品仓库、试剂、原始资料及其他技术资料等进行全面现场检查，抽查主要仪器设备100台（套）、原始记录20余份、检测报告50余份，抽取具有代表性的共27个参数(占申请参数的38%)、41名检测人员进行现场盲样考核,考核结果全部合格,抽取18人(占检测人员总数的20%)进行理论考试,考试成绩全部合格。评审组还对中心主任、副主任、技术负责人、质量负责人、授权签字人、内审员、质量监督员以及样品管理员等进行座谈考核,确认吕梁分中心新申请的1名授权签字人具备规定的资格和能力。评审组经过全面考核,认为省中心质量控制措施到位,质量管理体系运行持续有效,并确认省中心所申请的水(含地表水、地下水、饮用水、大气降水、污水与再生水)及底质和土壤等2大类71项参数,具备按国家和行业方法标准向社会提供第三方公证数据的能力,符合计量认证技术考核规范的要求,同意通过复查评审,建议报请国家认证认可监督管理委员会予以批准。 (刘耀峰)

【中小河流水文监测系统水文站建设项目完工验收】 2015年7月22日,山西省水文局召开会议,对中小河流水文监测系统水文站建设项目合同工程进行完工验收。

验收组听取项目建设管理情况的总体汇报和项目设计、施工、监理、试运行管理等单位的专项汇报,审阅项目建设的档案资料,并就相关问题进行询问与讨论。结合前期查看现场及反复检查和测试情况,验收组认为该合同工程全部完工,验收资料基本齐全,施工质量符合合同和设计要求,同意通过合同工程完工验收。

这次验收的4个标段20处新建水文站,分布于大同、忻州、太原、阳泉、晋中、长治6市,建设项目包括测验河段基础设施、水位观测设施、流量测验设施设备、视频监控等。建设项目投入运行后,将以先进测报技术和网络技术为支撑,提高水文信息综合服务能力,为中小河流防洪减灾、水资源开发利用与保护提供及时准确的信息支撑。 (刘耀峰)

【《山西省水环境监测中心质控考核管理办法》出台】 2015年,山西省水环境监测中心编制的《山西省水环境监测中心质控考核管理办法(试行)》终于完成并施行。在落实最严格水资源管理制度,实施水功能区纳污红线考核的关键时期,《山西省水环境监测中心质控考核管理办法(试行)》的出台非常及时,意义重大,是提高全省水环境监测中心的质量管理水平,规范监测质量考核工作,是中心的质量管理工作更加科学、规范和制度化的重要依据,能够全省水环境管理和政府决策提供更加科学、准确的水质监测数据。 (刘耀峰)

气　象

【主要气象灾害及气候事件】 2015年,山西省主要气象灾害及气候事件有干旱、暴雨、冰雹、霜冻、高温、大风、寒潮等,其中干旱、暴雨、冰雹和霜冻造成的影响较为严重。

1.干旱。2015年,由于降水时空分布不均,山西省发生区域性、阶段性干旱。5月下旬,山西省部分地区由于降水连续偏少,旱象开始显现并逐步发展,7月底和8月下旬为干旱最严重时期,9月上旬北中部旱情开始缓解或解除,但南部旱情持续。夏季气温高,农作物生长旺盛,需水量大,夏旱有发展快、灾情重的特点。山西省因旱造成676.5万人受灾,农作物受灾面积131.9万公顷,成灾面积101.7万公顷,绝收面积27.5万公顷,直接经济损失73亿元。7月,忻州市五寨县降水总量52.0毫米,较历年同期104毫米偏少50%;进入8月份以后,全县持续干旱少雨,旱情日益加重,持续蔓延。8月1日至20日降水总量24.2毫米,较历年同期74.3毫米偏少67.4%,8月下旬降水持续偏少。旷日持久的干旱,使全县遭受较严重的旱灾。全县大部分地区的玉米、谷子、马铃薯、豆类等农作物受灾,对农业生产和人民生活造成严重影响。截至8月20日,全县受灾32043户、90554人,农作物受灾面积36891公顷,成灾面积36891公顷,农作物减产60%,造成农业直接经济损失4.59亿元。9月,晋城市降水偏少,月总降水量介于24.7至53.0毫米之间,比历年同期平均值偏少21.2至50.1毫米,晋城降水量仅24.7毫米,比历年偏少7成左右,为近10年降水量最少的一年,也是近20年降水量的次低值,阳城9月份降水量为30.1毫米,为近10年最少的一年。沁水、高平为近10年的次低值,陵川为近10年的第3低值。由于降水少,全市出

2015年6月24日,山西省委副书记楼阳生(前右二)、副省长郭迎光(前右一)到省气象局调研指导工作 (杨　柳供图)

现不同程度的旱象，从9月28日的测墒来看，高平、沁水墒情较差，尤其高平20厘米墒情不足50%，出现2厘米的干土层，对大秋作物的生长极为不利。

2.暴雨。2015年，山西省共有26站次出现暴雨天气，明显少于常年。7月，山西省暴雨主要出现在中南部和北部部分地区。暴雨造成全省有63365人受灾，10402.06公顷农作物受灾，绝收面积为1116.8公顷，全省直接经济损失10393.944万元，其中农业经济损失为4734.97万元。7月14日至15日，运城市芮城、临猗、永济3站出现暴雨，农作物受灾面积2120公顷。其中，玉米1277.8公顷；经济作物596.7公顷。经济损失1195万元，涉及受灾人口8200人。8月1日21时至2日7时吕梁市临县7个乡镇出现暴雨，城区降水量达98.9毫米，白文、城庄、临泉等14个乡镇受灾。全县受灾人口102003人，紧急转移安置1230人，饮水困难人口37491人；死亡大牲畜80头；农作物受灾面积5375公顷，成灾面积2976公顷，绝收面积1418公顷；淤地坝受损45处；损毁乡级公路、田间道路17.292千米；冲毁交通工具35辆；4个砖厂受损，1个榨油厂被水淹；房屋倒塌117间，严重损坏房屋870间，一般损坏房屋2480间。造成直接经济损失17753万元。

3.冰雹。山西省2015年共有75站次出现冰雹，主要出现在夏季，明显少于常年，略多于上年。6月4日上午11时25分，忻州市偏关县降冰雹，冰雹最大直径5毫米，据统计，农作物受灾面积4132.8公顷，其中重灾面积3219.1公顷。主要受灾农作物为玉米、谷子和黑豆。受灾特别严重的有新关镇(502.8公顷)、窑头乡(695.3公顷)、天峰坪镇(335.3公顷)、楼沟乡(649.3公顷)和陈家营乡(1036.3公顷)5个乡镇，重灾害面积3219.1公顷。重灾区60%至70%的庄稼全部损毁。其余4个乡镇受灾较轻，预计减产10%至20%。7月4日16:40至17:00,大同市阳高县部分乡镇遭受冰雹袭击，雹粒平均直径1厘米，最大直径2厘米至3厘米，长城乡、王官屯镇、下深井乡、古城镇共36个村遭受冰雹袭击，共有1970公顷玉米、谷黍、豆类、蔬菜和230公顷杏树等农作物受灾，造成直接经济损失1045万元。7月4日下午，大同县峰峪乡等5个乡镇39个村遭受冰雹灾害，黄花等部分农作物受灾，受灾面积8086.7公顷，成灾面积3906公顷，绝收面积402公顷，受灾户6692户，受灾人口31070人。8月23日，运城市万荣、绛县、闻喜、芮城、稷山等县遭受风雹袭击，冰雹最大直径2厘米至3厘米，持续时间约20分钟，受灾农作物主要有玉米、苹果、梨、桃及西红柿、大葱等，玉米叶子被打烂，并有大面积倒伏，苹果、梨、桃被打伤打落，失去商品价值。据统计，这次灾害涉及5个县18个乡镇75个村4.88万人，农作物受灾4513.3公顷，农业直接经济损失4527万元。

4.霜冻。2015年春季，由于3月山西省大部分地区气温偏高明显，经济林果和农作物生长时间提前，因此在4、5月份出现的霜冻天气给山西省农业生产造成较为严重的危害。4月12日20时至13日8时，运城市绛县出现霜冻，大樱桃受灾面积433.3公顷(均为大田樱桃，预计减产40%左右)，苹果206.3公顷，中药材165.3公顷，蔬菜13.3公顷，核桃13.3公顷和杏、梨、桃220公顷，加上草莓、油菜等6.67公顷，冻害造成的直接经济损失预计7000万元左右。5月3日至4日，大同市出现强降温天气，过程降温10℃左右，4日早晨地表最低温度低于0℃，市区、大同县、左云、浑源、广灵最低气温普遍降至0℃以下，大部地区出现霜冻、轻霜冻，对果树和作物幼苗造成一定影响。5月12日早晨，吕梁市岚县山区出现霜冻，部分地段的早播玉米与仁用杏幼果受到伤害。5月12日，忻州市五寨出现霜冻，受灾人口35352人，玉米、谷子、胡麻等农作物受灾，受灾面积为10446公顷，成灾面积9500公顷。

5.大风。2015年，山西省共有838站次出现大风天气，各月均有大风天气出现，少于常年。4月份出现站次最多，共出现173站次。5月和6月次之，5月共出现156站次，6月共出现139站次。从大风的分布特征来看，夏季以局地性大风为多，春季以区域性大风为多。

6.高温。2015年，山西省共有461站次出现日最高气温≥35℃的天气，少于常年。日最高气温≥35℃以上天气基本出现在6至8月，7月出现站次最多，达352站次，6月和8月分别出现61站次、48站次。7月出现天数最多，为16天，其次为8月11天，6月出现7天。

7.寒潮。2015年山西省共有5次区域性寒潮出现，时间分别为9月30日至10月2日、10月8日至10日、10月25日至27日、11月22日至26日、12月14日至17日。范围最大的一次寒潮过程出现在11月22日至26日，先后有56个县市出现寒潮天气，占统计站数的52%。其中，广灵24小时降温幅度最大，达10.1℃；大同48小时降温幅度最大，达14.3℃。年内单日降温幅度最大的寒潮天气出现在10月8日至10日的朔州市，24小时降温达13.2℃，日最低气温为-6.7℃。（杨　柳）

【气候影响专题评价】 2015年，影响山西省农作物生长发育的气象灾害及极端气候事件主要有干旱、干热风和暴雨等。

1.气候对农作物的影响。冬小麦。2015年度冬小麦生育期内积温大部偏多，降水和日照大部偏少，其间虽降水分布不均，局部地区出现干旱，但在产量形成的各关键期光、温、水匹配较好，其他灾害性天气影响也较小，农业气象条件对其生长发育及产量形成较为有利。在播种出苗期的9月中旬到10月中旬，山西省中南部大部地区降水偏多，冬小麦足墒播种，出苗情况普遍良好；部分地区由于土壤过湿，播种略有推迟，小麦群体偏小。入冬前期，麦区降水虽偏少但墒情大部适宜，气温偏高，水热条件对促进冬小麦根系下扎及分蘖形成比较有利，冬小麦大部壮苗入冬。越冬期后期，麦区共出现3次雨雪天气过程，麦区大部有积雪覆盖，对麦田起到保湿提墒的作用，对冬小麦越冬和返青有利。3月下旬到5月上旬，中南部出现6次大范围的降水过程，其中3月底到4月初春季首场透墒雨，中部局部和南部大部降水量在15毫米以上，相当于给小麦普浇起身拔节水，各地小麦长势良好；4月中下旬和5月上旬4次全省大范围明显降水过程，麦区大部表墒适宜，底墒充足，利于中部地区和东南部地区小麦拔节抽穗、南部小麦抽穗灌浆，同时也为后期全省小麦千粒重的增加提供良好的底墒保障。成熟收获期大部分时段以晴好天气为主，利于冬小麦成熟收获。其中，5月下旬部分麦区出现轻度干热风，但时间短、程度轻，且麦区大部底墒较好，干热风对冬小麦产量形成影响较小；6月上、中旬，麦区大部天气晴好，冬小麦收获顺利。

玉米。2015年玉米生育期内光、温充足，降水偏少且分布不均，产量形成关键期受干旱影响较大，气象条件总体上对玉米产量较为不利。4月中旬末，山西省出现1次大范围的降水天气过程，中南部大部地区春玉米足墒播种。5月上旬全省出现3次大范围降水过程，大部地区表墒进入适宜状态，利于北部地区足墒播种。春玉米从4月下旬末开始出苗至7月上旬末基本进入拔节期，初期出现阶段性干旱，后期降水充足，春玉米顺利拔节。其中，5月上旬的3次大范围有效降水为山西省春玉米苗期生长提供良好的墒情条件。进入6月，全省大部地区基本无有效降水，使部分旱地夏玉米播种期略推迟，夏播进度慢于上年，已出苗地区局部出现缺苗断垄现象。从6月下旬开始，春玉米陆续开始拔节，需水量增多，6月下旬全省出现的2次大范围有效降水过程，使得前期旱情大部得到缓解，满足玉米生长对水分的需求。7月中旬开始，山西省春玉米从南到北陆续进入抽雄吐丝期，对水分的需要较高。7月中、下旬(14日至18日、18日至21日)出现2次大范围的、持续时间较长的降水过程，使得中东部和北部部分旱情得到有效缓和或缓解，利于玉米抽雄吐丝，同时有效地补充土壤底墒，为玉米后期生长储存充足的水分，该区玉米整体长势良好。朔州以南地区的西部区域因降水量较少，旱情持续发展并加重，造成朔州、忻州、吕梁部分地区春玉米出现"卡脖旱"，对旱地夏玉米拔节抽雄生长不利。8月上、下旬山西省出现较大范围的降水过程，北部部分、中部大部、东南部大部墒情适宜，对该区玉米籽粒充分灌浆有利；但北部和中南部部分地区降水仍稀少，旱情持续发展，春玉米灌浆受到影响。9月中旬山西省玉米陆续进入成熟期。山西省大部分时段以晴好天气为主，温高光足，对大秋作物成熟以及收获晾晒非常有利。

2.气候与水资源。2015年山西省降水资源量约为686.2亿立方米，较累年值偏少43.8亿立方米，较上年偏少144.2亿立方米。根据降水资源及丰枯标准，山西省2015年降水资源总量属正常年份，11个市中有8个市属正常，3个为枯水。与上年同期相比，11个地市中有8个降水资源较上年减少，3个增加。

3.气候与人体舒适度。人体舒适度是从气象角度评价单个人体或一定人群对外界气象环境感受舒适与否及其程度的指标，反映气温、湿度、风等气象因子对人体的综合作用。春、秋季采用实感温度，夏季采用炎热指数，冬季采用风冷力指数。2015年全年及冬、春、夏、秋季的舒适日数，山西省舒适日数为146天，比累年均值偏多6天，较上年偏多2天。北部少于中南部地区。晋西北高寒地区舒适日数较少，在120天以下；北部大部和中部的东西部部分地区在120天至140天之间。南部运城大部、临汾盆地较多，在160天以上。全省冬季舒适日数偏少，春、夏和秋季舒适日数偏多，其中夏季偏多较多。四季中，夏季全省舒适日数为80天，较常年偏多8天；秋季全省舒适日数为27天，接近常年；春季全省舒适日数为30天，较常年偏多2天；冬季全省舒适日数为8天，较常年偏少6天。

4.气候与交通。2015年影响交通的天气事件主要有雾霾、雨雪天气和局地强对流等。其中，雾、霾天气主要集中在年初和秋、冬季节，北部地区出现的大雾天气较多，霾相对较少；中部和南部地区出现的霾天气较多，大雾天气的出现主要以局部地区为主，不利当地交通运输、人们出行和身体健康。1月2日、24日至25日，忻州市忻府区、五台、神池等地出现能见度为100米至300米的浓雾；2月20日，代县出现能见度为40米的强浓雾，忻府区、岢岚出现能见度为100米至420米的浓雾。中部和南部地区以晋中市、阳泉市和晋城市等地出现霾天气最多，部分县在20天及以上。秋冬季节出现的霾天气对当地的交通运输以及人体健康非常不利。年初各地出现的雨雪天气，给道路交通安全造成不利影响。2月中旬末，恰逢春节长假，降雪天气又造成路面积雪及道路结冰。1月27日13时，省道运风高速公路及运城绕城高速公路西南段普降小到中雪，当日18时30分，因路面积雪、结冰，为避免发生道路交通事故，交警大队采取交通管制措施，封闭辖区路段各个收费站入口，同时在主线进行车辆分流；1月28日，由于连续两天大雪天气的影响，临吉高速全线实施交通管制。1月27日至29日，2月19日至20日和2月27日至28日，晋城全市出现降雪天气，持续时间较长的积雪和道路结冰给交通运输造成不利影响，造成长晋、晋焦、晋济、晋阳、环城等高速公路全线封闭。年中及年末，山西省局部地区由于降水强度大，也造成部分道路积水和交通堵塞，给交通运营及人们出行带来一些不便。夏季部分地区出现的短时冰雹、雷暴、大风等强对流天气，对当地道路交通及出行影响较大。6月25日，大同市阳高县遭遇强降雨天气，全县29个行政村受灾，水泥路损毁565米、土路及田间路损毁17600米、过路桥洞损毁4

座。7 月 17 日下午 3 时 10 分至 4 时 10 分，原平市东社镇、子干乡、南白乡遭受大风暴雨、冰雹、洪涝灾害袭击。东社镇洪涝灾害共造成 19 个村 9000 余人受灾，冲毁桥梁 1 座、桥涵 1 座，冲毁农田 8.3 公顷、道路 900 米、吃水管道 1130 米、拦河石坝 57 米。冲走小汽车 1 辆、电动三轮车 1 辆。南白乡因强降雨，公路临崖山体滑坡 30 米，造成交通阻断。晋中市出现的短时强降水，造成部分路段积水、交通堵塞，致使公交车和各种车辆绕道行使，严重影响人们的正常出行。

5.气候与植被。2015 年，山西省大部地区的植被长势与上年持平；南部部分地区植被长势略差于上年同期，北部及东部部分地区植被长势略好于上年同期。根据遥感植被指数监测信息，2015 年 8 月 TERRA/MODIS 气象卫星资料显示，山西省大同、朔州大部、忻州、吕梁西部、太原盆地、长治盆地、临汾盆地和运城盆地的部分地区植被指数在 0.2 以下，植被长势相对较差，其余大部地区植被长势相对较好，植被指数在 0.2 至 0.5 之间，植被长势最好地区主要集中在吕梁山、五台山、太行山等各大林区，植被指数在 0.5 以上。

6.气候与林果业。2015 年影响林果业的气候事件主要有干旱、局地强对流、霜冻和暴雨等。其中，春季末和夏季前期的干旱造成吕梁地区石楼县干果经济林损失 1477 万元；汾阳县核桃产量受干旱影响约减产 6000 吨，造成直接经济损失约 1.8 亿元。夏季局地强对流对北部忻州和南部的运城市的部分地区果林和经济作物影响较大。4 月 1 日，运城市永济市遭受大风灾害侵袭约 14 个小时，瞬时极大风速 27.2 米/秒，蔬菜大棚、枣树大棚、葡萄防鸟网被刮烂，大树被刮倒、刮坏，损失较为严重。7 月 20 日 17 时 40 分左右，介休市东段屯村遭受大风灾害，造成宋古乡东段屯、南张家庄 2 个村，树木损毁 37 株，0.67 公顷果树全部落果。7 月 14 日下午，忻州市忻府区兰村乡遭遇的冰雹袭击，造成全乡水果受灾面积 97.3 公顷，其中成灾面积 97.3 公顷；核桃受灾面积 313.3 公顷，其中成灾面积 313.3 公顷；乡境内两条干线公路北定线、三瑶线道路两侧树木受损约 13.3 公顷，并导致交通受阻。8 月 23 日，运城市的万荣、绛县、闻喜、芮城、稷山等县遭受风雹袭击，苹果、梨、桃被打伤打落，失去商品价值。同时由于降水偏少，尤其中部地区，其森林火险等级也较高。6 月 26 日，吕梁交城县雷击引发油松、白皮松、辽东栎及中间夹杂的大量灌木燃烧，过火面积 581.44 公顷，受害面积 90.53 公顷。其中，君臣沟与禅寺沟交界区域过火面积 495.89 公顷，受害面积 75.73 公顷。小柏沟过火面积 85.55 公顷，受害面积 14.8 公顷。两处火情皆以地表火为主，直接经济损失 200 万元，扑灭费用 280 万元。春季霜冻令南部运城市和中部的吕梁市部分县经济果林受损。4 月 12 日 20 时至 13 日 8 时，运城市绛县出现霜冻，大田樱桃受灾面积 433 公顷，苹果 620 公顷，中药材 165 公顷，蔬菜 13 余公顷，核桃 13 余公顷和杏、梨、桃 220 余公顷，加上草莓、油菜等 6.67 公顷，冻害造成的直接经济损失预计 7000 万元左右。5 月 12 日，吕梁市岚县早晨出现的霜冻，使得部分杏幼果受到伤害。

2015 年 2 月 9 日至 10 日，山西省人大气象专题会议在山西省气象局召开，参会代表视察省气象局影视中心（杨 柳供图）

7.气候与旅游。2015 年影响人们出行旅游的气象灾害主要有降雪、雾霾、高温、阴雨天气和强对流天气等。年初降雪、雾、霾天气较多，造成道路积冰，空气质量较差，对人们的出行及身体健康都有不利的影响，尤其是 2 月中旬末恰逢春节长假，降雪天气又造成路面积雪及道路结冰，对人们出行影响较大。秋冬季的雾、霾天气也给人们的出行旅游造成不利。夏季中后期及初秋的高温、阴雨天气也不利人们出行。而夏初山西省则以晴好天气为主，中、高考结束后是学生和家长们旅游的一个小高峰。（杨 柳）

【气象现代化】 2015 年，《山西省人民政府中国气象局共同推进山西气象现代化建设合作协议》经省政府第 100 次常务会议和中国气象局专题会议审议通过。山西省气象局与太原、长治、临汾、阳泉、晋中、大同、晋城等 7 个市政府签署共同推进气象现代化局市合作协议。太原、大同、长治、晋城、临汾等市政府相继印发推进气象现代化实施方案和考核指标。山西省人大气象工作专题会议在省气象局召开，省人大常委会副主任田喜荣、全省 11 个地市人大常委会分管领导和农工委主任、省直农口相关厅局领导同志参加会议。省委考核办将气象现代化工作纳入对省气象局和各市政府的工作考核，市县政府也将气象现代化工作纳入目标考核范围。推进气象行政审批制度改革，编制业务科技体制改革和服务体制改革实施方案及年度工作计划，印发《县级综合业务体系建设规范》《山西省气象局气象现代化目标评价实施办法》，制订《山西省气象局权力和责任清单》和《事中事后监督管理和随机抽查制度》，完成气象现代化目标考核数据信息采集，全年共形成制度性成果清单22件。制订出台《山西省气象局内部规章制度管理办法》，对省局内部规章制度进行合法性审查。(杨　柳)

【气象服务】 2015年，山西省气象局修订下发《山西省气象局突发事件应急流程（试行)》《山西省气象局决策气象服务业务规定》和《山西省气象服务会商工作办法(试行)》。全年共报送各类决策服务材料、报表共1141期。其中，重要气象报告10期，气象信息专报46期，气象灾害预警信息68期，获省领导批示18次。借助各类短信平台发布天气预报信息6.02亿人次；预警信息4911万条次；节假日、高考等各类专题预报532万条次；高速公路气象信息以及春运保畅通信息2559万条次；为农信通用户提供农业气象信息、农业夏收秋收专题预报3048条次；“12582”农情气象5515万次；为气象手机报用户提供彩信3550万条次。全年共抓住31次有利天气过程，开展飞机人工增雨作业151架次，地面开展增雨作业282次，增雨总量超过31.43亿立方米。开展防雹作业87次，发射炮弹1144发，为防灾减灾和森林灭火起到重要作用。针对8月1日至4日入汛以来范围最广、强度最大的降水过程和11月21日至25日全省范围强雨雪天气过程，启动省级应急响应2次，发布应急响应命令5次。2015年6月10日，吕梁市交城县会立乡境内发生森林火情，气象部门及时向当地党政领导提供现场天气实况、天气预报和火点信息，省局领导亲自赶赴现场指导应急服务，为火灾全部扑灭发挥重要作用，事后交城县政府领导专程到省局表示感谢。(杨　柳)

【现代气象业务体系】 2015年，山西省农气测报错情率为0.00‰；探空观测综合业务评分99.8分；常规资料、全球交换资料、雷达、自动站、区域站、高空、酸雨、自动土壤水分站、GPS/MET水汽监测站等主要气象资料传输率平均为99.42%；109个国家自动站、5部新一代天气雷达和1308个区域气象站资料可用性分别为99.38%、99.18%和97.75%，新一代天气雷达和109个国家自动站设备运行稳定率为98.99%和99.98%，均达到中国气象局考核要求。推进航危报业务改革，取消全部航危报编发任务，以自动化气象资料和信息为军队提供航空服务。制订《山西省气象局推进地面高空气象观测岗位一体化改革实施方案》，出台气象探测设备保障业务管理办法。全省109个国家气象站建成新型自动站，实现能见度自动观测，46站实现降雪自动观测。新建成10个具备负氧离子、紫外线和常规要素观测能力的旅游气象站。吕梁新一代天气雷达建设完成投入业务运行。顺利实现MDOS平台在全省业务运行。

山西省24小时晴雨预报准确率为89.63%(订正技巧26%)，24小时最高温度准确率为76.47%(订正技巧16%)，24小时最低气温准确率为77.62%(订正技巧9%)，24小时暴雨以上准确率为1.83%(订正技巧1%)。暴雨、大风、雷电、冰雹、大雾等预警信号平均提前量为24.7分钟。制订《山西省气象局集约化预报业务系统和业务流程优化试点工作方案》，初步建立实时监测、短临预警和短期、中期、延伸期无缝隙天气预报业务，实现全省108个城镇、1206个乡镇预报信息在省市县三级共享，开展大城市6小时预报的数据上传和精细化气象格点预报订正业务。印发《山西省气象局县级综合业务体系建设规范》。在华北区域中心指导下完成区域中心RMAPS模式2重嵌套运行，水平分辨率15千米和3千米，垂直方向52层的本地化运行，初步建立3维变分同化和3小时快速循环预报业务。完成MET检验系统本地化和RMAPS模式产品在山西的预报效果检验工作。通过雷达、区域气象站加密降水实时监测，对可能引发城市内涝的短时强降水进行监测、报警。2015年汛期，全省发布预警准确率为49.3%，平均预警提前量为12.5分钟。

完成全省风能资源详查评价和太阳能资源评估，参与“山西省十三五风电规划收资清单”编制工作。完成五台山温室气体监测站和6个气溶胶观测站的建设。完成《中电投平定锁簧100兆瓦太阳能发电项目》等3项太阳能电站、资源评估和《华能左权电厂二期2×600兆瓦空冷气象分析》等8项火电空冷气象条件分析。与省住建厅联合开展暴雨强度公式编制和城市内涝预报预警工作，编制完成的暴雨强度公式应用于城市排水防涝规划中，2015年共完成临汾等6个地市和安泽等8个县区的雨型确定和暴雨强度公式编制。(杨　柳)

【科技创新】 2015年，山西省气象局组建“山西省中尺度数值模式研发和产品应用创新团队”等4个创新团队。“黄土高原层状云降雨物理过程的观测研究”获山西省科技进步二等奖，“山西省农业干旱综合监测预警技术研究”和“基于遥感和作物模型的农作物长势监测及产量预估模型研究”被评为第二届三农科技服务金桥奖优秀项目。2015年共在核心期刊发表论文56篇（其中SCI收录3篇)，出版论著2部。《山西农业气象术语》等3项地方行业标准获省质监局批准。(杨　柳)

地　震

【地震活动】 2015年，山西省各地区发生M≥1.0级地震152次，其中1.0–1.9级地震136次，2.0–2.9级地震14

次，3.0–3.9 级地震 2 次，无 4.0 级以上地震发生，最大地震是 2015 年 6 月 2 日太原 3.1 级地震和 12 月 10 日原平 3.1 级地震。

地震活动具有以下特点：地震频度显著偏低。2015 年度 ML≥1.0 级小震频度与 2013 年、2014 年相比明显偏低，较 2013 年降低 93 次，较 2014 年降低 85 次，尤其是 ML≥2.0 级频度仅 95 次，与多年均值（134 次）相差很多。地震活动强度是 2009 年以来最低。自 2009 年进入活跃时段以来，除 2012 年外，2009 年、2010 年、2011 年、2013 年、2014 年均发生 4 级以上地震，而 2015 年最大地震仅 3.1 级。 （和　炜）

2015 年山西省 M≥3.0 级地震目录

发震日期	发震时刻	纬度	经度	震级	深度	地点
2015 年 6 月 2 日	18:51:42	37.82	112.53	M3.1	21	太原
2015 年 12 月 10 日	13:27:20	38.73	113.02	M3.1	1	原平

【地震监测会商】 2015 年，山西省地震局召开年度地震趋势会商会 1 次，年中会商会 1 次，周、月会商会 52 次，临时、紧急、加密、应急会商会 11 次，现场核实异常 13 次。 （和　炜）

【地震监测台网运行】 2015 年，山西省数字测震台网运行的台站共有 57 个，其中“十五”期间新建与升级改造 32 个、“十一五”期间新建 9 个、地方台站 16 个，全年测震台网总体运行率为 98.86%。前兆台网在运行台站共计 36 个，其中省级专业台站 13 个，地方台站 23 个，仪器总数 128 台套，全年平均运行率 99.34%，数据连续率 99.16%，完整率 98.82%，预处理完成率 100%。山西地震信息台网运行的节点共有 21 个，其中省级区域中心节点 1 个、市地震局信息节点 11 个、综合台站信息节点 6 个，台站接入节点 4 个，全年地震信息台网网络综合运行率 99.92%。 （和　炜）

【监测预报管理】 2015 年，山西省地震局加强地震监测台网运行管理，采取强化值班值守，加强仪器巡检、配足备份仪器，安排专项救灾资金及时修复受灾仪器和加强地震监测环境保护等多种措施，确保地震监测系统正常运行。地震观测质量全国评比 23 项手段获前三名。截至 2015 年底，全省地震监测能力达 1.5 级，局部可达 0.1–0.6 级，定位精度小于 5 千米，2 分钟内可完成自动速报，10 分钟内完成正式速报。2015 年完成地震速报 5 次。完善震情通报和会商机制。制订《山西省震情会商制度改革方案》和《山西省地震局重大震情评估通报制度实施细则》。全年向省政府报送《震情反映》12 期。开展地震台站优化改造，推进“一县一台”建设。优化改造专业及市县台站 22 个。共有 9 个县（市）新增地震前兆监测手段，观测数据已纳入省网，实现数据共享。 （和　炜）

【强震短临跟踪】 2015 年，山西省地震局继续牵头晋冀蒙交界危险区震情跟踪工作，牵头联合河北、内蒙古地震局召开联防区会商会。继续联合开展“三省一所一校”晋冀蒙交界地区强震短临跟踪合作项目，完成跟踪区加密观测台阵建设。 （和　炜）

【地震监测项目建设】 2015 年，山西省地震局完成中国地震背景场探测项目山西子项目验收。完成昔阳地震台大寨地震观测站环境优化改造项目。完成中国地震局前兆仪器升级改造项目和地震台站基础设施灾损恢复项目。完成省财政市县骨干台站（22 个）优化改造项目。制订《太原铁路局与山西地震台网中心网络联通及数据交换实施方案》，完成大西铁路地震预警试验，并通过中国铁路总公司、中国地震局组织的评审。开发完成山西地震台网中心与太原铁路局数据实时交换软件，开展线上测试工作。结合山西地震地质灾害特点，完成“太原市重大地震地质灾害监测与预警”项目申报书编制。 （和　炜）

【地震信息科研】 2015 年，山西省地震局下达局属科研项目 25 项，共计 13.65 万元。争取到省部级等类科研项目 13 项，共计 99.99 万元。在局内及全国地震系统推广“山西地震信息聚合终端系统”和“基于地震应急基础数据库震后灾害快速评估系统”两项科技成果。完成验收局属科研项目和中国地震局“监测、预报、科研”三结合项目 24 项。承担的 2 项地震科技星火计划项目和 5 项山西省科技计划项目通过验收。完成 2015 年度省地震局防震减灾科技成果奖励评

2015 年 2 月 5 日，山西省政府召开 2015 年度防震减灾领导组会议（和　炜供图）

2015年5月12日,省市县三级联动地震应急综合演练在大同市大同县举行

(和　炜供图)

审工作,评出获奖项目15项。

(和　炜)

【有感地震应对处置】 2015年6月2日,太原市晋源区发生3.1级地震,根据《山西省地震局地震应急预案》要求,省地震局启动五级应急响应,对突发地震事件进行妥善处置。

(和　炜)

【地震应急管理强化】 2015年,山西省地震局组织省地震救援队、省市地震局、省直厅局有关人员共70人赴国家地震紧急救援训练基地培训学习。举办180余人参加的市县地震应急管理培训班。为11个市的民政人员及志愿者共120人进行应急救援培训。

3月,由山西省政府办公厅督查室、省地震局、省国土厅、省民政厅组成的检查组对大同、朔州、忻州市开展地震次生灾害除患排查和地震应急准备检查,深入各市民政、国土、安监等基层部门了解实际情况,实地查看物资储备库、学校、救援队伍等基层点共14个。

根据《山西省地震应急预案》,在吸取多震省份地震应对经验的基础上,山西省地震局印发《山西省重特大地震灾害事件应急处置流程》。细化明确7天内省抗震救灾指挥部领导及其成员单位在重大或特别重大地震灾害发生后分时段处置流程和各时段重点工作内容,共25项重点任务,为高效快捷应对重特大地震灾害事件提供参考。

(和　炜)

【地震应急演练】 2015年,"5·12国家防灾减灾日",山西省地震局在大同市大同县首次组织开展省市县地震应急综合演练。山西省委常委、副省长付建华任总指挥,中国地震局副局长修济刚观摩并指导演练。演练实行省市县三级联动,分七个阶段,设置1个主演练场和11个分演练场,模拟58个科目,共60个单位、600余人参加,派出49支各类应急救援队伍,涉及149台车、2架无人机,历时10小时。

9月15日,组织省、市、县地震系统全体人员和各市三网一员约1000人开展演练。演练全程8小时,分共同应对时段和区域应对时段两部分。

据不完全统计,全年全省各级政府和部门、企事业单位累计开展地震联合演练、桌面演练、专项演练约800余次。

(和　炜)

【地震应急保障】 2015年,山西省地震局印发《山西省市县地震应急处置工作指南》《市县地震应急演练指导意见》,进一步细化市、县地震局地震应急处置任务,规范各市县地震应急演练工作。

全省建成地震应急避难场所Ⅰ类3个(临汾市古城公园、临汾尧都广场、吕梁市市民广场),Ⅱ类7个(大同市文瀛湖公园、阳泉市城市中心公园、临汾市平阳广场、忻州市和平广场、忻州市繁峙县滨河公园、忻州市代县滹沱河湿地公园、运城市南风广场),Ⅲ类8个(运城永济市樱花园、永济市柳园、永济市蒲园、朔州市人民公园、朔州市中心广场、朔州市体育公园、晋中市榆次玉湖公园、晋中市榆次区文化中心)。

在大同、朔州两市开展区域地震灾害风险评估,开展大同市无人机高精度影像航拍工作,掌握重点城市重点区域的基础数据,提高山西省地震灾害预评估水平。

省财政投入600万元财政资金,补充省地震灾害救援一队、二队装备,更新地震应急基础数据库。建立省局应急装备库。与省公安厅、省武警总队、省交通运输厅、省气象局、省测绘局、省能源管理办、省通信管理局建立地震应急快速调用机制、灾情数据信息共享机制和地震应急快速通道机制。

(和　炜)

【应急指挥技术系统建设】 2015年,山西省地震局更新基础数据、灾害评估数据和地震应急短信息服务系统数据。完善指挥中心技术系统和现场通讯系统。增加信息服务平台的推送信息管理、数据自动更新等新功能,提升实用性。自主研发网络信息收集分析系统,实现在网络上对地震信息进行实时跟踪与分析。

(和　炜)

【抗震设防要求管理】 2015年,山西省地震局推进《山西省建设工程抗震设防条例》和新一代区划图实施工作。率先在全国建立由地震、发改、国土、住建等10家单位组成的省级抗震设防联席会议制度。除长治市外,全省10个市也建立抗震设防联席会议制度。根据中央行政审批改革要求，开展抗震设防要求审批改革，出台《关于改进抗震设防要求行政许可工作的通知》，修订《山西省地震安全性评价范围》。全年完成抗震设防要求审批289项，地震安全性评价项目278项。 （和　炜）

【农村民居地震安全保障】 2015年，山西省地震局积极推动农村居民地震安全保障工作，纳入省改善人居环境工作领导组工作。配合省发改、财政、住建、农业等部门，研究制定实施方案，推进国家农村民居地震安全工程建设和农居抗震改建工程实施。大同、朔州完成10000户农村民居抗震改建任务。 （和　炜）

【震害防御基础探测】 2015年，山西省地震局完成临汾、晋中、忻州、阳泉、长治等市区域活断层探测、地震灾害预测并通过验收。在太原市开展强震危险区大城市地震灾害情景构建项目。交城县、阳城县、临汾市区、洪洞县等9个区域开展活断层探测、小区划、震害预测项目，为城市规划提供地震安全信息服务。完成国家地震社会服务工程（山西部分）并通过验收。 （和　炜）

【防震减灾示范创建】 2015年，山西省地震局认定省级示范县（区）9个、示范社区36个，省级防震减灾科普教育基地4个、科普示范学校55个。大同、吕梁、阳泉的3个社区被中国地震局授予“国家地震安全示范社区”称号。 （和　炜）

【防震减灾宣传教育】 2015年，山西省地震局在“5·12”防灾减灾日、“7·28”防震减灾宣传周期间发放《地震灾害防灾避险知识读本》3000本，向全省各大中小学校推广防震减灾知识宣传课件、微电影光盘等2000份。联合省教育厅将防震安全教育列入中小学课程计划，制订不同学段的安全课程方案。开展新闻媒体通气会、媒体开放日、新闻媒体下基层等各项新闻宣传活动10次，开展新闻宣传专题讲座2次。组织开展防震减灾“平安中国千城大行动”“防震减灾全国征诗征联”活动。 （和　炜）

2015年4月，山西省地震救援一队、二队参加国家地震紧急救援训练基地第29期全国省级救援队地震紧急救援技术培训班 （和　炜供图）

【国务院抗震救灾指挥部检查督查组到晋检查】 2015年3月31日至4月1日，民政部副部长窦玉沛带队，民政部、国务院应急管理办公室、中央宣传部、国家安监总局、中国地震局等部门组成国务院抗震救灾指挥部检查督查组，实地查看国家矿山应急救援大同队、同煤一中和在建的大同市民政局物资储备中心。山西省委常委、副省长付建华汇报全省抗震救灾应急准备工作情况。 （和　炜）

【省防震减灾领导组会议】 2015年2月5日，山西省防震减灾领导组会议召开，山西省委常委、副省长、省防震减灾领导组组长付建华出席会议，并代表省人民政府与各市人民政府签订2015年防震减灾目标责任书。会上，省地震局局长、省防震减灾领导组副组长樊琦传达2015年国务院防震减灾工作联席会议精神，汇报2014年度全省防震减灾工作进展，提出2015年重点工作建议。省地震局预报中心主任通报山西省震情形势。省军区、省卫计委、省安监局和大同市政府的分管领导作重点发言。 （和　炜）

【局省合作联席会议】 2015年7月29日，中国地震局和山西省政府召开首次局省合作联席会议，共同推动山西防震减灾能力建设。省委常委、副省长付建华、中国地震局副局长阴朝民出席会议。中国地震局发展与财务司、监测预报司、震害防御司，山西省发改、财政、科协、地震等部门有关负责人参加会议。会议回顾中国地震局与山西省政府的局省合作协议中各项任务和项目的落实情况，共同研究推进落实“山西省防震减灾科普体验馆建设”“地震速报与预警工程项目山西分项”等局省合作重点项目。 （和　炜）

社科机构

·山西省政府发展研究中心·

【经济社会发展常态研究】 2015年，山西省人民政府发展研究中心围绕省委、省政府中心工作，开展事关全省经济和社会发展的重大问题研究。

配合完成省委、省政府部署的重大任务。参与省级公共资源交易平台和政务服务平台建设，主要承担文稿起草，提交《山西省政务服务平台建设方案》。探索建立政府绩效第三方评估机制，向省政府报送具体的工作建议，经省政府常务会研究通过，由"中心"组织第三方开展评估，先期进行农村亮化工程和乡村幼儿园两项绩效评估。参与全省民营经济发展意见起草和前期调研，提交相关背景材料。参与全省经济工作等重要会议的筹备工作，及早提供经济新常态、供给侧改革、"十三五"时期若干重大问题、主要目标预测、精准扶贫等多个政策建议，并参与全省经济工作会议文稿撰写。

编辑上报《省长专阅》《决策咨询研究建议》。针对"城中村"改造、民营经济、经济形势监测、资源型地区产业转型等重大事项和热点问题，完成28份内刊咨政建言，其中《省长专阅》15期，《决策咨询研究建议》13期，获得省领导批示3件次。组织开展科技创新、国企改革、新型城镇化、土地制度改革、农村集体产权制度改革、电子商务、民营经济、民生社会等调研活动，编辑出刊《调研报告》79期约24万字。

组织专题调研和专家咨询活动。与省政府办公厅、省直工委合作，邀请国家发改委、国家能源局知名专家到晋举办"一带一路战略与山西""能源技术革命与能源互联网"专题报告会。配合国发中心开展煤炭产业调研，提出正确认识山西省火电产能问题、从供给侧提升山西省煤炭产业竞争力、山西省煤炭产销过程中的三大突出问题等决策咨询建议。参与省委、省政府及省直部门有关文件、规划、方案的意见征询。主要有：政府工作报告、"六权治本"意见、权力清单说明、行政依法决策机制等。开展政策解读，在《中国经济时报》《山西日报》《山西经济日报》、山西电视台等媒体就新常态、金融创新、政府工作报告、煤炭管理体制改革等进行分析和解读。 （刘玉岗）

【发展研究法治建设】 2015年，山西省人民政府发展研究中心强化法治建设。

加强对法治工作的组织领导。成立推进"六权治本"工作领导小组、法治建设工作领导小组，将"中心"法治建设工作与建设高质量政府智库的目标相结合，明确目标任务和工作重点，提高运用法治思维和法治方式深化改革、推动发展、化解矛盾、维护稳定的能力。

加强内部制度建设。从规范内部权力运行出发，重点着眼风险防控，制订财务管理、固定资产管理、低值易耗品管理等制度，强化内控、考核的可操作性和执行力。谋划对杂志社和主管学协会的管理机制改革。

加强法治宣传教育。开展法治山西、"六权治本"等专题学习讨论。经常性组织学习法律法规等知识，做到学习联系工作实际。对群众来信来访，按照《信访工作条例》有关规定，依法依规处置。提高政策研究和决策咨询的法制化、规范化水平。

（刘玉岗）

【发展课题研究】 2015年，山西省人民政府发展研究中心经省政府主要领导批准，主要开展7项重大决策咨询课题研究：新型智库建设、行政决策机制、政府绩效第三方评估、国企改革路径与政策、基本公共服务均等化、深化农村集体产权改革、中小微企业发展政策等。严格按照研究课题的管理规范推进，依程序开展开题咨询和中期检查，取得阶段性成果。一些跨年度课题获得新进展。多项研究成果获中国发展研究奖、省优秀社科成果奖等。 （刘玉岗）

【发展研究文稿撰写】 2015年，山西省人民政府发展研究中心共完成20余项省委、省政府主要领导直接交办的有关文件、背景材料、领导讲话等文稿起草工作。主要有：围绕贯彻王岐山同志在山西代表团关于在党规党纪上"先走一步"的讲话精神，提交《关于全面从严治党、严格执行党纪党规"先走一步"的若干思考》；参与省委主要领导在全省科技创新大会上的讲话撰写，提交《明确工作重点，着力解决制约山西科技创新的突出问题》；参与省政府分管领导关于法治山西建设的发言材料撰写；参加"三个一批"座谈会专题发言；提供《影响我省项目审批效率的问题及解决建议》《山西铝工业发展面临的问题和对策》《铝产业基础资料》等。

（刘玉岗）

【智库建设】 2015年，山西省人民政府发展研究中心建立健全决策咨询制度，推进新型智库建设。学习贯彻中央和省委关于新型智库建设的意见，多次赴国家发展研究中心、国家行政学院、上海市发展研究中心等调研和培训，考察了解国家高端智库试点情况，以及国家智库在公共政策制定和政府绩效评估中的主要做法和探索。将新型智库建设研究继续作为重大决策咨询课题，在前期研究基础上，公开出版《地方政府智库建设研究》。收集掌握国内新型智库建设的资料，提出推进山西省高端智库试点工作的建议。 （刘玉岗）

·山西省社会科学院·

【社科专业技术职务评审】 2015年12月26日，经山西省社会科学研究系列高级职务评审委员会评审通过，报山西省人力资源和社会保障厅批准，山西省社科研究系列人员王春平、王爱玲取得研究员任职资格，崔鸿雁等3人取得副研究员任职资格。

（霍春英）

【社科课题研究】 2015年，山西省社会科学院获准立项和组织开展的各类社科课题有：(1) 山西省经济社会发展重大研究课题10项；(2)山西省哲学社会科学"十二五"规划2015年度课题13项；(3)山西省软科学课题2项；(4) 山西省社科联2015年度课题10项；(5) 山西省社科院2015年度规划课题30项、后期资助课题26项、青年课题10项。 （霍春英）

【省社科院与人民论坛杂志社签署合作协议】 2015年2月9日，山西省社科院与人民论坛杂志社在北京签署战略合作框架协议。院党组书记、院长李中元和人民论坛杂志社总编辑贾立政签署战略合作框架协议。根据协议，双方将发挥各自优势，不断深化各领域合作，积极探索研媒合作新路子，共同为山西经济社会健康发展做出贡献。 （霍春英）

【傅说文化学术研讨会】 2015年3月20日，山西省社科院主办，傅说文化学术研讨会暨山西省社会科学院傅说文化研究中心第一次工作会议在太原举行。中国先秦史学会会长、中国社科院学部委员宋镇豪，中国先秦史学会秘书长、中国社科院先秦研究室主任宫长卫在会上作专题报告。会议由院党组成员、副院长杨茂林主持。省内部分专家学者、傅氏宗亲和新闻媒体参加会议。 （霍春英）

【晋商与汾酒高峰论坛】 2015年4月12日，山西省社会科学院、山西杏花村汾酒集团有限责任公司主办，山西省社会科学院晋商研究中心、晋商杂志社承办，晋商与汾酒高峰论坛在省城太原举行。晋商文化研究中心名誉主任张正明、中国社科院历史研究所研究员王春瑜、中国社科院经济研究所研究员魏明孔、复旦大学中国历史地理研究所副所长安介生、晋商文化研究中心特邀研究员孙丽萍等专家学者围绕主题进行交流发言，院党组成员、副院长杨茂林参加论坛。2015年是汾酒唯一荣获巴拿马万国博览会中国白酒品牌甲等大奖100周年。晋商与汾酒高峰论坛是汾酒集团以"荣耀百年唱响清香"为主题的系列纪念活动之一。史学界、文化界、艺术界以及白酒行业等社会各界专家学者深入探讨晋商与汾酒的历史传承，弘扬晋商传统，推动传承汾酒文化。 （霍春英）

【首届蒙山文化艺术与净土思想研讨会】 2015年6月5日，中国社会科学院世界宗教研究所、中国宗教学会、山西省社会科学院、三晋文化研究会主办，"首届蒙山文化艺术与净土思想研讨会"在太原举行。来自中国、日本的80多位专家学者与会研讨。这次研讨会旨在研究和探讨蒙山文化艺术与净土思想对中国佛教精

2015年3月20日，山西省社科院主办首届傅说文化学术研讨会

（霍春英供图）

神、文化建设和推动社会和谐发展的积极作用。与会专家学者就净土宗的发源与发展、传播,蒙山文化艺术的保护、开发,净土思想的现代意义、中日净土宗的交流等方面展开讨论。

(霍春英)

【第五届全国汉语语汇学学术研讨会】 2015年7月17日至19日,山西省社会科学院、商务印书馆、上海辞书出版社、人民教育出版社和长治学院主办,长治学院中文系承办,第五届全国汉语语汇学学术研讨会暨《新华语典》学术研讨会在长治学院召开。与会代表80余人,共收到论文68篇。研讨会采取大会主题发言和专题分组讨论相结合的形式进行,温端政、晁继周、杨蓉蓉等15人做大会报告,39位代表在小组研讨会上发言。研讨内容涉及《新华语典》及各类语典编纂研究、汉语语汇理论及语汇具体研究和方言语汇研究等多个方面。

(霍春英)

【抗战胜利70周年学术研讨会】 2015年9月19日,山西省社会科学院和中共大同市委、大同市人民政府主办,省社科院历史所、中共灵丘县委、灵丘县人民政府承办,“中国人民抗日战争暨世界反法西斯战争胜利70周年学术研讨会”在灵丘县召开。

研讨会的主题是“山西与中国抗战”。与会专家学者围绕山西在中国抗战中的地位和作用、平型关战役的历史意义与价值、全民抗战及抗日根据地建设等,从不同视角进行深入探讨,认为山西不仅是八路军华北敌后抗战的战略支点、主战场,也是华北乃至全国抗日民族统一战线的先行者,还是国共两党成功合作的典范,谱写抗战史上最为辉煌壮丽的篇章。

(霍春英)

【语言心理学学术讲座】 2015年10月20日,山西省社科院举办语言心理学学术讲座,院历史、哲学、政法、语言、思维、马研等研究所科研人员参加。讲座邀请华南师大博士万红作题为《用自然科学的方法研究汉语——兼论语言心理学发展的新方向》的学术报告。讲座分为语言、语言学及其与其他学科的交叉、语言学的研究方法三个部分,着重介绍语言的特点、语言学的分类和语言学的多种研究方法,其中使用工具对语言本身进行测量、对语言学习情况进行调查研究的方法获与会人员交流和讨论。

(霍春英)

【《语文研究》再次入选“中国国际品牌学术期刊”】 2015年12月18日,《中国学术期刊(光盘版)》电子杂志社有限责任公司、清华大学图书馆、中国学术文献国际评价研究中心联合发布“2015中国国际品牌学术期刊”遴选结果公告,山西省社会科学院主管、主办的语言学专业学术期刊《语文研究》再次入选其中的“中国国际影响力优秀学术期刊”(共60种),并且排名在前,位列第8名。

30多年以来,《语文研究》先后入选“语言学/汉语类核心期刊”(北京大学评价中心,1992年始)、“中国期刊方阵·双效期刊”(中国新闻出版总署评定,2001年始)、“中国人文社会科学核心期刊”(中国社会科学院评价中心,2000年始)、“《中文社会科学引文索引》(CSSCI)”来源期刊(南京大学评价中心,1993年始)、中国人民大学“《复印报刊资料》重要转载来源期刊”(2011年至2014年版)、“山西省一级(优秀)期刊”(1995年始)、“2014中国国际影响力优秀学术期刊”“2015年度中文报刊海外发行最受海外机构欢迎TOP50”等学术评价体系。

(霍春英)

【“弘扬中华文化构建五台山学”暨《五台山研究》创刊30周年系列活动】 2015年12月25日至27日,山西省社会科学院主办、五台山研究会承办,“弘扬中华文化,构建五台山学”暨纪念《五台山研究》创刊30周年系列活动在太原举行。来自省内外的150多位专家学者、书画家出席会议。专家学者围绕五台山文化及其价值;五台山的地质生态、文化产业、旅游经济问题;开展佛教名山研究与推进社会发展问题;五台山在“一带一路”战略中的价值;佛教与社会主义相适应,清凉佛国的净土信仰及佛学内涵;《五台山研究》的历史贡献等主题进行研讨。纪念活动提出建立五台山学术研究基地,扩大五台山佛教在中国乃至世界的影响力、号召力和凝聚力,把《五台山研究》真正办出特色、办出影响等建议。

作为纪念活动内容之一的书画展,于12月26日至28日在山西省展览馆举办,展出省内外各界惠赐的书画作品近200幅,受到社会各界的好评。

(霍春英)

·山西省社会科学联合会·

【山西省第九次社会科学研究优秀成果评奖工作】 2015年,山西省社会科学联合会(简称省社科联)开展第九次社会科学研究优秀成果评奖工作。7月24日,省委常委、宣传部长胡苏平主持召开省评奖领导组第一次会议,讨论通过《关于开展山西省第九次社会科学研究优秀成果评奖工作的意见》及方案。经过为期两个月的网上申报、资格审查,506项成果符合参评资格。按照评委会的总体部署和进程,完成初评工作,推荐出297项成果。

(杜伟琴)

【“百部(篇)工程”优秀成果评奖】 2015年,“百部(篇)工程”评奖工作从年初开始,经网上申报、资格审查,有340项成果进入学科评审。为更好地完成这项工作,省社科联先后派出两个组到有关省市进行调研,在此基础上,对评审办法、指标体系、评审流程、评审纪律等进行完善。经评审委员会评审,评出获奖成果110项,一等奖15项,二等奖36项,三等奖59项;评出组织奖10个。

(杜伟琴)

【“两刊一网”建设】 2015年,《山西社科界》《学术论丛》加大对弘扬三个文化、“六权治本”、社会主义核心价值观等方面的宣传力度,完成编辑出版发行任务。山西社科网在宣传贯彻习近平总书记系列重要讲话精神及社科联工作方针,发布国家和山西省

2015 年 1 月 16 日，山西省社科联举办“弘扬三个文化理论研讨会”

（杜伟琴供图）

社会科学课题指南、项目评审情况、学术前沿动态，以及社科联、学会学术活动、学会管理、年度检查等各级各类社科消息的发布等方面发挥重要作用。省社科联组织编写和出版《山西社科研究与普及书系》，2015 年推出《雁北地区乡村寺庙调查研究》《三晋史稿》《中华二十四孝考述》等 3 本著作。（杜伟琴）

·三晋文化研究会·

【《晋国通史》出版发行座谈会】 2015 年 1 月 23 日，三晋文化研究会在三晋国际饭店举办《晋国通史》出版发行座谈会。《晋国通史》的出版填补国内关于研究晋国史的空白。《晋国通史》作者李尚师介绍该书三十余年的经过编写。（王　岳）

【弘扬元好问文化协商座谈会】 2015 年 3 月 27 日上午，忻府区政协召开“弘扬元好问文化协商座谈会”，三晋文化研究会名誉会长李玉明，特聘专家降大任、杨子荣，副会长成永春等应邀参加。专家学者、元好问后裔等 20 余人参加座谈会。（王　岳）

【《三晋石刻大全·运城市绛县卷》出版座谈会】 2015 年 4 月 27 日上午，运城市绛县召开《三晋石刻大全·运城市绛县卷》出版座谈会。与会专家对于《三晋石刻大全·绛县卷》内容的丰富翔实、时间跨度之大给予高度评价。对各县市石刻编纂工作进行具体指导，对今后的编纂工作提出具体的要求和建议。（王　岳）

【首届蒙山文化艺术与净土思想研讨会】 2015 年 6 月 4 日至 6 日，首届蒙山文化艺术与净土思想研讨会在太原举行。研讨会由中国社会科学院世界宗教研究所、中国宗教学会、三晋文化研究会、山西省社会科学院主办。中国社会科学院书画协会、日本同朋大学协办。（王　岳）

【中国山西首届傅说文化高峰论坛】 2015 年 6 月 25 日，中国首届傅说文化高峰论坛暨中国先秦史学会文化研究基地、山西省社会科学院傅说文化研究中心揭牌仪式在太原三晋国际饭店举行。这次论坛由中国先秦史学会、山西省社科院、民进山西省委、三晋文化研究会共同主办。（王　岳）

【丛书出版工作】 2015 年，《三晋文化研究丛书》出版 2 种，即《三晋史话》《观复集》（上、下），总印数 2000 册，总字数 95 万余字。

《三晋石刻大全》截至 2015 年 12 月底完成 58 县（市、区）61 卷的编纂任务，占总计划的 49%。正式出版 53 县（市、区）56 卷。

《近世山西学人文丛》启动，该书由三晋文化研究会会议研究决定立项，与三晋出版社合作出书，陆续编辑出版，计划 5 年出齐。截至 2015 年底，完成景定成《罪案》、李亮工《左传签著》、郭象升《文学研究法》等第一辑 6 部学术专著出版发行工作。

（王　岳）

【《碧血丹心》首发和赠书活动】 2015 年 4 月 2 日，晋中市举办《碧血丹心》一书的首发和赠书活动。三晋文化研究会名誉会长、晋绥边区历史文化研究会会长李玉明应邀参加。活动晋中市由副市长王建林主持，少先队员为伤残军人代表敬献红领巾；伤残军人、老八路代表韩志贵、高晋文两位老同志发言。

市红军荣军休养院院长石映刚介绍《碧血丹心》编撰情况。李玉明和总装甲兵工程学院原院长、晋绥边区历史文化研究会名誉会长薛清池先后讲话。学生代表接受赠书，伤残军人为部队官兵代表赠书。晋中市委常委、宣传部长黄耀春做总结讲话。

（王　岳）

【“弘扬抗战精神，共圆中国梦”书画作品展览】 为纪念中国人民抗日战争暨世界反法西斯战争胜利 70 周年，2015 年 7 月 18 日，由三晋文化研究会协办的主题为“弘扬抗战精神，共圆中国梦”的中华两岸百名将军部长与书画家作品展的开幕仪式在山西美术馆举行。

书画展展出近 400 幅书法佳作创。作品的内容均以“弘扬抗战精神”为主题，作品以楹联、书法、诗歌、画作等形式呈现，正、草（行）、隶、篆各个书种齐全，突出反映抗日战争暨世界反法西斯战争中爱好和平事业的人物和事件，及不忘国耻、牢记历史、珍爱和平的诗句、名言和警句等，表达作者热爱祖国、热爱和平、反对侵略、复兴中华、共圆中国梦的强烈感情。

（王　岳）

【刘江书法艺术赴台展览】 2015年9月12日至17日，三晋文化研究会名誉会长刘江书法艺术展在台湾台北市“中华邮政”博物馆开展。此次活动由三晋文化研究会书画院和台湾书法家学会共同主办。

展览期间，刘江与台湾书法家学会、美术家学会以及专家学者进行学术文化交流。刘江先生的书法艺展览受到台湾同胞的欢迎。（王　岳）

【“我写我心”韦钢武书法艺术展览】 2015年5月6日，由省三晋文化研究会书画院与山西省书法家协会、太原市书法家协会共同举办的“我写我心”韦钢武书法作品展在太原开展。

展览集中展示山西省“布衣”书法家韦钢武近年来创作的书法作品，涵盖篆、隶、楷、行、草五种书体。不仅有自己创作的作品，还有临摹古帖，比较全面的展示作者近年来的研究、创作成果。（王　岳）

【“追寻红色足迹”活动】 2015年8月12日至14日，为纪念抗战胜利70周年，三晋文化研究会举办“追寻红色足迹”的活动。参与活动的人员先后前往平型关抗战遗址、纪念馆，李林烈士陵园、纪念馆，平鲁区博物馆，代县太和岭口村，忻口战役抗战遗址，定襄地道战纪念馆等抗战遗址参观。这次活动向灵丘县委宣传部和灵丘县三晋文化研究会赠送书籍、书画作品。（王　岳）

社科研究

【经济社会发展战略课题研究】 2015年，山西省社科联共评出立项成果154项，其中重点课题122项，弘扬“三大优秀历史文化”研究专项重点课题19项，青年思想政治工作研究专项重点课题13项；对2014年度的118项重点课题进行结项评审，评出优秀课题28项，合格课题77项。《科技创新驱动山西转型跨越发展对策研究》《山西新型城镇化过程中农村人口转移问题研究》《山西精神的形成、传承研究》《新形势下做好意识形态工作研究》等一批涉及山西资源型经济转型、特色城镇化建设、文化产业发展、意识形态工作等重大现实问题的重点课题针对性强，应用价值高，较好发挥思想库作用。在课题研究工作中进一步规范和完善课题立项、结项评审程序，加强对基层社科工作者的业务指导与支持。

（杜伟琴）

【习近平总书记讲话精神的学习、研究】 2015年，山西省社会科学研究人员开展中共中央总书记习近平系列重要讲话的学习、研究，发表论文及评论文章4篇。李高山、贾桂梓《当代中国最鲜活的马克思主义——学习习近平总书记系列重要讲话体会》、李中元《科学认识新常态 主动适应新常态》、薛平《中国精神的构建与弘扬》围绕习近平总书记系列讲话、“新常态”对中国经济新变化的战略判断、中国梦对中国精神的构建等领域做出论述。程淑兰《习近平权力制约思想析论》，探讨权力制约思想问题，入选《“四个全面”战略布局与中国特色新型智库建设》论文集。

（霍春英）

【社会主义核心价值观研究】 2015年，山西省社会科学研究人员开展社会主义核心价值观研究，发表论文及评论文章5篇。李玉萍《“以德立世”的中华民族精神对培育和践行社会主义核心价值观的启示》、王青峰《文化定力与社会主义核心价值观》《促进公平正义营造和谐社会》、张勋祥《践行社会主义核心价值观的切实路径》围绕社会主义核心价值观与中华民族“以德立世”精神的关系、文化定力、公平正义、践行路径等方面做出论述。马春茹《社会主义核心价值观研究的创新之作——读〈兴国大德——培育和践行社会主义核心价值观〉一书有感》对中共山西省委宣传部主编的《兴国大德——培育和践行社会主义核心价值观》一书主要内容进行讨论。（霍春英）

【反腐倡廉研究】 2015年，山西省社会科学研究人员开展反腐倡廉研究，发表论文及评论文章8篇。庞丽峰《廉洁发展的三个实践维度的思考》《廉洁发展是底线更是保障》《廉洁发展的理论内涵及实践启迪》、程淑兰《涵养清正廉洁的价值理念》、常瑞《从惩治腐败历史经验看严明党的纪律》《合力监督权力保障六权治本》、董永刚《民本：亲民廉政思想的本源》围绕廉洁发展实践、古代民本廉政思想、权力监督等方面做出论述。吴润楠《全面从严治党，加强党风廉政建设》，探讨从严治党问题，入选《“四个全面”战略布局与中国特色新型智库建设》论文集。（霍春英）

【转型跨越发展研究】 2015年，山西省社会科学研究人员开展转型跨越发展研究，发表论文及评论文章6篇。潘云、张文丽、黄桦《综改攻坚取得突破 敢行敢试稳步前行——对〈2015年转型综改行动计划〉的理解》，韩芸、柏婷《新常态下山西转型发展的新路径》，王云、梁正华《绿色发展：资源型地区的必然选择》，姚婷《绿色发展：迫切之举与长久之治》，郝晓燕、张福生《山西省转型发展阶段的水土保持生态建设》，王国棉《三晋文化的发展现状及对策》围绕转型综改行动计划、新常态下山西转型发展的新路径、绿色发展做出论述。

（霍春英）

【哲学研究】 2015年，山西省社会科学研究人员开展哲学研究，出版专著1部，发表论文及评论文章13篇。高专诚出版专著《孔子和他的弟子们》（书籍出版社2015年版），为《中国文化经纬》系列丛书之一。王鑫、杨珺《马克思实践自然观及当代启示》，唐昌黎、孟海贵《二元选择论——唯物史观的一座发展平台》，刘景钊、郭婕《人的意向性在观念认知和实践中的作用》，高专诚《战国前期李悝变法的历史反思——兼以吴起变法、商鞅变法为参照研究》，耿振东《荀子化性说解论》，薛平《哈贝马斯异化理论与转型期中国》，路强《环境伦理的道德形而上学基础》，杨珺《试论生态文明制度的伦理规制》围绕马克思实践自然观、二元选择论、李悝变法的历史反思、人的意向性、荀子化性说、生态文明、中国精神等命题做出论述。

（霍春英）

【"丝绸之路经济带"研究】 2015年，山西省社会科学研究人员开展"丝绸之路经济带"研究，发表论文及评论文章3篇。杨永生、李永宠、刘伟《中蒙俄文化廊道——"丝绸之路经济带"视域下的"万里茶道"》为国家发改委委托课题"科学发展综合评价指标体系研究"阶段性成果。高春平《山西与丝绸之路——兼论山西在"一带一路"发展战略中的地位与对策》，杨永生、李永宠《规划建设亚欧大陆桥新线的重大战略意义——兼论山西融入丝绸之路经济带的机遇》围绕山西融入丝绸之路经济带的历史、地位、机遇等问题做出论述。（霍春英）

【"三农"问题研究】 2015年，山西省社会科学研究人员开展"三农"问题研究，出版专著1部，发表论文及评论文章6篇。田国英出版专著《行为经济学视角下农户借贷行为研究》（山西经济出版社）。陈家骥《关于我国农村经济改革规律的探讨》，郭卫东《新常态下山西"三农"问题及对策分析》，杨天荣、杨国玉《农村转移人口市民化意愿与行为选择研究》，孙月蓉、韩克勇《土地承包经营权入股合作社考察》，郭卫东《我国农业科研投资对农业的影响分析》，郭秀兰《新常态下农业结构调整的多维困境及其路径选择》围绕农户借贷行为、农村经济改革规律、新常态下山西"三农"问题、农村转移人口市民化、土地承包经营权等问题做出论述。

（霍春英）

【经济学领域研究】 2015年，山西省社会科学研究人员围绕经济学、企业经济和山西经济、能源经济等领域，出版编著2部，发表论文及评论文章35篇。

经济学领域：唐昌黎《21世纪的生产力革命——纵论第三次工业革命》，韩芸、王云《基于经济政策学视角的沿黄经济带发展研究》，韩淑娟《资源产业繁荣对劳动力部门间分配的影响机制》，张彦波、王云《加快内陆地区对外开放的思考》等文章围绕第三次工业革命、沿黄经济带发展、资源产业繁荣、内陆地区对外开放等命题做出论述。

山西经济、企业经济领域：李中元任主编，潘云任执行主编，出版编著《山西经济社会蓝皮书(2016)》（山西经济出版社2015年版）；景世民、赵旭强主编，出版编著《山西统筹城乡发展研究》（山西经济出版社2015年版）。张婷《对山西大力实施创新驱动发展战略的思考》、刘晔《经济新常态下山西工业发展形势研判》、黄桦《新常态下山西区域经济发展战略研究》、郭卫东《山西省投资与经济周期发展问题研究》、王云珠《深化改革促进山西民营经济健康发展》等文章对新常态下山西区域经济发展、山西民营企业发展、投资等问题等问题做出论述。

能源经济领域：王云珠《山西排污权交易实践、问题与对策研究》、刘晔《山西焦化行业市场形势分析及应对策略》、黄桦《坚守安全高压红线 构建安全发展长效机制》等文章对山西煤炭能源领域的相关热点问题做出论述。

（霍春英）

【财政金融研究】 2015年，山西省社会科学研究人员开展财政金融研究，发表论文及评论文章6篇。武小惠《支持山西产业转型升级的财政金融政策》，王劲松、韩克勇《我国金融稳定指标体系的构建》，韩克勇、李燕平《门槛回归方法下利率与银行风险关系的实证检验》，王劲松、韩克勇、赵琪《股票价格对货币供给的影响——基于美国M2数据的实证研究》等文章对支持山西产业转型升级的财政金融政策、金融稳定指标体系、股票价格对货币供给的影响等问题做出论述。

（霍春英）

【社会学、妇女与性别、人口学研究】 2015年，山西省社会科学研究人员开展社会学、妇女与性别、人口学研究，发表论文及评论文章17篇。

社会学领域：李小伟《农村基层社会治理的变革之道》、韩淑娟《以土地政策规范和引领老龄产业发展的理论探讨》、安培培《制度变迁是资源均衡化的关键》、陈红爱《统筹发展是山西科学发展的基本方法》《工业化、城镇化进程中征地补偿与失地农民安置的政策措施研究——以S省为例》围绕农村基层社会治理、老龄领域产业发展、制度变迁与资源均衡化、征地补偿与失地农民安置等问题做出论述。

妇女与性别研究领域：刘晓丽《1950年〈新中国妇女〉杂志评析》对《新中国妇女》杂志的革命性特点做出评析；安志伟《历史节点上中国妇女生存状况的全景式再现——评〈1950年的中国妇女〉》、周萍《还原中国妇女解放的历史现场——读〈1950年的中国妇女〉》从不同角度对刘晓丽的著作《1950年的中国妇女》展开探讨与推介。

人口学领域：韩淑娟、柏婷《新生代流动人口的内部差异比较》、韩淑娟《代际传承与突围：流动人口"进城"之路》、李小伟《农村"空村化"后如何谋善治》、周洁《山西省社会养老服务体系现状及存在的问题》等文章围绕新生代流动人口内部差异、流动人口"进城"、农村"空村化"、老年人社会养老问题等命题做出论述。（霍春英）

【政治学、法学研究】 2015年，山西省社会科学研究人员开展政治学、法学研究，出版编著1部，发表论文及评论文章11篇。孟艾芳主编，出版编著《中国共产党文风建设论》（山西教育出版社2015年版）。唐昌黎、孟海贵《当今世界民主制的两大类型：自由民主制与协商民主制——论中国政治体制发展的大走势》，郭秀兰《对严守政治规矩的哲学思考》，王华梅《加快推进以法治为基础的政府转型》，刘晔《自然资源产权法律保障机制研究》，张勋祥《关于不动产登记立法的几点思考》围绕中国政治体制发展走势、政治规矩哲学、法治政府转型、自然资源产权、不动产登记立法等问题做出论述。孟禹《试述中国共产党指导思想的理论创新》探讨中国共产党指导思想的理论创新问题,入选《“四个全面”战略布局与中国特色新型智库建设》论文集。（霍春英)

【图书馆学、信息科学研究】 2015年,山西省社会科学研究人员开展图书馆学、信息科学研究,发表论文及评论文章13篇。张爱英《互联网金融发展与风险防范——基于〈关于促进互联网金融健康发展的指导意见〉的思考》;董小英《大数据时代传统期刊与数字媒体融合思考》围绕互联网金融发展与风险防范、传统期刊与数字媒体融合等问题做出论述。李国祥、东鸟《2015年1—11月网络舆论热点分析》对2015年1月至11月的网络舆论热点做出分析。（霍春英)

【语言学、文学研究】 2015年,山西省社会科学研究人员开展语言学、文学研究,出版编著1部,主编论文集1部,发表论文及评论文章15篇。

语言学领域:温端政主编,出版编著《俗语大辞典》(商务印书馆2015年版)。温端政、吴建生、徐颂列主编出版第三届全国汉语语汇学学术研讨会论文集《汉语语汇学研究(三)》(商务印书馆2015年版),温端政《再论字典、词典、语典三分》等文章入选。耿振东《主、从文献语境下的〈论语〉“三归”》、安志伟《谚语辞书与惯用辞书重复收条问题》、刘景钊《论汉字对于中华文化精神原创性的意义》围绕文献语境下的《论语》“三归”释疑、谚语辞书与惯用辞书重复收条问题等内容做出论述。

文学领域:艾斐《讲好中国故事与文学语境选择》、周萍《寻求思想被桎梏的出路——论台湾诗人李莎20世纪50年代的诗歌》《性别意识重构的当代意义——以山西女作家的作品为例》《台北何止风光美》、陈平《文学创作的观念必须调整和改变》、安志伟《梅兰芳先生剧目创作的经验及其当代启示》围绕中国故事与文学语境选择、台湾诗人李莎、文学创作观念、梅兰芳先生剧目创作经验等内容做出论述。（霍春英)

【历史学研究】 2015年,山西省社会科学研究人员开展历史学研究,出版论著2部,论文集1部,发表论文及评论文章5篇。杨茂林、张文广出版论著《山西古代廉吏》(山西人民出版社2015年版),杨茂林等出版论著《山西文明史》(商务印书馆2015年版)。高春平主编出版论文集《历史所建所38周年论文集》(三晋出版社2015年版)。杨晓国《十三世纪金元战争前后的蒲州城市景观变迁》,张舒、张正明《从一则史料看清王朝与琉球王国的贸易》,王佩琼、孟艾芳《社会对于工程的否定性建构——以山西保矿运动为例》,王劼、白燕茹《文明转型视野下的古村落保护——以山西为中心》围绕蒲州城市景观、清王朝与琉球王国的贸易、山西保矿运动、山西古村落保护等历史命题做出论述。（霍春英)

【人物研究】 2015年,山西省社会科学研究人员开展人物研究,出版专著2部,发表论文及评论文章7篇。雒春普出版专著《阎锡山画传》(中华书局2015年版),雒春普、李兆瑞出版专著《中国共运历史人物传略——赖若愚》(中国工人出版社2015年版)。智效民围绕民国时期科学家竺可桢、沈君怡、林可胜等6人展开论述与宣传。李卫民《胡乔木因何称赞张荫麟》就胡乔木借张荫麟治史观点,推动党史书写的科学性问题做出论述。（霍春英)

【地方历史文化专题研究】 2015年,山西省社会科学研究人员开展抗战史、晋商学、五台山学等山西地方历史文化专题研究,出版论著1部,发表论文及评论文章13篇。

抗战史领域:高春平《抗战时期党的群众路线缘何深入人心》,李中元《山西抗战:中国抗日战争和世界反法西斯东方主战场的战略支点》,杨茂林《对山西抗日根据地基层政权建设的历史考察》等文章围绕抗战时期党的群众路线、山西抗战地位、山西抗日根据地基层政权建设等问题做出论述。崔玉卿《五台山在抗日战争中的历史地位与贡献》等文章对抗战时期的五台山做出论述。

五台山学领域:崔玉卿出版论著《五台山学探究》(宗教文化出版社2015年版)。崔玉卿《由孝人佛:印光大师佛教教育方法论浅析》、崔正森《世界上有多少五台山及其命名的寺院》、周祝英《五台山佛寺影壁艺术初探》、肖雨《萨班贡嘎坚赞是文殊菩萨化身》等文章围绕印光大师佛教教育方法论、以五台山命名的寺院、五台山佛寺影壁艺术等问题做出论述。

晋商学领域:宋丽莉《文化符号与城市名片——略论河东盐文化资源开发》,张正明、张舒《明清晋商与诚信》,王宏纲《明清晋商商人法的发达与消亡》,高春平《论开中盐法的演变与明中期边方纳粮制的解体》围绕河东盐文化、明清晋商商人法、晋商诚信等内容做出论述。王勇红等在《山西晚报》专栏发表晋商评论系列文章数篇。（霍春英)

获奖论著选介

【《青年马克思的道德批判研究》】 专著。作者:薛秀娟。中国书籍出版社2014年11月出版。该书获2014年度“百部(篇)工程”一等奖。

马克思不是专门的伦理学家,也未刻意去构建系统的伦理学理论。但不可否认,从早期带有浓厚启蒙色彩的伦理思想的阐发,到《莱茵报》时期对现实利益问题的关注,以及随着唯物史观的确立把个人自由而全面的发展确立为终极价值目标,无不彰显出马克思的人文关怀与伦理追求。尤其是其青年时期的道德批判,更加突显了马克思的批判精神与伦理思想。

该书以青年马克思的道德批判为研究主题,揭示青年马克思从伦理道德的角度出发,对宗教、封建制度、资本主义社会,以及以往各种道德理论的批判。特别是对于道德批判路径及其转换的研究,不仅有助于学者把握马克思早期思想演进的轨迹,而且以此为线索能够深入挖掘青年马克思的伦理思想与道德观点。道德批判不仅是青年马克思思想的起点和社会认识的“入口处”,而且对推动马克思思想的发展以及奠定其伦理追求与终极价值目标,都具有深远的影响和重要的意义。 (杜伟琴)

【《马克思哲学的现象学思想研究》】 专著。作者:李鹏。中央编译出版社2014年6月出版。该书获2014年度“百部(篇)工程”一等奖。

《马克思哲学的现象学思想研究》由七部分组成,主要目的是通过文本分析和现象学语境分析,在马克思哲学现象学思想的梳理中,阐释现象学马克思主义的回顾与反思问题,以及马克思哲学的现象学思想的逻辑形态、现象、建构、直观、世界、意义和态度等基础理论问题,主张马克思哲学在一般意义上直接和间接地包含着丰富的认知主义现象学和存在主义现象学相统一的实践现象学态度,即现象学前提、现象学纲领、现象学原则、现象学方法和现象学观念等现象学思维。马克思哲学正是从这种实践现象学话语出发探讨理论现象和社会现象问题,为纯粹哲学和实践哲学问题提供了一种科学主义思索,即实践的精神现象学视野。

(杜伟琴)

【《中国基本医疗保险立法研究》】 专著。作者:孙淑云。法律出版社2014年2月出版。该书获2014年度“百部(篇)工程”一等奖。

该书以中国城乡三项基本医疗保险“从政策到法律”建设的历程为逻辑脉络,详细梳理城乡三项基本医疗保险政策制度建设及其运行的困局;检讨我国现行基本医疗保险立法的政策总结性、行政权优越性、综合性、原则性和可操作性差的特点,凸显该书主题:基本医疗保险实施性立法的争执、难产与解决。面对中国基本医疗保险实施性立法难题,在厘清社会保险法相关基本医疗保险规定的基础上,借鉴国外基本医疗保险立法规律,设计出基本医疗保险条例和城乡居民初级医疗保险管理条例。该书的创新之处主要体现在如下几方面:其一,对其制度变迁、立法内容和立法路径进行系统回顾,对城乡三项基本医疗保险立法的完善进行系统的法理论证、立法体例构建和专项法规规范设计。其二,从三项医保制度的运行现状视角,探寻三项医保制度运行困局及其制度纠结,以社会学方法分析地方“单兵突进式”整合城乡三项医保地方立法和政策造成的流动人口重复参保和漏保并存、医保转移接续难、管理权争夺之根源。其三,以梳理现行基本医疗保险立法上位法定局、下位法难产的症结为突破口,探寻基本医疗保险上位法与下位法立法的不同任务与规范设计的协调呼应。其四,对新农合制度的管理独行、制度特色进行特色总结和分析,以这一特色制度为突破口,寻求城乡居民初级医疗保险向基本医疗保险升级的立法创新与立法着力点。其五,梳理社会保险立法规律,借鉴国外社会医疗保险立法经验,论证基本医疗保险立法的理念、基本原则等根本性、方向性问题,探究基本医疗保险立法的宏观社会问题解决、微观规范设计的规律。 (杜伟琴)

【《从“抽逃出资”到“侵占公司财产”:一个概念的厘清——以公司注册资本登记制度改革为切入点》】 论文。作者:樊云慧。《法商研究》2014年1期刊发。该书获2014年度“百部(篇)工程”一等奖。

论文《从“抽逃出资”到“侵占公司财产”:一个概念的厘清——以公司注册资本登记制度改革为切入点》发表于中国注册资本登记制度改革之时,因此论文的发表不仅具有很强的时效性,而且提出了比较新颖的观点:即用“侵占公司财产”替代“抽逃出资”的概念,并重构侵占公司财产责任制度。

文章指出,2013年公司注册资本登记制度改革废除了最低注册资本制,改注册资本的实缴登记制为认缴登记制,这对于纠正“抽逃出资“这个概念提供了绝佳的机会。“出资”这个概念只对股东将财产投入到公司之前或未完成出资义务之时才有意义,而一旦“出资”完成,该财产就是公司财产,“出资”已变成“股权”而不复存在,股东也就不可能再抽逃其“出资”,其抽逃的只能是公司财产。“抽逃出资”概念没有正确认识到股东出资(或公司资本)与公司资产的关系,人为割裂了股东出资形成的公司财产与公司积累形成的公司财产,削弱了公司财产独立的基础。这一概念的使用不仅会带来公司法理论上的困境,也给司法实践中对“抽逃出资”行为的界定带来很多困难。鉴于“抽逃出资”的各种表现形式可以被“侵占公司财产”所囊括,“抽逃出资”侵害的是公司财产权,故应当用侵占公司财产的概念取代抽逃出资的概念,并在此基础上重构股东侵占公司财产的责任,这符合公司由资本信用转向资产信用的趋势,也是彻底消除股东是公司财产所有者或公司所有者这个错误理念的措施之一,更是公司注册资本登记制度改革所要求的。

(杜伟琴)

【《贫困山区农村卫生服务缺失问题研究》】 专著。作者:谭克俭、王卫东、侯天慧。中国社会出版社2014年11月出版。该书获2014年度“百部(篇)工程”一等奖。

解决贫困山区卫生服务缺失问题,是现阶段中国在经济、社会和人口转型期无法回避的历史过程,是贫困山区居民特别是老人、儿童等弱势群体在医疗卫生服务缺失下的强烈需求,是现行医疗卫生体制和市场行为都未能有效解决的现实问题,是政府无法推卸且必须提供的公共服务,是现行卫生服务理论框架下不能完全解释而需要通过理论创新来为政府决策提供理论支撑的重大课题。而这个问题却是一个研究的空白,又是政府关注的一个盲区。正是基于这样一个思维框架,该书提出了以贫困山区卫生服务缺失问题为代表的经济社会转型期边缘人群、边缘区域的公共产品配置理论。该理论认为,为保障贫困山区居民基本医疗卫生服务而设计的"贫困山区卫生服务保障网络"建设,不同于一般意义上的医疗服务,具有一定的非排他性、非竞争性和较大的外部性,具有公共产品属性。由此提出的贫困山区卫生服务配置思路是:创新农村基层卫生服务体制,完善农村医疗卫生机构发展的投入、管理等政策与制度,建立边远农村医疗卫生服务提供网络和保障机制,消除山区农村医疗卫生服务空白区,促进卫生服务均等化。

该书提出了贫困山区卫生机构配置创新模式:构筑起山区农村居民能够享受到的,30分钟提供基本医疗、10分钟提供简单急救、公共卫生服务均等的医疗卫生保障系统,并实现山区乡村卫生服务功能全覆盖。

(杜伟琴)

【《语典编纂的理论与实践》】 专著。作者:温端政、温朔彬。商务印书馆2014年1月出版。该书获2014年度"百部(篇)工程"一等奖。

该书运用理论与实践相结合的方法,共分九章,论述了六方面的内容:一、语典的性质和功能;二、语典兴起的原因及影响;三、语汇研究与语典编纂之间相辅相成的关系;四、语典编纂的现代化之路;五、关于方言语典的编纂;六、要树立正确的语典编纂苦乐观。

主要观点:(1)语典是收集语汇加以解释,按一定次序排列,供人查考或阅读的语文性工具书。具有备查功能、规范功能、阅读功能和教育功能。(2)语典编纂的兴起促进了语汇研究,语汇研究的新成果又反过来指导语典编纂的实践。(3)利用计算机技术,建成现代化程度较高的语料库,使语典编纂走上现代化之路。(4)方言语汇的系统性,以及它所具有综合性、人文性、丰富性等特点,为方言语典的编纂奠定了基础。(5)语典编纂的过程是苦与乐相交融的过程,要树立正确的语典编纂苦乐观,这对于巩固和发展语典编纂队伍具有一定的指导意义。

(杜伟琴)

【《金代河东南路戏剧研究》】 专著。作者:李文。中华书局2014年4月出版。该书获2014年度"百部(篇)工程"一等奖。

该书是研究宋金时期河东南路戏剧形成和发展的著作。运用文物和文献相结合的方法,通过文物、文献、田野考察、墓葬发现、碑志检索和实录等,特别是通过对当时与戏曲形态密切相关的诸宫调、院本、杂剧、墓葬习俗的综合研究与论述,全面勾勒了金代河东南路戏剧的发展脉络,阐明了金代河东南路戏剧形态在民间从萌芽到成熟的历程与特色,对河东杂剧在中国古代戏剧史上"上承宋杂剧,下启元杂剧"的独特地位进行了全面的梳理和研究。现在发现的金代砖雕墓大都分布在河东地区,墓葬在展示金代戏剧演出的同时,还展示了孝子图像。从这些墓葬装饰中,我们可以探讨出金代丧葬习俗与戏剧之关系。

(杜伟琴)

【《山西北路梆子研究》】 专著。作者:刘兴利。中国戏剧出版社2013年12月出版。该书获2014年度"百部(篇)工程"一等奖。

《山西北路梆子研究》一书意在凸显北路梆子这一山西地方戏剧种目前所呈现的濒危状态,以期引起学界及相关部门的高度重视。主要内容包括绪论、正文(九章)、结语、参考文献及附录部分。该书是迄今为止研究山西北路梆子比较全面深入的成果,带有集大成的性质。该书在大量田野调查基础上提出的七点建议及措施,对该剧种尽快走出"戏曲普遍不景气"之怪圈,摆脱"博物馆艺术"之厄运,应是大有裨益。该书最大的特点是将文献考索和田野调查有机地结合起来,对于北路梆子的历史和现状作出具体的描述和颇具说服力的分析,不仅有助于戏曲史研究的深入,而且可以为当前北路梆子的保护和发展提供有益的思路。

(杜伟琴)

【《丁村旧石器时代遗址群:丁村遗址群1976–1980年发掘报告》】 专著。作者:王益人、王建陶、富海等。科学出版社2014年6月出版。该书获2014年度"百部(篇)工程"一等奖。

该书是关于丁村遗址群1976–1980年期间调查发掘的综合性研究报告,分为五编(九章):第一编(第一章概述)、第二编(第二章地质地貌和第三章动物化石)、第三编(第四章人类化石)、第四编(第五~九章文化遗物);全面系统地介绍了这一阶段调查发掘的地质地貌、动物化石、人类化石、文化遗物,并首次将石制品的分类体系、观察测量方法和测量数据全部公之于众。作者借鉴国内外旧石器时代考的最新研究方法,对石制品分类系统以及不同类型石制品的内涵做了详尽的论述。在此基础上重新界定了丁村文化,并对丁村石器工业与丁村文化之间的关系进行了详细阐述。认为"丁村文化"是以三棱大尖状器、斧状器、石球等器物组合为"符号"的物质存在"背后"的人类行为总和,它包括该报告研究的所有内涵:时空结构、人地关系,以及人类在丁村一带以其自然环境为背景下所创造的"丁村石器工业"。因而,对"丁村文化"等于还是不等于"丁村石器工业"的问题,"丁村石器工业"是可供观察、分类、研究,并系统化了的物质遗存;而"丁村文化"是隐含在"丁村石器工业"背后的那个"实体"——即"丁村人"——的人类行为总和。由此对丁村石器工业与丁村文化之间的关系进行了详细阐述。

(杜伟琴)

【《大地震与明清山西乡村社会变迁》】 专著。作者:郝平。人民出版社2014年9月出版。该书获2014年度"百部(篇)工程"一等奖。

历史上的特大地震,往往会给灾区带来巨大的人口伤亡和社会财产的损失,还会影响区域社会的正常运行和发展。该书旨在探讨大地震与社会变迁的关系,分别就明嘉靖三十四

年华县地震、清康熙三十四年临汾地震和嘉庆二十年平陆地震三次大地震后,山西各州县的受灾情况、震后应急和恢复重建等方面进行了探讨。说明了乡村社会在这三次地震中受到了严重地破坏,一方面考察国家力量在震后救灾和重建过程中的主导作用,另一方面从民生经济、乡村社会发展和思想文化等方面,详细阐述大地震后山西乡村社会的部分变化以及对社会发展变迁的作用和潜在影响。

《大地震与明清山西乡村社会变迁》一书把地震作为社会发展历程中的重大事件展开研究,在了解传统时期的地震救灾和恢复重建的基础上,研究其对山西乡村社会发展变迁的作用,主要揭示了大地震不仅对乡村社会发展产生了巨大影响,而且还直接或间接地影响着山西社会的进步和发展。对当今社会抗震救灾工作的开展和防震减灾制度的完善,具有一定的借鉴意义。 (杜伟琴)

【《口述记忆与教育变迁:新中国成立60年来的农村教育生活史》】 专著。作者:于珍。中国社会科学出版社2013年12月出版。该书获2014年度“百部(篇)工程”一等奖。

该书以农村人的受教育经历为对象,以口述史为基本方法,记录了新中国成立60年来不同历史时期农村受教育者的受教育经历,试图呈现出不同历史条件下,农村受教育者教育生活的原生态,并探寻作为一个普通的农村受教育者对教育的认知、体验与期待。该书从20世纪50年代开始,以每10年为一个时段,对来自农村的人进行采访录音,从他们受教育的环境、师资、教学方式、学习方式及他们对教育的看法等问题入手,以他们受教育的时间为顺序,通过受访者讲述他们的受教育历程,试图通过不同时代的农村受教育者对他们教育历程的回忆与追述,刻画在时代进程中,农村教育的变迁和农村人对教育的理解以及教育给他们生活带来的影响。 (杜伟琴)

【《网络社会支持与心理健康》】 专著。作者:梁晓燕。中国出版集团世界图书出版社公司2014年6月出版。该书获2014年度“百部(篇)工程”一等奖。

《网络社会支持与心理健康》一书运用问卷法、访谈法和内容分析法,从心理认知取向探讨了青少年网络社会支持的心理结构;通过高低使用组的对比研究,探讨了青少年所获得的网络社会支持对其心理健康的影响机制,指出互联网的健康使用与否与能否较好利用社会资源以及青少年自身心理发展水平有关,从定性、定量分析的角度诠释网络的双刃剑作用。该书还运用质性研究的方法,对网络依赖的特殊群体“大学生微博控”的网络社会支持系统进行深入的探讨。从全书来看,取样涵盖低使用组、高使用组、依赖组三种网络使用程度不同的人群;研究既包括青少年对网络交往所带来支持系统变化的总体感知,又突出自媒体使用机制的研究。该书在以下几个方面有所突破:(1)明确网络社会支持的概念。(2)有效探讨网络社会支持的结构,为相关研究提供工具支持。(3)充分剖析网络社会支持与青年成长中相关因素的交互作用对青少年心理健康的影响机制。(4)丰富正常使用群体中网络社会支持积极影响的研究。(5)关注网络依赖人群——大学生“微博控”群体。 (杜伟琴)

【《食品安全预警体系研究》】 专著。作者:程景民。经济日报出版社2014年9月出版。该书获2014年度“百部(篇)工程”一等奖。

食品安全是保护人类生命健康,提高人类生活质量的基础,因而完善健全的管理规制对保障食品安全非常重要。《食品安全预警体系》一书对我国食品安全管理规制工具中的预警体系展开深入研究,分析如何从评估预防等方面建立一套完整的食品安全预防体系,挖掘潜在的食品安全隐患并及时发布警报,从而达到早发现、早预防、早整治、早解决,变事后处理为事先预防。全书共分十章,在对国内、国际食品安全预警体系宏观描述的基础上,剖析当前我国食品监管预警体系所存在的问题,以学校食堂食品、转基因食品等为实证研究,以食品安全预警体系的理论、分析方法为科学的理论支撑,最后提出保障我国食品安全的对策与建议,为政策决策提供科学的理论依据。为更好地改善和提高人民的生活质量、保障公民的身体健康、维护社会的稳定发展、增加社会的经济实力和促进食品国际贸易尽一份薄力。 (杜伟琴)

【《研发团队间互动过程与合作管理》】 专著。作者:郭艳丽。知识产权出版社2014年6月出版。该书获2014年度“百部(篇)工程”一等奖。

在现代制造环境下,企业研发过程越来越复杂化、虚拟化,合作创新在一定程度上提高企业创新的成功率、降低创新风险、促进技术的发展。组织间合作创新的实质是不同组织的研发团队间为满足复杂任务的需要,进行知识学习、知识创造和知识利用的过程,也是企业创新资源积累的重要途径。该书的主要内容为:(1)构造研发团队知识创新的概念模型,从研发团队周边环境、研发团队属性、研发团队间关系等三个方面对研发团队互动创新过程的影响因素进行分析。(2)考虑研发团队间知识学习过程的生态系统特征,对团队间合作学习与知识转移管理的相关问题进行探讨,为保证研发团队合作学习的效果提供管理思路。(3)分析研发团队的创新投入决策,提出支持研发团队创新的知识管理实践机制。(4)对引发团队冲突的因素进行分析,提出冲突协调与沟通管理的方法。(5)深入细致地分析了任务冲突、团队–任务匹配效果等因素在合作创新系统运行中的作用机理,结论可对有效管理任务型联盟合作学习与知识创新过程提供有益启示。该书对研发团队间互动过程及管理行为进行研究,为创新型企业的研发主管、项目经理等创新团队管理者以及研发人员识

别合作创新过程中的管理内容、提高过程管理意识提供理论与方法指导。（杜伟琴）

【《基于生态视角的企业可持续发展系统分析与评价研究——以山西民营企业为例》】 专著。作者：米俊。中国财政经济出版社2013年12月出版。该书获2014年度“百部（篇）工程”一等奖。

该书通过对山西省内104家民营企业的实际调查分析企业可持续发展评价指标，建立企业可持续发展评价模型。通过对可持续发展能力位居前30名企业进行实证分析，得出如下结论：(1)企业可持续发展系统是一个复杂的生态系统。可以应用可持续发展理论、生态学基本理论、复杂适应性理论来分析和认识企业的可持续发展能力。(2)该书受生态学理论和物理学规律的启发，认为企业要保持持续成长的竞争优势，在一定的区域内必须占据合适的生态位，形成自己的竞争能。并认为企业的竞争能应涵盖两个方面——企业势能和企业动能。企业势能主要由企业所处的生态位和企业自身的综合质量所决定，企业动能则由企业本身的综合质量和企业发展的速度因子所决定。并受物理学势能方程和爱因斯坦质能方程的启发，提出企业势能方程和企业动能方程。这是本书的另一创新之处。(3)书中提出企业可持续发展系统的能量源，认为知识场具有集聚性、扩散性、方向性、叠加性、层次性、动态性等性质和特点。在分析知识运动过程中“知识源点”“知识迹线”“知识网络”等场效应的基础上，探讨知识效应场的“点”“线”“面”效应场及其空间分布机理。（杜伟琴）

2014年度“百部（篇）工程”获奖成果名单

一等奖（15项）

序号	题目	成果形式	作者
1	青年马克思的道德批判研究	专著	薛秀娟
2	马克思哲学的现象学思想研究	专著	李鹏
3	中国基本医疗保险立法研究	专著	孙淑云
4	从“抽逃出资”到“侵占公司财产”：一个概念的厘清——以公司注册资本登记制度改革为切入点	论文	樊云慧
5	贫困山区农村卫生服务缺失问题研究	专著	谭克俭 王卫东 侯天慧
6	语典编纂的理论与实践	专著	温端政 温朔彬
7	金代河东南路戏剧研究	专著	李文
8	山西北路梆子研究	专著	刘兴利
9	丁村旧石器时代遗址群：丁村遗址群1976~1980年发掘报告	专著	王益人 王建 陶富海等
10	大地震与明清山西乡村社会变迁	专著	郝平
11	口述记忆与教育变迁：新中国成立60年来的农村教育生活史	专著	于珍
12	网络社会支持与心理健康	专著	梁晓燕
13	食品安全预警体系研究	专著	程景民
14	研发团队间互动过程与合作管理	专著	郭艳丽
15	基于生态视角的企业可持续发展系统分析与评价研究——以山西民营企业为例	专著	米俊

二等奖(36项)

序 号	题 目	成果形式	作 者
1	中国特色社会主义文化建设研究	专著	尹俊芳
2	马克思交往发展价值观形成的历史逻辑及其当代旨趣	论文	王素萍
3	寓意解经:从斐洛到奥利金	专著	李 勇
4	山西石塔村龙天庙古戏台设置陶瓮的声学技术	论文	杨 阳 高 策 丁 宏
5	胎藏曼荼罗研究	专著	侯慧明
6	论控制自然的伦理困惑及其出路：基于对西方理性主义传统的批判视角	论文	薛勇民 马 君
7	系统哲学的探索与研究	专著	毛建儒 李 忱 王颖斌
8	气候变化法律规制的困境与思考 ——以美国法实践为分析背景	论文	曹 霞
9	乡镇干部的心理焦虑及消解途径	论文	林 洁
10	推进地方政府信息公开的新思路	论文	周瑞玲
11	正确认识和科学把握网络廉政监督	论文	王瑞娟
12	我国女性社会经济地位的特点及应对思路——以第三期中国妇女社会地位调查山西省数据为蓝本	论文	冯锦彩 刘 宁
13	《守圉全书》与明末西方传华铳台技术	论文	冯震宇
14	玉山雅集与文士独立品格之形成 ——金元文士雅集的典型解析	专著	牛贵琥
15	文学经典的核心价值究竟是什么? ——兼与聂珍钊先生商榷	论文	梁晓萍
16	"诗文道流"说的人文意蕴与儒学文论史价值	论文	郑 伟
17	晋语山蟹两摄的不平行演变研究	论文	王为民
18	山西民歌的文化地理透视	专著	陈 甜
19	塞外戏曲源流及中北路梆子史	专著	张林雨 张志永
20	清代华北乡村庙宇与社会组织	专著	姚春敏
21	清代关中土地问题初探	论文	胡英泽
22	苏联与朝鲜战争:以联合国为研究平台的考察	论文	宋晓芹
23	批判性立场和评鉴学术话语对比研究	专著	董 艳
24	Interpretations of formative assessment in the teaching of English at two Chinese universities: A sociocultural perspective	论文	陈秋仙
25	流动性过剩与全球失衡的世界经济冲击综合分析	论文	赵文生 刘树林

续　表

序　号	题　目	成果形式	作　者
26	技术引进对企业自主创新的影响分析	论文	肖黎明　袁　敏
27	马克思主义农业生态思想及其当代价值研究	专著	李繁荣
28	基于灰色关联的农村居民幸福感影响因素分析 ——以山西省所属11个地级市为例	论文	张晓林　靳共元　康　慧
29	技术进步视角下的土地流转研究	论文	郭卫东　关建勋　薛建良
30	怨恨的产生及其消解的教育之道	论文	张夏青
31	竞技体育场域下身体的社会化改造	论文	常乃军　赵　岷
32	社会网络对团队创造力的影响机理研究	专著	王艳子
33	创新型企业股权结构、债务结构与成长性的关系研究：理论分析与经验证据	专著	段伟宇
34	山西农产品物流的网络化机理与实现研究	专著	张宝建
35	基于学术网络的生物医学领域科研合作关系预测研究	论文	于　琦　龙　超　吕艳华等
36	当代中国公务员录用制度研究	专著	曹永胜

三等奖（59项）

序　号	题　目	成果形式	作　者
1	希腊化数学和应用数学领域理性精神的发展	论文	韩彩英
2	民生科技与中国梦的实现	论文	苏玉娟
3	易学自然观与佛学理法模式的构建 ——《地藏菩萨本愿经》中“二十八种利益”的内在逻辑	论文	辛　翀
4	社会主义核心价值观与中国软实力	专著	王月红
5	阶层分化与中国梦的实现	专著	张素梅
6	中国人为什么接受马克思主义：发生学的再思考	论文	尹占文
7	新型城镇化背景下的城市新移民社会权利保障	论文	苏　昕
8	中国传统法律解释的技术与意蕴	论文	王志林
9	气候变化背景下小水电法律问题研究	专著	秦建芝
10	中美税收犯罪比较研究	专著	刘　荣
11	“刻薄”“少恩”非商君	论文	申　巍
12	后现代主义对著作权法的冲击及理论新读	论文	任俊琳　王晓玲

续 表

序号	题目	成果形式	作者
13	山西流动人口发展现状、预测与管理创新研究	论文	安培培
14	山西省各级党组织密切党群关系的实践与思考	论文	常 瑞
15	数字图书馆跨媒体检索技术研究	论文	刘忠宝 贾君枝 赵文娟
16	岩山寺详释	专著	周宽怀(笔名:常乐)
17	走出写作障碍	专著	郑学诗
18	现实的坚守与焦虑:转型期山西文学研究	专著	阎秋霞
19	国内言据性研究:现状与展望	论文	杨林秀
20	山西新闻传播史	专著	王 醒
21	信息传播与历史建构:新闻媒介何以参与乡村土改——以晋冀鲁豫《人民日报》《新华日报》(太行版)为中心的考察	论文	马维强 邓宏琴
22	系统功能语言学与英语写作教学研究	专著	王学锋
23	晋东南晋语晋语知庄章组声母的读音类型及演变层次	论文	王 利
24	汉代边塞"主书"之吏与书体演变的相关因素 ——以敦煌、居延汉简为例	论文	冉令江
25	人物形象设计	专著	李鹏斌
26	新编油画教程	专著	武大明
27	山西民歌合唱钢琴伴奏的思考	论文	范晓荣 张瑞蓉
28	本土化视域下的口述历史理论研究	专著	李卫民
29	晋国通史	专著	李尚师
30	山西灾害史	专著	王建华
31	建构主义视阈下的翻译教学	论文	黄远鹏
32	英语学习动机的激发与培养策略 (Motivational Strategies in EFL Classrooms)	专著	孟 天
33	社会保障与山西社会经济发展	编著	申长平
34	资源型地区工业化与信息化融合方式探析	论文	刘 晔
35	推进生态庄园经济发展是现代农业的一种新模式	论文	唐秀平
36	煤炭企业绿色营销战略实施问题研究	论文	党 婧
37	利率与银行风险承担行为的实证分析	论文	李燕平
38	山西新型城镇化战略与对策研究	专著	牛剑国 郭文炯 安树伟等
39	完善财政扶持企业发展资金管理的思考	研究报告	郭 洁
40	太原经济笔谭	编著	吴国荣

续 表

序号	题目	成果形式	作者
41	课堂互动与青少年的创造性研究	专著	韩琴
42	青少年积极心理健康教育	专著	郭燕燕 渠改萍
43	基于能力培养的软件工程专业实践教学研究与探讨	论文	闫俊伢
44	混合式学习促进大学生批判性思维能力发展的实证研究	论文	吴彦茹
45	课程学习评价与不同学科本科生学习之间的关系	论文	郭芳芳 史静寰
46	女大学生体重知觉偏差及探因	论文	周璠 石岩
47	高考作文的个性化空间初探	论文	乔桂英
48	实践取向教师教育课程的具身认知价值及其实现	论文	刘丽红 卢红
49	校园文化对民办高校学生终身教育的影响	论文	牛三平
50	网络营销	编著	张卫东
51	旅游从业者对旅游环境认知水平的典范对应分析	论文	程占红 牛莉芹 王丽娟
52	我国基本医疗卫生服务均等化程度判别方法的建立	论文	闫凤茹 覃凯 陈显久等
53	个体自由与企业发展	专著	李安
54	创新型城市技术创新投资效率的测度方法研究：基于创新过程的视角	论文	寇明婷 陈凯华 高霞等
55	科技创新系统研究:基于资源型经济转型案例的探讨	专著	常涛 李志强 梁红岩等
56	技术创新网络中知识共享行为机理研究——基于知识权力非对称视角	论文	吉迎东 党兴华 弓志刚
57	城镇化水平与资源消耗关系探究	论文	王国惠 郭晓荣
58	思想政治教育公众参与研究	专著	吕艳华
59	再论“五四”到“五卅”期间的学生运动	论文	岳谦厚 贺福中

教　育
Education

教育管理

【教育概述】 2015年,山西省有各级各类学校1.59万所，在校生645.91万人。幼儿园6450所，在园幼儿98.29万人,专任教师48285人,学前三年毛入园率87%。小学6403所,专任教师17.30万人,在校生226.95万人,学龄儿童净入学率99.87%。初中阶段教育学校1895所，在校生数112.68万人,专任教师11.31万人。特殊教育学校64所，在校生9206人，专任教师1445人。高中阶段教育学校1047所,在校生126.68万人(普通高中505所,在校生79.38万人;中等职业教育学校542所，在校生47.30万人),高中阶段毛入学率93.4%。普通高等学校79所（独立学院计入校数。其中,本科院校23所,高职高专院校48所)，民办普通高等学校15所,成人高等学校12所。本专科在校生88.47万人,在学研究生28668人,高等教育毛入学率40%。（白云飞）

【教育改革深化】 2015年,山西省教育厅制订《山西省教育领域综合改革方案》,理清改革思路。制订《山西省深化考试招生制度综合改革实施方案（试行)》《山西省高等职业教育考试招生制度改革方案》《山西省普通高中学业水平考试实施办法》和《山西省普通高中学生综合素质评价实施办法》上报教育部审核。深化高校职称制度改革,增设高校科技成果转化应用类高级职称类型,向部分本科高校下放副教授评审权,向所有高职院校下放中级专业技术职务评审权。增设高校科技成果转化应用类高级职称类型。（白云飞）

【教育领域专项整治】 2015年,山西省教育厅开展招生入学、教师师德师风、学生奖助学金、教育乱收费、科研经费使用和学校工程建设6个问题专项整治。建立基础台账、月报、督办函制度和责任倒查机制，幼儿教育“入园难”、义务教育“择校热”和高中“抢生源”问题以及其他热点问题均得到缓解和遏制。年内成立4个督导组,督查指导所属高校和直属单位。

（白云飞）

【教师队伍建设】 2015年，山西省委、省政府将义务教育阶段学校校长、教师交流指标纳入对各级市政府目标责任考核体系。全省共交流校长1249人、教师14997人,分别占应交流人数的22.3%和13.8%。印发《山西省乡村教师支持计划实施办法》。招聘特岗教师1600名，全部补充到贫困县乡(镇)及以下中小学。落实312名山西生源国家免费师范毕业生就业岗位。组织评选出“山西省中小学教学名师培养计划”候选人80名、省学科带头人269名、省骨干教师685名。发放集中连片特困县乡村教师生活补助资金8768万元，涉及教师26448人。督促各地落实原民办代课教师教龄补贴，安排省级补助资金2121.71万元,涉及80993人。遴选19个国培项目县和33个能力提升工程项目县实施国培计划,共培训中小学幼儿园教师11.46万名。组织召开第20届晋绥儿女支持老区教育奖颁奖大会，山西共有44个县220名优秀教师获此殊荣。（白云飞）

【语言文字类活动】 2015年,山西省成功申报中国语言资源保护工程研究项目，太原市小店区等10个县区方言调查工作于年底通过教育部专家组验收。编制《山西省乡镇(街道)语言文字规范化工作评估指标体系(试行)》,晋中、晋城、阳泉等城市启动乡镇评估工作。9月,联合省书协举办首届中小学书法教师培训班。组织参加第三届全国汉字听写大会总决赛,运城东康中学的秦烨培、聂睿龙、宋俊达3名同学进入全国12强。

（白云飞）

【学校体育管理】 2015年,山西省举办青少年校园足球联赛,10个市、21所学校的71支队伍参赛。举办大中学生田径运动会,共有62支代表队、1370名队员参赛。举办全省大中小学生篮球、排球等十余项赛事。成立山西省青少年校园足球工作领导小组。太原市迎泽区双塔北路小学等349所学校被教育部评为全国青少年校园足球特色学校,孝义市被列为全国校园足球试点县。太原市被列为全国聘用外籍足球教师试点城市,5名外

2015 年 10 月 30 日，山西省委副书记楼阳生（前右二）到山西农业大学调研

（省教育厅供图）

籍足球教师在太原市中小学从事足球教学一年，派出 10 名足球教练员赴法国留学 3 个月。（白云飞）

【卫生管理】 2015 年，山西省下发通知，督促各级各类学校、托幼机构加强卫生防疫、食品安全及健康教育工作，严格落实疫情报告制度。4 月，开展学校预防艾滋病教育终期评估；12 月，召开全省学校预防艾滋病健康教育工作推进会，举办中学生预防艾滋病生活技能教育师资培训班。建立高校餐饮行业准入管理制度，形成合理的价格动态调整机制。（白云飞）

【学校艺术教育】 2015 年，山西省召开全省学校艺术教育工作会议。2 月，组织高校参加全国第四届大学生艺术展演系列活动，省教育厅获得“优秀组织奖”，山西大学、太原理工大学、山西财经大学和长治医学院获得“校长杯”，艺术表演节目获一等奖 1 个、二等奖 4 个、三等奖 15 个，艺术作品获得一等奖 2 个、二等奖 3 个、三等奖 15 个。组织高雅艺术进校园和专家讲学活动，中央民族乐团、山西省歌舞剧院等 10 余所国家和省内院团在 70 余所高校举办专场演出。组织全省第五届中小学生艺术展演活动。（白云飞）

【学校国防教育】 2015 年，山西省教育厅与省军区司令部联合召开驻晋部队和高校学生军训工作联席会议，落实 36 所高校军事技能训练帮训部队。6 月至 8 月，会同省国防教育工作办公室组织开展第二届“百场国防教育宣讲进高校”活动和中小学生国防教育系列竞赛。将消防教育纳入军训工作，启动普通高校和高中学生军训工作评估，9 月底完成第一批 18 所本科院校评估。组织参加教育部举办的首届军事训练营军事课教师军事教学展示，共获得一等奖 1 名，二等奖 3 名，三等奖 8 名。（白云飞）

【学校安全稳定】 2015 年，山西省落实维护高校政治安全责任，加强重要保障期和敏感期的形势研判与专题调研工作，应对和果断处置突发事端。省教育厅连续八年被省政府评为安全生产工作先进单位，在全国学校及周边综合治理考评中名列第 5 位。高校新校区建筑单体全部通过消防验收。开展 4 次全省学校安全工作大检查，加强高校安全能力“七化”建设和中小学安全能力“三化三建设”，深化平安校园创建活动。（白云飞）

【家庭经济困难学生资助政策落实】 2015 年，山西省发放生源地信用助学贷款 18.17 亿元，较上年增长 25%，受益学生 30.05 万人次。生源地和校园地助学贷款回收率分别达 98.75%和 93.73%，教育部、财政部下达奖补专项资金 2300 万元。为年内考取大学的家庭贫困新生发放路费和临时生活补助费 324.1 万元，受助学生 4618 名。发放中职国家助学金 9307.67 万元，惠及贫困学生 54751 人。发放普通高中国家助学金 3.31 亿元，惠及贫困学生 16.56 万人。开展中等职业教育免学费和国家助学金政策专项检查，对违规发放助学金的繁峙县综合职业学校进行严肃处理。落实中央彩票公益金“滋蕙计划”，在 409 所普通高中学校资助学生 10400 人，资助金额达 2080 万元。下达学前教育资助资金 8272.84 万元，资助幼儿 8.2 万名。为 2813 名应征入伍服义务兵役的大学生补偿学费代偿贷款 3092.24 万元，为 223 名退役士兵提供学费资助 117.13 万元。（白云飞）

【教育法制宣传】 2015 年，山西省召开全省高校章程工作推进培训会。5 月，组织教育厅机关干部、直属单位党政领导到晋中市检察院预防职务犯罪警示教育基地参观学习。8 月，开展以“深入推进依法行政，努力创优发展环境，深入推进六权治本，加快依法治教进程”为主题的依法行政宣传月活动。9 月，组织厅机关和厅直属单位副处级以上干部学习省纪委编写的《党的十八大以来省纪委查处的严重违法违纪领导干部忏悔录汇编》。10 月，邀请省纪委原常务副书记、省人大常委会人事代表工作委员会主任、省委巡视组组长刘巩到教育厅机关作关于《中国共产党巡视工作条例》专题宣讲。12 月 4 日，组织第 2 个国家宪法日暨第 15 个全国法制宣传日系列活动。（白云飞）

【教育督导】 2015 年，山西省 9 个县级职教中心和 14 个县级教研室通过省级督导评估验收。遴选出 2014 年度山西省中小学校素质教育示范学校 127 所。6 月，开展首次义务教育质

量监测，对10个县（市、区）四年级和八年级学生数学学业质量、体育与健康状况等指标进行监测，教育厅被教育部基础教育质量监测中心评为“省级优秀组织单位”，盐湖区、五台县、洪洞县、孝义市、杏花岭区五县（市、区）被评为“县级优秀组织单位”。6月，对21个农村义务教育学生营养改善计划国家试点县进行专项督导。9月，委托省教育科学研究院对全省23所本科高校信息公开执行情况进行专项督查。10月，对各地各校落实国家和山西省重大规划和决策部署情况进行督查，对全省公办体育运动学校运动员文化教育工作进行专项督导。（白云飞）

【毕业生就业创业】 2015年，山西省举办大中型校园招聘会127场，参会单位7927家，提供岗位信息17.3万余个；举办专场招聘活动2106场，参会单位3067家，提供岗位6.7万余个。协调省农村信用社确定12所高校作为员工招聘合作院校，招聘毕业生2200人。配合省军区在太原市、晋中市组织开展征兵试点工作。启动“山西省大学生征兵宣传”活动，邀请航天员刘旺、景海鹏分享航天故事。44所高校成立大学生创业定点培训机构，举办培训班254个，培训学生15066人次。举办“全省高校大学生创业典型事迹报告会”和第二届“晋商杯”创业大赛，提高学生创业能力。对就业困难毕业生开展针对性援助活动，5500名低保家庭毕业生申请到一次性1000元的求职补贴。（白云飞）

【教育援疆】 2015年，山西省编制《山西省对口支援第六师五家渠市和阜康市教育发展专项规划（2016—2020年）》。阜康市第四中学扩建项目等5个项目全部建成投入使用。选派第二批援疆教师11人承担支教任务。组织山西省内33所学校开展“一对一”结对子、“手拉手活动”。山西省康乐幼儿园、省委机关幼儿园等优质学校承担30名五家渠市幼儿园园长培训任务。组织建筑工程造价、汽修等专业教师对口支援五家渠市职业技术学校。（白云飞）

【教育国际交流合作】 2015年，山西省恢复实施国家公派出国留学“地方合作项目”，选派48名高级研究学者、访问学者赴国外研修。设立来晋留学政府奖学金，填补山西省没有专项留学生奖学金的空白。山西大学附属中学等5所中小学成为接收外籍人员子女入学单位。与省公安厅、工商局联合印发《山西省自费出国留学中介资格认定与监管办法》。省教育厅及部分高校与美国爱达荷州、西弗吉尼亚州教育委员会及所在地高校签署教育合作备忘录和青少年交流协议。8所中小学成为“千校携手”项目学校。2所小学和1所初中与港澳中小学结为姊妹学校，实现山西省与港澳地区姊妹学校零突破。（白云飞）

【教育扶贫】 2015年，山西省教育厅8个厅党组成员包扶8个方山县贫困村，党员干部帮扶贫困户805户，做到贫困户帮扶全覆盖。投资40万元对积翠乡示范小学进行维修改造；捐赠价值30余万元器材对孔家庄幼儿园进行重新规划及教师培训；帮助8个贫困村设计宣传网站。推进“农校对接”工作，将晋中市榆社县列为省属高校肉、蛋、菜集中规模定点采购县。按照省委组织部要求，选派6名优秀年轻干部到贫困村任村第一书记，实现帮扶工作常态化。（白云飞）

基础教育

【学前教育】 2015年，山西省新建、改扩建公办标准化幼儿园204所，改造农村幼儿园312所。取缔543所无证幼儿园，为351所符合基本办园条件的无证幼儿园颁发办园许可证。190余所优质幼儿园帮扶薄弱园600多所。（白云飞）

【义务教育】 2015年，山西省教育厅指导督促太原市杏花岭区、小店区、尖草坪区、万柏林区、古交市，大同市左云县，阳泉市城区、平定县，长治市城区、襄垣县、沁源县，晋城市泽州县，朔州市右玉县，晋中市和顺县、昔阳县、祁县、平遥县，运城市万荣县、绛县、平陆县、芮城县，忻州市岢岚县、保德县，临汾市霍州市、翼城县、古县、吉县，吕梁市离石区、汾阳市、交城县等30个县（市、区）通过国家义务教育均衡发展督导评估认定。晋中市入选“全国义务教育均衡发展优秀工作案例”。提请山西省人民政府印发《山西省全面改善贫困地区义务

“支撑中国制造 成就出彩人生”山西省首届职业教育活动周启动仪式在山西省好艺中专学校举行

（省教育厅供图）

教育薄弱学校基本办学条件项目规划(2014—2018年)》，向项目县下达中央和省级专项支持资金13.2亿元，各地共开工2070所项目学校，校舍建筑面积达89.65万平方米；竣工1736所项目学校，校舍建筑面积达70.38万平方米。对21个县义务教育学校标准化建设工作开展省级督查。指导各地开展联盟校、学区化、对口帮扶等办学模式改革。支持40个县开展农村义务教育学生营养改善计划地方试点。 （白云飞）

【普通高中教育】 2015年，山西省教育厅完成110所省级示范高中办学条件专项复评。启动普通高中学校办学条件标准化建设工作。普通高中助学金资助标准提高到2000元。 （白云飞）

【特殊教育】 2015年，山西省教育厅制订《特殊教育学校办学基本标准(试行)》，安排500万元支持特教学校改善办学条件。完成30万人口以上县特教学校建设任务。特殊教育学校生均公用经费标准提高到每生每年5000元。完成所有特教学校校长、教师轮训任务。指导各市在市级特教学校增设职业高中部(班)，加强中职学校特殊教育专业和课程建设，发展高中阶段残疾学生随班就读。 （白云飞）

【中小学德育和心理健康教育】 2015年，山西省教育厅印发实施《培育和践行社会主义核心价值观进一步加强中小学德育工作的实施方案》，深化"中国梦"主题宣传教育，推进核心价值观进校园、进课堂、进头脑。组织开展"墨香书法"展示和"千校书香"阅读等活动，推进中华优秀传统文化进校园。在太行八路军纪念馆建立"大中小学生爱国主义教育基地"，引领深入纪念抗战胜利暨反法西斯胜利70周年活动。与中科院合作开展科普实践教育系列活动。修订县级青少年校外活动中心评价办法，组织开展年度质量等级评估工作。阳泉市郊区档案馆被命名为全国中小学档案教育综合实践基地，确定吕梁市档案局为省级中小学档案教育实践基地、柳林县昌盛农场有限公司为省级环保教育综合实践基地。遴选出30所省级心理健康教育特色示范校，其中8所被评为全国心理健康教育特色示范校。 （白云飞）

高等教育

【招生规模扩大】 2015年，山西省研究生和普通本、专科招生计划分别比上年增加156人和4686人。高职学校通过分类考试录取的学生比例达31%。专升本和对口升学本科招生计划分别比上年增加940人和750人。扩大贫困地区专项招生计划实施区域和招生规模，安排本科招生计划747人，比上年增加127人。 （白云飞）

【高等学校布局调整】 2015年，山西省教育厅山西能源学院、山西警察学院通过全国高等学校设置评议委员会六届五次会议评审，山西中医学院更名山西中医药大学筹备工作取得进展。省政府与国家中医药管理局签署共建山西中医学院协议。 （白云飞）

【高校校长负责制】 2015年，山西省教育厅召开全省高校党建工作会议，提请省委办公厅印发《山西省贯彻执行普通高等学校党委领导下的校长负责制的实施办法(试行)》，推动实施高校领导班子任期制、常委制。对省委安排的甄别处理一批、调整退出一批和掌握使用一批干部工作进行安排部署。与省委组织部联合印发《山西省高等学校发展学生党员工作实施细则》。配合省委统战部召开部分省属本科院校统战部长座谈会，举办"第一届归国留学人员乒乓球友谊赛"，同时推荐19名优秀中青年党外干部。 （白云飞）

【宣传思想工作进校园】 2015年，山西省教育厅提请省委办公厅、省政府办公厅印发《关于进一步加强和改进新形势下高校宣传思想工作的实施意见》。与人民网合作开展"社会主义核心价值观进校园"系列宣传活动。3所学校思想主题教育网站入选"全国高校百佳网站"。协调北京大学、复旦大学、全国宣传干部学院、延安干部培训学院成为山西省宣传思想骨干研修基地，争取202万元经费举办5期宣传思想骨干培训班，共培训骨干800余人。研发"山西省高校辅导员信息管理系统"，建立辅导员数据库。建立省委、省政府领导联系高校和上讲台开展思想政治教育工作机制。实施思政课集体备课制度。 （白云飞）

山西省教育厅举办第十四届山西省高校思政部主任论坛暨《形势与政策》课程培训班 （省教育厅供图）

【重点学科建设】 2015年，山西省教

育厅遴选支持建设11个省级重点学科、34个优势和特色重点学科。委托第三方对141个建设期满的省级重点学科、重点建设学科和重点扶持学科进行发展性评估。评选抽检优秀研究生学位论文，对优秀论文导师和作者进行奖励，对问题论文进行问责处理，国务院学位委员会抽检出的问题论文除问责外一并责令"召回"。

（白云飞）

【优势专业建设】 2015年，山西省新增47个本科专业，其中批准太原理工大学、中北大学、太原科技大学设置3个新能源汽车专业方向，山西工程技术学院设置1个煤层气专业方向，山西农业大学设置1个服务外包专业方向。撤销3个本科专业和28个专业方向。对本科高校法学和计算机科学与技术本科专业进行评估，评审出优秀专业8个，良好专业10个，合格专业16个，不合格专业5个。

（白云飞）

【高等教育质量工程】 2015年，山西省山西中医学院获批成为教育部和国家中医药管理局卓越医生（中医）教育培养计划改革试点高校，该院中医学专业被确定为五年制本科人才培养模式改革试点项目。两门课程入选国家精品视频公开课程，获批国家级实验教学中心3个、国家级大学生创新创业训练项目124个。评选出省级质量水平提升工程特色专业21个、教学改革项目154项、大学生创新创业训练计划项目557项。完成5名高校教师与6名新闻从业人员以及4名高校教师与3名政法部门人员互聘工作。（白云飞）

【高层次人才建设】 2015年，山西省修订《山西省"三晋学者"特聘教授（专家）支持计划实施办法》，增加"青年三晋学者"层次。遴选出省级优秀创新团队1个，"三晋学者"特聘教授1人，中青年拔尖创新人才12人，优秀青年学术带头人38人，高校"131领军人才"247人。（白云飞）

【高校科技创新】 2015年，山西省遴选出首批14个省级协同创新中心，其中A类2个，分别是山西大学极端光学协同创新中心、太原科技大学太原重型机械装备协同创新中心；B类12个，分别是山西大学大数据挖掘与智能技术协同创新中心、山西农业大学黄土高原食用菌提质增效协同创新中心、太原理工大学高端煤矿机械设备协同创新中心、山西大学低附加煤基资源高值利用协同创新中心、山西医科大学分子影像精准诊疗协同创新中心、山西中医学院黄芪资源产业化及产业国际化协同创新中心、山西农业大学山西优势肉用家畜高效安全生产协同创新中心、中北大学高性能铝/镁合金材料开发及应用协同创新中心、太原理工大学新型光电薄膜材料及器件协同创新中心、山西财经大学资源型经济转型协同创新中心、太原师范学院山西省城乡统筹协同创新中心、山西师范大学山西基础教育质量提升协同创新中心。遴选支持山西省高校科技创新项目101项、人文社科重点研究基地项目38项，哲学社会科学研究一般项目98项。全省高校共承担国家自然科学基金341项，占全省项目总数的91.67%，连续3年保持增长；承担社会科学基金37项，占全省总数的95%。（白云飞）

2015年9月14日，首届山西省"互联网+"大学生创新创业大赛暨首届中国"互联网+"大学生创新创业大赛山西选拔赛在太原理工大学举行（省教育厅供图）

【高校科技创新行动计划推进】 2015年，山西省贯彻落实全省科技创新推进大会精神，形成《高校科技创新专题调研报告》，启动"推进高校科技创新行动计划"，制订加强人才建设、学科建设等9大类政策措施。（白云飞）

【高校重大成果奖励】 2015年，山西省高校共获得2015年度山西省科学技术进步奖28项，其中一等奖3项，二等奖18项，三等奖7项。太原理工大学的"多孔介质固流热传质耦合作用的物性规律与控制方程研究"项目和山西医科大学的"阿尔茨海默病淀粉样β蛋白的神经毒机制及其神经保护作用研究"项目获自然科学类一等奖；山西农业大学的"旱地小麦蓄水保墒增产技术与配套农业机械的研发应用"项目获科技进步类一等奖。高校共获得教育部高等学校科学研究优秀成果奖科学技术类二等奖1项，人文社科类三等奖6项。

（白云飞）

【高校信息化建设】 2015年，山西省高校"智慧校园"建设、"三平台一标准"数字化校园技术方案部署进展顺利，"一卡通"式数据自动采集系统得到应用。举办"山西教育科研计算机网和高校信息化建设会议""山西省

高校信息化建设学术论坛”“高校数据中心机房规划与建设培训班”。（白云飞）

【学位与研究生教育】 2015年，山西省加强研究生联合培养基地建设管理。遴选出121项研究生创新项目，59项研究生教育改革研究课题。建立学位与研究生教育质量年度报告制度。配套支持山西大学、太原理工大学和山西医科大学3个教育部研究生课程建设试点建设，设立14个省级课程改革试点项目。增列山西工商学院为学士学位授予单位，太原理工大学勘查技术与工程等33个本科专业为学士学位授予专业，山西大学商务学院网络工程等19个本科专业为暂行学士学位授予专业。（白云飞）

【创新人才培养】 2015年，山西省遴选出4所高校的5个团队参加中国首届“互联网+”大学生创新创业大赛，获银奖两项、铜奖三项。中北大学代表队获美国大学生数学建模竞赛一等奖1项，二等奖8项。太原理工大学和吕梁学院机器人团队在国际水中机器人大赛中获一等奖4项，二等奖5项；在中国机器人大赛暨ROBOCUP公开赛中获一等奖2项，二等奖5项。太原理工大学举办2015 ASC世界大学生超级计算机竞赛总决赛，太原理工大学超算团队夺得一等奖2项。（白云飞）

【高校教师教育联盟】 2015年，山西省召开“山西高校教师教育联盟”第一次工作会议，推选山西大同大学为第二任轮值主席单位。（白云飞）

【国家大学科技园】 2015年，山西省中北大学国家大学科技园与太原高新区签署战略合作框架协议。中北主园区新增5家企业，企业数量达72家，其中孵化企业43家。（白云飞）

职业教育和继续教育

【首届职业教育活动周展开】 2015年5月11日，山西省首届“职业教育活动周”启动，通过开放校园、文化展示、便民服务等形式，展示职业院校校园文化、育人过程和教育成果。《山西省教育厅致全省2015届初中毕业生及家长的一封公开信》发表在《山西日报》上，得到社会广泛关注。（白云飞）

【全省职业教育工作会议召开】 2015年7月29日，山西省政府召开全省职业教育工作会议，省长李小鹏出席会议。省政府印发《山西省人民政府关于贯彻落实〈国务院关于加快发展现代职业教育的决定〉的实施意见》，省政府办公厅印发《职业教育校企合作促进办法》《关于加强职业教育实训基地建设的意见》《关于加强职业院校“双师型”教师队伍建设的意见》等配套文件，省教育厅、省发改委等六部门联合印发《山西省现代职业教育体系建设规划(2015–2020年)》。省政府办公厅印发《关于加快发展现代职业教育重点任务分工的通知》，明确工作分工。（白云飞）

【职业教育基础能力建设】 2015年，山西省9个县级职教中心、6所省级示范性高职院校建设项目通过省级验收。304个实训基地项目、255个重点专业项目列入项目储备库，支持建设131个省级实训基地和96个重点(特色)专业。（白云飞）

【职业学校管理】 2015年，山西省分别有36所、100所、138所、64所和19所中职学校被认定为管理五、四、三、二和一星级学校。清查378所中职学校办学资质，其中328所学校通过检查，42所需限期整改，8所被取消办学资质。撤销山西经贸职业学院法律事务专业等102个专业点，新增无人机应用技术、云计算技术与应用等61个新专业点。（白云飞）

【“百校千企”工程】 2015年，山西省教育厅印发《山西省教育厅关于进一步深入实施职业教育“百校千企”工程的通知》，遴选106所骨干职业院校与1082家大中型企业作为“百校千企”工程实施单位。（白云飞）

【高职院校人才培养水平评估】 2015年，山西省教育厅完成48所独立设置的高职高专院校人才培养工作水平评估，为加快现代职业教育体系建设提供决策依据。（白云飞）

【成人高等教育】 2015年，山西省教育厅对170个备案函授站进行年检，其中合格141个，不合格29个。新增函授站1个，专业8个。成人高等学历教育网络辅助教学平台共提供16门课程、446个课件，注册学生用户7.5万余人，访问量超过324万人次。成人高等学历教育新生学籍注册36062人，毕业证书即时电子注册64573人。（白云飞）

【民办教育】 2015年，山西省教育厅批准成立民办学校1所，变更举办者3所，终止办学2所。对省属民办学校进行2014年度年检，合格41所。（白云飞）

【农民和职工技术培训】 2015年，山西省完成农村实用技术培训346万人次，其中妇女培训127万人次，残疾人培训8.8万人次。长治市沁源县、临汾市襄汾县被列入第二批国家级农村职业教育和成人教育示范县创建入围名单。全省完成职工继续教育15452人次，其中煤炭产业人才培训14467人次。（白云飞）

【社区教育】 2015年，山西省完成社区教育培训959万人次，其中新市民培训183万人次，就业创业培训242万人次，妇女培训305万人次。创建学习型街道、居委会、社区6052个。遴选推荐晋中市左权县参评山西省全国社区教育实验区。5人入围全国百名“百姓学习之星”，其中牛国栋被评为12位事迹特别感人的“百姓学习之星”。（白云飞）

新闻出版

【概述】　截至2015年底，山西省有大型新闻出版集团组织8家，包括山西日报报业集团、山西出版传媒集团两大龙头集团，山西新华书店集团以及非时政类报刊改革中组建成立的5大报刊传媒集团；图书出版社8家（其中副牌社1家），音像（电子）出版社3家，报纸出版单位77家，期刊出版单位200家，获得互联网出版资质单位22家；全省有新闻出版单位6500余家，从业人员6.5万人。2015年，山西省全面开展新闻单位驻地方机构清理整顿工作，取得显著成效。中央驻晋新闻单位共涉及87家，保留54家、撤销20家、合并1家、整改12家；省级新闻单位驻地方机构涉及112家，保留48家，撤销2家，合并20家，暂时保留42家。2015年，全省新闻出版业总资产214.05亿元，主营业务收入185.41亿元，同比"十一五"末分别增长78.48%、90.07%。

（丁耿彪）

【图书出版】　2015年，山西省出版图书4288种，总印数1.06亿册（张），总印张9.39亿印张，定价总额17.4亿元。

2015年，山西省实施晋版精品战略，推出一批优秀出版物，《少年的荣耀》《"中国模式"经济发展论》获国家级出版奖项。《山西文华》大型丛书编纂出版工程经省政府同意启动实施，一期首批成书于9月25日全国书博会期间举行首发式，山西省领导和总局领导向国家图书馆、山西省档案馆、山西大学图书馆、太原理工大学图书馆等单位进行赠书。

山西主要出版社有山西人民出版社、山西教育出版社、希望出版社、北岳文艺出版社、山西科学技术出版社、山西经济出版社、三晋出版社、山西春秋电子音像出版社8个出版社。

（丁耿彪）

【期刊出版】　2015年，山西省各类公开发行期刊共有200种，期刊主营收入1.39亿元，实现利润总额1076万元。全省年出版期刊0.27亿份，总印张1.72亿印张，定价总额2.92亿元。

山西省学术期刊列入南京大学"中文社会科学引文索引"（CSSCI）来源期刊7种，列入北京大学中文核心期刊目录24种；《编辑之友》《新型炭材料》等10余种期刊获全国百强科技期刊、中国出版政府奖期刊提名奖、中国最具国际影响力学术期刊、中国国际影响力优秀学术期刊称号。

（丁耿彪）

【报纸业】　截至2015年底，山西省共有报纸77种。其中省级及地市党报12种，行业专业报含人大、政协、工青妇报纸26种，晚报都市类报纸8种，生活服务类4种，其他27种。2015年，山西77种报纸主营收入86242万元，实现利润总额6154万元。全省年出版报纸19.76亿份，总印张23.54亿张，定价总额18.32亿元。

《山西日报》《英语周报》《小学生

2015年9月25日，第二十五届全国图书交易博览会在太原开幕（张　茂供图）

拼音报》列全国“百强报纸”；山西省8种教辅类报纸整体出版质量位列全国前茅，“中国第一教辅报刊群”领先地位巩固。（丁耿彪）

【印刷复制】 2015年，山西省共有印刷复制企业1500余家（不含打字复印店），印刷复制业实现营业利润2.5亿元。截至2015年底，全省年产值超1000万元、技术含量高、产品结构合理、有特色的印刷企业85家，其中产值上亿元企业9家；产值在5000万元以上企业19家。太原经济技术开发区、稷山县、运城经济技术开发区三地的印刷功能园区年产值分别达到6亿元、5亿元、3亿元；包装装潢印刷业总产出突破20亿元。

（丁耿彪）

【出版物发行】 2015年，山西省出版物发行业实现主营业务收入90亿元，利润总额2.6亿元。全省共建农家书屋28339家，覆盖全省所有行政村。以省会太原为龙头，以中心城市大型书店为中心，以区县、乡镇、社区网点为依托，各类连锁书店、专业书店、社区书店、书报亭和“农家书屋”“职工书屋”齐头并进，网点设置合理、类型齐全、总量适度、结构优化的出版物发行网络初步形成。

截至2015年底，山西省拥有互联网出版单位22家。另据不完全统计，全省100余家书报刊出版单位拥有自己的网站。《八路军》等优秀音像电子出版物屡获国家级出版奖项，语文报社有限责任公司、新课程杂志社有限责任公司入选全国数字出版转型示范单位。语文报社全球汉语教育全媒体平台、英语周报全媒体数字平台、“健康中国”网络信息平台等项目的建设运营，为开发山西出版内容资源提供信息服务和技术支撑。

（丁耿彪）

【版权管理】 2015年，山西省新闻出版广电局加强版权行政执法和市场监管，查办各类侵权盗版案件47起，查处网络侵权盗版案件4起。注重将查办案件与宣传教育有机结合，围绕“保护·运用·发展”宣传主题，全省大范围、多角度、创新性地开展版权宣传活动。

政府机关使用正版软件工作长效机制建设加强，按照国家版权局部署，下发《山西省2015年推进使用正版软件工作实施方案》，要求巩固政府机关使用正版软件工作成果。推进省属国有企业和全省银行系统、民营企业使用正版软件工作，与省国资委、银监局共同组织召开国有企业系统、银行系统企业软件正版化工作协调会，下发工作通知，各项工作推进。

完善版权服务体系。2015年，山西省全年完成作品版权登记122件，完成版权贸易合同备案43件。授权省影视集团开展版权登记代理业务，答复著作权方面社会咨询近200余人次。（丁耿彪）

【第二十五届全国图书交易博览会】 2015年9月25日至27日，由国家新闻出版广电总局和山西省人民政府主办的第二十五届全国图书交易博览会，在太原主会场和大同、长治、运城三市分会场举办。该届书博会历时3天，展出面积6.2万平方米，展位2300个，参会代表约1.3万人，展出各类图书26.54万种、92.88万册。太原主会场参观总人流达29.1万人次；出版物交易额30.16亿码洋，举办活动175项281场。分会场举办各类活动15场，观展群众达7.28万人。王蒙、梁衡、刘慈欣、奈斯比特夫妇等120余位文化名人、作家、学者通过读者大会、红沙发访谈、名家说晋等人文活动与观众见面互动，传播全民阅读理念。（丁耿彪）

【出版物扫黄打非】 2015年，山西省新闻出版广电局组织侵权盗版及非法出版物集中销毁活动，销毁各类盗版音像制品、电子出版物及非法图书报刊29.6万余件。加大出版物市场集中整治，收缴违法出版物467418册（盘），其中非法出版物52108册，违禁出版物21473册，侵权盗版出版物393837册；删除屏蔽有害信息9282条。加强案件线索核查和案件督导查办工作，核查全国扫黄办转办和群众举报重要线索26条，查办重要案件81起。（丁耿彪）

·出版传媒集团·

【概述】 2015年，山西出版传媒集团坚持稳中求进、提质增效的发展方向，各项工作取得新进展，完成预定的各项工作任务。2015年，山西出版传媒集团共实现营业总收入107亿元，利润总额同口径实现3.4亿元。全年共出版各类出版物4929种，新出图书2710种。多种图书获各级奖励。其中，希望社《29幅年画》《花瓣狗》《等你来》入选总局向全国青少年推荐百种优秀图书书目，《少年的荣耀》获中国图书评论学会评出的“年度中国好书”奖，《人间城郭》入选首届向全国推荐中华优秀传统文化普及图书书目。人民社《海外稀见抗战图集》《国家记忆》入选总局抗战主题图书推荐目录，《叶：百年动荡中的一个中国家庭》获得第十届文津图书奖。三晋社《中国明清俗戏辑考》《文潞公诗校注》《香学汇典》分别获优秀古籍图书一等奖、二等奖。教育社、希望社在“百社千校”阅读活动中表现突出，被总局表扬。人印公司印制的产品获第五届中华印制大奖2银1铜。《编辑之友》《小学生拼音报》被总局评为“百强报刊”，《学习报》入选“中国品牌媒体百强之专业报品牌10强”。《新课程》杂志社被评为国家数字复合出版系统工程应用试点单位。春秋社被总局评为数字出版转型示范单位。集团网站连续六年获全国新闻出版业“优秀品牌营销平台”称号。在第五届“韬奋杯”全国青年编校大赛上，集团获团体三等奖，集团有两位员工分别获编辑和校对个人优秀奖。

（张　茂）

【市场影响】 2015年，山西出版传媒集团有50余种次图书登上各类排行榜。其中，《共赴国难》《绥远1936》《形意拳四象五行精义》《小城流年》等图书登上《中国新闻出版报》《中国出版传媒商报》、中国图书评论学会及开卷数据、当当网、百道网等评出的“好书榜”，市场地位巩固。在版权贸易方面，集团有《中华佛教史》《不必读书目》《中医临床辨惑》《新供给经济学》等43种图书实现版权输出，输出产品覆盖所有图书出版社。科技社继续保持版权输出第一的地位，经济社首次将图书版权输出至欧美国家。各社引进《波浪原理高级教程》《中国记忆》《大制药时代》等24种图书版权，丰富晋版图书品种。集团首次被商务部认定为国家文化出口重点企业。

（张　茂）

【产品线建设】 2015年，山西出版传媒集团打造五条产品线，以项目带动为抓手开展工作。围绕教育产品线，教育社推进项目学习实验教材和新生命教育教材的研发工作，其“项目化学习”实验教材中的部分核心理念，得到教育部学科专家的高度认同，收入《高中语文课程标准(征求意见稿)》中；人民社的国标教材《书法练习指导》被十余个省市选用，拓展书法教材市场。围绕社科人文产品线，各社发挥特色优势，出版《新供给经济学》《范仲淹与庆历新政》《住在民国》《囚居系列》《何泽慧传》等图书。围绕少儿产品线，希望社重点打造“点点”科幻系列、“太阳城”中国原创儿童文学书系、“中国风”儿童文学名作绘本书系等项目，巩固科普、低幼、儿童文学等领域的优势。围绕文学和生活产品线，北岳社、人民社出版《共赴国难》《读信札记》《六福客栈》《清明无战事》等文学类图书，科技社出版《季秦安手诊手疗》《自然生态图鉴》等中医科技类图书。围绕地方文化产品线，各社出版《山药蛋派经典文库》《山西省非物质文化遗产名录图典》《山西中路梆子传统剧本集》《山西故事丛书》等图书，集团的出版品牌日益丰富。

（张　茂）

山西出版传媒集团举办“中国风节日绘本”新书首发仪式　（张　茂供图）

【产业拓展】 2015年，山西出版传媒集团各社增强宣传营销能力，希望社开展阅读营销活动100多场，带动图书销售30万册；教育社参与中国教育三十人论坛，聚集一批高水平作者队伍；经济社在北京召开的《新供给经济学》研讨会，产生很好的社会影响；北岳社在永和召开的《共赴国难》研讨会，吸引众多学者和专家的关注；春秋社在教材中心协调下开发的书配盘，发行量较上年增加330万盘。各出版社的网络销售渠道获得拓展，教育社、科技社、希望社天猫旗舰店运营良好，年销售收入稳中有升。发行环节上，新华书店集团持续推进“美丽书店”建设，拓展发行网点，投入运营校园书店178家。山西图书大厦经过改造提升，成为省城文化新地标；太原新华书店“来读书吧·网上书城”正式上线，实现线上线下营销互动。供应、印刷环节上，物资公司发挥品牌优势，加强与飓风网的合作，拓宽销售渠道。人印公司获得“甲级国家秘密载体印制资质”，成为全国15家拥有该资质的单位之一。纸张公司强化风险管控，新华印业、美术印务两公司减员增效初见成果。教材中心克服困难，发挥协调组织职能，保证两教“课前到书”；强化与外版教材的合作，巩固两教市场，确保集团的核心收益。

（张　茂）

【文化活动】 2015年，第二届山西文博会和第二十五届全国书博会先后在太原召开。山西出版传媒集团通过丰富的图书展示、精彩的现场活动、有力的形象宣传，展出特色、展出亮点、展出水平，既为“文化山西”建设做出贡献，也提升集团的形象和地位。全国书博会期间，集团借此盛会，展出图书2400余种，1.1万余册，组织活动近30场，现场订货量突破5900万元，接待各类媒体近40家。各社策划的主题出版物如北岳社《共赴国难》，教育社《绥远1936》，人民社《海外稀见抗战图集》等图书，广受关注。邀请梁衡、朱永新、奈斯比特夫妇等一批文化名人到场；书店集团承担书博会零售、馆配、物流等6项任务，现场展出“晋韵华彩”等多元项目；报刊集团对书博会多方报道。在书博会上，当代山西最重要的文化积累工程——《山西文华》首期27种133册图书精彩亮相，得到省领导、总局领导的赞扬。

（张　茂）

【经营管理】 2015年，山西出版传媒集团提升科学管理水平。完善制度体系，制定《党委会、董事会、经理层职责规定和议事制度》《关于对“一把手”进行管理监督的规定》《集团资金理财管理办法》等21项制度，使集团的管理更加科学规范。推动重大信息公开，在集团网站开辟专栏，定时公开集团和各单位经营、财务等重大信息，增加透明度，提升管理水平。抓好四项安全，强化内部审计，规范财务工作，开展安全大检查，营造安全稳定的发展环境。在集团的推进下，多数成员单位在薪酬改革方面迈出实质性步伐，书店集团、人印公司、北岳社探索定岗定薪、能上能下的企业化薪酬分配方式，取得成效。物资公司率先实行"全员下岗，竞聘上岗"，激发人才活力。科技社、春秋社注重对青年员工的培养使用，为青年人才成长进步搭建平台。报刊集团加大资源整合力度，集团化经营水平提高。

（张　茂）

【社会责任】 2015年，山西出版传媒集团开展"滴水"助学活动，向44名困难职工子女发放助学金16万余元。开展文化下乡，实施精准扶贫，展现集团的社会责任和企业担当。

（张　茂）

【晋版品牌获殊荣】 2015年，山西出版传媒集团经济社《"中国模式"经济发展论》、教育社《中国古代手工业工程技术史》、科技社《最新中药材真伪图鉴》、希望社《中国风·儿童文学名作绘本书系》4种图书获第五届中华优秀出版物奖。《编辑之友》《小学生拼音报》被国家新闻出版广电总局评为2015年度"百强期刊""百强报纸"。

（张　茂）

【版权贸易】 2015年，山西出版传媒集团43种图书实现版权输出。其中，科技社有《中医临床辨惑》《中国野花图鉴》等26种图书成功输出海外，版贸工作创佳绩。12个项目入选各类重点出版规划或获得资助。人民社《近代海外汉学名著丛刊》《历代散佚碑帖珍本考释》、教育社《何泽慧传》、希望社《民国儿童文学文论》、三晋社《中国戏曲文物志》、春秋社《古琴遗珍》等6个项目获得国家出版基金资助，获得资金支持总额近800万元，刷新纪录。

（张　茂）

【专项发行】 2015年，书店集团继获十八大、十八届三中全会重要文件全国发行一等奖之后，获"十八届四中全会重要文件"发行工作特等奖；教材中心获"人教版高中教材配套光盘发行最佳业绩奖"。人印公司获"甲级国家秘密载体印制资质"，成为全国15家拥有该资质的单位之一，是山西省唯一具备该资质的单位；山印公司连续5年通过绿色印刷认证。

（张　茂）

【数字出版】 2015年，山西出版传媒集团春秋社被评为第二批数字出版转型示范单位；人民社"中国古建筑文化资源数据库"列入2015年度财政部国家文化产业支持项目，获得1200万元发展资金支持；物资公司加盟飓风网，开展网上销售；山西出版传媒网获"优秀品牌营销平台"称号。

（张　茂）

【第五届"韬奋杯"编校大赛】 2015年，山西出版传媒集团在第五届"韬奋杯"全国出版社青年编校大赛上，集团获团体三等奖，编辑个人优秀奖1个，校对个人优秀奖2个，创历史最好成绩。书店集团两名员工、人印公司一名员工被评为"三晋技术能手"。

（张　茂）

【集团文化活动】 2015年，山西出版传媒集团开展职工拔河大赛、"缘在工会，相约出版"鹊桥联谊会等多类文体活动；集团代表队成功卫冕省直机关乒乓球比赛男子团体冠军，获单打亚军、季军。

从2011年开始启动的"滴水"助学基金，顺利开展五届，累计资助学生286人，支出资助金100多万元。2015年是集团在定点扶贫点五寨县梁家坪乡进行扶贫工作的第六年。六年来，集团投入大量人、财、物，为当地村民提供帮助。

（张　茂）

·山西日报报业集团·

【概述】 2015年，山西日报报业集团围绕全省工作大局，团结带领全体干部职工，推进各项工作，支持山西日报传媒（集团）有限责任公司成功承办山西省第二届文博会。山西日报报业集团所属媒体坚持"政治家办报办网"原则，发挥党报主流媒体新闻宣传的主渠道、主阵地作用，精心组织正面主题宣传，唱响主旋律、传播正能量，营造贯彻落实"五句话"总要求的良好氛围。

山西日报围绕省委省政府中心工作，推出《山西站在历史性的新起点上》《新的省委常委班子治晋一年》《如何看待山西当前的经济形势》和《一座都城、一堆圣火、一缕曙光》等重点报道，开辟专栏专题，刊发系列评论文章，逐一解读、深入阐释，在全省上下形成广泛共识，凝聚强大力量，发挥党报在山西重要历史关头应有的作用和担当。

各子报子刊和网站强化党管媒体的理念和意识、强化看齐意识，坚持社会效益第一，讲好山西故事、传播山西声音，提振精气神、凝聚正能量，让主旋律有更多"和声"。山西晚报先后推出"沁河突围"系列报道、"寻找晋商领袖"活动、"圆百名贫困儿童六一心愿"等报道，受到社会关注。牵头举办2015年度"感动山西十大人物"的评选活动，受到社会各界好评。山西农民报积极服务"三农"报道，推出不少重点报道。三晋都市报《皇城相府尝到大数据的甜头》报道，得到省委省政府肯定。生活文摘报、良友周报力推热点策划报道，扩大社会影响力。人民摄影报微信公众平台跻身摄影界有影响的微信公众行列，文章点击量、转发量创新高。发展导报刊发"第三届全球华人关公奖"特别报道和"寻访红色文化""穿越烽火太行"系列报道，受到社会好评。山西经济日报"行进中国精彩故事"、中博会、"山西品牌行"等报道有声有色。山西法制报推出"弘扬法治文化·基层行"栏目、"李培斌系列报道"，提升影响力。山西市场导报"3·15"推出116版全彩报道，读者给予广泛关注。对联·民间对联故事、青少年日记提高办刊质量，探索新的盈利模式。山西新闻网成为省内集技术、内容、视、听、文于一体的权威门户网站，点击量、访问率稳居省内第一。

（孙　峰　丁　婕）

【媒体融合】 2015年，山西日报报业集团加快媒体融合步伐，落实《山西日报报业集团加快推进媒体融合发展的指导意见》，统筹网上和网下正面宣传报道，推动新媒体进入省里首批扶持名单，为推进媒体融合奠定良好基础。《山西日报》形成“两微一端一网站”的新媒体格局，微博用户超160万人、微信订阅数3.2万次、客户端下载量超13万次，手机网站与客户端实现互融互通。截至2015年底，山西日报报业集团拥有报纸、网站、微博、微信、客户端、手机网站等6种传播方式。 （孙 峰 丁 婕）

【传媒公司主持举办第二届文博会】 2015年，山西日报报业集团下属山西日报传媒(集团)有限责任公司主持举办第二届山西文化产业博览交易会。传媒集团公司调配骨干力量、有序推进各阶段工作，第二届山西文博会开展7天，观展群众累计超过25万人次。各级各类媒体600余名记者对大会进行精彩报道。文博会上，集团各单位、各部门积极参展，开设7个主题日，向观众展示由14家媒体组成的传媒方阵风采，把集团亮点展示出去，扩大影响力。传媒集团公司在市场化运营方面全面布局，探索进军文化创意园、会展业、移动媒体、健康产业等，培育新的经济增长点。

（孙 峰 丁 婕）

【新加坡报业代表到晋交流】 2015年7月17日，以新加坡华文报业俱乐部会长、新加坡报业控股华文报集团副总裁林焕章为团长的新加坡新闻代表团一行9人到集团参观访问。集团领导郭玉福、丁伟跃、胡果以及相关部门负责人与来宾座谈。双方就纸质媒体的前景、报纸的广告发行等问题进行交流与探讨。

（孙 峰 丁 婕）

【日报集团获奖情况】 2015年，山西日报综合网络影响力省内第一。1月，中国报业协会联合第三方权威监测机构共同发布的《2014年各类报纸媒体网络传播影响力数据报告》显示，山西日报综合网络影响力全国领先、省内第一。微博粉丝排全国党报第24位，转载搜索省内第一，微博粉丝量省内第二。2015年，中国报协发布7次“全国党报媒体客户端下载量排行榜”，山西日报客户端下载量两次位列全国第二，两次位列全国第三，三次位列全国第四，稳居全国前五。

山西晚报入围“中国报纸移动传播百强榜”全国50强。2月9日，凭借在移动新媒体方面的强大影响力，山西晚报跻身《中国报纸移动传播百强榜》第43位，成为山西省唯一一家入围全国50强的报纸媒体。

中宣部《新闻阅评》高度评价山西日报报道。中宣部《新闻阅评》第43期对山西日报2月9日见报的关于批驳反腐败错误认识的组合报道给予高度评价。文章指出，《山西日报》系统批驳有关反腐败的错误认识，文章观点鲜明，逻辑严密，论据充分，内容丰富，不仅对山西深入开展反腐败斗争具有很强指导性，对全国也具有借鉴作用。7月30日，中宣部新闻局第254期《新闻阅评》以《山西日报正视困难凝聚共识破解“独有阵痛”》为题，对山西日报7月28日一版头条位置刊发的长篇综述《如何看待当前经济形势》一文给予高度评价和充分肯定。

胡凯民获“全国网信系统先进个人”称号。10月，山西新闻网总编辑胡凯民获“习主席访美出席联合国系列峰会网络工作全国网信系统先进个人”称号。 （孙 峰 丁 婕）

广播影视

【概述】 截至2015年底，山西省有广播电视播出机构112个，其中省级1个（山西广播电视台），市级11个(各市广播电视台)，县级96个，教育电视台4个；共开办223套广播电视节目(广播111套、电视118套)。全省有广播电视发射(转播)台203座。

省级播出机构——山西广播电视台拥有卫星频道、经济资讯频道、影视频道、公共频道、科教频道、少儿频道、黄河电视台7个电视频道，彩民在线、老年福和优购物3个数字付费频道，教育文化频道、SCOLA对外汉语教学频道两个外宣电视频道，综合广播、经济广播、文艺广播、健康之声广播、交通广播、音乐广播、农村广播7套广播频率。 （丁耿彪）

【广播电视从业人员】 截至2015年底，山西省广播电视从业人员21656人，其中省级从业人员4018人。按人员结构分类：管理人员2889人，专业人员11010人，编辑记者5371人，播音员、主持人788人，工程技术人员3296人，艺术人员97人，经营人员357人，其他人员7757人。按学历构成分类：研究生325人，本科及大专15503人，高中及以下5828人。

（丁耿彪）

【广播电视覆盖】 截至2015年底，山西省广播覆盖人口3591.81万人，广播人口综合覆盖率98.47%，同比增长0.43%；电视覆盖人口3622.59万人，电视人口综合覆盖率99.31%，同比增长0.36%。

全省有线广播电视用户519.7984万户，有线广播电视用户中数字电视用户382.3981万户；全省IPTV用户累计达32万户，全省地面数字电视用户接近30万户；CMMB移动电视覆盖人口2100多万人；山西移动电视覆盖2000多辆公交车，覆盖省城太原及部分城市。山西卫视全国覆盖人口超过8.3亿人。

（丁耿彪）

【广播电视节目制作播出】 2015年，山西省广播节目播出时间413217小时，平均每日播音时间1132小时；全年制作广播节目196004小时，其中省级7套节目共制作广播节目48131小时。电视节目播出时间488028小时，平均每日电视播出时间1337小时；全年制作电视节目84463小时，其中省级全年制作电视节目14853小时。

2015年，山西省广播电视总收入43.68亿元，其中行政事业单位总收入28.85亿元，企业单位总收入14.83亿元。全省广播电视实际创收收入29.75亿元，广告收入9.68亿元，网络收入11.75亿元，其他创收收入8.32亿元。 （丁耿彪）

【广播影视公共服务体系建设】 2015年，山西省广播电视直播卫星户户通工程实施。国家新闻出版广电总局下达山西省广播电视直播卫星户户通工程任务为50万户，工程总投资预算2亿元，其中中央补助资金、省级配套资金各5000万元，2015年完成30万户安装任务。截至2015年底，全省完成三方（省新闻出版广电局、省财政厅、各市政府）《目标责任书》签订、设备招标采购、整省推进业务培训及四次督查，各市局完成合同签订任务，组织广电技术人员进行设备安装，由中标厂家提供技术支持指导，全省共计安装开通40万余户。

农村公益电影放映。全省共有11条农村数字电影院线公司，县级放映机构119个，放映队1300余个，从业人员2300余人，2015年在全省28199个行政村放映33.99万场公益电影，实现"一村一月放映一场电影"目标。2015年，覆盖全省的农村寄宿制学校爱国主义影片放映工作继续推进，为全省2445所农村寄宿制学校放映优秀影片2.2万场，受到师生欢迎和赞扬。

"全省好电影公映展映季"活动。为推动"法治文化、红色文化、廉政文化"建设，省委宣传部和新闻出版广电局在2015年1月至3月，开展"全省好电影公益展映季"活动。活动为全省11个地市近90家城市影院展映15部优秀影片，为当地人民群众免费放映电影近3600场，观影人次达38万余人。

城市数字影院快速发展。截至2015年底，共有17条外省院线在山西运营。2015年，山西省城市影院票房实现5.95亿元，同比增长51%，观影人数达1800多万人次，年度新增影院55家，新增银幕232块。全省共拥有城市数字影院154家，银幕685块，呈现快速发展态势。（丁耿彪）

【影视剧创作】 2015年，山西省影视创作共拍摄完成电影15部、电视剧7部、电视动画片1部。全年备案电影片57部、电视剧15部。相继创作《土地志》《山村母亲》《村官段爱萍》《爱我就陪我看电影》《伞头和他的女人》《凤凰街风雨》等影片；创作《西口情歌》《黄河在咆哮》《东方有大海》《铁血将军》等电视剧，其中2部电视剧在央视一套播出，1部电视剧获总局优秀电视剧剧本扶持。影片《土地志》《伞头和他的女人》获第30届中国电影金鸡奖提名奖、电视剧《黄河在咆哮》获第30届电视剧"飞天奖"优秀电视剧提名奖。（丁耿彪）

【广播电视节目改革】 2015年，山西卫视晚间推出自办文化节目带，取得良好社会效益和经济效益，得到国家新闻出版广电总局、业内同行和广大观众认可。其中，《走进大戏台》开办15年，成为传播戏曲文化的品牌电视戏曲栏目，获中国电视文艺最高奖"星光奖"；《歌从黄河来》作为全国首档民歌风情音乐节目，被国家新闻出版广电总局评为年度电视创新创优十大节目和年度TV地标最具创新力大奖；《你贵姓》是全国首档姓氏文化脱口秀节目；《天下寻宝》是唯一一档受到国家新闻出版广电总局表扬的鉴宝类节目；《顶级咨询》作为全国上星频道唯一一档大型法律援助真人秀节目，引发业界强烈关注。

广播电视节目创优再得硕果。山西公共频道《我的旅游攻略》获中国电视艺术家协会等颁发的多项大奖；山西经济资讯频道《一帮到底》栏目获中国广播电视协会创优十佳栏目一等奖；科教频道继续承办品牌活动，《小郭跑腿》《说出你的爱》入围2015年度国家新闻出版广电总局"国家重点优秀选送栏目"；山西影视频道《抗战者说》获由亚洲广播电影电视协会颁发的"2015年度两岸四地最具影响力栏目"大奖；山西音乐广播《带着耳朵去旅行——寻访晋祠三绝》获中国广播电视协会旅游专题节目一等奖。阳泉广播电视台《食客准备》和《第一财经》获2015年度全国城市广播电视"十大创新栏目奖"和"十大原创栏目奖"。（丁耿彪）

文化建设

【文化艺术推精品】 2015年，山西省文化工作紧扣“中国梦”主题打造精品力作。组织晋剧《于成龙》、音乐剧《火花》、儿童剧《红星杨》、话剧《生命如歌》、晋剧《红高粱》、舞剧《吕梁英雄传》、京剧《陈廷敬》、话剧《村官段爱平》、北路梆子《续范亭》、歌舞剧《太行奶娘》等10部新创舞台剧晋京演出。围绕纪念中国人民抗日战争暨世界反法西斯战争胜利70周年，弘扬红色文化，分别在北京和太原举办“中国梦·太行魂——全国中国画作品展”“红色记忆颂太行·弊革风清倡廉政”剪纸艺术作品展、“历史的足迹·红色的记忆”优秀舞台剧展演、“烽火三晋·红色文华”三大抗日根据地文献展、“戏曲精品老区行”慰问演出等5项活动；拍摄专题片《烽火丹青——抗战时期山西根据地美术事业》。创新全省艺术创作机制，出台《艺术创作联席会议制度》《新创剧目报送制度》《首演剧目报送制度》，实现全省艺术创作信息和资源共享。30个项目入选国家艺术基金资助名单，获得资助3737万元，居全国第三，比上年增加1952.5万元。 （陈燕萍）

【文化市场管理服务】 2015年，山西省文化厅推进“六权治本”，依法确定5类22项行政权力，建立权力清单和责任清单，绘制权力运行流程图，在省文化厅官网公布。完成文化市场技术监管和服务平台建设，经营场所录入和网上激活率达98%以上，全年准入办理6168个，执法办理11060个，被文化部评为2015年度文化市场综合执法优秀单位。加强行政审批和综合执法人员培训与管理，组织全省执法队伍技能大比武、文化市场综合执法案卷评查活动，组织检查经营单位10万余家次。推进网吧转型升级，全省转型升级试点网吧达160余家。 （陈燕萍）

【全国文化干部培训基地山西基地成立】 2015年10月10日，全国文化干部培训基地山西基地在山西戏剧职业学院成立，是华北地区唯一被命名的文化干部培训基地。 （陈燕萍）

【高级编剧研修班】 2015年9月23日，山西省文化厅和上海戏剧学院合办的高级编剧人才培训班开班，缓解山西省文化系统高端优秀艺术人才紧缺现象，为山西文化事业发展培养一批生力军。研修班招收省内艺术单位有一定成就的中青年编剧，学制一年，开设戏剧影视写作、艺术原理、戏剧美学、名家讲座、编剧理论与技法、编剧实践等12门课程。 （陈燕萍）

·公共文化服务·

【文化设施建设和文化惠民】 2015年，山西晋剧艺术中心和省少儿图书馆、省古籍保护中心建设工程顺利推进。省古籍保护中心挂牌成立“国家

2014—2016年度山西省“中国民间文化艺术之乡”名录

山西省太原市尖草坪区西墕乡	太原锣鼓
山西省长治市黎城县	黎侯虎
山西省长治市长治县	潞安大鼓
山西省长治市长子县	长子鼓书　长子八音会
山西省朔州市怀仁县	旺火习俗
山西省忻州市定襄县	定襄面塑
山西省忻州市原平市	炕围画
山西省吕梁市汾阳市	地秧歌
山西省吕梁市中阳县	中阳剪纸
山西省晋中市左权县	左权民歌　小花戏
山西省临汾市汾西县	威风锣鼓
山西省临汾市霍州市	威风锣鼓

级古籍修复技艺传习中心山西传习所”。开展“文化惠民在三晋”系列活动，包括“欢乐下基层、爱心接力、润物无声、快乐生活、美丽三晋、幸福使者”等10项活动和“阵地服务、流动服务、数字服务、优惠服务、共建服务”等5项服务。落实省级购买公共演出资金1100万元，购买演出371场，各市落实购买资金超过4000万元，购买演出9974场，观众达800万人次。会同省武警总队开展“三联三创”活动，深入军区、武警和企业重点工程演出70余场。牵头举办“中国梦·黄土情”晋冀蒙陕甘宁六省（区）地方戏曲及民乐民歌“三展”演出，25个艺术团体、3000多名演员演出200场。省级文化单位惠民活动丰富多彩，发挥引领和示范作用。山西大剧院全年演出328场，观众30万人次，省图书馆接待读者178万人次，举办“文源讲坛”“文源视界”等各类讲座展览170余场；省群艺馆举办公益培训和文化活动130余场（次）；山西画院举办建院30周年纪念展；山西书法院深入各市开展“翰墨薪传”大型书法公益培训，培训学员2500余人，在全国书法界引起较大反响。提升市县公共文化设施建设水平。落实专项资金2910万元，支持晋中市图书馆、临汾市图书馆和太原市小店区等地区9个县级“两馆”建设。全省公共文化设施达标率达80.19%，完成“十二五”规划目标。实施“农村公共文化服务提升工程”，保障乡村两级文化站（室）免费开放，落实中央和省、市投资1.5亿余元。朔州、晋中推进国家公共文化服务体系示范区建设。朔州、长治启动基层综合性文化服务中心建设试点工作。深化公益性文化事业单位改革，加强文化类社会组织管理。省图书馆成立理事会，《山西省文化厅文化类社会组织管理暂行办法》出台实施。（陈燕萍）

【乡村文化记忆工程】 2015年，山西省文化厅启动“乡村文化记忆工程”。工程的推进步骤、基本任务和总体目标是：按照试点先行、以点带面、逐步推广的步骤，通过资源调查、分类整理、建立档案、综合利用等途径，保护和展示具有地方特色的文化生态，协同推动生态农业、特色旅游、文化建设。2015年，全省112个乡镇首批实施“乡村文化记忆工程”试点，要求到2020年基本覆盖全省，实现每个乡镇都有系统完整、图文并茂的文化发展记录，并依托乡镇综合文化站等设施加以展示；每个县（市、区）都有全面生动、翔实准确的县域历史文化资料数据库，并建立健全保护利用、检查评估、保障措施等长效机制。（陈燕萍）

吕梁市民间艺术团演出舞剧《吕梁英雄传》（陈燕萍供图）

【“情系一线职工”慰问演出】 2015年4月23日，山西省文化厅“助力重点工程、推进企业发展、情系一线职工”慰问大型国企及省级重点工程活动启动，首场慰问演出在位于娄烦马家庄乡太钢矿业分公司尖山铁矿举行。山西省曲艺团及多位省内知名艺术家为该矿一线工作者奉献精彩表演，矿区干部职工150余人在运矿车检修车间内观看演出。该活动历时两个月，到企业和重点工程演出50场。（陈燕萍）

【“周二剧场”惠民专场】 2015年5月12日晚，山西省文化厅和山西演艺集团共同主办，山西演艺集团演艺院线有限责任公司承办的“周二剧场”惠民专场演出举办。该活动是长期性的政府文化采购重点文化惠民项目，推出山西首张“文化惠民卡”，建设覆盖全太原市的山西演艺票务售票网点，开通24小时文化惠民专线，为省城百姓提供更加便捷的惠民服务。全年演出28场。（陈燕萍）

【“历史的足迹红色的记忆”纪念抗战胜利70周年优秀舞台剧展演】 2015年8月27日，山西纪念抗战胜利70周年“历史的足迹·红色的记忆”优秀舞台剧展演举办，山西省晋剧院的晋剧《红高粱》为首演剧目，省委常委、宣传部长胡苏平，省武警总队政委刘振所观看演出。展演活动共有来自全省12个院团的14台剧（节）目参加，其中舞剧《吕梁英雄传》、音乐剧《火花》、音诗画《红色记忆》、晋剧《拔剑长歌》4部剧目首次与观众见面。（陈燕萍）

【“戏曲精品老区行”活动】 2015年8月31日，由山西省委宣传部、山西省文化厅主办的“戏曲精品老区行”慰问演出活动在武乡县王家峪村启动。8月到10月间，艺术表演团体深入全省11个县区、51个乡镇，47个行政村，以八路军在山西战斗生活的村镇为重点，共演出109场，惠及数万观众。（陈燕萍）

【太原市文化志愿者联盟成立】 2015

年3月27日，为加强公共文化服务体系建设，保障广大人民群众的基本文化权益，太原市文化志愿者联盟成立，周末惠民演艺台首场演出同时进行。联盟有10余个艺术门类的千余名成员，是在志愿者志愿参与的基础上组建，主要以文艺演出、讲座、展览等形式展示文化建设成果，服务社会，营造"传递爱心，传播文明"的氛围，促进社会和谐与进步。（陈燕萍）

文学艺术

·文 学·

【山西作家高级研修班】 2015年11月4日，由山西省作协、山西文学院主办的2015"山西作家研修班"在太原开班。省作协主席杜学文、著名评论家白烨等9位专家授课。来自全省各地的80余位学员参加培训。省作协主席杜学文对全体与会学员作《学习落实讲话精神推动山西文学创作繁荣》的辅导报告。白烨作全国文学创作的潮流和文学演变讲座。

（吕轶芳）

【《2014山西文学年度报告》出版】 2015年，山西省作家协会编辑出版《2014山西文学年度报告》。《2014山西文学年度报告》的具体内容包括山西省2014年度长篇小说、中短篇小说、散文、诗歌、报告文学、文学评论、影视文学等七大文学门类的年度报告，对山西省内各门类文学的整体创作情况进行梳理总结，并对其做出客观评价。（吕轶芳）

【《2014山西文学年度作品选》出版】 2015年，山西省作协编辑出版4卷本的《2014山西文学年度作品选》，每卷20至30万字。这套书的出版是对山西省作家2014年度创作的中短篇小说、散文、诗歌、报告文学等各类优秀文学作品年度创作成果的一次汇总，也是一种史料性积累。（吕轶芳）

【《山药蛋派经典文库》出版】 2015年5月，山西省作协创研部与北岳文艺出版社共同启动"山药蛋派"经典文库的编辑出版工作，文库分为12册，收录"山药蛋派"经典作家赵树理及"西、李、马、胡、孙"的代表作品。

（吕轶芳）

【"晋军新方阵"作品第二辑出版】 2015年，山西省作协编辑出版"晋军新方阵"系列丛书第二辑。山西省一批出生于70年代左右或者80年代以后的新小说作家非常活跃，在全国文坛产生日益扩大的影响力。他们的作品既有对现实主义优秀传统的继承，又有形式上的大胆探索。李新丽、白琳等十位作家的作品入选。

（吕轶芳）

【《赵树理研究文丛》出版】 2015年，为纪念赵树理诞辰110周年，山西省作协编辑出版赵树理研究文丛第一辑和第二辑。第一辑的作品有刘旭《赵树理文学的叙事模式研究》、杨占平《颠沛人生——赵树理传》等七部著作，第二辑的作品有赵魁元的《赵树理早期作品选》、成葆德的《重读赵树理》等五部著作。（吕轶芳）

【廉政采风活动】 2015年，山西省作协组织作家协会成员分两批到省内的重要廉吏故里等地采风，晋北一线走访平型关、于成龙故居、徐继畬故居等，晋南一线主要走访陈廷敬故居、司马光故里等，让广大作家协会成员深入实地进行一次廉政文化的教育。多名作家得到中国作协的扶持，在贾家庄、武乡等地长期定点深入生活。数名作家以第一书记的形式到基层深入生活。（吕轶芳）

·艺 术·

【艺术创作联席会议制度建立】 2015年12月，山西省文化厅艺术创作联席会议制度建立，联席会议由各市文化局、山西演艺集团及各有关单位组成，坚持围绕中心、服务大局，坚持信息共享、优势互补，坚持形成合力、繁荣发展，原则上每半年召开一次全体会议。联席会议主要议题有：总结交流艺术创作情况和经验；通报创作思路，规划重点剧目；建立各成员单位之间艺术创作交流合作机制；以项目为载体，推动各成员单位之间在艺术创作领域开展合作；了解交流全国艺术创作趋势和经验，拓宽艺术创作视野；围绕打造精品力作，研究讨论重点艺术作品。（陈燕萍）

【国家艺术基金资助山西名单】 2015年，山西省30个项目和个人入选国家艺术基金2015年度资助项目名单，获资助金额3737万元。有京剧

2015年山西省图书出版硕果累累　（山西画报社供图）

《紫袍记》,晋剧《太宗归晋》《于成龙》《续范亭》《王家大院》《托起明天的太阳》,北路梆子《宁武关》《平城赋》,音乐剧《火花》,民族管弦乐《山西印象》、儿童剧《太行花》;小型舞台剧(节)目秧歌剧小戏《一块宅基地》《孟母三迁》,北路梆子小戏《行路》,眉户剧小戏《背着妈妈上大学》,小舞剧《刘胡兰》,群舞《海英和她的妈妈们》《挂红灯》,襄垣鼓书《果蔬理事会》;交流推广项目晋剧《傅山进京》巡演、晋剧《打金枝》晋冀陕革命老区行,舞剧《一把酸枣》《粉墨春秋》巡演,《太行故事——民俗版画展》;艺术人才培养项目:"晋蒙陕冀四省(区)二人台编剧人才培养""山西传统彩塑艺术创作及工艺艺术专业人才培养""山西壁画重彩艺术人才培养";青年艺术创作人才项目:赵霖、李莉的舞蹈舞剧编导;杨亮的书法、篆刻创作。

(陈燕萍)

【第四届农民工歌手大赛】 2015年2月27日,以"歌唱希望·放飞梦想"为主题,由中共山西省委宣传部、山西省人民政府农民工办公室、山西省文化厅、山西省总工会联合主办、山西省群众艺术馆承办的山西省第四届农民工歌手大赛在太原举办。大赛展现新时代农民工奋发进取、朝气蓬勃的时代风采。组委会从全省99名选手中评选出一等奖3名,二等奖6名,三等奖9名和优秀奖若干名。

(陈燕萍)

【全省廉政剧目展演】 2015年2月23日至3月18日,"弊革风清三晋春"山西省廉政剧目举办展演活动。省晋剧院创作演出的晋剧《富贵图》《大脚皇后》《巴尔思御史》,省京剧院创作演出的京剧《紫袍记》,大同耍孩儿剧团创作演出的耍孩儿《布衣知府》,省曲艺团创作演出的廉政晚会《清风颂》,省话剧院创作演出的话剧《最美村官段爱平》,太原市话剧院创作的话剧《饭局》,长治豫剧团创作演出的豫剧《吴琠晋京》,运城蒲剧团创作演出的蒲剧《巡盐御史》等廉政戏上演,演出12台剧目,共21场。

(陈燕萍)

【"红色记忆颂太行·弊革风清倡廉政"剪纸艺术作品展】 2015年3月11日,山西省委宣传部、省文化厅、省文联共同主办,由山西工艺美术集团、原平市委宣传部、广灵县委宣传部等承办的"红色记忆颂太行·弊革风清倡廉政"剪纸艺术作品展在山西文艺大厦开展。共展出300余幅剪纸艺术作品,分为"红色记忆颂太行"和"弊革风清倡廉政"两部分。其中,"红色记忆颂太行"展出以抗日战争为主题,"弊革风清倡廉政"主要展出山西省廉政题材的优秀剪纸艺术作品。

(陈燕萍)

【舞剧《粉墨春秋》入选"五个一工程"奖】 2015年8月28日,山西省艺术职业学院华晋舞剧团创演的大型舞剧《粉墨春秋》入选第十三届精神文明建设"五个一工程"(2012—2014年)入选作品名单。(陈燕萍)

【运城市第三届文化"菊花奖"戏剧"新剧目老唱腔"展演】 2015年9月7日至9月22日,运城市文化局主办,运城市第三届文化"菊花奖"戏剧"新剧目老唱腔"展演举办。活动由示范展演和新剧目大赛两部分组成,蒲剧、眉户、豫剧、曲剧、线腔5个剧种、两个市级剧团、13个县级剧团、1个民营剧团上演的6个新创剧目、10个移植改编剧目参加展演,展演分3个赛区,分别在永济、稷山和夏县举行。

(陈燕萍)

【山西省第十三届书法临摹展】 2015年9月23日,山西省第十三届书法临摹展在山西美术馆开幕。这次展览由省文化厅、省书法家协会主办,展出作品108件,其中获奖作品20件。(陈燕萍)

【优秀新创舞台剧晋京展演】 2015年10月11日至11月1日,由山西省委宣传部、省文化厅共同策划优秀新创舞台剧开展晋京展演活动。组织10部优秀舞台剧目在国家大剧院、长安大戏院、中国剧院、北大百周年纪念讲堂等国家艺术殿堂演出20余场,演出的舞台剧有话剧《最美村官段爱平》《生命如歌》、北路梆子《云水松柏续范亭》、舞剧《吕梁英雄传》,晋剧《于成龙》《红高粱》、音乐剧《火花》、京剧《陈亭敬》、歌舞剧《太行奶娘》、儿童剧《红星杨》,首都2万多人次观看演出。(陈燕萍)

【赵树理戏剧奖优秀剧目展演】 2015年10月12日至10月21日,由晋城市委宣传部、市文化局共同主办、市上党戏剧研究院承办,晋城市第十届"赵树理戏剧奖"优秀剧目暨2015年廉政剧目展演活动开展。演出太行民间音乐舞蹈研究所音乐剧《大道无垠》、泽州县上党梆子剧团《妈妈呀妈妈》、沁水县蒲剧团《天职》、市鸣凤剧团《七品青莲》《廉吏于成龙》、阳城县人民剧团《清官杨继宗》、高平市人民剧团《西沟女儿》、市上党梆子传习所《程颢书院》《三关排宴》,受到观众欢迎。(陈燕萍)

【中国平遥微电影节暨"追梦平遥"微电影大赛】 2015年9月23日,文化部科技创新项目——中国平遥微电影节暨"追梦平遥"微电影大赛在平遥县举办。活动由微电影大赛、微电影展映、文化创意培训和采风、文化创意集市、书画联展等构成。通过网络面向全国乃至全世界征集微电影作品。神华集团选送的《天山儿女》获"社会单元"最佳影片奖;曲阜师范大学选送的《故里向晚》获"学生单元"最佳大学生作品奖。活动与酷6视频网站和山西电视台微电影频道合作,进行线上展映;组织微电影放映队乡村展播,开展送微电影下乡活动,扩大活动影响。(陈燕萍)

【"红色印迹"山西省第七届网络摄影大赛作品展】 2015年8月11日,为纪念抗日战争胜利70周年,由山西省文化厅主办、山西省群众艺术馆承办、山西省摄影家协会协办的"红色印迹"山西省第七届网络摄影大赛优秀作品展在太原美术馆开展。

(陈燕萍)

【雪海流香·赵梅生90艺术回顾展】

2015年11月23日,“雪海流香·赵梅生90艺术回顾展”在太原美术馆开展,展出著名画家赵梅生历年创作的近百幅作品。省委书记王儒林、省委常委、宣传部长胡苏平,省委常委、秘书长王伟中观看展览。 (陈燕萍)

【山西画院建院30周年美术作品展】 2015年11月13日至24日,由山西省委宣传部、山西省文化厅、山西画院共同主办的“唐风晋韵·笔墨山河——山西画院建院30周年美术作品展”先后在太原、北京举办。展览精选山西画院画家和院聘画家的中国画、油画、版画、雕塑作品共200余幅,体现时代精神和山西地域文化特色。11月28日至12月10日,展览在中国美术馆举办。 (陈燕萍)

【浙晋两省民乐团同台奏响《画境富春·山西印象》】 2015年11月27日晚,由浙晋两省民族乐团联袂打造的大型民族音乐会《画境富春·山西印象》在太原山西大剧院进行演奏,体现出国家艺术基金推动“艺术与社会、艺术与大众、艺术与生活”深度融合的主旨。 (陈燕萍)

【“新中国美术家系列——山西省国画作品展”】 2015年12月10日至18日,由中国国家画院、山西省文化厅主办,山西画院承办的“新中国美术家系列——山西省国画作品展”在中国国家画院美术馆展出。此次展览共展出李庆富、王玉玺、孙海青、王爱忠、王学辉、贾大一、杨光汉、霍俊其、王志英等九位国画家的百余幅作品。 (陈燕萍)

【中国梦·太行魂——全国中国画作品展】 2015年6月3日,由中国美术家协会、国家文化部艺术司、山西省文化厅主办,中国美协艺委会学术主持,山西省美术家协会、山西画院、山西省艺术创作中心承办的“中国梦·太行魂——全国中国画作品展”在北京中国美术馆开展。这次展览作为国家艺术基金的资助项目,分设创作展区与写生展区,展出120位全国著名画家的200余幅中国画精品。展览8月在省城太原展出并召开“太行艺术论坛”研讨会,集中展现并梳理探讨当代中国画创作风貌,打造引领当代中国画创新的高端学术平台。 (陈燕萍)

【晋城美术馆建成开馆】 2015年1月,山西省晋城美术馆建成并免费开放,成为继阳泉美术展览馆、太原美术馆之后的第三家市级美术馆。晋城美术馆位于晋城市文博路东侧、文昌街北侧,主要开展美术品研究、教育、收藏和展览。总建筑面积6206平方米。开馆时举办《晋城市书画院馆藏名家精品展》《中国人民大学画院王乘工作室、晋城市书画院王莽岭秋季写生作品展》《“高远·意象”晋城市首届油画展》《学画南太行——段生龙书画艺术展》等展览。 (陈燕萍)

·文化产业·

【文化产业发展】 2015年,山西省加快推进省级重点文化项目建设。山西省文化保税区2015年9月8日开工建设,由省文化厅与省投资集团合作建设,总投资6亿元;山西省文化产业园孟母文化广场建成,博物馆、非遗片区、文化驿站等项目建设顺利推进;山西文化云平台启动建设,运用云计算、大数据等对山西文化资源进行数字化保存整理和开发利用。支持民营文化企业发展,山西省民营文化企业协会入会企业1000余家。主办和参加一系列文化产业展会活动。参与主办文博会,配合举办书博会、体博会、农博会,会同省演艺集团、省工美集团完成非遗和工美展览专场15000多平方米,安排多场演出;组织参加山西品牌中华行,参加第十一届深圳文博会、第九届中博会、第二届中国—东盟博览会文化展、第十届北京国际文化创意产业博览会等。全年举办国内外展览54场,扩大山西文化产业影响力。加快发展新兴文化产业。组织山西省10家动漫企业为国家认定的动漫企业,《一代廉吏于成龙》等3个原创动漫品牌入选国家动漫扶持计划;平定县冠窑砂器有限责任公司等7家企业成为第三批省级文化产业示范基地,截至年底,全省省级文化产业示范基地达41家。 (陈燕萍)

【《山西省文化产品和服务出口指导目录》发布】 2015年7月,为支持山西省文化产品和服务出口,鼓励文化贸易企业“走出去”,省文化厅、省商务厅等部门联合制订发布《山西省文化产品和服务出口指导目录》。《指导目录》将出口文化产品企业分为新闻出版类、广播影视类、文化艺术类、综合类4大类,和出版单位出版发行图书、音像制品及电子出版物,期刊数据库服务和电子书出口,出版单位合作出版,版权输出代理服务,新闻出版产品营销服务等28个小类,对重点文化企业的年出口额标准进行规定和说明。 (陈燕萍)

【第二届山西文博会】 2015年9月9日,第二届山西文化产业博览交易会在太原煤炭交易中心开幕。省委书记王儒林、省长李小鹏,中宣部常务副部长黄坤明、文化部副部长项兆伦、国家新闻出版广电总局副局长田进、国家文物局副局长宋新潮、中国文联副主席刘兰芳,及甘肃省委常委、宣传部长连辑等出席开幕式并巡馆。省政协主席薛延忠,省委常委、省委副书记楼阳生,省委常委、宣传部长胡苏平,省委常委、太原市委书记吴政隆,省委常委、秘书长王伟中,省人大常委会副主任李政文、周然,副省长张复明,省政协副主席李悦娥等省领导一同出席开幕式并巡馆。

第二届山西文博会以“文化三晋·美丽山西”为主题,按照“区域影响、地方特色、国家水平、全国一流”的办会思路,探索“政府主导、市场运作、企业办会”的运作模式。展会由省委宣传部、省文化厅等省直相关单位和太原市人民政府主办。重点呈现文化展览、文化交易、文化论坛和文艺汇演等内容,参展企业有1000多家,来自24个国家,国内31个省(自治区、市)以及港澳台地区,参展展品上

第二届山西文博会平遥苇谱园创意产品展示 (山西画报社供图)

万种。重点推出大型展览50多个、招商项目309个、文化活动17项,并举办中国十大名绣作品展、中国四大皮影展、中国四大木版年画展、二十世纪国内大师山水画展、董寿平从艺70周年回顾展、中日韩越漆艺大师作品展、中俄朝抗战风云油画展等多个大型专题展览。文化艺术精品拍卖、国际工艺美术大师现场技艺交流等文化活动依次开展。

全省11个市轮番演出具有地方特色的文艺节目。在山西大剧院、青年宫演艺中心、红灯笼体育馆有11场演出:中国三大男高音音乐会《英雄》、舞剧《尧颂》、说唱剧《解放》、晋剧《古城会》、秦腔《王宝钏》、话剧《建家小业》及眉户剧《焦裕禄》等优秀剧目相继亮相。 (陈燕萍)

【第三批文化产业示范基地命名】 2015年,山西省命名第三批文化产业示范基地,有以下单位:山西工艺美术集团有限责任公司、山西太报传媒有限公司、山西新今鼎文化产业发展有限公司、平定县冠窑砂器陶艺有限公司、山西杏花村汾酒集团旅游有限公司、河津市彦堂吕氏祖传琉璃工艺厂、永济市惠畅文化创意有限公司。 (陈燕萍)

【中小微文化企业发展培训班】 2015年9月23日至26日,山西省文化厅主办,山西文化宣传教育中心、平遥县文化局承办的中小微文化企业发展培训班开班,来自全省百余名中小微文化企业负责人参加培训学习。 (陈燕萍)

【文化市场综合执法标准规范培训班】 2015年10月18日至23日,山西省文化厅举办山西省文化市场综合执法标准规范培训班。全省各级文化市场综合执法机构业务骨干70余人参加培训。培训通过专家现场授课、执法程序规范(案卷纠错)科目考试及交叉阅卷、执法文书制作与归档科目考试及交叉阅卷、各市自带执法案卷交叉评查、研讨交流、基础理论考试等方式,重点对文化市场综合执法标准规范实务进行培训。(陈燕萍)

【全国文化市场技术监管与服务平台应用山西片区培训班】 2015年12月3日至4日和12月10日至11日山西省文化厅在运城市和朔州市举办全国文化市场技术监管与服务平台业务应用系统培训班。来自全省市县两级的审批和执法人员272人参加培训。这次平台片区培训分设准入和执法两个场地进行,采取集中授课、问题解答、座谈交流等方式,从平台系统运行、机构设置、功能应用、准入和执法操作等方面进行系统培训。 (陈燕萍)

·山西演艺集团·

【山西交响乐团成立】 2015年12月22日,山西省交响乐团有限责任公司成立活动暨《辉煌的乐章》音乐会在山西大剧院音乐厅举行。音乐会由德籍指挥冯·艾伦巴赫与中国著名指挥大师陈燮阳先生共同执棒,著名歌唱家戴玉强担任主唱,标志着山西省第

2015年12月22日,山西省交响乐团有限责任公司成立活动暨《辉煌的乐章》音乐会在山西大剧院音乐厅举行 (马牧歌供图)

一支独立建制的职业交响乐团——山西省交响乐团有限责任公司正式成立。

2015年2月15日，经山西省省属文化企业国有资产监督管理领导小组办公室批准，交响乐团从山西省歌舞剧院正式剥离，成为具有独立法人资格的山西省交响乐团有限责任公司，实现山西音乐人多年的梦想。这对交响乐团走向职业化发展之路起到积极促进作用，更让山西省人民群众共享到文化体制改革的新成果。

山西省交响乐团有限责任公司原隶属于山西省歌舞剧院，始建于1952年，作为山西省唯一交响乐团，曾两次受国家大剧院邀请，参加“第一届中国交响乐之春音乐季”和“中国交响乐之秋音乐季”。先后创作推出《太谷秧歌交响组曲》《山西随想》《黄河壁画》等多部具有浓郁山西特色的管弦乐作品。自2013年起，乐团连续三年成功举办山西“交响音乐季”，演奏歌剧《卡门》，举办《久石让动漫音乐会》《约翰·施特劳斯新年音乐会》等20余场音乐会，为山西省爱好高雅音乐的朋友献上一道道精美的文化大餐，也成为山西对外文化宣传的一张名片。（马牧歌）

·非物质文化遗产保护·

【非遗保护】 2015年，山西省文化厅启动实施“乡村文化记忆工程”，在全省112个乡镇开展试点工作，依托乡镇综合文化站，对乡村历史脉络、文化烙印、传统街区和乡风民俗等进行调查整理和科学保护展示。推进“晋中文化生态保护实验区”建设，出台《关于建设“晋中文化生态保护实验区”的意见》，制订《晋中文化生态保护区总体规划实施细则》《山西省非物质文化遗产生产性保护示范基地中长期规划》。完成第五批国家级非物质文化遗产代表性项目代表性传承人的申报推荐。评审认定第四批省级非遗项目代表性传承人202人，截至2015年底，省级传承人有816人。开展10项国家级非遗代表性传承人抢救记录。（陈燕萍）

【第四批国家级非遗项目保护单位山西名单】 2015年4月上旬，文化部办公厅发布《关于公示第四批国家级非物质文化遗产代表性项目保护单位的公告》。山西省共有23家单位被文化部认定为第四批国家级非遗代表性项目保护单位。名单如下：广禅侯故事保护单位为山西省阳城县文化馆；左权小花戏保护单位为左权县民歌研究中心；线腔保护单位为芮城县蒲剧线腔艺术研究所；弹唱保护单位为吕梁市离石区弹唱保护协会；铜器制作技艺（大同铜器制作技艺）保护单位为大同市天艺昌工艺品有限责任公司；古建筑模型制作技艺保护单位为山西古典艺术研究院；唢呐艺术（临县大唢呐）保护单位为临县大唢呐培训活动中心；锣鼓艺术（软槌锣鼓）保护单位为万荣县软槌锣鼓研究会；晋剧保护单位为晋中市晋剧艺术研究院；剪纸（静乐剪纸）保护单位为静乐县文化活动中心；面花（岚县面塑）保护单位为岚县文化馆；木雕（永乐桃木雕刻）保护单位为芮城县理天木雕文化研究所；酿醋技艺（小米醋酿造技艺）保护单位为山西三盛合酿造有限公司；皮纸制作技艺（平阳麻笺制作技艺）保护单位为襄汾县邓庄丁陶麻笺社；陶器烧制技艺（平定砂器制作技艺）保护单位为平定县冠窑砂器陶艺有限公司；陶器烧制技艺（平定黑釉刻花陶瓷制作技艺）认定保护单位为阳泉市张文亮刻花瓷文化有限公司；蚕丝织造技艺（潞绸织造技艺）保护单位为山西吉利尔潞绸集团织造股份有限公司；金银细工制作技艺保护单位为稷山县杰忠金银铜器传统制作研究中心；漆器髹饰技艺（稷山螺钿漆器髹饰技艺）保护单位为稷山螺钿漆器研究中心；中医传统制剂方法（安宫牛黄丸制作技艺）保护单位为山西广誉远国药有限公司；中医传统制剂方法（点舌丸制作技艺）保护单位为山西双人药业有限责任公司；民间社火（南庄无根架火）保护单位为榆次区文化馆；庙会（蒲县朝山会）保护单位为蒲县人民文化馆。（陈燕萍）

【山西省国家级非物质文化遗产项目图片展】 2015年6月16日至30日，山西省文化厅主办，山西省非物质文化遗产保护中心、太原市文化局、太原美术馆承办的山西省国家级非物质文化遗产项目图片展在太原美术馆展出。截至2015年底，山西省列入国家级非物质文化遗产代表性名录的项目有116项，项目保护单位有168个，位列全国前三。2015年度“文化遗产日”的主题是“保护成果全民共享”。（陈燕萍）

【第四批国家级非物质文化遗产代表性项目名录山西名单】 2015年9月，在国务院公布的第四批国家级非物质文化遗产代表性项目名录中，山西21个项目入选。名单如下：民间文学1项：阳城县广禅侯故事；传统舞蹈1项，左权县左权小花戏；传统戏剧2项：芮城县线腔、晋中市晋剧；曲艺1项：吕梁市离石区弹唱；传统技艺8项：大同市城区铜器制作技艺（大同铜器制作技艺）、太原市古建筑模型制作技艺、襄汾县酿醋技艺（小米醋酿造技艺）和皮纸制作技艺（平阳麻笺制作技艺）、平定县陶器烧制技艺（平定砂器制作技艺、平定黑釉刻花陶瓷制作技艺）、高平市蚕丝织造技艺（潞绸织造技艺）、稷山县金银细工制作技艺和漆器髹饰技艺（稷山螺钿漆器髹饰技艺）；传统医药1项：太谷县和新绛县中医传统制剂方法（益德成闻药制作技艺、点舌丸制作技艺）；民俗2项：晋中市榆次区民间社火（南庄无根架火）、蒲县庙会（蒲县朝山会）；传统音乐2项：临县唢呐艺术（临县大唢呐）、万荣县锣鼓艺术（软槌锣鼓）；传统美术3项：静乐县剪纸（静乐剪纸）、岚县面花（岚县面塑）、芮城县木雕（永乐桃木雕刻）。

在国家级非遗名录中，山西省第一批入选32个项目；第二批入选64个项目，第三批入选40个项目，第四批入选21个项目。截至2015年底，

山西戏剧职业学院演出儿童剧《红星杨》（陈燕萍供图）

山西省共有157个非遗项目入列国家级非遗名录。（陈燕萍）

【山西3项文化遗产入选世界遗产名录】 2015年10月下旬，住房与城乡建设部发布《中国世界自然遗产发展公报（1985—2015）》，山西入选文化遗产两项：平遥古城和大同云冈石窟；文化景观一项：忻州五台山。（陈燕萍）

【非遗专家服务基层行动项目】 2015年11月26日，山西省非遗专家服务基层行动项目启动，开展山西省"2015年万名专家服务基层活动——音乐舞蹈曲艺非遗挖掘保护专家服务基层行动项目"。专家们结合当地实际需求，组织省级非遗保护、艺术创作专家开展培训讲座，对习近平总书记在文艺工作座谈会上的讲话、《中共中央关于繁荣发展社会主义文艺的意见》等一系列重要文件和重要讲话精神进行解读；对非遗法规、申报流程注意事项以及国家艺术基金申报等方面工作进行讲解；就新时期基层艺术创作趋向等问题进行交流。（陈燕萍）

·艺术作品获奖·

【长治市合唱团获世界合唱博览会合唱金奖】 2015年11月10日至15日，长治市合唱团参加在澳门举办的2015首届国际合唱联盟世界合唱博览会并获金奖。（陈燕萍）

【潞安大鼓获金奖】 2015年10月11日，长治县文广局选送的潞安大鼓《一个都不许死》获"第三届'岳池杯'中国曲艺之乡曲艺大赛"金奖。（陈燕萍）

【山西选手获全国"小梅花"金奖】 2015年7月21至25日，"第十九届中国少儿戏曲小梅花荟萃"活动在山东省济南市举行。山西省11名选手凭借优秀作品摘得中国少儿戏曲"小梅花"金奖。（陈燕萍）

【全国少儿曲艺山西儿童获奖】 2015年8月，在"2015北京全国少儿曲艺大赛"中，山西省王农轶、张瑜航表演的双簧《快乐天使》，祁文凯、张霭琪、刘斯佳、魏子超、王远铭、宋浥楷表演的群口相声《如此表功》分别获得二等奖、三等奖。（陈燕萍）

·文化交流·

【对外文化交流】 2015年，山西省文化厅与葡萄牙里斯本大学孔子学院签署合作协议；与毛里求斯中国文化中心建立长期合作机制；组织参加山西品牌丝路行，到匈牙利、俄罗斯、意大利等国推介山西文化和经贸项目，会同省演艺集团、省工美集团举办各类演出20余场，展出非遗和工艺精品2400余件；组织华晋舞剧团到俄罗斯、泰国，以及我国香港地区参加交流演出和"欢乐春节"等活动。全年开展对外文化交流10批、264人次。（陈燕萍）

【舞剧《粉墨春秋》参加亚历山德琳娜国际戏剧节】 2015年10月7日，山西艺术职业学院华晋舞剧团受邀参加俄罗斯圣彼得堡第九届亚历山德琳娜国际戏剧节，表演舞剧《粉墨春秋》。中国驻圣彼得堡总领事郭敏观看演出，并慰问演职人员。（陈燕萍）

【文化援疆援藏】 2015年，山西省创新文化援疆方式，创作话剧《生命如歌》并赴疆巡演22场，这是19个援疆省份中第一部专题援疆文艺作品。推进人才援疆援藏，选派优秀援疆干部，为新疆和西藏培训文化干部60余名，在山西戏剧职业学院举办三年制新疆曲子班，培养学员30名。（陈燕萍）

【"春雨工程"——山西文化志愿者青海行】 2015年6月27日，由山西省文化厅和青海省文化新闻出版厅联合主办，山西省群艺馆和青海省文化馆联合承办，开展2015年"春雨工程"——山西文化志愿者青海行活动，在青海省展出两百幅以"美丽山西"为主题的网络摄影优秀作品，分为《锦绣山西》《故园山西》《追梦山西》三个版块，从不同侧面展现三晋大地独特的人文景观、淳朴的民风、民俗及新时代的美丽山西。（陈燕萍）

【山西华晋舞剧团参加中泰"欢乐春节"文化交流活动】 2015年2月16日至3月1日，山西华晋舞剧团一行17人赴泰国参加中泰建交40周年、第十一届2015泰国"欢乐春节"文化交流演出。文化部副部长项兆伦和公主诗琳通及巴育首相等泰国政要出席开幕式并观看演出。在泰国的13天里，舞剧团先后参加7场演出，观众累计逾3万人。（陈燕萍）

【山西华晋舞剧团赴港参加文化交流活动】 2015年3月4日至9日，山西华晋舞剧团受文化部委派，赴香港参加由香港特区政府康乐及文化事务署主办的“香港2015春节及元宵彩灯会”文化交流活动，举办三场文艺演出，充满山西传统文化和中国民族特色的舞蹈、声乐、器乐表演受到香港观众的热烈欢迎。3月5日(农历正月十五元宵节)，华晋舞剧团在香港文化中心露天广场举办《华舞飞扬》专场晚会，将一台中国特色浓郁，地域文化明显，艺术水准高的晚会奉献给香港观众。6至7日，华晋舞剧团在香港北区公园与香港东涌文东路公园举办两场元宵彩灯会演出，吸引香港市民冒雨前来。舞剧团的舞蹈《团扇》《髯口》《水袖》及《千手观音》深受香港和来自世界各地的游客喜欢。

(陈燕萍)

地方志　档案

·地方志·

【概述】 2015年，山西省地方志办公室完成年度目标考核任务，编纂成果数量和质量都有新突破。开展创新工作，编辑出版《山西省情报告(2015)》蓝皮书；《山西年鉴》获“全国年鉴工作暨中国年鉴精品工程试点单位”；推进高质量期刊《史志学刊》，收到良好效果；继续方志信息化建设，完善省志和市志的数字化工作；开展山西省省情(方志)馆建设，完成太原市规划局选址意见书，开展可研、土地预审等工作；按照国务院《全国地方志事业发展规划纲要》的精神，组织人员，集体攻关，论证起草《山西省地方志事业发展规划纲要(2015—2020年)》。推动基层建设和扶贫工作，派出三名处级干部到和顺县青城镇任村党支部第一书记，加强基层组织、推动精准扶贫工作。抽调专门人员编制权力清单，依照省审改办要求，对本系统的行政权力进行系统梳理。由党组书记亲自负责，多次召集相关会议，按时完成权力清单和责任清单的编制工作，制作权力清单的流程图和防控图，并在地方志网站公布。

(高文宏)

【志书编纂】 2015年，山西省地方志办公室开展志书编纂出版工作。全国第二轮省级志书编纂工作推进会在太原市召开。中国地方志指导小组办公室在太原召开中国志书精品工程专家座谈会。

推动省志整理出版。编纂出版《山西省志·检察志》《山西省志·地税志》《山西省志·非物质文化遗产志》《山西省志·邮政志》《山西省志·铁路志》《山西省志·农业统计志》(上下)《山西省志·金融统计志》《山西省志·政区沿革志》《山西省志·人民代表大会志》《山西省志·林业志》《山西省志·地震志》《山西省志·机械电子工业志》等12部省志(超额5部)，共计1837多万字。

开展专志编纂出版工作。编纂出版《2014山西重点工程大事志》，全书共44.7万字。

开展旧志整理出版工作。完成明嘉靖版《山西通志》初稿点校工作。

推动市县两级地方志整理出版工作。开展二轮市志编纂，出版《太原市志》《运城市志》2部市志，忻州、吕梁、阳泉、大同、朔州等市市志加快编纂进度，《晋东南地区志》完成终审即将出版发行。推进二轮县市区志编纂工作，先后出版《大宁县志》《沁源县志》《偏关县志》《代县志》《万荣县志》《介休市志》8部县志（超额2部），推动出版《繁峙县志》《大同市新荣区志》《太谷县志》《榆社县志》《阳泉矿区志》《绛县志》6部县志。

(高文宏)

【年鉴编纂】 2015年，山西省地方志办公室年鉴期刊处完成年鉴编纂任务。11月，《山西年鉴(2015)》完成编纂任务，全书遵从年鉴通例分类编排，设类目、分目、次分目、条目。共设35个类目，1994个条目，总计160万字，由方志出版社出版。推动市县综合年鉴编纂工作，其中市级综合年鉴审核指导工作完成，审核《太原年鉴》《朔州年鉴》等6部，太原、大同、朔州、阳泉、临汾、长治6市2015年度年鉴通过评审并出版；县市区年鉴编纂工作覆盖面扩大，覆盖率达60%以上。组织举办2015年山西省地方综合年鉴编纂工作研修班，各市(县、区)志办负责人130余人参加。

(高文宏)

【精品年鉴工程】 2015年12月30日，山西省地方志办公室入选2015年—2020年首批全国年鉴工作暨中国年鉴精品工程试点单位。山西省地方志办公室《山西年鉴》获“全国年鉴

中国社会科学院院长、中国地方志指导小组组长王伟光(右二)为全国年鉴工作试点单位山西省地方志办公室授牌

(一　溪供图)

工作暨中国年鉴精品工程试点单位”,对宣传山西、推动山西省年鉴事业发展具有重要的意义。(高文宏)

【《史志学刊》创刊】 从2015年第一期开始,出版35年的《沧桑》杂志华丽转身,正式创办出版《史志学刊》。截至2015年底,《史志学刊》六期刊物完成出版任务,总字数120万字。被山西省新闻出版广电局报刊审读专家称为“深受学者点赞的学术期刊”。刊发论文135篇,有52篇为校级、省部级、国家级课题基金项目,占到38%以上。170名作者中,拥有高级职称的80名,占作者人数47%以上。《史志学刊》创办后,影响因子不断提高。据不完全统计,2015年被人大复印资料篇目索引选编40余篇,被中国社会科学网全文转载18篇。

(高文宏)

【《山西省情报告》蓝皮书】 2015年,山西省地方志办公室创新资政服务,研创出版《山西省情报告(2015)》蓝皮书。全书总计45万余字,由社会科学文献出版社出版。该蓝皮书课题是根据省委、省政府的部署,省志办启动实施的按年度序列研究省情的重大“创新工程”第二部成果,获得各级领导干部高度评价。(高文宏)

【历史研究著作】 2015年,山西省地方志办公室继续开展历史著作编修工作。为纪念抗日战争暨世界反法西斯战争胜利70周年,编辑出版黑皮书系列《山西革命根据地史丛书》——《太行革命根据地史》《太岳革命根据地史》《晋绥革命根据地史》,由山西出版传媒集团、山西人民出版社正式出版,全书135万字;经过三年多的奋战,完成《山西通史》(1—22卷)的编审工作,由国家方志出版社出版印行,全书867.8万字;撰写近四万字的《山西历史文化述要》,系统描绘山西省五千年的文明史。(高文宏)

·档　案·

【概述】 2015年,山西省档案局开展各种主题鲜明、内容丰富、教育性强的档案宣传活动。编纂《山西通志·文化艺术志·档案编》,送审稿基本完成,共计20余万字;以“6·9国际档案日”为契机,围绕“档案在你身边”主题,开展图片展览、知识讲座、赠阅书籍等宣传活动;为中央电视台、新华社、《人民法院报》、山西广播电视台等单位宣传抗战胜利70周年提供档案资源。

全省各级档案部门贯彻落实国家档案局8、9、10号令,加强对机关、企事业单位以及农业农村档案工作的监督、指导、检查力度。(韩宝剑)

【新馆建设】 2015年,山西省档案馆新馆建设土地预审工作完成,《山西省档案馆新馆建设项目可行性研究报告》报送省发改委;中西部县级综合档案馆项目建设进展顺利,经省发改委批复,确定怀仁等5个县档案馆为2015年度中央投资项目;对沁县等5个县新建档案馆图纸进行审核。

(韩宝剑)

【档案验收】 2015年,山西省档案馆推进“313计划”,督促各市档案局依照计划组织辖区档案馆验收。乡宁县档案馆通过省一级档案馆验收,五台县等4个县档案馆通过省二级档案馆验收,神池县等33个县级档案馆通过省三级档案馆验收。对阳泉市郊区档案馆实践基地创建“全国中小学档案教育社会实践基地”工作给予指导和帮助,阳泉市郊区档案馆顺利通过全国中小学档案教育社会实践基地验收。

省档案局与省民政厅、省农业厅组成验收组,对离石区和岚县创建山西省社会主义新农村建设档案工作示范县工作进行验收;为统一规范农村土地确权档案管理,与省农业厅联合举办山西省农村土地承包经营权确权登记颁证工作师资培训班;编辑《农村档案工作实务手册》,服务农村档案工作。(韩宝剑)

【档案工作指导】 2015年,国家档案局原局长、中央档案馆原馆长杨冬权一行到山西省考察调研,对山西省档案工作存在的问题提出具体要求;中国档案学会整理鉴定学术委员会2015年年会在太原召开,中国档案学会理事长段东升出席并对山西省的档案整理鉴定进行指导,整理鉴定委员会主任委员马振犊与省档案局相关专业干部进行交流。省委常委、副书记楼阳生对省档案局土地确权颁证档案提出口头表扬;省委常委、宣传部部长胡苏平参观晋城市档案馆并做出重要指示;省委常委、太原市委书记吴政隆就太原档案工作做出重要批示。(韩宝剑)

2015年9月11日,“山西兰台大讲堂”在山西省档案局正式启动

(韩宝剑供图)

2015年5月29日，山西省档案局召开全省学习贯彻落实《关于加强和改进新形势下档案工作的实施意见》辅导报告会 （韩宝剑供图）

【档案资源体系丰富】 2015年，山西省丰富档案资源体系，接收省委党的群众路线教育实践活动领导小组办公室档案1667卷、省物资储备管理局档案280卷和顾棣照片档案5048张，审计厅、太原海关等6个单位的资料94册，财政厅、交通厅、人社厅等30个单位的文件2399件政府信息公开文件，开展馆藏档案划控鉴定工作，对3个全宗5476卷档案进行划控鉴定；对山西省工业厅矿业管理局、矿产管理局、轻工业管理局、建筑总公司、手工业管理局等6个全宗的10000多卷案卷进行数字化前处理案卷质量检查工作。 （韩宝剑）

【档案安全体系规范】 2015年，山西省档案局组织全省档案安全体系建设培训会，指导、监督全省各级档案部门开展安全体系建设工作。在天津港"8·12"重大火灾爆炸事故发生后，省档案局第一时间召开会议、发出通知，各级档案部门开展安全检查，及时发现问题，排除安全隐患，确保档案实体绝对安全。从管理和技术两方面建立数字档案馆（室）安全防护体系，确保档案信息安全。全年接待查阅群众3051人次，出入库档案10818卷，资料4040册。其中革命历史档案7436卷；革命历史资料2726卷；民国档案1109卷；新中国成立资料781册；新中国成立后档案2273卷；建国后资料533册。 （韩宝剑）

【档案信息化建设】 2015年4月，山西省档案局门户网站"晋档在线"正式开通，全年更新数据400余条，并通过开设专题栏目、简化操作流程等方式，方便群众查阅。

省档案局在全省范围内进行问卷调查，出台《山西省档案局关于促进省级电子文件中心建设的实施意见（初稿）》。 （韩宝剑）

【山西兰台大讲堂】 2015年9月11日，"山西兰台大讲堂"在山西省档案局正式启动。开班仪式上，省档案局党组成员、副局长孔凡春做开班动员。学习时间安排在每周五，设为上午、下午两个班次。从9月11日起每周五上午特邀省档案局原政策法规处处长、研究馆员、全国档案系统知名专家林清澄讲授《档案学概论》；每周五下午特邀省档案局原副局长、研究馆员、享受国务院特殊津贴的全国档案系统知名专家范仁贵讲授《档案工作实务》，免费培训全省档案工作者，受到广大档案工作者欢迎。截至12月底，培训500余人次。（韩宝剑）

【档案"实施意见"宣贯会】 2015年4月29日，山西省《关于加强和改进新形势下档案工作的实施意见》（晋办发〔2015〕20号）以省委办公厅、省政府办公厅名义印发。文件下发后，山西省档案局召开全省学习贯彻落实《关于加强和改进新形势下档案工作的实施意见》辅导报告会，省直各单位、各省属企业、各高等院派专人参加，培训人员达300人；省档案局领导到全省各地进行巡讲、指导、督查、推进《实施意见》贯彻落实。

（韩宝剑）

【山西省首个全国中小学档案教育社会实践基地】 2015年12月，国家档案局办公室、教育部办公厅公布第三批全国中小学档案教育社会实践基地名单，阳泉市郊区档案馆成为山西省首个入选的国家综合档案馆。8月4日，国家考评组对阳泉市郊区档案馆创建全国中小学档案教育社会实践基地建设进行考评验收。考评组一行听取汇报，实地查看多功能报告厅、裱糊修复室、档案查阅大厅、档案库房等场所，参观《走进阳泉郊区大型史料展》和《黄建礼个人收藏展》。对照《全国中小学档案教育社会实践基地建设管理暂行办法》。（韩宝剑）

【《山西省重大建设项目档案验收细则（试行）》】 2015年10月29日，《山西省重大建设项目档案验收细则（试行）》出台，填补山西省重大建设项目档案验收标准规范空白，专项验收23个省属企业档案，对18个省属企业进行考核；对晋能集团、同煤集团所属单位进行项目档案业务培训，受众达500余人。 （韩宝剑）

文物 博物馆 图书馆

·文 物·

【概述】 2015年，山西省文物局围绕促进文物保护管理利用和建设文化强省的目标，坚定信心，奋力拼搏，各项工作取得新成效。

文物保护法制化规范化进程加快。《山西省文物建筑构件保护办法（草案）》经省政府常务会议研究同意，正式列入2016年度省政府规章项目出台计划。《山西省古建筑抢救保护工作实施意见》和《关于加强文物安全工作的意见》的草案进行修改完善。《山西省文物局关于可移动文物修复保护项目管理指导意见》《山西省市县级博物馆建设导则》《山西省博物馆免费开放绩效考核办法》和《山西省非国有博物馆考核办法》等一系列事关博物馆建设管理的规范性文件待出台。《山西古建筑保护修缮导则》等7个标准化研究项目完成2项，其余5项推进研创工作。

文物改革创新工作深化。配合国家文物局、省政府完成行政审批制度改革的落实和承接工作，为顺利进驻省政务服务平台做好准备。按照省委推进“六权治本”工作要求和部署，梳理权力清单和责任清单，绘制权力运行流程图和风险防控图，初步实现对权力运行的有效监督和制约。山西博物院拟订理事会议事规则，召开第一届理事会第二次会议，法人治理结构模式走向规范。

不可移动文物管理工作推进。在全省范围内部署开展为期2个月的古建筑专项核查，核查各级文物保护单位6220处。截至2015年底，整体保存较好的占41%，存在重大险情的占31%，存在一般险情的占28%，基本摸清古建筑保护状况底数，为今后按计划实施维修提供决策依据。第五批省级文物保护单位审核工作结束，初步拟定的178处名单报省政府核定。由分管副省长担任组长的山西省古建筑抢救保护工作领导小组成立，成员单位包括发改、公安、财政、住建、文化、工商、法制办等部门，负责协调解决古建筑抢救保护方面的重大事宜。经报请山西省政府同意，从次年起每年另行安排1000万元专项经费用于国保、省保木结构古建筑日常养护，得到国家文物局的肯定和推广。

文物保护主体责任落实取得进展。山西省文物局依据《山西省年度目标责任考核工作规定》和《山西省2015年度目标责任考核工作赋分办法》，以减分为手段，以文物保护工作措施是否得力和文物安全上是否发生较大问题为减分依据，对2015年度全省11个市的文物保护工作进行实地考核，有关考核情况及减分建议上报省考核领导小组审定。

可移动文物普查取得战绩。截至2015年底，山西省经登录、审核后上报国家普查数据平台可移动文物共计2885360件，占摸底统计数量的98.45%，是2004年统计数字的2.4倍。除个别收藏量巨大的省直单位外，市县两级收藏单位完成普查登录工作，实现年初制定的工作目标。

（王振华）

【文物保护】 2015年，山西省持续推进文物保护工作。

古建筑保护再呈亮点。105处山西南部早期木结构古建筑保护工程基本收官。10月底，于成龙故居及墓地的修复工程顺利完工并通过验收。应县木塔加固工程年内持续开展施工前准备、材料准备基础性工作，尤其是对原有施工方案进行深化和优化设计，尽最大可能地减少对本体的干扰，使得加固性能更为牢靠。首批启动的古村落整体保护利用3个试点村落中共有42处院落开展维修工作。太原西山文化带文物保护工程进展顺利，天龙山、龙山石窟抢险加固工程推进实施工作，窦大夫祠保护工程入选第二届“全国十佳文物保护工程”。彩塑壁画保护工程按年度计划顺利推进。

世界文化遗产保护工作稳步实施。五台山重点寺庙的维修，除南山寺、殊像寺推进实施工作外，菩萨顶、龙泉寺、金阁寺、罗睺寺全部竣工，监测预警体系建设项目立项获国家文物局批复。云冈石窟五华洞第11、12、13窟壁画及泥塑彩绘抢救性保护修复工程竣工并通过验收，第3窟、第21至30窟危岩体抢险加固工程设计方案编制完成并上报审批。平遥古城完成内墙97号和98号两段墙体抢险加固工程，外墙52号等14段墙体抢险修缮工作设计方案和遗产监测预警体系建设立项报告上报国家文物局审批。

抗战遗存保护和展示获好评。山西省文物部门落实省政府《关于做好我省抗战文化遗存保护工作的意见》，安排专项经费4060万元，对集中连片的28处红色及抗战遗址进行本体维修，对22处提升内容展示。其中，武乡八路军太行纪念馆主题展览改造提升工程经过半年多施工建设，于2015年9月7日重新对外开放，为省委省政府隆重纪念抗战胜利70周年献上一份厚礼。

山西省文物局领导在夏县司马光墓考察文物保护工作　（王振华供图）

大遗址保护和抢救性田野考古取得新成果。山西省文物局推进陶寺遗址、丁村遗址、曲村——天马遗址、西侯度遗址以及炎帝文化遗存的考古调查发掘研究工作与中国社会科学院联合在北京举办“陶寺遗址与陶寺文化国际学术研讨会”，组织中央媒体对陶寺遗址进行实地采访。在配合国家和省重点工程建设方面，完成29项建设工程中的文物调查勘探发掘工作。配合大张铁路和太焦客运专线建设的文物勘测工作，得到省政府

充分肯定。（王振华）

【博物馆建设】 2015年，山西省推进文物博物馆内容建设。

博物馆建设发展势头良好。文物局落实《博物馆条例》，召开全省博物馆发展研讨会，完成33个可移动文物保护修复项目的报审工作，完成全省126家博物馆年检工作，举办“5·18”国际博物馆日宣传活动。太原市博物馆陈列布展和配套设施建设工作完成。运城市、临汾市博物馆展陈工作展开。忻州市博物馆主体封顶，编制陈列布展大纲。永济市博物馆、岢岚县博物馆、西河头地道战纪念馆等一批市县级博物馆和专题类博物馆在完成展陈改造提升工作对外开放。陶寺遗址博物馆立项工作启动。

博物馆展陈交流成果丰硕。省直院馆共策划推出各类展览37个，对外输出展览9个，接待观众25万余人次。山西博物院组织出土西周文物精华展赴宝鸡、出土玉器精品展赴广州、霸国文物精品展赴成都和深圳、赵梅生艺术展赴国家博物馆、明清水陆画赴台湾进行展出，征集37件/组文物参与国内其他博物馆展览，与俄罗斯国立历史博物馆达成双向展览交流意向。晋国博物馆推出的“唐风晋韵”荣获全国十大精品陈列优胜奖。山西博物院引进的“印度的世界”获国际合作奖。“霸国文化精华展”“八路军抗战史陈列”和“晋国历史文化及晋侯墓地遗址展”入选国家文物局精品展览数字化项目库。

博物馆公共文化服务功能日益凸显。山西省文物局组织国内知名文创博物馆参加山西省第二届文化产业博览会，获得“最佳组织奖”和“优秀展示奖”。由国家文物局组织的经济社会发展变迁物证征藏试点、智慧博物馆建设试点、完善博物馆青少年教育功能试点等工作进展顺利。山西博物院作为中央和地方共建博物馆之一，首次投入使用观众身份证自助领票系统，提供志愿者免费讲解服务5000余批次；开展“博物馆进校园”“博物馆与志愿者”“专家解读书画临展”等多元化社教活动1684场；举办的“暑期小小讲解员团队活动”深受欢迎，在充分发挥博物馆公共文化服务方面做出表率；入选首批“全国博物馆文化产品示范单位”。“八路军太行纪念馆”被命名为第三批“中央国家机关爱国主义教育基地”。

（王振华）

山西省文物局领导在介休张壁古堡调研文物保护工作（王振华供图）

【文物执法】 2015年，山西省完善文物执法工作。

文物安全专项检查活动持续有效。省文物局组织大规模专项检查13次，做到月月有行动。各市、县文物局在配合省局的基础上，针对性地开展专项检查，发现并整改大量安全隐患。指导督促平遥县和五台山开展市政管网和天然气使用等文物安全隐患的整改工作。

文物行政执法和打击文物犯罪工作力度加大。组织完成临汾市、吕梁市和朔州市的文物行政执法与安全效能考核工作。报请省委调整山西省打击文物犯罪工作领导小组组成名单，配合公检法部门开展涉案文物鉴定40余起，配合省公安厅在全省组织开展“打击文物犯罪百日专项行动”，共破获文物刑事案件22起，打掉文物犯罪团伙7个，抓获犯罪嫌疑人52名，收缴一般文物18件，古建筑构件6件，震慑文物犯罪。督办处理各类文物违法案件12起，坚决依法查处太谷县武家花园违法拆除的法人违法案件，履行文物部门的法定职责。（王振华）

·博物馆·

【虞山画派书画精品展】 2015年3月27日在山西博物院开展，展览由山西博物院与上海博物馆共同举办，展览展出百多幅王鉴、王翚及其传派的各期作品，使观众可以极好地了解虞山画派的风格特色与艺术成就，也有助于公众与学术界对“四王”总体的艺术成就与深远影响，有更加深入、全面的认识与理解。（田若微）

【周原青铜艺术展】 2015年4月15日在山西博物院开展。展览由山西博物院和宝鸡青铜器博物院共同举办，展览展出132件西周早中晚不同时期的代表性器物，分为“承先启后”“礼乐文明”“王朝衰相”三个部分，生动的展示西周时期书法艺术、建筑艺术、制造技术、礼乐文明的发展与成熟、风采与魅力，为证史、补史提供宝贵的实物资料。（田若微）

【山西出土两周文物精华展】 2015年4月28日在宝鸡青铜器博物院开

幕。这次展览由宝鸡青铜器博物院与山西博物院、山西省考古研究所共同举办。这次展览共展出103件珍贵文物，主要分为青铜器和玉器两大类，大部分出土于侯马晋国遗址、曲沃晋侯墓地、绛县横水墓地等一系列重大考古发现遗址。晋侯壶、虎形灶及侯马盟书、陶模、陶范等文物造型精美、纹饰华丽，不仅展示晋国的历史，更能展示和研究青铜器的铸造，具有重大的历史和艺术价值。（田若微）

【山西出土玉器精品展】 2015年5月12日在广州艺术博物院开展。这次展览由广州艺术博物院与山西博物院、山西省考古研究所共同举办。此次展览展出山西博物院、山西省考古研究所收藏的134件组先秦时代的玉器，涵盖山西芮城清凉寺墓地、山西侯马羊舌墓地、山西曲沃晋侯墓地、山西太原赵卿墓、山西长治分水岭战国墓地等重要发现，展示石器时代至两周时期数千年间山西地区的玉文化及治玉水平。（田若微）

【弘扬“两弹一星”精神主题展览】 2015年5月26日在山西博物院开展。展览由中共山西省委宣传部、山西省文物局、中国科协新技术开发中心、中国红色文化国际交流促进会、山西博物院联合举办。这次展览以图片、书法等艺术形式，深切缅怀和颂扬以毛泽东同志为核心的党的第一代领导集体和老一辈革命家的丰功伟绩，体现中华民族和当代中国的荣耀与梦想，激发青年一代的爱国热情和奋发向上的使命意识。（田若微）

【明清肖像画展】 2015年7月3日在山西博物院开展。展览由山西博物院与南京博物院共同举办，这次展览精选南京博物院收藏的明清两代肖像画作品百余幅，展示明清数百年间肖像画的流变、发展，深刻反映出中国明清时期民俗、宗教、服饰、审美等诸方面的文化内涵，为了解和研究明清社会史、经济史提供立体的参照。

（田若微）

【西周早期古霸国文物展】 2015年，山西古霸国文化遗存两次赴省外办展。7月7日在成都金沙遗址博物馆开展。展览是由金沙遗址博物馆、山西博物院、山西省考古研究所共同举办。11月6日在深圳博物馆开展。展览由深圳博物馆、山西博物院、山西省考古研究所联合举办，展出文物150件(组)，展览精选文物186件组。两次展览展示西周早期霸国的重要考古成果，展示史料所未曾记载的霸国的军事政治、祭祀丧葬、礼仪宴饮的方方面面，试图揭开一个西周诸侯王国的神秘面纱，让公众分享霸国考古扑朔迷离的发现经过，考古现场激动人心的发现瞬间，反映西周霸国综合实力的艺术精粹，以及博物馆人对考古信息的科学解读。（田若微）

【欧洲玻璃艺术展】 2015年7月18日在山西博物院开展。展览由山西博物院与捷克共和国布拉格国家工艺美术博物馆共同举办。这次展览选取欧洲玻璃工艺各个重要时期及各主要代表性艺术流派的精华和杰作200件组。工艺精湛、造型独特，全面展示欧洲玻璃工艺从诞生、发展、向繁荣的历史轨迹，反映欧洲玻璃工艺从古代、中世纪直到近代等各个重要时期，以及各主要代表性艺术流派的独有特点，完整的展现传承近2000年的玻璃制作艺术。（田若微）

【纪念抗战胜利70周年摄影展】 2015年9月2日在山西博物院开展。展览由中共山西省委宣传部、山西省文学艺术界联合会、中共长治市委宣传部、中共晋城市委宣传部、中共晋中市委宣传部主办，山西省摄影家协会、山西博物院承办。这次展览以“铭记历史、缅怀先烈、珍爱和平、开创未来”为主题，分为雄伟太行山、英雄太行山、魅力太行山三个篇章，从一万两千余张照片中经层层筛选，最终精选出300余幅作品参展。展览通过摄影作品呈现太行山革命老区的壮美山河和厚重的风土人情，并通过镜头探寻当年的抗日战场遗址、重要会议原址、故居和抗日将士风貌，展现和弘扬伟大的抗战精神。（田若微）

【刘奎龄画展】 2015年10月29日在山西博物院开展。展览由山西博物院和天津博物馆共同举办。这次展览共展出刘奎龄画作70余幅，是天津博物馆收藏的刘奎龄最具代表性的作品，集中囊括翎毛、走兽、人物及山水画，是观众了解和走近刘奎龄艺术世界的最好途径，也是观察和思考中国画变革与发展的又一良机。

（田若微）

【古中山国文物展】 2015年12月25日在山西博物院开展。展览由山西博物院、河北博物院、河北省文物研究所共同举办。这次展览精选展出的112件(组)文物，体现中山国独具特色的文化，诠释中山国在其历史中最辉煌的片段。其中“山”字形礼器、错金银“双翼神兽”、十五连盏铜灯、刻有长篇铭文的玉器等，都是极具特色的文物精品，具有极高的历史、文化、艺术价值。（田若微）

·中国煤炭博物馆·

【概述】 2015年，中国煤炭博物馆(简称煤博馆)扩大征集信息渠道，征集回一批文物、标本及图书资料；推进藏品建档、拍照、认定等工作；承接展览会20个，会展规模达到近5000个标准展位；基本陈列“煤海探秘游”，加入“太原市实践育人共同体”，被山西省直文明委评为省直机关第七批公民道德建设“十佳文明窗口”。

（张红霞）

【基本陈列“煤海探秘”获好评】 2015年，煤博馆基本陈列“煤海探秘”贯彻“提供一流服务、创优质文化旅游品牌”的宗旨，以游客需求为导向，推行规范化管理，开展社会公益活动，服务意识、服务水平、游客满意度提升，在旅游市场、文博系统的知名度提高，树立起集参观游览、文化体验、旅游购物为一体的多功能博物馆形象，体现山西煤炭文化特色旅游亮点。2015年修复“模拟矿井”综采工作面采空区的模拟造景缺陷，完善景观面貌，使之更加逼近井下开采场景，被省直文明委评选为省直机关第七批公民道德建设"十佳文明窗口"。
（张红霞）

【藏品征集、捐赠】 2015年，煤博馆征集回文物、标本及图书资料700余件，在纪念抗日战争胜利70周年之际，从开滦、大同、潞安、阳泉等地征集到37幅老照片的电子版，从潞安煤业集团所属发电厂征集到一台美国通用电气公司生产的退役发电机组，它是中国共产党创办的第一个红色电厂——"华北军工第一厂"在建厂之初使用的三台发电机组中功率最大的一台，也是这座红色电厂唯一保留下来的历史见证物，具有很高的文物价值，与其一同征集回的还有发电厂厂区照片一张、欧姆表一台，1500千瓦发电机组说明石碑一块。
（张红霞）

【藏品管理】 2015年，煤博馆藏品管理使用"博物馆藏品综合管理信息系统"，对文物账册中漏填的文物数量、尺寸进行补充，对不合乎规范的文物名称进行重新命名；按照文物影像信息采集规范要求，从不同角度对藏品进行信息采集，拍摄陈列藏品照片7000余张。（张红霞）

【学术研究】 2015年，煤博馆推进《中国煤炭之最》《中国煤炭史志著作总目提要》的编写工作，完成煤博馆现藏部分史志著作的编写；《煤炭博览》是煤博馆主办的科技型杂志，全年共出刊4期，发行6000余册；完成"煤矿井下环境与矿工安全健康研究""山西省分类推进事业单位改革中科研院所改革政策问题研究"两个课题的结题准备工作，课题组成员撰写发表《煤矿井下疾病危害与防治》等四篇论文；参加中国自然科学博物馆、中国煤炭学会、中国科普学会等学术交流会，了解业界学术最新动态，开展学术研究和交流工作；组织职工撰写学术论文，其中两位职工的论文《浅谈行业博物馆科普教育》《国内煤炭博物馆科普教育与发展定位浅析》被收录入中国科普学会论文集，并在中国科协科普年会上进行学术交流。
（张红霞）

【展览展销】 2015年，煤博馆引进"太原市首届创意家居软装配饰文化节""2015山西孕婴通暨幼教用品博览会"；提升家博会、茶博会、建材展、老年用品展、医疗器械展、美容美发展等展会的规模；稳固以购物、美食为主题的休闲购物展会品牌。
（张红霞）

【馆校合作共建教育基地】 2015年，煤博馆加入"太原市实践育人共同体"，以培育和践行社会主义核心价值观、提升学生创新实践能力为核心目标，最大限度发挥第二课堂的作用。接待《太原晚报》阳光天使小记者榆次站80余名小记者，冠名赞助太原旅游职业学院主办的第五届"谁不说俺家乡好"导游技能大赛；接待太原晋机幼儿园近100位家长及小朋友，与太原理工大学共同开展"煤炭资源和可持续发展"主题活动，发挥博物馆教育的实物性、直观性、自主性、社会性及寓教于乐的特点，使煤博馆成为学生校外教育的重要课堂。
（张红霞）

【"旅游日"开展惠民活动】 2015年，煤博馆在"5·19"中国旅游日和"9·27"世界旅游日，对所有游客实行头道门票免费优惠。为做好旅游日当天的接待工作，煤博馆就活动的相关事宜进行周密部署，制订安全接待应急预案，进行岗位安排，并对电梯等设备进行检修，增加安全提示牌，对工作人员进行安全通道、防毒面罩、消防器材使用培训，景区内外两个医疗点备好应急医疗用品。没有发生任何安全事故，也没有接到一例投诉事件，煤博馆工作人员的引导、讲解及其他服务保障工作得到游客一致好评。
（张红霞）

【科普宣传】 2015年，煤博馆组织参加"全国科普日"暨第十二届"科普三晋"主题宣传活动，通过展示"走近中国煤炭博物馆"科普展板，发放煤炭科普知识资料，向科技工作者、科普志愿者、中小学生及观众普及煤炭知识，传播煤炭文化；组织职工聆听《智慧城市与城市发展和城市管理现代化》《科学与人生》两场科学家专题报告，参观中国现代科学家主题展、山西省优秀科技工作者风采展，使大家对中国科学家的成长之路、"互联网"时代下的城市发展新趋势、现代信息技术的发展与应用有更新的认识；煤博馆改变传统的宣传模式，采用现代信息技术普及煤炭科学知识，传播煤炭科技前沿动态，创新科普信息化运作新模式，让老百姓更简单、快捷、方便地了解煤炭科技信息。（张红霞）

中国煤炭博物馆举办2015年国际博物馆日主题活动（张红霞供图）

2015年11月10日,意大利切尔诺比奥市长一行五人到中国煤炭博物馆参观
(张红霞供图)

【王一新到煤博馆调研】 2015年7月31日，山西省副省长王一新到煤博馆进行工作调研,陪同调研的有省财政厅、商务厅、投资促进局和太原市政府的相关负责人。这次调研的主要目的是了解煤博馆会展工作情况,馆党委书记、馆长李希海在随后召开的"会展业促消费"座谈会上就煤博馆以会展促消费的主要措施、当前面临的主要困难以及建议意见做汇报。
(张红霞)

【澳门社团青年骨干代表团到馆参观】 2015年7月23日,按照省政府外事侨务办公室的安排,澳门社团青年骨干代表团一行40人到馆参观访问。中央政府驻澳门联络办、国务院港澳办、省政府外事侨务办公室等相关同志陪同,馆党委书记、馆长李希海详细介绍中国煤炭的贮存情况、煤种、综合利用、煤炭开采技术的历史演进、技术现状、未来发展方向。代表团一行对基本陈列的独特性、科学性、专业性,给予高度评价。(张红霞)

【国际旅行商到馆考察】 2015年8月28日,到晋参加山西首届"一带一路"古城古镇国际文化旅游暨第二届国际旅行商采购大会，来自加拿大、法国、意大利、西班牙、韩国、泰国、马来西亚等十余个国家和台湾地区的120余名嘉宾客商到馆考察。
(张红霞)

【香港特区驻武汉办事处主任到馆参观】 2015年9月24日,香港特区驻武汉办事处主任一行6人到馆参观访问,馆党委书记、馆长李希海陪同参观。在了解煤炭的形成、分布、各煤种的特点、各个采煤时期的支护方法等情况后,客人们纷纷表示,煤博馆的基本陈列内容丰富，形式别具一格。香港驻武汉办是继北京、上海、广州、成都之后,特区政府在内地设立的第五个经贸办事处。驻武汉经贸办事处致力于加强特区与内地中部省份的联系和沟通,其工作范围包括湖北、湖南、山西、江西和河南五省,是山西省和香港特区交往、合作的重要平台和桥梁。
(张红霞)

【美国驻华使馆领事处领事官员到馆参观】 2015年11月2日,美国驻华使馆领事处领事官员Lisa Venbrux来馆参观,党委书记、馆长李希海向客人介绍山西煤炭的分布情况,煤种特点,储量产量,植物如何成煤以及煤炭与人类的重要关系,古代、近代、现代不同时期采煤的支护方式、开采方法以及设备特点，矿井中的断层、渗水、褶皱等地质现象,Lisa Venbrux对煤博馆的友好接待表示感谢,并表示通过此次参观，获得很多煤炭知识,对山西煤炭行业的发展也有进一步的了解。参观结束后,Lisa Venbrux和李馆长互赠礼物。
(张红霞)

【意大利切尔诺比奥市市长到馆参观】 2015年11月10日，按照省政府外事侨务办的安排,在外事侨务办新闻文化处处长陪同下,意大利科莫省切尔诺比奥市市长Paolo Furgoni一行5人到馆参观访问，参观过程中,意大利客人与馆党委书记、馆长李希海进行互动交流。
(张红霞)

·图书馆·

【概述】 2015年,山西省图书馆基本公益服务和综合办馆效益再创历史新高。接待读者294万人次,借还书刊202万册次,直属分馆和流通站借还图书17126册,读者证办理39816个,新建流通站5个。公益活动数量多、质量高,社会效益和社会影响力持续提升。举办"文源讲坛"系列讲座120期,接待读者3万余人次;举办少儿系列活动200余场,举办综合性大型活动11期,举办"书香长风 文化三晋"征文评比暨"最美读者"评选表彰活动,"烽火三晋 红色文华: 晋察冀、晋绥、晋冀鲁豫抗日根据地文献展"。编辑《晋图专递》65期,《晋图实用信息》58期;编辑《晋图指南》6期,发行2万多份;开展电子书免费借阅服务;开辟读者图书交换站;建成并对外开放音乐视听室;报刊阅览室新增触摸屏数字阅报阅刊一体机8组32台;建成数字多媒体体验区,向读者免费开放。开展志愿者服务活动,推进社会人力资源共享工作。山西省图书馆成人志愿者累计注册登记团队17个，累计安排3660人次志愿者参与志愿服务;招聘566名小志愿者参加小小义务图书馆员社会实践活动。加大推进力度,国家和省重点文化工程进展快、有突破。文化信息资源共享工程突出资源建设，完成2015年项目申报；配合国家中心完成“戏曲动漫”“文化中国微视频”项目方案制定和联合立项工作。数图推广工程突出数字资源加工，完成近5万余条数据加工制作工作。文化部批复山西省古籍修复中心为“国家级古籍修复技艺传习中心山西传习所”；启动山西省一级珍贵古籍修复项目。征集石刻拓片2094张，其中有隋唐时期的墓志600余张。12月9日，山西省图书馆理事会成立。山西省文化厅党组书记、厅长张瑞鹏向山西省图书馆馆长魏存庆等13名理事颁发聘书。山西省图书馆理事会的组建成立旨在进一步提升山西省图书馆的管理水平和服务效能，给社会公众带来更多的文化实惠。（李德胜）

2015年1月1日，山西省图书馆举行“少年情 中国韵”少儿新年民乐演奏会（李德胜供图）

【阿富汗友人到山西省图书馆参观访问】 2015年4月4日，山西省图书馆迎来19位前来参观访问的阿富汗友人。在馆长魏存庆陪同下，外国友人一行探访“文源讲坛”现场，观看省图展览，参观馆内现代化的设备设施和环境优美的阅览室。并听取馆长魏存庆对山西省图书馆、山西地域文化的讲解，阿富汗友人对山西省图书馆取得的成绩和厚重的山西文化称道，对山西省传统的工艺美术文化产生浓厚的兴趣。（李德胜）

【“少年情·中国韵”2015少儿新年民乐演奏会】 2015年1月1日，山西省图书馆在长风馆报告厅举办“少年情·中国韵”2015少儿新年民乐演奏会。笛子、二胡、古筝、琵琶、扬琴、葫芦丝、中阮等各色乐器轮番上阵，参演少年儿童各显其能。“金蛇狂舞”“步步高”多人合奏、默契配合，表达孩子们的新年喜悦和美好祝愿。（李德胜）

【“书香长风 文化三晋”征文暨“最美读者”评选表彰活动】 2015年4月23日，山西省图书馆举办“书香长风 文化三晋”征文暨“人文泽晋 共筑梦想”寻找“最美读者”评选表彰活动，庆祝第二十个“世界读书日”。“书香长风 文化三晋”主题征文活动是山西省图书馆面向全国开展的一项大型文化活动。“人文泽晋 共筑梦想”寻找“最美读者”评选活动是山西省图书馆于长风新馆开馆一周年之际，结合省委宣传部“德润三晋 共筑梦想”主题活动开展的具体实践活动。两项活动开展以来，受到省内外各界人士的广泛关注和参与，经过严格评审，共有20名“最美读者”和28名征文获奖作者受到表彰。（李德胜）

【太原市盲童学校和陵川县盲人曲艺宣传队盲文图书分馆成立】 2015年4月，山西省图书馆协助太原市盲童学校及陵川县盲人曲艺宣传队进行图书室建设，并成功建成山西省图书馆盲文图书分馆，给盲校师生及盲人文艺宣传队搭建全新的阅读平台。借助山西省图书馆总分馆借还系统，盲文分馆与山西省图书馆视障阅览室的图书实现免费借阅、通借通还。设立盲文分馆，旨在为盲人读者提供更便利的阅读条件，拓展图书馆视障读者在全省的服务范围。山西省图书馆定期为盲文图书分馆更换、补充新的盲文读物，组织各种读书活动。（李德胜）

【首届“绿色读书月”活动】 2015年6月6日，第一届“绿色读书月”活动启动，仪式在山西省图书馆报告厅举行。这次活动由山西省环保厅、山西省文化厅联合举办，山西省环境保护宣传教育中心、山西省图书馆承办，旨在倡导全民读书、绿色读书、读绿色书。为配合“绿色读书月”活动，山西省图书馆同期举办“绿色读书 读绿色书”专题图书展览活动，共展出300余种近600册涉及童话、科普、小说等内容的环保图书。（李德胜）

【“我与中华古籍”摄影大赛优秀摄影作品巡展系列活动】 2015年6月13日，由国家古籍保护中心、中国图书馆学会和中国古籍保护协会联合山西省文化厅、山西省图书馆学会、山西省古籍保护中心举办的“我与中华古籍”摄影大赛优秀摄影作品巡展在山西启动。活动中，山西省图书馆学会、山西省古籍保护中心以山西省图书馆为主宣传阵地，辐射带动省内太原市、阳泉市、吕梁市、长治市、朔州市、榆次区、曲沃县、祁县等基层公共图书馆同步开展巡展宣传活动。200幅遴选出的“我与中华古籍”摄影大赛优秀作品巡展，配合巡展围绕“文化遗产日”主题开展的古籍保护讲座、“走进古籍——教你学做线装书”体验活动、中华古籍保护知识有奖答题活动等读者活动，让全省30余万社会公众直接或间接通过网络、

微信观看展览。（李德胜）

【三晋最美禁毒艺术作品展】 2015年6月18日,“三晋最美禁毒艺术作品展”在山西省图书馆成功开展。山西省副省长、省禁毒委员会主任、公安厅厅长刘杰及山西省禁毒委员会领导成员出席开展仪式并为获奖者颁奖。作为山西省禁毒宣传教育“六个一”工程系列活动的一项重要工作,“三晋最美禁毒艺术作品征集活动”自2015年4月开展以来,受到省内外各界人士的广泛关注。活动期间,共收到省内外上至95岁老者、下至6岁儿童提供的禁毒题材艺术作品近万件,后经评审委员会层层筛选、严格推评,共评选出书法类、绘画类、摄影类、其他类四个大类164个奖项。（李德胜）

【党史图书捐赠活动】 2015年7月31日,由中共山西省委党史办公室联合省文化厅、省教育厅(高校工委)举办的“让历史照亮未来——党史图书大型捐赠活动”启动仪式,在山西省图书馆举行。省委党史办公室向山西省图书馆、省城7所高校、市档案馆等13家单位捐赠30年来出版的60余种4300余册价值近50万元的珍贵图书。内容涵盖通史类、选编类、人物类、画册类、年鉴、文汇类等图书类目,包括《中国共产党山西历史》《华北抗日战争史》《奋斗的历程》《新军影集》《太行革命根据地简史》《高君宇传》等精品力作。（李德胜）

【长风朗诵团首次开讲】 2015年8月9日,长风朗诵团公开课在山西省图书馆长风馆报告厅首次开讲。长风朗诵团是山西省图书馆打造的服务读者的活动品牌,是由爱好朗诵并具备相关朗诵技能的志愿者组成的大众朗诵艺术平台,为热爱朗诵艺术的读者搭建沟通交流学习提升的平台,通过朗诵、演讲、表演等方面的知识技能培训提升气质、修养身心,通过声音艺术凝聚和传播社会主义正能量,丰富公共图书馆的场馆教育功能。朗诵公开课打破学术讲座拘谨严肃的形象,创设宽松休闲的讲座氛围,在场地布置、环节设置、主题选择等方面创新,多互动、少说教,形式多样、内容丰富。公开课的讲师群体为著名朗诵艺术家、知名广播电台播音员、高校播音主持专业教师等。（李德胜）

【晋察冀、晋绥、晋冀鲁豫抗日根据地文献展】 2015年9月2日,为纪念抗日战争胜利70周年,由山西省文化厅主办、山西省图书馆承办的“烽火三晋、红色文华——晋察冀、晋绥、晋冀鲁豫抗日根据地文献展”在山西省图书馆长风馆三楼展厅开展。展览由序言、晋察冀文献、晋绥文献、晋冀鲁豫文献、特种文献和王海勇藏抗战文献选展6部分组成。突出“内容丰富、形式多样、原汁原味、弥足珍贵”四大展览特色,通过展柜陈列、图文展板展示、多媒体机播放和实物摆放陈列等多种形式展示,共展出555件真实反映根据地军民战斗、生活的原始文献资料。（李德胜）

2015年,山西省图书馆举办“童趣汇省图 书香伴我行”2015六一儿童节“畅想书博会”主题系列活动（李德胜供图）

【纪念抗战胜利70周年系列活动】 2015年9月3日,由山西省文化厅、山西省作家协会、山西广播电视台综合广播及山西省电影家协会朗诵艺术学会主办,山西省图书馆承办的纪念中国人民抗日战争胜利70周年朗诵音乐会在山西省图书馆上演。为纪念抗日战争胜利70周年,山西省图书馆于7月至9月举办形式多样的纪念活动,“文源讲坛”先后有7位专家学者做客“抗战系列讲座”,向读者讲述抗战历史,阐述抗战精神的意义和影响;“抗战回眸——胡冰摄影作品选”及“连环小人书 烽火大抗战”连环画主题展览,展示中国人民抗日战争和世界反法西斯战争的历史。（李德胜）

【“书香三晋·文明社会”全民阅读报刊行活动总结表彰暨“最美读书人”报告会】 2015年9月23日,由山西省委宣传部、省新闻出版广电局、省总工会、团省委、省妇联、山西日报报业集团、山西出版传媒集团主办的“书香三晋·文明社会”全民阅读报刊行活动总结表彰暨“最美读书人”报告会在山西省图书馆举行。报告会共评选出10位“最美读书人”、40位“最美读书人”提名奖获得者、10家优秀组织奖及15位优秀采编人员。山西省图书馆馆长魏存庆在这次会议上获评“最美读书人”,并介绍山西省图书馆长风馆全新的办馆思路、服务理念,与大家分享山西省图书馆阅读引

导方面的实践工作经验。（李德胜）

【上海新闻出版界图书捐赠活动】2015年9月25日，第二十五届全国图书交易博览会活动间隙，上海世纪出版集团代表上海新闻出版界向山西省图书馆捐赠《同盟国的胜利——抗日战争图志》《竺可桢全集》等57种355册价值20万码洋具有收藏价值的大型文献类图书。上海市新闻出版局副局长彭卫国、上海市新闻出版局发行管理处处长忻愈、上海世纪出版集团股份有限公司副社长李远涛等20名上海出版界的嘉宾，山西省图书馆馆长魏存庆、党委书记石焕发、副馆长李达秀及山西省图书馆全体中层干部参加捐赠仪式。魏存庆代表山西省图书馆接受捐赠图书，并向李远涛颁发收藏证书。石焕发代表山西省图书馆对上海新闻出版界的慷慨捐赠表示感谢。（李德胜）

【山西省公共图书馆经验交流会】2015年10月9日，山西省图书馆学会主办、晋城市图书馆承办的2015年山西省公共图书馆经验交流会在晋城市图书馆召开。晋城市委常委、宣传部长张志仁，山西省图书馆馆长、山西省图书馆学会理事长魏存庆出席会议并致辞。这次会议通过主题发言、代表交流、专题讲座、参观走读等形式，为全省业内人员充分认识、准确把握全民阅读新常态提供良好的学习契机。会上，魏存庆作题为“全新的理念引领图书馆事业实现跨越发展”的主题发言。超星集团副总、研究馆员叶艳鸣做“公共服务体系建设中的主题图书馆建设与服务创新”的学术报告。（李德胜）

2015年10月15日，山西省图书馆举办国际盲人节盲人读者参观活动

（李德胜供图）

【国际盲人节“感受科技魅力”盲人读者参观体验活动】2015年10月15日，第32个国际盲人节，山西省图书馆联合山西省残联、山西团省委、山西省科技馆共同举办“感受科技魅力”——盲人读者参观体验活动。143名山西省图书馆视障读者和太原市盲童学校学生参加活动。（李德胜）

【省基层文化队伍示范性培训公共数字文化工程建设技术培训】2015年11月2日至6日，由山西省文化厅主办、山西省图书馆承办的“山西省基层文化队伍示范性培训公共数字文化工程建设技术培训班”分两期在山西省图书馆开班，山西省11个地市文化局公共文化科的负责人、6个市级公共图书馆与119个县级公共图书馆的馆长及相关信息技术人员261名代表参加。山西省文化厅公共文化处处长张晴从把握“互联网+”发展大势的角度，提出做好公共数字文化服务工作的方向性指导意见；山西省图书馆馆长魏存庆向代表详细介绍公共数字文化工程建设的总体思路、组织架构和具体举措。各项目及部门负责人向与会代表介绍近年来山西省公共数字文化工程建设及数图推广工程数字资源联合建设的具体情况。市、县公共图书馆信息技术人员有针对性地参加实训操作。（李德胜）

【“生命在呼唤”生态艺术绘画展】2015年11月13日，德国画家瓦西里·雷攀托“生命在呼唤”生态艺术绘画展在山西省图书馆开展，共展出作品60幅。瓦西里·雷攀托通过画笔展现地球万物的美丽，也用艺术作品启发人们绿化地球、恢复本源的新环境保护意识。这次中德文化艺术交流，引入新的艺术创作理念，促进山西省文化艺术与世界文化艺术接轨，丰富省城读者的文化生活，推动山西省对外文化艺术交流工作的开展。

（李德胜）

卫生和计划生育

Health and Family planning

综　述

【概述】　2015年，山西省群众对医疗卫生服务的整体满意度达98.48%，群众对计生办证服务的满意度达97.2%。截至2015年底，全省有医疗卫生机构40996个，其中，医院1274个（三级51个、二级292个、一级235个、未定级696个，公立669个、民营605个），乡镇卫生院1249个，社区卫生服务机构887个，村卫生室28099个，门诊部8591个，专业公共卫生机构460个，其他机构436个。乡村医疗卫生机构实现服务全覆盖，94%的县级综合医院达到二级甲等及以上水平。全省有医疗机构床位18.9万张。每千人口床位为5.0张。有卫生技术人员21.45万人，其中，执业（助理）医师90525人，每千人2.46人；注册护士83346人，每千人2.27人。孕产妇死亡率由2010年的15.37/10万下降至2015年的13.51/10万，好于20.1/10万的全国平均水平；婴儿死亡率由10.20‰下降至5.90‰，好于8.1‰的全国平均水平；5岁以下儿童死亡率由11.88‰下降至7.57‰，好于10.7‰的全国平均水平。（王　鹏）

【基本医疗保障体系建设】　2015年，山西省新型农村合作医疗保险参保率99.2%，实现应保尽保。城镇居民医保和新农合政府补助标准由2008年人均80元提高到2015年的380元。2015年，职工医保、城镇居民医保和新农合政策范围内住院费用的支付比例分别达86%、75%和78%。新农合补偿范围从住院扩大到普通门诊、大额门诊，政策范围内门诊报销比例达73%。实施城乡居民大病保险，对大病患者经基本医保支付后需个人负担的合规医疗费用报销比例不低于55%，最高赔付额可达40万元，覆盖11市2450.7万城乡居民，累计赔付12.78万人次，赔付金额7.99亿元。建立疾病应急救助制度，开展重特大疾病医疗救助，全年全省有180万人次城乡困难群众得到医疗救助。新农合将保障的重大疾病扩大到24类，由新农合基金补偿70%，纳入民政部门医疗救助的县，再由医疗救助资金补助20%，个人只需支付10%。2015年新农合重大疾病救治2.1万人次，补偿金额2.5亿元。形成基本医保、大病保险、疾病应急救助、医疗救助等相互衔接的机制。全省11个城镇医保市级统筹地区和115个新农合县级统筹地区普遍开展按病种付费、按人头付费、日间手术结算等多种支付方式改革，医疗机构门诊和住院的次均医药费用上涨速度减缓。省新农合从2013年起试行省内异地就医即时结算，实现省级医院与试点市县点对点即时结算，2015年实现全省全覆

2015年5月30日，山西省医改小组2015年第一次全体会议在太原召开

（王　鹏供图）

盖，超过5万人次享受到省级即时结算的便捷，支付金额3.14亿元，并在全国介绍经验。（王　鹏）

2015年2月6日，全省县级公立医院综合改革试点工作总结会议在太原召开
（王　鹏供图）

【药品供应保障体系建设】 2015年山西省按照“一个平台、上下联动、相互衔接”原则完成基本药物和低价药品分类采购，对多厂家投标药品实行最低价中标和按经济技术标排序跟标的评标原则，1386个中标药品全部实现“相同价格双货源”供应。采取集中打包采购的方式将基本药物招标中流标无企业供货但临床必需的156个药品品规采购在规定限价范围内委托国药集团山西有限公司等6个基本药物配送企业进行打包配送供应，保障基本药物全品种供应配送。在全省建立“相对集中、竞争有序”的基本药物配送新格局。允许政府办基层医疗卫生机构在规定比例内选择采购非基本药物，实行零差率销售。启动公立医院药品集中招采工作，采购中除实行招生产企业、量价挂钩、双信封制、分类采购等措施，还实行分类限价、动态联动，将全省公立医院药品招采价格控制在周边和环渤海地区9个省份的平均水平以下，其中独家和两家生产或投标的竞争不充分品规目标控制在全国最低水平。推行二级以上公立医疗机构高值医用耗材和体外诊断试剂阳光采购工作，对心脏介入、心脏起搏器、电生理、血液净化、眼科5类耗材限价采购，降幅在10%~28%。（王　鹏）

【公立医院综合改革】 2015年，山西省县级公立医院改革在试点基础上，覆盖全省96个农业县（市）、22个区（大同市城区无县级公立医院），所有改革县从改革当年起全部取消15%的药品加成。对于医院因取消药品加成减少的合理收入，采取以政府投入为主的补偿模式，其中财政补偿60%、调价补偿40%，2015年调整为财政补偿55%、调价补偿40%、医院控费负担5%。省级财政通过均衡性转移支付对试点县取消药品加成累计补偿4亿元以上。理顺医疗服务比价关系，实行“五升两降”，即提高诊查费、治疗费、护理费、手术费、床位费五类医疗服务项目价格，降低医用设备检查费和检验费两类医疗服务项目价格。落实政府办医责任，2014年、2015年全省改革县共投入约50亿元用于医院基本建设、设备购置以及人员经费支出。所有改革县对离退休职工费用全负担、对在职职工基本工资的财政负担比例均提高到70%以上，其中有22个县财政全额负担；部分地区帮助完成化债，有的设立专门基金支持医院发展，保障公益性目标实现。探索管理制度改革，绝大多数县（市）成立以县级公立医院管理委员会为主要形式的治理机构，有42个县由县长担任管委会主任，建立公立医院规划投资、院长选用、绩效考核、监督管理等制度体系，落实院长负责制，增强政府对公立医院的治理能力。推进编制、人事和分配制度改革。为96个农业县（市）公立医院重新核定编制52834名，探索县乡级医疗机构医师编制捆绑使用和一体化管理；放宽基层专业技术人员公开招聘条件和开考比例限制，2015年为县级医院新补充医务人员1205人。实行“两提高一完善”，即提高医务人员绩效工资水平、提高奖励性绩效工资比例、完善绩效考核制度，探索建立适应医疗卫生行业特点、优绩优酬的分配激励机制。太原、运城作为城市公立医院改革国家联系试点，探索出台改革实施方案。（王　鹏）

【基层医疗卫生综合改革】 2015年，山西省健全县、乡、村三级医疗卫生服务体系。“十二五”期间，争取中央预算内资金34.86亿元，安排省煤炭可持续发展基金8.74亿元，中央及省级配套资金较“十一五”提高21%，支持山西省卫生领域7037个项目建设，包括6652个基层项目建设。截至2015年底，全省90%以上县级综合医院达到二甲水平，每个乡镇均有1–3所达标的中心乡镇卫生院，村村有卫生室，建成覆盖城乡的基层医疗卫生服务体系。出台《关于进一步加强乡村医生队伍建设的实施意见》，完善各项保障政策，推动建立乡村医生培养、待遇、执业、养老等发展机制，筑牢基层网底。采取购买服务、政府补助的办法，落实在岗村医承担基本公共卫生服务、实施基本药物制度补助，并将新增人均基本公共卫生经费向乡村医生倾斜，乡村医生服务补助从医改前的720元/年提高到16000元/年。建立“在岗”和“退岗”双轨补助政策措施，分别对在岗参加新农保、年满退出乡村医生每月给予30元专项缴费补助和不低于100元生活补助。建立村卫生室日常运行补助政

策，省级财政每年给予每所300元补助，有4个市将标准提高到2000元；实施“村来村去”工程、定向培养村医，启动城乡医生手拉手工程等。

（王 鹏）

【优质医疗资源下沉】 2014年、2015年山西省分别制定优质医疗资源下沉两个“30条”举措，取得初步成效，九成以上的卫生经费和建设项目，近一半的新增大型医用设备配置指标，以及大量的人才、技术、培训、科研、信息资源投向基层。推进社区医生和乡村医生签约服务，全省有815个社区卫生服务机构、954个乡镇卫生院、17640个村卫生室开展签约服务，覆盖城乡居民1774.4万人。开展“建设群众满意的基层医疗卫生机构”活动，分别创建“群众满意的乡镇卫生院、社区卫生服务机构和村卫生室”262所、112所和3582所。推进优质医疗资源纵向流动，发挥城市三级医院行业龙头作用，组建55个医疗联合体，覆盖市、县级医疗机构210个，实现两个“全覆盖”，即：全省三级医院全部开展医疗联合体建设工作，县级综合医院全部纳入医疗联合体建设范围。城乡医院对口支援由“1对1”的医院整体支援转化为“1对多”的帮扶模式，安排46所三级医院帮扶166所县级医院。在县域内，推进县、乡、村卫生一体化建设，60所县级医院与135所乡镇卫生院结成89个县乡医联体，帮助乡镇卫生院新增或拓展业务项目34项，新增特色专科21个。各级医疗机构通过签订协议、上下合作，建立双向转诊便捷平台，为患者提供连续性、全程式分级诊疗服务。建立医保调节机制。新农合先是在18个县开展按病种分级诊疗试点，2015年以县为单位全面推开，实施以病种分类管理为基础、以医保支付调节为手段的分级诊疗路径。县域就诊率平均增长4%，住院实际补偿比例上升3%。

（王 鹏）

【医养结合】 2015年，山西省鼓励和支持社会力量投资举办护理院、老年病医院和临终关怀医院等养老型医疗机构，新设置审批2所社会资本投资举办医养结合型医疗机构，其中1所为太原德兰康复护理院，设置床位100张；另1所为长治九三老年病医院，设置床位480张。加强老年病科建设，全省有53所医院设置老年病科，设置床位2214张，山西医科大学第一医院老年病科被国家卫生计生委评为全国临床重点专科。探索基层医疗卫生机构与养老机构合作新模式，各类基层医疗卫生机构开展为老年人建立健康档案、上门诊视、健康查体、保健咨询等服务，为患有高血压、糖尿病、重性精神疾病等慢性病老年患者进行健康教育和管理。

（王 鹏）

公共卫生

【基本公共卫生服务均等化】 2015年，山西省人均基本公共卫生服务经费由35元增加到40元，服务项目达12类45项。省卫生和计划生育委员会组织两期基本公共卫生服务项目专题培训班，对全省11个市的基本公共卫生服务项目进行考核，抽考22个县、44个基层医疗卫生机构，阳泉市、太原市、晋城市在市级总评成绩中排名前三，阳泉市城区、晋源区、高平市、阳泉市郊区、杏花岭区在县级总评成绩中排名前五。为282.39万农村60岁以上老年人进行免费健康体检，城乡居民规范化电子健康档案建档率达82%。

（王 鹏）

【疾病预防控制】 2015年，山西省疾控中心实验室A类设备达标率71.1%，A类项目检验检测率69%。建立省级疾控专家库，对疾控15类专业人员培训达13.96万人次。重大传染病得到控制，全省无埃博拉出血热等新发传染病输入。免疫规划疫苗报告接种率保持在95%以上，连续23年保持无脊灰状态，麻疹发病持续低于全国平均水平。艾滋病人生存状况改善。结核病防治“三位一体”规范管理年活动获国家卫生计生委肯定，全省发现治疗管理活动性肺结核患者15212例，新涂阳肺结核患者治愈率94.3%。实现消除疟疾目标。加强慢性病防控，省、市、县级均设立慢性病防治机构，全省创建国家慢性病综合防控示范区5个，省级示范区27个。全民健康生活方式行动实现县级全覆盖。65岁以上老年人健康管理率82.2%，农村老年人免费体检率88.6%，高血压、糖尿病患者规范管理率达88.4%和87%。山西省农村癫痫病防治项目经验在全国推广。阳城县肿瘤登记数据质量达国际标准。建立山西省精神卫生工作厅际联席会议制度，成立省、市、县三级精防机构，实现精神病专科医院市级全覆盖和严重精神障碍管理救治工作县级全覆盖。截至2015年底，全省在册严重精神障碍患者10.2万人，患者检出率2.82‰，管

山西医科大学第一附属医院专家一行三人赴多哥执行防控埃博拉出血热公共卫生师资培训任务

（王 鹏供图）

理率 84.47%。累计为 13889 例门诊患者提供免费治疗药物，为 1352 例紧急住院贫困患者补助 270 万元，为 22 例解锁患者补助 11 万元。截至 2015 年底，全省 97.5%以上的县(市、区)保持消除碘缺乏病状态，碘盐覆盖率 97.57%、居民户合格碘盐食用率为 92.52%。水源性高碘地区无碘食盐率达 93.1%。全省地方性氟、砷中毒病情处于稳定控制态势，大骨节病与克山病均以县级为单位达到消除标准。职业病诊断机构、鉴定机构全部实现职业病信息网报。连续监测 53 家企业 2.1 万余名尘肺病、职业中毒、职业性肿瘤等重点职业病危害劳动者。

（王　鹏）

【爱国卫生】 “十二五”期间，山西省 6 个城市(晋城市、潞城市、孝义市、原平市、介休市、侯马市)、16 个县城(长治县、屯留县、襄垣县、长子县、沁源县、洪洞县、繁峙县、定襄县、河曲县、五台县、宁武县、保德县、灵石县、左权县、怀仁县、岚县)、7 个乡镇(古县北平镇、古县石壁乡、忻府区奇村镇、宁武县东寨镇、五台县台怀镇、定襄县河边镇、繁峙县砂河镇)整体卫生水平达到国家卫生城市、(乡镇)县城标准，被全国爱卫会授予国家卫生城市、县城、乡镇称号。岢岚县、静乐县、代县、神池县、五寨县、河曲县楼子营镇、保德县义门镇、偏关县老营镇通过省爱卫办组织的技术评估；昔阳县通过省爱卫办组织的暗访。截至 2015 年底，山西省有国家卫生城市 7 个(长治市、晋城市、潞城市、孝义市、原平市、介休市、侯马市)；国家卫生县城(乡镇)28 个(黎城县、壶关县、平顺县、武乡县、襄垣县、长治县、屯留县、长子县、沁源县、古县、古县北平镇、古县石壁乡、洪洞县、左权县、怀仁县、岚县、灵石县、定襄县、繁峙县、河曲县、五台县、保德县、宁武县、忻府区奇村镇、宁武县东寨镇、五台县台怀镇、定襄县河边镇、繁峙县砂河镇)。

（王　鹏）

【健康教育与促进】 2015 年，山西省启动健康促进县(区)、健康促进场所和健康家庭建设活动，设 11 个健康促进试点区县。开展健康知识进万村活动，为全省 29543 个村卫生所免费订阅《健康生活报》。完成 2015 年度全国居民健康素养监测调查、烟草流行监测、妇幼保健基本知识与技能调查。配合国家卫生计生委“健康中国行”活动，编辑出版《糖尿病健康教育者培训教材》知识从书。免费为 373 万户农村家庭发放健康知识口袋书；全省 327 所二级以上公立医院开设健康教育讲堂，24 万群众受益。

（王　鹏）

【妇幼保健】 2015 年，山西省卫生和计划生育委员会提高妇幼保健和计划生育技术服务能力，宫颈癌检查项目县由 102 个扩大到 115 个农业县，完成农村妇女宫颈癌检查 403639 人，完成率 101.1%，完成农村妇女乳腺癌检查 52749 人，完成率 119.9%。为 28.4 万育龄夫妇提供免费孕前优生健康检查，为 207 万人次 6 岁以下儿童提供免费健康管理服务项目，儿童健康管理率 91%。完成农村孕产妇住院分娩补助 15.97 万例，住院分娩率 99.89%。全年管理孕产妇 25.9 万例，系统管理率 87%。完成叶酸增补 30 余万人。为 21 个项目县 58847 名 6 至 24 月龄儿童发放营养包，儿童贫血患病率、低体重率和矮身材率分别下降至 20.4%、1.0%和 2.3%。为 14 个项目县 11429 名新生儿进行遗传代谢病筛查，10216 名新生儿进行听力筛查。271 所医院获得爱婴医院称号，4 所医院被评为全国优秀爱婴医院。创建 2 个省级儿童早期发展示范基地。启动产妇住院分娩信息登记和出生医学证明管理一期工程，在全国会议上介绍经验和做法。开展妇幼计生先进集体、个人和“三晋最美妇幼天使评选活动”，评选出 15 名“三晋最美妇幼天使”。（王　鹏）

【卫生应急】 2015 年，山西省卫生和计划生育委员会以卫生应急预案编制框架指南为指导，形成由 2 个专项预案、20 个部门预案及 1000 余个地方性预案组成的卫生应急预案体系。建立集全省优势资源为一体的省级卫生应急专家库，涉及 40 多个专业、学科，入库专家 275 名。全省组建国家、省、市、县四级卫生应急队伍 765 支 11734 人(其中，省级 10 支 195 人；市级 140 支 2594 人；县级 615 支 8945 人)，成立第一支由 50 名在校大学生组成的“山西省蒲公英卫生应急志愿者队伍”。为国家紧急医学救援队伍装备价值约 1000 万元的现代化、车载化装备。建立政府储备和医疗卫生单位自行储备相互结合、相互补充的卫生应急物资储备机制，省级累计储备价值 2500 万元的 6 大类 276 种医药物资，满足全省卫生应急工作需要。与地震、交通、教育等多部门建立联防联控工作机制，与武警山西省总队、北京市卫生局构建起省际间、军地间卫生应急合作平台。创建 2 个国家级、40 个省级卫生应急综合示范县。推进省级突发公共卫生事件应急指挥与决策系统和卫生应急信息发布平台建设，实现信息实时收集、发布、预警及移动电话会议等功能。“十二五”期间，省、市两级累计开展卫生应急培训和演练 100 余次，培训及参演人员达 1 万余人次。（王　鹏）

【食品安全风险监测】 2015 年，山西省完善全省食源性疾病监测网，在全省二级以上医疗机构开展疑似食源性异常病例、异常健康事件监测工作；在全省 6 个市 8 个县区的 10 所医院开展特定病原体食源性疾病监测工作；设立 130 个食源性疾病病例信息监测哨点医院，实现县(区)全覆盖；食品污染物及有害因素监测采样点覆盖 119 个县(市、区)。食品污染物及有害因素监测，全省采集样品 2180 份，获得监测数据 11422 条；食源性致病菌监测，全省采集样品 2331 份，检验 2150 份，有 151 份样品检出目标菌株，阳性检出率 7.02%；食源性疾病病例信息监测，全省采集 6609 例，省内所有哨点医院均开展工作；特定病原体食源性疾病监测，全省采集并报告病例信息 990 例，检出目标菌/毒株 84 例，阳性检出率为 8.48%；食源性疾病暴发事件监测，全省通过

山西省卫生和计划生育委员会举办2015年山西省民营医院发展论坛

(王 鹏供图)

国家食源性疾病暴发报告系统报告食源性疾病暴发事件94起,发病562人,死亡1人。未接到疑似食源性异常病例报告。开展地方食品的主动监测工作,采集506份散装豆腐干进行相关微生物指标检验,获得数据2530个。做好食品安全企业标准备案工作,备案企业标准468个。(王 鹏)

卫生人才与科研

【全科医生培养】 2015年,山西省启动实施全科专业住院医师规范化培训工作,完成548名学员招录。实施全科医学师资培训,对全省各全科医生培训基地的158名师资进行集中培训。加强全科医生转岗培训,全年培养503名,比国家要求超额13名。开展农村订单定向医学生免费培养,为基层招录第六届农村订单定向免费医学生250名,第一届268名免费医学生到定向地县级卫生行政部门报到。 (王 鹏)

【住院医师规范化培训】 2015年,山西省成立包括编办、发改、教育、财政、人社等部门共同组成的山西省毕业后医学教育委员会,印发《住院医师规范化培训考核管理办法(试行)》《山西省临床医学(中医)硕士专业学位研究生培养与住院医师规范化培训衔接办法(试行)》。安排中央补助山西省住院医师规范化培训专项经费7974万元。14家培训基地按要求完成招录工作。2014年度招录1301人,其中全科专业220人。2015年度招录1217人,其中全科专业328人。2015年招录专硕并轨生771人。委托四川大学华西医院开展两期骨干师资培训班,培训250人,委托山西医科大学组织省级师资培训班,培训内、外科师资75人,与山医大二院骨科和山西大医院全科联合举办骨科和全科专业基层实践基地骨干师资培训班,分别培训骨科和全科专业师资各120余人。 (王 鹏)

【百千万卫生人才培养工程】 2015年,山西省召开"百千万卫生人才培养工程"启动大会,印发《百千万卫生人才培养工程实施方案》,明确提出用3—5年时间,面向省、市级医疗卫生计生机构,培养百名高端领军人才;面向市、县级以上医疗卫生计生机构,培养千名骨干精英人才;面向基层医疗卫生计生机构,培养万名基层适宜人才。以北大医学部访问学者为依托推进高端人才培养工作,派出72人参加培训,其中全科、精神、儿科、产科、急救、康复和护理等紧缺专业占32%,首次选派2名县级医院学员到北京学习。在北京大学所属9家医院基础上,协调联系国家卫生计生委直属44家医疗机构、北京市18家直属医疗机构和部分部队医院作为山西省高端领军人才培训接收单位,与国际应急管理学会医学委员会(TEMC)就人才培养达成合作意向,拓宽人才培养选派渠道。 (王 鹏)

【医学科学研究】 2015年,山西省加强重点学科建设,评审确立第三批医学重点学科,包括15个省级重点建设学科、21个省市共建学科、11个省市县共建学科。委直属各单位获得省科技厅各类计划项目155项,资助经费689万元。评审确立山西省卫生计生委科研课题167项,资助经费185万元。协助省科技厅完成科技成果鉴定18项,其中16项达到国际先进水平,2项达到国内领先水平。举办国家及继续医学教育项目71项,省级继续医学教育项目315项。

(王 鹏)

医政管理

【创新医疗服务监管】 2015年,山西省在自主研发"医疗机构服务能力评估系统"基础上,启动实施医疗运行评价工作,建立"以公益性为导向、以提质控费为重点、融监测、分析、评估、监管、考核为一体"的绩效评价机制。截至2015年底,覆盖全省三级医院和部分二级医院,医药费用过快上涨势头得到遏制。健全医疗机构执业监管机制,制定《医疗机构不良执业行为记分管理办法》,对医疗机构的不良执业行为进行记录和评分,规范执业行为;出台《山西省县级公立医院绩效考核指导意见》,以医疗质量和服务效率、医疗费用控制以及社会满意度等作为主要量化考核指标,建立健全以公益性质和运行效率为核心的绩效考核制度;加大医师定期考核力度,在11个市和委直医疗机构全面实施。 (王 鹏)

2015年11月27日至28日，省政协副主席、省卫生计生委主任卫小春（左一）赴运城市临猗县调研医药卫生体制改革工作 （王 鹏供图）

【医院能力建设】 2015年，山西省先后制定山西省三级妇儿医院、二级肿瘤医院、二级精神病医院、二级妇产医院、二级骨科医院和二级内分泌与代谢病专科医院等评审标准实施细则。组建由管理、医疗、护理、院感、财务等专家组成的医疗管理服务专家库，保证管理和评价的科学性、专业性和规范性。截至2015年底，全省有三级医院（不含妇幼保健院）54所，二级医院180所；全省96个农业县县级综合医院中，二级甲等以上91所。加强医院专科体系建设，指导医疗机构优化科室设置，提高综合服务能力，从“争创国家级、启动省级、推进县级”三方面入手，培育、发展优质资源。截至2015年底，全省有12个专科被评为国家临床重点建设专科；遴选25个专业，启动省级重点专科建设工作；开展县级临床重点专科建设工作。 （王 鹏）

【构建和谐医患关系】 2015年，山西省深化“平安医院”创建活动，成立全省创建活动领导小组，会同9厅局开展维护医疗秩序打击涉医违法犯罪专项行动，全省三级医院和大部分二级医院均设立警务室。全省未发生社会影响较大的涉医、伤医案（事）件。推进医疗纠纷第三方调处和医疗责任保险相结合的工作机制，建立起省医调委统一管理，省、市、县三级全覆盖的医疗纠纷人民调解网络，组建110人的调解员和联络员队伍、72名志愿者和460余名专家团队；推进医疗责任保险制度，全省参保医疗机构达243所，80%以上的二级公立医疗机构参保；省医调委受理医疗责任保险案件9317件，调解成功8667件，保险赔付29670.6万元。 （王 鹏）

【改善医疗服务行动】 2015年，山西省推进优质护理服务，全省三级医院优质护理病区实现“全覆盖”，二级医院优质护理病区比例达80%以上。开展优质护理评价，在全省三级医院和以全面提升县级医院综合能力试点医院为代表的二级医院实施。加强省、市两级医疗质量控制中心和各专业质控部建设，省一级专业质控部达34个，11个市都建立医疗质量控制中心，市级质控部175个，提升质控和管理水平。开展医疗管理专项活动，以“三好一满意”活动为核心，推进“医疗质量万里行”、抗菌药物临床应用专项整治、大型医院巡查等专项活动，落实监管职责。开展临床路径管理，在全省217所医疗机构（其中三级医院47所，二级医院170所）实施，建立起适合省情的临床路径管理模式和运行机制。做好无偿献血工作，形成以“街头献血为主，团体招募为辅，应急献血为补充”的采供血机制，保障全省临床用血。山西省连续四次获“全国无偿献血先进省”称号。 （王 鹏）

【社会办医】 2015年，山西省卫生和计划生育委员会同省发改委、省财政厅、省人社厅、省商务厅制订《进一步鼓励和引导社会资本举办医疗机构的意见》，先后出台《关于进一步促进社会办医的意见》《关于加快发展社会办医的通知》。两年内新设置审批社会办医疗机构934所，引资59.5亿元启动一批重大社会办医项目。截至2015年底，全省民营医疗机构达14754所，占总数的35.98%；总床位数为24023张，占总数的17.13%。民营医疗机构2015年总诊疗人次、出院人数分别为2620.4万、41.9万，占全省总量比例分别为20.92%、11%。 （王 鹏）

中医药事业

【中医药服务体系】 截至2015年底，山西省有中医院和中西医结合医院205所，其中公立中医医院126所。市级中医医院12所，县级中医在医院108所。社会办中医医院79所，中医类门诊部和诊所5000余所。三级甲等中医院5所、三级乙等5所、二级甲等40所。所有二级以上综合医院均设有中医科。有中医药教育机构2所（本科院校1所、中专学校1所）、科研机构6所。全省中医院和中西医结合医院共开放床位16917张，每千人口0.47张（全国平均水平0.51张）；拥有中医执业（助理）医师13788人，每千人口0.38人（全国平均水平0.31人）；拥有国家卫生计生委中医专业临床重点专科12个，国家中医药管理局重点专科32个、重点学科18个、重点研究室2个、三级实验室6个，省级中医药重点学科25个、重点实验室4个。全省11个市有9个

市设有中医科，40个县（市、区）设置中医股。（王 鹏）

【中医药人才培养】 2015年，山西省深化院校教育改革。省政府与国家中医药管理局签署《共建山西中医学院协议》，提升山西中医学院办学水平和服务社会能力。占地面积911.34亩、建筑面积31万平方米、总投资10.5亿元的新校区投入使用。“十二五”期间，获批2个中医住院医师规范化培训基地，招录学员200名。获批1个国家中医药优势特色教育培训基地。实施45项国家级继续教育项目。获批10名全国优秀中医临床人才，27名中药特色技术传承人才，20名中医护理骨干人才。培养550名中医类别全科医生，500名县级中医临床技术骨干。山西中医学院招录250名中医学专业农村订单定向医学生（本科），山西省中医学校、晋中卫校招录中等中医专业学员905名。启动传统医学师承和确有专长人员考核工作，合格人员1000余人。开展省级中青年中医领军人才培养项目，邀请国医大师、院士等全国知名专家授课，有45名骨干参加学习。开展省级中医临床优秀人才培养项目，培训310名学员。开展省级中医药重点学科（实验室）建设（25个学科点、4个实验室）。完成首批山西省名老中医评选工作，评选出74名名老中医。（王 鹏）

【中医药服务能力提升】 2015年，山西省推进省域内中医医疗联合体建设，组织全省10所三级中医院与所有县级中医院建立医疗联合体，通过上下联合推进中医药人才、技术、制剂、管理等各类资源流向基层。实施基层中医药服务能力提升工程，以中医药适宜技术推广视频平台为基础，构建省、县、乡镇（社区）三级互联共通的一体化适宜技术推广网络。全省累计创建28个国家级基层中医药工作先进单位、52个省级先进单位、461个中医药特色基层医疗卫生机构。全省99%的社区卫生中心、94%乡镇卫生院、86.6%的社区卫生服务站和76.8%的村卫生室能够提供中医药服务。创新中医药服务群众模式，依托运城河东小儿推拿学校为乡镇卫生院和社区卫生服务机构培养2000名小儿推拿技术人员，指导0至36个月儿童家庭掌握一定的小儿推拿技术，每年覆盖人数达40%，受到群众普遍欢迎。（王 鹏）

【中医药产业发展】 2015年，山西省试点中医药旅游，会同省旅游局授予平遥县全省首家“省级中医院文化养生旅游示范基地”称号。推进中医药文化传承，山西中医学院附属医院和山西黄河中药有限公司中医药博物馆被评为全国中医药文化宣传基地，创建11个省级基地，培养100名省级中医药文化科普巡讲员。完成中医药资源普查，完成首批40个试点县的外业调查，采集标本15667种、74491份。实施中医药走出去战略，借力国家“一带一路”战略，推进山西中医药与东欧国家的合作，太原市侯丽萍风湿骨病中医医院与克罗地亚里耶卡大学附属医院签署协议，为当地居民传播中医药传统文化，提供保健方法，开展特色疗法。（王 鹏）

【山西省中药材协会成立】 2015年3月，由振东集团发起，各高校、科研机构、中药生产企业参与的山西省中药材协会成立。这是继山西省医药行业协会、山西省医药商业协会、山西省医疗器械协会之后成立的又一与医药相关的协会。该协会侧重于中药资源保护、中药材种植加工以及中成药生产等，为企业与企业之间、企业与科研院所之间、企业与政府之间搭建沟通桥梁，有利于山西省医药尤其是中药领域的持续发展。（刘利民）

卫生计生综合监督

【打击非法行医】 2015年，山西省查处取缔“黑诊所”、游医摊点等无证行医案件1083件，罚款145万余元，没收违法所得13.2万余元；查处医疗机构各类违法违规案件3438件，罚款480.5万余元，没收违法所得23.66万元；查处医疗广告和互联网医疗保健信息服务案件334件。（王 鹏）

【“健康校园”】 2015年，山西省卫生和计划生育委员会联合教育、食药、建设部门开展全省中小学校卫生专项整治，创建“健康校园”活动，监督覆盖率达98%以上，监督频次达1.3户次以上。先后以文件、推进会等形式，推广太原市小店区“学校卫生五统一”工作模式，加强学校卫生工作评价，指导帮助学校改进教学环境和设施，完善卫生管理和应急管理措施，推进学校自主管理。指导帮助部分市县妥善处置多起学校饮用水卫生污染和肺结核、麻疹等病例集中发病等问题，保障学校师生健康安全。（王 鹏）

【公共卫生监督】 2015年，山西省强化公共场所卫生许可，推进集中空调通风系统清洗消毒和卫生检测评价，推动山西省集中空调卫生管理提质上档。开展暑期游泳场所专项监督检查，检查游泳场所156户，责令限期整改50户；检测游泳场馆142户，责令限期整改36户。监督抽检涉水产品89件，检测45份现制现售饮用水自动售水机出水水样，合格率100%。日供水千吨以上城镇集中式供水、农村饮水安全工程供水和学校自建设施供水监督覆盖率100%。监督检查医疗卫生机构31963家，监督覆盖率99.59%；检查消毒产品生产企业59家，监督覆盖率100%，检查消毒产品经营企业286家，办理案件8件。开展血液透析室（中心）专项检查，检查各级各类医疗机构139家。全年办理传染病防治案件580件。（王 鹏）

【职业卫生和放射卫生监督】 2015年，山西省规范职业病防治机构执业行为，监督检查职业病诊断机构、职业健康检查机构，对248家职业健康检查机构进行考核评估，考核评估率93.9%。淘汰25家能力差、工作开展不力的职业健康检查机构。加强放射诊疗及放射卫生技术服务机构监管，采

2015 年 7 月 22 日，山西省卫生和计划生育委员会与山西省总工会联合举办“亮剑三晋·护卫健康”2015 年山西省卫生计生监督技能竞赛　　（王　鹏供图）

取省、市、县三级联动方式，对全省 1590 家放射诊疗单位进行监督检查，监督覆盖率 100%。对 133 家违法违规的放射诊疗单位下达处罚意见，罚款 27.95 万元。　　（王　鹏）

【出生人口性别比治理】 2015 年，山西省召开全省打击“两非”专项督查检查动员部署会，组织 6 个由监督员和妇产专家组成的督导组，对 11 个市、31 个县（市、区）的“两非”情况进行明察暗访。摸排发现“两非”线索 59 条（公立医疗机构 16 家，个体民营医疗机构 43 家），查实并处理 40 条。运城市、忻州市、朔州市自主摸排发现线索 12 条并查实处理。52 件案件中，吊销《医疗机构执业许可证》3 户、取缔无证摊点 4 个、没收非法所得 5 户 1.5 万元、罚款 40 户 26.02 万元。　　（王　鹏）

【综合监督能力建设】 2015 年，山西省推进县级卫生监督机构房屋建设，县级卫生监督机构业务用房已完工与在建的总占比达 73.2%。推进卫生监督示范县工作，在运城市新绛县召开现场会。制订卫生计生监督执法案例评查标准，组织现场评查会，开展 11 个市行政处罚案卷互查互评，评选出 10 份典型案例报送国家卫生计生委，2 份获优秀。与省总工会联合举办以“亮剑三晋、护卫健康”为主题的山西卫生计生监督技能竞赛。（王　鹏）

计划生育

【计划生育管理】 2015 年，山西省人口出生率为 7‰，人口自然增长率为 3.5‰。全省符合政策生育率为88.98%，比上年提高 0.36 个百分点。其中，一孩符合政策生育率为 99.33%，与上年持平；二孩符合政策生育率达为 71.42%，比上年提高 1.53 个百分点。符合政策生育率在一定范围内波动，基本持平。单独两孩政策实施平稳有序，1.2 万个家庭申领二孩再生育服务证。　　（王　鹏）

【流动人口计生服务管理】 2015 年，山西省流动人口婚育证明实现电子化，流动人口基本公共卫生计生服务均等化试点由 20 个县扩展到 41 个县。省卫生和计划生育委员会与综治委、省人民政府农民工办、民政厅、财政厅等厅局联合下发《关于做好流动人口基本公共卫生计生服务的实施意见》，安排 200 万元经费用于基本卫生计生公共服务均等化试点工作。在晋中市召开全省流动人口基本公共卫生计生服务均等化试点现场会议，明确流动人口基本公共服务内容和标准。　　（王　鹏）

【计划生育家庭关怀扶助】 2015 年，山西省推进落实省卫生计生委、省财政厅、省民政厅、省人社厅、省住建厅、省残联、省计划生育协会 7 个部门联合出台的《关于进一步做好计划生育特殊困难家庭扶助关怀工作的通知》，加大对计生特殊家庭关怀扶助力度，2015 年独生子女伤残、死亡家庭特别扶助金标准由原来的 200 元提高到 400 元、500 元，并在五保供养、医疗救助、医保缴费、医院就医等方面享受优惠和照顾政策。为全省 29 万户计生家庭办理意外伤害保险，救助患重大疾病的计生特殊家庭成员 4100 余名。　　（王　鹏）

体 育

Sports

综 述

【概述】 2015年，山西省体育事业取得一系列突破，实现长足发展。

以全民健身上升为国家战略为契机，增强体育公共服务能力。全民健身活动广泛开展。全省各地以“强健体魄 阳光生活”为主题，按照“春舞”“夏泳”“秋赛”“冬跑”四个板块，开展全民健身系列活动。全年开展各级各类全民健身活动2600余次，参与人数近200万人次。配合省民委、省残联组队参加第十届全国少数民族运动会、第九届全国残疾人运动会，取得优异成绩。公共体育设施建设推进。完成年初制订的371个乡镇健身广场器材配置安装工程任务，5个市完成全民健身活动中心工程立项等前期工作；824个公共体育设施进公园、广场、社区（小区）试点工程器材招标完成。在全省资助建设拆装式游泳池试点工程10个，资助资金划拨到位。群众体育队伍壮大。推进社会体育指导员队伍建设，全年资助各地培训二级社会体育指导员1780名、三级社会体育指导员2520名，全省社会体育指导员注册人数达5.6万余名。组织200余名社会体育指导员参加专项技能培训。山西14名指导员参加“相约动起来 健康中国人”全民健身公益系列活动全国社会体育指导员健身技能培训交流展示大会。获健身秧歌一等奖、广场舞二等奖、柔力球三等奖。青少年体育工作加强。会同教育部门开展2015—2018年周期山西省体育传统项目学校评定工作，择优评定136所省级体育传统项目学校。被国家体育总局命名7所国家级青少年体育俱乐部。加快校园足球特色学校和试点县的普及和建设，启动全省校园足球四级联赛并组队参加全国校园足球联赛。举办全省青少年阳光体育大会。

以备战2016年里约奥运会为重点，做好竞技体育各项工作。全运、奥运备战工作开展。基本完成第十三届全运会周期各项目队伍的组建。重点保障优秀运动员打好奥运资格赛选拔，力争获得更多参赛席位。山西省运动员全年共获得全国冠军22个，特别是女子乒乓球队获得2015年全国乒乓球锦标赛团体冠军，实现山西乒乓球项目历史性突破。第二届全国青年运动会落户山西。2015年7月，经国务院办公厅正式批复，同意山西省举办第二届全国青年运动会。这是山西省第一次获得全国综合性运动会承办权。全年承办全国田径大奖赛、全国蹦床冠军赛、全国青运会武术套路预赛、全国青年女子柔道锦标赛暨青运会预赛、全国青运会拳击预赛、全国武术散打冠军赛等一系列全国重要赛事，完成第一届全国青年运

2015年10月27日，第二届全国青年运动会花落山西，山西省副省长张复明（右一）接过会旗

（王宏德供图）

动会自行车和现代五项比赛的承办工作。参加第一届全国青运会成绩优异。太原市、大同市两个代表团267名运动员参加第一届全国青年运动会18个大项、160个小项的比赛,共取得14枚金牌、11枚银牌、12枚铜牌,创造山西省参加全国青年运动会(原全国城市运动会)的历史最好成绩。职业体育健康发展,山西兴瑞女子篮球俱乐部再次夺得中国女子篮球联赛(WCBA)2014—2015赛季冠军,实现三连冠;山西汾酒男子篮球俱乐部取得中国男子篮球联赛(CBA)2014—2015赛季第六名。体育后备人才培养体系完善。以省级体育彩票公益金对36个国家和省级基地进行资金扶持,组织300余名教练员参加国家和省级专业培训。举办山西省排球、田径、乒乓球、武术、网球、羽毛球、射击、射箭、游泳锦标赛等10余项赛事。运动员文化教育工作加强。构建体教结合工作新模式,坚持和完善联席会议制度。在全省开展公办体育运动学校运动员文化测试,全力推进运动员文化教育工作。

以全面落实国发46号文件精神为抓手,促进体育产业快速发展。完成《山西省人民政府关于加快发展体育产业促进体育消费的实施意见》并正式印发。2015中国体育文化·体育旅游博览会在山西太原成功举办。山西省体育博物馆开馆运行。开展山西射击射箭训练基地建设前期准备工作。省级体育场馆在确保专业运动队训练的前提下,免费或低收费向群众开放,提供全民健身服务。全省体育彩票销量完成20.84亿元,较上年增长9.88%。 (王宏德)

2015年8月15日,三晋鼓娃敲响全国少数民族运动会 (王宏德供图)

【2015年山西体育十大新闻】 2015年,第二届青运会落户山西。7月7日,国务院办公厅发函同意山西省承办2019年第二届全国青年运动会。10月27日,第一届青运会闭幕式上,山西省副省长张复明接过青运会会旗,第二届全国青年运动会进入"山西时间"。

山西兴瑞女篮勇夺WCBA"三连冠"。3月5日,山西兴瑞女子篮球俱乐部夺得WCBA2014—2015赛季总冠军。三次蝉联WCBA总冠军,成为山西省历史上第一支球类项目全国顶级赛事"三连冠"获得者。球员纪妍妍捧走总决赛MVP奖杯。

中国体育"两博会"举办成功。10月11日至13日,2015中国体育文化·体育旅游博览会在太原举行。这是山西迄今为止举办的规格最高的体育展会。全国31个省区市、全省11市、国家体育总局系统10多个单位和全国近300家企业参展,数量达"两博会"历史之最。

第一届全国青年运动会山西省参赛代表团勇创佳绩。10月,第一届全国青年运动会在福建省举行,山西省太原市和大同市两市组团参赛,267名运动员参加18个大项、160个小项的比赛,获得14金、11银、12铜,创历史(城运会)最好成绩。

山西女乒首夺全国团体冠军。10月,在哈尔滨市进行的2015年全国乒乓球锦标赛中,山西队过关斩将,3:1战胜黑龙江队,夺得女团冠军,这是山西首次夺得全国乒乓球锦标赛团体冠军。

山西运动员扬威国际体坛。2015年,山西著名蹦床运动员董栋、涂潇夺得双人同步、网上个人世界冠军;击剑运动员郝佳露获得世界击剑锦标赛、世界杯击剑赛冠军,这是山西省击剑项目首次夺得该项目的世界冠军。

山西出台《实施意见》力促体育产业发展。7月31日,山西省人民政府公布《关于加快发展体育产业促进体育消费的实施意见》(晋政发〔2015〕32号),这是山西出台的又一个指导和促进体育产业发展的纲领性文件。

30000人角逐太原国际马拉松。9月13日,纪念中国人民抗日战争暨世界反法西斯战争胜利70周年,以"为和平,跑太马"为主题的2015年太原国际马拉松赛鸣枪。赛事设男女全程和半程、迷你马拉松、亲子健身跑等6个项目,国内外3万余名选手参赛。埃塞俄比亚选手夺得男女全程桂冠。组委会特邀全国100个跑团参赛,为国内首创。5名抗战老英雄应邀为比赛起跑鸣枪。

"强健体魄·阳光生活"群众体育开展。2015年,全省各地开展以"强健体魄·阳光生活"为主题,围绕"春舞、夏泳、秋赛、冬跑"四个板块开展的各级各类全民健身活动2600余次,参与人数近200万人次。

体彩销量突破20亿元。2015年山西体育彩票销售突破20亿元,增幅9.88%,再创历史新高。 (王宏德)

【公益体彩山西捐助活动】 2015年9月22日,山西"公益体彩,快乐操场"公益捐助活动启动,首场捐助活动在大同新荣区堡子湾乡得胜学校

举行。省内10个市30所学校为受助对象，分别受赠150件体育器材。（王宏德）

【三省四市共同打造黄河体育金三角】 2015年1月17日，第十五次秦豫晋黄河金三角体育协作区区域协调发展战略研讨会在洛阳举行。陕西、山西、河南三省的渭南、运城、洛阳和三门峡4个城市体育界代表就群众体育、竞技体育、体育产业和体育场馆运营等方面进行经验交流，实地考察洛阳市体育中心及体育场馆运营情况，达成共同打造秦豫晋黄河体育金三角协议。（王宏德）

【大同入选中国十佳运动休闲城市】 2015年11月7日，2015中国十佳运动休闲城市评选结果揭晓，大同市等全国10个城市入选。（王宏德）

群众体育

【全省组织全民健身大拜年活动】 2015年2月，山西省组织开展“全民健身大拜年”和“龙腾狮跃闹元宵”活动。活动主题是强健体魄·阳光生活，体育拜年·健身过年。活动形式和内容主要有优秀和传统群体活动项目比赛或展演，科学健身，体质监测，开放场馆。（王宏德）

【山西群众健身迎新年】 2015年1月1日，2015年山西省群众迎新年登高活动在中北大学举行，省人大常委会副主任周然、副省长张复明与省城3000余人登高望远、快乐健身。同日，2015年强健体魄·阳光生活山西省城群众迎新年冬泳入水仪式举行，全省各市冬泳协会及俱乐部300余名冬泳爱好者参加活动。（王宏德）

【“全民健身日”山西主会场活动启动】 2015年8月7日，“强健体魄·阳光生活”2015“全民健身日”山西主会场全民健身活动启动，仪式活动万人同下一盘棋暨草根足球比赛在太原举行。10名专业棋手与400余名小棋手进行围棋、象棋、国际象棋、国际跳棋项目的轮战，400盘棋同时对弈。（王宏德）

【第二届国际自行车骑游大会在大同举行】 2015年8月1日，第二届国际自行车骑游大会在大同举行，2000余名参赛选手和1500名自由骑行者参加。骑游大会由中国人民对外友好协会、国际自行车旅游协会、山西省旅游局、大同市人民政府主办，以“骑游塞上名城，探寻大同世界”为主题，以“低碳环保，绿色骑行”为口号，旨在打响“清凉大同城·度夏首选地”旅游品牌，提升大同旅游品牌影响力，促进大同旅游产业转型升级。（王宏德）

【柔道中国行活动在太原】 2015年9月9日，2015年柔道中国行太原站活动举行。国际柔道联合会媒体部主任尼古拉斯·迈斯纳宣讲柔道文化、礼仪知识，介绍柔道运动，与青少年互动，示范传授柔道技艺。山西省柔道队、山西体育职业学院等200余人参加活动。（王宏德）

【太行红山国际自行车骑游活动】 2015年9月26日，中国·黎城第三届太行红山国际自行车骑游文化活动周开幕，海内外2000余名骑游爱好者从黎侯古城出发，骑游红山景区，观赏太行风光。（王宏德）

【山西（晋城）太行山文化旅游节开幕】 2015年10月15日，第三届山西（晋城）太行山文化旅游节开幕。山西省人大常委会副主任牛仁亮宣布旅游节开幕。文化旅游节由“三节一会”组成，即第三届山西（晋城）太行山文化艺术节、第五届山西（晋城）棋子山国际围棋文化节、第六届晋善·晋美·晋城旅游文化节、第五届山西（晋城）投资贸易洽谈会。（王宏德）

【山西拔河争霸赛开赛】 2015年10月23日至25日，“强健体魄·阳光生活”山西省拔河争霸赛在吕梁市贾家庄开拔。省直机关及8个市的12支代表队160人经过70场较量，太钢代表队、忻州代表队和运城代表队获前三名。（王宏德）

【山西公开水域游泳赛举行】 2015年7月16日，为纪念毛主席畅游长江49周年游泳活动，“强健体魄·阳光生活”山西省“7·16”公开水域游泳比赛在太原举行。省内10市300人参加，潞安冬泳队、大同市和太原汾河冬泳队夺得团体前三名。（王宏德）

【中国足球民间争霸赛山西赛区启动】 2015年7月21日，2015年“我爱足球”中国足球民间争霸赛山西赛区启动仪式在长治举行。比赛分为市级海选赛、省级选拔赛，有娃娃组5人制、青少年组5人制、社会组5人制、11人制、个人足球秀、家庭足球秀六个项目。（王宏德）

【第三届龙舟公开赛】 2015年6月19日，第七届端午民俗文化节暨山西省第三届龙舟公开赛在沁县开幕，17

2015年8月7日，山西全民健身日活动启动（王宏德供图）

支队600多人参赛。民俗文化节由中国民间文艺家协会、省文联、省体育总会、省曲艺家协会、市委宣传部、市文明办、沁县人民政府主办。

（王宏德）

【云竹湖休闲旅游垂钓赛】 2015年7月11日，山西榆社第九届云竹湖休闲旅游垂钓节暨2015年中国垂钓电视直播精英赛（山西榆社站）和第七届环云竹湖全国山地自行车赛开幕。垂钓节以“渔”悦云竹、乐享“骑”行为主题，分三大板块九项活动，集垂钓比赛、环湖自行车赛、民俗展、农特产品展销等多项主题活动为一体。

（王宏德）

2015年9月13日，太原国际马拉松开跑　（王宏德供图）

竞技体育

【山西运动员参加全国特奥运动会】 2015年5月11日，全国第九届残疾人运动会暨第六届特殊奥林匹克运动会特奥项目在四川绵阳、成都两地开赛。山西代表队由59人组成，35名运动员参加8个项目的比赛。17日，运动会结束，山西代表团共夺得24枚金牌、15枚银牌、15枚铜牌，成为参加历届全国特奥会获得奖牌最多的一次。

2015年9月9日，山西代表团赴川参加第九届全国残疾人运动会暨第六届特殊奥林匹克运动会。代表团由运动员、教练员、工作人员等82人组成，其中运动员52人，参加6个大项93个小项的比赛，获7金8银12铜，打破一项全国纪录。（王宏德）

【全国田径大奖赛开赛】 2015年5月11日至13日，全国田径大奖赛在山西体育中心揭幕，全国37支代表队1700多名运动员参赛。这次比赛是山西时隔二十年后再次承办的全国性田径赛事，也是“红灯笼”主体育场投入使用后首次承办的田径赛事。

（王宏德）

【世界特奥会山西省运动员载誉归来】 2015年8月5日，山西省参加第十四届世界夏季特殊奥林匹克运动会的运动员载誉归来。3名运动员和1名教练员入选国家代表团参加特奥滚球项目的比赛，获得1金2银1铜。（王宏德）

【山西运动员参加民族运动会】 2015年8月5日，第十届全国少数民族传统体育运动会山西代表团行前动员会召开。副省长郭迎光向代表团授旗。山西代表团由15个民族共计126人组成，参加6个竞赛项目和2个表演项目，共收获32个奖项，获“体育道德风尚奖”。（王宏德）

【山西运动员代表团参加智运会】 2015年9月1日，第三届全国智力运动会山西代表团出征。山西代表团121人参加全部6个大项54个小项的比赛，是山西省智运会历史上参赛项目最多的一次。山西代表团在4个大项、12个小项中闯进前八名，总体成绩在全部49个代表团中排在中上游，获得“体育道德风尚奖”。

（王宏德）

【第十七届亚洲跳伞锦标赛在太原开赛】 2015年9月7日，第十七届亚洲跳伞锦标赛暨”中国跳伞公开赛在太原尧城机场开幕。山西省人大常委会副主任周然宣布开幕。来自澳大利亚、俄罗斯、韩国、阿曼等22个国家近300名运动员参加比赛。（王宏德）

【2015太原国际马拉松赛开跑】 2015年9月13日，2015年太原国际马拉松赛鸣枪开赛，3万人参赛。山西省委常委、太原市委书记吴政隆，副省长张复明，省政协副主席李悦娥鸣枪。来自埃塞俄比亚的比格哈姆·奥蒂斯·阿查梅W以2小时16分15秒获得男子全程马拉松的冠军，埃塞俄比亚选手沃奥丹吉贝尔·蒂蒙·苏耶以2小时34分5秒获得女子全程马拉松冠军。马拉松赛以“为和平，跑太马”为主题，邀请全国100个跑团参赛，特邀5名抗战老英雄到赛场观赛。

（王宏德）

青少年体育

【中国“希望之星”少年足球训练营太原开营】 2015年11月21日，中国“希望之星”少年足球训练营在太原开营。山西省足球协会利用课余时间组织当地学生进行足球训练，从青少年中选拔优秀苗子，为2019年山西承办的全国第二届青年运动会储备足球人才。（王宏德）

【山西大中学生田径运动会举行】 2015年7月14日，山西省第二十届大、中学生田径运动会在大同大学开幕。运动会主题为“阳光运动·青春飞扬”。竞赛分为大学本科组、专科组、体育院系组、独立学院组和中学组（包含职业中学）五个组别，各设15个项目，全省各市各高校61支代表队1400余名运动员进行为期5天的角逐。（王宏德）

2015年5月8日，省直机关广播操比赛在太原举行（王宏德供图）

体育设施

【太原航校和大同航校被授牌航空飞行营地】 2015年12月16日，在国家体育总局航空无线电模型运动管理中心和中国航空运动协会共同举办的中国航空运动协会航空飞行营地新闻发布会上，太原航校、大同航校被授牌全国首批航空飞行营地。（王宏德）

【山西第六次全国体育场地普查数据公布】 2015年1月23日，山西省第六次全国体育场地普查数据公布，截至2013年底，全省共有各类体育场地总数63715个，体育场地面积4698.90万平方米，建筑面积328.58万平方米，用地面积7156.15万平方米。观众席位127.70万座。场馆从业人员6.54万人。历年投资总额213.32亿元。按照2013年底常住人口3629.80万人计算，人均体育场地面积为1.29平方米。（王宏德）

体育产业

【中国体育文化·体育旅游博览会开幕】 2015年10月11日，2015中国体育文化·体育旅游博览会在山西太原开幕，全国政协副主席齐续春宣布博览会开幕，国家体育总局局长刘鹏向全民健身志愿者代表授旗，山西省委书记王儒林致辞，省长李小鹏主持开幕式，国家体育总局副局长冯建中讲话。出席开幕式的省领导有薛延忠、吴政隆、孙绍骋、王伟中、李政文、张复明、张友君。这届“两博会”由国家体育总局和中国奥委会主办，山西省人民政府承办，以“弘扬体育精神，建设体育强国；倡导体育旅游，助力经济发展”为主题，是山西迄今为止举办的规格最高的体育展会。共有来自全国31个省区市、全省11市、国家体育总局系统10多家单位和全国近300家户外用品、体育文化、体育旅游企业等参展，数量达历史之最。展会进行的同时，体育文化·体育旅游博览会发展高峰论坛、全国体育产业工作会议、“强健体魄·阳光生活”全民健身志愿者基层行、篮球邀请赛、箭王争霸赛、航模表演等一系列活动先后。（王宏德）

【航空体育产业】 2015年，太原航空运动学校尧城机场建成并投入使用，举办亚洲跳伞锦标赛。在抓好航空体育项目的同时，开展飞播造林、防火灭虫、人工增雨等通航服务，扩大服务领域和范围。（王宏德）

【山西省体育博物馆开馆】 2015年2月16日，山西省体育博物馆开馆和《山西省志·体育志》首发仪式举行。山西省体育博物馆是山西省首家综合性体育博物馆，以展示山西体育历史发展脉络为设计理念，以太原市历史建筑山西省体育馆为依托修建而成。展厅面积1200平方米，由古代体育、近现代体育、无线电体育、体育航模和奥林匹克体育文化展馆五部门组成。《山西省志·体育志》是《山西省志》的一部分，断限为1978年至2012年，全书170余万字。（王宏德）

2015年10月11日，2015年中国体育文化·体育旅游博览会在太原开幕（王宏德供图）

2015年太原国际马拉松赛成绩

男子全程

名 次	参赛号码	姓 名	国家或居住地	成 绩
1	0028	Birhanu Addis Achamie 比格哈姆·奥蒂斯·阿查梅	埃塞俄比亚	2:16:15
2	0012	Adane Bantayehu Assefa 阿达那·班塔耶乎·阿瑟法	埃塞俄比亚	2:16:16
3	0019	Sleman Dese Endris 斯莱门·大森·恩德瑞斯	埃塞俄比亚	2:16:27

女子全程

名 次	参赛号码	姓 名	国家或居住地	成 绩
1	009	Woldegebriel Taemo Shumye 沃奥丹吉贝尔·蒂蒙·苏耶	埃塞俄比亚	2:34:05
2	007	Chekol Muluhabt Tsega 彻阔·木鲁哈必·泰瑟卡	埃塞俄比亚	2:34:06
3	008	Fekade Almaz Negede 费坎德·阿麦·尼基德	埃塞俄比亚	2:34:10

男子半程

名 次	参赛号码	姓 名	国家或居住地	成 绩
1	3508	李 伟	中国	1:09:08
2	3484	杨 帅	中国	1:10:10
3	0529	石吉林	中国	1:13:02

女子半程

名 次	参赛号码	姓 名	国家或居住地	成 绩
1	0709	龙俊荣	中国	1:26:25
2	0463	房广霞	中国	1:27:11
3	0245	邢文静	中国	1:29:47

2015年山西省运动员参加世界比赛录取名次（前三名）

比赛名称	姓名	性别	项目	成绩	名次	时间	地点
第31届世界蹦床锦标赛	董栋 涂潇	男	双人同步		1	11.28	丹麦
蹦床世界杯	涂潇	男	网上个人		1	6.6	俄罗斯
世界杯击剑分站赛	郝佳露	女	重剑团体		1	4.25	约翰内斯堡
世界击剑锦标赛	郝佳露	女	重剑团体		1	7.13	俄罗斯
亚洲射击锦标赛	王智伟	男	50米手枪团体		1	11.6	科威特
第17届亚洲锦标赛	贺亚楠	男	集体定点		1	9.7—14	太原·尧城
世界航空运动会	贺亚楠	男	青年组个人定点	0.07	1	12.1—12	阿联酋迪拜
第8届亚洲青少年武术锦标赛	孟婉银	女	剑术		1	8.6—9	锡林浩特
第31届世界蹦床锦标赛	董栋 涂潇	男	网上团体		2	11.28	丹麦
第28届世界大学生运动会	张星浩	男	男子1米板		2	7月	韩国
第28届世界大学生运动会	王智伟	男	10米气手枪	586	2	7.5	韩国
第28届世界大学生运动会	王智伟	男	25米标准手枪团体		2	7.5	韩国
亚洲击剑锦标赛	郝佳露	女	重剑团体		2	6.22	新加坡
亚洲沙滩排球公开赛	陈春霞	女	沙排		2		印尼
第17届亚洲锦标赛	贺亚楠	男	个人特技	23.72	2	9.7—14	太原·尧城
第17届亚洲锦标赛	贺亚楠	男	全能		2	9.7—14	太原·尧城
亚洲青年摔跤锦标赛	张涛	男	古典跤120公斤级		2	7.6—14	缅甸内比
蹦床世界杯	董栋	男	网上个人		3	6.6	俄罗斯
世界杯射击总决赛	王智伟	男	50米手枪	565	3	9.4	德国
第28届世界大学生运动会	王智伟	男	10米气手枪	586	2	7.5	韩国
第28届世界大学生运动会	王智伟	男	50米手枪	559	3	7.5	韩国
第28届世界大学生运动会	王智伟	男	25米标准手枪	564	3	7.5	韩国
国际乒联职业巡回赛科威特公开赛	武杨	女	乒乓球女单		3	2月	科威特

2015年山西省运动员参加全国锦标赛和冠军赛录取名次(前三名)

比赛名称	姓名	性别	项目	成绩	名次	时间	地点
全国蹦床冠军赛	涂　潇	男	网上个人	61.54	1	5.19—24	阳泉
全国蹦床锦标赛	董　栋 涂　潇 符　冰 穆　童 张　雒 金仁泽	男	团体	211.26	1	8.27	广州
全国蹦床系列赛暨世锦赛模拟赛	涂　潇	男	网上个人	59.835	1	11.7	北京
全国蹦床系列赛暨世锦赛模拟赛	张　雒	男	单跳个人	74.6	1	11.7	北京
全国击剑冠军赛总决赛	刘娜娜 田　雪 崔怡青 郝佳露	女	重剑团体		1	12.17	佛山
全国乒乓球锦标赛	武　杨 李晓丹 杨飞飞 吕婷婷 胡家荣	女	女团		1	10月	黑龙江
全国武术散打冠军赛(第二赛区)	陈红兴	男	65公斤级		1	9.16	太原
全国射击个人团体锦标赛	裴蕊娇	女	50米步枪三姿	590/458.4	1	7.15	郑州
全国射击个人团体锦标赛	裴蕊娇	女	10米气步枪	419.4/208.4	1	7.15	郑州
全国射击个人团体锦标赛	裴蕊娇	女	50米步枪卧射	625.4	1	7.15	郑州
全国射击个人团体锦标赛	陈　妍 冯庆林 解清雅	女	10米气手枪团体	1144	1	7.15	南昌
全国古典式摔跤锦标赛	王路敏	男	59公斤级		1	4.15—18	保定
全国古典式摔跤锦标赛	闫鹏飞	男	71公斤级		1	4.15—18	保定
全国古典式摔跤锦标赛	钱海涛	男	80公斤级		1	4.15—18	保定
全国田径大奖赛(2)	庾石锁	男	跳高	2.24米	1	5.11—13	太原
全国跳伞冠军赛	孟　彤 贺亚楠 郭晓东 李昊达 亢丽平(女)	男	集体定点	0.21	1	9.6—21	莱芜
全国跳伞冠军赛	孟　彤	男	个人定点	0.03	1	9.6—21	莱芜
全国武术套路冠军赛	赵　诗	女	长拳		1	9.17—20	淮安
全国武术套路锦标赛(女子赛区)	赵　诗	女	长拳		1	5.21—24	上海

续表

比赛名称	姓名	性别	项目	成绩	名次	时间	地点
全国艺术体操冠军赛	张豆豆	女	成年个人棒操	15.95	1	6.17—25	上海
全国游泳冠军赛	曹玥	女	400米自由泳	04:05:86	1	4.9—16	宝鸡
全国BMX自行车冠军赛第四站	郜文彬	男	个人赛		1	7.30	太原
全国BMX自行车冠军赛第四站	王宝玉 郜文彬 赵志阳	男	团体赛		1	7.30	太原
全国BMX自行车冠军赛总决赛	王宝玉 郜文彬 赵志阳	男	团体赛		1	7.31	太原
全国沙滩排球赛总积分	陈春霞 魏兆辰	女	总积分		1	2015年	
全国沙滩排锦标赛(敦煌)	陈春霞 魏兆辰	女	沙排		1	6.18—21	敦煌
全国沙滩排球大满贯(晋江)	陈春霞 魏兆辰	女	沙排		1	5.28—31	晋江
全国沙滩排球大满贯(厦门)	陈春霞 魏兆辰	女	沙排		1	9.9—13	厦门
全国沙滩排球大满贯(苏州)	陈春霞 魏兆辰	女	沙排		1	9.17—20	苏州
全国沙滩排球公开赛(曲靖)	陈春霞 魏兆辰	女	沙排		1	5.21—24	曲靖
全国沙滩排球公开赛(台山)	陈春霞 魏兆辰	女	沙排		1	6.25—28	台山
全国沙滩排球公开赛(文登)	陈春霞 魏兆辰	女	沙排		1	8.27—30	文登
第9届全国残疾人运动会盲人柔道比赛	吴璞琦	男	73公斤级		1	9.13	成都
全国蹦床冠军赛	张雒	男	单跳个人	73.4	2	5.19—24	阳泉
全国蹦床冠军赛	董栋 涂潇 符冰 穆童	男	网上团体	172.68	2	5.19—24	阳泉
全国蹦床冠军赛	胡译乘 梁曦文	女	双人同步	43.8	2	5.19—24	阳泉
全国蹦床锦标赛	张雒	男	单跳个人	71.6	2	8.27	广州
全国蹦床系列赛暨世锦赛模拟赛	符冰	男	网上个人	59.38	2	11.6	北京
全国拳击冠军赛	杨勤勤	女	57公斤级		2	11月	奉化
全国拳击锦标赛	黄鑫	男	49公斤级		2	3月	咸阳
全国拳击青年比赛	杜军	男	91公斤级		2	4月	秦皇岛
第9届全国残疾人运动会盲人柔道比赛	吴璞琦	男	73岁以下		2	9.13	成都

续表

比　赛　名　称	姓名	性别	项　目	成绩	名次	时间	地点
全国武术散打锦标赛(第二赛区)	陈红兴	男	65 公斤级		2	5.19	伊春
全国沙滩排球公开赛(嵊泗)	陈　晨 吕媛媛	女	沙排		2	1121–24	香港
全国射击个人团体锦标赛	裴蕊娇 赵若竹 刘　璐	女	50 米步枪三姿团体	1738	2	7.15	郑州
全国射击总决赛	肖亚楠	男	50 米步枪三姿	1172	2	11.2	南昌
全国射箭奥项锦标赛	郭　磊	男	个人第一 70 米轮赛	655 环	2	6.29	乌拉盖
全国射箭冠军赛	方玉婷 刘慧敏 张萌萌	女	团体淘汰赛		2	3.19	莆田
全国射箭室外锦标赛	方玉婷 刘慧敏 于少卿	女	团体第一 70 米轮赛	1961 环	2	11.6	德清
全国射箭室外锦标赛	方玉婷 吕　娜 于少卿	女	团体第二 70 米轮赛	1949 环	2	11.6	德清
全国古典式摔跤冠军赛	常永祥	男	80 公斤级		2	11.18–21	包头
全国古典式摔跤冠军赛	张天翔	男	85 公斤级		2	11.18–21	包头
全国古典式摔跤冠军赛	闫　德	男	59 公斤级		2	11.18–21	包头
全国古典式摔跤锦标赛	张天翔	男	80 公斤级		2	4.15–18	保定
全国女子自由式摔跤冠军赛	张　兰	女	58 公斤级		2	11.11–14	浏阳
全国体操锦标赛	魏　鑫	男	自由操	15.033	2	5 月	福州
全国田径锦标赛	庾石锁	男	跳高	2.20 米	2	9.22–25	苏州
全国跳跃、跨栏项群公开赛(1)	乔月峰	男	跳高	2.15 米	2	7.15	上海
全国室内田径锦标赛(1)	庾石锁	男	跳高	2.15 米	2	3.1–2	上海莘庄
全国室内田径锦标赛(1)	张哲瑶	女	跳高(双计分)	1.75 米	2	3.1–2	上海莘庄
全国中长跑秋季多日赛	刘　禅	男	成年组 5000 米	14:33.27	2	8.6–7	长春
中国跳跃精英赛	庾石锁	男	跳高	2.25 米	2	7.25	北京
全国跳伞锦标赛	郭晓东	男	个人定点	0.08	2	10.12–18	吉安
全国武术套路冠军赛	赵　诗	女	枪术		2	9.17–20	淮安
全国武术套路冠军赛	赵　诗	女	剑术		2	9.17–20	淮安
全国武术套路冠军赛(传统项目)	赵　诗	女	华拳		2	4.10–13	重庆
全国武术套路锦标赛(女子赛区)	赵　诗	女	剑术		2	5.21–24	上海

续表

比赛名称	姓名	性别	项目	成绩	名次	时间	地点
全国艺术体操大奖赛	张豆豆	女	个人全能	56.232	2	8.30—31	满洲里
全国艺术体操集体锦标赛和个人冠军赛	赵雅婷	女	少年个人绳操	12	2	4.14—22	西安
全国艺术体操冠军赛	赵雅婷	女	少年个人全能	77.05	2	6.17—25	上海
全国艺术体操冠军赛	张豆豆	女	成年个人圈操	15.3	2	6.17—25	上海
全国艺术体操锦标赛	赵雅婷	女	少年个人绳操	12.45	2	10.10—18	嘉兴
全国艺术体操锦标赛	赵雅婷	女	少年个人球操	13.95	2	10.10—18	嘉兴
全国艺术体操锦标赛	张豆豆	女	成年个人球操	15.5	2	10.10—18	嘉兴
全国游泳冠军赛	曹玥	女	800米自由泳	08:33:62	2	4.9—16	宝鸡
全国BMX自行车冠军赛第三站	王宝玉	男	个人赛		2	5.22	长兴
全国BMX自行车冠军赛第四站	赵志阳	男	个人赛		2	7.30	太原
全国BMX自行车冠军赛第四站	马越 荆静郝 雯丽	女	团体赛		2	7.30	太原
全国BMX自行车冠军赛总决赛	赵志阳	男	个人赛		2	7.31	太原
全国BMX自行车锦标赛	王宝玉 郜文彬 赵志阳	男	团体赛		2	8.1	太原
全国场地自行车冠军赛第一站	贾伟伟 王磊 常志浩	男	竞速赛	45.754	2	4.6	长兴
全国场地自行车冠军赛第一站	李余利	女	全能赛		2	4.6	长兴
全国公路自行车冠军赛第一站	王淑红	女	个人赛		2	5.8	胶州
全国山地自行车锦标赛	王亚东	男	计时赛		2	7.13	天水
全国蹦床冠军赛	符冰	男	网上个人	58.11	3	5.19—24	阳泉
全国蹦床冠军赛	李佳杰 李成想 王振	男	单跳团体	67.8	3	5.19—24	阳泉
全国蹦床冠军赛	王鹏军 廉时栋	男	双人同步	43.1	3	5.19—24	阳泉
全国蹦床锦标赛	梁曦文 胡译乘	女	双人同步	43.9	3	8.27	广州
全国男子举重冠军赛	欧波	男	56公斤级	抓举122	3	10.14	保定
全国乒乓球锦标赛	李晓丹	女	女单		3	10月	黑龙江
全国乒乓球锦标赛	李晓丹	女	女双		3	10月	黑龙江

续表

比 赛 名 称	姓名	性别	项 目	成绩	名次	时间	地点
全国拳击冠军赛	黄 鑫	男	49 公斤级		3	2015.11	迁安
全国男子柔道锦标赛	袁绍童	男	+100 公斤级		3	4.22–25	滨州
全国沙滩排球大满贯(厦门)	陈 晨 吕媛媛	女	沙排		3	9.9–9.13	厦门
全国沙滩排球公开赛(曲靖)	陈 晨 张 娜	女	沙排		3	521–524	曲靖
全国射击个人团体锦标赛	赵若竹	女	50 米步枪三姿	587/446.2	3	7.15	郑州
全国射击冠军赛	肖亚楠	男	50 米步枪三姿	1172/4440	3	4.26	济宁
全国射击冠军赛	裴蕊娇	女	50 米步枪卧射	623.6	3	4.26	济宁
全国射箭奥项锦标赛	方玉婷	女	个人第四 70 米轮赛	660 环	3	6.29	乌拉盖
全国射箭室外锦标赛	方玉婷 刘慧敏 于少卿	女	团体淘汰赛		3	11.6	德清
全国女子自由式摔跤锦标赛	杨凌波	女	60 公斤级		3	4.1–4	北海
全国女子自由式摔跤锦标赛	王春英	女	69 公斤级		3	4.1–4	北海
全国古典式摔跤冠军赛	王路敏	女	66 公斤级		3	11.18–21	包头
全国男子自由式摔跤冠军赛	边 凯	男	74 公斤级		3	1210–13	海南
全国男子自由式摔跤锦标赛	王明昌	男	70 公斤级		3	4.8–11	淄博市
全国男子自由式摔跤锦标赛	胡展翔	男	125 公斤级		3	4.8–11	淄博市
全国跆拳道锦标赛	吴 桐	女	49 公斤级		3	3 月	黄山市
全国跆拳道锦标赛	何守谭	男	63 公斤级		3	3 月	黄山市
全国跆拳道精英赛	赵瑞祥	男	68 公斤级		3	11 月	青浦
全国跆拳道精英赛	李泽鲲	男	+ 80 公斤级		3	11 月	青浦
全国跳跃、跨栏项群公开赛(1)	张哲瑶	女	跳高	1.75 米	3	7.15	上海
全国田径大奖赛(2)	张宝强	男	5000 米	14:43:81	3	5.11–13	太原
全国中长跑秋季多日赛	岳振强	男	青年组 1500 米	4:12.73	3	8.6–7	长春
全国跳伞锦标赛	孟 彤 贺亚楠 郭晓东 李昊达 亢丽平(女)	男	集体定点	0.56	3	1012–18	吉安

续表

比赛名称	姓名	性别	项目	成绩	名次	时间	地点
全国跳伞锦标赛	郭晓东	男	个人全能	8	3	10.12–18	吉安
全国武术套路冠军赛(传统项目)	高晓彬	男	华拳		3	4.10–4.13	重庆
全国艺术体操集体锦标赛和个人冠军赛	张豆豆	女	成年个人全能	56.2	3	4.14–22	西安
全国艺术体操冠军赛	张豆豆	女	成年个人带操	15.35	3	6.17–25	上海
全国艺术体操锦标赛	张豆豆	女	成年个人带操	14.45	3	10.10–18	嘉兴
全国游泳冠军赛	曹　玥 陈紫怡 刘海雲 杨　畅	女	4x200米自由泳接力	08:09.48	3	4.9–16	宝鸡
全国BMX自行车冠军赛第二站	王宝玉	男	个人赛		3	5.21	长兴
全国BMX自行车冠军赛第二站	马　越 荆　静 郝雯丽	女	团体赛		3	5.21	长兴
全国BMX自行车冠军赛第三站	王宝玉 郜文彬 赵贵彪	男	团体赛		3	5.22	长兴
全国BMX自行车冠军赛第一站	王宝玉	男	个人赛		3	5.20	长兴
全国BMX自行车冠军赛第一站	马　越 荆　静 郝雯丽	女	团体赛		3	5.20	长兴
全国BMX自行车冠军赛总决赛	马　越 荆　静 郝雯丽	女	团体赛		3	7.31	太原
全国BMX自行车锦标赛	郜文彬	男	个人赛		3	8.1	太原
全国BMX自行车锦标赛	荆　静	女	个人赛		3	8.1	太原
全国BMX自行车锦标赛	马　越 荆　静 郝雯丽	女	团体赛		3	8.1	太原
全国场地自行车冠军赛第一站	贾伟伟	男	争先赛		3	4.6	长兴
全国场地自行车冠军赛总决赛	郭波则	男	凯林赛		3	7.9	北京芦城
全国山地自行车锦标赛	白　月	女	越野赛		3	7.13	天水

2015年山西省运动员参加全国协作区青少年比赛录取名次(前三名)

比赛名称	姓名	性别	项目	成绩	名次	时间	地点
全国青少年蹦床锦标赛	王欣懿 王梓仪 张欣欣	女	11–12岁网上团体	96	1	8.8–14	北京
全国青少年蹦床锦标赛	许晴晴 张慧荣 余正文	女	15岁以上组网上团体	149.99	1	8.8–14	北京
全国青少年蹦床锦标赛	夏琳娜	女	13–14岁组单跳个人	58.9	1	8.8–14	北京
全国青少年蹦床锦标赛	王　毅	男	15岁以上单跳个人	67	1	8.8–14	北京
全国青少年蹦床锦标赛	张欣欣	女	11–12岁网上个人	32.7	1	8.8–14	北京
全国青少年蹦床锦标赛	许晴晴 余正文	女	15岁以上网上同步	40	1	8.8–14	北京
全国青少年蹦床锦标赛	夏琳娜 梁荣虾	女	13–14岁组单跳团体	57.6	1	8.8–14	北京
第1届全国青年运动会举重比赛	周　悦	女	63公斤级	总241公斤	1	10.2	龙岩
第1届全国青年运动会拳击比赛	林伟禄	男	49公斤级		1	9月	福州
全国23岁以下拳击锦标赛	黄　鑫	男	49公斤级		1	7.25–8.1	淄博
全国少年拳击锦标赛	吴姗姗	女	60公斤级		1	7月	迁安
第1届全国青年运动会柔道比赛	孙　聪	女	–78公斤级		1	10.15–18	福州
第1届全国青年运动会柔道比赛	袁绍童	男	+100公斤级		1	10.15–18	福州
全国青年男子柔道预赛	原绍童	男	+100公斤级		1	5.13–16	靖江
全国青少年武术散打锦标赛	曹　莉	女	60公斤级		1	6.25	河南
华北区射箭公开赛	方玉婷	女	个人70米双轮赛	1318环	1	9.16	北京
华北区射箭公开赛	方玉婷	女	个人第一轮70米赛	662环	1	9.16	北京
华北区射箭公开赛	方玉婷	女	个人第一轮70米赛	656环	1	9.16	北京
华北区射箭公开赛	方玉婷 刘慧敏 吕　娜	女	团体第一轮70米赛	1950环	1	9.16	北京
第1届全国青年运动会射箭预赛	刘慧敏	女	个人淘汰赛		1	4.21–23	莆田

续表

比赛名称	姓名	性别	项目	成绩	名次	时间	地点
第1届全国青年运动会古典式摔跤决赛	侯一帅	男	66公斤级		1	10.20—25	福建
第1届全国青运会古典式摔跤决赛	钱海涛	男	74公斤级		1	10.20—25	福建
第1届全国青年运动会古典式摔跤资格赛	焦金磊	男	60公斤级		1	6.15—18	淮北
第1届全国青年运动会男子自由式摔跤决赛	边　凯	男	74公斤级		1	10.20—25	福建
第1届全国青年运动会女子自由式摔跤决赛	裴星茹	女	59公斤级		1	10.22—26	福建
全国青年古典式摔跤锦标赛	王成武	男	74公斤级		1	7.22—25	太原
全国青年古典式摔跤锦标赛	张天翔	男	84公斤级		1	7.22—25	太原
全国青年古典式摔跤锦标赛	张庆深	男	120公斤级		1	7.22—25	太原
全国青年男子自由式摔跤锦标赛	胡展翔	男	120公斤级		1	7.29—8.1	青海
第1届全国青年运动会跆拳道比赛	赵鑫博	男	80公斤级		1	9月	长乐
第1届全国青年运动会跆拳道比赛	张曹瑞	男	+80公斤级		1	9月	长乐
第1届全国青年运动会跆拳道第一次预赛	赵鑫博	男	−80公斤级		1	4月	淄博
第1届全国青年运动会武术套路决赛	孟婉银	女	长拳+剑术		1	10.19—20	福州
全国少年体操比赛(总决赛)	刘恒宇	男	甲组12岁鞍马	13.7	1	8.18—26	郑州
第1届全国青年运动会田径比赛	陈夏蓉	女	女子铅球	15.92米	1	10.22—26	福州
第1届全国青年运动会预选赛暨全国青年(18—19)田径锦标赛	陈夏蓉	女	女子铅球	15.64米	1	5.27—31	福州
第1届全国青年运动会跳水比赛	李嘉伟 赵　冬	男	双人3米板	417.78	1	10.9—15	福州
全国青少年武术套路锦标赛	孟婉银	女	A组枪术		1	6.11—14	保定
全国艺术体操冠军赛	赵雅婷	女	少年个人球操	14	1	6.17—25	上海
全国艺术体操冠军赛	赵雅婷	女	少年个人带操	12.95	1	6.17—25	上海
全国艺术体操冠军赛	赵雅婷	女	少年个人绳操	13.2	1	6.17—25	上海
全国艺术体操集体锦标赛和个人冠军赛	赵雅婷	女	少年个人全能	78.6	1	4.14—22	西安
全国艺术体操集体锦标赛和个人冠军赛	赵雅婷	女	少年个人徒手操	15.25	1	4.14—22	西安

续表

比 赛 名 称	姓名	性别	项 目	成绩	名次	时间	地点
全国艺术体操集体锦标赛和个人冠军赛	赵雅婷	女	少年个人圈操	13.9	1	4.14—22	西安
全国艺术体操集体锦标赛和个人冠军赛	赵雅婷	女	少年个人球操	14.2	1	4.14—22	西安
全国艺术体操集体锦标赛和个人冠军赛	赵雅婷	女	少年个人带操	13.5	1	4.14—22	西安
全国艺术体操集体锦标赛和个人冠军赛	赵雅婷	女	少年个人棒操	12.95	1	4.14—22	西安
全国艺术体操锦标赛	赵雅婷	女	少年个人全能	78.75	1	10.10—18	嘉兴
全国艺术体操锦标赛	赵雅婷	女	少年个人徒手操	15.2	1	10.10—18	嘉兴
全国艺术体操锦标赛	赵雅婷	女	少年个人棒操	13.7	1	10.10—18	嘉兴
全国艺术体操锦标赛	赵雅婷	女	少年个人带操	14.1	1	10.10—18	嘉兴
全国艺术体操锦标赛	赵雅婷	女	少年个人圈操	12.55	1	10.10—18	嘉兴
全国 BMX 自行车冠军赛第四站	崔杨俊	女	青年个人赛		1	7.30	太原
第 1 届全国青年运动会蹦床比赛	王　毅 刘　新 郭佳伦 王志涛 彭　银 周子龙	男	团体	192.45	2	10.20	福州
第 1 届全国青年运动会蹦床资格赛	郭家伦 刘　新 彭　银 周子龙 王　毅	男	团体	184.365	2	5.12—18	安吉
全国青少年蹦床锦标赛	王志涛	男	13—14 岁组网上个人	35.9	2	8.8—14	北京
全国青少年蹦床锦标赛	张欣欣 王欣懿	女	11—12 岁网上同步	40.4	2	8.8—14	北京
第 1 届全国青年运动会举重比赛	张　倩	女	69 公斤级	总 247 公斤	2	10.20	福州
第 1 届全国青年运动会举重比赛	张凯莉	女	75 公斤级	总 260 公斤	2	10.20	龙岩
第 1 届全国青年运动会拳击比赛	曾格嘎日布	男	81 公斤级		2	9 月	福州
全国少年拳击锦标赛	石宏傲	男	48 公斤级		2	7 月	迁安

续表

比赛名称	姓名	性别	项目	成绩	名次	时间	地点
全国青少年射击锦标赛暨第1届全国青年运动会预赛	陈妍 解清雅 彭东雪	女	10米气手枪团体	1140	2	6.18	南昌
全国青少年射击锦标赛暨第1届全国青年运动会预赛	解清雅	女	10米气手枪混合团体		2	6.18	南昌
华北区射箭公开赛	方玉婷 杜安琪 吕娜	女	团体第二70米轮赛	1929环	2	9.16	北京
华北区射箭公开赛	郭磊	男	个人第二70米轮赛	652环	2	9.16	北京
全国青少年射箭锦标赛	韩旭	女	个人双轮第一60米	670环	2	7.19	平顶山
全国青少年射箭锦标赛	韩旭	女	个人双轮50米	647环	2	7.19	平顶山
全国射击射箭重点城市射箭比赛	吕娜 刘慧敏 张萌萌	女	团体淘汰赛		2	5月	广州
第1届全国青年运动会古典式摔跤决赛	王成武	男	74公斤级		2	1020–25	福建
第1届全国青年运动会古典式摔跤决赛	张天翔	男	84公斤级		2	1020–25	福建
全国青年古典式摔跤锦标赛	钱海涛	男	84公斤级		2	7.22–25	太原
全国青年古典式摔跤锦标赛	张涛	男	120公斤级		2	7.22–25	太原
全国青年女子自由式摔跤锦标赛	裴星茹	女	59公斤级		2	7.15–18	重庆
全国少年体操比赛（第二赛区）	刘恒宇	男	12岁组全能	60.67	2	7.28–8.2	合肥
全国少年体操比赛(总决赛)	刘恒宇	男	甲组12岁全能	60.705	2	8.18–26	郑州
全国少年体操比赛(总决赛)	刘恒宇	男	甲组12岁双杠	13.56	2	8.18–26	郑州
第1届全国青年运动会田径比赛	于晓霞	女	3000米障碍	10.06.50	2	1022–26	福州
第1届全国青年运动会预选赛暨全国青年(18–19)田径锦标赛	李菁华	女	七项全能	4966分	2	5.27	福州
全国跳伞冠军赛	李昊达	男	青年个人定点	0.1	2	9.6–22	莱芜
第1届全国青年运动会跳水比赛	李政	男	10米台	470.75	2	10.9–15	福州
第1届全国青年运动会跳水比赛	李亚杰 刘星雨	女	双人10米台	320.40	2	10.9–15	福州

续表

比 赛 名 称	姓名	性别	项 目	成绩	名次	时间	地点
全国青少年武术套路锦标赛	孟婉银	女	A 组剑术		2	6.11–14	保定
全国 BMX 自行车锦标赛	崔杨俊	女	青年个人赛		2	8.1	太原
第 1 届青年运动会自行车比赛	贾二伟 连天浩 王一博	男	竞速赛	46.899	2	9.20	太原
全国 BMX 自行车冠军赛第二站	崔珍珍	女	青年个人赛		2	5.21	
全国 BMX 自行车冠军赛第一站	崔珍珍	女	青年个人赛		2	5.20	浙江长兴
第 1 届全国青年运动会皮划艇比赛	马亚男	女	500 米单人划艇	02:32.0	2	10.25	福州
第 1 届全国青年运动会皮划艇比赛	张雅珏	女	500 米单人划艇	02:33.0	3	10.25	福州
第 1 届全国青年运动会蹦床比赛	郭佳伦	男	网上个人	53.285	3	10.21	福州
第 1 届全国青年运动会蹦床资格赛	许晴晴 张慧荣 余正文 杨宇诗 夏琳娜 董玮洁	女	团体	178.995	3	5.12–18	安吉
第 1 届全国青年运动会蹦床资格赛	许晴晴	女	网上个人	52.085	3	5.12–18	安吉
全国青少年蹦床锦标赛	刘 新 郭家伦 彭 银	男	15 岁以上组网上团体	153.83	3	8.8–14	北京
第 1 届全国青年运动会举重预赛	罗 成	男	69 公斤级	总 308 公斤	3	3.31	长沙
全国 23 岁以下拳击锦标赛	史昊天	男	69 公斤级		3	7.25–8.1	淄博
第 1 届全国青年运动会柔道比赛	梁飘飘	女	无差级		3	10.15–18	福州
第 1 届全国青年运动会柔道比赛	刘敬东	男	–60 公斤级		3	10.15–18	福州
第 1 届全国青年运动会柔道比赛	任晓齐	男	–100 公斤级		3	10.15–18	福州
全国青年男子柔道预赛	姚 成	男	–81 公斤级		3	5.13–16	靖江
全国青年女子柔道预赛	梁飘飘	女	无差别级		3	5.13–23	太原
全国青少年射击锦标赛暨第 1 届全国青运会预赛	裴蕊娇	女	10 米气步枪	419.4/186.7	3	6.18	南昌

续表

比赛名称	姓名	性别	项目	成绩	名次	时间	地点
全国青少年射击锦标赛暨第1届全国青运会预赛	裴蕊娇 赵若竹 傅宇甜	女	10米气步枪团体	1246.8	3	6.18	南昌
全国青少年射击锦标赛暨第1届全国青运会预赛	冯庆林	女	10米气手枪	382/177.1	3	6.18	南昌
华北区射箭公开赛	吕　娜	女	个人淘汰赛		3	9.16	北京
华北区射箭公开赛	方玉婷 刘慧敏 吕　娜	女	团体淘汰赛		3	9.16	北京
华北区射箭公开赛	常　亮	男	个人淘汰赛		3	9.16	北京
全国青少年射箭锦标赛	任沿舟	男	个人双轮第一70米	657环	3	7.19	平顶山
全国青少年射箭锦标赛	任沿舟	男	个人双轮50米	652环	3	7.19	平顶山
第1届全国青年运动会女子自由式摔跤决赛	王　迪	女	63公斤级		3	1022–26	福建
第1届全国青运会女子自由式摔跤资格赛	胡晓薇	女	59公斤级		3	6.1–4	承德
全国青年古典式摔跤锦标赛	武　玢	男	50公斤级		3	7.22–25	太原
全国青年男子自由式摔跤锦标赛	边　凯	男	74公斤级		3	7.29–8.1	青海
全国青年女子自由式摔跤锦标赛	于维鑫	女	63公斤级		3	7.15–18	重庆
全国青年女子自由式摔跤锦标赛	王春英	女	67公斤级		3	7.15–18	重庆
第1届全国青年运动会跆拳道比赛	袁家辉	女	68公斤级		3	9月	长乐
第1届全国青年运动会跆拳道第一次预赛	周一航	女	+68公斤级		3	4月	淄博
第1届全国青年运动会武术套路决赛	梁龙飞	男	长拳+棍术		3	1019–20	福州
全国青年体操锦标赛暨第1届全国青年运动会体操预赛	向旭东	男	自由操	14.074	3	6.14–21	淄博
全国青年体操锦标赛暨第1届全国青年运动会体操预赛	向旭东	男	鞍马	13.914	3	6.14–21	淄博
全国少年体操比赛（第二赛区）	刘恒宇	男	12岁组鞍马	13.443	3	7.28–8.2	合肥
全国少年体操比赛（第二赛区）	刘恒宇	男	12岁组双杠	13.327	3	7.28–8.2	合肥
全国少年体操比赛（第二赛区）	杜宇良	男	11岁组自由体操	13.4	3	7.28–8.2	合肥

续表

比　赛　名　称	姓名	性别	项　目	成绩	名次	时间	地点
全国少年体操比赛(总决赛)	刘恒宇	男	甲组 12 岁自由体操	13.42	3	8.18–26	郑州
全国少年体操比赛(总决赛)	刘恒宇	男	甲组 12 岁单杠	13.584	3	8.18–26	郑州
第 1 届全国青年运动会田径比赛	孙世辰	男	铁饼	56.47 米	3	10.22–26	福州
第 1 届全国青年运动会田径比赛	田　阳	男	十项全能	7045 分	3	10.22–26	福州
第 1 届全国青年运动会田径比赛	李菁华	女	七项全能	4991 分	3	10.22–26	福州
第 1 届全国青年运动会预选赛暨全国青年(18–19)田径锦标赛	于晓霞	女	3000 米障碍	10:43.91	3	5.27–31	福州
全国跳伞冠军赛	裴　瑶	女	青年个人定点	0.09	3	9.6–23	莱芜
第 1 届全国青年运动会跳水比赛	赵　冬	男	男子 3 米板	427.50	3	10.9–15	福州
全国青少年武术套路锦标赛	刘嘉乐	男	B 组 24 式太极拳		3	6.11–14	保定
全国艺术体操个人冠军赛	山西队	女	少年个人团体	166.25	3	4.19–23	西安
第 1 届全国青年运动会游泳比赛	刘海雯	女	200 米仰泳	02:11.80	3	10.19–26	福州

社会生活

Social Life

人口　家庭

【人口总数】 根据2015年抽样调查推算，山西省常住人口为3664.12万人，比上年增加16.16万人。

（省统计局）

【人口年龄性别构成】 根据2015年抽样调查推算，山西省常住人口中14岁以下人口为567.94万人，占常住人口的15.50%；15岁至64岁人口为2762.75万人，占常住人口的75.40%。其中，15岁至59岁人口为2566.72万人，占常住人口的70.05%。60岁及以上人口为529.47万人，占常住人口的14.45%。其中，65岁及65岁以上人口为333.43万人，占常住人口的9.10%。山西省常住人口中，男性为1879.09万人，占常住人口的51.28%；女性为1785.03万人，占常住人口的48.72%，性别比为1.053。（省统计局）

【家庭户人口】 根据2015年抽样调查推算，山西省共有家庭户1111.49万户，家庭户人口为3423.39万人，占常住人口的93.43%，平均每个家庭户人口为3.08人。（省统计局）

【家庭和谐服务】 2015年，山西省启动廉洁法律德孝绿色安全健康"六进"家庭工作。10月8日，山西省家庭教育（网络）指导与服务中心正式揭牌。山西省家庭教育立法工作座谈会召开，来自省人大、省高院、省司法厅、省教育厅、省民政厅、省文明办、省教科所等单位的专家学者和部分市妇联主席，就家庭教育立法工作进行交流探讨。12月9日，山西省推进"平安家庭"创建活动。（谢元元）

【三晋"最美家庭"活动】 2015年，山西省妇女联合会开展寻找三晋"最美家庭"活动，城乡社区设立光荣榜9578个，寻找出各级"最美家庭"35252户，推选出"三晋最美家庭"100户，全省参与活动人数达366万人次。组织廉政文化进机关进家庭"六个一"活动，开展寻找"心系国防最美家庭""最美警察家庭""最美军嫂""好警嫂"等系列活动。运城市盐湖区"德孝文化润民心、核心价值观进万家"的实践和经验在全国推广。全省各地市举办女性文化学堂800场，受益人群达10万人次。各级妇联组建95支家庭教育讲师队伍，开展家庭教育巡回公益讲座428场，60多万名家长走进家教课堂。成立省级家庭教育（网络）指导服务中心。（谢元元）

妇女　儿童

【妇女儿童概述】 2015年，山西省女性总人口为1785.03万人，占常住人口的48.72%。14岁以下儿童总数为567.94万人，占常住人口的15.50%。

（省统计局）

【妇女儿童法律保护】 2015年，山西省妇女联合会开展"纪念男女平等基本国策实施20周年"宣传教育活动5400余场次，参与活动人数达100万人。组织"建设法治山西·巾帼在行动——送法到家""三八"维权周、"保护我们的孩子——绿丝带在行动"、开斋节为穆斯林姐妹送法律、反家暴宣传等活动。加大源头维权力度，发挥法规政策性别平等咨询评估委员会作用，参与刑法、国家反家庭暴力法、省女职工劳动保护条例等法律法规的修改和制定，推动将妇女代表纳入农村土地确权登记工作领导小组。创新社会维权工作，依托"妇女之家"和"妇女维权站"，建立妇联系统婚姻家庭纠纷调解组织机构，参与矛盾纠纷调处。全年接待处理信访案件5834件次，办结率100%。深化"平安家庭"创建活动，推选出省级平安示范家庭100户。推动政府组织全省妇女儿童发展"十二五"规划终期评估，启动妇女儿童发展"十三五"规划编制工作。5月，山西省法规政策性别平等咨询评估委员会就《山西省女职工劳动保护条例（草案）》召开意见征集会。7月，《山西省人民政府关于实施妇女儿童发展"十二五"规划情况的报告》获省十二届人大常委会第二十一次会议审议。10月1日，《山西省女职工劳动保护条例》正式施行。（谢元元）

【妇女儿童关爱活动】 2015年，山西省妇女联合会救助患"两癌"贫困妇女386名，实施贫困地区儿童营养改善、儿童早期综合发展、母亲健康快车、水印计划、母亲水窖、流产后关爱（PAC）等国家项目，惠及妇女儿童60余万人。开展恒爱行动，向对口援疆地区阜康市的贫困儿童捐赠1500余件爱心毛衣，获"中国儿童慈善奖——恒爱行动优秀组织奖"。实施特困妇女儿童救助项目，将城镇特困患病妇女纳入救助群体，累计投入406万元在58个贫困县实施"儿童幸福家园"项目，投入120万元在40个贫困县实施母婴健康关爱项目。省妇女儿童发展基金会全年募集资金500多万元，拓展实施"幸福启航"系列公益项目。开展"邻里守望·姐妹相助"巾帼主题志愿服务活动。7月，山西省妇女联合会与其他群众团体联合举办的"第三届山西省感动百姓寻找乡村爱心故事活动"启动。（谢元元）

【巾帼创业创新行动】 2015年，山西省妇女联合会累计发放妇女创业小额担保贷款2.75亿元，落实财政贴息资金1900万元。全省创建各类巾帼现代农业科技示范基地、女大学生创业实践基地、妇女手工编织基地、巾帼家政服务基地等2574个，辐射带动妇女创业就业人数216507人。举办第二届"三晋巧姐"剪纸艺术作品展评活动、首届"晋嫂"家政服务技能大赛，引领推进妇女手工制品产业、巾帼家政现代服务业健康快速发展。天镇保姆走进京城，临汾平阳花文化创意产业成为妇女创业就业工作品牌。组织"春风送岗位"专场招聘会195场，帮助37549名妇女实现就业。开展女大学生创业导师行动，成立巾帼创业创新导师团，举办"创业创新巾帼行动进校园"优秀女性事迹报告会，鼓励引导女大学生在大众创业、万众创新活动中实现梦想。发挥典型示范引领作用，培树表彰县级以上三八红旗手1847名、三八红旗集体1167个，巾帼文明岗2649个、巾帼建功标兵3701名。实施巾帼创业就业技能培训工程，组织家政服务、妇女手工艺、电子商务等各类技能培训班140多期，培训妇女4万多人。1月，山西省首届职业教育活动周在山西省好艺中等专业学校启动。3月9日至10日，"清莲杯"山西省首届"晋嫂"家政服务技能大赛举行。5月，妇女"领头雁"省级示范培训班开班。5月27日至28日，山西省女企业家协会召开2015年度会员大会，开展中小企业上市融资及新三板专题培训。7月，山西省女性就业创业毛衣编织培训班开班。9月，由省妇联组织举办的"三晋巧姐"手工艺骨干能力提升培训班开班。11月3日，山西省女性就业创业剪纸技艺培训班开班。12月3日，全省新型农业经营主体妇女骨干培训班开班。省妇联与省就业服务局联合举办2015年山西省"春风行动"大型女性专场招聘会。（谢元元）

【女性文化体育活动】 2015年3月，由运城市、临汾市，陕西省渭南市和河南省三门峡市四市妇联联合举办的晋陕豫黄河金三角"黄河泼墨·巾帼梦"书画展开展；女性文化学堂专题讲座举办。4月，2015"走进画中·醉美山西"大型旗袍长卷文化公益活动启动。山西省庆"三八""强健体魄，阳光生活"妇女健身篮球比赛活动举行。"强健体魄·阳光生活"全省女职工乒乓球比赛开赛。"幸福启航·关注女性健康"健步走公益活动举行。9月22日，三晋"书香家庭"读书故事会在省图书馆举行，来自省内各地的100名"书香家庭"代表参加活动。（谢元元）

【女性健康医疗保障行动】 2015年4月，山西省女医师协会风湿免疫专业委员会成立。6月，山西省女医师协会围产医学专业委员会成立。省妇联主持，山西省乳腺癌疾病认知水平和医疗政策专家研讨会召开。组织各市县举办山西省女性文化学堂健康专场。举办两癌项目培训班，来自全省11个市、115个两癌项目县的妇联分管主席、发展部长参加培训。年内，山西省女性肿瘤防治救助工程启动。10月30日，2015年"妇幼健康中国行——走进山西"活动启动。（谢元元）

【中国女法官协会在晋开展活动】 2015年7月31日，中国女法官协会第五届理事会第一次常务理事会议在山西省晋中市召开。最高人民法院副院长、中国女法官协会会长黄尔梅在会上通报中国女法官协会上半年的工作开展情况，安排部署下一阶段主要工作任务。最高人民法院副院长、中国女法官协会副会长陶凯元作

2015年9月18日至19日，山西省女企业家协会组织女企业家们走进长治，开展以"听党话 跟党走 做党的好女儿"为主题的红色教育实践活动　（一　溪供图）

总结讲话。省委常委、宣传部部长胡苏平出席开幕式并致辞。省高级人民法院院长左世忠，全国妇联副主席、中国女法官协会副会长、北京知识产权法院副院长、政治部主任宋鱼水，省妇联主席王维卿出席会议。省高级人民法院副院长朱明、省妇联副主席韩丽珍出席开幕式并致辞。四川省高级人民法院院长、中国女法官协会副会长王海萍和湖北省高级人民法院院长、中国女法官协会副会长李静分别主持开、闭幕式。（谢元元）

【留守流动女童关爱项目教师培训】2015年1月5日，为期三天的山西省“春蕾计划·关爱留守流动女童健康成长”项目教师培训班在太原开班。来自太原、临汾、阳泉三个项目试点地区参与项目实施的各级妇联、教育、文明办的相关人员，21个项目试点学校和社区的教师、社工80余人参加培训。（谢元元）

【儿童关爱活动】2015年1月27日，山西省儿童幸福家园项目培训暨启动。5月，“想见孩”家园共育中国行——山西·幸福启航·绿丝带行动公益捐赠活动启动。幸福启航·旗帜飘扬——旗帜乳品关爱婴幼儿健康公益捐赠活动启动。万柏林区兴华学前教育集团竹杏园举行“六一”慰问暨“书香童年·悦读成长”主题活动。（谢元元）

【省妇女儿童发展基金会慈善活动】2015年，山西省妇女儿童发展基金会（以下简称妇基会）第一届理事会第五次会议在太原召开。省妇联主席王维卿出席并讲话。省妇联副巡视员申莉平主持会议。省妇基会理事长王永平作妇基会2015年上半年工作报告，省妇基会副秘书长范永钢作妇基会2015年上半年财务收支报告。晋中市妇联主席刘国英介绍“幸福启航·爱心妈妈”公益项目经验及获得中国妇基会“十大女性公益品牌”荣誉情况。7月31日，山西省妇女儿童发展基金会在运城市开展“幸福启航关爱行动”捐赠活动，接受无限极(中国)有限公司向盐湖区车盘村老年人日间照料中心的爱心捐赠。8月5日，由省妇联与妇基会主持，幸福启航“无限极”关爱孤残儿童捐赠活动在太原市社会(儿童)福利院内举行。爱心人士、无限极(中国)有限公司首席业务总监李先芳获颁荣誉奖牌。9名特困儿童接受“特困妇女儿童救助基金项目”救助治疗。（谢元元）

青　年

【青年概述】2015年，山西省15岁至59岁人口为2566.72万人，占常住人口的70.05%。（省统计局）

【青年创业创新】2015年，山西省共青团与省电视台联合举办《我要创业》节目，共播出10期。举办第二届全省青年创新创业大赛和首届山西青年APP大赛，3个项目获全国青年创新创业大赛铜奖，被团中央授予优秀组织奖。立足搭建服务平台，打造省市县三级创业就业服务网络，成立首批38家“山西省青年创业示范园区”，创立国内首家省级“线上青年创业园”O2O创业服务平台，完成技能培训52232人次，组织上岗见习6796人次。发放农村青年创业小额贷款192575.72万元，与金融机构联合开发的专属金融产品的贷款金额共计70662.44万元，获得贷款的农村青年19277人，发放城市青年创业小额贷款3277笔。全省各级团组织培训农村青年37547人，实现就业9846人。完成“小渊基金”生态绿化示范林一、二期项目，自建“保护母亲河，共青团绿化带”1122公顷，共植树35万株，动员少年为倡导环保理念、服务绿色发展、建设美丽山西发挥生力军作用。

山西省青年联合会与共青团山西省委、山西省教育厅、山西省科学技术协会联合举办第十三届“兴晋挑战杯”山西省大学生课外学术科技作品竞赛。全省27所高校千余名大学生科技创业精英的251件创业作品入围省级比赛，产生特等奖15件、一等奖43件、二等奖58件、三等奖73件作品及78名优秀指导教师。在全省高校开展“山西MM校园手机应用开发大赛”，组织24所高校、1000余名开发者参与活动，收到参赛作品323件，挖掘优秀开发团队200余个，建立MM创业孵化基地14所。举办2015年“激活梦想、驱动未来”娃哈哈C驱动杯山西省大学生创业大赛，全省20余所高校及在校专科生、本科生、硕士研究生、博士研究生8000余人参赛。山西省举办系列创业讲堂1013场，参与学生25.17万人次，72所高校共青团组织参与基地建设，入驻基地大学生创业团队1325个，上岗见习学生人数为91451人次。

（张　瑜　陈志刚　师慧蓉）

【中职实践教育活动】2015年，山西省青年联合会跟进与教育厅联合签发的《山西省普通中学实践教育指导意见》的实施情况，全年共开展“迈入青春门，走好成人路”主题教育活动2284场，参与人数51.24万人次；“彩虹人生——奋斗的青春最美丽”分享活动5721场，累计参与学生达119.57万人次。

（张　瑜　陈志刚　师慧蓉）

【困境青少年群体和新兴青年群体服务】2015年，山西省共青团针对五类重点青少年、家庭困难学生、残疾青少年等群体，开展关爱行动。希望工程获全省“AAAAA级基金会”和“全国先进社会组织”称号。青年志愿者开展助残“阳光行动”，与辖区内残疾青少年结对103575个，结对率达75%。选派6个项目参加第二届中国青年志愿服务项目大赛，1个项目获金奖，5个项目获银奖。针对青年社会组织等新兴领域青年群体，建设省市两级青年社会组织综合服务平台44家，省青联吸纳青年社会组织领袖11人。开展青少年民族团结进步创建和对口支援工作，援助款项全部到位，4.98万名少年儿童参加“晋疆两地少年儿童书信手拉手”活动。

（张　瑜　陈志刚　师慧蓉）

【青少年违法犯罪预防】2015年，山西省共青团深化“共青团与人大代

表、政协委员面对面"等活动，完善青少年有序政治参与、理性表达诉求的常态化工作机制。加强青少年事务专业人才队伍建设，成立山西爱邦青少年社会关护服务中心，建立示范服务站13家，组建青少年事务社工队伍1719人，印制《示范服务站工作手册》，为每站配套工作经费2万元，标准化推动示范服务站的建设和运转。在全省征集首批青少年事务社会工作示范项目24个，"打造社区第二课堂"——老工业社区青少年抗逆力训练项目等三个全国示范项目落地实施。完成全省重点青少年群体服务管理和预防犯罪工作第二轮检查督导和第三轮试点推广工作。联合省文明办等11家单位在全省组织实施"小桔灯梦想课堂"项目。举办第五届山西省大学生模拟法庭大赛，全省28所大中专院校的450名大学生参加比赛。创新开展大学生"防艾·禁毒嘉年华"活动，在全省28所高校成立防艾禁毒志愿服务队，志愿者人数达500人。开展"向毒品说不"网络宣传活动，在《山西青年报》开辟"忏悔家书"法制专栏，刊发400余期。与省文明办沟通协商，在12355青少年公共服务平台建立山西省未成年人心理健康辅导中心，并给予5万元工作经费用于开展未成年人心理健康辅导工作。推动山西省青年法律工作者协会顺利换届。

（张　瑜　陈志刚　师慧蓉）

【农村青年推优实践】 2015年，山西省共青团各级团委以"培育乡村青年、建设新农村、推动新发展"为主题，寻找乡村好青年活动，找到乡镇级"乡村好青年"10166名，县级"乡村好青年"1190名，市级"乡村好青年"112名，省级"乡村好青年"50名，向团中央择优推荐10名乡村好青年；扩大农村团青微信群覆盖面，全省农村基层团组织共建立1385个微信群，覆盖人数126841人，建立微信公众号数量163个、订阅人数41753人。青少年环保生态工作。开展"青春建功美丽中国"活动，青少年增绿减霾共同行动中，"小渊基金"保护母亲河—中日青年临汾市生态绿化示范林一期项目完成植树16万株，绿化面积80公顷，二期项目完成植树19万株，绿化面积95公顷。全省绿色树木种植达287500棵，护绿面积1416.4公顷，参与72856人，发放资料20000余份，建设青年林28个，媒体报道58次。

（张　瑜　陈志刚　师慧蓉）

【青年公共服务】 2015年，山西省共青团按照《山西省政府购买服务实施（暂行）办法》及《山西省政府购买服务指导性目录》规定，开展青少年就业培训23场，环保主题系列活动100余次，阳泉亲 & 青 Family 矿区青少年社会工作站获"省级青少年事务社会工作示范服务站"称号。"新春送温暖活动"联系青年社会组织67家，覆盖青年5万余名，"缤纷夏日快乐童年"活动共70家青年社会组织参与，服务困难青少年5000余名。

（张　瑜　陈志刚　师慧蓉）

【青年网络宣传引导】 2015年，山西省共青团构建网络宣传引导工作新格局，"@山西共青团"在全省政务微博影响力排名第二。构建"责任网"，组建核心网评员队伍100人，完成全年网络舆情任务。构建"正能网"，登记注册青年网络文明志愿者21万余人，以"清朗网络空间，凝聚青春力量，重塑山西形象"为主题，开展山西青年网络文化行动。实施"传承三个文化·我们的经典""励志拼搏奋斗·我们的青春""投身六大发展·我们的创业""唱响向上向善·我们的公益""文明守法诚信·我们的榜样""情系表里山河·我们的家乡"六大主题行动，相关微信、微博、网页讨论总量达670万次。构建"服务网"，以"青年之声·山西"平台为统揽，开展青年创业就业、心理维权、婚恋交友、志愿公益等服务。以"红色耀三晋 青年永传承"为主题，在线上，以图文、音视频等形式，广泛吸引青少年通过"山西青年英雄谱""红色后代忆抗战""红色印记——抗战老兵图片故事展""重读革命遗址"等新媒体特色专题开展微博话题、微信H5页面传递、专题网页传递以及线上红色留言等，主题微信H5页面发布仅三天，参与者达230余万人次，"红色传递"微博话题覆盖超560.7万人次，网页传递达110余万次。搭建一个中心，一个协会，一个平台的"三大网络"工作架构，成立山西青年新媒体协会。

（张　瑜　陈志刚　师慧蓉）

【青年人才培养与"伙伴"组织建设】 2015年，山西省青年联合会召开十一届一次全委会，选举出新一届领导机构，吸收社会功能强、影响覆盖面广的青年社会组织骨干和新兴领域青年代表加入青联组织，加强对各类新兴组织的引导。

在工作中注重与青年社会组织发展"伙伴"关系，发挥青联组织的桥梁与纽带作用，推进山西省青年社会组织建设。围绕主题推出一系列社会动员项目，在全省范围内开展"新春送温暖""缤纷夏日"、环保系列等主题活动，动员各地市团委联合青年社会组织开展活动。共开展活动43场，吸引385家青年社会组织参与。开展省级青年社会组织新媒体新领域专题培训，培训人数累计170人；各地市团委共开展青年社会组织专题培训24次，覆盖5万青年。在地市选报、实地考察、综合评比的基础上，确定省级平台5家，市级平台39家。

（张　瑜　陈志刚　师慧蓉）

【青年对口援疆】 2015年，山西省对口援疆单位新疆六师五家渠市选派4名团干部参加太原市中青班干部培训；组织新疆六师五家渠市青年致富带头人、青年企业家、农业合作社负责人等30位青年代表在太原开展为期九天的新疆青年（大学生）就业创业培训活动。全年组建专家讲师团赴疆开展专题培训班3期，培训青年200余人。全省各级团组织接待受援地来访青年5批50人次，向受援地捐赠图书1000余册。

（张　瑜　陈志刚　师慧蓉）

【青年外事交流】 2015年，山西省青年联合会以"巩固好成果、开辟新领域"为宗旨，以"大交流、大合作"为理念，发挥自身组织联络优势，通过各种有效渠道，拓展外事工作领域，巩固对外交往成果，广交海内外青年朋友。派遣山西青年参加共青团中央的出访，对韩国、日本、俄罗斯、美国等地进行交流。派遣第六次山西省青少年友好交流访日团及山西省青少年美国、英国夏令营活动，共计百余人次。接待由日本内阁府派遣的日本青年代表团，来山西省进行友好交流。

（张 瑜 陈志刚 师慧蓉）

老年人

【概述】 2015年，山西省各级老龄部门和广大老龄工作者在全国老龄工作委员会（办公室）的科学指导下，在山西省委、省政府的坚强领导下，在省老龄工作委员会29个成员单位和社会各界的支持下，贯彻落实党的十八大、十八届三中、四中、五中全会精神和习近平总书记系列重要讲话精神，以及习近平总书记、李克强总理对老龄工作的重要批示精神，围绕全省经济社会发展大局，主动适应人口老龄化形势，全心全意为老年人服务，全面实施《中华人民共和国老年人权益保障法》，完成《山西省老龄事业发展"十二五"规划》，做好基层老龄工作，推进老年文化、教育、体育工作，开展"敬老文明号""敬老月""银龄行动"等活动，全省老龄事业取得新的进步和发展。 （闫 鹏）

【《山西省老龄事业发展"十二五"规划》收官】 2015年，山西省各级老龄部门贯彻实施《山西省老龄事业发展"十二五"规划》收官。山西省各级党委、政府、老龄部门、相关单位及社会各界贯彻实施老龄事业发展"十二五"规划，逐项对照，逐一推进，采取措施，健全老年社会保障体系和医疗卫生保健体系，维护老年人合法权益，落实老年人优待政策，加强老年人社会管理和社会服务，开展老龄工作科学研究和调查研究，探索发展老龄产业，改善老年人生活环境，推进老年文化、教育、体育等工作，完成规划制定的各项目标任务，为"十三五"时期老龄事业的发展奠定良好基础。 （闫 鹏）

2015年10月21日，全国人大老年法执法检查组到晋城城区晓庄老年公寓检查工作 （闫 鹏供图）

【《老年人权益保障法》全国人大执法检查组莅晋检查】 2015年10月20日至24日，由全国人大常委会委员、内务司法委员会主任委员马馼带队的全国人大执法检查组对山西省贯彻实施《中华人民共和国老年人权益保障法》情况开展执法检查。检查组听取山西省政府及省发改委、民政厅、财政厅、国土资源厅等部门的情况汇报，并先后赴太原、晋城、晋中3个市的基层老年协会、老年日间照料中心、社会福利中心等19家单位进行检查。 （闫 鹏）

【老年人法律援助和服务】 2015年，山西省各级各地老龄工作委员会办公室发挥内设权益部（科、室）职能，与各级法律援助机构联系合作，解决老年人法律问题，做好老年人法律咨询、援助和服务工作。全年共接待老年人来信来访11539起，协调处理涉老案件1033起，提供法律援助和服务3691人次。山西省老龄工作委员会办公室下设的省老年法律援助工作站，与山西省、太原市法律援助中心建立合作关系，借助其专业化的法律资源为老年人提供法律援助和服务；与山西晚报、山西电视台《小郭跑腿》栏目合作，借助媒体平台开展老年法律援助和纠纷调解活动，产生良好的社会效应；开展"法律援助送到家"活动，在田间地头组织村民学习老年法，解答群众疑问。 （闫 鹏）

【老年人优待工作】 2015年，山西省老龄工作委员会办公室与山西省各旅游景点、县级以上医院、城市公交线路等窗口行业和单位贯彻全国《关于进一步加强老年人优待工作的意见》和山西省《关于进一步加强老年人优待工作的实施意见》，落实老年优待政策，山西省旅游景点543个，对老年人实行优待的512个，占94.2%；县级以上医院357个，对老年人实行优待的336个，占94.1%；城市公交线路793条，对70岁以上老年人实行免费的670条，占84.5%。山西省老龄工作委员会办公室加强对老年优待政策落实情况的督导检查，对省内部分景区未对60岁以上老年人实行门票免费的问题，与省物价局协调，及时纠正，保证老年人应当享有的优待。山西省各级各地老龄工作委员会办公室积极为老年人免费办理《山西省老年人优待证》，全年共办理17.8万本。出台《关于进一步做好老年优待证办理发放工作的通知》，放宽办证条件，简化办证程序，提高办

证效率，使老年人得到快捷便利的办证服务。（闫 鹏）

【老龄宣传信息化建设】 2015年，山西省老龄工作委员会办公室强化老龄宣传阵地建设。对“山西省老龄网”进行改版升级，使网站的页面效果、信息容量、操作便捷度得到提升；坚持办好《山西老龄工作》，发挥宣传交流老龄工作的作用；与山西电视台建立合作关系，针对老龄工作重大事件进行宣传报道，扩大老龄宣传工作社会影响力。朔州市老龄办开通新浪官方微博，临汾市老龄办利用“微孝临汾”微信公众平台开展宣传，创新宣传形式，提高宣传覆盖面。注重加强老龄工作信息化建设，编印《山西省2014年老年人口与老龄事业发展基本情况》手册，为老龄工作决策和信息共享提供数据依据；与山西省卫生和计划生育委员会信息中心建立长期联系，利用全员人口信息管理系统即时掌握全省老年人口变化情况，实现数据信息的动态化管理。（闫 鹏）

【第四次中国城乡老年人口状况抽样调查】 2015年，山西省各级各地老龄工作委员会办公室配合开展“第四次中国城乡老年人口状况抽样调查”。调查涉及山西省7个市、11个县（区）、44个乡镇（街道）、176个村（居）委会。8月1日至31日，按照全国统一时间段，开展入户调查工作，共完成5280份个人问卷、176份社区问卷、44份乡镇问卷和11份县（区）问卷，经审核无误后全部上报全国老龄工作委员会办公室。（闫 鹏）

【基层老年协会建设】 2015年8月20日，山西省老龄工作委员会办公室和省民政厅联合印发《关于进一步加强城乡社区老年协会建设的通知》，对基层老年协会组织建设、依法登记、设施配套、业务培训等方面提出具体要求，全省基层老年协会建设工作实现制度化、规范化。朔州市召开基层老年协会规范化建设现场会，推进全市12个品牌老年协会建设。晋中市举办基层老年协会骨干培训班，推进基层老年协会规范化建设“131计划”。太原、吕梁、运城等市为基层老年协会资助老年文体活动器材，提升基层老年协会服务水平。（闫 鹏）

【“银龄行动”】 2015年，山西省各级老龄部门组织开展“银龄行动”，为支援和促进贫困地区发展贡献力量。晋城、忻州、朔州、晋中、临汾、汾阳、太谷等市、县老龄工作委员会办公室开展扶贫助老、医疗卫生服务、农业技术指导等多种形式的援助活动。山西省老龄工作委员会办公室组织山医大二院老专家，赴革命老区、国家级扶贫开发重点县——平顺县和壶关县，开展送医送药义诊活动，共接诊患者近两千人次，免费发放价值一万元的药品。同时，各级老龄部门组织推荐参加“全国老有所为楷模和先进典型人物评选”，太原市的杜丽星和晋中市的杨金虎获“全国老有所为先进典型人物”称号。（闫 鹏）

【“爱心护理工程”建设】 2015年，山西省老龄工作委员会办公室开展“爱心护理工程建设基地”达26家，“爱心护理工程示范基地”6家，床位共6910张，众多老年人得到临终关怀照料服务。在山西省福利彩票公益金的支持下，山西省老龄工作委员会办公室出资120万元，对全省6家爱心护理院的升级改造项目进行资金扶持。在10月22日召开的第十次全国爱心护理工程工作会议上，山西省有3人获全国“敬老奉献杯”模范护士长称号，8人获“敬老服务杯”优秀护理员称号。（闫 鹏）

【“敬老文明号”创建活动】 2015年，山西省老龄工作委员会办公室继续在全省老龄系统组织开展“敬老文明号”先进单位和参创单位“双关爱”活动，深入社区、家庭为失能、半失能、贫困老人提供物质帮扶和精神关爱，深化“敬老文明号”服务老年人的宗旨和内涵。山西省老龄工作委员会办公室会同省卫生和计划生育委员会联合下发《关于在全省卫生计生系统开展“敬老文明号”创建活动的通知》，为广大老年人提供优质便捷的医疗服务。（闫 鹏）

【“敬老月”活动】 2015年，山西省老龄工作委员会办公室开展“敬老月”活动。太原、大同、长治、晋城、晋中等市，柳林、永济、稷山、盐湖、芮城、新绛等县（市、区）老龄部门协调组织当地

2015年5月25日至30日，山西省“银龄行动”志愿服务队深入平顺县、壶关县开展义诊活动（闫 鹏供图）

2015年7月8日至9日，山西省第四次中国城乡老年人生活状况抽样调查督导员骨干培训班在太原举办　（闫　鹏供图）

党政主要领导对百岁、空巢、困难老人、抗战老兵等不同类型老年人进行慰问。开展农村特困老年人救助工作，对五台、静乐等10个国家级贫困县和参加第四次中国城乡老年人口生活状况抽样调查的10个重点县，每县救助50名特困老人，每人发放救助金1000元。大同、晋城、阳泉、忻州、晋中等市老龄部门全方位、立体化宣传报道尊老敬老先进典型、事迹和活动。各级老龄部门与工会、妇联、共青团等单位配合，组织机关干部、企事业单位职工、青少年学生走进养老机构和老年人家庭，开展家政、照料、护理、信息咨询、心理疏导、精神慰藉等志愿服务。太原、忻州、晋城、朔州、晋中、临汾、运城等市，原平、定襄、岢岚、繁峙、河曲、文水、平鲁、浮山、和顺等县组织开展舞蹈、歌唱、戏曲、书画、太极拳等活动。（闫　鹏）

残疾人

【残疾人概述】2015年，山西省残疾人工作按照省委、省政府的部署和中国残联的要求，科学谋划，突出重点，完成各项工作任务。全省年度新诊断0岁至6岁残疾儿童831人。全省共有特殊教育普通高中班（部）7个，在校生383人；其中聋生346人；盲生37人。有253名残疾人被普通高等院校录取。城镇新就业残疾人8547人，36万名农村残疾人在业。96.8万名城乡残疾居民参保，参保率85.3%。制定或修改保障残疾人权益的规范性文件地市级1件、县级7件，完善无障碍建设法规、标准。全省共建立省级以下各类残疾人专门协会634个，全省已竣工并投入使用的各级残疾人综合服务设施50个，总建设规模12.2万平方米。（王秋妮）

【残疾人康复】2015年，山西省落实残疾人就康复工作。社区康复。在23个市辖区和90个县（市）开展社区康复工作，累计已建社区康复站的社区总数5114个，配备1.9万名社区康复协调员。89个县的108个医疗卫生机构陆续开展残疾儿童筛查工作，年度新诊断0岁至6岁残疾儿童831人。

视力残疾康复。开展视力残疾康复机构总数达到42个，完成白内障复明手术2.3万例；为4591名贫困白内障患者免费施行复明手术；为3835名低视力患者配用助视器，培训低视力儿童家长1482名，有效开展家庭康复训练。对6121名盲人进行定向行走训练。

听力语言残疾康复。推进听力语言康复机构规范化管理，完善基层服务网络。已建设省级听力语言康复机构1个，基层听力语言康复机构43个。年度新收训聋儿380名，在训聋儿554名；规范聋儿家长学校，开展家庭训练，共培训聋儿家长1545名；开展各级各类听力语言康复专业技术人员培训，培训专业人员344人。

肢体残疾康复。开展肢体残疾康复训练服务机构达41个。其中，省级康复机构3个、地市级、县级康复机构38个；培训各级各类肢体残疾康复人员255人次；全省共对5671名肢体残疾者实施康复训练；实施救助项目资助659名脑瘫儿童进行机构康复训练，资助108名贫困肢体残疾儿童实施矫治手术。积极开展宣传普及教育，为麻风患者回归社会营造良好社会氛围。

智力残疾康复。开展智力残疾康复训练服务的机构43个。其中，省级康复机构2个，地市级、县级康复机构41个；培训各级各类智力残疾康复人员95人次；全省共对2984名智力残疾人进行康复训练。实施资助项目资助1152名智力残疾儿童进行机构康复训练，同时培训儿童家长。

精神病防治康复和孤独症儿童康复。推广“社会化、综合性、开放式”精神病防治康复工作。在77个市县开展精神病防治康复工作，对10万名重性精神病患者进行综合防治康复，监护率达81.4%，显好率达70.0%，社会参与率达53.0%；解除关锁197人；对9333名贫困精神病患者进行医疗救助。

建立2个省级孤独症儿童康复训练机构。291名孤独症儿童在各级机构进行康复训练。

辅助器具服务。加强残疾人辅助器具服务体系建设，深入开展辅助器具供应服务，为残疾人减免费用供应辅助器具3.8万件。其中，装配假肢852例、矫形器698例，验配助视器6092件。（王秋妮）

【残疾人教育】2015年，山西省开展

残疾人事业专项彩票公益金助学项目，为260人次家庭经济困难的残疾儿童享受普惠性学前教育提供资助。省彩票公益金助学项目资助514名残疾大学生、残疾人家庭子女大学生、残疾研究生，共发放助学金190万元。

全省共有特殊教育普通高中班(部)7个，在校生383人；其中聋生346人；盲生37人。有253名残疾人被普通高等院校录取。（王秋妮）

【残疾人就业】 2015年，山西省保障残疾人就业。残疾人就业规模总体保持稳定。城镇新就业残疾人8547人。其中，集中就业残疾人2127人、按比例安排残疾人就业2073人、公益性岗位就业201人、个体就业及其他形式灵活就业3380人、辅助性就业766人。城镇就业人数11.7万人；36万名农村残疾人在业，其中26.3万名残疾人从事农业生产劳动。

职业培训。残疾人职业培训基地达到501个，其中残联兴办271个，依托社会机构兴办230个，其中8476人次城镇残疾人接受职业培训。

盲人按摩。盲人按摩事业稳定发展，按摩机构迅速增长。2015年度共培训盲人保健按摩人员603名、盲人医疗按摩人员223名；全省保健按摩机构达到493个，医疗按摩机构达到58个；在专业技术职务资格评审中，分别有2人和26人通过盲人医疗按摩人员中级和初级职称评审。

（王秋妮）

【残疾人文化宣传】 截至2015年底，山西省共有省级残疾人专题广播节目1个，电视手语新闻栏目1个；地市级残疾人专题广播节目3个，电视手语新闻栏目2个。

截至2015年底，省、市、县三级公共图书馆共设立盲文及盲人有声读物阅览室30个，共开展残疾人文化周活动82场次，共举办残疾人文化艺术类比赛及展览52次，共有各类残疾人艺术团体30个。（王秋妮）

【“衣恋集善幸福同行”项目】 2015年7月7日，山西省残疾人联合会推动中国残疾人福利基金会和中国衣恋集团启动山西省“衣恋集善幸福同行”项目。山西省残疾人福利基金会接收捐赠资金100万元人民币，用于帮助山西省长治、忻州、吕梁三市的168名贫困肢体残疾人免费适配假肢。有关领导和长治市51名受助残疾人及其亲属、残疾人工作者、助残志愿者、长治市人民医院的医护人员等300多人参加启动活动。（王秋妮）

【新“复明6号”捐赠活动】 2015年4月1日，山西省残疾人联合会推动亚洲防盲基金会及香港叶氏化工集团捐赠中国复明扶贫流动眼科手术车新“复明6号”。省残联党组书记、理事长李亚明代表受赠方接收。捐赠方与受责方双方代表和白内障患者手术受益者分别发言。（王秋妮）

【困难残疾人生活补贴和重度残疾人护理补贴制度】 2015年，山西省残疾人联合会配合省民政厅、省财政厅出台《山西省人民政府关于全面建立困难残疾人生活补贴和重度残疾人护理补贴制度的通知》(晋政发〔2016〕5号)，推动山西省残疾人“两项补贴”制度“提标扩面”，制度从次年1月1日起实行。补贴范围：困难残疾人生活补贴由原来城乡低保家庭中残疾等级为一级的贫困残疾人，扩大到城乡低保家庭中的所有持证残疾人；重度残疾人护理补贴由原来城乡低保家庭外残疾等级为一级的残疾人，扩大到所有残疾等级为一级、二级的重度残疾人。补贴标准：由原来的每人每月40元，提高到每人每月50元。山西省财政投入专项资金4600万元，为9.1万名一级残疾人发放每人每年480元的护理补贴或生活补贴。（王秋妮）

【山西省全国残疾人基本服务状况和需求专项调查】 2015年3月底，完成山西省全国残疾人基本服务状况和需求专项调查主要工作，入户调查72.9万人、电话调查1.78万人，调查表100%录入数据库。（王秋妮）

【残疾人社会保障】 2015年，山西省落实残疾人社会保障工作。社会保险。2015年新型农村和城镇居民社会养老保险统一合并实施，已有96.8万名城乡残疾居民参保，参保率85.3%，在60岁以下的参保残疾人中有14.2万名重度残疾人，其中13.5万人得到政府的参保扶助，代缴补贴比例达到95.3%。6.1万名非重度残疾人享受全额或部分代缴的优惠政策。领取养老

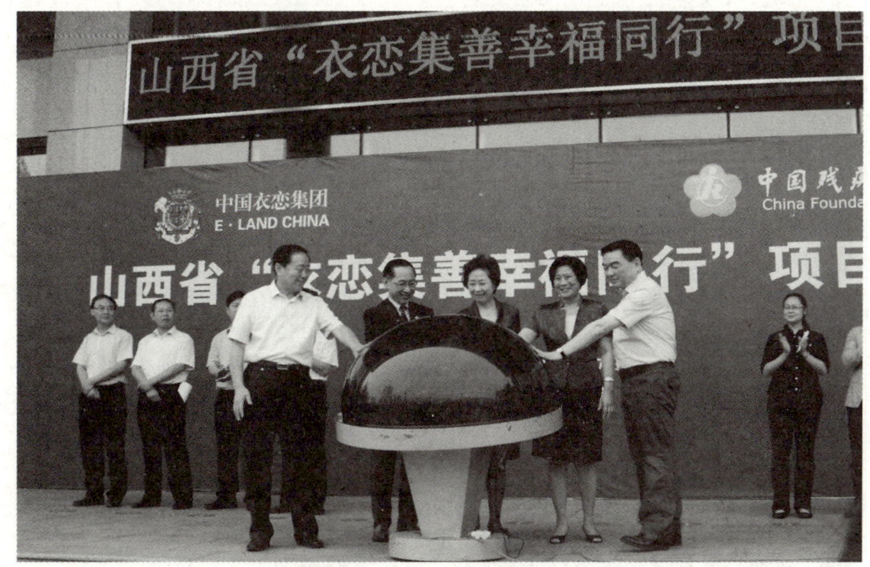

2015年7月7日，中国残疾人联合会、中国衣恋集团共同举办山西省“衣恋集善幸福同行”项目启动仪式 （王秋妮供图）

2015年11月13日，中国残联副主席王新宪（右三）等看望晋籍全国残疾人企业之星宋卫军（左二） （王秋妮供图）

金待遇的人数达到47.8万人。城镇残疾职工参加养老保险10.4万人，参加医疗保险9.4万人，城镇6.4万名和农村22.7万名残疾人纳入最低生活保障范围；城镇集中供养残疾人和农村五保供养残疾人分别达1199名和2.3万名；6万名和4.9万名符合条件的城乡残疾人分别享受稳定的生活补贴和护理补贴。5.8万名城乡残疾人得到其他救助救济。

托养服务。残疾人托养服务工作规范推进，残疾人托养服务机构达到60个，共为1313名残疾人提供托养服务。其中：寄宿制托养服务机构34个、日间照料机构3个、综合性托养服务机构23个。

在以上机构中，共有19名残疾人实现辅助性就业，15名残疾人实现支持性就业。机构之外接受居家托养服务的残疾人达到1.4万人。全年共有72名托养服务管理和服务人员接受各级各类专业培训，其中接受国家级培训3人。 （王秋妮）

【残疾人体育】 2015年，山西省各地残疾人体育工作深入开展。组织省级残疾人群众体育健身活动3次，430人次参加；省级残疾人群众体育活动示范点达到40个；培训省级残疾人体育健身指导员680人；组织省级残疾人体育比赛2次，参赛运动员达360人次；组织地市级残疾人体育健身活动53次，1874人次参加；设立地市级残疾人群众体育活动示范点58个；培训地市级残疾人体育健身指导员658人。 （王秋妮）

【残疾人维权】 2015年，山西省制定或修改保障残疾人权益的规范性文件地市级1件、县级7件。县级以上人大进行残疾人保障法执法检查和专题调研22次；政协进行视察和专题调研15次。开展普法宣传教育活动268次，3万人参加；举办法律培训班55期，3694人参加。

截至2015年底，全省各级成立残疾人法律救助工作协调机构21个，建立残疾人法律救助工作站15个，办理案件46件；建立残疾人法律援助中心（工作站）84个，办理案件261件。

残疾人参政议政工作得到加强，各级残联协助人大代表、政协委员提出议案、建议、提案61件，办理议案、建议、提案35件。

完善无障碍建设法规、标准。省、市、县级共出台11个无障碍建设与管理法规、规章和规范性文件；68个市、县、区系统开展无障碍建设；全省各级开展无障碍建设检查37次，无障碍培训634人次。

全省共为1590个贫困残疾人家庭实施无障碍改造；为6736名残疾人发放残疾人机动轮椅车燃油补贴。

各级残联处理残疾人群众来信1628件，接待残疾人群众来访2.3万人次，其中集体访18批次、227人次。 （王秋妮）

【残疾人扶贫】 2015年，山西省推进残疾人扶贫开发事业，贫困残疾人生产生活状况得到改善。7.1万名贫困残疾人得到扶持，其中3.5万人通过扶贫开发实现脱贫；接受实用技术培训的残疾人达到1.5万人次。

康复扶贫贴息贷款扶持2006名农村残疾人，残疾人扶贫基地达到174个，安置3447名残疾人就业，扶持带动残疾人户4972户。

基层党组织助残扶贫项目帮扶174名农村贫困残疾人，其中首次接受帮扶135人。“万村千乡市场工程”助残扶贫项目安置90名贫困残疾人就业，帮扶贫困残疾人创办16个村级农村店。 （王秋妮）

【残疾人组织服务】 2015年，山西省9个市级残联在领导班子中配备残疾人理事长或副理事长；90个县级残联机关配备残疾人干部；已建乡镇（街道）残联1477个，已建率达到100%，选聘残疾人专职委员1428名；已建社区（村）残协2.3万个，已建率达到86.8%，选聘残疾人专职委员2.4万名。省、市、县、乡残联实有人员已达4515人。各级残联共举办培训班1053期，培训机关干部、协会干部及残疾人专职委员2.2万人次。全省共建立省级以下各类残疾人专门协会634个，市级专门协会已建比例为100%；县级专门协会已建比例为97.3%。全省共建立助残社会组织9个，其中在民政部门注册的为8个，以残联为业务主管单位的4个。

截至2015年底，全省竣工并投入使用的各级残疾人综合服务设施50个，总建设规模12.2万平方米，总投资3.3亿元；竣工并投入使用的各级残疾人康复设施37个，总建设规模9.3万平方米，总投资2.2亿元；已竣工并投入使用的各级残疾人托养服务设施1个，总建设规模2000平方米，总投资400万元。

截至2015年底，省级、11个市级、71个县级残联开通网站。

（王秋妮）

人力资源

·收入分配·

【收入分配制度改革】 2015年，山西省深化收入分配制度改革，逐步形成“橄榄型”分配格局。颁布施行《山西省企业工资集体协商条例》，规模以上企业实现工资集体协商全覆盖，建立起企业工资劳资共决机制和正常增长机制。强化最低工资标准的基础性拉动作用，连续5年提高全省最低工资标准，年增幅不低于13%。加强企业工资宏观调控，企业工资指导线的基准线年均增长15%。落实带薪年休假制度，为未休假者发放3倍工资报酬。实施事业单位绩效工资制度，事业单位工作人员收入水平与当地相当职级公务员基本持平。优化机关事业单位工资结构，提高基本工资标准。完善艰苦边远地区津贴，实施地区附加津贴制度。在县以下机关实行职务职级并行，强化职级在确定工资福利待遇方面的作用。实施省属国企负责人薪酬制度改革，调整国企负责人年薪和在岗职工平均工资的倍比关系，规范福利性待遇和职务消费，合理有序的收入分配格局逐步形成。

（王俊杰）

·劳动就业·

【劳动关系调处机制】 2015年，山西省应对经济困难，通过采取一系列援企稳岗、扶持创业、加强培训、拓宽渠道等措施，完成城镇新增就业51.5万人，登记失业率3.51%，全面超额完成任务。提高居民收入水平，通过提高最低工资标准、公布工资指导线、调整机关事业单位结构工资、实行乡镇工作补贴、实施县以下机关职务职级并行、提高城乡社会保障水平等措施，城镇居民人均可支配收入达到25828元，增长7.3%，超过预期目标。完善劳动关系调处机制，劳动关系保持和谐稳定。实施《山西省劳动合同条例》，实施劳动合同和集体合同制度，依法推进劳动用工备案，落实劳动标准，企业劳动合同签订率98%，建立工会的企业集体合同覆盖率90%。建立劳动关系三方协调机制，推进和谐劳动关系创建活动。畅通信访投诉渠道，搭建起信、访、网、电“四位一体”工作平台，制定法定途径清单，分类处置案件，群众合法诉求得到妥善解决。建成网格化、网络化劳动监察管理体制，严格落实执法责任制，劳动保障监察实现城乡全覆盖，投诉举报结案率达95%以上，初步实现对用人单位的动态监管。开展“无欠薪县域”创建活动，在建设领域全面推行农民工工资支付登记卡管理办法，建立并完善承建单位工资保证金制度、政府应急周转金制度、重大欠薪案件部门联动和行政司法衔接机制，农民工工资支付重大拖欠案件及时向社会公布，形成有效的农民工工资支付保障机制。建成刚性维权和柔性维权相结合的法律援助服务体系，组建省级和大部分市县劳动人事争议仲裁实体机构，结案率保持在90%以上，争议处理效能提高，促进社会和谐稳定。

（王俊杰）

【就业创业】 2015年，山西省颁布《山西省就业促进条例》，制定鼓励小微企业吸纳就业、扶持大学生创业、援助困难群体就业、政府购买基层公共服务岗位等促进就业创业的政策措施，出台“五缓三补二协商一报备”和降低社保费率、扩大失业保险稳岗补贴范围等援企稳岗政策，累计为企业减负127.4亿元，为稳岗位、促就业提供政策支撑。整合组建省就业服务局，形成全省城乡统一、平等的人力资源市场，实现招聘信息对城乡求职者全覆盖。开展创业型城市和农村劳动力转移就业示范县“双创建”活动，实施每年10万人创业行动计划、大学生创业引领计划和就业促进计划，对离校未就业大学生实行实名制跟踪服务，应届高校毕业生就业率达91%。加强职业技能培训，实现农村技校学生免学费全覆盖，实施职业培训全覆盖计划和农民工技能提升计划，累计完成培训350万人次，促进农村劳动力转移就业。建立社区管理、当月清零的零就业家庭等困难群体就业援助机制，安置困难人员。“十二五”期间，全省累计城镇新增就业255.2万人，转移农村劳动力199.7万人，城镇登记失业率控制在4.2%以下，城乡就业规模创历史新高，三次产业就业比重不断优化，从2010年的37.9:26.3:35.8转变为35.6:27.1:37.3，第三产业就业人数在2012年首次超过第一产业，并呈逐年增长势头，就业局势总体保持稳定。

（王俊杰）

·人事人才·

【公务员人事制度改革】 2015年，山西省推进人事制度改革。推行省市县乡四级公务员联考，强化考录工作风险点管控，坚持规则、过程、结果“三公开”，确保选拔公平公正。建立省直机关公开遴选基层公务员机制。实施县以下机关职务与职级并行制度，拓宽基层公务员职业发展空间。推进公务员分类管理制度，完成全省3.2万名公安、监狱、劳教机关执法勤务机构警员职务套改，健全法官、检察官、人民警察统一招录、有序交流、逐级遴选机制和职业保障制度。开展公务员培训工作和创先争优争做人民满意公务员活动，建立行政机关公务员考核备案制度。

（王俊杰）

【编制职称管理】 2015年，山西省落实《事业单位人事管理条例》，各级各类事业单位新进人员公开招聘制度实现全覆盖，实行岗位设置、竞聘上岗机制，实现固定用人向合同用人、身份管理向岗位管理的转变。集中开展省市县三级吃空饷、编外用人和评比达标表彰专项整治工作，清理吃空饷936人，清理编外用人8076人，叫停各类评比达标表彰702项，核准新设80项。启动实施中小学教师职称制度改革，将分设的中小学教师职称系列统一为初、中、高三级，建立以同行专家评审为基础的业内评价机制。开展职业资格管理制度改革，取消职业资格许可和认定事项268项。

（王俊杰）

【军转干部安置】 2015年，山西省在“四公开两统一一监督”的基础上，全面实行军转安置量化考核、积分选岗新机制，最大限度减少自由裁量权，安置过程更加公开透明。建立企业军转干部解困维稳工作长效机制，企业军转干部保持稳定。（王俊杰）

【人才队伍建设】 2015年，山西省人才强省战略全面实施，“两高”人才队伍建设取得新成效。落实《山西省中长期人才发展规划纲要(2010—2020年)》，启动实施10项重大人才工程，省人力资源和社会保障厅牵头实施其中4项。以院士工作站、博士后流动(工作)站、海外高层次人才创新创业基地和技能大师工作室为主要载体，新引进海外高层次人才385名，选拔院士后备人选14名、三晋学者特聘专家19名、省级学术带头人991名、国务院特贴专家104名、新兴产业领军人才113名、省政府特贴高级技师143名，三晋技术能手692名。组织实施“千人百县”高层次人才服务基层计划，选派2800余名副高以上专业技术人才，到一线服务县域经济发展，开展技术培训8265次，签订合作协议284个，破解技术难题491个，转化科技成果208项。加强国际交流和外专工作，建立覆盖11个国家、40多个城市、51家专业机构的山西海外人才联络网，每年举办海外高层次人才山西项目洽谈会，引进外国专家1403人。深化人才体制机制改革，把山西科技创新城确定为人才管理改革试验区，研究制定创新体制机制支持人才创新创业若干意见，为山西省创新驱动提供人才支撑。

（王俊杰）

社会保障

【社会保障工作落实】 2015年，山西省建成覆盖城乡社会保障体系，综合参保率95%，待遇水平稳步提高。整合组建省社会保险局，在全国率先实施五险统征、一站式服务，获全国社保经办创新奖。建设社保一卡通工程，建成省市两级数据中心和省市县乡镇(街道)村(社区)五级服务网络，累计发放社会保障卡2472万张。2015年，全省城镇职工基本养老、基本医疗、失业、工伤、生育和城乡居民基本养老保险参保人数分别达705.6万、1113.2万、410万、571.5万、455.8万、1538.5万人，分别完成全年任务的101.1%、101.2%、101%、100.1%、100.4%、100.8%。发放社保卡2395万张，提前超额完成“十二五”目标。扩大全民参保计划试点，全面实施五险统征。统一全省的补缴政策，解决用人单位和个人断保欠费现实困难。继续实施“五缓”政策，经认定的困难企业可以缓缴2015年的养老、医疗、失业、工伤、生育五项社会保险费，继续使用失业保险基金对困难企业给予社会保险补贴、岗位补贴、培训补贴。全年全省共认定困难企业153户，386户企业缓缴、欠缴社会保险费67.8亿元；320户企业享受稳岗培训补贴4.43亿元；降低失业、工伤、生育保险费率分别为企业减负11.2亿元、1.5亿元、1.71亿元。总计为企业减负86.64亿元，对于稳定就业岗位、促进劳动关系和谐发挥重要作用。山西省基本养老、基本医保参保人数分别超过2300万人、3400万人。（王俊杰）

【养老保险制度改革】 2015年，山西省启动机关事业养老保险制度改革，在机关事业单位建立起社会统筹和个人账户相结合、以职业年金为补充的养老保险制度，与企业实现并轨。调整企业退休人员基本养老金，调整范围内169.4万退休人员，月人均增加养老金240元。这是2005年以来连续11年调整企业退休人员基本养老金，月人均基本养老金从2005年的627元增加到上年的2389元，在全国排位前10名之内，中部六省排第1位。城乡居民基础养老金最低标准由65元提高到80元。城镇职工基本养老保险覆盖机关、事业和各类企业从业人员参保人数达到882.3万人。合并实施城居保和新农保，建立统一的城乡居民基本养老保险制度。

（王俊杰）

【城镇居民医疗保险制度落实】 2015年，山西省实施城镇居民大病保险制度，有效减轻大病患者就医负担。社会保障制度覆盖城乡全体人民，基本养老、基本医保综合参保率达95%以上，人人享有养老、医疗保障的目标初步实现。增加城镇居民医保人均财政补助标准60元，由320元提高到380元。城镇职工医保、居民医保制度与农村新型农村合作医疗保险制度实现城乡基本医保制度全覆盖。城镇医保实行市级统筹。实现省内异地就医直接结算，全部建立补充医疗保险，实现大病保险全覆盖，基本医保政策范围内报销比例分别达86%和75%，大病保险最高支付限额分别达50万元、40万元。（王俊杰）

【失业、工伤、生育保险制度落实】 2015年，山西省推进失业、工伤、生育保险三项制度覆盖规定职业人群，失业保险为困难企业发放稳岗培训补贴、为符合条件的企业返还50%失业金，失业保险待遇与物价指数和当地最低工资标准形成联动增长机制。工伤保险待遇实行基本保障线制度，工伤人员定期待遇水平与企业退休人员基本养老金实现联动。参加生育保险职工政策范围内的生育费用实现个人“零负担”。（王俊杰）

【住房保障】 2015年，山西省新开工城镇保障房26.19万套，其中棚户区改造23.76万套；建成20.23万套，完成投资640.5亿元。“十二五”期间，保障性住房新开工146.07万套，完成规划任务的144.9%；建成102.45万套，完成投资2490亿元，城镇保障性住房覆盖面达24%，比全国平均水平高出4个百分点，约350万城镇住房困难群众住进新居。2015年7月，山西省保障性安居投资有限公司正式组建并开展业务工作，申报国家开发银行总行批准第一批棚改贷款项目87个，贷款授信额度为306亿元，截至12月底放贷96.68亿元。

（李国红　米玉婷）

【棚户区改造】 2015年，山西省落实棚户区改造政策，组织各市编制棚户区改造及配套基础设施建设三年计划。加大棚户区改造货币化安置力度，山西省住建厅牵头印发《关于推进棚户区改造货币化安置工作的指导意见》，采取政府回购商品房安置、搭建平台组织群众购买商品房、纯货币化安置等方式，推进棚户区改造货币化安置工作。棚户区改造货币化安置4.26万户。启动棚户区改造政府服务工作，采取政府购买服务模式为4个城中村改造项目申请中国农业发展银行贷款14亿元，发放7亿元。开工改造城中村138个，7.93万户。

（李国红　米玉婷）

【《农村最低生活保障申请家庭经济状况核查办法（试行）》出台】 2015年8月，山西省民政厅、省统计局联合下发《关于印发〈山西省农村最低生活保障申请家庭经济状况核查办法（试行）〉的通知》（晋民发〔2015〕40号），明确农村低保申请家庭经济状况核查工作的基本原则、核查对象、核查内容、核查方法、核查主体、监督管理等内容，明确民政部门、统计调查部门、乡镇人民政府（街道办事处）、村（居）民委员会的有关职责。

（王文广）

【城乡社会救助】 2015年，山西省城市、农村低保保障标准每人每月提高20元，平均保障标准分别达到每人每月415元、234元，分别比2014年底提高8.1%、12.6%，超额完成省政府确定的提标6%、10%的目标；农村五保集中、分散供养省级补助标准每人每年分别提高200元、100元，圆满完成提标任务。开展低保绩效评价，被民政部、财政部评为优秀等级，全省200万城乡低保、农村五保供养对象的基本生活得到保障。指导各市制定贯彻落实《社会救助暂行办法》的实施意见，建立“一门受理、协同办理”工作机制，开展“救急难”试点工作，推动省政府印发《关于进一步健全完善临时救助制度的通知》和《关于进一步完善医疗救助制度全面开展重特大疾病医疗救助工作的实施意见》，编密织牢困难群众基本生活安全网，全省有197.2万人次获不同形式的医疗救助或临时救助。全年救助流浪乞讨人员8万多人次。

（王文广）

【旱灾受灾群众生活救助】 2015年，针对山西省近期严重旱灾给受灾群众造成的生活困难，国家减灾委、民政部于10月12日10时启动国家四级救灾应急响应，并派出工作组赶赴山西省灾区查看灾情，协助和指导做好受灾群众生活救助工作。6月以来，全省中北部地区持续干旱少雨，入伏、入秋以来旱情仍持续发展并不断加重，由于正值秋作物生长关键期，秋作物大面积严重减产或绝收，灾区群众基本生活遭受严重影响。其中，吕梁市自6月以来，降水较往年同期大幅偏少，1月1日至8月31日，累计平均降水277.6毫米，比往年偏少70.6毫米，8月上、中旬比往年同期偏少57%；忻州市7月以来全市平均降水89.4毫米，比历史同期偏少5成以上，有13个县（市、区）低于历史同期值。旱灾造成吕梁、忻州、太原、大同、阳泉等11市69个县（市、区）604.25万人受灾，因旱需生活救助163.24万人，农作物受灾面积1267.93千公顷，其中绝收面积223.61千公顷，直接经济损失67.48亿元。

（王文广）

民　政

【民政服务创新改革】 2015年，山西省各级民政部门推进民政立法创制，配合完成《山西省军人抚恤优待实施办法》修订任务。落实规范性文件合法性审查制度，集中清理171件规范性文件。出台《关于全面推进全省民政法治建设的实施意见》，开展“六五”普法总结验收、学法用法主题征文和法制宣传活动。开展“人情保”“关系保”“错保”治理、民政窗口单位服务效能、民政专项资金、村务公开不规范、婚丧陋俗“五项专项整治”，成立11个明察组、5个暗访组，到11个市、82个县、143个乡镇、272个行政村，474个困难家庭、131个民政窗口单位了解核实情况。通过五项专项整治，清退不符合条件的低保对象134人、通过主动发现机制将958名符合条件的困难群众纳入保障范围、7名工作人员受到党纪政纪处分；2638个民政窗口单位制定服务清单，明确服务标准，改进服务方式；健全资金使用管理办法，完善村务公开民主管理各项制度，全省成立“红白理事会”20475家。

（王文广）

【民政管理】 2015年2月4日，全省民政工作电视电话会议在太原召开，会议主要总结2014年民政工作，安排部署2015年工作任务，深化民政改革创新，加强民政法治建设，促进民政事业平稳快速发展。3月4日，山西省民政厅召开全省民政系统专项整治工作部署会议，对专项整治工作进行再动员再部署。会议对省民政厅在学习讨论落实活动中开展民政窗口单位服务效能、低保规范化管理、民政专项资金使用管理、村务公开、婚丧陋俗五项专项整治工作，对省委确定的30个专项整治中的“人情保”“关系保”“错保”问题进行重点安排部署。

（王文广）

·婚　姻·

【婚姻登记】 2015年，山西省有婚姻登记机构137个，共办理婚姻登记47万对、涉外婚姻登记134对。

（王文广）

2015年6月26日,山西省召开双拥模范城(县)命名暨双拥模范单位和个人表彰大会　　(王文广供图)

·城乡基层群众自治建设和社区建设·

【第十届村"两委"换届工作完成】 2015年，山西省民政厅发挥职能作用，做好换届选举的组织和指导工作。选举前、中、后三次组织深入乡村一线调研督查,解决问题;召集三次市级负责人会议，持续传导压力;省市县三级联建台账,包村定责逐个销号。创新"先定事后定人揭榜竞选"选举模式,把不作为者止于门外;提出"三选十不选",依法把"十种人"排除在外;明确"贿选"九种表现及查处责任,保证换届工作风清气正、选优配强、平稳有序,得到省委、省政府主要领导的高度评价。探索中西部地区"三社联动"基层治理模式被民政部确定为全国社区治理和创新实验区。

(王文广)

【城乡社区治理加强】 2015年,山西省民政厅协调组织部联合下发《关于进一步规范村务监督委员会工作的通知》，规范村务监督和村务公开工作,健全基层党组织领导的基层群众自治机制。为加快推进社区综合服务设施建设,会同组织等部门起草《加强全省城市社区综合服务设施建设提升社区服务能力的意见》和《城市社区服务场所和养老等服务设施建设扶持补助办法》,下发《社区减负工作的通知》。探索推广"三社联动"基层治理模式,在阳泉城区召开全国社区治理和服务创新实验区动员大会。推动省委、省政府下发《关于推进农村社区建设的实施意见》和《加强全省城乡社区协商的实施意见》。组织村"两委""领头雁"示范培训、城市和农村社区干部培训共18期、计2300多人。

(王文广)

·社会组织管理·

【四类社会组织直接登记政策实施】 2015年,山西省民政厅出台《山西省四类社会组织直接登记暂行办法》,对四类社会组织登记管理工作做大量的探索,如申请人有弄虚作假等情况将纳入不诚信名单;允许"一业多会";鼓励民办非企业单位申请注册服务商标,采用直营连锁、加盟连锁等特许连锁经营模式,开展集团化服务等形式,优化社会组织发展环境。

(王文广)

【社会组织登记管理制度改革推进】 2015年,山西省民政厅结合社团年检继续推进行业协会和政府部门脱钩,重点对党政机关领导干部在社会团体兼职等违规为进行整治。开展涉企社团收费情况规范工作,40家行业协会商会完成自查，主动减免会费387万元。社会组织年检工作全面完成,举办5期社会组织能力建设培训班,社会组织服务社会能力有效提升。

(王文广)

·拥军优抚·

【优抚安置双拥工作】 2015年,山西省召开全省双拥模范城(县)命名表彰大会,新命名省级双拥模范城(县、区)56个，表彰双拥模范单位91个、双拥模范个人83名。再次提高部分优抚对象抚恤补助标准和1–4级残疾人员护理费标准。组织参加抗战胜利70周年全国系列纪念活动和我省的纪念大会,举办省城各界向烈士纪念碑敬献花篮仪式。退役士兵安置任务基本完成,安置符合条件的退役士兵1082人。接收安置军休干部和病退士官74人、军队退休职工89人。

(王文广)

【慰问山西抗战老战士】 2015年8月19日至20日,民政部部长李立国率民政部、财政部、国家卫计委三部门联合组成的慰问团专程到山西武乡慰问抗战老兵,并与八路军抗战老战士座谈。19日,省委书记王儒林、省长李小鹏在省会太原会见慰问团一行。20日，慰问团一行看望慰问原129师通讯员93岁的张金鱼、90岁的抗战老战士段廷荣,查看在建的武乡县零散烈士集中安葬烈士陵园,在武乡县光荣院与17位抗战老战士举行座谈。

9月5日，副省长张建欣到晋祠宾馆，看望赴京参加抗战胜利70周年纪念活动的部分抗战老战士,向他们致以崇高的敬意,并与大家座谈。

(王文广)

【全国双拥模范城(县)创建工作调研督导】 2015年9月12日至15日,全国双拥办副主任、总政群工办副主任巴谋国带领调研督导组到晋调研督导全国双拥模范城(县)创建工作。省委副书记、省双拥工作领导组组长楼阳生主持汇报会并讲话,省军区政

2015 年 10 月 15 日，山西省民政厅召开养老服务业发展（太原）推进会

（王文广供图）

委、省双拥工作领导组副组长郭志刚出席，副省长、省双拥工作领导组副组长张建欣汇报全省双拥工作情况。调研督导组先后到晋中、朔州、忻州等地考察基层双拥工作情况。

（王文广）

【省城举行“烈士纪念日”活动】 2015 年 9 月 30 日是中国法定“烈士纪念日”。上午，山西省省城各界向烈士纪念碑敬献花篮仪式在太原市牛驼寨烈士陵园举行。省委书记、省人大常委会主任王儒林，省委副书记、省长李小鹏，省政协主席薛延忠等省党政军领导与省城各界代表一起，向太原革命烈士纪念碑敬献花篮，深切缅怀革命烈士的不朽功绩。仪式由省委常委、太原市委书记吴政隆主持。

（王文广）

·防灾救灾·

【精准化救灾探研】 2015 年，山西省精准化救灾试点工作获得有益经验，出台《山西省自然灾害冬春救助指导标准》，为保障灾民基本生活，增强资金使用效率，提高救灾工作的精细化服务、规范化管理水平做一些有益探索，在民政部召开的全国冬春救助工作视频会议上作经验介绍。

（王文广）

【防灾减灾救灾能力增强】 2015 年，山西省应对全省大范围多年未遇的严重干旱和风雹等自然灾害，6 次派出应急工作组赴重灾区查看灾情，启动省级三级救灾应急响应，报请民政部启动国家四级救灾应急响应，全年下拨救灾资金 4.16 亿元、救灾棉被 15600 件、棉大衣 17600 件，受灾群众基本生活得到妥善安排。全国和省级综合减灾示范社区创建活动圆满完成。民政部为山西省 56 个多灾易灾县配备的救灾应急专用车全部投入使用。举办两期灾害信息员能力提升班，培训 367 人。完成省级救灾物资储备库设计、建设用地勘察，投入 500 万元采购救灾专用帐篷。（王文广）

·养　老·

【养老服务业发展推进】 2015 年 10 月 15 日，全省养老服务业发展（太原）推进会在并举行。各市分管副市长、民政局局长、社会福利科科长，各县（市、区）分管副县长、获表彰的先进单位和示范单位代表共计 180 人参加会议。省民政厅厅长薛维栋、副厅长许富昌出席。与会人员实地参观太原市太航馨悦养护院、山西省老年公寓、太原市源缘圆老年公寓和太原市万柏林区漪汾街社区老年人日间照料中心建设情况。（王文广）

【扶持社会力量发展养老服务业】 2015 年，山西省民政厅会同省财政厅出台《全省扶持养老服务业发展财政贴息暂行办法》，明确从 2015 年起，连续三年每年为全省民办养老机构贷款贴息 2000 万元，省、市财政各负担 50%。制定印发《山西省人民政府关于支持社会力量发展养老服务业若干措施》，在放宽准入、财政扶持、用地需求、盘活资源、税费优惠、医养融合、人员保证等方面，提出 18 条接地气、含金量高、操作性强的政策措施。两项工作得到民政部的充分肯定，并在《民政参阅文件》刊发，供各地学习借鉴。（王文广）

【《全省扶持民办养老服务业发展财政贴息暂行办法》发布】 2015 年 7 月 15 日，山西省《全省扶持民办养老服务业发展财政贴息暂行办法》（以下简称《办法》）通过省政府官网向社会发布。《办法》决定对山西省民办养老服务业项目贷款实施财政贴息扶持政策，引导鼓励社会资本参与养老服务业，提高全省社会养老服务能力与服务水平。（王文广）

【经济困难高龄与失能老年人补贴制度建立】 2015 年 11 月 27 日，山西省政府办公厅印发《关于建立全省经济困难的高龄与失能老年人补贴制度及提高百岁以上老年人补贴标准的通知》（晋政办发〔2015〕116 号），决定从 2016 年起，全省城乡低保家庭中的高龄老年人（80~90 周岁）和失能老年人（60~90 周岁），每人每月分别可以得到 30 元、60 元补贴；100 周岁以上的老年人，每人每月补贴标准也将由现行的 200 元提高到 300 元。

（王文广）

·福利慈善·

【社会福利事业发展】 2015 年，山西省筹措资金 6350 万元，重点支持 10 个县级福利机构建设。投入 10280 万元，新建农村老年人日间照料中心 1028 个。建立全省经济困难的高龄与失能老年人补贴制度，百岁以上老年

2015 年 3 月 24 日，山西省慈善总会、衣恋集团为临猗中学 2014 级衣恋阳光班授牌 （武学亮供图）

人补贴标准由每月 200 元提高到 300 元。报请省政府印发《关于促进慈善事业健康发展的实施意见》。全年销售各类福利彩票 42.37 亿元，同比增长 3.73%，筹集公益金 13.5 亿元。

（王文广）

【慈善事业新发展】 2015 年，山西省慈善总会在筹款募捐、项目运作、扶危济困、慈善宣传、组织建设等工作中都有新进展。截至 2015 年底，全省 11 个市全部成立慈善总会，68 个县（市、区）成立慈善组织，全省三级慈善网络初具规模。4 月 13 日，山西省慈善总会召开第二届理事会第五次会议。会议同意郭有勤辞去山西省慈善总会会长职务。山西省慈善总会法定代表人郭有勤变更为张文忠。

2015 年，山西省慈善总会接收捐赠款物合计 3.72 亿元，同比增长 8%；捐赠支出达 3.56 亿元，同比增长 17%。救助困难群众 40000 余人。直接接收捐赠善款 1542.89 万元；接收捐赠物资价值 1381 万元。通过各类慈善项目接收捐赠善款 34279.27 万元。其中，“天籁列车”项目向山西省捐赠价值 1358.8 万元的助听器和特教学校教学设备；香港智行基金会救助山西省内受艾滋病影响儿童和青少年 48 名，发放救助金 9.49 万元；“免费午餐”项目在省内太原、吕梁、晋城、运城等地的 6 所小学为 500 余名小学生提供免费午餐，筹得善款 55.36 万元；引进中华慈善总会医疗阳光项目，为省内十余家基层医疗机构争取到价值 565.88 万元的医疗器械、291.32 万元慈善补贴；与省扶贫办携手设立的扶贫专项基金全年筹募善款 20.67 万元；与晋城银行携手设立的“睿睿微慈善”专项基金全年筹募善款 8.14 万元；与山西省房地产商会联合举行慈善义拍，筹得善款 12 万元；与山西晚报联合开展“利群阳光圆梦大学”助学活动，筹集善款 50 余万元，对 110 多名家庭贫困的大学新生给予救助；与黄河电视台合作“黄河公益桥”项目，累计接收捐款 90.35 万元。

2015 年，山西省慈善总会继续开展微笑列车、格列卫、达希纳、易瑞沙、特罗凯、多吉美、拜科奇、倍泰龙、安维汀等助医项目。“微笑列车”项目全年救助贫困唇腭裂患者 508 人，减免费手术金额 167.49 万元；格列卫、达希纳、易瑞沙、特罗凯、多吉美、拜科奇、倍泰龙、安维汀、全可利等项目为 11725 人次的贫困重症患者提供价值 30313.62 万元的药品救助。继续开展“神华爱心行动”“中国移动‘爱心行动”项目，全年救助贫困心脏病患者 117 人，现金资助 297.91 万元。

2015 年，山西省慈善总会组织社会力量助力慈善进校园，共有 8 个“慈爱阳光班”“衣恋慈善阳光班”的学生得到资助，资助金额达 199.2 万元。慈善人士陈海珠在海外多方筹集助学款 33.91 万元，支持冯村博爱学校发展。“爱心进校园”科普图书捐赠活动共筹募善款 36.34 万元；山西省慈善总会协助爱心企业家李保平开办山西鑫爱心慈善职业技术学校，举办慈善职业培训班两期，培训学员 300 余人。继续开展“慈善情暖万家”活动，累计共发放救助金 75.37 万元，救助困难群众上千人。协助爱心企业开展“海亮·雏鹰高飞”孤儿培养项目、“圆梦行动”慈善救助活动、“关爱抗战老兵”慰问活动。

2015 年，山西省慈善总会提出“两山一带、两河一谷”慈善扶贫战略，对黄河、汾河流域的慈善文化旅游资源加以整合、开发、推广。9 月，省慈善总会组织全省各级慈善组织赴深圳参加第四届中国公益慈善项目展，以“晋善晋美”为主题，推广山西的慈善项目，向外界传递革命老区的慈善诉求，吸引大批公益界、慈善界人士的关注，在全部 2588 家参展机构中，山西省慈善总会名列 20 家“优秀参展机构”之一。2015 年，省慈善总会与全国重点文物保护单位、全国唯一一家以善文化为核心主题的 AAAA 级景区——运城李家大院联合创办“山西慈善博物院”，以李家大院为依托，对山西省古代、近代和现当代留存的慈善器物、慈善遗物、慈善人物事迹、图片等进行综合开发利用，深层次弘扬中华民族传统美德和社会主义核心价值观。

2015 年，山西省慈善总会继续办好门户网站，及时更新和发布省总会和各市县慈善组织的慈善信息；向《慈善》杂志社及时提供全省慈善组织的重要新闻稿件；联合省城各大新闻媒体报道慈善活动；整顿和加强《山西慈善》杂志业务，提高刊物质量，扩大赠发范围，全年共发行 6 期，

发放15000余册。（武学亮）

【孤儿培养项目启动】2015年8月12日，晋城市"海亮·雏鹰高飞"孤儿培养项目启动，来自全市的10名孤儿在晋城市慈善总会和监护人的护送下，踏上新的求学和生活之路。"海亮·雏鹰高飞"孤儿培养项目是由晋城市慈善总会从浙江省海亮教育集团引进的一项慈善公益项目，符合资助条件的孤儿，由海亮集团抚养其成年并全额资助其学成就业，最久资助至硕士毕业为止。（武学亮）

【"圆梦行动"慈善救助活动】2015年8月30日，振东集团在长治举行第十六届"扶贫济困·贫困大学生圆梦行动"慈善救助活动，这次活动共救助贫困大学生1385名。其中，硕士、博士研究生46名，应届贫困大学生478名；历届再救助大学生861名。另救助贫困、特困户83户，共发放救助金648.7万元。从2013年开始，两批被振东集团救助的已毕业贫困大学生把第一个月工资捐给振东"仁爱天使基金"，年内15名新毕业大学生把第一个月的工资捐给"仁爱天使基金"，累计捐资达6万多元。（武学亮）

【"关爱抗战老兵"慰问活动】2015年9月8日，由山西省慈善总会、山西省家电行业服务协会联合中华环保基金会发起"水润中国"关爱抗战老兵捐赠活动，仪式在革命老区长治武乡八路军太行纪念馆举行。活动向71名山西抗战老兵捐赠价值约10万元人民币的联合利华净水宝。这次捐赠善举希望通过为老英雄们的生活送去关爱，温暖，促进全社会形成关心关爱抗战老兵的氛围。（武学亮）

【"慈善情暖万家"活动】2015年，山西省慈善总会响应中华慈善总会号召，继续开展"慈善情暖万家"活动，对上门求助的困难群众依照章程规定和捐赠人意愿给予救助，累计发放救助金75.37万元，救助困难群众上千人。与波司登集团、德康博爱基金会合作，接收价值145万元的2815件羽绒服及配套的围巾、帽子，全部下发至吕梁、忻州、大同等地28个学校的贫困学生手中。（武学亮）

·殡　葬·

【殡葬管理服务】2015年，山西省民政厅组织清明节安全文明祭扫服务保障工作，开展行风建设月活动。殡葬管理服务整治工作深入推进，全省共拆除、改建大墓、豪华墓187处。惠民殡葬政策受益人数达到6663人，共免费补助378万元。（王文广）

民族　宗教

·综　述·

【民族宗教和谐发展】2015年，山西省宗教事务局民族委员会（简称山西省宗教局、山西省民委）狠抓民族宗教工作落实，完成各项工作任务。修订少数民族发展资金、寺观教堂维修费使用管理办法，严格加强监管。强化重点任务落实，推进全省民族宗教工作。（王　静）

【全国政协民族和宗教委员会调研组到晋调研】2015年10月9日至12日，以全国政协民族和宗教委员会主任、中央统战部原常务副部长朱维群为组长的调研组一行23人，到大同、忻州、太原等地专题调研"引导宗教与社会主义社会相适应"情况。10月11日，山西省委书记王儒林、省长李小鹏、省政协主席薛延忠会见全国政协民族和宗教委员会调研组一行。省委常委、统战部部长孙绍骋，省委常委、秘书长王伟中，副省长郭迎光，省政协副主席李悦娥等参加会见。10月12日，全国政协民宗委调研组举行座谈会，听取省政府、太原市政府"积极引导宗教与社会主义社会相适应"工作情况汇报。会议由山西省政协主席薛延忠主持。宗教专家学者和省级宗教团体负责人参会。（王　静）

【援疆民族宗教统战干部培训班】2015年7月20日至8月5日，根据山西5年对口新疆支援干部和人才发展规划精神，山西省委统战部、省民委与山西社会主义学院组织举办新疆生产建设兵团六师五家渠市民族宗教统战干部培训班。培训学员30名，历时15天，增加学员们对中央的民族宗教方针政策的了解和把握，增强危机感和使命感，拓宽工作思路，提升从宏观视角发现问题、思考问题和解决问题的能力。（王　静）

·民　族·

【民族工作研讨精神贯彻落实】2015年6月26日，山西省委常委会专题听取省委统战部、省民委关于"省部级干部民族工作研讨班"会议精神汇报，研究制定贯彻措施。加强民族工作的领导，调整充实省民委兼职委员单位；将全省23个少数民族贫困村列入全省扶贫开发重点范围；做好城市民族工作；加强民族教育工作；加强民族团结宣传教育培训；做好朝觐工作。省长李小鹏对贯彻落实王儒林书记讲话精神，做好六项工作提出具体要求，做出安排部署。就增加省民委领导职数、财政支持民族工作及做好年度朝觐工作中东呼吸综合征的防范工作等，要求省里有关部门研究解决。5月11日，山西省委、省政府在太原召开全省民族工作会议暨第六次民族团结进步表彰大会。（王　静）

【关于禁止歧视或变相歧视少数民族群众行为的通知落实】2015年，山西省委统战、公安、民族三部门联合发文贯彻落实关于禁止歧视或变相歧视少数民族群众行为的通知，要求各市、各部门认识做好民族工作的重要性，提高做好新形势下民族工作的能力和水平，杜绝对少数民族群众的歧视行为，为经济社会发展营造和谐稳定的社会环境。要求宣传贯彻好党的民族政策；建立健全民族工作协调机制；开展自查整改和监督检查。（王　静）

【省领导慰问山大附中西藏班师生】 2015年2月6日，藏历木羊新年前夕，山西省委常委、统战部部长孙绍骋到山西大学附属中学，慰问西藏班师生。（王　静）

·宗　教·

【和谐寺观教堂创建活动】 2015年，山西省宗教事务局下发通知，继续在全省开展以“教风”为主题的和谐寺观教堂创建活动。以加强财务监督和安全消防等两项工作为抓手，推动全省宗教工作再上新台阶。《通知》明确创建活动的目标任务、范围与标准、活动重点、活动步骤、工作措施和组织领导。（王　静）

【宗教界代表人士培训】 2015年，山西省委统战部与省宗教局历时半个月，在山西社会主义学院分批次举办五大宗教教职人员培训班暨团体负责人述职交流大会，共计有158名宗教教职人员参加培训，各宗教团体副秘书长以上的人员参加述职交流。（王　静）

【孙绍骋会见中国佛教协会山西省代表】 2015年4月16日，山西省委常委、统战部部长孙绍骋代表省委省政府，在太原欢送山西省出席中国佛教协会会议第九次全国代表会议的代表。孙绍骋希望要坚定山西省佛教政治立场，以高度负责的精神参加会议，完成大会各项任务。赴京参会代表作表态发言。（王　静）

【根通长老追思法会在太原举行】 2015年11月7日，在太原举行根通长老追思法会。根通长老圆寂后，中共中央政治局常委、全国政协主席俞正声表示哀悼，并作出重要指示。省委书记、省人大常委会主任王儒林，省委副书记、省长李小鹏，省政协主席薛延忠分别作出批示，全国政协办公厅、中央统战部、国家宗教事务局、中国佛教协会和各省佛教协会等发来唁电。根通长老家乡代表及诸山长老、护法居士、社会各界人士出席追思法会。（王　静）

【国家六部门督查五台山问题整改】 2015年10月9日开始，国家宗教局、中央统战部、公安部、住建部、国家旅游局、国家文物局组成督查组赴五台山就落实国家宗教局等10部门《关于处理涉及佛教寺庙、道教宫观等问题的建议》（国宗发〔2012〕41号）文件精神进行督查调研，指导五台山景区做好综合整改工作。督查组先后召开由省宗教局、市宗教局、五台山宗教局和景区宗教、建设、环保、公安、消防等相关职能部门负责人参加的座谈会，召开佛教界座谈会。督查组要求，要发挥佛教界的力量，发挥佛教协会的桥梁与纽带作用，加强对寺外散居僧人管理。各级政府要增强服务意识和保护意识，尊重培养和挖掘佛教后备力量，保障信教群众信仰自由权利。（王　静）

【天主教教徒聚居村支部书记、主任培训】 2015年12月11日，山西省宗教局在临汾市举办全省天主教教徒聚居村支部书记、主任培训班，64个天主教工作重点村的党支部书记、村委会主任等160余人参训。培训围绕党的宗教工作基本方针政策、法律法规，农村基层组织建设，依法管理农村宗教事务，抵御境外宗教渗透，以及如何坚守农村思想文化阵地，切实做好新形势下农村宗教工作等内容对参训人员进行辅导学习。（王　静）

【走访慰问基督教信教群众】 2015年12月24日，山西省、太原市统战宗教工作部门领导赴太原市解放路天主教堂、太原市桥头街基督教堂走访慰问，与省、市天主教“两会”、基督教“两会”负责人座谈交流。座谈中，省委统战部、省宗教局对广大教职人员及信教群众表达节日的祝贺。要求发扬爱国爱教、团结进步、服务社会的优良传统，带领广大信教群众为山西经济发展、社会稳定发挥作用。（王　静）

【山西省道教协会召开第二次代表会议】 2015年12月28日至29日，山西省道教协会第二次代表会议在太原市召开。会议分组讨论通过山西省道教协会一届理事会的工作报告、山西省道教协会章程修改说明，选举产生新一届领导班子。（王　静）

【山西穆斯林朝觐总结会在太原召开】 2015年12月31日，山西省伊斯兰教协会在太原召开2015年穆斯林朝觐总结会。朝觐团部分教职人员从不同角度进行发言，总结朝觐团工作、经验和体会。会议要求，要认真总结朝觐经验，用穆斯林的责任感回报社会，为山西的经济发展和社会进步做出新成绩。（王　静）

人 物

Figures

劳动模范

山西省五一劳动奖章获得者名单

太原市

李　竹　山西太钢不锈钢股份有限公司不锈冷轧厂窄幅轧制作业区 7# 轧机丙班班长

刘昊鹏　山西西山煤电股份有限公司西铭矿一采区生产副区长

赵静忠　太原煤气化铁路运输公司运转二段段长

郝建光　太原重型机械集团有限公司太原重工技术中心工程机械设计研究所设计员

刘　波　太重煤机有限公司经销公司经销员

王金凤　山西昆明烟草有限责任公司制造中心卷包车间组长

戴　斌　国网山西省电力公司太原供电公司运维检修部变电运维五班班长

马文涛　中国移动通信集团山西有限公司太原分公司客户经理

罗晓莉　山西省邮政公司太原市分公司小店区局省级内训员

唐海玲　太原市迎泽区庙前街道办事处副主任

李永亮　太原市晋源区义井街办经济服务中心安监站科员

任亚琍　太原市民营区暖泉湾街道办事处筹备处科员

井林林　太原动物园饲养员

李学勇　市公安局迎泽分局刑警大队反扒二中队民警

牛晓宏　太原公共交通控股(集团)有限公司电车分公司驾驶员

翟慧霞　太原供水设计研究院有限公司技术员

宋　颐　山西鼎荣冷弯型钢有限公司总工程师

张立新　阳曲县高村乡高村村农民

李静军　娄烦县娄烦镇新良庄村农民

史俊国　尖草坪区绿锐种植专业合作社理事长

任晓莉　太原市万柏林区第二实验小学教师

杜星亮　太原日报社太原日报编辑部编辑

王明霞　太原市教研科研中心文科室主任

康文娟　清徐县人民医院院长

田　景　太原市杏花岭区中涧河乡党委书记

赵　宏　太原市热力公司太古供热项目筹建处处长

邵春雷　中华二建集团有限公司海外分公司副经理

大同市

王　海　大同煤矿集团有限责任公司晋华宫矿电气队副队长

谷宏彬　山西大唐国际云冈热电有限责任公司燃料管理部部长

张国仁　大同冀东水泥有限责任公司

高丽红　中国工商银行大同御河南路支行行长

姚顺利　大同市供水排水集团有限责任公司南城营业处处长

刘　俊　大同市公共交通有限责任公司一分公司驾驶员

刘喜忠　大同市公安局综合警务支队主任科员

牛建芳　大同市地方税务局直属三分局税源管理三科科长

白　亮　大同市城区食品药品监督管理局新建南路站副站长

白利斌　山西省公路局大同分局计划统计科科员

杨宝义　大同县农业委员会技术员

杜　煜　灵丘县市政公用局监察队副队长

刘福全　山西中新甘庄煤业有限责任公司综采队队长

李建忠　大同市国家税务局经济技术开发区税务分局副科长

李　海　山西省农业科学院高寒区作物研究所农业生态研究室主任

赵　军　大同市殡仪馆副馆长

郝政斌　阳高县古城镇古城村政斌油桃种植专业合作社社长

王万珍　南郊区高山镇碾子沟村农民

赵　云　广灵县南村镇赵家坪村党支部书记

杨连武　南郊区水泊寺乡寺儿村党支部书记、村委会主任

张孝图　大同市第二中学校教师

麻宏宇　大同市浑源县第五中学校教师

马鸣毓　左云县高级中学校校长

李建萍　大同市城区二十三小学校教师
李俊成　大同煤矿集团有限责任公司马脊梁矿矿长
王立兵　大同煤矿集团有限责任公司副总工程师

阳泉市

时付军　阳泉煤业(集团)有限责任公司一矿采煤工区综采五队队长
王建宏　山西新景矿煤业有限责任公司生产工区技术组技术员
张志明　阳泉市公安局巡特警支队副支队长
边志强　山西阳光发电有限责任公司电气车间主任
耿彦平　阳泉市燕龛煤炭有限责任公司程庄煤矿生产工区综放队队长
赵海兵　阳泉阀门股份有限公司大阀厂钳工组组长
许斌功　山西省阳泉固庄煤矿选煤厂厂长
王爱军　盂县孙家庄镇禅房村鑫升种植专业合作社种植户
白青海　阳泉市郊区河底镇北庄村鑫海种植专业合作社理事长
杨建荣　中共阳泉市委党校教师
李银花　阳泉市第六中学校教师
王素娟　阳泉市中嘉磨料磨具有限公司董事长总经理
姚劲松　国网山西省电力公司阳泉供电公司总经理党委副书记
刘宝凤　阳泉市第一人民医院儿科主任

长治市

连永春　屯留县公安局刑警大队教导员法医
赵　勇　长治市道路运输管理处科员
王卫宏　山西三元煤业股份有限公司副队长
赵跃琴　长治市地方税务局人教科科长
成亮亮　中共长治市委组织部副主任科员
王　轶　长治日报社记者部副主任
柴晓军　长治市公共交通总公司驾驶员
牛旭红　首钢长钢设备检修部主任
侯志刚　山西壶化集团金星化工有限公司车间副主任
李永清　长治液压有限公司包装组组长
李粉梅　沁县郭村镇池堡村农民
潘潞斌　长治市郊区马厂镇马厂村党支部书记、村委会主任
秦向阳　长治县苏店镇西申家庄村、长治县顺发洗煤有限公司总支书记、董事长
武建波　山西黎城粉末冶金责任有限公司技术部部长
宋雯霞　长治市人民医院产科主任
董力芳　山西省长治市第六中学校教师
郭富德　晋能长治热电有限公司总经理
武建业　长治市植物保护植物检疫站站长
李永祥　山西康伟集团有限公司党委副书记、工会主席
杜国恩　潞安煤基清洁能源公司副总经理

晋城市

冯军文　晋煤集团寺河煤矿综采一队党支部书记
刘志强　山西兰花科技创业股份有限大阳煤矿分公司总工程师办公室主任
陈文刚　国网晋城供电公司调度控制中心自动化运维班班长
侯青龙　晋城市金建集团投资有限公司支部委员
刘华丽　山西彤康食品有限公司技术中心副主任
张　锋　阳城县公安局刑事侦查大队民警
马伟太　泽州县南村镇牛匠村村委会主任
韩　君　沁水县郑村镇湘峪村党支部书记
赵永亮　晋城市第二中学校副校长
赵建国　山西晋煤集团赵庄煤业有限责任公司董事长
郭明宇　泽州农商银行董事长
张彦昭　国投晋城能源投资有限公司总经理
李曙明　陵川县崇文镇城南社区居委会主任
刘全林　晋城市工程师协会会长

朔州市

徐志平　朔州市平鲁区供热公司工人
薛国建　大同煤矿集团朔州朔煤王坪煤电有限责任公司生产技术科科长
高存喜　神华国能集团有限公司神头第二发电厂发电部主任
薛建中　中电神头发电有限责任公司发电二部值长
李　权　中国移动通信集团山西有限公司朔州分公司市场部经理
王玉军　山阴县人民医院医生
赵海军　朔州市朔城区贾庄乡薛家店村民委员会党支部书记
卫红宇　山阴县岱岳镇移民新村村民委员会村委会主任
卢生海　朔州市朔城区第一中学校教师
霍秀峰　山西省怀仁县第一中学校教师
杨良贵　中国共产党应县白马石乡委员会党委书记
王　钊　右玉县国家税务局局长
马　刚　中煤平朔集团有限公司副总经理兼总会计师
张贵文　朔州晨祥会计事务所主任会计师

晋中市

王　帅　山西焦煤汾西矿业双柳煤矿通风区矿井通风工
张剑刚　经纬纺织机械股份有限公司榆次分公司精密机械制造公司铸造工
郭伦铭　山西省平遥煤化(集团)有限责任公司选煤厂供销科长
宋海生　介休市倡源煤业有限公司机修队技术员
梁建宏　山西山西聚义实业集团公司机修厂车间主任

秦海旺　山西寿阳段王煤业集团有限公司段王矿机电区机修队班组长
邢保科　晋中市鑫阳顺建筑工程有限公司司机
吴月侠　山西振东安特生物制药股份有限公司技术中心经理
刘宝琴　太谷县阳邑乡小店村党支部书记、村委主任
马毓玺　山西祁县同力奶业专业合作社理事长
王承旺　祁县承旺紫金山专业合作社理事长
陈宇君　寿阳县尹灵芝镇大塧村大棚种植户
卢　丹　晋中师范高等专科学校教师
石跃忠　榆社中学教师
赵立英　和顺县第二中学教师
常建斌　中国建设银行晋中分行党委书记、行长
石宝吉　晋中市公安局城区分局党委书记、局长
邢义和　山西省晋中市地方税务局副局长
苗世明　苗世明藏报博物馆负责人
刘丽玲　山西省晋中市艺术学校副校长
乔丽萍　榆次区安宁街道纺配社区主任
陈正拜　山西昔阳丰汇煤业有限公司副董事长兼总经济师

运城市

王建伟　山西中铝工业服务有限公司压容车间三班班长
张文娜　国网运城供电公司输电带电作业班工人
崔智勤　山西鑫度节水设备有限公司生产车间工人
郭莉莉　平陆县坡底初中教师
刘晓霞　中国建设银行股份有限公司运城分行小企业中心主任
杨　燕　运城市蒲剧团演员
薛　辉　亚宝集团芮城工业园技术部主任
王　飞　中共运城市委党校教师
任文叶　中国移动通信集团山西有限公司运城分公司工会办主任
常连菊　垣曲县古城镇允岭村农民
石喜桂　闻喜县东镇东姚村党支部书记
吕增军　永济市城西街道水峪口村农民
梁哲军　山西省农科院棉花所水土室主任
张耀斌　运城市急救中心儿科主任
王彩霞　临猗县孙吉中心卫生院妇产科主任
卫永虹　山西运城农村商业银行股份有限公司董事长
董光明　万荣山西华康药业股份有限公司董事长
张怀民　芮城县宏光医药包装公司董事长
李群英　盐湖山西飞宇建材有限公司经理
陈小光　运城市纪律检查委员会第五纪检监察室主任
李俊学　运城市地方税务局规费征收管理科科长
王选良　河津市远东特种铝业有限公司技术中心主任

忻州市

范银莲　山西高陶瓷业有限责任公司施釉工段组长
邢耀月　中国移动通讯集团忻州分公司城区营业部营业员
林忠福　山西忻州原平龙矿盘道煤业有限公司综采队队长
聂　亮　山西恒跃锻造有限公司包装车间包装工
郝彦军　宁武县大运华盛老窑沟煤业有限公司监控网络线路员
安焕竹　五台县第一人民医院内科副主任
贾新宇　代县人民医院医务科主任
宋玉龙　静乐县园林处主任
张满贵　河曲县兴农科技开发有限责任公司技术总监
白凤义　五寨县前所乡右所村党支部书记
谢三美　岢岚县鼎业养殖公司山神庙生态养殖场场长
张继喜　保德县中学英语教师
刘建兰　偏关县中学校地理教师
徐培理　忻州市水利科技教育中心副主任
高　峰　同煤集团轩岗煤电有限公司党委书记
武源军　中国农业银行忻州分行行长

临汾市

杨元福　山西省霍州市自来水公司工人
蔺全意　山西焦化集团有限公司建安公司焦化检修车间钳工
李国栋　洪洞县昕海煤化有限公司职工
李洪耀　临汾市公安局交警支队南城大队一中队护学岗班长
王江琴　临汾市动物卫生监督所职工
马宏音　汾西县人民医院医生
李慧芬　古县城市绿化环境卫生队清洁工
刘　锋　襄汾县人民法院执行局执行员
牛　辉　侯马经济开发区口岸办公室综合科科长
徐靖华　尧都区枕头乡枕头村党支部书记
张高喜　安泽县府城镇小黄村党支部书记
西新贵　大宁县昕水镇古乡村农民
孙都亲　吉县中垛乡安坪村农民
秦慧珍　隰县第一中学教师
冯文记　永和县中医医院院长
李小平　临汾市人民医院医学影像科主任
许景安　中共临汾市委临汾市人民政府信访局市委副秘书长、局长
单　兵　山西省临汾染化集团有限责任公司董事长
张永弘　中国石化销售有限公司山西临汾石油分公司经理
李定三　临汾汾河种业公司项目经理
赵学智　国网临汾供电公司工会主席
宋　芬　临汾市妇幼保健院 儿童医院人事科科长
吴临平　临汾市农业委员会执法支队支队长

吕梁市

康　进　金桃园煤焦化集团有限公司焦化厂厂长
张斌海　山西柳林凌志成家庄煤业有限公司技术员
韦志勇　山西嘉隆达公路工程有限公司设计部长
米计珍　交口县石口乡中心学校教师
李文敏　岚县高级中学教师
郭小红　中阳县教育局暖泉中心校教师
赵卫平　山西省汾阳医院保卫科科长
李　晓　兴县人才交流服务中心档案员
王一涛　孝义市公安局中阳楼派出所所长
武文宝　汾阳市栗家庄乡南垣寨村支部书记
刘建龙　方山县大武镇大武四村农民
郑小勇　石楼县灵泉镇城关村农民
李保全　临县安家庄乡后井头村农民
康连唐　吕梁市农业学校科长
郭建勋　吕梁市人民医院急诊科主任
乔晋江　离石区人民医院内科医生
刘永珍　临县焉头煤业有限公司聘任矿长
李海斌　吕梁市公安局刑侦支队支队长
任艳宏　吕梁市八一街幼儿园园长
蔡喜善　吕梁东义集团煤气化有限公司副总

国防工会

郑兰军　山西平阳重工机械有限责任公司班长
冯振华　长治清华机械厂技术人员
周竹青　山西北方机械制造有限责任公司技术人员
王泽泳　中核新能核工业工程有限责任公司技术人员
薛建强　中国兵器工业集团第207研究所技术人员
张国平　中国兵工物资华北有限公司党委书记、总经理

省直工委

任　凯　山西省发展和改革委员会国民经济综合处处长
山西省国家安全厅1名
贾　滨　山西省建筑设计研究院院长
宋惠民　中共山西省委办公厅会务处处长
王润拴　国家统计局山西调查总队处长
师悦菊　山西省文物资料信息中心编辑部主任
郭宿根　山西省高级人民法院信访局调研员

煤矿工会

贾天军　潞安集团常村煤矿综采一队班长
任军科　山西乡宁焦煤集团申南凹焦煤有限公司采煤班长

公路运输工会

孙金虎　山西晋焦高速公路有限公司隧道管理部主任
崔书荣　山西省公路局长治分局襄垣公路管理段夏店道班班长

监狱工会

李　栋　山西省太原第二监狱看守大队大队长(科级)
李增才　山西省平遥监狱四监区监区长(科级)

教科文卫工会

李步高　山西农业大学本科教师
程景民　山西医科大学管理学院院长
向　川　山西医科大学本科第二医院科技处副处长

财贸轻纺烟草工会

孟喜贵　山西经贸集团山西中圭能源有限公司党支部书记、执行董事、总经理
尹也强　山西省地方税务局税征二处处长
郝晋平　太原市地方税务局稽查局科员

农林水工会

高秀萍　山西省农业科学院旱地农业研究中心研究室主任
侯东来　山西省动物卫生监督所办公室主任
苏菊萍　山西省农产品质量安全检验监测中心副主任

电业工会

张　勇　国网山西省电力公司检修分公司副总工程师兼安质部主任
王　波　国网山西省电力公司大同供电公司变电运维班班长

信息业工会

武玉珍　中国邮政集团公司阳泉市分公司矿区邮政分局营业员
杨卫东　中国联合网络通信有限公司山西省分公司忻州维护中心维护主管

建筑业工会

陈文平　山西机械化建设集团公司起重工
邓振华　中建二局山西分公司万达花园项目项目经理
梁世荣　山西建工集团总承包公司分公司经理(科级)

直属基层工委

常　勇　太原铁路局太原铁路房建段大同市方园高层物业管理有限责任公司管道工
杜密英　太原铁路局太原客运段上海车队队长
徐　超　中铁三局线桥公司科技部副部长
安宏斌　中铁十二局集团二公司沈阳地铁项目部盾构主管
刘运泽　中铁十二局集团一公司京沈客专辽宁段项目经理
邓华军　中铁十七局集团三公司副总工程师
杜水波　中铁十七局集团有限公司副总经理
周　健　中铁十七局集团四公司总会计师
肖志强　山西国际物流有限公司总工程师
赵　永　山西省地勘局二一七地质

队咨询公司项目负责

宋翻身 中铁六局集团建筑安装工程有限公司总经理

金融工委

霍俊亭 中国建设银行山西省分行太原并州支行城建支行行长

高亚莉 中国工商银山西省分行行运城分行学苑支行行长

周 毅 交通银行山西省分行太原城北支行行长

机冶建材工会

杨相歧 太钢集团临钢公司中板事业部技术一室不锈钢工艺技术员

孙 健 中国北车太原轨道交通装备有限责任公司转向架车间组装工段工段长

非公企业

周凌云 山西省聚力环保集团有限公司董事长

（省总工会）

山西省三八红旗手名单

太原市

郜翠红 太原市农委机关党委专职副书记

王 燕 娄烦县机关第一幼儿园教师

白振华 太原市迎泽区双塔西街小学校长

薛翠平 阳曲县公安局黄寨派出所人口中队副中队长

续鲜珍 太原市双拥办副主任

康一萍 太原市妇联副主席

杨秋花 太原市晋源区金胜镇西寨社区副书记

侯丽琳 太原市小店区平阳路街道亲贤社区党委书记

大同市

闫素琴 大同市矿区妇联主席

杨兰娣 大同市南郊区住建局征收办主任

刘茂萍 大同县县委组织部常务副部长

张锦兰 阳高县妇联主席

张洪玉 左云县纪委党风政风案件监督管理室主任

房秀琴 灵丘县沙坡小学校长

梁 霞 同煤集团中央机厂机加工一车间天车组组长

朔州市

降 英 山阴县妇联主席

李 莉 怀仁县公安局云中派出所副所长

宋振霞 应县教育局财务室主任

田蕊芳 朔州市平鲁区总工会干部

忻州市

白巧珍 五台县妇联主席

郭焕芳 宁武大运华盛老窑沟煤业有限公司销售科科长

赵瑞琴 河曲县中医医院办公室主任

韩艳平 保德县义门镇义门村妇代会主任

管秀珍 岢岚县三井镇党委副书记

王燕燕 偏关县第二中学教师

吴 铮 五寨县国家税务局政工股科员

吕梁市

郭楼英 吕梁市人民医院预防保健科科长

刘小娟 吕梁市妇联组宣部部长

缪 莉 吕梁市直机关幼儿园教师

苏秀琴 交城县妇联副主席

李海燕 吕梁市离石区人社局人才交流中心主任

任爱兰 山西晋香源醋业有限公司经理

刘小琴 孝义市胜溪湖街道办事处副主任科员

晋中市

李明君 晋中市第一幼儿园园长

罗红梅 晋中市财政局行政政法科科长

王建梅 晋中市环丽清洁服务公司经理

李莉峰 寿阳县滨河城区管理委员会党工委书记

赵艳凤 昔阳县妇联副主席

侯秀英 左权县扶贫领导组办公室主任

乔 娟 榆社县河峪乡海眼村党支部书记

阳泉市

王存玲 平定县冶西镇镇政府民政员

张晋芳 平定县农村信用合作社职工

路学萍 阳泉市审计局社保审计科干部

阎宏荣 阳泉市矿区妇联主席

长治市

焦明珍 长治市城区西街街道党工委书记、办事处主任

石丽萍 长治市财政局行政执法科科长

李保英 长治市平顺县青羊小学五(一)班语文教师

赵海英 潞城市成家川办事处康谐敬老院院长

王 蕊 长治市三宝药业化学合成有限公司总经理

吕静霆 长治市人社局农保科科长

李素芳 长子县妇联主席

晋城市

王青俊 山西利普利拓煤机部件制造有限公司董事长

解俊青 晋城市康乐药店店长

李麦花 高平市公安局经济犯罪侦查大队教导员

高淑贞 沁水县龙港镇淑贞后勤服务有限公司董事长

临汾市

于引娣 临汾市妇联调研员

寇燕萍 临汾市环境保护局法规督察科科长

高红梅 临汾市广播电视台网站站长

张 英 临汾市幼儿园园长

孙英爱 临汾电力高级技工学校退休职工

崔永慧 曲沃县财政局局长

葛丽娟 吉县气象局职工

葛景梅 浮山县天坛镇北关村农民

运城市

谭刘悦 永济市妇联主席

邵小英　运城市委政府机关幼儿园园长
钟立琰　运城市中级人民法院立案庭庭长
潘莉华　运城市糖尿病防治中心副主任
原菲娜　运城市盐湖区人民法院副院长
尚　云　运城市中心医院妇产科副主任
袁　莉　运城市质量技术监督局党办主任
梁香草　运城市盐湖区敬老服务志愿者协会会长

教育系统

崔永萍　山西医科大学教授
景普秋　山西财经大学经济学院院长
郝利平　山西农业大学教授
李瑞琴　中北大学机械工程学科带头人、博士生导师
原　弘　太原师范学院工会主席
李　玮　太原理工大学现代科技学院副院长
孙淑云　山西大学政治与公共管理学院教授
李　丹　忻州师范学院科研处处长
李红梅　山西医科大学汾阳学院护理学系主任
李粉霞　山西机电职业技术学院工程系党总支书记

卫生系统

张眉花　太原市妇幼保健院产科主任
王　萍　大同市第四人民医院副院长兼护理部主任
原　琼　晋城市人民医院妇产科主任
贺　瑞　山西省眼科医院准分子激光科主任
胡晓芸　山大一院呼吸科副主任
王　晨　山大二院病理科副主任
张玉萍　省妇幼保健院妇产门诊副主任、产前诊断中心主任
王敬萍　山西省心血管病医院心脏病监护病区(CCU)主任
贾　颖　省中医学院中医外科教研室主任
杨晓红　山西职工医学院医学系副主任

金融系统

张　霞　中国证监会山西监管局信息调研处处长
苏　红　中国农业银行夏县支行党支部书记、行长
刘秀红　中国银行山西省分行个人金融部总经理
刘永红　山西省农村信用社联合社阳泉办事处财务科科长
黄朝晖　交通银行山西省分行营业部总经理
曲　翔　招商银行太原分行机构客户部总经理助理
刘丽群　晋商银行股份有限公司综合柜员
张玲玲　长治银行裕丰花苑社区支行副行长
姚倩倩　中煤财产保险股份有限公司晋煤支公司副经理
贺智梅　大同证券有限责任公司文水则天大街证券营业部经理

国税系统

贾秉红　阳泉市国家税务局教育科科长
郭晓慧　长治市国家税务局监察室副主任
郑清婷　晋中市国家税务局直属税务分局科员
郭彩萍　孝义市国家税务局纳税服务科科长
宋春芳　繁峙县国家税务局信息中心主任

地税系统

张桂霞　阳曲县地方税务局大盂税务所所长
路文平　忻州市地方税务局党建办公室主任
苏延红　长治市城区地方税务局党组书记、局长
樊晓霞　运城市地方税务局直属一分局副局长
王江霞　山西省地方税务局收入规划核算处副处长

邮政公司

徐爱龙　中国邮政集团公司太原分公司函件广告局营销员
刘金金　大同市灵丘县邮政局营销员
梁玉茹　屯留县邮政公司麟绛东大街大支行支局长
曹　超　晋中市邮政分公司太谷中心营业厅支局长
郭亚丽　中国邮政集团公司临猗县分公司总经理

电信公司

常　华　省电信客户服务部主管
郭慧丽　电信运城夏县公司总经理
刘　源　太原电信渠道服务部副经理
陈建芳　大同电信政企部行业总监
李冰清　省电信信息化部主管

省直单位部门

谈建红　省委办公厅直属机关党委调研员
阎金香　省委机关服务中心洗理科科长
王慧一　省人大常委会离退休人员管理处工勤人员
霍维新　省政府办公厅人事处处长
顾晋花　省政协办公厅行政处卫生所所长
王　鹃　省高级人民法院审判员
崔建荣　省人民检察院检察技术处副处长、检察员
王晓霞　省委统战部党派处处长、机关党委二支部书记
侯永霞　省委政法委督察室主任、古交市挂职市委副书记
马　英　省公安厅国保总队政委
雷　娜　省公安厅出入境管理局局长
王　芳　省医疗保险管理服务中心管理科科长
吴丽玲　省环境保护厅污染防治处副主任科员
常　红　省饲料兽药检察所技术员
胡文玲　闻喜县永祥和煮饼食品有限责任公司总经理
张瑾丽　山西清高食品有限公司总经理
许翠红　太原六味斋实业有限公司

营销副总监
毓　姗　山西医科大学二院消化胃镜室主任医师
杨海芳　省工商管理局企业处主任科员
裴蕊姣　省射击运动管理中心运动员
霍剑敏　省人防办综合处主任科员、妇委会委员
赵慧贤　省中小企业局融资财务处调研员、局妇委会主任
渠丽珍　省地质矿产研究院环科所主任
隋淑静　省工商联联络部部长
闫小兰　省交警总队高速四支队办公室主任
韩小燕　省总工会女职工部部长
李续婷　团省委宣传部部长
仝鲜梅　省科学技术馆展教中心主任、副高级馆员
冯江虹　省康复研究中心视力康复科科长

（省妇联）

新闻人物

马怀兰　昔阳县井沟村村委会主任。她与丈夫10年前就拥有自己的公司，却不幸先后身患癌症；准备回老家静养，却又先后出资500多万元，为家乡建设奔波操持，让曾经面临搬迁的小村，发生今非昔比的巨变。她当选为“全国最美村干部”，第二届“寻找最美村干部”大型公益活动组委会授予她的颁奖词是：穷了自己，富了乡亲，倾情桑梓的拼命村干部。

贺　冰　翼城交警。2015年1月15日中午，翼城县星杰中学门前十字路口突然发生一起交通事故，危急关头，现场执勤的3名护学岗交警奋不顾身保护人民群众，39岁交警贺冰不幸牺牲，王凤战、张鹏被撞成重伤。山西省委、省政府追授贺冰“人民卫士”荣誉称号，并下发决定，号召全省各行各业都要向英雄学习，学习他们热爱人民、无私奉献的崇高精神，学习他们勇于担当、恪尽职守的优良品质，学习他们临危不惧、奋勇向前的高尚情怀。

冯彩亮　“彩亮克尘工作室”负责人。1990年，刚分配到燕子山矿工作的冯彩亮，下井时被井下“看不清人”的煤尘工作环境触动，看到一些退休工人被矽肺病折磨得痛苦不堪时，他暗下决心，一定要解决粉尘危害。他25年持之以恒解决粉尘危害，完成34项煤矿粉尘治理的技术革新和发明，有5项科技成果获得国家专利，部分发明实现成果转化。全国五一劳动奖章获得者、大同煤矿集团燕子山矿“彩亮克尘工作室”负责人冯彩亮，是队友们佩服不已的技术大拿。

沈菊芳　全部时间献给公益的无偿献血志愿者。志愿者，联合国将其定义为“不以利益、金钱、扬名为目的，而是为了近邻乃至世界进行贡献的活动者”。59岁的沈菊芳就是这样一位志愿者，她是全省年龄最大、志愿服务时间最长的无偿献血志愿者，也是全省女性中献血量最多的无偿献血者。2008年退休至今，沈菊芳行程5万公里，骑坏4辆自行车，磨坏30余双鞋子，发放近百万份无偿献血宣传资料。无论严寒酷暑，把全部时间奉献给无偿献血公益事业。

孙京民　浮山县委书记。浮山虽是小县，这几年变化却很大：县直部门有了党组，主体责任得到落实，基层党员有了约束；村级组织有了新平台，村民大事小事都有人管，老百姓心里敞亮了、畅快了；各级干部做了哪些事，干得好不好，公开拿来“亮晒评”，干部群众心里都有了底数；经济社会发展“三件大事”，为民众增进了福祉，生活愿景越来越清晰。浮山的老百姓说起来这些变化，都在为一个人翘大拇指——县委书记孙京民。

唐立浩　潞城市委书记。“三硬书记”是潞城市干部群众对唐立浩的基本评价——做事硬，作风硬，做人硬。人们都说：“他一天到晚只知道干事，工作就是他生活的全部。”在他的带领下，全市经济浴火重生、逆市上扬，多项指标增速位居全省27个扩权强县试点和长治市13个县市区第一。在他带领下，潞城市获得全国文明城市提名城市、国家卫生城、全国绿化模范市、全国农村集体“三资”管理示范市等荣誉。

刘慈欣　山西作家。刘慈欣代表作品是他的长篇科幻小说《三体》系列，这部小说描述了地球文明以外的“三体文明”，因此获得科幻类最高奖项雨果奖。2015年是刘慈欣的丰收之年：从8月份获雨果奖——最佳长篇故事奖，到9月份获银河奖——科幻功勋奖，再到10月18日获星云奖——最高成就奖。一年3奖，横扫大陆圈、华语界、世界级科幻文学所有大奖。

李继林　刘平贵　晋城市城区南石店村村民。2015年10月13日，第五届全国道德模范评选结果揭晓，晋城市城区北石店镇南石店村村民李继林、刘平贵夫妇获得全国道德模范称号。2010年8月，李继林、刘平贵夫妇在本村经营的面粉加工厂突遭强降雨损失高达80万元，债务涉及18个村庄的200多农户。5年来，夫妇二人克服困难，信守承诺，义无反顾走上还粮之路。

李培斌　阳高县龙泉司法所所长。李培斌是十八大代表、阳高县信访中心主任、龙泉司法所所长，他扎根基层，从事司法行政工作30多年，是全省公认的“金牌调解员”，获得一系列荣誉，生动诠释了社会主义法治精神。2015年10月15日，李培斌在连续加班超负荷工作后，因劳累过度突发心梗，不幸殉职，年仅50岁。11月25日，省委办公厅下发通知，决定在全省广大党员干部中开展向李培斌学习的活动。

郭　峰　北京军区山西籍战士。上车能操作、下车能维修、理论能讲授、实车能组训、技术能革新，他是解放军

“四有”好战士、北京军区某兵种训练基地三级军士长、山西籍战士郭峰。10多年来，郭峰不但为部队培养2000多名战斗骨干，为大队教出158名特级、一级坦克驾驶员，还为营连带出53名班长，所带班排6次荣立集体三等功，“郭峰班组”人人立功，1人荣立一等功、2人荣立二等功、4人荣立三等功，2人获得全军士官优秀人才奖一等奖。（引自《山西日报》）

逝世人物

根通长老 1928年7月14日生于广东潮阳。俗名周文豪，1945年出家，1955年朝礼五台山文殊菩萨，从此驻锡山西传法弘道。历任全国政协委员、中国佛教协会副会长、咨议委员会副主席、省佛教协会会长等职。2015年11月2日圆寂。

（民族宗教局）

秦国栋 1921年5月出生，1952年6月参加工作。原省政协副主席，民进山西省主委，2000年5月退休。2015年10月14日逝世，享年95岁。

（老干部局）

革命烈士

贺　冰 男，汉族，1975年6月9日生，山西省翼城县人，生前系翼城县公安局交警大队临翼中队交通协管员。2015年1月15日，在“护学岗”执行维持交通秩序任务时，面对突发交通事故，疏散群众时被失控肇事车辆碰撞遇难。2015年2月26日被评定为烈士。

武　瑶 男，汉族，1965年6月9日生，山西省交城县天宁镇西汾阳村人。2014年8月5日16时许，武瑶邻家两岁女儿不慎落入院内自家厕所，其闻讯后也跳入粪池救人，但不幸吸入沼气中毒遇难。2015年9月28日被评定为烈士。

曲迎春 男，1954年10月生，中共党员，生前系山西省侯马市公安局经侦大队二中队干警。2014年5月11日20时27分许，在抢救道路交通遇险人员时，被后方醉酒驾驶的三轮摩托车碰撞遇难。2015年11月29日被评定为烈士。

王晓康 男，汉族，1991年1月生，山西省沁源县王陶乡王陶村人。生前为沁源县森林消防大队消防员。2014年2月1日8时30分，在扑救壶关县石坡乡森林火灾时，被山火夺去生命。2015年12月29日被评定为烈士。

辛多福 男，1924年生，榆次区什贴镇辛家庄村人，1945年加入中国共产党，曾任辛家庄村地下党支部书记。1947年2月由于伪村长武三小告密被敌抓，同年正月十七日，被伪区长魏云善下令杀害。2015年1月20日被批准为革命烈士。

范培成 男，介休市张兰镇南贾村人，1941年担任南贾村抗日村长，曾为我方军队筹集公粮，因日伪村长范世业告密，1943年11月28日被日寇杀害。2015年4月17日被批准为革命烈士。

孙振甲 男，洪洞县曲亭镇逍洞村人，1936年，红军到洪洞，其被村民选为村主席，领导大家斗争地主富农，后红军转移，遭反动地富陷害，在洪洞城内被杀。2015年4月17日被批准为革命烈士。

王印枝 男，吕梁汾阳人。1943年夏由组长李全耀介绍参加平介游击队白石车站游击组，职务为组员，公开身份为日伪警务段警务手，1943年腊月28日被特务张玉花（已被镇压）密告给日本宪兵队被抓捕，于1944年2月14日被残杀在平遥城南门外井内。2015年6月8日被批准为革命烈士。

赵树成 男，1913年8月生，晋中介休市张兰镇张原村人。解放战争期间系我方委派的田堡村教员，1946年9月因被反革命分子廉迎禧告密，被敌抓住杀害。2015年7月13日被批准为革命烈士。

马子肃 男，1898年4月生，晋中介休市张兰镇旧新堡村人。解放战争期间系我方委派的田堡村教员，1946年9月因被反革命分子廉迎禧告密，被敌抓住杀害。2015年7月13日被批准为革命烈士。

秦来成 男，1917年3月生，系沁县册村镇上官村人。1938年在潞城县抗日公安局当警士，后任警卫队二班副班长，1941年2月，驻潞城县的日寇突然包围驻南山岭抗日公安局，秦来成突围不成被捕，后被押送到长治日本宪兵队杀害。2015年6月8日被批准为革命烈士。

武　俊 男，1894年生，系沁源县王和镇郭村人。在抗日战争时期曾担任过赤石桥边村长，1941年因叛徒出卖，在王和炮楼被日本人杀害。2015年9月10日被批准为革命烈士。

武甲山 男，1916年生，天镇县张西河乡朱家屯村人。时任朱家屯村农会秘书，1947年因叛徒出卖，在天镇县张西河乡麻黄塄村被敌人杀害。2015年11月19日被批准为革命烈士。

孙佃明 男，1914年生，系天镇县谷前堡镇马圈庠村人。时任马圈庠村长，1947年地主勾结敌军反攻倒算，其被枪杀在村西。2015年11月19日被批准为革命烈士。（省民政厅）

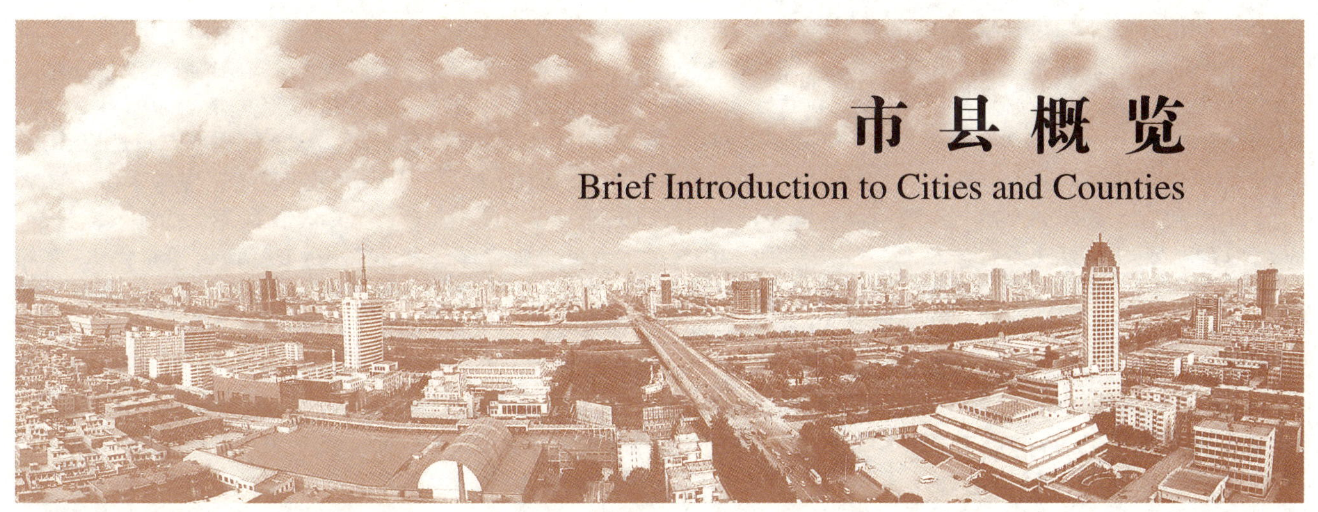

市县概览

Brief Introduction to Cities and Counties

市情综述

【太原市】 太原市位于北纬37°27′~38°25′，东经111°30′~113°09′，总面积1460平方千米，下辖6区3县，1个县级市。截至2015年底，太原市常住人口431.87万人，比上年末增加1.98万人。其中，城镇人口364.51万人，增加2.33万人；乡村人口67.36万人，减少0.35万人。城镇化率84.40%。男性人口220.69万人，女性人口211.18万人，性别比104:100。出生人口3.88万人，人口出生率9.01‰；死亡人口1.90万人，死亡率4.42‰；自然增加人口1.98万人，自然增长率4.59‰。

2015年，太原市地区生产总值完成2735.34亿元，比上年增长8.9%。其中：第一产业增加值37.39亿元，增长1.3%；第二产业增加值1020.18亿元，增长6.0%；第三产业增加值1677.77亿元，增长11.4%。三次产业比重为1.4%、37.3%、61.3%。社会消费品零售总额1540.80亿元，比上年增长6.2%。一般公共预算收入274.24亿元，增长5.9%。一般公共预算支出419.99亿元，比上年增长30.2%。固定资产投资2025.61亿元，比上年增长16.0%。城镇居民人均可支配收入达27727元，增长7.6%；农村居民人均可支配收入达13626元，增长8.0%。

农业 2015年，太原市农林牧渔业总产值73.91亿元，比上年增长1.8%。粮食总产量29.93万吨，下降11.7%。其中：夏粮产量0.07万吨，下降23.7%；秋粮产量29.86万吨，下降11.7%。全年油料产量0.30万吨，下降3.0%；蔬菜产量128.83万吨，增长0.5%；水果产量8.85万吨，增长16.7%。肉、蛋、奶产量分别为5.60万吨、2.99万吨、10.184万吨。农作物种植面积10.032万公顷，比上年减少1620公顷。粮食种植面积7.557万公顷，比上年减少550公顷。其中：夏粮种植面积110公顷，秋粮种植面积7.546万公顷。蔬菜种植面积2.112万公顷，药材种植面积630公顷。年末农业机械总动力140.02万千瓦。农用化肥施用量(折纯)28967吨。造林面积1.925万公顷。零星植树1200万株。新增育苗面积930公顷。

工业建筑业 2015年，太原市规模以上工业企业实现增加值600.48亿元，比上年增长5.7%。其中：中央企业增加值104.89亿元，增长9.1%；省属企业增加值214.55亿元，下降4.3%；市属及以下企业增加值281.04亿元，增长7.4%。分经济类型看，国有企业增加值18.88亿元，比上年下降0.7%；集体企业增加值1.91亿元，下降17.4%；股份制企业增加值368.78亿元，下降2.3%；股份合作企业增加值0.131亿元，下降23.6%；外商及港澳台商投资企业增加值206.29亿元，增长15.3%；其他经济类型企业增加值4.51亿元，增长3.7%。分轻重工业看，轻工业增加值80.17亿元，增长11.7%；重工业增加值

2015年，太原市阳曲县青龙古镇景区初步建成开放　（崔振刚供图）

520.31亿元，增长1.8%。规模以上工业主营业务收入2594.65亿元，下降22.3%。利税总额48.59亿元，下降55.1%。规模以上工业利润盈亏相抵后净亏损42.50亿元。

2015年，太原市具有建筑业资质等级的总承包和专业承包建筑业企业总产值1985.01亿元，下降2.7%；利税总额116.41亿元，下降2.9%；利润总额55.40亿元，下降2.7%；上缴税金61.01亿元，下降3.1%。建筑业企业房屋建筑施工面积9442.63万平方米，竣工面积1736.76万平方米。

项目建设 2015年，太原市中央项目投资154.23亿元，下降16.4%；省属项目投资240.42亿元，增长2.3%；市属及以下项目投资1630.96亿元，增长22.9%。分产业看，第一产业投资35.55亿元，增长39.5%；第二产业投资455.35亿元，增长3.0%。其中，工业投资450.42亿元，增长2.8%；第三产业投资1534.71亿元，增长20.0%。城市基础设施建设投资341.03亿元。三次产业投资比重为1.8%、22.5%和75.7%。

交通邮电 2015年，太原市公路线路里程累计达到7360千米，其中高速公路287千米。公路密度105.3公里/百平方公里。太原地区铁路客运量2597.55万人次，下降0.8%；铁路货运量4414万吨，增长2.0%。航空客运量884.30万人次，增长11.5%；航空货运量4.55万吨，增长1.3%。民用汽车保有量112.29万辆，比上年末增长10.5%，其中私人汽车99.24万辆，增长13.0%。新注册汽车15.22万辆，增长6.5%。年末轿车保有量70.28万辆，增长13.9%，其中私人轿车65.14万辆，增长15.4%；新注册轿车9.50万辆，增长5.7%。

2015年，太原市邮电业务总量107.22亿元，比上年增长18.4%。其中，邮政业务总量5.86亿元，增长3.8%；电信业务总量101.36亿元，增长19.3%。年末市话到达98.63万户。农话到达3.60万户。移动电话用户741.30万户，其中3G、4G移动电话用户分别为154.64万户和278.51万户。全市固定及移动电话用户总数达到843.53万户。每百人拥有电话195部，其中固定电话和移动电话普及率分别达到24部/百人和171部/百人。计算机互联网用户128.91万户，其中宽带网用户123.59万户。

旅游 2015年，太原市接待海内外游客4912.48万人次，比上年增长17.1%。其中，国内游客4891.47万人次，增长17.1%；海外游客21.01万人次，增长4.7%。海外游客中：外国人14.80万人次，香港同胞3.48万人次，澳门同胞0.40万人次，台湾同胞2.33万人次。全年旅游总收入588.35亿元，增长17.7%。其中，国内旅游收入583.34亿元，增长17.8%；旅游外汇收入0.81亿美元，增长5.1%。

金融保险 2015年，太原市金融机构本外币各项存款余额10830.05亿元，比年初增长5.6%；本外币各项贷款余额9121.35亿元，增长13.2%。人民币各项存款余额10593.91亿元，增长4.7%，其中个人储蓄存款余额3432.12亿元，增长3.2%；人民币各项贷款余额9027.59亿元，增长13.6%。人民币贷款中，中长期贷款余额5524.47亿元，增长12.6%；短期贷款余额2841.48亿元，增长14.8%。

2015年，太原市上市公司达到19家，其中主板16家，中小板2家，创业板1家。“新三板”挂牌企业达到20家。原保险保费收入160.69亿元，增长41.0%。其中，寿险业务保费收入103.60亿元，增长64.8%；健康险业务保费收入10.95亿元，增长45.1%；意外伤害险业务保费收入3.34亿元，增长21.3%；财产险业务保费收入42.77亿元，增长4.9%。支付各类赔款及给付43.07亿元，增长5.9%。其中寿险业务给付17.86亿元，增长3.7%；健康险业务赔款及给付2.54亿元，增长9.1%；意外伤害险业务赔款0.93亿元，增长1.6%；财产险业务赔款21.75亿元，增长7.7%。

城乡建设 2015年，太原市新建改建主次干道31项，改造背街小巷32条，总计建设里程113.23千米。太榆路、学府街、南内环街、南沙河路等相继改造完工。地铁2号线一期工程全线招标开工，首开段车站主体工程封顶。城市配套项目推进太古、太交长输供热管线、华能东山热电联产、大温差供热等供热管网工程，市给水管网扩建、西山城市供水、南部区域核心区供水、呼延水厂二期工程等供水管网工程，结合道路新建改建同步铺设供气管网120千米、改造管网50千米。推动54个城中村改造，47个村基本完成整村拆除。天然气供气总量6.77亿立方米。集中供热扩网4830万平方米。年末城市公交运营车辆2501辆。其中，公共汽车2380辆，电车121辆。公交运营线路网长度3174千米，年客运量5.41亿人次。公共自行车服务点增加到1285个，累计投放自行车4.1万辆。

科学技术 2015年，太原市技术市场共登记技术合同1422项，成交金额52.99亿元。研究与试验发展(R&D)经费支出93.21亿元，占地区生产总值的比重为3.4%。国家认定企业技术中心11家，省级企业技术中心90家。年末累计建成7个国家级重点实验室，4个国家级工程实验室，1个国家级工程研究中心，8个国家级科技企业孵化器，35个“院士工作站”。年末累计认定高新技术企业376家。全年获得国家科技奖励5项。全市发明专利申请量2890件、授权量1533件，有效发明专利拥有量5157件。规模以上工业高新技术产业增加值248.05亿元，占地区生产总值的比重为9.1%。获得全国首批小微企业创业创新基地城市示范。

环境建设 2015年，太原市开工建设晋阳湖、和平公园等13个公园，建成46个游园，完成阳兴大道、建设路、南沙河路等主干道景观绿化。创建省级园林单位2个，省级园林小区2个。截至2015年底，全市有综合性公园37个，专类公园11个，带状公园5个，街头游园209个，社区游园43个，街旁绿地146块。建成区绿化覆盖面积达到13940公顷，园林绿地面积12264公顷，公园绿地面积3930公顷。建成区绿化覆盖率41.00%，绿地率36.07%，人均公园绿地面积11.56平方米。市区空气质量二级以上天数230天，达标比率为63.0%。空气污染综合指数7.13%。集中式饮用水源地水质达标率保持100%，地表水环境功能区水质达标率75%，市区区域环境噪声年均值52.9分贝、交通噪声年均值68.3分贝。全年PM2.5达标253天，达标比率为69.3%。地下水水位平均上升0.3米。

社会事业 2015年，太原市共有普通高等院校43所（其中高职院校22所），成人高等院校9所，中等职业教育学校58所，普通高中94所，普通初中130所，小学416所，幼儿园640所。全市学前三年毛入园率95.5%。小学学龄儿童入学率、初中生入学率、巩固率均达到国家标准。2015年高考一本、二本达线率和录取率在全省继续名列前茅。文化领域有专业、具备规模的民营艺术表演团体18个。群艺文化馆12个，博物馆11个。公共图书馆馆藏图书670.52万册。国家综合档案馆12个，馆藏档案资料147.64万卷(件、册)。广播节目11套，电视节目16套。有线广播电视用户107.08万户(其中数字电视用户103.29万户)，有线电视入户率94.0%。广播人口覆盖率99.9%，电视人口覆盖率100%。开展以“中国梦”为主题的艺术创作，推出晋剧《于成龙》《续范亭》《紫穗槐》，话剧《谍杀》，承办纪念抗战胜利70周年“烽火战歌”专场音乐朗诵。全年荣获国际奖3项、国家奖4项、省级奖2项。其中，戏曲电影《傅山进京》获中美国际电影节“最佳戏曲片”奖，晋剧《上马街》获第十六届上海白玉兰戏剧表演“主角奖”“配角奖”。入选国家级非物质文化遗产保护项目17项、省级保护项目67项、市级保护项目115项。卫生机构2791个（不含村卫生室），医疗床位36760张。每千人拥有医疗床位8.5张。各类卫生技术人员52952人，其中：执业（助理）医师20045人，注册护士24245人。每千人拥有医生4.6人。实际参加新型农村合作医疗保险105.82万人，参保率99.7%。“先住院、后付费”服务模式惠及农民16.2万人次。在全国首创“千医千村牵手”帮扶模式。创建2个国家级、163个省级群众满意的基层医疗卫生机构，2个慢性病综合防控示范区。太原运动员在国内外大赛中，获得12枚金牌、11枚银牌、3枚铜牌，24个第四至第八名。在第一届全国青运会中，获得11枚金牌、9枚银牌、7枚铜牌的好成绩。太原国际马拉松赛蝉联“金牌赛事”，继续打造“龙城赛龙舟”“全国篮球城市”“汾河体育健身长廊”等体育名片，获2015中国体育文化·体育旅游博览会“最佳组织奖”。

社会保障 2015年，太原市城镇社会保险参保率97.7%。全市企业职工养老保险参保82.98万人；城镇基本医疗保险参保242.18万人；失业保险参保86.75万人；工伤保险参保95.13万人；生育保险参保96.88万人。年末城市低保覆盖人口3.32万人，农村低保覆盖人口3.98万人，4238人纳入农村五保供养，全年发放最低保障资金3.09亿元。各类收养类单位50个，床位6624张，收养5238人。救济农村五保户4219户，城市临时救助8404户次，农村临时救助5003户次。年内新建城乡日间照料中心109个。全社会从业人员222.75万

2015年太原市辖县(市、区)经济指标统计表

县 市	地区生产总值（万元）	农林牧渔业总产值（万元）	工业资产总计（万元）	固定资产投资（万元）	社会消费品零售总额（万元）	一般公共预算收入（万元）	一般公共预算支出（万元）	人均可支配收入（元）	
								城镇居民	农村居民
小店区	6577191	149542	984135	2541980	4293992	234193	367554	28322	18543
迎泽区	5349825	8246	1268059	1909744	3971131	161343	223912	28352	17970
杏花岭区	4532309	12341	1330013	1918814	1860177	160936	209931	28417	15782
尖草坪区	2461700	61712	14011847	1600006	832580	66530	120928	27805	12858
万柏林区	3522115	13924	10636791	3816427	2141408	153705	233127	27673	18764
晋源区	523787	75927	1478745	1662222	290178	64556	106420	27767	12412
清徐县	1159220	258095	3202806	914867	504248	61628	156068	26778	15692
阳曲县	310225	93604	722156	575996	115893	33575	108899	20160	7078
娄烦县	139831	35300	183981	271514	43933	28472	76203	17511	5535
古交市	219944	39370	2227694	642663	445856	77693	175826	25788	13072

人。分城乡看，城镇从业人员 173.25 万人，乡村从业人员 49.50 万人。分三次产业看，第一产业从业人员 25.17 万人，第二产业从业人员 64.92 万人，第三产业从业人员 132.66 万人。三次产业从业人员结构比为 11.3:29.1:59.6。城镇新增就业 10.50 万人，其中创业带动就业 2.29 万人。4.16 万名下岗失业人员实现再就业，其中就业困难人员再就业 1.10 万人。年末城镇登记失业率 3.43%。（编辑部）

【大同市】 大同市位于北纬 39°02′~40°44′，东经 112°34′~114°32′，总面积 1.41 万平方千米，下辖 4 区 7 县，1 个经济技术开发区。常住人口 340.64 万人，比上年增加 1.4 万人。

2015 年，大同市地区生产总值完成 1052.9 亿元，增长 9%。第一产业增加值 56.4 亿元，增长 2.0%；第二产业增加值 440 亿元，增长 7.9%；第三产业增加值 556.5 亿元，增长 11.0%。第一产业增加值占地区生产总值比重 5.3%，第二产业增加值比重 41.8%，第三产业增加值比重 52.9%。人均地区生产总值 30975 元，比上年增长 8.5%。全社会固定资产投资完成 1145.4 亿元，增长 6.8%；社会消费品零售总额增长 4.8%。城镇常住居民人均可支配收入达 24771 元，增长 7.5%；农村常住居民人均可支配收入达 7708 元，增长 8%。

农业 2015 年，大同市粮食总产量 103.50 万吨，比上年减少 0.53 万吨，下降 0.5%。农作物总播面积 31.59 万公顷，比上年减少 4920 公顷。其中，粮食作物播种面积 28.01 万千公顷，增加 730 公顷。大同市发挥农业示范园区带动作用，建成设施农业、标准化养殖和农产品加工园区 30 个，农产品加工龙头企业实现销售收入 77.8 亿元。

工业 2015 年，大同市规模以上工业增加值增长 8.4%。大同市制定并实施 56 条稳增长措施，为企业减负 52 亿元。推进大用户直供电，使 7 户用电企业减少电费 4400 多万元，3 户发电企业增加产值 2 亿元。以同煤集团为主的省属企业拉动大同市工业增长 13.8 个百分点。关闭破产企业 4 户，安置职工 729 人。

项目建设 2015 年，大同市实施省市重点项目 940 个、工业调产项目 236 个。非煤产业投资和民间投资占比分别达 76%和 63.8%。签订招商引资项目 264 个、总投资 1711.4 亿元。总装机 100 万千瓦的国家光伏示范基地项目开工建设，同煤塔山二期、同煤阳高、京能左云 3 个低热值煤发电项目进展顺利，同煤浑源 2×35 万千瓦热电联产、同煤大唐三期 1×66 万千瓦热电联产、国电湖东 2×100 万千瓦发电项目取得路条。中海油煤制气、同煤烯烃项目环评获批通过。

企业金融 2015 年，大同市为 296 户中小微企业协调信贷资金 48 亿元。扩大“营改增”试点，2403 户商企受惠。电子商务园区投入运营，注册电商企业达 1243 家。大同商业银行改制为大同银行，新增村镇银行 2 家、“新三板”挂牌企业 1 家、Q 板挂牌企业 2 家。争取地方政府债券 60 亿元。中国国际技术转移中心大同工作站、晋投玄武岩院士工作站挂牌成立，7 家高新技术企业通过认定。推行“三证合一”“一照一码”，新增市场主体 2.5 万户。

城乡建设 2015 年，大同市续建新建城市道路 48.1 千米。推进城市管网工程，城市供水普及率、集中供热普及率和气化率分别达到 99.8%、99.7%和 98.6%。北环桥、客运东站主体完工。大张高铁开工建设，大西高铁前期工作取得进展，大乌高铁列入铁总“十三五”规划。推进制约城墙合拢的拆除、搬迁和建设工程。代王府中轴线、明堂公园修复工程主体完工。灵涞高速公路建成通车，京新高速公路天镇段主体完工，国道 108 线改建工程开工建设。改造县乡公路 183.5 千米。“中国大同—韩国仁川”航线正式开通。

民生建设 2015 年，大同市用于保障和改善民生的资金达 252.6 亿元，占财政支出总额的 86.9%。城镇新增就业 5.6 万人，农村劳动力转移就业 3 万人，减少贫困人口 5.9 万人。城乡低保、养老保险等提标工作完成。推动义务教育发展，改善学校办学条件，完成各类校舍建设任务。启动分级诊疗制度，实现市县两级组建医疗联合体工作全覆盖，消除卫生室空白村。农村广播电视卫星户户通工程完成 5 万户，农村老年人日间照料中心新建 75 个。深化户籍制度改革，新增城镇户籍人口 1.3 万人。释放住房公积金 41.5 亿元。医药、卫生、教育等改革，农村土地确权登记颁证试点工作进展良好。左云经济技术开发区获批为省级开发区。开工建设保障性住房

2015 年，大同至张家口高速铁路工程开工建设（一 溪供图）

7.9万套，基本建成1.6万套。投资36.6亿元改善农村人居环境。

生态建设 2015年，大同市万元生产总值综合能耗下降5.5%，工业固废综合利用率65.2%。开展大气污染防治，完成淘汰黄标车和更新公交车工作。推进水污染防治行动计划，扩大餐厨垃圾、污泥资源化处理能力，八条主要河流断面水质基本稳定。实施重点生态建设工程，完成营造林2.1万公顷。完成南城墙景观绿化、御东公共活动走廊建设和儿童公园改造一期工程，建成区绿化覆盖率、绿地率分别达40.1%、36%，人均公园绿地面积达14.8平方米。空气质量二级以上良好天数达292天，空气质量综合指数5.36。

文化旅游 2015年大同市旅游总收入达到281.2亿元，增长17.8%。年内大同市获中国城市避暑旅游产业峰会"避暑旅游城市"称号。在五洲西二路原京原迎宾馆附近施工中发现两座辽代墓葬，其墓室四周绘有彩色壁画，色彩艳丽的墓葬壁画保存完好，为研究辽代历史和当时的社会生活提供珍贵的实物资料。

安全生产 2015年，大同市重视安全生产工作，事故起数和死亡人数实现双下降。推进平安大同建设，打击各类违法犯罪，化解各种利益诉求，促进社会和谐稳定。

政府建设 2015年，大同市取消、调整、下放行政审批等权力事项374项，清理行政职权3747项，精减率56.9%。113件人大代表建议和238件政协委员提案全部办复。开展"三严三实"专题教育和学习讨论落实活动，开展"同心同力发展大同"大调研大讨论活动。2015年，在全省率先发起"冬季行动"攻坚战。完成的征收量相当于之前两年的总量，使80%的待安置户居有定所；手续办理时限平均缩短79%，办结的审批事项是上年同时段的2.2倍；招商引资签约总投资是预定目标的3.6倍，10亿元以上项目达32个；推进11项金融创新举措，融资百亿目标基本完成；市直部门办结帮扶企业事项148项，县区办结222项；省交办269件信访案件全部化解，40件重点集体信访案件处置到位。

纪念中国人民抗日战争胜利70周年暨平型关大捷大会举办 2015年9月7日，纪念中国人民抗日战争胜利70周年暨平型关大捷大会在大同市灵丘县平型关大捷纪念馆将帅广场举行。纪念大会由大同市委、大同市政府主办，大同市委宣传部和灵丘县委、县政府承办。抗战老战士、支前模范，驻军部队，工人、农民、学生、民兵，机关干部及社会各界人士500余人参加纪念大会。

大同至张家口高速铁路开工建设 2015年11月18日，山西大同至河北张家口高速铁路（以下简称"大张高铁"）在位于大同市南郊区东王

2015年大同市辖县（市、区）经济指标统计表

县市	地区生产总值（万元）	农林牧渔业总产值（万元）	工业资产总计（万元）	固定资产投资（万元）	社会消费品零售总额（万元）	一般公共预算收入（万元）	一般公共预算支出（万元）	人均可支配收入（元）	
								城镇居民	农村居民
城区	1394460	—	1262605	939864	2244654	38381	141759	27264	—
矿区	226826	—	58559	209041	885209	10854	121024	26777	—
南郊区	4159547	123222	2023363	2452499	992753	111134	265957	22208	12508
新荣区	243521	72420	441254	730299	95467	17186	79440	20685	7628
阳高县	278345	202186	496702	860801	106487	11342	159863	18121	6260
天镇县	206722	107084	265592	751090	90229	8616	162490	18658	5685
广灵县	213681	115379	486258	757132	92874	9307	164436	18596	6038
灵丘县	279993	76917	647817	976171	281543	10715	179363	22708	6251
浑源县	361525	169824	293325	1162222	297768	28559	271838	19216	6205
左云县	348765	55714	898702	1085700	214574	40320	126786	22758	10022
大同县	258479	139760	313833	1234444	148846	17273	141306	17065	7675

庄的大同南站建设工地正式开工建设。大张高铁起自山西省怀仁县，止于河北省怀安县，与北京—张家口铁路、呼和浩特—张家口铁路、大同—西安客运专线衔接，是贯通京、津、冀、晋、陕的重要客运通道。项目全长140千米，其中在大同市境内123千米，总工期48个月，涉及大同市天镇县、阳高县、大同县和南郊区19个乡镇68个村。大张高铁设计批复总投资165亿元，其中山西境内投资约141亿元；设计行车速度250千米/小时，规划运输能力4500万人/年。

（冯晋慧）

【阳泉市】 阳泉市位于北纬37°40′~38°31′，东经112°54′~114°04′，总面积4558.93平方千米，下辖3区和2县。常住人口139.83万人，人口密度306人/平方千米，城镇化率65.86%。

2015年，阳泉市地区生产总值完成595.7亿元，比上年增长1.1%。第一产业增加值10.0亿元，增长1.0%；第二产业增加值296.8亿元，下降2.6%；第三产业完成增加值288.9亿元，增长6.5%；三次产业构成由2010年的1.5∶59.5∶39.0调整为2015年的1.7∶49.8∶48.5。一般公共预算收入44.2亿元，下降6.2%，其中税收收入30.0亿元，下降15.5%。全社会固定资产投资600.7亿元，增长16.1%。国有经济控股投资298.8亿元，增长29.2%；民间投资296.9亿元，增长6.3%，占投资总额的49.4%。社会消费品零售总额288.3亿元，增长4.3%。海关进出口总额20489万美元，增长4.5%，其中出口增长1.7%、进口增长13.4%。城镇居民人均可支配收入达26414元，增长6.4%；农村常住居民人均可支配收入达11494元，增长7.0%。

农业 2015年，阳泉市农作物种植面积5.76万公顷，下降2.6%。粮食种植面积5.58万公顷，下降1.7%；油料种植面积81.4公顷，下降26.4%。在粮食种植面积中，玉米种植面积4.76万公顷，下降0.9%。粮食总产量24.9万吨，下降15.1%。玉米23.1万吨，下降15.9%。肉类总产量1.87万吨，下降5.3%。猪肉产量1.49万吨，下降2.5%；牛肉产量0.02万吨，增长19.4%；羊肉产量0.08万吨，增长35.7%。牛奶产量0.73万吨，增长12.0%。禽蛋产量3.49万吨，增长25.5%。水产品产量0.08万吨，增长3.7%。造林面积7.5千公顷，下降11.2%。其中，人工造林面积6.1千公顷，下降10.3%；退耕还林和荒山荒地造林面积926公顷。农业机械总动力137.5万千瓦，增长0.7%。机械耕地面积4.7万公顷，增长2.4%；机械播种面积4.3万公顷，机械收获面积1.0万公顷，分别比上年增长1.3%和24.2%。农机化经营总收入达到8.1亿元，增长1.1%。

五盂高速公路藏山隧道 （师国梁供图）

工业建筑业 2015年，阳泉市规模以上工业企业达133个，实现工业增加值178.8亿元，下降4.1%。规模以上工业企业原煤产量6463.2万吨，增长2.3%。洗煤3245.3万吨，下降14.1%；电力95.9亿千瓦小时，下降10.9%。规模以上工业企业实现利税24.0亿元，增长7.1%。其中，实现利润总额−12.1亿元，减亏8.0亿元；实现税金36.1亿元，下降15.1%。产成品总额27.7亿元，增长7.8%。亏损企业70家，亏损面为52.6%；亏损额20.5亿元，下降26.3%。

阳泉市建筑业实现增加值43.8亿元，增长3.0%。具有建筑业资质等级的总承包和专业承包建筑业企业实现利润总额2.83亿元，下降26.3%；上缴税金3.9亿元，增长21.6%。

项目建设 2015年，阳泉市开工建设总投资45.9亿元、总长79千米的阳大铁路，建成后将极大提升阳泉作为晋东区域中心城市的地位；启动实施总投资1.55亿元的城市饮用水水质改善工程，努力让群众喝上优质水、放心水；重启总投资2.02亿元的娘子关二期供水工程，从根本上缓解全市水资源供需矛盾。开展招商引资，共签约外来投资项目867个，到位资金1404.9亿元，百度云计算、中广核风电等一批具有转型引领和辐射带动作用的大项目、好项目进展顺利。发展“飞地经济”，全市“飞地”项目达到21个，总投资218亿元，天元废旧家电拆解、桃林沟欢乐世界等项目竣工投产。全市五年累计实施各类重点工程项目1115项，完成投资2259亿元。省级重点工程投资完成率连续四年进入全省前三名。

能源 2015年，阳泉市一次能源生产折标准煤4616.66万吨，增长2.3%；二次能源生产折标准煤232.83万吨，下降7.7%。向省外运输煤炭3529.32万吨，下降0.5%。规模以上工业综合能源消费量折标准煤567.31万吨，下降6.4%。全社会用电总量61.2亿千瓦时，下降10.7%。

交通邮电 2015年，阳泉市交通运输、仓储和邮政业实现增加值

41.1 亿元，增长 3.3%。5 月 28 日，阳泉北至大寨铁路工程开工建设，全长 79.07 千米，设车站 9 座。其中，新建铁路长 44.77 千米，既有铁路平定至昔阳大寨段，利用阳涉铁路 33.12 千米，新增北站到发线 1.178 千米。客运设计行车速度为每小时 120 千米至 160 千米，项目建设工期为 3 年。公路线路里程 5379.5 千米。民用汽车保有量达到 18.3 万辆(包括三轮汽车和低速货车 0.12 万辆)，增长 5.3%。完成邮电业务总量 18.56 亿元，增长 13.9%。其中，邮政业务总量 1.21 亿元，下降 1.7%；电信业务总量 17.35 亿元，增长 15.2%。移动电话用户年末达到 149.41 万户，下降 1.6%，其中 4G 移动电话用户年末达 42.18 万户。宽带接入用户达到 31.67 万户，增长 1.2%。

旅游 2015 年，阳泉市接待海外旅游者 4329 人次，接待国内旅游者 2202.34 万人次，分别增长 8.4%和 21.2%；旅游外汇收入 95.29 万美元，国内旅游收入 181.89 亿元，旅游总收入 181.94 亿元，分散对应 9.1%、21.9%和 21.8%。

金融保险 2015 年，阳泉市金融机构本外币各项存款余额 1352.7 亿元，比年初增长 17.2%；各项贷款余额 721.3 亿元，比年初增长 11.1%。货币净投放 27.1 亿元，下降 7.5%。全市保险机构保费收入 27.2 亿元，增长 13.8%。其中，寿险业务保费收入 18.5 亿元，增长 18.4%；健康险和意外伤害险业务保费收入 1.7 亿元，增长 50.9%；财产险业务保费收入 6.9 亿元，下降 2.3%。支付各类赔款及给付 12.1 亿元，增长 29.4%。

环境建设 2015 年，阳泉市林地面积 13.0 万公顷，森林覆盖率达 28.5%。环境空气质量二级以上天数总计达 267 天，优良率达 73.15%，综合污染指数为 6.69。化学需氧量、氨氮、二氧化硫、氮氧化物、烟尘和工业粉尘分别减排 1.69%、0.04%、6.28%、6.01%、0.29%、0.61%。

教育科技 2015 年，阳泉市普通高等学校招生 4237 人，在校生 13231 人；中等职业学校招生 3365 人，在校生 10976 人；普通高中招生 8856 人，在校生 28651 人；初中招生 12229 人，在校生 39779 人；小学招生 13552 人，在校生 84495 人。专利申请量 1003 件，其中发明专利申请量 225 件，减少 6.9%和 37.7%；专利授权量 331 件，其中发明专利授权量 33 件，增长 42%和 135.7%。取得市级以上科研成果 46 项，其中市级 45 项、省级 1 项。全年共签订各类技术合同 23 项，技术合同成交总额 5833 万元，增长 10.1%。新登记科技成果 40 项。按照国家高新技术企业认定办法，年末累计有高新技术企业 31 家。

文体卫生 2015 年，阳泉市群众艺术馆、文化馆 6 个、艺术表演团体 6 个、公共图书馆 6 个。有线电视用户 33.2 万户。《阳泉日报》发行 700 万份。阳泉市作协副主席刘慈欣创作的长篇科幻小说《三体》(英文版)获第七十三届“雨果奖”最佳长篇故事奖，该奖项为世界科幻文学最高奖，是亚洲人首次获得该奖项。阳泉籍运动员在国内外重大比赛中获金、银、铜牌分别为 40 枚、41 枚和 36 枚（包括非奥运项目比赛)。销售中国体育彩票 5086 万元，增长 9.3%。卫生机构(含诊所、村卫生室)1482 个，床位 7107 张。妇幼保健院(所、站)6 个。卫生技术人员 8986 人。3 个农业县(区)全部开展新型农村合作医疗试点工作，56.5 万农民参加新型农村合作医疗保险。

社会保障 2015 年，阳泉市城镇职工基本养老保险参保 26.56 万人；城镇居民养老保险参保 6.33 万人；农村养老保险参保 36.86 万人；城镇医疗保险参保 63.8 万人；工伤保险参保 25.54 万人；失业保险参保 25.05 万人；生育保险参保 24.58 万人。城区、矿区、郊区最低工资标准 1620 元，平定县、盂县 1420 元，均比上年

2015 年阳泉市辖县(市、区)经济指标统计表

县 市	地区生产总值（万元）	农林牧渔业总产值（万元）	工业资产总计（万元）	固定资产投资（万元）	社会消费品零售总额（万元）	一般公共预算收入（万元）	一般公共预算支出（万元）	人均可支配收入（元）	
								城镇居民	农村居民
城 区	1520103	–	640300	317360	1580375	27299	52164	27467	–
矿 区	1100159	–	18648664	990293	232101	29544	72201	27025	–
郊 区	807252	42680	1193661	1135147	149046	44500	142385	22195	12124
平定县	847204	80642	1533159	1631218	327784	48259	186369	24445	10957
盂 县	1243224	75367	2450827	1772253	456896	74223	189490	26318	11536

提高170元。城市最低生活保障对象3.85万人，农村最低生活保障对象3.99万人，农村“五保”供养0.71万人，发放最低保障资金2.17亿元，城镇社会保险参保率为97.83%。各类提供住宿的社会服务机构21个，养老服务机构(有资质)床位数1820张，各类福利院床位数350张，收养122人。城镇各种社区服务设施343个，其中综合性社区服务中心7个。销售福利彩票2.05亿元，筹集社会福利资金1684.95万元，接收社会捐赠款44.98万元。（任佟苏）

【长治市】 长治市位于北纬35°49′~37°08′，东经111°58′~113°44′，总面积13955平方千米，下辖1市2区10县，1个国家级开发区，132个乡镇，14个街道，139个社区，3447个行政村。全市总人口为342.04万人，比上年增加1.6万人。出生人口3.48万人，人口出生率为10.20‰；死亡人口1.88万人，死亡率为5.51‰；自然增长率为4.69‰。城镇人口比重50.02%。

2015年，长治市地区生产总值完成1195.1亿元。其中，第一产业增加值58.4亿元，增长1.4%；第二产业增加值611.1亿元，下降7.5%；第三产业增加值525.6亿元，增长6.1%。固定资产投资1441.5亿元，增长15.7%。社会消费品零售总额524.4亿元。公共财政预算收入96.4亿元，下降29.3%。税收收入61.0亿元，下降14.0%，公共财政预算支出241.9亿元，下降0.7%。城镇居民人均可支配收入26407元；农村居民人均可支配收入11095元。

农业 2015年，长治市粮食种植面积24.63万公顷，比上年减少1500公顷；油料种植面积2000公顷，比上年增加800公顷；棉花种植面积40公顷。在粮食种植面积中，玉米种植面积20.74万公顷，增加1100公顷；小麦种植面积7400公顷，减少1900公顷。粮食产量157万吨，比上年减少5.2万吨。其中，夏粮3.4万吨；秋粮153.6万吨。猪牛羊肉总产量8.3万吨，其中，猪肉产量7.2万吨；牛肉产量0.4万吨；羊肉产量0.7万吨。生猪存栏62.8万头，生猪出栏92.8万头。牛奶产量1.83万吨。禽蛋产量12.8万吨。农业机械总动力223.5万千瓦，增长3.0%。机械耕地面积24.15万公顷，下降0.6%；机械播种面积22.43万公顷，机械收获面积11.78万公顷。农机化经营总收入12.7亿元，增长5.0%。

工业建筑业 2015年，长治市规模以上工业企业337家。规模以上工业增加值555.2亿元。规模以上工业主要工业产品产量中，原煤产量1.2亿吨；洗精煤4797.6万吨；发电量275.6亿千瓦时；钢材产量576.3万吨。规模以上工业企业实现主营业务收入1108.0亿元。其中，煤炭、焦炭、冶金和电力工业分别实现主营业务收入532.4亿元、110.9亿元、107.2亿元和78.3亿元；化学、建材、装备制造、医药和食品工业分别实现主营业务收入78.7亿元、22.3亿元、45.7亿元、30.6亿元和32.2亿元。规模以上工业实现利税76.9亿元；实现利润0.8亿元。建筑业实现增加值47.6亿元。长治高新技术产业开发区获得国务院批复，升级为国家高新技术产业开发区。

左黎高速公路黄崖洞停车区（师国梁供图）

2015年，长治市进出口总额15733万美元，其中，进口额达12484万美元，出口额达3249万美元。新设立外商直接投资企业4家；合同利用外商投资达5095.3万美元；实际利用外商直接投资达45117.9万美元。

金融 2015年，长治市金融机构本外币各项存款2044.2亿元，比年初增加98.3亿元。各项贷款余额1132亿元，增加115.1亿元。保费收入46.1亿元。其中，寿险业务保费收入28.5亿元；健康和意外险业务保费收入4.5亿元；财产险业务保费收入2.3亿元；车险业务保费收入10.8亿元。支付各类赔款及给付15.4亿元。其中，寿险业务保费赔付6.8亿元；健康和意外险业务保费赔付0.8亿元；财产险业务保费赔付1.0亿元；车险业务保费赔付6.7亿元。

旅游业 2015年，长治市商业住宿设施接待入境过夜游客2.4万人次，接待国内旅游者3260.9万人次，分别增长4.6%和21.2%；旅游外汇收入1490.9万美元，国内旅游收入320亿元，旅游总收入320.9亿元，分别增长5.5%、21.2%和21.2%。

环境建设 2015年，长治市空气质量Ⅱ级以上天数达242天。达Ⅲ类水质标准的断面比例70.6%。城市集中式饮用水源地辛安泉水质达标率达到100%。市区污水处理能力27.5万吨/日，污水处理量6507万吨。生活垃圾年清运量17.6万吨，无害化处理率达到100%。

城乡建设 2015年，长治市市区建成区面积5930万平方米，建成区绿化覆盖率46.2%。城市交通运营车辆731辆，其中市区公共汽车441辆。出租汽车3131辆，其中市区出租车1801辆。市区有公园4座，总面积127公顷。市区供水总量7669.1万吨，人均日生活用水量156.8升。液化气供气总量3650吨，天然气供应量5894.5万立方米，其中生活用天然气1705.3万立方米。燃气普及率93.0%。市区集中供热面积3387万平方米，其中住宅供热面积2727万平方米。

文化 2015年，长治市获"中国曲艺名城"称号，成为全国首个"中国曲艺名城"。9月，山西省纪念中国人民抗日战争暨世界反法西斯战争胜利70周年大会在武乡八路军太行纪念馆广场举行。11月，《诗画上党·美丽长治》长治建市70周年辉煌成就展在长治市博物馆开展。

教育 2015年，长治市有普通高等学校5所，招收普通高等教育学生11554人，在校大学生39659人，毕业学生12721人。有中等职业教育学校45所，招生10904人，在校学生31508人，毕业学生10473人。普通高中49所，招生24310人，在校学生77134人，毕业学生27685人。初中165所，招生30428人，在校学生105229人，毕业学生40696人。小学636所，招生34668人，在校学生208391人，毕业学生31001人。特殊教育在校学生540人。幼儿园在园幼儿98691人。

文体卫生 2015年，长治市共有艺术表演团体20个，文化馆14个，公共图书馆14个，公共图书馆藏书量179万册，档案馆15个，已开放各类档案144632卷。广播电台13座，电视台18座，广播、电视综合人口覆盖率分别达99.3%和99.5%，有线电视用户达42.9万户，其中接收数字信号用户37.0万户。医疗卫生机构5054个，其中医院、卫生院248个，妇幼保健机构15个，疾病预防控制中心(防疫站)15个，卫生监督机构15个。病床位16240张，其中医院、卫生院16083张。卫生技术人员18622人，其中执业医师和执业助理医师7977人，注册护士7485人，药剂人员960人。乡镇卫生院132个，床位2808张，乡村医生和卫生技术人员6903人。新型农村合作医疗覆盖率99.5%。山西省规模最大的自愿戒毒康复医院——长治市自愿戒毒医院正式成立。运动员在各类体育比赛中获得全国冠军10个，全省冠军69个。

社会保障 2015年，长治市基本养老保险参保198.38万人。其中，企业职工养老保险参保44.71万人，新型农村社会养老保险参保137.78万人；城镇基本医疗保险参保99.26万人。其中，城镇职工基本医疗保险参保55.54万人，城镇居民基本医疗保险参保43.72万人。失业保险参保

2015年长治市辖县(市、区)经济指标统计表

县市	地区生产总值(万元)	农林牧渔业总产值(万元)	工业资产总计(万元)	固定资产投资(万元)	社会消费品零售总额(万元)	一般公共预算收入(万元)	一般公共预算支出(万元)	人均可支配收入(元)	
								城镇居民	农村居民
城区	1906635	9884	950831	1738331	3018024	41273	83412	28244	–
郊区	1655278	55717	4133355	1865614	445154	35678	93143	32791	15192
长治县	1259328	118457	4358429	1463978	271334	103268	224368	26666	14095
襄垣县	1383612	110482	6589791	1925012	247659	123947	262101	29530	12737
屯留县	820198	113524	2845968	1340352	145399	49690	139159	22617	12814
平顺县	206045	48272	224805	365799	80953	8562	120676	19505	5054
黎城县	302299	53605	361040	569807	124566	17649	110131	15951	7329
壶关县	491416	88703	659169	540754	170039	23419	145706	19325	4832
长子县	960489	186103	2012840	1229285	169970	63746	173679	24365	11763
武乡县	501188	57648	1277035	310470	123220	29223	143017	19885	5459
沁县	211207	94247	182438	383172	91735	7764	126793	16329	5227
沁源县	889664	46938	3725044	1070192	213931	62436	134242	28500	11900
潞城市	785005	78472	3856986	1511315	142155	55553	124777	24303	11465

40.75万人；工伤保险参保56.24万人，其中农民工参保23.84万人；生育保险参保43.63万人。纳入城市最低生活保障的居民3.4万人，发放城市低保资金1.3亿元；纳入农村最低生活保障的居民10.0万人，发放农村低保资金2.0亿元。各类福利院床位数9000张，收养4694人。城镇各种社区服务设施205个，其中综合性社区服务中心19个。销售社会福利彩票2.6亿元，筹集社会福利资金4285.2万元，接收社会捐赠款63.5万元。

（尚竹英）

【晋城市】 晋城市位于北纬35°11′~36°13′，东经111°56′~113°37′，总面积9424.9平方千米。下辖1区1市4县，共设48个镇，26个乡，10个办事处。常住人口为231.50万人，比上年末增加0.60万人。全年全市出生人口1.81万人，人口出生率为7.81‰；死亡人口1.20万人，死亡率为5.20‰；自然增长率为2.61‰。出生人口性别比为102.27。

2015年，晋城市地区生产总值完成1040.2亿元，比上年增长3.3%。其中，第一产业增加值49.2亿元，增长5.8%；第二产业增加值576.3亿元，增长0.8%；第三产业增加值414.7亿元，增长8.1%。固定资产投资完成1105.1亿元，增长13.4%。社会消费品零售总额358.8亿元，增长5.1%。财政总收入192.5亿元，下降7.1%。其中，税收收入58.4亿元，下降14.8%。公共财政预算支出180.1亿元，增长11.4%。城镇居民人均可支配收入26651元，增长7.0%；农村居民人均可支配收入10914元，增长8.2%。

农业 2015年，晋城市农作物种植面积18.919万公顷，比上年减少820公顷。其中，粮食种植面积17.814万公顷，减少50公顷；油料种植面积2060公顷，减少350公顷；棉花种植面积140公顷，减少80公顷。在粮食种植面积中，玉米种植面积8.830万公顷，减少5540公顷；小麦种植面积4.671万公顷，增加2420公顷。粮食产量96.2万吨，增加23.2万吨，增产31.8%。其中，夏粮23.0万吨，增产37.3%；秋粮73.2万吨，增产30.2%。造林面积完成3500公顷，下降58.5%。其中，经济林面积1500公顷，增长44.8%。木材产量6563立方米，增长9.1%。肉类总产量17.2万吨，增长8.5%。猪牛羊肉总产量15.6万吨，增长6.8%。其中，猪肉产量14.8万吨，增长6.6%；牛肉产量0.2万吨，增长16.5%；羊肉产量0.6万吨，增长7.6%。年末生猪存栏115.7万头，增长8.5%；生猪出栏199.2万头，增长7.5%。牛奶产量0.06万吨，增长3.2%；禽蛋产量7.9万吨，下降3.1%；水产品产量0.2万吨，增长6.8%。设施蔬菜产量14.5万吨，增长2.7%；食用菌2.1万吨，增长3.3%；蚕茧0.5万吨，下降8.5%；蜂蜜0.2万吨，下降4.7%；药材0.8万吨，下降25.2%。农业机械总动力250.5万千瓦，增长0.8%。机械耕地面积14.45万公顷，下降7.6%；机械播种面积12.02万公顷，下降8.4%；机械收获面积10.45万公顷，下降7.2%。农机化经营总收入11.0亿元，下降18.4%。

工业建筑业 2015年，晋城市规模以上工业企业229家。规模以上工业增加值比上年增长0.8%。原煤产量9138万吨，增长8.3%；发电226亿千瓦时，下降3.1%；水泥224万吨，下降5.2%；农用化肥（折纯）262万吨，增长0.2%；焦炭45万吨，下降15.5%；钢材产量301万吨，增长0.8%；生铁364万吨，下降2.1%。规模以上工业企业实现主营业务收入963.8亿元，下降12.8%。其中，煤炭、炼焦、冶铸和电力工业分别实现主营业务收入453.9亿元、3.7亿元、96.2亿元和79.8亿元，分别下降16.0%、32.4%、22.1%和7.2%；煤层气开采、化工、建材、装备制造、医药和食品工业分别实现主营业务收入52.1亿元、99.2亿元、10.0亿元、130.4亿元、5.1亿元和1.0亿元，分别下降3.8%、10.9%、17.1%、2.2%、3.3%和12.9%。规模以上工业实现利税123.9亿元，下降3.2%；实现利润44.0亿元，下降21.1%。

2015年，晋城市具有资质等级的总承包和专业承包建筑业企业109家，完成总产值59.6亿元，下降18.7%；房屋施工面积353.9万平方米，下降0.2%；签订合同额为115.8亿元，下降11.2%。

交通邮电 2015年，晋城市公路线路里程9013.9千米。其中，高速公路318.6千米。民用汽车保有量33.3万辆（包括三轮汽车和低速货车3.9万辆），比上年末增长10.9%。其中，私人汽车29.5万辆，增长14.0%。本年新注册汽车4.6万辆，增长9.6%。年末轿车保有量21.9万辆，增长14.4%。其中，私人轿车20.6万辆，增长16.3%。

2015年，晋城市完成邮电业务总量24.3亿元，同比增长9.4%。其中，

2015年，晋城市皇城相府景区获“中国十大文化旅游景区”称号 （牛晋军供图）

邮政业务总量1.2亿元，下降6.3%；电信业务总量23.1亿元，增长10.3%。新增移动电话用户4.5万户，年末达到229.2万户。全市宽带接入用户43.6万户，增长11.0%。

旅游 2015年，晋城市境内共有A级景区15个。星级饭店20家。其中，五星级2家；四星级10家；三星级6家；二星级2家。接待海外旅游者12143人次，接待国内旅游者3244.1万人次，分别增长5.1%和19.5%；旅游外汇收入671.9万美元，国内旅游收入294.5亿元，旅游总收入295.0亿元，分别增长6.0%、21.7%和21.7%。

金融保险 2015年，晋城市金融机构本外币各项存款余额1800.1亿元，比年初减少12.5亿元，下降0.7%。各项贷款余额1007.5亿元，比年初增加85.4亿元，增长9.3%。农村金融合作机构人民币贷款余额198.0亿元，比年初减少5.9亿元，下降2.9%；人民币存款余额416.7亿元，比年初增加25.4亿元，比年初增长6.5%。证券营业部4家，从业人员88人。累计资金开户数96446户，银证转入资金120.7亿元，增长2.4倍，新增资产总额23.1亿元，增长47.1%。全年营业收入1.7亿元，增长1.4倍；利润总额1.1亿元，增长1.5倍。

2015年，晋城市保费收入35.6亿元，增长4.7%。其中，寿险业务保费收入23.8亿元，增长7.0%；财产险业务保费收入11.8亿元，与上年持平。

教育科技 2015年，晋城市普通高等学校1所，独立设置的成人高等学校1所。

文体卫生 2015年，晋城市共有群众艺术馆1个，文化馆6个，博物馆1个。全市文化系统共有艺术表演团体11个，新创作首演剧目4个；演出场次3120场，演出收入2088万元；全市共有艺术表演场馆3个，群众艺术馆1个，文化馆6个，公共图书馆6个，总藏书46万册。

2015年，晋城市拥有各级各类体育场馆5711个，体育锻炼标准达标人数达335496人。晋城市运动员在省级以上重大比赛中获金、银、铜牌分别为13枚、20枚和17枚（包括非奥运项目比赛）。全市销售中国体育彩票15100万元，增长8.5%。举办第十五届省运会跳水比赛。举办山西（晋城）国际职业围棋混双邀请赛。

2015年，晋城市共有各级医疗卫生机构3090个，其中妇幼保健院（所、站）7个。医院和卫生院床位10.1千张，卫生专业技术人员1.3万人，每千人拥有病床5.4张，每千人拥有医生数2.3人。全市6县（市、区）全部开展新型农村合作医疗试点工作，新型农村合作医疗保险参保率99.25%。村卫生室覆盖率100%、县乡村三级医疗机构达标率均为100%。各县（市、区）的儿童“五苗”全程接种率以乡镇为单位均达95%以上。碘盐覆盖率达97.7%，合格碘盐食用率达94.22%，各种地方病得有效控制。全市乡镇卫生监督站覆盖率达100%。

社会保障 2015年，晋城市城镇职工基本养老保险参保39.5万人，比上年末增加2.6万人；新型农村社会养老保险参保112.0万人，增加5.5万人；城镇基本医疗保险参保61.0万人，增加0.5万人；失业保险参保30.1万人，增加0.4万人；工伤保险参保47.8万人，增加0.4万人，其中农民工22.4万人，增加0.3万人；生育保险参保31.0万人，增加0.1万人。全市共有146.8万农民参加新型农村合作医疗保险。城镇低保人数18973人，减少4625人；农村低保人数64889人，减少11499人；农村集中供养五保户1891人；民政部门资助参加合作医疗73646人。优抚对象15757人，享受定期抚恤1102人，享受定期补助12610人。发放最低保障资金3.0亿元。提供住宿的社会服务机构68个，床位数4913张，年收养救助人数2564人。社区服务站有51个，福利企业26个，残疾职工422人。福利彩票发行单位1个。全年直接接收捐赠款77.2万元，受益2689人次。

2015年晋城市辖县（市、区）经济指标统计表

县市	地区生产总值（万元）	农林牧渔业总产值（万元）	工业资产总计（万元）	固定资产投资（万元）	社会消费品零售总额（万元）	一般公共预算收入（万元）	一般公共预算支出（万元）	人均可支配收入（元）	
								城镇居民	农村居民
城区	2399397	18089	1411609	3735221	1897564	95038	146091	28484	—
沁水县	1726507	104328	4699014	1500260	208258	110354	207923	23576	9486
阳城县	1694690	178492	3593706	1600716	399711	105986	238843	24629	10777
陵川县	339231	90056	295877	390491	163741	11464	161123	16223	7425
泽州县	2156705	252623	3046836	2103402	361189	114785	313079	27381	12217
高平市	1997282	285757	3697364	1493576	557087	125616	263240	26893	11528

环境 2015年，晋城市有自然保护区5个，自然保护区面积达14.6万公顷。市区空气质量二级以上天数达263天。其中一级天数29天，增加10天。空气综合污染指数为6.48，较上年下降12.1%。城市污水处理率达93.5%；城市生活垃圾无害化处理率达100%；全市集中供热普及率达86.7%。

（牛晋军）

【朔州市】 朔州市位于北纬39°05′~40°17′，东经111°53′~113°34′，总面积1.06万平方千米，下辖2区4县，73个乡镇（含街道办事处），1688个行政村。总人口176.2万人。

2015年，朔州市地区生产总值完成901.1亿元，同比下降2.3%。第一产业增加值完成55.5亿元，下降5.6%；第二产业增加值完成406.3亿元，下降5.8%；第三产业增加值完成439.3亿元，增长4.6%。固定资产投资完成937.1亿元，增长14.9%；社会消费品零售总额完成270.1亿元，增长4.6%；公共财政收入完成54.3亿元，下降37.3%。城镇常住居民人均可支配收入达27500元，同比增长6.9%；农村常住居民人均可支配收入达10816元，同比增长6.7%。

项目建设 2015年，朔州市开展"项目提质增效年"活动，省市重点工程完成投资770.9亿元。平朔木瓜界2×66万千瓦、平朔安太堡2×35万千瓦、同煤朔南2×35万千瓦3个低热值煤发电项目和中电国际神头发电公司2×100万千瓦火电项目开工建设。蒙西至天津南、晋北至江苏两条特高压输电线路开工。

"三农"工作 2015年，朔州市粮食产量达110万吨，减产14.2%。农作物种植面积32.8万公顷。农田水利基本建设加强，农田实灌面积达14万公顷。朔州市被农业部列为全国唯一的草牧业发展试验试点市。农产品加工龙头企业销售收入达到180亿元，比上年增长12.5%。开展农村土地承包经营权确权登记颁证工作。推进完善提质、农民安居、环境整治、宜居示范农村人居环境改善"四大工程"，落实农村"五件实事"，完成投资12.6亿元。新改扩建农村五保户集中供养服务机构6所，新增床位394张。50个贫困村、23387名贫困人口实现脱贫。向农村居民发放供暖补贴1.33亿元。

工业 2015年，朔州市规模以上工业主营业务收入737.6亿元，比上年下降30.1%。规模以上工业企业实现利税36.9亿元，比上年下降75%。生产原煤1.82亿吨。推进现代化矿井建设，标准化矿井达45座。发展低热值煤发电、风力发电、光伏发电，新增电力装机容量166.75万千瓦。全年发电267.5亿度，其中风力发电23.3亿度，增长30.7%。推进煤炭管理体制改革和财税体制改革，转型综改试验区建设取得进展。

朔州市AAAA级景区应县木塔　（元雷花供图）

新兴产业 2015年，朔州市推进装备制造、食品、医药等新兴产业项目126个，完成投资106亿元。设立企业技术研发创新项目专项资金，新增企业技术中心6家、高新技术企业2家。加大科技创新力度，搭建大众创业、万众创新平台，利用人防疏散基地建设市科技创新园区及大学生创业基地。与北京大学合作共建的固废资源化研究中心，被认证为国家大宗工业固废及资源化产品质量监督检验中心。非煤电产业投资占工业投资比重达34.5%，比上年提升3.1个百分点。服务业占地区生产总值比重达48.7%。旅游业总收入达133.56亿元，增长22.2%。尊屹瓷业现代陶瓷研发基地项目第一条生产线试产。晶屹建筑陶瓷二期扩建工程80地砖技改生产线进入生产。

企业金融 2015年，朔州市落实省政府减轻企业负担"60条"，采取金融支持、财政扶持等措施，落实小微企业减免税费等优惠政策，为企业减负43亿元。开展"冬季行动""一企一策"精准帮扶企业。引进华夏银行设立分支机构，完成怀仁县、应县村镇银行筹建工作，成立创业就业小额贷款担保中心，新增一家注册资本金1亿元的民营融资性担保公司。宏力再生公司在"新三板"挂牌上市，是同煤集团第一家"新三板"上市企业，是全省国资系统第一家在省内注册的"新三板"上市企业，是朔州市第一家"新三板"上市企业。山阴县引进晋商银行和太行村镇银行两家股份制商业银行，批准增设数十家民间小额信贷及担保公司。朔州煤电宏力再生工业公司在"新三板"上市。出台发展民营经济实施意见，推进政府与社会资本合作，民间投资占全市固定资产投资比重达到40.9%。开展各类促进消费活动，推进城市综合体建设。社会融资总量达119.5亿元，增长11.1%。

城乡建设 2015年，朔州市推进中心城市建设。城市总体规划获得省政府批复，市区两级规划管理实现

统一。继续实施七里河综合治理、朔州老城改造,新建和改造城市道路51千米、各类市政管网388千米,新增城市集中供热面积492万平方米。右玉至平鲁高速公路开工。大西高铁朔州段前期工作启动,朔州机场选址专家评审通过。美都汇购物广场、怀仁汽车文化城等项目建成运营。右平高速公路控制性工程开工,虎山线改造工程完工,109国道改线工程施工和监理招投标全部完成。新开工各类保障性住房13613套,基本建成20522套,完成投资35.74亿元。完成市污水处理厂提标改造,基本建成市第二污水处理厂。实施城乡清洁工程,创建达标村345个。各级财政投入8.9亿元,推进采煤沉陷区治理、地质灾害治理、农村危房改造、扶贫易地搬迁,安置6716户农民,易地搬迁1411人。完成营造林14666.67公顷,超省考核任务30%。强化节能减排,万元地区生产总值综合能耗下降5.35%,万元工业增加值用水量下降3%,主要污染物减排任务全部完成。

朔州市梁威绿色工业园区 (元雷花供图)

民生建设 2015年,朔州市财政在民生领域投入113.1亿元,占到公共财政预算支出的81.78%。新增城镇就业人数23109人。通过政府购买服务方式,向高校毕业生提供1452个就业岗位。开展全民参保登记,入户调查156.23万人。实行机关事业单位养老保险制度改革,提高企业退休人员基本养老金、城乡居民基础养老金标准、城镇居民医保补助、新农合人均筹资标准、城乡低保标准、农村五保户供养标准。市级财政投入600万元,解决35个村、1.35万人饮水困难。推进县级公立医院改革,实施城乡居民大病保险制度,群众看病贵问题得到有效缓解。加强老年人健康服务,为38249名60岁至64岁老年人提供免费健康体检。推进市一中高中新校区、朔州大医院前期工作。支持中北大学办好朔州校区,在校生达到3200名。加强义务教育学校标准化建设。推进国家公共文化服务体系示范区建设,县区图书馆、文化馆全部达标。实施文化惠民工程,开展送戏下乡、周末大舞台等活动。发展体育事业,在2015年第十五届省运会比赛中取得3金3铜的成绩。

政府建设 2015年,朔州市推进行政审批制度改革,承接、下放、取消、调整行政审批事项77项,保留204项。公布运行市级权力清单和责

2015年朔州市辖县(市、区)经济指标统计表

县　市	地区生产总值(万元)	农林牧渔业总产值(万元)	工业资产总计(万元)	固定资产投资(万元)	社会消费品零售总额(万元)	一般公共预算收入(万元)	一般公共预算支出(万元)	人均可支配收入(元)	
								城镇居民	农村居民
朔城区	2359665	222439	2328571	1458602	1012078	89059	236706	28460	12216
平鲁区	1616950	67909	10105999	2470408	302050	59476	188388	21199	8348
山阴县	1393710	256682	5233242	1570160	347671	64673	168925	28964.	13395
应　县	627683	295696	370922	666120	276497	16336	160365	20738	8786
右玉县	552799	125851	1946186	867649	146186	29134	132950	19974	6180
怀仁县	2027775	215491	2175650	1571246	616973	54499	169782	29233	13261

任清单。办理人大代表建议和政协委员提案266件。推进工商行政改革，促进工商登记便利化，新增民营企业和个体工商户11089户，增长17.9%。扩大招商引资，签约招商引资项目达119个，到位外来资金606.2亿元。开展安全生产大检查，加强隐患排查治理，各类安全生产事故死亡人数同比下降27.14%。（元雷花）

【晋中市】 晋中市位于北纬36°40′~38°06′，东经110°56′~114°05′，总面积1.64万平方千米，下辖1区9县，1个县级市。全市常住人口3335694人，比上年末增加15386人。出生人口34070人，人口出生率10.24‰；死亡人口18684人，死亡率5.61‰；自然增长率4.62‰。

2015年，晋中市地区生产总值完成1046.1亿元，比上年增长6.4%。其中，第一产业增加值106.6亿元，增长1.4%；第二产业增加值457.4亿元，增长5.9%；第三产业增加值482.1亿元，增长8.0%。固定资产投资1312.5亿元，比上年增长18.7%。社会消费品零售总额529.7亿元，比上年增长5.8%。居民人均可支配收入18631元，比上年增长8.2%。其中，城镇常住居民人均可支配收入27525元，增长7.3%；农村常住居民人均可支配收入10877元，增长7.7%。

农业 2015年，晋中市启动实施国家现代农业示范区建设。示范区六县(区)“十个一”重点工程项目累计完成投资22.9亿元。“四个一批”建设项目落实179个，完成投资83.3亿元。开展农村土地确权登记颁证工作。推广农机技术全市农机综合水平全省领先。主要粮食作物综合机械化水平达74.61%。80马力以上大型拖拉机达2235台，玉米收获机达到2292台；温室大棚卷帘机增加到3万余台。小麦生产实现全程机械化，玉米耕、播环节基本实现机械化。生态庄园达到513处，经营总面积68.59万亩，其中林地面积达45.15万亩，营造林面积共25.56万亩，累计投入达41.21亿元，经营收入5.93亿元，带动农户就业1.98万人。市级生态庄园经营面积1000亩以上，累计投资1000万元以上。实施金谷农投、千朝农谷等现代农业项目。20个基层供销社经市供销社验收检查全部完成，总投资达2468.8万元，改造面积约2.47万平方米。晋中农产品现代流通和农村市场体系建设综合示范区项目基本完工，22个企业全部完成验收；肉类蔬菜流通追溯体系建设列入市政府惠民工程，率先启动绿色示范市场认证，榆次汇隆、太谷瑞隆、介休顺城关3家批发市场和农贸市场成为国家绿色示范市场。

工业 2015年，晋中市规模以上工业实现工业增加值379.5亿元，同比增长5.7%，排名全省第二位。煤炭行业仍然是拉动全市工业增长的主要动力。煤炭行业完成工业增加值236.2亿元，同比增长7.7%，拉动全市工业增长5个百分点，对全市工业增长的贡献率为87.9%。原煤产量8824.5万吨，同比下降2.1%；洗煤产量4920.7万吨，同比增长6.7%。

项目建设 2015年，晋中市推进总装机800万千瓦的5个低热值煤发电和晋电送冀项目；加快吉利新能源轿车、电动客车、青云直升机、卫星信息应用等项目进度；实施云竹湖、张壁古堡、太行山休闲度假村、房车营地项目。推进城市轨道交通、台湾太平洋商贸城等项目；依托高校新校区和科技创新城规划建设高新技术产业园，推进大学城向科学城转型。与北京首创集团签署综合环境循环经济产业PPP战略合作协议；与杉杉集团、天美集团共同签署投资协议，奥特莱斯项目落户并开工；与大连万达集团签署晋中万达广场项目合作协议；与晋能清洁能源公司签订异质结晶硅高效电池及组件项目协议，引进光伏产业前沿技术，提升装备制造产业生产水平。吉利山西新能源汽车产业化项目竣工，全省首条全流程轿车生产线投产。

交通邮电 2015年，晋中市完成公路建设总投资25.97亿元，公路通车里程15911.2千米。汾阳至邢台高速公路左权至和顺段正式通车。阳泉至黎城高速公路左权至黎城段完成工程总量的90%以上。完成108廊带沿线328千米交通基础设施建设任务，完成祁县G208线客货分流绕行道路和大运高速平遥出口及相关道路的快速化改造。和顺、昔阳两县开通免费公交，寿阳新增24辆纯电动公交，新开通晋中至太原南站909路公交线路，市城区同城化公交线路达到6条。完成投资8400万元，建成站点250个，投放公共自行车5000辆，推广节能环保车型770辆，新增新能源货车1684辆，淘汰高耗能老旧客货营运车辆5505辆。民用汽车保有量480万辆，比上年末增长

2015年12月30日，东吕国家高速公路晋冀接线段正式通车（师国梁供图）

7.9%，其中私人汽车 42.9 万辆，比上年末增长 9.5%。

2015 年，晋中市邮电业务总量完成 40.2 亿元。其中，邮政业务总量 3.0 亿元，电信业务总量 37.2 亿元。邮政业完成邮政函件业务 158.5 万件，包裹业务 5.6 万件，快递业务量 436.4 万件。固定电话用户年末达到 45.1 万户；移动电话用户 301.7 万户；固定及移动电话用户总数达到 346.8 万户；宽带接入用户 58.8 万户。

文化旅游 2015 年，晋中市推进 64 个文化产业项目，举办“创新创业·圆梦晋中”第二届“晋商杯”大学生创业大赛，新编晋剧《王家大院》演出成功。平遥古城获批国家 AAAAA 级景区。开通平遥古城、祁县乔家大院等景区的 7 条旅游直通车专线。全年全市商业住宿设施接待入境过夜游客 21.1 万人次，增长 5.1%，其中，外国人 13.5 万人次，增长 5.3%，港澳台 7.6 万人次，增长 4.8%；接待国内旅游者 5018.5 万人次，增长 25.3%。旅游外汇收入 11142.8 万美元，增长 5.7%，国内旅游收入 506.6 亿元，增长 26.1%，旅游总收入 513.4 亿元，增长 25.8%。

环境建设 2015 年，晋中市林木绿化率年均增长 1 个百分点，达到 35.83%，6 个县(区、市)达到省级林业生态县标准；省级以上森林公园达到 22 个、湿地公园 7 个，所有县城周边全部拥有生态公园。市区空气质量二级以上天数达 251 天，优良率 68.8%，空气质量综合指数 6.63，其余 10 个县(市)环境空气优良天数范围在 109 天至 308 天之间。

社会事业 2015 年，晋中市率先在全省范围内首家实现义务教育基本均衡全覆盖。普通高等学校总数 16 所，全年招生 57674 人，在校大学生 163880 人，毕业学生 29314 人；普通中学 224 所，全年招生 51341 人，在校学生 158207 人，毕业学生 54642 人；小学 674 所，全年招生 38560 人，在校学生 233912 人，毕业学生 31766 人。特殊教育在校学生 1063 人；幼儿园 582 所，在园幼儿 110969 人。全市卫生机构(不包含村卫生室及乡村医生、卫生员人数) 1069 个。其中，医院 96 个，妇幼保健院(所、站)12 个，疾病预防控制中心(防疫站)12 个。卫生机构有床位 14668 张，其中，医院床位 10443 张，卫生院床位 3342 张。卫生技术人员 16396 人，其中，执业(助理)医师 6819 人，注册护士 6242 人。220.9 万农民参加新型农村合作医疗保险，参保率 99.57%。各级体育机关 12 个，体育运动学校 1 个。二级运动员 124 人，二级裁判员 298 人。体育电脑彩票销售点 315 个，销售中国体育彩票 13529 万元。

社会保障 2015 年，晋中市城镇职工基本养老保险参保 47.9 万人。城乡居民社会养老保险参保 153.2 万人，增加 0.4 万人。城镇基本医疗保险参保 89.6 万人，增加 0.8 万人。其中，城镇职工基本医疗保险参保 53.4 万人，减少 0.7 万人；城镇居民基本医疗保险参保 36.1 万人，增加 1.4 万人。失业保险参保 32.4 万人，增加 0.1 万人。工伤保险参保 39.5 万人，增加 0.3 万人。生育保险参保 34.2 万人，增加 0.1 万人。纳入城市最低生活保障居民 11180 人；纳入农村最低生活保障居

2015 年晋中市辖县(市、区)经济指标统计表

县　市	地区生产总值（万元）	农林牧渔业总产值（万元）	工业资产总计（万元）	固定资产投资（万元）	社会消费品零售总额（万元）	一般公共预算收入（万元）	一般公共预算支出（万元）	人均可支配收入（元）	
								城镇居民	农村居民
榆次区	2087919	303125	2825407	2690002	1672039	118558	263442	28935	14684
榆社县	262346	68304	2825407	146579	113404	19399	114533	19013	4453
左权县	430517	63931	2168412	881227	133899	45045	130841	22325	4430
和顺县	426150	51986	1374345	652378	133916	33234	112707	20702	5284
昔阳县	540779	82734	2093353	1099114	233568	50158	164246	21454	7305
寿阳县	888406	215235	2527130	1157217	246182	58758	137789	29091	11217
太谷县	766082	316695	533499	787134	336004	42066	157597	25617	15254
祁　县	661122	257070	422290	671781	377885	32293	146140	26898	13961
平遥县	978824	252231	1754450	1018132	547301	43252	233158	25490	10386
灵石县	1761566	93389	5383838	1862458	662152	106294	223795	31624	14273
介休市	1353550	115793	6708961	1417015	841086	100208	202401	28970	11723

民 28491 人；纳入农村五保供养 17546 人。发放最低保障资金 13160 万元。各类提供住宿的社会服务机构 90 个。其中，老年人与残疾人服务机构 72 个，提供住宿的社会服务机构床位数 7362 张。（刘改英　赵保平）

【运城市】 运城市位于北纬 34°35′~35°50′，东经 110°15′~112°04′，总面积 13968 平方千米，下辖 1 区 2 市 10 县，5 个省级开发区、149 个乡（镇、办事处）、3196 个建制村。年末常住人口 527.53 万人，比上年末增加 2.3 万人。

2015 年，运城市地区生产总值完成 1174 亿元，比上年增长 1.8%。固定资产投资 1370.7 亿元，比上年增长 14.0%。社会消费品零售总额 661.0 亿元，比上年增长 5.5%。居民人均可支配收入达 14922 元，同比增长 8.9%。其中，城镇居民人均可支配收入达 24049 元，增长 8.2%；农村居民人均可支配收入达 8718 元，增长 7.3%。

农业　2015 年，运城市耕地保有量 550133 公顷。农林牧渔业总产值完成 393 亿元，同比增长 2.0%。农林牧渔业增加值完成 206.7 亿元，增长 1.0%。其中，农业 161.3 亿元，增长 0.4%；林业 2.7 亿元，增长 8.2%；牧业 27.4 亿元，增长 3.1%；渔业 1.2 亿元，增长 2.2%；农林牧渔服务业 14.1 亿元，增长 3.7%。农作物种植面积 74.1 万公顷，比上年下降 4.1%。其中，粮食种植面积 64.3 万公顷，下降 2.7%。粮食总产量 32.1 亿公斤，比上年增加 0.5 亿公斤，增长 1.8%。肉类总产量 17.1 万吨，增长 1.2%。水果产量达 600 万吨，其中出口 13 万吨。全市造林面积 25333 公顷。其中，荒山荒地造林面积 21040 公顷。年末全市拥有森林面积 43.4 万公顷。森林覆盖率 31.0%。农业机械总动力 721.5 万千瓦，比上年增长 1.8%。机械耕地面积 51.0 万公顷，机械播种面积 54.2 万公顷，机械收获面积 53.2 万公顷。农机化经营总收入 14.2 亿元，同比增长 5.83%。土地规模流转速度加快，达到 14.2 万公顷，占全市家庭承包土地面积的 27%。省级龙头企业达到 70 家，国家级龙头企业达到 7 家。农产品加工业销售收入完成 251.7 亿元。建设各类现代农业示范园区 443 个，完成投资 111.6 亿元。

工业建筑业　2015 年，运城市全部工业增加值 352.5 亿元，比上年下降 4.8%。其中规模以上工业企业 486 户，完成工业增加值 264.5 亿元，比上年下降 5.9%。规模以上工业产品销售率为 96.7%。

全市具有资质等级的总承包和专业承包建筑企业 163 个。其中有工作量的 155 个，实现总产值 122.9 亿元，比上年下降 6.1%。上缴税金 3.9 亿元，下降 6.8%；实现利润 4.5 亿元，下降 2.6%。

2015 年，运城市城镇建设飞速发展　（董莹芳供图）

金融保险　2015 年，运城市年末全部金融机构本外币各项存款余额 1720.9 亿元，比年初增长 7.9%。其中，人民币各项存款余额 1717.0 亿元，比年初增长 7.8%。全部金融机构本外币各项贷款余额 962.3 亿元，比年初增长 7.5%。其中，人民币各项贷款余额 954.4 亿元，比年初增长 7.5%。

2015 年，运城市共有保险公司 35 家，保费收入 64.9 亿元，比上年增长 22.9%。其中，财产险保费收入 16.6 亿元，增长 6.2%；人身险保费收入 9.8 亿元，增长 80.3%；寿险保费收入 38.5 亿元，增长 21.4%。全年支付各类赔款及给付 18.9 亿元，增长 22.9%。

交通邮电　2015 年，运城市公路通车里程 16069 千米，其中高速公路 591 千米。全市公路密度 113.3 千米/百平方千米。公路客运量 3129 万人，比上年下降 17.3%；公路货运量 8572 万吨，比上年下降 3.2%。公路旅客运输周转量 13.9 亿人千米，比上年下降 12.9%；公路货物运输周转量 208.9 亿吨千米，比上年下降 10.6%。民用车辆拥有量 98 万辆，比上年末增长 6.0%。民航旅客吞吐量 81.45 万人，比上年下降 12.97%；货运吞吐量 2439.1 吨，比上年下降 4.6%。飞机起降 12606 架次，增长 4.9%。

2015 年，运城市邮电业务总量 52.6 亿元，比上年增长 20.1%。其中，邮政业务总量 4.6 亿元，增长 28.9%；电信业务总量 48.0 亿元，增长 19.0%。年末固定及移动电话用户总数达到 489.0 万户，比上年末减少 4.1 万户。其中，固定电话 47.1 万户，移动电话 441.9 万户。在移动电话用户中，3G 用户 178.7 万户，4G 用户 143.9 万户。全市宽带接入用户达到 84.7 万户，增长 17.1%。

环境建设　2015 年，运城市拥有省级自然保护区 1 个，自然保护区面积达到 86862 公顷。公园面积达到 1498.5 公顷。绿地面积达到 6158.1 公顷，同比增长 2.1%。城市建成区绿化覆盖率达 38.8%。城市污水处理率达 91.7%；城市生活垃圾无害化处理率达 80%；集中供热普及率达 77%；城市燃气普及率达 90%。城市空气质量二级以上(含二级)天数为 237 天。

旅游 2015 年，运城市旅游总收入 326.9 亿元，增长 21.6%。其中，国内旅游收入 326.4 亿元，增长 21.7%；旅游外汇收入 854.7 万美元，增长 5.0%。接待国内游客 4035.8 万人次，增长 16.5%。接待入境游客 3.0 万人次，增长 4.5%。全市各类文化企业达到 2100 余家，总产值达 40 多亿元。有国家级文化产业基地 2 家，省级 5 家。国家级非物质文化遗产达到 25 项，省级 174 项，均居全省第一。打造“古中国”国际旅游目的地。推进关圣文化建筑群申遗工作。关帝庙、盐池三禁门、李家大院、永济水峪口、平陆大天鹅景区、芮城圣天湖景区、绛北大峡谷、垣曲历山等重点文化旅游集聚区建设升级。

社会事业 2015 年，运城市普通高等院校招生 17322 人，在校生 52265 人，毕业生 13919 人。各类中等职业学校招生 17053 人，在校生 42451 人，毕业生 12390 人。普通高中招生 35409 人，在校生 118281 人，毕业生 45565 人。艺术表演团体 16 个，群众艺术馆 1 个，文化馆 13 个。公共图书馆 13 个，馆藏图书 141.2 万册。博物馆 24 个，档案馆 14 个。市级以上重点文物保护单位 188 处，其中国家级 90 处，省级 57 处，市级 41 处。拥有广播电视台 13 座，有线电视用户 58.5 万户。广播人口覆盖率和电视人口覆盖率均达 99.5%。组织“弊革风清兴运城·文化惠民暖河东”系列演出 10 场，市县两级组织文化惠民活动 200 场，完成农村公益电影放映 3.8 万余场次，放映覆盖率达到 100%。医疗卫生机构 5410 个。其中医院 240 个，卫生院 199 个，社区卫生服务中心(站)80 个，诊所(卫生所、医务室)1310 个，村卫生室 3501 个，疾病预防控制中心 14 个，卫生监督所(中心)14 个。卫生技术人员 26591 人，其中执业医师和执业助理医师 11393 人，注册护士 9403 人。运城市运动员在山西省第十五届运动会中获得金牌 39 枚、银牌 35 枚、铜牌 38 枚。

社会保障 2015 年，运城市城乡居民社会养老保险参保 281.6 万人。其中，城镇居民养老保险参保 7.8 万人；新型农村社会养老保险参保 273.8 万人。城镇职工基本养老保险参保 51.6 万人；城镇基本医疗保险参保 88.0 万人；失业保险参保 33.9 万人；工伤保险参保 66.8 万人；生育保险参保 40.1 万人。4.8 万人纳入城市

2015 年运城市辖县(市、区)经济指标统计表

县 市	地区生产总值（万元）	农林牧渔业总产值（万元）	工业资产总计（万元）	固定资产投资（万元）	社会消费品零售总额（万元）	一般公共预算收入（万元）	一般公共预算支出（万元）	人均可支配收入（元）	
								城镇居民	农村居民
盐湖区	2105483	242139	3398357	2827890	2151890	84925	249314	25779	9938
临猗县	1317877	882179	1282844	1095443	592628	23685	214296	23871	10622
万荣县	621333	364957	391397	789230	296036	13577	201867	21168	7623
闻喜县	618074	230370	1117651	946701	397989	21139	200345	23971	8016
稷山县	713215	236636	478024	767607	271193	15957	145555	22106	9014
新绛县	785520	362641	1254646	831110	400331	21951	151223	23646	9524
绛 县	599540	174947.	981258	934049	227684	11582	145047	21990	7933
垣曲县	468085	91053	1716218	650031	225119	17386	151988	21725	5779
夏 县	460713	360820	343853	572287	240147	12998	157295	21626	6385
平陆县	366685	187928	766482	675017	256804	19062	171299	19961	5782
芮城县	770949	438650	995419	823223	305236	28042	189946	24602	9225
永济市	1331103	408190	2212966	1156273	545169	40593	196445	24921	10879
河津市	1708165	156052	5320208	1490025	699703	76323	194713	24355	11303

居民最低生活保障,发放城市低保资金18297万元。14.3万人纳入农村居民最低生活保障,发放农村低保资金27817万元。1.3万人纳入农村五保供养。临时救济1.8万户。各类提供住宿的社会服务机构127个,床位8184张。社区服务中心76个,社区服务站145个。（张 涛）

【忻州市】 忻州市位于北纬38°09′~39°40′,东经111°09′~113°58′,总面积25472平方千米,下辖1区12县,1个县级市,126个乡,59个镇,6个街道办事处,4888个行政村。常住人口314.1万人,比上年末增加1.3万人。出生人口3.3万人,人口出生率10.6‰;死亡人口2.0万人,死亡率6.5‰;自然增长率4.1‰。

2015年,忻州市地区生产总值完成681.2亿元,比上年增长2.4%。其中,第一产业增加值63.7亿元,下降7.0%;第二产业增加值304.5亿元,增长1.1%;第三产业增加值313.0亿元,增长6.3%。经济开发区税收收入3.8亿元,下降4.5%;企业主营业务收入102.3亿元,下降13.0%。固定资产投资1119.6亿元,增长16.0%。一般公共预算收入73.7亿元,下降8.9%。一般公共预算支出242.1亿元,增长14.0%。居民人均可支配收入达13415元,增长8.8%。城镇居民人均可支配收入达23452元,增长7.9%,城镇居民人均消费支出11175元,增长8.3%;农村居民人均可支配收入达6550元,增长7.3%,农村居民人均消费支出4170元,增长8.4%。

农业 2015年,忻州市农作物种植面积47.13万公顷。其中,粮食种植面积43.10万公顷,增加5100公顷;蔬菜种植面积7800公顷,减少1200公顷;油料种植面积2.43万公顷,减少6100公顷。在粮食种植面积中,玉米种植面积23.89万公顷,减少3900公顷。果园面积1.77万公顷,减少1100公顷。粮食产量150.3万吨,减少26.7万吨,减产15.1%。其中,秋粮150.2万吨,减产15.1%。完成造林面积4.81万公顷,增长4.8%。其中,荒山荒地造林面积3.98万公顷。木材产量达1.1万立方米,与上年持平。猪牛羊肉总产量12.4万吨,增长10.6%。其中,猪肉产量5.9万吨,增长1.5%;牛肉产量1.0万吨,增长34.1%;羊肉产量4.8万吨,增长17.5%。生猪存栏45.2万头,生猪出栏64.4万头。牛奶产量5.7万吨,增长2.6%。禽蛋产量7.2万吨,增长14.8%。水产品产量0.3万吨,增长9.4%。农业机械总动力249.65万千瓦,增长5.47%。机械耕地面积30.31万公顷,增长5.94%;机械播种面积28.04万公顷,机械收获面积14.61万公顷,分别增长5.02%和20.45%。农机化经营总收入10.32亿元,增长7.95%。

2015年12月25日,忻州五台山机场正式通航（郭 静供图）

工业建筑业 2015年,忻州市规模以上工业企业352家,比上年末增加30家。规模以上工业增加值增长0.8%。规模以上工业企业实现主营业务收入492.5亿元,下降 19.3%。规模以上工业实现利税38.2亿元,下降47.9%;规模以上工业利润总额1.8亿元,下降94.8%。其中,国有控股企利润总额5.2亿元,下降77.1%。

忻州市建筑业实现增加值38.1亿元,增长1.2%。具有建筑业资质等级的总承包和专业承包建筑业企业实现利润2.94亿元,增长93.6%。

资源环境 2015年,忻州市8座中型水库蓄水总量1974.4万立方米。森林面积42.7万公顷,森林覆盖率18.4%。14个县级城市环境空气达标天数范围在266天至365天之间。黄河、海河流域忻州段共监测16个断面,达到Ⅲ类以上(包括Ⅰ、Ⅱ、Ⅲ类)水质标准的断面占53.3%,达到Ⅳ类水质标准的断面占20.0%,有26.7%的断面为劣Ⅴ类水质标准。

交通邮电 2015年,忻州市公路线路里程17250.6千米,其中高速公路744千米。民用汽车保有量27.2万辆（包括三轮汽车和低速货车0.3万辆),比上年末增长8.4%,其中私人汽车23.7万辆,增长10.8%。新注册汽车3.3万辆,增长3.5%。轿车保有量15.0万辆,增长12.9%,其中私人轿车14.1万辆,增长14.5%。

2015年,忻州市邮电业务总量完成19.6亿元,下降5%。其中,邮政业务总量2.6亿元,增长10%;电信业务总量17.0亿元,下降7.0%。年末移动电话用户271.3万户。其中,3G移动电话用户82.7万户,4G移动电话用户74.7万户。宽带接入用户39.4万户,增长7.0%。

文化旅游 2015年,忻州市有群众艺术馆1个,文化馆14个,文化站333个(其中:乡镇综合文化站185个),农村文化活动场所4893个。专业艺术表演团体41个。公共图书馆14个。出版报纸1种(不含高校校报)

3.1 万份；杂志 1 种 3.6 万册。广播电视台 14 座，电视台 2 座，调频电视转播发射台 17 座，大型调频电视转播发射台 17 座。广播人口覆盖率 97.9%，电视人口覆盖率 98.28%，有线电视用户 12.8 万户（不包括忻府区）。接待入境过夜游客 51766 人次，接待国内旅游者 2890.6 万人次，分别增长 5.2%和 20.1%；旅游外汇收入 1716.4 万美元，同比增长 6.2%；国内旅游收入 283.0 亿元，增长 17.8%；旅游总收入 284.6 亿元，增长 17.9%。

科学技术 2015 年，忻州市专利申请量 437 件，下降 27.4%。其中，发明专利申请量 121 件，下降 20.9%。专利授权量 396 件，增长 2.3%；其中发明专利授权量 74 件，增长 131.3%。新登记科技成果 3 项。全市有国家级企业技术中心 1 家，市级企业技术中心 75 家。

社会事业 2015 年，忻州市有幼儿园 424 所，小学 677 所，普通初中 238 所，普通高中 35 所，中等职业教育学校 52 所，普通高等学校 1 所，成人高等学校 15 所。全市学前教育毛入园率 83%，小学学龄儿童净入学率 99.8%，高中阶段毛入学率 93%，高等教育毛入学率 40%。卫生机构（含诊所、村卫生室）5233 个，床位 12802 张。卫生防疫、防治机构有 15 个，妇幼保健院（所、站）15 个。卫生机构有卫生技术人员 13690 人。卫生院卫生技术人员 2545 人；社区卫生服务中心（站）卫生技术人员 247 人；防疫、防治卫生技术人员 357 人，妇幼保健（所、站）卫生技术人员 628 人。全市 14 个县（市、区）205.5 万农民参加新型农村合作医疗保险。体育场有 30 个，体育馆 8 个。全年全市运动员在国内外重大比赛中获金、银、铜牌分别为 16 枚、18 枚和 31 枚（包括非奥运项目比赛）。中国体育彩票销售 0.9 亿元，增长 5.0%。

社会保障 2015 年，忻州市城镇职工基本养老保险参保 41.4 万人，比上年末增加 1.5 万人；城乡居民基本养老保险参保 159.4 万人，增加 6.0 万人；城镇基本医疗保险参保 66.8 万人，增加 0.7 万人；失业保险参保 20.8 万人；工伤保险参保 22.5 万人，增加 0.5 万人；生育保险参保 25 万人，增加

2015 年忻州市辖县（市、区）经济指标统计表

县市	地区生产总值（万元）	农林牧渔业总产值（万元）	工业资产总计（万元）	固定资产投资（万元）	社会消费品零售总额（万元）	一般公共预算收入（万元）	一般公共预算支出（万元）	人均可支配收入（元）	
								城镇居民	农村居民
忻府区	1140552	145181	1136398	1250134	1089498	50446	186453	25396	8363
定襄县	357105	62713	393720	418972	190810	15578	130388	25034	10637
五台县	406325	89825	821582	572155	234263	35461	185958	22328	5363
代　县	508935	56188	999629	534759	118097	62514	133958	22301	4886
繁峙县	513188	83155	1063782	877867	156397	20158	155062	24873	6474
宁武县	405705	30792	2673194	844215	95680	65780	137062	20446	4544
静乐县	221845	58212	831665	767689	78215	28579	122786	19455	5575
神池县	192359	119131	450318	331142	75403	16812	109595	19481	6257
五寨县	180940	59967	81094	248919	71516	17232	107800	20099	6212
岢岚县	200343	64326	131139	419116	77634	12158	105941	22374	5492
河曲县	702263	44493	1954243	1358566	128595	41878	117127	23009	5463
保德县	635043	50859	1346729	1214337	146341	38847	117127	24699	5981
偏关县	250265	74494	608783	264430	82751	18085	105447	18801	5620
原平市	1095541	203720	3783816	1635931	603664	104379	248731	25566	8747

0.1 万人。城市最低生活保障救济77426人,发放城市最低保障资金2.6亿元。25580人纳入农村五保供养。城镇有各种社区服务设施64个。各类收养性单位床位数4856张,收养人数2807人。国家抚恤、补助各类优抚对象15683人。销售福利彩票2.6亿元,筹集社会福利资金6411万元。

(赵　芳)

【临汾市】 临汾市位于北纬35°23′~36°57′,东经110°22′~112°34′,总面积2.03万平方千米。下辖1区2市14县,2个省级经济技术开发区,151个乡镇,20个街道办事处,2968个行政村。全市常住人口443.57万人。

2015年,临汾市地区生产总值完成1161.1亿元,比上年增长0.2%。人均地区生产总值26239元。公共财政预算收入88.2亿元,下降25.4%。税收收入52.2亿元,下降14.9%。公共财政预算支出287.0亿元,增长1.6%。城镇居民人均可支配收入25498元;农村居民人均可支配收入9376元。

农业 2015年,临汾市农作物种植面积55.94万公顷,比上年减少6160公顷,下降1.1%。粮食产量236.2万吨,比上年下降14.4%。完成造林3.22万公顷。其中,经济林面积8320千公顷。木材产量27434立方米,增长7.2%。猪牛羊肉总产量11.6万吨,比上年增长3.3%。年末全市农业机械总动力484.0万千瓦,增长2.3%。机械耕地面积37.96万公顷,比上年增长3.4%,机械播种面积42.13万公顷,增长3.4%,机械收获面积33.97万公顷,下降0.9%。农机化经营总收入14.06亿元,增长4.5%。“四个百万亩”基地建设成效显著,新增设施蔬菜12万亩、水果42万亩、干果35万亩、中药材90万亩。2015年,全市农民合作社10059家,农业产业化龙头企业发展到339家,农产品年销售收入73亿元。农机化经营总收入14.06亿元,增长4.5%。9个村级光伏电站建成并网发电。农村人居环境改善完成投资26亿元。

工业 2015年,临汾市规模以上工业企业357家,规模以上工业增加值同比下降7.1%。规模以上工业企业原煤产量5647.8万吨,增长6.9%;发电量211.2亿千瓦时,下降0.8%;焦炭产量1754.1万吨,下降6.9%;钢材产量1261.6万吨,下降3.9%。规模以上工业企业实现主营业务收入1268.35亿元,下降21.3%。规模以上工业实现利税22.88亿元,下降66.4%;实现利润由上年0.08亿元转为亏31.9亿元。提升煤、焦、冶、电等传统产业整体素质,装备制造、铸造、现代煤化工、新能源、新型材料、电子信息等战略性新兴产业加快发展,实施新兴产业项目330个,完成投资814.3亿元,占全市工业领域总投资的67%。

第三产业 2015年,临汾市建成运营居然之家、生龙国际、嗨都国际广场等商贸转型项目。全市电商企业发展到400余家,交易额突破100亿元,侯马开发区被确定为“国家电子商务示范基地”。推进旅游景区建设,以尧文化为龙头,推进陶寺遗址公园、遗址博物馆、尧文化产业园的开发和建设。举办首届山西·临汾帝尧古都文化旅游节,接待游客160余万人次,旅游招商引资项目推介会签约项目总投资107.7亿元,名优产品展销会签订交易合同金额13亿元。投资52亿元,新增5个国家AAAA级旅游景区,总数11个。接待海外旅游者3.6万人次,接待国内旅游者3175.52万人次,分别增长5.6%和20.89%;旅游外汇收入1502.89万美元,国内旅游收入294.02亿元,旅游总收入294.94亿元,分别增长5.04%、21.78%和21.73%。

项目建设 2015年,临汾市开展“项目提质增效年”活动,坚持统筹推进重点项目建设,“六位一体”各项指标连年位居全省前列。5年累计实施省市县重点项目4116项,完成投资6053亿元,超额完成“五年五千亿”的目标任务。组织银企对接,与兴业银行签订战略合作协议,为煤炭企业提供50亿元融资额度;设立总额5000万元的“企业资金链应急周转保障资金”和总额1.56亿元的“企业应急周转互助资金”,投放8.7亿元;规划布局乡宁、蒲县、古县、洪洞、尧都区焦煤和安泽、翼城动力煤等七大煤炭基地,组建中国(太原)煤炭交易中心临汾办事处,建立互联网+煤炭电商交易平台与宝钢、沙钢、中电投、华润等企业签订战略合作框架协议,建立长期性煤炭销售合作关系;举办2015中期临汾煤炭交易大会,成交量1300万吨,成交额56.7亿元。发展文化旅游、装备制造、新材料、新能源、食品医药、现代服务业等非煤产业,

晋西革命纪念馆　(张克强供图)

实施汾西其亚氢氧化铝、华翔精密铸件、普泰发泡铝、德迅电梯、鸿鼎新材料等重点转型项目218个,全市新兴产业投资占工业投资的比重50.4%,规模以上非煤产业工业增加值占到全市工业增加值的51%。引进光大、兴业和中信3家股份制商业银行。推进企业上市,有澳坤生物、益通股份、三水能源、光宇股份、普泰股份等5家企业在"新三板"挂牌上市,全市有143家企业在山西股权交易中心挂牌;加大债券发行力度,发行各类债券120亿元。建成2个院士工作站,1个博士后工作站开展筹建工作;全市高新技术企业到33家,省级企业技术中心20家,市级企业技术中心50家。推进大众创业、万众创新,扶持小微企业发展。2015年全市新创办小微企业3280户,培育"小巨人"企业2户,"小升规"企业32户;全市中小微企业11.55万户,工业产品销售产值670亿元,占到全市工业产品销售产值的53.4%。全市中小微企业11.55万户,工业产品销售产值670亿元,占到全市工业产品销售产值的53.4%。

投资贸易 2015年,临汾市固定资产投资完成1401.2亿元,增长14%。其中,国有及国有控股投资完成546.2亿元,下降8.5%。在固定资产投资中,内资企业投资完成1391.4亿元,增长13.6%;外商及港澳台商企业投资5.9亿元,增长52.7%。在建固定资产投资项目2719个。房地产开发投资112.6亿元,增长33.7%。市级重点建设工程920项,计划总投资3772亿元。

2015年,临汾市社会消费品零售总额完成572.0亿元,增长4.9%。其中,城镇消费品零售额455.6亿元,增长4.8%;乡村消费品零售额116.4亿元,增长5.5%。商品零售额526.5亿元,增长4.5%;餐饮收入额45.5亿元,增长10.4%。

交通邮电 2015年,临汾市公路通车里程18231千米,其中高速公路462千米。年末全市民用汽车保有量46.7万辆,比上年末增长10.4%。邮电业务总量完成50.40亿元,增长17.4%。新改建干线公路797千米、农村公路3135千米。新增高速公路通车里程267千米,临汾北环、临吉高速、霍永高速等一批高速公路建成通车。大西高铁、中南铁路开通运营,临汾民航机场正式通航。

城乡建设 2015年,临汾市加快城镇化建设,推进"一城三区"、侯马曲沃同城化、12个大县城和60个重点镇建设。启动实施城中村改造工程47个,新建城市公厕318座。市区实施22条城市主干路和古城公园二期、市规划展览馆、大西客运站站前广场等市政工程,滨河东路工程建成通车;铺开总投资159.9亿元的市区17项重点城建工程。全市新增供水管网280千米,城镇供水普及率99%;新增集中供热面积1539万平方米,城镇供热普及率78.5%;新建燃气管网1012千米,城镇燃气普及率85%;完成市区10万户天然气置换。推进百里汾河生态经济带建设,经济带内洪洞甘亭工业园、襄汾绿色铸造科技园、曲沃千万吨级优特钢循环工业园等18个工业园区总产值占到全市工业总产值的50%以上;洪洞历山、襄汾丁村白莲等8个现代农业园区形成规模。百里汾河生态治理修复工程完成,疏浚河道158.3千米,新建和加固堤防263.8千米,完成绿化和种植防护林2990.7万平方米;推进涝洰河生态环境治理工程;山西国际陆港、临汾空港等5个物流园区开工建设;壮大洪洞广胜寺、霍州七里峪、侯马晋博园等5个文化旅游园区;推进11个"两区同建"项目。"百里汾河生态经济带"成为全市经济增长的新引擎。引沁入汾和川取水输水工程、五马水库、清峪水库等项目完工,14条中小河流综合治理和45座病险水库除险加固工程完成,水利建设总投资101亿元,是"十一五"的3.9倍。新增、改善和恢复灌溉面积1.26万公顷,改善和提高9.5万人的饮水安全标准。

环境建设 2015年,临汾市推进节能减排,强化大气、水、土壤污染治理。投资15.5亿元,实施169个环保项目。完成5家电力企业脱硫脱硝治理、16家焦化企业焦炉烟气治理,淘汰黄标车及老旧车5.12万辆。成功创建省级环保模范城市。空气质量二级以上天数达266天。新建垃圾处理场14座,实现生活垃圾处理场县级全覆盖。汾河出境断面主要污染物化学需氧量和氨氮浓度低于入境断面。饮用水水源地水质达标率保持在100%。推进水土保持重点工程,完成治理面积14.27万公顷。推进采煤沉陷区、采空区、水土流失区、煤矸石山等生态环境治理修复工程,西山7县成为国家主体功能区建设试点。

社会事业 2015年,临汾市民生支出占到全市财政支出的84.4%。完成17个县(市、区)的文化馆、图书馆标准化建设,新建临汾市博物馆、晋国博物馆、丁村民俗博物馆等16个博物馆。投资4.5亿元的临汾新高中建成投用,市第三中学、市第一小学等市直学校改造和17个县(市、区)义务教育薄弱学校改造工程完成。新改扩建公办标准化幼儿园144所、农村幼儿园134所。高考达二本线16189人。临汾新医院和10所县级医院建成运营,全市医院总数116家,医疗卫生机构床位数总量13805张。新创建"三甲"医院3家,创建省级以上卫生县城15个。推进市区医疗资源整合工作,由临汾市人民医院托管市中医院,市第四人民医院、市肿瘤医院和市第十人民医院合并。新型农村合作医疗保险人均筹资标准由390元提高到470元,参合率98.47%,人均筹资水平提高到470元。县级公立医院改革实现全覆盖。

社会保障 2015年,临汾市五大社会保险参保477万人次。城乡低保实现应保尽保。开工建设各类保障性住房78725套,完成农村危房改造48232套。全市城镇新增就业5.13万人,转移农村劳动力5.35万人,城镇登记失业率为2.6%。临汾市被确定为"国家信息惠民试点城市"。推进扶贫开发,实现脱贫25万人。推进光伏扶贫,实施127个村级光伏电站和9个10兆瓦以上地面小型电站工程,建设总规模134.5兆瓦。完成新一轮农村

"五个全覆盖"和农村"五件实事"。推进城市和农村人居环境改善工程。

综合改革 2015年，临汾市推进市县权责清单编制工作，全市17个县(市、区)和市级权责清单全部公布；市本级确定行政职权事项10大类3071项，编制责任事项18766项，行政职权运行流程图3071张，查找廉政风险点93830个。全市承接省政府下放市级行政审批事项28项、下放县级6项，取消12项，将工商登记前置审批改为后置审批36项；加强市政务服务中心建设，推进"一委一办三中心"的管理体制，实行"一网多平台""一站式服务"，优化审批流程，提高审批效率；规范公共资源交易，实行"十统一"运行机制，完成各种交易事项1598场次，日均交易7场次，总成交额64亿元。公路运销体制改革按期完成，9类涉煤票据全部取消，撤销煤焦销售营业站62个，撤销公路焦炭营业站、稽查站17个，转岗安置煤炭站点职工4581人，转岗安置焦炭企业职工582人；开展非煤矿山收费清理规范工作，规范行政事业性收费10项、政府性基金5项。全市国有林场棚户区改造全部完成，新建管护站12个，隰县、古县2个国有林场率先实现林地流转，16个县属国有林场有14个经费纳入财政预算。推进临汾、侯马开发区扩区改革，将洪洞甘亭工业园区划归临汾开发区，将山西国际陆港综合保税园区并入侯马经济开发区。出台减轻企业负担65条，为企业减负4000多万元；全市77亿元煤炭资源整合抵押金退还企业

2015年临汾市辖县(市、区)经济指标统计表

县　市	地区生产总值(万元)	农林牧渔业总产值(万元)	工业资产总计(万元)	固定资产投资(万元)	社会消费品零售总额(万元)	一般公共预算收入(万元)	一般公共预算支出(万元)	人均可支配收入(元)	
								城镇居民	农村居民
尧都区	2492097	178831	3347044	2546938	2259381	116179	329557	28438	12120
曲沃县	866467	219721	2119871	874090	208057	27509	135787	26521	12287
翼城县	707162	164835	626814	827247	379259	32411	167188	25213	9738
襄汾县	1147338	266641	1637501	1262726	407536	40006	192128	25944	11056
洪洞县	1617213	207709	4690664	1638015	530647	65336	296275	23344	9921
古　县	430320	44903	1402695	603867	91746	19617	79230	26259	8601
安泽县	421257	74047	873389	633538	84876	31027	82567	23836	7811
浮山县	425659	75945	145395	456759	80579	11604	93068	25069	7478
吉　县	190304	106868	120297	349437	68058	10495	113792	17205	4312
乡宁县	803725	58202	1827972	720658	188574	84487	167279	24602	8218
大宁县	45059	19368	7095	120888	29449	3300	83503	16541	2690
隰　县	132023	65197	—	265816	89863	8100	112177	20003	4762
永和县	70292	40596	56892	127310	42404	5399	86014	18099	2974
蒲　县	538537	37716	2650341	605088	72689	76105	142544	23075	7425
汾西县	192890	53610	16869	327461	109221	5564	99194	21998	3136
侯马市	888906	61666	913715	829151	765176	46558	145156	24500	12538
霍州市	745602	62583	4011019	1648586	312301	67018	161825	25446	11488

56亿元，缓缴资源价款20多亿元，清费立税减免涉煤收费4.4亿元。协调解决企业生产运行中的问题50余条，全市有60多户停产半停产企业复工复产，焦炭、粗钢、钢材等主要工业品产量下滑势头得到遏制。

（李艳洁）

【吕梁市】 吕梁市位于北纬36°43′~38°43′，东经110°22′~112°19′，总面积21140平方千米，下辖1个市辖区，10个县，2个县级市。

2015年，吕梁市地区生产总值完成955.8亿元，同比下降4.7%；规模以上工业增加值516.1亿元，下降11.9%；公共财政预算收入90.6亿元，下降30.57%；固定资产投资1166.4亿元，增长14.7%；社会消费品零售总额406亿元，增长4.4%。城镇居民人均可支配收入达22990元，增长6.6%；农村居民人均可支配收入达7247元，增长7.3%。

项目建设 2015年，吕梁市实施296个省、市重点项目，完成投资963亿元，占全年任务的112.7%。建立政府和社会资本合作（PPP）模式，发布69个总投资930亿元的PPP项目，入选国家发改委47个、省级36个，项目数和投资额均位居山西省前列。离石晋能大土河等5个低热值煤电厂核准开工建设，岚县太钢铁路专用线开通运营，西纵高速临离段和环城高速正式通车，榆横—潍坊特高压吕梁段输电工程开工建设。固定资产投资增幅从上年3月开始由负转正，逐月回升、稳定增长，先后5个月位居全省前三名。坚决执行国家和省减负政策措施，累计为企业减负25.86亿元。开展企业帮扶活动，向驻市金融机构和省金融服务平台推荐融资项目18个；设立企业应急周转保障金5000万元、中小企业发展基金2000万元，为中小企业提供融资担保4.17亿元。多措并举稳定煤炭企业生产，建成8个现代化矿井，稳定企业职工队伍，推进煤电联营、煤焦互保，促进煤炭就地转化。招商引资成果丰硕，重点项目推进。共签约项目108个，总投资3264.74亿元，完成省政府下达年度任务1606亿元的203%，完成市政府下达2900亿元的112%，签约率全省排名第一，签约额全省排名第二，综合排名全省第一。招商引资签约项目共到位资金600.9732亿元，完成省下达年度目标任务600亿元的100.16%。项目储备完成27313亿元，储备项目数2915个。项目签约完成2561.44亿元，完成省任务1606亿元的159.5%。项目开工完成957.3亿元，完成省任务947亿元的101.1%。

新兴产业 2015年，吕梁市加快煤电一体化发展，全市电力装机容量（含核准在建）达900万千瓦；加快铝工业发展，氧化铝产量1170万吨，全市铝工业发展格局初步形成。加快新能源项目建设，云顶山25万千瓦风电等项目核准开工，中电投岚县河口等3个4.8万千瓦风电和孝义太子科技一期3万千瓦光伏发电项目建成投产。杏花村酒业集中发展区完成投资20亿元，初步形成10万吨白酒生产能力。云计算中心累计为国家相关核心部门和全国160多家科研院所提供高性能计算服务。方山北武当和孝义金龙山成功创建国家AAAA级景区。

“三农”工作 2015年，吕梁市落实各项强农惠农政策，建成粮食高产创建示范片27个、高标准农田12.15万亩，实施机械化保护性耕作面积95万亩。推进“8+2”农业产业化工程，八大产业实施面积达55万亩，参与农户扩大到10万户。启动实施沟域经济发展和农业标准化示范市创建工作，创建示范区56个、面积43.8万亩。开展农业科技战略合作，与山西省农科院签订新技术、新品种推广合作项目99个。农村土地承包经营权确权登记颁证工作顺利开展。启动吕梁山片区“三个一”扶贫行动计划，经济林提质增效稳步实施，光伏扶贫进展顺利，护工护理培训按期启动；开展建档立卡“回头看”，易地扶贫搬迁、金融扶贫、电商扶贫等项目有序推进。实现13万贫困人口脱贫。推进农产品流通示范区建设，汾阳山宝食用菌等4个项目建成，交城坤润现代农业产地集配中心等3个项目进入尾声。中部引黄和配套小水网建设有序推进，龙门供水、千年水库等重点水源工程建设接近尾声，完成水土流失治理面积49.4万亩，8.07万农村人口饮水安全标准得到改善和提高。

城乡建设 2015年，吕梁市加快市域城镇化布局，新区吕梁大道一期工程建成通车，一期供水和集中供热工程试运行，9座桥梁加快建设，安置区及配套设施建设进展顺利，新区12平方千米框架基本形成。主城区应急水源工程等一批重点项目基本完工，城市供水、供气、供热和污水、垃圾处理等基础设施建设步伐加快，全市城镇化率达46.24%。加强路水电气

2015年5月9日，离临高速公路建成通车 （师国梁供图）

等基础设施建设，国道209省道340中阳过境公路开工建设，新国道太克线方山焦家峪至临县苗家庄、临县梁家会至克虎段升级改造工程进展顺利。加大电网投资和改造力度，一批输变电工程建成投产，电网供电质量得到提升；覆盖勘探区的煤层气管网初步建成，53个加气站开工建，年输气能力达25亿立方米，全市气化人口达134.8万人。

环境建设 2015年，吕梁市实施城乡环境整治百日攻坚和人居环境改善工程，累计清运生活垃圾、建筑垃圾及渣土214万吨，清理占道经营、出店经营17612起，清除各类“牛皮癣”小广告22.1万件，清理无主建筑垃圾6000余万立方米，拆除违规设置广告牌500余块，取缔22个违规占道设置的停车场，修复平整道路68万余平方米，新载补植树木166万株，新植绿地50.6万平方米，排查“两违”建筑1502处，查处噪音扰民308起，整治施工工地729个，规范村庄内煤堆、柴堆、料堆等29.5万处，清运乡村垃圾267万吨，治理河道沟渠2257.29千米，完成农村改厕14346户，城乡面貌明显改善。开展脆弱区林业生态综合治理和环境综合整治专项行动，完成造林49.92万亩，推动960个环保重点问题整改，完成6项主要污染物减排任务。

社会事业 2015年，吕梁市公共财政民生支出达230.18亿元，占总支出的84%。实施全面改善义务教育阶段薄弱学校改造工程，交城、汾阳、离石3个县（市、区）基本达到均衡发展目标。普通高中和县级职教中心标准化建设步伐加快，全市高考二本B类以上达线人数再创新高、突破1.3万人。县级公立医院改革实现全覆盖，120急救中心启动运行，市中心医院、市疾控中心和市妇幼计生服务中心项目奠基开工。城镇职工基本养老保险、城乡居民社会养老保险等各险种参保扩面任务完成，启动城镇职工和居民大病保险工作。开通吕梁到太原城际列车，对市区三分之二的老旧出租车进行更新换代，实施公交IC卡“一卡通”，方便群众出行。

“吕梁一号”微纳卫星成功发射 2015年9月20日7时1分，由吕梁军民融合协同创新研究院立项支持，国防科技大学自主设计与研制的“吕梁一号”微纳卫星，在太原卫星发射中心搭乘升空，准确进入预定轨道。这是中国首颗以地方城市命名的卫星。该项目研制得到吕梁军民融合协同创新研究院立项支持，它是“吕梁号新型船舶自动识别信号接收系统”中的首颗微纳卫星。 （刘翠翠）

2015年吕梁市辖县（市、区）经济指标统计表

县　市	地区生产总值（万元）	农林牧渔业总产值（万元）	工业资产总计（万元）	固定资产投资（万元）	社会消费品零售总额（万元）	一般公共预算收入（万元）	一般公共预算支出（万元）	人均可支配收入（元）	
								城镇居民	农村居民
离石区	679132	33529	3819793	1184018	629783	84228	177301	24975	5135
文水县	582837	211285	1902279	601682	188264	26066	196083	18441	8458
交城县	495790	56756	2661471	721174	167783	38049	139296	18686	8236
兴　县	587197	57565	3544369	828727	137976	63290	201079	18119	3769
临　县	413438	112472	1795949	786071	391796	34740	314848	15183	4159
柳林县	1208475	33000	9966463	1819556	357165	110159	210122	27036	9974
石楼县	78728	34719	93299	120023	28828	4138	110364	12441	2727
岚　县	327016	40246	1690277	399327	101632	38335	110364	16987	4370
方山县	227478	29294	882028	232394	84734	25429	113759	18110	3882
中阳县	435161	20885	3323595	671726	122965	41987	118995	18991	5791
交口县	304834	31977	1590364	573031	71788	53896	125355	17454	6467
孝义市	3343438	202147	9619036	2680188	1210585	182154	308441	29078	14211
汾阳市	915988	132589	2521496	848796	566396	57073	199519	20102	11695

县区要事

【太原市小店区】 2015年，小店区推进亲贤、杨家堡、北营、许东、龙保、新庄、狄村、王村8个城中村整村拆除改造，村拆除面积132.31万平方米，拆除率近90%，居全市第一。发展第三产业，打造规模化物流园区基地11个，注册企业253家，物流集散洼地效应持续扩大。电子商务企业发展到110家，2家企业挂牌"新三板"，培育省级众创空间3个，民营企业、中小微企业累计发展到2万余户，各类市场主体达6.7万户，跻身全国投资潜力百强区第54位。（马 峰 吴 轩）

【太原市迎泽区】 2015年，迎泽区新增高新技术企业3家，技术合同成交额达9000万元，高新技术企业销售额占到规模以上工业企业的26%。迎泽电子商务双北产业园成功引入电商企业21家，被省商务厅命名为全省电子商务示范基地。加快金融改革，成立太原迎泽国有投资有限公司，搭建区级融资平台。成立首家"流动人民调解庭"，组建山西省首家先行调解中心，建立健全矛盾纠纷联调体系，开展大接访32次，接待来访群众223批1120人次，化解省市交办信访案件98件，化解率达100%。

（张国文）

【太原市杏花岭区】 2015年，杏花岭区提升托底保障能力，民生支出18.7亿元，占一般公共预算支出的89.1%，同比增长25.5%，高出全市6.6个百分点。推进东山、北山生态建设，北山森林防火通道建设工程（杏花岭区）全线建成通车。新建小游园8个，500米见园覆盖面积83.77公顷，见园覆盖率达77%。东山丈子头鸿泰昌种养场建成并投入使用。（刘彩秀）

【太原市尖草坪区】 2015年，尖草坪区鑫佳园钢材市场转型为建材装饰市场。东杰智能成功登陆深交所创业板，成为太原市首家在"创业板"上市企业。推进特色农业发展，投资2亿元的九牛现代农业循环产业园岗北标准化奶牛养殖场项目基本建成。总投资2.6亿元的北固碾村农业生态园项目年内完成投资1亿元。恒大御景湾项目累计完成投资24.5亿元。

（邢春连）

【太原市万柏林区】 2015年，万柏林区实现生活污染源烟尘减排557.226吨，整村拆除9个村，拆除土小锅炉657台，通过集中供热，替代拆除燃煤锅炉9台54吨位，供热面积达到39.7万平方米。太原大四方节能环保有限公司等9家高新技术企业通过国家高新技术企业认定，全区高新技术企业销售额达102亿元。（武超龙）

【太原市晋源区】 2015年，晋源区推进城中村改造，拆除面积229.98万平方米，在全市实现"北堰村整村拆除速度第一，西寨村启动城改第一，义井村完成整村拆除第一"。推进山上造林绿化和城市园林绿化，全区森林覆盖率25.2%，城市绿化面积新增31.6万平方米，建成区绿化率41.15%，被省绿化委授予"山西省古树名木保护示范区"称号。新登记小微企业486户，民营企业增加值增长10.6%。长风国贸第六馆年销售额2.72亿元，增长198.9%。（方慧敏）

【太原市清徐县】 2015年，清徐县推进电子商务进农村，农村电子商务交易额增长46%，农特产品网络销售额增长36%。完成4157亩设施蔬菜百万棚建设工程，打造2156亩无公害设施蔬菜示范基地，蔬菜总产值增长13%。升级改造56家铸造企业，取缔3家小炼油企业，否决61个高耗能重污染项目。（杨晓霆）

【太原市阳曲县】 2015年，阳曲县粮食产量总产量达5.375亿公斤，增长14%。投资19亿元打造高标准产业承载平台，总部园区、小微企业创业园、大盂工业园初具规模。开展"万人脱贫大行动"，全县贫困村从76个减少到40个，贫困人口从4万人减少到1.46万人。青龙古镇景区开发顺利，入选全国传统古村落名录，进入全省十大新锐景区。（崔振刚）

【太原市娄烦县】 2015年，娄烦县开展"山水娄烦"景观工程。马铃薯"一县一业"初具规模，种植面积达10万亩，建成科技产业园区，"娄烦山药蛋"通过国家地理标志认证。实施库周绿化、荒山绿化、县城绿化、矿区绿化和通道绿化等多项生态绿化工程，累计造林41.9万亩，绿化通道104.5千米。绿化率57.2%，森林覆盖率28%。高君宇故居修复完善，纪念馆投入使用。率先在全省建成城镇人口网格化管理服务系统。（张宪平）

【太原市古交市】 2015年，古交市加快改造提升传统产业，煤矿单井生产规模提升3倍，机械化开采率和资源回收率分别达到100%和80%。蓝焰煤层气开发利用项目建成投产。非煤产业增加值比重达到26.44%。提升电力、焦化、煤炭、洗煤等行业污染治理水平，关停取缔各类废旧洗煤厂、非法洗砂场和土小企业60余家。实施城乡清洁工程，建成全省首家县级数字城管平台，生活垃圾无害化卫生填埋场投入运营。（赵志英）

【大同市城区】 2015年，城区参与北京山西商会签订《大同古城投资与开发框架协议》，协议投资额200亿元。成立大同市小微企业创业孵化基地。推进大西街、互联网金融中心、大同玉石文化产业基地等近40个民营企业项目建设。与全国同步实施企业"三证合一、一照一码"注册登记改革。开展环古城健步走文化创意活动。举办大同古城首届文化艺术节。清退不符合低保条件3433户、8477人，低保人数下降5.7%。（徐雅丽）

【大同市矿区】 2015年，矿区新发地年货展销市场开放，市场位于矿区恒安新区，完成投资20亿元，被认定为"山西省中小企业创业基地"。卓立机化有限责任公司获"省级技术研发中心"资质。汇林运销有限责任公司成功挂牌Q板。新华社客户端大同矿区频道上线,标志着大同矿区正式进入驻新华社客户端地方频道。首个无线电科普教育基地在恒安一中挂牌成立。(武新田)

【大同市南郊区】 2015年,南郊区兴办农民专业合作社,创办各类合作社436家以上。兴办家庭农场,成立家庭农场24家,认定8家家庭农场。完成重点水利工程项目11个,新增节水灌溉面积0.21万亩,完成农田灌溉面积23.3万亩。推进口泉乡7个村搬迁安置工程,搬迁任务2405户。计划实施鸦儿崖乡和云冈镇的13个村采煤沉陷区治理安置项目任务,安置6072户。12个村完成城市棚户区改造工作,推进33个村改造工程建设,4个村开展改造前期工作。(石有团)

【大同市新荣区】 2015年,新荣区推进农业重点项目,百园立农工程园区中新建园区完成6550万元,占计划投资的93.6%;续建园区完成9000万元,占计划投资的100%。教学点接入大同教育城域网,完成"三通二平台"建设。完成市级重点中心镇堡子湾乡"五建设两整治"工程。(贺雨顺)

【大同市阳高县】 2015年,阳高县引进同煤低热值煤热电、阿特斯光伏发电、晋能清洁能源光伏发电等项目149个,协议总投资额499.3亿元。推动农村电商起步与发展,乐村淘电子商务在110个村设立体验店。新建或改造(建)农村公路里程91.976千米,完成投资10017.65万元。(张 雯)

【大同市天镇县】 2015年,天镇县引进以光伏、风力发电为主的新能源产业,完成晋能二期沙屯堡65兆瓦光伏发电及220千瓦升压站、42兆瓦光伏扶贫、华润夏家沟20兆瓦光伏发电三个项目建设,其中华润光电项目实现部分并网。新能源发电装机总量达547兆瓦,在第七届中国新能源产业经济发展年会上获"2015年中国新能源产业百强县"称号。"天镇保姆"品牌进入京津地区,在京津等地从事家政服务妇女2800多名,人均收入3.5万元,央视新闻联播予以报道。(高志英)

【大同市广灵县】 2015年,广灵县新增"一村一品"专业村13个,培育"一村一品"主导产业7大类12个,"三品一标"认证达14个。被授予"中国食用菌产业'十二五'百项优秀成果全国优秀主产基地县"称号。推进安居工程和保障性住房建设,城镇人口达到51406人,城镇化率为43%;集中供热率提高到70%。完成第三批县级非遗项目的评审、公示工作。多堂剪纸文化产业园区有限公司成为全国唯一的国家级非物质文化遗产保护性生产单位,跻身于"2015年中国品牌文化影响力500强"行列。(张治国)

【大同市灵丘县】 2015年,灵丘县建成5个雁门关生态畜牧经济区标准化养殖小区(场)和6个中央现代农业肉牛肉羊良种繁育养殖场,完成草地建设任务20.2万亩。举办第二届"车河有机农业论坛"。车河柴鸡蛋取得国家有机产品认证证书,有机鸡养殖规模达3万只。建投衡冠公司总投资4.3亿元的南甸子梁风电场项目并网发电。山煤灵丘比星公司总投资10.68亿元的100兆瓦光伏发电项目一期工程完工,展开升压站建设。截至2015年底,全县风力发电总装机容量达150兆瓦、在建光伏发电装机容量达100兆瓦,累计签约风电项目1050兆瓦、光伏发电项目1000兆瓦。(高晓彬 刘肃花)

【大同市浑源县】 2015年,浑源县新增设施农业133.33公顷,建成神农、春润等13个现代农业园区。保护文化资源,建立3个省级非遗项目传习所。开展文物修缮保护、调查摸底与普查工作。省级非物质文化遗产达5项、市级13项,神溪村被列入第三批中国传统村落名录。(范颖莲)

【大同市左云县】 2015年,左云县建成设施农业35.8公顷,设施农业总面积达到185.8公顷。新发展农民专业合作社44家,农民专业合作社达386家,覆盖9个乡镇,228个行政村。新发展家庭农场7家,累计培育家庭农场20家。县城生活污水处理厂完成提标改造,无害化处理率达91.6%;建成日处理生活垃圾160吨的生活垃圾处理厂,处理率100%。(邵明仁)

【大同市大同县】 2015年,大同县一村一品专业村新增10个,总数达到101个。精品黄花、露地蔬菜、绿色林果、优质杂粮面积分别达9.6万亩、5万亩、10万亩、21万亩。设施蔬菜种植向品种多元化和休闲采摘方向发展。规模化养鸡、养羊分别达200万只、33.3万只。整合资金3137万元,启动实施吉家庄、瓜园、周士庄1392户扶贫移民搬迁工程,开工1206户,主体完工1066户。投资1680万元,完成20个贫困村扶贫产业项目,1881贫困户4632人受益。(吉广仁)

【阳泉市城区】 2015年,城区对兴隆步行街等10条重点街道及周边环境进行集中治理,启动北大街省级文明城市示范街创建活动,桃北东街建成为省级容貌示范街,桃北中街建成为省级保洁示范街。累计建成清洁社区31个、清洁小区240多个。在21个社区建成老年人日间照料中心。探索医养融合养老服务模式,率先在全市推出"云健康"概念,建立首个健康养老信息化服务平台。创建评选出14个幸福社区,新建、改建社区办公活动场所10个,建成11个社区"一站式"服务平台,社区"一站式"服务平台实现全覆盖。(王世钧)

【阳泉市矿区】 2015年,矿区通过协调引进总部企业30家,围绕阳煤集团经营的总部类企业达到421户,实现纳税3.6亿元。以"飞地模式"累计引进项目达14个。集中拆除80余处违章建筑。投资1200万元,实施对悦馨居楼前道路整修、赛鱼街路灯安装、全区道路景观亮化等12项基础设施改善项目。主要街道、重点部位视频监控覆盖率达到80%以上,完成

38个社区警务室建设。

（孙燕平 王宏英）

【阳泉市郊区】 2015年，郊区推进美丽宜居乡村建设、土地确权、土地流转、精准扶贫等工作，桃林沟村被认定为“全国一村一品示范村镇”，小河村获“中国景观村落”称号。发展旅游经济，旅游接待人数突破100万人次，同比增长28%。咀子上、辛庄、汉河沟、旧街乡、南沟、龙泉沟等乡村旅游累计接待游客13万多人次，直接惠及农民创收2800余万元。

（张 斌 侯晋元 李晓璐）

【阳泉市平定县】 2015年，平定县投入6亿多元，龙川工业园和张庄新型工业园吸纳阳煤乙二醇、深圳贝瑞特、天元绿环家电等15个亿元以上项目落地，园区产能达到120亿元、利税5亿元，从业人员超过2万人。开展打击“土小企业”违法排污专项整治行动，关闭取缔石灰窑、矾石窑355座。柏井镇建成全国首家小米谷糠油生产线。好益农公司与山西大学签订小米谷糠油专利许可协议，建成800平方米的生产车间，技术设备安装工作全部完成。 （洪晓琴）

【阳泉市盂县】 2015年，盂县首个农业光伏项目一期工程顺利并网发电，工程面积约1平方千米，工程装机容量15兆瓦，投资1.5亿元，线路直接接入东梁风电场110千伏升压站。开展“土小”矾石窑、石灰窑专项整治，拆除燃煤矾石窑和石灰窑524座。建立创业园区3个，孵化基地2个，获山西省“创业型城市”优秀创建县。

（赵平枝）

【长治市城区】 2015年，城区企业成功通用航空公司在“新三板”挂牌交易，成为城区乃至全市首家“新三板”上市企业。城区中小企业创业基地在紫金大厦成立。在第七届创业成果博览会上，15名创业者获“创业成长奖”和“创业成就奖”。8月27日，民革长治市城区支部编撰的《抗战记事》正式发行。内容选录已故国民党党员抗战的亲历见闻及其子女们、支部党员缅怀先辈的纪念文章，以及整理收录国民革命军第47军（川军）浴血保卫长治城的史料以及抗日名将李家钰、武士敏的生平战绩。 （刘瑞林）

【长治市郊区】 2015年，郊区天苑农业科技发展有限公司在上海Q版挂牌上市。中德合资山西布劳恩电梯项目竣工投产。建成区绿化覆盖率28.76%。空气质量二级以上天数为290天。郊区“锦绣虎艺”系列中华布老虎在昆明市举行的2015中国国际旅游交易会期间夺得银奖。在山西省文博会上，锦绣坊“百虎贺文博”项目获金奖。 （姜玉罡）

【长治市长治县】 2015年，长治县太行山农产品物流园区建成投入运行。现代农业发展壮大，设施蔬菜种植达8000余亩，是“十一五”时期的2倍，农产品加工销售由2.8亿元增加到15.47亿元，提高5.6倍。率先启动实施同城发展战略，融入“1+6上党城镇群”。太焦高速城际铁路长治县站纳入高铁建设工程，为全线13个车站之一，正式开工建设。

（付小波 武俊英）

【长治市襄垣县】 2015年，襄垣县襄矿绿丝梦科技公司、奥鹏轮毂制造有限公司、襄子老粗布公司等9家企业的产品参展2015中国·山西·长治制造展销推介周。反映襄垣县王桥镇返底村党支部书记、村委主任段爱平先进事迹的电影《村官段爱平》正式上映。6月，段爱平入围第五届全国道德模范候选人。

（万瑞星 黄旭琴 李 玲）

【长治市屯留县】 2015年，屯留县太重榆液长治液压有限公司高性能液压产品自主化产业基地项目在康庄工业园区奠基开工，占地13.33余公顷，总投资5亿余元。老年模特艺术团演出的舞蹈节目《上党情韵》参加在深圳举行的第二届“南巡杯”国际邀请赛并获金奖。 （段蓓蓓）

【长治市平顺县】 2015年，平顺县青羊镇路家口村用户申请的分布式光伏发电项目成功并网发电，成为平顺县首例投入使用的农村家庭分布式光伏发电项目。虹梯关乡虹霓村列入第二批中央财政支持范围的中国传统村落名单。“十一”黄金周期间，平顺县旅游市场共接待游客40.52万人次，门票收入490万元，实现旅游综合收入1100万元，同比增长12%。

（张国梅）

【长治市黎城县】 2015年，黎城县总投资2000万元的黎侯山泉水开发项目项目开工建设，建成后年产桶装、瓶装各类山泉水10万吨。举办纪念129师黎城整军76周年活动。在北京举办“太行红山”山西黎城图片展。“黄崖洞兵工厂旧址群”被认定为国防科技工业军工文化教育基地。中国·黎城第三届太行红山国际自行车骑游文化活动举行。 （王利芳）

【长治市壶关县】 2015年，壶关县286个贫困村和78个有贫困人口的村落实包村帮扶单位和人员，建立完善干部包村联户帮扶机制。出台“企业减负42条”，取消涉企收费8项，落实中小微企业增值税优惠政策7项，民营经济对财政的贡献率达95%以上。投资1亿元的山西老陈醋电商网7月份正式上线运营，成为全国唯一专业做山西老陈醋线上营销的电商平台。大峡谷景区投资5000万元建成高208米的户外旅游观光电梯三部，配套建设天空之城观光平台，创造世界最高崖壁电梯多层透明观光眺台、世界全露天观光高度最高、世界运行速度最快的贯通门式户外观光电梯三项世界纪录。 （秦慧艳）

【长治市长子县】 2015年，长子县公路通车里程838.30千米。其中，省级公路92.60千米，县乡级公路406.30千米。全县民用汽车保有量达到20535辆，其中私人汽车20502辆。赵庄金光2×660兆瓦低热值煤发电工程项目开工建设。该工程由晋煤集团与山西国际能源（格盟国际）按照各50%比例共同投资建设。投产后年消化低热值煤近400万吨，发电量66亿千瓦时，年产值21.94亿元，利税

4.5 亿元。（王卫星）

【长治市武乡县】 2015 年，武乡县举行第五届八路军文化旅游节。八路军太行纪念馆人员杜瑞鹏在省旅游局主办的 2015“蟒河杯”山西省“中国好游客”暨导游员大赛中取得全省第二名成绩。（魏春洲　贾成丽　曹小莉）

【长治市沁县】 2015 年，沁县在端午民俗文化节期间签约项目 28 个，金额 60.3 亿元。签约项目有 20 兆瓦地面光伏电站项目、100 兆瓦生态农业大棚光伏发电项目、中药材种植基地建设、檀山凤凰台农耕文化园建设、宜辉生态农业产业园项目等。开展荒山绿化攻坚、干果经济林示范、国家湿地试点、彩叶苗木推广以及森林防火网络管控“五大工程”，打造环城八大森林公园。新开荒山重点工程 30 多项、干果经济林基地建设 20 多个。入选全国生态保护与建设示范县。（王淑红　苗　壮）

【长治市沁源县】 2015 年，沁源县农林牧渔业总产值 4.83 亿元，比上年增长 6.94%。其中，农业总产值 2.97 亿元，增长 4.5%；林业总产值 0.6 亿元，增长 1.42%；牧业总产值 0.75 亿元，增长 15%。（宋江华　雷　婧）

【长治市潞城市】 2015 年，潞城市建成区绿化覆盖率 45%，人均公共绿地面积为 9.1 平方米。生活垃圾无害化处理率为 99%。空气质量二级以上天数为 329 天，获“全国文明城市提名城市”称号。市委书记唐立浩获“全国优秀县委书记”称号，受到习近平总书记等党和国家领导人的接见。（申俊良）

【晋城市城区】 2015 年，城区完成城中村改造新增开工项目 4 个，总开工项目 26 个，投资 20.5 亿元，新增建筑面积 81.2 万平方米，新增回迁安置面积 35.8 万平方米，回迁安置 10258 人。城区民生支出累计达 9.86 亿元，占公共预算支出比重的 67.5%。将社区惠民基金由每年 10 万元提高到 20 万元。（杨　盼）

【晋城市沁水县】 2015 年，沁水县组织实施便民服务中心、便民广场绿化、社区街巷整治等 14 项市政基础设施建设项目，累计完成投资 3 亿元。新建污水管网 1060 米，新建、改扩建城市道路 2020 米，路面修补 4700 平方米。新增集中供热能力 40 万平方米，新增集中供热面积 20 万平方米。（张丽霞）

【晋城市阳城县】 2015 年，阳城县全部工业增加值 923107 万元，比上年增长 4.2%。规模以上工业增加值增长 4.1%。规模以上工业企业实现利税 368481 万元。接待游客 800.1 万人次，实现旅游总收入 54.2 亿元。成规模旅游景区（点）有 5 处。（王家胜）

【晋城市陵川县】 2015 年，陵川县粮食种植面积 20636 公顷，较上年增加 269 公顷。其中，玉米种植面积 17656 公顷；小麦种植面积 120 公顷。粮食总产量达 10.86 万吨，增产 18.6%。全县的儿童“七苗”全程接种率以乡镇为单位均达 98%。碘盐覆盖率达 100%、合格碘盐食用率达 95%。城市集中供热普及率达到 75%。（焦国锋）

【晋城市泽州县】 2015 年，泽州县粮食总产量 26.6 万吨，同比增长 28.4%。农作物种植面积 65812.3 公顷，比上年减少 228.8 公顷。国家级农村集体经营性建设用地入市试点由“建制度”转入“试制度”阶段。泽州县被列为第二批国家新型城镇化综合试点县。巴公镇被确定为国家新型城镇化综合试点镇，并获“国家园林城镇”称号，通过“全国文明村镇”复验。金村镇获全国首批“建制镇示范乡镇”称号。南村镇获“全省园林城镇”称号。（张　静）

【晋城市高平市】 2015 年，高平市推动信用社改制，完成清收不良贷款 1 亿元，与民生加银资产管理公司合作，通过发行 8 亿元基金债券处置不良资产。加强小城镇基础设施建设，开工建设小城镇“五建设两整治”项目 29 个，马村镇被评为全省百镇建设优秀镇，河西镇被增补为全省百镇建设重点镇。创建省级创业型城市，城镇新增就业 7615 人，转移农村劳动力 5354 人。（陈青平）

【朔州市朔城区】 2015 年，朔城区加快绿色宜居城市建设。实施总投资 5790 万元的供热、供气、供水管网等基础建设，推进保障性住房建设项目续建工程 11 项，完成投资 10 亿元。推进老城区旅游基础设施建设，完成老城南门及南门瓮城恢复工程，总投资 4478.33 万元。（常凤霞　王雄一）

【朔州市平鲁区】 2015 年，平鲁区推动煤电主导产业优化升级，稳定煤炭生产，推进电力、煤化工项目的引进承接和续建投产。推进总投资 420 亿元的两条特高压、准朔和准池两条铁路、平右高速和九大电力项目建设。启动实施教育质量提升工程三年行动计划。被认定为“全国义务教育发展基本均衡县（区）”和全国适度普惠型儿童福利制度建设试点区。（马　军　许卫东）

【朔州市山阴县】 2015 年，山阴县推进煤矿安全生产标准化建设，7 座矿井通过考核验收达标。原煤产量 2257 万吨，同比增加 160 万吨，增长 7.6%。昱光二期 2×35 万千瓦煤矸石电厂项目开工建设，总投资 29.3 亿元。朔煤古城食品 5 万吨燕麦及小杂粮深加工项目建成投产，古城二期液态奶生产线和饲料加工车间完成设备安装调试。（侯志林　曹宝文）

【朔州市应县】 2015 年，应县以新能源、日用陶瓷、特色农产品加工“三大基地”建设为重点，推荐 26 个新型工业项目，完成投资 19.8 亿元。开展应县木塔实质性保护加固工程；在全省第二届文博会上获 5 项大奖，全县各类文化企业发展到 296 家；3 项非物质文化遗产被列为全市重点非遗保护项目。开展“解放思想、县城整洁、文明出行、文明诚信、文明养成”五项重点工程，涌现出省级文明单位 3 个、省级文明乡镇 1 个，南河种镇被

中央文明委表彰为“中国文明乡镇”。（安培兴）

【朔州市右玉县】 2015年，右玉县完成荒山大片造林3.5万亩，栽植各类大规格苗木90多万株。出台《关于加快苗木产业发展的意见》，举办首届苗木交易大会，开通林木种苗网站，扶持育苗大户规模化发展。全国义务教育均衡县创建工作通过国家验收。开展“一校一品”建设和特色学校创建活动。全县高考本科达线人数实现四连增。（杨健慧）

【朔州市怀仁县】 2015年，怀仁县肉羊饲养量达410万只，怀仁羊肉获“第四届中国(山西)特色农产品交易博览会畅销产品金奖”。国家草牧业发展试验试点县进展顺利，连片种植苜蓿达266.67公顷。实施省级重点工程8项、市级重点工程151项，完成投资105.9亿元，完成市定任务的113.6%。强化金融对实体经济的支持，县财政投入1040万元建立“助保贷”政府风险补偿金，为22家中小企业贷款1.04亿元。宏力再生公司在“新三板”挂牌上市，是全省国资系统第一家在省内注册的“新三板”上市企业。怀仁县被确定为全省金融振兴重点联系县。完成造林953.3公顷。鹅毛河湿地公园列入第15批国家水利风景区。开展“乡村虚报冒领套取骗取涉农资金问题专项活动”，共有10个乡镇119个行政村232人主动向组织交代问题，退缴违纪所得44.38万元。（杨志雁　晁立宇）

【晋中市榆次区】 2015年，榆次区成功举办“文化先觉的脚步”中国民间文化遗产抢救工程巡礼活动。修文镇东长寿村获“全国文明村”称号。山西省第二人民医院落户榆次工业园区。东赵乡后沟村入选2015年中央财政扶持传统村落。首批1000辆公共自行车安置于榆次区50个站点，缓解“行车难、停车难”等交通拥堵问题。全省新型职业农民培育现场会在榆次区召开，榆次“四位一体”模式全国推广。启动酿醋业资源整合。“粮菜果牧苗”现代农业体系扩规升级，加速都市休闲农业转型发展，推进都市休闲农业“一带三区”战略布局。（薛丽瑾）

【晋中市榆社县】 2015年，榆社县推进特色主导产业加速发展，现代农业“1311”工程完成，设施蔬菜面积达1.3万亩，增长12倍，实现总产值1.3亿元。推动新能源产业发展，引进北京华电中光、山西华能电力等9个光伏发电项目。巩固提升医药产业，广生公司100亿粒植物胶囊，30亿粒肠溶胶囊，天生公司6000吨中成药技改扩产项目投产。开通云竹湖旅游专线，成功举办第九届云竹湖垂钓节和第七届环云竹湖全国山地自行车赛活动，旅游总收入4.88亿元，同比增长20%。榆社县新编《榆社县志》出版。全书分上下册，分为32卷，143章，约280万字，是了解榆社、认识榆社一方水土的百科全书，下限止于2008年12月底。（常彩萍）

【晋中市左权县】 2015年，左权县华能山西太行低热值煤电厂开工，扬德瓦斯并网发电，盘城瓦斯发电项目竣工。固定资产投资完成881227万元，同比增长10.1%。实施乡村清洁工程，新建垃圾填埋厂26座、中转站2座，配备环卫电动车30辆、转载机8辆，所有行政村达到省市标准。（宋　丽）

【晋中市和顺县】 2015年，和顺县作为省级“出口肉牛示范区”通过评审验收。完成7个乡11个村新建、改扩建养牛园区建设，全县标准化养牛园区达到100个。实施城建重点项目30个，完成投资9.7亿元。投资9500万元的新自来水净化厂开工建设。城镇化率46.4%，比“十一五”末提高9.4个百分点，获山西省园林县城、省级卫生县城称号。（王　燕）

【晋中市昔阳县】 2015年，昔阳县通过开发荒山荒坡、复垦废弃工矿和沉陷区、整理农村旧宅等措施，造地1282.52公顷，占耕地面积的近5%，是“十一五”期间新造耕地的12.9倍。截至2015年底，昔阳县成为华北地区种植双孢菇规模最大的县，而且成为山西省首家“国家级出口双孢菇质量安全示范区”。（刘立国）

【晋中市寿阳县】 2015年，寿阳县景康现代农业示范园、田益生态有机农业园、金粮千万只肉鸡养殖、裕丰万头种猪、沃得利5万头肥猪养殖园等现代农业项目竣工投产。上湖乡常村引进“玉露香梨”品种，成功申请为“国家梨产业技术体系玉露香梨示范基地”。寿阳县被列为国家级现代农业示范区。寿阳县阳煤集团煤电化循环经济园列入省级综改重大项目。金牛煤机、华越煤机、亨特煤机等大型煤机制造项目革新装备制造，打造全省“煤机工厂”。（张　琪）

【晋中市太谷县】 2015年，太谷县推进国家现代农业示范区改革与建设试点县建设，适度规模经营成为农业发展主要方向。设施蔬菜总面积占到全市30%以上，畜产品综合产量居全省前三，发展专业合作社770个、龙头企业56个、家庭农场229个，土地适度规模经营比重超过60%。打造“谷色古香、养生太谷”旅游品牌，旅游综合收入达34.8亿元，获全国休闲农业与乡村旅游示范县称号。（杨　扬　王少静）

【晋中市祁县】 2015年，祁县玻璃器皿产业被确定为全省传统特色产业转型升级示范产业，确定12项玻璃器皿企业生产经营重点项目和12项公共服务平台建设重点项目。接待游客186.8万人次，实现门票收入6301.8万元，同比增长20.44%。获“万里茶道——茶商之都”称号。（岳丽霞）

【晋中市平遥县】 2015年，平遥县投资1000万元宣传促销旅游，接待游客835.1万人次，同比增长20.12%；综合收入93.11亿元，同比增长18.44%；情景剧“又见平遥”演出701场，场均上座率82.95%，演出总收入6400余万元。成功举办平遥中国年、微电影节、梨花旅游节、采摘节。9月，举办以

“守望家园 放飞梦想”为主题的第15届平遥国际摄影大展。66位策划人、66家摄影机构、2116多名摄影师参展，展出483个展览、17827幅作品。（温小琴）

【晋中市灵石县】 2015年，灵石县推进生态治理工作，建成省级生态乡镇6个、生态村19个，市级生态乡镇2个、生态村4个。环保投入3.7亿元，完成大气污染、水污染防治等减排治污目标。（景茂礼）

【晋中市介休市】 2015年，介休市建成“一村一品”专业村120个、专业镇4个，核桃、铁皮石斛、芦笋种植加工蓬勃发展，绿健鸡蛋远销港澳。完成介休老城十大保护工程，三贤广场、城隍庙广场、后土庙广场、顺城街、博物馆和城隍庙、龙泉观、后土庙、祆神楼、文庙经过整修迎客。（王亚丽）

【运城市盐湖区】 2015年，盐湖区提升改造传统工业，开拓新型产业，孵化中小企业。盐湖工业园区和城西机电化工产业聚集区四大主攻产业新上项目40个，总投资14.85亿元，完成市政府目标任务。发展国家级高新技术企业11家、省级民营科技企业23家，成立全省首个县级中国工程院院士工作站。（王英杰）

【运城市临猗县】 2015年，临猗县建成以国家苹果产业体系运城试验站为核心的综合体，新增国家级标准化果园2000亩，2万亩示范园达到省级、市级标准化果园水平，新增果树间伐5万亩、果实套袋23亿只。“临猗苹果”“临猗梨枣”“临猗核桃”等九大果品地理标志证明商标申报注册。广源通物流集聚区建成。鑫东方建材城等一批新型商贸中心投入运营。成立临猗县电子商务协会，35家企业入驻新电子商务创业孵化基地。（程明清 杨晓娟）

【运城市万荣县】 2015年，万荣县制定发布《万荣红富士苹果生产标准》。万荣苹果代表中国首次进入美国市场，参加在北京、上海、太原等地举办水果推介会。实施薄弱学校改造工程，将原技校改建成初中，开工建设解店示范幼儿园和3所农村幼儿园，通过“全国义务教育基本均衡县”评估认定。（薛勇勤 张东宏）

【运城市闻喜县】 2015年，闻喜县优化农业结构，新发展水果经济林5200公顷、中药材基地1.2万公顷、设施蔬菜3500公顷，“一乡一业”特色农业取得新进展；农民专业合作社发展到943家，土地流转面积达到18.66万公顷，农业龙头企业完成销售收入11.7亿元，同比增长16.0%。园区企业发展到31家，晋鑫玻璃成为全省大型自动化瓶具生产基地之一。（樊香叶）

【运城市稷山县】 2015年，稷山县新建6个标准化板枣示范园，举办第六届板枣科技文化活动周，板枣总产5500余万公斤，运用“互联网+”销售新业态，20余家新电商日均销售上千公斤，年总产值6亿元。大佛文化园项目、光伏发电项目、华明光伏农业园建设等项目进展顺利。山西阳煤丰喜泉稷能源有限公司“3052”项目投产，总投资24.7亿元。（张 维 聂社成）

【运城市新绛县】 2015年，新绛县县级以上重点文物保护单位693处，其中，国家重点文物保护单位15处，省级重点文物保护单位6处，市级重点文物保护单位3处，县级重点文物保护单位669处。开展“文化惠民·欢乐百姓新春走基层”“幸福新绛欢乐行”等文化惠民活动。（许 隽）

【运城市绛县】 2015年，绛县落实各项涉农惠农资金39亿元。山楂、樱桃等经济作物总面积达26万亩。水浇地面积达23.08万亩。“一村一品”专业村、示范村达到82个。县城垃圾处理场、污水处理厂、城西生态公园等一批市政工程投入使用。全县城镇化率达到52.68%。（刘 超）

【运城市垣曲县】 2015年，垣曲县投资2.5亿元开展亳清河综合治理工程，建成1.13千米滨河公园景观带；形成“九纵十横”道路绿化网络。建成区绿化覆盖率38.67%，人均公园绿地面积10.24平方米，形成点线面相结合、风格特色明显的城市园林绿化格局。中电投垣曲200兆瓦风电场项目落户垣曲县新城镇、皋落乡、历山镇、毛家湾镇。项目总投资16.9亿元，截至2015年底，升压站土建基本完成，道路完成30%，风机完成2%。（郭红霞）

【运城市夏县】 2015年，夏县确立“帮扶10个以上重点企业解困、推动10个以上在建重点项目建设、促进10个以上重点招商引资项目签约落地”的“三个十”目标任务，拟引资86.1亿元，到位资金25.75亿元，完成市下达任务的103%。天润风电二期项目、禹龙饲料生产线扩建等25个项目完工；茂华风电、格瑞特科技示范园等39个项目加快建设。完成总投资2872万元的青龙河治理项目，启动实施投资1420万元的红沙河河道治理项目。（任巧杰）

【运城市平陆县】 2015年，平陆县招商引资落地项目21个，总投资237.9亿元，拟引资235.7亿元，到位资金30.04亿元，完成市下达的30亿元任务的100.1%。（杨卯翠）

【运城市芮城县】 2015年，芮城县粮食总产量33.46万吨，获“全国产粮大县”称号。新发展“一村一品”专业村22个，新增设施蔬菜166.67公顷；“芮城苹果”荣膺“中国首届果品区域公用品牌50强”，被确定为国家出口水果质量安全示范区，在运城水果上海推介会上，10家芮城县参展企业签订合同20余份，总价值5.2亿元。农产品电子商务，在线交易量150万公斤，产值达到400万元，被授予山西省“农产品电子商务示范推进重点县”称号。（董莹芳）

【运城市永济市】 2015年，永济市促进畜牧养殖、绿色蔬菜基地、高效干鲜果基地、生态片林四大调产工程快速发展。在开张、卿头新发展高标准大棚红枣2100亩，在城西街道东姚温村建设高标准休闲采摘园2个。8300亩高标准农田建设项目快速推进。新街村、水峪口村、太宁村等省级示范村为重点的美丽乡村建设成效突出，全省美丽乡村建设现场会在永济召开，永济市获“全省美丽乡村建设示范市”称号。（牛玉芳）

【运城市河津市】 2015年，河津市新增“一村一品”专业村15个，农民专业合作社67家，家庭农场50个，发展农业示范园6家，市级以上龙头企业达到14家，农产品加工业销售收入完成11.5亿元。实施产业招商和龙头企业引进战略，签约项目达47个，到位资金52.6亿元。华泽铝电7万吨电解铝挖潜、阳光华泰炭黑及尾气发电、潞安太阳能光伏发电等一批工业新型化项目建成投产。

（王 欣 柴 欣）

【忻州市忻府区】 2015年，忻府区重大产业项目进展顺利。田森汇商业综合体项目、云河新天地商业项目等10个重大产业项目均落地并开工建设。顺应国家能源改革政策，发展以光伏产业为代表的新能源产业，总投资6亿元的50兆瓦太科光伏发电项目并网发电，总投资6亿元的恒能光伏发电农业大棚项目，总投资4.08亿元的楚能4万千瓦光伏发电项目等一批新型能源项目开工建设。政府承诺的“二十件惠民实事”完成16件，按计划推进4件跨年度项目。（张新华）

【忻州市定襄县】 2015年，定襄县依托省级农产品主产区的功能定位，抓住定襄县被列入国家现代农业示范区机遇，发展日光温室、移动大棚，设施农业增加到1万亩，瓜果蔬菜通过互联网、冷链物流进入大中城市，甜瓜成为国家地理标志认证的特色农产品。凤凰山景区成功晋级为AAAA级景区，成为华北最大的生态旅游和温泉养生复式旅游景区。（薄振宇）

【忻州市五台县】 2015年，五台县加大“三农”补贴投入。建设集种、养、加为一体的现代农业循环园区。以中扶惠邦(邦禾)生态农业开发项目为龙头，规划建设集种、养、加、贸为一体的10里生态农业长廊。实施净空、净水、清洁、提质、宁静、减排、创建七大工程。空气质量二级以上天气365天，综合污染指数为1.6。（吕国凰）

【忻州市代县】 2015年，代县围绕“止缓、回稳、促增”工作要点，加大服务铁矿企业力度，帮助企业办理证照、解决具体困难，促进企业复产。出台企业减负45条措施，县财政注入帮贷资金1100万元、延贷资金500万元。雁门关景区AAAAA级景区创建工作通过初评。“夜袭阳明堡飞机场遗址”“雁门关伏击战遗址”两处红色旅游景点初步入围全国红色旅游景点景区名录。（高继东）

【忻州市繁峙县】 2015年，繁峙县实施重点项目125个，完成投资85.14亿元。“六位一体”目标任务完成。重点推进分类管理新开工产业项目15个，总投资66.54亿元。在全市重大产业项目分类考核中，获一等奖，在B类县中排名第一。推进矿山生态恢复治理，25家企业编制完成生态恢复方案，重点实施大明烟矿区矿山治理和峨河河道治理项目。（冯占军）

【忻州市宁武县】 2015年，宁武县开展羊产业、小杂粮、食用菌三大主导产业。全县发展养羊大户348户，饲养量达70万只，存栏42万只。新建食用菌大棚50座。建设4个万亩杂粮生产基地，全县小杂粮种植面积达到23万亩，占到全县农作物播种面积的84.9%。推进露天采矿用地、矿业存量土地整合利用和城乡建设用地增减挂钩三项改革，第一批增减挂钩验收完毕。（白瑞萍 路玉英）

【忻州市静乐县】 2015年，静乐县发展农村电子商务，被列入全国电子商务进农村山西省示范县，推进农村电子商务工作现场会在静乐召开。重视“静乐三宝”(藜麦、玛咖、黑枸杞)、养羊以及小杂粮种植加工等特色产业，全县农业产业发展规模化、产业化。种植藜麦两万亩，是全球第二大种植基地；玛咖推广种植1800亩；黑枸杞示范种植1000亩，套种培育容器苗木120万株、裸根苗木500万株。在2015城市中国创新峰会中，静乐县特色农业取得“全国推进农业现代化优秀城市”称号。（李青春）

【忻州市神池县】 2015年，神池县渗水地膜谷子精量播种成为全省谷子种植区的推广模式。被中国县域农业发展高层会议组委会授予“品牌农业示范县”称号。被农业部授予“中国亚麻油籽之乡”称号。以小杂粮为特色的农产品加工业在全县10个乡镇逐步发展起来。神池县成为全省20个养羊重点县之一，被忻州市动物重大疫病防控指挥部表彰为动物疫病防控工作先进县，被省农业厅、省农工办表彰为畜牧业生产先进县。推进转型综改，实施风光电等方面12个标杆项目。风光电产业发展较快，全县建成投产的风电场达到14期70万千瓦，占全省八分之一，成为山西风电大县。（杨向东）

【忻州市五寨县】 2015年，五寨县发展设施农业和特色高效农业，新增“三品”认证5个，注册地理标志商标1件，获“中国甜糯玉米之乡”称号。

（朱和森）

【忻州市岢岚县】 2015年，岢岚县推动煤炭物流产业建设，扶持建成8个双万吨列集运站，推进观音堂、鑫隆源、同煤、福耀4个改扩建项目，协调山西兴茂铁路专用线项目开展前期筹备工作。新岢岚中学投入使用，落实全面改善义务教育阶段薄弱学校改造工程，53所项目校全部完工，义务教育发展基本均衡县通过评估。

（贾润高）

【忻州市河曲县】 2015年，河曲县3大农业经济带上3个产业园区取得新成效。半山区推广种植富硒农作物5000余亩，完成富硒小米生产许可认证，获中国小康科技成果奖。推进一批新能源项目，山煤河曲 2×35 万千瓦低热值煤发电项目开工建设。

（白耀欢）

【忻州市保德县】 2015 年，保德县加快特色农业建设，发展“一村一品”“一乡一业”，培育科技示范户 1200 户、科技示范园 13 个，小杂粮种植面积达 21 万亩。以发展煤电铝化板块为统领，坚持煤与非煤并重，落实煤炭“20 条”，全县 11 座煤矿 9 座成为生产矿井，完成产值 26 亿元。

（武延飞）

【忻州市偏关县】 2015 年，偏关县完成千亩杂粮示范片区 4 个，创建杂粮集成技术展示区 3 个；发展七家坪、小偏头等 11 个杂粮专业示范村，打造“田峰五谷杂粮”“恒堡余”品牌两个。年加工能力 10 万吨谷子的宏距大磨坊杂粮加工企业建成投产。完成水保治理面积 4.34 万亩，投资 9872 万元，实施京津风沙源治理、关河河道治理、抗旱应急水源、村通公路提质和农村电力改造等工程。（王志刚）

【忻州市原平市】 2015 年，原平市创建国土资源节约集约模范县，争取到用地指标 2000 亩，有效保障项目用地。循环经济示范区升级为省级开发区。推进农业调产增效，现代农业科技示范园区规模化程度提高，酥梨“提质换优”面积达 2500 亩。统筹推进采煤沉陷区治理配套工程，打造 10 个家园美、田园美、生态美、生活美、宜居宜业的示范村，全市示范村总数达到 30 个。

（武会文）

【临汾市尧都区】 2015 年，尧都区推进“30 万亩核桃、10 万亩设施蔬菜和 15 万亩优质水果”三大基地建设，完成设施蔬菜 8.1 万亩、水果 14.73 万亩、核桃 27.04 万亩，核桃产业发展在全省名列前茅。培育扶持澳坤量子、亿佳美、中德农牧等十大龙头企业，年销售收入 500 万元以上的农产品加工企业达到 25 家。环城商贸圈格局基本形成，生龙国际、工贸购物中心、新百汇、安达圣新天地等商贸中心投入运营，奥特莱斯芭蕾雨、上东世纪、华门景区新天地项目主体工程完工。

（尉晨光　许小梅）

【临汾市曲沃县】 2015 年，曲沃县开展“五大工业园区”建设，把保障千万吨级钢铁工业园区企业的正常生产运营作为经济工作的头等大事，先后为园区企业融资超 10 亿元。实施晋之源八大系列农业园区扩容提质工程，晋之源曲村现代农业示范园区、磨盘岭现代农业示范园区分别完成冷库建设和 100 栋温室大棚改造。推进以弘扬“晋文化”为主题的精品旅游带建设。重点策划的中国成语文化城项目各项前期工作展开。推进“美丽曲沃 幸福家园”建设，围绕构架“一城三区、一体两翼”城市建设格局，推进东城新区建设、中心城区改造和西城新区开发。

（张淑霞）

【临汾市翼城县】 2015 年，翼城县五大苹果园区和三大核桃园区新增果品贮藏能力 1.2 万吨，国家级苹果出口安全生产示范区通过验收。坚持工业稳增长与调结构并重，帮助企业找市场、强要素、减负担、融资金，稳定全县经济运行的基本面。飞翔两万吨多缸体铸件项目投产运行，下交、华泓煤矿通过竣工验收，堡子、石丘煤矿进入联合试运转阶段，晋煤晟泰青洼煤矿主体工程基本完工。

（翟铭泰）

【临汾市襄汾县】 2015 年，襄汾县开展“项目提质增效年”活动，实施省、市、县重点项目 82 项，其中 58 项建设任务完成或达到序时进度。实施“创新驱动战略和低碳创新行动计划”，政府科技投入由 740 万元增至 1100 万元，占本级财政支出的 1%。省级民营科技企业增至 13 家，市级科技创新型企业增至 10 家。（王建刚）

【临汾市洪洞县】 2015 年，洪洞县推广粮食增产的实用技术，推进农业现代化，巩固发展天泽现代农业转型综改示范园、大槐树农业生态园和历山农业观光园，新发展设施蔬菜面积 4000 亩、水果 5000 亩、药材 5000 亩。以大槐树、广胜寺、明代县衙为中心，发掘历史文化底蕴，推进文化与旅游深度融合，投资 4.5 亿元的文化旅游商业街项目开工建设，成功举办第 25 届大槐树文化节、三月三走亲习俗等民间传统活动，接待游客 533.3 万人次。门票收入 6800 万元。

（胡俊平　张　甜）

【临汾市古县】 2015 年，古县新发展核桃经济林 1200 公顷、连翘 666.67 公顷、油用牡丹 333.33 公顷。农业综合开发项目全省考评位列第一。山西省深化集体林权制度改革林下经济现场观摩会在古县召开，古县成为全省集体林权改革试点县。围绕“兴煤力保增长”，制定 3 方面 12 条措施促进煤炭经济转型。全县煤炭投产产能达到 525 万吨，达到省一级标准矿井 2 座，达到省二级标准矿井 2 座。

（毛华丽　蔺燕艳）

【临汾市安泽县】 2015 年，安泽县实施农业综合开发土地治理，改造中低产田 0.87 万亩，“安泽连翘”地理标志认证品牌效应进一步显现，群众在连翘上的收入翻番。实施“一纵一横”旧城改造提升、奥体中心等重点工程。乡村清洁工程中 35 个省级验收村基本达标，桃曲村、小黄村、沁河庄村省级示范村建设有序推进。（尚晓玲）

【临汾市浮山县】 2015 年，浮山县印象田园生态农业示范区完成投资 3000 万元，设施农业体验区、锦绣园林观赏区和休闲养生度假区三大板块形成，获“全省蔬菜产业优秀园区”称号。开展省级非物质文化遗产浮山“乐乐腔”挖掘整理工作和新剧的创作、编排工作，推荐新剧目参加“五个一”工程评奖。（李彤新　陈聪聪）

【临汾市吉县】 2015 年，吉县推进有机标准化生产。实施水果经济林等“四大工程”，新栽苹果 1.2 万亩，累计减密间伐 2.5 万亩，树形改造 8 万亩，创建苹果示范园 160 座，打造有机苹果示范基地 2300 亩，推广“五统一”生产管理模式。获“中国十大苹果品牌”“中国果品区域公用品牌50强”“中国果业百强品牌”三项殊荣。以绿色旅游为特色，加大生态环境建设，“绿色吉县”已成为发展生态旅游的最佳目的地。组织开展“媒眼看吉县”媒体采风、“洋眼看山西·吉县行”、黄河邮票壶口首发式等活动。（强培家）

【临汾市乡宁县】 2015年，乡宁县坚持“核桃产业主导、若干特色并进”发展思路，出台财政补助和核桃管护等政策性文件。千亩以上“一村一品”专业村达到60个，经济林面积达到30万亩，农民人均达1.5亩。实施“惠商贷”政策，为31家中小微企业发放贷款3340万元。（闫 涛）

【临汾市大宁县】 2015年，大宁县推进“优质苹果、设施蔬菜、高效养殖”三大基地建设。在全县八大垣面发展苹果经济林10万余亩，累计面积达12万亩，实现人均2亩园的目标。2015年10月，大宁县被国家质检总局正式确定为国家级出口水果质量安全示范区。投入生态治理项目资金6356万元，先后实施三北防护林、天然林保护等林业生态建设项目，新增造林面积21.5万亩，森林覆盖率由“十一五”末的25.8%提高到“十二五”末的32.46%。（李宏伟）

【临汾市隰县】 2015年，隰县加强农业综合开发治理、水利建设，完成3.2万亩水土流失治理和1.5万亩生态综合治理项目。加快19个自然村小型农田水利建设。启动实施设施提升、城市安居、城中村改造、环境提质四大工程。城区集中供热普及基本达到全覆盖，推进天然气利用和加气站建设，加快“气化隰县”进程。实施“文化强县”战略，完成历史文化收集展览项目，加快县乡村三级文化阵地标准化、均等化建设。（张克强）

【临汾市永和县】 2015年，永和县坚持把天然气作为“强县产业”来抓，加大勘探开发力度。投资9.8亿元，完成30口直井和4口水平井的钻探、压裂试气。按照精准扶贫的要求，实施产业扶贫、易地搬迁扶贫、光伏扶贫、电商扶贫等工程。2000贫困人口搬出山庄卧铺，9个贫困村实施整村推进。在华北地区率先开展红枣光伏大棚试验，探索出红枣防裂果和光伏发电增收相结合的新路子，中央、省、市电视台分别进行专题报道。（樊永兴）

【临汾市蒲县】 2015年，蒲县推进优质核桃、马铃薯“两个十万亩”基地建设。标准化管理老中幼核桃树3000公顷，新增挂果面积466.67公顷，核桃产量达300万公斤，增长30.4%。马铃薯高新技术示范园培育有机特色马铃薯133.33公顷，繁育种薯380万公斤；建成大型马铃薯贮藏库4座，可储存鲜薯450万公斤。（曹立华）

【临汾市汾西县】 2015年，汾西县农机化经营总收入2506万元，利润总额962万元，机械化水平达到51.8%。成功举办“美丽汾西”社火节文化汇演。县传统威风锣鼓参加全市锣鼓大赛，获第二名。（赵鸿虎）

【临汾市侯马市】 2015年，侯马市确定90个重点项目，投资总规模超300亿元。培育新兴产业，装备制造业同比增长超过10%；同煤热电、汇丰建材、普天法尔胜光缆、通盛LNG、德邦橡胶等项目完工投产推进金融创新，财政担保公司完成增资扩股，益通股份在北京“新三板”挂牌上市。（耿文静）

【临汾市霍州市】 2015年，霍州市推进“三大基地”建设，累计发展蔬菜4万亩，种植核桃3万亩，培育规模养殖场280多个。组织霍煤、国电、兆光等重点企业参加工业经济调度会，为企业排忧解难。为霍煤集团、兆光发电厂在兴业银行融资30亿元，与侯马车务段协调，为霍化公司解决发货专线问题，促进传统骨干企业的平稳运行。推进商贸服务，打造新的经济增长点，南街农贸市场主体建设完工，鼓楼地下商业街、万家福超市等商贸企业运营规范。（郭秀东）

【吕梁市离石区】 2015年，离石区落实“5115”产业攻坚工程。核桃经济林完成4.8万亩。全区核桃林总面积累计达到21万亩，基本实现荒山荒坡全覆盖，农民人均达2亩的目标。鼓励农民在核桃经济林下发展黄芩、柴胡等中药材，落实面积约5500亩。推进精准扶贫工程，组织适应市场需求的家政护理专业培训1482人。推进千村百企产业扶贫，投资2.52亿元，解决贫困农民就业750余人。坚持发展教育事业，投资5634万元，启动52所薄弱学校的“全面改善义务教育阶段薄弱学校改造工程”工作。（王荣伟）

【吕梁市文水县】 2015年，文水县启动“农业标准化示范县、样板县”创建工作，县财政投入2000万元，撬动3.8亿元的社会资金，推进35个重点项目建设，打造15个“一村一品”专业村和15个专业合作社。启动文峪河综合整治“12584”工程。完成经济开发区退水渠建设、神堂水库除险加固等工程。（吕金强）

【吕梁市交城县】 2015年，交城县实施省、市重点项目27个，总投资182亿元。义望铁合金16万吨金属锰系列合金项目、国利天能600兆瓦太阳能聚光热发电用反射镜项目、利虎玻璃200万套汽车安全玻璃生产线建设项目建成投产。义务教育均衡县认定通过国家教育部验收。（李大斌 燕保平 张俊峰）

【吕梁市兴县】 2015年，兴县打造三大产业带，实施建设谷子高产创建示范片2个，面积1.2万亩；建设优种玉米高产示范片1个，面积1万亩。发展绿色杂粮面积3.5万亩，申报绿色认证示范片8个，推广特优蔬菜新品种8项、面积70亩。启动实施整村推进项目24个。确定蔡家崖乡为扶贫开发试点乡，确定17个乡镇的50个村为扶贫攻坚试点村。制定蔡家崖试点村三年扶贫开发规划，培育经济林、养殖业、食用菌、红色旅游、电子商务、光伏扶贫、劳务输出等产业。（牛小兵）

【吕梁市临县】 2015年，临县省、市重点项目有34个，开复工31个，开复工率为91.18%。美锦源600万吨矿井项目取得国家发改委核准批复。吕临能化1000万吨选煤厂进入试生产阶段。完成3条输气管道建设，开工建设大禹等6个乡镇气化工程。

(张海红)

【吕梁市柳林县】 2015年，柳林县把扶持中小微企业发展作为调结构、促就业的重要措施。推进中小企业成长工程，贺昌洗煤、大庄焦煤、森泽腾飞铝业、永胜铝业、特种耐火材料等5户企业成功申报为"小升规"企业。高校毕业生创业孵化基地正式开园运营。截至2015年底，首批入驻创业者80个，带动就业280人。 (张景尧)

【吕梁市石楼县】 2015年，石楼县发展"二主二辅"产业。实施5000亩核桃精品示范园建设工程；筹建石楼县核桃协会和5个乡镇核桃协会，累计培训农民8000人次；核桃产量500万公斤，红枣产量500万公斤。发展以绿色谷子为主的小杂粮产业，创建和合、龙交、罗村三大绿色谷子生产基地。实施县城三大重点工程建设。妥善解决征地拆迁遗留问题，东征广场正式开工建设。 (郑凤斌)

【吕梁市岚县】 2015年，岚县推广"五统一"标准化种植模式，种植面积稳定在30万公顷，被省政府确定为"全省马铃薯生产示范基地县"，实施马铃薯品牌化战略，取得20万公顷无公害产地、30万吨无公害产品、3万吨绿色马铃薯产品、200吨有机马铃薯产品和"岚县马铃薯"地理标志"三品一标"认证。推进"五城同创"，国家卫生县城巩固，省级园林县城正式命名，省级文明县城通过验收，省级环保县城和无障碍环境县城创建工作推进。 (赵 丽)

【吕梁市方山县】 2015年，方山县实施"8+2"农业产业化振兴计划，脱毒马铃薯、核桃经济林、食用菌等特色产业覆盖80%以上的农村，发展"一村一品"专业村62个。实施重点项目259个。其中，金晖瑞隆、金晖凯川、汇丰新星3个120万吨现代化矿井投产达效，煤炭总产能达到600万吨。全县原煤实现就地洗选。 (陈 胜)

【吕梁市中阳县】 2015年，中阳县完成贫困村、贫困户建档立卡工作，精准识别贫困村35个，贫困人口7540户20539人。实施16个整村推进项目和中央彩票公益金项目，发放小额贷款780余万元，易地搬迁730人，减贫7450人。"市级文明县城"创建工作通过验收，县级文化馆、图书馆和乡镇文化站"两馆一站"免费开放。

(李晓中)

【吕梁市交口县】 2015年，交口县推进总投资384.63亿元的27个重点工程项目。信发240万吨氧化铝、道尔200万吨铝系高温材料产业园、兴华科技铝基新材料等铝工业骨干项目实现投产或试运行。铝工业在县域经济份额中超过煤炭工业，被列入全省中部重要的铝工业基地县。实施科技兴农、龙头带动、农业服务体系建设、就业培训、创建农村人居环境等五项基础工程。地膜覆盖面积达5.3万亩。确立科技示范村162个，遴选科技示范户819户，试验示范新品种26个、新技术21项，面积达5000亩。

(武允明)

【吕梁市孝义市】 2015年，孝义市新上马6个总投资14亿元的亿元以上转型项目。推进煤炭增产增效，原煤产量达到2037.2万吨、增长9.6%。鹏飞年产60万吨甲醇及4亿立方米LNG项目试运行，成为山西省首家也是全国最大的在同一工艺技术路线上生产甲醇和天然气的项目。编制《孝义市城乡总体规划(2015—2030)》。年内城市建成区面积拓展到26.8平方千米，城镇化率65.15%。

(张彩琴)

【吕梁市汾阳市】 2015年，汾阳市建成谷子、高粱、玉米和花生四大示范基地3万余亩、林下大豆示范基地2万亩，食用菌入户100万棒，种植芦笋925亩，农产品加工企业实现销售收入16.5亿元。开展单位生产总值能耗和能源消费总量"双控"工作，完成低效电机淘汰1240千瓦，办理建筑节能认定48项、总面积42.77万平方米。关停龙腾焦化、汾西水泥厂等8户高污染企业。 (郭宇霞)

政府规章

山西省城市公共客运条例

（2015年5月28日山西省第十二届人民代表大会常务委员会第二十次会议通过）

第一章 总 则

第一条 为了规范城市公共客运市场秩序，维护乘客、经营者和从业人员的合法权益，保障城市公共客运安全，促进城市公共客运事业发展，根据有关法律、行政法规的规定，结合本省实际，制定本条例。

第二条 本条例适用于本省行政区域内的城市公共客运规划、建设、管理和运营服务。

本条例所称城市公共客运是指在设区的市、县（市）人民政府确定的区域内以公共汽（电）车、轨道交通车辆等交通工具和城市公共客运设施为公众提供出行服务的活动。

第三条 城市公共客运是社会公益性事业，应当坚持统筹规划、优先发展、公平竞争、安全便捷、服务乘客的原则。

第四条 设区的市、县（市）人民政府是城市公共客运事业发展的责任主体，应当将城市公共客运纳入本地经济和社会发展规划，将城市公共客运发展资金和管理经费列入本级财政预算。

设区的市、县（市）人民政府交通运输主管部门负责监督管理本行政区域城市公共客运工作，其所属的城市客运管理机构具体承担本行政区域城市公共客运监督管理工作。

第五条 省人民政府交通运输主管部门及其所属的城市客运管理机构负责指导本省行政区域内的城市公共客运工作。

县级以上人民政府发展和改革、财政、公安、国土资源、住房和城乡建设、环保、规划、安监等部门，在各自的职责范围内做好城市公共客运的相关工作。

第六条 相邻城市的人民政府可以统筹配置城市公共客运资源。对符合安全运行条件，经协商一致开通公共客运线路的，纳入城市公共客运管理。

第七条 鼓励社会资金参与城市公共客运设施建设和运营。

鼓励城市公共客运线路向周边农村、学校、旅游景点、工业园区等延伸。

鼓励设区的市、县（市）人民政府采购和使用电力、燃气、甲醇等新能源、新技术的节能环保型车辆。

第二章 规划和建设

第八条 设区的市、县（市）人民政府在组织编制城市总体规划和控制性详细规划时，应当将城市公共客运与城市发展布局、功能分区、用地配置和道路发展同步规划，统筹城市公共客运与公路、铁路、民航等其他运输方式的衔接。

第九条 设区的市、县（市）人民政府交通运输主管部门负责编制、调整城市公共客运专项规划，报本级人民政府批准后实施。

编制、调整城市公共客运专项规划应当向社会公开征求意见。

第十条 设区的市、县（市）人民政府国土资源主管部门应当将城市公共客运设施用地纳入土地利用总体规划，优先保障城市公共客运设施用地。

任何单位和个人不得擅自改变城市公共客运设施用地的用途。

第十一条 设区的市、县（市）人民政府应当对新建、改建、扩建城市道路、交通枢纽及规模居住区、商业中心、学校、医院等大型建设项目规划建设配套的城市公共客运设施。

第十二条 设区的市、县（市）人民政府应当采取措施增加城市公共客运设施建设、公共汽（电）车购置等投入。

第十三条 任何单位和个人不得毁坏或者擅自占用、移动、拆除城市公共客运设施，确需占用、移动、拆除城市公共客运设施的，应当征得设区的市、县（市）人民政府交通运输主管部门同意。

第三章 管理和服务

第十四条 申请从事城市公共汽（电）车客运经营的，应当向当地城市客运管理机构提供下列材料：

（一）书面申请；

（二）企业法人资格证明；

（三）拟投入车辆、场站设施的资金来源证明；

（四）运营方案和可行性报告；

（五）载明服务质量、安全应急保障措施、票制票价、社会责任等内容的承诺书；

（六）法律、法规规定的其他材料。

城市客运管理机构收到前款规定的申请材料后，交由交通运输主管部门报本级人民政府审批。予以批准的，由城市客运管理机构颁发经营许可证，配发车辆营运证；不予批准的，由城市客运管理机构书面告知申请人，并说明理由。

第十五条 从事城市公共汽（电）车客运经营的，应当符合下列条件：

（一）有符合要求的运营车辆、场站设施；

（二）有相应的管理人员、驾驶员和其他相关人员；

（三）有专门的安全生产管理机构和健全的规章制度。

第十六条 城市公共汽（电）车客运车辆应当符合相应的运行安全技术标准和污染物排放标准，并经相关部门检测合格。

第十七条 城市公共汽（电）车的驾驶员应当符合下列条件：

（一）身体健康；

（二）具有相应的机动车驾驶证；

（三）三年内无较大以上且负同等以上责任的道路交通责任事故记录。

第十八条 城市公共汽（电）车客运经营权期限为五年至十年，具体期限由设区的市、县（市）人民政府确定。经营权期限届满，需要延续经营的，应当在经营期限届满前六十日内重新提出申请。

禁止转让、出租城市公共汽（电）车经营权。

第十九条 城市公共汽（电）车客运经营者应当为公众提供连续的运营服务，在经营期限内确需暂停或者终止运营的，应当提前三十日向城市客运管理机构提出申请；经设区的市或者县（市）人民政府批准的，经营者应当于暂停或者终止运营的十日前在当地媒体发布公告，并在相关站点告示。

第二十条 城市公共汽（电）车客运经营者因破产、解散、被取消经营权及不可抗力等原因暂停或者终止运营时，当地人民政府应当组织交通运输、财政、公安等部门及时采取应对措施，保持公共客运的连续性。

第二十一条 城市公共汽（电）车客运经营者新增、调整运营线路、车辆数量的，应当经城市客运管理机构同意，并于实施前及时向社会公告。

设区的市、县（市）人民政府根据经济社会发展需要和公众出行需求，可以指定城市公共汽（电）车客运经营者开通相关线路。

第二十二条 城市公共客运票价实行政府定价。

设区的市、县（市）人民政府价格主管部门应当会同财政、交通运输主管部门，根据运营成本、居民收入、消费价格指数等因素确定票价。票价确定和调整应当向社会公开征求意见，并依法组织听证。

第二十三条 设区的市、县（市）人民政府应当制定老年人、儿童、残疾人、军人和学生等特殊群体乘坐城市公共客运车辆的优惠政策，明确优惠乘车的条件、范围、标准以及凭证办理程序。

第二十四条 设区的市、县（市）人民政府应当根据城市公共客运成本费用年度核算和服务质量评价结果，对执行政府定价、指令性任务、优惠乘车等原因造成的政策性亏损给予补贴或者补偿。

城市公共汽（电）车客运经营者利用城市公共客运设施或者车辆取得的广告、租赁等其他收益，应当用于城市公共客运车辆购置、维护和基础设施建设，弥补公共客运政策性亏损。

第二十五条 公安机关交通管理部门根据城市道路通行条件、交通流量、出行方式等因素，可以设置公交专用道和城市公共客运车辆优先通行信号系统；符合条件的单行道和禁止转向的路口，可以允许公共汽（电）车双向通行、转向。

第二十六条 城市公共汽（电）车客运经营者应当遵守下列规定：

（一）按照核定的线路、站点、车次和时间运营；

（二）执行价格主管部门核定的收费标准；

（三）按照国家和地方标准设置运营线路标识、标牌，在外国人出行较多的线路提供双语服务；

（四）车辆喷涂城市客运经营者名称和服务监督电话，车辆内标明线路走向示意图、价格表、乘客须知、特需乘客专用座位标识、驾驶员姓名等；

（五）不得使用检测不合格、报废或者拼装的车辆从事城市公共客运；

（六）执行有关优惠乘车的规定；

（七）定期组织对驾驶员、乘务员、调度员进行有关法律法规、职业道德、岗位职责、操作规程、服务规范和安全应急知识的培训；

（八）按照城市客运管理机构的要求报送统计资料。

第二十七条 城市公共汽（电）车司乘人员应当遵守下列规定：

（一）随车携带车辆营运证；

（二）遵守交通法律法规、岗位职责，文明行驶；

（三）按照服务规范，向乘客提供服务；

（四）执行核定的票价和有关优惠乘车的规定；

（五）为特需乘客提供必要的帮助；

（六）发现乘客遗留物品应妥善保管，及时上交；

（七）不得拒载乘客、甩站不停、滞站揽客、站外上下乘客；

（八）及时对车辆运营中出现的火灾等险情进行处置。

第四章　安全与应急

第二十八条 设区的市、县（市）人民政府应当加强本行政区域内城市公共客运安全工作的领导，建立健全城市公共客运安全监督管理机制，及时协调、解决城市公共客运安全工作重大问题。

第二十九条 城市公共客运经营者是城市公共客运安全生产的责任主体，履行下列安全生产义务：

（一）建立健全安全生产相关制度；

（二）保障安全生产工作经费；

（三）配备安全生产管理人员；

（四）配备相关安全设施、设备，在车辆醒目位置设置安全警示标志、安全疏散示意图等，在车辆内配备灭火器、安全锤、车门紧急开启装置等安全应急设备；

（五）建立运营车辆档案，定期对运营车辆及安全设施、设备进行检测、维护、更新；

（六）定期开展安全隐患排查治理。

第三十条　城市公共客运经营者应当根据城市公共交通运输突发事件应急预案制定本企业的应急预案，组建安全应急队伍，配备应急抢险器材、设备，定期开展演练。

第三十一条　城市公共客运突发事件发生后，城市公共客运经营者和县级以上人民政府应当及时启动相应的应急预案。

遇有抢险救灾、突发事件以及重大活动等情况时，城市公共客运经营者应当服从当地人民政府的统一调度和指挥。

第三十二条　禁止下列危害或者妨碍城市公共客运运营安全的行为：

（一）携带易燃、易爆、腐蚀性危险品以及管制刀具等违禁物品乘车；

（二）非紧急状态下操作有警示标志的按钮、开关装置，动用紧急或者安全装置；

（三）干扰司乘人员的正常工作；

（四）违反规定上、下车；

（五）携带动物乘车，导盲犬除外；

（六）在场站或者其出入口通道，擅自停放车辆、堆放杂物或者摆摊设点；

（七）法律、法规禁止的其他行为。

城市公共客运经营者及其从业人员发现上述行为应当及时制止或者报警，公安机关接到报警后，应当及时依法处置。

第五章　监督检查

第三十三条　设区的市、县（市）人民政府交通运输主管部门应当制定相关制度，加强对城市客运管理机构执法活动、城市公共客运经营者运营行为的监督管理。

第三十四条　城市客运管理机构应当建立健全内部监督机制和投诉受理制度，公开举报和投诉电话、通讯地址、电子邮箱等，接受社会监督。

第三十五条　城市客运管理机构应当对城市公共客运经营者进行服务质量信誉考核，并将考核结果向社会公示。

第三十六条　城市客运管理机构执法人员实施监督检查时，可以向有关单位和个人了解情况，查阅、复制有关资料。被监督检查的单位和个人应当接受依法实施的监督检查，如实提供有关资料或者情况。

实施监督检查时，应当两人以上，佩戴标志，出示合法有效的行政执法证件。

城市客运管理监督检查的专用车辆，应当喷涂专用标识标志。

第三十七条　城市客运管理机构执法人员在实施监督检查时，发现使用变造、伪造、套用车辆号牌，使用检测不合格、报废或者拼装车辆从事城市公共客运经营的，应当移交公安机关交通管理部门依法处理。

第六章　法律责任

第三十八条　违反本条例规定，法律、行政法规已经规定法律责任的，从其规定。

第三十九条　违反本条例规定，未取得城市公共客运经营许可擅自从事城市公共客运经营的，由城市客运管理机构责令停止违法行为，没收违法所得，并处以一万元以上三万元以下罚款。

第四十条　违反本条例规定，城市公共客运经营者擅自暂停或者终止运营的，由城市客运管理机构责令限期改正；逾期不改的，处以三万元以上五万元以下罚款。

第四十一条　违反本条例规定，转让、出租公共汽（电）车经营权的，由城市客运管理机构处以一万元以上三万元以下罚款，并由原许可机关撤销许可。

第四十二条　违反本条例规定，城市公共客运经营者或者从业人员有下列情形之一的，由城市客运管理机构责令限期改正，可以并处以五百元以上三千元以下罚款：

（一）未按照核定的线路、站点、车次和时间运营的；

（二）未按照规定对相关人员进行培训的；

（三）未随车携带车辆营运证的；

（四）拒载乘客、甩站不停、滞站揽客、站外上下乘客的。

第四十三条　交通运输主管部门及其城市客运管理机构工作人员在城市公共客运管理工作中，滥用职权、玩忽职守、徇私舞弊的，依法给予处分；构成犯罪的，依法追究刑事责任。

第七章　附　则

第四十四条　本条例所称城市公共客运设施是指城市公共客运枢纽站、首末站、公交专用道、调度室、车场、供电线网、线杆、站台、无障碍设施以及站杆、站牌、候车亭、栏杆及配套安全设施等。

第四十五条　轨道交通的规划、建设、管理和营运服务另行规定。

第四十六条　本条例自2015年10月1日起施行。1995年7月20日山西省第八届人民代表大会常务委员会第十六次会议通过，2010年11月26日山西省第十一届人民代表大会常务委员会第二十次会议修正的《山西省城市公共客运管理暂行条例》同时废止。

山西省女职工劳动保护条例

（2015年7月30日山西省第十二届人民代表大会常务委员会第二十一次会议通过）

第一条　为了保护女职工在劳动中的安全与健康，根据有关法律、行政法规的规定，结合本省实际，制定本条例。

第二条　本省行政区域内国家机关、企业、事业单位、社会团体、个体经济组织以及其他社会组织等用人单位的女职工劳动保护工作，适用本条例。

第三条　县级以上人民政府应当加强对女职工劳动保护工作的领导，采取措施保护女职工的合法权益，将女职工劳动保护纳入社会信用体系。

县级以上人民政府人力资源社会保障、安全生产监督管理等有关行政部门按照各自职责对用人单位女职工劳动保护工作进行监督检查。

第四条　工会、妇女组织依法对用人单位女职工劳动保护工作进行监督。

用人单位工会及女职工组织应当协助和督促本单位做好女职工劳动保护工作。

第五条 用人单位应当履行下列义务:

(一)建立健全女职工劳动保护制度;

(二)为女职工提供符合国家规定的工作环境、劳动条件和劳动保护用品;

(三)对女职工进行安全生产、职业卫生和心理健康知识培训;

(四)执行国家对女职工禁忌从事劳动范围的规定,书面告知其禁忌从事的劳动范围的岗位;

(五)采取相应措施保护夜班劳动的女职工在劳动场所中的安全;

(六)预防和制止对女职工的性骚扰。

第六条 用人单位与女职工订立劳动合同或者聘用合同时,应当书面告知其工作过程中可能产生的职业危害及其后果、职业防护措施和本单位女职工劳动保护制度。

用人单位不得在劳动合同或者聘用合同中与女职工约定限制其结婚、生育等合法权益的内容;不得因女职工结婚、怀孕、休产假、哺乳等情形降低其工资、福利待遇,限制其晋级、评奖,或者单方与其解除劳动合同、聘用合同。

劳动合同或者聘用合同期满而孕期、产期、哺乳期未满的,劳动合同或者聘用合同应当顺延至孕期、产期、哺乳期期满。

劳务派遣单位与用工单位订立的劳务派遣协议中,应当明确约定女职工劳动保护的内容。

第七条 企业以及实行企业化管理的事业单位应当就女职工劳动保护事项与职工方开展集体协商,订立女职工权益保护专项集体合同。

第八条 用人单位应当每年至少为女职工安排一次妇科检查;可以集中安排乳腺、宫颈等专项检查。

第九条 用人单位应当对从事有职业危害作业的女职工组织上岗前、在岗期间和离岗时职业健康检查,建立职业健康检查档案,如实告知其检查结果。

第十条 用人单位应当为在职女职工每人每月发放不低于三十元的卫生费。所需费用,企业从职工福利费中列支;机关事业单位按现行财政负担政策列入预算。

第十一条 经本人提出,用人单位应当给予经期女职工下列保护:

(一)从事国家规定的高处、低温、冷水作业和第三级以上体力劳动强度作业的,暂时安排其他合适工作;

(二)从事连续四个小时以上站立劳动的,安排二十分钟工间休息;

(三)医疗机构证明患有痛经或者经量过多的,给予一至二日的休息。

第十二条 经本人提出,用人单位对已婚待孕女职工可以按照孕期禁忌从事的劳动范围予以保护。

第十三条 用人单位应当给予孕期女职工下列保护:

(一)在劳动时间内进行产前检查,所需时间计入劳动时间;

(二)经本人提出,不能适应原劳动岗位的,予以减轻劳动量或者安排其他能够适应的岗位;

(三)需要休息的,经用人单位指定医疗机构证明,准予休息;

(四)对怀孕三个月以内和七个月以上的,不得延长劳动时间或者安排夜班劳动,并每日安排一小时以上工间休息;有劳动定额的,减轻相应的劳动量;

(五)不得安排孕期禁忌从事的劳动。

第十四条 女职工生育享受产假九十八日,其中产前可以休假十五日;难产的,增加产假十五日;生育多胞胎的,每多生育一个婴儿,增加产假十五日;晚育或者产假期间采取长效节育措施的,享受本省计划生育条例规定的假期。

女职工怀孕不满三个月流产的,享受产假十五日;满三个月不满四个月流产的,享受产假三十日;满四个月不满七个月流产的,享受产假四十二日;满七个月引产,符合国家生育规定的,享受产假九十八日。

第十五条 女职工产假期满,经本人申请,用人单位批准,可以请哺乳假至婴儿满一周岁,请假期间的待遇由双方协商确定;产假期满上班的,用人单位应当给予一至二周的适应时间。

第十六条 用人单位应当给予哺乳未满一周岁婴儿的女职工下列保护:

(一)在每日劳动时间内安排一小时哺乳时间,生育多胞胎的,每多哺乳一个婴儿每日增加一小时哺乳时间,哺乳时间不包括往返路途时间;

(二)不得延长劳动时间或者安排夜班劳动;

(三)不得安排哺乳期禁忌从事的劳动。

第十七条 婴儿满一周岁,经用人单位指定的医疗机构确诊为体弱儿的,可以适当延长该女职工的哺乳期,但最长不超过六个月。

第十八条 用人单位应当采取措施妥善解决从事流动性或者分散性工作的女职工在生理卫生、哺乳等方面的困难。

有条件的用人单位应当根据女职工需要,按照规定建立女职工卫生室、孕妇休息室、哺乳室等设施。

第十九条 经二级以上医疗机构确诊为更年期综合征的女职工,经治疗效果仍不显著,本人提出不能适应原劳动岗位的,用人单位应当安排其他适合的劳动岗位。

第二十条 参加生育保险的女职工产假期间的生育津贴和法律、法规规定的其他情形的生育津贴,按照用人单位上年度职工月平均工资标准从生育保险基金中支付;未参加生育保险或欠缴生育保险费的女职工,按照女职工产假前工资标准由用人单位支付。

女职工生育或者妊娠满七个月引产的,用人单位可以按照本单位上年度的职工年平均工资百分之二的标准,一次性发给营养补助。

第二十一条 女职工生育或者流产的医疗费用,按照生育保险规定的项目和标准从生育保险基金中支付;未参加生育保险或欠缴生育保险费的,由用人单位支付。

女职工因计划生育实施节育、绝育或者复通手术所发生的医疗费用,按规定从生育保险基金中支付;未参加生育保险或欠缴生育保险费的,由用人单位支付。

第二十二条 失业前参加生育

保险并连续缴费的女职工，在领取失业救济金期间发生的符合规定的生育医疗费用，从生育保险基金中支付。

第二十三条 用人单位违反本条例规定，法律、行政法规已有法律责任规定的，从其规定。

第二十四条 用人单位违反本条例规定，侵害女职工合法权益的，经县级以上人民政府人力资源社会保障行政部门责令改正逾期不改的，由其记入社会保障守法诚信档案并向社会公布。

第二十五条 用人单位违反本条例规定，侵害女职工合法权益的，县级以上地方工会可以向用人单位提出《劳动法律监督意见书》，要求其改正，用人单位应当及时改正；拒不改正的，县级以上地方工会可以向同级人民政府人力资源社会保障行政部门提出《劳动法律监督建议书》，人力资源社会保障行政部门应当受理，并在处理完毕之日起十五日内将结果书面通知工会。

第二十六条 用人单位不履行女职工权益保护专项集体合同，侵害女职工合法权益的，工会可以依法要求用人单位承担责任；因履行女职工权益保护专项集体合同发生争议，经协商无法解决的，工会可以依法申请仲裁、提起诉讼。

第二十七条 用人单位违反本条例规定，侵害女职工合法权益的，女职工可以依法投诉、举报、申诉，依法向劳动人事争议调解仲裁机构申请调解仲裁，对仲裁裁决不服的，依法向人民法院提起诉讼。

第二十八条 有关国家机关及其工作人员在女职工劳动保护监督检查过程中，滥用职权、玩忽职守、徇私舞弊的，对直接负责的主管人员和其他直接责任人员，依法给予处分；构成犯罪的，依法追究刑事责任。

第二十九条 本条例自2015年10月1日起施行。

山西省军人抚恤优待实施办法

第一章 总 则

第一条 为发展军人抚恤优待事业，维护抚恤优待对象的合法权益，激励军人保卫祖国、建设祖国的献身精神，根据《军人抚恤优待条例》（以下简称《条例》）等法律法规，结合本省实际，制定本办法。

第二条 中国人民解放军、中国人民武装警察部队现役军人（以下简称现役军人）在本省行政区域内，按照《条例》和本办法的规定享受优待。

户籍在本省行政区域内退出现役的残疾军人(以下简称退役残疾军人)、复员军人、退伍军人和烈士遗属、因公牺牲军人遗属、病故军人遗属、现役军人家属，按照《条例》和本办法的规定享受抚恤优待。

第三条 县级以上人民政府应当重视和加强军人抚恤优待工作，保障抚恤优待对象的生活不低于当地的平均生活水平。

全社会应当关怀、尊重、帮助抚恤优待对象。

鼓励社会组织和个人对军人抚恤优待事业提供捐助。鼓励志愿服务组织对抚恤优待对象提供志愿服务。

第四条 军人抚恤优待所需经费除中央财政负担的以外，由县级以上人民政府列入本级财政预算分级负担。烈士褒扬金由中央财政拨付，一次性抚恤金、分散安置的一级至四级退役残疾军人护理费、义务兵家庭优待金由县级财政承担，其他抚恤优待所需经费由中央财政和地方财政共同承担。财政特别困难的县由省、设区的市人民政府给予补助。

军人抚恤优待经费应当专款专用，并接受财政、审计部门的监督。

第五条 县级以上人民政府民政部门主管本行政区域内的军人抚恤优待工作。

县级以上人民政府发展改革、财政、人力资源社会保障、卫生计生、教育、住房城乡建设、交通运输、税务、旅游、文物等行政部门应当按照各自职责，做好军人抚恤优待工作。

本省行政区域内的社会团体、企业事业单位应当按照国家和本省的规定，履行各自的军人抚恤优待职责和义务。

第六条 县级以上人民政府对有以下情形之一的单位和个人予以表彰奖励：

（一）履行军人抚恤优待职责和义务成绩显著的；

（二）帮助、捐助抚恤优待对象事迹突出的；

（三）开展各种拥军优属活动事迹突出的。

第二章 死亡抚恤

第七条 现役军人死亡被批准为烈士、被确认为因公牺牲或者病故的，由其遗属户籍所在地县级人民政府民政部门发给《中华人民共和国烈士证明书》《中华人民共和国军人因公牺牲证明书》《中华人民共和国军人病故证明书》（以下统称《证明书》）。

第八条 现役军人死亡被批准为烈士、被确认为因公牺牲或者病故的，《证明书》持有人由其父母或者抚养人、配偶、子女、兄弟姐妹协商确定，协商结果以书面形式告知发证机关；协商不成的，按照下列顺序确定：

（一）父母或者抚养人；

（二）配偶；

（三）子女。有多个子女的，发给长子女；

（四）兄弟姐妹。有多个兄弟姐妹的，发给其中的长者。

无前款规定遗属的，不发给《证明书》。

第九条 现役军人死亡被批准为烈士，依照《烈士褒扬条例》的规定，由《证明书》持有人户籍所在地县级人民政府民政部门发给其遗属烈士褒扬金。

现役军人死亡被批准为烈士、被确认为因公牺牲或者病故的，由《证明书》持有人户籍所在地县级人民政府民政部门发给其遗属一次性抚恤金。

第十条 烈士遗属、因公牺牲军人遗属、病故军人遗属，按照《条例》第十六条规定的条件享受定期抚恤。

定期抚恤金的发放，自死亡军人被批准为烈士、确认为因公牺牲和病故的当月起计算。

第十一条 享受定期抚恤金的死亡军人遗属死亡后，按照原标准一次性增发半年的定期抚恤金，作为丧葬补助费，《定期抚恤金领取证》由县级人民政府民政部门予以注销，原享受的定期抚恤金自其死亡次月起停发。

第十二条 烈士褒扬金、一次性抚恤金和丧葬补助费按照下列方式发放：

（一）有父母或者抚养人、配偶、子女的，按照协商的分配数额发放；协商不成的，按照人数等额发放；

（二）无父母或者抚养人、配偶、子女的，发给由该军人生前供养的未满18周岁和已满18周岁但无生活来源的兄弟姐妹。兄弟姐妹为两人以上的，按照协商的分配数额发放；协商不成的，按照人数等额发放。

无前款规定遗属的，不发给烈士褒扬金、一次性抚恤金和丧葬补助费。

一次性抚恤金标准及计发办法依照《条例》第十三条和中国人民解放军总后勤部、民政部有关规定执行。

第十三条 符合定期抚恤条件的死亡军人遗属，由其户籍所在地县级人民政府民政部门发给《定期抚恤金领取证》，作为领取定期抚恤金的依据。

享受定期抚恤的死亡军人遗属有二人以上且户籍不在一地的，其定期抚恤金由遗属各自户籍所在地县级人民政府民政部门按照当地标准分别发给。

享受定期抚恤的死亡军人子女及其兄弟姐妹，经国家统一招生考试进入全日制中等、高等学校就读的，由其入学前户籍所在地县级人民政府民政部门予以抚恤。

第十四条 领取定期抚恤金的对象户口迁移时，迁出地的县级人民政府民政部门应当根据本人申请和公安机关出具的户口迁移证明为其办理定期抚恤金转移手续，并负责发放当年的定期抚恤金；迁入地的县级人民政府民政部门应当根据落户证明、抚恤关系转移证明和抚恤档案等材料，按照本地规定的标准，从次年一月起发放定期抚恤金。

第三章 残疾抚恤

第十五条 现役军人在服役期间因战、因公、因病致残的，应当在退出现役的当年，持部队发给的《中华人民共和国残疾军人证》和评残档案，到户籍所在地县级人民政府民政部门办理残疾抚恤关系迁入手续。

退役残疾军人户籍迁移时，应当及时向迁出、迁入地的县级人民政府民政部门申请办理残疾抚恤关系转移手续。

第十六条 现役军人在服役期间因战、因公致残，部队未及时认定残疾性质和评定残疾等级，在退出现役后，有下列情形之一，可以向户籍所在地县级人民政府民政部门申请认定残疾性质和评定残疾等级。

（一）个人正式档案中有其所在部队做出的涉及本人负伤原始情况、治疗情况及善后处理情况法定有效记载的；

（二）原所在部队军以上单位指定的军队医院出具有能够说明其致残原因的《病情诊断书》《出院小结》或者正式病历、病情检查实验分析记录的。

第十七条 退役残疾军人，残疾情况发生严重恶化，原定残疾等级与残疾情况明显不符的，本人（本人无行为能力时由其利害关系人）可以向残疾军人户籍所在地县级人民政府民政部门申请调整残疾等级。

第十八条 残疾抚恤金由退役残疾军人户籍所在地县级人民政府民政部门按照下列规定发放：

（一）残疾军人退出现役的，自办结残疾抚恤关系迁入手续的次年一月起发放；

（二）残疾军人户口迁移的，迁出地的县级人民政府民政部门负责发放当年的残疾抚恤金；迁入地的县级人民政府民政部门在迁移手续办结后，从次年一月起发给残疾抚恤金；

（三）申请评定和调整残疾等级的，自省人民政府民政部门批准次月起发放。

第十九条 一级至四级退役残疾军人，由国家供养终身；接受安置时符合下列条件之一，经省人民政府民政部门批准，可以进入优抚医院集中供养：

（一）因残疾原因需要经常医疗处置的；

（二）日常生活需要护理，不便分散安置照顾的；

（三）独身一人不便分散安置的。

第二十条 分散安置的一级至四级残疾军人，由其户籍所在地县级人民政府民政部门发给护理费。集中供养的一级至四级退役残疾军人不发给护理费。

护理费标准由省人民政府民政、财政部门依照《条例》第三十条规定，以上年全省职工月平均工资为基数确定。

第二十一条 因战、因公致残的退役残疾军人因旧伤复发死亡的，由发给其残疾抚恤金的县级人民政府民政部门按照因公牺牲军人的标准发给其遗属一次性抚恤金，其遗属自军人死亡次月起按照规定条件享受因公牺牲军人遗属抚恤待遇。

退役残疾军人因病死亡的，由发给其残疾抚恤金的县级人民政府民政部门按照本办法第十二条的发放办法，一次性增发一年的残疾抚恤金作为丧葬补助费；因战、因公致残的一级至四级退役残疾军人因病死亡的，其遗属自退役残疾军人死亡次月起按照规定条件享受病故军人遗属抚恤待遇。

退役残疾军人死亡后，自次月起停止其原享受的残疾抚恤待遇，其持有的《中华人民共和国残疾军人证》由县级人民政府民政部门予以注销。

第二十二条 退役残疾军人丢失《中华人民共和国残疾军人证》的，应当向户籍所在地县级人民政府民政部门书面报告，并在当地主要报刊上声明作废，自声明作废之日起三个月后，由县级人民政府民政部门办理补发手续。

第二十三条 退役残疾军人需要配制假肢、代步三轮车、病理车、拐杖、病理鞋等助行器和腰椎保护架、围腰等肢体矫形器等辅助器械的，应当按照省人民政府民政部门的有关规定办理。

第四章 优 待

第二十四条 义务兵服现役期间，其入伍前户籍所在地县级人民政府，应当每年按标准发给其家庭优待金。

农村户籍义务兵家庭优待金，不低于当地上年度农村年人均纯收入的2倍；城镇户籍义务兵家庭优待金，不低于当地上年度城镇在岗职工平均工资。

义务兵家庭优待金按照法定服役期限发给；提前退役的，按照其实际服役年限发给。

在校大学生服义务兵役期间，由批准入伍地的县级人民政府按照当地城镇户籍义务兵家庭优待金标准给其家庭发放优待金。

义务兵家庭只有其一人的，优待金发给本人。

第二十五条 获得荣誉称号或者立功的义务兵，其家庭当年的优待金在应当享受的标准基础上，由县级人民政府按照下列比例增发：

（一）获得中央军事委员会授予荣誉称号的，增发50%；

（二）获得军队军区级单位授予荣誉称号的，增发40%；

（三）立一等功的，增发30%；

（四）立二等功的，增发20%；

（五）立三等功的，增发10%。

第二十六条 县级以上人民政府应当从资金、技术、信息等方面扶持抚恤优待对象发展生产，提高生活水平。

抚恤优待对象从事生产经营的，依法享受国家规定的税收优惠政策。

第二十七条 退役士兵、残疾军人、烈士子女、因公牺牲军人子女、病故军人子女、一级至四级残疾军人子女、现役军人子女，依照国家和本省的有关规定享受教育优待。

公办中小学、幼儿园、托儿所在同等条件下，优先接收前款规定抚恤优待对象。公办学校对在校学习的烈士子女免收学费、杂费，对其中寄宿学生酌情给予生活补助。

现役军人因工作调动，子女需要转学的，教育部门应当给予办理，不得收取国家规定以外的费用。

第二十八条 领取国家定期抚恤补助的抚恤优待对象享受以下住房优待：

（一）申请经济适用住房、公共租赁住房、住房租赁补贴或者农村危房改造的，同等条件下，应当优先安排；

（二）符合相应条件的，优先纳入灾后恢复重建、集中居住区建设等政策范围；

（三）办理房产、土地证件时，免交登记费、工本费；

（四）申请住房保障的，其依法享受的抚恤金、补助金、优待金和护理费等待遇，在准入审核中不计入家庭收入。

第二十九条 享受定期抚恤补助的残疾军人、烈士遗属、因公牺牲军人遗属、病故军人遗属、复员军人、带病回乡退伍军人、参战退役人员，按照属地原则相应参加城镇职工基本医疗保险、城镇居民基本医疗保险和新型农村合作医疗，依照国家和本省的有关规定享受医疗保障。未参加上述基本医疗保险，或者个人医疗费用负担较重的，由其户籍所在地县级人民政府给予城乡医疗救助。

一级至六级残疾军人在参加城镇职工基本医疗保险的基础上享受医疗补助，其医疗费用由所在医疗保险统筹地区社会保险经办机构单独列账管理。

七级至十级残疾军人旧伤复发的医疗费用，已经参加工伤保险的，由工伤保险基金支付；未参加工伤保险的，由工作单位解决，工作单位无力解决或者没有工作单位的，由其户籍所在地县级人民政府民政部门从抚恤优待对象医疗补助资金中解决。旧伤复发以外的医疗费用，未参加医疗保险且本人支付有困难的，由其户籍所在地县级人民政府民政部门给予适当补助。

第三十条 现役军人、残疾军人在本省行政区域内乘坐火车、轮船、长途汽车以及民航班机，凭本人有效证件优先购票，残疾军人凭本人《中华人民共和国残疾军人证》减收正常票价的50%。

现役军人凭本人有效证件、残疾军人凭本人《中华人民共和国残疾军人证》免费乘坐本省行政区域内运营的市内公共汽车、电车和轨道交通工具等公共交通工具。

现役军人凭本人有效证件、残疾军人凭本人《中华人民共和国残疾军人证》参观游览本省行政区域内的公园、博物馆、科技馆、名胜古迹时，免收门票。

第三十一条 烈士、因公牺牲军人、病故军人的子女、兄弟姐妹，符合当年征兵条件且本人自愿应征的，优先批准入伍。

第三十二条 从未参加工作，且符合下列条件的复员军人，经设区的市人民政府民政部门批准，由其户籍所在地县级人民政府民政部门按照规定标准给予在乡复员军人定期定量补助：

（一）1954年10月31日前参加中国工农红军、东北抗日联军、中国共产党领导的脱产游击队、八路军、新四军、解放军、中国人民志愿军的；

（二）持有复员、退伍证件或者经批准复员的有效证明材料的。

第三十三条 从未参加工作，且符合下列条件的复员军人，经设区的市人民政府民政部门批准，由其户籍所在地县级人民政府民政部门给予在乡退伍红军老战士定期生活补助：

（一）1937年7月6日前入伍，参加中国工农红军（包括抗日联军和中国共产党领导的脱产游击队）的；

（二）有退伍手续或者确切证明的。

符合前款第（一）项但不符合第（二）项规定的人员，经设区的市人民政府民政部门批准，由其户籍所在地县级人民政府民政部门给予红军失散人员定期生活补助。

在乡退伍红军老战士病故后，其配偶生活困难的，由其配偶户籍所在地县级人民政府民政部门按照抗日战争时期入伍的在乡复员军人定期定量补助标准给予补助。

第三十四条 从未参加工作，且符合下列条件的退伍军人，经设区的市人民政府民政部门批准，由其户籍所在地县级人民政府民政部门给予带病回乡退伍军人定期定量补助：

（一）在服现役期间患病、尚未达到评定残疾等级条件的；

（二）退伍档案中有部队军以上单位指定医院做出的相关医疗结论或者原始病历的。

第三十五条 符合下列条件的退伍军人，经设区的市人民政府民政部门批准，由其户籍所在地县级人民政府民政部门给予参战退役人员生活补助：

（一）1954年11月1日以后入伍；

（二）参加过抵御外来侵略、完成祖国统一、捍卫国家领土和主权完整、保卫国家安全而进行的武力打击或者抗击敌方的军事行动的战斗、指挥以及保障等作战人员；

(三)不符合评定残疾军人和享受带病回乡退伍军人生活补助条件；

(四)退伍回到农村或者退伍回到城镇但无工作单位且家庭生活困难。

前款所称作战，是指武装力量打击或者抗击敌方的自卫还击作战、防御作战、对逃离大陆国民党军队的作战、出国支援作战、平息地区性武装叛乱作战等军事行动，以及军委、总部认定的其他作战行动。

第三十六条 符合下列条件的退伍军人，经设区的市人民政府民政部门批准，由其户籍所在地县级人民政府民政部门给予参试退役人员生活补助：

(一)国家规定的时间内在核试验部队服役；

(二)不符合评定残疾军人和享受带病回乡退伍军人生活补助条件；

(三)退伍回到农村或者退伍回到城镇但无工作单位且家庭生活困难。

前款所称在核试验部队服役，是指在规定时间内参加核试验的部队，执行核产品运送、保管、储存等任务的部队，二炮担负核武器储存和战备值班的部队，海军核潜艇部队。

第三十七条 符合下列条件的农村籍退伍士兵，经设区的市人民政府民政部门批准，由其户籍所在地县级人民政府民政部门给予农村籍退役士兵老年生活补助：

(一)1954年11月1日至2011年11月1日期间入伍；

(二)60周岁(含)以上；

(三)未享受国家定期抚恤补助。

第三十八条 符合下列条件的烈士子女和建国前错杀后被平反人员子女，经设区的市人民政府民政部门批准，由其户籍所在地县级人民政府民政部门给予其子女定期生活补助：

(一)60周岁(含)以上；

(二)居住在农村或者城镇无工作单位；

(三)18周岁以前没有享受过定期抚恤待遇。

第三十九条 对依靠定期抚恤金生活仍有困难的烈士遗属、因公牺牲军人遗属、病故军人遗属，对依靠残疾抚恤金生活仍有困难的残疾军人和依靠定期生活补助生活仍有困难的在乡复员军人、带病回乡退伍军人和参战参试退役人员、农村籍退役士兵、烈士(含错杀被平反人员)子女，其户籍所在地县级人民政府应当优先将其纳入城乡社会救助制度保障范围，给予适当救助。

抚恤优待对象在申领城乡最低生活保障金时，其享受的抚恤优待补助不计入家庭收入。

第四十条 享受定期补助的在乡退伍红军老战士、红军失散人员、在乡复员军人、带病回乡退伍军人、参战参试退役人员、农村籍退役士兵、烈士(含错杀被平反人员)子女死亡后，由发给其定期补助的县级人民政府民政部门按照原标准和本办法第十二条的发放办法，一次性增发一年的定期补助作为丧葬补助费。

第四十一条 县级以上人民政府根据当地经济发展状况兴办优抚医院、光荣院，治疗或者集中供养孤老和生活不能自理的抚恤优待对象。

各级人民政府对接收抚恤优待对象的社会力量兴办福利机构，应当给予鼓励和支持。

第四十二条 本办法第三十五条、第三十六条和第三十八条所称无工作单位，是指退役后从未就业或者虽就业但已与所在单位解除工作、聘用关系，且未能享受社会保险待遇的退役人员。

第五章 法律责任

第四十三条 军人抚恤优待管理单位及其工作人员挪用、截留、私分军人抚恤优待经费，构成犯罪的，依法追究相关责任人员的刑事责任；尚不构成犯罪的，对相关责任人员依法给予行政处分或者纪律处分。被挪用、截留、私分的军人抚恤优待经费，由上一级人民政府民政部门责令追回。

第四十四条 军人抚恤优待管理单位、参与单位及其工作人员有下列行为之一，由其上级主管部门责令改正；构成犯罪的，依法追究相关责任人员的刑事责任；尚不构成犯罪的，对相关责任人员依法给予行政处分或者纪律处分：

(一)违反规定审批军人抚恤待遇的；

(二)在审批军人抚恤待遇工作中出具虚假诊断、鉴定、证明的；

(三)不按规定标准、数额、对象审批或者发放抚恤金、补助金、优待金的；

(四)在军人抚恤优待工作中利用职权谋取私利的。

第四十五条 负有军人抚恤优待义务的单位不履行该义务的，由县级以上人民政府民政部门责令限期履行；逾期不履行的，处以2000元以上1万元以下罚款。对直接负责的主管人员和其他责任人员依法给予处分；构成犯罪的，依法追究刑事责任。因不履行职责义务使抚恤优待对象受到损失的，应当依法承担赔偿责任。

第四十六条 抚恤优待对象有下列行为之一的，由县级人民政府民政部门给予警告，限期退回非法所得；情节严重的，停止其享受的抚恤优待；构成犯罪的，依法追究刑事责任：

(一)冒领抚恤金、优待金、补助金的；

(二)虚报病情骗取医药费的；

(三)出具假证明，伪造证件、印章骗取抚恤金、优待金、补助金的。

第四十七条 抚恤优待对象被判处有期徒刑、剥夺政治权利或者被通缉期间，中止其抚恤优待；被判处死刑、无期徒刑的，取消其抚恤优待资格。

第六章 附 则

第四十八条 军队离休、退休干部、退休士官按照《条例》和本办法有关现役军人抚恤优待的规定执行。

因参战伤亡的民兵、民工的抚恤，因参加县级以上人民武装部门或者预备役部队组织的军事演习、军事训练和执行军事勤务伤亡的预备役人员、民兵、民工以及其他人员的抚恤，按照以下规定办理：

(一)属于党政机关和人民团体的，按照国家机关工作人员伤亡抚恤规定办理；

（二）属于企业事业单位的，按照《工伤保险条例》的规定办理；

（三）农民、无工作单位城市居民、学校学生等，由民政部门参照本办法及民兵民工伤亡抚恤规定办理。

第四十九条 本办法所称抚养人，是指因军人丧失父母或者父母无抚养能力，自愿或者受托连续抚养军人七年以上，经乡（镇）人民政府、街道办事处证明或者公证机构公证，由县级人民政府核准的人员。

第五十条 本办法所称入学、学生，不包括下列情形：

（一）未纳入所在学校学籍管理的；

（二）未经中等学校招生统一考试，进入高级中学、职业高中、中等专业学校、技工学校就读或者未经国家高等学校统一招生考试（含春季高考、高等学校自主招生考试或者保送免试入学）进入普通高等院校、高等专科学校、中等专科学校、高等职业学校就读的；

（三）接受成人高等教育的；

（四）接受非学历教育，以同等学力申请相关学士、硕士、博士学位的；

（五）参加中等、高等学历自学考试或者函授学习考试，并接受教育的。

第五十一条 具有多重抚恤优待身份的抚恤优待对象，就高享受其中一种身份的抚恤优待。

第五十二条 本办法自2015年3月1日起施行。2007年11月6日颁布的《山西省军人抚恤优待实施办法》同时废止。

经济和社会发展统计资料

2005—2015年山西省社会经济主要指标人均水平统计表

指　　标	2005	2010	2015
地区生产总值（元）	12854	26249	34919
主要农产品产量（公斤）			
粮　食	292	310	345
油　料	6.4	5.0	4.2
棉　花	3.1	2.0	0.4
甜　菜	1.2	6.4	1.5
蔬　菜	269.5	259.7	356.2
猪牛羊肉	24.2	18.2	19.9
主要工业产品产量（全社会）			
原　煤（吨）	16.57	21.17	26.44
发电量（千瓦小时）	3935.6	6143.2	6721.6
粗　钢（公斤）	494.7	870.9	1052.2
钢　材（公斤）	409.1	818.8	1167.2
焦　炭（吨）	2.39	2.43	2.20
水　泥（公斤）	690.8	1048.4	1035.6
布（米）	10.8	2.1	2.1
社会消费品零售额（元）	4217	9478	16503
人民生活（元）			
在岗职工平均工资	15645	33544	52960
国　有	16027	33119	54953
集　体	10157	21993	44114
城镇居民可支配收入	8914	15648	25828
城镇居民消费支出	6343	9793	15819
农村居民可支配收入	2891	4736	9454
农村居民消费支出	1878	3664	7421
住户存款	12315	26346	42877

2005—2015年山西省国民经济与社会发展结构指标统计表

单位：%

指　　标	2005	2010	2015
男女人口比例			
男　性	51.2	51.4	51.3
女　性	48.8	48.6	48.7
人口抚养比			
总抚养比	39.8	32.8	32.6
少儿抚养比	29.8	22.7	20.6
老年抚养比	10.0	10.1	12.1
地区生产总值构成			
第一产业	7.7	6.0	6.1
第二产业	54.8	56.6	40.7
第三产业	37.5	37.3	53.2
支出法地区生产总值构成			
最终消费		44.9	55.9
资本形成总额		67.8	72.6
货物和服务净出口		−12.7	−28.5
一般公共预算支出构成			
教　育	15.3	17.0	17.6
社会保障和就业	8.4	14.2	15.6
医疗卫生与计划生育	4.2	5.9	8.5
能源使用比例			
第一产业	3.0	2.4	2.0
第二产业	81.1	75.9	76.1
第三产业	7.6	12.0	12.2
人民生活	8.3	9.6	9.7
全社会固定资产投资构成			
第一产业	2.7	4.4	11.1
第二产业	60.8	41.4	36.8
第三产业	36.5	54.2	52.1
工业增加值构成			
轻工业	6.1	4.9	8.5
重工业	93.9	95.1	91.5
城乡居民人均收入比（农民=1）	3.08	3.30	2.73

2005–2015年山西省人民物质文化生活情况统计表

指　　标	2005	2010	2015
城乡居民收入（元）			
城镇居民人均可支配收入	8914	15648	25828
农村居民人均可支配收入	2891	4736	9454
在岗职工平均工资	15645	33544	52960
平均每人住房面积（平方米）			
城镇居民住房面积	25.6	28.0	32.0
农村居民住房面积	24.2	28.7	33.5
生活、文化、教育、卫生			
每百户拥有（抽样）			
彩色电视机（台）			
城镇居民	113.7	111.8	107.2
农村居民	82.3	109.0	104.6
洗衣机（台）			
城镇居民	99.8	100.7	98.9
农村居民	69.3	81.0	83.2
移动电话（部）			
城镇居民	109.7	146.6	220.6
农村居民	27.5	107.7	201.2
每人每年拥有期刊（份）	1.8	1.1	0.8
每百人每天拥有报纸（份）	27.0	16.2	15.3
每万人拥有在校大学生（人）	121.7	160.8	202.5
每千人拥有医院床位数（张）	2.4	3.1	3.8
每千人拥有卫生技术人员（人）	3.9	5.5	5.8

2015 年山西省地区生产总值构成项目统计表

单位:万元

指　标	总　计	劳动者报酬	生产税净额	固定资产折旧	营业盈余
地区生产总值	127664900	60776200	21391000	22776600	22721100
第一产业	7831600	6093900	−582500	694800	1625400
农、林、牧、渔业	7422200	5786300	−585600	651200	1570300
第二产业	51942700	23114900	14525700	10317400	3984700
工业	43596000	18707500	12705800	9795600	2387100
建筑业	8472200	4496000	1841300	528600	1606300
第三产业	67890600	31567400	7447800	11764400	17111000
农、林、牧、渔服务业	409400	307600	3100	43600	55100
金属制品、机械和设备修理业	125500	88600	21400	6800	8700
批发和零售业	10771100	2810800	3076900	1198000	3685400
交通运输、仓储和邮政业	8928100	3994000	509800	1551800	2872500
住宿和餐饮业	3507200	1186400	341200	416000	1563600
信息传输、软件和信息技术服务业	4677500	1850700	282900	1294600	1249300
金融业	11405400	4717200	1369500	801800	4516900
房地产业	6390700	853500	1359400	3838000	339800
租赁和商务服务业	2216700	849700	171300	540500	655200
科学研究和技术服务业	994100	637400	87700	80400	188600
水利、环境和公共设施管理业	493100	357000	12100	122900	1100
居民服务、修理和其他服务业	2881100	1398200	95000	182400	1205500
教育	4558500	3705800	11400	697200	144100
卫生和社会工作	1916300	1324400	17200	205700	369000
文化、体育和娱乐业	1267200	804000	67700	174900	220600
公共管理、社会保障和社会组织	7348700	6682100	21200	609800	35600

2014年至2015年山西省农户固定资产投资主要指标统计表

单位：万元

指　　标	2014	2015
本年新增固定资产原值	3047017	3491753
本年固定资产投资完成额	3190738	3295638
按投资来源分		
国内贷款	348506	327848
自筹资金	2813633	2940726
其他资金	28600	27063
按投资构成分		
建筑工程	2230968	2287435
#水　利	1938	1960
房　屋	2189912	2229316
#住　宅	2135592	2170047
安装工程		
设备工器具购置	805335	862664
#生产设备	805335	862664
其　他	154435	145539
按具体投资项目分		
房　屋	2189912	2229316
#住　宅	2135592	2170047
道　路		
桥　梁		
设　备	805335	862664
水　利	1938	1960
其　他	193554	201697
本年施工房屋面积（万平方米）	2873	2907
#住　宅	2756	2736
#当年新开工	2559	2387
本年竣工房屋面积（万平方米）	2588	2708
#住　宅	2505	2535
本年竣工房屋投资额	2061461	2188411
#住　宅	2019725	2159373

2015年山西省科学研究机构及人员统计表

项　　目	机构(个)	职工人数(人)	从事科技活动人员(人)	大学本科及以上学历
总　　计	162	10398	8519	6580
自然科学	131	9180	7467	5725
中　央	1	559	544	426
地　方	130	8621	6923	5299
在自然科学研究机构中农、林、牧、渔业	50	3152	2589	2073
采矿业	2	135	44	44
制造业	19	878	560	397
建筑业	1	748	665	629
信息传输、软件和信息技术服务业	1	120	107	96
科学研究和技术服务业	20	1640	1465	1015
水利、环境和公共设施管理业	17	833	731	550
卫生和社会工作	16	1523	1202	854
文化、体育和娱乐业	5	151	104	67
公共管理、社会保障和社会组织				
社会科学	19	896	744	612
管理学	1	14	14	13
艺术学	4	112	105	62
考古学	2	190	132	93
经济学	8	411	337	299
社会学	1	20	20	18
教育学	2	140	127	120
统计学	1	9	9	7
情报科学	12	322	308	243

索　引
Index

说　明　(1)本索引以人名、地名、机构名称、活动名称、事件(事物)名称等为主题词。(2)本索引按主题词汉语拼音字母顺序排列(数字开头主题词另排序),主题词后面的数字和字母分别表示所在页码和分栏位置(abc表示本页码左中右三栏)。(3)本索引主题词主要选自本年鉴正文部分,特载、大事记、附录以及图表、照片不在索引范围。

A

B

C

D

E

F

G

J

K

L

R

S

T

W

X

Y

Z

（编辑部）